KB193564

신약성서와 하나님의 백성

신약성서와
하나님의 백성

N.T. 라이트

박문재 옮김

THE NEW TESTAMENT

AND THE PEOPLE OF

GOD

크리스챤
다이제스트

차례

서문 / 11

제1부 서론

제1장 기독교의 기원과 신약성서 ···························· 25

　1. 들어가는 말 / 25

　2. 과제 / 30

　　(i) 악한 소작 농부들을 어떻게 할 것인가? / 30

　　(ii) 질문들 / 37

　　(iii) 초기 기독교의 역사 / 42

　　(iv) "신약성서 신학" / 49

　　(v) 문학 비평 / 58

　　(vi) 과제 요약 / 61

제2부 과제를 위한 도구들

제2장 지식: 문제점들과 다양성들 ···························· 67

　1. 들어가는 말 / 67

　2. 비판적 실재론 / 69

　3. 이야기, 세계관, 지식 / 77

　4. 맺는 말 / 89

제3장 문학, 이야기, 세계관의 표현 ···························· 91

　1. 들어가는 말 / 91

　2. 텍스트 읽기에 대하여 / 97

　　(i) 들어가는 말 / 97

　　(ii) "거기 누구 없어요?" / 104

　　(iii) 텍스트 읽기와 비판적 실재론 / 114

　3. 문학에 대하여 / 120

　4. 이야기의 본질 / 128

　　(i) 이야기에 대한 분석: 서사 구조 / 128

(ii) 이야기 분석: 악한 농부들 / 134
(iii) 예수, 바울, 유대인들의 이야기 / 139

제4장 역사와 주후 1세기 ·················· 145

1. 들어가는 말 / 145
2. "단순한 역사"의 불가능성 / 147
3. 이는 "사실들은 존재하지 않는다"는 것을 의미하지 않는다 / 157
   (i) 비판적 실재론과 대상 소멸의 위기 / 157
   (ii) 잘못된 인식의 원인들 / 163
   (iii) 현상수배: 새로운 범주들 / 169
4. 역사적 방법론: 가설과 검증 / 173
   (i) 들어가는 말 / 173
   (ii) 좋은 가설을 위한 요구 조건들 / 175
   (iii) 검증과 관련된 여러 문제들 / 182
5. 사건에서 의미로 / 190
   (i) 사건과 의도 / 190
   (ii) 역사와 서사 / 196
   (iii) 역사와 의미 / 200
   (iv) 맺는 말 / 204
6. 주후 1세기 종교운동들에 대한 역사적 연구 / 205
   (i) 들어가는 말 / 205
   (ii) 주후 1세기의 유대교 / 206
   (iii) 주후 1세기의 기독교 / 207

제5장 신학, 권위, 그리고 신약성서 ·················· 209

1. 서론: 문학 및 역사에서 신학으로 / 209
2. 세계관과 신학 / 211
   (i) 세계관들에 대하여 / 211
   (ii) 신학에 대하여 / 217
   (iii) 기독교 신학에 관하여 / 225
   (iv) 세계관들, 신학, 성서학 / 233
3. 신학, 서사, 권위 / 238
4. 맺는 말 / 244

제3부 헬라-로마 세계와 주후 1세기의 유대교

제6장 배경과 이야기 ·················· 247

1. 들어가는 말 / 247
   (i) 목표 / 247
   (ii) 자료들 / 253
2. 초기 유대교의 배경이었던 헬라-로마세계 / 256
3. 주전 587년 — 주후 70년에 걸친 이스라엘에 관한 이야기 / 263
   (i) 바벨론에서 로마까지(주전 587-63년) / 263
   (ii) 로마 치하의 유대인들(주전 63-주후 70년) / 267
   (iii) 재건된 유대교(주후 70-135년) / 270
   (iv) 맺는 말 / 278

제7장 다양성의 발전 280
1. 들어가는 말: 사회적 배경 / 280
2. 혁명운동들 / 285
3. 바리새파 / 303
   (i) 자료들 / 304
   (ii) 바리새파의 정체성 / 309
   (iii) 바리새파가 내건 과제들과 영향력 / 311
4. 에세네파: 분파에 대한 강조 / 340
5. 제사장들, 귀족들, 사두개파 / 350
6. "평범한 유대인들": 들어가는 말 / 357

제8장 이야기, 상징, 실천: 이스라엘의 세계관의 여러 요소들 359
1. 들어가는 말 / 359
2. 이야기들 / 359
   (i) 들어가는 말 / 359
   (ii) 기본적인 이야기 / 360
   (iii) 작은 이야기들 / 366
   (iv) 맺는 말 / 368
3. 상징들 / 372
   (i) 들어가는 말 / 372
   (ii) 성전 / 373
   (iii) 땅 / 376
   (iv) 토라 / 379
   (v) 인종적 정체성 / 383
   (vi) 맺는 말 / 386
4. 실천 / 387

(i) 들어가는 말 / 387

(ii) 예배와 절기들 / 387

(iii) 연구와 배움 / 390

(iv) 실제 속에서의 토라 / 394

5. 성경에 따라: 세계관의 정초 / 400

6. 맺는 말: 이스라엘의 세계관 / 403

제9장 이스라엘의 신앙들 ·········· 405

1. 들어가는 말 / 405

2. 주후 1세기의 유대인들의 유일신 사상 / 411

(i) 창조의 유일신 사상 / 413

(ii) 섭리의 유일신 사상 / 415

(iii) 계약의 유일신 사상 / 417

(iv) 이원론의 여러 유형들 / 418

(v) 유일신 사상과 그 변형들 / 425

3. 선택과 계약 / 430

(i) 들어가는 말 / 430

(ii) 계약 / 431

(iii) 이스라엘, 아담, 세계 / 434

(a) 오경 / 434

(b) 예언서들 / 436

(c) 지혜 문학 / 437

(d) 쿰란 공동체 / 438

(e) 제2성전 시대의 기타 문헌들 / 440

(f) 이스라엘과 열방들 / 441

4. 계약과 종말론 / 444

5. 계약, 구속, 죄 사함 / 452

6. 신념들: 맺는 말 / 462

제10장 이스라엘의 소망 ·········· 465

1. "묵시 사상" / 465

(i) 들어가는 말 / 465

(ii) 문학 양식과 언어관습 / 466

(iii) 묵시 사상의 배경들 / 475

(iv) "표상"에 대하여 / 480

(v) 다니엘서 제7장과 인자(人子) / 483

(vi) 묵시 사상, 역사, "이원성들" / 492

2. 포로생활의 끝, 다가올 시대, 새 계약 / 495

3. 신 외에는 왕이 없다 / 499

4. 장차 오실 왕 / 508

5. 세계, 이스라엘, 인간의 갱신 / 531

6. 구원과 칭의 / 554

7. 맺는 말: 주후 1세기의 유대교 / 561

제4부 기독교 제1세기

제11장 케리그마적인 교회에 대한 탐구 ······ 565

1. 들어가는 말 / 565

2. 과제들과 방법론들 / 571

3. 거점들: 역사와 지리 / 574

4. 공백 메우기: 배경을 찾기 위해 사용되는 문헌들 / 592

제12장 실천, 상징, 질문들: 초기 기독교 세계관의 이면 ······ 596

1. 들어가는 말 / 596

2. 실천 / 597

3. 상징들 / 606

4. 질문들 / 612

제13장 초기 기독교의 이야기들(1) ······ 615

1. 들어가는 말 / 615

2. 누가와 그의 이야기들 / 618

(i) 이상한 비교? / 618

(ii) 누가의 이야기 양식 / 627

3. 서기관과 줄거리: 마태의 이야기 / 636

4. "읽는 자는 깨달을 진저": 마가의 이야기 / 647

5. 공관복음서들: 맺는 말 / 658

6. 바울: 아담에서 그리스도로 / 669

7. 히브리서의 서사 세계 / 679

8. 요한의 이야기 / 681

제14장 초기 기독교의 이야기들(2) ·· 693

1. 들어가는 말: 양식 비평 / 693
2. 양식 비평의 수정 / 707
   (i) 들어가는 말 / 707
   (ii) 선지자적 행위들 / 712
   (iii) 논쟁들 / 714
   (iv) 비유들 / 717
   (v) 좀 더 긴 단위들 / 719
   (vi) 맺는 말 / 720
3. 이야기 없는 이야기들? Q자료와 도마복음서 / 721

제15장 초기 그리스도인들: 예비적 소묘 ································· 734

1. 들어가는 말 / 734
2. 목적들 / 734
3. 공동체와 정의(定義) / 738
4. 발전과 다양성 / 747
5. 신학 / 754
6. 소망 / 757
7. 맺는 말 / 766

제5부 결론

제16장 신약 성서와 신의 문제 ·· 771

1. 들어가는 말 / 771
2. 예수 / 772
3. 신약 성서 / 774
4. 신의 문제 / 778

부록: 제2성전 시대 유대교 및 초기 기독교 역사의 연표(年表) ········ 787

참고 문헌 / 795
약어표 / 795
일차 자료 / 796
이차 자료 / 799

서문

몇 년 동안 나는 두 권의 책을 병행해서 쓰고자 시도하였다: 바울과 그의 신학에 관한 책 한 권과 예수 및 그의 역사적 배경에 관한 책 한 권. 그러면서 나는 점차 이 둘이 내가 예전에 생각했던 것보다 훨씬 더 밀접하게 서로 연결되어 있다는 것을 깨닫게 되었다. 이 둘은 모두 주후 1세기의 사건들과 신념(신앙)들에 대한 역사적 서술과 관련된 것들이었다. 이 둘은 모두 관련 본문들과 사건들을 이해하는 특정한 방식을 강조하는 것이었다. 이 둘은 모두 주후 1세기의 유대교에 대한 선이해(先理解)를 요구하였다. 이 둘은 모두 결론적인 신학적·실제적 성찰들을 요구하였다. 따라서 나는 예수와 바울에 관한 두 권으로 된 책을 쓰지 않을 수 없다는 생각에 내몰리게 되었다.

그러나 내가 제시하고자 한 논증들의 성격과 그 자료는 나로 하여금 여기서 머물도록 허락하지 않았다. 예수에 대한 연구의 한 부분으로 우리가 반드시 짚고 넘어가야 할 결정적인 질문들 중의 하나는 현존 형태의 복음서들과 관련이 있고, 거기에서 제기된 무수한 문제점들은 그렇지 않아도 이미 분량이 방대해져 버린 한 권의 책 속에서 달랑 한 장으로 다루기에는 거의 불가능했다. 그래서 할 수 없이 세 권으로 된 책을 쓰기로 작정했지만, 이내 내가 써야 할 책은 다섯 권이 되지 않으면 안 된다는 것을 깨닫게 되었다: 예수, 바울, 복음서 각각을 다루는 한 권씩의 책, 그리고 서론(본서) 한 권과 결론 한 권. 만약 서론과 결론을 각각 따로 쓰지 않는다면, 거기에 해당되는 다양한 내용들은 앞에서 말한 세 권의 책의 처음 부분과 마지막 부분에서 다룰 수밖에 없게 될 것이다. 이렇게 해서 나온 것이 여전히 예수와 바울에 초점이 맞춰져 있기는 하지만 어쩔 수 없이 신약성서 전체를 다루는 하나의 프로젝트였다.

내용이 이런 식으로 확대된 이유 중의 하나는 한 권 또는 두 권으로 금세기에 나온 수많은 "신약성서 신학들"이 실망스러울 정도로 짧다는 데 있었다.

비유들 또는 칭의에 관한 논의를 두세 쪽으로 압축해 놓으면, 그것은 사실 학문의 진보를 위해서나 일반 독자를 위해서나 별 쓸모없는 것이 되어 버린다. 그런 식의 서술을 통해서 해낼 수 있는 것은 기껏해야 변죽만을 울리는 것이 고작이고, 독자들은 따로 자기가 알고 싶은 내용을 천착해나가지 않으면 안 된다. 나는 이것보다는 더 나아가서 실질적인 쟁점들을 일러 주고, 몇몇 중요한 사항들에서는 반대 견해들과 논쟁을 벌이고자 했다.

이러한 전체적인 짤막한 개관과 정반대의 극단에 있는 것은 이 분과의 주제를 분해해서 하나의 하위분야에 일생 동안 매달리기만 할 뿐, 좀 더 폭넓은 가설들을 통해서 그러한 것들을 묶어 내려고 하지 않는 것이다. 나는 잘못된 압축이나 지나친 단순화를 하지 않고 종합을 시도하는 것이 중요하다고 믿는다. 그러므로 나는 예수, 바울, 복음서에 초점을 맞추어서 기독교의 기원에 관한 일관된 가설을 제시하고자 하는데, 이것은 주요한 운동들과 사상 패턴들을 이해하는 좋은 길을 열어 줄 것이고, 주석 방법론이 따라야 할 새로운 노선들을 시사해 줄 것이다. 나는 이러한 과제에 기여하고자 한다.

내가 본서의 제1장에서 다루고 있는 "신약성서 신학"이라는 어구는 오늘날 다양한 의미로 사용되고 있다. 많은 점에서 내가 현재 하고 있는 작업도 이러한 제목을 단 책들과 동일한 범주에 속하긴 하지만, 나는 이 프로젝트의 명칭을 추상적이 아니라 구체적인 것으로 붙이기로 마음먹었다. 이 프로젝트의 밑바탕에 깔려 있는 주제들 중의 하나는 "하나님" 또는 "신"(아래를 보라)이라는 단어의 의미인데, 신약성서 기자들을 포함한 초기 그리스도인들은 우리가 통상적으로 생각하는 것보다 더 많이 이 문제와 씨름했던 것으로 보인다. 헬라어 사용자에게 '데오스'(theos)라는 단어(그리고 주후 1세기에 사용된 그 밖의 다른 언어들 가운데 이에 대응하는 단어들)는 한 가지 의미만을 지녔던 것이 아니었고, 또한 초기 그리스도인들은 이 단어를 특정한 의미로 이해할 것을 일관되게 주장하였다. 그러므로 나는 "신학"의 "일반적인" 분야(즉, 어떤 주제에 대한 "신학적" 성찰이라고 할 수 있는 것)를 탐구하려는 것이 아니라, 구체적으로 고유한 의미에서의 "신학" ― 즉, "신"이라는 중요한 단어의 의미와 그 지시 대상 ― 에 초점을 맞추고자 한다. 이것은 놀랍게도 "신약성서 신학" 내에서 상당히 무시되어 왔던 것으로서, 이제 이러한 상황을 바로잡을 좋은 때가 왔다고 나는 생각한다.

이제부터 나는 언어의 용법과 관련된 사항을 다섯 가지 정도 설명하려고
하는데, 이것은 나의 용어 사용을 변명하기 위한 것이기도 하고, 그러한 변명
이 사실 불필요하다는 것을 설명하는 것이기도 하다. 첫째, 나는 과거의 많은
저술가들과는 달리 예수를 단순히 "그리스도"라고 지칭하지 않고 통상적으로
"예수"로 지칭할 것이다. 이것은 단순히 나의 유대교 친구들이나 예수가 메시
야라는 것에 의문을 제기하는 사람들을 의식해서가 아니라 메시야의 지위가
복음서 이야기 전체에 걸쳐서 현안(懸案)으로 다루어지고 있다는 점과 역사가
의 임무는 사물들을 가급적 당시 사람들의 눈으로 바라보아야 한다는 점 때문
이다. 특히 이렇게 하는 것은 "그리스도"가 매우 제한되고 특정한 의미를 지
닌 호칭이었다는 것을 독자들에게 상기시키는 역할을 하기도 한다(제2권과
제3권에 나오는 논의들을 보라). 그리스도라는 칭호는 기독교 진영에서 나름
대로의 독특한 의미로 많이 사용되었다고 할지라도, 결코 "신과 관련된" 호칭
이 아니었고, 초기 기독교에서는 고유명사로 확립되어 있지도 않았다.[1]

둘째, "하나님"이라는 말 대신에 "신"이라는 말을 자주 사용하였다. 이것은
인쇄하는 사람의 실수가 아니고 의도적인 불경(不敬)도 아니다; 사실은 그 정
반대다. 오늘날 이 단어를 정관사 없이 첫 글자를 대문자로 시작하는 용법은
내게는 실제로 위험스러워 보인다. 때로는 "하나님"을 본질적으로 보통명사가
아니라 신에 대한 고유명사로 취급하는 분위기까지 자아내는 이러한 용법은
이 단어를 사용하는 사람들은 모든 유일신론자들이고, 바로 그러한 의미에서
모든 유일신론자들이 동일한 신을 믿고 있다는 의미를 함축하고 있다. 이러한
두 명제가 참이 아니라는 것은 자명하다. 어떤 신을 섬기는 사람이 어떤 신비
로운 은혜를 통해서 실제로 존재하는 한 신을 섬기게 되었는데, 이 신이 유일
한 신이었다는 일은 일어날 수도 있고 일어나지 않을 수도 있다. 일부 종교학
도들은 이런 일이 일어날 수 있다고 믿는다. 그러나 유일신론을 신봉하는 주
류 종교들(유대교, 기독교, 이슬람교) 또는 유일신을 믿지 않는 종교들(힌두교,
불교, 이것들과 유사한 종교들)의 대다수의 신자들은 그런 일을 믿지 않는다.
주후 1세기의 유대인들과 그리스도인들도 분명히 그것을 믿지 않았다. 그들은
이교도들은 우상들 또는 심지어 마귀들을 숭배한다고 믿었다. (이 주제와 관

[1] Wright 1991a, ch.3을 보라.

련하여 유대인들과 그리스도인들이 상대방의 신앙을 어떻게 취급하였는가에 대한 문제는 본서의 제5부에서 다루어질 것이다).

그러므로 나는 본서에서 일관되게 "하나님"이라는 말을 사용하는 것은 독자들을 오도하는 것이라고 생각한다. 나는 이스라엘의 신을 가리킬 때는 성경에 나오는 이름인 야웨(제2성전 시대 유대교에서 이러한 이름을 사용했는지를 놓고 여전히 의견이 분분하지만)를 사용하거나, 우리가 다루고 있는 내용에 따라서 "창조주," "계약의 신," "이스라엘의 신"이라는 말을 자주 사용하였다. 초기 그리스도인들은 이 신에 대하여 "그 신"(ho theos)라는 표현을 사용하였는데, 이것은 (내가 보기에는) 다신교 사상에 맞서서 본질적으로 유대적인 유일신 사상을 말하고자 하는 어느 정도 호교론적인 의도였다. 많은 태양들이 있는 세계에서는 "그 태양"이라는 말을 하지 않을 것이다. 초기 그리스도인들은, 바울이 흔히 그렇듯이, 나사렛 예수 안에서의 이 신의 계시에 대한 언급을 통해서 이 호칭을 수식함으로써 그들이 어떤 신에 관하여 말하고 있는지를 분명히할 필요성을 느끼는 것이 보통이었다. 사실 본 프로젝트는 특히 무엇보다도 "신," 그러니까 궁극적으로 "하나님"이라는 단어의 의미와 내용을 예수, 성령, 신약성서의 빛 하에서 새롭게 이해해야 한다는 주장을 제시하는 것이기 때문에, 그 대답을 미리 암시하는 듯한 어법을 따르는 것은 이 문제에 대한 해답을 강요하는 일이 될 것이다. 나는 "예수는 하나님이다"라는 굳은 확신을 가지고 이와 같은 책을 접하는 사람들 중 다수, 그리고 예수는 하나님이 아니라는 굳은 확신을 가지고 접하는 사람들 중 다수는 신약성서에 비추어서 도전을 받을 필요가 있는 "신" 또는 "하나님"의 의미에 대한 견해들을 지니고 있을 가능성이 아주 많다고 생각한다. "예수는 하나님이다"라는 진술이 참인가, 그리고 참이라면, 어떤 의미에서인가에 대한 기독론적인 질문은 흔히 마치 "하나님"은 이미 알고 있는 사실이고, "예수"는 아직 알려져 있지 않은 미지의 사실인 것처럼 묻게 되는 것이 보통이다; 이것은 명백히 잘못이라고 나는 주장한다. 오히려 진실은 그 반대가 아닐까?[2]

셋째, 어떤 사람들은 예수의 탄생 이전과 이후의 연대를 지칭하는 데에 주전과 주후라는 용어를 사용하면 화를 내는데, 이는 그러한 용어들을 기독교적 제국주의의 표시로 보기 때문이다. 또 어떤 사람들은 그리스도인들이 점점 더 대중화되고 있는 "중립적인" 대안들인 기원전(BCE)와 기원후(CE)라는 용어들을 사용하면 화를 내는데, 이는 이런 용어들이 선심을 쓰거나 줏대 없는 것 같이 보이기 때문이다. 그리고 히브리 성경을 "타낙"(Tanak) 또는 "구약성서" 또는 "구약" 중 어느 것으로 불러야 하는지(내가 보기에는, 이 마지막 명칭이 가장 선심을 쓰는 용어인 것 같다), 또는 "첫 번째 계약"과 "두 번째 계약"이라는 용어가 더 적절한지를 놓고 이와 비슷한 격렬한 논쟁이 벌어지고 있다. 그런데 이상한 것은 이러한 문제들을 놓고 고민하는 사람들은 넓은 의미에서 기독교 학자들뿐인 것 같다는 것이다. 유대교 저술가들은 연대와 성경의 여러 책들을 언급하는 "기독교적인" 방식들에 영향을 미치지 않고, 또한 나는 그들이 영향을 미치기를 바라지도 않는다. 이 모든 경우에 우리 가운데는 마치 우리 모두가 저 높은 올림피아 정상에서 초연하게 내려다보는 역사가들인 것처럼 "중립적인" 또는 "객관적인" 견해를 제시하고자 하는 일종의 집착이 있는 게 아닌가 염려스럽다. 본서의 제2부에서 설명하겠지만, 그러한 인식론은 부적절하고 실제로 불가능하다. 그러므로 모든 사람을 언제나 기쁘게 해 주는 일이 불가능하다는 것을 염두에 두고, 나는 내게 익숙한 용법들을 계속해서 따르고자 하는데(주전과 주후, "구약 성경" 또는 "히브리 성경"), 이것은 결코 제국주의적이거나 아부하려는 의도가 전혀 아니다 — 실제로 이와 같은 용법이 Geza Vermes 교수의 지도 아래 각양각색의 종파적 배경을 지닌 한 팀의 역사가들에 의한 쉬러(Schürer)의 고전적인 작품에 대한 개정 작업에서도 그대로 통용되었음을 주목하라.[3]

넷째, 우리는 "하나님," 또는 신들에 관한 표현의 성별(性別)과 관련된 오늘날 골치 아프게 된 문제에 봉착한다. 여기서 다시 한 번 우리는 당혹스러운 문제를 만난다. 이슬람교 신학자들이 그들의 신을 "그녀"(she)라고 불러야 한다고 주장할 사람은 아무도 없다: 이것은 타당한 것이다. 만약 그렇지 않다면, 이슬람교도들은 신학을 쓸 수 없을 것이다. 이러한 사정은 아주 최근까지 모든 유대인들에게도 마찬가지로, 분명히 오늘날에도 대다수의 유대인들에게 해당되는 것이라고 나는 생각한다. 힌두교 신들에 관하여 글을 쓰는 사람은 신

2) 나는 이러한 용법이 전적으로 본래적인 것은 아니라고 생각하게 되었다: cf. Lane Fox1986, 27; Hengel 1974, 266f.
3) Schürer 1973-87. 또한 cf. Goodman 1987.

들을 모두 무차별적으로 양성을 지닌 존재로 묘사하라고 우기는 사람은 없을 것이다: 어떤 신들은 분명히 남성이고, 어떤 신들은 분명히 여성이기 때문이다. 또한 고대 세계의 이교의 신들과 여신들은 그들의 숭배자들이 자신의 성별을 엉망진창이 되게 만들어 놓았다면, 결코 좋아하지 않았을 것이다. 역사를 다루는 저술 속에서는 유대인들의 신, 헬라-로마 세계의 신들, 초대 교회를 각각의 집단들이 적절하다고 생각했던 방식으로 지칭하는 것이 옳다고 나는 생각한다.

다섯째, 나는 복음서에 나오는 사건들이 일어난 무대인 중동의 해당 지역을 빈번하게 지칭할 필요성이 있게 될 것이다. 만약 이 지역을 "팔레스타인"으로 일관되게 지칭한다면, 나의 유대교 친구들은 아마 반대할 것이다: 만약 내가 이 지역을 "이스라엘"로 지칭한다면, 나의 팔레스타인 친구들이 무시당했다고 느낄지 모른다(그리고 결국 그 지역에 현재 살고 있는 본토박이 그리스도인들 대부분은 팔레스타인 사람들이다). 그러므로 나는 일관된 정책을 채택하지 않고 여러 표현들을 혼용함으로써, 관련된 모든 사람들의 정서와 두려움과 열망들을 민감하게 고려하고자 한 나의 바람과 내가 이 프로젝트의 첫 세 권을 작업하면서 1989년에 예루살렘에 있는 동안에 모든 진영들로부터 받았던 환대에 대한 나의 감사를 여기에 기록해 두어야 할 것 같다.

이제 이 첫 번째 권의 범위에 관해서 한마디 해 둘 차례가 된 것 같다. 이 책은 기본적으로 예수, 바울, 복음서에 관한 책들을 쓰면서 그 책들 앞 장들에서 압축하여 다루어야 할 수많은 문제들에 매달리지 않고 오직 본론적인 문제들에만 몰두하게 하기 위하여 미리 정지 작업을 하는 책이다. 그러므로 나는 이 책의 대부분에서 고도로 훈련된 전문가이기보다는 이 주제에 흠뻑 빠진 아마추어로서 글을 쓸 것이다. 나의 전공 분야는 예수와 바울이기 때문에, 한편으로는 해석학 및 신학 이론, 다른 편으로는 주후 1세기 유대교에 대한 연구에서는 열정을 지닌 국외자인 셈이다. 주석에 관심이 많은 사람들은 이 책의 많은 부분이 난해하고 불필요하다고 느낄 수도 있고, 내가 여기에서 아주 씩씩하게 끌어다 모은 자료들을 선별하는 데 일생을 바친 사람들은 중요한 문제들이 여전히 빠져 있다고 느낄지도 모르겠다(이것은 특히 제2부에 해당하는 말이다). 하지만 나는 신약학은 현재 방법론과 내용에서 극심한 혼란에 빠져 있기 때문에 유일한 소망은 처음으로 되돌아가는 것이라고 생각하기 때문에 이러한 영토들을 밟아보는 것이 꼭 필요하다고 생각하였다. 본서의 그 밖의 나머지 부적절한 부분들을 경감시키는 유일한 방법은 각각의 부(部)를 하나의 책으로 발전시키는 길뿐일 것이다.

따라서 길게 서술된 "연구사"를 찾는 독자들은 본서에 실망하기 쉬울 것이다. 그러한 연구사에 관한 내용을 채워 넣기 위해서는 본서의 분량을 현재보다 적어도 절반가량은 늘려야 한다. 나는 다른 글 속에서 신약학의 현재의 동향과 오늘날의 신약학 연구에서 구체적으로 문제가 되고 있는 쟁점들에 관하여 글을 썼고, 앞으로도 계속 그렇게 할 것이다.[4] 그러나 본서와 같은 저작 속에서는 몇몇 문제들을 그냥 지나칠 위험을 감수하고라도 대화 상대방을 고르는 일에서 매우 선별적일 수밖에 없다. 더 자세한 내용이나 논쟁들을 검토해 보기를 원하는 독자들은 그러한 것들에 유용한 수많은 책들을 참조하면 될 것이다.[5] 내 자신의 주장을 펼칠 때에 나는 적어도 함축적으로는 각주에 열거되어 있는 것보다 훨씬 더 많은 학자들과 대화를 펼쳐 나갔다. 거의 모든 면면마다 거기에 언급된 이차 자료들보다 두 배 내지 세 배 정도 많은 자료들을 열거하는 것이 가능했을 것이지만, 어느 지점에선가 선을 긋지 않으면 안 되었다. 나는 이전의 저서들에 대한 자세한 참고 문헌들을 싣고 있는 최근의 논의들을 우선적으로 다루었다.

여기서 내가 상당히 자주 사용하고 있는 "이야기"라는 범주에 관하여 한마디 해 둘 필요가 있을 것이다. 이 범주는 최근의 학문 연구에서 문학 비평에서만이 아니라 인류학, 철학, 심리학, 교육학, 윤리학, 신학 등과 같은 다양한 분야에서 그 성과가 이미 입증된 바 있다. 나는 어떤 사람들은 내가 이 범주를 사용하는 것을 별난 것을 좋아하는 성향으로 여길 수도 있다는 것을 잘 알고 있고, "이야기"가 포스트 모더니즘적인 비평의 중심적인 특징으로서 계몽주의의 반전통적, 반이야기적인 태도를 거부하고 있다는 것은 사실이다. 내가 이 범주를 사용한다고 해서 포스트 모더니즘 자체를 도매금으로 수용하고자

4) Neill and Wright 1988을 보라; 그리고 Anchor Bible Dictionary에 실린 "오늘날의 예수 연구"에 대한 나의 글도 보라.
5) 예를 들면, 신약성서 자료에 대해서는 Epp and MacRae 1989를 보고, 초기 유대교에 대해서는 Kraft and Nickelsburg 1986을 보라.

하는 것은 아니다. 오히려 그 정반대다: 포스트모더니즘에서는 "이야기"를 종종 시공간상의 실재(實在) 이외의 그 무엇에 관하여 말하는 수단으로 사용하는 반면, 나는 이야기라는 범주를 제2부에서 설명하고 있는 "비판적 실재론"에 의거한 인식론 속에 통합시켜서 문학 연구는 물론이고 역사와 신학 연구를 진전시키는 방식으로 사용하고자 하였다.

이제 마지막으로 경고의 말을 한마디 해 두고자 한다. 나는 학생들에게 내가 하는 말 중에 상당히 많은 부분이 아마도 틀렸거나 적어도 결함이 있거나 내가 당시에는 깨닫지 못한 어떤 점에서 왜곡이 있을 것이라고 자주 말한다. 그런데 정작 문제는 내가 어느 부분이 잘못되었는지를 모른다는 것이다: 만약 내가 알았다면, 나는 그것에 관하여 어떤 조치를 했을 것이다. 인생의 다른 분야들에서 유비(類比)를 찾아보는 것이 유익할 것이다: 나는 도덕적이고 실천적인 문제들에서 많은 실수들을 저지른다. 그러니 내가 내 생각이 그러한 실수들로부터 자유로울 수 있다고 생각할 수 있겠는가? 그러나 내가 어떤 사람에게 상처를 주거나 길거리에서 방향을 잘못 틀었을 때에는 통상적으로 금방 내 잘못을 알게 되는 반면에, 학문적인 신학의 세계 속에서 오류가 있는 견해들을 주장하는 경우에는 금방 모순에 부딪혀서 잘못을 알아 챌 가능성이 적다 (여기에 사용된 일인칭은 바울 서신에서 종종 그러하듯이 총칭으로 사용된 것이다). 우리 모두는 반론에 부딪혔을 때에 우리의 생각을 바꾸지 않고도 그 반론을 적절하게 대처하는 여러 가지 방식들을 갖추고 있다: 그러나 내가 쓴 내용 중 일부에 분명히 오류가 있을 것을 알기 때문에, 나는 내가 드는 증거들이 부적절하고 나의 논거들이 약하며 나의 결론들이 근거가 없는 그런 대목들을 발견한 사람들 — 틀림없이 그러한 사람들이 많을 것이다 — 의 말에 적절한 주의를 기울이고자 한다. 진지한 토론과 상반된 주장을 가지고 격돌하는 일은 학문을 하며 살아가는 일생에서 늘 있는 일이기 때문에, 나는 이 프로젝트의 결과로 그러한 일들이 많이 일어나기를 기대한다 — 물론 막상 지적당하면 조금은 당황해 하겠지만.

본서의 서술과 관련하여 기술적으로 세 가지 작은 문제들이 있다. 첫째, 나는 참고문헌난에 그 상세한 내용을 열거하고 각주에는 저자의 이름과 저서가 발간된 연대만을 기록하는, 요사이 점점 보편화되어가는 참고문헌 표기방식을 채택하였다(원본이나 초판본의 간행 연도가 가장 최근의 판본보다 2-3년 이상 앞선 경우에는 그 연도를 꺾쇠 속에 넣어서 표시하였다). 이렇게 함으로써 각주는 지나치게 길게 되지 않고 적절한 자리에 놓이게 된다. 둘째, 성경과 그 밖의 다른 자료들을 인용하는 경우에 나는 흔히 내 자신의 사역(私譯)을 사용하였다. 아무 표시가 없는 경우에는 내가 NRSV("주" 대신에 "야웨"를 사용한)를 사용한 것인데, 내가 이렇게 특정한 한 번역본을 사용한 것은 그 번역이 적절했기 때문이지 일관되게 하나의 특정한 번역본을 따르고자 하는 방침이 있었기 때문은 아니다. 셋째, 나는 의도적으로 고대 언어들에 대한 인용문을 최소화했고, 헬라어와 히브리어는 가급적 간단하게 음역하였다.

이제 원고의 여러 부분들을 읽어 주고, 비판과 격려를 해 주며, 온갖 종류의 제안들을 제시해 줌으로써, 나로 하여금 이 방대하고 쉽지 않은 프로젝트를 끝까지 수행할 수 있도록 해 주고, 이 프로젝트에 기여해 온 몇몇 친구들에게 감사할 일만 남았다. 본서의 여러 부분들을 읽고 비평해 준 분들로는 히브리 대학의 마이클 스톤 교수와 고(故) 사라 카민 교수, 노스캐롤라이나주 더럼에 있는 듀크 신학교의 리처드 헤이스 교수, 전 케임브리지 대학 교수였던 찰리 뮬 교수, 옥스퍼드 대학의 크리스토퍼 로울랜드, 로언 윌리엄스, 올리버 오도노번 교수 등이 있다. 이 마지막 세 분의 우정은 내게 옥스퍼드 대학에서 살며 일했던 것의 가장 큰 축복들에 속한다. 나는 특히 아직 간행되지 않은 작품들을 볼 수 있게 해 준 친구들에게 감사한다: 특히 더럼에 있는 세인트존스 칼리지의 안소니 씨슬턴 박사에게 감사하는데, 그의 주저인 *New Horizons in Hermeneutics* I을 나는 타자를 친 원고로 읽는 특권을 누렸다. 또한 학부와 대학원에 속한 나의 제자들에게 빚을 졌다. 그들은 여러 해에 걸쳐서 나의 생각들을 인내심을 가지고 들어주었고, 자주 날카로운 관찰들과 비평들을 해 주었다. 나는 이 프로젝트에 대한 그들의 열정과 그들이 이 프로젝트에 보여 준 세심한 배려, 그들이 오랫동안 기다려 준 인내심 — 그리고 지금도 기다리고 있다! — 에 대하여 SPCK와 Fortress의 편집자들 및 직원들, 특히 필립 로에게 감사한다. 데이비드 맥킨더, 앤드류 고다드, 토니 커민스는 모두 완성된 초고를 읽고 개선하고 분명히 해 주어야 할 여러 대목들을 지적해 주었는데, 이에 대해서 나는 깊이 감사를 드린다. 또한 내가 요청한 거의 모든 것을 해 주어서 본서를 내가 구상한 대로 조판할 수 있게 해 준 탁월한 소프트웨어인 Nota Bene의 제작자들에게 특별한 감사의 말을 전한다. 물론 크고 작은 실수들은 위에서 말한 그 누구의 것도 아닌 오직 저자만의 잘못이다.

제인 커민스, 엘리사벳 고다드, 루시 더펠은 본서를 집필한 수년에 걸쳐서 비서 및 편집과 관련하여 고품질의 도움을 내게 제공해 주었고, 특히 편집의 마지막 단계에서 캐슬린 마일스는 이 방대한 다루기 힘든 자료를 놀라운 수완으로 조직하고 명확히 했을 뿐만 아니라 복잡한 색인 작업을 맡아 주었다. 이 네 사람에게 감사하면서, 동시에 나는 빡빡한 대학 재정 속에서도 이들을 고용할 수 있는 기금을 마련해 준 분들에게 감사하고자 한다. 이와 관련하여 캘리포니아 오렌지 대학의 폴 젠슨 교수와 케임브리지 그리스도 대학의 마이클 로이드 목사를 특별히 언급하지 않을 수 없는데, 이들은 이런저런 수많은 방식으로 귀중한 지원과 격려와 실제적인 도움을 내게 베풀어 주었다.

제1권과 제2권의 주요한 초안, 제3권의 전반부는 1989년 여름 동안에 내가 예루살렘에서 안식년을 보내는 가운데 썼다. 이와 관련해서 나는 내게 안식년을 허락해 준 워스터 대학과 옥스퍼드 대학, 여행 편의를 제공해 준 레버험 트러스트에 감사할 뿐만 아니라 예루살렘에서 나를 후원해 주었던 분들, 즉 거기에서의 나의 교수 활동을 마련해 준 히브리 대학의 데이비드 세트런 교수와 자신이 사는 아파트에 기가 막힌 임시 숙소를 내게 주어서 가정 및 교회와 관련된 환경을 마련해 줌으로써 글쓰기에 완벽한 조건을 만들어 준 세인트 조지 성당의 수석 사제인 휴 와이브류 신부에게 감사한다. 또한 나는 마이클 로이드 목사와 앤드루 무어 목사, 수잔 길링엄 박사에게 깊이 감사하는데, 이들은 내가 이런저런 이유로 자리를 비운 동안에 내 일의 여러 부분들을 맡아서 돌보아 주었고, 특히 후자의 두 사람은 본서의 여러 부분들을 읽고 목회자로서의 촌철살인의 안목을 반영한 논평들을 제시해 주었다. 히브리 대학과 에콜 비블리크에 근무하는 사서들도 내게 큰 도움이 되었다: 고국으로 돌아와서, 보들레이안 도서관은 비록 자료는 적었지만 내게 편안하고 자유로운 저술 활동을 할 수 있는 장소가 되어 주었다. 또한 동양학과 신학부의 도서관들도 내게 큰 도움이 되었다.

늘 그렇듯이, 감사의 글에서 최고의 자리는 나의 사랑하는 아내와 자녀들의 밑받침에 돌아가야 할 것이다. 그들은 내가 집을 비우고 예루살렘에 가 있는 동안과 이 작업을 하는 동안, 그리고 그 밖의 다른 무수한 나의 출타와 이로 인한 힘든 압력들을 잘 참아 주었다. 해석학, 그리고 역사 자체가 독자와 증거

간의 상호작용에 관한 문제일 수밖에 없다면, 독자를 독자 되게 하고, 또한 독자가 마땅히 되어야 할 모습이 되게 하는 데 도움을 준 사람들은 그 결과로 생긴 읽기의 부분 건축자들로 인정되어야 할 것이다. 많은 점에서 이 프로젝트 전체에서 및 지난 10여 년 동안의 나의 신학적, 특히 해석학적 사고에 없어서는 안 되었던 한 분의 부분 건축자는 토론토 대학의 브라이언 월쉬 박사다. 그가 1991년 여름에 6주 동안 시간을 내서 나로 하여금 본서에서 아주 중요한 처음 다섯 장을 철저하게 다시 생각하고 다시 설계하도록 도운 것은 이 작업에 대한 그의 열정을 상징적으로 보여 주는 것이었다. 본서가 여전히 지니고 있는 많은 약점들은 오직 저자의 몫이다; 본서에 그 어떤 장점이 있다면, 그 장점들 중 몇몇은 비록 적절한 보상이 되지는 못할 것이지만 이 헌사에 반영된 이러한 학문적인 너그러움과 우정의 행위로부터 온 것이다.

N. T. Wright
Worcester College, Oxford
St Peter's Day
June 1992

제 1 부

서론

제 1 장

기독교의 기원과 신약성서

1. 들어가는 말

이스라엘의 땅덩어리는 작아서, 남에서 북으로 종단하고, 중앙 산지에서 그 측면 경계인 서쪽 바다와 동쪽 강을 두루 보는 데 채 며칠이 걸리지 않는다. 그러나 이스라엘 땅은 그 크기에 비해 아주 중요했다. 제국들은 이 땅을 놓고 싸웠다. 지난 4천 년 동안 평균 44년에 한 번꼴로 한 군대가 이 땅을 정복하거나 다른 나라로부터 구출하거나 다른 적과 싸우기 위한 중립적인 전투장소로서 사용하거나 다른 전투장소로 이동하기 위한 자연스러운 통로로 활용하기 위하여 이 땅으로 진군해 왔다.[1] 한때는 아름다운 곳이었으나 지금은 전쟁에 의해 두들겨 맞고 훼손된 곳들이 많이 있다. 그러나 아직 이 땅은 아름다운 땅으로 남아 있었고, 여전히 포도들과 무화과들, 우유와 꿀을 생산해내고 있었다.

신약성서는 이스라엘의 땅만큼 오랜 세상 경험을 가지고 있진 않지만, 여러 가지 점에서 두드러지게 이스라엘의 땅과 비슷한 구석들이 있다. 신약성서는 작은 책, 그 어떤 다른 거룩한 책보다 더 작아서, 하루나 이틀이면 충분히 통독할 수 있을 만큼 작은 책이다. 그러나 신약성서는 얄팍한 겉모습 속에 그 중요성을 숨겨 왔다. 신약성서는 거듭거듭 전쟁을 치르는 군대들을 위한 하나의 전투지였다. 때때로 군대들은 진군해 들어와서 그 보화들을 그들 자신이 쓰기 위해 약탈해 가거나, 별도의 몇몇 전략상으로 중요한 산지들, 특별히 성

---

1) 이 통계는 예루살렘의 Saint George 대학의 교수였던 David Praill 목사의 도움을 받았다.

지들이 필요해서 그 영토의 여러 부분들을 제국의 일부로 합병하기도 했다. 또한 때때로 그들은 진군해 들어와서 중립적인 영토에서 자신의 사적인 전투를 벌이거나, 하나의 책이나 단락에 대한 논쟁들을 빌려서 신약성서 및 그 관심사들과는 별 관련이 없는 두 세계관이나 철학을 놓고 전쟁을 치르는 편리한 장소로 사용하기도 했다. 신약성서의 구절들 중에는 그 깨어지기 쉬운 아름다움이 헬라어 어근과 신속한 설교 또는 정치적 선전 문구를 찾는 무자비한 주석자들에 의해서 짓밟힌 곳이 많다. 그럼에도 불구하고 신약성서는 여전히 섬세함과 웅장함, 눈물과 웃음으로 가득 찬 강력하고도 도발적인 책으로 남아 있다.

우리는 신약성서를 어떻게 다루어야 하는가? 신약성서가 전투지로서 사용되는 것을 막는다는 것은 좋은 일이 아니라는 점은 당연한 것으로 받아들일 것이다. 어떤 울타리가 아무리 튼튼하다고 해도 철학자들과 언어학자들과 정치가들과 일반적인 관람객들을 막아내기에는 역부족일 것이다; 그리고 그런 울타리라면 세우지 않는 편이 낫다. 좀도둑질하러 왔다가 눌러앉아서 순례자가 되는 이들도 많다. 이 책 전부나 또는 일부를 거룩한 울타리 안에 가두어 놓는 것은 주님의 비난을 불러올 일이다: 내 집은 만민이 기도하는 집이어야 한다. 신약성서를 오직 한 집단을 위한 것으로 묶어 놓으려던 과거의 시도들 — 학자들과 경건주의자들, 근본주의자들과 탁상머리에서 일하는 사회 활동가들에 의한 탈취 시도들 — 은 결국 이스라엘 땅에서 성지(聖地)들을 장악하려는 서글픈 싸움과 마찬가지로 꼴사나운 싸움질로 끝나고 말았다. 신약성서는 모든 사람들을 위한 지혜의 책인데도, 우리는 그것을 학자들의 소굴, 또는 협소하고 경직되고 배타적인 경건의 소굴로 만들어 버린 것이다.

넓게 보아서, 이 땅을 자신이 상속받고 이 책을 자신의 소유물로 만들기 위해 애써 온 두 집단이 있었다. 우리 시대에 이스라엘 땅에 대한 소유권을 주장하는 두 개의 주요한 집단들처럼, 이 두 집단 속에는 끈질기게 계속해서 타협안을 찾고자 하는 이들이 많이 있음에도 불구하고 이 땅으로부터 상대 진영을 완전히 제거하는 데 몰두하는 이들도 있다. 우리 앞에 놓여 있는 전반적인 과제 — 그 안에 포함되어 있는 작은 과제들(예수, 바울, 복음서에 대한 연구)은 말할 것도 없고 — 를 제대로 인식하려면, 우리는 양쪽 입장을 어느 정도 알지 않으면 안 된다.

한두 세기 전에 권력을 장악하고, 많은 주요 요새들(요직들, 유명한 출판사들 등)을 점령한 채, 신학적인 규범을 세우겠다는 부담을 떨쳐버리고 철저하게 역사적인 방법으로 신약성서를 읽어야 한다고 우기고 있는 사람들이 있다. 어떤 사람들이 특정한 구절이 자기들과 관련이 있고 다른 그 어떤 의미를 말해 주고 있다고 생각하든 말든, 본문들의 원래의 의미를 찾아내서 그 의미들을 가급적 주의 깊게 제시해야 한다고 그들은 말한다. 이러한 권력 독점에는 때로 오만함이 엿보인다. 외견상 힘을 지니고 있는 것으로 보이는 역사를 토대로 하고서, 그들보다 앞선 시대의 단순한 삶의 방식의 여러 부적절한 점들을 보여 준 다음에, 이 학자들은 과거에 포도밭이 있던 자리에 콘크리트로 된 무장 검문소들을 설치하고, 거리를 순찰하면서 과거의 단순한 방식들을 고집하는 이들을 괴롭히고 있다.

그리고 다른 한편에는 새로운 체제의 등장을 완강하게 저항해온 사람들이 있다. 어떤 사람들은 여전히 신약성서를 일종의 마법책, 곧 신약성서의 "의미"는 주후 1세기 저자들이 의도한 것과는 아무런 관련이 없고, 오늘날의 어떤 특정한 집단이 신약성서 속에서 어떤 특정한 종류의 영성이나 생활양식으로의 부르심을 듣게 된 방식과 주로 관련되어 있는 것으로 본다. 이러한 현상은 근본주의 안에서 가장 분명하게 나타나지만, 결코 통상적으로 근본주의로 불리는 집단들(대부분이 개신교 전통 속에 있는)에만 국한되어 있는 것은 아니다. 어떤 사람들에게는 신약성서는 찬송으로 부르고, 별도의 짧은 성구집(聖句集)으로 읽고, 공적 기도에서 사용하는 단순한 예식(禮式)의 일부일 뿐 그것 자체로 연구하거나 예전에 몰랐던 그 무엇을 발견할 수 있을 것이라는 희망을 가지고 씨름하는 책은 아니게 되었다. 신약성서는 정신을 확장시키기 위한 것이 아니라 영혼을 지탱해 주기 위하여 존재하는 것이라고 그들은 생각하는 것 같다. 그러한 태도들은 오만함에 대하여 오만함으로 대응하여서, 학자들로 이루어진 기득권 세력들이 통과할 수 없는 "출입 금지" 구역들을 설치하였고, 개인적인 경건이라는 돌들로 된 장애물들을 배치하였으며, 학자들의 포악무도한 행위들에 관한 이야기들을 서로 나누면서 사기(士氣)를 북돋아 왔다.

일상의 정치 세계에서 그런 것처럼, 한쪽이 완전히 옳고 다른 한쪽이 완전히 잘못되었다고 느끼기는 어렵다. 신약성서는 의심할 바 없이 특정한 시대에, 특정한 사람들에 의해 씌어진 책들의 모음집이다. 그리고 신약성서를 검은 가 죽으로 묶여졌고 "지도들이 포함된 완성판"[2]인 흠정역 성서로서 하늘로부터 떨어진 것처럼 대한다면, 우리는 오늘날의 이스라엘 사람들 중에서 1948년 이전에 일어난 일들에 대해서는 아무것도 모른 채 그저 만족해 하고 있는 사람들같이 될 것이다. 우리는 "우리의" 성경보다 훨씬 오래 전에 하나의 성경이 있었다는 것, 바울이 17세기의 영어가 아니라 헬라어로 말했다는 것을 망각하고 있을 수도 있다. 다른 한편으로 신약성서의 종교적이고 신학적이고 영적인 측면들을 모두 부차적인 것이라고 생각하고, 가령 근본주의 같은 것이 존재하기 때문에 우리는 어떤 유의 환원주의(reductionism)를 받아들임으로써 근본주의 같은 것을 피해야 한다고 생각하는 것은 유일하게 실제적인 문제는 여호수아서의 의미라는 것을 구실 삼아 이스라엘 땅의 현재의 문제들이나 긴장들을 무시하는 것과 같다. 한편으로는 사람들은 오늘날의 인식에 깊이와 또 다른 측면들을 제공해 주는 것으로서 역사의 중요성을 고수하는 것이 옳다고 하고, 다른 한편으로는 역사적인 서술이 불완전하다는 마찬가지로 정당한 주장을 편다. 사실 이 두 측면은 비교적 모더니즘적인 입장들을 옹호하고 있다고 할 수 있다. 즉, 한편으로는 계몽주의 이후의 합리주의, 다른 한편으로는 반계몽주의적 초자연주의. 이 두 측면은 다른 대안들이 있을 수 있다는 것과 18세기에 강요된 양자택일 식의 흑백논리가 거짓일 수 있다는 사실을 염두에 둘 필요가 있다.

우리가 조심하지 않는다면, 그 밖의 다른 지나치게 단순화된 주장들이 이 시점에서 몰려든다. 전쟁터에서 전투를 하고 있는 군인들 중에도 해묵은 과거의 주장들에 일차적으로 충성을 바치고 있는 이들이 일부 있다. 학문적인 것과 대중적인 것 사이의 분열은 18세기의 역사와 신학 간의 논쟁들보다 훨씬 더 깊은 뿌리들을 가지고 있는데, 그 뿌리들은 몬타누스주의자, 프란체스코회, 위클리프주의자(Lollard), 개신교, 퀘이커 운동, 그리고 그것들에 대한 반동(反動)들을 포함한다. 기독교 신앙을 기본적으로 외형적이고 물질적인 표지들에 관한 문제로 이해하는 사람들과 기독교 신앙을 내면의 빛의 문제라고 이해하는 사람들 사이의 말다툼은 거의 사시사철 계속되고 있다; 그래서 단순한 경건을 내세우는 이들을 신앙은 항상 "이해를 추구해야" 한다고 주장하는 이들

---

2) 대주교 Michael Ramsey가 1980년에 케임브리지 대학에서 행하였던 강연.

로부터 갈라놓는 깊은 불신(不信)이 존재한다. 이 모든 진영의 전사들은 현재의 주장을 끝까지 지지할 마음이 있는 것은 아니지만 그것을 그들 자신의 기호(嗜好)에 가장 근접한 것으로 보고, 현재의 전투에 끼어들었을 것이다. 또한 (적어도 이론상으로는) "중립적인" 국외자들로서 신약성서에게 다가오는 유엔 참관단 비슷한 사람들도 있다: 이런 사람들은 이따금 전쟁터를 돌아보고 전사들에게 그들이 모두 실수하고 있다고 말해 주는 문학 이론가들 또는 고대 역사가들이다.[3]

그렇다면, 이 이상하고 강력한 작은 책을 어떻게 다루어야 하는가? 현재의 이 프로젝트 전체는 물론 논란이 있을 것이 당연한 한 무리의 대답들을 제시하기 위한 것이다. 그러나 이 단계에서 최초의 — 비록 피상적일지라도 — 합의를 이루기 위한 목적으로 뭔가를 매우 일반적인 견지에서 말해 두어야 할 것 같다. 물론 이 책 또는 그 어떤 책을 가지고 무엇을 할지는 각 사람의 자유다. 셰익스피어의 한 권의 책을 탁자 다리를 받치는 데 사용할 수도 있고, 철학 이론의 토대로 사용할 수도 있다. 그러나 그 책을 연극 공연을 위한 대본으로 사용하는 것이 앞에서 말한 것들보다 훨씬 더 진정한 용도라는 것을 알기는 어렵지 않다(물론 "현대풍의 의상"이 다른 "시대"의 의상보다 더 적절한지 아닌지에 관한 추가적인 문제들을 불러일으키긴 하지만). 셰익스피어의 작품을 연극 공연을 위해 사용하는 것이 일반적으로 적절하다는 것은 별로 많은 논증이 필요하지 않다.

그렇다면, 신약성서는 어떻게 해야 하는가?[4] 이것이 바로 우리가 묻는 물음이다. 신약성서는 그 의미들을 충분히 들을 수 있는 공명(共鳴) 시설과 적절한 배경 속에서 읽고 이해해야 한다고 나는 주장한다. 신약성서는 가능한 한 왜곡 없이, 또한 가능한 한 여러 차원의 의미에 귀를 기울이는 가운데 읽혀져야 한다. 신약성서는 그것이 들려주는 작은 이야기들과 큰 이야기를 이야기와 상관없는 "개념들"을 장황하게 설명하는 방식들로서가 아니라, 이야기들 자체로 읽혀져야 한다. 신약성서는 그것이 무엇을 말하려고 한다는 것을 우리가

---

3) 상당한 도움을 주었던 두 사람은 Kermode(예를 들어, 1968, 1979)와 Sherwin-White(1969[1963])이다.
4) Young 1990은 음악 공연의 유례(類例)를 들어서 비슷한 문제를 제기한다.

이미 알고 있다는 전제 없이, 또한 "우리" ─ 그것이 어떤 집단이든 ─ 가 이미 이런저런 구절, 책, 또는 저자에 대하여 조상 대대로의 권리들을 갖고 있다는 것을 전제하는 오만감 없이 읽혀져야 한다. 그리고 충분한 적절성을 확보하기 위하여, 신약성서는 그것이 제시하는 드라마를 작동시키는 방식으로 읽혀져야 한다. 이 프로젝트에 속한 여러 책들은 이러한 요구들을 제대로 다루는 읽기를 공들여 만들어내고자 하는 시도이다.

2. 과제

(i) 악한 소작 농부들을 어떻게 할 것인가?

그렇다면 우리의 과제의 성격은 어떠한가? 땅을 놓고 서로 싸우는 또 하나의 예화를 가지고 논의를 시작하는 것이 도움이 될 것이다:

> 한 사람이 포도원을 만들고 산울로 두르고 즙 짜는 구유 자리를 파고 망대를 짓고 농부들에게 세로 주고 타국에 갔더니 때가 이르매 농부들에게 포도원 소출 얼마를 받으려고 한 종을 보내니 저희가 종을 잡아 심히 때리고 거저 보내었거늘 다시 다른 종을 보내니 그의 머리에 상처를 내고 능욕하였거늘 또 다른 종을 보내니 저희가 그를 죽이고 또 그 외 많은 종들도 혹은 때리고 혹은 죽인지라 오히려 한 사람이 있으니 곧 그의 사랑하는 아들이라 최후로 이를 보내며 가로되 내 아들은 공경하리라 하였더니 저 농부들이 서로 말하되 이는 상속자니 자 죽이자 그러면 그 유업이 우리 것이 되리라 하고 이에 잡아 죽여 포도원 밖에 내어던졌느니라 포도원 주인이 어떻게 하겠느뇨 와서 그 농부들을 진멸하고 포도원을 다른 사람들에게 주리라 너희가 성경에 건축자들의 버린 돌이 모퉁이의 머릿돌이 되었나니 이것은 주로 말미암아 된 것이요 우리 눈에 기이하도다 함을 읽어 보지도 못하였느냐 하시니라.[5]

이와 같은 텍스트를 가지고 무엇을 할 수 있는가? 우리가 이 문제에 어떻게 답해야 할지를 알기 위해서라도, 우리는 우리 주변의 문화적 혼돈상황이 우리

---

5) 막 12:1-11.

에게 가해 오는 압박들을 알지 않으면 안 된다. 우리는 서구 문화의 중요한
변화 및 동요의 시기에 살고 있다: 모더니즘에서 포스트모더니즘으로; 계몽주
의적 이원론들에서 "뉴 에이지"(New Age)적인 범신론들로; 실존주의에서 새
로운 형태의 이교 사상으로. 상황을 더 혼란스럽게 만드는 것은 이러한 모든
요소들이 동일한 도시, 동일한 가족, 때로는 동일한 생각과 상상력 내에서 나
란히 공존한다는 것이다. 우리가 묻는 질문들은 세계관들 및 그 안에서의 인
간의 과제의 성격에 관한 온갖 종류의 전제들에 따라 그 대답이 달라진다는
것을 아는 것이 중요하다. 이러한 질문들에 대한 합의의 가능성은 존재하지
않기 때문에, 유일한 길은 적어도 처음에는 가급적 많은 방향들을 살펴보며
조심스럽게 헤쳐나가는 것이다.

　우리는 네 가지 유형의 읽기를 생각해 볼 수 있는데, 이것들은 우리가 곧
좀 더 자세하게 살펴보게 될 신약성서 읽기의 역사 속에서의 네 가지 운동들
을 예시해 줄 것이다. 네 가지 읽기 방식(비평 이전의 읽기, 역사적 읽기, 신학
적 읽기, 포스트모더니즘적인 읽기)은 지난 수 세기 동안 서구 문화의 역사
속에서의 세 가지 운동들과 대체로 대응된다. 첫 번째 읽기는 18세기의 계몽
주의 이전 시기에 속한다; 두 번째 읽기는 종종 "모더니즘" 또는 "근대성"으
로 알려져 있는 계몽주의의 주요한 강조점에 속한다; 세 번째 읽기는 두 번째
에 대한 교정책으로서, 여전히 계몽주의적 세계관의 틀 안에 있다; 네 번째
읽기는 계몽주의적 세계관이 다방면으로부터 문제제기를 받고 붕괴되기 시작
한 최근의 시기에 속하는 것으로서, "포스트모더니즘적인" 읽기로 알려지게
되었다.[6]

　이 비유를 읽는 첫 번째 방식은 성경을 거룩한 글로 믿고 성경이 그 역사적
배경 속에서 무엇을 의미했는지에 관한 질문을 제기하지 않은 채 그저 성경
본문을 읽어나가면서 하나님의 음성을 듣고자 하는 기도파 그리스도인들의
읽기이다. 그들은 그들 자신을 하나님의 아들을 알아보지 못했다는 이유로 책
망받아야 할 소작 농부들로 보기도 하고, 핍박 상황에서는 그들 자신 및 그들

---

6) 계몽주의 세계관의 붕괴에 대한 분석은 Gilkey 1981; Louth 1983; MacIntyre
1985; Gunton 1985; O'Donovan 1986; Meyer 1989; Newbigin 1989; Milbank 1990
을 보라. 그 외에도 많다.

의 교회를 사실상의 실권을 쥔 주인들에 의해서 거부당했지만 결국에는 신원을 받게 될 선지자들과 동일시하기도 한다. 이러한 비평 이전의 접근방법은 성경 본문의 권위를 진지하게 받아들이려는 것이지만, 오늘날 앞에서 말한 세 가지 읽기 방식과 대응하는 (적어도) 세 가지 근거 위에서 비판을 받는다: 이 읽기는 성경 본문을 역사적으로 진지하게 취급하지 못하고 있고, 성경 본문을 신약성서의 신학 전체 속에 통합시키지 못하고 있으며, 성경 자신의 전제들과 관점들에 대한 비평(批評)이 결핍되어 있다는 것이다.

이러한 반론들 각각을 수용한다면, 우리는 역사적 접근방법으로 나아갈 수밖에 없다. 일차적으로 역사의 중요성을 역설하는 계몽주의와 연관이 있는 이 접근방법은 일련의 질문들을 던질 것이다. (1) 예수는 실제로 이 비유를 말씀하였는가, 그리고 만약 그랬다면 그는 이 비유를 무슨 의도로 말씀하였는가? 이 비유가 당시의 청중들에게 무슨 뉘앙스를 지니고 있었는지를 밝혀내 줄 수 있는 이와 비슷한 주인과 농부들에 관한 이야기들이 유대교 전승 속에 존재하였는가? (2) 초대 교회는 이 비유를 설교 속에서 어떻게 사용하였는가? 이 비유는 새로운 상황 속에서 어떤 새로운 의미를 지니고 있었으며, 이를테면 예수가 하나님의 아들이라는 것을 부각시키기 위한 그 어떤 필요에 맞춰서 개작되었는가? 이 비유는 예수가 실제로 말씀한 것들로는 충족될 수 없었던 어떤 필요에 따라 완전히 날조된 것은 아니었는가? (3) 복음서 기자는 자신의 작품 속에서 이 비유를 어떻게 사용하였는가? 이 서사(敍事)에서 예수가 성전에서 극적인 행동을 취함으로써 이 이야기가 십자가 처형을 향하여 이제 치달아가고 있는 대목에 이 비유를 배치함으로써, 이 비유는 어떤 새로운 색깔을 얻고 있는가? 복음서 기자는 이러한 목적들을 위해서 이 비유를 수정하고 개작하였는가? 이러한 세 가지 접근방법들은 대체로 각각 (1) 이른바 복음서들에 대한 역사 비평학, (2) 양식 비평 및 자료 비평, (3) 편집 비평에 해당한다. 나는 아래 제4부에서 이 접근방법들을 좀 더 자세하게 다룰 것이다. 대부분의 학자들은 그러한 질문들이 성경 본문에 대한 진지한 읽기에 여전히 필수불가결하다는 데 동의할 것이다.

또한 그 밖에도 열매가 있다는 것이 입증될 수 있는 여러 차원의 역사적 탐구가 존재한다. 만약 우리가 이 비유를 현재의 문맥 바깥에서 생전 처음으로 들었다면, 우리는 이 비유를 잘 믿기지는 않지만 실제로 일어난 사건에 대한 역사적 또는 유사(類似) 역사적인 기사(記事)라고 생각할 것이다. 아마도 이 비유는 당시의 사회사(社會史)의 차원에서 흥미로울 것이다. 그러나 우리는 역사적 수단을 통해서 이 자료 자체 속에서 이 이야기를 "문자 그대로 받아들일" 수 없는 표지들을 발견하게 된다. 이 이야기가 실제로 일어난 사건일 가능성이 희박하다는 사실은 이 이야기가 그 표면적인 의미가 시사해 주는 것 이상의 것을 말하기 위하여 사용되고 있다는 것을 보여 준다. 이 비유를 그 중심적인 인물이 그러한 많은 이야기들을 하는 서사의 맥락 속에 놓는다면: 이러한 이야기들에 "비유"라는 장르 명칭이 주어진다면: 이 서사가 이와 비슷한 다른 이야기들을 이미 담고 있는 전승(예를 들어, 사 5:1-7) 속에 있다는 것을 발견한다면, 그때에는 우리는 이 비유를 그 표면적인 의미가 아니라 뭔가 다른 의미를 지닌 메타(meta) 이야기로 읽는 것이 최선이라는 올바른 결론을 내리게 된다. 이 모든 논의들은 이 본문에 대한 역사적 읽기, 즉 이 비유를 그 적절한 역사적 배경에 "놓으려는" 시도 속에서 이루어진다.

그러한 역사적 읽기는 세 가지 근거 위에서 도전을 받게 될 것이다. 첫째, 이렇게 읽은 본문이 어떻게 오늘날의 교회 또는 세계에 대하여 "권위"를 지닐 수 있는지가 이 모든 것들로부터 분명치가 않다는 것이다. 하지만, 신약성서를 읽은 사람들의 거의 대다수는 바로 그러한 기대, 즉 본문의 권위를 기대하고 본문을 대한다는 것은 엄연한 사실이다. 둘째, 이것은 얼핏 보면 성경 문서들의 신학에 관한 질문들을 불러일으키지 않을 것이다: 그러나 지금은 그러한 질문들이 적절함과 동시에 필수적이라는 데 사람들은 일반적으로 동의할 것이다. 셋째, 우리가 "실제로 일어난 일"로 거슬러올라가서 마침내 "객관적인" 역사적 진실에 도달할 수 있다고 생각하는 것은 지나치게 낙관적인 생각일 수 있다. 이 모든 이유들로 인해서, 역사 비평학은 특히 지난 수백 년에 걸쳐서 성경 본문들에 대한 신학적 연구를 포함시키는 방향으로 확대되어 왔다.

신학적 접근방법은, 겹치긴 하지만 서로 다른 몇 가지 질문들을 던진다. 이 비유의 근저에 있는 신학은 무엇인가? "아들"에 관한 묘사가 함축하고 있는 기독론은 어떤 것인가? 이 비유는 마가(또는 마태 또는 누가 또는 초대 교회)의 전체적인 신학적 진술 내에서 어디에 속하는가? 금세기 중엽에 루돌프 불트만(Rudolf Bultmann)에 의해서 잉태된 "신약성서 신학" 프로젝트로부터 생겨난 이러한 질문들은 최근에 대유행이 되어 왔다. 이러한 질문들에 대하여 권위의 문제와 역사의 문제를 포함하는 방식으로 대답하는 것이 가능하긴 하지만, 마찬가지로 "규범적인" 진술이나 "역사적인" 진술을 "단순한 마태 신학의 한 측면"으로 상대화시킴으로써 이 둘을 간단하게 회피하는 방식으로 대답하는 것도 가능하다. 그리고 이 방법론이 자신의 읽기와 관련된 과정들에 좀 더 주의를 기울여야 한다는 최근의 비평가들의 쓴소리를 진지하게 받아들여 왔는지도 분명치 않다.

네 번째이자 마지막 접근방법은 최근에 등장한 이른바 포스트모더니즘적인 문학 비평가들의 방법론이다. 한편으로는 비평 이전의 경건을 거부하고, 다른 한편으로는 계몽주의의 역사적 접근방법을 거부하는 이 비평은 읽기 과정 자체를 검토해야 한다고 역설한다. 우리가 이 본문(텍스트)을 읽을 때, 우리는 무엇을 하고 있는 것인가? 나는 전제(前提)라는 방식을 통해서 이 본문에 무엇을 가져오고, 그 본문을 읽음으로써 나는 어떤 방식으로 변화되는가? 이 질문에 대한 대답은 부분적으로는 예수가 실제로 이 비유를 말했다고 내가 생각하느냐의 여부에 달려 있겠지만, 그러한 역사적 질문은 나 및 나의 읽기와 관련된 진정한 질문에 비하면 부수적인 것일 뿐이다. 다른 프로젝트들이 옳다는 것을 입증하고자 할 때에 부딪치는 어려움 때문에 반사적으로 이러한 문제제기가 힘을 얻는 것이라면, 그러한 승리는 자연스러운 반론들을 희생시키고 얻어진 것이 될 뿐이다: 나는 결국 내게 무슨 일이 일어나고 있는지를 발견하게 되겠지만, 사실 나는 내가 하나님, 예수, 초기 그리스도인들에 관하여 뭔가를 발견하게 될 것이라고 생각하였다. 나는 그러한 가능성들을 포기해야 하는가? 그러한 읽기는 권위, 역사, 신학과 공존할 수 있는가? 아마도 이러한 문제점들 때문에 포스트모더니즘적인 문학 이론은 아직 주류 성서학 분야에 많이 진입해 들어오지 못해 왔지만, 곧 그렇게 될 것이라고 생각할 만한 충분한 이유가 있다.[7]

이러한 서로 다른 접근방법들을 나란히 병치시킬 때에 생겨나는 문제점들은 흔히 한 가지 특정한 문제, 즉 어떤 의미에서 정통 기독교적인 것을 추구하는 읽기와 역사에 대한 충실함을 추구하는 읽기 간의 긴장관계에 집중된다. 모더니즘적인(포스트모더니즘과 반대되는) 독자들은 두 가지 서로 상충하는

---

7) 아래 제3장을 보라.

압력 하에 있어 왔다. 첫째, 모든 도그마는 역사라는 잣대에 비추어 검증되어야 한다는 계몽주의의 고집이 존재한다. 예를 들면, 신약학 분야에서 계몽주의의 대표자 가운데 한 사람이었던 라이마루스(H. S. Reimarus, 1694-1768)는 예수가 통상적인 유대인 혁명가였다는 것과 이러한 사실로 인해서 정통 기독교는 설 땅을 잃었다고 믿었다. 둘째, 말하자면 본디오 빌라도가 사도신경 속에 나온다는 것, 즉 기독교의 신앙과 삶에 중심적인 사건들은 시공간을 떠난 실체라는 견지로 환원될 수 없고, 실재 세계 안에서 일어난 사건들과 결부되어 있다는 기독교의 고집이 존재한다. 기독교가 역사에 뿌리를 박고 있다는 것은 타협의 대상이 아니다; 우리는 역사는 신앙에 문제를 제기할 수 없다고 말함으로써 계몽주의의 비판을 벗어날 수 없다(적어도 초기 영지주의로부터 최근의 신학자인 폴 틸리히에 이르기까지 그러한 시도들은 대체로 이 문제에 답하기보다는 회피하는 것으로 여겨져 왔다).

난점 중의 일부는 계몽주의의 상속자들이 전통적인 기독교를 규탄하는 데 지나치게 격렬한 목소리를 내어 왔고, 기독교는 흔히 지나치게 아무런 동요 없이 꿈쩍도 하지 않은 채 오만하게 이러한 새로운 문제 제기 및 그 대답들을 거부하고 기존의 입장을 완강하게 옹호하여 왔다는 것이다. 그리스도인들은 흔히 자신들이 계몽주의의 공격에 저항하는 일이 곧 기독교를 옹호하는 일이라고 생각해 왔다; 그러나 소위 정통 기독교가 옹호해 온 것은 흔히 그 자체로 다른 것들과 마찬가지로 특별히 "기독교적"이라고 할 것도 없는 계몽주의 이전의 세계관일 가능성도 충분히 있다. 신약성서라는 포도원에서 진정한 소작 농부들은 과연 누구인가? 그리고 그들의 책임은 어떤 것인가? 포도원을 찬탈자들의 약탈로부터 구하러 온 선지자 무리로 여겨질 권리는 과연 누가 갖고 있는가?

이것이 이 프로젝트 전체의 심장부에 놓여 있는 역설이다. 계몽주의는 다른 모든 것들보다 더 정통 기독교에 대한 비판으로 시작되었지만, 기독교에 진정한 역사, 그 필연적인 뿌리들을 상기시키는 수단으로 기능할 수 있고, 또 많은 점에서 그렇게 기능하여 왔다. 기독교가 역사를 두려워하고, 우리가 진정으로 주후 1세기에 무슨 일이 일어났는지를 발견한다면 우리의 신앙이 무너질 것이라고 생각하여 기겁을 한다. 그러나 역사적 탐구가 없다면, 기독교의 신은 말할 것도 없고 예수를 자신의 구미에 맞게 각색하곤 하는 기독교의 성향(性

向)을 막을 길이 없다. 마찬가지로 기독교는 학문적인 연구를 두려워하였기 때문에, 지적 모험(venture)을 내세웠던 계몽주의에 맞서 믿음의 단순성으로 대응하여 왔다. 그러나 사랑 없는 학문이 아무런 열매도 맺지 못하고 메마르는 것이라고 할 때, 학문 없는 열정은 맹목적인 오만이 되기가 십상이다. 또한 기독교는 초자연적인 신앙을 합리주의의 범주들로 축소시키는 것을 두려워해 왔다. 그러나 "초자연적인" 것과 "합리적인" 것을 날카롭게 구별하는 것 자체가 계몽주의적 사고의 산물이고, "합리적인" 것 또는 "자연적인" 것을 희생시키고 "초자연적인" 것을 강조하는 것 자체가 계몽주의 이후의 합리주의의 강령 — 계몽주의를 무시하는 것이 아니라 단순하게 시인하는 — 보다 더 깊은 차원에서 계몽주의 세계관에 항복하는 것이다.

그러므로 기독교가 18세기 및 그 이후의 세기들의 "모더니즘적인" 도전을 무시하거나 상대화시키는 것은 불가능하다. 물론 이것은 우리가 계몽주의의 비판을 무조건 수용해야 하고, 그 문제 제기를 책상 위에 비치해 놓아야 한다는 것을 의미하지는 않는다. 나중에 내가 다시 논증하겠지만, 계몽주의에 대한 포스트모더니즘의 비판은 계몽주의의 야심들을 아주 적절하게 제약을 가하고 있긴 하지만, "모더니즘적인" 프로젝트를 모조리 틀렸다고 하지는 않는다(일부 학자들의 생각과는 달리). 소작 농부들 간의 말다툼이 진행되는 동안에, 주인을 대변한다고 자처하는 대담한 사람이 나올 것이다.

이 모든 것은 매우 부정적으로 들릴 수 있다. 서구 문화의 현 시점에서 신약성서를 진지하게 읽는다는 것은 너무 문제가 있는 말로 들려서, 어떤 사람들은 그것을 포기하는 것과 같다고 느낄지도 모르겠다. 포도원에는 사람이 넘쳐나지만, 열매는 없다. 그러나 이러한 반응도 마찬가지로 부적절한 것이다. 자신의 관점이 무엇이든, 중요한 것은 성경 본문이다. 신약성서와 관련된 기독교적인 주장들이 진실에 가깝다고 해도, 우리는 신약성서를 그리스도인들이 오늘날의 세계로부터 피신하여 숨을 수 있는 안전한 동산으로 여겨서는 안 된다. 신약성서는 오늘날의 세계에 대한 창조주 신의 도전이자 대답의 일부로서 기능하여야 한다. 그러나 신약성서에 관한 기독교적 주장들이 잘못된 것이라면, (18세기 이래로 비평학자들이 말해 왔듯이) 그 결함들은 빨리 지적되면 될 수록 좋은 일이다. 그러므로 자기가 기독교적 관점을 가지고 있든, 비기독교적인 관점을 지니고 있든, 성경 본문에 대한 철저한 검토는 반드시 행해야 하는 필수적인 책임에 속한다.

이러한 모든 당혹스러운 것들 근저에는 우리가 피할 수 없는 두 가지 질문이 놓여 있다고 나는 생각한다: (1) 기독교는 어떻게 시작되었고, 왜 그러한 모습을 띠게 되었는가? (2) 기독교는 무엇을 믿으며, 그것은 과연 의미가 있는 것인가? 그래서 이 프로젝트 전체의 "명칭은 기독교의 기원과 하나님 문제"가 된다. 뻔한 말이지만, 이 두 질문은 그 자체 속에 신약성서에 관한 문제를 내포하고 있다. 우리가 초기 그리스도인들은 왜 그러한 글을 썼느냐고 묻는 것은 첫 번째 질문에 속한다. 우리가 신약성서가 말하고 있는 것과 그리스도인들이 믿는 것 간의 역동적 관계 — 그리고 그러한 신념들은 통일성이 있는가 하는 추가적인 문제 — 를 탐구하는 것은 두 번째 질문에 속한다.

(ii) 질문들

우리가 제기한 두 가지 주된 질문들은 좀 더 세부적인 질문들로 나뉜다. 먼저 우리는 이러한 본문들에 대한 문학적인 연구와 관련된 질문들을 제기할 수 있다. 무엇이 본문에 대한 적절한 읽기라 할 수 있는가? 우리는 그것을 어떻게 알 수 있는가? 교회의 공적, 사적 경건에서 오랜 세월 동안 제도화되어 왔고 심지어 신성시되어 왔던 신약성서 읽기 방법론들을 보면, 우리는 그러한 읽기들이 과연 성경 본문들을 제대로 다루고 있는지, 예를 들어, 마가복음 같은 책 속에서 한 단락 또는 여러 구절들을 그 문맥에서 떼어내어 읽는 것이 과연 잘 하는 일인지를 묻지 않을 수 없게 된다. 우리는 적절한 읽기를 찾고 있지만, 현재로서는 무엇이 적절한 읽기인지에 대한 그 어떤 합의도 존재하지 않는다.

다음으로 일련의 역사적 질문들을 보면, 우리는 예수, 바울, 복음서에 초점을 맞춘 쟁점들을 발견한다. (a) 예수는 누구였고, 그는 어떤 의미에서 "기독교"의 시작에 책임이 있는 것인가? 그의 목표는 무엇이었고, 그는 무엇을 성취하고자 했으며, 왜 그는 죽었고, 왜 교회(우리가 지금 그렇게 부르고 있다)가 탄생했는가? (b) 바울은 "기독교"의 진정한 창시자였는가, 아니면 원래의 메시지를 훼손시킨 인물이었는가, 또는 예수에 대한 진정한 해석자였는가? 바울로 하여금 그러한 이례적이고 힘든 작업을 수행하도록 동기를 부여해 준 신념(신앙)체계의 구조와 내용은 무엇이었는가? (c) 복음서들은 왜 현재의 모습을 띠고 있는가? 복음서들은 예수 및 바울과 관련하여 어디에 서 있는가? 이러한 일련의 세 가지 질문에 답하면서, 우리는 이 질문들을 서로서로 연관시킬 수 있는가? 우리는 초기 그리스도인들 모두를 이런저런 방식으로 꿸 수 있는 사상 노선을 그릴 수 있는가, 만약 있다면, 어떻게 그렇게 할 수 있는가? 이러한 것들은 우리가 반드시 살펴보아야 하는 질문들이다 — 히브리서 또는 『디다케』(Didache), 도마복음서 같은 비정경적인 저작들의 기원과 신학 같은 그 밖의 중요하고 흥미로운 질문들은 말할 것도 없고. 이러한 질문들은 주후 1세기와 거기에서 우리가 부딪치는 이례적인 현상, 즉 종교라거나 분파라 불렸고 그 추종자들에 의해서는 "그 도"(the way)로 불렸던 극히 강력한 새로운 운동의 등장을 이해하고 제대로 다루고자 하는 모든 역사가에게 그들의 이데올로기나 문화적 배경과는 상관 없이 열려 있다.

어떤 관점에서는 우리가 초기 기독교에 관한 역사적 질문들에 답하기 위하여 신약성서를 깊이 있게 연구할 필요가 있게 된 것은 불의의 사고(事故)라 할 수 있다. 왜냐하면 그리스도인들이 쓴 책들은 이따금씩만 참조해도 될 만큼 거의 완벽한 다른 기록들이 남아 있었다면, 굳이 그럴 필요가 없었을 것이기 때문이다. 물론 이러한 주장에 반대하고, 사건들은 오직 신앙의 눈을 통해서만 이해할 수 있기 때문에, 신약성서에 부족한 것이라고는 아무것도 없다고 말하고 싶은 사람들도 있을 것이다 — 그들은 이 점을 우리에게 분명히 말해주기 위하여 신약성서를 제외한 그 밖의 다른 거의 모든 증거들을 없앤 것은 바로 하나님의 섭리였을 것이라고까지 말할지도 모른다. 나는 이것은 증거들을 미리 요리하고 있다는 냄새가 난다고 생각하지만, 그러한 반박은 본서의 연구가 상당 부분 진행된 다음에야 제시하는 것이 옳을 것이다. 그러나 우리가 여기에서 어떤 대안을 선택하든, 이 두 번째의 일련의 질문들은 통상적으로 "역사"로 생각되는 것 속에 확고하게 머물러 있다. 우리는 이 모든 것에 의해서 제기되는 방법론적 문제들을 제4장에서 살펴보게 될 것이다.

그러나 본 프로젝트를 통해서 다양한 방법으로 답해야 할 세 번째의 일련의 질문들이 있다. 기독교의 신학은 무엇인가? 어떻게 해야 기독교 신학은 초창기와 마찬가지로 오늘날에도 동일한 것으로 남아 있을 수 있는가? 그러한 연속성은 단순한 가능성이 아니라 실현 가능한 것인가? 무엇을 규범적인 기독교라고 해야 하는가? 우리는 그것을 어떻게 아는가? 우리가 알고 있는 세계를 이해할 수 있게 해 줌과 동시에 초기 그리스도인들의 세계관과 적절하고도 인식 가능한 연속선상에 있는, 오늘날의 인류에게 가능한 세계관이 존재하는가? 우리는 무엇이 참된 신앙이자 삶인가에 대한 권위 있는 진술을 추구해야 하는가, 만약 그렇다면, 우리는 그것을 어디에서 찾을 수 있는가? 그것은 오늘날의 교회와 세계에서 어떻게 재현될 수 있는가? 그리고 이 모든 질문들의 근저에 있는 질문: 우리가 "신" 또는 "하나님"이라고 말할 때, 그 말은 무엇을 의미하는가?

어떤 사람들(대부분 자칭 역사가들)은 이러한 일련의 질문들을 역사적인 질문들과 결코 뒤섞어서는 안 된다고 항의할 것이다.[8] 어떤 신학자들은 이 경고를 진지하게 받아들여서, 기독교의 초창기와 관련된 역사적 질문에는 거의 신경도 쓰지 않은 채 기독교 신학에 관한 글을 써 왔다.[9] 그럼에도 불구하고 기독교 신학을 서술하고자 해 왔던 대부분의 사람들은 역사적 질문들에 어느 정도의 지면을 할애하는 것이 적절하다고 느껴 왔고,[10] 신약성서를 역사적 관점으로부터 진지하게 읽어서 그런 식으로 글을 써 온 사람들의 거의 대부분은 이런저런 방식으로 광범위한 대답들을 요구하는 신학적 질문들에도 마찬가지로 답변하려고 해 왔다는 것은 사실이다.[11] 당연히 이러한 질문들은 서로서로 뒤섞여서 서로 영향을 미치면서 왜곡을 불러왔다. 통상적으로 이런 과정에서 다양한 신학적 또는 실용적인 과제들이 시대착오적으로 주후 1세기로 거꾸로 투영되면서 역사는 심하게 손상을 입었다.[12] 그러나 다행히도 이러한 위기로 인해서 그 밖의 사람들은 문학, 역사, 신학 — 즉, 초기 기독교 문헌, 기독교의

---

8) 예를 들어, Vermes 1973a; Sanders 1985.

9) 예를 들어, Macquarrie 1966. 기독론에 관한 그의 좀 더 최근의 저서(1990)는 몇 가지 점에서, 그러나 오직 몇 가지 점에서만 이것을 보충하고 있다.

10) 예를 들어, Pannenberg 1968 [1964]; Moltmann 1990.

11) 예를 들어, Bultmann에서 Perrin과 Käsemann, Lightfoot에서 Dodd와 Moule, Schweitzer에서 Sanders, Montefiore에서 Klausner, Vermes, Maccoby에 이르기까지 신약학계의 여러 노선들. 이러한 운동들에 대해서는 Neill and Wright 1988, passim.을 보라.

12) 우리는 극단적인 예들로서 Rivkin 1984과 Maccoby 1986, 1991 같은 몇몇 유대교 변증론자들 또는 Gerhard Kittel 같은 몇몇 기독교 변증론자들의 작품을 들 수 있다. 이들에 대해서는 MacKinnon 1979, ch. 9을 보라.

기원, 기독교의 신에 관한 질문들 — 을 통합하는 적절한 방법이 존재하는지, 그리고 만약 존재한다면, 그 방법은 무엇인지를 찾아내려고 애를 써 왔다.[13]

그러한 통합을 위한 시도가 없다면, 역사와 신학이 분리될 위험성은 항상 존재한다. 신약학자가 해야 할 유일한 본연의 임무는 "중립적인" 역사적 서술 이라고 고집하는 사람들이 여전히 많이 있다.[14] 그들은 "역사"의 서술을 열린 공간 속에 있는 공적인 과제로 여긴다. 누구나 거기에 참여할 수 있고, 레이제넨(Räisänen)이 주장한 대로 초기 기독교는 세계사의 중요한 한 시기의 일부로서 초기 기독교를 이해하는 것은 우리의 전세계적인 공동체 안에서의 상호 이해를 촉진시키는 데 기여할 수 있기 때문에, 실제로 누구나 거기에 참여하고자 원할 것이다. 반면에 신학은 흔히 심각한 반대를 받을 염려 없이 안전한 상태에서 할 수 있는 그리스도인들의 사적인 놀이로 여겨진다. 많은 그리스도인들은 사실 신학의 과제에 대한 이러한 인식을 부추겨 왔고, 그런 식으로 행동해 왔다. 많은 그리스도인들은 역사적 연구가 오늘날의 문제와 직접적인 관련이 있을 경우에만 그런 연구가 "정당하다"고 생각할 것이다("그런데 그것이 오늘날 우리에게 무엇을 의미하는 거죠?"라는 말 속에는 신속하고 손쉬운 대답을 주지 못하면 뭔가 잘못된 것이라는 뜻이 함축되어 있다).[15]

"역사"와 "신학" 간의 이러한 잠재적인 상호 적대감은 신약학 분야에서 아주 잘 알려져 있는 균열, 즉 신약학의 서술을 "순수하게 역사적" 과제로 인식되어 수행되는 "서론"과 역사적 성격이 덜하고 좀 더 종합적인 서술로 인식되는 "신학"으로 나누어 서술하는 균열을 초래하였다. 이러한 균열은 오늘날 수

---

13) 예를 들어, 금세기의 학자들로는 Bultmann, Käsemann, Moule, Caird, Meyer, Stuhlmacher, Morgan, Dunn.

14) 예를 들어, Wrede에 의해 잘 닦여진 길을 따르고 있는 Räisänen 1990a를 보라. 이에 대해서는 아래를 보라.

15) Käsemann 1980, viii에 나오는 이런 유의 것에 대한 항의를 보라: "오직 결과들 또는 실제적인 적용에만 관심을 갖는 참을성 없는 사람들은 주석에서 손을 떼야 한다. 그들은 주석에 가치가 없고, 올바르게 행해진 주석은 그들에게 가치가 없다." 이 말은 사실 좀 과장된 측면이 있어서, Käsemann 1973, 236에 의해서 균형을 잡을 필요가 있다. 거기에서 Käsemann은 그의 작품이 Dom Helder Camara 같은 이에게 유익하지 않다면, 그는 "신학자로 남기를 원하지 않을 것"이라고 말한다.

많은 대학교의 강의 개설 교과목의 제목들이나 수많은 도서관의 분류체계들 속에서(메대와 페르시아 지역의 법률이라는 분류 속에서) 둥지를 틀고 있다. 그러나 이러한 커다란 분열은, 비록 그것이 양 진영의 일부 학자들에 의해서 상당히 조장되고 있다고 할지라도, 꼭 필요한 것도 자동적으로 그렇게 해야 하는 것도 아닐 뿐만 아니라, 실제로 사실을 크게 오도하는 것이다. 한편으로 신약성서의 신학을 연구하는 것은 주후 1세기에 일어난 몇몇 일들이 어떤 의미에서 이후의 기독교에 대하여 규범 또는 권위의 지위를 지니고 있다는 모종의 신념 — 아무리 희미하다고 할지라도 — 에 의거해 있다. 다른 한편으로 초기 기독교의 역사를 연구하는 것은 초기 기독교의 신념(신앙)들을 명확하게 파악하지 않고는 불가능하다. 그러나 이것은 신학, 좀 더 구체적으로는 기독교 신학이 진공 속에, 또는 공적인 검증이나 문제제기를 할 수 없는 봉쇄된 세계 속에 존재할 수 없다는 사실을 위축시키는 것이 아니라, 오히려 강조한다. 어렵긴 하지만, 통합은 여전히 적절한 과제다.

역사와 신학은 격렬한 관계 속에서 작용하지만, 특히 포스트모더니즘 속에서는 문학적 연구가 역사와 신학을 침해하거나 그것들에 의해서 영향을 받지도 않은 채 독자적으로 수행될 위험성이 항상 존재한다. 우리가 중요한 것은 "본문(텍스트)에 대한 나의 읽기"라는 풍토를 향하여 나아가면 나아갈수록, 본문을 그 역사적 배경 속에 위치시키거나 본문의 좀 더 폭넓은 "메시지"를 다른 메시지들과 통합하여 전체적인 신학적 진술 또는 종합을 산출해내야 한다는 압력은 줄어들게 될 것이다. 나중에 논증하겠지만, 또한 이것도 막아내기가 언제나 쉬운 일은 아니긴 해도 불필요한 일이다.

그러므로 본서는 흔히 서로 이질적이고 별 상관이 없다고 생각되어 온 이세 가지 과제를 통합시키려는 시도이다. 종종 우리는 다른 문제들보다 특정한 종류의 문제들로 상당히 기울게 되는 모습을 보이게 될 것이다. 어떤 의미에서 예수에 관한 연구는 뭐니뭐니 해도 역사에 관한 문제로서, 본문들에 대한 문학적 연구 및 그 함의(含意)들에 대한 신학적 연구는 조심스럽게 부수적으로 사용할 필요가 있다. 나는 신학적이고 문학적 혁명을 촉진시킨 역사적 사건들이라는 관점에서 예수를 서술할 것이다. 어떤 의미에서 바울에 관한 연구는 신학에 관한 문제로서, 역사적·문학적 연구를 조심스럽게 부수적으로 사용할 필요가 있다. 나는 역사적 성취를 촉진시킨 혁명적인 신학이라는 관점에

서 바울을 논할 것이다. 어떤 의미에서 복음서를 그 자체로 연구하는 것은 우
선적으로 문학적인 과제이지만, 역사적·신학적 배경, 맥락, 함의들에 대한 세
심한 주의를 기울이지 않고는 수행될 수 없다. 나는 복음서들을 혁명적인 세
계관(또는 몇몇 혁명적인 세계관들?)을 구현한 문학적 성취라는 관점에서 분
석할 것이다. 그리고 본서의 제2부에서 다루겠지만, 이런 유의 연구들 중 그
어느 것도 초연한 실증주의적인 "객관성"을 통해서 이루어질 수 없다. 모든
지식이 그러하듯이, 이 모든 것에는 인식 주체 또는 연구자, 독자가 연루되어
있다. 우리가 이 점을 처음부터 분명하게 해 두지 않는다면, 우리는 지나치게
단순화된 개념 아래에서 애를 먹게 될 것이다. 처음에는 모든 것이 확연해 보
이겠지만, 점점 더 문제점들이 누적되어 문제를 야기시키게 될 것이다.

이 프로젝트를 더욱 앞으로 진척시키려면, 우리는 지금 우리가 고찰 중인
세 분야에서 기존에 행해진 것을 간략하게 살펴보고 각각에 대하여 몇 가지
논평을 제시하지 않으면 안 된다. 나는 여기에서 지난 세기 동안에 신약학 분
야에서 중요한 요소들로 등장한 순서대로 그러한 것들을 다룰 것이다.

(iii) 초기 기독교의 역사

지난 200여 년 동안 학자들은 초기 기독교의 역사라 할 수 있는 것을 찾는
데 몰두하였다. 초기 기독교는 과연 어떤 모습이었을까? 그 주된 운동들은 무
엇이었는가? 유대교의 한 작은 분파에서 로마 제국 전역에 걸친 여러 문화를
포괄하는 느슨하게 연결되어 있지만 거대한 집단이 되기까지 백여 년 동안 초
기 기독교는 어떤 변화를 겪었는가?[16] 하지만 우리는 본서의 제4부에서 이 분
야 전체를 살펴보게 될 것이기 때문에, 여기서 군이 그러한 것을 개관할 필요
는 없을 것이다. 우리가 이미 살펴보았듯이, 이러한 역사적 연구는 이른바 초
기 기독교의 신학이라 할 수 있는 것을 포함하지 않으면 안 된다: 즉, 주후 30
년과 130년 사이에 그리스도인으로 자처하는 자들의 세계관들과 신앙(신념)
체계들에 대한 역사적 서술.[17] 이것이 우리가 원하는 것이라면, 신약성서는 분

---

16) 이 논의의 역사에 대해서는 Kümmel 1972를 보라. 논란이 있긴 하지만 오늘날의
상세한 논의는 Koester 1982b를 보라.

17) 세계관들과 신념 체계들, 이들의 관계에 대해서는 제5장을 보라.

명히 우리가 무엇보다도 먼저 찾아가 보아야 하는 곳이 될 것이다 — 물론 그
밖의 다른 자료가 없다는 것도 그 이유이긴 하지만. 그러나 신약성서 기자들
은 대체로 독자들에게 이런 유의 정보를 제공해 주려고 하지 않을 뿐만 아니
라, 실제로 종종 초기 기독교에 대한 몇몇 유형의 신앙 체계들에 저항하기 때
문에, 많은 경우 행간을 읽어내야 할 필요성이 생기게 될 것이다. 초기 기독교
의 신학을 재구성하는 일은 아무런 글도 쓰지 않았거나 글을 쓰기는 썼으나
오늘날 보존되지 않은 자들의 신학들에 대한 재구성도 포함할 것이다. 이런
식으로 행간을 읽어 내어 재구성해내는 것은 역사가들이 흔히 해야 하는 그런
일이고, 또한 원칙적으로 그런 일은 가능하다. 최근 수십 년에 걸쳐 이러한 일
에 상당히 많은 에너지가 바쳐져 왔다.[18]

　이러한 작업의 큰 이점은 그것이 아주 분명하게 공적인 작업이라는 성격을
띨 수 있다는 것이다. 이 작업은 각양각색의 모든 사람들에게 열려 있고, 이
방법론은 어떤 사회와 그 신념체계를 재구성하려고 하는 역사가들이라면 누
구나 사용할 수 있는 방법론이다. 아울러 오늘날의 학계에는 이러한 작업을
수행할 수 있는 좋은 기회가 조성되어 있다. 새로운 도구들과 텍스트들은 한
세기 전의 우리의 선배들이 무시했던 사상과 삶의 세계들을 활짝 열어 놓았
다. 초대 교회의 역사 및 그 신앙들의 역사를 연구하는 일은 가능하고 매력적
이며 결실을 맺을 수 있는 일이다.

　이와 동시에 이러한 작업은 여러 가지 난관들을 만나게 될 것이다. 먼저 이
작업은 모든 고대사가 지니는 일반적인 난관을 공유한다: 철저한 작업을 위한
충분한 자료가 존재하지 않는다는 것이다. 우리는 우리가 원하는 만큼 초기
기독교에 대한 온전한 서술에 도달할 수 없다. 우리에게 이런 유의 정보를 제
공해 줄 의도로 씌어진 것이 아닌 문서 자료들은 여러모로 부적절하다. 그 결
과 언제나 악순환의 위험성이 존재한다: 초기 기독교에 대한 역사적 연구의
목적 중의 일부는 신약성서를 포함한 전체 전경(全景)을 개관할 수 있는 거점
을 확보하는 것이다: 그러나 이 작업을 위한 대부분의 자료는 신약성서 자체
에 담겨 있다.

---

18) 예를 들어, Dunn 1977, 그리고 Georgi 1987 [1964]에 의한 바울의 대적자들에 대
한 연구: Barclay 1987 등등을 보라.

이것의 결과는 별 열매 없는 끝없는 사변(思辨)이다. 밤 사이에 요나의 박 넝쿨처럼 기이한 가설들이 자라날 수 있지만, 그 가설들을 말라 비틀어지게 만들어 줄 뜨거운 바람은 다음 날 불어오지 않는다. 그것들은 기독교에 대한 오늘날의 적절치 않은 여러 견해들에 피난처를 제공하면서 살아남는다. 기독교의 기원에 관한 "빅뱅" 이론이라는 것이 있는데, 이 이론에 의하면, 참되고 순수하며 조금도 다른 것과 섞이지 않은 기독교가 초창기에 잠깐 등장했다가 그 이후 식어서 결국 엉망진창이 되어 갔다. 또한 "점진적 발전" 가설이라는 것이 있다. 이 이론에 의하면, 신학적·실제적 개념들과 과제들은 왜곡이나 변화, 재고(再考) 없이 직선으로 발전한다는 것이다. 구(舊) 튀빙겐 가설이라는 것도 있다. 이 가설에 의하면, 기독교는 인종적 배경에 의해 양분되어 두 가지 병행되고 구별되는 방식으로 발전된 다음에, 제2세대에서 가톨릭 교회로 통합되었다는 것이다. 이 각각의 이론들에 대하여 할 말이 무척 많이 있지만, 이 이론들은 수면 밑에서 계속해서 영향력을 행사하고 있다.

이 작업에 대한 통상적인 인식이 지니는 또 하나의 문제점은 실증주의적 관점이다. 나는 제4장에서 모든 역사는 선별, 배열 등등을 포함한다는 것과 "중립적인" 또는 "객관적인" 역사라는 개념은 계몽주의 이후 시대의 상상력의 산물이라는 것을 논증할 것이다. 우리가 여기에서 굳이 어떤 구별을 해야 한다면, "객관적인" 것과 "주관적인" 것으로 구분하는 것이 아니라 "공적인" 것과 "사적인" 것으로 구분하는 편이 더 낫다. 그렇지만 실증주의적 요소는 여전히 남아 있어서, 가치에서 자유롭고 도그마(dogma)에서 자유로운 역사서술이 실제로 가능하기라도 한 것처럼 목소리를 높인다.[19] 이러한 접근방법은 어느 정도 자기모순적이다: 이 분과의 역사에 대한 레이제넨(Räisänen) 자신의 설명 자체가 선입견을 토대로 한 선별과 배열을 보여 주는 좋은 예이다.

어떤 유의 역사적 지식이 가능하고, 우리가 다양한 객관주의를 거부하는 것과 마찬가지의 확고함을 가지고 주관주의로 빠져드는 것을 거부한다고 했을 때, 우리는 이렇게 물어야 한다: 그런 작업은 무슨 소용이 있는 것인가? 역사는 과거에 일어난 일들을 그저 발견해내기 위하여 그 자체로 수행되어야 한다

---

19) Wrede(그의 강령적인 논문은 Morgan 1973, 68-116으로 출간되었다)에서 Räisänen 1990a에 이르기까지의 흐름을 보라.

고 말하는 것도 사실 틀린 말은 아닐 것이다. 그러나 신약성서 및 초기 기독교에 관한 글을 쓴, 내가 아는 모든 저자들은 관련 사건들의 중요성에 대한 나름대로의 판단을 가지고 접근해 왔지, 결코 단순한 서술로 만족하지 않았다는 것은 여전히 사실이다. 과거의 이 시기에 관하여 언급된 이야기는 보편적으로 현재에도 타당성이 있는 것으로 인식된다. 그러한 타당성은 크면 클수록 좋다: 그러나 초기 기독교의 역사가 어떻게 해서 오늘날에도 "타당한" 것이 될 수 있는가? 이 점에 대해서 현재로서는 합의된 것은 아무것도 없고, 오히려 이전투구(泥田鬪狗)의 양상만을 보일 뿐이다.

첫째, 이 세기 및 다른 어떤 세기에 대하여 글을 쓰는 많은 저자들은 초기 그리스도인들의 종교 체험(종종 그들의 "신학"을 포함한)을 기독교 내에서의 규범적인 요소로 보아왔다. 이것은 그러한 요소들을 발견했을 때에 기독교의 진정한 모형을 접하게 된다는 인식하에서 그들로 하여금 초기 기독교의 종교와 신학에 대한 "과학적인" 또는 "객관적인" 연구를 수행할 수 있게 해 준다는 명백한 이점을 갖는다. 그런 다음에 그들은 이 모형을 다시 살려내서 설교와 기도에 적용한다.[20] 이러한 접근방법은 원칙적으로 모든 사람에 의해서 관찰가능한 역사에 근거하고 있다는 점에서 브레데(Wrede)와 레이제넨(Räisänen)의 과제와 어느 정도 일치한다. 또한 이 방법은 성경은 그 자체가 "계시"라는 사상을 거부하고, 그 대신에 하나님은 관찰자들, 특히 이 경우에는 초기 그리스도인들이 목격하고 나서 그 목격한 바를 글로 남겨 놓은 역사 내에서의 권능 있는 행위들을 통해서 스스로를 계시한다는 사상을 채택한 전후 시대의 이른바 "성경신학" 운동의 강령과도 일치한다.[21] 이러한 주장을 따르면, 역사적으로 읽혀진 신약성서는 "권위"를 지니는데, 이는 신약성서는 사실에 가장 근접한 일련의 문서들이기 때문이다. 그러므로 신약성서는 수에토니우스(Suetonius)의 글이 도미티아누스 황제 시절의 삶에 대한 최고의 "권위"인 것과 동일한 의미의 "권위"를 지닌다는 말이 된다. 그러나 이 예는 단지 "권위"라는 단어가 실제로 얼마나 교묘한지를 보여 줄 따름이다. 수에토니우

---

20) 이러한 과제들은 Wrede의 "서술적인" 방법론을 신학적인 처방을 제시하는 방법론과 결합시키는 Rudolf Bultmann과 그의 학파의 작업을 느슨하게 묘사한다.

21) Stendahl 1962의 유명한 논문(Morgan 1987, 189; Räisänen 1990a, 4f.에서 논의된)을 보라.

스의 글은 선정적인 대중 신문만큼이나 신빙성이 없다. 단순히 사건에 근접해 있다는 것만으로는 충분치 않다.

둘째, 초기 기독교가 어떤 식으로든 규범으로 기능하려면, 그러한 과정은 분명히 선별 행위(selection)를 포함하게 될 것이다 — 어떤 것에 대한 어떤 역사적 설명에 내포되어 있는 선별 행위만이 아니라 미리 정리된 평가 도식에 따른 초기 기독교의 유형들에 대한 선별 행위. 이것은 불가피하게 생략(omission)을 수반하게 될 것이다. 초기 기독교에는 여러 유형들이 존재했기 때문에, 이런 것들을 분류해서 권위를 부여하기가 쉽지 않다. 그리고 이와 관련하여 — 그들이 사용되고 있는 모형에 의하면, 정경(正經)이라는 말은 무의미하기 때문에 — 그들은 우리로 하여금 초기 기독교의 "올바른" 종교 체험을 "그릇된" 것으로부터 구별할 수 있게 해 줄 다른 판별기준을 외부로부터 도입하지 않으면 안 된다. 그들은 초창기를 가장 오래되었고, 따라서 더 순수하다는 근거 위에서 높이 치켜세우거나,[22] 문화적 배경(유대적 또는 헬라적) 또는 어떤 신학적 규범(예를 들어, 바울의 기독교)에의 합치성에 따라 특정한 유형의 종교를 취하게 될 것이다.[23] 그런데 이것은 대단히 문제가 있어 보인다: 이러한 판별기준들은 어디에서 온 것인가? 이 기준들은 성경이나 전승으로부터 온 것 같지는 않다. 그 기준들은 주류 또는 "진정한" 초기 기독교가 실제로 어

---

22) 이에 대한 좋은 예는 Küng 1967, 180, 293-4에서 찾아볼 수 있다. 그리고 또 하나의 예는 Q자료와 도마복음서가 정경 복음서들보다 예수의 삶에 대한 가장 초기의 자료들이라고 주장하는 Crossan, Mack 등의 시도이다(아래의 제14장을 보라). 여기서 핵심은 이러한 주장이 옳으냐 그르냐 하는 것이 아니라 가장 초기의 자료들이 가장 권위 있다고 하는 전제인데, 이것은 각양각색의 의견을 던지는 많은 사람으로 하여금 자신이 선호하는 자료가 초기의 것이라고 주장하게 만든다. 이것은 Käsemann이 대변하고 있는 오늘날 통용되는 루터파의 견해와 다른데, 그에 의하면, 가장 초기의 (유대) 기독교는 바울에 의해서 수정되었다는 것이다. 이 견해에 따르면, 한 전승 속에서의 바울의 지위는 너무도 강력해서 가장 초기의 자료를 선호했던 다른 강력한 성향을 압도했다는 것이다.

23) 금세기 전반에 활동했던 과거의 전승사 학파(W. Bousset 등이 대변하고 있는)는 헬라적인 범주들을 높이 평가하였고, 전후의 종교사학파는 유대적인 범주들을 이상적인 것으로 보았다. Käsemann 등의 최근 저작에서 볼 수 있듯이, 바울의 기독교는 항상 개신교 정경의 중심에 있어 왔다.

떤 모습이었을 것인가에 대한 해석자의 관점으로부터 온 것일 수밖에 없다. 그러나 그럴 경우 초기 기독교에 대한 자칭 "객관적" 연구는 폐기되고 만다. 도리어 거기에서 시도되고 있는 것은 훨씬 더 일반화된 기독교 신학(출발점이 아직 비밀에 붙여진)이거나 적어도 신약성서 신학의 하위 범주일 것이다.[24]

이러한 문제점은 초기 기독교 신앙의 역사에 대한 "객관적인" 역사를 주창 하면서 신약학의 연구 결과들을 교회뿐만 아니라 세계에 적용하는 것이 좋을 것이라고 주장한 레이제넨의 작품 속에서도 마찬가지로 분명하게 드러난다. 이것은, 그가 올바르게 지적하고 있듯이, 주후 1세기 유대인과 그리스도인들의 전제들과 일치한다(흥미롭게도 그는 이러한 현상을 역사적으로 또는 신학적 으로 설명할 수 없었지만).[25] 그러나 이것은 두 가지 난점을 불러일으킨다. 왜 유대교 또는 기독교 전통 외부에 있는 사람이 그러한 전통들의 역사 속에서의 한 장(章)을 다시 말하고 있는 것에서 그 어떤 타당성을 발견해야 하는가? 기 껏해야 그러한 글은 인간의 어리석음과 고지식함 또는 인간의 용기와 인내 — 또는 이 둘의 혼합 — 를 보여 주는 한 예가 될 뿐이 아닌가. 그리고 그러한 글은 레이제넨을 포함한 학자들이 여전히 그러한 글에 대하여 과도하게 보여 주고 있는 관심을 받을 만한 가치가 거의 없다. 아울러 신약성서를 읽고 거기 에서 오늘날의 현안들에 답할 수 있는 내용을 발견해야 한다는 레이제넨의 주 장은 그에게 선별(選別)이라는 문제점을 남겨 놓는다: 그의 평가 도식은 어디 에서 와서, 그로 하여금 알곡을 가라지로부터 분류해내서 알곡을 오늘날의 문 제들에 답하는 데 사용할 수 있게 해 주는 것인가? 그의 글로부터 드러나는 듯이 보이는 주된 메시지는 유대교와 기독교 간의 초기의 분열들은 너무도 혼 란스럽고 뒤죽박죽이어서 이 문제 전체를 처음부터 다시 생각해 보는 것이 훨 씬 더 좋겠다는 것이다. 이와 비슷한 일반화된 메시지들은 서술적인 진술에서 규범적인 진술로 옮겨가고자 하는 그 밖의 다른 최근의 역사가들의 글에서도 등장하고 있다.[26] 이에 대한 대안(代案)은 예수 및 그의 최초의 추종자들에 대 한 역사적 재구성을 통해서 후대의 기독교가 그들에게 현재의 지위를 부여한

---

24) Bultmann은 이러한 노선들 중 첫 번째를, Dunn은 두 번째를 따르고 있다.

25) Räisänen 1990a, 199 n.48.

26) 예를 들면, Theissen 1978, 119; Meeks 1986, 161f.

것은 잘못된 것이었다고 주장하는 것이다.[27]

마지막으로 이러한 도식은 예수를 어떻게 다루는가? 마치 예수는 단순히 최초의 그리스도인이고, 그의 신 "체험"은 가장 규범적인 것으로 여겨질 수 있다는 듯이, 예수를 "초기 그리스도인들의 체험" 또는 신학 또는 종교라는 범주 아래 포괄하고 있는 것도 이상하다.[28] 앞으로 보게 되겠지만, 어떤 관점에서 보면, 예수를 가능한 한 역사적 정확성을 가지고 서술하는 것은 물론 중요하다. 그러나 예수의 신 체험이 이후의 그리스도인들의 신 체험과 같았다고 직설적으로 주장하는 것은 너무도 과격한 혁명적 발상이다. 물론 병행들과 유비들이 존재했을 것은 틀림없는 사실이고(예를 들어, "아바" 기도문), 신약성서 속에 "그리스도를 본 받으려는"(imitatio Christi) 흐름이 있었다는 것도 확실하다. 그러나 또한 예수에게는 유일무이성(唯一無二性)이라는 것이 있었다고 보는 것이 자연스럽기 때문에, 예수의 체험과 신앙(신념)들을 이후 세대의 그리스도인들이 가능한 한 비슷하게 모방하여야 할 초기 기독교의 규범적인 부분으로 여기는 것은 이상한 일일 것이다.

이러한 모든 이유들로 인해서, 초기 기독교 및 그 신학에 대한 단순한 역사적 서술만으로 작업이 완성될 수 없다는 것은 내게 분명해 보인다. 물론 그것은 여전히 이 작업의 중요한 일부를 이룬다. 우리는 나중에 그것 없이는 기독교 신학은 말할 것도 없고 신약성서를 성공적으로 읽어내려는 시도조차도 실패로 끝날 수밖에 없다는 것을 보게 될 것이다. 그것은 단순하고 명쾌한 해결 과제들을 갖는 것을 목표로 삼는다. 그러나 겉보기에는 명료해 보일 뿐, 그러한 명료성은 다른 부분에서의 중요한 난점들을 희생시키고 얻어낸 것일 뿐이다. 이론적 차원에서 그것은 실증주의 또는 관념론, 이 둘의 불편한 동맹을 지향하는 경향을 보인다. 실제적 차원에서 그것은 두 가지 것에 의해 수렁에 빠져 있다: 규범적 표본들이라고 하는 것의 선택에서 명백한 자의성(恣意性)을 보여 주고 있는 것, 또는 적어도 의구심을 불러일으키는 것과 온갖 문화적 부속물들로 가득 차 있는 주후 1세기라는 배경으로부터 이 작업에 적절함과 동

27) 이것은 Reimarus, Vermes, Sanders 등이 따르고 있는 노선이다.
28) 서로 다른 방식들이긴 하지만, Kümmel, Jeremias, Goppelt, Dunn을 보라; Morgan 1987; Räisänen 1990a에 나오는 논의들을 보라.

시에 다른 문화들 및 시기들에도 충분히 적용될 수 있는 규범적인 기독교에 관한 그림을 추출해낼 때의 난점들.[29] 역사적 프로젝트가 성공하려면, 그 지평이 넓혀지지 않으면 안 된다.

(iv) "신약성서 신학"

우리가 살펴보아야 할 두 번째 모형은 신약성서 신학 자체의 모형이다. 신약성서 신학이라는 말은 신약성서를 역사적 관점에서 읽어서 그 주요한 신학적 강조점들을 우리 세대를 비롯한 이후의 세대들이 알아들을 수 있는 일관된 진술로 엮어내는 시도를 지칭하는 말이 되었다.[30]

이렇게 두 가지 측면을 지닌 "신약성서 신학"이라는 용어의 두 측면과 관련하여 먼저 예비적으로 말해 둘 것들이 있다.[31] 물론 첫 번째 절반(신약성서 신학의 서술)은 우리가 이제까지 살펴보았던 범주의 하위범주에 속한다: 신약성서 신학은 초기 기독교 신학의 일부이고, 초기 기독교 신학은 초기 기독교 전체 역사의 일부이다. 우리는 이러한 것들을 이제까지 종종 그래 왔듯이 혼동해서는 안 된다. 아울러 한 가지 말해 둘 것은 우리가 아무 생각 없이 선험적인 전제를 채택하지 않는 한, 신약성서의 서로 다른 기자(記者)들의 신학이 동일할 것이라는 보장이 없다는 것이다. 실제로 신약성서 기자들의 신학이 서로 동일하지 않다는 것을 입증하기 위하여 그동안 많은 연구들이 행해져 왔다. 그러므로 이제부터는 이 어구를 사용하는 데 상당한 정도의 정확성을 기할 필요가 있다.

두 번째 절반(이러한 토대 위에서 오늘날의 세계를 향하여 말하는 것)은 좀 더 복잡해서, 우리는 흔히 오해하기 쉬운 용어인 "해석학"이라 불리는 영역으로 들어가게 된다.[32] 우리는 먼저 이 문제의 뿌리를 살펴볼 필요가 있다. 사람

---

29) James M. Robinson에 대한 Meyer의 비판(1989, 63)을 보라.

30) "신약성서 신학"에 관한 기본적인 논의들에 대해서는 특히 Räisänen 1990a; Meyer 1989 ch. 3, 특히 ch. 10을 보라. 또한 Morgan 1973, 1977, 1987; Käsemann 1973; Strecker 1975; Stuhlmacher 1977; Dunn and Mackey 1987; Fuller 1989를 보라. 실제의 "신약성서 신학들"로는 Bultmann 1951-5; Conzelmann 1969; Kümmel 1973; Neill 1976; Goppelt 1981-2 등을 보라.

31) Morgan 1987, 198ff.*에 나오는 이러한 뉘앙스의 발언을 보라.

들은 왜 신약성서를 연구하면 그들의 신으로부터 새로운 말씀을 들을 수 있을 것이라고 생각하는 것인가?

이러한 신앙은 그리스도인이라는 것은 그 무엇보다도 원칙적으로 신약성서(그리고 항상 여러 가지 난점들을 불러일으키기는 하지만 구약성서도 마찬가지)와의 모종의 연속성 안에서 살고, 믿고, 행한다는 것을 의미한다는 매우 초기부터의 뿌리 깊은 기독교적 확신에서 생겨난 것이다. 이러한 신앙은 오직 성경(sola scriptura)이라는 원칙을 앞세워서 성경(구체적으로는 적어도 신약성서)을 최고의 권위의 자리에 올려놓은 개신교 종교개혁으로 말미암아 추가적인 추진력을 얻었다. 개신교에서는 항상 신약성서를 읽는 것이 그리스도인의 출발점이라고 생각해 왔고, 그렇게 함으로써 그리스도인은 신앙과 삶을 위한 토대를 제공받으며, 견고히 무장되고, 도전받고, 강해진다고 생각해 왔다.

"신약성서 신학"이라는 말의 오늘날의 의미를 생겨나게 한 것은 결국 개신교가 성경의 문자적 또는 역사적 의미를 성경 본문의 의미에 대한 최종 결정자이자 권위로 보는 태도였다. 원래 알레고리적인 장난을 막기 위해서 내세워진 이 원칙은 성경 본문의 문자적 의미란 과연 무엇이고, 어떻게 그것이 최종 권위의 역할을 하는가라는 문제와 씨름하면서, 개혁 교회들 내에서 여러 가지 다른 문제들을 파생시켰다. 이러한 문제들은 결국 계몽 운동이라는 새로운 상황 속에서 비평운동의 등장으로 표면에 드러났다. 비평 운동에서는 여전히 성경 본문의 문자적 의미를 고집하였는데, 이것은 두 가지 방향의 결과를 가져왔다. 한 가지 방향은 성경의 역사적 의미는 사실 거짓된 것이라고 규정함과 동시에 기독교의 진실성 전체를 의문시하는 경향을 보여 주었다. 그리고 다른 한 방향은 성경 본문의 역사적 의미를 탐구하여 그것으로부터 무시간적인 신학적 진리들을 추출해내서 성경의 문자적 의미로는 적용할 수 없었던 삶의 여러 분야들을 조명하는 데 활용하고자 하였다. 바로 이러한 두 방향 간에 함축되어 있던 긴장 관계들은 19세기와 20세기의 신약성서 신학에 관한 논쟁들을

---

32) 이 용어는 흔히 본문을 역사적으로 이해한 이후에 수행되는 "적용"의 과정을 가리키는 데 사용된다. 나는 제2부에서 이러한 본질적으로 실증주의적인 입장에 반대하는 논증을 제시하고, 지난 두 세기 동안 보편화된 좀 더 넓은 의미, 즉 "해석학"은 본문에 대한 역사적 읽기를 포함한 총체적인 이해 활동을 가리킨다는 입장을 택할 것이다. 특히 Thiselton 1980, 1992를 보고, 간략한 요약으로는 Jeanrond 1990을 보라.

탄생시켰다. 역사적 석의는 교회에 선포(proclamation)의 자료를 제공해 주어야 하는가, 아니면 교회의 선포에서 다루거나 또는 회피하여야 할 문제점들을 제시해 주어야 하는가? 역사적 읽기와 규범적 읽기는 어떻게 결합될 수 있는가? 달리 말하면, "신약성서 신학"은 그 전체적인 의미에서 과연 성립 가능한 명제인가?

지금까지 우리가 살펴본 신약성서 신학을 가능하게 만드는 두 가지 방식은 자세히 검토해 보면 궁극적으로 불만족스럽다는 것이 드러난다. 18세기의 레싱(Lessing)으로부터 20세기의 불트만(Bultmann)에 이르기까지 여러 사상가들이 추구하였던 첫 번째 방법은 앞에서 말한 노선을 따라서 역사적 작업을 수행하여 시간과 공간을 뛰어넘는 궁극적인 진리에 도달하고자 하였다. 이렇게 해서 생겨난 것은 무시간적인 메시지, 무시간적인 진리, 또는 무시간적인 결단에의 촉구였다. 그리고 이런 것들은 우리가 오늘날 써먹을 수 있는 것들이다. 그러므로 그러한 "무시간적인 신학"이야말로 역사적 연구의 진정한 대상이 되어야 한다. 우리가 신약성서 기자들의 신학들이 어떠하다는 것을 발견한다면, 우리는 신학적 고고학자들같이 기독교의 본질적인 하부구조를 발굴해 내어서 마치 일종의 박물관처럼 그것을 어디든지 가져가서 전시할 수 있고 모든 세대들로 하여금 활용할 수 있게 할 수 있다. 이때에 "신학"은 신약성서가 말하고 있는 "실제의" 내용물, 즉 역사적 상황이라는 껍질을 벗겨내고 난 후에 드러나는 진정한 열매가 된다. 이러한 신학에서는 흔히 어떤 측면들은 "무시간적으로 참되고," 어떤 측면들은 "문화에 의해서 규정된" 것이라고 말한다.

이러한 방법론이 지니는 문제점은 껍질을 아주 말끔하게 벗겨낼 수 없다는 것이다. 신약성서로부터 "무시간적인" 범주들로 이루어진 "신학"을 만들어 내는 것이 무척 어렵고, 비록 그렇게 하는 데 성공한다고 할지라도, 상당수의 열매들이 우리가 버린 껍질에 묻어서 함께 버려질 가능성이 농후하다. 신약성서는 그 전체가 "문화에 의해서 규정되어" 있다: 문화에 의해서 규정되고 있다고 해서, 어떤 사상이나 주제를 다른 시기 또는 문화에는 타당하지 않다고 해 버린다면, 신약성서 전체가 다른 시기나 문화에 대한 타당성이 없게 되어 버리고 만다.

20세기 신약학계에서 이러한 방법론은 두 가지 결과를 낳았다: (1) 비신화화(demythologization): 무시간적인 메시지 또는 부르심을 감싸고 있는 주후

1세기의 문화에 의해서 규정받고 있는 언어와 사상의 양식들을 제거하려는 시도와 (2) 양식 비평(form-criticism): 겉으로는 예수에 관한 역사적 이야기들을 하고 있는 듯이 보이는 자료를 분석해서 초대 교회의 "무시간적인" 신앙을 밝혀내려는 시도. 이러한 두 가지 운동의 문화적, 신학적 뿌리는 현대의 비평 운동들만이 아니라 문자적 의미로는 아무런 메시지도 제공해 주지 않는 구절들로부터 "메시지"를 추출해내고자 한 현대 이전의 경건주의적 성경 읽기 방식에서 찾아볼 수 있다. 그리고 이 모든 것들은 궁극적으로 교부(教父)들의 알레고리적인 성서 해석에까지 거슬러 올라간다.[33] 개신교 신학에서 생겨난 불트만 학파가 역사와 율법의 온갖 구속들을 깨쳐 버리고 자유로운 죄 사함, 은혜, 새 출발을 제시하는 메시지를 고집한다는 것은 상당한 아이러니가 아닐 수 없다. 불트만 학파는 그렇게 하면서도 여전히 적어도 복음서들과 관련해서는 성경의 문자적 의미를 강조한다 — 그러나 불트만 학파는 성경의 진정한 의미를 듣기 위해서는 문자적 의미를 극복하지 않으면 안 된다고 역설하는데, 바로 이러한 목적을 위해서 성경의 문자적 의미가 탐구된다. 복음서들은 실제로 예수 자신이 아니라 예수에 대한 기독교적 신앙에 '관한' 것이다. 따라서 사건들 자체는 얼마든지 상대화될 수 있다: 심지어 예수조차도 초기의 무시간적인 메시지를 설교한 일개 설교자로 볼 수 있고, 예수의 죽음도 교회의 초기 신앙, 신약성서의 여러 글들에 표현됨으로써 현실적으로 규범적인 현상이 되어 버린 초대 교회의 저 원시 "체험"의 출발점이 된 단순한 사건에 불과한 것으로 간주된다.[34] 이러한 주장은 신약성서 읽기에서 극히 중요한 것으로 여겨지는 역사 또는 창조에 충분한 비중을 두지 않았다는 비판으로 인해 큰 타격을 입게 된다. 역사로부터 무시간적인 진리로 이동해 간 이 첫 번째 모형은 많은 문제점들을 안고 있기 때문에, 중대한 난점을 감수하지 않는 한, 이제 더 이상 수긍할 수 없게 되었다.

두 번째 모형은 1950년대와 1960년대의 "성서신학" 학파에 의해서 주장되

---

33) cf. Kermode 1979, 44: "알레고리는 무한한 해석 잠재력을 다루는 교부들의 방식이었다": Louth 1983과 비교하라.

34) 나는 Bornkamm 1969(*Early Christian Experience*) 같은 그러한 저서의 취지 및 표제 배후에서 이러한 강조점을 감지한다.

35) cf. Wright 1962: Stendahl 1962.

었다.[35] 철학적 관점에서 말한다면, 이 학파는 불트만의 관념론에 반대하여 일종의 실재론을 들고 나왔다고 말할 수 있다. 신약성서에 권위가 부여되는 것은 신약성서가 무시간적인 진리를 증언하기 때문이 아니라 역사 내에서, 특히 예수에 관한 사건들 내에서 창조주인 신(神)의 권능 있는 행위들을 증언하기 때문이다. 그러므로 성경 본문은 계시의 성격을 띠게 되고, "실재(實在)," 즉 사건들을 증언하는 한 권위를 갖게 된다. 이 모형은 교회가 "순수한" 시대로부터 출발했고, 따라서 초대 교회의 역사를 연구하면, 어떤 규범을 발견해낼 수 있다고 보는 교회사 연구 방법론과 그 관점이 비슷하다. 그러나 이 모형도 성경 본문 자체를 하나님의 계시라고 주장하는 개신교의 태도를 제대로 반영하고 있지 않은 것처럼 보인다. 또한 이 모형은 계시라고 여겨지는 사건들을 부각시키거나 그러한 계시를 어떻게 알아낼 수 있는지에 관한 분명한 신학적 설명을 제시하는 데도 성공하지 못했다.

이 두 모형이 지닌 또 하나의 문제점은 자료의 다양성 때문에 생겨난다. 신약성서로부터 "규범적인" 진술을 만들어 내기 위해서는 특정한 본문을 강조하고 그 밖의 다른 본문을 희생시키는 것이 현실적으로 불가피하게 된다. 이렇게 하면, 학문적인 차원에서나 통속적인 차원에서 신약성서 신학의 특정 부분, 예를 들어, 바울 신학 같은 것을 "정경 중의 정경"으로 승격시키는 결과가 초래된다. 이 방법론에서는 이런 식으로 일을 벌여놓고는 성경 중에서 난해한 부분들은 좀 더 쉬운 부분들에 비추어서 해석해야 한다는 원칙을 들먹이며 자신의 방법을 정당화하곤 한다. 이러한 방법론이 노골적인 주관성을 포함하고 있다는 것을 생각하면, 이러한 "원칙"이 이토록 오랫동안 장수했다는 것이 신기하기만 하다.[36] 물론 무엇이 "난해하고" 무엇이 "쉬운" 본문인가 하는 것은 세대나 문화적 배경에 따라 천차만별일 것이다: 우리 시대에 "묵시문학"이 겪어온 운명의 변천이 이것을 증언해 준다.[37] 그렇다고 해서 우리가 정경 속의 정경이라는 개념을 사용해서는 안 된다는 것은 아니다: 모든 해석자들은, 그

---

36) cf. Kermode 1979, 35: "선한 사마리아인의 비유의 세부적인 내용에 대한 나의 읽기 방식은 내게 자연스러워 보인다: 그러나 그것은 단지 문화에 의해서 규정되고 자의적으로 습관을 정당화하고 보편적이라고 우기는 나의 방식일 뿐이다."

37) "정경 속의 정경"이라는 문제에 대해서는 Käsemann 1970: Schrage 1979의 고전적인 논의들과 최근의 것으로는 Räisänen 1990a를 보라. "묵시문학"의 변천에 대해

들이 인정하든 안하든, 여러 가지 질문들을 품은 채 본문에 접근한다는 점에서 실제로 그렇게 하고 있다고 볼 수 있다. 그러므로 문제는 이것이다: 우리는 이 출발점을 어떻게 다루어야 하는가? 우리는 이 출발점을 거기에 함축된 편견을 인정하고 또한 계속해서 그 편견을 염두에 둔 채 자료에 대한 한 가지 접근 방식으로만 사용하고 있는 것인가? 아니면, 그러한 출발점에 들어맞지 않는 다른 부분들을 재단(裁斷)하고 단죄하는 프로크루스테스의 침대(Procrustean bed)로 사용하고 있는 것인가? 전자는 이론상으로 가능할 뿐이고, 후자는 학자들이 빠져들기 쉽다.

"신약성서 신학"이라는 작업, 특히 불트만 학파의 패러다임이 직면하는 가장 큰 문제점은 예수를 다루고 있는 태도이다. 엄밀하게 말하면, "신약성서 신학"은 예수의 가르침(또는 삶, 죽음, 부활에 관한 사실들)을 다루지 않고, 오직 예수에 관한 신약성서 기자들의 신앙들, 또는 기자들이 예수 이야기를 빙자해서 신화적으로 표현한 신앙들만을 다룬다는 것이다. 오직 성경이라는 개신교의 원칙이 탄생시킨 기본적인 성경 해석의 모형들 중의 하나인 불트만 학파의 패러다임이 신약성서에 속한 책의 저자가 아니라는 이유로 예수를 그 해석학적 틀 속에 포함시키지 않고 있다는 것은 참으로 기묘한 일이 아닐 수 없다. 이러한 관점에서 볼 때, 불트만이 그의 저서인 *New Testament Theology*의 서문에서 한 유명한 말은 전적으로 옳다고 할 수 있다: "예수의 메시지는 신약성서 신학의 일부라기보다는 신약성서 신학을 위한 전제이다."[38] 여기서 우리는 멜란히톤(Melanchthon)을 필두로 불트만을 거쳐서 그 이후에 이르기까지 일관된 한 흐름을 보게 된다: 일단 우리가 나를 위한(pro me) 복음, 즉 하나님께서 "내게 은혜로우시다"라는 관념을 확고히 붙잡는다면, 우리는 더 이상 예수가 역사에 굳건히 뿌리내리고 있을 필요성을 느끼지 못한다.[39] 그러나 우리 시대의 많은 유대인 학자들의 수정주의적 도식들은 말할 것도 없고 라이마루

스는 Koch 1972와 아래 제10장을 보라.

38) Bultmann 1951, 3(강조는 원저자의 것).

39) 이를 보여 주는 흥미로운 예는 Langdon Gilkey가 기록해서 Dillistone 1977, 241-3으로 출간된 C. H. Dodd와의 토론 속에서 뚜렷하게 드러난 Tillich의 입장이다. Melanchthon에 대해서는 그의 *Loci Communes* of 1521에 나오는 말을 보라: 왜 그리스도께서 사람의 육신을 취하셨고 십자가에 못 박히셨는지를 알지 못한다면, 그리스도

스(Reimarus) 등에 의해서 제기된 기독교에 대한 비판들은 켈러(Kähler), 불트만, 틸리히(Tillich)에 의해서 예시된 역사로부터의 후퇴에 만족하지 못할 것이다. 또한 샌더스(Sanders) 같은 오늘날의 학자들에 의한 예수 상(像)이 지닌 문제점들은 결코 사라지지 않을 것이다. 예수가 라이마루스, 슈바이처, 샌더스 같은 이들이 묘사한 대로였다면, 교회는 어쨌든 상당한 정도로 그 신앙을 수정할 필요가 있게 된다.

본서의 제4부에서 보게 되겠지만, 또 한 가지 이상한 것은 불트만에게서 전형적으로 볼 수 있듯이, 예수가 아니라 "신약성서 신학"을 규범의 위치에 놓고 있다는 것이다. 신약성서가 우리에게 예수에 관한 바울의 신학, 마가의 신학, 누가의 신학 등을 제시하고 있기 때문에, 예수 자신의 신학적 신념들은 성경 본문의 표피를 벗어나면 알 수 없게 된다는 것은 전적으로 사실이다. 복음서들은 복음서 기자들의 신학으로 아주 철저하게 덧칠해져 있기 때문에, 진정한 예수의 모습을 복원하는 것은 불가능하다고 말하는 사람들도 있고, 복음서 기자들의 배후에서 예수를 찾고자 하면, 그것은 가장 초기의 그리스도인들이 예배하고 추종했던 주님이 아니라 한 역사가의 구성물(또는 또 하나의 "이상적인" 인물)을 찾는 것이기 때문에, 진정한 예수의 모습을 찾으려고 해서는 안 된다고 말하는 사람들도 있다. 그러나 심지어 이러한 말들 속에도 신약성서 기자들은 그들의 글을 통해서 예수의 권위와 맞서는 어떤 권위를 세우려고 생각하지 않았다는 의미가 함축되어 있다. 신약성서 기자들은 "자기들이 성경을 쓰고 있다고 생각하지 않았다"는 말을 학자들은 습관처럼 말해 왔다: 이 말은 특히 최근의 편집비평에 비추어서 수정될 필요가 있지만, 신약성서 기자들에게 이스라엘의 신이 세상의 구원을 위하여 결정적으로 역사한 장소는 복음서들을 쓰기 위하여 그들이 손에 쥔 펜과 잉크가 아니라 그들의 신이 십자가에서 죽기 위하여 입은 혈과 육이었다는 것은 분명히 사실이다. 그들의 작품은 바로 그러한 사실로부터 나왔고, 그러한 사실들에 의거하고 있는 것으로 인식되었다. 따라서 예수 및 그의 신념 체계가, 엄밀하게 말해서, "신약성서 신

의 생애를 안다 한들 무슨 유익이 있겠는가? 이를 깨달은 오늘날의 한 해석자는 그리스도를 아는 것은 "역사적 또는 지상의 예수를 안다고 해서" 얻어지는 것이 아니라고 쓰고 있다(Hultgren 1987. 3).

학의 일부"가 아니라는 것은 사실이긴 하지만, 이것은 예수와 그의 선포가 "실재," 즉 신약성서 신학에 자리를 내어주고 상대화되어야 한다는 것을 의미하지는 않는다.[40] 오히려 만약 그렇게 한다면, 그것은 "신약성서 신학" 자체에 나쁜 결과를 가져다줄 것이라고 우리는 말할 수 있다: 신약성서 신학이 예수의 결정적으로 중요한 선포를 포함하지 않는다면, 신약성서 신학은 모든 권위의 궁극적인 원천이자 신약성서에 대한 모든 연구가 심혈을 기울여 발견하고자 하는 바로 "그것"인 신의 계시의 결정판이 될 수 없다.

이와 같이 "신약성서 신학"이라는 프로젝트가 문제점투성이인데도, 왜 사람들은 이러한 시도를 계속하고자 하는 것일까? 왜 사람들은 통속적 또는 학문적 차원에서 신학교 교과목의 하나이자 교회의 삶과 설교와 선교와 복음전도를 위한 출발점이 될 "신약성서 신학"이라는 것을 찾아내고 추출해 내고 심지어 고안해내고자 하는 시도들을 악착같이 하는 것일까? 내 생각에는 이에 대한 대답은 세 가지가 있다. 첫째, 이러한 작업을 심혈을 기울여 수행해 온 종파는 개신교인데, 개신교도들은 여전히 신약성서를 어떤 의미로든 그리스도인들을 위한 "진정한" 권위로 여긴다. 둘째, 이러한 작업의 배후에 있는 철학은 구체적인 역사가 아니라 추상적인 관념들을 더 중시하는 관념론이었고, 따라서 그러한 일련의 관념들로 이루어진 신학이 특권적인 지위를 누리게 되었다는 것이다. 신약성서가 "권위를 지니고" 있는데, 이 권위는 신약성서가 담고 있는 신학에 있다고 사람들은 생각했다. 셋째, "신약성서 신학"의 실제적인 출현 배경은 교회 자체 및 세상을 향하여 참된 신의 말씀을 전해야 한다는 교회의 소명이었다. 그리고 "신약성서 신학"은 바로 그러한 설교에 연료를 공급해 주는 것으로 믿어졌다. 이 모형이 봉착해온 여러 가지 문제점들로 인하여, 일부 학자들은 신약성서 속에서 권위나 통일성이나 상관성을 찾고자 하는 것은 어리석은 짓이라고 주장하거나, 객관적인 역사적 연구는 그러한 모든 선험적 전제들을 버려야 한다고 말하거나, 신약성서 신학이라는 프로젝트는 세 세대 전에 브레데(Wrede)가 말했고 3년 전에 레이제넨(Räisänen)이 말한 바 있는 것(종교적 저작들을 그 역사적 배경 속에서 "객관적으로" 서술하는 것)으로 축소되어야 한다고 주장하게 되었다. 또 어떤 학자들은 신약성서, 적어도 이른

---

40) Räisänen1990a, 114f.에 나오는 논의를 보라.

바 "주요한 증언들"에 대한 서술과 평가를 가능하게 해 주는 방향으로 "신약
성서 신학"을 수행할 수 있는 방식을 다시 규정하고자 하여 왔다. 그러나 나
는 이러한 곤경에서 빠져 나올 수 있는 올바른 길은 브레데(Wrede)에게로 되
돌아가거나(Räisänen), 불트만주의를 포스트모더니즘적으로 수정해서 곁가지
를 확장해 나가는 것(Morgan)이 아니라, "권위," "신학," "상관성"에 대한 새
로운 시각을 가지고 좀 더 폭넓은 범주로 나아가는 데 있다고 생각한다.

  전통적인 기독교적 도식 속에서는 — 여기에서 이러한 전통적인 기독교적
도식을 언급하는 것은 역사적 문제들을 해결하기 위한 선험적 전제로서가 아
니라 전통적인 기독교적 판단들이 실제로 어떻게 작용하였는가를 보기 위한
필수적인 토대로 언급하는 것이다 — 모든 권위는 궁극적으로 창조주 신에게
속한다: 그리고 (전통적인 기독교가 계속해서 말해 왔듯이) 이 신이 예수를
통해서 우리에게 계시되었다고 한다면, 예수도 그에 관한 모든 글을 능가하는
권위를 갖는 것은 당연한 일이다. 물론 많은 사람들은 이와 같이 창조주 신과
예수를 대비시켜서 이런 식으로 말하는 것은 잘못이라고 생각할 것이다. 왜냐
하면 우리가 예수에 관하여 알고 있는 것은 바로 예수에 관한 이 글들을 통해
서이기 때문이다. 그러나 바로 이 말은, 앞에서 보았듯이, 복음서들은 우리에게
예수에게 직접적으로 다가갈 수 있는 길을 열어 주지 않고 오직 복음서 기자
들과 그들의 선구자들의 신앙만을 우리에게 제공해 준다는 것을 공리(公理)로
삼고 있는 주류 "신약성서 신학" 내에서는 거의 통하지 않는다. 모든 권위가
창조주 신에게 속한 것이라면, 그러한 "권위"가 신약성서 속에서 어떻게 부여
되어 있고, 그 한계는 무엇인지를 서술하는 것은 상당히 까다로운 작업이 될
것이다.

  우리가 이제까지 살펴보았던 세 가지 접근 방법들(초기 기독교 역사, 두 가
지 서로 다른 형태의 "신약성서 신학")은 신약학계 내에서 계속해서 추구되어
왔다. 신약학에서 "통상적인 학문"(Kuhn의 말을 빌면)[41]의 상당 부분은 브레
데(Wrede)의 역사비평적 과제들, 불트만 학파의 "신학성서 신학," "성서신학"
운동의 여러 잔재들로 대표되는 패러다임들을 채워 넣는 일을 계속해 왔다.
결국 성서학자들이 논문과 연구서들을 써내는 일의 의미와 목적, 의욕을 부여

41) Kuhn 1970[1962]. *passim.*

하고 있는 것은 바로 이와 같은 방대한 과제들이다. 역사에 목말라 했던 계몽 운동은 예수에 대한 연구를 출현시켰고, 끝없는 문제들을 불러일으킴과 동시에 학자들과 교회 양쪽에 여러 가능성들을 열어 주기도 했다. 신약성서 신학에 목말라 했던 불트만 학파는 무엇보다도 바울 신학에 대한 중요한 연구들과 복음서 전승들에 대한 중요한 재검토들을 수행하였다. 그리고 전후(戰後)의 "성서신학" 운동은 "구원사"에 관한 논문들을 써냈다. 특히 기독교와 신약성서가 유대인 대학살에 연루되었다는(또는 책임이 있다는) 의심을 벗어나고자 한 전후(戰後)의 시도를 비롯한 새로운 과제들이 연이어 생겨났다. 모든 부분에서 활동의 미비함은 없었다.

본 장, 아니 실제로는 본서 전체를 통해서 바로 이와 같이 서로 얽혀 있는 여러 문제들에 대하여 뭔가 새롭고 긍정적인 제안들을 하고자 하는 것이 저자의 소망이다. 우리는 역사와 신학이 동시에 필요하다: 그러나 어떻게? 궁극적으로 이 과제는 지난 두 세기 동안 서구 세계를 주도해 왔던 세계관이 내적으로 붕괴하면서 기본적인 세계관을 다시 생각하고자 하는 좀 더 폭넓은 과제의 일부이다 — 나는 이러한 과제가 단순히 신학자들이나 그리스도인들만이 아니라 현대의 서구 문화 전체가 직면해 있다고 믿는다. 그리고 "역사"와 "신학"이 각각 다른 구역에서 따로 노는 것도 현재 공격을 받고 있는 세계관의 여러 특징들 중의 하나이다. 이제 우리 앞에는 이러한 치명적인 이원론(二元論)을 극복함과 아울러 한 "측면"을 다른 한 측면에 흡수해 버리는 일원론(一元論)이라는 기만적인 방법을 사용함이 없이 관련 자료들을 제대로 다룰 새로운 범주들을 정교하게 만들어 내어야 한다는 도전이 놓여 있다. 이러한 도전은 모든 분야에서 직면해 있는 것으로서, 신약학은 오직 그중의 한 분야에 불과할 뿐이다. 그러나 이 점을 좀 더 상세하게 살펴보기 전에 우리는 먼저 신약학에서 세 번째 요소를 간략하게 살펴보지 않으면 안 된다. 우리가 역사가이자 신학자이어야 하는 것과 마찬가지로, 우리는 또한 문학 비평가이기도 해야 하기 때문이다.

(v) 문학 비평

몇몇 신약학자들은 여전히 "문학 비평"이라는 말을 들으면 금세기의 전반부에 유행하였던 비평학적 질문들과 방법론들을 신약성서에 적용하는 것을 의미하는 것으로 생각한다. 자료 비평, 양식 비평, 편집 비평은 당시의 질서였고, 오늘날도 여전히 일부 학자들은 이러한 것들이 유효하다고 믿는다. 상당수의 전문적인 신약학 연구서들이 그러한 것들에 관심을 가져왔고, 아울러 신약성서에 나오는 자료들의 기자(記者) 또는 전수자(傳受者)의 의도에 대한 역사적 분석에 관심을 가져왔다.

그러나 지난 수 년 사이에 이 세계는 몰라볼 정도로 달라졌다. 포스트모더니즘적인 문학 비평의 등장(제3장을 보라)으로 말미암아 본질적으로 모더니즘적이었던 학문 분과들 — 전승들을 전해 준 초기 공동체를 탐구하고, 복잡한 자료들을 규명해내고자 하며, 복음서 기자들이 그러한 자료들을 가지고 정확히 무엇을 하려 했는지를 풀어내는 — 은 결정적으로 과거지사(過去之事)가 되어 버렸다. 복음서 연구의 새로운 강조점은 창의력을 발휘한 복음서 기자가 아니라 본문 그 자체에 두어지게 되었다. 읽기의 현상학에 대한 연구, 그리고 그 연구를 오늘날의 독자들이 신약성서를 읽을 때 무슨 일이 일어나는지를 밝히는 시도에 적용하는 것은 이제 인기를 끄는 분야가 되었다.[42] 그리고 최근에는 역사 비평학은 비평학자들이 추구하였던 목표를 산출해내지 못한 것으로 보이기 때문에 (포스트모더니즘적인) 문학 비평의 세계로 뛰어드는 것이 도움이 될 것이라는 주장이 계속해서 제기되어 왔다. 포스트모더니즘적인 문학 비평에서 하는 일이라는 것이 독자들이 본문에 나오는 내용들을 어떤 식으로 자기 것으로 만드는가를 관찰하는 것이기 때문에, 아마도 이것은 신약성서에 대한 새롭고 만족스러운 읽기를 창출해낼지도 모른다.[43]

포스트모더니즘적인 문학 비평은 실제로 불트만적 사고의 새로운 방식이다. 무시간적인 진리들을 발견해내기 위하여 역사적 작업을 행하는 대신에 시간과 공간을 뛰어 넘는 메시지들을 받기 위하여 (성경이라는) 문헌을 연구하는 것이다. 그것은 불트만이 모더니즘의 테두리 내에서 풀어놓은 보따리로는 해결할 수 없었던 것들을 포스트모더니즘을 가지고 해결하고자 하는 시도이다. 이 방법론은 브레데(Wrede)와 레이제넨(Räisänen)의 별 열매 없는 실증주의

---

42) cf. Sanders and Davies 1989, chs. 15-16.

43) 이와 관련된 최근의 상당수의 문헌을 인용하고 있는 Morgan 1988, 199, 286을 보라.

에서 벗어나 성경 본문들이 그 원래의 배경이 아닌 다른 상황 속에서 어떻게 새롭게 말할 수 있는가를 설명해낼 수 있는 가능성들을 열어 준다. 특히 불트만 신학이 취했던 고전적 형태들과는 달리 이 방법론은 모르는 것(신약성서의 행간을 읽어서 재구성한 초기 기독교)이 아니라 알고 있는 것(실제의 본문들)을 출발점으로 삼고 연구한다는 엄청난 이점을 가지고 있다.

그러나 이 방법론은 여전히 몇 가지 중대한 의문에 직면하게 된다. 이 모형을 따른다면, 왜 우리가 그러한 목적을 달성하기 위하여 꼭 신약성서를 읽어야 하는지가 분명치 않다. 우리는 왜 도마복음서 또는 『피르케 아봇』(*Pirke Aboth*), 『오만과 편견』을 읽으면 안 되는가? 또한 마찬가지로 이 모형이 역사에 대하여 어떠한 지속적인 지위를 부여하고 있는지도 불분명하거니와, 왜 우리가 문학에만 초점을 맞춰야 하는지도 불분명하다. 왜 초기 기독교의 예술이나 예술품들은 안 되는 것인가? 문학이 포스트모더니즘적인 연구에 좀 더 적합하기 때문인가? 아니면, 하나의 복합적인 본문 — 신약성서 — 을 통해서 전체 분야를 포괄하게 되면, 우리가 이 과제 전체를 텍스트들이라는 관점에서 수행할 수 있다고 잘못 생각할 것이 아닌가? 특히 그러한 읽기에서 예수는 어느 위치에 속하게 되는지도 전혀 분명치 않다. 비유들을 읽을 때, 우리는 비록 그 비유들 속에서 많은 것들이 생략되었다고 할지라도 원래 예수께서 구두로 말씀하셨던 예술 작품들의 문학적 판본을 만나고 있다고 말하는 것으로 충분한 것인가? 그리고 특히 이 방법론이 어떻게 주관주의로 빠져들어 가는 것을 회피할 것인가? 우리는 이러한 문제들을 제3장에서 더 자세하게 살펴보게 될 것이다.

강조점에서 독자 지향적인 연구로의 포스트모더니즘적인 이동과 아울러 문학 및 그 본래의 배경에 대한 역사적 연구도 계속되어 왔다. 그러나 이러한 역사적 연구는 과거와는 판이하게 다른 현상들을 찾고자 시도했다. 성경 전문가들은 마침내 그들의 고전적인 동료들을 답습하여 정확하게 복원된 자료들을 찾으려는 끝없는 괴로운 수색 작업을 포기하기 이르렀다.[44] 우리는 최근에

---

44) 물론 이것은 일반화한 것이다. 지금도 여전히 역사적 Q자료에 대한 탐구를 예전처럼 대단히 중요한 작업이라고 보는 학자들도 있다. 이에 대해서는 아래 제14장을 보라.

고대 수사학 및 문학과 관련된 관습들과 양식들에 대한 연구들이 봇물처럼 쏟아져 나오는 것을 목격하여 왔고, 신약학에서는 이러한 것들을 주목하여야 한다는 주장도 세차게 제기되어 왔다.[45] 이것은 어떤 관점에서 볼 때에 단순히 신약성서의 문서들을 당시의 역사적 지도 위에 위치시키려고 시도한 브레데의 방법론의 틈새를 메우려는 것이다. 아울러 이 방법론은 공동체들 내에서의 저작들의 수용을 평가하려는 시도, 즉 포스트모더니즘적인 현상에 대한 모더니즘적(역사적) 분석이라는 역할도 한다. 너무도 오랫동안 학자들은 바울 서신이나 마태복음의 독자들이 기본적으로 현대의 독자들과 비슷하다고 전제해 왔고, 우리에게 난해한 내용은 그들에게도 난해했을 것이라고 생각해 왔다. 고대 수사학 및 글쓰기 관습들에 대한 연구는 이런 유의 사고가 얼마나 엄청난 시대착오적인 생각인지를 여실히 보여 주었다. 이것만으로도 그러한 연구는 크게 환영할 일이다. 이러한 연구는 신약성서를 읽는 완벽한 방법이라고 할 수는 없지만, 분명히 신약성서 읽기라는 전체적인 과제에 커다란 기여를 할 수 있을 것이다.

(vi) 과제 요약

우리는 지금까지 신약성서를 읽는다는 과제의 주된 구성 요소들을 몇몇 현대적인 논의들 및 그 방향성이라는 관점에서 간략하게 검토해 왔다. 이제 우리가 할 일은 이 모든 것들을 창조적으로 종합하는 것이다. 우리는 현대 이전에 본문을 어떤 의미에서 권위 있는 것으로 강조한 것, 현대에 이르러서 본문(그리고 기독교 자체)은 철저하게 역사와 결합되어 있고 신학과 결부되어 있다는 점을 강조한 것, 그리고 본문 읽기에서 포스트모더니즘적인 강조점 등을 서로 결합하려고 시도해야 한다. 다른 식으로 말한다면, 우리는 역사(예수의 역사를 포함한)에 대한 브레데의 강조, 규범적인 신학에 대한 불트만의 강조, 본문 및 그 독자들에 대한 포스트모더니즘적인 강조를 동시에 제대로 다룰 필요가 있다는 말이다. 물론 이것들 각각은 오직 자기만이 옳다고 주장하고, 자신의 영토라고 생각하는 것을 공유한다는 데 대하여 반감을 보이는 성향을 지

---

45) Betz 1979는 한 좋은 예다. 또한 Stowers 1986 등도 보라. Bultmann은 이런 유의 연구(1910)로 자신의 학문적 이력을 시작하였다.

니고 있다. 그러나 그러한 독선적인 주장들은 당연히 거부되어야 한다.[46]

우리는 실증주의가 열어놓은 통로(제2장을 보라), 무시간적인 진리에 대한 추구, 단순히 현재적인 나의 읽기에 대한 몰두를 통해서는 이러한 종합(綜合)의 길을 발견해낼 것 같지는 않다. 반드시 서로 결합되어야 할 것들을 결합할 수 있는 유일한 길은 오늘날의 기독교에서 문학적, 역사적, 신학적 연구가 어떤 모습을 하고 있는지를 새롭게 검토해 보는 일을 통해서만 가능하다고 나는 생각한다. 이것이 제2부의 목적이다. 이 과제를 수행해나가는 과정에서 우리는 그러한 과제들을 어떤 방법을 통해서 수행하고 있는가에 관한 이야기들(stories)을 하게 될 것이고, 그러한 이야기들은 다른 곳에서 그 과제들에 관하여 들은 이야기들을 뒤집어엎어 놓기를 나는 바란다.

이러한 가능성을 허용하지 않는 것은 여러 가능한 역사적, 신학적 대안들을 매우 배타적인 태도로 미리 가로막는 것이 될 것이다. 확고한 패러다임들이 정립되어 있지 않은 오늘날의 세계 속에서 우리는 이러한 과제들을 새로운 방식들로 말할 수 있는 기회를 얻게 되었다. 바라기는, 이러한 시도가 단순히 개인적으로 은혜를 받거나 학문적인 성취감을 맛보는 것을 뛰어 넘어서 — 이러한 것들도 중요하지 않은 것은 아니지만 — 더 넓은 목표들, 특히 "하나님 나라"를 진보시키는 데 기여하였으면 한다. 그러나 이런 말은 김칫국부터 마시는 일일 수 있다.

제2부에 비추어서 우리는 신약성서의 글들이 탄생하게 된 역사적 배경에 관한 몇 가지 가설들을 제기할 필요가 있다. 여기에는 주후 1세기의 유대교와 기독교에 대한 역사적 재구성도 포함될 것이다. 우리는 우리가 생각하는 것보다 고대 유대교에 관하여 상당히 더 많은 것을 알고 있고, 나는 제3부에서 이러한 새로운 지식을 상당히 자세하게 활용할 것이다. 초대 교회사에 대한 재구성은 그렇게 자주 시도되어온 것은 아니었고, 자료 부족으로 어느 정도는 상상에 의한 산물이 되어 버렸다.

예수 또는 바울을 거론함이 없이 주후 30년에서 150년까지의 기독교를 서술한다는 것은 다소 억지 같은 느낌이 들긴 하지만 — 마치 모차르트와 베토벤을 거론하지 않고 1750년부터 1850년까지의 유럽 음악을 논하는 것과 마

---

46) Kermode 1979, 79f.가 Ricoeur를 따라 주장하고 있듯이

찬가지로 — 다음과 같은 두 가지 이유로 이러한 시도는 행해져야 한다. 첫째, 예수와 바울이라는 두 가지 중요한 주제를 연구할 수 있는 역사적 배경을 가급적 분명하게 확정해 놓는 것은 아주 중요하다는 것이다. 둘째, 예수에 관하여 우리가 알고 있는 거의 모든 정보는 문서 형태로 된 것으로서, 우리는 거기에서 전해 내려온 전승들을 만나게 되고, 이 문서들은 결국 그 초기 세대에 살면서 그 시대의 특정한 필요들에 대하여 언급했던 그리스도인들에 의해서 기록되었다는 것이다. 그러므로 적절한 역사적 감수성과 고려(考慮)를 가지고 복음서들을 읽을 수 있으려면, 우리는 초대 교회 자체에 관한 것들을 이해하지 않으면 안 된다. 이것이 제4부의 주제이고, 이를 토대로 우리는 제5부에서 몇몇 핵심적인 문제들에 대한 예비적인 고찰을 할 수 있게 될 것이다. 물론 이렇게 하다 보면, 어쩔 수 없이 내용이 반복되는 부분들이 있을 것이지만, 제2부에서 볼 수 있듯이, 이것은 결코 악의적인 것이 아니다: 그것은 모든 진지한 역사적·인식론적 재구성에 반드시 필요한 반복일 뿐이다.

이러한 작업은 예수, 바울, 복음서를 다루게 될 이후에 나올 여러 책들의 배경을 설정하는 일이 될 것이다. 이 각각의 분야에서 최근 수십 년 동안에 새로운 연구와 관심의 물결들이 많이 등장하여 왔다: 그러나 그러한 것들은 아직 역사적으로나 신학적으로 통합되지 못했다. 이 방대한 작업을 시도하면서, 나는 종종 저술되어 왔던 여러 "신약성서 신학들" 같은 것을 쓰게 되겠지만, 앞에서도 말했듯이, 이 모형의 고전적인 형태들과 내가 신약성서 신학의 과제와 목표로 생각하는 것 간의 차이들을 충분히 의식하고 써내려 갈 것이다.

그러므로 이 첫 번째 권은 어떤 의미에서 현재 진행 중인 전체 프로젝트의 서론에 해당한다고 할 수 있지만, 그 자체로 하나의 독자적인 지위를 갖고 있기도 하다. 이 첫 번째 권은 주후 1세기의 여러 문제들과 관련하여 역사적, 신학적, 문학적 연구를 행하는 특정한 방식을 주장한다: 이 첫 번째 권은 주후 1세기의 유대교 및 주후 1세기의 기독교를 이해하는 특정한 방식을 주장한다: 그리고 이 첫 번째 권은 이러한 집단들의 사고 양식들 속에서 "신"이라는 단어의 의미에 대한 예비적인 논의 및 그러한 역사적, 신학적 연구가 오늘날의 세계에 타당하게 여겨지는 길들을 제시한다. 그리고 이러한 과제들이 어떤 의미에서는 본토에 들어가서 본토 전체를 소유하는 과제를 위한 단순한 예비 작업이 된다고 할지라도, 그것은 그리 나쁜 일이 아닐 것이다.

소작 농부들이 주인의 지시에 귀를 기울였다면, 포도원을 둘러싼 분쟁은 없었을 것이다. 이스라엘 자손들이 신명기의 경고들에 주의를 기울였다면, 요단 강을 건넌 후에 참담함과 불의는 줄어들고 젖과 꿀은 더 많아졌을 것이다.

제 2 부

과제를 위한 도구들

제 2 장

지식: 문제점들과 다양성들

1. 들어가는 말

우리는 지금까지 신약성서에 대한 연구가 특히 세 가지 분과를 포함한다는 것을 살펴보았다: 문학, 역사, 신학. 말하자면, 이것들은 신약성서를 전쟁터로 사용하는 군대들이라고 할 수 있다. 복음서들과 서신서들이라는 전쟁터를 누비고 다닌 학자들을 사로잡았던 수많은 논쟁들은 성경의 이런저런 구절들에 대한 상세한 주석과 관련된 것이 아니었고, 역사 또는 신학에 대하여 어떠한 견해를 취해야 하고 동맹국으로서 어떤 영토들을 합병할 수 있는지에 관한 좀 더 큰 문제들이었다. 그러므로 어떤 학자들은 이런 작업이 유감스럽다고 생각할지도 모르겠지만, 우리는 이 단계에서 잠시 이러한 좀 더 큰 문제들이 어떤 식으로 논의되었는지를 살펴봄으로써 어떠한 대안들이 제시되고 있는지에 관하여 어느 정도 알 필요가 있다. 사실 이러한 작업을 우리가 하지 않는다면, 예수, 바울, 복음서에 대한 연구는 대체로 무비판적인 형이상학의 투영(投影)에 불과한 것이 되어 버리고 말 것이다: 전제에 해당하는 문제들을 짚고 넘어가지 않는다면, 우리는 별 유익도 없는 지루한 논쟁에 빠져들고 말 것이라고 예상할 수 있다. 물론 본론으로 직접 넘어 가고 싶은 독자들은 이 단원을 뛰어 넘어도 좋을 것이지만, 이 단원을 뛰어 넘게 되면, 나중에 당혹스러운 문제들에 부딪힐 것을 미리 예상해 두어야 한다. 하지만 언제나 이 단원으로 다시 돌아올 길은 항상 열려 있다.

본서에 제1부가 반드시 필요한 내적인 이유는 우리가 문학, 역사, 신학을 연구하면서 부딪치게 되는 여러 가지 문제들은 모두 한데 결합되어 있다는 인식이다. 문학, 역사, 신학이라는 각각의 영역은 자신의 고유한 영역에 적합한 방식으로 지식이라는 기본적인 문제를 반영하고 있다. 이것은 별로 놀랄 일이 아니지만 우리가 반드시 지적해야 하는 이유는 여러 문제들을 그 폭넓은 유사성들을 인식함이 없이 단편적으로만 다루게 되면 전체적인 논의의 방향성을 박탈해 버리는 결과를 가져오기 때문이다. 그러므로 개별적인 문제들에 대한 상세한 서술로 들어가기 전에, 먼저 이와 같은 한층 폭넓은 문제들을 다루는 것이 최선인 것 같다.

이러한 문제들은 과거보다 오늘날에 훨씬 더 다룰 필요가 있게 되었다. 오늘날에 와서 인문학의 위기에 대하여 많은 것들이 관찰되고 논의되고 있다. 특히 계몽주의와 결부된 200년간의 주도적인 관점은 한동안 지리멸렬한 상태로 있고, "모더니즘"이라 불렸던 그 주도적인 관점은 점차 다소 부적절하게 명명된 "포스트모더니즘"에 의해서 잠식당하고 있는 중이다.[1] 과거의 확실성들은 새로운 불확실성들에 자리를 내어주었는데, 이러한 때에 우리는 본서와 같은 프로젝트를 통해서 방법론에 관한 기본적인 문제들과 관련하여 우리가 어디쯤에 서 있는가를 처음부터 다시 살펴보는 것이 아주 중요하다. 여기에서 내가 채택하고자 하는 관점이 옳다는 것을 장황하게 설명할 수는 없을 것이다. 그러한 문제 자체만으로도 한 권의 책을 써야 할 것이기 때문이다: 그리고 어쨌든 음식의 맛을 제대로 평가하려면 먹어 보는 것이 제일이라고, 내가 채택한 방법론이 과연 우리가 접근하고자 하는 문제를 더 잘 이해할 수 있게 해 주는가를 살펴보면, 나의 관점이 옳은지 그른지가 드러나게 될 것이다.[2] 어쨌든 나는 이 프로젝트의 마지막 권에서 이러한 문제들을 다시 다루려고 한다.

내가 본서의 제2부에서 제시하게 될 기본적인 논증은 지식 자체의 문제와 관련된 것으로서, 현재 우리의 구체적인 관심사를 이루고 있는 지식의 세 가

1) 서술과 논의를 위해서는 Lyotard 1984: MacIntyre 1985: Appignanesi and Lawson 1989: Falck 1989: Harvey 1989: Jencks 1989 [1986]: Sorri and Gill 1989: Milbank 1990: 그 밖에 다른 많은 이와 비슷한 본문들을 참조하라.

2) Crites 1989 [1971], 72 n.6를 보라: "이것은 여느 훌륭한 철학적 논증과 마찬가지로 결국 순환논법이다. 그리고 결국 이러한 논증은 이를 장려하는 특정한 집단에게만 설득력을 지닌다."

지는 모두 사람들이 개인적으로나 사회적 집단으로나 현실을 인식하는 수단 역할을 하는 눈금자를 이루고 있는 세계관에 대한 자세한 분석을 통해서 해명될 수 있다는 것이다. 특히 모든 세계관들의 핵심적인 특징 중의 하나는 이야기라는 요소이다. 이 이야기라는 요소는 특히 신약성서 및 초기 기독교와 관련하여 결정적인 중요성을 가지지만, 사실 이야기는 어떤 보편적 현상에 대한 한 징후(徵候)이다. 우리는 "이야기"(스토리)를 통해서 먼저 비판적 실재론(critical realism)의 인식론을 설명해낼 수 있고, 다음으로는 문학, 역사, 신학에 대한 연구에서 더욱 폭넓게 사용할 수 있다.[3]

2. 비판적 실재론

내가 여기서 간략하게 살펴보고자 하는 입장은 오늘날 폭넓게 비판적 실재론(critical realism)으로 알려져 있는 바로 그것이다.[4] 비판적 실재론은 사람들이 어떻게 사물들을 아는가에 관한 이론으로서 몇몇 분야들 (특히 우리가 지금 구체적으로 관심을 갖고 있는 세 분야)에서 등장했지만, 지금은 거의 붕괴상태에 있는 듯이 보이는 다른 경쟁적인 이론들에 맞서서 향후의 대안으로 제시된 이론이다. 이 점을 좀 더 분명하게 보기 위해서는 계몽주의적 인식론에 기반을 둔 프로젝트 또는 넓은 의미에서 경험주의라 할 수 있는 것의 낙관적, 비관적 판본들인 이러한 경쟁적인 이론들을 개략적으로나마 짤막하게 살펴볼 필요가 있다. 나는 이 단계에서 의도적으로 전문적인 용어들을 일반적인 의미로 사용할 것인데, 물론 거기에 대해서 많은 논란이 있을 것이다; 그러나 나는 내가 말하고자 하는 요지가 개략적으로는 충분히 전달되리라고 믿는다.

---

3) 내가 이 단원의 초고를 완성한 후에, Ben Meyer의 저서인 *Critical Realism and the New Testament* (1989)가 출간되었는데, 그 저서에는 내가 말하고자 했던 것의 상당 부분이 상세히 설명되고 논증되고 (내 생각에는) 확고한 근거들이 제시되어 있었다. 또한 나는 나의 전체적인 논증이 Torrance 1976, 2-7; Louth 1983; Gunton 1985; Thiselton 1992 등의 (훨씬 더 정교한) 논의들과 유사하다는 사실에 의해서도 고무 받았다.

4) 이 용어는 여러 분과 학문들에서 매우 광범위하게 사용된다. 신약성서와 관련하여 이 용어를 유익하게 논의하고 있는 저서로는 Meyer 1989가 있다.

한편에는 실증주의적 입장이 취하는 낙관론이 있다.[5] 실증주의자들은 우리가 명확한 지식을 얻을 수 있는 적어도 몇몇 대상들이 존재한다고 믿는다. "객관적으로" 참된 것들, 즉 우리가 그것에 대해서 확고하고 의심할 수 없는 지식을 실제로 가질 수 있고, 또한 갖고 있는 그러한 대상들이 존재한다는 것이다. 이러한 것들은 "경험적으로," 즉 물리적인 세계 내에서 관찰하고 측정한 것을 통해서 검증될 수 있는 대상들이다. 이러한 입장의 논리적인 결론은 이런 식으로 검증될 수 없는 대상들에 관하여 말하는 것은 무의미하다는 것이다.[6] 이러한 견해를 철학자들은 대체로 포기했지만, 다른 영역들, 특히 물리 과학들의 영역들 속에서는 이 견해가 여전히 힘을 발휘해 왔다. 과학, 철학은 말할 것도 없고, 지식, 사회학 등을 통해서 자기 인식에 관한 커다란 진보가 있었음에도 불구하고, 우리는 여전히 과학이 하는 일이란 단순히 거기에 존재하는 대상들을 객관적으로 관찰하는 것이라고 믿는 일부 과학자들(그리고 과학에 관하여 말하는 수많은 비과학자들)을 만나게 된다.[7] 이러한 실증주의적 신념을 뒤집어서 말하면, 그 확실성들을 말할 수 없는 것은 모두 주관성 또는 상대성을 지닌다는 것이다. 오늘날 많은 논란이 있는 문화적, 신학적 상대주의라는 현상은 이런 의미에서 단순히 실증주의의 어두운 면에 불과하다고 할 수 있다.

이렇게 해서 사람들은 계몽주의 시대 이후의 실증주의 시대 속에서 자기들이 사물들을 "곧이곧대로" 알고 있다고 생각하게 되었다. 많은 사람들이 상식적인 수준이라고 생각하는 이러한 입장을 우리는 "소박한 실재론"이라고 부를 수 있을 것이다. 시각적 또는 그 밖의 비슷한 환영(幻影)들은 정상에서 벗어난 기형으로 취급되었는데, 이것은 사람은 적절한 과학적 통제 속에서 감각체험을 토대로 참된 명제들을 만들어 낼 수 있는 생생한 자료들에 직접적으로 접근할 수 있다는 것을 전제하는 것이다. 그러나 모든 인간의 지식이 이러한

5) 실증주의와 논리 실증주의에 대해서는 Abbagnano 1967; Passmore 1967을 보라.
6) 이런 유의 입장에 대한 가장 명료한 해설은 여전히 Ayer 1946 [1936]이다.
7) 지식사회학에 대해서는 Berger and Luckmann 1966; Berger 1969; Wilson 1982; 그리고 Thiselton 1992, ch. 16 section 2를 보라. 과학철학에 대해서는 Polanyi 1958, 1966; Kuhn 1970 [1962]; Barbour 1974; Greene 1981; Newton-Smith 1981; Gerhart and Russell 1984; Yee 1987; Banner 1990을 보라.

유형에 속하는 것이 아니라는 것은 분명하기 때문에, 이 틀에 맞지 않는 지식들은 격하된다: 전형적으로 금세기의 실증주의 속에서 형이상학과 신학은 이런 취급을 받게 되었다. 형이상학과 신학은 검증을 허용하지 않기 때문에 지식이 아니라 신념으로 취급되었고(플라톤이 아주 오래 전에 주장했듯이), 그것도 무의미하고 당치 않은 신념이 되어 버렸다(Ayer의 주장). 미학과 윤리학은 일부 사람들만이 체험할 수 있는 기능들로 전락해 버렸다: "미"와 "선"은 그저 "나/우리가 이것을 좋아한다" 또는 "나/우리가 그것을 긍정한다"는 것을 의미할 뿐이다. 이런 식으로 실증주의는 몇몇 유형의 지식을 건져 올린 대신에 그 밖의 다른 유형의 지식들을 버리는 일을 감행해 왔다.

우리가 원칙적으로 전능자적인 눈으로 바라볼 수 있는 대상들이 있는가 하면, 편견과 변덕에 불과한 그런 지식들도 있다. 실증주의가 최근 수십 년에 걸쳐서 결정적인 비판을 받게 되고, 그 지도적인 주창자들(Ayer 자신을 포함한)에 의해서조차도 상당한 정도로 수정되었다는 사실에도 불구하고, 실증주의는 계속해서 대중적 차원에서 영향력을 발휘하여, 과학적 지식과 기술적 통제 및 힘에 대하여 높은 가치를 부여함과 동시에 인간 사회의 눈에 보이지 않는 가치들과 신념 체계들을 상대화시키는 서구적인 세계관을 팽배하게 만들어 놓았다. 우리는 이러한 세계관을 다른 사람들은 "전제들"을 가지고 성경 본문을 읽지만 자신들은 본문을 있는 그대로 읽는다고 주장하거나 예수에 관한 "사실들" 외에는 "직접적으로 접근할" 수 없기 때문에 우리에게 남겨진 모든 것은 주후 1세기 사람들의 공상(空想)의 늪뿐이라고 주장하는 유치한 신학자들 가운데서 만나게 된다. 우리는 앞으로 서술을 전개해나가면서 이런 유의 것들을 상당수 만나게 될 것이다.[8]

역사는 두 개의 극단 사이의 어딘가에 해당한다. 역사는 과연 "객관적인"

---

8) 이 문제는 음악 분야에서 만날 수 있다. 몬트리얼에는 두 곳의 (훌륭한) 고전음악 방송국 — 한 곳은 프랑스어로, 다른 한 곳은 영어로 방송하는 — 이 있다. 영어를 사용하는 아나운서들은 음악이 "누구에 의해 연주된다"고 소개하고, 프랑스어를 사용하는 아나운서들은 "누구에 의해서 해석된다"고 소개하는 것이 보통이다. 이 두 가지 해설은 앵글로색슨 계열의 실증주의와 대륙 계열의 신중한 태도를 집약적으로 잘 보여 준다. Descartes로부터 Dummett에 이르기까지 "중립적인" 관점을 찾고자 한 시도에 대해서는 Kerr 1989 등을 보라.

지식인가, 아니면 "주관적인" 것에 지나지 않는 것인가? 또는 이러한 물음은 잘못된 이분법인가?[9] 우리는 역사적 사건들에 대하여 어떤 종류의 지식을 갖게 되는가? 한편으로 역사적 지식은 모든 지식 일반과 동일한 약점을 지닌다. 즉, 역사적 지식은 잘못된 것일 수 있다. 나는 사실은 목재 한 토막을 손에 쥐고 있으면서 한 권의 책을 쥐고 있다고 생각할 수 있다: 나는 가이사(Caesar)가 루비콘 강을 건넜다고 생각하지만, 사실은 다른 강이었을 수 있다: 나는 바울이 빌립보 교회를 세웠다고 생각하지만, 사실은 다른 누군가가 그 교회를 세웠을 가능성도 있다. 그러므로 사람들이 이런저런 역사적 "사건"에 대한 "진정한 증거"가 있는지 없는지에 관하여 조심스럽게 말하고 나서 증거가 없다고 통상적으로 결론을 내리게 될 때, 그들은 적어도 완전한 확실성 대(對) 증거가 없는 단순한 의견이라는 잘못된 양자택일의 실증주의의 덫에 걸려 있을 위험성이 다분하다고 할 수 있다. 가이사가 루비콘 강을 건넜다는 것을 보여 주는 증거는 궁극적으로 내가 손에 쥐고 있는 물건이 책이라는 것을 보여 주는 증거와 그 성격이 같다. 사실 매우 비슷한 검증 절차가 이 두 명제에 적용된다. 어느 쪽도 절대적으로 확실하지 않고, 어느 쪽도 소용없을 정도로 불확실하지도 않다. 우리가 이러한 근본적인 유사성을 인정하지 않는다면, 우리는 일상생활에 대한 데카르트적인 의심을 무시하고 좀 더 "중대한" 문제들을 위하여 그러한 일상적인 삶을 무비판적으로 수용하는 꼴이 될 것이다. 신약성서 분야에서 몇몇 비평학자들은 예수의 삶과 관련된 세부적인 내용들 또는 예수가 부활하였다는 사실이 "과학적으로" 증명될 수 없다는 사실에 환호성을 질렀었다: 엄밀하게 철학적으로 말한다면, 그들은 지식은 경험적 검증을 요구한다는 암묵적인 주장을 비롯해서 이와 동일한 문제점이 인간의 통상적인 광범위한 지식에도 해당된다는 것을 인정하지 않으면 안 된다.

계몽주의의 비관주의적인 측면은 경험주의의 몇몇 좀 더 온건한 형태들, 특히 현상학에서 가장 분명하게 볼 수 있다.[10] 내가 외부세계에 존재하는(존재하는 듯이 보이는) 사물들에 직면했을 때에 진정으로 확신할 수 있는 유일한 것은 내 자신의 감각 자료들뿐이다. 그러므로 일종의 분명한 인식론적 불신을

---

9) cf. Bernstein 1983.

10) 현상학에 대해서는 Hirst 1967을 보라.

내포하고 있는 이러한 견해는 외적인 대상들에 관한 진술(이것은 머그잔이다)
을 감각 자료들에 관한 진술들(나는 내 손안에서 딱딱하고 둥글고 부드럽고
따뜻한 느낌들을 느낀다)로 바꾸어 놓는다. 이와 관련해서, 만약 실증주의라면,
계속해서 외적 대상들의 존재를 검증하려 하거나 적어도 추론하려 들 것이다;
그러나 현상학은 이런 시도에 대해서 매우 조심스러운 태도를 취한다. 이러한
조심성이 사람들의 언어에 상당히 영향을 미쳐왔다: 우리는 무모하게 "이것이
옳다"고 말하지 않고 "나는 이것이 옳다고 주장하고 싶다"고 말함으로써 세계
에 관한 위험스러운 오만한 진술을 접고, 나 자신에 관한 안전하고 겸손한 진
술로 대신한다. 이러한 견해의 문제점들은 이제 잘 알려지게 되었지만 그 엄
청난 영향력은 계속해서 줄어들지 않고 있고, 특히 포스트모더니즘에 속하는
일부 진영들 속에서 맹위를 떨치고 있다. 내가 어떤 텍스트 또는 그 텍스트
속에 있는 저자의 생각 또는 텍스트가 말하고 있는 듯이 보이는 사건들을 보
고 있는 것 같이 보일 때, 사실 내가 실제로 하고 있는 것은 사건들에 대한 저
자의 견해 또는 저자의 의도에 대한 텍스트의 표현 또는 텍스트 앞에서의 내
자신의 생각을 보는 것이 전부이다 … 이것이 과연 텍스트인가?[11]

　이와 관련해서 도표가 도움이 될 것이다. 실증주의자들은 지식을 관찰자로
부터 대상으로 연결되는 직선으로 이해한다. 따라서 그 결과는 다음과 같은
모형이 된다:

　그러나 현상주의자들은 이 모형을 시험해 보고, 모든 결과들이 인식 주체
쪽으로 기울어 있다는 것을 발견하였다:

---

11) 아래 제3장을 보라.

— 그러나 나는 실제로 나의 감각 자료들만을 확신할 수 있을 뿐이다

물론 실증주의 및 현상학과 관련해서 온갖 종류의 변형들이 존재하지만, 앞의 두 도표는 실증주의와 현상학의 근본적인 차이점을 보여 준다. 이 둘의 특징은 한 가지 예화를 통해서 설명해 볼 수도 있다. 어떤 것을 안다는 것이 망원경을 통해서 보는 것과 같다고 한다면, 실증주의자는 자기가 망원렌즈를 통해서 보고 있다는 사실을 잠시 망각하고 대상을 직접적으로 보고 있다고 생각하는 것이고, 현상학을 신봉하는 이들은 자기가 거울에 비친 자신의 눈을 보고 있는 것이라고 생각한다는 말이다. 후자의 입장의 한 가지 논리적 결과는 물론 유아론(唯我論), 즉 나 그리고 오직 나만이 존재한다는 신념이다. 나 외에 그 어떤 다른 증거를 내가 가질 수 있겠는가?

이러한 두 가지 입장에 맞서서 나는 비판적 실재론이라고 부를 수 있는 입장을 제시하고자 한다. 이것은 인식 대상이 인식 주체와는 다른 존재로 존재한다는 것, 즉 인식 대상의 실재를 인정하지만(그러므로 "실재론"), 우리가 이 실재에 접근할 수 있는 유일한 길은 인식 주체와 인식 대상간의 적절한 대화라는 나선형(螺旋形) 방법을 통해서만 가능하다는 것을 인정하는(그러므로 "비판적") 것이라고 "인식" 과정을 설명하는 방식이다.[12] 이 길은 "실재"에 대한 우리의 탐구의 산물들에 대한 비판적 성찰을 가져오기 때문에, "실재"에 관한 우리의 진술들은 잠정성(暫定性)을 지닌다는 것을 인정한다. 달리 말하면, 지식은 원칙적으로 인식 주체로부터 독립적인 실재들에 관한 것이기는 하지만, 지식 그 자체가 인식 주체로부터 독립적이지는 않다는 말이다.[13]

그러므로 우리는 비판적 실재론의 모형을 따라서 지식의 모습을 다음과 같이 대략적으로 그려볼 수 있다:

12) 우리가 유의할 것은 "비판적 실재론"에서 형용사 "비판적"은 "비판적 이성"에서의 "비판적"이라는 형용사와는 다른 기능을 갖고 있다는 것이다. 후자에서 (예를 들어, Kant에서와 같이) 이 형용사는 "비판을 제시하는 이성"이라는 능동의 의미를 갖고, 전자에서는 "비판에 종속된 실재론"이라는 수동의 의미를 갖는다.

13) 이 규칙을 입증해 주는 예외는 자기인식이라는 특별한(그리고 대단히 복잡한) 자기인식의 특별한 예이다.

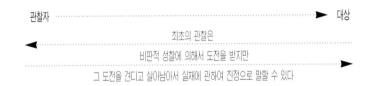

이 단계들 중에서 2번째와 3번째에 대해서는 더 설명이 필요하다. 비판적 인식은 인식 과정과 관련하여 적어도 세 가지를 보여주는데, 이 모든 것들은 소박한 실재론이나 주류 실증주의에 도전하는 것들이다. 첫째, 관찰자는 하나의 관점에서, 그러니까 오직 하나의 관점에서만 본다: 그리고 전능자의 시점 (자연신론자들이 말하는 전능자의 시점을 의미함)이라는 것은 인간에게는 가능하지 않고 결코 인간의 관점이 될 수 없다.[14]

둘째, 첫 번째의 연속선상에서 모든 인간은 필연적으로 감각기관으로부터 전해 받은 정보를 예상들, 기억들, 이야기들, 심리 상태 등등으로 이루어진 격자망(grid)을 통해서 해석한다. 관점은 위치에 따라서만 달라지는 것이 아니다(내가 방의 이쪽 편에 서 있다면, 저쪽 편에 서 있는 너와는 관점이 다르게 된다): 관점은 나의 세계관이라는 렌즈들로 인해서도 달라진다(여러 작가들이 보여 주고 있듯이, 이론을 세우기 이전의 암묵적인 관점은 그 자체가 모든 대상들을 인식하고 알기 위한 필수적인 조건이다)[15] 세 번째이자 가장 중요한 것은 내가 서 있는 위치와 내가 대상을 바라볼 때 쓰고 있는(은유적인 의미에서) 렌즈들은 내가 속한 공동체와 대단히 밀접한 관계를 갖는다. 내가 어떤 대상들을 특정한 방식으로 보는 것은 부분적으로는 내가 특정한 인간 공동체, 특정한 가족 및 친구들로 이루어진 네트워크에 속해 있기 때문이고, 부분적으

---

14) 이 논증 내에서 신/하나님에 관한 서로 다른 견해들의 의의에 대해서는 아래 제5장을 보라. 예를 들어, Hawking 1988에서 신에 관한 논의는 "하나님"이라는 단어를 다른 가능한 대안들(예를 들면, 성경에 나오는 하나님)에 대한 고려 없이 오직 자연신론에서 말하는 신을 지칭하는 것으로 전제한다. 자연신론에서 신은 궁극적으로는 소박한 실재론자가 될 것이다: 아브라함, 이삭, 야곱 — 그리고 예수 — 의 하나님이 어떤 사물이나 사람들을 "안다"고 할 때, 거기에는 자연신론에서는 전혀 알지 못하는 참여 또는 적극적인 개입의 차원이 존재한다.

15) cf. Polanyi 1958; Wolterstorff 1984 [1976].

로는 아마추어 음악가라는 등등의 나의 전문 직업 때문이다. 모든 인간 공동체는 일정한 전제들, 전통들, 기대들, 바람들 등등을 공유하고 소중히 여기는 가운데, 그 구성원들에게 현실을 특정한 방식으로 해석할 것을 권장하고, 특정한 진술들을 해석하기 위한 배경들을 형성한다. "중립적인" 또는 "객관적인" 관찰자 같은 것은 존재하지 않고, 마찬가지로 초연한 관찰자 같은 것도 존재하지 않는다.[16]

이러한 모든 요소들은 "실재론"이 살아남기 위해서는 그 모든 진술들의 잠정성을 철저하게 인정해야 한다는 것을 의미한다. 그렇다면 그 다음에는 어떻게 되는 것인가?

이와 관련해서 가능하지 않은 것이 한 가지 있는데, 그것은 비록 완화된 형태라고 할지라도 어떤 형태이든 실증주의는 부활되어서는 안 된다는 것이다. 즉, 위에서 말한 모든 것들을 인정하는 사람이라면, 그가 여전히 경험적 감각 자료들을 토대로 관찰자에 대하여 외부에 존재하는 세계에 관하여 말할 수 있는 어떤 것들이 존재한다고 말해서는 결코 안 된다는 말이다. 그런 일은 있을 수 없다: 비판적 실재론(내가 제안하고 있는)은 특정 대상에 관한 지식이 세부적인 관찰 내용들 또는 "감각 자료들"이나 외부의 실재에 대한 확신 있는 진술들로부터 생겨나는 것이 아니라 세계와 관련된 관찰자의 존재 방식의 토대를 형성하는 이야기(스토리) 또는 세계관이라는 좀 더 큰 틀 내에서 일어나는 것으로 본다(세계관들이 무엇을 의미하는지, 그리고 그것들이 어떻게 작용하는지에 관한 것은 제5장에서 자세하게 다루어질 것이다). 아무리 완화되고 조심스러운 방식으로 접근한다고 할지라도, 경험적 자료들로부터 연역해 나가는 방식으로가 아니라 사람들이 지닌 특정한 이야기들에 어떤 대상들이 부합할 때에 지식은 생겨난다고 이 모형은 본다. 나는 이 모형이 초래하는 추가적인 문제점들을 나중에 살펴보고자 한다.

나는 이러한 주장이 독자들을 매우 혼란스럽게 만들 수 있다는 것을 잘 알고 있다. 이러한 주장은 마치 지식은 단순히 사적인 문제인 양 보이게 만든다: 현상주의자들이나 주관주의자들이 결국 승리한 것이라고 독자들은 느낄

---

16) MacIntyre 1985, 220ff.를 보라. 이러한 비평 전체는 Ricoeur가 말한 "설명"의 의미에 해당한다; Thiselton 1992, ch. 10에 나오는 논의를 보라.

지도 모른다. 내가 알고 있는 모든 것은 내 자신의 이야기 속에서 일어나는 그 무엇이다. 이러한 비판이 온당치 못하다는 것을 보여 주기 위해서는 우리는 검증의 문제를 살펴보지 않으면 안 된다. 사람들이 지식이라고 주장하는 것을 "검증한다"는 것은 과연 무엇을 의미하는가?[17]

"과학적" 방법론에 관한 통상적인 설명은 가설 및 검증에 그 초점이 맞춰져 있다(내가 보기에도 이것은 타당하다). 우리는 무엇이 참인가에 관한 가설을 세우고, 실험을 통해서 어떤 대상의 참 또는 거짓을 밝혀낸다. 그러나 우리가 세우는 그 가설들이라는 것은 어떻게 세워지는 것이고, 참 또는 거짓의 검증은 무엇을 의미하는가? 실증주의적 모형에 의하면, 가설은 우리가 접수한 감각 자료들을 토대로 구성되고, 이렇게 만들어진 가설이 확증하거나 수정하거나 무너뜨릴 더 많은 감각 증거들을 찾아 나선다. 나는 이것이 오도된 것이라고 주장한다. 오직 감각 자료들만으로 훌륭하게 작용하는 가설을 만들어내는 것은 거의 불가능하고, 사실 이 분야에서 좀 생각이 있는 학자라면 감각 자료들만으로 가설을 구성할 수 있다고 생각하는 사람은 없다. 가설을 세우기 위해서는 좀 더 큰 틀, 세계 속에서 일어날 가능성이 있는 것들에 관한 좀 더 큰 규모의 이야기들이 필요하다. 현상들에 대한 무작위적인 관찰로부터 어떤 패턴에 대한 가설에 이르기까지는 그 주제에 따라 미리 조율된 상상력의 개입을 통한 비약이 있을 수밖에 없다. 마찬가지로 검증은 무작위적인 감각 자료들을 관찰하여, 그것들이 가설에 맞는지 맞지 않는지를 보는 것을 통해서가 아니라 좀 더 큰 이야기들(가설 자체도 포함한)을 토대로 그 가설의 특정한 측면들에 관한 특정한 질문들을 던지는 수단을 고안해냄으로써 이루어진다. 그러나 이것은 다음과 같은 질문을 불러일으킨다: 큰 이야기들과 구체적인 자료들은 어떤 방식을 통해서 "정합성(整合性)"에 이르게 되는가? 이것을 검토하기 위해서 우리는 이야기 자체를 좀 더 자세하게 살펴볼 필요가 있다.

3. 이야기, 세계관, 지식

이야기(story)는 인간의 가장 기본적인 삶의 양식들 중의 하나다.[18] 사람은

---

17) 이하의 내용에 대해서는 Barbour 1966, Part Two를 보라.

무작정 행동한 다음에 그 행동들에 의미를 부여하려고 한다는 말은 사실이 아
니다; 만약 사람들이 그런 식으로 행동한다면, 우리는 그 사람을 술 취했다거
나 미쳤다고 말할 것이다. 매킨타이어(MacIntyre)가 주장했듯이, 구체적으로
는 대화들, 일반적으로는 인간의 행위들은 "행동으로 옮겨진 이야기들"
(enacted story)이다. 즉, 전체적인 이야기가 더 기본적인 범주이고, 특정한 순
간 및 특정한 사람은 그러한 전체적인 이야기라는 맥락 속에서만 이해될 수
있다:[19]

> 역사는 행위들의 연속은 아니지만, 한 행위의 개념은 그 역사로부터 어
> 떤 목적으로 추상된 실제적인 또는 가능한 역사 속의 한 순간에 대한 개
> 념이듯이, 역사 속의 등장인물들은 인물들의 집합이 아니지만, 한 인물에
> 대한 개념은 역사로부터 추상된 어떤 인물에 대한 개념이다.[20]

그러므로 인간의 삶은 인간들이 스스로 및 서로에게 말하는 묵시적 또는
명시적 이야기들에 뿌리를 박고 있고, 그러한 이야기들로 구성되어 있다고 할
수 있다. 이것은 이야기라는 엉성한 수단에 의존함이 없이도 원칙적으로 말할
수 있는 이런저런 내용을 "예시하기" 위하여 이야기를 사용하는 것에 불과하
다는 통념에 어긋난다. 이야기는 흔히 어떤 추상적인 진리나 "순수한 사실들"
에 관한 진술들로 표현될 수 있는 "실재" 대신에 인식 능력이 떨어지는 사람
들이 사용하는 것이라고 잘못 이해되고 있다. 또한 이야기에 대한 또 하나의
잘못된 인식은 이야기를 수사적(修辭的)인 말들을 위한 겉포장으로 생각하는

---

18) 오늘날 많이 논의되는 이 주제에 대해서는 특히 Frei 1974; Alter 1981; Ricoeur
1984, 1985, 1988; Hauerwas and Jones 1989를 보라(특히 Crites (65-88)의 논문과
Hartt, Crites and Hauerwas(279-319) 간의 토론). MacIntyre 1985, 특히 15장도 중요하
다. 초고를 다시 한 번 검토하는 과정에서 나는 John Milbank의 설명(1990, ch. 12), 즉
그가 "진정한 기독교적인 메타서사적 실재론"(389)이라 부르는 것에 대한 설명을 읽었
는데, 내가 올바르게 이해했다면, 그의 설명은 훨씬 더 정교하긴 했지만, 나의 주장과 매
우 유사한 것으로 생각되었다.

19) MacIntyre 1985, 211.

20) ibid., 217.

것이다. 이야기는 인간의 삶의 기본적인 구성요소다: 사실 이야기는 세계관이라는 전체 구조물 내에서 핵심적인 한 요소다. 나는 제5장에서 모든 세계관은 다른 세계관적 요소들(상징, 실천, 기본적인 질문과 대답들)과 아울러 이야기라는 요소를 포함하고 있고, 이 요소들 중 그 어느 것도 다른 요소들로 아무런 문제 없이 "변환될" 수 없다는 것을 논증하고자 한다. 앞으로 보게 되겠지만, 인간이 현실을 인식하는 수단 역할을 하는 격자망(格子網)인 세계관은 신념들과 목표들이라는 형태로 인간의 의식 속에 나타나게 되고, 이러한 신념들과 목표들은 세계관의 가시적인 표현들로서 원칙적으로 이것들을 통해서 세계관에 대한 논쟁이 가능해진다. 세계관 자체를 특징짓는 이야기들은 이렇게 인간의 인식 지도상에서 신학적 신념들을 포함한 가시적 형태를 지닌 신념들보다 더 근본적인 차원에 속한다.

물론 세계관을 가장 분명하게 구현하고 있는 이야기들은 이른바 세계의 원시 종족들이 세계 및 자기 종족의 기원을 설명하기 위하여 만들어 낸 건국 신화들(foundation myths)이다. 인류학자들을 비롯한 여러 학자들은 오늘날과 같은 문명화된 사회 속에서는 은폐되어 있는 원시적인 관점들의 흔적들을 발굴해내기 위하여 그 가장 적절한 수단으로 이러한 이야기들을 연구한다. 그러나 오늘날에도 이러한 예들을 가까운 곳에서 찾을 수 있는데, 예를 들면 정치적 토론 속에서 이야기를 사용하는 것이 그 한 예이다. 대공황 때에 사정이 어떠했는가에 관한 이야기들은 억압받는 노동자 계급에 대한 동정심을 촉발시키기 위하여 사용된다: 공포 정치에 관한 이야기들은 현재의 우익체제를 정당화하기 위하여 사용된다. 좀 더 비근한 예를 들어보면, 이야기들은 개인 및 가족간의 담론 속에서 사건들에 관한 정보를 제공하기 위한 목적만이 아니라 가족, 사무실, 클럽, 대학 내의 공통의 세계관을 실현하고 강화하며 수정하기 위하여도 사용된다. 이야기들은 세계를 경험하는 데에 결정적인 틀(framework)을 제공해 준다. 또한 이야기들은 다른 세계관들에 도전하는 수단이 되기도 하다.

이야기들이 세계관의 근본적인 특징이라는 사실은 유대인들의 세계관 및 그 다양한 변형들과 관련해서도 예증될 수 있다. 이러한 것들은 결코 일련의 격언들로 변환될 수 없다. 유대인들의 글은 아주 간단한 속담이나 경구(警句)라 할지라도 그 밑바탕에는 계약의 신, 세계, 이스라엘에 관한 유대인들의 이야기라는 하부구조를 포함하고 있다. 대부분의 유대인들에게, 물론 주후 1세기의 유대인들에게도 이야기라는 양식은 과거에 자기 백성을 위하여 행하신 야웨의 권능 있는 행위들에 관한 이야기들을 하거나 현재의 신실한 자들을 분기시켜 계속해서 인내하고 순종하며 야웨께서 권능 있는 행위를 통하여 이스라엘에게 단번에 진정한 영속적인 해방을 가져다줄 것을 기대하라는 내용의 새로운 이야기들을 만들어 낼 때에 그들의 세계관을 표현할 자연스럽고 필수적인 방식이었다.[21]

아이들, 그리고 순전히 좋아서 책을 읽었던 사람들 속에서 인기가 있었던 이야기들은 이렇게 해서 최근에는 학자들, 특히 성서학자들 사이에서 유행하게 되었다. 지난 세대 동안에 몇몇 학자들은 성경의 여러 대목들의 구조와 의미를 이해하는 데 도움을 받기 위하여 블라디미르 프로프(Vladimir Propp) 같은 민담 분석학자들의 작품을 활용해 왔다. 이제 우리는 이야기를 다른 그 무엇으로 "변환하지" 않고, 있는 그대로 읽고, 그 자체의 관점에서 이해하도록 강요받고 있다.[22] 문학적·신학적 관점에서 이것은 내게 참으로 경이로운 발전으로 보인다; 이런 발전은 물론 어느 정도의 견제와 균형이 필요하지만 원칙적으로 쌍수를 들어 열렬히 환영할 만한 일이다.

나아가 이러한 연구를 통해 학자들은 이야기들이 자체적으로 어떻게 작용하고 다른 이야기들과의 관련 속에서는 어떻게 작용하는지를 검토해 왔다. 내부적인 차원에서 이야기들은 구조, 줄거리(plot), 등장인물을 갖는다. 이야기들은 발화(發話)의 시점(발화자가 극중인물인가, 또는 극중의 모든 사건들을 꿰뚫어보는 특권적인 지위를 갖고 있는가?), 아이러니(irony), 갈등, 그리고 "구성"을 비롯한 여러 서사(敍事) 패턴들을 포함한 다양한 수사(修辭) 기법들을 사용한다. 이야기들은 암묵적으로 "이상적 독자"라 불러 온 것을 상정하는 것

21) 아래 제3부를 보라. 우리가 살펴보고 있는 시기에 나온 예들로는 희년서, 마카베오4서, 요세푸스 등을 들 수 있다. 이야기 형태를 띠지 않은 저작들도 이야기들을 말한다: 성경을 주석하고 있는 쿰란 공동체의 주석서들은 페셰르(pesher) 식의 자세한 석의(釋義) 수단을 통해서 공동체 및 그 기원과 투쟁과 목표에 관한 이야기를 한다. Philo는 비록 플라톤과 마찬가지로 어느 단계들에서는 이야기들을 사용하긴 했지만 이 규칙을 입증해 주는 그러한 예외일 수 있다.

22) 특히 Frei 1974; Alter 1981을 보라.

이 보통이다. 즉, 이야기들은 특정한 유의 적절한 읽기를 함축하고 권장한다. 이 모든 것들은 실제 독자들이 이야기들을 어떻게 보게 되는가에 나름대로 영향을 미치게 된다. 달리 말하면, 우리는 문학 비평을 통해서 하는 일(이에 대해서는 다음 장에서 보게 될 것이다)을 하나의 복합적인 이야기와 관련해서 행하도록 요구받는다. 즉, 우리는 이야기가 독자들에게 창출해내는 효과와 그 효과를 창출해내기 위한 수단을 연구한다. 이 과정에서 저자의 의도가 배제되어서는 안 된다: 예를 들면, 고대의 텍스트들을 다룰 때에, 우리는 고대의 수사학과 관련된 저술들은 이야기의 여러 효과들을 아주 잘 알고 있었다는 것을 기억해야 하고, 또한 복음서 기자들이 그러한 개념들을 몰랐다고 여겨서는 안 된다는 말이다. 그러나 마찬가지로 마가 같은 저술가는, "천부적인" 웅변가가 그렇듯이, 수사 기법들에 관하여 생각하거나 심지어 알지도 못하면서 다양한 수사 기법들을 사용하여 그러한 효과들을 만들어 낼 수 있었을 것이다.[23]

이야기들이 다른 이야기들과 관련하여 어떻게 작용하는가를 검토할 때에, 우리는 인간들은 이야기들을 하면서 그가 세계를 어떻게 인식하고 있는지를 보여 줌과 아울러 세계와 관계를 맺는다는 것을 알게 된다. 고립되어 있는 것이든 상호 연결되어 있는 것이든, 작은 사건들의 수많은 집합 속에서 우리가 현재 보고 있는 것을 우리는 우리가 이미 어느 정도 알고 있는 이야기 형태들을 끌어와서 그 속에 그러한 정보를 위치시킴으로써 이해한다. 문제점과 갈등, 시행착오들, 좋든 나쁘든 최종적인 결과라는 패턴을 지니는 이야기는 일반적으로 세계가 실제로 존재하는 방식에 관하여 말하는 가장 좋은 방식으로 인식되고 있다. 좋은 이야기들은 세계가 희극적이든 비극적이든 갈등(conflict)과 해소(resolution)의 장소라는 것을 전제한다. 이에 따라 이야기들은 내용들을 선별하고 정리한다. 그리고 앞에서 언급했듯이, 이야기들은 그것들과 결부된 세계관들을 구현하거나 강화하거나 수정하는 역할을 한다.[24]

---

23) 이 모든 것에 대해서는 아래 제3장을 보고, Beardslee 1969; Rhoads and Michie 1982와 그 밖의 여러 최근의 저작들을 참조하라. 또한 H.-D. Betz의 갈라디아 주석 (1979)과 비교하라. 복음서들을 이야기로 본 최근의 많은 저작들(예를 들어, Mack 1988)은 "이야기"라는 현상을 후대의 산물이라고 보고 있지만, 이러한 생각은 실제로 불합리하다: 아래 제4부, 특히 제14장을 보라.

실제로 이야기들은 다른 이야기들이 구현하고 있는 세계관들을 수정하거나 전복시키는 데 대단한 위력을 발휘한다. 정면 공격으로는 반드시 실패할 수밖에 없는 경우에도, 비유(parable)를 사용해서 비둘기의 순결함 뒤에 뱀의 지혜를 숨긴 채 적진 속에 들어가 환심을 산 후에 적군이 안전을 위해 꽁꽁 숨겨 두었던 전제들을 변화시키는 것이 얼마든지 가능하다. 나단은 다윗에게 부자, 가난한 자, 어린양 한 마리가 등장하는 이야기를 들려준다; 다윗은 격분한다; 그리고 나단은 자기가 쳐놓은 덫을 잡아당긴다. 누군가에게 무엇을 하라고 말하면, 당신은 그의 삶을 단 하루 동안만 바꾸어 놓을 수 있다; 누군가에게 이야기를 들려주면, 당신은 그의 삶을 일생 동안 바꾸어 놓을 수 있다. 이야기들은 이러한 효과를 가진다는 점에서 복합적인 은유들로 작용한다. 은유는 불꽃이 튀어서 점화시키기에 충분할 정도로 각각 가깝기는 하지만 너무 가깝지는 않은 간격을 유지한 채 두 부류의 개념을 결합시킨다. 따라서 불꽃은 한쪽 개념에서 다른 쪽 개념으로 튀어서 점화하는 그 순간 동안에 그 주변 전체를 비춤으로써 그 조명 하에 있는 여러 인식들을 변화시킨다.[25] 전복(顚覆)을 꾀하는 이야기는 청중이 이미 믿고 있는 이야기와 아주 가까워서, 불꽃은 그 둘 사이를 충분히 튀어서 점화될 수 있다; 그리고 점화가 일어난 후에는, 그 어떤 것도 다시는 결코 예전과 완전히 동일하지 않게 된다.

이러한 통찰은 다른 여러 영역들에도 그대로 적용될 수 있고 또한 적용되는 것이 바람직하다. 사회들은 복합적인 실체들이고, 사회를 주도하는 세계관들은 직설적인 이야기들만을 낳는 것이 아니라, 서로 다른 여러 집단들과 개인들이 좀 더 큰 배경 안에서 그들 자신의 길을 찾아감에 따라 그 직설적인 이야기들의 파편화되고 왜곡된 판본들도 등장하게 된다. 인간들은 서로 중복된 세계들 속에서 살고 있고, 개인 또는 집단으로서 인간들은 서로 중복된, 그러나 또한 경쟁적이기도 한 서로 다른 여러 이야기들을 말하게 된다. 아울러 어떤 집단 또는 개인이 명시적으로 말한 이야기들은 의도적이든 의도적이지

24) 이야기들이 할 수 있는 여러 가지 것들에 대해서는 Thiselton 1992, ch. 15, section 3을 보라.

25) Crossan 1988b [1975]를 보라. 은유에 대해서는 Ricoeur 1977; Caird 1980; Soskice 1985를 보라.

않든 사기성이 있을 수 있고, 따라서 실천 및 좀 더 폭넓은 상징 세계에 비추어서 검토될 필요성이 있게 된다. 어떤 사람이 습관적으로 행하는 것과 그 사람이 그의 삶을 둘러치고 있는 상징들은 적어도 그 사람이 "공식적으로" 말하고 있는 이야기들과 마찬가지로 그 사람의 세계관에 대한 신빙성 있는 지표가 된다.[26]

이 모든 것을 우리의 특정한 분야, 즉 신약성서에 적용한 결과는 다음과 같다. 주후 1세기의 유대인들의 세계관(이에 대해서는 제3부에서 자세하게 서술할 것이다)의 한 특정한 변형을 지니고 있으면서 또한 사람들에게 권장하고자 했던 주후 1세기의 유대인들로 이루어진 한 특정한 집단은 다음과 같이 말하고자 하였다: 우리의 세계관을 특징짓는 소망이 이 사건들을 통해서 성취되었다. 그리고 그들은 세계를 바라보는 다른 방식들을 전복시키기 위하여 가장 자연스러운(그리고 분명히 유대적인) 방식으로 이 이야기를 하기로 선택하였다. 좀 더 분명하게 말해 본다면, 주후 1세기의 유대인들은 다른 모든 민족들과 마찬가지로 세계 및 세계 내의 사건들을 해석과 기대라는 격자망 내에서 인식하였다. 유대인들이 지닌 격자망의 핵심은 세계는 선하고 지혜롭고 전능하신 신에 의해 만들어졌고, 그 신은 이스라엘을 그의 선민으로 선택하였다는 신념이었다: 그들은 자신의 민족사, 그들의 공동체적이고 전통적인 이야기가 그들에게 세계 속의 사건들을 인식하고 그 사건들에 의미를 부여하며 이에 따라 그들의 삶을 살아갈 수 있는 렌즈들을 제공해 준다고 믿었다. 그들은 그들의 세계관을 구현하고 예증해 주고 강화시켜 주는 이야기들을 했고, 그렇게 함으로써 다른 세계관들을 전복시키려는 시도를 감행하였다. 그들의 동료 유대인들에게 과거와는 다르게 생각할 것을 권하고자 했던 사람들은 모양은 좀 달랐지만 서로 동일한 이야기들을 했다. 에세네파(the Essenes)는 새 계약이 은밀하게 시작되었다는 이야기를 했고, 요세푸스(Josephus)는 이스라엘의 신이 로마인들에게로 건너갔다는 이야기를 했으며, 예수는 못된 포도원 소작 농부들이 주인의 아들을 죽이고 스스로의 파멸을 자초하였다는 이야기를 했고, 초기 그리스도인들은 신의 나라가 예수로 말미암아 계시되었다는 이야기를

---

26) 아래 제5장을 참조하라. 나는 이 점을 내게 강조해 준 Christopher Rowland 교수에게 감사한다.

했다. 그러나 그들이 결코하지 않은 것이 한 가지 있었다. 그들은 결코 하나님이 피조세계, 또는 구체적으로 자기 백성의 역사적 운명에 대해서 아무런 관심이 없다거나 아무런 개입도 하지 않을 것이라는 세계관을 표명하지는 않았던 것이다. 이에 대해서 우리는 나중에 다시 살펴보게 될 것이다.

이야기들이 서로 충돌하게 되는 이유는 세계관들 및 그것들을 특징짓는 이야기들이 원칙적으로 규범 설정적인 성격을 띠고 있기 때문이다: 즉, 세계관들은 현실 전체에 의미를 부여하는 역할을 한다는 말이다. 각각의 사물에 대한 각각의 사람들의 관점은 겉보기에는 양립될 수 없는 것 같지만 실은 똑같이 타당하다고 믿는 상대주의자조차도 현실은 경험, 관찰, 토론에 원칙적으로 열려 있는 이음새 없는 거미줄이라고 하는 내용을 지니는, 다른 대부분의 이야기들과 가시적으로 충돌을 일으키게 되는 실재(實在)에 관한 그 근저에 있는 이야기를 따르고 있는 것이다. 현대 세계에서 많은 사람들이 기독교를 사사로운 세계관, 일련의 사사로운 이야기들로 여길 수 있었다는 것은 아이러니컬하다. 몇몇 그리스도인들은 실제로 이러한 함정에 걸려들기도 했다. 그러나 원칙적으로 기독교의 전체적인 요지는 기독교는 세계 전체에 대한 이야기를 제시하고 있다는 것이다. 기독교는 공적인 진리이다. 그렇지 않다면 기독교는 영지주의의 일종으로 전락하고 말 것이다.[27]

그러므로 우리는 한 집단이 세계에 관하여 말하는 이야기들이 다른 집단이 말하는 이야기들과 접촉할 때 어떤 일이 일어나는지를 보기 위하여 눈금자를 이용해 살펴볼 수 있다. 눈금의 한쪽 끝에는 특정한 어떤 세계관을 바로 확증해 주는 현상이 존재한다: "대상," 행위, 또는 사건이 함축하고 있는 이야기는 아무런 문제 없이 나의 세계관에 잘 부합한다. 또 다른 한쪽 끝에는 그 세계관을 직접적으로 반박하는 현상이 존재한다: 이런 경우에, 내 앞에 행동으로 실현되고 있는 이야기들을 이해하기 위해서는, 나는 내가 기준으로 삼고 있던 이야기를 버리고 새로운 이야기를 찾아야 할 것이다. 그리고 새로운 이야기를 찾는 것은 내 앞에 있는 감각 자료들의 증거들로부터 새로운 이야기를 만들어 내는 것이 아니라 현재 나를 당혹시키고 있는 이 사건을 설명해 줄 수 있는 뭔가 다른 공동체의 이야기를 들음으로써 가능해진다.[28] 두 이야기간의 충

돌을 다루는 다른 나머지 한 방식은 자기에게 도전하는 이야기의 증거가 사실 얼마나 기만적인가를 설명해 주는 또 다른 이야기를 하는 것이다. 이런 방법은 과학(어떤 실험이 "원하는 결과를 낳지 못했다"; 그러므로 뭔가 예기치 않은 변수가 실험 과정에 끼어들었을 것임에 틀림없다), 역사(텍스트들이 사실과 맞지 않는다; 그러므로 누군가가 텍스트들을 왜곡했다), 그 밖의 다른 분야들에서 비일비재하다. 그리고 확증과 반박이라는 이 두 극단 사이에서 여러 사건들과 "대상들"은 우리가 처음에 시작했던 이야기 또는 이야기들을 수정하거나 뒤집을 수도 있다. 그리고 항상 그렇듯이, 음식이 잘 만들어졌는가 하는 것은 결국 먹어 보아야 아는 법이다. "중립적인" 또는 "객관적인" 증거라는 것은 존재하지 않는다; 오직 우리가 지금 세계에 관하여 말하고 있는 이야기가 다른 잠재적인 또는 실제적인 이야기들보다 그 개요(槪要)와 세부적인 내용에서 세계를 더 잘 설명해 줄 수 있다는 주장만이 존재할 뿐이다. 개요의 단순성, 단순한 개요 내에서 세부적인 내용들을 잘 다룰 수 있는 순리성(順理性), 이야기의 모든 부분들을 포함할 수 있는 포괄성, 그 이야기가 직접적인 대상을 뛰어넘어 모든 것을 설명해 줄 수 있는 능력, 이런 것들이 중요한 것이다.[29]

그러므로 우리는 다시 가설과 검증이라는 개념 비슷한 것으로 되돌아왔다. (어떤 분야에서건) 가설은 유효한 자료들을 포함하고 있고, 단순성을 지니며, 그 직접적인 대상을 뛰어넘어 다른 분야들에서도 유효하다는 것이 입증될 때에 "검증된" 것으로 본다. 그러나 우리가 지금까지 해 온 것은 가설이 무엇이고 검증은 어떤 의미를 지니는가에 관한 설명의 미비한 점들을 보충하는 일이었다. 이제 이것을 온전히 설명하기 위해서는 다음과 같은 요소들이 포함되어

---

28) 내가 말하는 "표본 이야기들"은 Wolterstorff가 말한 "표본 신념들" (1984 [1976] part I, 특히 ch. 1)과 비슷하다. 실제로 모순된 증거들을 "볼" 수 있느냐(그러한 증거들은 그러한 것들이 존재하지 않아야 한다고 보는 바로 그 세계관에 의해서 "걸러질" 것이기 때문에)의 문제는 복잡한 것이긴 하지만, 나는 이 문제는 실제로 토끼와 거북이의 문제의 한 변형이라고 생각한다. 우리 모두는 실제로는 토끼가 거북이를 따라잡는다는 것을 안다; 우리 모두는 통상적으로 예측 가능한 충격을 수반하긴 하지만, 어쨌든 새로운 증거에 맞는 세계관으로의 급진적인 회심이 실제로 일어난다는 것을 안다.

29) 아래 제4장을 보라.

야 한다: 문제 제기, 가설, 가설의 검증.[30]

맨 먼저 필요한 것이 문제 제기인데, 바로 이 문제 제기에 대한 답으로 가설이 세워진다. 문제 제기는 진공 속에서 느닷없이 튀어나오는 것이 아니다: 문제 제기는 어떤 사람들이 어떤 차원에서 스스로를 말하고 있는 이야기들로부터 출현한다. 어떤 사람이 문제를 제기하는 것은 그 사람의 현재의 이야기로는 설명이 불완전하거나 설명하기가 당혹스러운 어떤 대상을 만났기 때문이다. 나는 차를 몰고 온갖 종류의 생각을 하면서 도로를 달리고 있지만 차들, 운전, 도로들에 관한 그 밑바탕에 있는 이야기를 당연한 것으로 받아들이고 있다. 그런데 이때 차가 갑자기 덜컹거리며 진동하기 시작한다. 곧 나는 이 현상을 설명해 줄 수 있는 여러 가지 이야기들을 나 자신에게 말하기 시작한다. 아마도 도로공사를 위해서 이 부근의 도로를 파헤쳤다가 제대로 다시 복구를 해 놓지 않은 탓인지도 모른다. 또는 내 차의 타이어가 펑크 난 것일 수도 있다. 아니면, 차체의 현가장치가 잘못된 것일 수도 있다. 이러한 가설들은 내게 이야기들 속에서 빠져 있을 수 있는 연결고리들을 제시해 준다: 이 가설들은 적절하게 삽입되기만 한다면 나의 기존의 이야기들을 실제 현상을 설명해 줄 수 있는 이야기들로 바꾸어 줄 수 있다. 그 가설들이 어디에서 왔는지는 중요하지 않은 것은 아니지만 설명하기가 어렵다: 이 가설들은 직감을 통해서 온 것같다. (예화를 계속하자면) 이때 내 뒤에 오던 차의 운전자가 불빛을 깜빡이면서, 내 차의 바퀴 하나를 손으로 가리킨다. 즉각적으로 나의 두 번째 이야기가 크게 부상된다. 나는 길가에 차를 세우고 타이어를 살펴보는데, 그 타이어는 물론 유감스럽게도 펑크 난 상태였다. 다른 두 가지 추가적인 자료들, 즉 다른 운전자의 행동과 타이어에 대한 검사는 내게 두 번째 이야기가 현실과 맞아떨어진다는 확신을 준다. 내가 이제까지 말해 왔던 이야기들 중의 하나가 현실을 성공적으로 설명해 줄 수 있는 이야기로 등장하게 된 것이다. 물론 도로 상태나 차체의 현가장치가 완전하지 않았을 수도 있다; 그러나 이 현상에 대한 가장 단순한 설명은 차체의 떨림이 타이어의 펑크로 인한 것이었다는 것이다. 이 과정의 각각의 단계에서 중요한 것들은 이야기를 통해서 가장 잘 표현될 수 있다: 문제 제기를 촉발시킨 이야기, 설명을 위해서 제시된 새로운

30) Meyer 1979, 80.

이야기들, 모든 관련 자료들을 포함함과 동시에 분명하고 단순한 틀을 지니고 있을 뿐만 아니라 다른 이야기들에 대한 더 나은 이해에 기여하는 하나의 성공적인 이야기(나는 항상 내가 그 타이어들을 샀던 정비공장에 대해서 약간 의심하고 있었다). 매우 단순한 인식 과정에 대한 이러한 묘사는 "가설과 검증"이라는 모형에 무엇이 포함되어 있고, 세계관들의 성격 및 그 세계관 속에서의 이야기들의 위치를 보여 주는 지도(이에 대해서는 제5장에서 좀 더 자세하게 설명할 것이다)상에서 이 모형이 어느 위치에 있는가를 잘 보여 준다. 이것은 특히 역사를 논의하는 데 극히 중요한데(아래 제4장), 거기에서 우리는 "검증" 과정과 관련된 좀 더 세밀한 문제점들을 논하게 될 것이다.

그러므로 우리는 외부의 현실을 인식할 때에 이미 존재하는 틀 안에서 인식한다. 이 틀은 주로 세계관으로 이루어져 있고, 앞에서 강조했듯이, 세계관들은 특히 특정 유형의 이야기들에 의해서 규정된다. 실증주의와 현상학은 좀 더 큰 현실들을 파악하기 이전에 인식이 선행한다고 생각한다는 점에서 잘못된 것이다. 이와는 반대로 세부적인 감각 인식들은 이야기들 내에서만 일어날 뿐 아니라 이야기들 내에서 검증된다. 여기서 우리가 깨달아야 할 중요한 것은 실증주의 전통이 "사실들"이라고 주장하는 것들은 이미 거기에 부수된 이론들에 의해서 결정되어 있고, 그 이론들이라는 것은 다름아닌 "사실들"을 포함할 틀로서 작용하게 될 이야기들이라는 것이다. "사실들"에 해당하는 말들은 "대상들"에도 그대로 적용된다: "대상들"도 자체 내에 이야기들을 지니고 있다. "잔"이라는 단어는 단지 특정한 물리적 속성을 지닌 대상을 가리키는 것도 아니다. 또한 어떤 잔을 보거나 다룰 때에, 나는 단지 그러한 물리적 속성만을 "보거나" "느끼는" 것이 아니다. 잔이라는 단어, 그리고 잔이라는 대상 자체는 도예반이라든가 가족의 전통이라든가 차 파티라든가 설탕을 이웃에서 빌렸다든가 하는 잔과 관련된 여러 함축된 이야기들과 결부되어 있다. 달리 말하면, 우리는 함축적으로라도 사건들 내에서 대상들을 볼 때에만 그 대상들이 무엇인지를 알게 된다는 말이다. 그리고 사건들은 원칙적으로 인식 가능한 행위들과 결부되어 있다. 그 결과 낙관적인 형태이든 비관적인 형태이든, 경험주의 전통이 말하는 "관찰자"와 "대상" 간의 대화가 아니라 사람들(단순히 중립적이며 초연한 관찰이 아닌)과 사건들(단순히 초연하거나 무의미한 대상들이 아닌) 간의 대화가 존재하는 것이 된다. 그리고 이 대화의 양쪽 모두에 이

야기들이 있다: 한쪽에는 사람들이 세계에 관하여 암묵적으로 말하고 있는 이야기들, 다른 한쪽에는 사건들 및 그 구성 부분들을 이루고 있는 "대상들"에 함축되어 있는 이야기들.[31]

그러므로 우리는 이제까지 우리가 살펴본 새로운 세부적인 내용들을 고려해서 앞서의 비판적 실재론(critical realism)에 의거한 인식론을 토대로 도표를 다음과 같이 수정해 볼 수 있다:

이야기를 하는 사람들 ··➤ 이야기를 담고 있는 세계

최초의 관찰(이미 이야기 속에 있는)은

◄······

화자인 우리 자신에 대한 비판적 반성에 의해 도전을 받지만즉, 현실에 관한 우리의 주장들이 잘못될 수 있다는 것을 인정한다는 것).

·······➤

이야기의 계속을 통해서 새로운 이야기 또는 수정된 이야기를 사용하여 세계에 관하여 참되게 말하는 다른 방식을 찾을 수 있다.

이것은 폴 리쾨르(Paul Ricoeur)가 제시한 "의심과 복원"(suspicion and retrieval)의 해석학과 일부 유사점들을 갖는다고 나는 생각하지만, 여기에서 그의 논지를 다루는 것은 마땅치 않은 것 같다.[32] 이것은 서구 세계가 지식을 "객관적" 지식과 "주관적" 지식으로 나누는 성향을 보이기 이전에는 사람들은 "공적인" 지식과 "사적인" 지식이라는 관점에서 좀 더 오류가 적은 말하기 방식(발화 방식)을 사용했다는 것을 보여 준다. 특정 부류의 지식의 공공성(公共性)은 특정한 사람들이 인식을 행하고 있다는 사실에 의해서 위협을 받는 것이 아니라 오히려 고양된다.

---

31) 이 단락 전체는 MacIntyre 1985에게 빚을 졌다.

32) Thiselton 1992, 372를 보라: "Ricoeur에게 여전히 핵심적인 것은 해석학의 이중적 기능이다: 인간의 소망의 성취들을 벗겨내고 우상들을 부수는 의심의 해석학과 상징들, 상징적 서사 담론에 귀를 기울이는 복구의 해석학. 비평이 작용하는 곳에서만, 비평의 사막 저편에서 비평 이후의 창조성에 도달하는 것이 가능하다."

4. 맺는 말

객관과 주관을 엄격히 구별하는 것은 무익한 일로서 폐기되어야 마땅하다. 이 말을 듣고 즉시 "객관적인 지식이라는 것은 존재하지 않는다"는 말이냐 라고 생각하는 사람이 있다면, 그것은 여전히 실증주의를 고집하는 사람들이 단호하게 이 말이 틀렸다고 말하는 것과 마찬가지로 실증주의 전통이 우리 문화 속에 얼마나 깊이 각인되어 있는가를 보여 줄 뿐이다. 오늘날 우리에게 필요한 것은 미묘한 차이들을 좀 더 섬세하게 구별해 내는 인식론이고, 나는 본서의 범위와 내 역량의 한계 내에서 그러한 인식론을 제시하고자 노력해 왔다. 그러나 또 다른 기회에 좀 더 자세하게 다루게 될 기독교적 세계관을 잠시 전제하면, 우리는 적어도 이렇게 말할 수 있다: 지식은 인간과 피조세계의 상호관계와 결부되어 있다. 이 말은 인간이 창조주의 형상대로 지음 받았고, 그 결과 인간에게는 피조세계 내에서의 책임을 지혜롭게 수행할 임무를 위탁받았다는 성경적 신앙과도 통하는 말이다. 인간은 피조세계에 대하여 초연한 관찰자도 아니고 약탈자도 아니다. 이런 관점에서 지식은 청지기 직무의 한 형태라고 할 수 있다; 세계의 현 상태를 감안하면, 지식은 구속적(救贖的) 청지기직의 한 형태라 할 수 있다; 또한 지식은 어떤 의미에서 사랑의 한 형태일 수 있다(지식은 잘못 사용되면 이 모든 것들의 정반대가 될 수도 있다: 지식은 청지기직을 수행하면서 사용하라고 하나님이 우리에게 준 선물로 볼 수 있다). 안다는 것은 앎의 대상과 어떤 관계에 있다는 것이고, 이것은 "앎의 주체"가 "앎의 대상"이 자기가 예상하거나 접수했던 것과 다른 것일 수 있는 가능성을 열어 두어야 하고, 단순히 거리를 두고 초연하게 관찰하는 것이 아니라 그에 따라 반응할 준비가 되어 있어야 한다는 것을 의미한다.

그러므로 본질적으로 내가 여기에서 제시하는 비판적 실재론은 초연한(detached) 인식론과 반대되는 관계적(relational) 인식론이다. 현실에 대한 참된 설명에 도달하는 수단인 이야기들은 인간과 그 밖의 나머지 실재(물론 다른 사람들도 포함한)의 상호관계에 관한 이야기들이다. 나아가 중요한 이야기들은 그 자체가 세계관을 공유하는(세계관을 확증하고 세밀하게 조정하기 위하여 서로에게 이야기들을 하는) 자들 간의 관계와 서로 다른 세계관들을 지닌(상대방의 입장을 뒤집어엎기 위하여 서로 이야기들을 하는) 자들 간의 관계 속에서 결정적인 요소이다. 이러한 모형은 어떤 개인의 감각 자료들의 실재성을 뛰어넘어 지식의 실재성을 완벽하게 확보해 줌과 동시에("객관주의자"가 지키고자 하는 것), 앎의 주체가 앎의 행위에 개입되는 것을 아울러 완전히 보장해 준다("주관주의자"가 확보하고자 하는 것). 이러한 모형은 많은 부수적인 효과를 지닌다고 나는 믿는다. 이 모형은 우리를 신약학이라는 미궁을 헤쳐 나가도록 인도할 아리아드네(Ariadne)의 실과 같은 역할을 할 수 있다.

그러므로 지식과 검증에 관한 이러한 비판적 실재론의 이론은 세계관들 및 그 구성부분들로 이루어진 좀 더 큰 모형 내에서 인간의 알고, 생각하고, 살아가는 것이 지니는 본질적인 "이야기성"을 인정한다. 또한 이 이론은 자기 외부에 있는 현실들에 대한 모든 지식은 이야기들을 핵심부분으로 삼고 있는 세계관이라는 틀 내에서 일어난다는 것을 인정한다. 그리고 이 이론은 세계에 관한 여러 이야기들을 가설로 세운 다음에 그 이야기들이 기존의 이야기들과 어떠한 정도로 "부합"하는지를 봄으로써 그 이야기들을 검증한다. 누가 내게 인간이 어떻게 사물들을 아는지에 관한 이 이론이 정말 참된지를 보여 줄 수 있는 명약관화한 논거들을 제시할 수 있느냐고 묻는 경우에, 내가 본질적으로 경험적인 관점에서 대답한다면, 그것은 분명히 자기모순일 것이다. 따라서 유일하게 적절한 논거는 음식은 먹어봐야 그 맛을 안다는 논거이다. 사실 새로운 인식론을 제시한다는 것이 본질적으로 어려운 이유는 다름 아닌 경험론 자체의 난점 때문이다. 즉, 경험론에서 요구하는 확고한("객관적인") 근거를 발견하는 것은 본질적으로 불가능하다: 그러한 것은 존재하지 않는다. 따라서 모든 인식론은 가설로 재기될 수밖에 없다: 모든 인식론은 미리 합의된 특정한 내용과의 정합성(整合性)에 의해서 검증되는 것이 아니라, 그 단순성 및 광범위한 경험들과 사건들을 설명해 낼 수 있는 능력에 의해서 검증된다(사실 인식론만이 아니라 그 밖의 다른 가설들의 경우에도 마찬가지다). 나는 사람이 어떻게 사물들을 아는가에 관한 이야기를 했다. 우리는 이제 이 이야기가 인간이 특정한 부류의 사물들, 즉 문학, 역사, 신학을 어떻게 아는가를 설명해 내는 여러 방식들을 살펴봄으로써 이 이야기를 구체적으로 적용해 봄과 동시에 적절하게 검증해 보아야 한다.

제 3 장

문학, 이야기, 세계관의 표현

1. 들어가는 말

초기 기독교, 예수, 바울, 특히 기독교 및 거기에 속한 개개인들의 신학에 대한 연구는 문학에 대한 연구를 통해서 이루어진다(유일한 예외는 종종 거론되는 주화, 금석문 등과 같은 고고학적 유물들이다). 그러므로 우리는 적어도 개략적으로는 문학이 어떤 일을 하고, 어떻게 작용하며, 또한 문학을 어떻게 다루어야 가장 좋은지를 묻지 않으면 안 된다. 신약성서를 어떻게 다루어야 하는가라는 문제는 책이라는 것을 어떻게 다루어야 하는가라는 일반적인 문제의 특수한 경우라 할 수 있다. 이러한 결론은 20세기 말에 특히 우리에게 심한 압박을 가해 오고 있다. 문학 이론의 조류는 마침내 신학자들이 놀고 있던 해안가로 밀려 들어와서 신학자들이 쌓아 놓은 모래성들을 물로 가득 채워 버렸기 때문에, 신학자들은 이제 좀 더 깊게 파고 좀 더 튼튼하게 세우지 않는다면, 물러설 수밖에 없는 지경에까지 이르게 되었다.

문학과 관련된 이러한 여러 가지 문제들은 우리가 지금까지 이미 살펴본 바 있는 문제들과 상당히 유사하다.[1] 우리는 대단히 구체화되고 전문화된 것들이긴 하지만 지식에 관한 문제들에 다시 한 번 봉착한다. 첫째, 우리는 텍스트 읽기 자체와 관련된 문제를 다룰 필요가 있다: 독자가 텍스트를 만날 때 어떤 일이 일어나는가? 둘째, 우리는 문학 자체가 무엇인지를 물어야 한다: 셋째, 우리는 이에 비추어서 비평의 과제가 무엇인지를 물 필요가 있다. 이

---

1) 이에 대한 예들은 Young and Ford 1987, ch.5 ; Morgan 1988, ch.7를 보라.

러한 것들은 우리를 다시 한 번 이야기라는 문제로 이끌고 가기 때문에, 그러므로 우리는 이야기들이 어떤 방식으로 작용하는가를 좀 더 자세하게 살펴보지 않으면 안 된다. 끝으로 우리는 이 모든 것을 좀 더 구체적으로 신약성서에 적용하여야 한다.[2]

자, 그러면 이러한 작업을 진행하는 동안에 우리에게 도움이 될 몇 가지 예를 드는 것으로 논의를 시작해 보도록 하자.

"거기 누구 없어요?"라고
달빛이 비치는 문을 두드리며 행인은 말했다:
그의 말은 양치류가 무성하게 난 숲의 바닥에 돋은 풀들을
묵묵히 우적우적 씹고 있었다.

새 한 마리가 성루에서 나와
행인의 머리 위로 날아올랐다:
행인은 다시 문을 세차게 두드렸다:
"거기 누구 없어요?" 그가 말했다.
그러나 아무도 행인에게 내려오지 않았다:
풀잎으로 덮인 문지방으로부터 머리를 내밀며
행인의 잿빛 눈을 바라보는 사람이 없었다.
거기에 행인은 어찌할 바를 모르고 묵묵히 서 있었다.

그러나 그 외딴집에 살고 있던 수많은 유령들만이
달빛 고요함 속에 서서
인간 세상으로부터 들려오는 그 목소리에

---

2) 배경에 대해서는 Beardslee 1969, 1989; Frei 1974; Alter 1981; Frye 1983; Barton 1984, Cotterell and Turner 1989; Hauerwas and Jones 1989; Sanders and Davies 1989, ch. 15-16; Warner 1990; 그 밖에 Poythress 1978 등과 같은 많은 학자들을 보라. 이 장의 전체 분야에 대한 가장 중요한 최근의 책들 중에서 두 권의 책은 Moore 1989 and Thiselton 1992이다.

귀를 기울이고 있었다:
텅 빈 홀(hall)로 내려가는 어두운 계단 위에
희미한 달빛들이 떼를 지어 모여 서서
외로운 행인의 목소리로 인해
떨리며 진동하는 공기 속에서 귀 기울이고 있었다.

그의 부르짖음이 정적으로 되돌아오자
행인은 마음 속에 낯설음을 느꼈다.
별이 총총하고 잎이 무성한 하늘 아래에서
그의 말은 서성이며 어두운 풀을 뜯고 있었다:

갑자기 행인은 문을 세차게 두드리며
머리를 들어 더 큰소리로 말했다:
"내가 왔다고 말했는데도 아무도 대답하지 않지만
나는 내 말을 지켰소"라고 그는 말했다.

듣는 자들은 미동도 하지 않았다.
행인의 말 한마디 한마디가
홀로 깨어 있는 한 사람에게서
정적이 흐르는 집의 어둠을 타고 메아리쳐 울렸지만:

그래, 그들은 행인의 발이 말의 등자쇠에 올라타는 소리와
쇠가 돌에 부딪히는 소리를 들었다.
말발굽이 따가닥거리며 가 버린 곳에
침묵만이 조용히 뒤쪽으로 솟구쳐 올랐다.[3]

우리는 이와 같은 글을 어떻게 다루어야 하는가? 우리는 두운법(頭韻法) 같
은 문학적 기교라는 측면에서 드 라 마르(de la Mare)의 시를 해설하는 것으

---

3) Walter de la Mare, "The Listeners," in de la Mare 1938, 316-17.

로 만족할 수도 있을 것이다. 숲의 고요하고 부드러운 느낌은 네 번째 행에서 "f"로 시작되는 단어들을 통해서 표현되고 있고, 한 번 소란스러워졌다가 이제 정적을 되찾은 연못이 침묵으로 되돌아가는 장면은 끝에서 두 번째 행에 나오는 "s"자로 시작되는 여러 단어들을 통해서 표현되고 있다. 우리는 효과를 관찰하고 그 방법을 설명한다. 그러나 우리가 깊이 생각해 보아야 할 좀 더 넓은 안목에서의 효과들이 존재한다. 이 시의 제목은 "귀 기울이는 자들"이다: 만약 우리라면 이런 제목이 아니라 다른 제목을 붙였을 것이다("외로운 말 탄 사람," "달빛 아래 말 탄 사람"?). 이 시의 도입부가 다른 방향을 가리킨다고 할지라도, 이 시의 제목은 한 방향을 지향한다. 이 시의 제목은 독자들에게 다음과 같은 것들을 숙고하도록 요구한다: 이 귀 기울이고 있는 유령들은 도대체 누구인가? 그들은 무엇을 하고 있는가? 행인은 자기가 돌아오겠다고 누구에게 약속한 것 같은데, 그 사람은 지금 어디에 있는가? 귀 기울이는 자들이 후반부의 주체가 됨으로써 오직 부분적으로만 해결되고 있는 이 시의 제목과 시 자체의 긴장관계는 설명 없이 던져지고 있는 모든 암시들("그들에게 내가 내 말을 지켰다고 말하라")과 결합하여 거대하고 엄숙한 신비로운 효과를 창출해 내고, 우리는 거기에 은연중에 말려든다. 사실 우리는 풍부한 의미로 가득 차 있는 훨씬 더 길고 복잡한 드라마의 절정을 보고 있다는 것을 깨닫는다. 우리는 이야기, 그러니까 현대의 "단편 이야기" 같이 그것이 말하고 있는 것에 의해서와 마찬가지로 그것이 말하고 있지 않은 것에 의해서도 우리로 하여금 그 세계를 공유하도록 유도하는 이야기의 세계 속으로 꼼짝없이 빨려 들어간다. 이 시의 효과는 운율, 유운법(類韻法), 감성을 자극하는 배경의 합계 이상의 것이다. 이 모든 것들은 한층 큰 이야기의 효과 속에 포괄된다(그리고 물론 이 시는 훌륭한 시이기 때문에, 이러한 모든 것들은 이 이야기의 효과를 증폭시키는 역할을 한다) 복음서들에 대해서도 우리는 이와 비슷한 말을 할 수 있다. 그리고 이러한 논의들을 진행하면서, 우리는 다음과 같은 문제에 봉착한다: 이 시는 다른 방식으로 새롭게 읽을 가능성들에 얼마나 열려 있는가? "올바른" 읽기란 과연 무엇이고, 그러한 읽기에 도달하려고 하는 것이 얼마나 중요한 것인가?[4]

---

4) 엘리어트가 비평을 통해서 "바로잡을" 수 있고 또 그래야 하는 것들과 "열어놓은"

이제 두 번째 예를 들어보자. 토마스 만(Thomas Mann)이 쓴 유명하면서
도 심상치 않은 소설인 『파우스투스 박사』 속에서 우리는 음악을 작곡하는 전
혀 새로운 방법을 고안해낸 뛰어난 작곡가인 아드리안 레버퀸(Adrian
Leverkühn)을 만난다.[5] 토마스 만은 이 작곡가가 악마와 파우스트적인 계약
을 맺었다는 것을 잠깐 암시한 다음에(화자의 입장에서) 그러한 중요한 주제
를 이렇게 빨리 지나쳐야 한다는 것에 대해서 스스로에게 화가 나는 것처럼
말한다. 그러나 이 진짜 중요한 주제는 계속해서 감춰져 있다가 소설이 거대
한 절정을 향하여 치달을 때에야 비로소 은밀하게 드러난다. 이 작곡가의 인
생 이야기는 히틀러의 등장과 제2차 세계대전으로 절정에 달하는 현대 독일
의 이야기와 병행하여 제시된다. 그리고 이 소설의 마지막 문장에 이르러서야
진짜 중요한 주제는 화자가 그의 친구 레버퀸의 몰락과 그의 조국의 몰락을
보고, 이 둘을 싸잡아서 "하나님께서 당신의 불쌍한 영혼, 나의 친구, 나의 조
국에 은혜를 베푸소서!"라고 말할 때에야 비로소 최종적으로 드러나게 된다.[6]
여기서 효과는 조국을 사랑했고 지금은 조국에 대하여 슬퍼하는 자에 의한
20세기 독일에 대한 내부로부터의 지속적이고 대규모적인 비판이다. 이러한
효과는 대규모의 병치(竝置)와 병행을 통해서, 결코 노골적으로 말하는 것이
아니라 오직 점진적으로 그늘로부터 드러나게 만드는 기법을 통해서 얻어진
다. 달리 말하면, 그것은 토마스 만의 탁월한 음악적 재구성들(이 겁 없는 소
설가는 여러 허구적인 악보들을 묘사한다)과 특성 묘사들 배후에서 이야기 자
체가 갖는 효과라는 말이다. 그리고 서구 문화 속에서 이야기가 갖는 힘의 일
부는 토마스 만이 파우스트 전설을 괴테를 비롯한 여러 사람들이 다시 들려준
이야기들을 전복시키는 방식으로 또 다시 이야기하고 있다는 점에 있다. 이것

채 두어야 하는 것들을 구별하고 있다는 것을 논하고 있는 Louth 1983, 103을 보라.
  5) Mann 1968 [1947]. Mann은 자신의 책의 끝 부분에서(491) 이 12음조와 "실제로
는 당대의 작곡가이자 이론가였던 Arnold Schonberg의 지적 자산이라는" 것을 인정하
지 않을 수 없었다. 우리는 이 소설 전체의 함의들을 고려한다면 쉰베르그가 이러한 "차
용"에 대하여 화를 낸 것을 충분히 이해할 수 있다: Carnegy 1973, ch.4를 보라. (나는
이러한 언급과 몇 가지 유익한 토론에 대하여 나의 동료인 F. J. Lamport에게 감사한다.)
  6) Mann 1968 [1947], 490.

이 이 이야기가 실제로 말하고 있는 내용이라고 토마스 만은 말한다.

여기에서도 이 모든 것들은 복음서들과 주목할 만한 유사성들을 지니고 있다. 그리고 다시 한 번 다음과 같은 질문이 생겨난다: 이 모든 것들 중에서 어느 정도만큼을 우리는 "제대로 파악할" 수 있고, 또한 그렇게 해야 하며, 어느 정도가 새로운 읽기와 해석들에 열려 있는가?

세 번째 예를 위해서, 우리는 이제 친숙해진 영토로 되돌아가 보자. 공관복음서들에 나오는 악한 소작 농부에 관한 예수의 비유에서 우리는 전복 성향을 띤 이야기의 고전적인 예를 발견한다. 토마스 만의 소설의 결론부가 우리에게 그 소설 전체를 되돌아볼 수 있는 확고한 출발점을 제시해 주는 것과 마찬가지로, 이 비유와 병행을 이루는 이사야서 5장에 나오는 포도원 이야기는 이 비유를 이해하는 데에 우리에게 출발점을 제시해 준다. 이 비유는 이스라엘에 관한 이야기다: 이 이야기는 이사야가 포도원 이야기를 했을 때에 이미 하나의 비극이었지만, 이제는 좀 더 강력하고 좀 더 통렬한 비극이 되어 있다. 이 비유는 이제 단지 땅 주인과 그의 소작농들에 관한 이야기가 아니라, 아버지와 그의 아들에 관한 이야기이기도 하다. 또한 이 이야기는 전복 성향을 띠고 있다: 구약성서에서 창조주 신의 사랑하는 아들은 이스라엘이지만, 이제 분명히 이스라엘의 자리를 대신하고 이스라엘에 맞서 있는 한 아들이 등장한다. 이 이야기는 그 절정에 이르기까지 몇 단계로 구성되어 있다: (1) 포도원이 준비되고, (2) 주인은 사자(使者)들을 보내지만, 그들은 점점 더 거친 대우를 받게 되고, (3) 마침내 아들이 보내져서 거부당하고 죽임을 당한다. 결말은 아직 남아 있다: (4) 포도원은 농부들로부터 빼앗아서 다른 사람들에게 주어질 것이다. 극적인 줄거리는 완벽하고, (흥미롭게도 앞으로 보게 되겠지만) 본질적으로 비극적이다: 소작농이라는 신분 자체가 그들의 몰락의 원인이 된다. 소작농으로 부르심을 받은 그들은 땅 임자가 되기를 열망한다. 많은 비극들이 그러하듯이, 우리는 여기에서 본질적으로 프로메테우스적인 강조점을 본다. 이런 식으로 우리는 이미 이 이야기가 그 맥락 속에서 어떻게 작용하며, 자체적으로 어떻게 작용하며, 이야기들이라는 전체적인 지도상에서 어느 위치에 속하는가를 알 수 있다. 또 다시 우리는 다음과 같이 묻게 된다: 이러한 세부적인 내용들을 올바로 파악하는 것이 얼마나 중요한 것인가? 그리고 아울러 추가적인 질문을 하게 된다: 우리가 이 텍스트를 "성경"의 일부로 읽는 경우에는 어떤 차이가 생겨나는가?

2. 텍스트 읽기에 대하여

(i) 들어가는 말

이러한 예들을 염두에 두고 우리는 다음과 같은 질문으로 돌아가 보자: 우리가 텍스트를 읽을 때에 어떤 일이 일어나는가? 제2장에서 지식의 본질에 관하여 한 말들은 이제 이 특정한 영역에 적용되어야 한다. 우리는 텍스트를 읽으면서 어떤 종류의 "지식"을 얻게 되는가?

현대 서구에서 독자들은 흔히 소박한 실재론에 의거한 대답을 하고자 하는 유혹을 받는 것이 보통이다. 나는 신문을 집어 들고 읽는다: 기자들은 내게 어제 세계에서 무슨 일이 일어났는지를 말해 준다. 텍스트라는 "망원경"은 그저 현실을 바라볼 수 있게 해 주는 창일 뿐이다. 나는 역사책을 읽으면서 과거의 어느 때에 "무슨 일이 일어났는지"를 알 뿐이다. 그러나 어느 날 우리가 신문 또는 역사책에서 우리가 이미 다른 자료들을 통하여 알고 있는 것에 관한 기사를 읽게 된다면, 우리는 잠깐 읽는 것을 멈추고 생각하게 된다. 갑자기 소박한 실재론은 성가신 존재처럼 보이게 되고, 따라서 우리는 현상론자의 모형을 따라 소박한 환원주의로 기울게 된다: 텍스트들은 현실에 "관한" 것이 아니라, 단순히 작가의 견해들에 "관한" 것일 뿐이다. 변화가 일어났다: 저자 및 그 사건에 관한 저자의 말을 "통하여" 보는 것이 아니라, 나는 오직 또는 일차적으로 저자를 보고 있는 것이 아닌가 생각하기 시작한다. 망원경으로 생각되었던 것이 이제는 사각 거울이 되어 버렸다: 내가 보고 있는 것은 사건이 아니라 단지 저자일 뿐이다. 이것을 다음과 같은 도표로 나타내 볼 수 있다:

"중립적인" 분야에서 이러한 변화의 좋은 예는 모네(Monet)의 그림에서 찾

아 볼 수 있다. 모네는 자신의 대부분의 그림에서 대부분의 화가들과 마찬가지로 실재 세계에 있는 대상들을 그리기 시작하였다: 다리들, 성당들, 자기 집 정원, 자기 아내. 인상주의가 점점 더 인상주의적으로 되어가고, 특히 흥미롭게도 그의 시력이 나빠져 갈수록, 그는 현실의 대상들이 아니라 그 대상들에 대한 자신의 인상들을 그려가기 시작하였고, 그의 전성기에 우리는 사진과 비슷한 그림이 아니라 그의 감각 자료들에 대한 묘사를 볼 수 있게 되었다 — 물론 이러한 묘사를 우리는 아주 흔쾌한 마음으로 본다. 그러나 모네 자신의 설명에 의하면, 그는 대상들이 그에게 보여 주는 감각 자료들에 대한 흥미가 점점 줄어들고, 그가 마음속으로 생각만 하고 있었던 패턴들과 모양들, 색채들과 움직임에 점점 더 관심을 갖게 되었다고 한다. 그의 후기 작품들 속에서 우리는 그가 순수한 추상으로 옮아가고 있는 것을 발견한다. 물론 모네의 발전과정에 대한 이러한 요약은 본서의 제1부에 나오는 상당 부분의 내용과 마찬가지로 크게 단순화한 것임에 분명하지만, 이것으로 내가 말하고자 하는 요지를 설명하는 데는 충분한 것 같다.[7]

사실 우리는 대부분의 사람들이 상황에 따라 이런 입장에서 다른 입장으로 기우는 것은 아닌가 생각한다. 영국민들은 그들 자신을 완고한 실재론자들로 생각하는 경향이 있다: 우리는 단지 사실들만을 관찰하고, 우리는 단지 사실들만을 서술하며, 텍스트를 있는 그대로만 읽는다는 것이다. 그러나 (앞에서 보았듯이) 우리가 이미 알고 있는 사건에 관한 신문 보도를 읽는 순간, 우리는 신문 기자의 관점과 우리 자신의 관점이 서로 다르다는 것을 인식하게 된다: 그리고 예를 들어, 개인 상담을 해 보면, 우리는 어떤 사람이 전혀 의식하지 못하는 가운데 순전히 자기 머릿속으로 생각하고 있던 내용들을 다른 사람에 대한 인상 속에 덧씌우거나 "투영할" 수 있다는 것을 알게 된다. 다시 신문의 예로 되돌아가 본다면, 우리가 흔히 보는 것들(예를 들어 텔레비전의 다큐멘터리들에서)은 독자 또는 시청자에게 있는 그대로의 사실처럼 보인다; 그러나 실제로 진행되고 있는 것은 (a) 기자가 마땅히 일어나야 한다고 생각하여 "실재" 세계에 투영한 기자의 관념이거나, (b) "현실에 대한 그의 관점"으로서

7) Monet의 의도들과 성과들의 발전에 대해서는 House 1977, 3-13을 보고, 현재의 논의에 대해서는 특히 12쪽 이하를 보라.

나타나는 기자의 관념이거나, (c) 현실을 가장(假裝)한 기자의 관점일 가능성이 크다.[8] 당신이 이 관점과 맞는다면, 당신은 실재론자로서 텔레비전을 시청하고 있는 것이다(텔레비전에 나오는 것들은 사물의 실제 모습이다); 당신이 이 관점과 맞지 않는다면, 당신은 저자/사건이라는 차원에서 바라보는 현상론자(그것들은 단지 기자의 관점일 뿐이다) 또는 주관론자(기자가 이 모든 것을 조작하였다)가 되어 버린다.

이 모든 것은 신약성서의 세계와는 상당히 거리가 먼 것처럼 보일 수 있다. 그러나 사실 우리가 복음서들에 관하여 쓴 오늘날의 책들 중의 한 권을 아무거나 뽑아들자마자, 우리는 이러한 모든 문제들과 정면으로 부딪치게 된다. 독일 학자인 슈트레커(G. Strecker)는 최근에 산상수훈에 관한 책을 한 권 썼다.[9] 그는 뒷표지에 산상수훈은 예수께서 말씀하신 내용을 담고 있는 것이 아니라 마태 자신의 신학을 담고 있다고 의기양양하게 말한다. 이것은 주석적인 판단이나 심지어 역사적인 판단도 아니라고 나는 생각한다: 그것은 철학적인 판단이다. 슈트레커는 우리에게 예수와 관련된 어떤 주장들을 제시하는 위험스러운 토대에서 떠나서, 이것은 마태 자신의 생각이라고 말하는 좀 더 안전하고 든든한 토대로 옮겨갈 것을 권하고 있다.[10] 우리는 산상수훈을 읽고서 "거기 누구 없어요?"라고 묻는다. 대답은 없다: 원래의 화자인, 산위에 올라앉아서 무리들에게 말씀하시는 예수로부터 나오는 대답은 없다. 거기에는 오직 마태만이 존재할 뿐이다. 우리는 실재론으로부터 경험주의적 읽기를 거쳐서 (예수에 대한 마태의 인상) 현상학에 착륙하였다(마태의 심리 상태). 슈트레커의 주장은 주후 1세기의 역사와는 별 관계가 없고 20세기말의 사고와 텍스트 읽기의 관습들과 상당 부분 관련이 있다.

다른 한 가지 예를 더 들어보자. 바리새인들에 대한 요세푸스의 묘사에 대한 통상적인 설명은 이렇다. 요세푸스는 바리새인들이 결정론 등등에 관한 학

---

8) 어떤 것이 다른 그 무엇으로 보인다는 개념에 대해서는 특히 Berger 1969를 보라.
9) Strecker 1988.
10) 예수에 관하여 말하는 것은 "내가 집을 본다"라고 말하는 것이 모험적인 것과 마찬가지로(궁극적으로는) 철학적으로 모험적이다: 즉, 잘못을 범할 수 있다는 말이다. 또한 신학적 위험성들에 대해서는 우리가 나중에 살펴보게 될 것이다: 특히 우리가 예수를 발견했다고 할지라도, 그를 어떻게 다루어야 하는지를 알지 못할 위험성.

설들을 가진 철학의 한 학파였던 것처럼 말한다.[11] 지금에 와서 바리새인들이 존재했다는 것을 의심하는 사람은 아무도 없고, 바리새인들이 학설들을 가지고 있었다는 것도 아무도 의심하지 않는다; 그러나 실제로 바리새인들이 헬라식의 철학자들과 같았는가 하는 것에 대해서는 누구나 의구심을 품는다. 여기에서 우리는 조심스럽게 경험론적인 읽기를 선택한다: 요세푸스는 바리새인들에 대한 그의 인식, 좀 더 정확하게 말하자면, 그의 이방인 청중들이 알아들을 수 있도록 표현한 그의 인식을 적고 있다고 말이다. 이 인식은 단순히 그 자신의 생각 속에 있던 관념만은 아니었겠지만, 현실의 사물의 모습과 정확히 일치하는 것도 아니다.

세 번째 예는 최근의 구전 전승에서 가져온 것인데, 바로 그 때문에 더욱 흥미롭다. 나는 최근에 방문한 한 대학교에서 대학원생들로부터 그들의 교수들 중의 한 사람이 공개적으로 루돌프 불트만이 공관복음 전승사에 관한 연구를 할 때에 신학적이거나 철학적인 확신들의 영향을 받지 않았고 순전히 "객관적인" 역사적 연구를 수행하였다고 엄숙하게 단언하였다는 말을 여러 목격자들을 통해서 전해 들었다. 역사적·해석학적 방법론에 관한 불트만 자신의 설명과도 정면으로 어긋나는 이러한 주장은 그 교수가 여러 복합적인 입장을 혼합한 태도를 취하고 있다는 것을 보여 준다: 초대 교회에 관한 불트만의 글과 관련해서는 실증주의(그는 단지 그것이 어떠했다고 말했다); 불트만이 행한 것에 관한 불트만 자신의 설명과 관련해서는 회의주의(그는 그가 전제들을 가지고 작업했다고 말했지만,[12] 그러나 우리는 그가 과연 그랬는지를 알 수 없다); 초대 교회 및 예수에 대한 초대 교회의 글들과 관련해서는 불트만 자신에 의하면 현상론(그들은 예수에 "관하여" 썼지만, 실제로는 대체로 그들 자신의 신앙에 "관하여" 말한 것이다).

이러한 주제들에 대한 한 가지 매우 중요한 변형은 오늘날의 성서학의 일부 분야들 속에서 텍스트 배후에 있다고 여겨지는 공동체에 관심을 집중시킨 것이었다. 많은 진영들에서 텍스트를 통한 예수에 대한 역사적 연구가 복음서 기자들에 대한 연구에 길을 내어주었던 것과 마찬가지로, 70년 전에 양식 비

---

11) 예를 들면, Jos. *Ant.* 18:12-15.
12) Bultmann 1960, 342-51을 보라.

평이 등장하면서 초점은 텍스트 너머의 대상(對象)이 아니라 전승들을 전해
준 공동체들에 집중되어 왔다. 양식 비평이 편집 비평에 밀려난 후에도, 복음
서 기자들에 대한 연구는 흔히 그들의 배경을 이루고 있던 교회 및 공동체에
집중되는 경우가 많았다. 이런 식으로 "공동체"는 텍스트 너머의 또는 텍스트
배후에 있는 또 다른 대상 역할을 해 왔던 것이다:

독자[13]   본문   [저자]   공동체

   이러한 방법은 수많은 20세기 신학자들에게 분명히 해석학적·신학적 유용
성을 지니고 있었다: 공동체와 그 신학을 말하는 것은 비교적 쉽지만, 어떤
사건을 다루는 것은 어렵다. 그러나 이러한 편집 비평도 마태의 "공동체"를
제쳐놓고 그의 복음서 속에 나오는 마태 자신의 사상을 찾아내는 것이 적절치
못하다고 하는 복음서들에 대한 포스트모더니즘적인 읽기에 의해서 그 뿌리
로부터 잘려나갈 수도 있다는 것이 곧 분명해질 것이다. 포스트모더니즘적인
읽기는 독자와 텍스트 간의 상호작용(독자와 그의 생각 간의 상호작용)만이
유일하게 "의미"를 발견할 수 있는 곳이라고 주장한다. 이러한 텍스트 읽기들
은 모두 본질적으로 불안정하다: 이러한 읽기들이 탄생하게 된 철학적 이유들
(실재의 대상들에 대한 단언에 관한 데카르트의 의심)이 이번에는 그러한 텍
스트 읽기들을 삼켜버릴 것이다.
   이 모든 것은 텍스트 읽기라는 현상이 소박한 차원 이외의 그 어떤 차원에
서도 매우 파악하기 어려운 현상이 되었음을 의미한다. 사람들은 위대한 문학
작품들과 성경을 어리둥절할 정도로 각기 다른 다양한 방식으로 읽어 왔다.
독자들은 때로 소박한 실재론자들이었다: 셰익스피어는 율리우스 카이사르에
관한 이야기를 하고 있고, 그것이 거기에 있는 전부이다. 독자들은 때로 다른
그 무엇의 반영(反映)들을 들었다: 아마도 셰익스피어는 전제정치와 민주주의
일반에 관하여 논하고 있는 것인가? 셰익스피어는 카이사르를 전제군주에 대
한 알레고리로 사용하고 있는 것인가? 우리는 이것을 어떻게 알 수 있나? 드

---

13) 물론 독자들은 결코 고립된 개인이 아니다: 위의 제2장을 보라.

라 마르(de la Mare)는 말 탄 사람과 빈 집에 관한 이야기를 하고 있다. 그것이 전부인가? "사실은" 사람이 "하나님"을 찾는 것에 관하여 말하고 있는 것은 아닌가? 그는 이 텍스트 "내부에는" 저자가 있었는데, 지금은 집에 아무도 없다는 의미로 현대 문학 자체에 관하여 말하고 있는 것인가? 우리는 어떻게 이것을 알아낼 수 있는가?[14] 토마스 만(Thomas Mann)은 가상의 작곡가에 관한 이야기를 한다. 그러나 그도 현대 독일에 관한 이야기를 하고 있음이 거의 분명하다. 그렇게 하는 가운데 그는 물론 자기가 쓰고 있는 현실에 깊숙이 "개입되어" 있는 자신의 견해들과 신념들을 드러내 보인다. 여기에서 우리가 이 문제를 판단할 수 있는 근거는 아주 분명하다: 그의 마지막 문장은 문학 기법상 적절한 방식으로(즉, 신이 갑자기 나타나 모든 것을 결말짓는 방식 [deus ex machina]이 아닌) 단서를 제공해 준다.[15] 마찬가지 방식으로 예수는 포도원에서 일하는 소작 농부들에 관한 이야기를 한다(좀 더 정확하게 표현해 본다면, 복음서들은 예수께서 포도원에서 일하는 소작 농부들에 관한 이야기를 하는 것에 관한 이야기를 한다). 그러나 많은 독자들은 어떤 차원에서 포도원에 "관한" 이 이야기가 "실제로는" "하나님"과 이스라엘에 "관한" 이야기라는 결론을 내려 왔다. 우리가 여기서 직면하는 것은 여러 다양한 차원들이 서로 뒤얽혀 있는 착종현상이다:

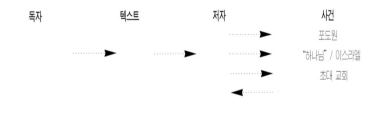

---

14) de la Mare의 작품에 스며들어 있는 손에 닿지 않는 그 무엇에 대한 동경의 낯선 의미에 대해서는 Leavis 1963 [1932], 47-51를 보라.

15) 여기에서 우리는 저자의 의도를 "검토할" 수 있다: Mann은 "나는 오랫동안 내 생각 속에서 구상에 온 대로"(Mann 1961, 183) 1947년 1월 27일에 이 책의 마지막 줄들을 썼다고 스스로 말하였다(그러나 이 말은 매우 정형화되어 있어서, 우리는 이 점과 관련하여 과연 그 말을 신뢰할 수 있는지에 대하여 의문을 제기할 수 있다). 독일과 작곡가 간의 대위법에 대해서는 ibid., 107을 보라.

마찬가지로 많은 경건한 독자들은 단순히 역사적인 내용들은 해석학적으로 흥미 없다고 생각하여 텍스트를 자기 자신들에 관한 이야기로 읽어 왔다. 우리는 이런 현상을 어떻게 이해해야 하는가? 성경의 기자들은 "하나님"에 관한 이야기를 들려주고 있는 것이고, "하나님"은 항상 동일하시기 때문에, 이 이야기는 오늘날 "우리의" 이야기도 될 수 있다고 말하는 것으로 충분한 것인가? 달리 말하면, 어떤 점에서 토마스 만과의 유비(analogy)가 타당한가 ― 각각의 경우에 저자는 "실제로" 독일/"하나님"에 관하여 쓰고 있고, 레버퀸/예수는 단지 이 "진정한" 관심을 위한(허구적인) "수단"에 불과하다는 것이 타당한 것인가? 어떤 점에서, 그리고 왜 이러한 분석은 와해될 수 있는가? 이것은 마치 우리가 여기에서 비평학 이후의 텍스트 읽기들에 대한 비평학 이전의 예감 속에서 다음과 같은 상황에 직면해 있는 것 같아 보인다:

독자 ⇒ 텍스트　　　　저자　　　　사건

텍스트에 대한 경건한 읽기는

즉시 독자에 관한 메시지로 변환되고

[신의 영감]

"하나님"을 텍스트의 대상/원천으로 상정하고 있는 것으로 설명될 수 있음

"하나님"을 특정한 텍스트 구조로 대체하게 되면, 우리는 여기에서 구조주의적인 읽기의 유효한 모형을 얻게 된다: 그러한 가능성을 없애 버린다면, 우리는 경건주의적 전통에 빠져서 롤랑 바르트(Barthes), 데리다(Derrida), 로티(Rorty), 피쉬(Fish)의 포스트모더니즘에서 발견할 수 있는 것과 정확히 동일한 텍스트 읽기에 관한 설명을 갖게 된다(아래를 보라). 중요한 것은 "텍스트가 내게 무엇을 말하는가" 하는 것이다. 우리가 이러한 일련의 문제들에 관하여 분명하게 생각할 때까지, 우리는 실제로 무슨 일이 일어나고 있는지를 알지 못하는 것이다. 많은 "비평적" 방법론들은 "중립적인" 모양새를 갖추고 있지만, 사실은 매우 의심스럽고 논란이 될 만한 철학적 입장들을 내포하고 있다. 이 모든 것은 내게 텍스트를 읽는 과정에서 서로 다른 여러 단계들에 대한 좀 더 철저한 분석을 요구하는 것같이 보인다.

(ii) "거기 누구 없어요?"

우리는 이미 소박한 실재론이 스스로 텍스트 속에서 이야기되고 있는 사건이나 대상에 직접적으로 접근할 수 있다고 생각하는 반면에, 좀 더 현상론적으로 텍스트를 읽는 사람들은 그것이 단순히 저자의 관점일 뿐이라고 생각한다는 것을 살펴본 바 있다. 이와 같은 말은 좀 겸손한 말이다. 이 말을 반박하기란 쉽지 않다. 이 말은 극히 안전한 듯이 보인다. 그러나 그것이 길의 끝은 아니다. 방금 우리가 논의한 예들은 텍스트와 그 텍스트가 서술하려고 하는 현실과의 관계를 다룬다. 이와 동일한 문제들은 우리가 우리 자신과 텍스트와의 관계를 다룰 때에도 생겨난다. 앞서 나는 비평의 목적은 어떤 글의 효과를 서술하고 그 효과가 어떻게 달성되는지를 보여 주는 데 있다고 말한 바 있다 (이것은 물론 국면, 효과, 수단에 관한 소극적인 해설들을 포함할 수 있다). 그러나 우리는 저자가 이런저런 효과들을 만들어 내기로 "의도했다"고 말할 수 있는가? 우리는 우리가 관찰한 효과를 추적하면서 저자의 마음을 읽고 있는 것인가? "거기 누구 없어요?"

이 문제와 관련하여 수없이 많은 논쟁들이 벌어졌기 때문에, 우리는 그 논쟁들을 자세하게 다룰 수가 없다. 그러나 우리는 금세기에 이루어진 비평학의 동향을 언급하고, 거기에 대해서 약간 논평할 수는 있을 것이다.[16] 우리에게 "신비평"(New Criticism)으로 알려지게 된 것의 한 예로서 우리는 루이스(C. S. Lewis)가 틸야드(E. M. W. Tillyard)와 벌인 유명한 논쟁에서 생겨난 쟁점들을 들 수 있다.[17] 루이스는 어떤 책으로부터 그 책의 저자의 삶, 습관들, 감정들 등등에 관한 자세한 내용들을 찾아내고자 하는 비평 방식에 대하여 맹공을 퍼부었다. 루이스는 그런 것들은 비평이 해야 할 일이 아니라고 주장하였다. 이에 대한 답변에서 틸야드는 저자에 관한 논평의 몇몇 요소들을 포함시키는 것은 비평의 고유한 영역에 속한다고 온건하게 주장하였다.[18] 그러나

16) 특히 Meyer 1989, ch. 2; Bergonzi 1990, *passim*; Thiselton 1992, *passim*.을 보라.
17) "신비평" 일반과 성서학에 미친 신비평의 영향에 대해서는 Morgan 1988, 217ff.; Moore 1989, 9-13; Thiselton 1992, ch. 2, section 2를 보라.
18) Tillyard and Lewis 1939. 이러한 논제는 유익한 방향으로 진행되고 있고, Bergonzi 1990, 62f.에 의해서 이른바 신비평이라는 좀 더 폭넓은 맥락 속에서 진행된

루이스의 진영이 당시에 승리를 거두었다. 많은 현대적인 문학 연구는 우리가 저자의 마음 또는 의도에 접근할 수 있다는 생각을 일언지하에 거부하여 왔다. 저자의 의도를 파헤치려고 하는 것은 파멸의 길을 자초하는 것이다: 우리가 가지고 있는 것은 독립적인 실체로서의 작품 그 자체가 전부이다. 이제 중요하게 된 것은 텍스트를 통한 독자와 저자의 상호작용이 아니라 독자와 텍스트의 상호작용이다. 우리는 고대의 텍스트를 읽을 때나 오늘날의 텍스트를 읽을 때에 "거기 누구 없어요?"라고 묻는다. 그러나 우리가 종종 상상하는 모든 것은 우리가 우리의 말을 지켰고 잡풀이 무성하게 난 텍스트로 되돌아 왔다는 것을 증언해 주는 수많은 침묵의 경청자들이다. 유령들은 그 텍스트에 대한 읽기가 일어났다는 것을 알 것이지만, 그 집 자체 — 작가가 한때 살았던 사적인 세계 — 는 여전히 문이 닫힌 채 빗장이 걸려 있다.

물론 루이스는 엄격하게 이런 입장을 권장하고 있지는 않다. 그는 특정한 지나친 강조에 반발하여 텍스트가 독자에게 미치는 효과의 중요성을 역설하고 있는 것이다(그의 저서인 *Experiment in Criticism*에서처럼).[19] 이것은 저자를 안중에 두지 않는 오늘날의 텍스트 읽기를 지향하고 있지만, 그 자체로 그러한 텍스트 읽기를 포괄하고 있지는 않다. 수많은 논쟁들이 그렇듯이, 양쪽 다 옳은 면들이 있다. 루이스가 비평학은 시(詩)의 행간들을 읽어냄으로써 저자가 그날 아침에 무엇을 먹었는지, 또는 저자가 하녀와 사랑에 빠졌었는지를 밝혀내려고 시도할 수 있고, 또한 시도해야 한다는, 낭만주의와 경험주의의 혼인의 산물인 관념을 배격한 것은 아주 적절한 것이었다. 물론 이러한 것들은 그 자체로 명시적으로든 알레고리적으로든 어떤 시의 주제가 될 수 있다; 그러나 그것은 전혀 별개의 문제다. 루이스의 주장의 분명한 난점 중의 하나는 19세기의 많은 시인들이 기본적으로 그들 자신의 마음과 감정의 상태에 관하여 말하였고, 이에 따라 비평학자들은 그러한 것들을 발견해내는 것이 모든 문학 비평의 통상적인 과제라고 생각하게 되었다는 사실에 있다. 어쨌든 이렇

다. 또한 Moore 1989, 9-13을 보라.

19) Lewis 1961. 또한 루이스의 입장의 예언적인 의의는 Bergonzi 1990, 62f.에 의해서 논의되고 있다: 루이스는 "후기 구조주의 이론의 '자유롭게 떠다니는 기표(記標)들'을 암시하고" 있다.

게 해서 텍스트는 저자라는 짐을 덜게 되었다:

여기서 잠시 나는 시인의 내적 감정을 발견해내고 시의 "의미"를 그러한 발견과 관련되어 있다는 식으로 축소시키는 경향을 보여 주는 비평학을 적절하게 거부하는 과정에서, 저자의 의도를 들춰내는 것이 바람직하지 않을 뿐만 아니라 그렇게 할 수도 없다고 주장하며 시를 절대화시키는 방향으로(루이스가 여기에서 논한 입장을 취하고 있음에도 불구하고 결코 의도하지 않았던 방식으로) 지나치게 극단적으로 나아갔다는 것을 논하고자 한다. 성서학에서 이러한 작업은 "편집 비평"(누가는 그의 작품 전체를 저술하면서 무엇을 행하고 있었는가?)에서 "서사 비평"(누가와는 상관 없이 누가복음이라는 책은 그 자체로 무엇을 행하고 있는가?)으로 넘어가는 계기를 만들어 주었다.[20] 그러나 연구의 초점이 이제 텍스트 자체에 두어지고, 우리가 저자의 의도를 전혀 상관하지 않는다면, 텍스트에 관하여 우리는 무슨 할 말이 있는 것인가? 이 점과 관련하여 몇 가지 말해 둘 것이 있는데, 이 모든 것들은 성서학에서 상당한 의미를 지니는 것들이다.

첫째, 시인 또는 복음서 기자가 어떤 차원에서는 분명히 의도성을 가지고 글을 썼지만, 우리는 텍스트 내에서 성격상 저자가 의식하지 못한 의미의 차원들을 찾아낼 수 있다는 주장이 적어도 슐라이어마허(Schleiermacher) 이래 서구의 주류 해석학의 정설(定說)이 되어 왔다. 이것은 프로이트가 말한 차원에서 화자가 의식하지 못했던 어떤 것을 드러내줄 수 있는 의도하지 않은 언어유희라는 아주 잘 알려진 현상의 집대성이다. 우리는 육감이나 심리 분석을 활용하여(프로이트의 책은 요즘에 심리학자들만이 아니라 문학 비평가들에 의해서도 많이 읽힌다), 사람은 자기가 깨닫지 못하는 가운데 내적으로나 외적으로 영향을 받는다는 것을 알고 있기 때문에, 어떤 시는 저자가 시를 쓸 당시에는 생각할 수 없었지만, 오직 나중에 가서야 분명해지는 어떤 방향들을

---

20) Moore 1989, 4-13을 보라.

보여 줄 수 있다는 것을 안다. 우리는 실제로 시를 쓸 당시에 저자의 마음에 있었던 것 이상으로 저자에 관하여 더 많은 것을 알 수 있다.[21] 이것은 물론 그 자체로 일종의 잠재적인 의도성이기 때문에, 통상적인 부류의 문제들로부터 빠져나간 것은 아니라고 생각될 수 있다.

둘째, 이와 비슷한 방법론을 좀 더 넓은 무대에 투영하게 되면, 시는 비평적 연구의 진정한 대상이 되는 모든 인간 사고의 심층구조를 보여 주는 증거물 역할을 함으로써 다른 인류학적 자료들과 합쳐져서 인간 및 인간 사회의 본질에 관한 결론들로 조직될 수도 있다. 이것은 "구조주의"로 알려져 있는 운동이 지향하는 방향이다: 텍스트로부터 사고의 심층구조들로, 그런 다음에 통상적인 의식을 뛰어넘는 현실에 관한 결론들로. 이러한 구조주의는 현대판 플라톤주의의 일종으로 등장하였다 — 현상들을 뛰어넘어 저 너머에 "실제로" 존재하는 것을 분석하려는 시도.[22] 이러한 운동이 매력 있어 보이는 이유 중의 하나는 이러한 방법론을 사용하면 특정한 유형의 많은 성경 주석을 괴롭히는 여러 문제들, 즉 진정한 의미를 얻기 위해서 항상 텍스트의 배후를 살펴보아야 하는("묘사된 사건들" 또는 저자의 생각을 캐내야 하는) 문제들을 회피할 수 있는 것처럼 보인다는 데에 있다. 텍스트 자체의 심층 속에 보편화될 수 있는 의미가 담겨져 있다면, 이보다 더 "과학적인" 것이 어디에 있겠는가? 저자의 의도는 보편성 추구에 걸림돌이 되었지만, 심층구조는 그보다 훨씬 더 효과적이다.[23] 이런 이유들로 인해서 광범위한 수의 저술가들, 특히 북미 계열

---

21) 오늘날의 성서학에서 이것의 한 예는 사물 비평(Sachkritik))으로 알려진 기법, 즉 작가 자신의 개념들의 내적 논리를 토대로 작가를 비평하는 기법이다. 이것은 만약 바울이 자신의 개념들에 충실하게 사고하였다면 이와 같이 표현하지 않았을 것이라는 것을 근거로 어떤 사람이 바울 서신의 한 단원을 상대화시킬 때(불트만이 로마서 9~11장을 다룰 때 했던 방법처럼) 적용된다. 또한 이것은 사람들이 불트만을 자기 자신의 신학을 일관되게 따르고 있는 것이 아니라 여전히 십자가의 역사성에 집착하고 있다고 비난할 때도 적용된다. 이에 대해서는 Wright 1991a, 4, 6을 보라.

22) Caird 1980, 222f.를 보라. Meyer 1989, 28은 구조주의적 분석을 그 밖의 다른 오늘날의 여러 대안들과 함께 "해석으로부터의 현대식의 도피"라고 부른다.

23) 전후 시기에 저자의 의도를 발견하는 것이 불가능하다는 것이 밝혀진 후에 문학 연구에서 유사 객관적인 목표를 추구하고자 하는 시도의 일부로서 생겨났던 구조주의의 근거들에 대해서는 Thiselton 1992를 보라. 그러나 적어도 성서학 분야에서는 이러

의 학자들이 텍스트들을 이러한 새로운 방식으로 보고자 하였다.[24] 이러한 저작들 속에서 우리는 그동안 당연히 던져졌어야 했지만 현대의 대부분의 비평 운동 속에서 제외되어 왔던 질문이 성서학 연구에 다시 도입되고 있음을 본다. 비평학자들은 두 가지 부류의 질문을 던지는 경향을 보여 왔다: (a) 텍스트는 어떠한 사건을 가리키고, 그러한 사건들은 무엇을 의미하는가? (b) 텍스트의 저자는 어떠한 신학적 관념들을 가지고 있었는가? 이러한 모형들 속에서 "의미"는 전자의 경우에는 사건들 자체 속에서 찾아졌고, 후자의 경우는 저자들의 신념들 속에서 찾아졌다. 그러나 새롭게 등장한 양식론적(formalist) 또는 구조주의적 문학 비평은 이러한 것들의 그 어디에서도 의미를 찾지 않고, 문학 양식 또는 구조 자체에서 의미를 찾는다.[25] 우리는 거기에서 "의미"를 어떻게 찾을 수 있고, 의미를 찾았을 때에 그것을 어떻게 할 수 있는가?

셋째, 이러한 차원의 탐구는 좀 더 전통적인 성경 주석 내에서 종종 주장되는. 성경 본문에는 저자의 의도를 뛰어넘는 다중적 의미(sensus plenior)가 존재하는데, "영감을 받은" 본문은 실제로 저자가 그 글을 쓸 당시에 깨닫고 있던 것보다 더 많은 것을 말하고 있고, 성령은 저자의 무지(無知)라는 공간을 채워 넣어서, 가야바가 뭔가 다른 말을 하려고 했는데도 불구하고 주님에 관한 말을 했듯이, "의도하지 않은" 예언을 불러일으킨다는 주장과 유사성이 있다. 그러한 의미의 인정, 또한 그러한 인식이 열어놓은 알레고리적인 해석을 비롯한 여러 해석의 가능성들은 교회의 성경 해석의 여러 단계들 속에서 그리스도인들이 성경 본문이 저자가 생각하지도 못했던 방식으로 그들에게 "말씀하는" 것을 체험할 수 있는 통로가 되어 왔다.[26] 따라서 우리는 새로운 포괄적

한 푸딩이 진짜인지를 알아보는 것은 실제로 먹어보는 데 있다. 성경 본문에 대한 구조주의적 분석은 이제까지 많은 독자들이 본능적으로 성경 본문 속에서 발견하는 힘과 약속을 제대로 반영하는 데 실패하여 왔다. 우리는 주일마다 심층 구조들로부터 설교할 수 있는가?

24) Beardslee 1969; Johnson 1976; Polzin 1977; Patte 1976, 1978, 1983; Petersen 1978, 1985, Barton 1984, chs. 8-9; Tuckett 1987, ch. 10; Sanders and Davies 1989, ch. 15; and Thiselton 1992에 나오는 논의들을 보라.

25) 이 모든 것에 대해서는 Petersen 1978, 20f.; Galland 1976, 3f.를 보라.

26) 알레고리적인 방법, 그리고 그 밖의 비평 이전의 주석 및 해석 방법론들에 대해서

인 가능성들을 갖게 된다:

이러한 주장들 ― 마지막 주장은 분명히 신약성서 자체 내에서 발견된다 ― 은 텍스트의 의미가 저자의 의도에 국한되어 있지 않다는 것을 확인해 주는 것들이다. 구조주의의 방향을 따르든 따르지 않든, 우리는 저자가 글을 쓸 당시에 명확하게 염두에 두고 있었던 것을 뛰어넘는 미지의 그 무엇인가가 있다는 것을 인정하지 않으면 안 된다. 비평학에서 그러한 가능성을 서술하거나 해석하기가 어렵다고 할지라도, 비평학은 그런 가능성에 대한 문을 닫아버려서는 안 된다는 것을 아는 데에는 그리 많은 생각이 필요하지 않다. 그러나 (이것이 성경 본문에 대한 주관주의적인 읽기로 우리를 되돌려 놓았다고 누군가가 생각한다면) 이것은 저자의 의도가 중요하지 않다거나 궁극적으로 발견할 수 없다는 것을 의미하는 것이 아니다. 물론 저자의 의도를 완벽하게 설명하는 일은 불가능하다. 초기 행동주의자들(behaviourists)이 꿈꾸었던 것과 같은 저자의 동기 전체에 대한 지식은 마치 우리가 무지개를 쫓아가면 갈수록 더 멀리 도망가듯이 우리의 손에서 멀어져 가게 된다.[27] 그러나 흔히 지적해 왔듯이, "순수한" 주관적인 읽기를 고집하는 것은 이제 아주 어렵게 되었다. 심지어 열렬한 구조주의자들도 자기들이 무엇에 관하여 말하고 있으며, 그들의 책이 아무리 "열려 있다고" 할지라도 어떤 것들을 의도하고 있고 어떤 것들을 의도하지 않는다는 것을 밝히기를 원한다. 저자의 기본적인 의도를 아는 것과 어떤 사람이 저자의 의도를 알고 있다는 것을 아는 것은 적어도 원칙적으로는 여전히 가능하다: 예를 들면, 어떤 사람의 해석을 해당 저자와의 대질을 통해서 확인해 볼 수 있다(Barth가 칭의라는 주제에 대한 그의 생각을 한

는 Louth 1983 ; Thiselton 1992, chs. 4-5을 보라.

27) 성서학과 관련된 것으로 Moore 1989, 174가 있다.

스 큉이 해석한 것을 인정한 예를 생각해 보라).[28] X와 Y가 분명히 양립할
수 없을 때에, "정부는 이 법률이 X라는 효과를 가져오기를 의도했지만 실제
로는 Y라는 효과가 나타났다"고 말하는 것은 전혀 이상한 일이 아니다; 저자
가 X라는 효과(이를테면, 고도의 비극)를 의도했지만, 그 대신에 Y라는 효과
(매우 재미있는 희극)를 얻었다고 말하는 것도 원칙적으로 이상할 것이 하나
도 없다; 그러나 우리는 이런 경우에 정부나 저자의 무능력 또는 실패를 성토
할 수는 있다. 그러나 우리가 진지하게 취급하고자 하는 어떤 책을 읽고서
"저자는 X를 의도했지만 그 책은 Y를 의미한다"라고 말한다면, 그것은 상당
히 심각한 비평에 해당한다. 그러한 비평이 타당치 않다고 주장하는 것은 토
끼는 거북이를 점점 더 적은 비율이긴 하지만 단지 그들 간의 거리의 절반만
큼씩만 거리를 줄일 수 있기 때문에 토끼가 거북이를 따라잡을 수 없다고 우
기는 궤변과 같다. 저자의 의도를 밝혀낼 수 없는 것으로 보고 거부하는 철학
적 궤변들은 결국 토끼가 아무리 쫓아가도 거북이를 따라잡을 수 없다는 잘
알려진 수학적 궤변만큼이나 하잘것없는 것들이다.

　텍스트를 뛰어 넘지만 저자에게로 돌아가지 않는 분석을 제시하려는 시도
가 지닌 한 가지 문제점은 대조표본(control)의 결여이다. 구조주의자들 사이
에서는 어떤 대목 또는 어떤 책의 심층구조가 어떤 것들이며, 우리가 그 심층
구조를 발견했을 때에 어떻게 알 수 있는지에 대해서 거의 의견의 일치가 없
다. 종교개혁자들이 주장했듯이, 사실 성경에는 다중적인 의미(sensus
plenior)가 존재할 수 있지만, 그러한 다중적인 의미와 뭔가 다른 수단에 의해
서 획득된 신학적 개념 또는 신념을 성경 본문에 투영한 것을 구별해내기는
어렵다. 만약 우리가 "문자적 의미"를 대조표본으로 사용한다면, 우리가 실제
로 다중적 의미와 관련된 방법론을 통해서 어떤 구절로부터 새롭게 얻을 수
있는 것이 무엇이 있겠는가?

　이렇게 저자의 의도를 거치지 않은 채 텍스트를 "뛰어넘는" 것을 추구하는
이러한 여러 모형들이 지니는 난점들은, 앞에서 보았듯이, 많은 비평학자들이

---

28) Küng 1964 [1957], xvii: Barth는 그의 서문에서 "당신의 독자들은 당신이 나로
하여금 내가 실제로 말하는 것을 말하게 하고, 나는 당신이 나로 하여금 그것을 말하게
하는 대로 그것을 의도하고 있다고 믿을 것이다"라고 쓰고 있다.

관심의 초점을 다시 텍스트 자체에 맞추기로 고집하게 된 원인이 되었다. 그러나 일단 그러한 움직임을 취했는데, 왜 우리가 거기에서 멈춰야 하는가? 이와 동일한 말이 첫 번째 단계에도 적용되지 않겠는가? 그 단계에 대한 소박한 실재론적인 견해 ― "독자"는 단순히 "텍스트"를 읽는다 ― 는 즉시 와해될 수 있다: 현상론자들이 말하는 투로 한 번 말해 본다면, 내가 텍스트를 앞에 두고 진정으로 알고 있는 모든 것은 내 자신의 감각 자료들뿐이다. 모든 것은 "해체되어" 텍스트를 앞에 두고 내가 가지는 느낌들, 생각들, 인상들이 된다:

독자 ┈┈┈▶ 텍스트   저자   사건
    ◀┈┈┈

― 따라서 사건만 없는 것도 아니고, 의도를 지닌 저자만이 없는 것도 아니고, 심지어 이제 텍스트조차 없어진다. 그리고 이렇게 되면, 이 게임의 외부에 있는 사람들은 상당히 회의적인 눈으로 바라보게 될 무수하고 미세한 분석을 통한 "읽기"의 수많은 가능성들이 열리게 될 것이다.[29] 모든 읽기 또는 비평의 죽음으로 보이는 듯한 이러한 입장은 "해체주의"라는 문학 비평의 전혀 새로운 학파를 위한 출발점이 되어 왔다: 스티픈 무어(Stephen Moore)는 그의 최근의 저서에서 커모드(Kermode), 피쉬(Fish), 롤랑 바르트(Roland Barthes), 자크 데리다(Jacques Derrida) 같은 작가들로 대변될 수 있는 최근의 비평의 여러 국면들을 추적한다.[30] 대충 간단하게 말해 본다면, 이 학파의

---

29) cf. Meyer 1989, 87: "인간적인 검증 없이는 해석은 겉보기든 실제로든 사소한 것들에 대한 집착에 의해서 왜곡되어 변덕으로 떨어지고 만다. 이것은 어떤 이유에서 설득력 있거나 명백한 것을 발견하지 못한 문학 비평학자들이 창의적인 것을 만들어 내고자 하는 잘못된 욕구에 빠지는 것을 포함한다. 그렇게 되면 그들은 어원학과 역사의 전횡(專橫)으로부터의 독립, 본문의 의도된 의미로부터의 독립, 궁극적으로는 본문 자체로부터의 독립을 선언하게 된다. 그러나 별난 것을 쫓는 성향, 특히 고립된 형태로 나타나는 별난 행태는 아무런 효과도 보지 못하는 치료법이다."

30) Moore 1989, chs.7-8. Barthes와 그의 "의미들의 무한한 복수성"에 대해서는 Thiselton 1992, ch. 3 section 3을, Derrida에 대해서는 *ibid*. ch. 3 section 5와 Bergonzi 1990, ch. 8을 보라. Fish(와 Rorty)에 대한 철저한 비판에 대해서는 Thiselton 1992, ch. 14를 보라. cf. Moore 1989, ch. 7.

사상은 텍스트를 가지고 할 수 있는 유일한 일은 텍스트를 가지고 혼자 노는 것이라는 것이다: 나는 텍스트가 내게 무슨 짓을 행하는지를 보아야 하지, 텍스트 배후에 어떤 다른 의도가 있는지 없는지를 물어서는 안 된다.[31] 그리고 물론 텍스트를 놓고 다른 사람과 토론하는 것도 그리 달갑지 않은 일이다. "옳은" 읽기도, "틀린" 읽기도 존재하지 않는다: 오직 나의 읽기와 너의 읽기만이 존재할 뿐이다.[32]

이 후자의 입장이 오늘날의 사람들의 의식 속에 있는 많은 요소들을 얼마나 잘 보여 주고 있는지는 곧 분명해질 것이라고 나는 생각한다. 우리는 상대주의적이고 다원론적인 시대, 자기 성취를 여러 자아들의 통합보다 우위에 놓는 시대 속에서 살아간다. 물론 이 세계관에 맞서서 제기될 수 있는 많은 다른 비평들이 존재한다. 해체주의는 그 철학적, 문학적 조상을 푸코(Foucault)와 니체(Nietzsche)에게 두고 있고, 그들과 마찬가지로 여전히 오늘날의 문화의 일부에 붙어 있는 실증주의의 추한 쌍둥이 자매인(내가 보기에는) 허무주의를 공유하고 있다. 그러나 나는 한 가지 이유로 여러 다른 배경들(contexts)에 그러한 비평들을 적용하는 것을 제외하고자 한다: 낯선 영광 속에 있는 해체주의는 아직 진정으로 신약학의 세계 속에 본격적으로 들어오지 않았고, 따라서 본서의 목적에서 벗어나 있다는 이유 말이다. 뛰어난 저술가인 크로산(J. Domonic Crossan) 자신이 여러 저작들 속에서 해체주의를 소개하려고 여러 번 시도하여 왔다.[33] 크로산의 저작들은 매우 널리 읽히고 있음에도 불구하고 많은 사람들의 지지를 받고 있지 못한데, 이는 무어(Moore)가 지적했듯이, 그의 저작은 본문들을 해체하려고 노력함과 동시에 본문들 배후에 있는 역사적 예수를 발견하려는 그의 집착 때문에 스스로 자가당착에 빠지고 있기 때문이

31) 자기 발전이라는 견지에서의 읽기를 말하고 있는 Taylor 1982, 114를 보라. 이것은 "자신의"라는 말에 강조점을 두고 독자가 "본문에서 자신의 즐거움을 취하고 있다"고 말하고 있는 Roland Barthes의 표현과 다르지 않다: Moore 1989, 144를 보라. Lundin, Walhout and Thiselton 1985에 나오는 Lundin에 의한 이것에 대한 비판을 보라.
32) 이 예민한 내용은 최근의 성서학 속에서 이른바 "독자반응" 비평이라는 방법론을 통해서 그 기반을 확대해 왔다: Sanders and Davies 1989, ch. 16을 보라.
33) 예를 들면, Crossan 1976, 1980, 1988b를 보라.

다.[34] 진정한 해체주의에 이르는 길은 험난하기 때문에, 그 길을 일관되게 따르는 자들은 극소수다.

보수 진영의 성경 독자들은 대체로 해체주의를 곱지 않은 시선으로 바라볼 것이다. 그러나 사실 해체주의가 제시하는 해석 모형은 (폭넓게 얘기해서) 경건주의 전통 속에서 암묵적으로 채택되어 왔던 많은 해석 모형들과 대단히 유사하다. 실제로 교회는 기묘하게도 포스트모더니즘의 몇몇 조류들과 비슷한 성경 읽기 방식들을 제도화하고 체계화하여 왔다. 특히 교회는 교회가 생긴 이래로 지금까지 복음서들과 함께 살아왔고, 이렇게 친숙하다보니 가당치 않은 해석 모형들도 상당수 등장하였다. 심지어 성경을 가장 진지하게 받아들인다고 주장하는 그러한 분파들 속에서도 성경, 특히 복음서들을 형편없이 다루는 경우가 있다. 어떤 분파에서 성경을 읽고 해석하는 모형은 사실 그 분파 내에서 명시적으로 또는 (더 흔히는) 묵시적으로 받아들이고 있는 성경의 영감과 권위에 대한 해석 모형들의 역할을 하기 때문에, 흔히 성경을 역사적으로 읽으려는 시도들을 터무니없는 망동(妄動)으로 여겨왔다. 이러한 해체주의의 경건한 선구자는 성경이 지금 나에게 말씀하시는 것이 성경 본문의 의미의 전부이자 최종적인 것이라고 주장하는 읽기, 복음서 기자의 의도, 초대 교회의 삶, 심지어 예수께서 실제로 어떤 모습이었는지에 관하여 알고자 하지 않는 읽기이다. 문학 인식론의 세계에는 종종 낯선 동침자들이 끼어 있다.

물론 실천이 이론보다 더 나은 경우가 흔히 있어 왔고, 독자들과 해석자들이 엄청난 혼란 속에 빠져 있었을 때에도 독자들의 신으로부터 말씀이 들려오곤 했다. 그러나 이것은 단지 독자들의 신이 은혜로우시고 아마도 유머 감각이 있으시다는 것을 말해 줄 뿐, 사람들이 복음서들을 읽을 때에 어떤 일이 일어나며 또한 일어나야 하는가를 좀 더 주의 깊게 생각하고 탐구하지 못한 것에 대한 변명이 될 수는 없다. 그러나 이와 관련한 논의를 좀 더 진행시키

---

34) Moore 1989, 143-6을 보고, Wilder 1982, 29-33; Thiselton 1992, ch. 3 section 6; 최근의 것으로는 Crossan 1991을 참조하라. 크로산이 발견하고자 했던 "예수"는 우리가 공관복음 전승에서 찾아볼 수 있는 것과는 달리 훨씬 더 영지주의적이다: 그런 까닭에 그는 도마복음서와 재구성된(그리고 재해석된) "Q"를 선호하였다(아래 제14장을 보라). 그러나 우리는 훌륭한 해체주의자로서 그 어떠한 역사적 지시대상을 또 하나의 해체주의자(크로산이 예수가 그랬다고 주장하듯이)를 발견하기를 소망할 수 있는가?

기 위해서는 여러 종류의 텍스트 쓰기, 또한 그 특수한 경우인 복음서들에 적합한 여러 가지 읽기들에 대한 고찰이 필요하기 때문에, 그러한 논의는 한동안 미루어 두어야 할 것 같다.

어쨌든 위에서 말한 바와 같이, 성경에 대한 포스트모더니즘적인 읽기들에 대한 항의들은 별 효과가 없는 것 같아 보인다. 즉, 복음서들에 대한 진지한 읽기에 관심을 가진 사람들이 텍스트를 읽을 때에 무슨 일이 일어나는가를 더 잘 설명해 줄 수 있고, 종교적인 텍스트를 읽을 때에 무슨 일이 일어나는가를 더 잘 설명해 줄 수 있으며, 역사적인 것을 목적으로 하는 종교적인 텍스트를 읽을 때에 무슨 일이 일어나는가를 더 잘 설명해 주고, 복음서를 읽을 때에 무슨 일이 일어나는가를 더 잘 설명해 줄 수 있는 더 나은 인식론을 찾는 일을 착수하지 않는다면, 그러한 항의들은 공허한 메아리가 될 뿐이다. 그리고 필생의 역작을 꿈꾸는 철학적 사고를 지닌 문학 비평가라면 이러한 연구를 한번 생각해 봄직하다. 나는 내가 그런 일을 하기에 적임자라고 생각하지도 않고, 또한 그럴 시간과 인내심도 갖고 있지 않다. 그러나 이 장에서 이 힘든 분야를 다루지 않을 수 없게 되었기 때문에, 비록 내가 적임자는 아니지만, 그러한 연구가 어떻게 진행되어야 하는지를 말하지 않을 수 없는 입장에 있다.

(iii) 텍스트 읽기와 비판적 실재론

우리에게 필요한 것은 텍스트 읽기라는 현상과 관련된 모든 부분들을 비판적 실재론에 의거해서 설명해 내는 일이라고 나는 생각한다.[35] 한쪽 진영에는 실증주의자 또는 소박한 실재론자가 존재하는데, 이들은 독자로부터 텍스트로, 저자로, 대상으로 아주 부드럽게 넘어가기 때문에 발걸음을 내딛을 때마다 풀 속에 뱀들이 숨어 있다는 것을 알지 못한다; 또 다른 쪽 진영에는 환원주의자들이 있는데, 그들은 뱀들을 보고 멈춰 서는 바람에 뱀들에게 삼키워서 더 이상 앞으로 나아가지를 못한다. 이 두 길을 피하기 위해서는 텍스트 읽기라는 현상 전체를 인간 의식의 이야기성 및 관계성이라는 관점에서 보는 이론을 만들어 내지 않으면 안 된다고 나는 생각한다.

---

35) 나는 여기에서 Meyer 1989에 계속해서 빚을 지고 있다; 또한 1990, 1991b의 그의 논문들도 참조하라.

그러한 이론은 다음과 같은 모습을 띠게 될 것이다. 우리(인간 전체, 너와 내가 독자로서 속해 있는 공동체들)는 세계 및 그 세계 속에서 우리는 누구인 가에 관한 모종의 이야기들을 한다. 우리가 텍스트를 읽는 것은 바로 이러한 이야기 속에서 이해되어야 한다; 앞에서 이미 살펴보았듯이, 해체주의자들조 차도 그들이 말하고자 하는 바를 다른 사람들이 읽고 이해해 주기를 바라는 텍스트들을 쓴다.[36] 이러한 텍스트 읽기라는 활동 내에서만 우리가 적어도 원 칙적으로는 저자의 생각과 의도에 접촉하는 것이 의미를 지니게 된다. 저자의 생각을 논의한다는 것은 쉬운 일일 수도 있고 그렇지 않을 수도 있다; 그런 일은 원칙적으로 가능하고 또한 바람직한 일이다.[37] 나로서는 드 라 마르(de la Mare)가 그의 시의 "표면에 나타나는" 분명한 효과들을 의도하지 않았다 고 생각하기 힘들다 — 앞에서 보았듯이, 비록 그 시의 심층적인 의미들은 사 변과 가설과 논의의 대상이 되겠지만. 예를 들어, 그는 그러한 것들에 관하여 다른 곳에서 글을 썼을 것이다.[38] 또한 나는 레버퀸과 독일 간의 병행이 토마

---

36) 논점(Bergonzi 1990, 111을 인용하여 Meyer 1991b, 10이 행하고 있는)을 비교 해 보라: "Nietzsche와 Foucault의 추종자들은 진리는 압제를 위한 단순한 수사학적 장 치라는 말을 신봉하고, 장황하게 그렇게 말한다. 그렇다면, 그들이 그렇게 말하고 있는 것의 위상은 무엇인가? 우리는 그들에게 선택권을 주어야 한다. 그들의 말은 거짓인가? 또는 압제에 기여하는 것인가?" 크로산에 대한 Moore의 비판들(1989, 145f.)도 보라. 무어 자신은 본문들에 대한 포스트모더니즘적인 읽기를 많은 점들에서 지지하고 있긴 하지만, 자기가 다루고 있는 저자들에 대한 본질적으로 모더니즘적인 읽기를 보여 주었 다. 끝으로 Thiselton 1992, ch. 11 section 3에서 논의된 Rorty에 대한 Morris의 비판을 보라.

37) Meyer 1989, xif., 특히 17-55에 나오는 이것에 대한 견고한 옹호를 보라. 또한 Young and Ford 1987, 137도 참조하라: "점진적인 이해는 우리가 실제로 체험하는 바 다. 비록 실제에서 우리는 상당한 불확실성 속에서 살아야 하고 의미를 저자의 의도에 국한시키기를 거부한다고 할지라도, 의미는 원칙적으로 결정 가능한 것이다. 의미에 관 한 논쟁들은 언제나 해결될 수 있는 것은 아니지만, 객관적 실체들에 관한 논쟁들이다. 본문에 자신의 생각을 집어 넣어서 읽는 것과 본문에 담겨 있는 의미를 읽어내는 것은 서로 다르고, 우리가 더 많은 정보를 얻으면 얻을수록 본문에서 끌어낼 수 있는 것은 더 욱 많아진다."

38) 우리는 독일의 이데올로기들에 관하여 말하고 있기 때문에, Margaret Brearley (1988)가 행해 왔던 것처럼, 바그너의 오페라들을 그의 잘 알려져 있지 않은 산문 작품

스 만이 그의 소설을 쓰기 이전에는 결코 생각하지 않았던 것이라고 믿을 수 없다.

이와 동시에 이 두 저자들은 그들의 독자들이 저자인 그들 자신이 아니라 그들의 작품의 주제를 생각해 주기를 원했을 것이라는 점도 강조해 둘 필요가 있다. 그들의 작품은 독자들을 가리키거나 그들 자신의 머릿속을 가리키고 있는 것이 아니다. 그 작품들은 거울도 아니고 만화경도 아니다. 그 작품들은 망원경 또는 현미경을 제공해 줄 뿐이다: 독자, 텍스트, 저자 모두와 중요한 관련을 맺고 있기는 하지만 이 셋의 외부에 있고 이 셋과는 다른 어떤 실재를 바라보는 새로운 방식들을 제공해 주고 있다는 말이다. 따라서 텍스트와 저자는 세계 속에 있는 어떤 실재들, 그들 자신을 뛰어넘는 실체들을 가리킨다는 것은 우리가 우리 자신 및 세계에 관하여 말하는 이야기와 "부합한다". 오직 매우 소박한 독자만이 이 시가 가리키는 유일한 대상은 말 탄 사람과 숲 속에 있는 빈 집이고, 토마스 만의 소설이 묘사하고 있는 유일한 것은 악마에게 사로잡인 작곡가이고, 이 비유 속에 묘사되고 있는 유일한 실재는 포도를 재배하는 농촌 사회에 관한 일상적인 비극적 이야기라고 말할 것이다. 이러한 경우 진정한 대상들에 관하여 서술하는 일은 진지한 문학 비평의 복잡한 과제로서, 이에 대해서는 곧 살펴보게 될 것이다.

그러므로 우리에게 필요한 것은 독자/텍스트 단계에서 독자는 특정한 사람이라는 사실과 텍스트는 독자의 변덕에 따라 이런저런 모양으로 바뀔 수 있는 그런 것이 아닌 독자적인 실재라는 사실, 이 두 가지를 제대로 다룰 수 있는 텍스트 읽기 이론이다. 또한 그러한 이론은 텍스트/저자 단계에서 저자는 특정한 것들을 의도했다는 사실과 텍스트는 저자가 미처 생각하지 못했고 아울러 독자들도 생각하지 못한 그 밖의 다른 것들 — 반영(反映)들, 환기(喚起)들, 구조들 등등 — 을 포함할 수 있다는 사실을 제대로 다루는 것이어야 한다. 우리는 양자택일적인 텍스트 읽기 이론이 아니라 양자 모두를 포괄하는 텍스트 읽기 이론이 필요하다.[39] 마찬가지로 우리에게는 텍스트/저자 단계에

들을 통해서 해석하는 과제와 비교할 수 있을 것이다.

39) Funk 1988, 298을 보라: "나는 본문들의 상호작용은 불가피하고 지속된다는 확신을 공유하고 있지만, 인간은 가끔 막 태동하려고 하는 실체, 동료 인간들의 가식없는

서 성경 본문들을 포함하는 텍스트들은 아무리 가까이 다가간다고 할지라도 저자의 생각 전체를 다 담아내지 못하는 것이 보통이라는 사실과, 그럼에도 불구하고 텍스트들은 우리에게 원칙적으로 저자에 관한 상당히 많은 내용을 전해 주는 것이 보통이라는 사실을 둘 다 제대로 다루어 줄 수 있는 이론이 필요하다. 끝으로 우리는 저자/사건 단계에서 저자는 반드시 어떤 관점을 가지고 글을 쓴다는 것(저자도 사람이기 때문에 특정한 방식과 특정한 시각에서 사물들을 바라본다는 것)과 저자는 실제로 저자 자신의 마음 상태라는 관점에서 설명될 수 없는 사건들과 대상들(제2장에서 살펴본 사건과 대상이라는 의미에서)에 관하여 말하고 쓸 수 있다는 것을 인정하지 않으면 안 된다.

우리가 여기에서 자세하게 설명할 수 없는 어떤 의미가 존재하는데, 이것을 설명하기 위해서는 언어학 이론 전체를 거론해야 하기 때문이다. 우리는 우리가 보통 생각하는 것보다 더 잘 언어가 어떻게 작용하는지를 이해할 필요가 있다. 사건들을 묘사하는 단어들은 온갖 차원에서 작용하는데, 이는 사건들 자체가 온갖 차원에서 작용하기 때문이다. 사람들이 종이조각들을 작은 통 속에 넣고 있는 것을 화성인들이 보았다면, 화성인들은 사람들이 종이조각을 작은 통 속에 넣고 있구나라고 생각할 것이다; 하지만 바로 그때에 정치인들은 긴박한 선거 절차가 진행되고 있는 것을 본다; 그러나 나중에 역사가들은 이 행위 속에서 한 나라가 한 시대에서 다른 시대로 넘어가는 전환기를 보게 될 것이다. 이와 같이 언어는 "사건"의 세 가지 차원 — 물리적 행위들, 당시에 인식된 의미, 후대에 인식된 의미 — 을 은유, 상징, 표상, 신화 등을 통해서 온갖 종류의 미묘한 방식으로 표현한다. 이것은 피할 수 없는 일이고, 변명도 필요하지 않다.[40] 그리고 그러한 언어 자체는 그 밖에도 다른 수많은 기능들을 수행한다: 언어는 사람들에게 덕을 세우고 성가시게 하고 즐겁게 하고 어떤 현상들을 불러일으키며 새로운 이해의 가능성들을 만들어 낸다. 여기서 위험한

모습, 본문들의 '저편'을 얼핏 볼 수 있다고 확신한다." 모더니즘과 포스트모더니즘 이론에서 이러한 가능성에 대해서는 Thiselton 1992, ch. 3 section 5에 나오는 Heidegger 의 "개구부(開口部)" 개념에 대한 논의를 보라.

40) 은유의 중요성에 대해서는 특히 Ricoeur 1977을 보라. 그의 견해는 Thiselton 1992, ch. 10 section 2; Soskice 1985; 많은 것을 시사해 주는 White 1982의 논문; 특히 Caird 1980에서 유익하게 논의되고 있다.

것은 우리가 어떤 종류의 환원주의를 고집하는 것이다. 우리는 우리가 "의미"라고 부르는 것이 행위들에 인위적으로 "부가한" 그 무엇이라고 생각할 수도 있고(사실 종이를 투표함 속에 넣는 일이 좀 더 폭넓은 의미를 지닌 일이라고 사람들이 생각하지 않았다면, 사람들은 아무도 그러한 수고를 하지 않았을 것이다), 물리적 행위들에 그 의미를 부여하는 말들은 단순한 치장이나 겉치레로서 "단순한 은유"에 불과하다고 생각할 수도 있다(물론 사건은 그 의미를 상실할 수도 있다). 이런 것은 우리에게 다시 한 번, 우리가 다음 장에서 역사를 논의할 때에 살펴보게 되겠지만, "순수한 사건"이라는 것은 존재하지 않는다는 사실을 일깨워 준다. 그리고 이 모든 것을 언어 일반에 적용하면, 역사적인 텍스트 쓰기에는 일정한 규칙과 경우들이 존재하고, 종교적 언어의 체계들 속에는 그 밖의 다른 특수한 경우들이 존재하며, 종교적인 텍스트들 내에는 특수한 경우들 중의 특수한 경우들이 존재하고, 이 모든 것들을 결합할 뿐만 아니라 그 외에도 추가적인 것들을 포함하고 있는 복음서들 내에는 지극히 복잡한 일련의 문제들과 질문들이 존재한다. 여기에서 이 문제들을 논의하게 되면 너무 길어져서 본지(本旨)에서 많이 이탈하게 될 것이다.

그러므로 나는 앞에서 대략적으로 설명한 인식론 ─ 지식을 창조주의 형상을 따라 지음 받은 인간이 피조 세계 내에서 책임 있고 지혜롭게 행할 책임의 일부로 보는 인식론 ─ 은 문학의 차원에서 비판적 실재론으로 나타나게 될 것이라고 주장한다. 우리는 한편으로는 사건들에 대한 전능자적 시점이라는 허구를 거부해야 하고, 다른 한편으로는 사건을 의미 또는 인식으로 환원시키는 잘못을 거부해야 한다. 우리가 이 문제를 진정으로 말할 때까지는, 복음서들과 관련된 현재의 싸움들의 대부분 ─ 그리고 이 문제와 관련된 과거의 싸움들 대부분 ─ 은 실패할 수밖에 없는 귀머거리들의 대화가 될 것이다. 그러나 일단 나는 하나의 가능한 해석학적 모형을 제시하고, 나중에 가서 좀 더 자세하게 논해 보고자 한다. 그것은 사랑의 해석학이다.

적어도 신약성서의 몇몇 부분들에서 발견할 수 있는 아가페(agape)라는 개념으로서의 사랑 가운데에 있는[41] 사랑하는 자는 사랑하는 대상의 실재성

---

41) 나는 이 단어가 다른 곳에서 그 밖의 다른 여러 뉘앙스들을 지니고 있다는 것을 잘 알고 있다 ─ 그리고 그러한 것들을 아는 것이 이 모형의 일부이기도 하다: Barr

(reality)과 타자성(otherness)을 인정한다. 사랑은 사랑하는 대상을 와해시켜
서 자기 자신과 동화시키려고 하는 것이 아니다: 그리고 사랑하는 대상 속에
서 스스로를 상실해 버린다고 해도 그러한 상실은 언제나 진정한 자기 발견이
라는 것이 밝혀진다. 이러한 친숙한 역설 속에서 알 수 있는 것은 자기 자신
을 타자에 대하여 상실할 때에 비로소 온전한 자기 자신이 된다는 것이다. 간
단히 말해서, 사랑을 할 때에 양 당사자는 동시에 긍정된다는 말이다.[42]

텍스트 읽기에 적용하면, 이것은 어떤 텍스트를 읽을 때에 독자는 그 순간
에 이해할 수 있든 없든 자신의 잣대를 들이대지 말고 텍스트 자체의 소리에
귀를 기울여야 한다는 것을 의미한다. 텍스트가 하는 말을 잘 알아들을 수 없
는 경우에, 훌륭한 독자는 계속해서 텍스트와 함께 씨름하면서 그 소리를 들
으려고 애를 쓰게 될 것이다. 그러나 독자가 텍스트 자체를 아무리 근접하게
이해했다고 할지라도, 그 읽기는 독자 자신의 읽기일 뿐이어서, 주관성은 결코
사라지지 않으며, 또한 완전한 주관성의 배제 같은 것은 바람직하지도 않고,
가능하지도 않을 것이다. 이 차원에서 "사랑"은 "관심"을 의미할 것이다: 타자
로 하여금 타자이게 내버려 두는 것, 타자와 관련하여 스스로를 기꺼이 변화
시키고자 하는 것. 우리가 이 원칙을 텍스트 읽기 과정의 세 단계 — 독자와
텍스트의 관계, 텍스트와 저자의 관계, 저자들이 묘사하고자 한 실재들과 텍스
트의 관계 — 에 적용한다면, 몇 가지의 긍정을 동시에 이루어내는 것이 가능
할 것이다. 첫째, 우리는 텍스트가 만물을 바라보는 특정한 관점을 갖고 있다
는 것과 동시에 독자의 읽기가 단순한 "중립적인 관찰"이 아니라는 것을 긍정
할 수 있다. 둘째, 우리는 텍스트가 모종의 독자적인 삶을 갖고 있음과 동시에
저자는 원칙적으로 우리가 어느 정도 알 수 있는 의도들을 갖고 있다는 것을
긍정할 수 있다. 셋째, 우리는 텍스트에 묘사된 행위들 또는 대상들이 원칙적
으로 공적인 세계 속에 있는 행위들과 대상들일 수 있다는 것과 동시에 저자
가 그것들을 특정한, 그리고 아마도 왜곡된 관점에서 바라보고 있다는 것을
동시에 긍정할 수 있다. 각각의 차원에서 우리는 단순히 이것 아니면 저것이
라는 식의 양자택일이 아니라 이것과 함께 저것이라는 양자 모두를 포괄하는

1987을 보라.
42) 이와 비슷한 가능성이 Thiselton 1992, ch. 16 section 2에 의해서 논의되고 있다.

방식으로 말할 필요가 있다.

이러한 과정의 각각의 단계는 오해가 일어날 수 있고 또한 오해가 불가피한 대화(conversation)가 되는데, 경청하려고 인내심을 갖고 노력하는 가운데 진정한 이해(그리고 외적인 실재에 대한 진정한 접근)는 실제로 가능하고 도달할 수 있다.[43] 내가 주장하고자 하는 것은 비판적 실재론 — 하지만 나는 사랑의 인식론 또는 사랑의 해석학이라는 말을 더 좋아한다 — 이야말로 텍스트, 역사, 그리고 좀 더 구체적으로는 복음서들의 복합적인 성격을 제대로 잘 다룰 수 있는 유일한 이론이라는 것이다. 이 이론으로 무장하게 되면, 우리는 신약성서 읽기와 관련된 여러 문제들과 도전들을 해결할 수 있다는 자신감을 얻을 수 있게 될 것이다.

3. 문학에 대하여

그러므로 우리가 문학이라는 것이 존재하고, 그 문학을 읽고 그것에 관한 의미를 말하는 것이 공허하지 않다는 것에 동의한다면, 우리가 비록 짤막하게나마 문학 자체가 무엇인지, 그리고 우리가 문학을 어떻게 다루어야 하는지를 묻는 것은 중요하다. (나는 여기서 "문학"이라는 용어를 대다수의 사람들의 대부분의 글들을 포함하는 상당히 넓은 의미로 사용하고 있지만, 전화번호부라든가 버스 승차권 등과 같은 것들은 문화적 상징들로는 상당히 가치가 있는 것일지라도 문학이라는 범주에 포함시키지 않을 것이다.) 여기서 극단적인 관점들의 예들을 발견하는 것이 어렵다는 점을 제외하고는, 현대의 인식론에 관한 이제는 친숙해진 이야기가 다시 반복된다. 한쪽 극단인 실증주의적 관점에서는 문학은 단순히 세계에 대한 "중립적인" 묘사로 인식될 것이다: 앞서의 몇몇 세대들 속에서 은유를 아무런 수식도 없는 무미건조한 언어로 축소시킴으로써 우리의 시(詩)들을 김빠지게 해 버렸던 괴상한 시도들은 이러한 잘못된 인식을 바탕으로 한 시도였던 것으로 보인다. 또 다른 쪽의 극단에서는 문학을 주관적인 감정들의 집합체로 여겨 왔다(그리고 우리가 알고 있듯이, 낭

---

43) "대화" 모형이 이 과제를 위하여 적합한지에 대한 문제 — 적어도 Schleiermacher에까지 소급되는 문제 — 에 대해서는 Gadamer와 Tracy를 다루고 있는 Thiselton 1992, ch. 10 section 3, ch. 11 section 3을 보라.

만주의 시인들도 우리에게 시를 그렇게 여기도록 권장하였다.[44]

이러한 두 가지 극단의 대안으로서 나는 사람들의 글들은 세계관의 표현, 좀 더 정확하게 말하자면, 세계관들을 표현하고 있는 이야기들을 하는 행위로 보는 것이 가장 좋다고 생각한다. 물론 이것은 매우 다양한 방식으로 일어난다. 어떤 것들은 아주 명백하다: 소설, 서사시, 비유는 모두 이야기들을 하는 것인데, 특정한 줄거리(또는 그 하위 줄거리들)로부터 거기에 표현되어 있는 세계관을 끄집어내는 데 필요한 절차를 서술하는 것은 어렵지 않다. 또 어떤 것들은 그렇게 분명하지 않아서 그 자체적으로만 단지 중요할 뿐이다. 대학의 동료 교수에게 보낸 짤막한 편지는 다음 학기에 어떤 것들을 가르쳐야 할지를 미리 짚어봄으로써 공통의 이야기 세계를 더욱 강화시키고, 아울러 우리가 우리 자신 및 서로에 대하여 대학과 신학 연구와 가르침에 관한 이야기를 하는 좀 더 큰 세계를 한층 강화시키는 역할을 한다 — 또는, 만약 우리가 냉소적이라면, 일자리를 갖는 것과 일자리 잃기를 원치 않는다는 것에 관한 이야기를 할지도 모른다. 연애 편지는 아무리 문법적으로는 엉망이고 열정적인 감정을 담고 있다고 할지라도 좀 더 심층적인 차원에서는 사람이라는 것이 무엇을 의미하는지에 관한 아주 강력한 이야기를 하고 있다. 목록들과 명제들로 가득 차 있는 무미건조한 교과서는 질서 잡힌 세계 및 그 질서를 사람이 효과적으로 파악해서 그 안에서 성공적으로 일할 수 있는 가능성에 관한 이야기를 한다. 짧은 시들과 경구(警句)들이 세계관을 보여 주는 것은 마치 빠르게 찍은 사진들 한 컷 한 컷이 휴일과 어린 시절과 결혼에 관한 이야기를 들려주는 것과 같다.

그러므로 문학 비평의 과제 중의 일부는 이러한 내재된 이야기의 차원에서 저자가 무엇을 이루었고, 궁극적으로 내재된 세계관은 무엇이며, 어떻게 그 세계관을 내재하고 있는가를 드러내고 설명하는 것이다.[45] 저자가 알려져 있지

44) 본서 p. 104를 보라.

45) 아주 판이하게 다른 영역, 즉 음악에서 이와 유사한 과제에 대한 매력적인 서술에 대해서는 Menuhin 1977, 182-9를 보라. "인간의 모든 세포는 그 세포가 속해 있는 신체의 흔적을 지니고 있다는 것을 발견한 생화학자와 마찬가지로, 나는 다른 것이 아닌 이러한 음표들이 왜 이 소나타에 속해 있는지를 규명하지 않으면 안 되었다; 그리고 기존의 설명들을 받아 들이는 것도 아니고 이차적인 자료를 통해서 알고 있다고 생각하는 것

않은 경우에도(특히 신약성서의 대다수의 작품들이 익명으로 씌어졌다는 점을 고려할 때) 이러한 작업은 수행될 수 있다. 그러나 비록 가설적인 차원이라 할지라도, 작가가 무엇을 의도했는가를 고려하는 것은 이러한 과제를 수행하는 데 도움이 될 수 있다. 여기서 다시 한 번 우리는 친숙한 이분법을 보게된다. 실증주의적 비평학자는 비평의 목적은 텍스트의 "올바른" 또는 "진정한" 의미를 밝혀내는 것이라고 말할 것이고, 그러한 것이 존재하며 원칙적으로 발견될 수 있다고 전제할 것이다. 반면에 현상론적 독자들 ─ 이 경우에는 해체주의자가 될 것이다 ─ 은 그러한 것은 결코 존재하지 않는다고 말하는 쪽으로 기울 것이다. 나의 읽기, 너의 읽기, 그리고 무수한 그 밖의 다른 가능한 읽기들이 존재할 뿐이다. 이러한 두 극단에 대하여 비판적 실재론에 의거한 텍스트 읽기는 독자의 관점과 배경을 인정하고 충분히 고려할 것이다. 하지만 이 읽기는 현실 전체를 설명하고자 하는 이야기 또는 이야기들 속에는 본질적으로 독자와는 다른 텍스트들, 잠재적으로 저자와 독립되어 있을 뿐만 아니라 독자와도 독립되어 있는 삶 및 일련의 적절한 의미들을 지니고 있는 텍스트들, 가장 심층적인 차원의 의미가 이야기들, 궁극적으로는 텍스트들이 표현하고 있는 세계관들에 존재하는 그러한 텍스트들이 존재한다고 주장한다.

따라서 실증주의적 비평학자는 악한 농부 비유를 읽을 때에 이 비유를 예수의 생애라든가 초대 교회의 설교라든가 복음서들 중의 하나의 글과 같은 특정한 역사적 배경 속에 위치시키고자 할 것이다. 그는 당시에 이 비유가 무엇을 의미했는지를 완벽하고도 "객관적으로" 서술하고자 할 것이다. 이러한 프로젝트가 겉보기에 성공한 것을 보고 경솔한 자들은 실증주의의 주장이 입증되었다고 주장할지도 모른다 ─ 그 독자가 동일하게 "객관적인" 다른 주석서들을 참고했을 때에 아까와는 판이하게 다른 설명들이 제시되어 있는 것을 볼 때까지는 말이다. 물론 그들은 서로서로 대화를 통한 타협에 들어갈지도 모른다. 그러나 일단 그들이 그렇게 하는 순간부터 그들은 이미 실증주의가 보기보다는 단순하지 않고 뭔가 다른 인식 모형이 더 나을지도 모르겠다는 것을 인정하는 셈이 된다.

이와는 대조적으로 현상론자들은 이 비유를 읽으면서 이 비유가 자기에게

─────────────

이 아니라 나 스스로 그것을 한다는 것이 중요하였다"(184).

말을 건넨다고 생각한다. 그는 이 비유가 역사적 배경을 지니고 있을 수도 있다고 생각하겠지만, 그 무엇보다도 중요한 것은 이 비유가 지금 그에게 말하고 있다는 것이다. 앞에서 살펴보았듯이, 이러한 설명은 근본주의자와 해체주의자 양자에게도 어느 정도 해당된다. 그러나 이런 유의 읽기가 결코 할 수 없는 일이 있는데, 그것은 어떤 특정한 읽기가 규범적 성격을 지닌다는 주장을 결코 할 수가 없다: 왜냐하면 텍스트는 내게는 이렇게 말하지만, 너에게도 그런 식으로 말하라는 법은 없기 때문이다. "이 비유는 신이 내게 주신 책임들에 정면으로 도전하여야 한다고 말한다"거나 또는 "이 비유는 예수께서 나를 위하여 죽으셨다고 말한다"는 주장들은 "나는 소금을 좋아한다" 또는 "나는 시벨리우스를 좋아한다" 등과 같이 전혀 공적인 의미를 지니지 못하는 말들로 분해되어 버리고 만다. 현상론자들은 텍스트와 관련한 그의 진술들의 표면상의 확실성과 안정성을 획득한 대신에 공적인 유효성의 상실이라는 값비싼 대가를 치렀다.

그러나 비판적 실재론자들은 이 두 가지 함정을 모두 피하고자 노력한다. 우리는 우리 자신의 관점을 잘 알고 있어야 한다. 주인과 종들에 관한 텍스트를 읽는 독자들은 어느 한 쪽에 대한 본능적인 동정심을 가지고 있는 경우가 많다: 아버지와 아들에 관한 텍스트들을 읽는 독자들도 마찬가지다: 어떤 식으로든 규범적이기를 주장하는(또는 다른 사람들이 그런 식으로 취급한다는 것을 독자들이 알고 있는) 텍스트를 읽는 독자들은 어떤 희망이나 두려움을 가지고 텍스트를 읽는다. 달리 말하면, 우리는 이 이야기를 우리가 다른 이야기들을 읽을 때에 습관적으로 지니고 있는 것에 비추어서 — 즉, 우리의 근본적인 세계관에 비추어서 — 읽는다. 그럼에도 불구하고 우리가 끊임없이 우리 자신에게 말하면서 세계 속에서의 우리의 존재를 가장 의미 있게 만들어가는 것, 우리 자신의 사적인 이야기들과 아울러 신약성서에서 발견되는 것들을 포함한 그 밖의 다른 이야기들, 다른 텍스트들이 존재한다는 것, 그리고 이러한 이야기들이 우리가 이제까지 우리 자신에게 말해 왔던 이야기들의 일부 또는 전부를 재확인해 주거나 수정하거나 전복시킬 수 있다는 것도 바로 그러한 이야기의 일부다. 나와는 다른 여러 세계관들이 존재한다: 그리고 그 세계관들은 문학 작품들 속에 표현되어 있다: 그리고 그것들은 우리 자신의 세계관과 상호작용을 한다. 비판적 실재론에 의거한 텍스트 읽기는 스스로를 항상 개혁

해 가는 보편적인 읽기(lectio catholica semper reformanda)이다: 이것은 도전과 수정과 전복의 가능성을 항상 열어둔 채 자기 자신 및 공적 세계에 대하여 진실하고자 한다.

그러므로 우리는 텍스트를 우리 자신에 대한 역사적 타자성 및 우리 자신에 대한 초시간적인 연관성 속에서 검토함과 아울러 이 둘 사이에 존재하는 복합적인 관계를 인식하면서 텍스트를 읽게 된다. 앞에서 든 악한 농부 비유를 예로 들자면, 우리는 이 비유를 이미 하나의 역사를 지니고 있는 이야기, 새롭게 그 의미를 수정하고 있는 이스라엘에 관한 이야기, 결국 예수에 관한 이야기임이 밝혀지는 이스라엘에 관한 이야기, 예수의 사역에서는 이런 것을 의미했지만 초대 교회에 의해서 다시 이야기될 때에는, 마치 소설에 관한 책이 소설 그 자체와는 다른 것인 것과 마찬가지로 다른 의미를 지니게 된 이야기로서 읽는다. 그리고 비록 우리의 전체적인(그리고 원칙적으로 전복 성향을 띤) 이야기로서 우리는 원칙적으로 이러한 읽기들 속에서 어떤 유의 역사적 정확성을 획득할 수 있다고 믿기는 하지만, 이 비유가 계속해서 갖고 있는 "의미"는 몇 가지 중요한 점들에서 여전히 열려 있는 것이 될 것이다. 어떤 의미들은 적절할 것이고, 어떤 의미들은 부적절할 것이다. 여러 가지 제안된 "의미들" 중에서 어떤 것들이 적절한지에 관한 논의는 이루어질 수 있고, 또한 반드시 이루어져야 한다: 이것은 결코 사적인 유희가 아니다. 그리고 새롭게 제안된 의미들을 판단하기 위한 시금석은 그것들이 역사적 의미들과 가시적인 연속성을 지니고 있느냐 하는 것이다. 무엇을 연속성으로 보느냐에 관해서는 잠시 미루어둘 수밖에 없다. 여기에서 논의되고 있는 문제는 이야기는 세계관을 탄생시킨다는 것이다. 이야기를 역사적으로 읽음으로써 나는 이야기가 언제나 현재의 세계관을 손상시키고 그것을 다른 것으로 대체하고자 하는 전복 성향을 지닌 이야기로 의도되었다는 것을 감지할 수 있다. 내 자신의 귀를 열고 이야기를 읽으면, 나는 그 이야기가 나의 세계관도 전복시킬 수 있다는 것을 깨닫는다.

이 모든 것을 좀 더 폭넓게 주후 1세기의 유대교 및 기독교 문학에 적용한다면, 우리는 그러한 문학의 대다수가 텍스트의 표면에 나타나는 것이든 텍스트의 심층에 감추어져 있는 것이든 이야기 형태를 띠고 있다는 것을 어렵지 않게 발견하게 된다.[46] 그러나 두 종교 전통 속에서 우리는 두 가지 서로 다른 이야기 유형을 발견하게 된다. 첫째, 이야기들이 공적 세계에서 발생한 사건들을 언급하고 있지 않음이 분명한데도 특정한 세계관을 구현하고 표현하는 이야기들이 존재한다. 비유들은 분명히 이러한 범주에 속한다: 유대교 내에서는 『요셉과 아세넷』(*Joseph and Aseneth*)이라는 책이 그런 범주에 속할 것이다.[47] 둘째, 공적 영역에서 실제로 일어난 일을 말함으로써 세계관을 구현하고 표현하는 이야기들이 있는데, 이는 그것이 그 세계관이 설명하고자 하는 바로 그것이기 때문이다. 유대교 내에서 이러한 것을 분명히 보여 주는 예는 마카베오1서와 2서, 요세푸스의 『유대민족 고대사』와 『유대 전쟁기』 등이 있다: 요세푸스는 사람들이 그가 자신의 작품들의 내용을 모두 조작해내었다고 비난한다는 것을 잘 알고 있었기 때문에, 자기가 그렇게 하지 않았다는 것을 단언하는 것이 그에게는 아주 중요하였다.[48] 물론 기독교 내에서는 이 문제를 둘러싸고 많은 논란이 있다. 자기가 무엇에 관하여 말하고 있는지를 알고 쓴 것이라고 아주 큰 소리로 공언하는 책(즉, 요한복음, cf. 21:24)은 두 번째 유형이 아니라 첫 번째 유형에 속한 이야기로 보는 것이 보통이다. 이와 비슷한 아이러니는 "영지주의적" 복음서들을 사건들에 좀 더 밀착해서 이야기하는 두 번째 유형의 이야기로 보고, 공관복음서들을 그 창시자와의 접촉을 통해서 기독교를 위한 유래담(由來談)적인 신화들로서 첫 번째 유형에 속하는 이야기들로 보는 일부 비평학자들의 저작들 속에서 발견된다.[49] 우리는 나중에 제4부

---

46) 바울의 경우에 이것은 Hays 1983(그의 선구자들의 한 사람으로 Via 1975를 꼽고 있는)과 Petersen 1985에 의해서 아주 설득력 있게 논증되었다: 아래 제13장 (b)를 보라.

47) Charlesworth 1985, 177-247.

48) cf. *Apion* 1:53: "자신의 독자들에게 실제 사실들을 제시하겠다고 약속한 사람의 의무는 그 사건들을 면밀하게 관찰하든가, 아니면 그 사건들을 잘 알고 있는 사람들에게 물어서 먼저 그 사실들에 대한 정확한 지식을 얻는 것이다. 이러한 의무를 나는 나의 이 두 작품 속에서 충분히 이행했다고 생각한다." 또한 1:293에 나오는 역사적 허구에 대한 그의 반박을 참조하라. 오늘날의 비평학자들이 이러한 표준들에 의거해서 요세푸스(또는 마카베오의 책들)을 비판하는 데 별 어려움을 느끼지 않고 있다는 사실은 요세푸스가 자기가 무엇에 관하여 말하고 있는지를 몰랐다는 것을 의미하지 않는다. 다음 장에 나오는 역사 서술에 관한 논의를 보라.

49) 예를 들면, Mack 1988; Crossan 1991, 그리고 아래 제14장.

에서 이러한 문제들을 좀 더 자세하게 다루게 될 것이다. 그러나 우리는 여기서 적어도 다음과 같이 말해 둘 수는 있다: 유대인들의 세계관 속에서는 어떤 사건들이 공적인 역사 내에서 일어났다는 사실이 대단히 중요하였는데, 이는 유대인들의 대다수가 그들의 신이 세상을 창조한 창조주였고 계속해서 그의 피조세계 속에서 일하고 계시다고 믿었기 때문이다. 그들은 그들의 이야기의 전부 또는 일부를 실제적인 역사적 대상이 없는 담론(談論)들을 통해서 표현할 수 있었지만, 그러한 이야기들은 본질적으로 두 번째 유형의 이야기들의 강조점을 이끌어내고 다시 강화시키고 전복시키려는 목적을 지닌 파생적인 것이었다. 역사 속에서 활동하지 않은 신에 관한 이야기는 유대인들의 기본적인 이야기를 철저하게 전복시켜서 아무것도 남아있지 않게 만든다. 바로 그것이 마르키온(Marcion)과 영지주의자들이 했던 일이다: 흥미롭게도 영지주의와 아주 흡사한 오늘날의 여러 운동들도 예수 전승의 탈유대화(de-Judaization)를 소리 높여 외치고 있다.[50]

　이와 관련하여 나는 텍스트를 해체하여 인식할 수 없게 만들어 버리는 것이 아니라 텍스트 자체를 정당하게 다루고자 하는 비평학자들은 언어 세계와 관련하여 말할 수 있는 내용들과 충돌하지 않는 한 언어 외적인 세계의 문제들도 말할 필요를 공감하여야 한다고 주장한다. 이것은 안소니 씨슬턴(Anthony Thieselton)의 최근 저작의 주된 주장들 중의 하나다.[51] 설(Searle)이 주창한 발화행위 이론(speech-act theory)과 월터스토프(Wolterstorff), 하버마스(Habermas), 특히 비트겐슈타인(Wittgenstein)이 주장한 철학적 논거들에 의거해서, 씨슬턴은 수많은 발화행위들에는 발설된 내용들과 언어 외부 세계 속의 사건들 간의 "정합성"을 이루는 무시할 수 없는 결정적인 요소가 존재한다는 것을 설득력 있게 논증하고 있다. 그의 관심의 많은 부분이 현재 및 미래의 비언어적인 사건들과 관련이 있는 발화행위들에 두어져 있지만, 그는 내가 여기에서 강조하고자 하는 요점을 명시적으로 포함하고 있다: 적어도 몇몇 성경본문들을 자기 것으로 만드는 데에 중요한 요소는 역사적 재구성의

50) 특히 Mack 1988, 그리고 그러한 특징 있는 책을 낸 그가 속한 Claremont 학파의 저작들을 보라.
　51) Thiselton 1992, 특히 8장과 16장.

작업이다.[52] 그러한 재구성이 가능하고 또한 바람직하다는 것을 나는 다음 장에서 논할 것이다. 나는 이러한 재구성이 가능하다는 것을 반대하는 논거들은 흔히 그러한 재구성이 바람직하지 못하다는 논거들로 바뀔 수 있다는 것을 보아 왔다. 역사적 재구성을 바람직하지 않은 것으로 만들어 버리는 철학적 세계관은 그와 동시에 역사적 재구성을 불가능한 것으로 만들어 버리는 도구들도 동시에 제공한다. 본서의 제2부 전체는 그러한 세계관을 전복시키기 위한 목적으로 씌어진다. 그러므로 주후 1세기의 종교 운동들로부터 나온 문서들을 가지고 작업하는 문학 비평학자들은 저술들이 말하고 있는 이야기 또는 저술들이 나름대로의 다양한 방식으로 기여하고 있는 이야기를 이끌어내고 명확히해야 한다. 이러한 이야기를 통한 세계관에 대한 분석은 그러한 작업의 핵심이 된다. 이렇게 하는 데에, 물론 저술들이 말하거나 강화시키거나 전복시키는 이야기 또는 이야기들을 검토할 필요가 있다. 그리고 드 라 마르(de la Mare) 또는 토마스 만의 작품을 가지고 작업하는 비평학자들이 텍스트들이 실제로 획득하고 있는 기능을 어떻게 획득하고 있는지를 보여 주고, 그것이 과연 저자가 의도한 기능인지를 묻는 것과 마찬가지로, 신약성서 비평학자들은 양식과 내용, 구조와 영향력, 기법과 효과의 관계를 활용하여 전체의 관점에서 각 부분들을 연구하여야 한다.

이러한 전체적인 주제와 관련해서는 할 말이 아주 많이 남아 있다는 것은 두말할 필요가 없다. 그러나 우리는 적어도 앞으로 작업을 해나가면서 디뎌야 할 발판이 될 수 있는 약간의 공간을 만들어 놓은 셈이다. 신약성서라는 주제의 주요한 구성요소들인 역사와 신학을 다루기 전에, 먼저 우리가 지금까지 내내 사용해 왔던 중심적인 범주를 좀 더 자세하게 살펴볼 필요가 있다. 우리는 논증을 진행하는 가운데 내내 인간 의식에서 가장 기본적인 주제들 중의 하나는 이야기라는 것을 살펴본 바 있다. 이와 아울러 신약성서(그리고 적어도 그 배경의 일부를 이루고 있는 유대교 문학)의 상당 부분은 실제의 이야기들로 구성되어 있다는 것은 의심할 여지가 없다. 그러므로 우

52) Thiselton 1992, ch. 15 section 1. 또한 역사적 서사가 실증주의적으로 인식되고 있지는 않지만, 그럼에도 불구하고 본문의 세계 외부의 대상을 포함하고 있는 Ricoeur 1978, 특히 191을 보라.

리는 이야기란 도대체 무엇이고, 어떻게 작용하는가를 더욱 자세하게 살펴
보지 않으면 안 된다.

4. 이야기의 본질

(i) 이야기에 대한 분석: 서사 구조

사람들이 생각하고 느끼고 행동하는 방식을 실제로 바꾸어 놓고, 그렇게 함
으로써 세계가 실제로 존재하는 방식을 바꾸어 놓는 바로 그러한 권력을 이야
기들이 어떻게 소유하고 있는가 하는 것은 이야기가 지니고 있는 본질적인 구
성요소들에 대한 분석을 통해서 더 분명하게 드러날 수 있다. 최근에 연구된
많은 특징들 중에서 중요한 것들로는 다음과 같은 것들이 있다: 화자, 시점,
판단기준들, 내재된 저자, 이상적 독자, 내재된 독자, 문체, 수사기법들 등등. 이
모든 것들에 대해서는 말할 수 있는 것들이 상당히 많지만, 여기에서는 그러
한 것들을 언급할 수 있는 시간과 지면이 부족하다.[53] 그러나 특히 많은 주목
을 받아왔던 한 요소가 있는데, 그것은 바로 이야기의 서사 구조와 그것이 어
떻게 작동하는가 하는 것이다: 그리고 이 요소는 내가 본서에서 나중에 제시
하게 될 몇몇 논거들의 중요한 일부를 형성한다. 나는 여기에서 블라디미르
프롭(Vladimir Propp)의 선구적인 연구를 따라서 그리마스(A. J. Griemas)
가 수행한 이야기 분석을 따랐다.[54] 이에 대해서는 예비적인 설명이 필요할 것
같다.

그리마스의 연구는 지난 20년 동안에 성서학 연구에서 이를 테면 위에서
잠깐 언급한 비아(D. O. Via)와 크로산(J. D. Crossan)의 저작 등에서 자주
인용되어 왔다. 일반적으로 그리마스의 연구는 텍스트를 저자 또는 공동체의
역사 속에 위치시키거나 역사적 재구성을 위한 토대로 사용하고자 하는 접근

---

53) 이미 인용한 문헌들, 특히 Patte, Petersen, Funk, Thiselton의 저작들을 보라; 그
리고 Rhoads and Michie 1982와 비교해 보라.

54) Griemas 1966, 1970; Propp 1968을 보라. 이것들에 대해서는 특히 Galland
1976; Patte 1976, 1978을 보라. 이 방법론을 바울 서신에 대한 주석에 적용하고 있는
것으로는 Hays 1983, 92-103; Wright 1991a, ch. 10을 보라; 그리고 최근의 문학 이론
을 바울 서신의 주석에 사용하고 있는 그 밖의 예들로는 Moore 1989, xx n.18을 보라.

방법과는 구별되는, 텍스트에 관한 "객관적인" 그 무엇을 말하고자 하는 텍스트 읽기 방식의 하나인 양식론적 또는 구조주의적 접근방법에 기여하여 왔다. 그러므로 그리마스의 연구를 활용하는 것 자체가 이미 지나가 버린 이론이자 어쨌든 결정적으로 반역사적인 구조주의적 모형을 채택하는 것이라고 할 수 있다. 이와는 반대로 현재의 프로젝트 속에서 그리마스 같은 서사 분석을 조심스럽게 사용하면 유익을 얻을 수 있다는 입장에서 나는 인식론에 관한 이론들, 해석학(위의 제2장을 보라), 역사적 연구(아래의 제4장) 속에서 서사 (narrative)에 관한 최근의 강조에 비추어서 우리는 서사가 어떻게 작용하는지에 대한 이해를 추구할 필요가 있고, 또한 이러한 배경 하에서 그리마스를 다시 활용할 필요가 있다고 생각한다 ─ 그리마스를 곧이곧대로 추종하거나 양식론자들의 방식으로 활용하는 것이 아니라 좀 더 폭넓은 역사적, 해석학적 프로그램 내에서 활용하는 것. 그리마스의 방법론은 누구라도 적용할 수 있을 만큼 간단한 것이 아니라는 것은 의심할 여지가 없지만, 나는 여기에서 그것에 관한 논쟁들에 뛰어들고 싶지 않다.[56] 항상 말해 왔듯이, 음식은 먹어봐야 맛을 아는 법이다.

그리마스의 도식은 일련의 도표를 통해서 가장 잘 알 수 있다. 그리마스와 그의 도식에 익숙치 않은 사람들에게는 그의 도식의 복잡성은 마치 미지(未知)의 대상을 알아들을 수 없는 말로 설명하는 것과 같은 꺼림칙한 느낌을 받게 될지도 모른다.[57] 그러나 비비꼬인 것처럼 보이는 그의 분석의 요지도 결국에는 점차 그 모습을 드러내게 될 것이다. 이야기가 실제로 작용하는 각각의 여러 단계들을 세심하게 살피지 않는다면, 해석자는 아주 성급하게 몇 단계를 건너뛰어서 (아마도 틀린) 결론에 도달하는 경우가 비일비재하게 된다. 특히 그 이야기가 여러 번 들어서 너무 익숙한 경우에는 더욱 그러하다. 이 방법론의 요구사항들은 우리로 하여금 속도를 늦추고 각각의 단계에서 무슨 일이 진

---

55) Thiselton 1992, ch. 13 section 4를 보라; 위의 서술을 참조하라.

56) 예를 들면, Thiselton 1992, ch. 13 section 3을 보라.

57) 하나의 시나리오에 대한 서술에 대해서는 Moore 1989, xix를 보라: "구조주의자들은 몇몇 거대한 Griemas적인 장치를 실은 채 굉음을 내며 전진해서 결국 거의 언제나 아무런 방해를 받지 않은 역사적 해석자가 이미 몇 번의 경제적인 걸음들을 통해서 도달한 후에 기다리고 있는 바로 그 결론에 다다른다."

행되고 있는지를 세심하게 살펴볼 것을 강력히 촉구한다. 유대인들과 그리스
도인들이 똑같이 말했던 실제의 이야기 — 즉, 구약성서의 이야기 — 에 귀
를 기울이지 않았다는 것은 초대 교회가 유대교를 겨냥하여 한 기본적인 비난
이었다. 또한 오늘날의 그리스도인들의 일부에서도 이러한 실패는 널리 퍼져
있고, 그러한 실패는 기독교 전승 및 복음서들에 대한 수많은 오해의 뿌리가
되고 있다.

기본적이고 전형적인 이야기는 세 단계로 나누어질 수 있다. 서론(initial
sequence)에서는 주인공에게 어렵거나 불가능해 보이는 과제가 맡겨짐으로
써 문제가 설정된다: 본론(topical sequence)에서는 이렇게 설정된 문제를 주
인공이 풀려고 시도하고 결국 가까스로 그 문제를 풀어낸다: 결론(final
sequence)에서는 서론에서 설정된 과제가 마침내 완결된다. 예를 들어보자:

> a. 서론: 빨간 망토 소녀는 할머니에게 음식을 가져다 드리라는 어머니의 심부름
>   을 하는 도중에 늑대의 방해를 받는다;
> b. 본론: 구원은 결국 나무꾼의 형태로 온다;
> c. 결론: 빨간 망토 소녀는 이렇게 해서 음식을 무사히 할머니에게 가져다 드릴 수
>   있었다.

이러한 전개들은 다음과 같은 도식을 사용해서 표로 그려 보면 이해에 도
움이 된다:

"송신자"는 행위를 주도하는 자로서 "행위자"에게 어떤 행위를 수행하도록,
즉 "목적물"을 "수신자"에게 가져다주도록 위탁한다. "행위자"는 어떤 세력,
즉 "대적자"에 의해서 자기가 맡은 일을 수행하는 데 방해를 받지만, 결국 "조
력자"의 도움을 받는다. 첫 번째 단계에서는 분명히 대적자(행위자의 인품의
결함이라는 형태로 표현될 수도 있다)는 행위자 및 그 어떤 조력자들보다도

더 힘이 강하다. 만약 그렇지 않다면, 이야기는 존재하지 않게 되고, 오직 하나의 문장만이 존재하게 될 것이다. "빨간 망토 소녀는 할머니에게 음식을 가져다 드리라는 어머니의 심부름을 하러 떠났고, 소녀는 그 심부름을 해냈으며, 그들은 모두 행복했다." 이것은 매력적일 수는 있지만, 이야기라고는 하기 힘들다. 여기에는 줄거리(plot)가 없다. 여기에는 극히 소박한 것을 제외한다면 세계관이라고는 찾아보기 힘들다:

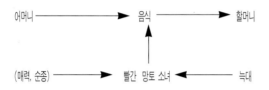

소녀의 매력과 순종 — 그녀가 의지할 수 있었던 유일한 것들 — 에도 불구하고 이 여주인공은 늑대가 자기를 훼방하여 할머니를 집어삼키고 그녀도 집어삼키려고 하는 것을 막을 수가 없었다. 숲의 오두막집에 사는 할머니에게 음식을 가져다 드리려던 어머니의 계획은 심각한 위기 상황을 맞는다. 그러나 이때에 본론에 접어들면서 일어나는 일련의 사건들은 소녀를 돕는 역할을 하는데, 이것은 이야기가 도중에 갑자기 끝나버리지 않으려면 그럴 수밖에 없는 것이다: "빨간 망토 소녀는 할머니에게 약간의 음식을 가져다 드리려고 했으나, 늑대가 두 사람을 모두 집어삼켰다": 이것도 진정한 의미에서 이야기가 될 수 없다. 중요한 것은 본론에서 서론의 행위자가 수신자가 된다는 것이다. 왜냐하면 소녀는 무엇인가를 필요로 하는 인물, 즉 곤경에서 벗어나는 데 도움이 필요한 인물이기 때문이다. 수많은 이야기들 속의 수많은 전개들에서와 같이, 이 특정한 상황 속에서 분명한 "송신자"는 존재하지 않는다. 이것은 아무런 문제도 일으키지 않고, 사실 흔히 고도로 효과적인 신비감을 자아내는 역할을 한다. 마치 톨킨(Tolkien)의 『반지의 제왕』(*The Lord of the Ring*)에서 독자들은 언제나 양쪽 진영에 속한 별로 등장하지 않는 지도자들조차도 그들 배후에 있는 어떤 세력들을 대표한다는 것을 알고 있는 것과 같다.

본론은 서론과 동일한 형태를 지닌다: 그러나 본론에서는 서론의 "행위자"

가 "수신자"가 된다. 왜냐하면 서론의 행위자는 이제 구조 또는 도움이 필요한 인물이 되기 때문이다. 그러므로 새로운 "행위자"는 구조(救助)를 위해서 새로운 "목적물" — 행위자를 곤경에서 구하는 데 필요한 — 을 도입하는 것이 요구된다. 이 단계에서 더 많은 대적자들이 추가될 수도 있고 추가되지 않을 수도 있다. 이것을 표로 만들어 보자:

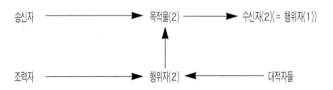

이것을 이 민담의 본론에 적용한다면, 다음과 같은 표로 그려볼 수 있을 것이다:

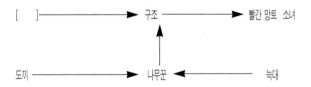

늑대를 제압하기에는 도끼로 충분했다: 위기를 맞았던 소녀는 구출된다: 할머니는 늑대의 배 속에서 구조되어(적어도 이 이야기의 몇몇 판본들에서는) 마침내 음식을 받는다. 이와 같이 결론은 서론을 반복하는데, 이때 중요한 차이점은 서론에서 제시된 과제가 이루어진다는 것이다:

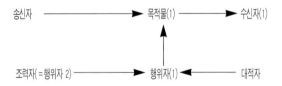

자, 그러면 이것을 우리의 여주인공과 용감한 구조자에게 적용해 보자:

최근의 성서학의 여러 가지 방법론들을 아주 분명하게 해설해 놓고 있는 학자들 중의 한 사람인 존 바튼(John Barton)은 이 이야기는 그러한 결말을 요구한다는 점을 지적한다: 나무꾼이 늑대를 물리치고, 빨간 망토 소녀와 결혼한다면, 전혀 다른 세계관이 탄생될 것이다.[58] 물론 그러한 결말도 가능하다: 사르트르(Sartre)의 제자라면 그러한 결말을 제시했을 수도 있겠다고 우리는 생각해 볼 수 있다: 그러나 그러한 결말은 이 이야기가 내내 지향해 왔던 바가 아니다.[59] 이것이 민담의 구문법이고, 이것이 바로 민담이 작용하는 방식이다. 이 구문법이 변경된다면, 강력한 전복 성향을 지닌 사고의 흐름이 표현되게 된다.

물론 우리는 대부분의 이야기들이 이 이야기보다 훨씬 더 복잡하다는 것을 알아야 한다. 이야기들은 보통 하위단락들, 줄거리들 속의 줄거리들 등등을 포함하고 있다; 우리는 잠시 후에 하나의 줄거리 속에 또 하나의 줄거리를 가지고 있는 유명한 성경 속의 이야기를 하나 보게 될 것이다. 그리고 또한 서사(narrative)의 중요한 한 가지인 비극은 이러한 도식에 그렇게 썩 잘 맞아 떨어지지 않는다는 점도 말해 두지 않으면 안 된다. 민담에서는 일들이 결국에는 잘 풀려나가는 경향이 있다: 이것은 말할 필요도 없이 민담이 씌어지는 목적들과 관련이 있다. 나는 비극에 대해서도 그리마스(Griemas)의 도식을 따라 적절한 방식으로 그 개요를 제시할 수 있다고 생각한다. 내가 곧 말하게 될 이야기도 이 점을 예시해 줄 것이다.[60]

앞으로 살펴보겠지만, "본론"의 하위단락들에 속하는 줄거리의 수많은 우여

58) Propp 등을 언급하고 있는 Barton 1984, 116.

59) 하지만 Sartre의 소설들은 궁극적으로 자기모순적이라고 주장하는 Meyer 1991b, 9f.를 보라: "진정으로 사르트르적인 소설은 엉망진창일 것이다. 그러나 사르트르를 비롯한 소설가들은 무뎌져서는 안 된다는 첫 번째 계명 아래에서 애를 쓴다."

60) 에스라4서와 바룩2서는 좀 더 비극적인 이야기의 예들로 강조될 수 있다: 아래 제3부를 보라.

곡절들은 흔히 아주 작은 세세한 부분에 이르기까지 동일한 양식의 축소판을 보여 준다. 이러한 미시적인 분석은 사실 이미 복음서들에 대하여 행해져 왔는데,[61] 텍스트를 현미경 아래에 두고, 외적인 특징들이 너무 잘 알려져 있기 때문에 새로운 이해를 촉진하는 것이 아니라 오히려 방해하는 서사 배후에서 실제로 무슨 일이 "진행되고" 있는지를 보는 것이다. 이러한 작업은 종종 너무도 촘촘하게 진행이 되기 때문에 텍스트를 이해하는 데 새로운 장애물이 되는 것처럼 보이기도 하지만, 원칙적으로 이러한 작업을 통해서 우리는 흔히 서사의 주된 강조점들이 어디에 놓여 있고(텍스트에 대한 "통상적인" 읽기로는 잘 찾아낼 수 없는), 여러 다양한 부분들이 전체와 어떻게 관련되어 있는지를 찾아낼 수 있다. 이 방법론을 활용하는 것과 관련된 더 나은 대조표본을 만들어서 이 방법론을 사용한 비평학자들의 각각의 결론들을 제대로 평가할 수 있는 몇몇 방식들을 발견해낼 필요성이 절실하다.[62] 예를 들면, 나는 이러한 분석 방법을 사용해 온 학자들 중 다수가 텍스트의 내용에 관한 검토되지 않은 전제들을 가지고 작업해 왔다고 생각한다.[63] 그러나 원칙적으로 서사 분석은 단순한 방법론 이상의 것이다. 이야기들이 무엇이고, 이야기들이 무엇을 위한 것인지를 대체로 망각해 왔던 (학문) 세계 속에서 우리가 텍스트의 중요한 차원들을 다시 포착해내는 일은 꼭 필요한 작업이다.

(ii) 이야기 분석: 악한 농부들

한 예로서 우리에게 친숙한 악한 농부 비유(막 12:1-12과 그 병행문들)를 잠깐 살펴보도록 하자. 여기서 우리는 줄거리 속에 또 하나의 줄거리, 즉 본질적으로 비극적인 또 하나의 줄거리가 있는 분명한 구조를 지닌 이야기를 발견한다. 이 이야기는 농부들의 탐욕에도 불구하고 농부들을 자신의 행위자들로 사용하여 열매를 얻으려고 포도원을 만드는 장면으로 시작된다:

---

61) Marin 1976a, 1976b; Chabrol 1976; Patte 1978, ch. 3 등.

62) Patte 1978, ch. 4를 보라.

63) 예를 들면, 이 이야기가 "하나님"과 "인간"에 관한(즉, 특별히 이스라엘에 관한 것이 아니라) 것일 뿐이라고 생각하는 Marin 1976b, 74를 보라.

1. 서론

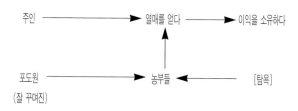

여기까지는 아주 좋다. 주인은 열매를 얻으려고 농부들에게 사자들을 보낸다: 이것은 안쪽 이야기(inner story)의 첫 번째 조치(move)이다. 그러나 농부들은 결국 사자들의 여행의 대상일 뿐만 아니라 주인의 계획에 대한 대적자들임이 밝혀진다: 이것은 안쪽 이야기의 비극적 성격, 그 결말이 슬픈 아이러니가 될 것이라는 사실을 예고한다.[64]

2. 본론(1) [= 안쪽 이야기를 위한 새로운 서론]

이 최초의 조치가 실패한 후에 주인은 사자들 대신에 그의 아들을 보낸다:

3. 본론(2) [= 안쪽 이야기의 본론]

---

64) 이것은 우리가 Tannehill 1985b 속에서 보는 것과 동일한 관심을 반영하고 있다. 물론 나는 누가복음-사도행전 전체에 대한 Tannehill의 평가에 동의하지 않지만.

이제 원래의 계획이 성공하려면, 두 가지가 행해져야 한다. 안쪽 이야기의 비극적 절정으로서 농부들은 그들 스스로 뿌린 운명을 거두어 들여야 한다. 그리고 바깥쪽 이야기의 성공적인 절정으로서 원래의 계획이 농부들의 반역에도 불구하고 어느 정도 성취되어야 한다. 그러기 위해서 먼저 주인이 친히 포도원으로 가서 농부들을 멸한다:[65]

4. 본론(3) [= 안쪽 이야기의 결론]

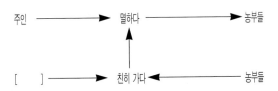

(우리는 곧 "조력자" 위치의 공백이 의미가 있다는 것을 알게 될 것이다.) 끝으로 주인은 자기가 요구하는 열매를 산출해낼 새로운 농부들에게 포도원을 맡김으로써 마침내 서론으로 되돌아간다.[66] 그러나 빨간 망토 소녀가 마침내 음식을 할머니에게 전해 주는 것과는 달리, 여기에서는 원래의 농부들이 처음부터 그들이 하기로 되어 있었던 것을 마침내 수행하는 것이 아니라 원래의 행위자가 새로운 행위자로 대체된다는 것이 안쪽 이야기의 비극적 성격을 말해 준다:

5. 주 이야기의 결론

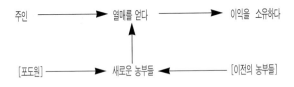

---

65) 마태 기사에서(21:41) 이 이야기의 이 부분은 이제 주인이 무엇을 하겠는가라는 예수의 질문에 대한 답변으로 청중들에 의해 첨가된다.

66) 새로운 농부들이 그에게 열매를 바칠 것이라는 사실을 분명히 하고 있는 것은 오직 마태복음뿐이지만(21:41), 이 점은 다른 기사들 속에서도 분명하게 함축되어 있다.

우리는 이를 통해서 이야기에 관하여 무엇을 배우는가? 모든 점에서 많은 것을 배운다. 우선 나는 우리가 주인의 의도라는 문제를 부각시킬 필요가 있다고 생각한다(우리가 통상적으로 생각하는 것보다 더 많이) 분명히 주인의 의도는 포도원 자체를 뛰어넘는 그 무엇과 연관되어 있다. 이때에 포도원은 그 목적을 위한 수단인 셈이다. 이 비유의 역사적 배경들(즉, 복음서 기자들의 기사 내에서의 표면적인 배경과 가설적이긴 하지만 예수의 삶 속에서의 역사적인 배경) 속에서 포도원은 이스라엘을 가리키는 것임에 틀림없다: 그리고 이 이야기는 이스라엘이 그들 자신의 유익을 위해서가 아니라 그들의 계약의 신의 목적들, 즉 그들 자신의 테두리를 넘어서는 목적들을 위해서 부르심 받았다는 것을 전제하고 있다.

둘째, 아들의 역할은 후대의 기독론을 지나치게 의식한 부주의한 읽기가 생각하는 것보다 더 제한적이다. 아들의 죽음 속에는 장면(3)에 나오는 실패 이외의 그 어떤 것을 암시하는 것이 전혀 없고, 또한 주인이 이제 다른 할 일이 남아 있지 않기 때문에 사태를 수습만 하면 된다는 소극적인 의미를 제외하고는 아들의 죽음이 이 이야기의 반전(反轉)의 수단이 되고 있다는 것을 보여주는 어떠한 암시도 이 이야기 속에는 존재하지 않는다. 이 이야기의 드라마 속에서 아들은 기본적으로 최후에 보내져서 가장 통렬하게 실패한 사자(使者)일 뿐이다. 아들이 실패한 후에는 이제 남은 것은 오로지 재앙밖에 없다.

셋째, 우리는 장면(2)와 장면(4)에서 농부들이 두 가지 서로 다른 입장으로 등장하는 것을 본다. 이것은 아마도 비극의 본질의 일부인 것 같다: 이 이야기에서 원래 수신자 또는 주체들로서 어떤 다른 역할을 맡기로 되어 있었던 등장인물들이 바로 그 동일한 이야기에서 대적자들로 돌변한다(복음서들에 나오는 제자들의 모호한 역할은 전체적으로 볼 때 바로 이러한 관점에서 보아야 한다). 농부들을 이 범주에서 제외시키는 또 다른 하위 줄거리가 출현하지 않는 한, 이 이야기에서 농부들의 역할은 재앙으로 끝나게 되어 있다.

넷째, 역사적 맥락 속에서 이 이야기의 기능을 고찰하면, 장면(5)에서 행위자들로 등장하는 새로운 농부들은 단순히 이방인들이라고 규정될 수 없다(얼핏 보면 그렇게 생각이 되겠지만). 주인의 의도는 농부들을 통해서 무엇인가를 얻는 것이었고, 이 "무엇"은 복음서들의 전체적인 이야기들 속에서 여러 가지로 분명히 되고 있듯이 이방인들에 대한 축복인 것 같이 보인다.[67] 그러므로 바로 이 무엇을 얻는 수단이 되고 있는 "새로운 농부들"은 이방인들 자신일 수는 없고, 이러한 목적을 이루기 위한 새로운 집단의 유대인들이어야 한다.[68]

다섯째, 장면(4)에서 "조력자"가 공백으로 남아 있는 것은 중요한 의미를 감추고 있다. 우리가 반지의 제왕에서 "송신자"와 관련하여 보았고, 드 라 마르(de la Mare)의 "귀 기울이는 자들"에 나오는 언급되지 않는 "목적물"에서 볼 수 있듯이, 이야기들 속에서 공백들은 통상적으로 풍부한 의미를 함축하고 있다. 이 이야기의 맥락들(이 맥락은 누가복음에서 가장 분명하게 나타나지만, 마태복음과 마가복음에서도 암묵적으로 드러난다) 속에서, 주인(이스라엘의 신)이 친히 와서 농부들을 멸하는 수단은 로마를 이용한 군사적인 공격임이 나중에 밝혀지게 될 것이다. 이것은 복음서들의 전체적인 서사 구조 속에서 성전에 대한 규탄과 그 멸망에 대한 예언을 위한 복선(伏線)을 이룬다(마가복음 13장과 그 병행문들).

하지만 이러한 주석적인 문제들과 아울러 이러한 분석이 원칙적으로 열어놓은 훨씬 더 중요한 문제가 있다. 이 비유는 예수의 대부분의 비유들과 마찬가지로 이스라엘에 관한 이야기를 들려주지만 — 즉, 이 이야기는 통상적이고 적절한 방식으로 유대적인 세계관을 펼쳐 보인다 — 놀라울 정도로 새로운 의미를 이 이야기에 부여한다. 일단 우리가 세계관들 일반, 구체적으로는 유대적인 세계관의 이야기화된 구조를 파악하게 되면, 우리는 주후 1세기의 유대교와 기독교 사이의 논쟁들 속에서 무엇이 당면문제였는가를 파악하는 데 도움을 줄 수 있는 도구를 소유하게 된다. 그 당면문제는 단순히 몇몇 추상적인 교리들을 놓고 다투는 논쟁이라는 의미에서 "신학적인" 논쟁이 아니었다. 또한 이 당면문제는 유대인과 비유대인, 율법을 지키는 유대인과 그렇지 않은 유대인 간의 논쟁이라는 의미에서 사회적 압력과 집단들이라는 식으로 축소되어서도 안 된다. 그 당면문제는 훨씬 더 근본적인 차원에서 이스라엘의 신,

---

67) 아래 제13-15장을 보라.

68) 이것은 포도원이 열매들을 맺는 열방(ethnos)에게 주어질 것이라는 마태복음의 보충설명(21:43)을 토대로 추론될 수 있다. 이 점에 대해서는 여기에서 더 이상 다룰 수 없다.

그의 백성, 세계에 관한 이야기를 서로 다르게 하는 것을 둘러싼 논쟁이었다. 그리고 원칙적으로 이러한 서로 다르게 말한 이야기들을 우리가 방금 사용했던 것들과 같은 그러한 격자망들 속에 위치시키고, 그 이야기들이 언급되고 있는 방식들을 자세하게 표시해서, 주후 1세기에 진정으로 무엇이 문제가 되고 있었는가를 파악하는 것이 가능하다. 이런 유의 작업들이 본서의 나머지 부분과 이 프로젝트 전체의 한 특징이 될 것이다.

마지막으로 한 가지 생각해 볼 것이 있다. 이 비유에 대한 이러한 분석은 복음서들에 나오는 이야기들, 그리고 복음서 이야기 자체가 희극 내에서의 비극, 전체적인 계획의 "성공" 내에서의 한 무리의 행위자들의 실패를 표현하고 있는 여러 방식들을 볼 수 있는 창을 열어 줄 것이다.[69] 예수 자신과 그의 죽음, 부활, 고난, 신원(伸寃)에 관한 이야기도 이러한 모습을 지닌다: 창조주 신의 백성인 이스라엘에 관하여 그리스도인들이 한 이야기도 마찬가지다. 이렇게 악한 농부에 관한 이야기는 초기 그리스도인의 세계관의 주요한 몇몇 면면들과 동일한 서사 구조를 탄생시키고 있다.

(iii) 예수, 바울, 유대인들의 이야기

악한 농부 비유는 분명히 홀로 고립되어 있는 것이 아니다. 이야기들을 들려주는 것은 (공관복음서들에 의하면) 예수의 가장 특징적인 가르치는 방식들 중의 하나였다. 그리고 이제까지의 모든 논증에 비추어 볼 때, 이러한 이야기들을 원칙적으로 좀 더 순수하고 추상적인 형태로 표현될 수 있는 진리들에 대한 단순한 예시들로 보는 것은 분명히 아주 잘못된 것이다. 이야기들은 예수의 말씀을 듣는 청중들의 세계관을 깨부수어서 활짝 열어 주는 방식들이었기 때문에, 그들의 세계관은 예수께서 권하는 세계관으로 재형성될 수 있었다. 예수의 이야기들은 원칙적으로 모든 이야기들과 마찬가지로 그의 청중들을 새로운 세계로 초대하여 새로운 세계관이 과연 완전히 구매해도 될 만큼 괜찮은 것인지를 시험해 보도록 암묵적으로 제안한다. 앞으로 본서의 제2부에서 보게 되겠지만, 이스라엘의 신학은 거의 언제나 명시적인 이야기라는 형태로

---

69) Beardslee 1969, vi에 대한 서문과 Via 1967, *passim*에 나오는 D. O. Via의 말을 참조하라.

표현되어 왔다: 출애굽 이야기, 사사들의 이야기, 다윗과 그의 가문에 관한 이야기, 엘리야와 엘리사의 이야기, 포로생활과 회복에 관한 이야기 — 그리고 최종적인 히브리 정경 속에서는 이 모든 것들을 포괄하면서 좀 더 큰 의미를 표현하고 있는 창조와 족장들에 관한 이야기. 예수는 (이런 점에서) 단순히 오랜 전통을 계승하고 있었던 것뿐이라고 말할 수 있다.

모든 세계관들이 가장 심층적인 차원에서는 이야기들을 표현하는 축약된 공식들(formulae)이라는 것이 사실이라면, 이 점은 유대교에서 특히 분명하게 드러난다. 이스라엘을 자기 백성으로 부르신 한 분 신에 대한 신앙은 유대교의 토대였다. 세계를 창조하고 그 안에서 활동하시는 이와 같은 신을 가장 적절하게 말할 수 있는 방식은 이야기를 사용하는 것이었다. 이야기들을 "끓여서" 추상적인 여러 명제들을 증류해내는 것이 좀 더 근본적인 진술을 얻을 수 있는 방법이라고 생각하는 것은 실제로 이러한 세계관을 근본적으로 거짓으로 만들어 버리는 것이 될 것이다. 그렇다고 해서 매번 일일이 다 말하기 힘든 복잡한 이야기 형태의 세계관을 몇 마디 어구나 단어로 축약해서 말할 수 없다는 말은 아니다. 이를테면 "유일신 사상과 선택"(아래의 제9장을 보라)이라는 어구는 시간과 공간 바깥에 존재하는 두 개의 추상화된 실체들을 가리키는 말이 아니다. 그것은 사람들의 생각 속에 하나의 세계관 전체를 환기시키는 방식이다. 곧 살펴보게 되겠지만, 이런 식으로 이스라엘은 한 분 신, 창조주께서 어떻게 존재하였으며, 그분이 어떻게 이스라엘을 자신의 특별한 소유로 선택하셨는지, 그 신이 결국 어떻게 이스라엘의 운명을 회복시킴으로써 그의 피조세계 전체를 완성하실 것인지에 관한 이야기를 하고 또 다시 하였다. 이러한 설명 전체를 매번 반복하는 것은 거의 불가능할 정도로 장황한 것이 되고 말 것이다. 또한 어쨌든 구태여 그렇게 반복할 필요가 없다 — 만약 우리가 수없이 많은 신학 용어들과 마찬가지로 "유일신 사상" 등과 같은 단어들이 후대에 만들어진 것들로서 여러 동사 문장들을 간편하게 축약한 것들이고, 이렇게 동사들로 이루어진 문장들은 "좀 더 순수한" 추상적인 진리에 대한 단순하고 유치한 표현들이 아니라 진정한 신학의 소재(素材)라는 것을 기억한다면 말이다.

이 시기의 유대인들을 가장 잘 특징지을 수 있는 이야기들은 어떤 종류의 이야기들이었을까? 앞에서 이미 살펴보았듯이, 온갖 종류의 이야기들은 그들의 신이 세계의 창조주였다는 신앙을 포함한 대부분의 유대인들이 갖고 있었던 한 무리의 신념들을 표현할 수 있다: 그러나 이 신앙(예를 들어, 여러 가지형태의 이원론과는 달리)은 아주 자연스럽고 특징적으로 실재 세계 속에서 일어난 사건들에 관한 이야기들을 통해서 표현된다. 즉, 창조 및 계약과 결부된유일신을 말하는 유일신론자들이 그들의 이야기를 할 때에 그들의 세계관과관련하여 이 이야기의 가장 기본적인 차원은 역사이다. 우리가 이야기들을 그공적 대상에 대한 언급 없이 성공적으로 분석할 수 있다고 말하는 것, 그러므로 우리가 그러한 대상을 말할 수도 없고 말할 필요도 없다고 주장하는 것은내가 앞의 두 장에서 논증하여 왔던 그런 유의 인식론적 오류를 범하는 것이다. 그와 같은 것은 감각 자료들을 강조하고 실제의 대상을 부정하는 것이다.이 시기의 유대인들이 말한 이야기들 중 적어도 일부가 실제로 역사적 성격을지니고 있다는 것의 중요성을 보지 못한다면, 우리는 양식면이나 내용면에서그 이야기들의 의미를 파악할 수 없게 될 것이다. 유대인들의 이야기들을 그들의 세계관 및 그 근저에 있는 이야기에 낯선 이질적인 여러 문화적 전제들속에서 읽기를 고집한다면, 우리는 그 이야기들이 역사 내에서 활동하지 않은신 또는 언젠가 안도의 한숨을 쉬며 역사를 완전히 정지시켜 버릴 신에 관하여 말하고 있다고 상상하는 셈이 될 것이다.[70] 그러나 이것은 이미 우리의 현재의 논지에서 너무도 많이 빗나간 주장이다.

기독교 이전의 유대인들의 이야기에 해당하는 설명은 초기 기독교의 이야기들에도 그대로 적용된다. 예수 또는 복음서 기자들이 이야기들을 한다면, 이것은 그들이 역사 또는 신학을 떠나서 그 대신에 뭔가 다른 것을 행하고 있다는 것을 의미하지 않는다. 앞에서 보았듯이, 이것이 이스라엘의 신학(계약의신으로서의 창조주에 대한 그들의 신앙 또는 창조주로서의 계약의 신에 대한그들의 신앙)이 특징적인 표현을 발견한 방식이라면, 우리는 기독교 신학도적어도 그 초기 형태들에서는 이와 매우 유사했음이 밝혀진다고 해도 이상하게 여겨서는 안 될 것이다. 역사가들과 마찬가지로 우리가 해야 하는 것은 고대의 세계관을 어떻게 하면 현대인이 알아들을 수 있게 불러낼 수 있는지를

---

70) 이 점에 대해서는 Pannenberg 1970, 15-80, 특히 77-80; 그리고 아래 제8-10장을보라.

발견해내서 그 세계관을 분명하게 논의하고 그 안에서 일어난 새로운 움직임들을 역사적으로 정확하게 추적하는 것이다. 달리 말하면, 우리는 우리의 눈을 활짝 열고 이야기들을 읽는 법을 배워야 한다는 말이다. 우리가 탐구하고 있는 사회들과 개개인들의 세계관들을 다루는 역사적 과제의 그러한 부분은 그들이 서로에 대하여 및 외부 세계에 대하여 말한 모든 이야기들 — 묵시적인 것이든 명시적인 것이든 — 을 주의 깊게 탐구하는 것이다.

따라서 제4부에서 보게 되겠지만, 초대 교회가 예수에 관한 이야기들을 했을 때, 이 이야기들은, 우리가 보통 생각하듯이, 예수에 관한 일화들을 단순히 무작위적으로 선별해 놓은 것들이 아니었다. 그 이야기들은 그것들이 속해 있었던 전체적인 이야기의 의미를 담고 있었고, 좀 더 큰 이야기에서 작은 이야기들로 속해 있었다. 양식 비평을 통해서 추출해낼 수 있는 가장 작은 단위들로부터 초기 기독교의 복음서라는 가장 큰 단위에 이르기까지 초대 교회가 들려준 이야기들은 원칙적으로 연구되고 추적되고 유대교 및 기독교의 다른 이야기들과 비교될 수 있는 형태를 갖추고 있었다. 이러한 예수 이야기들은 우리의 이후의 논증의 중요한 일부가 될 것이다.

그러나 바울은 어떠한가? 분명히 그는 이야기 양식을 단호히 거부하고, 하나님, 예수, 성령, 이스라엘, 세계를 훨씬 더 추상적인 용어들로 논하지 않았던가? 그렇게 함으로써 바울은 유대인들의 이야기 신학의 세계를 뒤로 하고 독자적으로 추상적인 헬레니즘적인 사변이라는 세련된 영토 속으로 들어간 것이 아닌가? 이에 대한 대답은 결코 그렇지 않다는 것이다. 최근에 바울의 글의 몇몇 중요한 분야들과 관련한 연구에서 보여 주었듯이, 바울 사도의 가장 "신학적인" 진술들과 논증들도 사실 예수를 중심축으로 하여 다시 끌어 모은 본질적으로 유대적인 이야기의 표현들이었다.[71] 이 점은 예수의 십자가와 부활에 관한, 너무도 압축되어서 종종 거의 공식에 가까운 것처럼 보이는 그의 빈번한 진술들 속에서 가장 분명하게 볼 수 있다: 사실은 바울은 예수 이야기라는 형태로 농축된 하나님, 이스라엘, 세계에 관한 이야기 전체를 반복해서 하고 있었던 것이다. 또한 바울이 구약성서를 반복해서 인용하여 사용한 것은

---

71) Hays 1983, 1989: Fowl 1990: Wright 1991a, ch. 10: 그리고 아래 제13장을 보라.

구약성서를 단순한 증거 본문으로 사용하려는 의도가 아니었고, 적어도 부분적으로는 사람들이 잘 알고 있던 이야기들을 새롭게 읽는 방식들을 제시하고, 다른 곳이 아니라 예수 이야기 속에서 구약성서의 좀 더 자연스러운 절정을 발견하도록 제안하려는 의도였던 것이다. 물론 이 주제 전체는 나중에 자세하게 다시 논의되어야 한다; 여기에서 내가 이것을 언급하는 이유는 단지 바울이 실제로 내가 주장하고 있는 논증에 대한 예외라고 사람들이 생각하는 것을 피하기 위한 것이다. 사실 바울은 "이야기 하기"를 보여 주는 탁월한 예에 속한다.

그러므로 우리의 과제는 이 전체 프로젝트를 통해서 주후 1세기의 이야기들과 그 함의(含意)들을 이런저런 차원에서 식별해내고 분석해내는 것이 될 것이다. 이야기들은 그 형태와 방식 양자에서 "사건들"에 "의미"를 부여하는 결정적인 행위자들이다. 물리적 사실들이 서술되는 방식, 긴장이나 절정이 일어나는 시점, 선별과 배열 — 이 모든 것들은 사건이 지니고 있다고 생각되는 의미를 보여 주는 역할을 한다.[72] 우리의 전체적인 과제는 기독교의 역사적 기원, 그리고 이것과 복잡하게 얽혀 있는 "신"에 관한 신학적 문제를 논하는 것이다: 그리고 각각의 경우에 이러한 보물이 숨겨져 있는 수풀은 이야기라고 명명될 수 있을 것이다. 예수, 바울, 복음서 기자들의 세계관, 사고방식, 동기, 의도(제4장을 보라)를 이해하고자 하는 역사가들에게는 이 보물을 발견하는 것은 특히 등장인물들이 말이나 글을 통해서 또는 그들이 선택한 길들 속에서의 행위를 통해서 말하고 있는 이야기들을 이해하고, 이러한 이야기들이 어떻게 작용하며, 어디에 강조점들이 두어져 있고, 특히 어떠한 것들이 당시의 유대교와 이교(異敎)에서 말한 이야기들에 대한 묵시적이거나 명시적인 도전인지를 알아내는 것을 의미한다. 앞에서 보았듯이, 우리는 공적 세계에 그 대상들이 없이 기능하는 이야기들과 역사적 현실과 관련이 없게 되는 경우는 그 의미를 상실하게 되는 이야기들 간의 유사성과 아울러 차이점에도 특별한 관심을 가져야 한다. 그리고 이러한 복잡한 과제를 수행하면서 신학자들은 "신"에 관한 문제가 거론되지 않을 수 없다는 것을 알게 될 것이다.

72) 신약성서의 기자들이 예수의 죽음을 서술하는 10가지 서로 다른 방식들을 열거하고 있는 Caird 1980, 211이 그 좋은 예이다.

나는 여기에서 이러한 복합적인 과제를 어떤 이름으로 부를 것인지를 논의하는 것에는 별 관심이 없다(문학비평? 역사? 신학?). 이 과제는 역사가와 신학자에게 필수적인 과제이자 원칙적으로 가능한 과제이며, 현재의 학문 연구의 현황 속에서는 결정적으로 중요하고 시의적절한 과제라고 나는 확신한다. 그리고 우리가 앞으로 어디를 보아야 하는지도 분명하다. 지식과 문학을 살펴보았기 때문에, 우리는 이제 특정한 종류의 지식, 특정한 종류의 문학을 검토할 차례다. 우리는 이야기로부터 역사를 향하여 안쪽으로 움직여야 한다.

제4장

역사와 주후 1세기

1. 들어가는 말

내가 제2장에서 언급했듯이, 역사적 지식은 사실은 지식의 일종이다. 우리는 특히 제3장 이후에는 이 점을 분명히 해 두지 않으면 안 된다. 앞에서 보았듯이, 오늘날의 문학 비평의 상당수에서는 저자로부터 분리된 텍스트를 강조하고, 텍스트로부터 분리된 독자를 강조하기 때문에, 텍스트 너머의 그 무엇을 가리킨다는 식으로 텍스트를 읽는다고 생각하는 것은 아주 무모한 야심이라고 보아서 고려 대상에서 완전히 제외해 버린다 — 적어도 이론상으로는, 그리고 적어도 편의상으로. 그러나 이것은 근본적으로 우리의 직감에 반하는 것이라고 나는 생각한다. 가장 확고한 해체주의자일지라도 해체주의의 원조를 푸코, 니체, 소쉬르(Saussure) 등과 같은 인물에게로 거슬러 올라가 찾는 모습을 여전히 보일 것이다. 그리고 역사를 연구하고 저술하는 것을 일상적인 업으로 행하고 있는 사람들에게는 포스트모더니즘이 보여 주는 불안들은 상상할 수 없을 정도로 지나치게 조심스럽고 소극적인 모습으로 비쳐질 것이다. 간단히 말해서, 우리는 역사를 쓸 수 있다. 우리는 과거에 일어난 것에 관한 것들을 알 수 있다.

그러나 이것은 어떤 종류의 지식인가? 물론 지금 이 자리에서 역사 자체의 본질을 충분히 논의할 수는 없다.[1] 따라서 나는 먼저 역사를 일반적이고 폭넓

---

1) 여기에서 자세히 거론할 수는 없지만 중요한 작품들을 든다면, Collingwood 1956 [1946], 1968 ; Butterfield 1969 ; Elton 1984 [1967] ; Doran 1990 등이 있다. 나는 Carr 1987 [1961](이에 대해서는 Elton 24-8을 보라) ; Fornara 1983 ; Meyer 1989, *passim.* ;

게 논의하면서, 역사가 무엇이고, 역사가 무엇을 하는 것인지에 관한 "비판적 실재론"에 의거한 이론을 논증한 다음에, 이러한 입장을 우리가 이 프로젝트의 본론에서 다루고자 하는 주요한 역사적 문제들에 적용하는 것으로 우리의 범위를 제한하고자 한다. 그러나 이렇게 하는 동안에 우리는 "역사" 자체를 뚫어지게 바라보면 바라볼수록, 역사는 그 자체로 존재할 수 없다는 것을 깨닫게 될 것이다. 역사는 그 너머를 가리킨다. 우리가 다루고자 하는 특정한 영역과 관련시켜서 살펴본다면, 신에 관한 문제를 다루지 않고 기독교의 기원에 관하여 말하는 것이 불가능하고, 또한 신학을 고찰할 때에 기독교의 기원을 다루지 않는 것이 불가능한 것과 같다. 앞으로 살펴보겠지만, 역사는 결정적인 중요성을 지니고 있지만, 그 자체로는 결코 충분하지가 않다.

그러므로 우리는 역사가 무엇인지에 대한 간략한 설명으로 논의를 시작하고자 한다. "역사"라는 말은 일반적으로 두 가지 판이하게 다른, 그러나 서로 연관되어 있는 방식으로 사용된다: (1) 역사는 실제 세계 속에서 실제로 일어난 일들을 가리킨다: (2) 역사는 사람들이 실제 세계 속에서 실제로 일어난 일들에 관하여 쓴 글을 가리킨다. 이 두 가지 용법 중에서 두 번째가 전문적인 의미에서 더 옳다고 할 수 있지만(바로 이 두 번째가 *Concise Oxford Dictionary*에 실린 유일한 의미이다), 적어도 대중적인 담론 속에서는 전자의 용법이 존재한다는 것을 생각할 필요가 있다: "나는 그것이 그 어디에도 기록되어 있지 않다는 것을 알지만, 실제로 그것이 역사 속에서 일어났다는 것을 안다"고 말하는 것은 결코 자기모순적인 말이 아니다. 사건으로서의 역사와 사건에 관한 기록으로서의 역사라는 이 두 가지 의미를 혼동하게 되면, 흔히 그렇듯이, 상당한 좌절과 오해를 불러일으키게 된다. 나는 이 장의 상당 부분을 후자에 대한 논의에 집중할 것이지만, 전자를 결코 배제하는 방식으로 논의를 진행하지는 않을 것이다: 역사는 "순수한 사실들"도 아니고 "주관적인 해석들"도 아니고, 사건들과 의도들에 관한 의미 있는 담론이라고 나는 생각한다.

역사 서술을 비롯한 인간의 저술 활동은 그 자체가 실제 세계에서 실제로

Gilkey 1976, part 1: Florovsky 1974, 31-65: Caird 1980, ch. 12이 특히 유익하다는 것을 발견하였다.

일어나는 일이다. 따라서 사건으로서의 역사와 글쓰기로서의 역사를 혼동하는 것은 한층 더 큰 문제가 될 수 있다; 그러나 이 사실을 인정하는 것만으로도 그러한 난점에서 빠져나올 수 있는 한 가지 방법이다. 역사가들이 마치 자기가 어떤 관점을 가지고 있지 않고 초역사적인 관찰자의 입장에서 역사를 서술하고 있다고 생각할 때에 문제는 시작된다. 그리고 그것이 우리 자신이 시작해야 할 지점이다.

2. "단순한 역사"의 불가능성

특정한 관점이 개입되지 않은 순수한 사건들의 연대기라는 것은 존재하지도 않고, 존재할 수도 없다.[2] "실제로 일어난 일"을 단순히 기록하겠다는 계몽주의의 위대한 꿈은 그저 꿈으로 끝나고 말았다. 이런 꿈을 꾸는 자들이 또 있는데, 그들은 실증주의자들이다. 실증주의자들은 역사를 바라보면서 "사건들"에 아무런 편견 없이 직접적으로 접근하는 것이 가능하다고 믿는다. 이러한 믿음을 소박한 차원에서 추구하면, 그것은 비평 이전의 견해를 낳는다:

그리고 이러한 믿음을 증거가 우리를 오도할 수 있다는 인식을 지닌 가운데 좀 더 정교한 차원에서 추구하면, 그것은 완화된 실증주의를 탄생시킨다: 관찰자는 증거들을 선별하고, 증거들 중의 일부는 다소 무가치한 것이기는 하지만, 어떤 증거들은 우리가 바라는 직접적인 접근을 가능하게 해 준다고 생각한다.[3] 이것은 형이상학을 거부하고 "확고한" 과학적 지식을 선호하는 실증주의적 태도의 재판(再版)이다:

2) cf. Carr 1987 [1961], *passim*.
3) Sanders 1985, 321-7에는 이것에 대한 암시 이상의 것이 들어 있다.

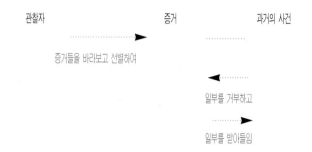

그러나 (서두에서의 나의 단언을 되풀이하자면) 있는 그대로의 순수한 사실들을 발견하고자 하는 이러한 꿈은 깨어 있을 때의 현실과 전혀 일치하지 않는다. 겉보기에도 꽤 명확한 이 점은 다음과 같이 간략하게 설명될 수 있을 것이다.

일반적인 차원에서도 모든 역사가 선별(selection)을 포함하고 있다는 것은 잠깐만 생각해 보아도 분명해진다. 역사는 다른 지식과 바로 이 점을 공유한다. 내가 깨어 있는 특정한 순간에 나는 무수한 감각 인상들을 인식하게 되고, 그중에서 지금 현재의 나의 관심과 흥미에 초점을 맞춰서 매우 제한된 선별을 행한다. (예술이나 사랑에 빠지는 것에 대한 한 가지 설명은 통상적인 것보다 더 집중적인 동시적 선택들에 대한 경험이라는 것이다.) 가장 사소한 예를 들어보아도, 선별 행위 없이 "일어난 일"을 모두 기록하고자 하는 시도는 무수한 정보의 양 — 모든 사람들이 내쉬는 호흡, 땅에 떨어지는 모든 나뭇잎, 하늘 위를 떠 가는 모든 구름 — 으로 인해서 실패하고 말 것이다. 사람들의 호흡 중 일부는 기록할 가치가 있는 것이 있다: 예를 들면, 죽었는지 살았는지를 알아보기 위한 호흡, 또한 상황에 따라 땅에 떨어지는 나뭇잎들이나 하늘 위를 지나가는 구름들 중 일부는 갑자기 의미를 획득할 수 있다(엘리야의 종이 보았던 갈멜산 위로 떠오르는 작은 구름을 생각해 보라). 그러나 비디오 카메라를 무작위적으로 설치한다고 해도, 사건들에 대한 완벽하게 "중립적인" 관점을 획득하기는 불가능하다. 비디오 카메라는 어쨌든 오직 한 장소에 설치되어야 하고, 그 초점도 오직 하나로 정해져 있으며, 또한 오직 한 방향만을 찍을 수 있을 것이기 때문이다. 어떤 의미에서 카메라가 결코 거짓말 하지 않는다는 말도 사실이지만, 마찬가지로 또 다른 의미에서 카메라는 그 밖의 많은 것들을 하지 못한다. 카메라가 포괄하는 것보다는 배제하는 것이 훨씬 더 많다.

그러므로 과거에 관한 어떤 진술들을 행하기 위해서 사람들은 거대한 선별 작업에 참여하지 않으면 안 된다. 우리는 항상 이렇게 하고 있고, 그렇게 하는 데 아주 익숙해져 있다. 우리는 우리의 삶 속에서 수많은 작은 단편들을 재빠르게 선별해서 그것들을 담론들, 일화들, 가족 전설 등등으로 분류한다. 그리고 그러한 과정에는 필연적으로 해석이라는 중요한 요소가 개입된다. 우리는 우리가 살고 있는 세계를 이해하고자 시도한다. 만약 우리가 그렇지 않다면, 우리는 사람이 아니라 목욕용 스폰지가 될 것이다.

모든 지식과 이해는 사람 편에서의 성찰과 관련이 있다: 모든 지식은 어떤 사람의 인식 작용과 성찰을 거쳐서 탄생한다. 제2장에서 살펴보았듯이, 실증주의의 유산은 흔히 우리로 하여금 "사실"이라는 것은 인식 주체의 인식 과정에 의해 전혀 영향을 받지 않는 "순수하게 객관적인" 것이라고 생각하도록 유혹한다.[4] 그러나 실제로는 우리가 "사실들"이라고 부르는 것은 언제나 반응, 인식, 상호작용 — 복잡하고도 연속적인 과정 — 이라는 맥락 속에 놓여 있다. 앞에서 보았듯이, 이야기들은 "사실들"보다 더 근본적이다: 부분들은 전체에 비추어서 보지 않으면 안 된다.

이것은 좀 더 진지한 차원에서 우리가 과거에 일어난 사건들에 관하여 말하고자 할 때에 더욱 분명하게 사실로 드러난다. 예를 들면, 우리가 예수에 관

---

4) Florovsky 1974, 34ff.를 보라. 내가 비판하고 있는 견해의 좋은 예는 Nineham 1976, 187f.에서 찾아볼 수 있다: "초기 그리스도인들은 과학적인 역사가 등장하기 이전 시기에 속해 있었고, 당시에 대부분이 글자를 모르는 사람들이었기 때문에, 그들은 역사와 이야기를 단지 풀어낼 수 없을 정도로 한데 융합해 버렸을 뿐만 아니라 이야기에서 요구하는 내용들을 통해서 역사의 세부적인 내용까지도 종종 수정해 버렸다. 이런 것을 통해서 사람들을 속이려는 의도는 전혀 없었다는 점을 우리는 되풀이해서 말해 둘 필요가 있다: 그 당시에는 이야기 전체 속에서 어떤 사건의 위치를 분명히 드러내기 위하여 ··· 역사적 서사를 수정하는 일은 지극히 당연한 것이었다 ··· 이것은 우리가 그 역사를 소급해서 추적해내는 일이 흔히 불가능하다는 것을 의미한다." 이러한 친실증주의적인 발언은 흥미롭게도 자기모순적이다. 자기가 말하고자 하는 이야기를 말하면서, Nineham은 실제로 역사 서술에 관한 역사를 왜곡하고 있기 때문이다(우리가 앞으로 보게 되겠지만).

한 작지만 중심적인 주장을 행하려고 한다고 생각해 보자.[5] 우리가 "그리스도는 우리 죄를 위하여 죽으셨다"라고 말한다면, 이 말 속에서 분명한 해석의 요소를 찾아내는 것은 그리 어렵지 않다: "우리 죄를 위하여"라는 말은 "역사적인" 진술에다 덧붙인 신학적인 첨가물이다. 그러나 우리가 "그리스도는 죽으셨다"라고 말한다고 할지라도, 우리는 해석을 하지 않은 것이 아니다: 이미 우리는 예수를 "그리스도"로 지칭하기로 선택했고, 당시 사람들이나 오늘날의 우리들이 보편적으로 인정하였다고 볼 수 없는 메시야라는 지위를 예수에게 부여하였기 때문이다. "예수는 죽으셨다"고 말한다면 어떨까? 그러나 이렇게 말한다고 할지라도, 우리는 여전히 "해석"을 피할 수 없을 것이고, 실제로 이렇게 말할 때에 이전보다 더 큰 해석이 자리 잡고 있다고 할 수 있다: 그날 오후에 예루살렘 도성 밖에서 세 사람이 죽었는데, 우리는 오직 한 사람만을 언급하기로 선택했다. 또한 마찬가지로 그 시대에 수천 명의 유대인들이 예루살렘 성 밖에서 로마인들에 의해 십자가 처형을 당했지만, 우리는 오직 한 사람만을 언급하기로 선택하였다. 겉보기에 순수한 역사적 사실을 말하고 있는 듯이 보였던 이 말은 실제로 다면적인 해석에 의거한 결정의 산물이다. 이것은 결코 특별한 예가 아니다. 이것은 모든 역사에 전형적으로 해당된다. 모든 역사는 선별을 포함하고 있고, 선별을 행하는 것은 언제나 인간이다.

한 가지 대중적인 "현대적" 견해에 의하면, "역사"가 실제로 무엇인지를 발견해낸 것은 겨우 200년밖에 되지 않았고, 고대 세계의 작가들은 이러한 문제를 몰랐기 때문에, 사건들을 자유롭게 만들어 내어서 판타지와 전설을 함께 엮어 그것을 역사라 불렀다는 것이다. 이러한 견해 속에는 엄청난 아이러니가 숨어 있다. 왜냐하면 이러한 견해는 그 자체가 고대 세계의 실제 역사에 그 어떤 토대도 두지 않고 있는 계몽주의의 문화적 제국주의를 정당화하는 현대적인 신화이기 때문이다. 사실 고대 세계의 당시 역사가들은 우리와 마찬가지로 역사가 무엇인지를 알고 있었고, 흔히 우리가 생각하는 것보다 훨씬 더 잘 알고 있었다.[6] 그들은 단순히 사실들을 관찰하고 그것들을 기록한다는 환상에 빠져 있지 않았다. 헤로도토스(Herodotus)는 역사가 어떻게 만들어져 가는가

5) 이에 대해서는 Caird 1980, 209-14를 보라.

6) 이 전체 단락에 대해서는 특히 Fornara 1983을 보라; cp. Hemer 1989, ch. 3.

에 관한 그의 이론 — 즉, 역사란 인간의 질투와 탐욕이 빚어내는 것일 뿐이라고 하는 이론 — 을 제시하기 위하여 사건들을 배열하였다. 그는 다른 사람들이 기록한 이야기들의 일부를 그것들이 관찰자들의 (자기중심적인) 관점들을 너무 많이 드러내고 있다는 이유를 들어서 비판하기도 하였다. 그는 그들이 특정한 관점을 가지지 말아야 한다고 말한 것이 아니라, 그들의 글들이 실제 사건들을 왜곡하는 결과를 가져왔다고 생각할 만한 여러 근거들이 있다고만 말하고 있다. 고대 세계의 모든 중요한 역사가들과 마찬가지로 헤로도토스는 본래의 역사와 단순한 연대기, 즉 하루하루 "일어난 일"을 기록하려는 일지(日誌)의 차이를 알고 있었다.[7] 이와 동시에 그는 우리와 마찬가지로 실제로 일어난 사건들이 존재한다는 것과 자기가 믿을 수 없다고 생각하는 것들은 버리고 그 실제 사건들에 관하여 쓰는 것이 역사가의 임무라는 것도 잘 알고 있었다.[8]

마찬가지로 투키디데스(Thucydides)는 역사 영역에서 인과법칙에 해당하는 필연성(anangke)의 법칙을 고수하였다. 그는 펠로폰네소스 전쟁이 일어난 시기와 아주 가까운 시기에 살았기 때문에 "거기에서 일어난 일"을 비교적 정확하게 알 수 있었지만, 그는 그의 설명이 "전혀 편견이 없는" 것처럼 가장하지 않았다. 사실 자기를 거부한 조국의 운명을 지켜보는 패장으로서 그러한 일은 기대할 수 없는 것이었다. 그렇지만 바로 이러한 관점에서 그는 사건에 직접 개입한 당사자로서의 심정과 초연함이라는 두 가지 태도를 가지고 이 사건에 관하여 쓸 수 있는 입장에 있었다: 물론 그는 사실들을 선별하고 배열했지만, 그의 독자들에게 실제 사건들에 관한 실제적인 지식을 전달해 주었다. 리비우스(Livy)와 요세푸스, 카이사르와 타키투스 그리고 어느 정도는 수에토니우스(Suetonius)에 대해서도 이와 비슷한 말을 할 수 있다. 어떤 사람이 사고 작용을 통하여 자료를 조직하고 배열할 수밖에 없다는 사실은 역사를 "위조하는" 것이 아니다. 바로 그것이 "역사"다. 아울러 투키디데스를 비롯한 역사가들은 우리와 마찬가지로 지적인 정직성과 최대한의 공정성을 향하여 애써야 할 역사가의 엄숙한 의무를 너무도 잘 알고 있었다.[9]

7) Fornara 1983, 16ff.
8) Fornara 1983, 163.

역사의 본질에 관하여 스스로를 기만한 사람은 현대 이전의 시기에 살고 있었고 비평적 사고라는 것이 무엇인지도 몰랐던 고대인들이 아니라, 여러 가지 의미의 "권위들"(auctores)에 의거하기를 거부한 계몽주의 속에서 주체와 객체의 차이를 발견해낸 최초의 선구자로 자처하고 우리의 선조들을 잘못 판단했을 뿐만 아니라 우리 스스로도 기만한 바로 우리인 것이다. 이데올로기를 과거로 투영하여 "역사"를 만들어낸 것은 고대의 현상일 뿐만 아니라 오늘날의 현상이기도 하다. 신약성서를 연구하는 학자들도 이러한 비판에서 결코 면제될 수 없다.

이렇게 한편으로 오늘날의 역사가들과 마찬가지로 고대의 역사가들도 자신의 관점에 집착하지 않으려고 최선을 다해야 한다는 역사가의 의무를 잘 알고 있었다: "의분이나 당파성 없이 쓴다"(sine ira et studio)라는 타키투스의 유명한 말은 물론 지켜지기보다는 깨지는 경우가 더 많았지만 어쨌든 앞에서 말한 것의 충분한 증거가 될 수 있다.[10] 다른 한편으로 오늘날의 역사가들도 필연적으로 선별 행위를 피할 수 없었고, 선별 행위는 하나의 특정한 관점이 없이는 불가능하다. 역으로 말하면, 적어도 잠재의식적으로라도 선별 행위가 없다면, 그 어떠한 관점도 취해질 수 없다. 해석되지 않은 역사라는 신화는 대단히 현대적인 담론 속에서 하나의 신화로 작용한다 — 즉, 이러한 신화는 실제로는 존재하지 않는데도 존재한다고 생각하는 이상적인 상태를 표현하는 말로서 우리가 생각하고 말하는 방식에 영향을 미친다. 그러나 그것은 우리가 흔히 하는 말로 그저 "신화"일 뿐이다.

그러므로 "단순히 사실들을 기록할" 수 있다고 생각하는 사람은 고대인이든 현대인이든 다 바람을 잡으려고 쫓아가는 사람과 같다. 내 젊은 시절에 "당신에게 오직 사실들만을 곧이곧대로 전한다"고 주장했던 신문이 바로 영국

---

9) Fornara 1983, 99-101: 위에서 언급한 요세푸스에 대한 논의를 참조하라. 연설들의 기록 문제를 다루고 있는 Fornara의 장(142-68)은 모든 신약학자들에게 흥미로운 것이다. 그는 다음과 같이 요약한다(168): "우리는 분명히 로마인들과 그들의 대적자들의 연설들에 대한 기록이 제2차 포에니 전쟁 시기로부터 주후 4세기 말까지 실질적으로 신뢰할 만하다고 단언할 수 있다."

10) Tacitus, *Annals*, 1:1: "나는 감정이나 편파성 없이 글을 쓸 것이다." 또한 Fornara 101에 의해서 인용된 "역사의 법칙들"에 대한 키케로의 언급을 참조하라.

공산당 공식 기관지였다는 사실은 참으로 어처구니없는 일이었다. 우리는 자기 말은 조금도 편견이 없다고 주장하는 사람들을 의심의 눈초리로 바라보아야 한다; 통상적으로 그러한 말은 그들이 들고 나온 주장이 너무 커서 하늘을 가리는 큰 산과 같기 때문에 하늘에 다른 것들이 존재한다는 것을 잊어버렸다는 것을 의미할 뿐이다. 그 어떤 관점도 하나의 관점에 불과할 뿐이다. 그러므로 계몽주의 이후의 일부 사상가들이 그렇듯이, 현대 세계에 살고 있는 우리가 "순수한 역사"를 발견했기 때문에 우리는 어떠한 해석적 요소나 관찰자의 관점을 개입시키지 않고 "사실을 있는 그대로" 기록할 수 있다고 생각하는 것 — 그렇기 때문에 우리는 자신의 관점에 얽매여서 그러한 객관적인 서술의 흉내만을 낼 수 있었던 이전 시대의 가없은 사람들에 비하여 엄청나게 우월한 위치에 있다고 자부하는 것 — 은 터무니없는 오만에 불과하다. 사실 그러한 태도가 우리가 다루고 있는 분야에서 그토록 큰 영향력을 미쳐오지 않았다면, 그러한 견해를 반박하는 것조차도 이상한 일일 것이다.

그러므로 모든 역사는 나선형의 지식 과정, 해석자와 대상 간의 기나긴 상호작용의 과정으로 이루어진다. 예수와 바울에 관하여 쓰고자 하는 역사가가 그리스도인이든 또는 예수와 바울이 잘못 묘사되었다고 생각하고 그들에 관하여 쓰고자 하는 비그리스도인이든, 이것은 사실이다. 이 점에서 루돌프 불트만(Rudolf Bultmann)과 버트런드 러셀(Bertrand Russell)은 동일한 출발선상에 서 있다.[11] 이러한 상호작용의 과정은 낯설거나 이례적인 현상이 아니라 인간으로서 너무도 통상적인 현상이다. 나는 전화를 받고 목소리를 들을 때마다 그 사람이 누구일까에 대한 판단과 가설을 세운다. 어떤 때는 내 판단과 가설이 옳고, 어떤 때는 — 그 사람이 자신의 이름을 밝힐 때에조차 — 나의 판단과 가설은 틀린다. 후자의 경우에는 몇 차례 나선형의 인식과정을 거쳐서 결국에 그가 누구인가를 알아내게 된다. 그러므로 우리는 서로 말하는 내용을 즉각적으로 알아들을 수 없는 대화 속에서 바로 다음 단계의 지식의 나선형 굽이에 집중한다. 사람은 단순히 중립적인 수신자로서 상대방이 자기에게 말해 주는 내용을 정신의 공백 부분에 기록하는 것이 아니다. 상호작용이 일

11) Russell 1961 [1946], 311ff.를 보라. 또한 Russell 1967 [1957]에 나오는 냉정함과 초연함이 훨씬 덜한 설명을 보라.

어난다. 원칙적으로 역사도 다를 바 없다. 다만 통상적으로 다루어지는 내용이 전화로 통화하는 자들보다 더 복잡하다는 것만이 다를 뿐이다.

역사가의 원자료가 초기 기독교의 문헌이라면, 물론 상황은 더욱 더 복잡해진다. 제1장에서 이미 살펴보았듯이, 신약성서의 많은 독자들은 신약성서가 이런저런 방식으로 권위가 있다는 전제하에 신약성서를 읽는다. 이것은 마치 우리가 전화의 수화기를 들면서 우리에게 무엇을 하라고 말하는 목소리를 들을 것으로 예상하는 것과 같다. 지식이라는 나선형(螺旋形)의 통상적인 과정은 계속해서 진행이 될 것이지만, 여러 가지 서로 다른 한 무리의 질문들이 거기에 덧붙여지고 혼재된다. 복음서들의 경우에는 상황이 더욱 나쁘다. 그것은 마치 권위를 지니고 있는 듯이 행세하는 전화상의 목소리가 아무런 지시도 내리지 않고 명령도 하달하지 않은 채 단지 하나의 이야기만을 하는 것과 같다. 성경이 그들의 권위라고 주장해 온 사람들이 복음서들을 어떻게 다뤄야 할지를 놓고 어려움을 겪어 왔다는 것은 별로 이상한 일이 아니다. 역사가들은 복음서들의 이야기가 권위가 있다는 전제로부터 벗어나고자 애를 써왔다: 신학자들도 종종 이 권위가 이야기 양식을 통해서 전달되고 있다는 인식으로부터 벗어나고자 애를 써왔다. 이와 같은 이중적인 문제를 우리는 서신서들 속에서 만나게 된다. 이 역사적 문서들은 어떻게 권위의 역할을 할 수 있는가? 서신서들은 실제로 사람들에게 무엇을 믿고 어떻게 행동하라고 말하고 있기 때문에 하나의 권위로 사용되기가 쉽다는 서신서들에 대한 표면적인 인상은 사실 오도하는 것이 되기 쉽다. 바울이 갈라디아 교인들에게는 유대교에 빠져들지 말라고 말하고, 로마 교인들에게는 반셈족주의에 빠져들지 말기를 당부한 것은 어떤 식으로 설명해야 하는가? 바울이 한 친구에게 곧 그의 집을 방문해서 그의 집에 머무르고 싶다고 말한 것이 어떻게 이후 세대의 교회에서 "권위를 지니는" 말이 될 수 있는가? 또한 텍스트의 표면적인 내용만을 볼 때에는 우상에게 바쳐진 고기에 관한 논의가 어떤 식으로 20세기의 교회에 타당한지도 분명치 않다. 전화상의 목소리가 실제로 어떤 지시들을 내리고 있는 듯이 보인다고 할지라도, 우리는 어떻게 그 지시들이 우리를 향한 것이라고 확신할 수 있는가? 그리고 역으로 만약 우리가 서신서들을 어떤 의미에서 권위로 사용하기로 결정하였다면, 바울에 관한 많은 연구 속에서 그랬듯이, 역사를 고려의 대상에서 완전히 배제시킨 채 어떻게 우리가 그렇게 할 수 있는가?

그러므로 적어도 우리가 복음서들과 서신서들을 읽을 때에 개입되는 세 가지 서로 구별되는 작용이 존재하고, 그 작용들은 흔히 그 밖의 다른 작용에 간섭하는 것같이 보인다 — 물론 전화를 한 사람이 판이하게 다른 문화 속에서 생소한 언어로 말하고 있다는 사실을 여기에 덧붙여야 한다. 순수하고 단순한 경청이 존재한다: 상호작용이 존재한다: 기꺼이 적절하게 응답하려는 태도(또는 그러한 응답을 회피하려는 의도)가 존재한다. 이러한 것들은 단순한 역사보다 더 폭넓은 문제들과 연관되어 있고, 따라서 그것들은 역사가의 과제가 결코 단순하게 "실제로 일어난 일"을 관찰하고 기록하는 것이 될 수 없다는 것을 확인해 준다. 텍스트들을 어떤 식으로든 권위적인 것이라고 보지 않는 사람들조차도 그들의 텍스트 읽기가 필연적으로 고대인이든 현대인이든 텍스트를 그런 식으로 간주해 왔던 다른 독자들과의 대화 속에서 수행되고 있다는 사실과 이쪽 편에서 전화를 받은 사람들에 의해서 논의된 문제들 중 적어도 일부가 그러한 관점에서 여러 해에 걸쳐 형성되었다는 사실에 직면하지 않을 수 없다.[12] 그리고 나아가 스스로를 철저한 개인주의자로 생각하는 사람들도 그들이 다른 사람들과 전화를 통해 연결되고 있다는 사실에 직면하지 않을 수 없을 것이다. 이에 대한 다른 대안은 자기와 대화하는 다른 상대방들의 존재를 인정하지 않음으로써 그들과의 대화에 나서지 않는 것이다. 역사를 연구한다는 것은 사람들이 종종 생각하는 것만큼 그렇게 단순한 과제가 아니다. 그리고 신약성서를 역사적 관점에서 읽는다는 것도 역사를 연구하는 것만큼이나 만만치 않은 과제이다.

신약성서를 연구하는 자들이 특별히 관심을 가져야 할 역사와 관련된 두 분야가 있다. 이것들에 대해서는 본서에서 나중에 다루게 될 것이다. 이 두 분야는 해석의 전제들과 자료들의 취급 간에 일어나는 필연적인 상호작용을 보여 주는 전형적인 예들을 제공해 준다.

첫째, 고대 유대교에 대한 연구는 유대교는 잘못된 종교로서 복음의 영광스

---

12) 우리가 중세 시대에 대하여 사람들이 종교에 깊은 관심을 가졌던 시기라는 인상을 받는 것은 우리가 의존하는 자료들이 모두 종교에 깊은 관심을 가졌던 사람들에 의해서 씌어졌다는 사실로부터 기인한 것이라고 말하고 있는 Carr 1987 [1961], 13f.와 비교해 보라.

러운 빛에 대한 어두운 배경일 뿐이라는 것을 이미 "알고 있다"는 전제하에서의 읽기에 의해서 오랫동안 수없이 시달려 왔다. 우리는 지금 그러한 읽기에 대한 아주 정당하고도 날카로운 반발의 시대에 살고 있다. 그러나 그러한 반발은 자체적인 문제점들을 안고 있다: 즉, 오늘날에는 유대교에 대한 원자론적이고 비신학적인 읽기가 행해지고 있다는 말이다. 그러한 읽기는 유대교를 여러 가지 서로 다른 표현들로 쪼개어 놓고 가장 일반적인 것을 제외하고는 어떤 통일적인 종합이 불가능하다고 단언해 버린다.[13]

두 번째는 첫 번째와 비슷한 것으로서, 초기 기독교에 대한 연구가 여러 세대 동안 대다수의 저술가들이 자신의 신학적 선호에 따라 내용들을 조직하고 자료들을 쥐어짜내서 사이비적인 형태로 만들어 낼 필요성을 느껴 왔다는 것에 의해서 시달림을 당해 왔다. 그들은 초기 그리스도인들이 어떤 종류의 사람들이었어야 한다고 말하고, 기독교가 무엇인지에 관한 우리의 견해를 지탱해주기 위해서는 초기 그리스도인들이 그런 모습이어야 한다고 생각한다. 이러한 태도로 말미암아 오늘날에는 거의 상식처럼 되어버린 "기독교의 시작에 관한 신화"라는 말이 생겨났다.[14] 유대교의 경우와 마찬가지로, 이에 대한 반발이 시작되었고, 현재 원자론적 읽기가 증가하는 추세에 있다.[15]

이 두 가지 경우에서 우리는 오늘날의 움직임들에 대하여 어느 정도 공감을 느낄 수 있다. 곧 보게 되겠지만, 역사가가 직면하는 두 가지 과제가 있다: 자료들이 포괄적이어야 한다는 것과 전체적으로 단순성을 유지하여야 한다는 것. 그러나 이러한 과제들은 적절한 균형을 이루어야 한다. 과거에는 사이비류의 단순성이 너무도 오랫동안 지배하면서 암울한 유대교라는 신화 또는 참신한 얼굴의 초기 기독교라는 신화가 생겨났다면, 지금은 가공되지 않은 채로 자료들에 새롭게 귀를 기울여 들을 때다. 그러나 여기에도 이러한 신화들에 반발하여 객관적인 자료 또는 전제 없는 역사라는 신화가 다시 등장하고 있는데, 본서의 목적은 바로 그러한 것들에 도전하는 것이다: 사실 "단순한 역사"

---

13) 아래 제3부를 보라.

14) R. L. Wilken (1971)이 쓴 이러한 제목의 책을 보라.

15) 제4부를 보라. 초기 기독교에 대한 오늘날의 그림이 단편적인 성격을 지니고 있다는 좋은 예는 Koester 1982b에서 찾아볼 수 있다.

같은 것은 존재하지 않는다. 자료들이 존재할 뿐이다. 매우 오래된 것들일지라도 사본들이 존재하고, 주화들과 고고학적 자료들이 존재한다. 이러한 것들을 통해서 우리는 마치 다른 것들에 대해서 상당한 지식을 갖고 있는 것과 마찬가지로 고대 세계에 관하여 상당히 많은 것을 알 수 있다. 그러나 사본들과 주화들을 읽고 번역하고 조직하여 하나의 묶음으로 정리하는 일은 고사하고라도, 심지어 그러한 것들을 수집하는 것조차도 이미 "해석"에 해당한다.[16) 물론 그러한 작업들이 자의적인 것이 되지 않도록 하기 위한 목적으로 그러한 모든 활동들을 다루는 학문 분과들이 존재한다. 여기서 내가 말하고 싶은 것은 단순하다: 모든 역사는 해석된 역사라는 것이다.

3. 이는 "사실들은 존재하지 않는다"는 것을 의미하지 않는다

(i) 비판적 실재론과 대상 소멸의 위기

역사가의 과제가 너무도 복잡하고 "단순한 관찰"과는 명백하게 다르다는 것을 근거로 해서, 일부 학자들은 그렇기 때문에 "사실들" 같은 것은 전혀 존재하지 않는다는 결론을 이끌어 낸다. 모든 것이 각 사람의 관점에 의해서 채색될 수밖에 없다면, 모든 것은 바로 그 관점 자체로 환원될 수 있다는 것이다. 이것이 현상학적 인식론을 지닌 역사가의 추론이다:

관찰자 ┈┈┈┈┈┈┈▶ 증거 ┈┈┈┈┈┈┈▶ 과거의 사건

사건들에 접근할 수 있게 해 줄 것으로 보이는 증거들을 보지만

◀┈┈┈┈┈┈┈ 그 증거들은 단지 그 자신에 관한 증거이거나

◀┈┈┈┈┈┈┈ 단지 관찰자의 관점에 관한 증거일 뿐이다

---

16) 역사를 써야 한다는 압박감은 "그를 저술가가 아니라 백과사전의 편찬자로 바꾸어 놓을" 위험성이 있다는 Acton 경의 쓸데없는 염려를 지적하고 있는 Carr 1987 [1961], 14f.를 보라. Carr는 계속해서 "사실들에 대한 19세기의 물신 숭배"에 관하여 말한다(16).

이러한 전제는 너무도 비일비재해서 우리는 오직 "순수한" 또는 "중립적인" 관점만이 유용할 뿐이라는 잘못된 신념을 토대로 한 환원주의의 예들을 매일 같이 만난다. 현재의 좋은 날씨가 오래 지속되지 않을 것이라는 주장에 대하여 "네가 염세주의자이기 때문에 그런 말을 하는 거야"라고 말하는 것은 설득력 있는 답변이 될 수도 있고 그렇지 않을 수도 있다. 이 "염세주의자"는 정확한 일기예보를 들었을지도 모른다. 마찬가지로 "네가 수학자이기 때문에 그런 말을 하는 거야"라는 대답은 2+2=4라는 생각을 거부하는 근거로서 아무런 힘도 갖고 있지 않다. 몇몇 다른 경우들에서와 마찬가지로, 이 경우에도 환원(還元)을 위한 근거로 제시되는 단서는 다른 식으로 작용할 수 있다: 상대방이 수학자라는 사실은 수학에 관한 한 그의 말을 믿는 것과 관련하여 불리한 근거가 아니라 유리한 근거다.[17] 20세기의 복음서 읽기에서 이에 해당하는 예는 "모든 텍스트는 무엇보다도 그 텍스트가 씌어진 상황을 보여 주는 증거다"라고 말하는, 겉보기에 "과학적인 것으로 보이는" 진술이다.[18] 그러므로 비평학자는 복음서 기자들에 대하여 이렇게 반응한다: "당신이 이런 식으로 말하는 것(예수 및 그의 이런저런 말씀들에 관한 이야기)은 당신이 그리스도인이기 때문이다." 이러한 반응은 일부 일리가 있는 말이기는 하지만, 많은 점에서 분명히 사실이 아니다. 어떤 사람이 수학자라면, 수에 관한 주제에 대하여 그가 이야기할 때에 경청해 볼 만한 것과 마찬가지로, 어떤 사람이 그리스도인이라는 것은 예수라는 주제에 관하여 그가 말할 때에 그의 말을 경청해 볼 만하다는 것을 의미한다. 환원주의자의 노선을 끝까지 관철하게 되면 — 그리고 실제로 오늘날에 일부 학자들이 그렇게 하려고 하고 있다 — 우리는 제2장에서 보았듯이, 현상론자들이 통상적으로 다다르게 되는 유아론(唯我論)이라는 막다른 궁지에 몰리게 될 수밖에 없다. 유아론이란 사람은 오직 자기 자신과 자신의 감각 자료들만을 알 뿐이라는 사상이다. 마가는 오직 자기 자신의 신학에 대해서만 알 뿐 예수에 관해서는 알지 못했다는 식이다.

여기서 잠시 지식 이론으로 되돌아가 보는 것이 도움이 될 것 같다. 특정한 관점을 지니고 어떤 위치에 서 있는 어떤 사람이 어떤 것을 알고 있다는 사실

---

17) 후자의 예는 Lewis 1943 [1933], 62f.를 약간 변형한 것이다.
18) Perrin 1970, 69.

은 그 지식이 덜 가치가 있다는 것을 의미하지 않는다: 왜냐하면 바로 그것이 지식의 본질이기 때문이다. 이전 시대의 수많은 경험주의자들과 좀 더 최근의 몇몇 현상론자들의 단언들에도 불구하고, 우리 자신의 외부에 있는 대상들에 관한 말을 우리 자신의 감각 자료들에 관한 말로 환원시켜서 "이것은 책상이다"라고 말하는 것이 아니라, "나는 거기에 앉을 때에 통상적으로 딱딱함과 평평함과 나무의 질감을 느낀다"고 말하거나, 내가 여기서 불법적으로 실제의 대상에 대한 언급을 도입했다는 인상을 주지 않기 위하여 "나"라는 말을 빼고 "여기에 딱딱함, 평평함, 나무의 질감에 대한 감각이 존재한다"라거나 이보다 더 간단히 "딱딱함-평평함-나무의 질감!"이라고 말할 필요는 없다.

"실제의 사건들"이 특정한 사람의 감각들의 혼합 아래에서 소멸할 것이라는 두려움은 바로 이런 유의 두려움으로서 근거 없는 것으로 거부되어야 한다. 한 가지 구체적인 예를 들자면, 어떤 저자가 "편견"을 가지고 있다고 해도, 그가 제시하는 정보의 가치는 전혀 달라지지 않는다는 것이다. 우리는 단지 그러한 편견(그리고 우리 자신의 편견과 마찬가지로)을 경계하고 가능한 한 많은 자료들에 비추어서 그 내용을 평가하면 되는 것이다. "지적 정직성은 불가능한 중립성을 강요하는 것이 아니라 중립성이 불가능하다는 것을 인정하는 데 있다."[19] 마찬가지로 루돌프 불트만의 신학에 지대한 영향을 미쳤던 "객관화"와 관련된 염려도 이제는 내려놓을 때가 되었다. 불트만은 그가 물려받은 신칸트주의 철학의 영향을 받아서 자기가 대상들 또는 사건들을 관찰자의 입장이 아닌 그 이외의 방식으로 말하는 것처럼 보일까봐 전전긍긍하였다. 그러므로 그는 신에 관한 담론을 인간에 관한 담론으로 변질시켜버린 포이어바흐(Feuerbach)의 본보기를 따라서 인류학을 행하는 것을 통해서 신학을 행해야 한다고 특히 역설하였다.[20] 우리는 그저 그러한 잘못된 이분법들을 받아들이지 않으면 그만이다. 어떤 것들은 백 퍼센트 객관적이고, 어떤 것들은 백 퍼센트 주관적이라고 말하거나, 그 어느 쪽을 다른 쪽으로 바꿔야 한다고 말하

---

19) Holmes 1983a, 131.

20) 예를 들어, Thiselton 1980, 205-92와 144에 나오는 요약 속에서의 불트만에 대한 비판들을 보라. 불트만이 한 걸음 더 나아가 케리그마 자체를 비신화화했는지의 여부에 대한 친숙한 문제에 대해서는 Moore 1989, 175를 보라.

는 것은 잘못된 것이다. 다행히도 인생은 그것보다 더 복잡하다.

그러므로 어떤 사람이 "관점"을 갖고 있다거나 내용을 선별하여 배열하였다거나 특징적인 문체나 표현을 지니고 있다는 것은 저자가 말하고 있는 것(그가 사건들을 서술하려는 목적이 있다면)이 실제로 일어난 것인지 그렇지 않은 것인지를 결정하는 데 아무런 영향도 미치지 않는다. 외부 세계에서 일어나는 사건들이 존재한다. 그 사건들 중 다수는 어느 정도 서술될 수 있다. 그러나 저자는 마치 눈을 사용하지 않고는 그 사건들을 볼 수 없는 것과 마찬가지로 어떤 관점에 따라 그 사건들을 선별하지 않고는 그 사건들을 서술할 수 없다.

이번에는 시각적인 은유를 사용해서 이 점을 말해 보자. 내가 망원경을 선물 받았고, 나는 한 번도 망원경을 본 적이 없다고 하자. 결국 나는 눈을 망원경에 갖다 대면 내가 예상치 못했던 먼 곳에 있는 사물들을 볼 수 있다는 것을 알게 될 것이다. 그러면 온갖 종류의 생각들이 내 마음 속에 들어오게 된다. 내가 과거에 만화경을 본 적이 있다면 나는 이것이 만화경의 변형이 아닌가 생각하고는 이 흥미로운 그림이 이 망원경의 반대쪽 끝 내부에 있다고 생각하여 과연 그 그림이 변하는지를 살펴보려고 반대편 끝을 비틀어 보려고 할 것이다. 그러면 내가 망원경의 초점을 변경한 덕분에 내가 예상한 것과 같은 결과가 실제로 나오게 될 것이다: 나의 (잘못된) 추측이 (그릇되게) 확증된 셈이 되고, 나는 망원경에 대해서 그랬듯이, 나선형으로 지식을 몇 차례 비튼 후에야 결국 진실을 발견하게 될 것이다. 아니면 나는 다른 편 끝에 오목거울이 있어서, 망원경 외부에 있고 내 가까이에 있는 물체에 관한 정보를 내게 주고 있다고 생각할 수도 있다. 이런 식으로 우리는 이 과정을 계속해 나갈 수 있다. 그러나 내가 특정한 렌즈를 통해서 보고 있다고 할지라도 실제 세계 속에 대상들이 존재한다는 것(유아론에 완전히 물든 사람을 제외하고는 모든 사람이 인정하지 않을 수 없듯이)과 비록 (a) 내 자신의 관점에서 (b) 특정한 렌즈를 통하여 보고 있긴 하지만 내가 실제로 그 대상들을 보고 있다는 것은 여전히 사실이다.

역사에 대해서도 마찬가지로 말할 수 있다. 하나의 특정한 증거 단편이라는 망원경 — 이를 테면 투키디데스의 역사책 — 은 특정한 형태로 장착된 특정한 렌즈들을 포함하고 있다. 망원경이 포착하는 범위 바깥에도 분명히 사물들이 존재한다. 또한 사물들이 서로 너무 멀리 떨어져 있기 때문에 동시에 망원경을 통해서 볼 수 없는 사물들도 존재한다. 그러나 글을 쓰는 투키디데스나 글을 읽는 우리나 모두 허구적인 풍경을 담고 있는 만화경을 들여다보고 있는 것은 아니다. 또한 우리는 투키디데스 또는 우리 자신이 어디에 서 있는지를 단순히 드러내주는 오목거울을 쳐다보고 있는 것도 아니다. 렌즈가 왜곡이 되거나 오직 한쪽 눈으로 봄으로써 시각에 오류가 있을 수도 있다: 그러한 오류들을 교정하게 위해서는 다른 렌즈들과 관점들이 필요할 것이다: 그러나 어쨌든 분명한 것은 우리가 다름 아닌 사건들을 보고 있다는 것이다. 이와 같이 통일된 인식론을 위해서 필요한 것은 언어 외적인 세계에 관한 지식을 포기하는 것이 아니라 비판적 실재론을 채택하는 것이다.[21]

이것을 복음서들에 적용해 보면, 비록 우리가 눈과 귀를 활짝 열어서 복음서 기자들 자신의 관점을 가지고 복음서들을 읽어야 하고, 또한 복음서 기자들의 관점 중의 일부는 독자들로 하여금 내용 자체에 몰두하기를 바란다는 것임을 잘 알아야 하지만(복음서 기자들은 단순히 냉정하고 초연한 관찰자들이 아니고, 또한 우리가 그렇게 되기를 원하지도 않는다), 그렇다고 해서 복음서 기자들이 원칙적으로 실제로 일어난 사건들을 서술하고 있을 강력한 가능성이 무효화되지 않는다는 것이 분명히 드러난다. 우리가 이 사건 또는 저 사건을 거부하려면, 지금까지 제시되거나 암시되어 왔던 근거들, 즉 복음서 기자들은 "중립적이지" 않다거나 그들의 작품은 예수에 관한 내용이 아니라 그들 자신의 신학을 드러내 준다는 말 이외의 다른 근거들 위에서 거부하지 않으면 안 된다.[22] 우리는 이것을 바울 신학에 관한 골치아픈 문제에도 적용할 수 있다. 바울이 특정한 상황에 대하여 말하고 있고, 그 상황을 특정한 시각에서 바

---

21) Thiselton 1980, 439f.를 보라.
22) 이와 관련하여 우리는 다음과 같은 문제를 생각해 볼 수 있다: 이런 식으로 역사가들은 "진리"를 신실한 자들에게 매개하는 어떤 의미에서 "제사장들"인가? 이러한 관념주의적인 견해에 대한 정확한 대답은 구약성서에까지 거슬러 올라가고 Caird, 1980, 217f.에 의해서 강조되고 있다: 역사가들은 이런저런 의미에서 사건들에 대하여 자기 자신 및 (적어도 기대 속에서는) 하나님의 관점을 제시하고자 하는 선지자들이다. 이것이 역사가에게 이 과제의 위험성들과 책임성들을 일깨워 주는 것이라면, 그것은 좋은 일이다.

라보고 있다는 발견은 흔히 해당 구절이 순전히 상황대응적인 것으로서 바울의 기본적인 신학 또는 세계관을 표현하거나 구현한 것이 아니라고 지적하는 증거로 환영받고 있다. 이것은 한마디로 형편없는 논리다. 그것은 성경학자들이 빠지기 쉬운 전형적인 양자택일식의 덫이다.

특히 우리는 "역사적 문제란 무엇인가?"라는 질문에 대한 대답은 "단순한 사실들에 관한 문제"가 아니라는 것을 주목해야 한다.[23] 역사는 일차적으로 사람들의 역사이고, 역사는 주어진 최초의 탐구 영역 내에 존재하는 사람들의 의도와 동기들의 상호작용을 내부로부터 추적하고 밝히고 이해하고자 시도한다. 실증주의자들이 "사실들"라고 부르기 원하는 것은 훨씬 더 큰 전체의 일부분, 그러니까 분리될 수 없는 일부이다. "사실"로부터 "해석"으로 옮겨가는 것은 분명한 것으로부터 불분명한 것으로 옮겨가는 것이 아니다: 사건들은 당구공들을 이리저리 맞춰서 점수를 따는 당구 게임처럼 여러 가지 "의미들" 또는 "해석들"을 제멋대로 자의적으로 붙일 수 있는 그런 대상이 아니다. 앞으로 곧 보겠지만, 어떤 "의미들" 또는 "해석들"은 다른 것들보다 더 적합하다. 이 점은 온갖 방식으로 신약성서에 대한 연구에 영향을 미친다. 문제를 두 개의 차원으로 쪼개고자 하는 시도들(우리는 먼저 어떤 책이 언제, 어디에서, 누구에 의해서 씌어졌는가를 물은 다음에, 그 책이 무엇을 말하고 있는지를 묻는다)은 최고의 인기를 누리고 있음에도 불구하고, 실제로는 아주 불합리하다. 각각의 차원에 속한 질문들에 대답하기 위해서는 우리는 이 두 부류의 질문들을 통합하지 않으면 안 된다. 그러기 위해서는 우리는 인간의 동기의 복합성을 설명할 수 있는 역사적 가설들을 세워야 하고, 또한 그러려면 공동체들과 거기에 속한 개개인들의 세계관 및 사고방식을 천착하지 않으면 안 된다.

내가 방금 암시했듯이, 이러한 주장을 사건들을 바라보는 모든 시각들이 동일하게 유효하거나 적합하다는 뜻으로 받아들여서는 안 된다. 비판적 실재론이 제대로 적용되면, 어떤 시각들은 다른 시각들보다 정보를 더 정당하게 다루고 있다는 것이 드러난다. 도마복음서가 마가복음보다 나사렛 예수에 관하여 상당히 더 왜곡된 시각을 제시하고 있다는 것은 거의 틀림없는 사실이다:

---

23) Florovsky 1974, 40-4; Collingwood 1956 [1946], 42ff.를 보라. 또한 Meyer 1989, 62 등을 보라.

이 말에 동의하지 않고, 이 문제를 다른 시각으로 바라보고자 하는 사람들조 차도[24] 어떤 설명들은 다른 설명들보다 그것들이 서술하고자 하는 사건들에 더 가깝다는 데 동의할 것이다. 모든 설명들이 "왜곡되어 있지만," 어떤 설명 들은 다른 설명들보다 덜 왜곡되어 있다. 모든 설명들에는 "해석"이 들어 있 다; 문제는 그러한 해석이 사건의 총체성을 드러내서 사건의 모든 실체와 의 미를 밝혀 주는 것인가, 또는 그러한 해석이 사건을 형체도 없이 뭉개버려서 사건의 실체와 의미를 닫아 버리는가 하는 것이다. 다시 한 번 당구공 비유를 들어보자: 화성인이 당구 게임을 지켜본다면, 이 괴상한 인간들이 뭔가 새로 운 병기의 탄도 실험을 하고 있다고 추측할지도 모른다. 어떤 사람이 스누커 는 알아도 당구를 하는 것을 본 적이 없었다면, 당구를 제한된 장비와 상당히 많은 실수를 하면서 형편없는 실력으로 스누커 게임을 하고 있는 것이라고 생 각할 것이다. 이 자료에 대한 이와 같은 두 "해석"은 사건을 왜곡하고 있고, 사건의 본 모습을 닫아버려서, 그 사건의 많은 측면들을 이해할 수 없게 만들 어 버린다. 당구가 무엇인지를 너무도 잘 알고 있는 관찰자도 어떤 의미에서 는 마찬가지로 왜곡이 있을 것이다: 그는 즉시 가능한 해석들의 범위를 제한 할 것이고, 만약 우연히 당구 게임을 하는 자들이 실제로 새로운 병기를 실험 하는 것이었다면, 그는 한참 후에야 화성인과 같은 올바른 해석에 도달하게 될 것이다. 그러나 원칙적으로 그의 해석은 은폐하기보다는 더 많은 것을 드 러내 주고 사건을 밝혀 줌으로써 사건에 점점 더 가까이 다가가게 될 것이다. 그의 이야기는 좀 더 완전하고 만족스러운 것이 될 것이다. 역사에서 이것에 해당하는 것은 단순히 "일어난 일"만이 아니라 사건의 "이면"에 다가가는 설 명이다.

(ii) 잘못된 인식의 원인들

그렇다면 무엇이 문제인가? 특히 왜 그토록 많은 학자들이, 이를테면 복음 서들에 나오는 "사건들"이 복음서 기자들의 생각 속에서 만들어진 단순한 허 구들이 아니라 실제 사건들이라고 말하는 것을 주저해 왔는가?

그 진짜 이유는 "기적"에 대한 거부감, 그러니까 복음서들을 진지한 역사로

---

24) 예를 들면, Mack 1988.

활용하는 것이 불가능하다는 심정이었다는 생각이 종종 든다. 이것에 대해서 나는 나중에 예수에 관하여 쓸 때에 다시 한 번 말해 보고자 한다.[25] 그러나 여기에서는 기본적인 요지만을 말해 두면 될 것이다. 어느 문화 또는 전승에서든지 이상한 사건들에 대한 기사들에는 전설적인 요소들이 달라붙는 것이 자연스러운 현상이다. 그러나 우리는 통상적으로 예상되지 않는 방식으로 어떤 일들이 일어날 수 있는 가능성을 선험적으로 배제해서는 안 된다. 왜냐하면 그렇게 하는 것은 특정한 세계관, 즉 18세기의 합리주의적 세계관이나 그 계승자인 20세기의 실증주의적 세계관인 만유(萬有)는 원인과 결과의 "닫힌 연속체"일 뿐이라는 전제가 옳다는 고정된 관점으로부터 시작하는 것이 되기 때문이다. 명색이 과학적인 연구라고 해 놓고 자기 자신의 세계관이 틀릴 수 있는 가능성을 열어 놓지 않는다면 말이 되겠는가? (특정한 유형의 논거와 탐구는 그 세계관이 앉아 있는 가지 자체를 잘라버릴 수 있다고 대답한다면, 그에 대한 반박은 만약 그것이 그 논증이 도달하는 지점이라면, 당신은 빨리 다른 가지 또는 다른 나무로 옮겨가는 것이 좋겠다는 것이다.)

강조해 둘 것은 내가 이렇게 말한다고 해서 계몽주의 이전의 세계관이 결국 옳았다는 말은 결코 아니라는 것이다. 일단 우리가 이원론들에 도전했으니, "모더니즘 이전"과 "모더니즘"이라는 오직 두 개의 가능성만을 생각할 것이 무엇이 있겠는가? 복음서들의 "기적"에 관한 견해가 계몽주의적 세계관과 갈등을 일으키기 때문에 복음서들을 있는 그대로 읽을 수 없다고 말한다고 해서, 그것이 곧 복음서들을 비평학 이전의 기독교 신앙의 관점에서 읽어야 한다는 것을 뜻하지는 않는다. 기독교적인 세계관들만이 아니라 다른 많은 세계관들을 가지고도 복음서들을 거기에 나오는 "기적들"에 대한 거리낌 없이 읽을 수 있다. 또한 만약 우리가 복음서들을 거기에 나오는 "기적들"을 비롯한 모든 것을 있는 그대로 받아들이면서 읽지 않는다면, 우리는 솔직하게 우리가 "역사"를 연구하는 것을 그만두고, 이를 테면 "신학" 또는 일종의 초역사적인 작업을 행하고 있다는 것을 인정해야 한다고 말하는 것도 아니다. 오직 우리가 "역사"를 평가절하해서, 이 단어가 "18세기의 세계관에 부합하고, 실제로

---

25) 또한 이것은 내가 "기적," 그리고 그 단어와 같은 어원에서 나온 말들을 인용 부호로 묶고자 하는 이유를 분명히 보여 준다.

일어난 것으로 보이는 그런 종류의 사건들에 대한 실증주의적 설명"을 의미한다고 할 때에만, 우리는 그렇게 생각할 필요가 있을 것이다. 여기에서 내가 주장하는 내용의 전부는 "역사"는 실증주의자들이 주장하는 것 이상의 것, 즉 사건들과 의도들에 대한 유의미한 담론을 의미한다는 것이다: 그리고 우리가 원래 예상했던 것과 다른 "의미들"의 가능성에 대하여 너무 빨리 마음을 닫아 버리지 않는 것도 대단히 중요하다. "닫힌 연속체"라는 개념이 역사 자체에 대하여 해로운 것과 마찬가지로, 닫힌 마음은 학문 연구에 치명적이다. 우리가 역사를 찾는 데 몰두한다면, 해석학적 나선(螺旋)을 몇 차례 돌고 난 후에 우리가 관련 내용을 적절한 시각에서 볼 수 있는 특정한 자리들을 발견한다면, 우리는 그 자리들 중의 일부가 기독교 신앙과 같은 모습일 것임을 알게 될 가능성이 항상 존재한다. 이것은 시작하기 전부터 확실한 것은 아니다. 또한 우리가 실제로 그러한 거점이라고 발견하게 될 기독교 신앙이 반드시 정통적인 신앙 같은 그런 모양을 띠게 될지 사실은 모르는 일이다.

"기적들"과 관련된 문제는 아마도 몇몇 신학자들(Reimarus, Strauss, Bultmann 등)이 복음서들을 비역사적인 방식으로 읽고자 한 가장 중요한 요인이었을지도 모르지만, 나는 그것이 유일한 또는 가장 절박한 이유였다고 생각하지 않는다. 거기에는 18세기("기적들"이 문제로 인식되기 시작했던)가 아니라 그 이전부터 시작되었던 좀 더 뿌리 깊은 이유들이 있었다. 많은 비평학적 방법론들은 역사 연구를 수행하기 위해서가 아니라 역사 연구를 수행하지 않으면서도 역사연구가 도달하게 될 지점이 불확실한 경우에 주의 깊고 경건한 침묵을 유지하기 위한 목적으로 고안되었다. 미끄럼틀 놀이를 하는 아이가 미끄럼대에서 너무 빨리 미끄러져 내려옴으로써 중심을 잃는 것을 방지하기 위하여 미끄럼대에 발을 꼭 붙이는 것과 마찬가지로, 아주 많은 신학자들은 역사적 연구라는 변화들과 도전들에 스스로를 던지기를 거부했고, 브레이크를 꼭 밟고 놓지 않거나 극단적인 경우에는 그러한 놀이 자체를 거부하기도 했다. 비유를 좀 바꿔보면, 그들은 보행자가 늪지를 보고 깜짝 놀라듯이, 역사를 보고 소스라치게 놀랐다: 흔적도 없이 빠져 들어갈지도 모른다는 두려움에서 말이다.[26] 편리한 다리가 놓여진다면, 그런 다리는 많으면 많을수록 좋을 것이

---

26) 이 은유는 실제로 1987년에 본에서 있었던 논쟁에서 나왔던 것으로서, 거기에서

다. 늪지가 우리를 꼼짝 못하게 한다면, 늪지는 많으면 많을수록 더 나쁠 것이다; 그리고 우리는 그 늪지를 아예 건너지 않기로 결심하게 될 것이다.

 한 가지 특히 널리 퍼져 있는 이런 유의 주장은 신앙의 토대를 역사에서 구하는 것은 신앙을 "공로"로 변질시키는 것이고 신앙을 거짓되게 만드는 것이라는 루터파에서 가장 설득력 있게 제시되는 주장이다. 이것이 "객관화"를 반대한 신칸트주의 학파의 주장을 따라서 불트만이 그러한 관점을 채택한 이유의 일부이다. 그러나 이러한 주장은 초기 기독교가 철저하게 비유대적인, 아마도 영지주의적인 전제 — 즉, 진정한 종교는 역사를 버리고 구원을 철저하게 역사 외부에 있는 영역 속에서 발견하는 것을 기초로 세워야 한다는 전제 — 를 취하고 있었다는 것이 사실인 경우에만(물론 불트만은 종교사적 차원에서 바로 이 점을 논증하였다: 이 논증은 최근에 새롭게 활기를 얻고 있다) 타당하게 될 것이다.[27] 그러나 그러한 주장은 전체적으로(바울과 요한을 포함해서) 불트만이 생각했던 것보다 훨씬 더 유대적이었던 초대 교회의 모습과는 전혀 다를 뿐만 아니라, 신앙의 본질에 대해서도 혼동하고 있는 것이다. 신앙은 보는 것의 반대일 수 있다. 또한 신앙은 몇몇 중요한 의미들에서 의심의 반대이기도 하다. 신앙의 토대를 사건들에 두는 것이 신앙을 "공로"로 변질시키는 것이라고 말하는 것(마치 사람들이 그러한 사건들을 행하기라도 한 것처럼!)은 신앙이 아니라 의심에 해당한다고 할 수 있다. 물론 이것은 도대체 "사건"이 무엇이냐 라는 문제를 불러일으킨다. 예수의 생애, 특히 그의 죽음을 다룰 때에 앞으로 살펴보게 되겠지만, 사건은 단순히 공적 세계 속에서 일어난 일련의 일들이 아니라 인간의 다양한 의도들의 초점이 되고 있는 고도로 복합적인 것이다. 그러한 의도들 — 아무리 난해하다고 할지라도 특정한 유형의 역사적 문제 제기의 본래의 대상들 — 내에서 종종 의미라고 생각되는 것이 발

몇몇 신학자들은 내가 공격하는 견해를 옹호하면서 늪과 다리에 관한 예화를 사용하였다. 나는 이것을 매우 당혹스럽다고 생각한다. 우리가 해야 하는 일이 역사 비평이라고 우긴 것이 벌써 수 세기인데, 이제 와서 우리가 도달한 지점을 본 후에 역사를 포기하고 있으니 말이다. 이러한 취지를 분명하게 말하고 있는 것으로는 Morgan 1988, 199를 보라.

 27) 물론 불트만은 자기에게는 십자가가 여전히 중심이라고 말했다는 점에서 "역사"를 유지하였다. 그러나 여기에서조차도 그는 십자가를 "객관화할" 수 없다고 주장하였다: Thiselton 1980, 211을 보라. 신불트만 학파에 대해서는 아래 제4부를 보라.

견될 수도 있고 발견되지 않을 수도 있다. 다시 한 번 나는 다음과 같은 것을 강조해 두고자 한다: "역사가"라는 말이 "18세기 유럽의 세계관을 지니고서 통상적인 사건들 속에서는 의미를 발견할 수 없다는 신념에 가득 차 있는 사람"을 의미하는 경우에만 역사가는 이런 유의 이해에 접근할 수 없다.

이와 관련해서 적어도 불트만 신학 이후의 몇몇 성서학자들이 복음서들에 의해 제공된 망원경을 만화경이나 오목거울로 바꿔 버리고자 했던 또 하나의 이유가 있다. 이 이유는 보편화라는 관점에서 바라볼 때의 타당성에 대한 욕구였다. 예수의 가르침, 복음서 이야기들에 나오는 사건들은 어떻게 해야 당시의 시간과 장소를 뛰어넘어 그 외부에 있는 사람들에게 "의미"를 가질 수 있는가? 우리가 단순히 예수의 생애 속에서 일어난 사건들만을 바라본다면, 그 사건들은 우리와 그 어떠한 관계도 가질 수 없다. 그 사건들은 그것들이 구현하고 있는 좀 더 높은 진리의 단순한 예들, "실재"의 단순한 나타남들 또는 예들이어야 한다: 그 사건들을 기록하는 것은 방향이 잘못되었거나 심지어 위험스러운 것일 수도 있었다. 왜냐하면 사람들은 그 사건들을 진정한 실재로 착각할 우려가 있기 때문이다: 복음서 기자들이 이 사건들을 기록한 것은 아마도 과거의 나사렛 예수가 아니라 현재의 살아 계신 주님이자 장차 오실 미래의 주님을 바라보았어야 했던 초대 교회의 무신경을 보여 주는 것이다. (이 견해를 계속해서 말한다면) 우리는 사건들 자체가 중요하다는 망상에서 벗어나야 한다. 이를테면, 원래 이스라엘에 대한 예수의 메시지를 담고 있던 비유들은 보편적으로 타당한 메시지를 담았어야 했다.[28] 이때에 "무시간적인 예수" 신화라는 프로크로스테스(Procrustean)의 침대가 거기에 맞지 않는 모든 부분들을 잘라내 버리는 잣대로 사용되고, 우리는 실제의 역사적 장소 및 시간과의 모든 중요한 연결 관계들을 상실해 버린 "역사적 예수"를 만나게 된다. 우리는 이러한 문제들을 해당되는 곳에서 다루게 될 것이다; 여기서는 단지 이러한 것들이 복음서들에 대한 "역사적" 읽기를 가장(假裝)하는 분파 속에서 공통적으로 찾아볼 수 있는 또 하나의 문제점이라는 점만을 지적해 두고자 한다.

28) 본서의 다음 권인 *Jesus and the Victory of God*를 보라. 게다가 이러한 과정은 신약 자체 속에서 시작되었다는 주장이 종종 제기되고 있다(Dodd, Jeremias).

그러므로 우리는 일반적으로는 역사, 구체적으로는 복음서들과 관련하여 흔히 행해져 왔던 몇몇 전제들에 도전하지 않을 수 없다. 첫째, 우리는 "실제" 역사는 복음서들에 내재된 "해석적," 특히 "신학적" 요소들을 훼손하게 될 것이라는, 라이마루스(Reimarus) 이후로 보편화된 개념을 거부하여야 한다. 모든 역사에는 해석이 내포되어 있다; 복음서 기자들이 우리에게 신학적인 것을 제시하고 있다면, 우리는 최선을 다해서 그것을 경청해야 하고, 우리 자신의 관점, 특히 "중립적인" 또는 실증주의적인 관점이 자동적으로 옳을 것이라고 전제해서는 안 된다. 어떤 "해석" — 또는 아마도 하나 이상의 해석들 — 이 사건들의 온전한 의미를 드러내고 있는지는 마지막 날에 가서야 드러날 것이다. 따라서 특정한 가능성을 선험적으로 배제하는 것은 "객관성"을 추구하는 태도가 아닐 것이다. 역사는 신학을 배제하지 않는다; 사실 역사는 실제로 가장 넓은 의미에서의 "신학"이 필요하다.

두 번째는 첫 번째로 말한 요지의 이면으로서, 우리는 복음서들은 (편집 비평이 강조해 왔듯이) 철두철미 신학적이지만 바로 그런 이유 때문에 덜 역사적이라는 주장을 거부하지 않으면 안 된다. 복음서들이 해석이라는 것은 틀림없는 사실이지만, 그럼에도 불구하고 복음서들은 사건들에 대한 해석들이다; 만약 그렇지 않다면, 복음서들 속에는 사건들이라는 것이 존재하지 않게 될 것이다. 왜냐하면, 앞에서 보았듯이, 역사 속의 모든 사건들은 해석된 사건들이기 때문이다.[29] 신학은 역사를 배제하지 않는다; 사실 신학은 역사를 필요로 한다.

셋째, 우리는 "의미"라는 말을 역사에 적용할 때에 이 말에 내재된 여러 가능성들을 예비적으로 짧막하게 언급해 두지 않으면 안 된다(우리는 이 점에 대해서 나중에 다시 다루게 될 것이다). 기본적인 차원에서 역사의 "의미"는 관련 인물들의 의도성들에 있다고 할 수 있다(그들이 자신들의 야심들을 깨닫거나 자신들의 목적을 달성하는 것과는 무관하게). 카이사르가 루비콘 강을 건넌 것은 그에게 스스로를 공화국의 법률보다 더 높이려는 의도가 있었음을 "의미했다." 또 다른 차원에서 "의미"는 그러한 사건들의 당시에 타당성 또는 결과에 있다고 할 수 있다. 루비콘 강의 이탈리아 쪽 영토에서 농사를 짓고

---

29) Norman Perrin을 비판하고 있는 Hooker 1975, 36을 보라.

있던 사람들은 카이사르가 루비콘 강을 건넌 일이 그들의 땅의 이후의 상태에 비추어서 어떤 것들을 "의미했다"고 말했을 것이다. 또한 우리가 일련의 특정한 동기들을 사람들에게서 발견해내었다는 사실은 우리 자신과 관련된 오늘날의 사건들을 포함해서 다른 역사적 사건들 속에서도 그와 비슷한 병행들이 존재할 것이라는 것을 보여 준다. 따라서 우리는 오늘날의 사건들 속에 그와 유사한 의도성들이 자리 잡고 있고, 그것들로부터 우리 자신의 세계에 비추어서 "의미"를 추론해낼 수 있게 된다.[30] 카이사르가 루비콘 강을 건넌 사건은 독재자가 될 가능성이 있는 자들이 결정적으로 상징적인 조치들을 취할 때에 주의 깊게 그것을 살펴보아야 한다는 것을 "의미한다." 또 다른 차원에서 "의미"는 사건들이 신의 의도를 드러내고 있기 때문에, 고대 세계이든 현대 세계이든, 이교 세계이든 유대교 세계이든 기독교 세계이든 "하나님," 또는 신의 본질과 목적들에 관하여 강력하게 말하고 있다는 근거 위에서 사건들에 부여될 수 있다. 카이사르의 최후는 신이 그의 오만을 벌하지 않고 내버려두신 것이 아니라 벌하였다는 것을 "의미한다."

그러므로 우리가 "실제로 일어난 일"에 관심을 가지고 있다면, 우리(여기서 나는 "우리"를 역사가들 전체를 가리키는 의미로 사용한다)는 왜 그 일이 일어났는가에 대해서도 관심을 갖는다. 이러한 질문은 사람들의 의도만이 아니라 이스라엘의 신을 포함한(주후 1세기의 유대교 내에서 가능한 대답들과 관련해서) 어떤 주어진 세계관 내에서 활용할 수 있는 모든 범위의 설명들이 드러나도록 만든다. 우리가 주후 1세기의 사정이 어떠했으며 우리에게는 어떻게 보이고 있는가를 이해하고자 한다면, 이러한 모든 범위의 설명을 열어 두어야 마땅하다. 우리는 이 문제와 관련된 여러 가지 측면들을 다음 장에서 좀 더 자세하게 다룰 것이다.

(iii) 현상수배: 새로운 범주들

---

30) 이러한 주장과 Troeltsch의 유명한 유비(類比) 원칙(우리는 오직 우리 자신이 알고 있는 사건들과 유사한 사건들에 대한 역사적 지식만을 가질 수 있다) 간에는 "역사"가 실제로 무엇인가에 대한 비판적 실재론의 틀 속에서 제시되고 있다는 극히 중요한 차이점에도 불구하고 유사성이 존재한다.

　요컨대 우리가 발견하는 것은 우리 시대의 인식론적 도구들이 우리 앞에 놓인 자료들을 다루기에는 부적절해 보인다는 것이다. 현재의 연구 풍토 속에서 일어나는 여러 움직임들 속에 나타나는 전형적인 아이러니들 중의 하나는 아주 오랫동안 관념론의 요새에 갇혀서 죄수 생활을 해 왔던 신학자들이 마침내 실재론을 발견하고 기뻐하고 있는 반면에, 오늘날 일부 철학자들은 유물론, 심지어 온건한 실재론에서 떠나서 다시 관념론으로 회귀하고 있다는 것이다. 이러한 논쟁들은 하나의 학문 분과 속에서 견제와 균형의 원칙이 생생하게 살아 있게 하는 데 도움을 줄 것이다. 그러나 나는 관념론 대 실재론이라는 구별 자체가 궁극적으로 우리를 오도하는 것이라고 생각한다: 그리고 관념론과 실재론을 왔다 갔다 하는 것은 우리가 행하고 있는 바와 같은 실제적인 역사적 연구에 별 도움이 되지 않는다.

　우리에게 필요한 것은 어떤 다른 것을 연구하고 있는 다른 사람으로부터 빌려온 도구들이 아니라 현재 우리가 맡은 과제를 위하여 설계된 도구들이라고 나는 믿는다. 복음서들과 서신서들은 이것들과 가장 비슷한 비기독교적인 문학들과 어느 정도 구별되는 장르들, 그것들에 대한 연구는 비록 다른 밀접하게 연관된 관련 분야들과 어느 정도의 유사성들을 지니고 있다고 할지라도 전문화된 도구들, 즉 이 특정한 과제를 수행하는 데 적절한 지식 이론이 필요한 과제들이다. 이것이 바로 내가 본서 제2부에서 제시하고자 하는 것이다. 게다가 기독교의 주장이 결국 옳은 것이라면 — 예비적인 방법론을 다루는 이 시점에서 이 문제를 어느 쪽으로든 미리 대답하는 것은 어리석은 일이겠지만 — 우리는 아마도 예수를 연구하면서 우리가 망원경을 통해서 볼 수 있는 대상, 우리가 전화로 들을 수 있는 목소리뿐만 아니라 보는 것과 듣는 것의 본질 자체를 이해할 수 있는 실마리를 발견할지도 모른다는 기대를 가질 수 있다. 달리 말하면, 예수를 연구하면 지식 이론 자체도 재확인될 것이라는 말이다.[31]

　나는 이미 이 연구가 어떻게 진행될지와 관련하여 몇 가지 점을 간략하게나마 제시한 바 있고, 이 프로젝트 전체의 끝 부분에서 다시 이 점을 거론하

---

31) 바울은 고전 8:1-6에서 그러한 것을 상정했던 것으로 보인다: cf. Wright 1991a, ch. 6.

기를 희망한다. 우선 지금으로서는 우리는 다음과 같이 말할 수 있다: 어떤 출신 배경을 가졌든 "관찰자"는 사건들과 관련하여 자신의 세계관에 부합하지 않거나 자기가 예상한 가능성들의 그물에 걸려들지 않는 다른 가능성에도 열려 있을 것이 요구된다. 이 말을 내가 선호하는 다른 방식으로 말해 본다면, 일반적으로 사람은 자신의 삶에 습관적으로 적용해 온 이야기와는 다른 이야기들에 귀를 기울일 줄 알고, 그러한 다른 이야기들이 자신이 통상적으로 지켜온 이야기를 전복시키도록 허용해야 하지 않는가 하는 것을 스스로에게 자문하며, 하늘과 땅에는 자신의 작은 철학으로 꿈꾸는 것보다 더 많은 것들이 실제로 존재하는지의 여부를 물을 줄 알아야 한다는 것이다. 어떤 차원에서 들으면, 이 말은 "모더니즘적인" 그리스도인들 또는 비그리스도인들에게 "초자연적인 것에 마음을 열라"고 요청하는 말처럼 들릴지도 모른다 — 달리 말하면, 케케묵은 보수주의나 근본주의를 공식적으로 내려놓으라는 요청으로 말이다. 아울러 신약성서를 여러 가지 방식으로 읽을 수 있는 가능성들, 예수가 실제로 누구였는가를 이해하는 여러 가지 가능성들에 마음을 열어야 되는 것은 이런 유의 "보통 그리스도인"인 경우가 허다하다는 말을 덧붙이고 싶다. 이렇게 하면, 그는 자신의 이전의 이야기에 진지한 의문을 던지게 될 것이다. 또한 나는 내가 주관/객관이라는 구별을 거부한 것과 마찬가지로 자연/초자연 이라는 구별도 계몽주의적 사고의 산물이기 때문에 거부한다는 점을 분명히 말해 두고 싶다. 사실 "보수적"이든 "자유주의적"이든 이러한 구별들에 기초해서 형성된 이야기들이 바로 내가 앞으로 제시하게 될 이야기를 통해서 전복시키고자 하는 것들이다.

그러므로 모더니즘의 도구들이나 모더니즘 이전 시대의 도구들은 필요한 사고의 도구들이 될 수 없다. 내가 제시하는 도구들이 어느 정도나 "포스트모더니즘"에 속하는지는 내게 별 관심이 없는 문제다. 솔직히 말해서, 다양성은 포스트모더니즘의 필연적인 특징이 아닌가. 계몽주의적 세계관의 사망을 선포했다고 해서, 그것 대신에 앞으로 무엇이 등장하게 될 것인지를 선포한 것은 아니다. 그렇지만 오직 죽음과 부활의 문제에 초점이 맞춰지게 될 예수에 대한 연구는 이 문제에 대해서 뭔가를 말해 줄 것이다.

궁극적으로 지식 자체에 관한 새로운 이론을 수립하기 위해서는 존재에 관한 새로운 이론, 즉 새로운 존재론도 필요하게 된다. 이 경우에도 우리는 닭과

달걀 중에 어느 쪽이 먼저냐 하는 상황에 처해 있다: 우리는 내용을 연구하기 전에 새로운 이론을 알 필요가 있지만, 사실 내용을 연구해야 거기에서 새로운 이론이 출현하게 된다. 그러므로 나는 이 단계에서는 논증이 어떤 식으로 진행될 것인지를 개략적으로만 밝히고, 논의를 진행해나가면서 수정해나가는 방식을 취하고자 한다. 다만 한 가지 말해 둔다면, 단순히 자연/초자연이라는 구별에 기초한 존재론은 유효하지 않을 것이라고 나는 생각한다. "세계는 하나님의 위엄으로 가득 차 있다"라는 전제를 미리 유물론이나 "초자연주의"를 채택함으로써 거부하는 것은 근거 없는 존재론적 이원론으로 빠질 위험성을 항상 갖고 있다고 나는 생각한다. 최초의 단계에서 우리는 어떻게 해야 이러한 위험을 피할 수 있는가?

이 시점에서 불가피하게 해석자는 자신의 출신을 밝히지 않으면 안 된다. 나는 신약성서에 대한 나의 연구와 현재의 나의 모습을 이루는 데에 영향을 미친 그 밖의 다양한 요소들에 떠밀려서 다음과 같은 현실에 관한 이야기를 말하는 것을 본다. 우리가 아는 현실은 창조주 신이 신 외부에 있으면서 신의 영광으로 가득 차 있는 세계를 창조한 결과다. 이 피조세계를 처음부터 준비해 온 방식으로 언젠가는 자신의 생명으로 흘러넘치게 하는 것이 바로 이 신의 변함없는 의도였다. 이러한 목적을 위한 수단의 일환으로 창조주는 자신의 형상을 따라 피조세계를 지혜롭고 애정 어린 마음으로 돌볼 수 있는 한 피조물을 만들었다. 그런데 비극적이게도 바로 이 피조물이 신의 그러한 의도에 반기를 들었다. 그러나 창조주는 이 문제를 원칙적으로 대단히 적절한 방식으로 해결하였기 때문에, 그 결과로서 이제 피조세계는 다시 한 번 그 원래 의도되었던 목표를 향하여 나아가고 있다. 이 해법의 실행은 신이 자신이 지은 인간, 궁극적으로는 피조세계 전체 속에 내재하면서 만물을 원래 그것들이 만들어졌던 목적에 맞춰서 변화시키는 것을 포함하고 있다. 이 이야기 — 이 이야기와 악한 농부 비유의 유사성은 결코 우연이 아니다 — 는 분명히 존재론, 실제로 무엇이 존재하는가에 관한 견해를 창조주/구속주인 신의 존재 및 활동에서 근거를 찾으려고 시도한다. 이 이야기는 내 경우에 내가 현실에 관하여 말할 때에 사용했던 온갖 종류의 다른 이야기들(몇몇 "기독교적" 이야기들을 포함한)을 실제로 전복시키는 데 성공하여 왔다. 나는 이 이야기가 계몽주의 이후의 통상적인 이야기들보다 실제 세계에 훨씬 더 "부합한다"고 생각한다. 이 말이 사실

이 아닌 양 가장하는 것 — 계몽주의 유의 프로젝트가 베를린 장벽처럼 무너졌을 때에 모든 것을 "단순한 역사"로 환원시켜 버리고 이 이야기를 폐기하는 것 — 은 어리석은 짓임과 동시에 정직하지 못한 짓이 될 것이다.

그렇다면 무엇이 역사가에게 적절한 방법론인가? 최근에 역사는 가설과 검증이라는 과정으로 이루어져 있다는 주장이 제법 힘을 얻어 왔다.[32] 나는 이러한 주장(또는 이러한 주장의 몇몇 변형들)이 사실 모든 역사가들이 어쨌든 해왔던 방식이라고 믿기 때문에 이러한 주장에 많은 점에서 동의한다. 따라서 우리가 이 주장이 정확히 무엇을 의미하는지, 그리고 구체적으로 오늘날의 신약성서 연구와 결부되어 있는 "통상적인 비평학적 방법론들"이 그러한 주장 속에서 어떠한 위치에 있는지를 살펴보는 것은 대단히 중요하다.

4. 역사적 방법론: 가설과 검증

(i) 들어가는 말

한 가지 중요한 점에서 역사적 방법론은 다른 모든 연구 방법론들과 매한가지다. 역사적 방법론은 "검증"이 필요한 "가설들"을 사용하여 연구를 진행해 나간다. 앞에서 이미 보았듯이, 이것을 다른 식으로 한층 잘 표현해 본다면 (몇몇 인식론적 함정들을 피하기 위하여), 사람들은 묵시적이거나 명시적인 이야기들에 의거해서 살아간다고 할 수 있다; 이러한 이야기들은 질문들을 던진다; 그런 다음에 사람들은 이러한 질문들을 설명해 줄 수 있는 이야기들을 제시한다; 그렇게 제시된 이야기들 중의 일부는 성공한다. 나는 "가설"과 "검증"이라는 편리한 용어들을 계속해서 사용하기는 하겠지만, 이러한 뉘앙스를 지닌 용어들로 사용할 것이다.

다른 연구 분야들과의 이러한 유사성에도 불구하고 또한 상당한 차이점들도 존재한다. 각각의 분야들에서 가설들은 각기 다른 종류의 강도(强度)가 필요하고, 각기 다른 적절한 검증체계를 갖는다. 무엇이 성공적으로 설명해 줄

---

32) 오늘날의 신약학자에 의한 역사적 방법론에 대한 가장 정교한 진술에 대해서는 Meyer 1979, ch. 4을 보라; 그 밖에 가치 있는 자료로는 Meyer 1989가 있다. 또한 Sanders 1985, 3-22는 Meyer처럼 철학적인 토대는 없지만 역시 분명히 도움이 된다. 그 배경이 되고 있는 철학적 논쟁들에 대해서는 Toulmin 1958을 보라.

수 있는 이야기인가라는 것은 고사하고, 유의미한 것으로 보기 위한 조건들도 우리가 여러 다른 주제를 다룰 때에 미묘한 차이를 보이게 될 것이다. 그러므로 우리는 무엇이 특정한 가설을 다른 가설들에 비해서 좋은 역사적 가설이 되게 하는지를 살펴볼 필요가 있다. 다른 지식 분야들에서 좋은 가설을 판별하는 기준과의 유사성들이 존재할 것이지만, 이미 이 장에서 역사적 지식의 본질에 관하여 말했던 내용은 여기에 그대로 적용이 되어서 상당한 차이들을 낳게 될 것이다.

앞에서 가설이란 본질적으로 특정한 일련의 현상들과 관련된 이야기로 제시되는 인간의 사고에 의해서 만들어진 구성물로서, 이러한 현상들에 대한 해석일 수밖에 없는 이야기는 바로 그 현상들에 대한 설명을 제시한다. 나는 경찰차가 사이렌을 크게 울리면서 도로의 차선을 거꾸로 내달리는 것을 본다. 나는 내 자신의 밑바탕에 깔려 있는 우리 사회의 정상적인 상태에 관한 이야기를 스스로에게 말할 것이기 때문에, 나는 의문에 봉착하게 된다: 뭔가 비정상적인 일이 벌어지고 있다. 나는 범죄가 발생했거나 사고가 일어났다고 추측한다. 이것은 이제 더 많은 증거에 비추어서 검증할 필요가 있는 역사적 가설이다. 실험의 단계, 궁극적으로는 검증의 단계는 경찰차를 계속 따라가 보면 나타나게 될 것이다. 조금 후에 나는 인근 거리에서 소방차 소리를 듣고, 가까운 곳에서 연기가 피어오르는 것을 본다. 즉시 나는 가설을 바꾼다: 새로운 가설들의 출현은 내가 문제들을 분명히 하는 데 도움을 준다. 물론 경찰차가 불이 난 사실에 대해서는 전혀 모르고, 단지 절도범 한 명을 뒤쫓고 있다는 것이 여전히 사실일 수도 있지만, 가설에서 요구되는 단순성과 자료들에 대한 포괄성에 비추어 볼 때, 이 모든 사건들이 서로 결합되어 있을 개연성이 여전히 대단히 높다. 나는 서로 잘 연결되지 않는 복잡한 이야기들보다 단순한 이야기를 선호한다. 이때에 나는 10분 전에 뭔지 알 수 없는 폭음을 들었다는 사실을 기억해 낸다. 또 다시 이 사건은 앞에서 말한 사건들과 아무런 관련이 없을 수 있지만, 단순하게 생각하면, 이 모든 것들은 서로 연결이 된다. 따라서 나는 내가 원래 이 사건과 결부시키지 않았던 더 많은 자료들을 포섭하고 설명해내려고 시도한다. 내가 경찰차를 따라잡았을 즈음에 이해를 위한 나의 나선형의 여행은 문자 그대로 또한 은유적으로 나를 화재 현장에 데려다 놓는다. 그리고 내가 이 모든 사건들과 관련하여 진짜 역사가처럼 "왜"라고 묻기 시작할 때에, 나는 그 의도에도 불구하고 화재를 일으킨 행위 및 이 재난과 관련하여 그들의 직무를 수행하고자 하는 경찰관과 소방관의 의도 이외의 다른 것을 볼 필요가 없다.

(ii) 좋은 가설을 위한 요구 조건들

따라서 어느 분야에서든 좋은 가설이 되기 위해서는 세 가지 조건을 갖추어야 한다. 그 각각의 조건들에 대해서는 좀 더 논의가 필요하겠지만, 이 단계에서는 그 윤곽을 명확히 해 두는 것이 중요하다.

첫째, 좋은 가설이 되기 위해서는 자료들을 포괄하여야 한다. 내가 전능자의 시각이 아니라 내 자신의 눈을 통하여 증거들을 보고 있다고 할 때, 여러 가지 증거 단편들을 억지로 짜 맞추는 것이 아니라 있는 그대로 통합하여야 한다. 연기를 낮은 구름이라고 하거나 "폭음"을 가까운 곳에서 대문을 쾅 하고 닫는 소리라고 해서는 안 될 것이다.

둘째, 좋은 가설은 기본적으로 단순하고 전체적으로 통일성을 갖추어야 한다. 폭음, 연기, 소방차, 경찰차가 각각 상호 관련이 없을 수도 있지만, 경찰차가 화재 현장이 아니라 강도에게 털린 은행 쪽으로 가는 것을 목격한 것과 같은 추가적인 자료를 얻지 않는 한, 이 자료들이 동일한 사건 전체의 일부들이라고 상정하는 것이 더 간단하다.

물론 좋은 가설의 이 처음 두 측면 — 자료들을 포괄해야 한다는 것과 단순성 — 은 언제나 서로 긴장관계에 있다. 일부 자료들을 희생시키고 단순한 가설들을 세우려고 하기가 쉽고, 모든 자료들을 설명하기 위하여 대단히 복잡하고 서로 뒤엉킨 가설을 제시하기 쉽다. 이러한 두 가지 위험성은 신약성서 연구, 특히 예수에 대한 연구 속에서 비일비재하게 만나게 된다. "갈릴리의 농부 예수"라는 가설은 아주 단순하고 직설적이기는 하지만, 상당수의 증거들을 무시하고 있기 때문에, 이 가설은 나머지 자료들을 초대 교회라는 허구적인 집단들이 어떻게 꾸며내었는지를 설명하기 위한 온갖 종류의 이론들을 덧붙인다고 해도 더 나아지지는 않는다. 역으로 예수에 대한 가장 "보수적인" 읽기들은 모든 자료들을 포함하는데, 이는 바로 그것이 그 읽기들의 목적이기 때문이다. 그러나 그러한 읽기들은 예수의 공생애 동안에 그의 목적과 의도에 대한 역사적으로 설득력 있는 설명을 제시하지는 못한다.

어느 특정한 분야에서 어느 정도 모든 자료들을 포괄하면서 상당히 단순성
을 지니는 가설들이 여러 개 공존하는 것이 가능하다. 그러므로 다른 것들보
다 뛰어난 좋은 가설이 되기 위해서는 세 번째의 조건이 필요하다. 모든 자료
들을 설명해 준다고 주장되는 이야기는 다른 관련 분야들을 설명하는 데에도
효과적임이 입증되어야 하고, 다른 문제들을 설명할 수 있거나 설명하는 데
도움이 되어야 한다. 앞서 내가 든 예 속에서 다른 문제들이란 폭음, 그리고
내가 조금 전에 지나왔던 도로가 봉쇄되었다는 사실 같은, 원래 내가 그리 주
목하지 않았던 그 밖의 여러 가지 것들을 포함할 것이다.

우리가 이러한 판별기준들을 유대교, 예수에 관한 가설들 또는 기독교의 기
원에 관한 모든 문제에 적용할 때에는 문제들이 도시의 화재보다 훨씬 더 복
잡하게 되리라는 것은 당연한 일이다. 첫째, 우리는 그러한 문제들과 관련된
자료들의 양이 방대하고 당혹스러울 정도로 각양각색의 모양을 띠고 있다는
것을 발견하게 된다. 물론 역사적 가설에서 자료들은 원재료들이다: 고대 세
계에서 이것은 주로 글로 쓴 문서들을 의미하지만, 금석문, 공예품, 고고학적
증거들 등도 당연히 포함된다. 엄청난 양의 자료들이 수집되어야 하는데, 단순
성을 원하는 역사가는 자료들을 절반쯤만 모으고 통일성에 더 집중하고자 하
는 많은 유혹을 받게 된다.[33] 유대교 자료들만 해도 평생 연구해도 시간이 부
족할 정도다: 복음서들은 그 자체만으로도 매우 독특한 수많은 문제들을 제기
한다: 초기 그리스도인들이 사용했던 말과 글쓰기 형태들, 특히 그들에게는
아주 친숙했지만 우리에게는 아주 낯선 묵시문학적인 이미지들은 우리가 정
신을 바짝 차리지 않으면 우리를 끊임없이 다른 길로 끌고 가 버릴 것이다.
그리고 고대의 역사가 언제나 그렇듯이, 자료들은 진정으로 우리가 알고자 하
는 것을 우리에게 말해 주지 않는 것이 보통이다. 자료들은 스스로 당연한 것
으로 받아들일 수 있었던 것들에 대해서는 설명을 하지 않는다: 따라서 우리
는 그러한 것들을 심혈을 기울여서 여기저기서 모아 재조립해야 할 경우가 많
다.[34] 우리는 고생물학자들처럼 공룡이 일생 동안 사용했지만 한 번도 그것에

---

33) cf. Carr 1987 [1961], 14-16.

34) 이 과제는 Anthony Harvey (1982)가 "역사적 제약들"의 추적이라고 묘사했던
바로 그것이다. 나는 이 개념이 좀 더 정교하게 다듬어질 필요가 있다고 생각하긴 하지

관하여 생각한 적이 없었을 뼈 조각들을 하나하나 맞추려고 애를 써야 한다. 단순히 자료들을 보고 조립하는 것만으로도 엄청난 일이 된다.

그 다음 둘째로, 본질적으로 단순한 역사적 가설을 세우는 것도 마찬가지로 만만치 않은 일이다. 그것은 예수에 관한 모든 중요한 질문들을 항상 염두에 두고, 한 문제를 해결해 주긴 하지만 그 밖의 나머지 문제를 무질서와 혼돈의 상태로 남겨 두는 그러한 가설을 수용하기를 거부하는 것을 포함한다. 나중에 보게 되겠지만, 바로 이 단계에서 일부 신약학자들은 이 두 가지 판별기준들에 의해서 제기된 딜레마의 뿔들을 제거하기 위하여 고도로 교묘한 방법들을 발전시켜 왔다. 자료들의 몇몇 부분들이 단순한 가설에 맞지 않는 경우에(예를 들면, 예수는 세상의 종말이 곧 닥칠 것으로 예상했기 때문에 교회를 세우려는 생각을 할 시간이 없었다는 가설), 우리는 완강하게 고집을 피우는 자료들을 다룰 몇 가지 방법들을 소유하고 있다: 그 자료가 예수 자신에게서가 아니라 후대의 교회에서 유래하였음을 보여 주기 위하여 사용할 수 있는 몇몇 도구들 말이다. 이렇게 해서 그 자료들은 예수를 묘사하는 그림에서 사라져 버린다 — 이로 인해서 값비싼 대가를 치르긴 했지만[35] 그 대가란 앞에서 행한 조치 때문에 교회 및 그 창조적 활동과 전승들에 관한 그림이 한층 복잡해지게 되는 것이다. 복음서들에 대한 현대의 전승사적 비평을 연구해 온 사람이라면 누구나 그것이 얼마나 난마(亂麻)처럼 뒤엉켜서 복잡해질 수 있는지, 확고하게 정해진 내용들이 실제로 얼마나 극소수인지를 알고 있다. 그러한 상황 속에서 우리가 보고 있는 것은 단순성을 희생시키고 세부적인 내용 및 예수에 관한 묘사 또는 초대 교회에 관한 묘사의 개요에서 고도의 복잡성과 그 가설적인 전개인데, 바울 신학의 경우에도 이것은 마찬가지다. 우리가 전체 조각그림의 본질적인 단순성의 중요성을 염두에 두고 있을 때에만, 우리는 이런 유의 결과들에 만족하게 된다(지적으로: 물론 우리는 전승 비평의 현재 상태

만 유용하고 도움이 되는 개념이라고 본다. 나는 Harvey의 모형을 여러 단계에서 사용함으로써 그에게 빚지고 있다: Wright 1986a를 보라.

35) 이러한 기법은 바울 서신에도 적용될 수 있는데, 사물 비평(Sachkritik)이라는 과정을 통해서 비평학자는 바울의 사상들을 바울 자신보다 더 잘 이해하고, 그의 사상의 어떤 측면들을 다른 측면들에 비추어서 상대화시킬 수 있다. Morgan 1973, 42-52와 Meyer 1989, 59-65, 특히 63-4를 보라.

에 대해서 다른 종류의 불만들도 느끼고 있다).

세 번째 판별기준(직접적으로 해당되는 분야 외의 다른 분야들도 설명해 줄 수 있어야 한다는 것)은 분명히 예수와 바울에 관한 연구에서 주후 1세기 전체의 좀 더 폭넓은 조각그림과 연관된다. 특히 우리의 주된 두 가지 주제 간의 관계에 관하여 많은 문제점들이 제기되어 왔기 때문에, 한 쪽을 설명해 주면서도 아울러 다른 쪽도 설명해 주는 가설은 이 두 주제를 분리시키는 가설보다 결정적으로 이점을 가질 것은 틀림없다. 학자들이 예수와 초대 교회를 한 묶음으로 해결하고자 할 때, 바울이 원래 유대적이었던 복음을 헬라화했을 것이라는 것과 같은 그 밖의 다른 현상들이 도입된다. 이렇게 하면 이 현상들을 비롯한 좀 더 폭넓은 문제들이 다루어지긴 하지만, 역시 단순성이라는 원칙은 희생되고 만다.

우리는 지금까지 신약성서에 관한 역사적 가설들에서 통상적으로 한 몫을 하는 한 가지 판별기준을 생략해 왔다. 나는 그 가설이 지닐 수 있는 실제적 또는 가상적인 당시의 실천적 타당성을 말하고 싶다. 우리는 이미 제1장에서 이것을 조금 살펴보았고, 이후의 책들의 서론 부분들에서 이것을 구체적인 형태로 보게 될 것이다. 이 점과 관련해서 예수 연구에 대한 효과와 바울연구에 대한 효과가 서로 구분되기는 하지만, 이 점을 여기에서 거론하는 이유는 아주 간단하다.

예수가 결국 그들이 선호하는 프로젝트나 프로그램을 승인하지 않았다는 불편한 사실에 직면해서, "그런 식이라면 예수에게도 좋을 것이 없다"라고 말할 준비가 되어 있는 사람은 거의 없을 것이다. 바로 그런 말은 예수의 동시대 사람들이 했던 말이었고, 우리는 그런 말을 한 그들을 비판해 왔다. 조지 티렐(George Tyrrell)이 말했듯이, 이것이 바로 19세기 자유주의자들이 쓴 "예수 전기들"이 오직 깊은 우물 속에 비친 자신의 얼굴만을 보는 데 성공했던 이유이다.[36] 따라서 예수가 일정 정도의 역할을 하고 있는 수없이 다양한 많은 기독교의 모형들은 예수에 관한 그들의 묘사를 조금만 바꾸려 해도 완강

---

36) 특히 Harnack을 거론하고 있는 Tyrrell 1963 [1909], 49를 보라(McGrath 1986, 86은 이것을 Harnack에게 적용할 수 있다는 것을 반박하고 있지만). 사실 하르낙은 예수의 삶은 글로 씌어질 수 없었다고 말한 바 있다: McGrath, 61을 보라.

하게 저항한다. 왜냐하면 그들이 잘 알고 있듯이, 그러한 변경은 그들의 삶과
사고와 관련된 다른 분야들에도 반갑지 않은 영향을 상당히 미치기 때문이다.
물론 이러한 선천적인 보수 성향은 교회에 다니는 일반 신자들(그리고 많은
신학자들은 한때 그러한 일반 신자들이었다)은 단순히 뭔가를 바꾸려고 하거
나 어리석은 짓을 하는 것에 대하여 내재된 저항감을 갖고 있다는 것을 의미
한다. 또한 그것은 예수에 관한 그림을 수정하기 위한 진지하고도 근거가 있
는 제안들이 종종 어처구니없이 거부된다는 것을 의미하기도 한다. 이러한 거
부심리는 다양한 차원들에서 작용하는데(물론 혁신적인 제안들도 마찬가지
다), 이 문제는 사회학자나 심리학자가 연구할 문제다.

　　그렇다면 바울은 어떤가? 우리는 이미 유대교 및 초대 교회에 관한 묘사들
이 오늘날의 해석학적 도식들의 요구조건들에 맞춰서 왜곡되어 왔다는 것을
언급한 바 있다. 유대인들은 악한(惡漢)들로 묘사되기도 하고, 비극적인 주인
공들로 묘사되기도 한다. 또한 가장 초기의 그리스도인들은 고상한 선구자들
로 묘사되거나 특이한 원시인들로 묘사되기도 한다. 초대 교회 내에서 특별한
사례에 속하는 바울을 보면, 우리는 다소 다른 현상을 발견하게 된다. 사실 사
람들은 흔히 바울은 X를 믿었으나 우리는 그것과 양립할 수 없는 Y를 믿는
다고 말한다. 수많은 사람들이 여전히 바울을 자기편에 두고자 하지만, 그러한
입장에 서는 학자들은 예수를 자기편에 두고자 하는 학자들보다 훨씬 소수이
다. 우리는 이것이 더 많은 "객관성"의 결과라고 생각할지도 모른다: 우리가
바울에게 동의하지 않는다면, 우리는 바울을 그의 모습 그대로 놓아 두어야
한다. 하지만 애석하게도 사정은 그리 간단치가 않다. 바울을 연구하는 학자들
사이에서 비일비재하게 일어나는 일은 일부 바울 해석자들은 바울이 어떤 견
해를 가졌다고 주장하고, 이 견해에 동의하지 않는 학자들은 마치 바울이 그
견해에 책임이 있다는 듯이 바울을 비판하는 것이다. 이것을 보여 주는 두 가
지 좋은 예는 쉐프스(Schoeps)가 바울을 루터파라고 호되게 질책한 것과 매
코비(Maccoby)가 바울을 헬레니즘적 영지주의자로 몰아붙인 일이다.[37] 또한
어떤 학자들은 바울에게 약간 선심을 쓰는 척하면서 바울을 거부하는 것이 오
랜 습관이 되어버린 종파들(예를 들어, 몇몇 영국의 종파들) 출신이다: 그들

---

37) Schoeps 1961; Maccoby 1991.

은 바울을 분명히 괜찮은 저술가이긴 하지만 약간 엉망진창이고 지나치게 독
단적인 사람, 요컨대 점잖은 사회에서는 가까이 하기가 꺼려지는 그런 유의
신학자로 본다. 그러므로 바울과의 신뢰성 있는 연속성을 유지하기 위한 충분
한 합의점들과 바울을 미화시키는 것을 피하기 위한 충분한 비판점들을 발견
하는 것이 중요하게 된다.

내가 제2장에서 논의했듯이, 인식 주체의 개입 없이는 인식은 있을 수 없다
는 것은 전체적으로 통일적인 인식론의 일부이다. 실증주의는 다른 때와 마찬
가지로 역사를 연구할 때에도 나은 것이 하나도 없다. 아울러 내가 제1장에서
주장했듯이, 몇몇 사람들의 삶에 관한 주요한 이야기가 예수 또는 바울을 대
단히 긍정적인 시각에서 바라보고 있다는 사실은 흔히 편견을 은폐하는 연막
역할을 하는 "중립성"을 가장할 필요가 전혀 없다는 것을 보여 준다. 그러나
기독교적이든 아니든, 어떤 특정한 입장을 정당화해 주느냐 않느냐가 특정한
이야기를 판단하는 대조표본으로 사용되는 판별기준이 된다면, 우리는 인식론
을 정반대의 방향, 즉 현상론적 방향으로 와해시키는 것이 된다. 이 경우에 역
사적 증거들은 우리 자신을 우리가 보고자 하는 모습으로 볼 수 있게 해 주는
거울 역할로만 사용된다. 그리고 이것은 우리가 기존에 말한 이야기들을 새로
운 이야기들이 전복시키거나 수정할 가능성을 부정하는 것이 될 것이다. 앞에
서 이미 보았듯이, 그러한 것은 철학적으로는 유아론(唯我論)이고, 역사적으로
는 닫힌 사고이며, 신학적으로는 근본주의(fundamentalism), 즉 새롭거나 수
정된 이야기를 생각만 해도 참을 수 없어 하는 집단적인 종교적 유아론이다.

이렇게 해서 제안된 가설이 우리에게 일부 사람들이 받아들일 수 없다고
생각하는 형태의 기독교를 보여 준다는 것이 드러나거나, 기독교를 완전히 포
기할 것을 요구하는 것이라면, 누구나가 또다시 그러한 가설에 어떤 오류가
있는 것은 아닌지를 살펴보기 위하여 다른 논증을 제시할 수 있을 것이다. 그
러나 그러한 가설을 받아들일 수 없다는 것 자체를 그 역사적 가설을 거부하
는 근거로 사용해서는 안 된다.[38] 가설을 실험하기 위해서는 엄격하게 공언(公
言)된 근거들에 의해서 그 실험이 진행되어야 한다: 자료들을 포괄하고 있는

---

38) 물론 이것은 통상적으로 제기되는 반론이 아닐 것이다: 그러나 이것은 유식한 수
사학 배후에 감춰진 실제의 수사학일 가능성이 많다.

가, 적절한 단순성을 획득하고 있는가, 다른 분야들에서도 성공적임이 입증되고 있는가. 물론 그러한 "검증"은 사람들이 성공적으로 설명해 줄 수 있는 이야기들이라고 생각하는 이야기들을 말하는 것으로 이루어지고, 이것은 언제나 인식 주체와 자료들 간의 상호작용을 포함한다. 그러나 사람은 자기가 옹호하고자 하는 입장 또는 자기가 거부하고 싶은 입장을 내용 속에 투영시키고자 하는 유혹을 받을 수밖에 없다는 것을 그대로 용납해서는 안 된다.

이와 같이 역사는 미생물학 또는 다른 그 무엇과 마찬가지로 가설과 검증을 통해서 진전되어 간다. 예수와 복음서들, 바울과 서신서들에 대한 연구도 항상 그래 왔다고 나는 생각한다. 슈바이처(Schweitzer), 불트만, 그리고 오랫동안 적절한 판별기준들이 무엇인가를 놓고 열띤 논쟁을 벌여왔던 "새로운 탐구"(New Quest) 성향의 학자들을 포함한 나머지 사람들[39] — 이들 모두는 은연중에 이러한 사고 틀에 호소하여 왔다. 모든 학자들은 어떤 가설, 어떤 지배적인 이야기를 염두에 둔 채 자기들이 자료들을 다루면서 가능한 한 단순한 도식을 가지고 연구했으며, 그 도식이 그 밖의 다른 주변 내용들을 어떻게 조명해 줄 수 있는지를 밝히려고 노력하였다고 주장한다. 문제는 이러한 방법론은 실제로 사용되긴 했으나 흔히 인정을 받지 못해 왔고 항상 적절하게 실행된 것은 아니었다는 것이다: 모든 것이 잘 되어가고 있는 것이 아니라고 경고한 위험 신호들(자료들을 부주의하게 다룬다거나 쓸데없이 복잡한 이론을 너 그렇게 받아들이는 것)에 주의를 기울이지 않았기 때문에, 형편없는 논증들이 간과되어 버렸다. 특히 학자들은 초대 교회에 관한 지배적인, 그러나 오해의 소지가 많은 모형들을 가지고 연구를 했고, 앞으로 살펴보겠지만, 이것은 예수 및 바울에 관한 연구에 알지 못하는 가운데 중대한 영향력을 행사하여 왔다.

후자의 현상의 한 예로, 우리는 이른바 "메시야 비밀"에 관한 브레데(Wrede)의 유명한 가설을 들 수 있다.[40] 먼저 스스로를 결코 메시야로 생각하지 않았던 예수가 있었다. 나중에 초대 교회에서 예수를 메시야로 영접하였다는데(왜?), 사실 예수는 메시야라는 개념조차 알고 있지 못했다. 그 후에 익명의 천재적인 영웅이 등장하여 이러한 혼선에 직면해서 예수는 스스로를 메시

---

39) Neill and Wright 1988, 288-91, 379-401을 보라.
40) Wrede 1971 [1901]. 아래 제13장에 나오는 논의를 보라.

야로 자처했었지만 항상 이 문제를 엄격하게 비밀에 붙였었다는 설명을 만들어 내었다. 그의 뒤를 이어 마가가 출현하였고, 그는 이 도식을 받아들여서 의도적으로 이 도식을 자신의 이야기 속에서 구현하였다. 그러나 마가조차도 이 일을 훌륭하게 해내지 못했는데, 마가복음에는 이 비밀이 너무도 자주 새나가고 있는 것처럼 보이는 대구들과 같은, 여전히 앞뒤가 안 맞는 내용들이 나오기 때문이다. 이 모든 일들은 40년이라는 기간 내에 일어났던 것으로 상정된다. 그렇다고 해서 신속하고 극적인 신학적 발전이 불가능하다는 말은 아니다. 그런 일은 비일비재하게 일어나고, 주후 1세기는 바로 그 좋은 예다. 그러나 이와 같이 앞뒤가 안 맞고 복잡한 신학적 발전, 단계 단계마다 희박한 근거 위에서 복잡하고 기괴한 동기들을 만들어 내어야 하는 신학적 발전 — 이것은 우리에게 너무도 많은 것을 믿으라고 강요하는 것이다. 이러한 설명에 의거하지 않고 관련 자료들을 설명하고 있는 가설이 언제나 더 성공적인 것으로 입증될 것이고, 또한 정말 그럴 것이다. 브레데는 그의 기본적인(그리고 단순한) 개념 — 예수는 스스로를 메시야로 생각하지 않았다 — 의 단순성을 위해서 그 밖의 다른 모든 부분에서는 엄청나게 복잡한 설명들을 감수해야 했고, 그렇게 했는데도 여전히 그의 가설에 들어 맞지 않는 수많은 자료들이 남아 있게 되었다. 침대 밑을 깨끗이 청소한다고 해도 그 먼지가 고스란히 옷장 아래에 쌓인다면, 침대 밑을 청소하는 것은 아무런 득도 되지 않을 것이다.[41]

(iii) 검증과 관련된 여러 문제들

요사이 (a) 가설들의 검증에서 사용되는 서로 다른 판별기준들에 붙이는 가중치, (b) 어떤 특정한 분야에서 각각의 판별기준을 충족시킨다는 것이 무엇을 의미하는지를 적절하게 밝혀내는 것에 대한 매우 적절하고도 꼭 필요한 논의가 과학철학자들 사이에서 진행되고 있다. 이러한 것들은 중요한 문제들로서, 우리는 이 문제들을 좀 더 자세하게 살펴볼 필요가 있다.

한편으로는 자료들을 포괄하는 것과 다른 한편으로 단순성을 유지하는 것

---

41) 폭넓은 전체적인 도식을 위하여 증거들을 끊임없이 해체하는 가설의 예는 오늘날 Mack 1988에서 볼 수 있다. 예수의 사역 속에서 메시야 비밀을 비롯한 그 밖의 비밀들에 대한 내 자신의 견해에 대해서는 다음 권을 보라.

사이에 요구되는 균형이 어떠한 것인가 하는 것은 다루어지는 주제에 따라 각각 달라질 것은 분명하다. 고생물학자가 두개골 하나를 서로 짜맞춰서 조립한다고 생각해 보자. 만약 ·이 고생물학자가 몇 개의 큰 뼈들을 빠뜨린 채 대단히 아름다운 단순한 구조물을 완성한다면, 그 동료들은 이 고생물학자가 두 번째 판별기준을 충족시키느라고 첫 번째 판별기준을 희생시켰다고 비난하면서, 그가 빠뜨린 뼈들은 복원된 동물을 잡아먹거나 복원된 동물에 의해서 잡아먹힌 동물의 뼈라고 주장하는 이 고생물학자의 이론을 아주 간단하게 제압해 버릴 것이다. 이 고생물학자는 단순성을 충족시키느라고 자료들을 포괄해야 한다는 원칙을 희생시켰다. 그러나 두 번째 고생물학자가 영악스럽게 모든 뼈들을 다 사용해서 어떤 동물의 뼈대를 복원해 놓았지만, 그 동물은 한쪽 발에는 7개의 발가락이 달려 있고 다른 쪽 발에는 18개의 발가락이 달려 있는 그런 동물이었다면, 앞에서와는 정반대의 결론이 도출될 것이다: 모든 자료들이 포함되기는 했지만, 단순성이 포기된 이 경우에 대해서는, 두 번째 고생물학자가 만들어 낸 새로운 이야기의 정말 괴이한 진화론적 설명에 학자들의 불신이 집중될 것이다. 그러나 이 두 개의 이론 중에서 어느 쪽을 택할 것인가? 모든 것을 고려할 때, 나는 전자를 선택해야 한다고 생각한다: 몇몇 여분의 뼈들이 이 동물의 뼈 속에 끼어들었을 가능성이 특이한 발 모양을 가진 동물이 실제로 존재하였을 가능성보다 더 크기 때문이다. 그러나 자료들의 포괄성보다 단순성을 우선시하는 이러한 방법(이것은 단지 한 이야기가 다른 쪽 이야기보다 더 낫다는 것을 의미할 뿐이고, 그 이야기가 가장 유력하다거나 참되다는 것을 의미하지는 않는다)이 모든 연구 분야들에 적용된다고 생각해서는 안 되고, 인간의 역사는 바로 그 경우에 해당한다. 역사의 소재 자체가 균일하지 못하기 때문에, 그것을 일종의 지적 군법(軍法)에 의해서 일사분란하게 처리하려고 하는 모든 시도들은 의심스러울 수밖에 없다. 어떤 사건에 관하여 더 많이 알면 알수록 우리는 점점 더 그 사건이 복잡하다는 것을 깨닫게 된다. 단순성은 증거들이 별로 존재하지 않을 때에 사건들을 마음대로 주무르기 위한 손쉬운 수단이 되기 쉽다. 따라서 좋은 역사적 가설은 결과적으로 또는 궁극적으로 단순성을 지니게 되고, 우리도 기묘하고 복잡한 설명들에 만족하지 않아야 하지만, 자료들에 대한 포괄 여부가 궁극적으로는 이 처음 두 가지 판별기준들 중에서 더 중요한 기준이라고 해야 한다.

그러나 자료들을 포괄한다는 것이 정확히 무엇을 의미하는가? 이 질문을 복음서들에 적용했을 때에 나오는 세부적인 내용들은 나중에 자세하게 거론될 것이다. 그러나 우선 현재로서 우리는 적어도 이러한 목적, 즉 모든 가설들의 첫 번째 목표는 증거들을 독자적인 견지에서 진지하게 다룸으로써 성취되어야 한다고 말하지 않을 수 없다. 문학적인 텍스트는 다른 그 무엇이 아니라 그 본연의 모습대로 다루어져야 한다. 복음서들의 장르와 의도에 관한 현재의 논쟁들은 특히 이것과 밀접한 관계가 있다. 마찬가지로 한 복음서에 나오는 어떤 단락도 다른 그 무엇으로서가 아니라 원래의 모습 그대로 연구되어야 하고, 양식 비평의 새로운 방향들은 바로 그러한 것에 관하여 어느 정도 말하고 있는 것으로 보인다. 우리는 지금까지 예수를 역사적으로 재구성했다고 주장하는 수많은 사례들 속에서 사고와 비평의 도구들을 임시변통적이고 무차별적인 방식으로 사용해 왔다는 것을 알고 있다. 먼저 우리는 복음서들에 나오는 뭔가 좀 불편한 구절을 선택해서 별 생각 없이 그 구절을 초대 교회의 산물로 취급함으로써 예수에 대한 재구성의 증거로 사용할 수 없다고 버려 버린다. 그렇게 함으로써 우리는 점점 많아지는 전승사적인 일련의 문제들을 "초대 교회"에 관한 조각그림을 그릴 때까지 연기하거나 아예 아무 소리도 없이 무시해 버린다: 그러한 여러 내용들이 예수에게로 소급되지 않는다면, 우리는 그러한 내용들이 초기 그리스도인들에 의해서 만들어졌다는 것을 어떻게 설명할 수 있는가? 아울러 우리는 내용 자체의 실제적인 성격도 조용히 무시해 버린다.[42]

신약성서에 대한 역사적 연구에서 바로 이 점과 관련하여 특정한 가설을 옹호하기 위하여 복음서들에 나오는 이런저런 말씀이나 사건 또는 바울 서신에 나오는 이런저런 대목들을 기꺼이 폐기할 수 있다는 것을 나타내 보임으로써 어떤 학자의 연구가 실제로 얼마나 "비평적"인지를 보이도록 ─ 즉, 그가 진정으로 계몽주의 이후의 역사적 학문 연구의 동호회에 속하는지를 보이도

---

42) 예를 들면, Sanders (1985)는 그의 책 전체를 통해서 불트만이 사용하고 제안했던 방법론들과 도식과 가설들과 결과들을 철저하게 거부하면서도 종종 이런저런 대목을 제거하는 데 도움을 받기 위하여 불트만을 사용하는 우(愚)를 범한다(그의 책 26-30쪽을 보라).

록 ― 학계에서는 상당한 압력을 가한다. 이러한 압력은 무엇보다도 특히 어떤 학자가 근본주의자로 위장하고 있는지를 시험하는 일종의 보증서 역할을 한다. 그러나 자료들에 대한 진지한 역사적·비평적 읽기에 대한 이러한 정당한 요구와 그러한 질문들이 제기될 수 없었던 라이마루스 이전의 시기로 되돌아가기를 거부하는 합당한 태도는, 만약 그것이 우리로 하여금 역사 속에서 진정으로 중요한 것은 자료들을 수집하는 것이라는 사실을 무시하게 만든다면, 왜곡된 것이 될 수밖에 없다. 그리고 우리는 이와 관련하여 금세기에 흔히 막혀 있었던 다음과 같은 질문을 다시 열어놓을 필요가 있다: "이것은 초대 교회의 창작이다"라고 말하는 것은 진정으로 "자료들을 수집하는 것"에 속하는 것인가? 만약 우리가 이러한 이론을 밑받침해 줄 초대 교회에 관한 진정으로 유효한 가설을 만들어 낼 수 있다면 그럴 수도 있겠지만, 내 판단으로는 그러한 이야기는 지금까지 제시되지 않았다. 초대 교회의 실제 역사에 관한 연구는 초보 상태에 있지만, 초보적인 수준에서 밝혀진 초대 교회의 모습은 이미 이제까지 오랫동안 이 분야에서 자신의 위치를 찬탈해 왔던 사변적인 가설들을 공격하기에 충분할 정도로 신속하게 힘이 붙어가고 있다는 징후들을 보여 주고 있다(제4부를 보라).

사실 신약성서 연구의 상당 부분, 특히 예수에 관한 연구의 상당 부분은 복음서들은 현존하는 상태대로는 의미가 통하지 않기 때문에 복음서들이 제시하고 있는 것으로 보이는 예수관을 대체할 수 있는 몇몇 대안적인 가설이 제시되어야 한다는 전제 위에서 진행되어 왔다. 이것은 우리가 어느 정도 예수의 삶, 사역, 자기 이해가 어떤 모습이었는지를 알고 있고, 이렇게 우리가 알고 있는 것이 복음서들에서 발견되는 것과 다르다는 것을 전제하는 것이었다.[43] 그러나 이런 유의 가설들은 항상 단순성이 결여되어 있다. 왜냐하면 이러한 가설들은 예수의 사역 속에서 실제로 일어난 일에 대한 설명만이 아니라 왜 초대 교회가 사실과는 다른 것들을 말했고 실제로 역사적 사건들과는 별 관계가 없는 창건 "신화"의 성격을 띠는 이야기들을 만들어 내었는지에 대한 설명도 아울러 요구하기 때문이다. 물론 우리는 이러한 문제들과 관련된 진상(眞相)이 매우 복잡할 것이라는 것을 인정한다. 그러나 우리는 이런 유의 복잡한

---

43) Bultmann 1968 [1921], *passim*: 예를 들어, 145, 262 등.

설명을 반박하는 세 가지 요소들을 만나게 된다. 어떻게 보더라도 복음서들은 그것들이 서술하고자 하는 소재와 연대기적으로 상당히 근접해 있다.[44] 둘째, 가장 초기의 팔레스타인 기독교는 많은 중요한 점들에서 예수께서 직접 수행하였던 사역을 계승하였을 가능성이 대단히 높다는 것이다.[45] 또한 오늘날 우리는 예전에는 상상도 할 수 없었던 모든 영역의 자료들을 포괄하는 예수에 관한 아주 유력한 몇몇 가설들을 현재의 연구 속에서 활용할 수 있게 되었다는 사실이다.[46] 그 결과 복음서들의 이야기는 어떤 의미로도 역사로 간주될 수 없다고 주장하는 학자들의 입장은 실제로 한 동물의 모든 뼈대들이 보존된 것을 발견하고도 그와 같은 동물은 이 세상에 존재하지도 않았고 존재했을 수도 없다고 주장하면서, 그렇기 때문에 이 뼈대들은 후대의 시기에 조합되었음에 틀림없다고(Theissen의 "후대의 역사가들을 현혹시키기 위한 위원회"에 의한) 말하는 고생물학자의 모습과 비슷해 보이기 시작한다.[47] 좀 더 단순한 가설이 등장했는데도 — 또는 심지어 그 이전에라도! — 그러한 주장을 계속하는 사람은 간 큰 과학자일 것이다. 예수에 대한 역사적 연구라는 분야에서 복음서들에 대한 전승사적 연구의 현재 상태가 바로 그런 지점에 도달해 있고, 자료들 전체를 제대로 다루는 단순한 가설이 우리의 가시권내에 들어왔다는 것이 나의 주장이다.

이와 같은 말은 바울의 사상에 관한 가설들에도 그대로 적용된다. 이 분야에도 바울 서신에 나오는 몇몇 구절들을 후대의 첨가로 보고 삭제해 버리거나 — 즉, 증거들을 제거하는 것 — 또는 바울 서신에 나오는 중요한 주제들 및 구절들의 다수가 실제로는 자기 모순적이고 통일성이 결여되어 있다고 — 즉, 증거들을 다루기 힘들다는 것을 인정하는 것 — 봄으로써 명목상의 단순성을 획득하고 있는 몇몇 가설들이 있다. 물론 옛 본문들을 후대에 보충 설명해 놓은 구절들이 존재하는 것은 사실이다. 또한 통일성이 결여되어 있는 부분이

---

44) 예를 들면, 우리는 포에니 전쟁에 대한 리비우스(Livy)의 기사와 마카베오 가의 폭동에 대한 요세푸스(Josephus)의 기사를 대비해 볼 수 있다.

45) Theissen 1978, 4,121 ; Borg 1984,132f., 190을 보라.

46) 다시 한 번 Neill and Wright 1988, 379-403을 보라.

47) Theissen 1987, 66.

존재하는 것도 사실이고, 원칙적으로나 실제적으로나 고대에서든 현대에서든 저자가 그러한 오류를 범할 수 있다는 것은 얼마든지 가능한 일이다. 그러나 결코 위에서 말한 것과 완전히 다른 근거들 위에서 증거들을 삭제할 만한 정당한 논거들이 있기 전에는, 자신의 이론에 맞지 않는다고 해서 증거들을 제거해서는 안 된다.[48] 그리고 후자의 가능성 — 증거들이 다루기 힘들어 보인다는 것에 대한 인정 — 도 손쉽게 채택해서는 안 되고, 그 자체 및 그것이 가설에 미치는 치명적인 영향을 고려하여 매우 신중하게 검토되지 않으면 안 된다. 이러한 입장을 취하게 되면, 그것은 우리로 하여금 그러한 난점을 해결해 줄 분명한 해법이 될 수 있는 새로운 제안을 적극적으로 찾아 나서게 만든다.

이 모든 것들을 고려할 때, 단순성의 판별기준을 충족시킨다는 것은 무엇을 의미하는가? 앞에서 말했듯이, 역사가들은 이 점을 주의할 필요가 있다. 아주 다른 이유들에서 질서정연한 것을 좋아하는 학자들은 질서에 대한 그들의 욕구를 내용 속에 강제로 주입함과 동시에 역사적 연구는 아주 간단하게 처리해 버림으로써 역사적인 것은 눈을 씻고 찾아보아도 찾아볼 수 없게 만들어 버리는 경우가 있다. 역사는 질서정연한 것을 다루는 것이 아니라 오히려 정상에서 벗어난 것, 반복될 수 없는 것, 일어날 것 같지 않은 것을 다룬다. 그러므로 단순성을 지닌 가설이라고 해도 모두 다 동일한 가치를 지니는 것은 아니라는 것을 아는 것이 중요하다. 역사라는 제한된 분야 속에서 서로 다른 여러 단순성의 유형들(또는 소극적으로 서로 다른 복잡성의 유형들)을 구분해 본다면, 우리는 다음과 같이 구분해 볼 수 있을 것이다. 단순성이 강력하게 권고되는 분야들은 사람들의 목적과 동기, 어떤 사람의 연속성을 다룰 때이다. 어떤 사람이 대단히 복잡한 세계 속에 살고 있고, 행동에 고도의 일관성을 보이지 않는 경우가 비일비재한 매우 복잡한 사람이라고 할지라도, 여전히 인품의 통일성과 안정성 같은 것이 존재하기 때문에, 이례적이거나 비정상적인 행동(즉, 그에 관한 다른 모든 것들이 알려져 있다고 할 때에, 그 사람과 관련해서 이례적이거나 비정상적인 행동)은 특별한 검토와 설명이 필요하게 된다. 마찬가지로 행위들과 사건들은 결과들과 추이(推移)들이 있는 법이다. 일련의 사건

48) 본문 밖의 증거를 토대로 한 주장의 좋은 예는 고전 14:34-5의 비진정성(非眞正性)에 대한 Fee의 논증(1987, 699-708)에서 찾아볼 수 있다.

들 속에서 정상을 벗어난 비약 또는 단절은 앞에서 말한 것과 같은 검토가 필요하다. 여기에서 단순성을 찾는 것은 정당하다: 우리는 적어도 드라마 속의 중심 인물들이 어떤 동기로 어떻게 행동하고 있는지, 그 결과 어떠한 일련의 사건들이 일어나게 되었는지를 어느 정도는 이해할 수 있다.[49] 바로 이런 유의 단순성이 중요하기 때문에, 우리는 제2권에서 예수에 관한 몇 가지 중요한 질문들을 제시하게 될 것이다. 바로 이러한 점들에서 많은 가설들의 복잡성은 그 가설들이 몰락하게 된 주요한 원인들 중의 하나다. 여기에서도 이와 같은 말은 바울에게도 그대로 적용된다. 자료들이 다 포함되고 존중되며 좀 더 넓은 연구 분야들에 대한 적용 가능성도 존재한다면, 전체적인 사상의 일관성을 보여 줄 수 있는 가설은 저자를 매 사건마다 마음을 바꾸고 변덕을 부리는 산만한 사람으로 묘사하는 가설보다 언제나 선호되어야 한다.[50] 이와 같은 말은 아리스토텔레스, 아타나시우스(Athanasius), 베토벤, 바르트를 연구하는 경우에도 원칙적으로 그대로 적용될 것이다.

그러나 신약학자들에게 매우 매력적인 것으로 선호되어 왔음에도 불구하고, 그 가치가 극히 의심스러운 또 다른 종류의 단순성이 존재한다. 지금까지 직선적인 "운동들," 중요한 개념들의 단선적인 발전이라는 단순성을 토대로 한 많은 가설들이 구축되어 왔다. 그러한 가설들에 의하면, 기독교는 아주 단순하게 시작되었고, 그런 후에 발전을 거듭하면서 점점 복잡성을 지니게 되었다고 한다.[51] 그러나 이것은 개념들 및 그 개념들이 작용하는 방식을 제대로 파악하지 못한 말이다. 왜냐하면 "단순한" 형태는 복잡한 현상을 좀 더 잘 다룰 수

---

49) 공관복음 연구 분야에서 정확히 이러한 판별 기준을 사용한 최근의 논증으로는 Downing 1992, 34f.를 참조하라: "문학적 상호 의존성에 관한 가설의 단순성은 오직 관련된 추정 자료들의 수를 토대로 평가될 수 없다. (누가가 마태를 사용하였다는) Goulder의 가설은 Streeter의 가설보다 더 적은 문헌들을 사용하고 있다. 그러나 그 가설을 정당화하기 위하여 누가의 마음 속에서 어떤 일이 벌어지고 있었는지에 대한 무수한 가설들이 존재한다…" 역사적 과제의 일부로서 "그 다음에 무슨 일이 일어났는가?"를 살펴보는 것의 중요성에 대해서는 Kant를 따르고 있는 Meyer 1979, 252f.; Neill and Wright 1988, 399를 보라.

50) Wright 1991a, ch. 1을 보라.

51) 이러한 경우는 Wilken 1971에 의해서 철저하게 파헤쳐졌다.

있도록 간결하게 정리해서 수많은 세월에 걸쳐서 발전시키고 다듬은 결과일 가능성이 많기 때문이다. 또 하나의 예는 오늘날에도 일부 진영에 상당한 영향력을 여전히 발휘하고 있는 바우어(F. C. Baur)가 지난 세기에 주창한 도식이다. 유대 기독교는 이런 식으로 발전하고, 이방 기독교는 저런 식으로 발전한 후에, 이 둘이 결합되어서 초기 가톨릭을 만들어 내었다는 도식은 얼마나 간단하고 얼마나 깔끔한가![52] 그러한 도식이 헤겔 냄새가 난다고 하여 반대하는 것은 정말 중요한 요점을 놓치는 것이다. 또한 이 도식은 바우어가 먼저 머릿속에서 그 틀을 구상해 놓은 다음에 세부적인 내용에 살을 붙였기 때문에 이 도식은 옳은 것일 수 없다는 반론도 별로 좋지 못하다. 이 가설은 자료들에 대한 광범위한 연구의 결과물이 아니라 그런 연구를 위한 시작 단계에 불과하다고 말하는 것도 타당한 비판이 아니다. 앞에서 본 것처럼, 모든 가설들은 그런 식으로 작용한다. 가설들은 모두 어떤 집단이나 개인에 의해서 이미 언급된 이야기에 대한 수정이거나 직관적인 통찰을 통해서 비약적으로 연구자가 도달한 이야기로 시작된다. 바우어가 제시하고 있는 도식은 역사로서는 실패작이다. 왜냐하면 그의 도식이 실제의 자료들을 쑥밭으로 만들어 놓고 있는 것에서 볼 수 있듯이, 역사는 그의 도식처럼 깔끔하게 단선적인 형태로 움직여 온 것 같이 보이지 않기 때문이다. 우리는 역사 속에서 진보와 아울러 퇴보도 발견한다. 역사 속에는 점진적이고 순조로운 발전만이 아니라 갑작스러운 변화도 존재한다. 사람들과 사회들은 발자취들을 따라가거나 서로 다른 길들을 가려고 시도한다. 그들은 항상 일직선으로 앞만 보고 행진하지는 않는다. 이것은 사상의 움직임들이 존재한다는 것을 부정하는 것이 아니다. 나는 다른 곳에서 현재 신약학자들 사이에서 진행되고 있는 몇 가지 동향들을 서술해 보려고 한 적이 있다.[53] 그러나 최근에 바우어의 관념론적인 도식의 단순성이 기만적이라는 것이 명백하게 드러났다. 바우어의 도식이 통했던 시기는 사실 너무 짧았다; 그 도식으로는 해결할 수 없었던 자료들이 부지기수였기 때

---

52) Baur에 대해서는 Neill and Wright 1988, 20-30을 보라.

53) Neill and Wright 1988, ch. 9을 보라; 그리고 본 프로젝트의 다음 두 권에 대한 서문들을 보라. 이러한 설명들이 지나치게 단순화되어 있다는 것은 당연한 것으로 받아들여질 수 있다.

문이다(예를 들면, "유대 기독교"에 대한 주된 증거들은 후대의 것이고, "이방 기독교"에 대한 주된 증거들은 매우 이른 시기의 것이라는 사실); 이 도식이 자랑했던 종교사적 결과물들에 대한 이론들, 특히 기독론 분야의 이론들은 완전히 와해되었다. 이 도식은 깔끔한 모습으로 등장하여 깔끔하게 살다가 깔끔하게 생을 마쳤다.

  가설과 관련된 마지막 문제는 가설들을 세우고 그 가설들 위에서 연구를 진행할 때에 증거들에 부합하는 가설이 한 가지 이상일 수 있다는 것이다. 그러한 경우에 관련된 사항에 대해서, 전문적인 용어로 말해서, 불충분한 결정(underdetermined)이 내려질 수밖에 없다. 이러한 현상은 특히 최근의 역사, 말하자면 16세기의 역사에 비해서 자료들이 별로 없는 고대사에서 일어날 가능성이 크다.[54] 그러한 경우에는 우리는 어쩔 수 없이 어느 정도는 몇 개 안되는 작은 뼈들을 가지고 뇌룡(雷龍)을 "복원하는" 고생물학자 같이 될 수밖에 없다. 사실 그 뼈들은 태고에 살았던 코끼리 비슷한 동물인 마스터돈(mastodon)이었을 수도 있다. 그러나 이론상으로 두 개 이상의 동일하게 타당한 해법들이 존재할 가능성은 대부분의 역사가들이 늘 부딪치는 문제다. 온건하게 말해서, 어떤 학자가 관련된 모든 자료들을 동시에 자신의 머릿속에 집어넣는다는 것이 극히 어렵기 때문에, 우리는 서로서로를 필요로 하고, 또한 가장 좋은 과학적 전통 속에서 끊임없이 우리가 간과했던 증거들, 가설의 불필요한 복잡성들, 그 가설이 이전의 문제들을 해결하는 대신에 새로운 문제들을 초래한 것으로 보이는 인접 분야들에 관심을 기울이는 것이 바람직하다. 우리가 결국 모든 판별기준들을 똑같이 적절하게 충족시키는 듯이 보이는 상당히 서로 다른 두 개 이상의 가설들에 도달하게 될 때에 어떤 일이 벌어지는가에 대해서는 직접 그러한 경우에 직면할 때에 생각해 보기로 하자. 나는 그런 일이 조만간에 일어나리라고 생각하지 않는다.

5. 사건에서 의미로

(i) 사건과 의도
그러므로 역사는 특정한 종류의 진정한 지식이다. 이 지식은 다른 모든 지

---

54) 다시 한 번 Carr 1987 [1961], ch. 1을 보라.

식과 마찬가지로 이야기를 하는 인간 공동체가 문제를 제기하고, 그 문제들에 적절하게 답해 줄 수 있는 이야기들에 관한 잠정적인 판단들을 형성한 다음에, 자료들과의 추가적인 상호작용을 통하여 이 판단들을 실험하는 나선형의 인식 과정을 통해서 도달된다. 그러나 역사에 특유한 세 가지 차원의 이해가 추가적으로 존재하는데, 이에 대해서 우리는 이제부터 살펴보고자 한다.

우선 역사는 "비디오카메라로 기록할 수 있는 물리적 사건들"이라는 의미에서의 "실제로 일어난 일"에 대한 연구만이 아니라 인간의 의도성에 대한 연구도 포함한다. 콜링우드(Collingwood)의 표현을 빌면, 역사는 적어도 어떤 사건의 "이면"을 보는 것을 포함한다.[55] 우리는 어떤 사건에 관련된 사람들이 무엇을 행하고 있다고 생각했는지, 무엇을 행하려고 했는지를 발견하고자 애쓴다. 이것과 반대되는 사례를 들어보면, 이 점이 여실히 입증된다: 역사가들은 인간 이전 또는 인간 이외의 역사에 관하여 쓰고자 할 때에는 보통 목적이라는 개념, 이를테면 우주의 목적이라든가 어떤 생명체의 목적이라든가 심지어는 어떤 신의 목적 같은 것을 갖다 붙인다. 따라서 전적인 무작위를 주장하는 것은 점점 더 유지하기가 어려워진다. 이상한 일들이 일어나면, 그러한 일들이 일어나자마자 사람들은 "왜?"라고 묻기 시작하고, "왜?"라는 질문에 대한 (통상적인 인간의 역사로 되돌아가서) 보통 관련된 "대상들"의 물리적 속성들만이 아니라(꽃병이 깨진 것은 그것이 유리로 만들어졌고 딱딱한 바닥에 접촉하였기 때문이다), 사람들의 목적, 의도, 동기 및 이러한 것들이 해당 사건들에 어떻게 영향을 미쳤는지에 관한 것도 포함시킨다. 꽃병이 깨지게 된 이유로 드는 것들은 다음과 같은 것들이 있다: (a) 나의 전체적인 목표중의 일부는 아름다운 집에 사는 것이고, 나는 내 자녀들에게 집을 꽃들로 장식하라고 권하는 것이 이러한 목표를 달성하는 수단이 될 수 있다는 것을 안다: (b) 나의 의도는 내 딸에게 꽃들을 꽂으라고 꽃병을 전해 주는 것이었다: (c) 나는 바로 그 순간에 그렇게 할 동기가 부여되어 있었다: 그러나 (d) 내 딸은 내가 그에게 꽃병을 건네주리라고 예상하지 못하고 있었고(이것은 나의 부적절한 동기유발이라고 말할 수 있을 것이다), 따라서 아무도 꽃병을 붙잡고 있지 않

---

55) Collingwood 1956 [1946], *passim.* 그리고 Meyer 1989, chs. 2 and 3에 나오는 많은 것을 시사해 주는 논의들을 보라.

는 순간이 발생했고, 꽃병은 바닥에 떨어졌다. 이 사건의 "외면"은 꽃병이 깨졌다는 것이다. 이 사건의 "이면"은 꽃병과 바닥의 물리적 속성들에 관한 이야기일 뿐만 아니라 더 구체적으로는 인간의 목표, 의도, 동기, 이에 따른 행위들에 관한 이야기이기도 하다. 이러한 것들에 대하여는 좀 더 설명할 필요가 있는데, 나중에 우리는 이러한 것들과 관련하여 중요한 내용들을 말하게 될 것이다.[56]

나는 여기에서 목표(aim)라는 말을 어떤 사람의 삶의 근본적인 지향성, 또는 그런 근본적인 지향성의 꽤 자리 잡은 일부를 의미하는 것으로 사용한다. 따라서 목표는 한 개인의 사고방식의 방향을 의미하고, 한 개인의 사고방식은 그 개인이 속한 사회가 취하고 있는 세계관의 개인적 변형물을 의미한다.[57] "목표"에 관하여 말하게 되면, 우리는 세계관 및 사고방식에 관한 말에 그 방향성을 부여할 수 있게 됨으로써(즉, 목적과 운동이라는 의미에서) 세계관들과 사고방식들이 정적(靜的)인 형태로 변질되는 것을 막아 주어, 사람들은 일단 프로그램 되면 동일한 장소에서 동일한 정신적 또는 신체적 활동을 하면서 머무를 수밖에 없는 단순한 기계 역할을 하는 데서 벗어날 수 있게 된다. 사람들이 단순한 기계가 된다면, 그것은 근본적으로 본능에 어긋나는 일이 될 것이다. 그러므로 우리가 어떤 사람의 "목표"에 관하여 묻는다는 것은 가장 기본적인 질문들 중 일부가 발견될 수 있는 지점인 사건의 "이면"으로 향한다는 것이다.

의도(intention)란 "목표"를 특정한(그리고 원칙적으로 반복될 수 있는) 상황에 구체적으로 적용하는 것을 의미한다. 이 둘을 구분하는 경계선은 상당히 자의적이기 때문에, 이 두 용어를 서로 바꿔 써도 별 문제는 없을 것이다. 그러나 어쨌든 이 두 용어를 구별하는 것이 훨씬 도움이 된다. 지중해 세계 주

---

56) 아래 제5장을 보라. 나는 이 점과 관련하여 수많은 서로 다른 범주화들이 이루어질 수 있다고 생각하고, 아리스토텔레스의 범주(*Nic. Eth.*에 나오는)는 오직 그러한 것들 중의 하나일 뿐이다. 내가 이후의 단락들에서 전문적인 용어들을 사용한 것은 순전히 발견 학습적인 의도를 지닌다: 나는 이 논의에 다른 담론 영역들에 속하는 의미층들을 끌어들이려는 것이 아니고 역사적 사건들의 "이면"을 논할 때에 구별해야 할 필요성이 있는 것들을 편의상, 그리고 어느 정도는 자의적으로 분류하고자 하는 것일 뿐이다.

57) "세계관들" 자체에 대해서는 아래 제5장을 보라.

변의 도시들과 성읍들에서 예수를 메시야이자 주(主)로 선포하는 것이 바울의 "목표"였다. 이 목표의 한 결과로서 에게 해 연안을 돌며 이 일을 행한 후에 멀리 로마로 옮겨가서 이 일을 계속 해야겠다고 생각한 것이 바울의 의도였다. 예수께서 최후로 운명의 유월절을 맞이하기 위하여 예루살렘으로 올라간 "의도"를 살펴보는 경우에 우리는 그것을 예수의 전체적인 "목표"라는 견지에서 보아야 한다: 이 경우에 예수의 의도는 그의 사역 전체의 동기가 되었던 그 근저에 있는 목표들과 어떠한 관계에 있는가?

동기(motivation)는 어떤 특정한 상황에서 특정한 행위 또는 일련의 행위들을 적절하고 바람직한 것으로 만드는 특정한 의미를 가리킨다. 예수의 목적은 이를테면 "하나님 나라"가 시작되게 하는 것이었고, 예수의 의도는 그의 삶의 마지막 시기에 예수살렘에 올라가는 것이었다: 바로 이러한 두 가지에 의거해서, 예수는 어느 특정한 날에 성전에 올라가서 상들을 뒤엎는 행위를 해야겠다는 동기를 부여받았다. 자신의 전체적인 목표와 의도 내에서 바울은 어느 특정한 때에 아테네의 저잣거리에서 철학자들과 논쟁해야겠다는 동기를 부여받았다: 또 어느 때에는 고린도 교회에 고도로 수사적(修辭的)인 서신을 쓰고자 하는 동기를 부여받았고, 또 어느 때에는 예루살렘 교회를 위하여 연보를 모아야겠다는 동기를 부여받았다.

물론 특정한 동기들이 목표들 및 의도들과 갈등을 일으킬 가능성도 아주 높다: 아리스토텔레스는 이 문제를 꽤 길게 논의하였지만, 결코 최종적인 결론을 얻은 것은 아니었다.[58] 가룟 유다를 논할 때에 문제가 되는 것들 중 하나가 바로 그의 결정적인 행위를 설명해 줄 만한 동기를 찾아내기가 무척 어렵다는 것이다. 여기에서 우리는 그 자체로도 의미가 통하고, 예수를 따라다니던 기간 동안에 유다가 지니고 있었을 것임에 틀림없는 목표들과 의도들에 관련해서도 의미가 통할 수 있는 동기를 찾아내야 하는데, 그게 그렇게 쉽지가 않다. 그러나 대부분의 경우에서는 우리는 적어도 목표, 의도, 동기 간에 대략적인 일치가 존재하는 것을 볼 수 있다. 나는 내각의 장관이 되는 것을 목표로 삼고 있다: 나는 정계의 한 계보의 수장이 되고자 하는 의도를 갖고 있다: 주말을 이용해서 나는 내가 관심을 갖는 분야의 책을 독파하거나 내게 도움이

---

58) Aristotle, *Nic. Eth.* book 7 ; cf. Hare 1963, ch. 5.

될만한 사람들을 만나야겠다는 동기를 부여받는다. 적절한 기회들이 마련되어 있다고 전제할 때에 내가 그러한 일들을 하겠다는 동기가 충분히 부여되어 있지 않다면, 과연 나의 목표들과 의도들이라고 말하는 것들이 진정으로 그러한 것인지 다시 한 번 물어보는 것이 좋을 것이다. 물론 의지가 약해서(아리스토텔레스가 **akrasia**라고 불렀던) 도전할 엄두를 내지 못할 수도 있겠지만, 사실 도전을 하는 것이 옳을 것이다.

그러므로 역사는 목표들, 의도들, 동기들에 대한 연구를 포함한다. 이것은 역사가 은폐된 심리학이라는 것을 의미하지 않는다. 물론 원칙적으로 이미 언급한 세 가지 측면들을 뛰어넘어서 특정한 인물들에 대하여 왜 그들이 그러한 특정한 일련의 목표들 또는 의도들을 지니고 있었는지, 또는 왜 그 특정한 때에 그들이 "원래 성격과는 달리" 그렇게 행동해야겠다는 동기를 부여받았는지를 묻는 것은 얼마든지 가능하다. 하지만 그것은 원칙적으로만 가능할 뿐 실제는 매우 어려울 것이다. 상담을 받아본 사람들은 누구나 다 알겠지만, 나와 동일한 문화적 환경을 공유하고, 나와 함께 앉아서 일을 같이 하는 친하고 정직하고 직설적인 어떤 사람에게 이러한 질문들을 던지는 것은 참으로 어렵고 난처한 일이다. 또한 잔뜩 눌려 있고 당혹스러워하며 적대적인 사람에게 이러한 질문들을 던진다는 것은 훨씬 더 어려운 일이다: 하물며 지나가 버린 역사 속에서의 모습만을 알고 있을 뿐인 인물들에게 그러한 질문들을 던진다는 것은 더할 나위 없이 어려울 것이다. 우리는 나폴레옹이나 마틴 루터, 심지어 예수의 심리적 상태를 추측할 수는 있을지 모른다: 그러나 그렇게 하는 데에도 엄청난 난관들에 직면하게 된다. 하지만 다행히도 사건의 "이면"을 연구한다는 것은 그렇게까지 나아가는 것을 의미하지는 않는다. 우리는 역사가로서 다윗 왕이 예루살렘을 수도로 선택한 이유를 다음과 같이 말할 수 있다: (a) 다윗의 목표는 이스라엘의 열두 지파를 통일하는 것이었고, (b) 그의 의도는 이 열두 지파 중 어느 지파에게도 "속하지" 않는 수도를 찾아내는 것이었으며, (c) 특정한 때에 그의 동기는 그러한 수도로 아주 적절하다고 본 예루살렘을 점령하는 것이었다. 역사가로서 우리는 아우구스투스 카이사르의 목표는 로마 세계에 평화와 안정을 가져오는 것이었고, 그의 의도는 자신이 권력을 장악하여 제국의 변방의 문제들을 해결함으로써 그러한 목표를 달성하는 것이었으며, 그의 동기는 팔레스타인을 안정시키기 위하여 헤롯의 권력을 인정하는 것이었다고 말할 수 있다. 또한 우리는 쿰란 문헌에 나오는 의의 교사(the Teacher of Righteousness)에 대하여 그의 목표는 예루살렘의 찬탈자들에 맞서 참 이스라엘의 공동체를 건설하는 것이었고, 그의 의도는 그의 추종자들에게 성경 해석에 대한 확고한 토대와 공동체의 규칙을 제시함으로써 그러한 목표를 달성하는 것이었으며, 특정한 때에 그의 동기는 바로 그런 취지의 글을 지금 쓰는 것이었다고 말할 수 있다. 나중에 다시 논하겠지만, 우리는 예수와 바울에 대해서도 이와 비슷한 말들을 할 수 있다. 이러한 일은 결코 우리를 심리학적인 사변에 빠뜨리지 않는다. 이러한 일은 세계관들, 사고방식들, 목표들, 의도들, 동기들에 대한 역사적 연구이다. 우리는 구태여 프로이트나 융(Jung)을 들먹이지 않아도 논할 수 있는 근거 위에 서 있고, 먼 과거에 속한 주제에 대하여 마치 오늘날의 일처럼 훤히 알 수 있다는 식의 태도를 가장하지 않는다.

끝으로, 역사가 이 모든 것들을 포괄한다면, 역사는 분명히 단순히 직접적으로 연관되어 있는 개개인들의 사고방식이라는 차원에서만이 아니라 관련된 사회들의 세계관이라는 차원에서도 그러한 것들을 포괄해야 한다.[59] 그러나 우리는 사회들과 그 세계관들을 어떻게 연구해야 하는가? 그러한 연구는 특정한 사회가 지닌 상징들, 특징적인 행동, 문학, 특히 그 사회가 명시적으로 또는 묵시적으로 말하는 이야기들을 통해서 이루어진다. 사회들과 문화들은 그들이 생산해내는 문화적 대상들, 그러니까 수표에서 승차권, 마천루에서 지하철, 도자기에서 시, 성전에서 토라 두루마리들, 군기들에서 묘비들, 체육관에서 부적에 이르기까지 모든 문화적 대상물들을 통해서 그들의 세계관들을 보여 준다. 상징들은 세계가 어떠하며, 그 속에서 그들이 어떻게 행동할 수 있는지를 사람들이 인식하는 데 사용하는 해석학적 격자망을 제공해 준다: 상징들은 현실에 대한 가시적인 표현물일 뿐만 아니라 현실을 보기 위한 가시적인 표현물이기도 하다.[60] 상징들은 한 사회의 특징적인 행동을 중심으로 모여 있고, 그 역도 성립한다: 축제들의 거행, 불화를 처리하는 통상적인 수단, 출생, 사춘기, 결혼, 죽음과 결부된 의식들. 그리고 많은 문화들에서 상징과 특징적인 행동은

---

59) 이 점 전체에 대해서는 아래 제5장을 보라.

60) 나는 이 점과 관련하여 Brian Walsh 박사에게 빚을 지고 있다.

온갖 종류의 문학 속에 집중되어 있기도 하다. 바로 이러한 것들을 연구하면, 역사가는 특정한 문화의 세계관을 밝혀내서 그 사회에 속한 개개인들의 사고 방식들을 탐구하기 위한 토대를 마련할 수 있게 된다.[61]

따라서 역사가의 과제는 연구 과제가 되고 있는 사람들이 세계 전체를 인식하는 방법의 뿌리에 이르기까지 온갖 가능한 차원에서 "왜?"라는 질문을 던지는 것이다. 그러나 관련된 여러 가지 상황들을 어떤 특정한 순서로 열거하는 것으로는 이러한 문제에 답할 수 없을 것이다. 역사가의 임무는 여러 요소들을 달아보고, 일련의 관련된 사건들을 규명하는 결론에 도달하여, 각각의 요소들에 적절한 가중치를 부여하는 것이다.[62] 그러면 이런 일은 어떻게 수행되어야 하는가?

(ii) 역사와 서사(敍事)

역사가의 과제는 "사실들"이라는 작은 부스러기들을 수집해 놓고서는, 나중에 어떤 사람이 그것들을 통합할 것을 기대하는 것이 아니다. 역사가의 임무는 사실들의 상호연관성, 즉 사건들의 "이면"을 살펴서, 어떤 사실 다음에 왜 또 다른 사실이 오는지를 규명해내는 것이다. 그리고 그러한 연관성의 모형은 원자들이 무작위적으로 서로에 대하여 충돌하는 식의 모형이 아니라, 완전히 인간적인 삶의 상호작용에 관한 모형이다 ― 서로 다른 공동체들의 세계관들과 서로 다른 개개인들의 사고방식들의 내부에서 또는 가장자리에서 작용하는 인간들의 목표, 의도, 동기의 복합적인 네트워크. 이것을 드러내기 위해서 역사가는 이야기를 말하지 않으면 안 된다(이것은 결코 이상한 일이 아니다).[63]

바로 이 시점에서 역사가는 직감이나 상상력에 의한 구성물을 사용할 필요가 있다. 내가 제2장에서 논증했듯이, 이것은 역사가와 그 밖의 다른 모든 학문 분과들을 한데 묶는 요소이다. 모든 지식은 새로운 이야기들을 말함으로써 진보되고, 이 이야기들은 앞에서 논의한 검증 과정을 통해서 자신의 길을 개

---

61) 자세한 것은 아래 제5장을 보라.

62) Carr 1987 [1961], ch. 4을 보라.

63) 이 모든 것에 대해서는 Elton 1984 [1967], 160-77을 보라.

척해 나간다. 그러나 역사적 가설 자체는 지식의 진보를 이루는 모든 발걸음들과 마찬가지로(일단 소박한 실재론을 포기한 상태에서) 역사가 내부에서부터, 그러니까 역사가의 직접적이거나 간접적인 경험에 내재해 있는 이야기하기의 자원들로부터 온다. 이것은 유비(類比), 즉 서로 다른 시기에 일어난 사건들 간의 비슷한 패턴에 대한 인식을 포함할 수도 있지만, 그러한 유비를 뛰어넘는 것이 좋다. 나는 학생들에게 로마가 왜 특별히 중동에 관심을 가졌는가라는 질문을 종종했다. 학생들 중에 내가 생각하기에 맞는 대답이라고 보이는 것을 말하는 사람은 극히 적었다: 로마는 지속적인 식량 공급이 필요했다는 것; 그리고 주된 식량공급원 중의 하나가 애굽이었다는 것; 그러한 식량공급을 위협하는 어떤 것, 예를 들면 그 인근 나라들에서의 소요(騷擾)는 본국에 심각한 식량난을 가져올 수 있었다는 것(20세기 후반의 정치와의 분명한 유비들을 고려할 때, 학생들이 이러한 이야기들을 쉽게 생각해내지 못한다는 것이 더욱 놀라운 일이다: 식량을 석유로 바꾸고, 한편으로는 로마에 해당하는 나라들과 다른 한편으로는 애굽에 해당하는 나라들을 오늘날의 상황으로 대체하면, 이 등식은 여전히 작용한다). 그러나 로마의 사정에 대한 이러한 설명 — 예를 들어, 본디오 빌라도 같은 인물이 우선적으로 팔레스타인에 있게 된 이유에 대한 설명 — 은 어떤 특정한 본문의 표면에서 읽히는 것이 아니다. 그러한 것은 역사가들이 여러 텍스트들의 표면에서 발견하는 좀 더 작은 이야기들을 설명하기 위하여 말하는 이야기이다. 아주 단순한 이야기에 도달하려고 해도 잘 조절되고 훈련된 상상력이 필요한데, 그러나 그것은 어쨌든 상상력일 뿐이다.

이 점을 강조해 두는 것이 중요한 이유는, 잠시 후에 보게 되겠지만, 신약성서 전문가 집단 내에 있는 수많은 사람들이 바로 그러한 역사를 거의 써내지 못했기 때문이다. 구체적이고 특정한 문제들에 대한 관심은 환영을 받지만, 주후 1세기에 관한 총체적인 역사를 쓰려는 시도는 그 일부를 다룬다고 할지라도 제동이 걸린다.[64] 신약학 분야에서는, 이를테면 베리(J. B. Bury)의 『그리스

---

64) 이것은 아마도 시기들이 아니라 문제들을 연구해야 한다는 Acton 경의 원칙이 이 분야에 뒤늦게 영향을 미친 결과라고 나는 생각한다: Elton 1984 [1967], 161을 보라.

사』(*History of Greece*), 또는 버트런드 러셀의 『서양 철학사』(*History of Western Philosophy*)에 해당하는 책들은 거의 없다. 적어도 제1차 세계대전 이후 신약학계의 전형적인 특징은 성경의 특정한 책들에 대한 주석서들, 좀 더 작은 규모의 문제들에 대한 개별적인 연구들, 세부적인 특정 본문들에 대한 주석학적 설명들이 주류를 이루고 있다는 것이다. 초대 교회나 예수와 관련하여 이 분야의 고전에 속하는 쉬러(Schürer)의 『예수 그리스도의 시기에 유대 민족의 역사』(*History of the Jewish People in the Age of Jesus Christ*)의 신판(新版)이 행한 것 같은 연구가 최근에는 하나도 이루어지지 않았지만, 어쨌든 쉬러의 책은 신약학자들의 두려움에도 불구하고, 주후 1세기의 역사가 여전히 생생하게 살아 있다는 것을 보여 준다.[66] 대부분이 신앙의 입장들(기독교 신앙은 아니지만 어쨌든 신앙에 의거한 입장들)에서 씌어진 자료들을 토대로 실제 역사를 쓸 수 있다는 것을 의심하는 사람들은 쉬러가 쓴 책의 첫 번째 권을 읽고, 쉬러가 자료들을 어떻게 비판적으로 걸러내고 있고, 관련된 등장인물들의 세계관 및 사고방식들에 스스로를 감정이입을 통하여 투영해서 종합해내어 서사(敍事)를 구성해내고 있는지를 살펴볼 필요가 있다.[67] 이렇게 해서 나온 결과물은 비교적 단순한 도식 내에 거의 모든 자료들을 담아냄과 동시에 다른 분야에서의 사건들을 아는 데도 실질적으로 도움을 주는 서사, 즉 이야기였다. 역사 — 비판적 상상력에 의한 어느 정도 꾸며낸 이야기가 아니라 진정한 역사 — 란 이런 것이다. 따라서 초기 기독교에 관한 이와 비견될 수 있는 작품이 최근에 아직 씌어지지 않았지만, 원칙적으로 그런 것을 써내지 못할 이유가 전혀 없다. 이를테면, 초기 기독교에 대해서 쓸 요세푸스 같은 사람이 없는 것이다. 그러나 기독교 역사를 위한 자료나 유대교 역사를 위한 자료는 여기저기 산재해 있고 단편적이며 편견이 끼어들어 있고 편협한

65) Bury 1951 [1909]; Russell 1961 [1946]을 보라. 예외들로는 Filson의 *New Testament Historys* 1965; Bruce 1972; Koester 1982a의 여러 부분들 등이 있다. 그 밖의 다른 가능성들은 제5부에서 논의될 것이다.

66) Schürer 1973-87.

67) 이 모든 것에 대해서는 아래 제3부를 보라. 역사적 작업의 3단계 — 자료 선별, 상상력에 의한 재구성, 통일적인 종합 — 는 Neill이 Neill and Wright 1988, 304에서 이미 규정한 것이다. 이 대목 전체(304-12)를 명료하게 살펴볼 필요가 있다.

것은 둘 다 마찬가지다. 그러므로 기독교 초기 역사의 복원이라는 과제는 다른 역사의 복원보다 특별히 위험하거나 (앞에서 논의한 의미로) "주관적"이지 않다.

　문제는 신약학자들이 역사적 서술과 서사(敍事)로 가득 차 있는 책들을 볼 때에 — 특히 그 주제가 예수일 경우에는 — 비록 설명을 위한 각주들과 까다로운 점들에 대한 논의들이 함께 실려 있음에도 불구하고 편안함을 느끼지 못한다는 것이다. 그들은 그런 책들이 뭔가 중요한 문제들을 회피하고 있다고 생각하고, 확실하지는 않아도 그런 문제들에 대하여 어떤 조화로운 견해를 제시하는 것이 마땅하다고 생각한다. 나는 그러한 두려움은 불필요한 것이라고 생각한다. 물론 어떤 식으로든 견해를 밝히는 것은 필요하다. 역사를 진지하게 다루는 모든 책들은 "외면"만이 아니라 "이면"도 지니고 있는 일련의 사건들이 실제로 일어났다고 전제한다. 역사에 대한 훌륭한 설명이 되기 위해서는 당연히 전체를 조화롭게 다루어야 한다; 앞에서 보았듯이, 그러한 것은 진지한 역사 서술로 취급받기 위해서 당연히 이루어져야 하는 과제들 중의 하나다.

　물론 이것은 조화로운 설명이 반드시 옳다는 것은 아니다. 그렇지 않을 수도 있다: 지난 15년 동안에 마이어(Meyer), 하비(Harvey), 보그(Borg), 샌더스(Sanders), 호슬리(Horsley), 크로산(Crossan) 등 많은 학자들은 전체적인 흐름과는 정반대의 입장에서 자체적으로는 조화로운 예수에 관한 설명들을 제시해 왔다 — 그리고 그들은 모두 여러 가지 점들에서 서로 의견이 다르다. 그들이 모두 항상 옳을 수는 없다.[68] 조화로운 설명들도 다른 가설들과 마찬가지로 검증 과정을 거쳐야 한다. 그러나 조화로운 설명이 본질상 부정확하다고 말해서는 안 된다. 어떤 사건들이 일어났다면, 원칙적으로 그 사건들이 무엇이었는지를 밝혀내기 위한 연구를 통해서 앞서의 연구들을 개선하는 것은 가능하다. 본서의 제3부와 제4부 그리고 다음 권 전체를 통해서 시도하고자 하는 것은 바로 이러한 것이다.

　서사의 한 중요한 측면은 귀결(sequel)이다. "오늘날의 역사"를 연구할 때

68) Meyer 1979; Harvey 1982; Borg 1984; Sanders 1985; Horsley 1987; Crossan 1991을 보라. 처음 네 개에 대해서는 Neill and Wright 1988, 379-96을 보라.

문제점들 중의 하나는 그 역사의 귀결을 알 수 없다는 것이다; 그리고 귀결이 알려져 있지 않을 때에 그 공백을 메우는 것은 은연중에 이데올로기에 호소하는 것이 될 수밖에 없다.[69] 물론 귀결들과 관련해서도 커다란 위험성이 존재한다. 어느 한 시기를 분석할 때에 우리는 "사후 평가"라는 말을 남발하는 경우가 있다: 우리는 그 시기가 당시에 어떻게 느껴졌는지 알고 싶어한다. 그러나한 사건의 "이면"에 관한 전체적인 이야기는 그 이후에 일어난 사건들의 귀결에 비추어서 점차적으로만 밝혀지는 경우도 있을 수 있다는 것도 마찬가지로 사실이다. 제2차 세계대전이 끝난 지 수년 후에야 "최종 해법"(Final Solution)에 관한 진실이 알려지면서 우리는 1930년대 독일에서 무슨 일들이 진행되고 있었는지를 진정으로 알 수 있게 되었다. 물론 그 누구도 의도하지 않은 결과들이 존재한다. 또한 특정한 사람 또는 집단이 의도한 결과들이 세월이 흐르면서 점진적으로 밝혀지는 경우도 있다. 알버트 슈바이처(Albert Schweitzer)가 보았듯이, 우리는 바울이 어떤 인물이었는지를 정확하게 이해하기 위해서는 바울이 세운 여러 교회들의 제2세대에 관하여 이해할 필요가 있다.[70] 벤 마이어(Ben Meyer)가 주장했듯이, "예수에 의해서 생겨난 전승을 통해서 우리는 무엇이 예수로 하여금 그런 식으로 행동하게 하였는지를 발견할 수 있다."[71] 그러므로 서사는 직접적인 사건 자체를 뛰어넘어 미래를 포괄하지 않으면 안 된다. 그리고 그렇게 하는 데에 역사가들은 종종 "의미"라는 단어를 사용하곤 한다. 이것은 그 자체로 여러 가지 문제들을 불러 일으킨다.

(iii) 역사와 의미

---

69) Cf. e.g., Carr 1987 [1961], ch. 5: Barraclough 1967 [1964], 14f. 물론 과거를 현재로 변질시켜 버리는 사상가들에 대해서도 이와 비슷한 말을 할 수 있을 것이다: Thomas Groome을 비판하고 있는 Thiselton 1992, ch. 16 section 3을 보라. 그러나 Barraclough는 가장 위대한 역사가들 중의 한 사람인 투키디데스 자신이 "현대사"를 쓰고 있었다는 점을 올바르게 지적하고 있다.

70) Schweitzer 1968b [1931].

71) Meyer 1979, 253: 물론, 우리가 제2권에서 다루게 될 논란이 되고 있는 주장이다.

 이러한 틀 내에서 우리는 마침내 "의미"에 관한 골치 아픈 문제에 접근할 수 있게 된다. 여러 철학 분파들 속에서 한동안 의미에 관한 유명한 논쟁이 벌어졌지만, 본서에서는 다른 것들과 마찬가지로 여기에서 그 문제를 다룰 수는 없다.[72] 그러나 나는 이 시점에서 내가 의미라는 개념을 어떤 식으로 이해하는지를 간략하게나마 설명해 둘 필요는 있을 것이다. 작은 예로부터 시작해서 큰 예로 나아간다면, 이 개념은 아주 분명하게 드러나게 될 것이다.

 첫째, (비트겐슈타인의 주장을 따르면) 어떤 단어의 의미를 나는 문맥 또는 암묵적인 문맥 속에서 그 단어가 사용되고 있는 의미로 파악한다; 즉, 그 단어가 어떤 문장 또는 어떤 잠재적인 문장 속에서 사용되고 있는지에 비추어서.[73] 내가 영어로 "book"이라고 말한다면, 내가 또다시 "나는 입장권을 예매하러(book) 갈 거야"라거나 "그 책(book)은 책상 위에 있어" 또는 "그 범죄자는 입건(book)되었어"라는 문장을 말할 때까지는, 이 단어의 의미는 보류된다. 어떤 단어가 한 가지 의미밖에 없는 경우일지라도, 우리는 그 단어가 은유적인 의미로 사용되었을 가능성을 배제할 수 없기 때문에, 어쨌든 우리는 그 단어의 의미를 분명하게 보여 주는 여러 문장들을 통해서 하나밖에 없는 그 단어의 의미를 알게 된다.

 둘째, 한 문장의 의미는 이야기 또는 암묵적인 이야기 속에서 그 문장이 차지하고 있는 위치다.[74] 나의 조교가 "그 책은 책상 위에 있어요"라고 말했을 때, 그 말은 (a) 내가 그 책을 헛되이 내 서가에서 찾고 있었다는 암묵적인 이야기 속에서와 (b) 다음 사람이 방에 들어오기 전에 내가 그 책을 숨길 의도가 있었다는 암묵적인 이야기 속에서는 서로 다른 의미를 지닐 수밖에 없다. "예수가 십자가에 못 박혔다"는 문장은 백부장이 빌라도에게 보고하는 이야기 속에서와 제자들이 그 사건이 있던 날 저녁에 서로서로 말했던 이야기 속에서, 그리고 바울이 그의 전도 설교 속에서 말한 이야기 속에서 서로 다른 의미를 지닌다.

72) Thiselton 1980, *passim*.

73) Wittgenstein 1961 [1921], 14: "오직 어떤 명제의 연쇄 속에서만 어떤 이름은 의미를 지니게 된다"(n.b. 13: "어떤 명제에서 어떤 이름은 어떤 대상의 대표이다").

74) MacIntyre 1985 [1981], ch. 15을 보라.

셋째, 한 이야기의 의미는 특정한 세계관 속에서 그 이야기가 차지하는 위치다. (물론 이것은 좀 작은 이야기들이 좀 더 큰 이야기들 속에서 의미를 획득해 가는 몇 차례의 중간 단계들을 전제한 것이다.) 앞에서 자주 보았듯이, 이야기들은 여러 가지 다양한 방식으로 세계관과 연결되어 있다: 이야기들은 세계관들을 가다듬고, 정당화하고, 밑받침하고, 수정하고, 도전하고, 전복시키고, 심지어 파괴하기까지 한다. 동일한 이야기라고 할지라도 세계관이 다르면 그 의미가 달라진다. 선한 사마리아인에 관한 비유를 골수 유대인 율법사에게 말했다면, 그 이야기는 율법사의 세계관을 위협하거나 전복시키려 할 것이다. 베를린 장벽의 붕괴에 관한 이야기는 이미 서구의 자유주의 및 자본주의적 세계관을 강화시키는 데 널리 사용되고 있다. 이 동일한 이야기는 신마르크스주의자들이 구마르크스주의 이론을 전복시키는 데 사용하고 있기도 하다: 마르크스의 실험은 실패했지만, 이제 우리는 그 이론을 바로잡을 것이다. 역사가들이 말하는 이야기들은 전체적인 세계관 속에서 그 의미를 획득한다. 역사의 본질에 관한 그의 저서의 제2판 서문에서 카(E. H. Carr)는 초판을 썼을 당시와 제2판을 간행할 당시에 일어난 사건들에 관한 이야기가 그의 세계관, 진보에 관한 그의 신념을 전복시킬 수 있는 가능성에 직면하여, 자기가 여전히 그럼에도 불구하고 이전의 세계관을 유지할 수 있다는 것을 보여 주기 위하여 다른 논거들을 제시한다.[75] 방금 앞에서 언급했듯이, 이러한 논의들 속에는 귀결(sequel)에 관한 문제가 큰 모습으로 어른거리고 있다는 것을 아주 분명하게 볼 수 있다. 어떤 일들이 결국 실제로 다른 모습임이 드러났다고 한다면, 앞서의 모습들을 포함하고 있던 이야기의 의미는 달라질 수밖에 없다. 만약 포도원 주인이 돌아와서 농부들의 행위를 눈감아 주고 그들로 하여금 계속해서 포도원을 경작하게 했다면, 앞서 일어났던 모든 사건들의 의미는 다른 시각에서 보아야 할 것이다. 어떤 이야기 또는 연극의 결말 부분은 본론 부분의 귀결이기 때문에, 우리는 새로운 눈으로 앞서의 장면들을 되돌아보지 않을 수 없게 된다: 모든 것이 다 이야기되고 행해졌을 때, 『베니스의 상인』(*The Merchant of Venice*)은 희극인가, 은폐된 비극인가?

이야기들과 관련하여 지금까지 말한 내용들은 사건들에는 더더욱 해당된다.

---

75) Carr 1987 [1961], 3-6.

앞에서 보았듯이, 기본적으로 행동으로 실천된 이야기라는 성격을 지니는 사건의 의미는 좀 더 근본적인 이야기를 구성하는 데 기여하는 일련의 사건들 속에서 그 사건이 차지하는 위치다; 그리고 물론 근본적인 이야기들은 세계관을 구성하는 여러 특징들 중의 하나다. 예루살렘 멸망은 이 사건을 참혹한 재앙으로 보았던 에스라4서의 저자에게는 나무꾼이 나타나서 늑대를 쫓아내고 여주인공과 결혼했다는 식의 『빨간 망토 소녀』(*Little Red Riding-Hood*)라는 소설의 가설적 결말 부분과 마찬가지로 철저하게 그 저자가 예상했던 이야기를 전복시키는 의미를 지녔다. 예루살렘 멸망이 에스라4서의 저자에게 지녔던 의미는 예루살렘의 멸망을 이스라엘의 신이 로마인들에게 편든 결과로 봄으로써 은연중에 자신의 세계관을 조금 수정하여 이 새로운 상황을 설명하고자 했던 요세푸스에게 그 사건이 지녔던 의미와는 근본적으로 달랐다. 또한 예루살렘 멸망은 그 사건을 신바빌로니아의 멸망으로 보았던 마가복음 13장의 저자에게는 또 다른 의미를 지녔다. 개별적인 단어들로부터 일련의 전체 사건들에 이르기까지 역사가가 관심을 갖는 모든 차원에서 "의미"는 맥락 속에서, 궁극적으로는 세계관이라는 맥락 속에서 찾아야 한다.

이것은 "의미"가 항상 사적(私的)이라는 것을 의미하는가? 적어도 함축적으로는 우리는 "의미"에 관한 실증주의적 개념, "외부에" 발견되기를 기다리는 "실재하는" 또는 "진정한" 의미가 존재한다고 믿는 신념으로부터 아주 멀리 떠나 왔기 때문에, 우리는 이 도식 전체를 유아론적 현상론으로 변질시켜 버린 것인가? 결코 그렇지 않다. 이에 대해 두 가지 반론을 제기해 보고자 한다.

첫째, 사건들과 그 귀결들은 본질적으로 공적인 성격을 지닌다. 역사가(또한 마찬가지로 법률가, 상당수의 사적인 개인들)는 사건의 이면에 관하여 알기를 원하지만, 사건 자체는 공적 자산이다. "평평한 지구"(Flat Earth) 협회의 세계관은 배를 타고 세계 일주를 할 때마다, 그리고 우주 공간에서 보내오는 사진이 도착할 때마다 조금씩 훼손된다: 길덴스턴(Guildenstern)이 로젠크란츠(Rosencrantz)에게 자기는 영국을 믿지 않는다고 말할 때, 그러한 반응("지도 제작자들의 음모?")[76]은 그들이 결국 돌아왔다고 해서 그 유효성을 상실하는

---

76) Stoppard의 영화 속에서 이런 반응은 무대 상연에 대한 부가물이다(Stoppard 1967, 89).

가? 사건들이 공적이라면, 그 사건들은 논의가 가능하고, 증거가 축적될 수 있고, 몇몇 세계관들은 자신의 무게에 눌려 붕괴될 때까지 자리를 유지하기 위하여 점점 더 많은 음모론들이 필요하고, 점진적으로 유지하기가 더욱더 어려워지게 된다. 우리는 동유럽에서 일어난 최근의 사건들 속에서 이러한 경우를 대규모로 목격하였다.

둘째, 세계관들은 비록 통상적으로 가옥의 토대와는 달리 눈에 보이지 않지만 원칙적으로 파내어 살펴보는 것은 가능하다.[77] 이렇게 세계관을 파헤칠 때에 단서가 되는 것들은 "바로 그것이 세상이 돌아가는 방식이야" 등과 같은 문장들이다. 이때에 누군가가 "아니야, 그렇지 않아"라고 말한다면, 대화가 중단되거나 싸움이 일어난다: 싸움이 일어나는 이유는 각자가 상대방의 이야기를 전복시키려 하거나 자신의 이야기를 강화시키려는 성향을 지니는 이야기를 하기 때문이다. 그리고 이러한 논의 속에서 사실 문제가 되고 있는 것은 세계관 자체 내에서 여러 이야기들과 사건들에 부여된 의미들의 적절성 내지는 적합성이다. 내가 이제까지 내내 제시하여 온 비판적 실재론에 의거한 인식론에 속하는 이러한 과정은 "의미"는 결코 그러한 생각을 품는 사람들의 사고로부터 결코 분리될 수는 없지만, 개인이든 집단이든 그 의미를 그 사람 자체로 환원시킬 수는 없다는 것을 원칙적으로 보장해 준다. 대화는 가능하다. 사람들은 자신의 신념을 바꿀 수 있다: 사람들은 자신의 세계관을 바꾸기조차 한다. 요한복음 20장의 처음 부분에서 도마는 십자가 사건에 대하여 하나의 의미를 부여했던 것으로 보인다. 그러나 결국 그는 십자가 사건에 다른 의미를 부여하게 되었다. 회심도 가능하다: 사울은 바울이 되었고, 프란체스코는 사람이라는 것이 무엇을 의미하는지에 대하여 새로운 비전을 갖게 되었다. "의미"는 사건들과 마찬가지로 궁극적으로 공적인 영역에 속하는 문제다.

(iv) 맺는 말

이론 없는 실천은 맹목이지만, 실천 없는 이론은 벙어리이다. 이제 이론은 이 정도로 해 두고 실천으로 옮겨갈 때다. 우리는 초기 유대교 및 기독교 문학에 대한 연구와 그 문학들을 토대로 역사를 쓰려는 시도를 포함하는 이 프

---

77) 세계관들에 대해서는 제5장을 보라.

로젝트의 주된 작업을 지탱해 줄 만큼 튼튼한 토대들을 놓았다고 나는 믿는 다. 나는 관련된 사람들 및 사회들의 세계관들, 사고방식들, 목표들, 의도들, 동 기들에 적절한 주의를 기울이면서 역사를 비판적 실재론에 의거해서 읽는 것 은 적절하고, 원칙적으로 가능한 일이라는 것을 논증했다. 나는 누구나가 시도 할 수 있는 하나의 방법론을 자세하게 설명했다. 이제 초기 유대교 및 기독교 에 관한 연구, 그것의 일부인 예수 및 바울에 대한 연구를 진행할 수 있는 정 지 작업이 끝난 셈이다.

한 가지 더 예비적인 작업이 남아있기는 한데, 그것은 우리가 관심을 갖고 있는 다른 한 분야, 즉 신학이라는 문제를 좀 더 자세하게 다루어보는 것이다. 그러나 그 문제로 넘어가기 전에 역사에 관해서 논한 이 장을 요약할 겸해서 우리의 주된 초점이 될 주후 1세기의 두 가지 중요한 종교운동들에 대한 연 구와 관련이 있는 것들을 살펴보는 것이 좋겠다.

6. 주후 1세기 종교운동들에 대한 역사적 연구

(i) 들어가는 말

이 프로젝트의 주된 초점은 다름 아닌 주후 1세기에 일어난 몇몇 종교운동 들에 대한 역사다. 모든 것을 포괄하는 거창한 제목을 붙이기보다는 이런 식 으로 표제를 다는 것이 독자들을 오도할 가능성이 적을 것이라고 나는 생각한 다. 예수와 그의 의미, 바울과 그의 의미, 복음서들과 그것들의 의미를 다루려 면, 우리는 우선 그러한 세계관들(그리고 그에 따른 목표들, 의도들, 동기들)을 아주 선명하게 포함하고 있는, 오늘날 "종교적"이라고 불리는 요소들인 사람 들과 운동들을 연구할 필요가 있다. 즉, 그들은 개인과 집단의 삶 속에 적극적 으로 개입했던 신, 의도들과 목적들을 가지고 "자연력들"(우리는 이렇게 부를 수 있을 것이다)과 자원하는 사람들 및 아무것도 모르는 사람들을 통해서 그 러한 의도와 목적들을 관철시켜 나갈 수 있었던 신을 믿었다. 그러므로 우리 는 드라마 속의 연기자들, 그러니까 어떤 의미에서는 드라마 자체를 온전히 이해하기 위해서는 먼저 그들의 눈을 통해서 세상을 보는 법을 배워야 한다는 것을 염두에 두고 인간의 역사를 연구해야 할 것이다. 여기서 우리는 제3부와 제4부에서 좀 더 자세하게 논의될 두 가지 주된 분야를 개략적으로 살펴보게 될 것이다.

(ii) 주후 1세기의 유대교

주후 1세기의 유대교에 대한 최근의 연구는 당시의 유대교가 다양한 형태를 띠고 있었다는 점을 올바르게 강조해 왔다. 이것은 수 세기 동안 학문적인 차원 및 통속적인 차원 양쪽에서 모두 유대교를 불행히도 증거들을 제대로 다루지 못한 극단적으로 단순화된 모형들을 통해서 이해해 온 풍토에 비추어 볼 때에 참으로 꼭 필요한 일이었다.[78] 이제 학계에서는 완전히 그 태도를 바꿔서 이 시기에 나온 아주 다양한 텍스트들에 대한 탁월한 내용의 새로운 판본들 및 주석서들을 출간해내고 있다. 우리는 단지 귀족 계급들과 혁명가들,[79] 바리새인들과 사두개인들을 구별해야 한다는 것만을 배우는 것이 아니라, 묵시론자들과 랍비들, 그리고 이 둘과 필로(Philo) 및 솔로몬의 지혜서(*The Wisdom of Solomon*)에 의해서 대표되는 사상 학파들을 구별해야 한다는 것도 알게 되었다.

그러나 주후 1세기의 유대교가 다양한 형태를 지니고 있었다는 것을 인정하는 것은 자칫 일종의 원자론적인 실증주의로 변질될 수 있는 가능성을 지니고 있고, 실제로 종종 그렇게 되어 왔다. 단순히 한 작은 분야만을 연구하면서 그것과 관련된 몇 가지 내용들을 밝히고 나머지 부분들은 그대로 두는 식의 작업을 해온 몇몇 학자들이 있다. 내가 앞 단원에서 이야기했듯이, 이러한 작업은 진정한 의미에서 역사라 할 수 없다. 어떤 텍스트를 그 자체만으로 살펴보고, 그 자체의 사상 및 비전의 세계 속에서 그 텍스트에 관한 몇 가지 질문들을 던지기만 할 뿐, 그 텍스트를 피상적인 차원을 뛰어넘어 그 텍스트에 좀 더 넓은 의미를 부여해 주는 큰 세계와 결부시키지 못하는 일이 비일비재하고, 또 그렇게 하기가 아주 쉽다. 우리는 각기 다른 출처를 지닌 문서들 간의 사상의 연속성을 전제한 채 각각의 배경과 시기의 차이를 건성으로 넘겨버려

---

78) 아래 제3부를 보라. 이 점이 오늘날 신학학에서 상식이라면, 이것을 상식으로 만드는 데 가장 큰 기여를 한 사람은 E. P. Sanders(1977)이다. Neill and Wright 1988, 371-8을 보라.

79) Goodman 1987은 이에 반대; 자세한 것은 아래 제3부를 보라.

서는 안된다는 것을 배운 바 있다. 그러나 이와 마찬가지로 우리가 경계해야 할 정반대의 위험성도 존재한다. 좁은 주제를 다루는 연구는 사건들(문학상의 사건들을 포함한)은 가능한 한 충분한 역사적 관점으로부터 검토되어야 한다는 것, 그리고 그것은 사건들의 "이면," 즉 그 사건들에 의미를 부여하는 일련의 동기들과 이해들을 살펴보는 것을 의미한다는 사실을 무시해 버릴 수 있다. 그리고 이 차원에서 우리는 이런저런 저술뿐만 아니라 사회 전체에 영향을 주고 또한 그 근저에 있었던 세계관을 재구성하는 끊임없는 시도를 회피해서는 안 된다 — 다른 것들에서와 마찬가지로 제2성전시대 유대교에 대한 연구에서 중요한. 우리는 이 시기의 유대인들이 그들이 누구이고, 그들의 신이 어떤 분이며, 이 모든 것의 의미가 무엇인지에 관하여 서로서로 및 그들 자신에게 말한 이야기들을 추적하여 이해할 필요가 있다. 여기서 과거의 연구의 특징을 이루어 왔던 값싼 일반화들로 되돌아가서는 안 된다. 그러나 또한 우리는 주후 1세기 유대교의 전반적인 세계관이라고 할 수 있는 복합적인 실체를 구성하는 중요한 흐름들을 자세하게 설명하는 일을 주저할 필요도 전혀 없다. 그러한 연구는 역사 자체의 일부다. 그러한 연구를 수행하지 않는 것은 엄격히 말해서 비역사적인 전제들을 그냥 수용하려는 태도라고 할 수 있다.

(iii) 주후 1세기의 기독교

역사적 방법론이라는 차원에서의 이와 같은 문제는 주후 1세기의 기독교와 관련해서도 나타난다. 여기서도 다시 한 번 학계에서는 과거의 천박한 일반화들의 자취를 따라서 최근에는 원자론적인 경향을 보여 주었다. 그러나 이 분야의 연구를 복잡하게 만드는 한 가지 요소가 있어 왔다. 20세기의 상당수의 학자는 실제로 사건들의 "이면" 속으로 들어가서 초대 교회의 글들과 운동들에 접근하고자 시도해 왔으나, 이렇게 했을 때 그들이 채택하였던 도구는 극히 무딘 것들이었다. 내가 여기에서 말하는 시도란 초기 기독교를 세상의 임박한 종말에 관한 기대와 이 기대가 어긋났을 때의 불안과 심적 동요라는 관점에서 이해하고자 한 시도를 말한다. 나는 나중에 이러한 인식 전체가 대체로 왜곡된 것임을 논증할 것이고, 또한 주후 1세기 기독교 역사의 내부의 이야기를 탐구하는 완벽하게 타당한 도식 내에서 그러한 인식을 대체할 다른 "내부적인" 이야기에 관한 가설들을 대안으로 제시하고자 한다. 그리고 유대교의 경우와 마찬가지로, 우리는 비록 많은 점들에서 초기 기독교는 계몽주의 이후의 세계에 사는 사람들에게 "종교"로 보여 왔지만, 주후 1세기의 범주들 속에서는 결코 그렇지 않았다는 것을 기억해야 한다. 초기 그리스도인들은 "무신론자들"로 불렸다. 그들은 희생제사를 전혀 드리지 않았다. 그들이 공동체 모임들을 통해 했던 일은 비그리스도인들의 종교적 관행들과 여러 가지 비슷한 모양새들을 지니고 있었지만, 그 차이점들도 두드러졌다. 초기 기독교를 관찰한 사람들에게 두드러지게 부각되었던 중요한 것은 그 공동체의 "종교적" 측면이나 초기적인 교리 문구들이 아니라, 그 공동체의 총체적인 삶의 방식이었다. 그러므로 유대교와 기독교라는 주후 1세기의 종교운동들에 관한 역사를 살펴볼 때에, 사건들의 "이면"을 살펴보는 것이 대단히 중요하다: 관련된 사람들의 목표들, 의도들, 동기들 — 그리고 자기인식들. 또한 마찬가지로 계몽주의 이후의 범주들을 사용하는 것에 내재된 위험성들도 염두에 둘 필요가 있다. 이를테면 문화제국주의 같은 것 말이다. 그러나 주후 1세기의 역사에 대한 현대적인 연구는 이 점을 항상 피하지는 못했다.

역사적 엄격성이라는 이 마지막 요구에 순종한다는 의미에서, 우리는 주후 1세기 유대교 및 기독교의 세계관들의 중심에 있는 주제를 더욱 자세하게 검토해 볼 필요가 있다. 따라서 이제 우리는 신학을 살펴보아야 할 차례다.

제 5 장

신학, 권위, 그리고 신약성서

1. 서론: 문학 및 역사에서 신학으로

이제 신약성서를 읽는 과제는 결코 "순수하게 문학적인" 또는 "순수하게 역사적인" 연구일 수 없다는 것이 분명해졌다. 즉, 문학적인 연구나 역사적인 연구는 문화, 세계관들, 특히 신학에 대한 폭넓은 고찰 없이 단독으로 행해질 수 있는 것이 아니다. 특히 "순수한 역사"만을 다루는 모형은 그 어떤 텍스트든, 특히 신약성서와 같은 텍스트를 온전히 이해하기에 부적절하다. 마찬가지로 우리는 제1장에서 신약성서에 대한 진지한 읽기는 신약성서가 적절한 방식으로 읽혀질 때에 오랜 세월 동안 대다수의 독자들이 신약성서가 가지고 있다고 생각해온 권위를 어떻게 발휘할 수 있는지도 보여 주어야 한다고 말한 바 있다: 그러나 또한 우리는 비평학 이전 및 "현대적인" 신약성서 읽기 방식들은 이러한 요구를 성공적으로 이루어내지 못했다는 것도 보았다. 이 장의 목표는 "문학적인" 그리고 "역사적인" 읽기들을 건너뛰는 것이 아니라 오히려 그러한 읽기들을 한층 빛나게 해 주는 "신학적" 읽기는 어떤 것인가를 제시하고, 그러한 복합적인 읽기가 규범적인 또는 권위적인 기능을 할 수 있는 하나의 모형을 탐색해 보는 것이다. 물론 나는 여기에서 다루지 못하는 많은 논의 분야들이 존재한다는 것을 잘 알고 있다. 이 장의 목표는 신학의 본질을 남김없이 다 설명하려는 것이 아니라, 신학이라는 분과가 어떻게 작용하는지를 잘 보여 주는 몇 가지 두드러진 점들을 서술하려는 데 있다.

우리는 이미 모든 읽기에는 독자가 능동적인 참여자로 포함되어 있다는 것에는 이론(異論)이 없다는 것을 이미 본 바 있다. 아무런 전제 없이 순전히 객

관적인 역사를 연구한다는 말은 더 이상 통하지 않는다:

> 역사학의 규범들에 따라 행해진 모든 연구와 관련하여 저자와 독자는 역사에 대한 개요는 역사가의 사고 속에서만 형성될 수 있고, 이 과정에서 역사가 자신과 그의 모든 지적 유산들이 개입된다는 것을 알아야 한다.[1]

그러므로 우리는 두 가지 차원에서 "단순한 역사"를 넘어선다. 첫째, 과거와 관련된 "왜?"라는 질문에 답하기 위해서는 우리는 사건의 "외면"에서 "이면"으로 옮아가지 않으면 안 된다; 이것은 우리 자신들과는 다른 당시 사람들의 세계관들을 재구성하는 일을 포함한다. 둘째, 눈이 없으면 볼 수 없듯이, 우리 자신의 세계관이 개입되지 않고서는 당시 사람들의 세계관을 재구성하는 일을 해낼 수 없다. 이 두 가지 차원에서 독자는 관련된 세계관들을 분명히 인식하여야 하고, 이 둘의 잠재적 특이 사항들, 불일치점들, 긴장들을 주의해서 보아야 한다. 이에 대해서는 나중에 다시 살펴보기로 하자.

이 점에서 우리가 살펴보고자 하는 특정 분야와 관련하여 피할 수 없는 한 가지 아이러니가 있다. 주후 1세기의 유대인들과 그리스도인들은 그들이 참여했던 실제 사건들이 그 자체로 궁극적인 의미를 지니고 있는 것으로 여겼다는 것은 확고한 역사적 사실이다. 그들은 이스라엘과 그 운명에 관한 사건들이 "단순한 사건들"이 아니라 단순한 연대기를 뛰어넘는 "이면," 즉 "의미"를 지니고 있다고 철석같이 믿었다. 그리고 사건들의 이면을 이해하기 위한 그들의 해석학적 격자망(格子網)은 창조주 신에 대한 신앙 및 그의 계약 백성과 관련된 행위들을 통해서 세상 전체를 위한 그의 목적들을 성취하는 것과 관련되어 있었기 때문에, 오늘날 서구적인 실증주의의 관점에서 보면 이상하겠지만, 그들은 그 사건들이 모든 인류 및 모든 시기와 결부된 '의미로 가득 차 있다고 믿었다.[2] 그들의 특정한 관점을 어떻게 생각하든, 우리는 그들이 비교적 최근

1) Schlatter 1973 [1909], 125f.
2) Nineham 1976, 188; Räisänen 1990, 199. 이 두 학자는 이러한 신념을 오늘날 우리에게 불가능한 견해를 전형화하고 있는 것이라고 본다.

에 "과학적인 역사"를 열렬하게 주창했던 사람들이 파악한 것보다 역사의 진정한 본질, 즉 "사건"과 "의미"의 복잡한 상호작용에 관하여 더 잘 이해하고 있었다고 말하지 않을 수 없다.

그렇다면 우리는 어떻게 해야 그동안 학계를 괴롭혀 왔던 환원주의적인 태도들을 피하면서 역사에 관한 문제들에 좀 더 총체적인 방식으로 답할 수 있는가? 이에 대답하기 위해서 우리는 이미 여러 차례에 걸쳐서 언급해 왔던 두 가지 범주, 즉 "세계관"과 "신학"을 검토해 보지 않으면 안 된다.

2. 세계관과 신학

실증주의적 역사 서술이 흔히 간과해 왔던 차원은 세계관과 관련된 것이라 할 수 있고, 따라서 우리는 이 개념을 먼저 살펴보아야 한다. 그런 다음에 나는 세계관이라는 것이 사실은 어떤 관점에서는 대단히 신학적이기 때문에, 우리는 그러한 맥락 속에서 "신학"의 의미를 검토해야 한다는 것을 논증할 것이다. 이것은 우리를 구체적으로 기독교 신학에 대한 고찰로 이끌 것이고, 이것은 이번에는 신약성서 연구와 관련된 신학에 대한 성찰들을 촉진시키게 될 것이다.

(i) 세계관들에 대하여

세계관은 특정한 문화 또는 사회의 인식 이전 단계인 전제와 관련되어 있다.[3] 인간의 궁극적인 관심이 존재하는 곳에는 그 어디에나 세계관이 존재한다. 이러한 관점에서 볼 때, "궁극적 관심"(ultimate concern)이라는 표현 속에 폴 틸리히(Paul Tillich)의 사상이 반영되어 있는 것에서 알 수 있듯이, 궁극적인 관심들이라는 것은 현대의 서구 사상에서 신이라는 존재에 관한 명시적인 견해로 여기는 것을 포함하든 안 하든 대단히 신학적이다.[4] 사실 "세계

---

3) 세계관들에 대해서는 특히 Geertz 1973; Holmes 1983b; Walsh and Middleton 1984; Olthuis 1989 [1985]; 특히 Marshall, Griffioen and Mouw 1989를 보라.

4) Tillich에 대한 최근의 평가로는 Kelsey 1989를 보라; 그는 이렇게 말한다: "(틸리히는) 영어에 종교 용어 하나를 더하였다: '궁극적 관심'이라는 말은 세속적인 담론 속에서 종교적 차원을 넌지시 암시하는 데 사용되는 흔한 용어가 되었다"(148).

관"은 신이 과연 존재하는지, 존재한다면 그 신은 어떤 모습인지, 그러한 존재는 세계와 어떤 관계에 있는지에 관한 질문을 포함하여, 현실에 대한 인간의 모든 심층적인 인식들을 포괄한다. 보는 것과 관련된 은유가 지나치게 우세하긴 하지만(세계관 — worldview), 이하의 분석은 내가 의도하는 의미에서의 세계관은 단순한 이론이 아니라 인간 실존의 수많은 차원들을 포함한다는 것을 분명하게 보여 줄 것이다.[5]

세계관이 특징적으로 수행하는 네 가지가 있는데, 이 각각에서 우리는 전체 세계관을 엿볼 수 있다. 첫째, 본서의 제2부에서 내내 보아왔듯이, 세계관은 인간이 현실을 보는 수단인 이야기들을 제공해 준다. 이야기는 단독적인 고찰이나 단편화된 말보다 훨씬 깊은 차원에서 세계관을 가장 잘 보여 준다.

둘째, 이러한 이야기들로부터 우리는 인간 실존을 결정하는 기본적인 문제들에 어떻게 대답해야 할 것인가를 원칙적으로 발견할 수 있다: 우리는 누구이고, 우리는 어디에 있으며, 무엇이 잘못되어 있고, 무엇이 해법인가?[6] 모든 문화는 이러한 질문들에 답하기 위하여 원칙적으로 환기될 수 있는 깊은 곳에 자리 잡은 신념들을 품고 있다. 모든 문화는 정체성, 주변 환경, 세계가 존재하는 방식과의 문제점, 그러한 문제점으로부터 벗어날 수 있는 방법 — 좀 더 정확히 말하자면, 구속적인 종말론 — 에 관한 인식을 소유하고 있다. 이러한 것들을 특정한 문화와 관련하여 깨닫는 것은 자기 가족 또는 친지에 속한 어떤 사람이 자기와는 다른 유형의 개성을 가지고 있다는 것을 깨닫는 것과 마찬가지로 가능하다. 이러한 깨달음은 관련된 모든 사람을 우리 모두가 정확히

---

5) 이 모든 문제에 대해서는 특히 Rowe 1989를 보라. 내가 이 용어를 사용하고 있는 것은 Berger and Luckmann 1966에서 "상징적 우주"를 사용하고 있는 것과 비슷하다.

6) Walsh and Middleton 1984, 35를 보라; 나는 그들의 의문문들의 단수 형태를 복수 형태로 바꾸어 놓았다. 제2차 바티칸 공의회가 제시하였던 질문들은 모든 인간에게 공통적이다: "인간은 무엇인가? 삶의 의미와 목적은 무엇인가? 올바른 행동은 무엇이며, 죄악된 행동은 무엇인가? 고난은 어디에서 유래하며, 고난은 어떤 목적에 기여하는가? 진정한 행복은 어떻게 찾을 수 있는가? 죽을 때에 어떤 일이 일어나는가? 심판이란 무엇인가? 죽은 후에 어떠한 보상이 뒤따르는가? 그리고 마지막으로, 우리가 기원했고 우리가 다시 돌아가는, 우리의 전 존재를 포괄하는, 인간의 생각으로는 설명할 수 없는 궁극적인 신비는 무엇인가?"(Flannery 1975, 738).

똑같거나 똑같아야 한다는, 우리를 속박하는 전제로부터 해방시킨다.

셋째, 세계관을 표현하는 이야기들과 정체성, 주변 환경, 악, 종말론에 관한 문제들에 대하여 그 이야기들이 제공해 주는 대답들은 문화적인 상징들로 표현된다(우리가 앞장에서 보았듯이) 이러한 상징들로는 공예품들과 사건들 — 축제들, 가족 모임들 등등 — 이 있다. 현대의 북아메리카에서 승전 후에 벌이는 뉴욕시의 개선 행진은 이 문화의 가장 강력한 상징들 중 두 가지를 결합시켜 놓은 것이다: 상업 중심지인 맨해튼의 하늘 높이 솟아 있는 마천루들과 전쟁 영웅들. 이 둘은 나름대로의 방식으로 미국적인 방식을 과시하고 권장하고 축하한다. 주후 1세기의 팔레스타인에서는 유월절을 거행하는 것이 이와 비슷한 기능을 하였는데, 거기에서는 예루살렘과 그 성전이 맨해튼을 대신했고, 유월절 희생제사와 공동식사가 개선 행진을 대신하였다. 건물들은 경제적/민족적 목표들을 말하는 대신에 종교적/민족적 목표들을 말했고, 어둠의 세력들을 물리친 승리를 축하하는 대신에 장차 도래할 신원(伸寃)의 날을 말했다. 모든 문화는 그러한 상징들을 생산하고 유지한다: 사람들이 화를 내거나 두려워하는 것들을 보면, 흔히 거기에서 상징들을 찾아낼 수 있다. 그러한 상징들은 흔히 사회적 또는 문화적 경계표지 기능을 한다: 그러한 상징들을 지키는 사람들은 내부인들이고, 지키지 않는 사람들은 외부인들이다. 그리고 통상적으로 일반적인 말로 표현하기에는 너무 깊은 곳에 자리 잡고 있는 세계관을 가시적으로 상기시켜 주는 역할을 하는 이러한 상징들은 사람들이 세계를 인식하는 데 사용하는 실제적인 격자망을 형성한다. 상징들은 사람들이 날마다 현실 전체를 어떻게 바라볼 것인가를 결정한다. 상징들은 특정한 문화 속에서 무엇이 이해될 수 있고 동화될 수 있는지를 결정해 준다.

넷째, 세계관은 실천, 즉 세계 속에서의 존재방식을 포함한다. 네 번째 질문("해법은 무엇인가?")이 함축하고 있는 종말론은 필연적으로 행동(action)을 수반한다. 역으로 어떤 사람의 세계관의 진정한 모습은 흔히 그 사람이 행하는 행위들, 특히 당연한 것으로 여겨서 본능적으로 또는 습관적으로 행하는 행위들 속에서 드러난다. 인생 목표의 선택 — 돈을 버는 것, 가족을 부양하는 것, 직업을 추구하는 것, 사회나 세계를 어떤 특정한 방식으로 바꾸는 것, 피조세계의 질서와 조화롭게 사는 것, 자신의 내면세계를 계발하는 것, 전해 받은 전통들을 따라 충실히 사는 것 — 은 그 사람이 갖고 있는 세계관을 반영한

다: 또한 전체적인 목표를 달성하기 위한 의도들과 동기들도 마찬가지다.[7] 목표와 행동이 서로 불일치한다면, 그것은 앞에서 말한 것이 틀렸다는 것을 보여 주는 것이 아니라, 단지 이 문제가 복잡하다는 것과 세 번째 질문("무엇이 잘못되었는가?")에 대한 대답이 인간의 복잡다단함을 포함한다는 사실을 보여 줄 뿐이다.

이와 같이 세계관은 인간 실존을 이루는 기본적인 재료로서 세계를 보는 렌즈, 세계 속에서 어떻게 살아가야 할 것인가에 관한 청사진, 그리고 무엇보다도 사람으로 하여금 자기 자신이 되도록 만들어 주는 정체성에 대한 인식이다. 우리 자신의 것이든 우리가 연구하고 있는 문화의 것이든, 세계관들을 무시한 연구는 극히 천박한 결과만을 낳을 뿐이다.

우리는 세계관의 상호작용적인 기능들을 다음과 같이 나타내 볼 수 있다:

우리는 이 격자망 위에서 여러 가지 포괄적인 용어들을 규정해 볼 수 있다. 먼저 문화는 특히 한 사회의 실천과 상징들을 가리키고, 물론 이 둘은 주도적인 이야기(controlling story)에 의해서 영향을 받으며, 세계관과 관련된 문제들에 대한 특정한 대답들을 반영한다. 둘째, 마찬가지로 파악하기 어려운 종교라는 단어도 상징과 실천에 초점이 맞춰져 있지만, 상징과 실천은 그것들 자체를 뛰어넘어 그것들에게 좀 더 넓은 의미를 부여하는 주도적인 이야기를 가리키고 있다는 사실에 더 주목한다. 셋째, 신학은 질문들과 대답들에 초점을 맞추고, 구체적으로 그러한 것들의 몇몇 측면들에 집중한다. 나는 이 장에서 이러한 것들을 주도적인 이야기들과 통합시켜야 한다는 것과 한편으로는 질문들과 이야기들 간의 상호관계, 다른 한편으로는 실천과 상징 간의 상호관계

---

7) 목적들, 의도들, 동기들에 대해서는 위에 나오는 논의들을 보라.

를 충분히 인식하는 가운데 이 작업을 진행해나가는 것이 현명하다는 것을 논증할 것이다. 넷째, 상상력(imagination)과 감성(feeling)은 이야기와 상징 사이에 위치하면서 서로 다른 방식으로 실천과 질문들에 깊이를 더해 준다. 다섯째, 많은 문화들 속에서 신화는 "신성한 세력들이 일상 체험의 세계 속으로 지속적으로 침투해 들어온다는 것을 긍정하는 현실 인식"을 반영하는 말하기 방식이다.[8] 즉, 실천과 상징을 이야기, 적어도 암묵적으로는 핵심적인 질문들에 대한 대답들과 통합시키는 방식이다. 끝으로 텍스트 읽기와 텍스트 쓰기라는 두 차원에서 실천의 일부이기도한 문학은 명시적으로든 묵시적으로든 이야기들을 말하고 질문들을 제기하며 대답하고 실천을 구체화하며 상징들을 직접적으로 논하거나 은유 및 그 밖의 다른 방식으로 암시하는 복합적인 현상이다. 분명히 문학은 문화, 상상력, 감성, 또한 흔히 종교 및 신학과 밀접하게 결부되어 있다. 그러므로 문학 자체는 새로운 상징을 창조해낼 수도 있고, 새로운 상징이 될 수도 있다: 예를 들면 시, 서점들, 연극 공연들은 한 문화 속에서 상징적 가치를 지닌다. 이런 식으로 역사적·문학적 연구의 중요한 요소들 중 다수는 내가 제시한 세계관 모형 위에 정확하게 그 위치를 표시할 수 있다.[9]

앞에서 말했듯이, 세계관은 집의 주초(柱礎)와 같다: 그것은 결정적으로 중요하지만, 눈에 보이지는 않는다. 세계관은 한 사회 또는 개인이 통상적으로 바라보는 대상이 아니라 어떤 대상을 바라보기 위한 통로다; 세계관은 사람이 현실을 파악할 때에 그 현실의 일부가 아니라, 그러한 현실을 파악할 수 있게 해 주는 격자망이다. 세계관은 통상적으로 꽤 명백하게 도전을 받거나 모욕을 받지 않는다면, 의식이나 논의선상에 떠오르지 않기 때문에, 이런 일이 발생하면, 그것은 통상적으로 상당히 우려할 만한 의미를 지니는 사건으로 느껴지는

---

8) Berger and Luckmann 1966, 110.

9) 나는 이데올로기라는 단어가 오늘날 여러 가지 의미로 사용되기 때문에 이러한 격자망 속에 이데올로기의 위치를 정확하게 규정하려는 시도를 피하였다(cf. Eagleton 1991, esp. ch. 1). 이데올로기는 "세계관"과 비슷한 의미를 지닐 수도 있고, 훨씬 더 구체적으로 표현된 신념 집단을 의미할 수도 있으며, 이러한 사회적 실체들 간의 상호 작용을 가리킬 수도 있고, 전문 용어로 사용될 때보다도 더 그 의미를 파악하기 힘들게 만드는 경멸적인 뉘앙스를 띨 때도 있다.

것이 보통이다. 그러나 세계관은 도전을 받을 수 있고, 필요하다면 논의될 수 있으며, 그 가치체계에 대하여 의문이 제기될 수 있다.[10] 다메섹 도상에서의 사울의 경우 또는 북아메리카 인디언이나 이누이족(Inuit)에 속한 어떤 사람이 도시로 이사를 와서 서구적인 생활 방식을 채택한 경우에 급격한 세계관의 변화라는 의미에서 회심(conversion)이 일어날 수 있다. 그러나 세계관은 보통 한층 일상적인 차원에서 드러나고 자주 논의되며, 세계관 자체의 수정 없이 어느 정도 원칙적으로 수정될 수 있는 한 무리의 신념들(beliefs)과 목표들(aims)로 가시화된다. 현대 서구의 유물론자들은 사회와 경제 체제에 관한 기본적인 신념들과 적절한 고용 및 시간 사용에 관한 기본적인 목표들 속에 표현된 모종의 세계관을 지니고 있다. 이러한 신념들과 목표들은 그러한 것들을 지니고 있는 사람들이 세계가 어떠한가에 관하여 자기 자신 및 서로에게 말하는 이야기들의 축약된 형태들이다.[11] 이 경우에 어떤 사람이 이러한 기본적인 신념들 및 목표들 중의 일부가 잘못되었다는 것을 깨닫고, 세계관에 대한 근본적인 변경 없이, 예를 들어 보수적인 서구의 유물론자로부터 사회민주주의적인 서구의 유물론자로 변신하는 것은 얼마든지 가능할 것이다.

세계관을 표현함과 동시에 보호하는 데 기여하는 이러한 기본적인 신념들과 목표들은 세계, 자기 자신, 자기가 속한 사회, 자기가 믿는 신에 관한 부수적인 신념들(consequent beliefs)과 의도들(intentions)을 발생시킨다. 그리고 이것들은 이번에는 여러 방향으로 발산되어서 다양한 정도의 확신을 지니는 의견들(opinions)과 동기들(motivations)을 형성한다. 기본적인 신념은 서로 공유한 채 부수적인 신념과 관련해서만 논의와 논쟁이 벌어지는 경우가 허다한데, 이때에는 막다른 궁지에 몰리는 경우에만 기본적인 신념이 거론된다. 예를 들면, 많은 정치적 논의는 세계관만이 아니라 그 세계관으로부터 흘러나오는 일련의 기본적인 신념들과 목표들도 전제로 하는 가운데 진행된다. 이러한 논의는 좀 더 근본적인 차원들에서 이루어지는 것이 아니라, 부수적인 신념들 또는 어떤 사람들이 적절하다고 주장하는 행동에 대한 구체적인 제안들(나의

10) 불트만에 반대하는 Meyer 1979, 17, 255 n.12를 보라.
11) 다시 한 번 Wolterstorff 1984 [1976]에 의해 해설되고 있는 "대조표본 신념들"이라는 개념과 비교하라.

도식 속에서는 "의도들")의 차원에서 일어난다. 이것을 도식화해 보면 다음과
같다:

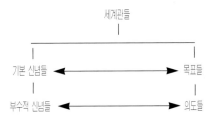

세계관에 대해서는 이 정도로 살펴보기로 하자. 세계관들은 보통 "신학"이
라고 생각되는 것과 어떤 관계에 있는가?

(ii) 신학에 대하여

조금 전에 간략하게 살펴보았듯이, 신학은 그 어떤 세계관이냐와는 상관없
이 그 세계관의 특정한 차원들을 집중적으로 밝혀 준다.[12] 신학은 신들 또는
신에 관한 학문이라고 신학을 아주 좁게 정의하는 것도 가능하다. 그러나 오
늘날에는 세계관의 여러 요소들과의 관계 속에서 신학을 좀 더 폭넓게 정의하
는 것이 보통이다: 신학은 이야기를 말하는 모종의 방식들을 제시하고, 질문
들에 대답하는 모종의 방식들을 탐구하며, 상징들에 대한 특정한 해석들을 제
시하고, 실천의 모종의 형태들을 제시하거나 비판한다. 이것은 노만 피터센
(Norman Petersen)이 신학과 "상징적 우주"에 대한 그의 분석에서 도달한
결론이다:

> 지식 사회학의 관점에서 보면, 신학과 상징적 우주는 서로 다른 종류의
> 지식을 대표하는 것으로서 서로 구별된다 … 신학은 지식 사회학에서 상
> 징적 우주에 대한 체계적인 성찰, 실제로 우주가 의심, 불일치, 서로 경쟁
> 하는 상징적 우주들 같은 위협들로 인해서 모종의 위험에 빠져 있을 때

---

12) 물론 여기에서 수많은 엄청나게 복잡한 문제들에 대한 대담하고도 부적절한 요
약 이상의 것을 시도한다는 것은 불가능하다. 나는 다른 곳에서 오늘날의 신학적 논쟁을
좀 더 자세하게 다루고자 한다. 이 분야 전체에 대해서는 특히 Ford 1989를 보라.

에 그 우주를 지탱하는 데 기여하는 성찰의 산물인 그런 유의 지식이다
… 이런 이유로 우리는 상징적 우주를 일차적인 (반성 이전의) 형태의 지
식이고, 신학을 거기에 수반된 이차적인 (반성을 거친) 형태의 지식이라
고 할 수 있다.[13]

예를 들어, 우리는 제3장에서 많은 이야기들이 주인공(그리마스의 도식에
서의 "행위자")이 "임무"를 부여받고 "보냄을 받았다"는 의미를 지니고 있지
만, 누가 그를 보냈는지가 분명히 나타나지 않는다는 것을 본 바 있다. 톨킨의
경우나 드 라 마르의 "귀 기울이는 자들"의 경우에서 볼 수 있었듯이, 흔히
"송신자"라는 범주는 공백으로 되어 있다. 이것은 "위로부터," "안으로부터"
오는 목적이라는 인간에게 널리 퍼져 있는 의식을 반영하고 있는 것이다. 좀
더 구체적으로 말해 보면, 몇몇 인간 공동체들은 이 공백을 어떤 신에 관한
이런저런 전통적인 견해들이라는 관점에서 설명하곤 한다. 또한 어떤 공동체
들은 그 공백을 "자연력들"이라는 견지에서 채우고, 어떤 공동체들은 신화, 심
리학, 사회학이라는 견지에서 말하곤 한다. 이 모든 반응들은 본질적으로 신
학적이다.

이런 식으로 신학은 인간과 세계에 관한 이야기들, 유물론적 분석으로 환원
될 수 없는 존재 또는 적어도 그러한 존재가 암묵적으로 위치해 있을 수 있는
이야기 전개상의 도발적인 공간을 포함하는 이야기들을 말한다. 이러한 이야
기 활동에 비추어서, 신학은 신이 과연 존재하는지, 이 신은 우리가 사는 세계
와 어떤 관계에 있는지, 관계가 있다면 이 신은 이 세계를 바로잡기 위하여
무슨 일을 하고 있고 또한 무슨 일을 하려고 하는지에 대한 질문들을 던진다.

이러한 질문들은 분명히 세계관과 관련된 네 가지 주요한 질문들과 상호작
용을 한다. 한 무신론자가 이러한 신학적 질문들과 관련하여 첫 번째 질문에
대해서는 부정으로 답하고 나머지 질문들에 대해서는 아무런 대꾸도 하지 않
는다: "신"은 없기 때문에, 세계 또는 그 악을 다룰 어떤 존재도 없다; 그러나
그러한 대답은 여전히 대단히 신학적이고, 그러므로 세계관과 관련된 다른 질

13) Petersen 1985, 29f.; cf. 57-60, 200-2, 그리고 Berger and Luckmann 1966, 92-128.

문들에 대한 대답들은, 신학적 관점에서 볼 때, 일종의 신학이라고 볼 수 있는 것을 반영한다. 예를 들면, 유물론 또는 전체주의는 여전히 신학적 형태를 지니고 있고, 그러한 견해들은 그것들 중의 어느 것이 본래적인 것이고 어느 것이 개작한 것인지를 놓고 여러 정통 신학들(예를 들어, 유대교 신학 또는 기독교 신학)과 의미 있는 논쟁을 벌일 수 있었다.[14]

　신학의 이야기 활동(story-telling) 및 문제 제기 활동은 보통 사물들이든 행위들이든 상징들에 그 초점이 맞춰져 있다. 토라 두루마리, 나무로 된 십자가, 소책자, 행렬 등은 모두 일련의 모든 이야기들 및 질문들과 대답들을 강력하게 환기시키는 역할을 한다. 물론 이러한 것들은 무미건조하고 생명력이 없게 될 수 있다 — 하지만 그렇게 되었을 때에, 흔히 이러한 것들은 다시 회복될 수 있다. 그러나 원칙적으로 신학은 상징들을 고려하지 않으면 안 된다. 왜냐하면 특히 앞에서 보았듯이, 한 사회 또는 문화의 상징들은 종종 여러 질문들에 대한 "공식적인" 이야기들 또는 "권위 있는" 대답들보다 실제의 세계관에 관한 좀 더 진정한 이야기를 해 줄 수 있기 때문이다. 상징과 이야기가 서로 부합하지 않는 경우에는, 그 이유를 물어서 정도(正道)에서 벗어난 쪽을 비판하는 것이 신학 과제 중의 하나다.

　마찬가지로 신학은 실천을 고려하여야 한다. 기도, 성례전들, 예전; 구제, 사법 행위, 화평케 하는 행위; 이 모든 것들은 이야기, 질문, 상징과 어우러져 완전한 전체를 만들어낸다. 질문과 대답, 또는 이야기 형태로 된 공식적인 성명서들을 다루는 것이 좀 더 쉽고 깔끔할 수 있겠지만, 실천은 실제의 사정이 어떠한지를 좀 더 정직하게 설명해 줄 수 있다. 또한 신학은 그러한 경우들에 비판을 제기할 책임을 갖는다.

　이런 식으로 신학은 모든 점에서 세계관과 밀접하게 통합되어 있다. 그러나 신학은 무엇에 관하여 말하고 있는가? 신학은 단지 언제나 인식되는 것은 아닌 의미를 현실에 부여하고자 시도하는 기발한 방식인 메타언어(meta-language)에 불과한 것인가? 아니면 신학은 시간과 공간에 속한 현실을 뛰어넘는 진정한 실재들에 대하여 언급하고 있는 것인가? 이 시점에서 우리는 다시 한 번 비판적 실재론을 떠올려야 할 것이다. 신과 관련된 언어의 대상에

---

14) Pannenberg 1971, ch. 6을 보라.

관한 논쟁들은 우리에게 친숙한 형태를 띠고 있다: 그것은 바로 우리가 이미 인식론, 문화, 역사에 관하여 논할 때에 연구한 바 있는 그런 형태다.

신들 또는 신에 관한 비평학 이전의 언어들은 흔히 그러한 존재가 진정으로 존재하고, 인간의 통상적인 언어는 특별한 표현이 없어도 그러한 존재를 가리키고 있다는 것을 당연시하는 것으로 보인다. 실제로 모든 시대에 복잡한 생각을 했던 사상가들은 그러한 언어 및 그 언어의 대상이 문제가 있다는 것을 너무도 잘 알고 있었기 때문에, 여기에서 "비평학 이전"이라는 표현은 계몽주의 이전 시기를 가리키는 것이 아니라, 역사의 모든 시기, 특히 우리 시대에 존재하는 비평 의식의 부재를 가리키는 것으로 보는 것이 좋을 것이다. 사실 우리 시대의 한 가지 가공할 만한 현대적 현상은 기독교 실증주의를 표방하는 사람들이 신에 관한 언어는 분명하고 결코 모호하지 않기 때문에 누구나 논리 실증주의가 과학적 또는 수학적 진술들에 대하여 부여하는 그런 유의 확실성을 신에 관한 언어와 관련해서도 가질 수 있다고 생각하는 진풍경을 보이고 있다는 것이다. 이런 유의 근본주의는 에어(A. J. Ayer)의 『언어, 진리, 논리』(*Language, Truth and Logic*)라는 책의 내용을 완전히 거꾸로 뒤집은 것이다.

그러나 신에 관한 언어가 실증주의적 의미에서 단순히 지시적인 것이 아니라는 것은 아주 분명하다. 인간에서 시작하여 어떤 종류의 계시, 그러니까 신적인 존재에 관한 명백하게 참된 진술들로 이어주는 직선이라는 것은 존재하지 않는다:

| 인간 | 계시 | 신(들) |

단순히 계시를 봄 … 그리고 신(들)에 관하여 참되게 말함

오히려 그 반대다. 우리 시대에 우리는 이러한 연쇄의 양쪽 절반이 모두 강한 도전을 받았다는 것을 알고 있다. 마르크스, 니체, 프로이트는 한 세대 전체를 설득하여 계시에 대하여 회의적이게 만들었고, 계시를 인간 개체를 뛰어넘어 신적인 실체를 보여 주는 것이 아니라 인간의 개인적 또는 집단적 실존 및 정체성의 여러 측면들을 보여 주는 것이라고 생각하게 만들었다. 이렇게 하여

신에 관한 언어는 경제적, 정치적, 성적인 문제들로 환원될 수 있다는 강력한 의심의 해석학(hermeneutic of suspicion)이 현대적인 성찰 속으로 도입되었다:

마찬가지로 이러한 비판이 위세를 떨치고 있는 곳에서 신학자들은 계시 자체에 대한 신앙을 넘어서서 신적인 것에 관한 실제적인 진술들로 옮겨가기가 쉽지 않다는 것을 알았다. 그러한 진술들은 모두 너무도 쉽게 계시 양식 자체에 관한 진술들로 변질되어 버리고 만다. 어떤 신, "신적인 실체"의 실제적인 존재에 대한 분석은 대단히 문제가 있는 것으로 인식되었다: 우리가 말할 수 있는 것은 이 신이 행하고 있는 것, 즉 실행중인 계시가 전부이다:

그러나 이러한 환원들에 반대하여 나는 비판적 실재론에 의거한 설명을 제시하고자 한다. 종교 및 계시에 관한 언어는 실제로 인간 의식 속에 있는 수많은 요소들을 반영하는 것이고, 따라서 억압의 무기로 사용될 수 있다. 그러나 그렇다고 해서 그러한 모든 언어의 가치가 손상되는 것은 아니다. 니체 이후의, 프로이트 이후의, 마르크스 이후의 인간들 — 예술가들, 작가들, 음악가들, 연인들, 종교인들 — 은 여전히 권력, 성, 돈을 초월하는 현실의 여러 측면들에 관한 이야기들을 하고 있다. 이러한 측면들은 그 일부는 성경과 기독교적(또는 다른 종교들의) 이야기들 속에 등장하고, 그 일부는 피조세계의 아름

다움 속에 등장하며, 그 일부는 다른 사람들 속에 등장하고, 그 일부는 자기 자신의 깊은 곳에 등장한다. 물론 이것은 자연신학, 계시, 이성 등등에 관한 엄청난 문제들을 불러일으킨다. 그러나 이러한 이야기들은, 아무리 비판적이라고 하여도, 우리가 "계시"라고 부를 수 있는 그 무엇이 존재한다는 것을 인정해야 함을 보여 준다:

또한 계시는 우리에게 신이라는 존재 자체에 접근할 수 있게 해 준다는 극단적으로 단순화된 개념을 거부하는 것은 우리 모두가 신의 계시 자체를 알고 있다는 것을 의미하지는 않는다. 여기서 다시 한 번 이야기라는 개념이 우리의 구원병이 된다. 신에 관한 언어를 근본적으로 은유적이라고 인식하는 것은 신에 관한 언어가 그 대상이 없다는 것을 의미하지 않고, 이 은유들 중 적어도 일부는 실제로 그러한 대상이 없다는 것을 의미하지 않는다. 사실 은유 자체가 단순한 은유로 환원될 수 없는 현실을 바라보는 방식을 제시하는 작은 이야기들이다. 최근의 글들에서 좀 더 널리 인정되고 있듯이, 그러한 은유들과 이야기들은 사실 겉보기에 "사실을 말하는" 언어보다 인간의 의식 속에서 더 기본적인 것들이기 때문에, 신에 관한 언어의 본질적인 이야기성을 인정하는 것은 그 대상의 실재성을 단언하는 데 아무런 장애가 되지 않는다. 사실 유대교 및 기독교의 세계관 속에서 인간의 말은 창조주의 형상을 따라 지음 받은 자들의 말이기 때문에 원칙적으로 이 신을 말하는데 적합할 뿐만 아니라 적절하다고 할 수 있다. 물론 이것은 인간 및 인간의 말에 관한 유대교와 기독교의 설명이 올바른 것으로 밝혀질 수 있느냐 여부에 달려 있다. 자연신론이 결국 옳다면, 자연신론이 전제하는 미지의 신은 인간의 언어로 쉽사리 묘사되지

못할 것이다. 그러나 이러한 논쟁은 분명히 이 자리에서 그 진위가 결정될 수 없다.[15]

이상을 표로 나타내 보면 다음과 같다:

물론 신에 관한 언어가 대상을 지니고 있을 가능성이 있다고 해서, 신 또는 하나님에 관한 모든 언어가 참되다는 것을 의미하지는 않는다. 원칙적으로 신에 관한 언어는 그 밖의 다른 것들에 관한 언어와 동일한 토대 위에 놓인다. 일단 지시대상의 존재 가능성이 인정될 때, 대화가 뭔가 결실을 얻을 수 있는 가능성도 열리게 된다. 그러나 이 언어가 단순한 자기합리화가 아니라면, 그 언어는 화자들의 머릿속에 있는 것을 가리키는 사적인 신호들로 이루어지는 것이 아니다. 이 언어는 공적인 영역에 속해 있다. 앞에서 보았듯이, 세계관들을 논하고, 그것들이 서로 어떻게 다른가를 알며, 한 세계관을 가졌다가 다른 세계관으로 변경하는 것은 가능하다; 그리고 신에 관한 주장들을 논하고, 그 각각의 장점들을 평가하며, 서로서로를 전복시키는 신적인 존재와 행위에 관한 이야기들을 하고, 이것을 통해서 진리라고 주장하는 세계관들이 과연 그럴 가능성이 있는지를 분별하는 것도 얼마든지 가능하다. 이런 식으로 비판적 실재론은 신학적 언어가 현실에 관한 적절한 담론으로 취급될 권리를 지니고 있음을 천명한다.

그러면 이제까지 말한 내용을 요약해 보자: "신학"은 특정한 세계관 중에서 신과 관련된 차원이라고 할 수 있는 내용을 집중적으로 부각시킨다. 수많은

---

15) 은유와 하나님 표현에 대해서는 Ramsey 1964a, 1964b; Ricoeur 1977; Soskice 1985를 보라.

사상가들, 정치가들, 심지어 성서학자들조차 "신학"을 일련의 미리 설정된 추상적이고 교리적인 질문들에 대한 일련의 답변들로 취급하여 일축해 버린다. 그러나 신학은 그러한 차원으로 환원될 수 없다. 신학은 세계관들을 내포하고 있는 이야기들, 세계관과 관련된 근본적인 질문들에 대한 답변들, 세계관을 문화 속에 표현하게 해 주는 상징 세계, 세계관이 발생시키는 실천적 과제들 속에서 본질적인 구성요소다. 그런 까닭에 신학은 문학과 역사에 대한 연구, 따라서 신약학의 양보할 수 없는 일부를 이룬다.

지금까지 이 논의는 의도적으로 신에 관한 단언(斷言)들의 실제적인 내용에 관해서는 구체적으로 다루지 않았다. 물론 우리는 좀 더 구체적인 몇몇 일련의 신념들과 주장들을 검토해서 몇 가지 변수들을 이 도식 속에 끌어들일 수 있었다. 그런 식으로 하면, 비판적 실재론자는 언어가 원칙적으로 신 같은 존재를 언급할 수 있다는 것은 인정하면서도 사실 그러한 존재는 존재하지 않는다고 주장하는 무신론자가 되는 것도 얼마든지 가능할 것이다. 이와 같은 것은 또 다른 영역에서, 이를테면 용에 관하여 우리가 말할 수 있는 것이다. 세상으로부터 초연하여 사람들이 접근할 수 없이 멀리 있는 신을 믿는 자연신론자는 그러한 존재를 추상적이고 이론적인 견지에서 서술하는 것으로 만족할 수 있을 것이다. "신"이라는 단어는 존재하는 모든 것을 가리킨다고 믿고, "만물"에 신적인 권능과 영예의 지위를 부여하는 범신론자는 계시 또는 신에 관한 언어와 자기 자신 또는 자신의 배경에 관한 언어 간의 차이가 무(無)로 축소될 때까지 지식의 나선들을 효과적으로 점점 더 좁혀갈 수 있을 것이다. 사람들의 사고 체계가 무엇이든, 신학적이든 또는 유사신학적이든, 우리는 신에 관한 언어 및 그 언어가 세계관 속에서 차지하는 위치는 해당 문화에 결정적으로 중요한 일부를 형성하고 있음을 발견하게 될 것이다.

그러나 기독교의 신에 관한 언어는 어떠한가? 신약성서 기자들이 사용한 언어를 이해하고자 한다면, 우리는 초기 기독교(그리고 말할 것도 없이 주후 1세기의 유대교) 신학의 본질을 구체적으로 이해할 필요가 있다. 마찬가지로 신약성서에 관하여, 또는 그리스도인들이 예배하는 신에 관하여 기독교적으로 말하는 것이 오늘날 무엇을 의미하는지를 이해하기 위해서는, 그러한 언어가 어떻게 기능하는지를 알아보려는 시도가 어느 정도 이루어져야 한다.

(iii) 기독교 신학에 관하여

그렇다면 무엇이 기독교적인 신학인가? 기독교적인 신학은 그리스도인들이 과거에 믿었고 또한 현재 믿고 있는 것에 대한 단순한 설명 이상의 것이라고 나는 생각한다. 물론 그리스도인들이 과거에 믿었고 현재 믿고 있는 것도 그 전체의 일부가 되어야 하겠지만 말이다. 이 모든 것은 필연적으로 규범적인 요소를 포함할 수밖에 없다. 이 작업은 단순히 그리스도인들이 믿고 있는 신과 이 신이 창조한 세계를 서술하려는 시도가 아니라, 그러한 것들을 바라보고, 그러한 것들에 관하여 말하고, 그러한 것들에 참여하는 한 방식을 장려하려는 시도일 것이다. 따라서 이 작업은 그리스도인들이 믿고 있는 것만이 아니라 그리스도인들이 마땅히 믿어야 하는 것도 포함하게 될 것이다. 그러한 시도는 매우 오만하게 보일 것이라는 상대주의자의 반응에 대해서, 기독교 신학은 그것 말고는 다른 방법이 없다고 대답할 것이다. 기독교 신학이 보이는 것이든 보이지 않는 것이든 현실 전체에 관한 주장이 아니라면, 그런 기독교 신학은 아무것도 아니다. 기독교 신학은 현실에 대한 취사선택이 가미된 일련의 사적인 미적 판단들이 아니다. 상대주의자들도 상대주의가 보편적으로 참되다는 것을 믿고, 종종 그러한 신념을 전도의 열성을 가지고 전파하고자 하는 경우도 있다. 기독교 신학은 단지 모든 다른 세계관들과 그 부수적인 신념 체계들이 행하는 바로 그런 것을 할 뿐이다: 기독교 신학은 현실 전체에 관하여 말하고 있다고 주장한다: 그렇다면 우리는 "기독교 신학"을 어떻게 시작해야 하는가?

지난 두 세기 동안 두 가지 방식이 널리 사용되어 왔다. 첫 번째 방식은 무시간적인 진리들 또는 명제들을 재배열하는 것이다. 그런 방법은 이 분야에서 앞서의 연구자들에 의해서 배열된 내용들을 모아서 다시 배열한다. 이 방법의 유일한 준거점은 취사선택과 배열의 기준이 되는 통일적인 체계(종종 철학적인 모형이 사용됨)이다. 이러한 모형은 특히 담론을 좀 더 명백히 하는 데 약간의 유익이 있지만, 전체적으로는 결실이 거의 없고, 본서에서 제기한 그런 쟁점들을 다룰 수 없어 보인다.[16] "기독교 신학"을 행하는 두 번째 방식은 대결을 통해서든 통합을 통해서든 세계의 현재의 관심사들에 적극적으로 참여

---

16) 이런 유의 작품의 한 예는 Berkhof 1941이다.

하고자 한다.[17] 이러한 방법은 내가 착수한 프로젝트와 관련하여 몇 가지 점에서 더욱 성과가 있을 것으로 보이지만, 여기에도 마찬가지로 함정들이 존재한다. 나는 지금까지 서술해 온 인식론 모형을 따라서, 그리고 서사 신학에 관한 최근의 몇몇 연구들에서 밝혀진 성과에 따라서, 다소 다른 길을 따라가고자 한다.[18] 그러나 대부분의 "서사 신학"과는 달리 나는 이러한 접근방법을 역사에 초점을 맞춰서 통합하고자 할 것이다. 그리고 이러한 통합적인 접근방법은 위에서 제시한 세계관들 및 그 세계관들이 어떻게 작용하는가에 관한 분석으로부터 나온 것이다.

첫째, 기독교 신학은 이야기를 하고, 그 이야기를 통일적으로 하고자 한다. 우리는 이미 이 이야기를 요약한 바 있지만, 여기서 다시 한 번 간략하게 요약해 보자. 그 이야기는 창조주 및 그의 창조, 이 창조주의 형상을 따라 지음받은 인간과 그 인간에게 수행하라고 주어진 과제들, 인간의 반역과 모든 차원에서의 피조물들과의 불화, 특히 이에 따른 곤경으로부터 자신의 피조물을 구원하기 위하여 이스라엘, 특히 그 절정에서 예수를 통하여 창조주가 역사하신 것에 관한 것이다. 이 이야기는 창조주가 세상 속에서 자신의 영을 통해서 세상을 위한 본래의 목표였던 회복(restoration)을 이루기 위하여 행하는 역사로 이어진다. 상당수의 기독교 신학은 이러한 이야기를 가능한 한 분명하게 말함으로써, 기독교적인 이야기인 것처럼 보이지만, 자세히 들여다보면 이런저런 면에서 결격사유가 발견되는 이야기들을 포함한 세계에 관한 이야기를 말하는 다른 방식들을 전복시키고자 하는 시도다.

둘째, 세계관에 대한 근본적인 표현이라는 성격을 지니는 이 이야기는 세계관과 관련된 네 가지 질문에 대한 일련의 답변들을 제공한다. 우리는 이 답변들을 이하에서 서술하고자 하는데, 그렇게 하면서 동시에 이와는 다른 대안적인 견해들을 일부 지적하고자 한다. 이 답변들은 나의 논증의 현재 단계에서는 단순히 기독교적 세계관이라는 것이 무엇으로 구성되어 있는지를 서술할 뿐이고, 아직은 이 세계관을 채택해야 한다는 논증을 전개하는 것은 아니다.

---

17) 예를 들면, Moltmann(1974, 1985, 1990)의 작품.

18) 위의 제3장을 보라. 서사와 신학에 대해서는 특히 Goldberg 1982; Stroup 1984; Tilley 1985를 보라.

(1) 우리는 누구인가? 우리는 창조주의 형상을 따라 지음 받은 사람들이다. 우리는 이러한 지위에 걸맞는 책임들을 지니고 있다. 우리는 근본적으로 인종, 성별, 사회적 계층, 지리적 위치에 의해서 결정되지 않고, 또한 우리는 결정론자들이 주장하는 것과는 달리 장기 게임의 졸(쭈)들이 아니다.

(2) 우리는 어디에 있는가? 우리는 인간을 자신의 형상을 따라 지은 신의 피조물인 선하고 아름다운 세계 — 비록 지나가는 것이긴 하지만 — 속에 있다. 우리는 영지주의자들이 생각하듯이 낯선 외계에 있는 것도 아니고, 범신론자들이 주장하듯이 인간이 신으로 섬겨야 할 우주 속에 있는 것도 아니다.

(3) 무엇이 잘못되었는가? 인류는 창조주에게 반기를 들었다. 이 반역은 창조주와 피조물 간의 우주적 균열을 나타내는 것이고, 따라서 세계는 그 창조된 의도를 벗어나 있다. 기독교적 세계관은 물리적 창조를 악과 결부시키는 이원론을 거부하고, 마찬가지로 악을 단순히 일부 인간들이 그들의 환경과 온전히 친화되지 못했다는 관점에서 바라보는 일원론도 거부한다. 악에 대한 기독교 신학의 분석은 좀 더 섬세하고 훨씬 광범위하다. 또한 기독교 신학은 전체적인 진리를 대변한다는 점에서 반쯤 진리인 주장들을 전체 진리라는 지위로 끌어올려 놓는 마르크스 또는 프로이트의 주장들 같은 모든 부분적인 진리들을 거부한다.[19]

(4) 해법은 무엇인가? 창조주는 인간의 반역에 의해서 시작된 악을 처리하고, 그의 세계를 원래 의도했던 목적으로, 즉 세계가 창조주의 임재와 영광을 충분히 드러내도록 이끌기 위하여 그의 피조세계 내에서 역사하였고, 역사하고 있으며, 앞으로도 역사할 것이다. 물론 이러한 신의 행위는 예수 및 창조주의 영에 그 초점이 맞춰져 있다. 즉, 우리는 이 문제의 한 부분만을 대변하는 인간의 곤경에 대한 해법들을 거부한다.

이 네 가지 답변들은 주류 또는 전통적인 기독교적 세계관의 잘 다듬어진 기본 설계도에 해당한다. 기독교의 많은 분파들이 정확히 이것과 동일한 기본 설계도를 채택한 것은 아니다. 예를 들어, 계몽주의 이후의 사상에 물든 많은 "보수적인" 그리스도인들과 "자유주의적인" 그리스도인들은 (3)과 (4)에 대한

---

19) cf. Lucas 1976, 136: "나는 마르크스나 프로이트를 믿지 않는다. 돈과 성은 중요하지만, 극히 중요한 것은 아니다."

답변들이 사람이 육신을 지니고 있는 것의 문제점 및 순수하게 영적인 영역으로 도피하려는 수단과 관련이 있다는 신념을 공유해 왔다. 그러나 나는 이러한 답변들이 보편적인 설명들이라는 것을 입증해낼 수 있다고 생각한다.

셋째, 이러한 세계관은 공예품들 및 문화적 사건들이라는 다양한 사회문화적 상징들을 통해서 표현되어 왔다. 교회들과 그들의 설비들은 세계 속에서의 창조주의 위엄 및 그의 초월적인 임재를 표현하는 높이 솟은 돌과 장식된 유리를 통해서 세계관을 정교하게 표현해 왔다. 예전(禮典)과 유사 예전들(행진으로부터 기도 모임에 이르기까지)은 집단들에 따라 서로 다른 정도의 규범으로서의 역할을 하는 가운데 세계관을 송축하고 행동으로 실천하여 왔다. 성상(聖像)을 그리는 일로부터 길거리 복음 전도에 이르기까지, 성경 연구로부터 사회에서 상처받은 이들을 위한 피난처를 건립하는 일에 이르기까지, 아주 다양한 활동들이 상징의 지위를 획득하여 왔다. 다른 세계관 및 그 상징적 표현의 경우와 마찬가지로 이러한 상징들은 종종 도전을 받을 수 있다. 복음의 승리의 상징으로 수행되었던 십자군은 사실 나사렛 예수의 메시지와는 상당히 다르고, 실제로 양립할 수 없는 메시지를 상징화하였다는 것이 지금은 널리 인정되고 있다. 그러나 원칙적으로 기독교적 세계관은 그 밖의 다른 모든 세계관들과 마찬가지로 그 추종자들로 하여금 자신의 삶을 적절하게 질서를 따라 영위해 나가고, 세계 및 그 안에서 그들의 할 일들을 어느 정도 통일적으로 바라볼 수 있게 해 주는 상징들을 갖고 있다.

끝으로 기독교적 세계관은 특정한 유형의 실천, 즉 세상 속에서 존재하는 특정한 방식을 탄생시킨다. 실제로 기독교의 경우에 이것은 세상을 위한 존재(being-for-the-world)라는 말로 표현하는 것이 더 좋을 것이다. 왜냐하면 근본적인 기독교적 세계관 속에서 일반적으로 인간은 피조세계를 돌보려는 창조주가 사용하는 수단의 일부이고, 구체적으로 그리스도인들은 세상을 치유하기 위하여 창조주가 사용하는 수단의 일부이기 때문이다. 물론 다른 모든 세계관들의 경우와 마찬가지로, 기독교적 세계관의 추종자들은 세계 속에서의 그들의 존재방식에 관한 그들의 진술들과 그들의 실제적인 실천 간의 완벽한 상관관계를 획득하는 데 탁월하게 성공을 거두고 있다고 말할 수는 없다. 그렇다고 해서 이것이 이론에 치명적인 결과를 가져오는 것은 결코 아니다: 그것은 단지 그리스도인들이 다른 모든 사람들과 마찬가지로 자주 혼란에 빠지

고 잘못하며 어리석고 고집스러우며 기독교적 생활방식과 동시에 다른 생활
방식도 추구하는 등 양다리를 걸치며 살아가고자 한다는 것을 의미할 뿐이다.
그러나 원칙적으로 기독교적 세계관은 그 추종자들에게 방향 감각, 즉 어떤
식으로 일을 해야 창조주의 영광과 그가 지은 세계의 치유를 위하여 적절할
것인가에 대한 방향 감각을 제공해 준다.

네 가지 질문(이야기, 질문들에 대한 답변들, 상징들, 실천)과 관련하여 간략
하게 서술해 본 이러한 기독교적 세계관은 이번에는 세계관 자체보다 좀 더
의식적인 차원에 존재하는 기본적인 신념들의 체계를 발생시킨다. 이 단계에
서는 더 큰 다양성이 생겨나는데, 이는 서로 다른 문화와 출신배경을 지닌 서
로 다른 그리스도인들이 서로 다른 문제들에 대하여 서로 다른 방식으로 대답
해 왔고, 특정한 경우에 맞춰서 어떤 때에는 기독교 진리의 이 측면을, 어떤 때
에는 저 측면을 강조해 왔기 때문이다. 그러나 신념들 중 일부는 세계관 자체
의 필연적인 일부를 구성하는 것은 아니지만, 대부분의 기독교 분파들에 공통
적이다: 기독교적 신, 예수에 관한 신념들, 신의 영에 관한 신념들, 계시, 성경,
전승, 교회에 관한 신념들. 이러한 것들 중 일부는 삼위일체와 성육신에 관한
전통적인 교리들과 마찬가지로 기본적인 세계관의 여러 측면들을 제자리에 장
착시키는 고정나사 역할을 하는 것으로 인식된다: 어떤 사람이 이와 같은 것
을 믿지 않는다면, 그의 세계관은 바람직스럽지 못한 대안으로 변질될 것이라
고 사람들은 느낀다. 이렇게 해서 이것이 과연 사실인가를 놓고 — 예를 들어,
기독교적인 다른 교리들을 여전히 확고하게 신봉하면서도 이 전통적인 삼위일
체 교리에 대한 신앙을 버릴 수 있는지를 놓고 — 논쟁이 벌어진다.

이 기본적인 신념들로부터 몇몇 부수적인 신념들이 따라 나오는데, 이 부수
적인 신념들은 사람들마다 좀 더 다양하게 나타나지만, 그 추종자들은 이 부
수적인 신념들이 기본적인 신념들의 어떤 측면과 양립되거나 실제로 그 측면
에 의해서 수반되는 것으로 여기게 된다. 이런 식으로 기독교적 개인 또는 집
단은 자신의 눈에 보이지 않는 전제된 세계관을 일련의 기본적인 신념들, 이
를테면 신조적인 문구를 통해서 드러낸다. 이것은 논의될 수 있고, 이것에 대
하여 설교들이 행해질 수 있으며, 이것은 공적이고 관찰 가능하다. 또한 집단
은 일련의 부수적인 신념들을 지니는 것이 보통이다: 예를 들어 특정한 성경
관, 특정한 방식의 속죄 신학. 어떤 집단들은 이러한 공식적인 표현들을 "기본

적인 신념들"로 여기는 경우가 있고, 또 어떤 집단들은 더 신중하게 처신하기도 한다. 서로 다른 신념들의 지위와 관련된 문제는 그 자체가 교회 내에서 종종 논쟁의 대상이 된다: 16세기에는 삶과 죽음의 문제가 그런 논쟁의 대상이 되었다.[20] 그러나 서로 다른 여러 차원들이 존재한다는 것이 내게는 분명한 사실로 보인다. 전체적으로 여기에서 말하고자 하는 요지는 "기독교 신학"이라 불리는 것의 상당수는 기독교 세계관 자체의 차원이 아니라 기본적인 신념 또는 부수적인 신념의 차원에서 논의들과 논쟁들을 다룬다는 것이다. 그러나 신학적 연구가 자신의 본질을 충분히 이해하려면, 세계관으로부터 모든 수준의 신념에 이르기까지 전체 범위에 관한 연구를 반드시 포함하여야 한다. 이러한 대규모의 신학적 과제는 초기 기독교에 대한 문학적 · 역사적 연구의 필수적인 부분이다.

이 모든 것을 통해서 이제 기독교적 세계관은 다른 모든 세계관들과 마찬가지로 오직 기독교 신앙을 고백하는 자들에게만 관련이 있는 사적인 언어, 비밀에 붙여지거나 은밀한 신비(mystery)가 아니라는 점이 분명해졌을 것이다. 기독교적인 것을 포함에서 모든 세계관들은 원칙적으로 공적(公的)인 진술들이다. 모든 세계관들은 다른 세계관 및 그 이야기들을 전복시키려 하거나 도전하려고 하는 이야기들을 한다. 모든 세계관들은 기본적인 질문에 대한 일련의 답변들을 제시하고, 이 답변들은 필요할 때마다 잠재의식 속에서 불러내어 논의될 수 있다. 모든 세계관은 그 추종자들에게 세계 속에서의 존재방식 또는 세계를 위한 존재방식을 지시한다.

그러나 그중에서도 특히 기독교의 주장은 철저히 공적인 성격을 띤다. 기독교 신학은 창조주 및 그가 지은 세계에 관한 이야기를 하고 있다고 주장한다. 만약 기독교 신학이 이 이야기가 사람들을 세상 밖으로 구출해내는 신에 관한 이야기로 잠깐 동안이나마 변질되는 것을 허용한다면, 기독교 신학은 그 세계관에서 극히 근본적인 것을 포기하는 셈이 된다. 초기의 교부들 중 다수는 이 점을 아주 분명하게 보았다: 바로 그것이 그들이 영지주의를 거부했던 이유였다. 사실 영지주의적 이원론이 진실이라고 할지라도, 그 이야기는 여전히 공적인 성격을 띠게 될 것이다. 왜냐하면 세계는 파멸의 장소이고, 사람들을 거기에서 구할 수 있는 신이 존재한다면, 이것은 사람들이 공유하여야 할 소식이기 때문이다. 그러나 이러한 이원론을 극복한다면(계몽주의 이후의 여러 형태의 기독교, 특히 근본주의에서 항상 그래 왔던 것은 아니지만), 기독교의 주장의 공공성은 한층 더 분명해질 것이다.[21]

그렇다면 기독교의 신학(주후 1세기의 것이든 21세기의 것이든)은 어떤 종류의 말을 하는가? 그리스도인들은 한 분 하나님이신 창조주이자 구속주인 신에 관하여 말하지 않을 수 없다는 것을 스스로 느낀다: 부재지주(不在地主) 같은 자연신론적인 신도 아니고, 이교의 세계를 어질러 놓는 수많은 신들 중의 하나도 아니고, 범신론에서 세계와 동일시되는 그런 신이 아니라, 존재하는 모든 것들을 만들고 지탱하며 세상 속에서 활동하지만 세상 안에 갇혀 있지 않은 하나님. 그리스도인들은 이 하나님을 적절한 방식으로, 즉 기독교의 기본적인 세계관을 반영하고 표현하는 이야기들을 통해서 말하도록 위임받고 있다. 그리고 이미 앞에서 지적했듯이, 은유들은 청중들을 이 렌즈를 통해서 좀더 분명하게 사물들을 볼 수 있는 세계 속으로 초대하는 작은 이야기들이다. 은유들은 실질적인 내용물의 손실 없이 제거될 수 있는 케이크에 입힌 당의(糖衣)나 그림의 가장자리에 수놓은 장식물이 아니다. 기독교적인 비판적 실재론이라는 관점에서 볼 때, 우리는 신화를 포함한 이야기와 은유는, 인간의 자기 기만의 무한한 가능성에도 불구하고, 창조주이자 구속주인 하나님과 관련된 말들을 진정으로 할 수 있는 방식들이라고 말하지 않을 수 없다.[22]

이러한 것들은 그들이 말하는 하나님에 적합한 말들일 것이다. 따라서 그것들은 기본적인 단계에서 찬양과 예배, 선포를 포함할 것이다. 또한 그것들은 신학에 관한 논의도 포함할 것인데, 이는 기본적인 신념 또는 부수적인 신념의 차원에서 기본적인 세계관을 더 구체적으로 표현하고, 그 세계관을 밑받침하며, 필요한 경우에 그 세계관을 수정하고, 매력적이지만 오도할 가능성이 있는 대안들을 전복시키기 위하여 언급되어야 할 이야기들이 존재할 것이기 때문이다. 또한 그것들은 모든 세계관들에 의하여 제기되는 질문들에 답할 것인데, 신학적 논의를 통해서 그렇게 할 것이다. 또한 그것들은 문화를 표현하고

---

21) 이 주제 전체에 대해서는 특히 Newbigin 1989를 보라.

22) Caird 1980, chs. 12-14을 보라.

있는 상징들을 설명할 것인데, 유대교에서 유월절의 거행이 "이 밤이 다른 밤들과 다른 이유가 무엇인가요?"라는 질문에 대한 대답을 통해서 설명되는 것이 그 한 예이다.

아울러 그것들은 역사에 관한 말들이 될 것이다. 그리스도인들은 과거의 어떠어떠한 것들이 진실이라는 신앙을 지니고 있다.[23] 이것은 그리스도인인 역사가가 기독교가 "참되다"는 것을 "입증하는" 내용들을 발견하거나, 이전 세대의 주석학자들이 시도했던 것처럼 신약성서 속에서 고도로 발전된 기독교 교리의 내용들에 관한 선행적인 진술들을 발견하고자 한다는 것을 의미하지 않는다. 오히려 그것은 그리스도인들이 몇몇 그 밖의 다른 사람들과 공유하고 있는 만유의 창조주는 역사의 주이기도 하다는 신앙 및 기독교에 특유한, 창조주가 단순히 범례적(範例的)으로가 아니라 결정적으로 나사렛 예수 안에서 역사하였으며, 창조주가 그 결정적인 역사를 자기 백성에게 자신의 영을 선물로 줌으로써 실행하였고, 창조주는 이 일을 최종적으로 만물을 새롭게 하는 것을 통해서 완성할 것이라는 신앙 속에서 진지한 역사 작업을 수행할 것임을 의미한다. 마치 어떤 가설이 과학자를 실험실로 내몰았을 때, 과학자는 단순히 그 가설을 정당화하는 것이 아니라, 그 가설이 현실의 검증을 통과하는 데 필요한 수정과 손질을 가하는 것과 마찬가지로, 이러한 신앙은 그리스도인들을 역사로 내몰 것이다. 계몽주의가 18세기와 그 이후의 교의 신학에 도전할 때에 사용했던 역사에의 호소는 주류 기독교 신학의 세계관 속에 계속해서 자리 잡을 수 있고, 또한 자리 잡아야 마땅하다. 바울이 이것을 약간 다른 맥락 속에서 표현하고 있는 말을 빌자면, 만약 우리가 이러한 것들에 관하여 속임을 당하고 있는 것이라면, 우리는 모든 사람들 중에서 가장 불쌍한 자가 될 것이다.[24]

기독교 신학자는 과거에 관한 참된 말들을 해야 하는 것과 마찬가지로 현재 및 미래에 관해 참된 말들을 하도록 위임받았다. 이것은 역사에 대한 적절한 관심이 정의와 평화에 대한 적절한 관심과 균형을 이루어야 한다는 것을 의미한다. 이 자리에서 이 주제를 자세하게 살펴볼 수는 없지만, 인간은 신이

---

23) 다시 한 번 Caird 1980, ch. 12을 보라.

24) 고전 15:19.

정한 질서를 그들의 발화 행위들을 통해서 창출해 나가도록 부르심 받았기 때문에, 역사와 정의는 결합되어 있다고 할 수 있다. 과거 및 미래에 관한 말들은 동일하게 온갖 종류의 진리에 기여하도록 사용되어야 한다.

끝으로 기독교 신학자는 이러한 활동들에 참여하는 자신의 상태에 관한 참된 말들을 하도록 위임받았다. 기독교 신학자는 전적으로 진리에 헌신되어 있지만, 오직 잠정적으로밖에는 말할 수 없는 진리의 잠정성과 진리에 대한 통찰의 부분성에 관하여 말하지 않으면 안 된다.[25] 그런 까닭에 세계관 자체 및 그 세계관이 발생시키는 목표들과 의도들 내에서 신앙과 소망, 그리고 (항상 일치에 도달하기가 어려울 것이기 때문에) 사랑이 필요하게 된다.

그렇다면 신학적 진술들을 판단하는 데 사용할 판별기준들은 무엇이 될 것인가? 이러한 질문은 우리가 여기에서 다 다룰 수 없는 거대한 문제들을 일으키지만, 그러한 문제들을 당혹스럽게 공백으로 남겨 놓기보다는 조금이라도 거론해 보는 것이 좋을 것이다. 신학이, 놀이에 참가한 사람들은 규칙들에 동의하지만 외부인들은 영문을 모른 채 곁에서 지켜보기만 하는 그러한 사적인 게임에 불과한 것이 아니라고 한다면, 신학은 어떤 식으로든 적절하다는 인식에 근거를 두지 않으면 안 된다. 과학적인 이론에서와 마찬가지로 여러 가지 것들이 서로 잘 맞아 들어가서 의미가 통한다는 분명한 단순성의 인식이 거기에 존재하여야 한다. 역사적 구성물은 그 구성물에 의해서 나중에 정당화되거나 강화되어야 할 특정한 문제와 관련된 외부의 선험적인 그 무엇(a priori)에 호소하지 않으면서도 다른 구성물보다 더 적합하고 적절해야 한다. 1990년에 영국 왕립 아카데미의 전시회에서 루엥 성당을 그린 모네의 열한 점의 그림들을 배치한 것이 그 좋은 예가 될 것이다. 달리 말해서, 역사적·신학적 과제에 접근하는 특정한 방식이 내용 자체에 새로운 통일성을 가져온다면, 그 역사가 또는 신학자의 출신배경인 종교전통 내에 있는 사람들에게만이 아니라 그 외부에 있는 사람들에게도 그 방식은 권장할 만한 것이 될 것이다.

(iv) 세계관들, 신학, 성서학

이제 모든 연구, 모든 텍스트 읽기, 역사를 재구성하고자 하는 모든 시도들

---

25) McManners 1981, 230을 보라.

은 특정한 세계관 내에서 일어난다는 것이 분명해졌을 것이다. 이것은 해석자 들에게 계몽주의 이후의 모더니즘적인 서구적 세계관과 포스트 모더니즘적인 세계관, 또는 이 둘 중의 하나와 기독교적인 세계관 중에 어느 것을 선택하라 는 어려운 선택을 강요하는 듯이 보일 수 있다. 그러한 맥락 속에서 많은 사 람들은 최근 수십 년 동안에 기독교 특유의 견해들을 고수하는 계몽주의 이후 의 모더니즘적인 관점에 서서 성경에 대한 전문적인 연구를 비롯한 학문적인 작업에 참여하라는 압력을 느껴 왔다. 이러한 압력은 계몽주의 이후의 세계관 자체 내에서 주는 인상, 즉 종교적 견해에 관한 문제들은 공적 세계와는 상관 없는 단순한 사적인 선택사항일 뿐이라는 인상에 의해서 더욱 강화되어 왔다.

문제를 이런 식으로 인식하는 방식은 오류에 근거하고 있다는 것은 분명하 다. 계몽주의의 모더니즘과 기독교, 이 양자를 포함한 모든 세계관들은 공적이 고 포괄적이라고 주장한다. 그러므로 모든 세계관들은 다른 세계관을 추종하 는 사람들이 "실제로" 행하고 있는 것에 대한 설명을 그 밖의 다른 모든 것들 과 아울러서 제시하지 않으면 안 된다. 바로 이런 이유 때문에 세계관들은 서 로 겹치게 마련이다. 문제는 누구의 설명이 의미를 가장 잘 밝혀 주고 있는가 하는 것이다. 계몽주의적 모더니즘은 기독교는 단순한 사적인 종교적 선택에 불과하다고 함으로써 기독교를 자기 안에 포섭하고자 한다; 그러나 기독교는 이미 응수할 준비가 되어 있다: 기독교는 계몽주의의 질문들을 온전히 수용해 서, 그것들을 가지고 작업할 수 있다고 말이다. 앞에서 내가 주장했듯이, 기독 교가 역사 연구를 수행해야 한다면, 기독교는 역사 연구를 하면서 계몽주의의 요구를 충족시킬 수 있을 뿐만 아니라, 또한 충족시켜야 한다 — 실제로 앞에 서 보았듯이, 실증주의자들의 환상에 불과한 "중립적인" 또는 "객관적인" 역 사에 대한 요구가 아니라, 과거에 일어난 실제 사건들의 "외면"만이 아니라 "이면"에 대한 진정한 역사적 재구성에 대한 갈망을 말이다. 기독교는 역사에 호소하는 것을 두려워할 것이 하나도 없다. 기독교 자체가 바로 그러한 역사 에 호소하고 있기 때문이다.

그러므로 신학과 성서학은 서로가 필요한 공생관계에 있다(나는 여기서는 단지 신학과 신약성서의 관계만을 논하겠지만, 좀 더 포괄적으로 말하는 것이 중요하다고 믿기 때문에, 성서학 전체를 언급하고 있는 것이다). 이와 관련하 여 세 가지를 말해 둘 필요가 있다.

(1) 성서학은 신학을 필요로 하는데, 이는 오직 신학적 도구들을 통해서 역사적 주석은 역사 속의 인물들이 무엇을 생각했고, 무엇을 계획했으며, 무엇을 목표로 하였는지를 밝혀낼 수 있기 때문이다. 이것은 마치 우리가 헬라 철학자들의 역사를 쓰려고 한다면, 우리는 그들이 무엇을 말하려고 했고, 그들의 사회적, 정치적 행동들이 어떤 식으로 그들의 논의들을 반영하고 있었는지를 이해하기 위하여 철학을 연구할 필요가 있다고 말하는 것과 같은 이치다. 초기 기독교는 몇몇 신념들과 목표들을 소중히 여겼는데, 이러한 것들은 그것들의 근저에 있는 세계관과 연결되어 있다: 신약성서 독자들은 무엇이 초기 그리스도인들을 움직였는가를 발견하는 것을 포함하는, 주후 1세기의 사건들의 "이면"을 연구하여야 한다; 그러므로 신약성서 독자들은 신학을 연구하지 않으면 안 된다. 바울 신학의 성격을 생각해 보면, 이것이 얼마나 중요한지를 알 수 있다: 우리는 바울의 세계관, 사고방식, 기본적인 신념들과 부수적인 신념들, 실천적인 목표들과 의도들을 탐구하지 않고는 바울을 진지하게 연구할 수 없다.[26]

(2) 성서학에 신학이 필요한 이유는 성경을 읽는 독자들은 당시 문화에 대한 전적으로 신학적인 분석의 도움을 받아야만 그들 자신의 질문들, 전제들, 목표들, 의도들을 알 수 있게 되기 때문이다. 아무런 전제 없이 성경을 읽을 수 있고, 자기들이 던지는 질문들은 "중립적"이라고 생각하는 사람이 있다면, 그런 사람들은 세계관들과 신학에 대한 연구를 통해서 그러한 미몽(迷夢)에서 깨어나야 한다. 역으로 기독교 신학은, 내가 위에서 개략적으로 서술했던 방식들을 통해서, 계몽주의적인 세계관 같은 그 밖의 다른 세계관들 내에 포함되어 있는 목표들과 의도들을 자체 내에서 수용하고 있는 일련의 목표들과 의도들을 제시할 수 있다. 그러므로 사람들이 종종 염려하는 것과는 달리, "신학"을 거론하는 것은 진지한 역사적·비평적 주석 과정을 생략하고, 이미 짜여 있는 대답들로 이루어진 완벽한 도식을 호출해내는 것을 의미하지 않는다. 반대로 신학은 역사 비평가가 자신의 목표 및 목적을 분명하게 밝히고 자유롭게 역사적 연구를 할 수 있도록 만들어 줄 것이다.

(3) 이와 동시에 신학 ― 그 어떤 신학이든 ― 에는 성서학이 필요한데, 이

---

26) Wright 1991a, chs. 1 and 14을 보라.

는 어떤 신학이든 그 신학의 주장들은 조만간 성경 속에 담겨 있는 이야기들과 접촉 또는 갈등을 하게 되어 있고, 그런 경우에 그 세계관을 유지하기 위해서는 경쟁 상대들에 의해서 제기된 도전을 물리칠 수 있어야 하기 때문이다. 그러므로 힌두교도들, 이슬람교도들, 자연신론자들, 범신론자들은 그들 자신의 이야기들이 기독교적인 이야기를 전복시키거나, 적어도 그 잠재적인 도전에 맞서서 현실에 대한 더 적절한 설명임을 입증할 수 있기를 바라면서, 기독교가 내부적으로 어떻게 움직이는가를 이해하기 위하여 성경을 연구할 것이다. 하물며 기독교 신학에 성서학이 필요하다는 것은 두말할 필요도 없다. 진정으로 기독교적이기 위해서는 성경이 말하는 이야기와 그 이야기 속의 하위 이야기들을 포함하고 있다는 것을 보이지 않으면 안 된다. 그렇지 않다면, 그것은 성경을 임기응변식으로 사용하여 성경에 나오는 여러 단편들을 다른 곳에서 가져온 도식에 적당히 짜맞춘 것에 불과한 것이 되어 버리고 말 것이다. 성경에서 증거 본문 또는 증거가 되는 주제를 찾아내는 것이 중요한 일이 된다면, 신학은 과거에 성경 본문을 교리에 대한 증거 본문으로만 사용했을 뿐 흔히 그러한 본문들의 특징을 이루는 견고하고 용기 있는 신앙은 빼 버린 최악의 현상을 그대로 재현하는 꼴이 되고 말 것이다.

그러므로 기독교적이기 위해서 신학은 예수와 바울, 초대 교회, 그리고 이와 관련된 수많은 것들에 관한 이야기들을 하지 않으면 안 된다. 신약성서를 읽는 과제가 아무리 어렵다고 할지라도, 신약성서와 그 기자들에 대한 명확한 자리매김과 그것들이 말하고 있는 예수에 대한 분명한 자리 매김 없이 기독교 신학이라는 프로젝트를 유의미하게 수행할 수 있다고 생각하는 것이 훨씬 더 어렵다. 그리고 이 주제 ― 기독교 신학 내에서의 예수의 위치 ― 에 관해서는 좀 더 살펴볼 필요가 있다.

지난 수십 년간에 이루어진 신약성서의 역사적 연구의 현황을 감안하면, 조직신학자들이 그들의 저작 속에 어떠한 예수를 선택하여 짜넣어야 할지를 확신하지 못하고 있는 것을 발견하는 것은 전혀 놀라운 일이 아니다. 대부분의 조직신학자들이 다른 근거들 위에서 그들이 바라는 도식에 맞는 예수를 선택하고 있다는 것도 마찬가지로 이상한 일이 아니다. 그러나 이와 관련하여 진지한 역사적 연구의 테두리 내에 머무르는 것은 대단히 중요하다. 사실 다소 좁은 범위 내에서 운신할 폭은 항상 있는 법이다. 그러나 신학 내에서 주후 1

세기의 한 유대인으로 살다가 죽은 예수를 지칭할 의도 없이 "예수"라는 말을 사용하는 것은 아무런 의미가 없다. 이와 관련하여 매우 엄격한 대조표본들이 적용되지 않는다면, 모든 신학적 논쟁들은 초점을 잃고 표류하게 될 것이다. 그리고 우리가 진지한 "기독교 신학"을 시도할 때에 그러한 대조표본들이 제 자리를 찾게 될 것이다.

그러므로 나는 주후 1세기의 세계를 연구하고, 그 속에서 예수와 바울, 복음서들을 연구할 때에, 우리가 계몽주의적 세계관 또는 오늘날의 세속문화 속에서 제안하는 그 어떠한 세계관을 무비판적으로 그리고 전폭적으로 채택할 필요가 없다는 것을 우리 앞에 놓인 과제를 인식하는 하나의 방식으로 제시하고자 한다. 이것은 우리가 현대 이전으로 돌아가서 역사 비평을 거부하자는 것도 아니고(실증주의자들이 상상하듯이), 잠재적인 불일치들 및 대안적인 읽기들을 회피하고 사적인 영역 속으로 후퇴하자는 것이 아니다. 내가 제안한 방식으로 인식한다면, 기독교 신학은 계몽주의가 제기하는 여러 문제들을 적절하게 다룰 수 있는 관점을 제시해 줄 것이고, 기독교적 역사가는 마치 그리스도인이라는 것 또는 그리스도인으로서 연구하는 것이 그 연구 활동을 망치는 것이라고 생각하여 그리스도인이 아닌 것처럼 가장할 필요도 없게 될 것이다. 신약성서를 읽는 그리스도인 독자들은 그 자체 내에 "초기 기독교 역사"와 "신약성서 신학"을 포함하는 과제를 수행하여야 함과 동시에 내가 위의 제1장에서 설명했던 이러한 과제들 중의 그 어느 것도 자체적으로 충분할 수 없다는 것을 나타내 보여야 한다. 그리고 신약성서에 대한 이러한 좀 더 온전한 읽기는 예수를 "배제하지도" "포함하지도" 않고, 예수를 그냥 전제하지도 않는다. 오히려 그것은 예수 이야기가 공적 역사 내에서 일어났다는 것을 전제하는 가운데 예수 이야기를 하는 과제를 그 자체의 아주 중요한 일부로 포함시킨다.

이렇게 해서 신약성서 연구에 대한 문학적, 역사적, 신학적 연구라는 세 가지 시도를 "이야기"라는 범주를 사용하여 결합하는 것이 가능하다면, 신약성서는 어떤 의미에서 "규범적인" 것으로 여겨야 한다는 널리 유포된 신앙은 어떻게 되는 것인가? 이것은 용어상의 어떤 모순 또는 적어도 방법론상의 어떤 모순인가?

3. 신학, 서사(敍事), 권위

이제 나는 이 과제에 대한 우리의 인식, 즉 내가 지난 세 장에 걸쳐서 논증해 왔던 신약성서를 읽는 방식을 채택하면, 우리는 현대 이전의 기독교 독자들이 별 어려움 없이 전제했던 것, 그리고 "현대주의자들"이 그토록 많은 문제점들을 느꼈던 것, 즉 신약성서를 권위 있는 책으로 사용하는 것을 가능하게 해 줄 것이라는 점을 논증하고자 한다. 이것은 모더니즘 이전 시대로 되돌아가자는 말이 아니다. 우리는 성경 본문을 교리에 대한 증거 본문으로 사용하는 것을 성경 본문의 본질과 어긋난다는 이유로 폐기한 바 있다(만약 이것이 성경의 권위를 폐기하는 것을 의미한다고 생각하는 사람이 있다면, 그 사람은 성경을 성경 아닌 다른 것으로 변질시켜 버리는 방법론 속에 성경의 진정한 권위가 어디에 있는지를 스스로 자문해 보아야 한다). 이렇게 성경을 증거 본문으로 사용하는 방식은 모더니즘 자체 내에서도 쉽게 없어지지 않았다. 좋든 싫든 모더니즘적인 신약학의 세계 속에는 성경에 대한 "서술적" 읽기와 "규범적" 읽기를 서로 구분해야 한다는 실제적인 일종의 합의가 존재해 왔다. 만약 우리가 "사실"로부터 "당위"로 옮겨가고, 과거에 대한 서술로부터 권위 있는 진술로 옮겨가야 한다면, 그것은 역사적 연구 자체의 외부에서 행해지는 선택이라고 생각될 수밖에 없다. 그러나 정말 그렇게 할 필요가 있는가? 진지한 문학적, 역사적, 신학적 연구와 부합함과 동시에 그리스도인들이 처음부터 신약성서에 부여해 왔던 그러한 권위를 신약성서가 행사할 수 있도록 해 주는 그 어떤 다른 모형은 존재하지 않는 것인가?

여기서 나는 내게는 꽤 분명하게 보이지만 흔히 탐구되지 않는 한 가지 제안을 하고자 한다. (a) 이야기들은 어느 경우이든 세계관을 보여 주는 중요한 지표이고, (b) 신약성서의 상당 부분이 이야기들로 이루어져 있기 때문에, 이야기들이 어떻게 권위를 실어 나를 수 있는지 또는 실어 나르는 도구들이 될 수 있는지를 고찰해 보는 것은 좋은 생각일 것이다. 이야기들은 얼핏 보기에는 권위 있는 주석을 위한 출발점으로 마땅치 않은 것으로 보일 수 있다. 그러나 우리는 이 점을 분명하게 밝혀 줄 유효한 모형을 생각해 볼 수 있다.[27]

---

27) 나는 이미 Wright 1991b에서 이러한 주장을 선보인 바 있다.

여기에 셰익스피어가 쓴 희곡 하나가 있는데, 제5막의 대부분이 없어져 버린 상태라고 하자. 처음 네 막이 아주 풍부한 인물 묘사와 손에 땀을 쥐게 만드는 줄거리를 보여 주고 있기 때문에, 사람들은 이구동성으로 이 희곡을 무대에 올려야 한다고 생각한다. 그럼에도 불구하고 사람들은 제5막을 하나의 방향으로 결정지어서 쓰는 것은 실제로 부적절하다고 생각한다: 그렇게 하면, 이 희곡은 하나의 형태로 고정되어 버릴 것이고, 셰익스피어는 자기가 쓰지도 않은 작품에 대해서 결과적으로 책임을 져야 하는 일이 벌어지게 될 것이다. 사람들은 셰익스피어의 작품에 고도로 훈련되고 민감하며 숙련된 배우들에게 핵심적인 배역을 맡겨서, 그들로 하여금 처음 네 막과 셰익스피어 및 그의 시대의 언어와 문화에 흠뻑 젖어들게 만든 다음에, 그들 스스로 제5막을 연기하도록 하는 것이 더 나을 것이라고 생각할 수 있다.

그 결과를 생각해 보자. 처음 네 막은 원래부터 존재했던 것이기 때문에 의심할 여지 없이 "권위"를 지니게 될 것이다. 즉, 어떤 등장인물이 일관성 없이 행동하고 있다거나 앞에 예시된 어떤 하위 줄거리 또는 주제가 적절한 결말에 이르지 못했다는 이유를 들어서 이 처음 네 막에 속한 내용을 즉흥적으로 수정하려 든다면, 누구나 그러한 수정에 반대하는 것은 적절한 일일 것이다. 처음 네 막이 지닌 이러한 "권위"는 배우들이 이 연극의 앞 부분들을 여러 차례 반복해야 한다는 암묵적인 사정에서 나오는 것이 아니고, 또한 그러한 것에서 나올 수도 없다! 그것의 권위는 그 자체의 추진력과 앞으로 나아가는 운동력을 지니고 있으면서 장차 적절한 방식으로 마무리될 것을 요구하는 미완성의 드라마라는 사실에 있다. 그것은 배우들에게 이 연극을 꿰고 있는 실들이 어떻게 서로서로 적절하게 연결되어 있는지를 먼저 이해한 후에 혁신성과 일관성 양자를 가지고 말하고 연계함으로써 그러한 예를 실제적으로 적용하기 위해서는 있는 그대로의 이야기 속에 아무런 전제 없이 뛰어들 것을 요구할 것이다. 이 모형은 앞으로도 계속 수정될 수 있고, 아마도 수정되어야 할 것이다: 이 모형은 아주 광범위한 가능성들을 제공해 준다.

이 모형은 우리의 현재의 논의의 맥락 속에서 권위 일반 및 신약성서와 관련된 권위, 이 양자와 관련하여 사람들이 통상적으로 생각하는 여러 가지 권위들과는 다른 그러한 권위에 대한 설명을 제시할 것이다. 우리는 제1장에서 신약성서에 대한 역사적 서술들로부터 "권위"를 추출해 온 여러 가지 다른 방식들 중 일부를 살펴본 바 있다: 우리는 초기 기독교의 어떤 측면을 규범적인 것으로 삼을 수도 있고, 신약성서의 여러 책들 속에 나오는 몇몇 신학적인 주제들을 핵심적인 것으로 선택할 수도 있으며(하나님 나라, 이신칭의 등등), 앞뒤가 안 맞는 어떤 신학적 도식 속에 신약성서의 몇몇 흐름들을 포함시킬 수도 있다. 그러나 우리가 미완성의 연극의 권위에 관한 모형을 채택한다면, 여러 가지 서로 다른 가능성들이 출현한다. 앞에서 보았듯이, 마지막 제5막을 새롭게 보여 줄 과제를 떠맡은 배우들이 제일 먼저 할 일 중의 하나는 이미 씌어져 있는 내용을 단순히 앵무새처럼 반복하는 것이 아니라 처음 네 막에 완전한 감정이입을 통하여 몰입하는 것이 될 것이다.[28] 그들은 올바른 정답들을 찾아내려고 해서는 안 된다. 또한 그들은 그들이 맡은 인물이 처음 네 막에서 했던 일들을 단순히 흉내내서도 안된다. 최후의 제5막이 훌륭한 것이 되려면, 앞에 나온 여러 막들의 단순한 반복이 아니라 최후의 멋진 대단원을 보여 주는 것이 되지 않으면 안 될 것이다. 그럼에도 불구하고 행위들과 말들, 드라마 속에서의 어떤 최종적인 움직임들은 적절성과 적합성을 갖추어야 할 것이다. 그리고 이것은 어떤 의미에서 스스로의 진정성을 확보하는 것이 될 것이고, 어떤 의미에서는 "권위 있는" 앞의 여러 막들과의 통일성 및 그 여러 막들을 의미 있게 해 주는 것을 통해서 진정성을 획득하게 될 것이다.[29]

이 모형을 우리가 다루고자 하는 주제에 적용하기 전에, 먼저 이 모형에 관하여 몇 가지를 말해 두는 것이 좋겠다.[30] 첫째, 이 모형은 어떤 이야기 또는 어떤 예술 작품이 그 자체로 완성을 기다리는 상태 속에서 일종의 권위를 소유할 수 있는 방식에 대한 하나의 유비(類比)를 제공해 준다. 물론 이 차원에서 이 작품이 배우들에 의한 연기가 필요한 5막으로 된 연극이라는 것은 불필요한 사항이 될 것이다: 교향곡을 예로 들어도 좋을 것이다. 이때에는 완결의 과제가 작곡가에게 맡겨질 수 있고, 반드시 지휘자에게 완결의 과제가 맡

28) 이러한 예화는 물론 극단적인 것일 수도 있겠지만, 배우들의 임무 중에는 결과물이 "안전하고," "유효하며," "진정하고," "시대에 맞는지" 등을 검토함과 아울러 결과물이 생겨나는 맥락을 적절하게 고려하는 일이 포함된다는 것을 주목할 필요가 있다.
29) 미학에서 전문적인 판별 기준으로서의 "정합성"이라는 개념에 대해서는 Wolterstorff 1979, 1980를 보라.
30) 나는 이러한 생각들을 Oliver O'Donovan 교수의 지혜에 빚지고 있다.

겨지지 않아도 된다. 그러나 둘째로 내가 개략적으로 제시한 모형은 성경의 기자들 또는 적어도 그 기자들 중의 일부에 의해서 언급된 창조주 및 피조세계에 관한 이야기 속에서 내가 무엇을 문제 삼고 있는지를 예시하는 데에 더 직접적이고 구체적인 유비를 제공해 준다. 사실 이것이 5막으로 된 희곡, 그 작품을 완성하는 데 필요한 배우들이라는 개념이 아주 잘 맞아 떨어지는 분야다. 그러므로 이 모형을 첫 번째의 용도로 사용하는 것은 두 번째의 용도로 사용하는 것 없이는 이루어질 수 없다; 다시 말하면, 이 모형은 미완성의 예술 작품들에 관한 전체적인 핵심을 잘 예시해 주지만, 두 번째 용도는 첫 번째 용도를 그 틀로서 요구한다는 말이다.

내가 나중에 좀 더 자세하게 서술하고 싶은 이 모형과 관련된 세부적인 내용들 중의 하나는 성경 이야기 자체를 5막으로 이루어진 것으로 볼 수 있는 가능성이다. 이를테면, 제1막 – 창조; 제2막 – 타락; 제3막 – 이스라엘; 제4막 – 예수. 그러면 신약성서 — 복음서들을 포함한 — 는 제5막의 첫 번째 장면이 되고, 동시에 이 연극이 어떻게 끝날 것인지에 대한 단서들을 제공해 줄 것이다(로마서 8장, 고린도전서 15장, 요한계시록의 여러 부분들). 제4막이 현재의 모습을 지니고 있다는 사실은 다른 모든 중간 단계들을 밝히지 않고도 이 드라마가 어떤 식으로 결말이 날 것인지를 잘 보여 준다. 그러므로 교회는 현존하는 이야기의 "권위" 아래에서 살면서 의도된 결말로 향해 가는 마지막 제5막을 스스로 쓰면서 연기하라는 요구를 받고 있다고 할 수 있다. 이 모형에 의하면, 교회는 창조주의 예술 작품을 완성하기 위한 무대로 설계되었다는 것이다: 바울이 에베소서 2:10에서 말하고 있듯이, 우리는 그의 예술작품이다 (autou gar esmen poiema).

우리가 이것을 제1장에서 논의한 바 있고 사람들이 통상적으로 생각하는 대로의 "신약성서 신화"의 문제에 적용한다면, 현존하는 자료 속에 스스로를 몰입시키기 위해서는 자료의 여러 가지 다른 차원들을 구별해내는 것이 필요할 것이다. 학자들을 비롯한 여러 사람들이 특히 교회나 세상을 향하여 말할 때에 신약과 구약을 구별하는 것이 꼭 필요하다는 것을 인식하게 된 것과 마찬가지로, 우리는 그 밖의 다른 차이들도 발견해 낼 수 있다. 불트만이 제4막 전체와 제1막에서 제3막의 상당 부분을 잘라내도 아무 상관 없다고 생각한 것은 잘못이었지만, 제4막(예수)과 제5막의 처음 부분(신약성서)의 차이를 식별해낸 것은 옳다 ─ 비록 그가 이런 구별을 한 것은 결국 둘 모두를 왜곡하는 결과를 가져오긴 했지만. 여기서 중요한 것은 예수 이야기, 즉 제4막의 이야기가 초대 교회에 의해서 제5막에 나오는 교회 본연의 과제의 일환으로 쓰여졌다는 것이다.[31]

사실 최후의 제5막을 새롭게 쓰는 것의 일부로서 앞서의 여러 막들에 관한 이야기를 다시 하는 것은 그 작업을 수행하는 동안에 항상 요구되는 필수적인 것으로 보인다. 이스라엘 사람들은 창조와 타락에 관한 이야기를 계속해서 반복하였다. 예수는 비유와 상징을 통해서 이스라엘에 관한 이야기를 다시 하였다. 복음서 기자들은 복합적이고 다양한 방식으로 예수에 관한 이야기를 다시 하였다. 새로운 시각에서 보면, 이것은 역사적 신학과 신학적 역사를 포함한 역사의 과제는 성경의 이야기 자체 속에서 이미 예수를 따르는 자들에게 위임되어 있다는 것을 보여 준다.

아울러 신약성서 기자들이 어떤 의미에서 이후의 기독교 세대들이 따를 수 있는 역사적 운동을 창설하였다는 개념[32]은 우리가 앞에서 살펴본 일반적인 그 어느 대안과도 판이하게 다른 시각과 강조점을 해석학의 과제에 제공해 준다. 우리는 내용의 구체성에 반하여 무시간적인 진리들을 추구하는 것이 아니라, 내용 자체가 추구하고 있는 것과 동일하게 창조 드라마의 제5막에서 하나님의 백성으로서의 소명을 추구한다. 이 이야기의 끝 부분에서 교회는 주인에게 포도원의 열매들을 회복시켜 주는 과제를 맡고 있다. 제3막이 본질적으로 비극적인 것이라면, 이 연극 전체는 비극을 넘어 승리하는 일종의 희극인 셈이다.

이 점과 관련하여 한두 가지 반론이 제기될 수 있다. 우리는 사람들이 제5막의 나머지 부분에서 요구하는 모든 것들을 충분히 해낼 수 있을 만큼 제1-4막 또는 실제로 제5막의 처음 부분을 이해할 것이라고 확신할 수 있는가? 그

---

31) 초기 그리스도인들이 역사를 이렇게 세분된 방식으로(예수의 세대와 그들 자신의 시대를 구분하여) 보았다는 것은 Nineham 1976, 188f.와 Lemcio 1991, *passim*에 의해서 판이하게 서로 다른 관점에서 단언되고 있다. 아래 제4부를 보라.

32) 신약성서 기자들이 그리스도인들이든 아니든 그 이후의 세대들이 존재할 것이라고 생각했는지의 여부에 관한 문제는 아래 제4부에서 다루어질 것이다.

대답은 분명히 그렇지 않다는 것이 될 것이다. 이러한 문제들에 대한 확신을 우리는 가지고 있지 못하다. 바로 이것이 신앙과 순종이 본질적으로 여전히 모험에 속하는 이유다. 교회의 역사, 이스라엘에 관한 이야기, 예수의 공생애 동안에 제자들에 관한 이야기들은 사실 지금까지의 이야기에 대한 잘못된 읽기를 토대로 그 속편(續篇)들을 썼음이 드러난 개인들과 집단들과 운동들에 관한 많은 예들이 산재해 있다(비록 어떤 집단들이 그러한 범주에 속하느냐라는 문제는 그 자체가 분명히 모험적인 논쟁이겠지만). 그러나 이것은 전반적으로 그러한 것을 수행하는 과제가 불가능하다는 것을 의미하는 것이 아니고, 단순히 배우들이 여전히 오류를 범할 수 있다는 것만을 의미할 뿐이다. 궁극적인 결과는 이 이야기 자체 내에서 극작가가 자신의 정신을 배우들에게 수여함을 통해서 보장되지만, 이것은 배우들이 행하거나 말하는 모든 것을 사전에 그 타당성을 부여해 주는 것이라고 볼 수는 없다.

또 하나의 반론은 이런 것이다: 분명히 기독교의 이야기 속에서 제4막(예수, 특히 그의 죽음과 부활)은 절정이자 결론으로서의 성격을 강하게 띠고 있기 때문에 제5막에서 말할 것이 거의 남아 있지 않은 것은 아닌가? 이에 대해서 두 가지 가능한 대답이 존재한다.

첫째, 우리는 제5막의 과제의 일부 — 부활 사건 이후에 복음서들의 저술을 포함한 가장 초기의 교회에서 시작된 과제 — 는 처음 4막, 좀 더 구체적으로는 제1-3막에 비추어서 제4막의 의미를 반추하고 도출해내며 실행하는 것이라는 점을 강조해 두어야 한다. 제4막은 그러한 추가적인 작업을 강력하게 요구한다. 그러한 성찰과 활동은 단순히 제4막의 이야기 표면에 나타나는 관념들을 읽어내서 제5막에 쓰는 것이 아니다. 현재적으로 제5막을 충실하게 쓰기 위해서는 제4막에 나오는 주장들의 성격이 과연 어떠한 것인지를 이해하려는 시도를 포함해서 앞서의 내용이 어떻게 전개되었는지에 대하여 인내심을 가지고 꼼꼼하게 풀어내지 않으면 안 된다.

둘째, 나는 이 문제가 입증할 필요가 있는 것을 전제하고 있다고 생각한다. 즉, 예수의 삶과 죽음, 부활은 실제로 그러한 절정으로서의 의미를 지니고 있기 때문에 더 이상 연구할 필요가 없다는 것이다. 나는 이러한 신앙이 성경 본문 자체로부터 나왔다기보다는 오늘날의 학계의 일부 분파들 내에서의 반역사적인 성향으로부터 나오지 않았나 생각한다. 기독교에 대한 가장 초기의 증인인 바울은 분명히 현재적인 성령의 사역을 과거에 예수께서 이루신 일과 끊임없이 결부시킨다.

요약해 보면, 나는 실증주의적으로 인식된 신약성서, "신약성서 신학," "초기 기독교 역사" 등과 같은 것에만 부여되는 것이 아니라 신구약성서에서 언급되고 또 다시 언급되었으며 여전히 그 완성이 필요한 이스라엘 이야기 및 예수 이야기에 초점이 맞춰져 있는 창조주 신 자신, 세상과 이 신에 관한 이야기에도 부여되는 "권위"라는 개념을 제시하였다. 이것은 통상적으로 신학적 담론에서 논의되는 개념들보다 훨씬 더 복잡한 권위 개념이다. 이것은 통상적으로 행해지는 지나친 단순화들에 의해서 야기된 침체 상황을 돌파하는 데 꼭 필요한 것이라고 나는 생각한다.

4. 맺는 말

이 모형이 실천에서는 무엇을 의미할 것인지를 한눈에 살펴보기는 쉽지 않다. 그러한 것은 예수, 초기 기독교, 신약성서에 대한 실질적인 역사적, 신학적 탐구가 끝날 때까지 기다려 보아야 할 것이다. 또한 본서의 서술에 포함시킬 수는 없지만 우리가 기억해야 할 그 밖의 다른 요소들도 있다: 우리의 전체적인 과제는 통상적으로 신약학에서 배제되고 있는 구약성서 신학에 관한 논의와 유대교 및 기독교 전승 외부의 세계에 대한 고찰을 포함하여야 한다.[33] 그러나 현재 우리가 해야 할 과제는 분명하다. 신약성서, 특히 예수와 바울에 대한 문학적, 역사적, 신학적 탐구가 우리의 목표다. 그리고 가능한 일이라면, 우리가 이러한 탐구의 역사적 맥락을 가급적 분명하게 규정하는 것이 대단히 중요하다. 그러므로 우리는 먼저 기독교 탄생의 배경이 된 유대교, 둘째로 바울과 그의 저술들의 배경을 이룰 뿐만 아니라 사람들이 예수를 기억하고 예수에 관하여 글을 썼던 세계였던 초기 기독교 자체를 연구하는 일에 본서의 제3부와 제4부를 할애하지 않으면 안 된다.

---

33) 이런 식으로 Räisänen의 반론, 1990, 137-41에 대답한다.

제 3 부

헬라-로마 세계와 주후 1세기의 유대교

제 6 장

배경과 이야기

1. 들어가는 말

(i) 목표

우리는 중동의 정세가 주후 20세기보다 주후 1세기에 덜 복잡했다고 생각해서는 안 된다. 오히려 정반대로 지금과 마찬가지로 그때에도 수많은 긴장들과 문제들, 변칙적인 일들과 당혹스러운 일들이 존재했었다고 보는 것이 옳다 — 절망감 속에서 손을 높이 들어올리고 기도하는 사람들도 있었을 것이고, 이를 갈며 복수를 다짐하는 이들도 있었을 것이며, 생존하고자 몸부림치는 가운데 이 모든 "상황"을 잊어버리려고 애쓰는 사람들도 있었을 것이다. 그리고 포도원에서 소작을 부쳐 먹는 농부로 사는 것도 고되고 우울한 일이었다.

그렇지만 우리는 주후 1세기 동안에 유대교 내에서 잉태되고 태어나서 초기 시절에 양육 받았던 새로운 운동을 이해하기 위해서는 고대 유대교 전체를 이해하려는 시도를 건너뛸 수 없다. 기독교의 기원, 기독교가 신에 관한 질문을 제기하고 답할 때에 사용했던 용어들을 훌륭한 가설이 되기 위한 요구조건들에 맞춰서 이해하려면, 우리는 예수와 바울이 성장했고 실제 사역을 하는 동안에 여러 가지 방식으로 관련을 맺었던 유대교를 가능한 한 정확하게 이해할 필요가 있다. 우리는 당시의 유대인들이 지니고 있었던 세계관과 자기 이해를 이해해야 하고, 그러한 과제 내에서 자신의 역사, 계약의 신에 대한 신앙, 열망과 좌절, 소망과 두려움과 관련된 유대교 자체의 인식을 파악하려고 시도하지 않으면 안 된다.[1] 또한 폭넓게 보면, 우리는 이스라엘과 유대교가 처해 있던 문화적 상황, 즉 기독교가 시작된 첫 세기 동안의 헬라-로마 세계를 어느 정도 이해하지 않으면 안 된다. 바로 이 세계는 주로 바울과 적어도 두 명의 복음서 기자들이 활동했던 세계였다.

초기 유대교를 서술하는 과제는 지금이 이전보다 더 쉽기도 하고 더 어렵기도 하다. 더 쉽다는 것은 상당히 다양한 종교적, 문화적 출신 배경을 지닌 전문가들이 오랫동안 연구해서 집필하거나 편집한 이 방면의 연구서들이 아주 풍부하기 때문에, 우리가 그것들로부터 도움을 얻을 수 있기 때문이다.[2] 더 어렵다는 것은 지식과 아울러 복잡성도 증대되었기 때문이다. 200개의 그림 조각들로 이루어져 있던 주후 1세기 유대교에 관한 조각그림이 갑자기 2,000개의 조각으로 늘어나게 되었다면, 그 조각그림을 완성하기가 훨씬 더 어렵다는 것은 당연한 일이다.

그리고 서구 기독교 신학계가 유대교에 관하여 잘못된 견해들을 품어 왔던 지난날을 반성하는 기나긴 과정 중의 한복판에 현재 서 있다는 것도 이 문제를 한층 더 복잡하게 만드는 요인이 된다. 학자들과 설교자들은 자기들이 잘못 알고 있었고, 바리새인들에 대하여 잘못 판단하였으며, 예수와 그의 최초의 추종자들은 유대인들과 다투는 일이 없었으며, 오직 후대에 가서야 복음서 기자들은 교회의 압력 아래에서 복음서들에서 발견할 수 있는 예수의 대적자들에 대한 묘사를 만들어 내었다고 말하면서, 서로서로에게 딴죽을 걸고 있다. 이런 문제들이 해결되고 상황이 안정되기까지 얼마만한 시간이 걸릴 것인지는 말하기가 어렵다.

---

1) 우리가 이 시대와 관련하여 "유대교들"이라고 말하는 것이 옳긴 하지만, 그러한 것들이 모두 속해 있는 총칭적 실체로서의 단수형 "유대교"라고 말하는 것이 언어학적으로는 간편한 경우가 많다. 이 시기는 통상적으로 대략 주전 4세기부터 주후 2세기까지에 걸친 시기를 나타내는 "제2성전 시대 유대교"로 불리거나(제2성전 자체는 주후 70년에 파괴되었지만) 또는 종종 "초기 유대교"(포로기 이전 시대)와 랍비들의 "후기 유대교" 사이의 기간을 가리키는 "중기 유대교"로 불린다.

2) Schürer의 신판; the *Compendia*; Nickelsburg 1981; Sanders 1990a, 1992; 또한 Charlesworth 1983, 1985; Sparks 1984에 나오는 새로운 판본의 텍스트들을 보라; 그리고 Hengel 1974; Rowland 1985, parts I and II; Kraft and Nickelsburg 1986, 1-30; Ferguson 1987, ch. 5; Cohen 1987; Neusner의 많은 저서들도 보라.

현재의 상황을 하나의 반발이라고 본다면, 그런 것은 반드시 거쳐야 할 단계일 것이다. 서구 기독교는 아주 오랫동안 유대교에 대한 잘못된 개념들을 지니고 있었고, 절박한 비극의 때에 유대교를 무력화시키는 데 한 몫을 했다. 이제 그러한 잘못된 인식들을 떨쳐내는 데에 족히 한 세대는 걸릴 것이다. 그러나 우리가 단순한 반발로 어떤 지속적인 선(善)을 만들어 낼 수 있을 것이라고 생각한다면, 그것은 결정적인 우(愚)를 범하는 것이 될 것이다. 후대의 신학적 논쟁 또는 편견을 과거에 투영시키는 것을 통해서 역사적 과제가 진보를 이룰 수 없는 것과 마찬가지로, 오늘날의 죄의식들을 과거에 투영함으로써도 역사적 과제는 이루어질 수 없다.

이것은 우리가 주후 1세기의 유대교의 실상(實相)과 성격을 아주 주의 깊게 살펴보아야 하고, 그러한 자료들을 연구하는 데 심혈을 기울여 온 다양한 출신배경을 지닌 학자들이 말하는 소리에 힘써 귀를 기울여야 한다는 것을 의미한다. 이것은 심약한 자들이 감당할 수 있는 과제가 아니다. 쟁점들은 복잡하고 논란이 심하다. 그러나 내가 제시하는 것은 내가 알고 있는 한 가장 현대적이고 철저한 연구들과 자료들에 대한 내 자신의 읽기에 토대를 둔 꽤 주류적인 견해다. 이런저런 본문 또는 주제에 대한 나의 해석들에 대해서 물론 반론들이 제기될 것이다. 그러나 나는 내가 여기에서 제시하는 재구성은 자체적으로 통일성이 있을 뿐만 아니라 자료들과도 잘 부합하기 때문에, 어떤 방면에서 엄격하게 심사를 해도 문제없이 견뎌낼 것이라고 생각한다.

앞의 여러 장들에서 행한 제안들에 맞춰서, 나는 제2성전 시대 유대교의 핵심적인 측면들에 대한 연구를 통해서 제2성전 시대 유대교의 세계관을 밝혀 내고자 한다: 통상적이고 실제적인 일상 생활, 성전 같은 물리적인 상징들, 민족의 이야기에 대한 여러 다시 말하기들, 특히 신념체계, 기본적인 질문들에 대한 기본적인 일련의 답변들은 우리가 이용할 수 있는 수많은 자료들로부터 안정적으로 추론될 수 있다. 이러한 발판 위에서 우리는 좀 더 구체적으로 이스라엘의 "신앙"과 "소망"이라는 말로 뭉뚱그려서 말해 볼 수 있는 이스라엘의 신념들과 열망들에 관한 세부적인 내용을 천착해 볼 수 있게 될 것이다. 제2부에서 행했던 논증에 따라, 이러한 것들은 이 장에서 서술할 복잡한 역사적 사건들의 "이면"을 구성한다.

이러한 연구를 통해서 밝혀지게 될 내용은 미리 다음과 같이 개략적으로 이야기해 볼 수 있을 것이다. 적어도 팔레스타인 내에서의 주후 1세기 유대교의 주된 특징은 자기가 추종한 종교에 대한 정적(靜的)인 인식이나 도피를 위한 사적인 영역으로서의 종교가 아니라, 현실의 모든 측면들을 포괄함과 동시에 현재의 상태는 아직 (온건하게 표현하자면) 자기 백성에 대한 계약의 신의 목적들이 온전히 실현된 상태가 아니라는 인식하에, 그러한 온전한 실현에 대한 갈망과 기대가 첨예하게 부각되어 있는 총체적인 세계관이었다. 주후 1세기의 유대 민족은 다른 모든 민족들과 마찬가지로 자신의 세계관을 담은 이야기들을 스스로 말하였다. 그러나 유대 민족의 이야기들과 그 밖의 다른 여러 문화들의 주된 차이점들 중의 하나는 유대 민족의 주도적인 이야기들이 역사속의 실제 사건들과 결부되어 있었다는 것이다: 그들은 자신들의 이야기 속의 마지막 장이 시작되기를 기다리고 있었다. 제2권에서 논증하겠지만, 예수는 그러한 기대와 열망에 답변하였다 — 물론 그것을 재정의하는 방식으로. 바울도 자기가 이스라엘의 소망들을 성취하고 있는 것이라고 주장하였고, 제3권에서 보게 되겠지만, 바울은 유대교 신학에 대한 재정의(再定義)라는 관점에서 볼 때에만 이해될 수 있다. 그러므로 우리는 유대인들의 기본적인 세계관, 주도적인 이야기, 신념체계가 어떻게 구성되었고, 유대인들의 소망이 어떤 식으로 기능하였으며, 그것이 무엇을 토대로 하고 있었고, 그것이 어떤 특징적인 표현들을 낳았고, 어떤 종류의 논쟁들을 초래하였는지를 가능한 한 분명하게 볼 수 있어야 한다.

이런 식의 말은 일부 사람들에게는 마치 내가 기독교적인 개념들 또는 사고 양식들을 유대교에 적용하여 "거꾸로 읽어내려고" 결심한 것처럼 보일지도 모르겠다. 이에 대한 답변으로 나는 네 가지를 말해 둘 것이다.

첫째, 내가 제2부에서 논증했듯이, 주후 1세기 유대교에 대한 연구와 관련된 현재의 동향은 내가 보기에 지나치게 원자론적이고 실증주의적이다. 나의 제안이 오늘날의 흐름과 충돌한다면, 그 충돌은 기독교적이든 다른 것이든 어떤 후대의 사고양식들을 과거에 소급하여 적용해서 읽은 데서 생겨나는 것이 아니라, 내가 온전히 역사적 접근방법(비판적 실재론에 의거한 접근방법을 의미함)을 채택하려는 데서 일어나는 것이다.

둘째, 내가 암묵적으로 비판하고 있는 원자론인 읽기들은 내 자신의 읽기와 마찬가지로 똑같이 "해석들"이다. 원자론과 실증주의는 교조주의에 대한 필연적인 반동일 것이지만, 그러한 것들은 영원히 유지될 수는 없다. 원자론과 실증주의가 주후 1세기 유대교 역사의 "이면"에 대하여 제시한 해석들은 엄격한 심사를 거쳐야 하고, 유대인들의 삶의 기조를 이루고 있던 신념 및 열망의 체계들 및 특히 유대인들의 삶에 의미를 부여했던 상징 세계를 제대로 다루고자한 좀 더 철저한 해석들과 경쟁을 벌여야 한다.[3] 내가 본서의 제3부에서 제시하고자 하는 것은 바로 그런 유의 해석이다.

셋째, 사실 그들이 하는 말은 번지수가 다르다. 내 의도는 이후의 기독교적 성찰 속에서 흔히 모호하게 되어 버린 주후 1세기 유대교의 진정한 세계관을 서술함으로써 예수, 바울, 초기 기독교에 대한 몇몇 통상적인 "기독교적" 이해들을 교정하려는 것이다. 복음서들에 대한 수많은 "기독교적" 읽기들은 예수의 하나님 나라 선포가 지니는 정치적 의미들을 걸러내어 버렸다; 이 표현의 유대교적 배경을 다시 한 번 검토해 보면, 이 점이 분명하게 드러날 것이다. 유일신 사상과 선택은 통상적으로 바울 사상의 중심(中心)으로 취급되어 오지 않았다: 바리새인들의 세계관의 구조를 재평가해 보면, 그러한 읽기를 위한 새로운 가능성들이 열리게 될 것이다. 그러므로 나의 목적은 비유대적인 개념들을 유대교에 투영하는 것이 아니라, 주후 1세기의 유대교와 그 신념들 및 열망들을 비판적 실재론에 의거해서 읽어내는 것이고, 이것은 기독교의 기원에 관한 문제에 예기치 않은 빛을 던져 주게 될 것이다. 내가 앞에서 논증했듯이, 역사라는 것은 바로 이런 것이다.

사실 주후 1세기의 유대교와 기독교는 그 세계관들과 관련하여 하나의 중심적인 특징을 공통으로 지니고 있었다(이것이 네 번째 요점이다): 현재 절정을 향해 치닫고 있는 이야기라는 인식. 그리고 아주 중요한 것은 그것이 이 둘에게 동일한 이야기였다는 사실이다. 그 이야기는 아브라함, 이삭, 야곱에 관한 이야기이고, 모세와 선지자들에 관한 이야기이며, 다윗, 솔로몬, 이스라엘의 왕정에 관한 이야기이고, 특히 포수(捕囚)와 회복 — 아니 오히려 포로 생활이 정말 끝난 것인지에 대해 당혹해 하는 모습 — 에 관한 이야기이다. 물론 그리스도인들은 다소 다른 강조점을 지닌 이야기를 하였다. 그러나 유대인들

---

3) 바로 이러한 근거들 위에서 Sanders 1990a, chs. 3-5은 Jacob Neusner에 대하여 비판한다.

과 그리스도인들은 계속해서 이스라엘에 관한 이야기를 그들 자신의 이야기의 앞 부분에 나오는 여러 장(章)들이라고 여겼다. 바로 여기에서 근본적인 연속성을 찾을 수 있다; 그리고 이것은 기독교의 출현을 밝히기 위하여 유대교를 연구하는 것이 정당함을 입증해 준다.

원칙적으로 먼저 개별 저작들을 연구한 다음에 서서히 "유대인들이 무엇을 믿었는가"에 관한 일반화로 진행해나가는 것이 바람직할 것이다; 그러나 여기에서 그렇게 하지 못하는 몇 가지 이유가 있다. 첫째, 지면의 문제다: 그런 내용을 다루려면 또 한 권의 책이 필요할 것이기 때문이다. 둘째, 그러한 작업은 아주 최근의 연구들 속에서 매우 철저하게 이루어졌기 때문에, 이미 잘 닦여 있는 길을 다시 닦는 일은 불필요할 것이다(물론 나는 여기저기에서 기존의 견해에 도전하고 통상적으로 인식되지 못한 여러 가능성들을 제시하긴 하겠지만).[4] 셋째, 우리는 오늘날의 학자들이 쓴 저서들은 주후 1세기의 평범한 유대인이 무엇을 생각했는지를 반드시 그대로 보여 주는 것은 아니라는 말을 자주 듣는다. 물론 그렇다고 해서 현재 나와 있는 저서들을 연구하지 않을 이유는 없지만, 그러한 저서들을 판단의 기준으로 삼을 때에는 조심할 필요가 있고, 그러한 저서들만을 분석한 다음에 우리에게 필요한 작업을 완수했다고 생각하는 것도 신중을 기해야 한다. 넷째, 나는 폭넓은 토대를 지닐 만큼 강력한 몇몇 실질적인 일반화된 내용들을 서술할 수 있다고 생각하고, 또한 그러한 점을 입증해 내고자 한다.[5] 다섯째, 나는 나중에 기독교와 유대교의 연관성은 단순히 유대교 내의 한 특정한 하위집단 및 일련의 문학적 유산들과 관련된 것이 아니라, 재확인이 되었든 대결이 되었든 재정의가 되었든, 유대교 전체를 상대로 한 것임을 논증할 것이다. 나는 유대교 전체를 문학적 유산들(가능하다면 특이한 것들)과 아울러 상징세계 및 정치적 동향들을 통해서 살펴볼 것이다.[6] 여섯째, 개별 본문들에 대한 원자론적인 연구는 종종 모종의 선험적인

---

4) 이러한 방법론의 중요성을 지적하고 있는(1-5) Sanders 1977; Schürer vol 3; Stone 1984; Nickelsburg 1981을 보라.

5) 이와 비슷한 시도들이 Goodman 1987, ch. 4; Sanders 1991b, ch. 5: 992, chs. 13-14에 의해서 행해졌다.

6) Horsley and Hanson 1985, xvi-xvii을 보라.

접근방법들을 은폐하는 가운데 계속해서 전체적인 읽기의 형태를 결정하는 연막 역할을 할 수 있다. 내가 제시하는 비판적 실재론은 단순한 귀납적인 접근방법을 뛰어넘지 않으면 안 된다. 문학, 역사, 신학이 어우러져 형성하고 있는 원(圓)은 그 어떤 지점에서도 깨어질 수 있다. 일곱째, 이것으로부터 나오는 자연스러운 결론으로서 문학 자체는 (앞에서 보았듯이) 상징, 이야기, 질문, 실천을 포함하는 좀 더 넓은 원의 일부이다. 그러므로 문학을 특권적인 우선순위를 지니는 위치에 올려놓고 연구하는 것보다 좀 더 큰 전체의 일부로 연구할 때에 더 많은 것을 얻어낼 수 있다.

그러므로 우리는 역사의 절박하고 운명적인 시기에 전시 체제에 있던 작은 민족의 자기 이해와 신념들 및 소망들을 찾아내고자 할 것이다. 처음으로 되돌아가 본다면, 이것은 유대인들의 세계관, 그 세계관의 표현인 여러 목표들과 신념들을 살펴보겠다는 것을 의미한다. 이런 일은 표면의 사건들, 그 사건들에 깊이를 더해 준 상징들과 이야기들, 관련된 인물들 및 집단들의 의도성들을 검토하는 것을 통해서 수행되어야 한다. 이 장에서 우리는 기본적인 역사적 이야기를 살펴볼 것이고, 다음 장에서는 이 시기에 이루어진 유대교 내부에서의 다양한 발전에 대해서 논하게 될 것이다. 그런 다음에 제8장에서는 유대인들의 주류 세계관에 대한 단서들을 제공해 줄 상징들을 살펴볼 것이다. 이것을 토대로 우리는 이 시기의 유대인들의 특징을 이루고 있던 신념들(제9장)과 소망들(제10장)을 개관할 수 있을 것이다. 하지만 이런 작업들을 수행하기 위해서, 먼저 우리는 이 작업을 위한 주요한 자료들을 어디에서 찾아야 하는지를 살펴보지 않으면 안 된다. 위에서 말했듯이, 이 자리에서 자료들에 관하여 자세하게 연구할 수는 없지만, 그러한 자료들로는 어떤 것들이 있고, 어디에 있는가를 아는 것이 중요하다.

(ii) 자료들

특히 우리의 목적과 관련이 있는 자료들은 주후 66-70년과 132-5년에 일어난 두 번의 큰 반란 이전, 특히 그 첫 번째 반란 이전의 팔레스타인의 상황을 보여 주는 자료들이다. 물론 이러한 자료들 중에서 가장 중요한 비기독교적인 자료는 요세푸스의 저작들인데, 그가 쓴 두 편의 대작인 『유대 전쟁기』와 『유대민족 고대사』는 당시 팔레스타인의 상황을 잘 보여 주고 있고, 좀 더 작은 분량의 그의 자전적인 저서인 『나의 생애』와 유대교의 변증서인 『아피온을 반박함』이라는 책들도 귀중한 자료에 속한다.[7] 요세푸스의 저서들 다음으로는 마카베오1서와 2서가 있고, 동일한 이야기를 다른 관점에서 다시 본 마카베오3서와 4서가 있는데, 이러한 것들은 이 책들이 서술하고자 한 사건들 및 이 책들을 쓸 당시의 유대인들의 태도를 어느 정도 보여 준다.[8] 주후 1세기 중엽의 상황과는 근본적으로 달라진 상황 속에서 후대의 시기에 나온 랍비 문헌들은, 주의 깊게 다루기만 한다면, 우리에게 주후 70년 이전의 시기에 관하여 상당히 많은 것을 알려 주는 대단히 귀중한 자료가 될 수 있다. 그러나 현재 형태의 랍비 문헌들은 훨씬 후대의 문화와 관심사들을 반영하고 있다. 제이콥 뉴스너(Jacob Neusner)는 이렇게 말한다:

바리새인들에 관한 랍비 전승들로부터는 주후 70년 이전 시기의 중요한 공적 사건은 그 어느 것도 재구성할 수 없다 — 하스모네 가의 등장, 성공, 몰락, 로마의 팔레스타인 정복, 헤롯의 통치, 총독들의 지배, 로마에 대한 저항의 증대, 주후 66년 이전의 마지막 수십 년 동안의 사회적 폭력과 소요의 팽배, 로마와의 전쟁의 발발 … [9]

그러므로 주후 70년 이전의 역사를 재구성하는 데 랍비 문헌을 사용할 때에는 대단한 주의를 기울이는 것이 현명하고, 실제로 바로 그러한 태도가 오늘날 대부분의 학자들이 취하는 노선이다.[10] 우리는 당시 유대인들의 태도들

7) 요세푸스에 대해서는 Cohen 1979; Broshi 1982; Rajak 1983; Attridge in Stone 1984, ch. 5; Feldman 1984; Schürer 1:43-63; Bilde 1988; 특히 Mason 1991의 최근의 저작들을 보라.

8) 마카베오1서 및 2서에 대해서는 Schürer 3:180-5, 531-7; Attridge in Stone 1984, ch. 4 (171-83); Nickelsburg 1981, 114-21을 보라. 마카베오3서에 대해서는 Schürer 3:537-42; Nickelsburg 1981, 169-72와 Stone 1984, 80-4에 실린 글을 보고, 마카베오4서에 대해서는 Schürer 3:588-93; Gilbert in Stone 1984, 316-19; Nickelsburg 1981, 223-7을 보라.

9) Neusner 1971, 3:304.

10) 랍비 문헌에 대해서는 Schürer 1:68-118, 특히 Safrai 1987; Neusner의 많은 저

을 증언해 주는 외경과 위경들, 쿰란 두루마리들을 사용할 때에 과거 어느 때보다도 더 안전한 토대 위에 서 있다고 할 수 있다; 그렇지만 물론 우리는 이러한 자료들을 다룰 때에 모든 유대인들이 그러한 문헌들을 다 알고 읽었던 것이 아니고, 또한 그 문헌들을 읽은 사람들조차도 그 내용들에 동의하지 않았을 수 있다는 것을 항상 염두에 둘 필요가 있다.[11]

주후 1세기의 사건들의 "이면"을 재구성할 때에, 앞에서 언급한 저작들은 결정적으로 중요한 일차 자료들이다. 이와 동시에 우리는 모든 유대인들이 잘 알고 있었던 한 권의 책이 성경이었다는 사실도 결코 잊어서는 안 된다. 물론 우리는 구약성서 자체를 이 시기의 "유대인들이 믿었던 것" 또는 소망했던 것에 대한 증거로 쉽게 사용해서는 안 된다. 구약성서는 특정한 해석 및 기대의 격자망들을 통하여 특정한 방식들로 읽혀졌다.[12] 고대 히브리어를 당시의 아람어로 번역한 다음 거기에 약간의 설명을 덧붙여 놓은 탈굼들(Targums)은 결국 독자적인 확고한 전승이 되었다. 외경 및 위경에 속한 저작들과 쿰란 두루마리들 중의 상당수는 많은 부분이 동일한 옛 본문들을 새롭게 읽은 것이고, 그 옛 본문들을 새로운 세대의 필요에 맞춰서 읽은 것들이다. 이렇게 제공된 해석의 격자망들은 주후 1세기 유대교의 세계관에서 핵심적인 변형(變形)들을 구성한다. 이 세계관은 반복적으로 발설된 이야기들, 행동으로 실천되고 삶으로 발설된 상징들, 거론된 안건들, 시도된 과제들, 저술된 책들(소수의 경우지만)로 표현되었다. 문학에 대한 연구는 우리를 역사에 대한 연구로 인도하고, 이것은 다시 세계관들 및 그 세계관의 표현인 신념들과 목표들을 밝혀준다. 그러나 이 역사 속으로 뛰어들기 전에, 우리는 먼저 유대인들이 처했던 좀 더 넓은 세계를 개략적으로 살펴보아야 한다.

서들, 예를 들면, 1971, 1973; 그리고 최근의 것으로는 Strack and Stemberger 1991 [1982]을 보라. 이와 비슷한 주의의 말들에 대해서는 Goodman 1987, 23f.; Saldarini 1988, 7-10을 보라.

11) Charlesworth 1983, 1985; Vermes 1987 [1962]에 나오는 본문들; Nickelsburg 1981; Schürer vol. 3; Stone 1984에 나오는 논의들을 보라.

12) Mulder 1987; Barton 1986; Fishbane 1985; Chilton 1983, 1984; 제8-10장을 보라.

2. 초기 유대교의 배경이었던 헬라-로마 세계

유대교 및 초기 기독교가 처해 있던 고대 말기의 세계를 여기에서 길게 서술하는 것은 불가능하고 또 불필요하다. 이러한 작업은 충분히 행해져 왔기 때문에,[13] 적어도 현재로서는 우리가 관심을 집중시켜야 할 것은 유대교 자체다. 그러나 우리가 잠시 후면 그 속에서 움직여야 할 이 세계의 기본적인 정치적·종교적 상황에 대한 어느 정도의 설명은 필요할 것이다.

젊었을 때의 과대망상증으로 말미암아 엄청난 정벌 전쟁을 시도했고 그 군사적 재능으로 그러한 전쟁들을 성공적으로 이끌 수 있었던 알렉산더 대왕의 헬라 제국으로 인해서, 주전 4세기말부터 중동은 단일한 언어를 사용하고(또는 사용하려고 애쓴) 전례 없이 문화적으로 통합된 광대한 지역의 중심에 서 있었다. 이러한 통합된 문화를 포괄적으로 지칭하는 명칭이 바로 헬레니즘인데, 헬레니즘은 거의 성전(聖典)에 가깝게 취급되었던 호메로스(Homer)의 글들과 주도적인 영향력을 발휘하였던 플라톤(Platon)의 철학을 포함한 헬라 문화로 소급되는 여러 다양한 사상과 삶의 조류들을 포괄하는 전반적인 사조(思潮)를 가리키는 말이다. 헬레니즘은 헬라어와 그 관습들, 종교적 관행들, 화폐의 문양(紋樣), 문학과 연극의 양식들, 감각에 의해 인식되는 세계와 이성에 의해 인식되는 세계를 구분하는 이원론을 포함한다는 의미에서 플라톤적이라 할 수 있는 몇몇 철학들을 포함한 아주 다양한 철학들로 표현되었다. 헬레니즘은 도처에 존재하였고, 모든 것은 헬레니즘적이었다 — 정도의 차이는 있었지만.[14] 알렉산더가 주전 332년에 팔레스타인을 점령한 후로, 모든 면에서 상황은 백팔십도 달라졌고, 예전과 동일한 것은 하나도 없었다. 나사렛 예수가

---

13) 예를 들면, *CAH* vols. X, XI: Salmon 1968 [1944]: Wells 1984: Millar 1981 [1967]: Garnsey and Saller 1982를 보라.

14) 헬레니즘의 성격과 헬레니즘이 팔레스타인에 확산된 것에 대해서는 특히 *CHJ* vol 2: Hengel 1974, 특히 1989a: Schürer 2:29-80: Tcherikover 1961: Flusser 1976: Goldstein 1981(헬레니즘에 대한 유익한 일군의 정의들을 포함하고 있는, 67): Koester 1982a, *passim*, 특히 39f., 153ff.: Cohen in Kraft and Nickelsburg 1986, 42f.: Rajak 1990을 보라. 이러한 현상들을 보여 주는 좋은 예는 가이사랴 빌립보에 있었던 아우구스투스 신전인데, 이에 대해서는 Jos. *Ant. I5*:363f.: Schürer 2:169: Hengel 1989 [1961] 102를 보라.

태어날 때까지 300년 동안 헬라의 영향력은 도처에서 감지되었다. 헬라어는 모든 사람의 두 번째 언어, 모든 사람의 두 번째 문화였다. 헬라어에서 차용해 온 단어들은 한층 미묘한 그 밖의 다른 차용(借用)들을 보여 주는 징후였다. 이러한 사조에 저항했던 사람들조차도 새로운 세계 속에서 살고 있었다: 헬레니즘은 과제 설정도, 토론의 용어도 지배하였다. 마카베오 가문은 헬레니즘적인 이교 신앙을 내쫓고, 철저히 헬레니즘적인 외관을 지니고 있었던 왕조(선조의 이름을 따서 붙여진 "하스모네 가")를 세웠다.[15] 이교적인 모든 것들(그리고 상당수의 유대적인 것들도 함께)로부터 스스로를 구별했던 쿰란 분파는 다양한 헬레니즘적인 자료들로부터 가져 온 언어와 개념들을 사용하였다.[16] 어디까지가 유대교이고 어디까지가 헬레니즘이라는 식으로 말할 수 있게 해주는 지리적 경계라는 의미에서 유대교와 헬레니즘을 나누고 있는 감춰진 휘장이라는 개념은 완전히 거부되어야 한다.

로마 제국이 헬라, 그리고 그에 앞선 셀레우코스 왕조(Seleucid)와 프톨레마이오스 왕조를 대신하였을 때, 로마 제국은 주전 1세기말에 팔레스타인의 평범한 유대인에게 복과 화를 동시에 가져다주었다. 복을 가져다주었다는 것은 로마 제국으로 인하여 세계가 기본적으로 평화를 되찾았기 때문이다. 이것은 단지 남자들이 징병을 당하여 용병으로 싸우지 않았다는 것만을 의미하지는 않았다. 그것은 추가적인 전쟁 비용의 부담, 어떤 다른 곳을 정벌하기 위하여 팔레스타인 땅을 군대들이 통과해 가는 일, 마을들에 군사들이 진을 치는 일 등이 없어졌다는 것을 의미하였다. 또한 그것은 교역과 여행이 빈번해졌고, 교류들이 고대 세계에서 예전에 그랬던 것처럼 좋아졌다는 것을 의미했다(특히 로마군이 지중해를 여행할 때에 큰 위험이 되었던 해적들을 거의 소탕한 후에는). 또한 그것은 높은 수준을 갖춘 사법제도가 통일적으로 정비되어서, 적어도 이론상으로는 누구도 여러 가지 유혹에 빠질 수 있었던 지방 관리들의

---

15) Schürer 2:52f. 하스모네 왕가가 그들의 대적자들과 마찬가지로 토라에 대해 동일한 열심이 있었다는 견해에 대해서는 Goldstein 1989, 350f.를 보라.

16) 에세네파의 "어둠의 자식들에 대한 빛의 아들들의 전쟁." 이에 대해서는 Schmidt 1982, 164-5를 보라. 또한 Hengel 1974, 1:218-47을 보라. 이와 동일한 현상의 그 밖의 예들에 대해서는 랍비 학교들도 이러한 현상의 예라고 주장하는 Goodman 1987, 17; Momigliano 1984, 337f.를 보라.

변덕에 희생되지 않았다는 것을 의미하였다: 실제로는 여러 가지 잡음을 일으키는 제도였겠지만, 적어도 법률상으로는 정비가 되어 있었다.[17]

그러나 이러한 복들과 아울러 화도 출현하였다. 로마는 반대와 저항을 무자비한 탄압으로 분쇄하는 등 군사력을 통해서 평화를 유지하였다. 각지의 사람들은 자기 나라에 뿐만 아니라 로마에도 세금을 바쳐야 했고, 그 세금들은 로마의 사치를 유지하는 데 사용된 반면에 로마 제국 내의 무수한 백성들은 계속해서 상대적으로 또는 실제적으로 빈곤하였다.[18] 로마의 국교는 통상적으로 각 지역에 강제되었다. 유대인들이 이교를 숭배하느니 집단적인 죽음을 선택할 것이라는 것을 안 로마인들은 실용성을 중시하는 성향을 따라서 유대인들에게 황제를 위하여 유대인들의 신에게 제사를 지내는 것을 허용하였다. 그랬을지라도 신성모독적인 글귀들이 씌어진 로마의 군기(軍旗)들이 성전에 안치되었다는 사실만으로도 경건한 유대인들은 몸서리를 치며 치를 떨었다.[19] 로마는 자신의 식량 공급원의 일부로 팔레스타인이 필요하였고, 더욱 큰 식량 공급원을 확보하기 위하여 애굽이 필요했다; 또한 이 지역 전체는 로마에 주적(主敵)인 파르티아(Parthia, 바대)와 접한 중동의 완충지대 역할을 하였다. 팔레스타인은 그저 제국의 후미진 곳에 불과한 곳이 아니었다. 팔레스타인은 로마에 전략적으로, 군사적으로, 경제적으로 중요한 지역이었다.

로마 세계의 종교로 눈을 돌리면, 우리는 기본적으로 이교 신앙으로 물들어 있는 광경을 보게 된다.[20] 이교 신앙은 여러 가지 형태를 띠고 있었지만, 그 전

17) Epict. 3:13:9에 나오는 *Pax Romana*에 대한 찬가를 보라.

18) Borg 1984, ch. 2을 보라: 하지만 Sanders 1992, ch. 9에 나오는 조심스러운 말도 보라: 우리는 지나친 세금을 거두어 들였다는 것을 지나치게 강조해서는 안 된다. 이와 동시에 Tacitus가 Briton Calgacus가 했다고 한 말에 주목하라: "그들(로마인들)은 어느 지역을 광야로 만들고는 그것을 평화라고 부른다"(*Agricola* 30:6; 이 대목은 전체가 의미심장하다).

19) 로마가 유대인들의 종교를 허용한 것과 관련된 문제(이른바 *religio licita*의 지위)에 대해서는 Schürer 1:275, 378f.; Sanders 1992, 212; Jos. *Ant.* 14:213-16, 241-61을 보라. 로마인들이 유대인들의 종교 활동을 존중한 것에 대해서는 Goodman 1987, 15를 보라. 로마 군기에 대하여 유대인들이 항거한 것에 대해서는 Jos. *Ant.* 18:55-9와 아래의 서술을 참조하라.

20) 이 대목에 대해서는 Koester 1982a, 164-204; MacMullen 1981; Lyttleton and

체적인 상황을 몇 가지 확실하게 말할 수 있다. 헬라-로마의 만신전(萬神殿)에 안치된 옛 신들, 제우스/주피터와 그가 거느린 신하를 신봉하는 사람들이 여전히 많았다 — 물론 상당수의 지식인들은 이를 믿지 않거나 단순히 입으로만 믿는 척 했을 뿐이지만. 수많은 지방들에서는 시조신들 또는 시조 여신들을 숭배했는데, 로마와 아테네가 그 분명한 예였다. 종종 옛 만신전에 속한 신들은 어떤 한 장소와의 특별한 연관성을 지니고 있었는데, 그 한 예가 에베소인들이 특별한 관심을 가지고 있었던 다이아나/아르테미스 신의 경우였다. 또한 애굽의 아티스(Attis) 또는 이시스(Isis) 같은 자연신들이 있었는데, 이 신들에 대한 숭배는 여러 가지 자연제의들 또는 다산제의들을 포함하고 있었다. 또한 민간 신앙인 미트라교(Mithraism)도 있었는데, 미트라교를 숭배했음을 보여 주는 증거는 저 멀리 영국의 군대 주둔지들에서 발견되었다. 로마 황제들은 전임 황제들을 정략적으로 만신전에 안치하였다. 이와 같은 조치는 황제가 죽은 후에 신격화하거나 살아 있는 동안에 자신을 신으로 섬기라고 요구한 조치의 전단계였을 뿐이었다. 이러한 일은 결국 거의 대다수의 전체주의 국가들이 언젠가는 밟는 수순이다.

이 모든 신들이 횡행하고 있었다는 것은 평범한 성읍이나 도시가 이교적인 생활방식을 떠올리게 하는 것들로 가득 차 있었다는 것을 의미하였다: 신전들, 성소들, 제단들; 신성한 지주(支柱)들과 숭배물들, 이런 것들 중 일부는 유대인들에게 충격적인 것이었다; 도처에 널려 있었던 성창(聖娼); 희생제물들을 도살하고, 그 고기를 저잣거리에서 판 것. 이런저런 형태의 이방 종교는 당연한 것으로 받아들여졌다. 이런 모든 것들을 요구하지 않을 뿐만 아니라 오히려 그런 것들을 미워하는 한 분 신이 계시다는 유대인들(그리고 그 다음에는 그리스도인들)의 항의는 오랫동안 확립되어 있던 세계관에 대한 중대한 도전으로 여겨졌다.

주후 1세기경 일부 주민들의 이동성과 교류의 용이성은 서로 다른 제의들이 한데 융합되어서 혼합적인 종교들이 만들어졌다는 것을 의미하였다.[21] 이

Forman 1984; Lane Fox 1986; Buckert 1985; Ferguson 1987, ch. 3; Martin 1987, *passim*을 보라. 우리가 살펴보고 있는 시대 속에서 과거 형태의 이교 사상으로부터 새로운 형태의 황제 숭배로 쉽게 전환된 것에 대해서는 Hengel 1989 [1961], 99f.를 보라.

교도들 중 지식인들은 한 종교가 다른 종교와 두드러지게 흡사한 것을 찾아내고, 그 두 종교가 각자의 종교와 관련된 신들에게 전혀 해를 끼침이 없이 쉽게 결합될 수 있다고 주장하는 데에는 그리 오랜 시간이 걸리지 않았다. 이교는 기본적으로 자연 질서의 서로 다른 부분들 또는 세력들을 신격화한 것이었기 때문에, 스토아 학파 같은 일부 사람들이 여러 종교들의 모든 부분들을 다 합쳐서 모든 것은 신이기 때문에 신은 모든 것이라고 주장하는 범신론을 만들어 내었다는 것은 결코 이상한 일이 아니었다. 스토아 학파의 주요한 경쟁 상대들 중의 하나였던 에피쿠로스 학파의 철학은 다른 방향으로 움직여 갔다: 신들은 존재하지만, 신들은 인간이 거주하는 세상과는 분리되어 있는 지복(至福)의 삶을 산다. 신학적 차원에서 볼 때, 에피쿠로스 철학은 일종의 초기 형태의 자연신론을 제시하고 있다고 볼 수 있다.[22] 이 두 학파를 비롯한 여러 철학 학파들은 혼란스러웠던 민간 신앙의 뒷전에서 어느 정도는 초연하게 서 있었다. 물론 철학자이면서 여전히 옛 신들을 숭배할 수 있었고, 또한 그 반대도 가능하였다: 그러나 스토아 학파와 에피쿠로스 학파, 피타고라스 학파와 견유학파(犬儒學派)는 좀 더 고상한 고등 종교의 모습을 하고 있었다(견유학파가 어쨌든 하나의 종교라고 말하는 것이 의미가 있다고 한다면). 바울과 스토아 학파 간에는 몇 가지 흥미로운 유사점들이 존재하지만, 서로에게서 직접적으로 차용해 왔다는 것을 보여 주는 것은 하나도 없다. 예수가 견유학파의 일원이었다는 최근의 주장들은 (점잖게 말해서) 극히 의심스럽다.[23]

고대의 종교들은 자연의 선함을 긍정하는 것들도 있었고, 조로아스터교와 같이 자연의 선함을 강력하게 부정하는 종교들도 있었다. 일부 신비종교들은

---

21) Martin 1987, 10-11을 보라.

22) Ferguson 1987, 281-302; Koester 1982a, 145-53; 그리고 아래 제9장 제2절을 보라.

23) 스토아 학파에 대해서는 Koester 1982a, 147-53과 아래 제9장 제2절을 보라; 바울과의 몇몇 병행들에 대해서는 Meeks 1983, 98, 165; Malherbe 1987을 보라. 유사성과 근본적인 차이점 양자를 모두 보여 주는 유용한 예들로는 Epict. *Disc.* 2:26:1ff.와 로마서 7:13-20; Epict. *Frag.* 18과 고린도전서 1:12의 병행 등이 있다. 예수와 견유학파에 대해서는 Downing 1988a; Mack 1988과 현재의 프로젝트의 두 번째 권에 나오는 논의를 보라.

현존 세계의 평범성으로부터 탈출하여 한층 높은 차원의 존재로 들어갈 수 있다고 주장하였다. 예수 시대 이전에 이미 특별한 "영지"(靈知, gnosis), 즉 보통 사람들로부터 그들을 구별하여 하늘로 갈 수 있게 해 주는 지식을 소유하고 있다고 주장한 사람들이 있었던 것 같다. 이것을 보여 주는 증거는 특히 바울 서신에 나오는 몇몇 구절들(예를 들어, 고전 8:1-4)에서 찾아볼 수 있는데, 바울은 유대적인 지혜 가르침과 헬레니즘 철학을 뒤섞은 신학을 근거로 "단순한 신앙의 차원에서 이해된 진리들보다 더 심오한 진리들에 대한 이성을 뛰어넘는 더 높은 지식"을 소유하고 있다고 주장한 대적자들과 맞닥뜨렸을 가능성이 크다.[24] 하지만 이보다 더 중요한 문제는 제대로 체계를 갖춘 영지주의가 기독교의 출현 이전에 어느 정도나 이미 존재했느냐 하는 것이다. 이런 취지의 가설은 널리 믿어져 왔고, 루돌프 불트만이 초기 기독교를 재구성하는 데에 많은 부분 그 토대가 되었다. 이 가설은 지난 40년 동안 맹공격을 받아 왔고, 많은 학자들이 이 가설을 포기하였다: 그러나 이 가설이 다시 재등장하고 있다는 징후들이 보이는데, 그러한 징후의 한 측면에 대해서는 나중에 다시 논의하기로 하자.[25]

종교, 문화, 정치는 고대 세계에서는 명확하게 구분되어 있지 않았다. 사람들은 신비제의 같은 사적인 집단의 일원으로서 종교 행위를 수행하기도 했고, 국가의 공식적인 요구에 따라 종교행위를 수행하기도 했다. 전자의 경우에는 민속 문화가 종교와 어느 정도 뒤섞여 있었고, 후자의 경우에는 정치적 신념과 활동이 종교와 어느 정도 결부되어 있었다. 고대 사회는 오늘날의 서구 사

---

24) Chadwick 1966, 7f.

25) 아래 제14장을 보라. Cf. Bultmann 1956, 162ff. 이에 반대하는 학자들: 예를 들어, Wilson 1968; Layton 1980, 1981 (Henry Chadwick이 Layton 1981, 586에서 한 말을 보라: "주후 2세기 중엽을 지난 어느 시기엔가 영지주의는 시간과 공간 속에서 존재하였다."); Martin 1987, 134-54; Yamauchi 1973. 영지주의에 대한 좀 더 일반적인 자료로는 Jonas 1963 [1958]; Rudolph 1975, 1983 [1977]; Logan and Wedderburn 1983; Ferguson 1987, 237-51; 자세한 참고문헌이 실려 있는 Koester 1982a, 381-9; Rowland 1985, 294-6이 있다. 영지주의가 기독교의 출현 이전에 유대교에서 유래했다는 것을 주장하고 있는 최근의 시도들로는 Pearson 1980; Rudolph 1983 [1977], 예를 들면, 308, 367(매우 조심스럽긴 하지만); Koester 1990, 83f.를 보라.

회와는 달리 여러 영역들이 구획화 되어 있지 않았고, 사적인 일도 마찬가지였다. 사람이 삶의 어떤 영역에서 행한 것은 원칙적으로 삶의 다른 측면들과 통합되어 있었고, 다른 영역들에서도 지켜졌다.

그러한 맥락 속에서 볼 때, 우리는 유대인들이 무신론자들로 취급되었다는 것을 이상하게 여겨서는 안 된다.[26] 아마도 그 같은 태도는 로마 장군 폼페이우스가 주전 63년 늦은 가을에 지성소(至聖所)에 들어갔다가 거기에서 아무런 성상(聖像)도 발견하지 못했을 때에 보인 반응이었을 것이다. 폼페이우스는 실망했을 것이다: 그는 단순히 호기심에서 지성소에 들어간 것이 아니라, 여신(女神) 로마가 연이은 전투에서 그에게 패배를 안겨 주었다는 사실을 가지고 유대인들의 신과 만나보기 위해서 지성소에 들어갔기 때문이다.[27] 유대인들이 자신들이 섬기는 신의 성상을 가지고 있지 않다면, 그들이 다른 신들의 성상을 숭배할 리가 없을 것이다. 따라서 유대인들은 그들의 조국을 떠나서도 조상들의 관습을 지키는 이상한 종족으로 비쳐졌고, 잠재적으로 사회에 대한 위험 또는 위협으로 여겨졌다.[28] 유대인들은 그들 나름대로 이교를 우상 숭배와 부도덕이라는 못생긴 두 자매의 부모로 취급하였고, 이러한 비난을 입증할 증거가 충분히 있었다. 이교도들은 우상 숭배와 그에 수반된 음행을 사람 속에 있는 신의 형상을 손상시키는 행위들로 여기는 신, 이에 따라 그들 자신의 행위에 대한 열매를 거두도록 한 참된 신으로부터의 심판을 스스로 자초하고 있다고 유대인들은 생각하였다.[29] 물론 팔레스타인에서 유대인들이 그들의 영토 내에서 이교 신앙이 행해지는 모습을 보아야 했다는 것은 극도로 괴로운 일이었고, 이로 인해서 유대인들은 헬레니즘을 대변하는 자들로 여겨

---

26) 예를 들면, Jos. *Apion.* 2:148을 보라. cf. *War* 3:536: Tac. *Hist.* 5:2-4: 13:1. 이러한 비난과 그로 인한 잠재적인 결과들에 대해서는 Sevenster 1975, 98-102: MacMullen 1981, 40, 62f.: Goodman 1987, 237을 보라.

27) 이 사건은 Tac. *Hist.* 5:9:1에 설명되어 있다: 또한 폼페이가 그의 행동들 속에서 보였던 제약을 강조하고 있는 Jos. *Ant.* 14:69-73을 참조하라. *Apion* 2:82와 *War* 6:260 속에서 티투스와의 병행을 참조하라.

28) 땅의 중요성에 대해서는 아래 제8장을 보라. 유대인들에 대한 로마인들의 태도를 보여 주는 한 예는 Tac. *Hist.* 5:1-13을 보라.

29) 예를 들면, 지혜서 13-14장(그리고 로마서 1:18-32).

졌던 모든 사람에 대하여 격렬한 분노와 증오심을 보이지 않을 수 없었다.[30]
물론 당시에 이런 사람들은 모든 가능한 방식으로 — 군사적으로, 경제적으로,
정치적으로, 문화적으로, 종교적으로 — 그들을 억압하고 있다고 유대인들이
인식하였던 로마 사람들을 의미하였다.[31]

이 세계는 주후 1세기 유대교의 온갖 다양한 형태들이 살아서 활동하며 존
재했던 세계였다. 이제 우리는 우리의 발자취들을 재추적해서 이 동일한 세계
를 유대인 자신의 이야기의 관점에서 살펴보도록 하자.

3. 주전 587년 – 주후 70년에 걸친 이스라엘에 관한 이야기

(i) 바벨론에서 로마까지(주전 587-63년)

제2성전 시대 유대교에 관한 이야기는 긴장과 비극의 이야기다.[32] 바빌로니
아인들은 주전 587년에 첫 번째 성전을 파괴하였다. 그때 이후로 예루살렘,
그리고 그들의 조국의 중심이자 민족으로서의 그들의 존재 이유이기도 했던
예루살렘 성전을 바라보는 사람들은 그들이 고백한 신앙과 그들이 현실로 인
식해야 했던 사실들 간의 엄청난 긴장관계에 직면해 왔다. 포수(捕囚)로 인하
여 그들은 조국 땅으로부터 뿌리 채 뽑혀 나갔을 뿐만 아니라 조상들의 신에
대한 포수 이전의 신앙에 대하여 커다란 의문부호를 찍을 수밖에 없었다. 위
대한 순간이 찾아왔고, 바빌로니아가 멸망했지만, 이스라엘은 자유의 몸이 되
지도 못했고, 자신의 땅에서 주인 노릇도 할 수가 없었다: 바빌로니아를 분쇄
한 페르시아인들은 유대인들에게 관대한 주군이었지만, 주군(主君)이라는 점
에는 변함이 없었다. 우리가 이미 살펴본 바와 같이, 알렉산더 대왕은 옛 페르
시아 제국과 그 주변 지역을 완전히 장악하여, 지도를 새로운 빛깔로 칠하고,

---

30) 지금은 특히 Kasher 1990을 보라.

31) 유대인들에 대한 이교도들의 태도와 이교도들에 대한 유대인들의 태도에 대해서
는 Sevenster 1975; Stern 1976; Gager 1983, esp. ch.3; Whittaker 1984, part I; Gager
in Kraft and Nickelsburg 1986, 105-16; Ferguson 1987, 341-3, with bibliography;
Schürer 2:81-4를 보라.

32) 좀 더 자세한 내용을 알고 싶으면, *CHJ*, vol. 2; Schürer, vol. 1; Cohen 1987, 27-
59; Ferguson 1987, chs. 1-2를 보라. 중요한 연대들과 사람들의 목록은 부록에 나와 있
다.

새로운 문화를 부과하였다. 그 이후 주전 3세기에는 애굽에 의해서, 주전 2세기에는 수리아에 의해서 또 다시 유대인들은 외세의 지배를 받았고, 이 때문에 이야기는 더욱 복잡하게 되었지만, 세계가 이제 헬라화 되었다는 기본적인 사실은 변함이 없었다. 주후 1세기에, 만약 예수가 제자들을 이끌고 에우리피데스(Euripides)의 연극들이 공연되는 것을 보고자 했다면, 예수는 단지 가버나움에서 벳산으로 통하는 길을 따라 조금 걷기만 하면 되었을 것이다. 바울이 가이사랴 마리티마(Caesarea Maritima)에서 감옥에 갇혀 있었을 때, 그는 아마도 자신이 갇힌 감옥 속에서 거대한 원형 경기장에서 들려오는 군중들의 함성 소리 또는 해변 극장에서 들려오는 청중들의 박수 갈채 소리를 들을 수 있었을 것이다. 또한 가까이에는 미트라교의 숭배 대상이었던 가이사에게 봉헌된 신전이 있었고, 그 밖의 다른 이교의 신들을 모신 성소들도 있었을 것이다. 헤롯은 영악스럽게도 이 도시를 중요한 교역로들이 반드시 통과해야하는 병목 도시로 만들었다.[33]

이러한 헬레니즘적인 문화적 배경은 유대인들에게 정치적인 위협만큼이나 모든 점에서 강력하고 지속적인 문화적·종교적 위협이 되었다(물론 이러한 구별은 당시의 육안으로는 식별할 수 없는 것이었고, 오직 오늘날의 서구의 사고 형태에 따른 원자론적인 분석을 통해서만 가능한 것이었다). 당시 유대인들의 자기 이해는 이러한 이교 문화와의 단절을 어떻게 이루어야 하는가라는 절박한 문제에 의해서 결정되었다. 유대인들이 할례의 흔적을 지우고자 시도했다는 것을 보여 주는 증거들에서 알 수 있듯이, 동화(同化)의 압력은 여러 방면에서 강력하게 압박해 왔다.[34]

---

33) Beth Shean(= Scythopolis)에 대해서는 Flusser 1976, 1065ff.; Schürer 2:38(신전들), 48f.(극장), 142-5를 보라: Caesarea Maritima(= Strato의 망대)에 대해서는 Schürer 1:306, 2:115-18을 보라.

34) 할례의 흔적을 지운 것에 대해서는 마카베오 1:11-15:2; 마카베오2서 4:11-17; Jos. *Ant.* 12:241; *T. Mas.* 8:3을 보라; 자세한 논의를 위해서는 Schürer 1:148-9, and n. 28을 보라. 헬레니즘에 대한 유대인들의 반응과 관련된 좀 더 폭넓은 문제를 논하고 있는 것은 Hengel 1974와 *CHJ*, vol. 2에 나오는 이 주제에 관한 그의 논문, Goldstein 1981 등이다. 마카베오1서 1장은 비록 일방적이긴 하지만 이 문제 전체에 대한 훌륭한 관점을 제공해 준다.

 정체성에 관한 문제는 팔레스타인 유대인들에게 여러 가지 방식으로 강요되었다. 그러나 유대인들의 자기 이해와 열망, 그리고 예수 시대 및 그 이후에까지 유대인들의 신앙의 새로운 구심점과 관련하여 결정적인 영향을 미친 사건은 수리아의 지배 하에서 일어났다.[35] 과대망상증 환자였던 수리아의 군왕 안티오쿠스 에피파네스는 유대 땅을 애굽과의 완충지대로 만들고자 메네라우스(Menelaus)를 대제사장으로 앉히고 유대인들의 지지를 얻어내고자 하였다. 유대인들, 특히 대제사장직에서 쫓겨난 야손이 메네라우스에게 격렬하게 반발하자,[36] 안티오쿠스는 유대인들의 중심적인 종교적 상징의 기능과 방향을 바꿔 놓음으로써 유대인들이 독자적으로 사고하는 것을 중단시키고 자기 자신을 섬기도록 만들므로써 유대인들의 충성심을 확보하기로 결심하였다(이런 일은 그 당시에는 조금도 이상한 일이 아니었다). 그는 주전 167년 12월 25일에 예루살렘 성전을 접수하였다. 그는 의도적으로 성전을 욕보이고 모독함으로써 유대인들이 더 이상 성전을 자신들이 유일무이한 선민(選民)으로 확인받을 수 있는 장소로 생각하지 못하도록 해 놓고, 그 대신 거기에 자신의 성상을 세워서 숭배하게 하였다. 고대 세계에서 그러한 조치는 적어도 정복자의 관점에서 볼 때에는 아주 만족스러운 결과를 가져온 경우가 대단히 많았다. 그러나 안티오쿠스는 일부 유대인들의 완강한 저항을 미처 계산하지 못했던 것 같다(틀림없이 그는 유대인들의 이런 태도를 광신주의라고 불렀을 것이다). 유대인들 중에는 조상들의 율법을 범하기를 거부하고, 항복하느니 차라리 죽음을 택하는 사람들도 있었다. 이러한 행동은 우리가 살펴보는 시대에까지 계속해서 이어져 온 토라를 위한 순교라는 전통을 후세에 전해 주었다. 또한 어떤 이들은 피신하는 가운데, 그들의 계약의 신이 새로운 방식으로 역사하실 것을 믿었다. 계약의 신은 자신의 이름, 자신이 택한 장소, 자신의 성물(聖物), 자신의 거룩

---

35) 이 사건 전체에 대해서는 1 Macc.; Jos. *War* 1:31-40; *Ant.* 12:246-331; Diod. Sic. 34/5:1:1-5 (안티오쿠스의 관대하고 온화한 태도에 대하여 말하고 있네!); cf. Schürer 1:125-73; Morkholm 1989; Goldstein 1981, 1989. 이 사건이 유대인들의 자기 이해에 끼친 지속적인 영향에 대해서는 Farmer 1956, esp. ch. 6을 보라. 파머의 저서는 놀랍게도 결국 오늘날의 예수 연구 속에서 전면에 부각된 역사적 관심들을 20-30년 앞서서 보여 주고 있다: 예를 들어, 그의 책의 서문(vii-x)과 8장을 보라.

36) Menelaus에 대해서는 Schürer 1:149f.를 보라.

한 율법 — 그리고 무슨 일이 일어나더라도 신 및 신의 상징들에 대한 충성이 변치 않는다면, 자신의 신실한 백성도 — 신원할 것이다.

이러한 것을 믿는 사람들은 필사적인 용기를 내어 과감하게 행동하는 성향을 보인다.[37] 유대인들의 자기 이해, 신앙, 소망의 한 흐름은 단일한 운동으로 응집되었다. 유다 마카베오와 그를 따르는 무리들은 상상할 수 없는 일을 이루어냈고, 게릴라식의 반란을 일으켜서 폭군을 내쫓았다. 성전 모독이 일어난 날(주전 164년 12월 25일)로부터 3년 후에 유다는 성전을 정결케 하고 재봉헌하였다. 유대 역법에 새로운 절기(하누카)가 더해졌다. 마카베오 혁명은 출애굽을 비롯한 이스라엘 역사의 그 밖의 다른 위대한 사건들과 마찬가지로 이후의 이스라엘의 역사에 대한 고전(古典)이자 전형(典型)이 되었다. 이 사건은 유대인들의 기본적인 세계관을 강력하게 강화시켰다: 군왕들이 분노할 때, 하늘에 거하시는 자가 그들을 향하여 코웃음 치실 것이다.[38] 마침내 야웨는 그의 이름, 그의 장소, 그의 땅, 그의 율법 — 그리고 그의 백성 — 을 신원하신 것이다.

성공한 혁명가들의 후예들이 제사장적 왕으로서 통치하였던 이후의 세월들이 유야무야 별 의미 없이 지나가자, 그들의 신의 승리에 대한 인식이 희미해진 것은 아니었지만, 이른바 "포로생활로부터의 귀환" 이후에 생겨났던 것과 동일한 당혹감이 출현하였다: 위대한 신원이 일어났지만, 이제 마치 또 다른 신원의 날이 앞으로 있어야 할 것같이 보였다. 이러한 새로운 상황에 모든 유대인들이 다 만족해 했던 것은 결코 아니었다. 폭군과 그의 우상숭배 관행들을 제거한 것은 그렇다 치고, 새로운 체제(하스모네 왕조)는 과연 계약의 신이 진정으로 원했던 것이었는가?[39] 이번에는 이 체제가 헬레니즘과 타협하여, 이를테면 왕의 직임과 대제사장의 직임을 동시에 가짐으로써 유대 백성들의 종교적 감성을 마구 짓밟고 있는 것은 아닌가? 어떤 유대인들은 이 체제에 강

---

37) 주전 2세기와 주후 1세기의 혁명가들의 목표는 실질적으로 종교적이었고 단순히 세속화된 이기적 목적(요세푸스가 종종 암시하는 것과는 달리)이 아니었다는 것은 Farmer 1956, ch. 5에 의해서 확증되었다; 그리고 아래 제7-10장을 보라.

38) 시편 2:4. 다시 한 번 Farmer 1956, 132-58을 보라.

39) "하스모네 가"라는 이름이 마카베오 가문의 한 선조에게로 소급된다는 것에 대해서는 Jos. *Ant.* 12:265와 Schürer 1:194 n.14를 보라.

하게 반발하여, 앞으로 보겠지만, 따로 공동체들을 만들기도 했다. 어떤 이들은
이 체제에 붙어 있었지만, 불만을 품고 내부로부터의 개혁을 시도하였다.[40] 어
떤 이들은 권력을 잡기 위하여 투쟁을 벌였다. 대부분의 유대인들 — 글도 쓰
지 않았고 행진도 벌이지 않았으며 목소리도 높이지 않았던 사람들 — 은 서
로 다투는 신학들의 사회적 압력들 아래에서 자신의 생계와 종교적 충성, 민
족적, 문화적 상징들에 대한 충성을 유지하기 위하여 최선의 노력을 아끼지
않았다. 주전 2세기의 모호한 시대에 대한 이러한 다양한 형태의 반응이 바로
예수와 바울이 알았던 다양한 형태의 유대교를 만들어 내었다.

(ii) 로마 치하의 유대인들(주전 63 - 주후 70년)

주전 63년에 폼페이우스가 예루살렘에 왔을 때에 유대교는 어느 정도 혼란
상태에 있었고, 폼페이우스 때문에 유대교는 한층 더 혼란을 겪게 되었다.[41]
계약의 신이 폭군 에피파네스가 성전을 모독하였을 때에 그를 여지없이 패망
시켰는데, 어찌하여 폼페이우스는 지성소로 뚜벅뚜벅 걸어 들어갔다가 상처
하나 없이 무사히 나올 수 있었단 말인가? 이 순간부터 로마인들을 새로운 큰
원수, 깃딤(Kittim), 빛의 자녀들을 향하여 총부리를 겨누고 있는 흑암의 세력
으로 규정한 유대인들이 생겨날 수밖에 없었다.[42] 이제 유대인들은 로마인들
을 우상숭배자들의 원형(原型)으로 보았고, 결국 로마인들이 악하고 신성모독
적인 행위들에 대한 열매를 거두게 될 것이라고 생각하게 되었다. 폼페이우스
가 나중에 다른 장소에서 전투를 치르다가 서른 살의 나이에 죽자, 이를 지켜
본 유대인들은 내내 폼페이우스 곁을 어른거렸던 몰락의 그림자가 마침내 그
에게 임한 것을 송축하였다.[43] 로마인들은 바빌로니아, 안티오쿠스, 유대 땅을
온통 잠식한 헬레니즘 문화에 대한 유대인들의 반감을 고스란히 물려받았다.
로마인들은 안하무인식의 오만한 통치(대부분의 유대인들에게는 그렇게 보였

---

40) 이 모든 것에 대해서는 Schürer 1:200-80: Saldarini 1988, 85-95를 보라.
41) cf. Jos. *War* 1:133-54: *Ant.* 14:37-79: Dio Cass. 37:15:2-16:4.
42) "깃딤"이라는 말은 다니엘서와 쿰란 문헌에서 새로운 원수인 이교도 로마를 가
리키는 총칭적인 용어로 사용된다.
43) 주전 48년의 폼페이의 죽음에 관하여 언급하고 있는 *Ps. Sol.* 2:25-31(Schürer
3:193f.에 나오는 요약을 보라). Goldstein 1989, 349f.를 보라.

다)에 의해서 사태를 더욱 악화시켰고, 이와 같은 상황은 끊임없이 유대인들을 반란 일보 직전까지 내몰았다.[44]

그러나 이스라엘의 신실한 영웅들을 또 하나의 성전(聖戰)으로 이끌 새로운 유다 마카베오는 일어나지 않았다. 도리어 유다 마카베오의 후예들과 후계자들은 신실치 못한 자들과 야합하여(엄격하게 유대 전통을 지켰던 자들에게는 그렇게 보였다) 정치 놀음을 행하면서 가이사에게는 마땅히 가이사에게 드려야 할 것을 드렸고, 그들의 신에게는 그 나머지를 바쳤다. 이 시기에 로마인들은 팔레스타인을 처음에는 하스모네 왕조, 그 후에는 헤롯 왕조로 하여금 다스리게 하고는 수리아 속주에 있는 그들의 본거지로부터 이를 감독하였다. 성전은 사실상 로마와 불안정한 공조 관계에 있었던 자들에 의해서 조직된 제의 성소가 되었고, 엄격하게 유대 전통을 지키고 있던 자들은 무력하게 화만 내고 지켜보고 있다가 자신들이 할 수 있는 한 최대한도로 그들의 신의 계약을 지킴으로써 계약의 신에게 충성하기로 결심하였다. 계약의 신이 마침내 역사하여서 사람들을 신원한다면, 분명히 그 대상은 이런 식으로 신에 대한 확고부동한 충성심을 나타내 보였던 자들이 될 것이라고 그들은 생각하였다.

이러한 정서를 감안할 때에, 헤롯 대왕(주전 37-4년)이 유대인들의 진정한 왕으로 결코 받아들여질 수 없었다는 것은 불가피한 일이었을 것이다.[45] 헤롯 대왕은 자기 자신과 자신의 후계자들을 합법적인 진정한 왕으로 만들기 위하여 온갖 노력을 시도하였다: 그는 히르카누스 2세(Hyrcanus II)의 손녀로서 하스모네 가의 왕녀였던 마리암네(Mariamne)와 결혼하였다; 특히 그는 장차

---

44) MacMullen 1967, 83-7, 145-9; 974; Rhoads 1976; Kraft and Nickelsburg 1986, 43f.; Koester 1982a, 396; Schürer 1:336-483; Goodman 1987, 1-3, 9-11을 보라. 혁명운동들에 관한 상세한 서술은 아래 제7장을 보라.

45) 헤롯과 그의 왕조에 대해서는 Jones 1967 [1938]; Schürer 1:287-329의 고전적인 작품을 보라. 헤롯은 로마인들을 도와서 파르티아의 침공에 의해서 잃어버렸던 손실들을 다시 찾게 해 주었고, 그 후 로마인들은 하스모네 왕가의 마지막 왕이었던 안티고누스(Antigonus)를 폐위시키고 헤롯을 왕위에 앉혔다. 로마 장군 소시우스(Sosius)가 안티고누스를 십자가에 묶어놓고 혹독한 매질을 가한 후에 죽였다는 흥미로운 기사가 나오는 Jos. *Ant.* 14:470-91; Dio Cass. 49:22:6을 참조하라. Dio는 이러한 형벌은 그 어떤 왕도 로마인들의 손에 겪지 않았다고 말한다.

진정한 왕이 와서 할 일로 여겨졌던 성전의 재건을 시작하였다.[46] 그러나 이러한 그의 행동들은 그가 의도했던 것과는 정반대의 역효과를 낳았다. 강직한 유대인들은 새 성전을 철저히 의심스러운 눈초리로 바라보았고, 헤롯의 후계자들 중 그 누구도 그들이 끈질기게 기다리고 있던 하늘에서 보낸 진정한 지도자로 결코 받아들이지 않았다. 헤롯과 그의 행태들에 대한 이러한 거부감은 우리가 곧 살펴보게 될 여러 가지 형태로 표출되었다. 반란의 기운은 수면 아래 그리 멀지 않은 곳에 잠복해 있었고, 주전 4년에 헤롯이 죽자 곧 수면 위로 떠올랐다.

혁명은 새로운 세기의 처음 수년 동안 끊임없이 일어났고, 주후 6년에 갈릴리 사람 유다가 이끄는 혁명이 일어난 후에, 로마는 유대를 독립적인 속주로 삼는 것이 더 안전하다고 생각하게 되었다. 이때부터 일련의 "지방 장관들" 또는 "총독들"[47]이 다소 거칠고 어리석게 유대를 통치하였다. 유대 지방 장관들 중 세 번째로 부임한 본디오 빌라도(주후 26-32년)는 대부분의 지방 장관 또는 총독들과 마찬가지로 더 나쁘지도 더 좋지도 않은 그렇고 그런 인물이었다. 산발적인 소요들은 폭력으로 진압되었고, 잠재적인 반란의 불씨들은 연기만 내다가 꺼지긴 했으나, 언제든지 기대와 열망의 불길로 타오를 준비가 되어 있었다. 조만간에 계약의 신이 다시 한 번 그의 이름을 신원하고, 이스라엘과 맺은 계약을 나타내는 상징들(특히 성전)을 회복시키고, 물론 이스라엘을 해방시키기 위하여 역사할 것이다.

주후 66년에 일어난 대규모의 반란을 부추긴 것도 제10장에서 좀 더 자세하게 살펴볼 바로 이러한 소망이었다. 여러 복합적인 동기들이 이 반란의 형태와 그 결과를 대체적으로 결정하였다. 계약의 신이 역사에 개입하여 자기 자신과 자기 백성을 신원하기 위하여 역사할 것이라는 신앙이 군사적 봉기를

---

46) 아래 제10장을 보라. 주전 19년에 시작된(요 2:20을 참조) 성전은 주전 9년에 봉헌되었고, 전체 건설 공사는 성전이 파괴되기 7년 전인 주후 63년에 완성되었다(*Ant.* 20:219-20). 헤롯이 새로운 솔로몬으로 자처한 것에 대해서는 *Ant.* 15:380-7과 15:421-3을 보라. 이 기사는 열왕기상 8:1-5를 반영한 것으로서, 지성소는 치밀한 의도 속에서 헤롯이 왕으로 즉위한 기념일에 완성되었다고 적고 있다. 또한 Jacobson 1988을 참조하라.

47) 이러한 용어들을 둘러싼 상당한 혼란에 대해서는 Schürer 1:358-60을 보라.

계획하는 데 가장 효과적인 토대가 되지는 못했다. 이것은 결국 여러 분파들이 자기가 진정한 선택받은 전사들이라고 믿고서 로마인들에 대항하여 싸울 때보다 더한 폭력을 사용하여 서로에 대항하여 싸우는 분열 양상을 초래하였다.[48] 선지자로 자처하는 자들이 예언하였던 것처럼, 로마인들은 최종적인 승자가 될 수밖에 없었다. 주후 70년에 성전은 불에 탔고, 도성은 함락되었다: 그리고 74년에 마사다(Masada)가 뒤를 이었다.[49] 깃딤이 승리한 것이었다. 계약의 신은 아무것도 한 것이 없었다. 이 당시에 재구성된 유대교는 슬픔과 고통, 엄청난 재앙을 당했다는 인식과 아울러 신앙이 무너지고 소망이 짓밟혔다는 인식을 지닌 매우 다른 모습의 유대교였다. 이것은 마치 (그들 중의 한 사람이 말했듯이) 계약의 신과 그의 백성 사이에 철로 된 장벽이 높이 솟아 있는 것 같은 느낌이었다.[50]

(iii) 재건된 유대교(주후 70-135년)

분명히 주후 70년 이후의 시기는 유대교의 향후의 방향을 결정하는 데 아주 중요한 시기였다. 또한 이 시기는 흔히 초기 기독교의 발전과 관련해서도 대단히 중요한 시기로 간주되어 왔다. 기독교가 어떻게 발전하였는지, 특히 기독교가 어떻게 최종적으로 유대교와 단절되게 되었는지에 관한 상당수의 이론들은 성전 파괴 이후의 시기에 모종의 사건들이 일어났고, 이 사건들은 유대교와 기독교의 관계에 새로운 요소로 등장하였다는 믿음을 중심으로 전개되어 왔다. 예루살렘과 성전의 멸망에 대하여 비통해 하며 참담한 심정으로 시작되었던 새로운 랍비 운동은 얌니아(Jamnia)에 대규모 종교회의를 조직하

---

48) 전쟁의 세부적인 내용들과 서로 다른 파당들에 대해서는 Schürer 1:484-513: Hengel 1989 [1961], 343-76: Goodman 1987, *passim*을 보라. 이 전쟁과 주후 132-5년의 전쟁은 문헌적인 증거만이 아니라 화폐상의 증거도 확보되어 있는 그러한 사건들에 속한다; Meshorer 1986을 보라.

49) 마사다의 함락(Jos. *War* 7:401)의 날짜에 대해서는 Schürer 1:512-5를 보라.

50) bBer. 32b; 이 말은 Rabbi Eliezer ben Hyrcanus가 말했다고 한다. Cf. Bokser 1982/3. 상번제가 폐지되었을 때에 백성들이 보인 절망을 묘사하고 있는 기사인 Jos. *War* 6:94(mTaan. 4:6과 비교해 보라)를 보라: 그리고 에스라4서와 바룩2서의 애도문들을 보라(예를 들면, *2 Bar.* 10:5-19).

고, 그리스도인들을 효과적으로 배제하는 조치들을 도입하였다.[51] 한창 젊었던 교회는 그의 힘을 과시하며 변증에 변증으로 맞섰다. 유대교에 대하여 심하게 적대적인 말씀들이 예수의 입속에 넣어졌는데, 이러한 말씀들은 사실 예수의 공생애 기간이나 교회의 제1세대가 아니라 주후 80년대와 90년대의 상황을 반영하는 것들이었다. 복음과 토라는 양립할 수 없다는 인식이 최초로 싹트기 시작하였다. 이러한 노선을 취했던 많은 저작들 속에는 다음과 같은 내용을 시사해 주는 함축적인 말들이 끊임없이 등장한다: 그러한 적대감이 없었던 이전의 순수한 시기로 다시 돌아갈 수만 있다면, 얼마나 좋겠는가.[52]

이러한 고상한 소망에도 불구하고 애석하게도 역사는 최근에 "야브네 공회"(Council of Javne) 신화라 불러 왔던 것을 밑받침해 주지 않는다.[53] 이 신화는 알버트 슈바이처가 보여 주었던 예수에 관한 신화들에 상응하는 유대교에 관한 신화가 되어 버렸다고 나는 생각한다. 학문 세계는 아주 정교해지고 복잡해져서, 기가 막힌 이상(理想)들을 거꾸로 예수에게 투영하는 속임수에 더 이상 넘어가지 않았다: 그래서 그 대신에 학문 세계는 성경의 혐오스러운 내용들(betes noires)을 손쉽게 무시해 버릴 수도 있는 세대에게 전가시키는 방향을 취했다. 이것은 사실상 속죄 염소를 광야에 버리는 종교적 관행의 학문적인 형태이다. 오늘날의 학문 세계에서 받아들이기 힘든 초기 기독교의 여러 요소들은 우리에게 별 흔적을 남기지 않은 한 세대의 머리위에 놓여지고, 그런 다음에 그 세대는 두 번 다시 볼 수 없는 해석학적 광야 속으로 쫓겨난다. 아무도 주후 70-135년의 기독교를 모든 시대를 위한 규범이 될 기독교로 설정하기를 원치 않는다.

유대교 쪽에 관한 것이든 기독교 쪽에 관한 것이든, 주후 70년에서 135년까지의 두 세대에 관한 우리의 상대적인 무지로 인해서, 이 신화는 수월하게 그 생명을 존속시켜 왔다. 요세푸스의 글은 유대 전쟁이 끝나고 마사다가 함

51) "얌니야"는 여러 가지로 표기된다: "Jabneh," "Javneh," "Yavne."
52) 최근의 예는 Davies and Allison 1988, 133-8인데, 이 책은 Davies 1964, 256-315에 의존하고 있다.
53) Aune 1991a. 이하의 내용에 대해서는 아울러 Lewis 1964; Schürer 1975; Stemberger 1977; Katz 1984; Cohen 1984; Gafni 1987, 14-20; 아래에 인용한 문헌들을 보라. 나는 대체로 Dunn 1991, 232와 의견을 같이 한다.

락된 사건 직후에 끝이 나기 때문에, 그 이후의 유대교에 관한 이야기는 몇 세대 뒤에 나온 랍비 저작들, 아피안(Appian)과 디오(Dio) 같은 로마의 역사 가들, 이그나티우스, 유스티니아누스, 오리겐, 유세비우스 같은 기독교 저술가 들의 글에 단편적으로 나오는 내용들을 힘겹게 짜 맞추어서 구성하지 않으면 안 되었다.[54] 철저하게 자료들을 토대로 이러한 작업을 해 보면, 우리는 최근 의 호교론자들이 생각하는 속설(俗說)과는 매우 다른 그림을 발견하게 된다. 그 그림은 대략 다음과 같다.[55]

성전 파괴에 대한 반응은 한 가지가 아니라 다양했다. 바리새파를 제외한 모든 형태의 유대교가 일소되었고, 바리새파는 그 후에 랍비주의로 변신하여 한편으로는 사두개파의 압력, 다른 한편으로는 혁명적인 분파의 방해를 받지 않은 채 새로운 방식으로 성장하고 발전해 갔다는 생각은 지나치게 단순한 생 각이다. 도리어 우리는 적어도 세 가지 흐름을 포괄하는 유대교를 상정하지 않으면 안 된다: (a) 마치 그들의 심장부가 무너지기라도 한 것처럼 성전의 파괴를 탄식했던 에스라2서와 바룩2서의 고뇌 어린 심정을 지녔던 부류; (b) 이스라엘의 신은 제사가 아니라 인애(仁愛)를 원하신다고 아주 오래 전에 말 했던 호세아 6:6을 묵묵히 인정했던 요하난 벤 자카이(Johanan ben Zakkai) 의 실용주의; (c) 또 다시 이교 세력에 의해서 분쇄되었지만 여전히 이 재앙 을 역전시키고 참된 성전을 지을 방도를 모색하며 모락모락 피어올랐던 혁명 의 불길[56] (또한 우리는 여기에 (d) 여전히 스스로를 넓은 의미의 "유대교"의 일부로 생각하면서도 예루살렘의 멸망을 독자적인 신학의 관점에서 해석하였

---

54) Schürer 1:534에 나오는 자료들의 목록과 비교해 보라.

55) 특히 Schürer 1:514-57; Neusner 1970, 1979; Gafni 1984, 1987을 보라. 또한 Saldarini 1975를 보라.

56) 에스라4서에 대해서는 Schürer 3:294-306; Metzger in Charlesworth 1983, 416-559; 특히 Stone 1990; Longenecker 1991을 보라. 바룩2서에 대해서는 Schürer 3:750-6; Klijn in Charlesworth 1983, 615-52를 보라. 요하난 벤 자카이(Johanan ben Zakkai)에 대해서는 특히 Neusner 1970, 1979; Saldarini 1975; Schäfer 1979를 보라. 지속적인 혁명의 열기에 대해서는 Gafni, 1984, 31을 보라. Cohen 1987, 216은 이러한 주장에 대하여 반대하고 있는데, Cohen의 주장은 아키바와 관련된 사실을 무시하고 있 는 듯이 보인다. Akiba에 대해서는 아래를 보라.

던 젊은 기독 교회를 포함시킬 수 있을 것이다.) 이 세 가지 주된 관점들이 어
느 정도나 서로 겹치는지, 그리고 이 관점들이 예루살렘 멸망 이전의 여러 운
동들과 어느 정도 연속선상에 있었는지는 잠시 덮어 두기로 하자. 중요한 것
은 새로운 상황 속에서 유대교의 대응은 획일적이지 않았다는 것을 우리가 인
정하는 것이다.

훨씬 후대의 랍비주의가 이구동성으로 유대교의 새로운 창시자로 여긴 요
하난 벤 자카이는 오늘날의 텔아비브에서 남쪽으로 15마일 정도 떨어져 있고
예루살렘에서 동쪽으로 25마일가량 떨어져 있는 해변의 작은 성읍이었던 얌
니아에 랍비 학교를 세웠던 것 같다. 그러나 예루살렘으로부터의 그의 이주를
둘러싸고 생겨난 전설들은 역사적 사실일 가능성이 거의 없어 보인다. 점진적
으로 — 이것은 오직 점진적인 과정이었을 수밖에 없다 — 이 랍비 학교는 여
전히 팔레스타인에 살고 있던 유대인들에 대하여 예전에 예루살렘에 있던 산
헤드린이 장악하고 있었던 권위에 비견될 수 있는 그러한 권위를 행사하기 시
작하였다.[57] 주후 2세기 중엽에 이 새로운 산헤드린의 본거지는 좀 더 북쪽에
있는 우사(Usha)로 이전하였고, 처참했던 하드리아누스 전쟁(주후 132-5년)
으로 말미암아 많은 유대인들이 죽고, 살아남은 자들이 상당수 바벨론에 형성
되어 있었던 대규모의 유대인 공동체로 이주하면서, 여러 다른 지역들을 전전
하게 되었다.[58] 그러나 이러한 이동에도 불구하고(랍비들은 예루살렘에 지리
적으로 가깝다는 것이 지니는 상징적인 가치를 잘 알고 있었기 때문에, 이것
은 여러 가지 문제들을 불러 일으켰다), 이 랍비 학교와 그 법정은 요하난의
영도 아래 점진적으로 시작되었고, 그의 후계자였던 가말리엘 2세 아래에서
공고하게 되었던 권위를 여전히 보유하고 있었다.[59]

---

57) mKel. 5:4, mPar. 7:6, mBek. 4:5, 6:8과 비교해 보라. 이 새로운 총회는 원래의
산헤드린에 대한 기억을 환기시키려는 얌니야 자체 또는 후대의 전승의 욕구를 반영하
여 72명으로 구성되었다고 한다: mZeb. 1:3, mYad. 3:5, 4:2을 보고, Gafni, 1987, 15를
참조하라.

58) Gafni 1987, 21f.와 거기에 나오는 참고문헌들.

59) 승계에 대해서는 Gafni 1987, 29f.에 나오는 여러 견해들에 대한 논의를 보라.
Gafni는 Alon에 반대하여 Gamaliel은 왕족이라는 그의 신분으로 인하여 주후 96년에
도미티아누스(Gafni, 29 n.162!에서 말하듯이 "디오클레티아누스"가 아니라!)가 죽을

물론 당시 모든 유대인들이 요하난의 견해 또는 권위를 받아들였던 것은 결코 아니었다. 얌니아 외에도 여러 중심지들이 생겨났다.[60] 또 한 사람의 주도적인 인물이었던 엘리에셀 벤 히르카누스(Eliezer ben Hyrcanus)는 원래 요하난의 제자였다가 몇 가지 중요한 문제들에서 요하난과 의견을 달리했고 이 때문에 결국 출교되었다.[61] 이러한 논쟁을 읽는 한 가지 방식은 요하난과 그의 후계자 가말리엘 2세를 토라의 연구와 실천이 성전 예배에 대한 효과적인 대체물(replacement)이 될 수 있다는 주후 70년 이전의 유대교의 서기관 전승을 대표하는 것으로 보고(이것은 이제 로마당국과의 협상을 모색하는 것 이외의 시도가 유대교 내에서 더 이상 필요 없었다는 것을 의미한다), 엘리에셀과 그의 추종자들을 토라의 연구와 실천이 성전 예배에 대한 효과적인 모방물(imitation) 역할을 할 수 있다고 본 주후 70년 이전의 바리새파의 태도를 대변하는 것으로 보는 것이다(이에 따르면, 그들은 성전의 상실에 훨씬 더 큰 의미를 부여하게 되고, 그 추종자들로 하여금 가능한 한 빨리 성전을 회복하는 시도를 하도록 만든다).[62] 이러한 대치 국면은 이 시기에 힐렐(Hillel) 학파와 샴마이(Shammai) 학파 사이에서 벌어졌던 중요한 논쟁들이 이 문제를 둘러싸고 전개될 수밖에 없었다는 것을 미리 보여주는 것이었다: 힐렐과 그의 추종자들의 나 살고 너 살자는 식의 정책, 달리 말하면 토라를 연구하고 실천할 수 있게만 해 준다면, 로마의 통치 아래에서 사는 것도 괜찮다고 생각했던 서기관 전통을 따를 것인가, 강경노선, 적어도 잠재적으로는 반로마 정책을 추구하고자 했던 샴마이 학파의 엄격주의자들을 따를 것인가. 70년 이전과 이후의 토라 학자들 간의 차이점은 최소한 다음과 같은 것에 있었다: 예루살렘 멸망 이전에는 샴마이 학파가 주도적인 세력이었던 반면에, 예루살렘 멸망 후에는, 특히 주후 132-5년의 바르 코크바(Bar-Kochba)의 반란 이후에는 힐렐 학파가 자연스럽게 주도권을 넓혀갔다는 것이다. 주후 70년과 135년은 혁명 기대

때까지는 권력을 획득할 수 없었다는 Safrai의 견해에 동의한다.

60) Gafni 1987, 19.

61) Schürer 2:373-5와 거기에 나오는 참고문헌들.

62) Neusner가 그의 많은 저작들 속에서 이렇게 주장한다. 그의 견해는 그가 1979년에 쓴 논문에 잘 요약되어 있다.

들을 묻은 관에 박힌 큰 못들이었다.[63]

이러한 다원화되고 복잡한 배경 속에서, 후대의 전승에 따르면, 유대교로 받아들여질 수 있는 분파들의 경계선을 좀 더 분명하고 엄격하게 규정하는 몇 가지 조치들이 취해졌다고 한다. 앞에서 지적했듯이, 이러한 가능성을 최근의 연구들에서는 유대교와 당시 태동 중이었던 기독교가 분리되게 된 배경이었던 것으로 파악하여 왔다. 얌니아에서는 "18축도문"로 알려져 있던 고대의 기도문 속의 12번째 조항을 수정하여 일반적으로는 이단들, 그리고 구체적으로는 그리스도인들에 대한 저주를 기원하는 내용을 삽입함으로써 이제까지 즐거운 마음으로 회당 예배에 참여하였던 많은 그리스도인들이 그 일을 계속할 수 없게 만들어 버렸다는 학설이 제기되어 왔다. 이런 식으로 유대교와 기독교의 관계가 아주 초기부터 나빴었고, 그러다가 이단을 단죄하는 "축도문"의 공포(公布)와 대중화로 인하여 조만간 이 둘이 서로 갈라지게 되었다는 설명은 꽤 일리가 있지만,[64] 우리가 분명하게 짚고 넘어가야 할 것은 주후 70년과 135년 사이의 기간 동안에 "일반적으로는 마녀 사냥, 구체적으로는 반기독교적인 활동이 유대교 내에 있었음을 보여 주는 증거는 거의 없다시피 하다"는 것이다.[65] 도리어 여기에서 말하는 "이단들"은 수많은 집단들을 포함하고 있었고, 그리스도인들은 그러한 이단들 가운데 오직 일부였을 따름이며, 이 이단들에게 취해진 조치는 반드시 추방에까지 이르지는 않았을 가능성이 훨씬 더 높다.[66] 히브리 성경을 새롭게 헬라어로 번역하도록 한 것(아퀼라역)은 초기 그

---

63) 이러한 논쟁들에 대해서는 아래 제7장을 보라.

64) Horbury 1982. 이러한 공동체들 사이에서 비록 조직적이지는 않았지만 아주 일찍부터 적대감을 갖고 있었음을 보여 주는 증거들로는 바울 서신들, 예를 들어 갈 1:13; 4:29; 살전 2:14-16; 고전 12:1-3 등이 있다(Derrett 1975를 보라). Cp. Robinson 1976, 72-81.

65) Cohen 1984, 50, cf. 41f.: Cohen은 각주에 이렇게 덧붙인다: "달리 말하면, 흔히 야브네 사람들이 했다고 하는 그러한 행동에 대한 증거는 거의 없다." 또한 특히 "주후 70년 이후에 바리새파/랍비 진영에 속하지 않았던 모든 유대인들을 향하여" 혹독한 조치들이 시행되지도 않았고 Birkat ha-Minim은 유대인들과 유대 그리스도인들 간의 어떤 결정적인 단절을 의미하지도 않았다고(76 n.128; 강조는 원저자의 것) 주장하는 Katz 1984, 48-53, 63-76을 보라.

66) Cohen 1984, 41-2. Cohen의 전체적인 주장은 얌니야 시대는 유대인들의 유산에

리스도인들이 옛 칠십인역을 널리 사용하는 것에 대한 유대교 측의 참담한 심정을 반영한 것이지, 그 자체가 유대교와 기독교라는 두 공동체 간의 공식적인 결별에 해당하는 것이 아니다.[67] 특히 그 어떤 논거들보다도 후대의 교부들 중 몇몇 사람이 그들의 회중에게 회당에 나가는 것을 경고하지 않을 수 없다고 생각했다는 사실은 반기독교적인 기도가 회당 예전의 일부로 자리 잡고 있었을 가능성을 매우 희박하게 만든다.[68] 여기서 키멜만(Kimelman)의 결론들 중 몇 가지를 전체적으로 인용해 볼 필요가 있다. 왜냐하면 그의 논문이 발간된 이래 10년 동안 그의 결론들은 한 번도 반박되지 않았음에도 불구하고 충분한 영향력을 끼쳐오지 못했기 때문이다:

공적인 기도들 속에서 유대인들이 그리스도인들을 저주했음을 보여 주는 명확한 증거들은 하나도 존재하지 않는다.

그리스도인들이 회당에서 환영을 받았다는 풍부한 증거가 있다.

따라서 비르카트 하미님(birkat ha-minim)은 현재 고찰 중인 시대의 첫 여러 세기 동안에 유대인들과 그리스도인들의 관계에 대한 역사 속에서 하나의 분수령을 이루고 있는 것이 아니다.

분명히 유대교와 기독교의 이른바 회복할 수 없는 결별을 가져온 단일한 칙서(勅書)라는 것은 결코 존재하지 않았다.[69]

대한 "분파적인" 일방적인 읽기들을 거부하는 가운데 다양한 형태의 유대교가 의도적으로 발생한 시기였다는 것이다. 이 지혜자들은 "상반되는 주장을 하는 사람들이 각각 살아 계신 하나님의 말씀들을 제시하고 있는 것이 될 수 있다는 교리에 토대를 둔 사회를 만들었다"(51). 나는 이것도 또 하나의 이상화된 묘사가 아닌가 생각한다; 그러나 이러한 주장이 나올 수 있다는 것 자체가 얌니아에 대한 통상적인 이해가 얼마나 취약한지를 보여 준다.

67) Gafni 1984, 29f.를 보라.

68) Kimelman 1981, 239f.; 그리고 Ign. *Mag.* 8:1; 10:1-3; *Philad.* 6:1을 보라. 만약 최근의 많은 저작들 속에서 상정하고 있듯이, 이미 20-30년 동안 반기독교적인 구속력 있는 칙령이 해당 공동체 속에서 시행되고 있었다면, 이그나티우스(Ignatius)는 주후 110-115년경에 자신의 저작들과 같은 글들을 쓸 수 없었을 것이다.

69) Kimelman 1981, 244.

그렇다면 새롭게 출현하고 있던 유대교의 한 형태이자 유대교의 자식 같은 종교였던 기독교와 관련하여 얌니아 시대의 의미는 무엇이었던가? 얌니아 시대는, 이 시대를 복원하고자 시도해 왔던 학자들이 입증해 주었듯이, 이 시대를 살았던 사람들에게 불확실성의 시대였던 것으로 보인다. 유대인들에게 성전이 없는 상황 속에서 진정으로 유대적인 생활방식을 재구성하고 유지하려는 시도는, 앞에서 보았듯이, 혁명적인 지향성으로부터 토라에 대한 연구와 토론에 이르기까지 아주 다양하고 폭넓은 반응들을 낳았다. 주후 70년경에는 이미 팔레스타인 및 디아스포라("흩어진 자들")의 유대인 공동체들의 범위를 훨씬 뛰어넘어 전파되어 있었던 기독교는 회당 공동체와의 관계라는 문제와는 판이하게 다른 절박한 문제들에 직면해 있었다. 이 시기는 많은 모호한 것들이 나란히 공존했던 과도기였다; 그리고 앞으로 대규모의 분리를 경험하게 되어 있었던 양 진영에 속한 많은 사람들은 그냥 그런 상태로 살아가는 데 만족했던 것으로 보인다. 우리는 초기 기독교가 이스라엘의 유산을 적법하게 이어받을 자격이 있다고 주장하면서 무엇보다도 우선적으로 스스로를 이교(異敎)에 반대하여 정의하였고 오직 부차적으로만 주류 유대교에 맞서서 정의하였던 운동이었음을 잊어서는 안 된다.

이러한 과도기는 주후 132-5년에 하드리아누스 황제에 맞서 일어난 반란으로 갑작스럽게 피비린내 나는 종말을 맞게 되었다.[70] 하드리아누스는 할례를 야만인들의 관습으로 규정하여 금지시킨 법률을 통과시켰다(유대인들만이 할례 관습을 행했던 것은 아니었지만, 할례는 유대인들의 세계관 속에서 중심적인 위치를 차지하고 있었기 때문에, 이 금령은 유대인들에게 특히 큰 타격을 입혔다). 또한 하드리아누스는 예루살렘의 폐허 위에 이교 도시인 엘리아 카피톨리나(Aelia Capitolina)를 세우고, 옛 성전 터에는 제우스에게 제사를 드리는 제단을 세웠다. 주후 50년대와 60년대의 총독들이 행한 것들보다 한층

---

70) 자세한 내용은 Dio Cass. 69:12:1-14:4; Schürer 1:534-57, Gafni 1987, 20ff., 그리고 Isaac and Oppenheimer 1985; Reinhartz 1989; Schürer 1990과 참고문헌들에 나오는 논의들을 보라. 나는 여기에서 애굽, 구레네, 구브로 등지에서 주후 115-17년에 일어난 유대인들의 반로마 봉기에 대해서는 생략하고자 하는데, 이에 대해서는 Schürer 1:529-34를 보라.

더 심할 뿐만 아니라 훨씬 이전의 안티오쿠스 에피파네스가 행한 만행(蠻行)에 비견될 수 있는 이러한 하드리아누스의 도발 행위들은 반란을 촉발시켰다. 시몬 벤 코시바(Simon ben Kosiba)가 반란을 일으켰고, 이 반란은 유대 땅 전역으로 급속히 번져 나갔다. 그 누구보다도 특히 위대한 랍비 아키바(Akiba)가 메시야라 부르면서 환영하였고, 그에게는 바르 코크바, 즉 "별의 아들"이라는 호칭이 붙여졌다(민수기 24:17의 예언을 가리키는 말).[71] 모든 사람들이 이러한 호칭에 동의한 것은 아니었다: 일부 지혜자들은 아마도 사변적인 연대기를 근거로 아키바의 행위를 반박하였고, 이 지역에 거주하던 그리스도인들은 코시바를 예수의 경쟁자로 여겨서 이 운동에 참여하기를 거부하여(유스티니아누스와 유세비우스에 의하면) 그 결과 심한 핍박을 받았다고 한다. 이 시기에 나온 문서들과 주화들은 코시바와 그의 추종자들이 이 혁명의 발발을 오랫동안 기다려왔던 새 시대의 시작으로 보았고, 코시바는 로마에 대항하는 반란과 아울러 유대인들의 종교적 의무의 유지에도 관심을 가지고 있었음을 보여 준다.[72] 베스파시아누스 황제 치하에서 예루살렘 멸망이 있은 지도 거의 70년의 세월이 흘렀다: 그러므로 지금이 이스라엘의 신이 마침내 자기 백성을 해방시킬 때라고 그들은 생각하였을 것이다.

이러한 소망은 무참하게 깨어지고 말았다. 하드리아누스의 군대에 심대한 손실을 입혔음에도 불구하고, 유대인들은 대량으로 학살되었다. 생존자들 중 많은 사람은 노예로 팔려갔고, 예루살렘은 완전히 이교적인 도시가 되었으며, 유대인들의 관습을 금지하는 금령은 엄격하게 시행되었다. 기나긴 세월이 지나 주후 20세기에 이르러서야 팔레스타인에 유대인들의 자치정부를 세운다는 생각이 다시 한 번 요원한 가능성이 아닌 현실적인 것이 될 수 있었다.

(iv) 맺는 말

간단히 말해서, 이것은 유대교 및 그 속에서 생겨난 새로운 운동의 형태를 결정하는 데 결정적으로 영향을 미쳤던 시대 속에서 살아갔던 유대인들에 관한 이야기다. 그러나 역사에 관하여 추상적으로 논의했을 때에 우리가 살펴보

---

71) Akiba에 대해서는 Schürer 1:544, 552: 2:377f.와 거기에 인용된 문헌들을 보라.
72) Schürer 1:543-5.

았듯이, "일어난 일"에 관한 이야기는 "왜"라는 질문을 던질 때에만 온전하게 파악될 수 있다. 이 시기의 유대인들은 왜 그렇게 행하였는가? 이 질문에 답하기 위해서 우리는 먼저 유대교 내부에서 증대되어 갔던 다양성을 검토함으로써(제7장) 이 이야기의 공백을 채워 넣어야 한다. 그런 다음에 우리는 그 근저에 놓여 있던 유대인들의 세계관을 상징들(제8장), 기본적인 신념들(제9장), 이 신념들이 낳았던 소망(제10장), 다양하게 해석되어서 그날 이후 지금까지 유대교와 기독교에 그 형태와 색깔을 부여해 왔던 바로 그 소망을 통해서 살펴볼 수 있게 될 것이다.

제 7 장

다양성의 발전

1. 들어가는 말: 사회적 배경

바벨론 포수와 로마군에 의한 제2성전 파괴 사이의 기간은 유대인들의 정체성과 삶이 대단히 복잡하고 다채로운 형태로 표현된 시기였다. 이러한 다양성에 대한 분명한 개념을 얻는 것은 아주 중요한데, 이는 유대교 역사 자체에 대한 이해와 초대 교회의 등장 및 발전에 대한 이해가 상당 부분 여기에 의존해 있기 때문이다.

주후 1세기에 유대교에서의 모든 주요한 흐름들을 촉진시켰던 사건은, 앞에서 보았듯이, 마카베오 왕조의 위기였다. 먼저 그것은 이스라엘이 이교의 지배로부터 결국 벗어난 것에 대한 지속적인 성찰을 위한 과거의 준거점이 되어 있었다. 해마다 시행되었던 하누카 절기의 거행은 작은 무리의 반란군들이 막강한 이교도 세력에 맞서서 도저히 가능할 것 같지 않았던 승리를 거둔 장면이 대중들의 눈앞에 그대로 펼쳐져서, 마치 북아일랜드에서 수 세기 전에 일어났던 사건들이 오늘날에도 의식(儀式)을 통하여 회상됨으로써 예전의 충성심을 유지하고 예전의 증오심을 불러일으키는 것과 매우 비슷한 효과를 생겨나게 했다는 것을 의미하였다. 제10장에서 살펴보겠지만, 이 시기의 대부분의 유대인들은 계약의 신이 이번에는 조국 내에서 포로생활을 하는 자기 백성의 운명을 회복시켜 주기 위하여 역사 속에 다시 한 번 개입할 것이라는 소망을 품고 있었다. 그러나 둘째로 마카베오 왕조의 위기는 유대교 내부에서의 몇몇 분열들의 원인이기도 하였다. 마카베오 왕조에 대한 불만은 유대교의 서로 다른 여러 분파들 중 적어도 몇몇 분파의 등장과 그들이 내건 기치의 원인이 되었다.

마카베오 왕조로 인한 위기가 불러온 이 두 가지 효과(해방에 대한 새로운 열망과 여러 분파들로의 균열)는 물론 서로 밀접하게 연관되어 있었다. 이스라엘의 신이 그의 백성을 어떻게 그리고 언제 구원하실 것인가라는 질문에 대한 대답들은 계약의 신의 백성이라는 것이 무엇을 의미하는가에 대한 서로 다른 인식들을 반영하는 것이었기 때문에, 유대교 내에는 서로 다른 여러 분파들이 생겨날 수밖에 없었다. 바로 이 시점부터 우리는 오늘날의 많은 학자들과 마찬가지로 유대교를 "유대교들"이라는 복수 형태로 말하지 않으면 안 된다.

그러나 신념과 열망에 관한 문제들만이 다양성의 유일한 이유는 아니었다. 지리적인 요소들도 어느 정도 영향을 미쳤다. 예루살렘에 살던 유대인들과 갈릴리에 살던 유대인들은 서로가 받는 압력들, 이에 수반된 문화적, 사회적, 종교적 필요들과 관점들이 상당히 달랐다.[1] 예루살렘의 유대인들은 당연히 성전, 이교도들의 지배 및 수도의 성별(聖別)에 대한 위협에 관한 문제들, 사실상의 예속 상태에 직면하여 법률상의 민족적 독립의 상징들인 제의, 예전, 절기의 유지에 관심이 쏠려 있을 수밖에 없었다. 반면에 갈릴리의 유대인들은 예루살렘으로부터 사흘 거리에 있는 지역으로서 예루살렘과 갈릴리 사이에는 적대적인 영토(사마리아)가 놓여 있었다. 이교에 둘러싸여서 이교가 크게 침투해 있었던 갈릴리의 유대인들은 당연히 남쪽의 동포들에게 필요했던 상징들보다는 그 지역 사정에서 중요하였던 독특한 상징들에 주목하였다. 토라는 이러한 접경 지대에서 새로운 중요성을 띠게 되었다. 앞으로 보겠지만, 토라는 성전 자체의 기능들 및 속성들 중 일부를 대신하였다.[2] 그리고 가장 크게 부각되었던 토라의 특징들은 안식일, 음식법들, 할례 같은 문화적, 사회적, 종교적 경계표지(境界標識)들로 특별하면서도 분명하게 작용하였던 것들이었다.

이스라엘 땅에서 멀리 떨어져서 이방인들과 이교도들 사이에서 디아스포라("흩어진 자들")로 살아가는 유대인일수록 토라를 굳게 붙드는 일은 분명히 한층 더 의미심장한 일이었다.[3] 디아스포라 지역과 갈릴리에서 유대인들의 삶

---

1) 이 모든 것에 대해서는 Freyne 1980, esp. chs. 7-8을 보라.
2) 아래 제8장을 보라.

은 지역사회를 중심으로 이루어졌고, 예루살렘에 가까울수록 성전 자체의 그늘에 가려 있었던 지역 사회 자체의 예배와 제도들은 중요성을 더하게 되었다. 만약 우리가 토라에 대하여 타협적인 태도를 취한 유대인들에게 다른 유대인들이 폭력을 행하는 모습을 마주칠 가능성이 가장 큰 지역을 추측해 보라고 한다면, 우리는 먼저 예루살렘이 아니라 갈릴리, 그리고 아마도 유대인 공동체들이 그 지역의 이교도들로부터의 위협 아래 있다고 느꼈던 디아스포라 지역들을 바라보아야 할 것이다. 접경 지대에 사는 사람들은 경계를 이루는 울타리들을 항상 양호한 상태로 유지시키지 않게 되면 곧 골치 아픈 일을 만나게 되는 법이다.

따라서 갈릴리 또는 디아스포라 지역에서 전통적인 토라에 기반을 둔 경계표지들을 유지하였던 것은 사후(死後)의 구원을 믿는 초탈한 신학이나 자기 자신의 종교적 또는 도덕적 노력들을 통해서 사후의 구원을 얻는다는 신학과는 별 관계가 없었고, 오히려 전통적인 유대인들의 정체성을 보존하려는 의도와 상당 부분 관련이 있었다. 그러한 경계표지들에 대한 준수에 모종의 종말론적인 뉘앙스가 부착되어 있었다고 한다면, 그것은 이스라엘의 신이 마침내 자기 백성을 구원하기 위하여 역사할 때에 그것으로부터 혜택을 받을 자들은 그동안에 계약 내용들을 흠 없이 지켜온 자들이 될 것이고, 반면에 이스라엘을 어그러진 길로 가게 만들고 이방의 신들을 쫓아가버린 자들은 참 하나님의 백성의 일원으로 받아들여질 권리를 상실하게 될 것이라는 의미를 지니고 있었을 것이다.[4] 현대 세계에서와 마찬가지로 고대 세계에서도 유대인들은 충성이냐 동화냐라는 선택에 직면해 있었다. 이교와의 타협이라는 손쉬운 길을 택한 사람들은 유대인들에게 계속해서 위협을 가하면서 산발적인 학살과 핍박을 통해서 못살게 굴었던 원수에게 부역(附逆)하는 자들로 여겨졌다.

그러나 지리상의 차이로 인한 다양성은 사회경제적 다양성에 비하면 아무 것도 아니었고, 바로 이러한 사회경제적인 다양성 속에서 우리는 우리가 살펴

---

3) 소아시아, 그리스와 아울러 바빌로니아, 애굽, 로마 같은 여러 지역에 걸친 디아스포라 유대교에 관한 복잡한 문제들에 대해서는 Safrai and Stern 1974, chs. 3, 4, 13: Schürer 3:1-176을 보라.

4) 자세한 것은 아래 제10장을 보라.

볼 시대 내내 유대교를 괴롭혔던 우환(憂患)의 씨앗을 발견하게 된다. 팔레스
타인은 원래 생산력이 풍부한 비옥한 지역이었지만, 부자는 그 수가 적었고
상대적으로 가난한 사람들이 많았다. 대체로 부자들은 도시에 살았고, 가난한
자들은 농촌에 사는 경향이 있었다. 부유한 지주들은 상당수의 생산 수단을
장악하고 있었고, 수공업자들, 농부들, 어부들 같은 사람들은 넉넉하지는 못했
지만 그런 대로 중간 정도의 삶을 꾸려갈 수 있었다; 그리고 지방 지주들의
착취와 외세의 지배라는 두 개의 연자맷돌 사이에서 콩가루가 되지 않기 위하
여 고군분투했던 일용 노동자들, 소농들 같은 사람들이 많이 있었다. 지주들과
소작농들, 그들 사이의 잠재적인 분쟁들에 관한 이야기들은 당시 사람들에게
는 아주 친숙한 것들이었을 것이다.[5] 주후 1세기 유대교 내에서의 몇몇 분파
들은 분명히 이러한 사회경제적인 분열을 직접적으로 반영한 것으로서, 이와
아울러 분명한 합리화를 위해서 신학적 논쟁이 수반되었을 것이다.[6]

　절박한 경제적 현안들 중에서 부채 문제는 점점 더 만성적이 되어갔다. 주
후 66년의 전쟁 초기에 반란군들이 권력을 장악했을 때에 그들이 최초로 한
행위들 중의 하나는 채무증서들을 불태우는 일이었다는 것은 결코 사소한 일
이 아니다.[7] 로마에 대한 증오는 이 시기의 많은 유대인들의 특징을 이루고
있었던 유일한 분노가 아니었다: 부유한 귀족층에 대한 증오심이 더 중요하게
부각된 경우도 종종 있었다.[8] 이 모든 것들을 통해서 우리는 예수와 바울 시

---

5) 막 12:1-12과 그 병행문들. 이 시기의 팔레스타인의 경제 사정에 대해서는 특히
Applebaum 1976, esp. 656-64, 691-2; Oakman 1986, chs. 1-2; Sanders 1992, ch. 9을
보라. 사회적 분파들에 대해서는 Saldarini 1988, chs. 3-4를 보라.

6) 예를 들면, 사두개파는 귀족계급으로서 (잠재적인 혁명성을 띠고 있었던) 바리새
파의 부활 교리를 거부하였다: 아래 제10장을 보라.

7) Jos. *War* 2:427-9. 극빈 계층이 혁명의 주된 참여자들이었을 가능성에 대해서는
War 7:438을 보라. 요세푸스가 혁명에 대한 모든 책임을 가난한 계층에 돌리고 있다고
해서 우리가 당시의 진상을 듣지 못할 이유가 없다. Sanders 1992, ch. 9은 몇몇 다른 학
자들이 그려 놓은 극히 황량한 모습에 반대하는 논증을 펼치고 있지만, 당시의 사정은
극히 어렵게 느껴졌을 것이라는 것은 분명하다. 우리가 요세푸스의 글 속에서 발견하는
대규모의 산적 행위(비록 과장되었다고 할지라도)는 비교적 번영을 누리고 있는 시절
에는 쉽게 생겨나지 않는다.

8) 특히 Goodman이 주장하듯이(1987), 주후 70년까지의 헤롯 시대의 귀족층이 오

대의 유대인 사회 전체를 관통하며 흐르고 있었던 긴장들을 감지할 수 있다. 당시의 유대인들이 교리신학의 더 세부적인 사항들을 논하면서 한가롭게 아무 문제없이 삶을 살고 있었다고 주장하는 것은 말도 안 되는 소리다. 유대 사회는 외적으로는 중요한 위협들에 직면해 있었고, 내적으로는 중대한 문제점들에 봉착해 있었다. 훌륭한 유대인 또는 충성스러운 유대인이라는 것이 무엇을 의미했을 것인가라는 질문은 문화적, 신학적 차원들과 아울러 사회적, 경제적, 정치적 차원들을 포함하고 있었다. 이러한 맥락 속에서 우리는 이 시기 전체를 통하여 당시 유대 땅의 중요한 특징을 이루고 있던 혁명운동들이 빈번하게 일어났던 이유를 이해할 수 있다.

주후 1세기 유대교 내에서의 다양성이라는 주제에 대해서는 많은 글들이 기록되어 왔고, 이 주제를 다루었던 모든 학자들의 글을 검토하거나 그들과 토론을 벌이는 것이 여기서의 나의 목적이 아니다. 그러나 내가 여기서 하고자 하는 것은 당시의 분위기와 강조점을 분명히 인식시키는 것이다. 당시 유대교 내의 분파들은 통상적으로, 요세푸스가 그 분파들을 논할 때 그러했던 것처럼, 어느 정도 추상적인 종류의 사적인 관심사들을 따라 고립적인 현상들로 꽤 초연한 방식으로 논의된다. 이런 식으로 보게 되면, 당시의 혁명운동들은 뭔가 좀 이상한 것으로 불거져 보이게 된다. 따라서 서술의 순서를 뒤바꿔보면 좀 더 분명한 인식을 얻게 될 것이라고 나는 생각한다. 앞 장에서 서술한 당시의 역사적 상황을 보면, 이 시기의 대부분의 유대인들의 절박한 필요들은 해방 — 억압으로부터, 채무로부터, 로마로부터 — 과 관련이 있다는 것을 알 수 있다. 그 밖의 다른 문제들은 바로 이러한 빛 아래에서 보아야 한다고 나는 생각한다. 이스라엘의 소망, 이스라엘 내에서 가장 특별한 이해 집단들의 소망은 죽어서 육신을 벗어버리고 사후에 누리는 지복(至福)이 아니라 출애굽, 그리고 가까이에는 마카베오 혁명의 승리에 대한 기억과 그 주기적인 기념을 통해 생겨난 기대들을 이루어 줄 민족의 해방이었다. 사람들의 소망은 이스라엘의 하나님의 나라가 임하는 것에 집중되어 있었다.[9] 그러므로 나는

직 헤롯과 로마인들에 의해서 권력을 쥐게 된 변변치 않은 신분 계층으로 구성되었다고 한다면.

9) 민족적 소망에 대해서는 제10장을 보라.

이 시기의 특징을 이루고 있는 혁명운동들을 먼저 살펴본 후에, 좀 더 일반적인 열망의 빛 하에서 여러 "파당들"의 위치를 평가해 보려고 한다. 이렇게 하면, 우리는 이 시기 전체에 유대인들이 지니고 있었던 세계관들, 목표들, 신념 체계들을 한층 완전하고 원만하게 이해할 수 있게 될 것이라고 나는 믿는다.

2. 혁명운동들

주후 1세기 유대교 내의 여러 집단들에 대한 고찰을 혁명운동들을 살펴보는 것으로 시작하는 것은 견고한 역사적 토대 위에서 출발하는 것이다. 현재 상당한 증거가 확보되어 있는(물론 대부분은 요세푸스의 글을 통해서 알게 된 것이다) 주후 1세기 팔레스타인에서 일어난 사건들의 지도를 개략적으로 그려 보면, 그 사건들 중 다수는 혁명 활동과 연루되어 있다.

다시 한 번 마카베오 형제들로부터 이야기는 시작된다. 마카베오 형제들은 압제를 전복시키고 이스라엘에 대하여 신이 의도한 나라를 도래시키고자 한 운동들의 전통을 위한 배경이자 모형이었다. 토라에 대한 충성, 기꺼이 순교하고자 하는 자세, 타협의 거부, 결연한 군사적 또는 준군사적 활동: 이런 모든 것들이 결합되어 그들은 승리할 수 있었다. 그러나 우리의 논의와 관련이 있는 첫 번째 시기, 즉 마카베오 혁명의 승리(주전 164년)와 유대 땅에 로마인들의 출현(주전 63년) 사이의 기간에 하나의 아이러니가 연출되었다. 혁명이 성공하자, 실제로 그랬든 또는 사람들이 그렇게 생각한 것이든, 새로운 억압 상황들이 생겨났다. 마카베오 혁명 이후에 일어난 혁명 운동들은 외세에 대항해 일어난 것이 아니라, 승리를 등에 업고 마치 자기들이 다윗 가문과 아론 가문 양쪽의 합법적인 후계자들이라도 되는 양 제사장적 왕들로 이루어진 왕조를 수립하였던 자들에 대항하여 일어났다. 그러므로 예루살렘을 부패한 불법 정부의 온상으로 보는 여러 운동들이 생겨났다. 에세네파는 사독 제사장 가문의 진정한 후계자들이라고 주장하면서(사실 그랬을 것이다), "정화된" 성전과의 모든 관계를 단절하고, 다른 곳에 그들 자신만의 공동체를 세웠다. 바리새파는 체제 내에서 활동하긴 했지만, 공식적인 권력을 쥐고 있는 자들에게 조상들의 전승을 업신여기지 말라고 끊임없이 상기시키면서, 대중적인 지지를 통해서 그러한 위협을 한층 강화하였다. 바리새인들이 압력에 맞서서 그들이 인정하지 않는 통치자에게 충성을 맹세하기를 거부한 적이 적어도 두 번 있었다(아래를 보라). 바리새인들로부터 나온, 하스모네 왕조 체제를 묵시문학적인 언어와 상징들을 통해서 혹독하게 비난하고 있는 문서들을 보면, 그들이 뒷전에서 불만족스러워하며 투덜거리는 모습이 잘 드러나 있다.[10] 훨씬 후대의 세대들은 하스모네 왕조 시대를 유대 민족이 독립국가로 존속했던 드문 기간 중의 하나로 회상하곤 하지만, 당시에 많은 유대인들은 이 새로운 왕조를 몹시 의심스러운 눈으로 바라보았음이 분명하다.

주전 63년에 로마군이 유대를 점령하자, 상황은 더욱 나빠질 수밖에 없었다. 경제적 압박이 심해지자 의적이라는 새로운 계층이 출현하였는데, 이들은 정상적인 사회에서 이탈하여 여전히 도둑맞을 재산을 지니고 있었던 자들에 대한 약탈 행위를 통하여 생계를 유지하는 방법 외에는 빈곤을 벗어날 길이 없었던 절망적인 부류의 유대인들이었다. 앞으로 살펴보겠지만, 이런 유의 의적들은 단순히 무정부주의자들이 아니었다. 그들의 대의명분이 옳고, 신이 그 대의명분을 후원하신다는 불타는 신념은 그 절망적인 생활 속에서 그들을 지탱해 주는 원동력이었다.[11] 주전 1세기 중엽에 의적 문제는 아주 첨예하게 되었지만, 로마는 내전과 파르티아로부터의 위협 때문에 이 문제에 손을 쓸 여유가 없었다. 이러한 권력 공백을 틈타서, 비록 일시적이긴 하지만, 의적들을 어느 정도 진압할 수 있었던 것은 중요한 업적이었다. 이러한 공로는 헤롯 대왕에게 돌아갔는데, 그는 의적들을 대대적으로 소탕한 공로, 특히 아르킬레스테스(archilestes, "의적 두목") 히스기야를 죽인 공로로 주전 40년에 권좌에 등극할 수 있었다 — 히스기야 가문은 후세까지 계속해서 투쟁을 벌였다고 한다.[12] 헤롯 대왕의 이러한 소탕 작전은 바리새파에 속했던 사마야(Samaias)의

10) 이사야 1:10을 언급하고 있는 *T. Mas.* 5:1-6; *Mart. Isa.* 3:10을 보라.

11) 의적 행위에 대해서는 특히 Horsley 1979a, 1981; Horsley and Hanson 1985; Crossan 1991, ch. 9를 보라. "의적"을 가리키는 전문적인 용어는 흔히 신약 성경에서 (예를 들면, AV와 RSV에서 요 18:40) "강도" 또는 "도적"으로 잘못 번역된 '레스테스' (lestes)이다: Hengel 1989 [1961], 24-46을 보라. 요세푸스는 시카리 당, 즉 "단도를 품은 자들"을 '레스타이' (lestai)로 규정하고 (예를 들면, *War* 4:198), *Ant.* 20:160 등에서 '레스타이'를 '고에테스' (goetes: "유혹자들," 즉 백성들을 어그러진 길로 이끄는 자들)와 동일시한다.

반발을 초래하였는데, 그는 많은 유대인들이 그들의 대의명분을 위하여 싸우는 것으로 여겼던 사람들을 헤롯이 잔혹하게 다루는 것에 반대하였다.[13] 그 결과 헤롯은 마카베오 가문의 전임자들과 마찬가지로 묵시문학 속에서 규탄을 받았던 것으로 보인다.[14] 기존의 경제적 압박에 더하여 내분과 내전으로 혼란스러웠던 땅에서 살아가는 문제와 위험들이 추가되면서, 주전 1세기 내내 수많은 유대인들의 고단한 삶은 더욱 가중되어만 갔다. 이러한 고단한 삶과 헤롯이 수많은 유대인들의 관습들을 방자하게 무시한 처사들은 그에 대한 바리새인들의 끊임없는 저항을 설명해 주는데, 이에 대해서 우리는 곧 살펴보게 될 것이다.

그러나 혁명운동들이 곪아 터질 지경이 되어서 당시의 정부에 문제들을 일으키고 그로부터 2000년 후의 학자들에게 골칫거리가 되었던 것은 헤롯 대왕이 죽고 나서 예루살렘이 멸망할 때까지의 기간이었다(주전 4년에서 주후 70년까지). 이 시기 동안에 백성들은 불만이 팽배했고 혁명의 기운이 무르익었다는 것은 말할 나위도 없다. 그러나 정확히 어떤 집단들이 혁명 운동에 참여하였는가라는 문제는 상당한 논란을 불러일으켜 왔다. 여러 파당들과 분파들, 그리고 지도자들을 일일이 다 갈라내고 구별하는 일은 종종 거의 불가능한 일처럼 보인다. 이하의 서술에서 나는 실제로 무한한 논쟁 가능성들이 있음에도 불구하고, 이 시기의 큰 흐름들만을 분명하게 짚어 보고자 한다.

이 시기의 가장 중요한 자료인 요세푸스의 글에서 논의를 시작해 보자. 잘 알려져 있듯이, 요세푸스는 주후 70년의 참화의 책임을 한 특정한 반란 집단에게만 돌리고, 나머지 유대 백성들의 무고함을 입증하고자 무척 애를 썼다. 로마인들을 주된 독자로 상정했던 요세푸스는 로마인들이 예루살렘 멸망 후의 유대인들을 소수의 폭력에 의한 무고한 희생자들로 여겨서 온정어린 눈길로 바라볼 수 있기를 희망하였다. 그러나 이러한 분명한 목표에도 불구하고 요세푸스는 로마에 대한 저항은 단순히 어느 한 반란 집단이 아니라 훨씬 더

---

12) *Ant.* 14:158-60, 420-30; Schürer 1:275를 보라. 히스기야를 후대의 운동들과 결부시키는 것과 관련된 문제들에 대해서는 아래를 보라.

13) *Ant.* 14:172-6; *War* 1:208-15.

14) *T. Mos.* 6:2-6.

광범위하게 퍼져 있었다는 것을 끊임없이 보여 준다. 타키투스의 글에 나오는 "티베리우스 치하에서는 제국이 평온하였다"라는 유명한 말은 사실은 단지 제국을 소용돌이 속에 몰아넣는 그러한 중대한 폭동이나 전쟁이 없었다는 것을 의미할 뿐이다: 예를 들어, 이전 세기와는 달리 파르티아와의 국경 분쟁이 없었다.[15] 그러나 티베리우스 치하에서만이 아니라 아우구스투스, 가이우스, 클라우디우스, 네로 치하에서도 결국 유대인들의 참상을 불러왔던 사건을 예고하는 지속적인 작은 사건들이 끊임없이 이어졌다. 이러한 사건들을 좀 더 자세하게 분석하기 전에 간략하게 열거해 보는 것도 도움이 될 것이다. 이와 같이 간략한 서술만으로도 이 시기가 얼마나 수많은 소요들로 소용돌이치는 뒤숭숭한 시기였는지를 알 수 있게 해 줄 것이다. 이러한 인식 없이는 오늘날의 연구들은 주후 1세기의 유대인들을 마치 그들이 20세기(또는 16세기) 신학자들인 것처럼 취급하는 시대착오적인 존재들로 빠져들기가 쉽다.

자, 그러면 주전 4년에 일어났던 일련의 사건들을 한 번 훑어보자. 헤롯이 병상에 누워 죽음을 기다리고 있을 때에, 한 무리의 성질 급한 사람들이 헤롯이 성전 문에 붙여 놓았던 장식용 독수리를 제거해 버렸다. 그들은 두 명의 존경받는 율법 교사들(유다 벤 사리파에우스와 맛디아 벤 마르갈로투스)의 사주를 받고, 대제사장과도 결탁한 혐의가 있었다.[16] 이 사건은 헤롯이 죽기 전의 마지막 행위들 중의 하나를 통해서 가혹한 처벌을 받았다. 그런 다음 헤롯이 죽은 직후에 더 큰 규모의 반란이 예루살렘에서 유월절에 일어났는데, 앞서의 사건에서 주모자들을 혹독하게 다룬 것에 대한 항의 시위가 그 발단이 되었다. 이 반란은 헤롯의 아들 아켈라오에 의해서 잔혹하게 진압되었다.[17] 그

15) Tac. *Hist.* 5:9: 'sub Tiberio quies'. 이것은 Barnett 1975, 566-71이 주후 6-44년의 시기에 대해서 묘사한 평온하고 차분한 그림을 보장해 주지 않는다. Sanders 1992, ch. 4은 몇몇 학자들이 묘사한 끊임없는 혁명의 열기와 관련된 인상을 약화시키려고 애쓴다. 물론 우리는 주후 1세기 중엽을 살았던 사람들이 우리가 그 시기를 보는 방식대로, 즉 큰 전쟁에 대한 전주곡으로 보았을 것이라고 생각해서는 안 된다. 그러나 Sanders조차도 "봉기는 표면에서 그리 멀지 않았다"(36)는 데 동의한다.

16) *Ant.* 17:149-66; *War* 1:648-55.

17) *Ant.* 17:206-18; *War* 2:1-13. 요세푸스는 반도들을 "해석자들 중의 혁명파"(stasiotai ton exegeton)라고 묘사한다.

런 후에 아켈라오와 그의 형제 안디바는 로마로 건너가서 황제 앞에서 각각
자기가 부왕을 계승할 권리가 있다고 주장하였고, 뒤이어 유대인 대표단이 도
착하여 아켈라오와 그의 부왕이 잔혹하다는 이유를 들어서 자율권을 요구하
는 청원을 하였다.[18] 통치자의 공백 상태 속에서 새로운 반란이 일어났고, 이
반란은 수리아 속주를 책임지고 있던 로마 장군 바루스(Varus)에 의해서 분
쇄되었다. 바루스는 임시로 사비누스(Sabinus)를 총독으로 앉힌 후에 유대를
떠났고, 이어서 사비누스가 취한 조치들로 인해서 오순절 기간 동안에 격렬한
새로운 폭동들이 야기되었다. 이 폭동을 사비누스는 진압할 수 없었지만, 그러
한 진압 과정 속에서 로마 군인들은 성전을 약탈했고, 이것은 유대인들의 분
노를 한층 더 격화시켰다.[19]

예루살렘에서 이러한 사건들이 일어나고 있는 동안에 헤롯의 용병들 가운
데서 폭동이 일어났고,[20] 갈릴리에서도 대규모의 혁명운동이 일어났다. 갈릴리
에서는 이전에도 요세푸스가 폼페이우스의 팔레스타인 정복(주전 63년)과 티
투스의 예루살렘 성전 파괴(주후70년) 사이에 일어났던 가장 중대한 사건으
로 묘사했던 반란을 유다 벤 히스기야가 이끌었고, 주전 40년대에 헤롯에 의
해서 이 의적 두목은 죽임을 당했다.[21] 바루스는 수리아에서 다시 와서 갈릴리
의 반란을 잔혹하게 진압하고, 예루살렘에서 사비누스를 구출한 다음에 2000
명에 달하는 반란군들을 십자가형으로 처형하였다.[22]

이러한 사건들과 아울러 두 차례의 메시야 운동이 있었다. 이러한 메시야
운동들에는 각각 이전에 헤롯의 노예였다가 로마군에 의해 처형당하기 전에
왕으로 선포되었던 시몬(Simon)이라는 인물과 스스로 왕을 참칭하고 아켈라

---

18) *War* 2:80-100과 *Ant.* 17:219-49, 299-323에서 예증되는 이러한 일련의 내용이
누가복음 19:12, 14, 27의 바탕에 깔려 있다는 점이 흔히 지적되고 있다; 예를 들어, cf.
Evans 1990, 668f.

19) *Ant.* 17:250-64; *War* 2:39-50.

20) *War* 2:55; *Ant.* 17:269f.

21) *Apion* 1:34; 그리고 Schürer 1:534f.에서 다루어지고 있는 랍비 전승과 비교해
보라. 혁명 자체에 대해서는 *Ant.* 17, 271-2; *War* 2:56에서 서술되고 있고, 아래에서 좀
더 자세하게 논의될 것이다.

22) *Ant.* 17:286-98; *War* 2:66-79.

오에 의해 사로잡히기 전까지 그의 추종자들을 의적의 무리들로 조직하였던 아트롱게스(Athronges)라는 목자가 연루되어 있었다.[23]

주전 4년에 불어 닥쳤던 이러한 일련의 반란의 광풍은 분명히 헤롯의 죽음과 관련이 있는 것들로서, 헤롯의 죽음의 임박 또는 헤롯의 죽음이라는 사건은 새로운 질서가 출현할 것이라는 끈질긴 소망을 불러 일으켰다. 이것은 유대인들의 반란의 한 가지 중요한 원칙을 보여 준다: 평상시에는 억압적인 정부와 잔혹한 무력에 의해서 철저하게 억눌려서 비등하는 소요는 권력 공백이 나타났을 때에 끓어 넘칠 수 있다는 것이다. 또한 몇몇 그러한 운동들이 흔히 유대인들이 신이 그들에게 주신 자유 민족으로서의 지위를 축하하기 위하여 예루살렘으로 떼를 지어 몰려들었던 절기의 때에 특히 발생하였다는 것은 이 이야기 전체에서 상당한 의미가 있다고 할 수 있다.[24] 또한 이러한 반란들과 관련하여 통상적으로 등장하는 요소들은 그러한 운동들이 메시야적 또는 유사 메시야적 인물들에 의해서 주도되었고, 반란들에 대한 일반적인 진압 수단은 십자가 처형이었다는 점이다.[25]

물론 위에서 말한 것과 겹치긴 하지만, 또 하나의 중요한 원칙은 몇몇 경우에는 권력을 쥔 자들에 의한 도발이 너무도 심각해졌을 때에 반란은 성공할 가능성이 있는지의 여부를 떠나서 일어났다는 것이다.[26] 이 점은 헤롯이 죽고 10년 후에 일어난 사건들, 즉 주후 6년에 일어난 사건들이 아주 잘 보여 준다. 먼저 유대인들은 그의 부왕이었던 헤롯의 뒤를 이어 유대, 사마리아, 이두매를

---

23) *Ant.* 17:273-7과 278-84; *War* 2:57-98과 60-5.

24) '스타시스'(stasis, "봉기")가 절기들에 일어날 가능성이 가장 크다는 점을 지적하고 있는 Jos. *War* 1:88을 참조하라; 그리고 독수리상 철거 사건에 뒤이은 폭동들을 유월절 절기의 의미와 연결시키고 있는 *Ant.* 17:213-18을 참조하라.

25) 십자가 처형에 대해서는 특히 Hengel 1977을 보라.

26) 예언 문헌들에 토대를 둔 연대기적 고려들, 특히 "포로 생활" 70년 후에 해방될 것이라는 소망(단 9:2, 24; 렘 25:12; 29:10; 대하 36:21f.; cp. *Ant.* 10:267; 1:1)은 주전 4년과 주후 6년(로마의 최초의 침공이 있은 지 대략 70년후), 주후 66-70년(로마의 직접 통치가 시작된 지 대략 70년 후), 주후 132-5년(최초의 멸망이 있은 지 70년 후)에 돌연한 구원이 있을 것이라는 소망에 불을 지폈을 것이다. Beckwith 1980, 1981; Cohen 1987, 34를 보라. 또한 아래의 서술을 보라.

다스렸던 아켈라오의 폐위를 로마에 호소하였다. 아켈라오의 신하들은 그의 머리를 로마로 보냈고, 그는 이렇게 제거되었다.[27] 이보다 더 심각한 두 번째 사건은 단순히 경제적인 의미만이 아니라 한 유대인에게는 신학적인 의미도 있었던 로마의 인구조사의 강행 때문에 일어났다: 로마의 인구조사 명부에 이름을 올리는 것은 유대 땅과 그 백성이 결국 이스라엘의 신에게 거룩하지 않다는 것을 인정하는 것을 의미하였다. 우리가 잠시 후에 자세하게 살펴볼 "갈릴리 사람" 유다는 이 반란을 이끌었고, 요세푸스에 따르면, 이 반란은 두 세대 후에 일어난 유대전쟁에서 주모자들이었던 분파를 창설하는 계기가 되었다.[28]

다음 60년 동안에 일어난 대부분의 혁명 활동들은 후자의 유형, 즉 도발로 인식된 것에 대한 반응이었다. 아켈라오의 폐위는 유대가 이웃 수리아로부터 감독을 받는 속국이 아니라 독자적인 로마의 속주가 되었다는 것을 의미하였다. 일련의 여러 "총독들"은 서툴고 고압적인 태도로 유대를 통치하였고, 이것은 당연히 유대인들을 반란으로 내모는 효과를 가져왔다. 본디오 빌라도가 총독으로 재임하였던 10년(주후 26-36년) 동안만 해도 우리가 아는 것만도 적어도 일곱 차례나 그러한 반란 사건들이 발생하였다:

(1) 빌라도는 로마 군기들을 예루살렘으로 반입하려고 시도했지만, 엄청난 항의에 부딪쳐 물러나고 말았다.[29]
(2) 그는 성전 금고의 돈을 사용하여 수로를 건설하였고, 이로 말미암아 촉발된 저항을 분쇄하였다.[30]

---

27) *Ant.* 17:342-3; *War* 2:111-13. 또한 Schürer 1:353-7에 나오는 아켈라오 (Archelaus)에 대한 논의를 보라.

28) *Ant.* 18:4-10, 23-5; cf. *War* 2:118. 사도행전 5:37은 유다가 로마인들에 의해서 처형당했다고 주장한다. 이 사건 및 주후 6년과 66년 사이에 있었던 그 밖의 다른 혁명 활동들에 관한 설명에 대해서는 Rhoads 1976, ch. 3을 보라.

29) *Ant.* 18:55-9; *War* 2:169-74; 또한 Schürer 1:381, 384를 보라. 이와 비슷한 사건이 비텔리우스(Vitellius)가 주후 37년에 아레타스(Aretas)와 싸우기 위하여 파견되었을 때에 일어났다: *Ant.* 18:120-3을 보라.

30) *Ant.* 18:60-2; *War* 2:175-7; Euseb. *HE* 2:6:6-7; Schürer 1:385.

(3) 그는 군대를 보내어 성전에서 제사를 드리고 있던 몇몇 갈릴리 사람들을 죽였는데, 이는 아마도 폭동이 일어날까봐 염려되었기 때문인 것 같다.[31]

(4) 그는 예루살렘에서 일어났던 살인이 수반된 폭동을 이끈 지도자를 체포하여 사형 언도를 하였다: 그런 후에 그는 유월절을 맞아서 유대인들에 대한 호의의 표시로서 그 인물을 놓아 주었다.[32]

(5) 그 동일한 유월절에 그는 저항운동과 모종의 연관이 있었던 유사 메시야 운동에 직면하여, 그 지도자를 두 명의 통상적인 혁명가들과 함께 십자가형으로 처형하였다.[33]

(6) 그는 로마의 서원(誓願) 방패들을 예루살렘 궁전에 놓아 둠으로써(비록 우상들의 그림은 없었지만) 여론을 악화시켰고, 필로에 의하면, 이것은 유대인들만이 아니라 티베리우스 황제까지 짜증나게 만들었다고 한다.[34]

(7) 마지막으로 그는 사마리아에서 있었던 대중적인(그리고 분명히 비혁명

---

31) 눅 13:1.

32) 누가복음 23:18-25. 바라바의 활동들에 대한 누가의 묘사(도시[pollis]에서 일어난 봉기[stasis] 동안에 살인[phonos]을 저질렀다)는 요세푸스의 글에 나오는 내용과 아주 비슷하다.

33) 나사렛 예수에 대해서는 제2권을 보라. *Ant.* 18:63-4에 나오는 요세푸스의 기사는 논란이 심하지만(Schürer 1:428-41; Baras 1987의 논의들을 보라), 그 내용들 중 적어도 일부는 원래의 것일 가능성이 있는 것으로 보인다. 가장 중요한 문장인 ho christos houtos en은 흔히 생각하는 것과는 달리 "이 사람은 메시야였다"를 의미하는 것이 아니라, 관사의 위치를 보아서 "메시야가 이 사람이었다"를 의미한다. 이것이 주는 의미는 요세푸스가 그의 독자들이 ho christos라는 칭호로 불렸던 어떤 자에 대해서 이미 들었다는 것을 전제하고(cf. Suet. *Claudius 25, impulsore Chresto*), 이 사람을 그가 지금 묘사하고 있는 사람과 동일시하고 있다는 것이다. 예수의 추종자들과 관련하여, 예수의 제자들 중 적어도 일부는 그들 자신이 민족 해방운동에 참여하고 있다고 믿었을 가능성이 높다. 제자들 중의 한 사람의 호칭인 Simon ho Kananaios(막 3:18) 또는 "열심당원(Zelotes) 시몬"(눅 6:12)은 혁명적 성향들을 보여 준다. Hengel 1989 [1961], 69, 각주를 보라. 예수를 '레스타이'와 동일시하는 것에 대해서는 마태복음 26:55과 그 병행문들, 현재의 프로젝트 제2권을 보라.

34) Philo *Leg.* 299-306. 이 사건(필로의 작품을 통해서 기록된)과 복음서들에 나오는 사건들은 요세푸스가 기록하지 않은 그와 같은 성격의 사건들이 몇 번 더 있었을 가능성이 크다는 것을 보여 준다.

적인) 예언운동을 참으로 무자비하게 탄압하였다. 이 때문에 그는 수리 아에서 로마 황제의 특사 앞에서 재판을 받고 로마로 소환되었다.[35]

이보다 심한 일들이 꼬리를 물고 일어났다. 과대망상증 환자였던 가이우스 황제는 얌니아에서 일어난 반로마적인 사건에 자극을 받아서 유대인들의 율법과 유대인들이 심하게 꺼리는 것을 의도적으로 짓밟기 위하여 자신의 거대한 조상(彫像)을 예루살렘 성전에 안치시키는 일을 강행하고자 하였다. 철학자 필로의 장편의 이유 있는 항변을 불러일으킨 것이 바로 이 조치였다.[36] 그러나 가이우스는 단호했지만, 다행히 그가 일찍 죽음으로써, 이 신성모독적인 행위와 그로 인한 끔찍한 결과들이 미연에 방지될 수 있었다.[37]

끊임없는 도발이 잠시 멈춘 것은 헤롯 대왕의 손자였던 헤롯 아그립바의 치세 동안이었다. 로마인들은 아그립바로 하여금 주후 41년부터 그가 44년에 일찍 요절할 때까지 총독을 대신하여 유대를 다스리게 하였다. 그가 겉으로 보여 준 경건, 유대인들이 꺼리는 일들을 애써 피하고자 노력한 그의 태도로 인해서, 혁명의 기운들을 막을 수 있었다.[38] 그러나 총독들에 의한 통치가 재개되면서 다시금 반란에 관한 소식들을 우리는 듣게 된다. 의적들에 대한 대규모의 일제 소탕 작전이 진행되는 동안에 "의적 두목"(아르킬레스테스) 톨로마에우스(Tholomaeus)가 40년대 중반에 쿠스피오스 파두스(Cuspios Padus)에 의해서 처형되었다.[39] 이 무렵에 예언자를 자칭하였던 테우다스(Theudas)라는 한 지도자가 요세푸스 및 사도행전에 언급될 정도로 대중적인 지지를 불러 일으켰던 혁명운동을 이끌었다. 그러나 이 혁명 또한 로마군에 의해 진압되었고, 테우다스는 처형되었다.[40] 그 후 우리는 갈릴리 사람 유다의 두 아들인 야곱과 시몬이 티베리우스 알렉산더가 총독으로 재임하던 시

---

35) *Ant.* 18:85-9.

36) Philo *Leg.*

37) *Ant.* 18:302-8; *War* 2:203. 이 사건에 대해서는 Schürer 1:394-8을 보라.

38) 그의 치세와 그 결과들에 대해서는 Schürer 1:442-54를 보라.

39) *Ant.* 20:5.

40) *Ant.* 20:97-9; 행 5:36. 여기에서 누가는 이 사건을 한편으로는 갈릴리 사람 유다가 이끈 운동, 다른 한편으로는 나사렛 예수가 이끈 운동과 같은 선상에 놓는다.

절에(주후 46-8년) 십자가형으로 처형당했고,[41] 이어서 그의 후계자였던 쿠마누스(주후 48-52년) 시절에 유월절 동안에 폭동이 일어나서 대략 2만 명가량의 유대인들이 죽은 일과 의적들이 로마군을 공격한 사건, 이어서 로마 군대가 성전을 약탈하는 사건 등 여러 번의 폭동이 일어났다는 소식을 듣게 된다.[42] 쿠마누스는 이후의 사건에 과잉반응을 하였는데, 그의 복잡한 심경은 당시의 문제들을 잘 보여 준다. 몇몇 갈릴리 사람들이 절기를 맞아 사마리아를 거쳐서 예루살렘으로 가는 길에 살해당하는 사건이 일어났다. 유대인들은 사마리아에 대하여 무력 보복을 감행하였다. 쿠마누스는 원래의 사건들의 비중에 어울리지 않게 과도한 무력을 사용하여 이에 대응하였다. 그 후 유대인들은 글라우디오 황제 앞에서 쿠마누스가 사마리아인들을 편애한다는 고소를 하였고, 이러한 유대인들의 고소는 먹혀들었다.[43] 유대인 의병대장들이었던 엘르아살 벤 데이네우스(Eleazar ben Deinaeus)와 알렉산더는 쿠마누스의 후임인 펠릭스(주후 52-60년)에 의해서 마침내 체포되었는데, 펠릭스는 이어서 파두스가 주후 44-6년에 했던 것처럼, 유대 땅 전역에서 의적들(lestai)을 소탕하여 상당수의 사람들을 십자가형으로 처형하였다.[44]

의적들이 소탕된 것은 일시적인 현상이었다. 요세푸스는 이때쯤 해서(50년대 말과 60년대 초) 그가 시카리(Sicarii), 즉 "단도를 품은 자들"이라 부르던 집단이 생겨났다고 말한다.[45] 아울러 요세푸스가 "거짓 선지자들"로 지칭했던 집단들이 유대 광야에서 활동을 하고 있었다.[46] 한 애굽 출신 유대인은 많은 무리들을 감람산에 모아놓고 성벽이 무너져서 예루살렘으로 들어가 승리를 거두게 될 것이라고 무리들에게 약속하였다. 수천 명에 달했던(정확한 숫자는

---

41) *Ant.* 20:102; cf. Schürer 1:457.

42) *Ant.* 20:105-12; *War* 2:224-7; *Ant.* 20:113-17; *War* 2:228-31.

43) *Ant.* 20:118-36; *War* 2:232-46. 이 사건의 세부적인 내용과 Tacitus의 기사 (*Ann.* 12:54)의 문제점에 대해서는 Schürer 1:459f.를 보라.

44) *War* 2:253.

45) *Ant.* 20:185-7; *War* 2:254; cf. Tac. *Ann.* 12:54. 시카리 당에 대해서는 특히 Hengel 1989 [1961]:46-53; Horsley 1979b를 보라.

46) *War* 2:258-60. 또한 *War* 2:264-5.에 나오는 "협잡꾼들과 의적들"이라는 표현도 참조하라.

자료들마다 상당히 다르다) 그의 추종자들은 로마군에 의해 죽임을 당했고, 그 자신은 몸을 피하여 다시는 모습을 나타내지 않았다.[47] 또한 유대인들의 사회적 지위와 관련하여 가이사랴에서 여러 번 폭동들이 있었고, 그 외에도 의적 활동에 대한 많은 증거들이 있다.[48] 펠릭스 후임으로 총독으로 부임했던 포르키우스 페스투스(Porcius Festus, 주후 60-2년)가 제일 먼저 한 일들로는 자신의 추종자들에게 "구원과 번뇌로부터의 해탈"를 약속했던 어떤 "사기꾼"을 처형한 일[49]과 유대인들이 꺼리는 일들을 자행함으로써 소요를 불러일으켰다는 죄목으로 펠릭스 앞에 끌려온 어떤 이상한 떠돌이 유대인을 처리하는 일이었다.[50] 의적들에 대한 추가적인 처형에도 불구하고,[51] 페스투스의 두 후임자였던 루케이우스 알비누스(주후 62-5년)와 악명 높은 게시우스 플로루스(주후 65-6년)의 유대인들을 전혀 고려하지 않은 행동들로 말미암아 혁명운동들은 더 급속하게 번져 나갔는데, 특히 플로루스는 의적들을 통제할 수 없게 되자 사실상 그들에게 지원을 해 주면서 그들의 약탈물들을 나누어 가졌다고 요세푸스는 말한다.[52]

유대 전쟁이 일어나기 전 수년에 걸친 혁명운동들에 대한 이러한 간략한 열거만으로도 당시 유대 땅의 전체적인 분위기가 충분히 전달될 수 있다고 나는 생각한다. 이것은 다음과 같은 꽤 분명한 결론을 밑받침해 준다: 갈릴리 사람 유다에 의해서 시작된 한 분파가 주후 66년에 일어난 로마와의 전쟁을 향하여 민족 전체를 몰아간 것에 대하여 전적인 책임이 있다는 요세푸스의 주장은 완전히 거짓이었다는 것이다. 로마의 지배 기간 내내 이런저런 부류의 혁명의 기운은 항상 감돌고 있었고, 갈릴리와 (특히) 예루살렘에서 실제로 자

---

47) *War* 2:261-3 (30,000명의 추종자들); 행 21:38 (4,000명).

48) *Ant.* 20:173-7: *War* 2:266-70.

49) *Ant.* 20:188.

50) 행 25:1-12.

51) *War* 2:271.

52) *Ant.* 20:252-7. 물론 이것은 요세푸스의 과장일 것이다. 그러나 만약 의적들 중의 적어도 일부가 로마 및 부유한 유대인들과의 투쟁을 수행하기 위하여 한 로마 관리와의 일시적인 연대를 필사적으로 확보하고자 했다면, 이런 일이 불가능한 것도 아니다. 플로루스(Florus)에 대한 폭넓은 반감에 대해서는 *War* 2:293, 403을 보라.

주 혁명운동들이 일어났다. 이러한 혁명운동은 열심당 또는 시카리(Sicarii)로 불리던 한 집단에만 국한되었던 것은 아니었다. 한 지역에서 진압되면, 다른 지역에서 또다시 혁명이 일어났다.[53] 이와 같은 사정은 유대 전쟁으로 인한 참화 이후에도 여전히 마찬가지였던 것으로 보인다. 바르 코크바가 메시야로 선포되었을 때, 전국에 걸쳐 수많은 사람들이 기꺼이 다시 한 번 봉기하여 로마의 멍에를 꺾어버리려고 했던 것은 분명하다.

이러한 혁명 활동의 폭넓은 토대가 바로 유대 전쟁(주후 66-73년)의 밑거름이 되었다. 이 전쟁에 관한 역사는 사람을 헷갈리게 만들 정도로 복잡한데, 이는 특히 이 전쟁이 로마에 대항한 저항 전쟁임과 동시에 내전의 성격도 띠고 있었기 때문이다. 사람들은 서로 뭉쳐서 집단과 파당을 형성하였고, 이 파당과 집단들은 서로 싸우고 다시 헤쳐 모였으며, 서로 다른 시기에 예루살렘의 각기 다른 구역들을 장악하였고, 자기 자신과 서로서로를 각기 다른 이름으로 불렀으며, 일반적으로 당시의 사람들의 삶을 고단하게 만들었을 뿐만 아니라 오늘날의 역사가의 삶도 고단하게 만들었다. 이 시기에 특히 세 명의 인물이 두드러진다. 기샬라의 요한(John of Gishala)이 갈릴리에서 예루살렘으로 와서 열심당을 이끌고 이 반란에 참여하였다. 결국 그는 전쟁 말기에 체포되어 종신형을 선고받았다.[54] 갈릴리 사람 유다의 후손이었던 므나헴(Menahem)은 시카리당 출신의 메시야를 자칭한 인물로서 마사다에서 예루살렘으로 왔다. 그는 왕의 복장으로 잠시 모습을 나타낸 뒤에 경쟁 집단에 의해서 살해되었다.[55] 시몬 벤 기오라(Simon ben Giora)는 그의 추종자들과 로마인들에 의해서 "유대인의 왕"을 참칭하는 가장 유력한 인물로 취급되었던 것 같다. 왕으로서 그의 일생은 베스파시아누스가 로마에 개선함으로써 굴욕

---

53) 나는 이 점과 관련하여 Goodman 1987, 108와 실질적으로 의견이 같다: "주후 1세기 유대교에서는 단독적인 반로마 운동이라는 것은 존재하지 않았다: 그와는 반대로 주후 6년보다 훨씬 이전에, 아마도 마카베오 시대에 기원하였던 반이방인적인 태도들이 그 강도(强度)에서는 차이가 있었지만 수많은 서로 다른 집단들을 고무시켰고 유대인 전체에 스며들어 있었다." 또한 Horsley and Hanson 1985, xv를 보라.

54) John of Gischala에 대해서는 *War* 2:590-632; 4:98-577; 5-6, *passim*; 7:118, 263-4를 보라.

55) *War* 2:433-49.

과 죽음으로 끝이 났다.⁵⁶⁾ 더 이상 살펴보지 않아도, 우리는 다시 한 번 "저급한 집단들"이 로마와의 갈등 전체에 대하여 책임이 있는 것으로 말했던 요세푸스 자신의 전체적인 발언들이 극히 잘못된 것이고 부적절하다는 것을 알게 된다.

그렇다면 이러한 운동들을 수행한 사람들은 과연 누구였던가? 이 점과 관련해서 일치된 의견은 존재하지 않는다. 우리는 최근의 학계에서 받아들여져 온 해석의 흐름들을 크게 세 가지로 구분해 볼 수 있을 것이다. 세 가지 해석의 흐름은 (a) 열심당 주도설; (b) 귀족층이 이 문제를 일으킨 진정한 장본인들이었다는 학설; (c) 판이하게 다른 여러 집단들 속에서 그 이유를 찾는 학설 등이다.⁵⁷⁾

첫째, 갈릴리 사람 유다에 의해서 시작되어(요세푸스의 말을 빌리면) 그의 가문과 연관 집단들 사이에서 계속되다가 유대 전쟁으로 발발된 커다란 저항의 흐름, 전체적으로 통일적인 운동과 이데올로기가 존재했다는 주장이 있다. 마틴 헹엘(Martin Hengel)에 의해서 강력하게 주장되었던 이 입장에 대해서는 할 말이 아주 많다.⁵⁸⁾ 사실 우리는 "열심당"이라는 호칭 자체가 유대 전쟁 동안에 파당들이 서로 싸우면서 한 특정집단에 의해서 자신의 집단을 가리키는 명칭으로 사용되었다는 것을 인정해야 한다. 게다가 이 집단은 바로 그때에 탄생되었던 것으로 보인다. 그러나 명사 "열심"과 형용사 "열심 있는"이라는 말들은 반로마적인 태도와 활동을 좀 더 일반적으로 가리키는 데 널리 사용되었다는 것도 분명히 사실이다. 이로 보건대, 이 특정 집단은 자신의 집단

---

56) *War* 5-6, *passim*: 7:25-36, 153-4. 시몬이 "다윗" 왕조를 참칭한 것에 대해서는 Horsley and Hanson 1985, 119-27을 보라.

57) 이것은 고도로 복잡한 문제들에 대한 어느 정도의 지나친 단순화를 포함할 수밖에 없다. 예를 들어, 나는 요세푸스의 "공식적인" 입장을 받아들여서 주후 1세기 동안에 유대인들 사이에서는 반로마적이고 혁명적인 성향이 그리 크지 않았다고 주장하는 Cohen 1987, 27-34와 같은 견해들을 다루지 않을 것이다. 이러한 투쟁 전체의 상세한 내용에 대해서는 Rhoads 1976, ch. 4을 보라. Rhoads는 유대교 내의 파당들 간의 논쟁을 불러일으키게 된 적어도 10가지 이유를 들고 있다(148f.). 열심당에 대한 오늘날의 기독교적인 연구에 대해서는 Schwartz 1992, ch. 8의 흥미로운 논문을 보라.

58) Hengel 1989 [1961]. 또한 Hayward in Schürer 2:598-606; Stern 1973을 참조하라.

에 이름을 붙이면서 전혀 새로운 개념을 창출해내었다기보다는 많은 사람들
이 사용해 왔던 단어를 가로채서 사용했던 것으로 보아야 한다.[59] 심지어 열심
당이 60년대에 새롭게 형성된 작은 파당이었다는 주장의 근거가 되는 글을
쓴 요세푸스 자신의 이 단어에 대한 용례들도 그가 "열심당"이라 불렸던 일부
사람들은 이 좁은 집단의 구성원이 아니었다는 것을 보여 준다.[60] 그리고 로마
에 대한 저항의 전체적인 목표를 말하고 있는 이 단어는 이런저런 식으로 마
카베오 혁명을 회고하며 예언들이 성취되어 그들의 신이 이방 세력을 물리치
고 자기 백성을 다스릴 위대한 날을 고대했던 민족적인 분위기를 요약하고 있
었다는 것은 의심할 수 없는 사실인 것으로 보인다.[61]

둘째, 이와 유사한 주장이 마틴 굿맨(Martin Goodman)에 의해서 제기되

---

59) 많은 참조 본문들 중에서도 특히 *T. Levi* 6:3; *T. Jud.* 9:2ff.; *Jub.* 30:18; 1QH
2:15를 보고, 기독교 본문들로서는 행 21:20; 2:3; 롬 10:2; 갈 1:14; 빌 3:6을 보라. 이
러한 구절들 및 그 밖의 다른 구절들에 대한 Hengel의 논의(1989 [1961], 177-83)는 지
나치게 조심스러워서 바울을 그가 다른 곳에서 서술하고 있는 운동들과 구별할 수 없
다; 결국 그의 설명에 의하면, 바울의 "열심"은 바울 자신이 이교 사상과의 타협이라고
보았던 것들에 대한 폭력적인 행위들을 초래하였다. "열심"은 단순히 경건으로 환원될
수 없다.

60) (a) *War* 2:444를 보면, 거기에서 메시야를 참칭한 므나헴(Menahem)은 "무장한
열심당원들"(zelotas enoplous)을 이끌고 왕의 복장을 한 채 성전으로 간다. Loeb 판본
에서 Thackeray는 헬라어 본문이 더 구체적인 집단을 가리키는 것같다는 주를 달고 있
긴 하지만, 이 본문을 "무장한 광신도들"이라고 번역하고 있다. (b) *War* 2:564는 시몬
의 아들 엘르아살과 그의 "휘하에 있는 열심당원들"이라고 말한다: tous hyp' auto
zelotas라는 어구는 Thackeray가 "그에게 순종하는 숭배자들"이라고 번역하고 있지만,
이러한 번역은 별로 좋지 않은 것같다. (c) *War* 2:651는 전쟁 전에, 즉 "열심당"의 지도
자인 기샬라의 요한(John of Gischala)이 예루살렘에 당도하기 전에 "열심당원들"이 예
루살렘에 있었다고 말한다(Donaldson 1990, 34는 이것을 Horsley의 주장에 대한 예외
라고 지적한다: 아래를 보라). (d) *War* 4:225는 엘르아살 벤 기온(Eleazar ben Gion,
또는 시몬)과 사가랴 벤 암피칼루스(Zacharias ben Amphicalleus)를 열심당의 지도자
들이라고 말한다. 이 모든 것에 대해서 Hengel 1989 [1961], 380-404를 보라. *Ant.*
12:271에서 원래의 마카베오 혁명의 지도자였던 맛디아(Mattathias)에 관하여 이와 비
슷한 표현을 사용하고 있는 것에 대해서는 Hengel 155를 보라.

61) 자세한 것은 아래 제10장을 보라.

어 왔는데, 그는 로마에 대한 폭넓은 저항이 존재했다는 헹엘의 주장에 동의
하면서도 그러한 운동들을 주도적으로 이끌었던 지도층은 사회의 하층민들이
아니라 유대인들의 지배 계층에 속한 인물들이었다고 주장한다.[62) 굿맨에 의
하면, 그들은 헤롯 왕조가 몰락한 후에 백성 전체의 염원과는 반대로, 또한 백
성들이 몹시 싫어하는 가운데 로마인들에 의해서 소수 권력층으로 이루어진
괴뢰 정권을 이루고 있었다. 그들은 유대 전쟁을 도발한 최우선적인 책임이
있었고, 아울러 유대 전쟁을 이끌면서 자기들 내에서 파당을 이루어 경쟁함으
로써 전체적인 혼란에 기여하였다 — 전쟁 이전에도 그들 내부에 암투가 있었
다는 증거들이 있다.[63) 이러한 주장은 귀족층은 반란으로 인해서 많은 것을 잃
을 수 있기 때문에 반란을 거부하였다는 통설과 어긋난다. 굿맨은 일단 전쟁
이 일어날 가능성이 커지자 귀족층은 로마 편에 서기보다는 유대인들에 의해
서 그들의 민족지도자들로 취급되어서 권력을 다시 보유할 기회를 노리려는
의도로 승부수를 던졌다고 설득력 있게 논증한다. 비록 로마인들이 이겼다고
할지라도, 반란을 막지 못한 책임이 있는 괴뢰 정권은 결코 호의적인 대접을
받지 못할 것이었다는 주장이다.

그러나 굿맨이 유대 전쟁 중의 모든 주요 지도자들이 실제로 귀족층이었다
고 주장하는 것은 증거를 훨씬 뛰어넘는 것이라고 나는 생각한다. 예를 들어,
시몬 벤 기오라의 출신 배경에 관한 그의 논증들은 아주 좋게 말해서 그가 귀
족 출신이었다는 것을 입증해 주는 것이 아니라, 우리가 통상적으로 생각하고
있듯이, 시몬에 관하여 별로 모르고 있다는 것을 입증해 준다.[64) 역으로 굿맨
은 이러한 봉기에 "의적들"이 참여했다는 사실을 일관되게 최소화시키고, 실
제적으로 별 증거도 없는 귀족층의 참여를 가설로 제시한다.[65) 그가 주장하듯

---

62) Goodman 1987.

63) 바리새인들은 서로에 대하여 애정을 가지고 있었던 반면에, 사두개인들은 상호
간 및 외인들에 대하여 무례하고 오만하였다는 요세푸스의 말과 비교해 보라: *War*
2:166.

64) Goodman 1987, 202-6.

65) 예를 들면, 의적들의 개입을 최소화시키고 있는 167ff.; (확고한 증거도 없이) 전
임 대제사장 아나니아(Ananias)의 아들인 엘르아살이 전쟁을 촉발시키는 데 일조했던
플로루스(Florus)에 대한 "농담"의 장본인들 가운데 하나였다고 말하는 170ff.

이, 의적들에 대한 요세푸스의 모든 언급들이 자신과 같은 귀족층이 반란에 참여한 것을 은폐하려는 허구적인 말들에 불과하다는 것은 내게는 전혀 가능성이 없어 보인다. 요컨대, 굿맨은 요세푸스 자신의 그림의 거울에 반사된 이미지를 제시한다: 요세푸스가 자신이 속한 계층의 무고함을 입증하기 위하여 하층민들을 비난하였다고 한다면, 굿맨은 이 반란 사건을 귀족층이 주도한 것으로 바꾸어 놓고, 요세푸스가 옹호했던 자들에게 죄를 덮어씌우기 위하여 귀족층들을 혁명가들로 둔갑시켜 놓았다.

셋째, 훨씬 더 다양한 설명을 가능하게 하는 주장도 제기되어 왔다. 리처드 호슬리(Richard Horsley)는 일련의 논문들과 두 권의 책을 통해서 각기 다른 사회적 출신배경 및 대의명분들을 내세웠던 서로 구별되는 몇몇 집단들이 이 전쟁에 연루되어 있었다고 주장했다.[66] 그는 통상적인 의적들(lestai)과 본래의 "열심당"을 구분해서, 열심당이라는 이 독특한 집단은 주후 66년에 전쟁이 시작되면서 생겨났고, 이 두 집단은 모두 각기 다른 과제들을 지닌 테러 집단으로서 지식층 및 서기관 계층에서 원래 생겨났던 "시카리 당"으로부터 유래하였다고 주장한다. 그는 행엘이 이 모든 집단들을 별 생각없이 하나의 폭넓게 일반화된 설명 아래 포섭하였다고 말하고, 이 집단들을 구별할 뿐만 아니라 이 집단들 중의 하나(엄밀하게 말해서 "열심당")를 그들의 사회적, 문화적 곤경에 대하여 반응한 것으로서 복권시키고자 시도한다.[67]

호슬리의 견해를 정당하게 다루는 것은 중요하다. 사실 "열심당"에 대한 대다수의 언급들은 요세푸스가 『유대 전쟁기』 4:130-61에서 묘사했고, 기샬라의 요한이 한 번의 속임수 후에 가입하였던(4:208-23) 한 특정한 집단을 가리킨다. 그리고 시카리 당은 이와는 달리 유대 전쟁 기간 동안에 마사다를 근거지로 한 집단으로서, 주후 1세기 초에 활동했던 갈릴리 사람 유다와 가문상으로 분명한 연관관계를 가지고 있었다.[68] 호슬리는 유대 전쟁의 발발이 조직

66) Horsley 1979a, 1979b, 1981, 1984, 1985(Hanson과의 공저), 1986a, 1986b, 1987.

67) 1986b, 158-61, 190-2. Horsley의 설명은 중요한 수정을 가해서이긴 하지만 Donaldson 1990; Crossan 1991, chs. 6-10에 의해서 지지를 받고 있다.

68) 예를 들면, *War* 7:253f., 262, 324:1을 보라. 나는 마사다가 "열심당의 최후의 거점"이었다는 생각을 Horsley가 의기양양하게 "타파"하고 있는 것의 의미를 잘 알지 못

화되고 지속적인 단일한 유대인들의 저항운동의 결과가 아니라 수많은 흐름들의 융합을 통해서 일어났다는 점을 보여 주는 데 성공하였다고 나는 생각한다. 그러나 이것은 "열심당 개념의 죽음"이라는 그의 말[69] 또는 혁명의 진정한 추진력은 신학적 요인들이 아니라 사회적 요인으로부터 왔다는 그의 빈번한 주장[70]이 옳다는 것을 보장해 주지는 않는다. 우리가 제2부에서 살펴보았듯이, 그러한 이분법적 사고는 일반적으로 역사적 연구를 행하는 데에 대단히 위험하고, 주후 1세기 유대교의 문화를 다루는 연구에서는 한층 더 위험하다. 그리고 호슬리 자신이 스스로 인정하고 있듯이, 혁명은 "열심당"에 국한되었던 것이 아니라 훨씬 더 광범위하게 퍼져 있었고,[71] "열심"과 "열심 있는"이라는 단어들은 신과 토라에 대하여 열심이 있었던 온갖 부류의 유대인들을 지칭하는 데 통상적으로 사용되었으며, 그들 중의 일부는 무력을 사용할 정도로 "열심"

하겠다(Horsley and Hanson 1985, xv): 마사다는 시카리 당의 최후의 거점이었던 것으로 보이고, Horsley가 스스로 보여 주었듯이, 그들은 이전의 저항 운동과의 연속성을 주장했던 집단이었다. Hengel은 "시카리당"은 이런 이름으로 스스로를 부르지 않았지만, 그들 자신만이 진정한 "열심당"이고 나머지 분파들은 그 패러디에 불과한 것이라고 여겼다는 주장을 편다(1989 [1961], xvi-xvii).

69) 1986a, 3; cp. 1981, 409; 984, 472.

70) 어쨌든 이러한 분리는 잘못된 것이다. 왜냐하면 혁명의 원인 중의 하나가 사회적, 신학적 문제였던 땅에 대한 더럽힘에 관한 문제였기 때문이다. 1986b, 158에서 Horsley는 그의 논증들의 해석학적 전제들 가운데 일부를 보여 준다: Horsley의 논증은 1960년대에 예수를 무저항의 선지자로 그리기를 원하여, 이에 대한 역사적 포장이 필요했던 자들에게나 유용한 것이었다고 그는 말한다(Horsley and Hanson 1985, xiii-xvi에서도 마찬가지다). 이것은 사실일 수도 있고 사실이 아닐 수도 있다: 역사는 그러한 해결 과제들이나 그 반영(反映)들에 잘 협조해 주지 않는다(1986b, 192). 어쨌든 "열심당"이라는 말의 사용을 주후 1세기의 60년대로 국한시키고 있는 Horsley가 전적으로 옳다고 할지라도, 이것은 여전히 예수 시대에 폭력적인 저항을 주장하는 자들이 없었다거나 예수의 가르침 중에 그러한 운동들을 향한 말씀들이 없었다는 것을 의미하지는 않는다(그가 1986b, 161에서 은연중에 내비치고 있듯이). 이에 대해서는 Borg 1971: 984, chs. 2-3을 보라. 그러므로 문제는 예수 시대에 폭력을 주장하는 자들이 있었는지, 또는 그들이 어떤 이름으로 불렸는지에 관한 것이 아니라, 예수가 그들에게 어떠한 태도를 취하였느냐 하는 것이다. 이에 대해서 우리는 다음 권에서 살펴볼 것이다.

71) Horsley and Hanson 1985, xxi.

을 지니고 있었다는 것은 틀림없는 사실이다.[72] 이러한 집단들 또는 개인들은 우리가 요세푸스의 글을 통해서 알고 있는 "열심당"과 연관이 없었겠지만, 이 둘을 이데올로기적으로 엄격하게 구별하는 것은 위험한 일이다. 어쨌든 호슬리의 주장은 방법론적으로 위험성을 안고 있다. 그는 요세푸스의 글을 나름대로 면밀히 읽은 결과를 토대로 "열심당"을 하나의 특정한 집단으로 구분하고자 한다. 이와 동시에 그는 요세푸스를 특정한 한 집단을 유대 전쟁에 유일하게 책임이 있는 집단으로 규정한다고 해서 비판하고 있는데, 이는 지당한 말씀이다.

결론적으로 말해서, 주후 1세기 전체에 걸쳐서 "열심"에 관한 전승, 마카베오 가문을 거쳐서 비느하스와 엘리야에 대한 기억에까지 소급되는 전승을 기치로 내걸었던 수많은 운동들이 존재했을 가능성은 대단히 큰 것으로 보인다. (이 인물들은 원래 그들 각자의 상황 속에서는 틀림없이 유대인들의 삶의 여러 흐름들을 대변했겠지만, 대중들의 기억 속에서는 그들은 모두 다양한 방식으로 그들의 신을 위한 "열심"으로 행동했던 인물들로 서로 결합되어 있었다.[73] 이 집단들 중의 하나인 시카리 당은 주전 1세기 중엽부터 마사다의 함락 때까지 헤롯에 의해 죽임을 당한 의병대장 히스기야를 필두로 헤롯 사후에 일어난 반란의 지도자였고 주후 6년에 일어난 호구조사에 반대하는 폭동들의 지도자였던 그의 아들 유다로 이어진 일종의 왕조를 이루고 있었던 것으로 보인다.[74] 앞에서 보았듯이, 갈릴리 사람 유다의 아들들은 40년대 중반에 티베리우스 알렉산더 치하에서 십자가형으로 처형당했고, 또 다른 후손이었던 므나

---

72) Horsley 1979a, 58은 그가 "공식적인 열심당원들," 즉 저항 운동가들과 날카롭게 구별하고 있는 "의적들"도 "열심"에 의해서 고무되었다는 것을 인정한다. 또한 행 22:3; 갈 1:14; 롬 10:2; 빌 3:6을 보라.

73) cf. Hengel 1989 [1961], 146-83과 거기에 나오는 수많은 참고문헌들.

74) 이 유다들을 동일시하는 것은 두 명의 Loeb 판본의 편집자들이 서로 의견이 맞지 않을 정도로 불확실하다. Wikgren은 긍정적이고(*Ant.*17:271), Thackeray는 부정적이다(*War* 2:118). Hengel (1989 [1961], 293, 331)은 Kingdon 1972/3, 80 및 Stern 1973, 136과 마찬가지로 이러한 동일시를 지지하고, Horsley는 이를 거부한다(1984, 485; 또한 Donaldson 1990, 24도 이를 따른다). Schürer 2:600, n.12에 나오는 자세한 내용을 보라.

헴은 유대 전쟁 중에 마사다에서 시카리 당의 메시야적 지도자로 활약하다가 예루살렘에서 죽임을 당한 후에 그의 조카이자 야이로의 아들이었던 엘르아살에 의해 계승되었다. 이 집단의 구성원들이 유대 전쟁의 지도자들이었다고 다른 집단들이 생각했다고 볼 이유도 없지만, 이 집단과 그 밖의 다른 어떤 집단 사이에 이데올로기적인 뚜렷한 차이가 있었다고 볼 이유도 없다.[75] 사회적 출신배경과 조직에서 상당한 다양성을 지니고 있었던 이러한 집단들은 정도 차이는 있었겠지만 어느 정도 사회경제적으로 박탈당한 계층이라는 배경을 공유하고 있었고, 아울러 가장 중요한 것은 신학적 상징들과 개념들의 공통된 유산을 공유하고 있었다는 것이다. 우리는 이후의 장들에서 이 분야들을 좀 더 자세하게 살펴보게 될 것이다.[76]

이 시기 전체에 걸쳐서 혁명의 기운이 감돌고 있었다고 한다면, 그런 분위기는 우리가 알고 있는 그 밖의 다른 집단들이 내건 대의명분들과 과연 합치하는 것이었는가? 우리의 연구에서 이러한 집단들 가운데 가장 중요한 집단은 말할 것도 없이 바리새파인데, 우리는 지금부터 이들에게 눈을 돌리지 않으면 안 된다.

3. 바리새파

---

75) 이에 반대하여 Horsley는 극히 중요한 균열은 그가 어느 정도 긍정적으로 보는 열심당(협의로 정의된)과 그가 부정적으로 보는 시카리 당의 균열이라고 본다.

76) 나는 대체로 Hengel의 저작의 개요에 동의하지만, 많은 경우 다른 용어들을 사용하였으면 싶고, 서로 다른 여러 집단들의 독특성들을 좀 더 부각시킬 필요가 있다고 생각한다. Horsley가 몇 가지 점에서 M. Smith(예를 들면, Smith 1977 (1956), 1971)의 논문들에 의존하고 있는 것은 잘못된 것으로 보인다. Borg 1971은 요세푸스의 저작 속에서 "열심당"이라는 단어가 제한적으로 사용되었다는 것을 올바르게 강조하고 있지만, "열심당"이라는 용어가 통상적으로 가리키는 실체, 즉 그 당시 널리 확산되어 있었던 종교적으로 고무되어 있었던 로마에 대한 저항 운동에 의문을 제기할 수 없다는 것과 그러한 저항은 단지 한 집단의 전유물(專有物)이 아니라 "모든 중후한 집단들에 속한 구성원들을 포괄하였다"는 올바른 결론을 내리고 있다(511f.). 또한 이것은 내가 적어도 Goodman의 주장을 수정하고자 한다는 것을 의미한다: 즉, 모든 것을 귀족층의 책임으로 돌릴 수는 없다는 것이다.

(i) 자료들

여기에서 바리새파에 관한 완전한 역사를 서술하는 것은 물론 불가능하다. 이와 관련하여 많은 학자들이 지금까지 수고해 왔고, 나도 그들의 수고 속에서 한 몫을 해 왔다.[77] 여기에서 나의 목적은 성전 파괴 이전의 백여 년에 걸친 바리새파 운동의 주요한 대의명분들을 추적하는 것이다. 바리새파의 기원 및 바리새파라는 명칭의 의미를 비롯한 몇몇 난해한 문제들에 대해서 나는 여기에서 새롭게 말할 것이 없다. 그렇지만 바리새파를 어떻게 이해하느냐에 따라서 우리가 나중에 다루게 될 예수와 바울에 관한 논의가 달라질 것이기 때문에, 우리는 이 집단에 대하여 어느 정도 자세하게 살펴보지 않으면 안 된다.

이미 잘 알려져 있듯이, 바리새파에 대한 연구를 위해 사용되는 자료들은 문제 투성이다. (1) 스스로 바리새파로 자처했다고 보통 생각되고 있는 요세푸스는 바리새파에 관하여 명시적·함축적으로 쓰고 있는데, 그들을 주전 마지막 두 세기에 걸쳐서 상당한 정도의 사실상의(de facto) 권력을 휘두르다가 그 이후에 역사의 무대에서 사라진(또는 적어도 요세푸스의 글에서 사라진) 정치집단으로 묘사한다.[78] (2) 쿰란 두루마리들 속에서 바리새인들에 대한 언급이 거의 암호화되어 있다는 사실은 바리새파가 적어도 주전 1세기 후반에 상당한 영향력을 미치고 있었음과 동시에 당시에 독자적인 분파를 이루고 있었던 한 집단에 의해서 위험스러운 경쟁자로 여겨졌다는 것을 확증해 준다.[79]

---

77) 최근의 수많은 문헌들 중에서 특히 Jacob Neusner; Porton 1986; Saldarini 1988; Sanders 1990a, 1992의 저작들과 특히 내가 이 장을 다시 손질하면서 나중에 입수하게 된 아주 중요한 저작인 Mason 1991을 보라. 또한 Schürer 2:322-403 (bibliography, 381f.)과 Gafni 1987을 참조하라.

78) 요세푸스의 기본적인 진술들은 바리새인들을 토라 전문가로 묘사하고 있는 *War* 1:110; *Ant.* 17:41; 13:297과 바리새파를 전형적인 헬레니즘적인 철학 학파로 묘사하고 있는(바리새파를 스토아 학파와 비슷하게 묘사하는 *Life* 12와 비교해 보라) *War* 2:162-3; *Ant.* 13:172; 8:12-15이다. 바리새파와 자신의 관계에 관하여 말하고 있는 내용은 *Life* 12에 나온다. 그는 *Ant.* 13:288 (하스모네 왕조가 그들의 권위를 인정하고 있는), 13:298(대중들이 그들을 좋아했다고 말하고 있는), 18:17(이에 따르면, 사두개파는 대중들이 자기들을 배척할까봐 두려워서 바리새파의 가르침을 따랐다고 한다: cf. bYom. 19b, bNidd. 33b)에서 초창기에 그들의 중요성을 강조하고 있다. 이러한 것들에 대한 논의는 아래를 보라.

몇몇 학자들은 쿰란 두루마리들 속에서 거의 암호화되어 지칭되고 있는 이 집단이 바리새파와 동일하다고 주장하지만, 또한 일부 학자들은 이러한 주장에 대해서 조심스러운 태도를 보이고 있다.[80] 에세네파는 이 집단의 일부 구성원들이 알렉산더 얀네우스의 손에 처형당한 사실을 놓고, 바리새파는 타협주의자들이라는 토대 위에서 이 사건을 긍정적으로 보았다.[81] (3) 랍비 문헌들 속의 증거는 아주 방대한데, 여기저기 산재해 있고 매우 복잡하다. 그 자체로만 보면, 랍비 문헌들은 바리새파를 결례, 특히 음식법(kosher)과 관련된 요구사항들에 관심을 가졌던 집단으로 묘사한다: 랍비들은 바리새인들을 그들의 직접적인 선구자들로 묘사하였고, 성전 파괴 이후에 딴판으로 달라진 유대교의 상황을 직접적으로 반영하는 논쟁들속에서 바리새파의 주장들을 자주 거론한다.[82]

그 다음으로는 신약성서에 나오는 증거들이 있다. (4) 바울 서신들은 바울이 바리새파 출신이었다는 사실을 언급하고 있고, 흔히 바울의 기독교 신학도 어느 정도는 그가 이전에 받은 교육의 형태와 내용에 빚을 지고 있다는 주장도 있어 왔다. 만약 이것이 우리가 앞으로 논의를 진행하면서 근거로 삼아야 할 자료의 전부라면, 우리는 바리새파를 신에 대한 열심에 의해서 지배되어서 유대인들의 조상의 전통들을 엄격하게 해석하고 종종 폭력행위도 마다하지 않았던 자들로 바라보는 견해를 가지게 될 것이다.[83] (5) 복음서들과 사도행전은 갈릴리를 비롯한 여러 곳에서 행해진 바리새파의 활동을 묘사하고 있는데,

---

79) 특히 4QpNah과 4QMMT를 보라. 이러한 텍스트들에 대해서는 Baumgarten 1991, 112, 117f.를 보라. 결정적으로 중요한 어구는 "부드러운 것들을 찾는 자들"인데, 이에 대해서는 Sanders 1992, 532 n.1을 보라: 또한 1QH 2:15, 32와 CD 1:18을 참조하라.

80) 이러한 동일시를 찬성하는 학자들은 Schürer 1:225 n.22: Dimant 1984, 511f.; Baumgarten 1991, 117 등이 있고, Saldarini 1988, 278ff.에서는 결정을 보류한다. 자세한 것은 Stemberger 1991, 103ff.에 나오는 논의를 보라.

81) cf. 4QpNah 1:6f.; 2:2, 4; cp. Jos. *War* 1:97; *Ant.* 13:380; 그리고 Sanders 1992, 382.

82) 다소 자의적인 선별 원칙을 따라서(내게는 그렇게 보인다) 랍비 자료들을 서로 다르게 읽고 있는 것에 대해서는 Rivkin 1969-70를 보라.

83) 갈 1:13-14: 빌 3:4-6; cf. 롬 10:2-3.

거기에서 바리새파는 조상들의 율법에 대한 엄격한 해석과 적용의 수호자들로 등장한다.[84]

물론 이러한 각각의 자료들의 사용과 관련하여 여러 가지 문제점들이 존재한다. 특히 자신의 초기 작품인 『유대 전쟁기』에서 요세푸스는 바리새파(그리고 하층민들을 제외한 나머지 거의 모든 사람들)가 유대 전쟁의 발발과 관련하여 무고하다는 것을 밝히고자 하는 아주 분명한 동기가 있었던 것으로 보인다. 이것은 흔히 친바리새파적인 편견으로 여겨져 왔는데, 요세푸스의 이러한 태도는 바리새파가 반란에 연루되어 있다는 것을 별로 보여 주려고 하지 않음에도 불구하고 바리새파가 언제나 얼마나 영향력이 있었는지를 강조하고 있는 『유대민족 고대사』에 나오는 그의 한층 상세한 기사에 의해서 조금 다른 시각에서 강화되어 있다. 요세푸스는 바리새파의 후계자들인 랍비들에게 유대교를 담당시키도록 로마인들을 설득하려는 의도를 지니고 있었다고 보통 학자들은 생각한다. 요세푸스의 저작들에 나오는 반바리새파적인 어조는 이러한 이론이 문제가 있다는 것을 보여 주고 있긴 하지만, 그러한 문제점은 관련 부분들을 요세푸스가 자료로 사용했다고 생각되는 헤롯의 궁정 역사가인 다메섹의 니콜라스(Nicolas of Damascus)에게 돌림으로써 회피되어 왔다.[85] 그러나 이와는 다른 매우 매력적인 가설이 메이슨(Mason)에 의해서 최근에 제기되었다: (a) 요세푸스는 자기가 바리새인이라고 주장한 적은 없었지만, 공인(公人)의 삶을 시작하게 되자(젊은 관료로서) 확신이라기보다는 편의에 의해서 관료들의 일반적인 노선을 따르기로 결심하였다;[86] (b) 요세푸스는 바리새파를 결코 좋아하지 않았지만, 그들의 인기를 어쩔 수 없는 현실로 받아들였다; (c) 바리새파를 다른 분파들과 마찬가지로 "학파"로 취급해서 논할 때에 대놓고 비방하지는 않았지만 은근히 비방했던 것은 자료에 나와 있었던 것이 아니라 요세푸스 자신이었다. 증거들에 대한 메이슨의 읽기는 인상적인 것

---

84) 예를 들어, 막 2:16ff.; 3:6; 7:1ff.와 그의 병행문들; 행 5:34; 15:5; 23:6-9; 26:5 같은 잘 알려진 구절들을 보라.

85) Schwarz 1983; 또한 Schürer 1:28-31을 보라.

86) *Life* 10-12에 대해서는 Mason 1989의 자세한 연구와 거기에 인용된 다른 문헌들을 보라; 또한 Mason 1991, ch. 15.

이어서, 학계의 팽팽한 균형을 결정적으로 바꾸어 놓을 수 있을 것이다.[87] 하지만 이러한 입장들 중 어느 것을 택하든지, 요세푸스 자신의 편견은 그의 글을 상당한 정도의 주의를 기울여서 다루지 않으면 안 된다는 것을 의미한다. 요세푸스의 글은 직접적으로 언급하고 있는 구절들만이 아니라 간접적으로 말하고 있는 글들도 흔히 유용한 경우가 많다.

물론 랍비 문헌은 조심성 없는 자들에게는 정보(情報)의 보고로 비칠 것이다. 앞에서 지적했듯이, 뉴스너(Neusner)는 만약 우리가 주후 70년 이전 시기에 관한 정보를 랍비들에게 의존한다면 우리가 거기에 대해서 아무것도 모르면서도 당연한 것으로 받아들여야 할 것들이 아주 많다고 지적하였다.[88] 랍비 문헌들은 미쉬나(Mishna)로 집대성된 주후 2세기 말까지는 어떤 고정된 형태로 수집되지 않았고, 헤롯 시대의 위대한 선생들인 힐렐과 샴마이의 "가문들" 또는 "학파들" 사이에서 벌어졌던 토라의 준수와 관련된 세세한 사항들에 대한 논쟁들로 대부분 이루어져 있었다. 랍비들이 침묵하고 있다고 해서, 그 침묵으로부터 어떤 것을 논증하는 것은 극히 위험한 발상이다.[89]

이런 식으로 랍비 문헌은 그 범위에서만 제약을 받는 것이 아니다. 또한 우리는 훨씬 후대의 세대들이 기억하고 있는 논증들은 전승 과정 속에서 의미들이 미묘하게 변질되었음을 보여 주는 증거들을 갖고 있다. 예를 들면, 성경의 정경성(正經性)과 관련하여 샴마이는 한층 엄격한 노선을 취했고(전도서는 성경의 일부가 아니다) 힐렐은 더 유연한 입장을 취한 가운데(전도서도 포함시켰다) 벌어졌던 논쟁으로 시작되었던 것이 후대에는 어떤 책이 정경에 속한다면 그 책은 "손들을 부정하게 만들고," 따라서 그 책을 만진 후에는 손을 씻어야 한다는 식의 결례에 관한 논의로 둔갑해 버렸다. 이러한 관점에서 볼 때, 샴마이는 좀 더 유연한 노선을 취했던 것같고(전도서를 만진 후에 손을 씻지 않아도 된다) 힐렐은 엄격한 노선을 따랐던 것으로 보인다.[90] 이런 식으로 미

---

87) Mason (1992, 532-4)에 대한 Sanders의 답변은 그의 주장에 타격을 입힌 것으로 보이지 않는다.

88) Neusner 1971, 3:304를 보라. 1991, 79에도 요약되어 있다.

89) 하지만 여전히 이런 시도가 있다: 예를 들어, Smith 1978, 157.

90) cf. mYad. 3:5, mEduy. 5:3. 최근의 것으로는 Safrai 1987, 189f.를 보라.

쉬나 시대는 초기의 바리새인들은 위대한 아키바를 비롯한 몇몇 사람들이 분명히 최고 수준의 정치적, 혁명적 지도자들이었음에도 불구하고 결례에 관한 위대한 교사들이었다고 "회상하였다." 이와 비슷하게, 우리는 요세푸스가 묘사한 여러 사건들과 랍비들이 나중에 묘사한 여러 사건들 간에 이러한 "변환" 과정이 작용하고 있다는 것을 볼 수 있다.[91] 따라서 우리는 원래는 이런 의미를 갖고 있었던 전승들이 랍비 문헌들 속에서는 저런 의미로 인용되고 있다는 별로 놀랄 것 없는 문제점을 갖게 되고, 이것은 추론을 통해서가 아니고는 원래의 의미를 재구성하는 것을 더욱 어렵게 만든다.

아울러 70년 이후 시대에 힐렐 학파가 주도권을 획득했다는 사실은, 뉴스너가 말했듯이, "샴마이에 대해서는 헐뜯는 말 이외에는 할 수가 없었다"는 것을 의미한다.[92] 당시에(주전 1세기 말) 중요한 인물이었음에 틀림없는 샴마이는 너무 극단적인 견해를 지니고 있기 때문에 진지하게 고려 대상이 되지 못한다는 식으로 서술되거나 샴마이 학파의 견해에 반대하여 힐렐 학파의 견해에 동의하는 것으로 묘사된다![93] 이와는 대조적으로 힐렐에 관한 방대한 분량의 모음집에 나오는 그 어떤 이야기도 힐렐에게 불리한 내용은 하나도 없다: "힐렐은 모든 점에서 구전 토라에 대한 최고의 권위 — 모세나 에스라 이후에 — 라고 주장되었다."[94] 그러므로 이런 이유들 — 불완전성, 의미의 변화, 명백한 편견 — 로 인해서 70년 이전의 바리새파에 관한 랍비 전승들은 확고한 증거들로 사용될 수 없다.

신약성서로 가 보면, 우리는 앞에서 말한 것과 동일한 문제의 좀 더 첨예한 형태를 만나게 된다. 샴마이가 랍비 전승들 속에서 헐뜯는 말들 이외에는 결코 등장하지 않는다면, 바로 이와 같은 상황은 바울 서신과 복음서들 속에서 바리새파에 대하여 거의 그대로 적용된다고 할 수 있다. 물론 예외들이 있기

<hr>

91) 예를 들어, 그 한 예가 알렉산더 얀네우스(Alexander Jannaeus)에 대항한 폭동 (*Ant.* 13:372와 tSukk. 3:16)에 관한 서로 다른 이야기들이라고 말하고 있는 Cohen 1984, 36f.를 보라.

92) Neusner 1971, 1:208.

93) Neusner 1971, 1:210f.

94) Neusner 1971, 1:300. cf. 294ff. 구전 토라의 의미에 대해서는 아래 제8장을 보라.

는 하다. 예수는 누가복음 7:36 이하, 11:37 이하, 14:1에서 바리새인들의 식사 초대를 받아들이고 있고, 누가복음 13:31에서는 몇몇 바리새인들이 예수에게 헤롯이 그를 죽이고자 한다고 경고한다. 바리새인 가말리엘은 사도행전 5:34-40에서 당대의 큰 인물로 묘사된다. "바리새인"이라는 말을 직접 사용하고 있는 한 구절 속에서(빌 3:5) 바울은 자기가 이 분파의 구성원이 되었던 것이 자기에게는 "유익"이었다고 말한다. 그렇지만 바리새파의 입장을 긍정하거나 지지하는 말은 전혀 찾아볼 수 없다. 바리새인들은 복음의 원수들로 취급된다 — 유일한 원수들은 아니지만 어쨌든 원수들. 공관복음 전승 속에 나오는 이야기들은 마찬가지로 이러한 강조점을 크게 부각시켰던 상황 속에서(그 상황이 어떤 상황이었든간에) 후대에 전해졌다. 이러한 관점은 샴마이에 관한 랍비 전승들의 관점과 마찬가지로 신약성서를 바리새파에 대한 재구성을 위한 기본적인 자료로 사용하는 것을 매우 어렵게 만든다. 실제로 일부 학자들은 자기가 바리새인이었다는 바울의 말의 신빙성을 의심해 왔고, 오히려 바울을 영지주의적인 헬레니즘을 신봉했던 자로 분류한다.[95]

(ii) 바리새파의 정체성

자료들과 관련된 이러한 문제점들을 감안하면, 바리새인들은 과연 누구였고, 그들의 목적은 무엇이었으며, 그들이 끼친 영향력의 정도는 어떠했는지 등등을 비롯한 많은 것들에 대하여 아주 다양하고 폭넓은 가설들이 제시되어 왔다는 것은 별로 이상한 일이 아니다. 이 모든 문제들과 관련하여 상당한 혼란이 계속되어 왔는데, 특히 이것은 바리새파를 그들의 후계자로 자칭한 랍비들 또는 랍비 문헌들 속에 등장하는 그 밖의 여러 다양한 집단들과의 계보를 작성하기가 어렵다는 데에도 큰 이유가 있다: 서기관들, "지혜자들"(hakamim, 헬라어로는 sophistai로 번역될 수 있다), "경건파"(hasidim), 특히 결례에 관한 엄격한 규정들을 지켰던 식사 공동체들의 구성원들이었던 "협회원들"(haberim).

먼저 특정한 전문적인 용어들과 관련하여 바리새파의 정체성과 관련된 문

---

95) Maccoby 1986:1991을 보라.

제를 살펴보면, 오늘날 일반적으로 인정되고 있는 것은 많은 바리새인들이 서기관들이었고, 또한 거꾸로 서기관들은 상당수가 바리새파에 속해 있었지만, 두 집단 중의 오직 하나에만 속해 있던 사람들도 꽤 많았을 것이라는 것이다.[96] 비난하는 의미로 사용될 수도 있었지만, 마찬가지로 중립적인 의미로도 사용될 수 있었던 "지혜자"라는 용어는 꼭 집어서 어떤 집단이라고 말하기 힘들 정도로 아주 일반화되어 있었다. 하지만 요세푸스의 글들에 나오는 몇몇 구절들 속에서 이 용어는 바리새인들을 가리키는 말로 사용되고 있는 것처럼 보인다.[97] 또한 하시딤(hasidim)이라는 말도 바리새파와 융합되었던 것으로 보이지만, 그 용어는 원래 유다 마카베오를 따랐던 사람들을 가리키다가 나중에는 좀 더 폭넓은 용어가 되었다는 것을 생각하면, 그 대상이 딱히 정해져 있지 않았던 말이라고 할 수 있다.[98] 하베림(haberim)은 어떤 때는 바리새인들과 동일시되기도 하였고,[99] 어떤 때는 바리새인들과 그들의 후계자들이 규례들을 정하여 통제하였던 좀 더 소규모의 결속력이 강한 집단을 가리키기도 하였다: 모든 하베림은 바리새인들이었으나, 모든 바리새인들이 하베림은 아니었다.[100] 따라서 하베림은 통상적으로 비실용적이었던 결례를 그대로 지켜서

---

96) cf. Saldarini 1988, 241-76. 그의 결론은 서기관들은 "출신 배경과 종교적 신념이 다양하였고, 통일적인 정치적, 종교적 세력이라기보다는 서로 다른 맥락 속에서 사회적 역할을 수행하는 개개인들의 집합이었다"(276)는 것이다. 그들을 좀 더 밀접하게 한데 묶고자 하는 시도로는 Rivkin 1978; Kampen 1988 (예를 들면, 219ff.)를 보라.

97) 예를 들면, *Ant.* 17. 152, 155; *War* 1:648을 보라. 요세푸스는 이 기사 속에서 유다의 운동을 별개로 보려고 하고 있음에도 불구하고, *War* 2:118, 433에서 갈릴리 사람 유다를 '소피스테스'(sophistes)로 묘사하고 있는 것도 여기에 속한다고 할 수 있다. Cp. Hengel 1989 [1961], 83, 86f., 227, 333. 이것은 바리새파와 '소피스테스'라는 두 범주가 동일하지는 않지만, 서로 중복되었다는 것을 다시 한 번 보여 준다(Rivkin의 밀접한 동일시에도 불구하고; 1969-70). 후기 시대에 "랍비들"이라는 말보다 "지혜자들"이라는 말을 사용한 것에 대해서는 Safrai 1987, xv와 Urbach 1987 [1975, 1979]을 보라.

98) 1 Macc. 2:42; 7:12f.; 2 Macc. 14:6. 또한 Davies 1977; Blenkinsopp 1981, 16-19, 23f.; Saldarini 1988, 252; Kampen 1988, *passim.*

99) 예를 들면, Jeremias 1969a, 246-67.

100) 예를 들면, Rivkin 1969-70, esp. 245f.; Moore 1927-30, 3:26 등을 따른 Sanders 1977, 154f.; 또한 Sanders 1985, 186ff., 좀 더 신중한 접근으로는, 1990a, 250.

식사를 한 모임으로서 바리새파에 속한 집단들이었을 것이다. 또는 하베림은 바리새인들의 대다수를 포괄하였던, 전국적인 조직에 속해 있던 회원들을 지역별로 묶은 강한 결속력을 지닌 지부들이었을 가능성도 있다. 또는 평범한 스토아 학파의 구성원들이었던 에픽테투스(Epictetus)가 견유학파 — 진정으로 철저하고 엄격한 노선을 따른 자들 — 를 엘리트 집단으로 생각했던 것과 마찬가지로, 일반적인 바리새인들은 하베림을 일종의 엘리트 집단으로 생각했을 수도 있다.[101] 사실 이 문제가 해결되지 못하고 있는 현재의 상황은 랍비 문헌들을 70년 이전의 상황을 밝히는 자료로 사용할 수 없게 만드는 중요한 문제점들 중의 하나다.

끝으로 "바리새파"라는 명칭 자체도 상당한 논란을 불러일으키고 있지만, 이 문제를 여기에서 해결할 수는 없다:[102] 바움가르트너(Baumgartner)가 주장한 "정확한, 날카로운"(그러니까 이스라엘의 율법의 해석과 적용에서)이라는 의미는 여전히 매력적이긴 하지만.

(iii) 바리새파가 내건 과제들과 영향력

현재의 논의에서 바리새파에 관한 주요한 문제들은 두 가지 밀접하게 서로 관련된 분야들에 관한 것이다: 바리새파가 설정한 과제들은 무엇이었고, 바리새파의 영향력은 어느 정도나 광범위했는가? 자신의 구성원들의 제의적 정결의 유지를 위해서 사적인 동호회를 내부적으로 어떻게 운영할 것인가에만 관심을 가졌던 집단이라면 공적인 정책에 관한 주요한 문제들에 특별한 관심을 가졌을 리 만무하다. 이와 아울러 바리새인들이 일련의 정치적 사건들에 영향력을 미치려고 하는 거대한 야망들을 가졌지만, 그들에게 실제 권력이 없었기 때문에 그러한 야망들을 실행할 수 없었을 가능성도 거의 없어 보인다. 또는 바리새파는 여러 가지 서로 다른 야망들을 결합해서 가지고 있었다고 생각해볼 수도 있다: 마사다에 근거지를 둔 시카리 당이 로마에 맞선 그들의 거룩한 저항의 일부로서 엄격한 제의적 정결을 유지했던 것과 마찬가지로, 단순히 선

또한 Goodman 1987, 82-5를 보라. 반대견해는 Schürer 2:398-400에 나와 있다.
101) Epict. 3:22.
102) Schürer 2:396-6, 특히 Baumgarten 1983을 보라.

험적인 관점에서만 본다면, 바리새파도 정결에 관한 깊은 관심을 정치적 변화에 대한 급진적인 열망과 결합시켰을 가능성도 충분히 있다. 이러한 모든 것 가운데에서 어느 곳에 진리가 있는 것인가?

앞에서 지적했듯이, 요세푸스는 그의 후기의 저작들 속에서 바리새파가 주전 1세기 초반에 사실상의 상당한 권력을 쥐고 있었다고 강조한다. 주후 1세기에 들어서면, 사정은 그리 분명치 않다. 하나의 극단적인 견해에 의하면(지금은 통상적으로 폐기되었지만), 바리새파는 유대교에서 지배적인 분파로 사실상 자리를 잡고 있었고, 하베림을 위한 모든 미쉬나의 규례들을 엄격하게 지키면서 할 수 있는 한 많은 유대인들에게도 그 규례들을 강제하였다.[103] 또 하나의 가능성은 비록 바리새파는 여전히 주후 1세기에도 수적으로 매우 우세했을 것이지만 그들의 관심의 초점은, 뉴스너(Neusner)의 말을 빌면, "정치에서 경건으로" 바뀌었기 때문에, 바리새인들이 주요한 사회적, 정치적 사건들에 개입한 것으로 요세푸스가 묘사하고 있는 것을 성전 파괴 이전 시대에 적용하는 것은 시대착오적이라는 견해다.[104] 샌더스(Sanders)의 현재의 입장은 앞에서 말한 이 두 가지 입장 모두를 반대하는 가운데 상당히 복잡한 방식으로 정의된다. 바리새파가 상당히 광범위한 권위를 지니고 있었다는 예레미아스(Jeremias)의 견해에 반대하여 샌더스는 주후 1세기에 바리새파는 오직 예루살렘만을 기반으로 한 작은 집단으로서 정치적 의미가 거의 없었고, 그들 나름대로의 제한적인 과제들을 실천했을 뿐, 적어도 바리새인이라는 입장에서는 당시의 중요한 운동들에 별 관심을 갖지 않았다고 주장한다.[105] 그러나 뉴스너의 입장에 반대하여, 샌더스는 바리새파는 계속해서 단순히 제사장 같이 사적으로 정결을 유지하는 것 이외의 문제들에 관심을 가졌다고 주장한다.[106]

---

103) 이것은 Sanders가 Jeremias에게 돌리고 있는 견해이다 (지금은 Meyer 1991a와 Sanders 1991a); 그리고 바리새파가 제사장을 대신하여 토라의 공식적인 선생 역할을 하였다는 Rivkin의 견해(1969-70, 1978)를 보라. 이 견해는 Mason 1988; Sanders 1992, ch. 10에 의해서 단호하게 비판을 받고 있다(이러한 비판은 옳다고 생각한다).

104) Neusner 1973, 1991.

105) Smith 1977 [1956]을 따르고 있는 Sanders 1985; 그는 1992, chs. 18-21에서 이러한 노선을 다소 완화시킨 것으로 보인다.

106) Sanders 1990a, esp. chs. 3 and 5.

나는 바리새파 및 그들이 설정한 과제들에 관한 역사적 설명 속에는 여러 요소들이 위에서와는 다른 모습으로 결합되어 있었다고 생각한다. 간단히 말해서, 나는 다음과 같은 것들을 논증하고자 한다: (i) (샌더스의 주장과 마찬가지로) 바리새파는 주후 1세기나 그 어느 시기에든지 결코 유대교의 "사상 경찰" 노릇을 한 적이 없었지만, 사적인 또는 제의적인 정결이라는 문제보다 폭넓은 문제들에 관심을 갖고 있었다: (ii) (샌더스의 주장에 반대하여) 그러한 관심들은 흔히 정치적, 혁명적 활동을 포함하였기 때문에, 바리새파가 정치적으로 거의 영향력을 발휘하지 못했던, 오직 예루살렘만을 기반으로 한 폐쇄적인 집단이었다는 생각이나 다른 곳에서 누가 무엇을 행하는지에 대해 별 관심을 가지지 않았다는 생각은 터무니없는 주장이다: (iii) (뉴스너와 샌더스의 중간 입장에서) 정결에 관한 규례들은 주후 70년 이전의 바리새파 운동의 결정적으로 중요한 일부로서 더 폭넓은 정치적 과제들을 상징적으로 보여 주는 역할을 하였다. 나는 중요한 네 시기, 즉 하스모네 왕조 시대(주전 164-63년), 성전 파괴에 이르기까지의 로마 통치 시대(주전 63-주후 70년), 두 번의 반란 사이의 시기(주후 70-135년), 그리고 마지막으로 주후 135년 이후의 시기로 나누어서 이러한 입장을 규명해 나가고자 한다.

1. 주전 63년보다 상당히 이전에 적어도 그 대적들에 의해서 "바리새파"로 알려져 있던 압력 집단이 존재했다는 것은 의심의 여지가 없다. 이 집단은 그 수가 별로 많지는 않았겠지만, 마카베오 혁명 전후에 생겨났던 것으로 보이고, 이 집단과 마카베오 혁명과의 연관성은 정확하게 추적하기가 불가능하다. 이 바리새인들은 이후 하스모네 가문의 통치자들의 몇몇, 특히 알렉산더 얀네우스의 미망인이었던 살로메(주전 76-67년)에게 상당한 영향력을 행사하였다. 살로메는 이스라엘을 다스렸고, 바리새파는 살로메를 다스렸다거나,[107] 바리새파는 예루살렘을 실질적으로 통치함으로써 백성들의 항의를 초래하였다는[108] 요세푸스의 말은 과장된 것이긴 하지만, 바리새파가 유대 땅에 대하여 사실상의 권력을 행사하였다는 것은 분명해 보인다. 그리고 바리새파가 행사했던 권력은 오늘날의 관점에서는 그 출처와 의도가 "종교적"이었지만, 실제적으

---

107) *War* 1:112. Sanders 1992, 382f.는 요세푸스가 이 점에서 옳다고 생각한다.

108) *Ant.* 13:416.

로는 "정치적" 색채를 강하게 띠고 있었다. 세부적인 내용들에 대해서는 의견이 분분하지만, 당시에 크게 문제가 되었던 것들은 비유대적인 생활방식의 침투에 맞서서 유대인으로서 어떠한 자세를 취해야 하는가라는 문제와 관련이 있었음이 분명하다. 바리새파는 그들이 외부로부터의 이교 사상과 내부로부터의 동화(同化)에 맞서서 옛 방식들, 곧 이스라엘의 전통들에 확고하게 서 있다고 생각하였다. 토라에 대한 바리새파의 극단적인 집착은 이러한 배경 속에서 충분히 이해될 수 있다: 그리고 이 시기와 다음 시기에 걸쳐서 결례 문제가 점점 더 집중적으로 부각된 것도 이런 맥락에서 충분히 이해가 된다.

이 시기 및 다음 시기의 바리새파에 대한 전반적인 검토와 관련하여, 그들이 어떠한 정결과 관련된 율법들을 지켰고, 어느 시기에 어떤 율법들을 회피할 수 있다고 느꼈는지를 찾아내는 것은 그리 중요하지 않다.[109] 중요한 것은 그들로 하여금 그토록 강력하게 정결에 초점을 맞추게 만들었고, 정결을 어떤 식으로든 성전에서 요구한 정결과 결부시키도록 만든 이데올로기다. 이 점과 관련하여 가장 매력적인 주장은 다음과 같다: 민족의 삶 전체의 차원에서 사회적, 정치적, 문화적 "더럽힘"에 직면하여 나올 수 있는 자연스러운 반응("자연스러운"이라는 말에 강조를 두어서)은 자기가 어찌할 수 없는 영역 — 외적이고 가시적인 정치 영역 — 을 깨끗게 하거나 정화할 수 없는 것에 대한 보

---

109) Sanders 1990a ch.3과 Neusner 1991, esp. 89f.의 답변을 보라. Neusner는 그의 변증에도 불구하고 미쉬나(특히 Rivkin 1969-70에 의해서 그 타당성이 부정되고 있는 대목인 mHag. 2:5-3:3를 가리킨)에 의하면 바리새파는 "제의적 정결의 상태 속에서, 또는 좀 더 정확하게 말해서, 제의적 정결의 상태에 관한 위계 질서 속에서 성별되지 않은 음식을 먹는 사람들이다…"(강조는 필자의 것)라고 말함으로써 Sanders의 주장의 적어도 일부를 인정하고 있는 것으로 보인다. 달리 말하면, 바리새파(아마도 haberim)는 성전의 제사장들에게나 합당한 정결 속에서 음식을 먹었다는, 흔히 Neusner의 주장이라고 보는 적극적 입장과 바리새파의 정결은 성전에서 일하는 자들에게 적용되는 것과 동일한 잣대 속에 있었지만 그 정도가 달랐다는 소극적 입장의 차이이다. 또한 일반적인 규례에 대한 예외로서 제사장들, 즉 "거룩한 것을 먹는" 자들을 위한 두 번째로 엄격한 규정에 따라 일상의 음식을 먹었다고 하는 요하난 벤 굿가다(Johanan ben Gudgada)에 관한 이야기를 참조하라(mHag. 2:7). Sanders가 Neusner의 적극적 입장에 도전하고 있는 것(예를 들면, 1990a, 248)은 분명히 옳다.

상심리로서 자기가 할 수 있는 영역 — 개인적인 정결 — 을 깨끗하게 하고 정화하는 데 온 힘을 쏟는 것이었다. 그러므로 바리새파 내에서 성경에 나오는 정결에 관한 규례들이 강화된 현상은 바리새파는 이방인들에 의한 더럽힘 또는 압제에 대한 민족적 두려움 또는 저항의 개인적 차원에서의 표현이라는 설명이 가능할 것이다.[110]

예식을 통한 정결은 민족적 정결이 명백하게 불가능한 상황에 직면했을 때에 그 대체 활동이라는 기능을 한다. 마카베오 순교자들이 돼지고기를 먹는 것을 거부하고 이방 통치자에게 복종하기를 거부하는 일이 바로 그러한 일이었던 것과 마찬가지로, 정결에 대한 관심은 언제 올지 모르는 혁명의 기회를 준비하며 은밀하게 육성되고 유지되었던 이교의 지배에 대한 저항을 상징적으로 실현하는 수단으로서의 기능을 하였다. 이와 동시에 이러한 관심은 대안적인 세계, 즉 미쉬나의 세계(개략적으로 말하자면)를 수립하는 결과를 가져올 수 있었고, 실제로 주후 135년 이후에 그러한 결과를 가져왔다. 이러한 미쉬나의 세계 속에서는 개인적인 정결에 대한 관심이 지배적이 되고, 민족의 회복에 대한 소망은 과거에 겪은 재난들에 대한 애곡(哀哭)과 이스라엘의 신이 언젠가는 자기 백성을 회복하리라는 장기적인 소망(所望)의 형태를 띠게 된다. 요세푸스가 바리새파의 정결에 관한 규례들을 묘사하려고 하지 않은 것은 흥미롭다 — 물론 요세푸스가 바리새인들은 "사치를 피하였다"고 말한 것[111]이 바리새파의 이러한 특징을 암호화하고 헬레니즘화해서 표현한 것이라고 볼 수 있지만.

이렇게 사회적으로, 심리학적으로 복잡한 상황으로 인해서, 후대의 세대들이 "정치적" 쟁점으로 분류할 수 있는 내용이 "순전히 종교적인" 내용으로 "변형"되게 되었지만, 사실 이러한 구별은 마카베오 혁명과 주후 70년 사이의 대부분의 시기에는 당시의 대다수의 사람들에게 의미가 없었을 것이다. 물론 미쉬나 자체는 유대 민족의 정치적 운명이 실제로 바뀔 가능성이 시야에서 거의 사라져 버렸을 때의 것이다. 앞 단원에서 지적했듯이, 철저한 혁명가들조차도 실제로 성공할 가능성이 있는 때를 기다리며 힘을 아끼는 법이다.

그러므로 하스모네 왕조 시기 동안에 바리새인들은 정치적 압력 집단인 동

---

110) Mary Douglas를 따르고 있는 Goodman 1987, 99f.: Saldarini 1988, 286.

111) *Ant.* 18:12.

시에 성전에서 섬기는 제사장들이 지키는 정결 예법을 그대로 모방하지는 않
았을지라도 어느 정도 반영하고 있었던 정결을 유지하는 데 관심을 가졌던 집
단으로 존재하였다고 볼 수 있다. 이러한 특징들 중 첫 번째 특징은 그들이
요한 히르카누스의 불법적인 통치에 대항했던 일을 비롯해서(주전 134-104
년) 여러 가지 다양한 사건들을 통해서 입증된다. 요세푸스는 마치 이 일이
한 명의 고집스러운 바리새인인 엘르아살 개인의 문제인 것처럼 이 이야기를
전해 주지만, 그가 이 사건을 민중 봉기(stasis)로 묘사하고 있는 것은 이 사건
이 대규모로 전개되었다는 것을 암시해 준다.[112] 또한 우리는 바리새인들이 백
성들에게 헤롯이 예루살렘으로 행진해 오면 그에게 대문들을 활짝 열어 주라
고 조언했던 일을 들 수 있을 것이다: 그 후에 바리새인들이 취한 행동이 보
여 주듯이, 이것은 결코 친헤롯적인 조치가 아니라 안티고누스(Antigonus)를
제거하기 위한 반하스모네적인 행동이었다.[113] 두 번째 특징 — 경건에 대한
바리새파의 관심 — 은 랍비 문헌과 신약성서에서 추론한 것으로서, 랍비 문헌
과 신약성서는 바리새인들이, 제8장에서 보듯이, 인종적 정체성의 강력한 상징
역할을 했던 정결과 안식일이라는 문제들에 관심이 있었던 것으로 묘사한다.

그러나 그들의 영향력이 절정에 달해 있었던 이 시기에조차도 우리는 바리
새인들이 사상을 검열하는 일종의 비밀 경찰 역할을 했다거나, 스스로를 그런
임무를 띤 것으로 생각했다고 보아서는 안 된다. 바리새파는 공식적인 단체가
아니었다. 심지어 바리새인들은 공식적인 토라 교사들도 아니었다: 토라를 가
르치는 일은 예루살렘에서나 그 밖의 다른 지역 사회에서나 제사장들이 수행

112) *Ant.* 13:288-98, 299. 이에 대해서는 cf. Sanders 1992, 380. 바리새파가 얀네우
스(Jannaeus)에 대항한 폭동(*War* 1:88f.; *Ant.* 13:372f.)에 연루되었을 가능성에 대해
서는 Sanders 381f.를 참조하라. 『유대민족 고대사』에 나오는 바리새파에 대한 좀 더
상세한 설명들은, 이 점에 비추어볼 때, 후대의 친랍비적인 과장일 수 없다(Smith의 대
담한 주장을 따르고 있는 Goodblatt의 견해와는 달리: Goodblatt 1989: Smith 1977
[1956]는 Mason 1990, 367-71과 Stemberger 1991, 23 속에서 이 입장에 대한 적절한
비판을 발견한다). 바리새파와 하스모네 왕조에 대해서는 Schwartz 1992, ch. 2을 참조
하라.

113) *Ant.* 15:3. 이것이 친헤롯적인 행위가 아니었다는 것은 *Ant.* 14,172ff., 특히 176
을 보면 분명히 드러난다.

하는 기능들 중의 하나였다.[114] 바리새파는 이미 권력을 쥔 집단과 결탁하거나 그 집단에 영향을 미칠 때에만 권력을 얻을 수 있었다. 로마의 통치시기에 일어났던 일로 신약성서에 기록되어 있는 두 가지 예는 이 점을 분명하게 보여준다. 복음서들에서 바리새인들은 헤롯당과 결탁하여 그들 모두의 공동의 위협에 대처하고자 한다: 또한 다소 출신의 바리새인이었던 사울은 대제사장으로부터 초창기 교회를 핍박할 권한을 요청하여 얻어내었다. 만약 이것이 없었다면, 사울은 법적으로 아무 일도 하지 못했을 것이다.[115] 이러한 예들이 보여주는 모습은 하스모네 왕조의 통치 시기의 모습과 그리 다르지 않다. 바리새파는 실제적인 권력을 쥐고 있었던 자들에 대하여 도덕적 압력을 행사하고, 대중들에게 영향력을 행사하며, 최선을 다해서 그들 자신의 정결을 유지하고자 하였다. 우리가 아는 한, 그들의 목표는 개인적인 경건 그 자체가 결코 아니었다. (이 말은 사실 덧붙일 필요도 없지만) 또한 바리새파는, 주후 1세기에 대해서는 거의 알지 못했고 단지 펠라기우스 논쟁에 대해서만 알고 있었던 그리스도인들이 시대착오적으로 바리새파에게 귀속시켰던 개인 구원의 신앙 체계도 아니었다. 그들의 목표는 이스라엘의 신을 영광스럽게 하고, 그 신과 맺은 계약의 규례들을 따르며, 이스라엘에 약속된 온전한 구속을 추구하는 것이었다.

2. 주전 63년에 로마 통치의 개시(開始)와 주전 40년대 말과 30년대 초에 헤롯의 등장으로 인하여, 바리새파가 공식적인 자격으로 또는 법률상의 권력을 쥐고 있는 자들에게 영향력을 행사함으로써 실질적인 권력을 행사할 가능성은 줄어들었다. 하스모네가의 통치자들은 적어도 외관상으로는 이스라엘의 유업을 따라 통치하고자 애를 썼고, 따라서 그러한 유업을 대변한다고 주장하는 집단으로부터의 압력에 약했다. 로마인들이나 헤롯은 조상들의 전통을 따르는 데에 별 관심을 두지 않았고, 따라서 바리새파의 조언이나 지지가 필요하지 않았다. 하지만 바리새파가 고사(枯死)되었다거나 그 야망들을 버렸다는 증거는 볼 수 없다. 이와는 반대로 우리는 바리새파가 새로운 통치자들에게 충성을 맹세하는 것을 거부했다는 말을 듣게 된다 — 이러한 일은 정치에는

---

114) Mason 1988 ; Sanders 1992, ch. 10을 보라.
115) 막 3:6 ; 행 9:1-2.

손을 대지 않고 오직 내적 경건에만 힘을 쏟는 집단의 행위라고는 보기 힘들다.[116]

이 시기에 바리새파가 설정한 과제들은 언제나 그랬듯이 과거와 조금도 변함이 없었다: 이스라엘로 하여금 참된 조상들의 전통으로 되돌아오게 함으로써 이스라엘을 정결케 하는 것; 이스라엘을 독립적인 신정 국가의 지위로 회복시키는 것; 토라에 대한 연구와 실천을 통해서 압력집단으로서 그러한 운동들의 선봉에 서는 것. 이것은 우리가 로마 강점기 동안의 바리새파는 하스모네 왕조 치하에서와는 달리, 또는 정도 차이는 있지만 "분파"라 불릴 수 있는 정체성을 향하여 움직여가고 있었다고 이해해야 한다는 것을 의미한다.[117] 이스라엘 및 이스라엘의 진정한 전통을 대변한다고 주장하면서, 바리새파는 계속해서 예루살렘의 지배 엘리트층에 반대하는 논리를 폈고, 비록 계속해서 성전에서 예배를 드리긴 했지만, 당시의 성전 관리들과 수비대를 위험스러울 정도로 타락했다고 보았다. 이 시기의 유대교의 다른 분파들(에세네파와 초기 그리스도인들을 포함한)과 마찬가지로 바리새파는 점점 더 그들 자신들 및 그들의 집단을 이런저런 의미에서 기존의 성전을 대체하거나 대등한 존재로 여기게 되었다.[118] 또한 그들은 스스로를 어떤 의미에서 전통적으로 언제나 "정치적" 문제들에 대하여 발언하여 왔던 선지자들로 여겼던 것으로 보인다.[119]

그 결과 그들의 과제들은 언제나 서로 관련된 병행적인 두 가지 방향들 중

---

116) Gafni 1987, 9f.와 아래의 서술을 보라.

117) Cohen 1984, esp. 42ff.와 Neusner 1991, 92f.를 보라. Sanders는 이에 반대한다 (다음을 보라). 물론 이 모든 것은 우리가 "분파"를 어떻게 정의하는가에 달려 있다: Blenkinsopp 1981, 1f.를 보라.

118) Sanders (예를 들면, 1990a, 248)는 그 세부적인 내용과 관련하여 이 견해에 도전하였다: 바리새파는 모든 면에서 제사장과 같이 살고자 한 것이 아니었고, 단지 그러한 방향으로의 몇몇 상징적인 몸짓들을 했을 뿐이었다. Cohen의 논증(1983)은 좀 더 선험적이긴 하지만 유대교 내부의 분파주의의 분위기를 확증해 주는 데 상당히 강력하다: 하나의 분파로 서기 위하여 유대인 집단들은 자동적으로 자신들이 성전을 대체한다는 주장을 해야 했다. 이것이 제사장들의 성전을 기반으로한 정결 규정들을 모방하는 상징적 몸짓을 한 이유였다는 것이다.

119) 예를 들면, *Ant.* 15:4; 7:41-4. 그들이 선지자들을 숭상했다는 것에 대해서는 마태복음 23:29-31을 보라. 바리새파 예언이 본질적으로 정치적(그리고 잠재적으로는 종

의 하나로 쏠리게 되었다. 그들은 우리가 앞에서 살펴보았던 "열심"과 관련된 전승을 이어받아 철저히 반군(叛軍)들과 함께 공통의 대의명분을 주장하거나, 또는 뒤로 물러나 은거해서 토라에 대한 좀 더 깊은 개인적인 연구와 실천을 통해서 이교 숭배자들이나 배교자들이 건드릴 수 없는 자신만의 세계 속에 살면서 로마 및 부패한 유대교로부터 해방된 또 다른 형태의 유대교를 만들어야 했다. 이런 식으로 칼을 들 것이냐 게토 집단을 만들 것이냐 하는 양자택일의 선택과 관련된 문제는 로마 강점기와 헤롯 시대 — 비록 후대에서는 이 논쟁을 탈정치화하여 회상하고 있긴 하지만 — 그리고 두 차례의 혁명이 재앙으로 끝나버린 후에, 사람들이 혁명을 포기하고 토라의 결례에 관한 규례를 엄격하게 이해할 것인가, 아니면 유연하게 이해할 것인가를 놓고 논쟁하는 분위기가 더 우세하게 된 시대에, 바리새파 내의 여러 분파들 가운데서 실제로 쟁점이 되었던 문제였을 가능성이 크다.[120]

따라서 로마 강점기 동안에 바리새파 중 적어도 한 분파는 그 견해와 활동에서 정치적인 역할, 흔히 적극적인 혁명적 역할을 보존하고 있었던 것으로 보인다. 이것은 마땅히 인정되어야 함에도 불구하고 널리 인정받고 있지 못하기 때문에, 우리는 그 증거들을 아래에서 차근차근 제시하지 않으면 안 된다.

(1) 바리새파의 두 지도자들이었던 폴리오(Pollio)와 사마야(Samaias)는 헤롯에 대한 충성맹세를 거부하고, 그들의 주장을 관철시켰다.[121] 이들 외에도 상당수의 바리새인들은 가이사에 대한 충성 맹세를 거부함과 동시에 다른 사

말론적/메시야적) 차원을 지니고 있었음을 보여 주고 있는 Webb 1991, 326-32를 보라.

120) Goodman 1987, 107f., 209f.에 나오는 이런 유의 입장에 대한 논의들을 보라. 바리새파 내부에서의 분열의 가능성에 대해 Sanders 1992가 다루지 않고 있는 것은 의외이다.

121) *Ant.* 15:370. 사마야(Samaias)는 산적 히스기야(Hezechias)를 죽이는 것과 관련하여 재판정에서 헤롯에 반대하였다(*Ant.* 14:172-6). 이 사마야가 위대한 랍비였던 샴마이와 동일 인물일 가능성에 대해서는 Gafni 1987, 10을 보라: 그러나 이것을 사마야의 친구인 폴리오(Pollio)를 힐렐과 동일 인물로 볼 수 있는 가능성과 연계시켜서는 안 될 것이다. 실제로 이러한 정치적 행위는 샴마이의 주적(主敵)보다는 샴마이와 그의 절친한 동료에 의해서 수행되었을 가능성이 훨씬 더 크다.

람들로 하여금 자기들에게 동조하도록 함으로써 형벌을 받았을 것임에 틀림 없다.[122]

(2) 같은 시기에(이 사건들을 각각 분리해내서 그 정확한 연대를 알아내는 것은 어렵지만) 몇몇 바리새인들은 헤롯의 권력이 그의 동생인 페로라스 (Pheroras)에게 넘어갈 것이라고 예언하였다. 이러한 반역죄에 해당하는 발언 은 사적인 경건에 몰두하는 집단의 행동이 아니었다: 헤롯은 그러한 발언보다 더 약한 이유들로도 자신의 가족 중 많은 사람을 죽였다.[123]

(3) 주전 4년에 성전에서 황금 독수리를 제거한 사건에는 몇몇 바리새파 선생들이 연루되어 있었다.[124] 요세푸스가 바리새파의 지도자들이었던 유다와 맛디아를 "조상들의 율법에 대한 아주 해박하고 경쟁 상대가 없을 정도의 해 석자들"이라고 묘사하고,[125] 그들을 소피스타이(sophistai), 즉 "지혜자들"이라 불렀다는 사실[126]은 이 구절과 바리새인들이 가이사에 대한 맹세를 거부한 것 과 관련된 구절들을 비교해 볼 때에, 그들이 바리새인들이었다는 것을 분명하 게 보여 준다.

(4) 또한 주후 6년의 반란도 바리새파의 활동과 결부되어 있었다.[127] 이 사 건에 대한 요세푸스의 두 번의 기사를 비교해 보면, 거기에서 우리는 많은 시 사를 얻을 수 있다. 초기의 기사(*War* 2:118)에서 요세푸스는 그가 "제4의 철 학"이라 불렀던 것을 이스라엘의 곤경에 대하여 책임이 있는 것으로 비난하는

---

122) *Ant.* 17:41-5; *War* 1:571-3. 이러한 구절들은 Schwarz 1983(반바리새파적인 발언을 Nicolas에게 돌리고 있는); Baumgarten 1991, 119f.; Sanders 1992, 384 and 532 n.5 (맹세 거부에 관한 두 개의 기사들이 쌍둥이 판본이고, 후자가 더 정확하다고 주 장하는); 최근의 것으로는 Mason 1991, *passim*에 의해서 논의되고 있다. 헤롯에 대한 바리새파의 일반적으로 부정적인 태도에 대해서는 Alon 1977, 37-40을 보라. 바리새파 의 규모에 대하여 말하고 있는 『유대민족 고대사』 구절의 의미에 대해서는 아래의 서술 을 보라.

123) *War* 1:567-72; *Ant.* 17:41-5.

124) *Ant.* 17:149-67; *War* 1:648-55. 위의 서술을 보라. 이 운동을 후대의 혁명 및 샴 마이 가문과 연결시키고 있는 Stern 1973, 144를 보라; Sanders 1992, 384f.

125) *Ant.* 17:149.

126) *Ant.* 17:152.

127) *Ant.* 18:4-10; *War* 2:118. 위를 보라.

데 열을 올렸고, 이 반란을 "갈릴리 사람" 유다에게 돌리면서, 그를 "다른 분
파들과는 공통점을 전혀 갖고 있지 않은 독자적인 분파를 창설한"(즉, 바리새
파, 사두개파, 에세네파) 철학자(sophistes)로 묘사하였다. 후기의 기사
(*Antiquities* 18:23)에서 요세푸스는 이 반란과 관련하여 좀 더 느긋한 태도
를 보이고 있는데, 유다가 바리새인인 사독과 공모하여 반란을 일으켰다고 공
개적으로 인정한다(18:4f.). 앞에서 보았듯이, "소피스테스"라는 단어 자체는
유다를 적어도 바리새파적인 경건과 목표들이라는 폭넓은 흐름과 결부시켜
준다고 볼 수 있다.[128] 요세푸스가 좀 더 자세한 기사(*Antiquities* 18:6-10)에
서 그 뒤에 나오는 혁명 활동들에 관하여 한층 일반화하여 행한 설명은 주후
6년의 반란이나 주후 66-70년의 전쟁에 국한될 수 없을 것이다. 마카베오 혁
명에 대한 끊임없는 회상, 총독들 치하에서의 지속적인 소요, 그리고 아래 제
8-10장에서 다루게 될 그 밖의 다른 요소들을 감안한다면, 기회나 동기가 주
어졌을 때에 로마에 대하여 반란을 일으키겠다는 것은 바리새파가 설정한 목
표들 중에서 중요한 부분이었다는 것은 분명해 보인다.

(5) 앞에서 잠깐 언급했듯이, 요세푸스는 약간 방심하며 글을 썼을 때에 제
4의 철학을 바리새파와 밀접한 관계가 있는 것으로 말했다. 아마도 이 둘의
차이는 그 기저에 있는 이데올로기나 장기적인 목표에 관한 차이라기보다는
그러한 것들을 전파하러 다니고자 한 열정의 정도에 관한 차이였던 것으로 보
인다. 요세푸스는 전반적으로 바리새파를 비판으로부터 보호하려는 성향을 지
니고 있었다는 대다수의 학자들의 견해에 우리가 동의한다면, 요세푸스의 이
말은 시사해 주는 바가 아주 많다고 할 수 있다. 만약 우리가 요세푸스는 바
리새파를 나쁘게 보이도록 만들고자 노력했다는 메이슨(Mason)의 견해에 동
의한다고 해도, 이것은 여전히 요세푸스가 이 말을 만들어 내었다는 것을 의
미하지는 않는다.[129] 요세푸스는 바리새파 내부에 여러 다양한 견해들이 존재

---

128) 또한 *War* 2:433을 참조하라. 거기에서 그는 "매우 힘있는 선생"(sophistes
deinotatos)으로 묘사된다. 어떤 사람을 "노련하고 지혜로운"(deinos kai sophos) 사람
이라고 묘사하는 것은 적어도 Herodotus (5:23)와 Sophocles (*Philoctetes* 440)에까지
소급된다. 이 시기와 그 이후에 바리새파가 혁명에 참여한 것에 대해서는 Schürer 2:603
n.36 (C. T. R. Hayward에 의해 쓰여진) : Sanders 1992:385를 보라.

129) Mason 1991, 282-5는 바리새파를 혁명과 결부시키는 것은 그들의 명성에 먹칠

하고 있다는 것을 아주 잘 알고 있었을 것이다.

(6) 과거에 바리새인이었던 다소 출신 사울의 증언도 이 문제와 관련이 있다. 그 자신의 설명에 의하면, 그는 '내 조상들의 유전에 극히 열심이 있어서" 교회를 핍박했다는 것이다.[130] 사울의 이 말은 이 시기에 바리새파의 적어도 한 분파의 특징을 이루고 있었던 여러 요소들을 정확히 포함하고 있다: 조상들의 유전(遺傳)에 대한 연구, "열심," 이에서 벗어난 집단에 대한 물리적 폭력의 행사. 나중에 살펴보게 되겠지만, 다소 출신 사울의 이 말이 주후 30년대와 40년대의 몇몇 다른 바리새인들의 견해와 다르다고 한다면, 그것은 자료들 내부의 부정확성이라기보다는 바리새파 운동 내부에 여러 분파들이 존재했음을 보여 주는 것이다.[131]

(7) 요세푸스는 헤롯 아그립바의 치세 동안에(주후 37-44년) 일어난 이상한 사건을 기록하고 있다. 한 독실한 바리새인이었던 시몬이라는 사람이 아그립바는 부정(不淨)하기 때문에 성전에 들어갈 수 없다는 말을 하며, 아그립바가 없는 자리에서 그를 비난하였다.[132] 아그립바는 시몬에게 이례적인 호의와 관용을 보여 주었다. 요세푸스는 이러한 요소를 과장했겠지만, 어쨌든 다시 한번 그의 통상적인 관심사와는 달리, 한 바리새인이 다른 상황들 속에서는 일종의 반란으로 비칠 수 있는 말을 이렇게 할 수 있었던 것은 "엄격한 종교적 실천으로 평판이 나 있었기" 때문이었다는 이야기를 포함시켰다.

(8) 또 한 번의 이상한 사건은 총독 펠릭스가 재임하던 시절에 일어났다(주후 52-60년).[133] 요세푸스는 시카리 당 또는 "단도를 품은 자들"의 활동들을 묘사하면서 "손은 깨끗하지만 악한 생각들을 지닌"(cheiri men katharoteron,

---

하기 위한 의도적인 "흉계"라고 주장한다. 이것은 Mason의 수정주의적인 주장을 지나치게 확대 해석한 것으로 보인다. 나는 여기에서 Sanders 1992, 408f.를 더 선호한다.

130) 갈 1:13-14.

131) 사울이 샴마이 학파의 바리새인이었을 가능성에 대해서는 아래의 서술을 보라.

132) *Ant.* 19:332-4. 다른 읽기에 의하면, 이러한 고발은 아그립바가 에돔 자손의 피를 일부 지니고 있었던 것과 연관되어 있다. Josephus, 9:370f.의 Loeb 판본에 나오는 Feldman의 주해를 보라. 이 사항은 현재의 논의와는 별 상관이 없다. 이 시몬이 실제로 바리새인이었다는 것을 의심할 만한 타당한 이유는 없다(Goodblatt 1989, 27을 보라).

133) *War* 2:258-9.

tais gnomais de asebesteron) 한 무리의 "악인들"(poneroi)을 언급한다. 혁명의 의도와 예언적 열정을 지닌 채 한 무리를 이끌고 광야로 들어가서 거기에서 "자유의 표적들"(semeia eleutherias)을 받고자 했으나, 펠릭스의 군대에 의해서 죽임을 당한 이 집단이 어떤 사람들이었는지를 확실히 아는 것은 불가능하다. 그러나 그들의 "손이 깨끗했다"고 한 묘사는 그들이 바리새인들이었을 가능성을 강력하게 보여 준다.[134]

(9) 총독 페스투스와 알비누스가 서로 교체되는 과도기를 틈타서(즉, 주후 62년) 대제사장 아나누스의 부추김에 따라 아그립바 2세가 야고보를 죽인 것에 대하여 불만을 품었던 사람들도 마찬가지로 바리새인들이었을 가능성이 크다.[135] 요세푸스는 그들을 "도성 내에서 가장 공정한 사고를 가졌고 율법에 관하여 엄격했던 자들"이라고 묘사했는데, 이 나중의 표현은 다른 곳에 나오는 바리새파에 대한 묘사를 반영하고 있는 것이다. 이 사건 자체가 바리새인과 반란의 연관성을 보여 주는 것은 아니지만, 이 시기에 바리새파는 벌써 오래 전부터 오직 사적인 경건과 경건한 식탁 교제에만 관심을 가져왔었다는 주장과 분명하게 배치된다. 바리새파는 민감한 정치 문제를 전해 듣고 그 목소리를 높일 수 있었다.

(10) 유대 전쟁 자체에 대한 요세푸스의 기사를 보면, 우리는 전쟁의 지도자급 인물들 중에서 바리새파에 속한 한 인물인 시몬 벤 가말리엘을 발견할 수 있는데, 그는 중요한 대중 지도자들 중의 한 사람이었던 기샬라의 요한과 아주 친한 동료였다.[136] 그는 "열심당"에 반대했던 것으로 언급되고 있지만, 이 것은 요한 자신이 그 지도자들 중의 한사람이었던 바로 반로마 운동 자체와 관련이 있다기보다는 열심당이라는 이름을 지닌 파당과 관련이 있다. 시몬이 바리새인이었다는 것은 분명히 그가 혁명 활동에 참여하는 것에 대한 장애물이 되지 않았다.

---

134) Zeitlin을 따르고 있는 Hengel 1989 [1961], 233.

135) *Ant.* 20:200-2. 항의한 자들에 대한 설명은 201쪽에 나온다. Baumgarten 1983, 413f.를 보라.

136) *War* 4:159(여기서 그는 Symeon으로 불린다); *Life* 189-98. 요한도 바리새인이었다는 주장에 대해서는 Roth 1962, 69와 Jos. *Life* 74-6을 보라.

(11) 바리새파가 유대 전쟁에 연루되어 있음을 직접적으로 보여 주는 증거는 아나니아 벤 사독에 관한 이야기다.[137] 헹엘은 그가 내세운 주장을 "종말론적 소망의 차원으로 바뀐" 바리새파의 신인협동설(결정론과 자유의지 중간의 타협적인 입장: 아래를 보라)의 한 예로 본다.[138] 바리새파가 주장한 철학적 교리였던 "신인협동설"에 관한 요세푸스의 묘사는 본질적으로 정치적인 원칙이었던 것(자유가 궁극적으로는 하늘로부터 온다고 할지라도 인간은 자유를 기다림과 동시에 또한 자유를 위하여 싸워야 한다)을 요세푸스 자신이 철학적 논의라는 "안전한" 영역으로 가져온 것일 가능성이 훨씬 더 큰 것으로 보인다.

(12) 전쟁 기간 동안의 것인 한 작은 증거는 바리새파의 경건과 혁명적 열정은 실제로 서로 분리되지 않고 계속해서 붙어 다녔음을 보여 준다. 마사다에 대한 발굴 작업들을 통해서 제의적 목욕재계를 위한 수조(水槽)들, 즉 미크와오트(mikvaot)가 바리새파의 규례들을 지키기 위하여 지어졌다는 것이 밝혀졌다: 그리고 바리새파의 경건을 보여 주는 그 밖의 다른 증거들도 아울러 발견되었다. 헹엘의 결론은 아주 정당하다: "바리새파의 적어도 몇몇 분파들은 후대의 랍비 전승(그리고 우리는 여기에 요세푸스를 더할 수 있을 것이다)이 묘사하고 있는 것보다 로마인들에 대한 증오심에서 제4의 분파와 훨씬 더 가까웠다."[139]

(13) 우리는 로마 강점기에 바리새파의 정치적 입장에 관한 현재의 논증에 대한 결론 부분이 될 마지막 두 분야 속에서의 증거들을 곧 검토해 볼 것이다: 두 분야란 (a) 주후 70년 이후에 바리새파의 계승자로 자처했던 자들 중에서 적어도 일부가 계속적으로 혁명적 성향을 보여 주었다는 것과 (b) 바리새파의 기도문들, 신념들, 실천들의 의미를 말한다.

우리는 이제까지의 입장을 다음과 같이 요약해 볼 수 있을 것이다. 우리는

---

137) *War* 2:451: 그는 *Life* 197, 290에서 바리새인으로 언급된다.

138) Hengel 1989 [1961], 123.

139) Hengel 1989 [1961], 88에 자세한 내용이 나와 있고, 401f.와 특히 Sanders 1992, 224-9, 407ff.와 비교해 보라. Stern 1973, 140에는 마사다의 목욕 시설에 대한 사진이 실려 있다.

주전 63년의 로마인들의 도래와 주후 70년의 예루살렘의 멸망 기간 동안에 바리새인들이 계속해서 정치적·혁명적 활동을 했다는 많은 증거들 — 요세푸스가 바리새파는 유대 전쟁과 아무런 상관이 없다는 것을 보여 주려고 무척 애를 쓰고 있음에도 불구하고 그의 기사 속에 종종 포함시킨 여러 증거들 — 이 존재한다는 것을 알았다. 마찬가지로 주후 70년 이전 시기의 바리새인들에 관한 주후 70년 이후의 기사들을 대략 훑어보면, 바리새파 운동 내부에는 여러 중요한 분파들이 존재하였고, 그들 가운데 중요한 쟁점들 중의 하나는 분명히 바리새파의 구성원들이 일반적으로는 현실 정치, 구체적으로는 유대 전쟁에 어느 정도 참여하는 것이 바람직한가라는 문제에 관한 것이었을 가능성이 대단히 높다. 우리는 로마 세력의 등장과 헤롯 및 그의 가문의 출현으로 인해서 바리새파는 하스모네 왕조 시대와는 다른 새로운 상황을 맞이하였고, 이에 대해 상당히 다른 다양한 반응들을 보이게 되었다는 가설을 세울 수 있을 것이다.

따라서 일부 바리새인들의 견해는 극단적인 성향을 띠고 있었을 수도 있겠지만, 새로운 상황에 대한 바리새파의 대응에는 일정 정도의 연속성이 존재했을 것이라고 전제하는 것이 안전할 것이다. 이러한 연속성의 한 지점에서 우리는 힐렐을 만나게 되는데, 주후 40년대에 활동했던 가말리엘과 주후 70년 이후에 활동했던 요하난 벤 자카이는 바로 이 힐렐의 후계자들이었다. 가말리엘과 요하난 벤 자카이는 혁명에 반대하고 정치적 영역에서 물러나 토라 연구의 세계에 침잠하는 쪽을 선호할 준비가 되어 있었던 것으로 보인다(물론 이것도 "정치적" 입장의 일종이라 할 수 있다). 우리가 토라를 연구하고 실천할 수만 있다면, 로마인들이 세계를 다스리는 것은 상관없다. 여기에서 우리는 후대의(즉, 주후 135년 이후) 지혜자들의 입장으로 옮아가는 모습을 발견한다. 또한 우리는 흥미롭게도 이스라엘의 신이 로마인들에게로 건너갔다는 요세푸스 자신의 입장을 보여 주는 단서도 발견하게 된다. 이와 같은 좀 더 열린 바리새파의 자세를 보여 주는 증거는 누가복음 7:36 이하; 11:37 이하; 13:31 이하에서 언급되는 바리새인들에 관한 말들 속에서도 찾아볼 수 있다.

이 연속체의 또 다른 끝점에서 우리는 일종의 혁명적 "열심"을 주창한 샴마이와 그의 학파를 발견한다.[140] 얌니아에서의 논의들이 랍비 유대교를 힐렐의 방향으로 확고하게 바꾸어 놓긴 했지만, 주후 70년까지는 샴마이 학파가 유대교를 주도하였고, 주후 70년부터 135년에 이르기까지의 시기 동안에도 상당히 우세한 역할을 하고 있었던 것으로 보인다.[141] 바리새파 운동 전체는 이 시기에 바리새파 내부의 여러 목소리들 가운데에서 바로 이 샴마이 학파에 속한 사람들에 의해서 주도되었는데, 이들의 성향으로 말미암아 바리새파는 이 시기 내내 끊임없이 연기를 피우다가 주전 4년, 주후 6년, 66-70년, 132-5년에 완전한 모습으로 분출된 혁명운동들에 속해 있었을 가능성이 크다. 이 장의 처음 부분에서 보았듯이, 우리가 부유한 도시 거주자들과 가난한 농촌 사람들 간의 기본적인 차이를 염두에 둔다면, 힐렐 학파가 도시 거주자들이었고, 샴마이 학파가 농촌 지역으로부터 지지를 얻고 있었음을 보여 주는 여러 암시들을 발견할 수 있다는 것은 결코 놀랄 일이 아닐 것이다.[142]

바리새파 내에서 이러한 분열은 언제 생겨났는가? 앨론(Alon)은 이 두 분파, 즉 친열심당적 분파와 로마의 통치를 기꺼이 받아들였던 분파가 아그립바 1세의 치세 후와 유대 전쟁 이전 시기(즉, 44년과 66년 사이)에 생겨났다고 주장한다.[143] 또한 그는 제3세력으로서 중도파가 바리새파 내에 존재했었다고 주장한다. 앨론이 바리새파의 고전적인 입장이라고 생각하고 있는 것을 취하고 있었던 시몬 벤 가말리엘에 의해서 대표되는 이 중도파는, 성공의 가능성이 충분하고 다른 대안이 없는 경우에만 무장 투쟁에 합류한다는 원칙을 지니

---

140) mShabb. 1:4; tShabb. 1:16-20; yShabb. 1, 3c; bShabb. 13b를 인용하고 있는 Gafni 1987, 11을 보라. 이 구절들은 유대인과 이방인을 철저하게 분리할 것을 규정한 "18개조"를 다루고 있다; 샴마이 학파는 힐렐 학파의 반대에도 불구하고 주후 66년의 전쟁이 터지기 얼마 전에 이러한 규례들을 강제하였다. Cf. Cohen 1979, 218 n.73; Hengel 1989 [1961], 200-6; Hengel은 "바리새파는 내부적으로 심각하게 분열되어 있었는데, 좀 더 급진적이었던 샴마이 학파는 상대적으로 열심당 운동과 비슷했다"(206, cf. 334f.)고 말한다.

141) Finkelstein, Moore, Schlatter를 따르고 있는 Hengel 1989 [1961], 334. 특히 "애국적인 기조"를 지닌 mShabb 1:4을 보라(Roth 1962, 78).

142) Hengel 1989 [1961], 333f.에서 논의된 Finkelstein 1962 [1938], 619f. 또한 주후 70년과 135년 사이에 로마 문화에 동화되어서 주로 도시에 거주하였던 상당수의 유대인들이 존재하였다고 주장하는 Schäfer 1990, 296을 보라.

143) Alon 1977, 43f., 47.

고 있었다고 한다. 나는 바리새파 내의 이러한 분열이 주전 63년과 주전 66년 사이의 어느 단계에서 일어났다고 말하는 것 이상으로 이 분열이 정확히 언제 일어났는지를 말할 만큼 우리가 충분한 증거들을 갖고 있지 못하다고 생각한다: 나는 이러한 분열이 헤롯이 하스모네 왕조로부터 정권을 인수받았을 때에 일어났을 가능성이 가장 크다고 본다. 이것은 힐렐과 샴마이가 바리새파 내에서의 두 개의 새로운 "학파들"의 창시자들로 되었던 시기와도 정확히 일치한다.

우리는 이러한 정치적 관심들과 아울러 바리새파 내부와 외부에서의 몇몇 결례의 준수에 대한 관심도 병행되었다고 생각하여야 할 것이다. 샌더스는 후대의 결례들 중에서 정확히 어떤 규정들을 이 시기의 바리새인들이 지켰는지를 절대적으로 확실하게 알아내는 것이 얼마나 어려운지를 보여 주었을 따름이다. 그러나 바리새인들이 히브리 성경에서 통상적인 상황 속에서 통상적인 유대인들이 지켜야 할 것으로 규정하였던 것보다 더 높은 수준의 정결을 유지하고자 하였다는 것만은 의심의 여지가 없다. 그리고 아주 세세한 부분에 이르기까지 준수하였던 것인지 또는 단순한 상징적인 제스처였는지는 모르겠지만, 바리새파의 결례는 성전에서 복무하던 제사장들에게 요구되었던 결례와 어느 정도 유사한 성격을 띠고 있었을 가능성이 대단히 높아 보인다. 나중에 보게 되겠지만, 성전은 다른 유대인들에 대해서와 마찬가지로 바리새인들에게도 결정적인 상징 역할을 했다: 그리고 결례 규정들은 통상적인 일상생활, 특히 토라에 대한 사적인 연구에 성전 안에서 이스라엘의 신을 섬기는 자들에게만 통상적으로 돌려질 수 있는 그러한 지위를 부여하는 핵심적인 수단으로 기능하였다.

이 시기 동안에 바리새인들은 어느 정도의 영향력을 추구하였고, 실제로 어느 정도의 영향력을 행사하였던 것인가? 이 질문은 두 개의 끝점으로부터 접근할 필요가 있다. (a) 요세푸스(그리고 그의 자료들)는 바리새인들이 하스모네 왕조 아래에서 대중들과 정부에 대하여 끼친 영향력을 과장했을 수 있고, 또한 메이슨의 최근의 연구서가 간행된 이후 요세푸스의 서술을 옹호하는 논증들이 상당히 약화된 것으로 보이긴 하지만, 바리새인들이 그 시기에 아무런 영향력도 없었다고 생각할 이유는 전혀 없다. (b) 바리새파의 후계자들 중 적어도 일부는 주후 70년 이후의 시기에 사실상 또한 법률적으로 여러 권위 있

는 자리에 있게 되었다는 것은 분명하다. 그러므로 (c) 다시 한 번 연속체임을
전제하여, 바리새인들은 주전 63년에서 주후 70년 시기 동안에 여전히 영향
력을 행사하고 있었다고 보는 것이, 최근의 유행을 따라서 바리새인들은 그들
의 집단 외부에서 어떠한 영향력도 추구하거나 행사하지 않았다고 단언하는
것보다 훨씬 더 나을 것이다. 바리새인들이 지닌 영향력의 정도를 정확하게
측정하는 것은 불가능하지만, 적어도 일부 바리새인들이 분명히 존경받는 정
치적 인물들이었다는 사실(가말리엘, 시몬 벤 가말리엘, 그리고 전쟁 기간 중
의 여러 인물들)을 보건대, 우리는 바리새인들이 공회에서 적지 않은 발언권
을 갖고 있었다고 생각하지 않을 수 없다; 그리고 대중들에 대한 사실상의 선
생으로서 바리새인들의 영향력(비록 제사장들이 합법적인 선생들이었음에도
불구하고)은 여전히 상당했을 가능성이 대단히 높다. 이제 이것과 관련해서
입증 책임은 정반대의 주장을 하고자 하는 사람에게 돌아가야 한다고 나는 생
각한다.[144]

바리새파의 지리적 분포와 수적 강세에 관하여, 최근에 예수 시대에는 바리
새인들이 소수 집단으로서 기껏해야 수천 명에 불과했고, 거의 예루살렘만을
활동기반으로 삼고 있었다고 주장되어 왔다.[145] 이것을 밑받침하기 위하여 제
시된 논거들은 결국 극히 빈약하다는 것이 밝혀졌다. 바리새인들의 활동 지역
과 관련하여, 그들의 활동기반은 오직 예루살렘에만 있었다는 것은 놀라운 일
이 아니다(요한복음 4:1-3은 이 점을 잘 보여 준다); 그리고 바리새인들은 갈
릴리를 포함한 대부분의 지역들에 대표들을 두고 있었을 가능성이 대단히 높
다.[146] 우리는 이미 갈릴리 사람 유다의 반란이 바리새파 중에서 샴마이 학파

---

144) Smith와 그의 추종자들에 반대하고 있는 Mason 1990과 특히 1991, 372f.를 보라.

145) Smith 1977 [1956], 1978, 153-7을 따르고 있는 Sanders 1985, 예를 들면, 194-8, 292: 992, 14, 398, 412 등. 그러나 Sanders의 새로 나온 저서(1992)는 1985년 판본에서 그토록 강조하였던 지리적인 측면에 대한 언급이 전혀 나오지 않는다.

146) 예를 들어, Dunn 1988, 특히 280f.: Goodman 1987, 73ff.: Freyne 1988, 200ff.를 보라. Dunn은 특히 엘르아살이라는 이름의 갈릴리 출신 바리새인이 연루된 *Ant.* 20:38-48 속에 묘사된 사건을 주목한다. Dunn이 제시한 논거들 외에도 우리는 바리새파와 "갈릴리 이단" 간의 논쟁을 서술하고 있는 mYad. 4:8 같은 구절들과 갈릴리에서

와 밀접한 연관이 있었을 가능성이 크다는 것을 살펴본 바 있다. 바리새파의 또 다른 극단을 대표하였던 요하난 벤 자카이가 갈릴리 사람들을 토라를 미워하는 자들이라고 규탄하였다는 기사[147]는 갈릴리 사람들 전체가 바리새파를 추종했던 것은 아닐지라도 어쨌든 갈릴리 지역에서 바리새파의 활동이 상당히 있었음을 입증해 준다고 할 수 있다. (특히 마태복음 11:20-4과의 병행을 고려하면); 그리고 어쨌든 이 기사는 바리새파가 아닌 사람들을 바리새파에 속한 사람들이 비난한 기사라기보다는 힐렐 학파와 샴마이 학파 간의 논쟁을 반영한 기사로 볼 수 있다.[148] 이 시기에 나온 바리새파에 관한 언급들 중에는 (복음서들에 나오는 것들을 제외하고) 고위 당국이 갈릴리 또는 그보다 더 먼 지역에서 일어난 문제를 조사하기 위하여 바리새인들을 조사단으로 임명하여 예루살렘에서(또는 마지막 예에서는 얌니아) 북쪽으로 파견했다는 이야기가 네 번이나 나온다는 것은 대단히 흥미롭다.[149] 여기서 우리가 해야 할 질문은 바리새인들이 그러한 조사단에 끼어 있었느냐 아니냐에 관한 것이 아니라 어떤 유의 문제들이 바리새인들을 조사단에 끼도록 만들었느냐 하는 것이다. 이에 대한 논의는 잠시 후로 미루기로 하자.

　　바리새인들의 수와 관련해서는 우리가 알고 있는 유일한 숫자는 『유대민족

의 하시딤적 성향을 띤 운동을 보여 주는 증거들도 고려해야 할 것이다(Safrai를 인용하고 있는 Gafni 1987, 13을 보라).

　147) Shabb. 16:8 (15d end).

　148) Smith 1978, 157는 이에 반대한다. Freyne (1980, 341 n.74)은 샴마이 자신도 갈릴리 사람이었을 것이라는 Finkel과 Abrahams가 주장한 가능성을 일축한다. 요하난이 주후 20년과 40년 사이에, 그러니까 18년 동안 갈릴리에 거주했다는 설에 대해서는 Neusner 1970, 47을 보고, 하니나 벤 도사(Hanina ben Dosa)가 이 지역에 살았었다는 것에 대해서는 ibid. 47, 51을 보라. 요하난이 요세푸스에게 파견된 사절단의 일원이었을 가능성에 대해서는 Roth 1962, 72f.를 보라. 전쟁이 발발한 후에 갈릴리에 사절단으로 파견된 바리새인들은 "갈릴리 사람들에게 그들의 희소성을 보여 주기 위하며 선발되었다"는 Smith의 생각(1978, 157)은 좀 우스꽝스럽다.

　149) 다소의 바울, 행 9:1f.; Josephus, *Life* 62ff.; Jonathan, Ananias, Jozar, Simon (후자는 대제사장 가문 출신이었고, 나머지는 바리새인들이었다), *Life* 196ff.; 갈릴리의 Beth Rama에 살고 있던 이상한 성인(聖人)을 조사하기 위하여 파견된 요하난의 제자들 중의 한사람(Freyne 1980, 316).

고대사』 17:42에서 가이사에게 충성을 맹세하기를 거부한 바리새인들이 "6천명 이상"이었다는 말뿐이다. 그러나 이 수치는 다메섹의 니콜라스에게서 요세푸스에게로 전해진 것일 가능성이 큰 것으로서, 헤롯 치세의 말기(대략 주전 10년)에 예루살렘에서 일어났던 한 사건과 관련된 수치이기 때문에, 그보다 반세기 후 — 특히 바로 그 반세기 동안에 적어도 두 번의 큰 반란이 일어나서 백성들이 바리새파 운동에 합류하는 것이 가속화되었을 것이다 — 유대 땅 전체 또는 디아스포라 유대인들은 그만두고라도 예루살렘에 있었던 바리새인들의 숫자에 대한 정확한 평가가 될 수 없다.[150] 물론 그렇다고 해서 우리가 과거의 견해로 돌아가서 바리새인들이 도처에 산재해 있었던 대규모의 극히 강력한 집단이었다고 생각해서는 안 된다. 그러나 이것은 바리새인들이 이 시기에 그 숫자와 지역적 분포와 영향력에서 그래도 상당히 큰 집단이었을 가능성이 높다는 것을 의미한다.

3. 우리는 이제 주후 70년에서 135년에 이르기까지의 시기로 눈을 돌려보자. 주후 70년의 사건들은 요세푸스가 묘사했던 바리새파와 미쉬나에 나오는 바리새파의 차이를 설명하기 위하여 전제되었던 정치적 개입으로부터 개인적인 경건 생활에 몰두하는 대변화를 몰고 왔을 가능성도 생각해 볼 수 있을 것이다.[151] 그러나 주후 132-5년의 사건들에 이르기까지 이후에도 바리새파는 계속해서 혁명에 관여했음을 보여 주는 증거들이 있다. 첫째, 이른바 얌니아 시대의 위대한 랍비들 중의 한 사람이었던 엘리에셀 벤 히르카누스는 스가랴서에 예언된 대로 로마의 멸망은 이스라엘의 하나님 나라의 선결요건이라고 말했다고 한다.[152] 엘리에셀이 온건파인 가말리엘 2세에 의해서 출교를 당한

---

150) "6,000명 이상"이라는 요세푸스의 수치는 오늘날의 논의에서 지나치게 과도하게 사용되어 왔고, 때로는 왜곡되기도 했다 (Freyne 1988, 200은 "6,000명 남짓"이라고 말한다(강조는 필자의 것).

151) 이 점에 대해서는 Stemberger 1991, 129-35를 보라.

152) MekEx. on 17:14 (1:2:158). 엘리에셀에 대해서는 Schürer 2:373-4와 특히 Neusner 1973을 보라(엘레에셀에 대한 샴마이 학파의 영향에 대해서는 Neusner 1973, vol.2, index s.v. Shammai를 참조하라. Neusner는 후대의 랍비 전승들은 엘리에셀이 샴마이 학파였다는 견해를 일관되게 지지하고 있지 않다는 점을 지적하고 있지만 (예를 들면, 2:307-10), 그러한 현상은 문제성 있는 전승을 후대에 약화시킨 것일 가능성이 크

사건[153]은 토라와 관련된 세부적인 논쟁들이 아니라 정치적 입장에 관한 중요한 차이에 그 원인이 있었던 것 같다; 율법과 관련된 문제에서는 한쪽 편이 다른 쪽 편을 출교함이 없이 격렬한 논쟁이 벌어지는 경우들이 상당수 있었음이 분명하기 때문이다. 힐렐과 샴마이, 그리고 그들 각각의 추종자들 간의 논쟁들에서 볼 수 있는 주전 70년 이전의 바리새파 내부에서의 서로 다른 흐름들은 계속해서 70년 이후의 재건 시대의 한 특징을 이루고 있었던 것으로 보인다. 주후 132년의 반란도 얌니아의 업적의 한 결과였다고 생각되어 왔다: 유대인들은 로마와 다시 한판 붙을 만큼 충분히 단결되고 힘이 공고히 되었다고 느꼈다.[154]

바리새파 전통과의 연속선상에 분명하게 서 있으면서 마찬가지로 분명하게 적극적인 반로마혁명을 지지하였던 70년 이후의 지혜자였던 아키바 자신, 즉 얌니아 체제 속에서 자라난 세대에게 가장 유명했던 인물이 두 번째의 가장 분명한 예가 될 수 있다.[155] 아키바가 시몬 벤 코시바를 메시야로 인정하고 환영하자, 그의 동시대인들 중 일부가 그의 이러한 태도에 반대하였다. 그러나 아키바가 이러한 태도를 취한 이유는 이데올로기보다는 연대 계산에 의한 것이었다: 아키바는 연대 계산을 잘못했고, 그의 잘못된 연대 계산에 의하면, 그는 메시야가 오기 훨씬 전에 죽어서 땅에 묻혀 있어야 했다.[156] 로마로부터 이

다.); 그리고 Hengel 1989 [1961] 108f.를 보라. 만일 Hengel이 "유식한 유대인들 중의 열심당원"이라고 묘사하고 있는 엘리에셀 자신이 단지 혁명을 소망했을 뿐만 아니라 혁명을 장려하는 데 적극적이었을 가능성에 대해서 불필요하게 소극적인 입장을 취하고 있다고 생각한다. 또한 엘리에셀은 70년 이전의 바리새파 사상을 70년 이후에 계승한 인물이었고, 요하난 벤 자카이는 과거의 서기관 전승을 대표하는 인물이었다(ibid., 37ff.)고 주장하는(23-30) Neusner 1979를 보라.

153) Neusner, 1973, 1979를 보라.

154) 바르 코크바 혁명은 제사장들에 의해 주도되었고 여전히 토라에 충실했던 농민들에 의해서 지지를 받았다고 주장하는(297) Gafni 1984, 31; Schürer 1990을 보라.

155) 아키바(Akiba)에 대해서는 Schäfer 1978, 65-121; 980; 981; Schürer 1:543f., 552 n.173; :378-8; Urbach 1987 [1975], 673f.를 보라. Alon 1977, 45f.는 "바리새파의 대다수는 아키바 및 바르 코크바의 주장에 공감하였다"고 강력하게 주장한다.

156) yTaan. 68d. 이에 대한 반론이 R. Yohanan ben Torta로부터 제기되었다: Beckwith 1981, esp. 536-9를 보라. 이 반론은 바르 코크바가 다윗 가문 출신이 아니라 이

스라엘을 해방시킬 호전적인 메시야에 대한 기대가 조상들로부터 전해 받은 지혜에 역행된다고 생각하는 사람은 아무도 없었다. 몇몇 후대의 전승들 속에서 "미쉬나의 아버지"로 추앙받았던 아키바는 바르 코크바에 대한 그의 열정 및 그의 고상한 순교 정신이라는 면에서 이제까지 우리가 살펴 본 바와 같이 바리새파 운동의 초창기부터 분명하게 드러났던 정치와 경건의 결합을 보여주는 아주 분명한 예라 할 수 있다.

주후 70년과 135년 사이에 우리가 앞에서 살펴본 이 두 조류는 여전히 남아 있었지만, 더 이상 "바리새파"로 불리지는 않았다. 당시 상황이 몹시 복잡했다는 것을 아는 것이 중요하다. (a) 두 "학파들"은 모두, 비록 주후 135년 이후에는 정치적 측면은 확실하게 물밑으로 가라앉았고 경건과 관련된 과제들이 부각되긴 했지만, 어쨌든 랍비 제자들에 의해서 그들의 영적인 조상으로 취급되었다. 얌니아 시대 및 그 이후의 지혜자들은 주후 70년 이전의 바리새파와 동일한 연장선상에 있지도 않았고, 바리새파 내의 한 분파의 후손들도 아니었다. 그들은 다양한 입장들을 대변하고 있었고, 그들 중 다수는 주후 70년 이전 유대교의 다양한 분파에 그 뿌리를 두고 있었을 것이다.[157] (b) 힐렐과 그의 학파는 "경건"을 대표했고, 샴마이와 그의 학파는 "정치"를 대표했다는 말은 사실이 아니다. "정치"와 "경건" 간의 실질적인 분열이 의미를 지니기 시작한 것은 혁명이라는 대안이 최종적으로, 그리고 가시적으로 배제되었던 바로 그때부터였다 — 즉, 주후 135년 이후(그러한 분열을 주후 70년 이전만이 아니라 하스모네 왕조 시대에까지 소급시키려고 하는 자들의 시대착오적인 행태들에도 불구하고).[158]

는 것에 관한 것이었다는 견해에 대해서는 Urbach 1987 [1975], 674를 보라. 이 경우에도 반대자들은 여전히 원칙적으로 해방 전쟁에서 이스라엘을 이끌기 위하여 올 민족주의적인 다윗 가문의 메시야 사상을 품고 있었을 것이다(아키바를 소수파로 본 Schäfer 1990, 290ff.와는 달리; 이것은 아키바의 정치적 입장을 거부하고 있음에도 불구하고 후기 유대교가 아키바를 수행한 것에 비추어 볼 때 가능성이 없어 보인다).

157) Sanders 1992, 412는 주후 70년 이후의 랍비들은 주후 70년 이전의 바리새파의 직접적인 후예들이라는 통설을 되풀이한다.

158) 물론, 특히 Rivkin 1978, 특히 Cohen 1980과 Baumgarten 1991, 110-14에 의한 비판을 보라. 앞에서 보았듯이, 적극적인 "정치적" 삶에서 물러나는 것 자체도 "정치적인" 결단이다.

오히려 토라에 대한 서기관적인 해석에 전념하는 데 만족했던 자들은 자카이(Zakkai)와 그의 뒤를 이은 가말리엘 2세의 영도 아래에서 그렇게 할 수 있었다. 좀 더 엄격한 과거의 바리새파의 목표들을 따라서 혁명의 소망에 집착하였던 인물들은 엘리에셀 벤 히르카누스와 그보다 약간 후대의 아키바였다. 그러나 이 두 입장 내부와 상호간에는 여전히 논쟁이 있었고, 또한 유연성이 있었기 때문에, 다소의 사울이 그의 스승이었던 가말리엘과 매우 다른 노선을 취할 수 있었던 것처럼, 네후냐(Nehunya; 아래를 보라)는 그의 스승이었던 아키바와 정반대되는 견해를 공언하며 다닐 수 있었다.

우리가 뉴스너의 견해를 따라 요하난의 전승을 "서기관적"으로 보고 엘리에셀의 전승을 엄격하게 "바리새적"으로 보든, 아니면 우리가 요하난과 엘리에셀 간의 논쟁은 힐렐 학파(요하난)와 샴마이 학파(엘리에셀) 간의 기나긴 논쟁의 정점(頂点)으로 생각하든, 그것은 실질(實質)의 문제라기보다는 표현(表現)의 문제라고 보아야 할 것이다. 커다란 변화가 찾아왔고, 새롭게 생겨난 집단들은 주후 70년 이전의 유대교 경건 및 전통의 서로 다른 흐름들을 이어받음과 동시에 새로운 상황에 대한 서로 다른 반응들을 반영하는 것이었다. 어쨌든 우리는 주후 70년과 135년 사이의 상황은 후대의 랍비 전승들이 생각하는 것보다 훨씬 더 유동적이었다고 보아야 할 것이다. 만약 랍비 문헌들이 보여 주듯이 힐렐 학파가 철저하게 주도권을 잡은 것이라고 한다면, 바르 코크바의 반란에 대한 지지는 바리새파 내부에서 전혀 없었어야 한다. 하지만 실제로는 바르 코크바의 반란은 아키바 자신에 의해서 지지되었다. 결과적으로 볼 때에 아키바는 바리새인들 중에서 가장 위대한 과도기적 인물이었다고 할 수 있다: 하스모네 왕조 시대와 헤롯 시대로부터 적극적인 정치 참여와 혁명적 사고를 지녔던 바리새인들의 노선에 서 있었던 아키바는 엄청나게 변화된 상황 속에서, 아키바가 분명히 수긍긴 했겠지만 전혀 다른 맥락 속에서 바라보았을 그런 관심사들을 부각시켰던 자들에 의해서 위대한 토라 선생으로 회고되고 존경을 받았다.

4. 두 번째 반란 후에 우리가 랍비 유대교라고 부르는 것이 진정으로 시작된 시기가 도래하였다. 이때부터 혁명에 관한 말은 금기시되었다. 이러한 변화된 분위기를 잘 말해 주고 있는 것은 아키바의 한 제자였던 랍비 네후냐 벤 하카나(Nehunya ben ha-Kanah)였다: "율법의 멍에를 스스로 짊어지는 자,

그에게서는 나라의 멍에와 세상 염려의 멍에가 벗겨질 것이다." 달리 말하면, 토라에 대한 연구는 정치권력에 대해 관심을 가질 필요가 없게 만든다는 것을 의미한다.[159] 여기에서 네후냐는 엘리에셀이나 그의(네후냐의) 스승이었던 아키바가 아니라 요하난 벤 자카이에 더 가깝다. 그러한 분위기 속에서 토라를 연구하는 자들은 성전(聖殿)이 필요하지 않았을 것이다: 주후 2세기 후반의 지혜자였던 랍비 할라프타 벤 도사(Halafta ben Dosa)의 말이라고 하는, 그 바로 다음에 오는 미쉬나의 말 중에 나와 있듯이, 토라가 성전을 대신하여 모든 것을 할 것이기 때문이다: "열 사람이 함께 앉아서 율법에 몰두해 있다면, 하나님의 임재는 그들 가운데 있다": 달리 말하면, 토라에 대한 연구는 성전 예배와 동일한 효과를 갖는다는 말이다. 이 둘 중의 어느 경우에나 사람들은 셰키나(Shekinah)의 임재, 이스라엘의 신이 거하시는 장소에 있다.[160] 이러한 관점에 서게 되면, 혁명에 의해서 얻어질 수 있는 그 모든 것 — 그리고 유대인들의 혁명에 의해서 얻어질 가장 중요한 것은 항상 신에 의해서 인정받는 합당한 성전의 재건이었다 — 은 먼 미래로 밀려난다. 과거에 혁명적 정치를 지향했던 에너지는 이제 그 물줄기를 바꾸어서 수정주의적인 학문 연구로 바뀌었다. 이렇게 해서 오늘날의 유대교가 탄생된 것이다.

이제 우리는 이러한 연대기적 서술로부터 한 발짝 뒤로 물러나서, 우리가 아직까지 논의하지 않았던 아주 중요한 두 가지 특징을 고찰해 보아야 한다. 기도와 신학이 바로 그것이다.

첫째, 우리가 바리새인들에 관하여 뭔가를 알고 있다면, 우리는 그들이 기도했다는 것을 알고, 우리는 그들이 무엇을 기도했는지를 다소간 알고 있다. 그들은 쉐마(Shema)를 기도했다: 그들은 쉐모네 에스레(Shemoneh Esreh), 즉 18축도문을 기도했다. 그러나 이러한 기도들은 그 기원(起源)에 있어서 도피주의적 경건과는 아주 거리가 먼 것들이었다. 이스라엘의 신은 온 땅에서 유일한 신이시라고 주장하고 있는 쉐마는 이 신이 그의 백성을 신원하실 것이라는 믿음을 지탱해 준다. 로마인들이 아키바를 고문했을 때, 아키바가 죽어가

---

159) mAb. 3:5. Murphy 1985는 바룩2서도 비슷한 입장을 보여 준다고 주장해 왔다.

160) mAb. 3:6. 이 논의는 계속해서 이 연구를 다섯이 하든 셋이 하든 둘이 하든 심지어 홀로 하든 사정은 마찬가지라고 단언한다.

면서 쉐마를 암송했다는 것은 결코 우연이 아니다.[161] 18축도문은 이스라엘에게 구속자를 보내달라는 것, 죽은 자들의 부활, 큰 나팔소리와 함께 이루어지는 해방의 선포, 흩어진 이스라엘 사람들의 다시 모임, 이스라엘의 원수들의 멸망, 예루살렘과 성전의 회복, 메시야의 오심 등과 같은 내용들을 담고 있다.[162] 마카베오 형제와 바르 코크바 사이의 기간 동안에 일어난 실제적인 사건들을 보고서도 밤낮으로 이러한 기도들을 했던 사람들이 이 기도문들의 내용을 결코 문자 그대로 이해하지 않았고 정치적·혁명적 행동을 통해서 그들이 구하고 있었던 축복들을 실현시키는 데 이스라엘의 신의 대리자들로서 행동하기를 결코 추구하지 않았다고 주장하는 역사가가 있다면, 그는 참으로 간 큰 역사가임에 틀림없다. 물론 이러한 기도들은 주후 135년 이후에도 계속해서 드려졌다. 그러나 네후냐가 한 말이 보여 주듯이, 이때부터 이 기도문들은 토라 연구에 헌신한 자들이 경험했던 새로운 세계 질서와 관련하여 체계적으로 다시 읽혀지게 되었다. 그리고 그 가장 두드러진 오늘날의 주창자들 중의 한 사람이 역설했듯이, 이 세상 질서 속에서 신학과 역사는 서로에게 할 말이 아무것도 없다.[163]

두 번째로 좀 더 일반적인 고찰은 바리새파의 신앙(신념)체계에 관한 것이다. 이것에 관한 요세푸스의 기사는 부활 사상을 부각시킨다.[164] 그러나 이 신

---

161) Schürer 2:454-5를 보라. 아키바에 대해서는 bBer. 61b를 보라. 이 기사가 전적으로 전설적인 것이라고 할지라도, 이 기사는 이 기도문과 혁명적 열망의 연관 관계에 관한 기본적인 사항을 입증해 준다. 쉐마가 신의 나라에 대한 선포였다는 것에 대해서는 Hengel 1989 [1961], 92-9를 보라.

162) Schürer 2. 455-63와 Hengel 1989 [1961], 107f.에 나오는 논의를 보라. 민족의 구속에 대한 구체적인 소망을 보여 주는 증거인 이러한 기도문들에 대해서는 Urbach 1987 [1975], 653-60을 보라.

163) Neusner 1991, 83f. Freeman 1986은 예전 자료들 속에 내재해 있던 정치적 개념들을 다루는 부록을 싣고 있다.

164) *War* 2:162-3; *Ant.* 18:14 (이에 대해서는 the Loeb of Josephus, 9:13에 나오는 Feldman의 주해를 보라); 유대교의 부활 교리를 거의 스토아 학파적인 관점으로 "변환시킨" 것으로 보이는 *War* 3:374; *Apion* 2:218과 비교해 보라. 또한 행 23:6-8, mSanh. 10:1을 보라. Schürer 2:539-47; Mason 1991, 156-70, 297-300; 아래 제10장에 나오는 자세한 논의들을 보라.

앙은 단순히 사후의 장래의 삶에 관한 사변과만 결부되어 있는 것은 아니었
다. 그 사상을 표현하고 있는 초기 텍스트들 중 일부로부터 우리가 알 수 있
듯이, 이 사상은 이스라엘의 회복과 재건에 대한 열망과 결부되어 있었다.[165]
나중에 다시 보겠지만, 바로 이것이 사두개파가 이 사상을 거부했던 진정한
이유였을 것이다.[166] 자신들이 갖고 있는 불안정한 권력을 한꺼번에 낚아채 가
버릴 대변혁은 사두개파가 정말 원치 않는 것이었기 때문이다.

요세푸스가 주목했던 또 하나의 바리새파의 신앙은 섭리 또는 운명에 관한
사상이었다.[167] 요세푸스는 에세네파의 교리는 "모든 것을 하나님의 손에 맡기
는 성향이 있었다"고 말한다.[168] 반면에 사두개파는 모든 것이 사람의 자유의
지의 행사에 달려있다고 믿었다.[169] 바리새파는 중도적인 입장을 취해서 모든
것은 섭리에 따라서 일어나긴 하지만, 인간은 여전히 자유의지를 소유한다고
믿었다.[170] 요세푸스는 이러한 구절들 속에서 다시 한 번 그의 로마인 독자들
에게 유대교의 분파들은 추상적인 문제들을 놓고 앉아서 서로 토론하는 헬라
철학의 여러 학파들과 같다는 인상을 주기 위하여 표준적인 표현들을 사용해
서 관련된 문제들을 헬레니즘적인 철학 언어로 "번역하고" 있음이 분명하다.
이러한 위장을 꿰뚫고 들어가서 그 배후에 있는 사회정치적 현실을 보는 것은
그리 어렵지 않다. 에세네파는 그들의 실존방식 자체를 통해서, 그들은 이스라
엘의 해방을 열망하지만, 이스라엘의 신이 그 일을 때가 차서 이루실 것만을
오직 기다릴 뿐이라는 것을 선포하였다. 사두개파는 그들의 실존 자체를 통해
서 정치권력을 잡고 유지해야 한다고 믿었음을 선포하였다. 이러한 것들은 우
리가 에세네파와 사두개파에 관하여 알고 있는 내용을 보면 아주 분명하다.
마찬가지의 추론을 통해서 우리는 바리새파의 신앙은 다음과 같은 것이었다
고 할 수 있다: 이스라엘의 신은 역사하실 것이다: 그러나 충성스러운 유대인
들은 그러한 신의 역사(役事)의 대리자들과 도구들로서 필요하다. 이것은 우

---

165) 예를 들면, 겔 37:1-14: 2 Macc. 7:7-40을 보라.

166) *War* 2:165: *Ant.* 18:16: 마 22:23 and pars.: 행 23:6-8: 아래 제10장.

167) 이에 대해서는 Mason 1991, 132-56, 293-7, 384-98을 보라.

168) *Ant.* 18:18.

169) War 2:164f.

170) *War* 2:162f.: *Ant.* 13:172, 18:13.

리가 지금까지 살펴보았던 다른 모든 증거들과 완전히 부합하고, 실제로 힐렐 (그리고 사도행전 5:33-9에 나오는 가말리엘)이 이 문제를 이스라엘의 신에 게 맡기는 방향으로 더 기울었던 반면에, 샴마이(그리고 다소의 사울)는 그런 신의 개입의 도구로서 행동하고자 했다는 것에서 볼 수 있듯이, 바리새파 운 동 내부에서의 이후의 논쟁을 암시해 준다. 요세푸스는 유대교 각 분파들의 논쟁에 대하여 별 위험성이 없다는 듯이 철학적인 논쟁으로 묘사하고 있지만, 사실 그 배후에는 주후 1세기의 정치적·혁명적 투쟁의 격동하는 세계가 펄 펄 살아 있다.[171]

그러므로 우리는 바리새파에 관한 이러한 논의를 다음과 같이 요약해 볼 수 있을 것이다. 마카베오 시대에 종교적/정치적 압력 집단으로 시작되었던 바리새파는 하스모네 왕조 시대 후반에 가장 큰 사실상의 권력 집단이 되었 다. 헤롯 왕조의 등장과 총독들의 통치로 인해서 이방 관습과 이방 통치로부 터의 이스라엘의 자유에 대한 바리새파의 열망은 원칙적으로 전혀 꺾이지 않 았고, 바리새파 중 다수는 주후 135년에 이르기까지 여러 혁명 운동들을 통해 서 적극적으로 활동하였다.[172] 이와 동시에 우리는 뉴스너(Neusner)와 그의 추종자들이 힐렐 시대를 묘사하면서 그 관심이 정치에서 경건으로 옮겨졌고, 그러한 변화는 이 시기부터 주후 135년 이후의 시기까지 계속되었다는 주장 에 전혀 동의할 수 없다. 힐렐과 샴마이 "학파들"은 이미 바리새파 운동의 두 가지 대안적인 방식들을 대표하고 있었을 가능성이 크다. 둘 모두는 이스라엘 의 해방과 이 운동에 헌신한 자들의 정결의 유지에 관심을 갖고 있었다. 그러 나 힐렐 학파는 이 문제를 이스라엘의 신에게 맡기는 쪽을 택하였고, 샴마이 학파는 신의 역사에 동참하는 열심 있는 대리인이 되고자 하였다. 둘 다 독실 하였고, 이미 말했듯이 둘 다 "정치적"이었다: 그들은 단지 이 두 가지를 결합

171) Hengel 1989 [1961], 122f.를 보라.

172) 우리는 Hengel 1989 [1961], 228, 334; Saldarini 1988, 285-7; Rhoads 1976, 38f.; Smith 1977 [1956]에 반대해서 Sanders 1990a, 242-5; Neusner 1973 (그리고 다 른 곳에서도); Levine 1978에서 제시된 주장들을 그대로 따랐고 실증하여 왔다. Berger 1988은 팔레스타인의 바리새파를 여전히 정치적인 집단으로 본 것은 옳지만, 이러한 입 장과 디아스포라 바리새인들의 "종교적" 입장을 구분하고 있는 것(261)은 분명히 잘못 된 것이다.

하는 방식들이 서로 달랐을 뿐이다.

마지막으로 두 가지만 더 말해 두기로 하자. 서로 다른 바리새파 학자들 간의 논쟁들은 미쉬나를 구성하는 내용들이다. 이 논쟁들은 여러 세대에 걸쳐서 그리고 다양한 차원에서 전개되었다. 정결에 관한 세부적인 논쟁들은, 마치 당시의 정치에서 논란이 된 작은 내용이 불 뿜는 논쟁을 불러일으킨 이유가 모든 진영들이 그 작은 문제 속에는 비록 언급되지 않고 있지만 강력하게 상징되어 있는 좀 더 큰 문제들이 있다는 것을 알고 있었기 때문인 것처럼, 더 큰 문제를 그대로 반영하는 것이었다는 것을 토론자들은 분명히 알고 있었다. 모든 분파들이 서로서로를 같은 바리새파로 취급하였던 이와 같은 논쟁들[173]과 바리새파와 비바리새파, 즉 사두개파, 그리스도인들, 에세네파의 논쟁들 간에는 결정적으로 중요한 차이가 있었다. 사실 우리는 바리새파 내부의 논쟁들조차도 후대의 미쉬나에 나타나는 관용과 여유의 분위기 속에서 진행된 것이 아니라 주후 70년 이전 시기에는 폭력과 위협들이 개입되어 있었다고 생각할 만한 충분한 이유를 갖고 있다.[174] 오늘날의 유사한 예들을 보아도 알 수 있듯이, 한 민족 또는 한 집단이 궁지에 몰려 있을 때에는 작은 문제들이 거대한 상징적 의미들을 갖게 되고, 이에 따라 열띤 논쟁이 벌어지게 된다. 주후 70년 이후에도 엘리에셀 벤 히르카누스의 경우에서 볼 수 있듯이, 한 진영은 반대파 진영의 지도적인 인물을 출교할 수 있었다.[175] 특히 바리새파 운동 전체를 문제 삼는 좀 더 예민한 문제들이 개입되어 있는 경우에는 신약성서를 구태여 들추지 않더라도 바리새파(또는 적어도 그 일부)는 대응을 늦추지 않았다는 것을 보여 주는 증거들이 있다.

둘째, 그리고 마지막으로 바리새파에 관한 이러한 설명은 우리로 하여금 우리의 다양한 자료들이 왜 바리새파를 그렇게 묘사하게 되었는지를 이해할 수 있게 해 준다. (1) 요세푸스는 『유대 전쟁기』에서 바리새파가 혁명에 가담했다는 혐의를 극소화시키고 그들을 헬레니즘적인 철학학파로 묘사하는 데 관심을 두었다. 『유대민족 고대사』에서 요세푸스는 이와는 다른 견해를 제시한

173) Finkelstein 1962 [1938], 334.
174) Goodman 1987, 74f.를 보라.
175) 본서 p. 299를 보라.

다.[176] 요세푸스의 글을 비판적으로 읽게 되면, 그의 글은 대단히 중요한 가치를 지니게 된다. (2) 쿰란 두루마리들 속에 암호 비슷하게 언급되어 있는 구절들을 보면, 우리는 바리새파가 주전 1세기에 이 두루마리들의 저자들에 의해서 경쟁적인 분파로 여겨졌다는 것을 충분히 알 수 있다. (3) 바울은, 일부 학자들이 그가 힐렐 학파에 속하였음을 입증하려고 시도하고 있음에도 불구하고, 샴마이 학파의 "열심"을 그대로 반영하고 있다;[177] 회심 후에 바울은 몇 가지 중요한 점에서 분명히 힐렐과 더 가깝게 바뀌었다는 것은 별로 이상한 일이 아니다. 그의 일차적인 관심은 이제 이방인들이 이스라엘 신의 계약의 백성 속으로 들어올 수 있게 하는 것이었고, 그의 주장은 이교(異敎)의 타당성이 결국 밝혀질 것이라는 것이 아니라 기독교로 개종한 이방인들은 더 이상 이교도들이 아니라는 것이었다. 바울은 자기 자신이 여전히 새로운 상황 속에서 이스라엘의 계약의 유업에 충실하다고 보았다: 이스라엘의 신은 마침내 그의 백성들을 해방시키기 위하여 역사하였다.[178] (4-5) 복음서들 및 랍비 문헌 속에 나오는 여러 증거들은 모두 서로 다른 방향이긴 하지만 편견들이 작용하고 있다. 복음서들은 예수와 바리새파 간의 논쟁을 예수 자신에 대한 "재판"과 초대 교회의 선교적 관심사들을 미리 예고하는 것이라고 읽고 있다: 나중에 보게 되겠지만, 안식일 및 음식과 관련된 공관복음서의 논쟁들은 바리새파 자체의 문제와는 아무런 상관이 없고 바리새파 내부의 두 분파의 서로에 대한 자기 정의와 관련이 있다. 미쉬나 시대 및 그 이후의 랍비들은 바리새파를 정결에 대한 그들의 관심, 주후 70년과 135년의 통렬한 패배 이후에 내부로 그 방향을 바꿔서 자신만의 폐쇄적인 세계를 형성하였던 그러한 관심의 선구자들로 이해하였다. 그러므로 그들은 그들의 수호자들로 믿고 있었던 바리새파

---

176) 따라서 나는 Schwarz 1983과 Mason 1990, 1991의 입장에 확고하게 서고 (Nicolas에 대한 그들 자신의 논쟁에도 불구하고) Smith 1977 [1956]과 Goodblatt 1989에 반대한다. 『유대민족 고대사』에서 요세푸스가 바리새파의 실권을 지나치게 강조했다는 것이 사실이라고 할지라도, 이것은 우리가 『유대민족 고대사』의 증거들을 무시하고 『유대 전쟁기』에 나오는 축약된(그리고 그 자체가 매우 편견에 찬) 기사를 선호해야 한다는 것을 의미하지는 않는다.

177) Bruce 1977, 51 등에 의해 반대를 받고 있는 Jeremias 1969b를 보라.

178) 바울에 대해서 자세한 것은 Wright 1991a와 본 시리즈 제3권을 보라.

의 정치적 논쟁들을 정결에 관한 논쟁으로 바꾸어 놓았는데, 이는 마치 요세푸스가 바리새파의 정치적 논쟁들을 철학에 관한 논쟁으로 바꾸어 놓았던 것과 마찬가지였다.

이러한 자료들 중 그 어디에서도 우리는 본문으로부터 직접적으로 바리새파에 관한 올바른 상(像)을 읽어낼 수 없다. 그러나 바리새파의 모습을 재구성하려고 했던 일부 시도들이 그랬던 것과는 달리, 우리는 이 자료들 전체를 모두 폐기처분해 버리거나 또는 그 증거들 중 어느 한 흐름을 아무런 오류가 없는 "객관성"을 지닌 위치로 승격시켜서는 결코 안 된다. 바리새파는 여전히 복잡하고 파악하기 힘든 집단이다. 그러나 그렇다고 해서 우리가 바리새파의 몇몇 기본적인 역사적 모습들을 그려낼 수 없었던 것은 아니다. 이제 이렇게 우리가 그려낸 바리새파에 관한 그림을 토대로 우리는 이후의 장들에서 어떻게 그들의 세계관과 신념체계가 주후 1세기 유대인에게 열려 있었던 폭넓은 선택지(選擇枝)들 속에서 중요한 흐름을 형성하게 되었는지를 살펴볼 수 있게 되었다. 앞으로 보게 되겠지만, 이러한 것들은 기독교 시대의 첫 세기에 유대교 및 기독교의 전체적인 그림의 일부로서 상당한 흥미와 가치를 지닌다.

4. 에세네파: 분파에 대한 강조

학자들은 바리새파가 "분파"였는지 아닌지를 놓고 계속해서 논쟁을 벌이고자 한다. 하지만 사해 북서쪽 해안에 있는 쿰란에 살았던 집단에 관해서는 그러한 논쟁이 전혀 있을 수 없다. 분파가 존재했었다고 한다면, 그것은 바로 이를 두고 하는 말일 것이다: 이 집단은 이스라엘의 나머지 사람들로부터 지리적으로나 신학적으로 고립되어 살아가면서 성경의 모든 약속들과 성경의 진정한 후예로 자처하고 다른 분파들의 경건한 유대인들조차도 위험스러운 사기꾼들로 취급하였다. 그들은 빛의 아들들이고, 나머지 모든 사람들은 이교도들뿐만 아니라 이스라엘 사람들도 어둠의 자식들이라고 그들은 생각했다. 사실 이 집단은 분파라는 것이 어떤 것인지를 우리에게 알게 해 주는 가장 분명한 예들 중의 하나다.[179]

---

179) Davies 1990, 513은 "분파들"을 "비순응주의적 이데올로기들에 의해서 지배되고 있는 사회적으로 폐쇄된 체제들"로 정의한다. Sanders 1992, 352를 보라. 1QS를 쓴

그러나 분파에 관한 논쟁은 전혀 없지만, 그 밖의 다른 거의 모든 것들과 관련해서는 쿰란 공동체와 관련된 수많은 논란들이 있다. 쿰란 두루마리들이 발견된 시점(1947년)과 쉬러(Schürer)의 개정판으로 두루마리들에 관한 내용들이 간행된 때(1979년) 사이에 수행되었던 두루마리 연구들의 제1의 물결은 이 공동체의 기원과 역사에 관한 확고한 결론에 도달한 것처럼 보였다: 그들은 필로, 요세푸스, 플리니우스가 거론하였던 바로 그 에세네파였다.[180] 그러나 지난 10여 년 동안에 이러한 통설은 심각한 위기에 직면해 왔다. "쿰란 공동체 = 에세네파 = 두루마리들의 저자"라는 이중의 등식은 더 이상 성립될 수 없다. 지금 많은 학자들은 쿰란에 살았던 사람들은 훨씬 광범위한 에세네파 운동의 하위집단, 아마도 주류에서 떨어져 나온 집단이었거나 에세네파 운동의 중심이 되었던 본 집단이었을 것이라고 주장한다. 두루마리들을 자세하게 연구해 보면, 그들은 미묘하게, 그러나 서로 차이가 있는 공동체들로부터 왔다는 것이 드러난다: 특히 다메섹 문서(Damascus Document)는 공동체 규칙(Community Rule)이 보여 주는 집단과는 다른 공동체와 조직을 대변하고 있다.[181] 대부분의 학자들은 여전히 그럴 가능성이 없다고 여기고 있긴 하지만, 일부 학자들은 심지어 이 두루마리들 자체가 쿰란에서 씌어진 것이 아니라, 주후 60년대 중반에 전쟁이 일어날 것을 감지하고 이 두루마리들을 안전하게 보존하기 위하여 거기로 가져온 것이라고 주장하기까지 했다.[182] 델피 신탁과 마찬가지로 쿰란의 동굴들은 그들의 비밀들이 밝혀지면 질수록 더욱

집단은 분파라고 해야 하고, CD를 쓴 집단은 분파가 아니다.

180) Philo, *Quod Omn.* 12 (75)-13 (91); *De Vit. Contempt.*; Jos. *War* 2:119-61; *Ant.* 13:171-2; 8:11, 18-22; Pliny the Elder, *Nat. Hist.* 5:15/73. 자세한 내용과 논의에 대해서는 특히 Vermes 1977; 1987 (1962), 1-57; Schürer 2:555-90; Dimant 1984; Calloway 1988; Schiffman 1989를 보라. 가장 최근의 것으로는 Sanders 1992, chs. 16-17을 보라.

181) 특히 Davies 1982; 1987; 1990을 보라. 그는 부분적으로 Murphy-O'Connor의 일련의 논문들을 따르고 있다. 또한 Charlesworth 1980을 보고, 좀 다른 견해로는 Wacholder 1983을 보라.

182) Golb 1985; 989; 그리고 Garcia-Martinez and van der Woude 1990, 526-36에 나오는 그의 견해에 대한 상세한 비판을 보라.

더 많은 문제들을 야기시켜 왔다.

초기 기독교의 모태를 이루는 유대교들을 검토하고자 하는 우리의 현재의 목적과 관련해서 다행스러운 것은 그러한 문제들을 꼭 해결하고 넘어가지 않아도 별 상관이 없다는 것이다. 얼마나 많은 집단들 또는 개인들이 이런저런 두루마리를 썼냐 하는 문제와는 상관없이, 현재 우리가 다루는 것과 관련이 있는 것은 일부 유대인들이 그 시기에 어떻게 생각했고 살았으며 기도했는가, 즉 특정한 상황 속에서 성경을 읽고 공동체를 조직하고 신앙과 소망을 표현하는 새로운 방식들과 관련하여 어떠어떠한 대안들이 열려 있었는가 하는 것이다. 바리새파와 관련하여 우리가 초기 기독교가 경쟁상대로 여겼던 운동, 특히 바울이 자신의 출신배경이라고 말했던 운동을 다룬 것이라면, 에세네파와 쿰란 공동체, 그리고 두루마리의 저자들과 관련해서는 가끔 한 차례씩 흥밋거리로 거론되고 지나가는 것을 제외한다면, 예수, 바울, 초대 교회와 직접적으로 그들이 연관이 있었다는 것을 보여 주는 증거는 없다. 우리의 나중의 결론을 미리 좀 말하자면, 그들은 초기 기독교의 사촌뻘쯤 된다고 볼 수 있을 것이다: 동일한 조상(마카베오 이전의 유대교)을 공통으로 갖고 있고, 몇몇 가족으로서의 유사점들을 보여 주고 있지만, 직접적인 파생관계나 가시적인 연관관계는 전혀 없다.

그러므로 우리는 우리의 나중 연구의 몇몇 측면들과 관련해서 특히 흥미로운 몇 가지 특징들을 부각시키는 방향으로 쿰란 두루마리들에 관한 전반적인 설명을 짤막하게 시작해 보자. 이 두루마리들은 주전 2세기 또는 그보다 약간 이후에 생겨났던 것으로 보이고, 필로와 요세푸스에 의하면, 그 수가 4천명이 좀 넘었던 여러 형태를 지닌 유대교의 분파 집단이었던 에세네파의 작품이다.[183] 모든 최근의 논쟁들을 통과하면서 여전히 유력해 보이는 견해는 에세네파 운동이 생겨나게 한 것은 마카베오 위기와 그 여파로서 과거의 대제사장 집단이 쫓겨나고 새로운 하스모네 왕조의 제사장적 왕들이 그 자리를 대신한 상황이었다는 것이다. 이 운동의 분열 또는 방향의 변화를 비롯한 이 운동 이

---

183) *Quod Omn.* 75; *Ant.* 18:20. 요세푸스가 어느 시기를 가리키고 있는지가 분명치 않다. 분명한 것은 쿰란에 있던 수도원은 구성원들 중 일부밖에는 수용하지 못했을 것이라는 것이다.

후의 발전과정은 하스모네 왕가의 그 이후의 이야기와 관련하여 추적이 가능하다. 각각의 가설적 단계에서 두루마리들을 썼던 사람들은 자기 자신들을 당시의 권력을 쥐고 있는 집단, 즉 하스모네 왕조에 맞선 유대교의 진정한 대표자들로 생각하였다.[184] 에세네파 운동은 바리새파와 비슷한 또는 동일한 조상, 즉 주전 3세기 말과 2세기 초에 어렴풋이 그 움직임이 포착되는 하시딤 (Hasidim)에서 유래되었을 가능성도 있다 — 하지만 이것은 가능성에 지나지 않는다.[185] 그리고 또한 바리새인들 중 일부 불만을 품은 자들이 주전 1세기 초에 에세네파를 결성했을 가능성도 있다.[186] 쿰란 지역은 주전 1세기의 마지막 삼분기에 비어 있다가 주후 1세기 초에 다시 사람이 거주했으며, 주후 68년경에 로마인들에 의해 마침내 점령당해 파괴되었다. 쿰란 공동체 또는 두루마리들을 썼던 사람들이 광범위한 에세네파 운동의 일부였다는 것이 사실이라면, 우리는 그러한 운동이 성전 파괴 이후에도 계속되었다는 것을 보여주는 증거를 전혀 갖고 있지 않다.[187]

우리가 제2부에서 발전시킨 모형을 사용해서, 우리는 이제 이 두루마리들이 우리에게 밝혀 주는 세계관을 개략적으로 서술할 수 있다. 위에서 지적한 문제들을 피하기 위해서, 나는 이 두루마리들(직접적으로 명시하지 않아도 『다메섹 문서』와 『공동체 규칙』을 포함한)과 연관이 있었던 자들을 "그 집단" 또는 "그 운동" 같은 모호한 용어들로 지칭하고자 한다. 우리가 이런 식으로 말하고 있는 사람들은 이 "집단"을 단단하게 결속된 집단, "통일체"(히브리어로 yahad)로 보았고, 이 "운동"을 이 세상을 향한 신의 목적의 최선봉으로 보았다는 것을 잊지 말아야 한다. 에세네파 운동에 가담하는 것은 애호가적인 취미활동이 아니라 이스라엘 및 세계를 위한 생사의 문제였다.

첫째, 이 집단의 상징 세계는 유대교의 적법한 상속자로서 그들 자신의 존

---

184) "악한 제사장"에 대한 언급들은 총칭적인 것으로서, 일련의 하스모네 왕조의 대제사장들에게 적용될 수 있었다는 Garcia-Martinez와 van der Woude의 매력적인 해법을 보라.

185) Davies 1977을 보라.

186) Milik and Murphy-O'Connor를 따르고 있는 Charlesworth 1980, 223f.

187) 즉, 자기가 *Antiquities*(18:18-22)를 쓸 당시에 여전히 그들이 존재했던 것처럼 그들을 다루고 있던 요세푸스의 저작에 대해서는 예외이다.

재에 그 초점이 맞춰져 있었다. 이 집단의 삶의 구심점들은 예언의 성취이자 신의 목적을 궁극적으로 실현시킬 수단으로 보였기 때문에 이 집단의 중심적인 상징들이 되었다. 이 공동체의 평의회 모임들은 엄숙한 종교적 모임들이었다: 식사 시간들은 거룩한 절기들이었다. 공동체 생활은 엄격한 결례들에 의해서 지배되었고, 역법은 절기들과 안식일들을 "적절하게" 지킬 수 있도록, 즉 서로 다른 날들에 배치되었다.[188] 학문 연구와 글쓰기는 특히 상징적인 중요성을 지니고 있었다. 펜과 잉크(그 일부가 고고학자들에 의해서 발견되었다)는 이스라엘의 신을 섬기는 도구로 사용되었다. 심지어 두루마리를 담는 항아리조차도 심오한 상징적 가치를 지니고 있었다: 이러한 글들은 현재의 환난 속에서 안전하게 지켜져서, 마침내 신원의 날에 다시 읽혀지게 될 것이다. 오늘날의 이스라엘 정부가 현대 이스라엘 국가가 창건된 지 수 개월 후에 발견된 이 두루마리들을 두루마리를 담은 항아리 모형의 거대한 박물관에 안치시켜 놓은 것은 결코 의미가 없지 않다.

이 공동체의 일상적인 실천 가운데서 특히 한 가지 특징은 특별한 언급을 할 가치가 있다: 『공동체 규칙』에 묘사된(『다메섹 문서』에 묘사된 것과는 반대로) 공동체는 희생제사를 전혀 드리지 않았다.[189] 이 점을 토대로, 그리고 이 운동의 이데올로기와 관련된 여러 단서들과 언급들을 한데 결합시켜서, 우리는 이 운동의 적어도 한 분파는 스스로를 단순히 참 이스라엘만이 아니라 참 성전으로 여겼다는 분명한 결론에 도달한다.[190] 기존의 성전은 마카베오 혁명에 의해서 "정결케" 되었을지 모르지만, 이 집단은 그 성전을 여전히 더럽혀진 것으로 보았다.[191] 바리새파와 그들의 후계자로 자처하는 사람들이 성전에 대한 대안으로 기도와 금식과 구제를 통한 "영적 희생제사"를 발전시켰듯이, 『공동체 규칙』을 실천했던 이 집단은 이스라엘의 신이 그들을 대안적인 성전으로 부르셨다는 신학을 발전시켰다. 그들의 헌신은 거기에서 수 마일 떨어져

---

188) 편리한 요약으로는 Sanders 1992, 360f.를 참조하라.

189) Jos. *Ant.* 18:18-19에 의해서 지적되고 있다.

190) 예를 들면, 1QS 8:5-11; 1QH 6:25-9; cf. Sanders 1992, 352-63. 오래된 문헌들 중에서는 특히 Gartner 1965; Klinzing 1971을 보라.

191) 예를 들어, cf. CD 5:6-7; cp. Evans 1989a, 1989b.

있고 수천 피트 높이 솟아 있는 시온 산에서 여전히 드려지고 있었던 것을 대신하는 것이었다.

이 집단의 실천은 혁명에 대한 적극적인 참여를 포함하고 있지 않았다는 것은 분명하다. 이스라엘의 신이 메시야를 보내서 성전(聖戰)을 이끄실 때에 그들은 일어나 싸우게 될 것이지만, 그때까지는 아니었다. 이것이 바로 요세푸스가 에세네파를 자유의지가 아니라 운명을 믿었다고 묘사한 것의 배후에 있는 사회정치적인 현실이다.[192] 그럼에도 불구하고 요세푸스의 전쟁 기사 속에는 분명히 쿰란 집단의 구성원은 아니지만 에세네파로 보이는 인물이 등장하기 때문에, 우리는 입장들이 완전히 이런저런 방식으로 굳어져 있었다고 생각해서는 안 된다.[193] 그들의 정치적 참여와 관련해서는 헤롯이 왕이 될 것이라고 예언한 것과 같은 예언적 선포들에 국한되었던 것으로 보인다. 요세푸스에 의하면, 헤롯은 에세네파에 의해서 강한 인상을 받았기 때문에 그들이 자기에게 충성 맹세를 하는 것을 면제해 주었다고 한다. 주전 1세기 후반에 쿰란 지역이 비어 있게 된 이유에 대한 한 가지 설명은 헤롯 치하에서 이 공동체는 정치적 보호를 받으면서 이스라엘의 구속을 소망하며 예루살렘, 이른바 "에세네파 구역"에 살았다는 것이다.[194]

이 집단이 들려 주는 이야기들은 다른 공동체의 이야기들과 마찬가지로 그들이 신봉하였던 세계관의 성격을 잘 보여 준다. 물론 그것은 이스라엘에 관한 이야기였지만, 이 시기에 이루어진 이스라엘에 관한 모든 이야기들과 마찬가지로 그 뉘앙스의 변화를 보여 준다. 그들은 현재 및 가까운 미래의 순간에 초점을 맞추고 성경을 샅샅이 살피고 읽고 기도하고 연구하고 필사하였다. 이스라엘의 역사는 정체 상태에 들어갔다. 포로생활로부터의 귀환은 실제로 아직 일어나지 않았다. 이 작은 집단은 그런 일이 일어날 때에 앞장을 서게 될 선봉대였다. 따라서 미래의 귀환과 회복을 예언한 포로 이전에 씌어진 예언들은 사실 이 집단의 역사 속에서 실현되기 시작하고 있었다. 이스라엘에 관한

---

192) *Ant.* 13:172; 8:18.

193) "에세네파 세례 요한": *War* 2:567; 3:11, 19.

194) *Ant.* 15:371-9를 보라. 예루살렘에 있었던 "에세네파 구역"에 대해서는 *War* 5:145; Pixner 1976; Capper 1985, 149-202를 보라.

이야기는 이 집단의 이야기로 바뀌었다.

우리가 이 집단에게 세계관과 관련된 기본적인 질문들에 대한 답변들을 요구한다면, 그들은 답변을 별로 지체하지 않을 것이다. 우리는 누구인가? 우리는 현재는 무시당하고 있지만 우리 앞에 위대한 미래가 놓여 있는 참 이스라엘, 약속의 상속자들이다. 우리는 이스라엘의 신이 택하신 자들이요, 이스라엘의 운명을 짊어진 자들이다. 우리는 어디에 있는가? 우리는 포로생활 중에 있고, 이스라엘의 나머지 사람들로부터 떨어져 있으면서(실제로 쿰란에 있었든, 또는 은유적으로 다른 에세네파 집단들의 하나 속에 있었든) 우리의 광야적 실존(wilderness existence)을 통해서 회복과 구속의 약속들이 장차 성취될 것이라는 사실을 시위하고 있다. 무엇이 잘못되었는가? 이스라엘은 여전히 구속받지 못한 상태이고, 잘못된 자들이 권력을 잡고, 잘못된 대제사장들이 성전을 지배하고 있으며, 이스라엘 전체는 눈이 멀어서 지식과 통찰이 없고, 귀가 멀어서 신의 부르심을 듣지 못한다. 해법은 무엇인가? 이스라엘의 신은 활동하기 시작하였다. 이 분파 운동을 탄생시킴으로써 신은 그의 원수들에 대한 최후의 압박 작전을 위한 길을 준비하였다. 곧 신은 이스라엘의 참된 통치자들이 되어 빛의 아들들을 이끌고 어둠의 자식들과의 대전(大戰)을 이끌 그의 기름 부음받은 자들, 즉 한 왕과 한 제사장을 보낼 것이다. 이방인들뿐만 아니라 모든 배교한 유대인들도 패망할 것이다; 그리고 빛의 아들들은 일천 세대 동안 다스리게 될 것이다. 그 후에, 아니 오직 그 후에야 현재의 타락한 성전 대신에 새로운 성전이 지어져서, 만대를 위한 이스라엘의 신의 거소가 되고, 참된 예배가 회복될 것이다. 그날이 올 때까지 우리는 선봉대로서 기도와 정결 속에서 우리의 위치를 지켜야 한다.

이 집단의 세계관에 대한 이러한 개요는 어느 점에서도 논란의 여지가 없다고 나는 생각한다. 물론 강조점에 관한 세부적인 논의들은 많이 진행되고 있고, 특정한 본문들의 의미, 특히 학자들의 책상 위에서 두 번째로 잠자고 있다가 최근에야 점차적으로 밝혀지게 된 수많은 작은 단편들의 의미를 놓고 끝없는 의문들이 제기되고 있기는 하다. 그리고 이 세계관으로부터 우리는 제2성전 시대와 관련된 것들과 마찬가지로 신학에 대한 분명한 진술을 읽어낼 수 있다.

첫째, 한 분 신, 아브라함, 이삭, 야곱, 선지자들의 신이 존재한다. 두루마리들에 나타나는(그리고 플리니우스에 의해서 보도된) 천사론에 대한 강한 관심은 결코 이러한 강조점을 흩어 놓지 못한다; 또한 에세네파가 태양을 숭배했다는 요세푸스의 이상한 말도 마찬가지다. 요세푸스의 이 말은 에세네파가 동쪽을 향하여 서서 아침 예배를 드렸던 관습과 음력이 아니라 양력을 채택한 것, 이 두 가지를 나타낸 것일 가능성이 더 크다.[195] 이 신의 목적은 비록 신비롭긴 하지만 오래 전에 그의 선지자들에게 계시되었고, 지금 영감 받은 교사들, 특히 이른바 "의의 교사"를 통해 이 집단에게 알려지게 되었다.[196]

둘째, 이스라엘은 이스라엘 자신만이 아니라 이 세계의 질서를 다시 바로 잡기 위한 신의 역사를 촉진시킬 수단으로 삼을 목적으로 이 신의 택함 받은 백성이 되었다. 계약의 도구로서 이스라엘의 이러한 선택은 이제 집단적으로 새로운 계약, 새로운 택함받은 백성을 이루고 있는 이 집단에 그 초점이 맞춰지게 되었다. 이와 관련해서 "예정"을 논하는 것은 "선택"에 관한 이 집단의 견해의 강조점을 그릇된 방향으로 몰아가서 두루마리들에 표현되어 있는 관심들과는 거의 관계가 없는 개인의 선택이라는 문제들을 불러일으킬 수 있다는 것을 우리는 주의해야 한다. 여기서의 강조점은 오히려 이스라엘 전체에 해당되었던 것 — 이스라엘은 한 분 참 신의 택함 받은 백성이었다 — 이 이제 이 집단에 해당된다는 것이다. 물론 이 집단을 택함 받은 백성과 이렇게 적극적으로 동일시함으로써 매우 부정적인 결론도 수반되게 되었다: 이 집단에 속하지 않은 자들은, 그들이 당시의 유대 사회 속에서 어떠한 지위를 지니고 있었든간에, 택함 받은 자의 반열에 들지 못한다. 우리는 이것이 당시의 대제사장 가문과 바리새파 같은 경쟁적인 압력 집단들을 구체적인 대상으로 삼아 말하고 있는 것이 아닌가 하는 인상을 강력하게 받게 된다.

셋째, 이 갱신된 계약에 참여했음을 보여 주는 징표들은 분명히 공동체의

195) *War* 2:128: Smith를 따라서 실제로 태양 숭배가 일부 행해졌을 것이라고 주장하고 있는 Sanders 1992, 245f.를 참조하라.

196) 나는 이 교사의 정체에 대해서 어떤 특별한 이론을 갖고 있지 않다. 이 문제에 대해서는 여전히 격렬한 논쟁이 벌어지고 있다. Davies 1985, 54의 흥미로운 주장을 보라. *Damascus Document* (6:11)은 그러한 교사가 와서 의의 교사로 자처하는 자의 인도하에 쿰란 공동체는 그들 자신이 옛적 및 최근의 예언에 대한 성취라고 선포하게 될 것임을 예언하였다.

규칙들에 의해서 명령된 경건과 정결이었다. 이러한 규율을 받아들이는 것은 그 사람이 이 계약에 속해 있다는 것을 보여 주는 징표가 되었고, 이를 거부하면 처벌을 받았을 것인데, 가장 가혹한 처벌은 추방이었다(추방이라는 처벌은 공동체의 음식 외에는 그 어떠한 음식도 먹지 않겠다는 엄숙한 맹세를 했던 자에게 치명적인 결과를 가져올 수 있었을 것이다) 여기서 두 가지를 말해 둘 필요가 있다. (a) 이 집단의 경건과 관련된 문헌의 내용을 보면, 이 경건과 정결은 이 집단의 구성원 자격 또는 구원을 "얻는" 수단으로 취급되지 않았다는 것이 분명하게 드러난다. 그러한 것들은 이미 구성원이 되었다거나 구원을 받았다는 것을 표현하는 수단일 뿐이었다.[197] (b) 이 집단의 정결과 관련된 규율들은 그들이 스스로를 여러 가지 의미에서 성전의 제사장들과 동등한 것으로 여겼다는 몇몇 지표들을 보여 준다. 물론 그들은 성전 경건의 모든 특징들을 재현할 수도 없었고, 또 그렇게 하지도 않았다 그러나 그들이 행한 것은, 마치 미쉬나에서 토라를 연구하는 일은 예루살렘 성전 속에 있는 것과 매일반이라고 말한 것과 마찬가지로, 두루마리들 속에 그러한 규칙들을 규정한 자들이 그 규칙들을 지키는 사람들을 제사장과 비슷한 특권들 — 그리고 책임들 — 을 지니고 있는 것으로 여겼다는 것을 보여 주는 충분한 증거가 된다.[198]

끝으로 종말론을 살펴보자. 이 두루마리들을 "묵시론적" 성격을 지니는 것으로 보았던 것이 학계에서의 오랜 관행이었고, 이것은 부분적으로 옳다고 할 수 있다. 그러나 우리는 "묵시 사상"을 유대교의 특별한 유형으로 보는 오류를 범해서는 안된다.[199] 제10장에서 논하겠지만, "묵시사상"은 다른 식으로는 말하기 어려운 내용들을 말하는 한 가지 방식으로서 원칙적으로 누구나 이용할 수 있었던 문학 유형인 동시에 개별 저작들의 경우에 비교적 소집단에 의해서 선호되었던 문학 유형이다. 즉, 유대인이라면 누구나 예를 들어 에녹1서를 읽을 수 있고, 거기에서 자기가 수긍할 수 있는 의미를 발견할 수 있었다; 그러나 미래에 관한 허황된 꿈들을 꾸었던 다수의 사람들을 비롯한 대부분의

197) Sanders가 거듭 주장하여 온 것이다: 최근의 것으로는 1992, chs. 16-17, esp. 375f.를 보라.

198) Sanders 1992, 357-77, esp. 359, 362, 376f.

199) Sanders 1992, 8f.

유대인들은 찰스워스(Charlesworth)의 『위경들』(*Pseudepigrapha*)에 모아져 있는 작품들 중 대부분을 알지 못했고, 만약 그러한 문헌에 접했다고 할지라도 많은 유대인들은 그것들을 아주 의심스런 눈초리로 바라보았을 공산이 크다. 바로 이것이 유대교를 설명할 때에 그러한 저작들을 토대로 해서는 안 되고, 언제나 모든 유대인들에게 공통적이었다고 우리가 알고 있는 내용들을 가지고 시작해야 하는 이유이다.

이 두루마리들을 산출한 집단의 종말론은 다른 "묵시론적" 저작들과 어느 정도 공통의 특징들을 공유하고 있긴 하지만, 단순히 "이원론적" 또는 "세상의 종말"을 기대하였다는 식으로 읽어서는 안 된다. 샌더스의 말은 내게 정확히 옳아 보인다: "이 두루마리들로부터 우리는 이 분파가 오늘날의 학자들이 흔히 종말이라고 부르는 미래의 극적인 변화를 기대했다는 것을 알게 되는데, 사실 이 종말이라는 용어는 약간 오해의 소지가 있다. 왜냐하면 다른 유대인들과 마찬가지로 에세네파는 세상이 끝날 것이라고 생각하지 않았기 때문이다."[200] 오히려 다가올 큰 날에 관한 한껏 고양된 표현은 이스라엘의 신이 역사 내에서 자기 백성을 구속하시고, 그들을 그의 거룩한 땅에 자기 백성으로 다시 자리 잡게 하여, 새로운 성전에서 예배를 드리게 할 그때를 가리키는 것이었다. 이스라엘의 신이 활동하실 때에, 그는 그의 백성의 메시야들이 될 참된 기름 부음 받은 제사장과 참된 다윗 가문의 왕을 보내실 것이다. 이러한 두 명의 메시야에 대한 신앙은 단순히 유대인들이 "유일한 메시야"를 기대했다고 생각하는 데 익숙해져 있는 사람들에게는 깜짝 놀랄 만한 일이겠으나, 성전의 갱신에 대한 신앙을 확고하게 품고 있었던 이 집단의 신념과 완전히 일치하는 것이었다. 그들의 신앙에 따르면, 유다 지파 출신의 다윗 가문의 왕이 참된 성전을 주재한다는 것은 상상도 할 수 없는 잘못된 일이었; 오직 레위, 아론, 사독의 후손만이 그렇게 할 수 있었다. 히브리서도 이와 동일한 문제점에 직면해서, 이 문제를 다른 식으로 해결하였다(히브리서 5~7장).[201] 왕적인 메시야는 이 집단을 이끌고 원수와 맞서 거룩한 전쟁을 펼칠 것이고, 그

200) Sanders 1992, 368(강조는 필자의 것); 456f.와 아래 제10장.
201) 쿰란 공동체에서의 메시야 사상에 대해서는 특히 VanderKam 1988; Talmon 1987과 이 두 저작에 인용된 다른 문헌들을 보라.

후에 이스라엘의 구속은 완성될 것이며, 참 이스라엘은 평강과 의 가운데 영원히 다스려질 것이다. 이 집단은 연대 계산을 통해서 메시야들이 헤롯 대왕이 죽은 시점에 출현할 것이라는 소망을 품고 있었다는 흥미로운 주장이 그동안 제기되어 왔다.[202]

이런 식으로 이 분파는 후대의 학계에서 "시작된 종말론"이라고 불렀던 것을 지니고 있었다. 이 시기의 대부분의 유대인들은 그들의 신이 장래에 이스라엘을 계속된 포로생활로부터 해방시키기 위하여 역사하실 것이라고 믿었던 것으로 보인다. 쿰란 지역에 여러 저작들을 남겼던 이 집단은 이 신이 이미 그들을 통하여 그러한 역사를 은밀하게 시작하였다고 믿었다. 이미 시작된 것이 오래 전부터 감추어져 있었던 예언들의 성취였듯이, 미래에 일어날 일은 이미 시작된 일이 극적으로 드러나는 것이 될 것이다. 그러나 현재로서는 이스라엘의 나머지 사람들은 아무리 눈을 씻고 보아도 결코 볼 수 없을 것이다: 의인들이 이스라엘의 신의 나라에서 해처럼 빛나게 될 그날이 올 것이라는 것을 말이다.

5. 제사장들, 귀족들, 사두개파

우리는 에세네파 또는 두루마리들을 언급하지 않고도 주후 1세기의 유대교를 생각하는 데 별 문제를 느끼지 않을 수 있다. 그러나 일반적으로는 제사장들, 구체적으로는 대제사장들을 제외해 버린다면, 우리는 결코 주후 1세기의 유대교를 생각할 수 없게 된다. 요세푸스는 주후 1세기 말에 글을 쓰면서, 적어도 당시에 제사장들이 2만 명가량 되었다고 말하고 있는데, 이러한 숫자는 바리새인들(6천 명) 또는 에세네파(4천 명)보다 훨씬 더 많은 숫자다.[203] 이들의 역할은 흔히 주후 1세기 유대교에 관한 서술들 속에서 간과되고 있지만, 사실 제자리에 놓일 필요가 있다.[204]

---

202) Beckwith 1980, 1981을 보라.

203) 제사장들에 대해서는 *Apion* 2:108을 보라. 이것은 분명히 개략적인 수치일 것이다: 그는 4개의 제사장 씨족들이 있었고, 각 씨족은 "5000명 이상"의 구성원들이 있었다고 말한다. 바리새파와 에세네파의 구성원 수에 대해서는 아래의 서술을 보라.

204) 특히 Sanders 1992, ch. 10을 보라.

제사장들의 거의 대부분은 귀족도 아니었고, 특히 부유하지도 않았다. 그들과 그들의 조력자 역할을 했던 레위인들은 이스라엘의 나머지 사람들이 바치는 십일조로 연명하였다. 그들 중 대부분은 예루살렘에서 멀리 떨어져 살았고, 차례가 오면 정기적인 제사 업무들을 수행하기 위하여 무리를 지어 예루살렘으로 갔다. 그 나머지 시간 동안에 그들은 학자들이 흔히 무시해 왔던 역할을 수행하였다: 그들은 주요한 율법 교사들이었고, 평범한 유대인들은 분쟁이나 법적인 문제가 발생했을 때에 그들에게 판단과 중재를 요구하였다.[205] 따라서 예수가 깨끗케 된 문둥병자에게 "제사장에게 가서 네 몸을 보이라"(마 8:4과 그 병행문들)고 말한 것은 결코 이상한 일이 아니었다. 그것은 통상적인 관행이었을 것이다. 제사장들은 "공식적인" 주류 유대교의 지방대표들로서 스스로 토라를 연구했고, 때때로 예루살렘 성전에 올라가서 이스라엘의 신을 섬기는 특권을 지니고 있었다.

제사장 계급의 맨 꼭대기에는 고위 제사장들이 포진하고 있었는데, 우리가 자료들로부터 알고 있는 한, 그들은 주후 1세기에 예루살렘을 기반으로 일종의 상설 비서국(秘書局)을 형성하고 있으면서 상당한 권력을 휘둘렀다. 그들은 몇 안 되는 가문들로 이루어진 결속력 강한 작은 집단에 속해 있었고, 종종 그들끼리도 심각한 알력을 드러내 보이기도 했다.[206] 그들은 평제사장들과는 달리 유대교의 귀족층의 핵심을 이루고 있었다: 물론 평신도 귀족층도 있었지만, 고위 제사장들은 가장 높은 직위를 차지하고 있었다. 로마 총독들은 바로 이들, 특히 이들 가운데서 선출된 대제사장과 우선적으로 유대인들과 관련된 일들을 논의하여야 했고, 유대인들의 일반적인 행위에 대한 책임을 그들에게 물었다.[207]

제사장 출신이든 평신도 출신이든, 이 귀족층은 꼭 가문과 신분에 따라 이루어진 것이 아니었다. 굿맨(Goodman)은 로마인들은 각 지역의 지주(地主)들을 그들의 가문의 지위와는 어울리지 않는 직위를 주어서 이용하고자 했다

205) Sanders 1992, ch. 10.
206) 특히 Goodman 1987를 보라. 아마도 이것이 요세푸스가 그들을 무례하고 상스러운 것으로 묘사한 이유일 것이다(*War* 2:166: cf. *Ant.* 20:199).
207) Sanders 1992, chs. 15, 21.

는 것을 설득력 있게 논증하였다. 아울러 헤롯도 하스모네 왕조를 폐한 후에, 자기 스스로 대제사장이 되어도 아무 문제가 없었지만, 대제사장직을 자기에게 개인적으로 아무런 위협도 되지 않는 사람들에게 맡기고자 하였다. 왜냐하면 힘 있거나 좋은 가문에서 태어난 대제사장은 자기에게 위협이 될 수 있었기 때문이다.[208] 이렇게 해서 유대 땅이 주후 6년에 로마의 속주가 되었던 시점에는, 대제사장 가문이 확고하게 세워져 있었지만, 조상 대대로 물려받은 확고한 권리와는 아무런 상관이 없었다. 그들의 관심은 로마와 자주 불만을 제기했던 백성 간의 화평을 유지하는 데 있었다. 이것이 로마인들을 달래는 것을 의미하였다면, 그들은 그런 식으로 로마인들을 달랬다. 하지만 로마와 백성 간의 화평이 물 건너갔다는 것이 분명해지자, 그들은 반군의 편을 드는 쪽을 선택하였는데, 이것은 틀림없이 반란이 성공한 후에도 지도자로서의 그들의 지위와 지주로서 가지고 있는 그들의 재산을 유지하기 위한 것이었을 것이다.[209]

　제사장적 세계관의 중심적인 상징은 말할 것도 없이 성전이었다. 성전은 각기 다른 여러 부류의 제사장들에게 서로 다른 것을 의미하였다. 대부분의 시간을 비교적 가난하게 살면서 지역마을에서 율법들을 가르치고 지역의 분쟁들을 해결하며 살았던 시골 제사장들에게는 성전에 주기적으로 가서 그 제의에 참여하는 것이 일생에서 최고의 사건이었다. 그들이 예루살렘을 떠나서 행했던 모든 일들은 바로 그 성전 때문에 의미와 깊이를 얻을 수 있었다. 다음 장에서 보게 되겠지만, 성전은 이스라엘의 신학과 열망 전체를 묶는 끈이었다. 예루살렘의 제사장들, 특히 고위 제사장들에게 성전은 원칙적으로 위에서 말한 모든 것이었지만, 그 외에도 몇 가지 의미가 더 있었다: 성전은 그들의 권력기반이자 이 나라의 경제적·정치적 중심이었다. 그들이 현재의 모습을 유지할 수 있었던 것은 그들이 성전을 장악하고 있었기 때문이었다. 성전은 그들이 로마인들과 헤롯 아래에서 부여받았던 지위를 종교적으로 강력하게 합법화시키는 역할을 했다.

---

208) 헤롯의 지시로 살해될 때까지 한동안 대제사장이었던 젊은 하스모네 왕조의 사람이었던 (*Ant.* 15:23-41, 50-6) Aristobulus III에 대해서는 Schürer 1:297을 보라.

209) Goodman 1981, *passim.*을 보라.

이런 이유로 우리의 자료들이 고위 제사장들을 근본적으로 보수적으로 묘사하고 있는 것은 지극히 옳다. 그들, 그리고 지도적인 귀족층은 대체로 우리가 사두개파로 알고 있는 분파에 속해 있었던 것으로 보인다. 불행히도 사두개파가 보수 성향을 지니고 있었다는 것과 바리새파와 끊임없이 으르렁거리며 싸웠다는 것 이외에는 우리가 사두개파에 관하여 알고 있는 것은 별로 없다. 우리가 좀 더 자세하게 추적할 수 있는 내용은 다음과 같이 간략하게 서술해 볼 수 있을 것이다.[210]

요세푸스에 의하면, 사두개파는 자유의지를 믿었다고 한다. 나는 바리새파가 자유의지와 운명을 혼합한 태도를 지녔다고 요세푸스가 묘사한 것을 바리새파가 이스라엘의 신이 역사하실 날을 기다리는 태도와 필요하다면 하나님을 위하여 기꺼이 행동할 준비가 되어 있다는 태도를 아울러 지니고 있는 것에 대한 탈정치화된 설명이라고 생각했던 것과 마찬가지로, 나는 자유의지에 대한 사두개파의 신념도 추상적인 철학과는 거의 상관이 없고 현실 정치와 커다란 관련이 있다고 생각한다: 이스라엘의 신은 스스로를 돕는 자들을 도우실 것이다.[211] 이와 같은 신념은 필요한 모든 수단을 동원하여 스스로의 지위를 유지하고 있었던 권력을 쥔 자들에게 편리한 교리였을 것이다. 마찬가지로 권력에서 배제되고 자신의 노력을 통해서는 권력을 다시 잡을 소망이 없었던 자들에게는 신의 역사는 서둘러서 되는 것이 아니라 오직 기다릴 수밖에 없다는 신념이 위로가 되었을 것이다(위에서 에세네파에 대한 설명을 보라).

둘째, 사두개파는 성경에 나와 있는 율법들(오경의 율법들) 외의 다른 율법들에 신경을 쓸 여력이 없었다. 이러한 태도는 조상들이 물려준 전통을 절대적인 율법의 지위에까지 승격시킨 것은 의심스럽다고 할 수 있지만[212] 어쨌든 그러한 전통들의 대부분을 유지하고 적어도 스스로에게 적용시켰던 바리새파의 상당히 분명한 준거였던 "조상들의 유전"을 따르는 자들과 대조되는 것이었다. 여기서 다시 한 번 우리는 사두개파가 개혁을 원하지 않는, 본질적으로 보수적인 집단임을 알게 된다. 정치적 영역에서 이것은 바리새파의 적어도 일

210) Sanders 1992, 332-40; Saldarini 1988, chs. 5-6, 8-10 and esp. 13을 보라.
211) *War* 2:165; *Ant.* 13:173을 보라.
212) Sanders 1990a, ch. 2, esp. 125-30을 보라.

부가 그랬던 것처럼 그들의 대적인 개혁 세력들이 혁명 활동에 참여하는 경우에 권력을 쥐고 있는 자들에게 아주 유용한 교리가 될 것이다.

셋째, 사두개파는 부활 교리를 부인하였다.[213] 사두개파의 이러한 태도는 그러한 일들이 과연 가능한지를 의심하는 계몽주의 이후의 합리주의 또는 "자유주의"와는 아무런 상관이 없다는 말을 할 필요는 없겠지만, 그래도 해 두는 것이 좋겠다. 사두개파의 이러한 견해는 신학, 사회, 정치적 현실을 결합한 총체적인 설명을 통해서 가장 잘 설명될 수 있다. 주후 1세기에 "부활"은 이미 오랫동안 이스라엘의 총체적 재건, 바벨론으로부터의 귀환, 최종적인 구속을 의미하는 상징과 은유의 역할을 해 왔다. 에스겔 37장은 바벨론으로부터의 귀환을 이스라엘이 무덤에서 깨어나는 것으로 표현하였다: 마카베오2서에 묘사되어 있는 바에 의하면(주전 2세기 말 또는 1세기 초에 씌어진), 마카베오 가문의 순교자들[214]은 그들의 신이 자기 백성을 폭군으로부터 신원하실 것이라고 주장하는 문맥 속에서 그들 자신이 장래에 부활할 것이라는 말을 한다. 주후 1세기의 귀족층은 어떤 의미에서 마카베오2서가 그 신원(伸寃)을 예상하고 있었던 하스모네 가문의 후예들이었지만, 상황이 달라졌기 때문에, 그 의미는 완전히 정반대였다: 메시야 아래에서 신정국가인 이스라엘의 재건을 가리키는 은유적 의미를 지니는 부활은 이제 그들의 위태위태한 권력의 종말을 의미하는 것이 되어 버렸다. 이와 동시에 우리는 요세푸스가 한 말들의 의미는 오직 정치적 차원에서만 찾아야 한다고 생각해서는 안 된다. 사두개파가 정치적 필요성과 관련된 여러 이유들로 인하여 세상사들에 몰두했다면, 그들은 이스라엘의 총체적 회복에 관한 소망을 내세로 투영할 수밖에 없었던 가난한 자들 및 소외된 자들과는 달리 내세에 관한 교리들에 별 관심을 갖지 않았을 것이다.[215]

일반적으로는 귀족층들, 구체적으로는 사두개파의 영향력은 바리새파의 영향력이라는 문제와 동일한 그 근저에 있는 이유들로 인해서 논란이 많이 되어 왔다. 굿맨, 맥래런(McLaren), 샌더스는 각자 다른 방식으로 모두 이 귀족층

---

213) *War* 2:165; *Ant.* 18:16.

214) Attridge 1984, 177; Schürer 3:532.

215) 부활 신앙에 대해서는 아래 제10장을 보라.

들이 사실상으로나 법률상으로 상당한 권력을 장악하고 있었다고 주장하였다.[216] 이러한 주장은 바리새파가 대중에 의해서 많은 존경을 받고 있었기 때문에, 사두개파는 실질적으로 아무것도 이룰 수 없었다는 요세푸스의 평가와 부합하지 않는다.[217] 이와 관련하여 요세푸스는 로마인들에게 바리새파 전통의 계승을 목표로 하는 현재의 유대인들의 체제를 백성들의 공감을 가장 잘 얻어낼 수 있는 체제로서 받아들이도록 설득하기 위하여 바리새파를 가장 영향력 있는 분파로 오도하여 제시한 것이라는 주장이 제기되어 왔다. 그러나 메이슨(Mason)의 논거들에 비추어 볼 때, 나는 약간의 수정을 가해서 요세푸스의 평가를 받아들여야 한다고 본다: 실제적으로 파당의 홍보라는 관점에서 보면, 바리새파는 사두개파보다 백성들에게 그들의 견해들을 설득하는 데 훨씬 더 성공적이었다. 즉, 백성들 중 대다수는 부활을 믿었다(문자적 의미와 은유적 의미, 양자 모두); 백성들 중 대다수는 그들의 신이 역사에 개입하실 것이고, 역사 속에서 일어나는 문제들은 사람의 손에 달려 있지 않다는 것을 계속해서 믿었다; 그리고 백성들의 대다수는 바리새파 전통들 중 적어도 일부를 어느 정도 진지하게 받아들일 준비가 되어 있었다. 이 모든 점들과 관련해서는 사두개파가 어떠한 다른 대안을 제시한다고 해도 백성들은 그것을 따르지 않았다.

그러나 이것이 요세푸스가 의미했던 것이었는가? 나는 이것이 전부였다고 생각하지는 않는다. 요세푸스의 목적은 아마도 바리새파를 칭찬하는 것이 아니었던 것으로 보인다: 만약 그런 의도가 있었다면, 그것을 이루기 위해 요세푸스가 사용한 방식은 아주 이상하다고 할 수 있다.[218] 따라서 오히려 요세푸스의 목적은 자기가 속한 계층인 귀족층의 무고함을 입증하는 것이었다. (샌더스의 표현을 빌면) "바리새파가 모든 것을 쥐고 휘둘렀다"는 식으로 보일 수 있도록, 요세푸스가 바리새파의 지배적인 영향력에 관하여 노골적으로 말했다면, 요세푸스가 그렇게 말한 것은 선의를 지닌 고상한 귀족층들의 손발이 그들이 통제할 수 없는 대중운동에 의해서 묶여 있었다는 인상을 주기 위한

216) Goodman 1987; Sanders 1992, chs. 15, 21; McLaren 1991.
217) *Ant.* 18:17; cf. 13:298.
218) 요세푸스가 바리새파를 어떻게 묘사하고 있는가에 대해서는 위를 보라.

것일 가능성이 크다. 이러한 것의 배후에서 우리는 한층 복잡한 현실을 추적해낼 수 있다:

(i) 상당수의 귀족층은 열심당이나 그 밖의 다른 집단들과 매우 다른 나름대로의 동기를 가지고 사실 반로마 혁명에 가담하였다(굿맨);

(ii) 바리새파는 계속해서 폭넓은 대중적인 지지를 누리고 있었다(메이슨, 샌더스):[219]

(iii) 일상적인 많은 문제들, 특히 성전 제의와 관련해서 제사장들은 바리새파의 규례들을 따랐을 것이다(메이슨). 물론 일반적으로 제사장들, 구체적으로 고위 제사장들은 바리새파로부터 그러한 일들의 기본들을 배울 필요는 없었겠지만 말이다(샌더스):

(iv) 정치 문제에서 중요했던 것은 로마 총독과 고위 제사장들의 행동과 말이었다. 분명히 물론 그들은 다루기 힘든 대중들에 맞선 것이 아니라 협력하기를 바랐고, 따라서 대중들의 지도자격인 바리새파를 염두에 두었다: 그러나 그들은 필요하다면 바리새파를 비롯한 그 누구라도 무시할 준비가 되어 있었다(샌더스).

(v) 요세푸스의 주된 목표는 자신이 속한 분파인 귀족층의 무고함을 입증하는 것이었고, 이런 목적을 달성하기 위하여 바리새파의 영향력을 강조하고 자기 자신도 바리새파에 대하여 짜증이 난다는 식으로 표현을 하였다.

이러한 설명은 자료들을 잘 설명해 줄 뿐만 아니라 통일적인 역사적 모습을 제공해 준다. 그 후에 일어난 일들을 여기서 말해 두는 것이 좋을 것이다: 귀족층은 유대 전쟁 중에 말살되었거나(그들 중의 다수는 서로 다른 동기들을 지닌 유대 혁명가들의 손에 의해서) 요세푸스 자신과 마찬가지로 정도 차이는 있겠지만 그들 주변의 헬라-로마 사회에 동화되었다. 우리는 얌니아 시대에 그들에 관하여 아무런 말도 듣지 못한다. 성전을 중심적인 상징으로 삼았고,

---

219) Sanders 1992, 386을 보라. "고위 제사장들과 유력자들은 혁명 정부에 분명히 그들 자신보다 더 폭넓은 토대를 지닌 분파 지도자의 협력이 필요하다는 것을 깨달았다"(강조는 필자의 것): 388: "그들은 언제나 순순히 순응할 준비가 되어 있었다." 398쪽에 대해서 Sanders는 바리새파가 과연 모든 회당들을 운영하였는지가 의심된다고 말하면서(분명히 옳은 말이다), 제사장들이 적어도 일부, 아마도 상당수의 회당을 운영하였을 것이라고 말한다. 특히 402-4쪽을 보라.

그들이 통치자들로 다스리는 이스라엘에 관한 이야기를 말하였던 그들의 세계관은 흔적도 없이 사라져버린 것이다.

6. "평범한 유대인들": 들어가는 말

나는 이제까지 주후 1세기 유대교의 "특별한" 가지들이라고 생각할 수 있는 것들을 다루었는데, 이는 주후 1세기의 유대교적 세계관에 대한 좀 더 일반적인 설명에 뛰어들기 전에 가능한 한 분명한 역사적 모습을 묘사하는 것이 중요하다고 생각했기 때문이다. 다른 사람들은 이 과제를 정반대의 순서로 행해 왔다:[220] 이 두 가지 접근방법 중에서 어느 쪽을 선택해도 아무런 상관이 없는 것은 아닐 것이다. 그러나 이제 우리는 주후 1세기의 대다수의 유대인들이 공통으로 지니고 있었던 것을 살펴볼 준비가 되었기 때문에(제8-10장), 먼저 당시에 팔레스타인 인구의 대다수를 구성했던 사람들이 어떤 사람들이었는지를 고찰해 볼 필요가 있을 것이다.

우리는 먼저 샌더스의 최근의 주장의 일부를 요약하는 것으로 이 논의를 시작하고자 한다. 이 시기의 유대인들의 대다수는 바리새파 및 그들 자신에 의해서 "죄인들"로 여겨졌다고 생각되고 있다. 마찬가지로 바리새파는 일상생활의 모든 측면을 통제하였다고 흔히 생각되어 왔다. 샌더스는 이러한 두 가지 생각이 서로 모순되고, 사실 그 어느 쪽도 당시의 진정한 실태를 나타내고 있지 못하다고 지적했다. 대부분의 유대인들이 "죄인들"이었다면, 평범한 유대인들 중 그 누구도 성전에 가서 예배를 드릴 수 없었을 것이다. 왜냐하면 죄인들은 그 부정함 때문에 성전에 들어가는 것이 금지되었을 것이기 때문이다. 바리새파의 엄격한 율법들이 널리 지켜졌다는 것을 보여 주는 근거는 전혀 없고, 오히려 바리새파의 율법들은 오직 바리새인들에 의해서서만 지켜졌다고 생각할 만한 많은 근거들이 있다. 따라서 유대인들의 거의 대부분은 그들의 신, 그들의 성경, 그들의 유대적인 유산에 관하여 충분히 신경을 썼고, 적어도 성경에 나오는 율법을 지키려고 무진 애를 썼을 가능성이 높다. 그들은 기도했고, 그들은 금식했으며, 그들은 회당에 갔고, 그들은 주기적인 절기들을

---

220) 예를 들면, Sanders 1992.

지키기 위하여 예루살렘으로 순례하였다. 그들은 돼지고기를 먹지 않았고, 안식일을 지켰으며, 남자 아이들에게 할례를 행하였다. 또한 그들은 이러한 기본적인 의무들이 다소간 바리새파적인 방식으로 수행되는지의 여부를 확인하는 비공식적인 교사들이었던 바리새인들을 존경하는 마음으로 충분한 주의를 기울였다.

그렇다면 그들은 랍비 문헌들에서 자주 "땅의 백성"으로 묘사된 사람들이었는가? 아마 그럴 가능성이 높다. 그러나 우리는 이 사람들을 획일적으로 "죄인들"로 취급함으로써 이 집단을 폄하해서는 안 되고, 또한 그들 또는 바리새인들이 방금 묘사한 그런 유의 율법을 지키는 평범한 유대인 — 비록 바리새파의 전체 율법 규례를 다 지키지는 않았다고 할지라도 — 과 의도적으로 안식일을 범하고 돼지고기를 먹으며 할례의 흔적을 지우려 하고, 매춘, 착취, 살인 등등에 가담했던 유대인을 구별할 수 없었다고 생각해서는 안 된다. 프레인(Freyne)이 말했듯이, "땅의 백성들은 후대의 랍비 진영들에서는 경멸적인 종교적 용어가 되었을 것이지만, 이것 때문에 우리는 시골 유대인들이 유대교 신앙의 핵심에 속하는 것들에 대하여 아무런 관심이 없었다고 잘못된 결론을 내려서는 안 된다."[221]

그러므로 우리는 로마 강점기 동안에 팔레스타인에 살던 유대인들의 대다수는 어느 정도 성경의 율법들을 지켰고, 그들의 조상들의 신에게 기도했으며, 주기적인 절기들과 역법상의 금식일들을 염두에 두고 그들의 삶을 규율해 나갔다고 보아야 할 것이다. 그들은 깊게 성찰하는 신학자들은 아니었겠지만(많은 공부를 했던 요세푸스조차도 분명히 그렇지는 않았다), 그들의 상징 세계와 통상적인 실천은 우리에게 그들이 추종했던 신학에 대한 일류급의 통찰을 제시해 준다. 또한 이러한 것들은 우리로 하여금 그들이 품었던 소망을 살펴보도록 해 주고, 우리가 시작했던 시기의 역사로 다시 한 번 완전히 우리를 되돌아가게 만든다. 따라서 이 시기의 유대교 내부에서의 다양성에 대한 우리의 연구는 제8장, 제9장, 제10장에서 다룰 내용들을 정해 주는데, 이에 대해서 우리는 지금부터 차근차근 살펴보고자 한다.

---

221) Freyne 1988, 200은 Oppenheimer 1977을 따랐던 자신의 이전의 견해를 바꿨다.

제8장

이야기, 상징, 실천: 이스라엘의 세계관의 여러 요소들

1. 들어가는 말

제6장에서 서술한 격동의 역사 속에서, 그리고 제7장에서 묘사한 여러 파당들의 압력 가운데에서 주후 1세기의 평범한 유대인들은 살았다. 그러한 사람들이 과연 어떤 책들을 읽었는지를 알아내는 것은 어렵다(성경 이외에; 그리고 성경도 누구나 스스로 읽을 수 있었던 것은 아니다). 그러나 우리가 아는 것은 그들이 파당들의 서로 다른 차이점들에도 불구하고 그들 거의 대부분을 하나로 묶어 주었던 세계관을 어느 정도 공유하고 있었다는 것이다. 우리는 먼저 우리가 제5장에서 논했던 세계관의 네 가지 구성 요소들 가운데 세 가지를 연구함으로써 어느 정도 정확하게 이 세계관을 추적해낼 수 있다: 세계관의 다양한 측면들을 통합하고 담아내서 계속적으로 언급되었던 이야기들; 아무 생각 없이 사는 사람들을 제외하고는 모두가 어떤 식으로든 연루되어 있었을 상징들;[1] 이러한 상징들과의 은밀한 관계 속에서 사람들의 거의 대다수의 특징을 이루고 있었을 실천.

2. 이야기들

(i) 들어가는 말

우리는 제3장에서 이야기들이 어떤 문화의 세계관의 지표로서 중요하고, 또

---

1) Millar 1990, 379f.를 보라.

한 그 이야기들을 이해하기 위해서는 이야기들의 많은 차원들을 정확하게 읽어 내는 것이 중요하다는 것을 살펴본 바 있다. 어떤 문화들은 그들의 특징적인 이야기들을 교묘하게 숨겨 놓는다. 주후 1세기의 유대교는 이야기들이 아주 무성하게 성장했던 문화의 한 뛰어난 예를 보여 준다. 우리는 이 이야기들을 단순하게 두 가지 범주로 나눠 볼 수 있다: 성경에서 말하고 있는 창조와 선택, 출애굽과 왕정, 포로생활과 귀환에 관한 기본적인 이야기; 그리고 좀 더 큰 이야기의 작은 부분을 다루고 있거나 좀 더 큰 이야기의 일부 또는 전부와 나란히 언급된 좀 더 작은 단위의 이야기들. 각각의 경우에서 우리는 유대인들의 세계관에 대한 강력한 지표를 얻을 수 있고, 이 지표는 상징들과 실천을 위한 배경을 마련해 준다.

(ii) 기본적인 이야기

유대교에서 다른 모든 이야기들을 거느린 토대를 이루고 있던 이야기는 물론 성경에 나오는 이야기였다. 이스라엘은 이스라엘로 존속했던 날수만큼이나 이 이야기를 이런저런 방식으로 말하여 왔다. 성경의 전승이 자라고 발전해감에 따라, 성경이 담고 있던 이야기들과 그 모든 이야기들을 함께 묶고 있는 단일한 이야기도 성경과 함께 자라났고, 서로 다른 여러 요소들이 수많은 방식으로 서로 작용하였다.[2] 서로 다른 여러 전승들의 기원에 관한 비평적인 질문들을 전혀 알지 못했던 주후 1세기 유대인의 관점에서 볼 때, 이 기본적인 이야기는 창조주 신과 세상에 관한 것으로서 세상의 한복판에서 창조주 신의 계약의 백성인 이스라엘의 지위에 그 초점이 맞춰져 있었다.

그러므로 족장들의 부르심은 창조와 타락이라는 배경과 대비를 이루게 된다. 다음 장에서 볼 수 있듯이, 아브라함은 아담의 문제에 대한 이 신의 대답으로 여겨졌다. 애굽으로 내려간 일과 모세의 영도하의 극적인 구원은 이 이야기의 최초의 절정으로서 해방이라는 주제를 이 이야기 전체의 중요한 모티프들 가운데 하나로 설정하였고, 후대의 유대인들이 새로운 방식들로 성찰했던 한 가지 당혹스러운 문제를 제기하였다: 이스라엘이 애굽으로부터 해방되어 자신의 땅에 놓여진 것이라면, 왜 모든 것이 이제 완벽하지 않은 것인가?

---

2) Koch 1969 ; Fishbane 1985, esp. 281-440을 보라.

그 후 땅의 정복과 사사 시대는 다음의 절정인 왕정의 수립, 특히 다윗 왕조의 수립을 위한 준비 과정이었다. 다윗은 이스라엘의 신이 과거에 시작하였던 일을 완성하기 위하여 사용한 새로운 아브라함, 새로운 모세였다. 여기서 또다시 당혹스러운 일이 벌어졌다: 다윗의 후계자들은 (대체로) 그 운명이 좋지 않았고, 나라는 분열되었으며, 백성들은 선지자들의 말에 귀를 기울이지 않았고, 유다는 결국 포로로 끌려갔다.[3] 이러한 맥락 속에서 새로운 출애굽에 대한 약속들이 자연스럽게 생겨났고, 다윗 가문의 통치자 스룹바벨과 제사장 요수아 아래에서와 에스라와 느헤미야 아래에서 모호한 새로운 시작들(또는 이것들은 착각들이었는가?)을 가져왔다.[4] 성경 시대(통상적으로 이렇게 불린다)는 그 결말을 미래에 미뤄 둔 채 결말다운 결말 없이 끝나버리고 만다. 이 이야기는 여전히 완성을 기다리고 있다.

위대한 이야기를 말하는 두 시편을 함께 병치시켜 놓은 것을 고찰함으로써 우리는 이 점을 더욱 생생하게 알 수 있게 된다(물론 이 시편들이 이스라엘의 예배 속에서 얼마나 두드러진 역할을 하였고, 따라서 그들이 말한 이스라엘에 관한 이야기가 주후 1세기 유대인들의 세계관을 형성하는 데 얼마나 강력한 힘을 발휘했을 것인지를 생각해 보라). 시편 105편은 족장들과 출애굽에 관한 이야기를 고전적인 형식으로 다시 말하면서, 아주 명확하게 사람들이 계속해서 해야 할 일만을 말하는 것으로 끝을 맺는다: 그러므로 이스라엘은 야웨를 찬양하고 그의 계명을 지켜야 한다.[5] 그러나 시편 106편은 이 이야기를 좀 다르게 말한다: 출애굽은 그 자체가 이스라엘이 많이 불순종하고 스스로 심판을 받았던 모호한 시기였고, 마찬가지로 가나안에 살았던 시기도 결함이 아주 많아서 결국 포로로 끌려가는 결과를 초래하였다. 그럼에도 불구하고 이스라엘의 신은 계약을 기억하여 이스라엘 사람들을 포로로 잡아간 자들로 하여금 이스라엘 사람들을 불쌍히 여기게 만들었다: 그러나 이 이야기는 아직 완성되지 않았다. "우리 하나님 야웨여, 우리를 구원하셔서 여러 민족들로부터 우리를

---

3) 이러한 당혹감은 시편 89편에 가장 강력하게 표현되어 있다.

4) 스가랴 9~14장에서는 시들해진 것으로 보이는 이 둘에 대한 스가랴 3~4장의 열정과 비교해 보라.

5) 시 105:1-6, 44f.

모으소서. 그리하여 우리가 주의 거룩한 이름에 감사를 드리고 주를 찬양하며 영광 돌리게 하소서." 그런 일이 일어날 때까지, 이 위대한 이야기는 아직 끝나지 않았고 여전히 모호함으로 가득 차 있다.[6]

그러므로 히브리 성경의 위대한 이야기는 제2성전 시대에서는 그 결론이 무엇인지를 찾아야 하는 이야기로 읽혀질 수밖에 없었다. 이 결론은 이스라엘의 온전한 해방과 구속, 자기 땅에서 갇힌 자가 된 이스라엘이 압제를 받고 있는 동안에는 일어날 수 없었던 사건을 포함할 수밖에 없었을 것이다. 그리고 이 결론은 적절했을 것이다: 그러한 결론은 이 이야기의 나머지 부분과 부합하고 분명한 연속성과 정확성을 지니기 때문이다. 우리는 그 정반대의 예를 들므로써, 이러한 적절성이 무엇을 의미하는지를 볼 수 있다. 요세푸스는 『유대 민족 고대사』에서 이러한 이야기 전체를 다시 하면서, 이 이야기의 나머지 부분의 이야기 문법을 파괴하는 결론을 제시한다: 이스라엘의 신은 로마인들에게로 넘어갔고, 예루살렘은 파괴되었으며, 유대교는 흩어진다. 이것은 잭과 콩나무에 관한 이야기를 잭의 어머니가 돌아온 그녀의 아들을 죽이고 금을 빼앗아서 거인과 결혼하기 위하여 길을 떠난다는 식으로 다시 이야기하는 것과 마찬가지다. 요세푸스가 여전히 모든 것이 다시 한 번 뒤집어질 미래의 결말을 믿었을지라도, 그는 그러한 결말을 자기 마음 속에 꼭꼭 묻어 두었을 것이다.

이스라엘의 이야기에 관한 이와는 다르고 몇 가지 점에서 더 전통적인 읽기는 주후 2세기 초에 씌어진 시락서 44~50장에 나온다. "이제 유명한 이들, 우리 조상들을 그들의 세대 속에서 찬양하자"라는 말로 이 대목은 시작되고 (44:1), 어떤 의미에서 이 대목 전체는 비유대인 독자들로부터 경탄을 자아낼 수 있는 이스라엘의 조상들에 관한 전반적인 기사이다.[7] 그러나 이 대목이 말하고 있는 것은 여전히 이스라엘에 관한 이야기이다. 그리고 이 대목은 과거의 조상이 아니라 저자와 동시대의 사람일 가능성이 대단히 높은 어떤 인물에 대한 빛나는 묘사로 끝이 난다(50:1-21): 주전 219-196년에 재임하였던 요

---

6) 시편 106:47. 정경의 이 시편의 마지막 절(48절)은 그 소망의 강력함에도 불구하고 이 시편의 나머지의 당혹감과 열망을 결코 지우지 못한 채 이 이야기 및 시편의 네 번째 "책"을 마무리하고 있다.

7) Frost 1987; Lane 1991, 2:316f.를 보라.

나단의 아들 대제사장 시몬 2세(헬라어로는 "오니아스"). 메시지는 분명하다: 이스라엘에 관한 이야기는 성전에서 신에 대한 장엄하고 질서정연한 예배를 통해 완성된다. 이것은 24장의 신학과 완벽하게 합치하는 것으로서(신의 지혜가 셰키나로서 와서 시온에 거주하게 되는데, 토라 자체와 동일하다는 것이 밝혀진다는 것), 정치적이든 다른 식으로든 종말론에 대한 필요성을 다소간 희석시키는 역할을 한다.[8] 이스라엘의 이야기는 당연히 이르러야 할 지점에 도달하였다.

물론 이런 식으로 성경의 이야기를 조용하면서도 단호하게 의기양양하여 다시 말하는 일은 안티오쿠스 에피파네스의 만행에 직면했을 때에 더 이상 지속될 수 없었다. 그러자 마카베오 가문은 새로운 결론을 지니는 이스라엘의 이야기에 대한 또 하나의 예를 제시한다. 이스라엘의 이야기 전체에 대한 승리의 결론으로서 그들 자신의 이야기를 하고자 했던 그들의 시도(특히 마카베오1서에서)는 그들이 안티오쿠스 에피파네스에 대항하여 개시한 쿠데타와 마찬가지로 여러 가지 면에서 대담하고도 성공적인 쿠데타였다: 그들은 이스라엘의 장래 소망에 관한 이야기 전개를 도중에 가로채서, 그 소망이 그들을 통하여 성취되었다고 주장했다. 그들의 체제 속에 내재해 있던 모호성들로 인하여 다른 집단들은 또 다시 이 이야기를 다른 식으로 다시 말하기 시작했다: 하스모네 왕조 체제는 부패했고, 이스라엘의 신은 그 체제를 전복시키고 그 대신 올바른 체제를 세우실 것이다.[9]

이스라엘의 이야기에 대한 수많은 서로 다른 말하기들 중에서 이 세 가지 예들은 이 시기의 유대인들이 성경의 전승들을 단순히 단편적으로만 생각했던 것이 아니라 그 이야기를 전체적으로 인식할 수 있었고, 그 적절한 결론을 계속해서 찾고 있었다는 것을 보여 준다. 이 이야기의 요약적인 형태들은 성경의 많은 구절들에서만이 아니라 제2성전 시대의 많은 저작들 속에서도 찾아볼 수 있다;[10] 그리고 몇몇 책들은 전체를 할애하여 이 이야기 또는 이 이

---

8) Sir. 50:23f.는 예외로 볼 수도 있지만, 저자의 생각의 논리적인 일부라기보다는 전승에 의한 일반적인 기도문처럼 보인다.

9) 신약성서 내에서 다시 이야기한 것들에 대해서는 아래 제4부를 보라.

10) 예를 들어, 신 6:20-4: 28:5-9; 수 24:2-13; 시 78, 105, 106, 135, 136; 느 9:6-37; 겔 20:4-44; Jud. 5:5-21; 1 Macc. 2:32-60; 3 Macc. 2:2-20; Wisd. 10:1-12:27;

야기의 근본적인 부분들을 다시 말하면서, 이 이야기가 그 적절한 결론에 도달하지 않았다는 것과 그 결론부가 도래할 것을 기다리면서 합당하게 살아가는 것이 참으로 중요하다는 것을 지적하고 있다.

예를 들면, 희년서는 족장들에 관한 이야기를 이스라엘의 미래를 염두에 두는 가운데 다시 하면서, 저자와 동시대에 살았던 주전 2세기의 유대인들에게 안식일들과 절기들과 할례와 태양력(당시 주류 유대교에서 통용되었던 태음력과 반대되는)을 엄격하게 지켜야 한다고 경고하였다. 그들이 이렇게 행한다면, 이 이야기는 그 진정한 결말에 도달하게 될 것이다. 이삭은 에서와 야곱에게 다음과 같이 말한다:

> 내 아들들아, 여호와, 너의 조상 아브라함의 하나님을 기억하고, 내가 그 하나님을 나의 하나님으로 삼고 의와 즐거움으로 섬긴 것을 기억하라. 그는 너희를 번성케 하고 너의 후손들의 수를 하늘의 별과 같이 늘어나게 하실 것이고, 너희를 의의 나무가 만세 동안 영원히 뿌리 뽑히지 않는 것처럼 이 땅에 굳게 세우시리라.[11]

이스라엘은 계약의 모든 요구사항들을 신실하게 지켜야 한다. 오직 그때에만 아브라함과 이삭에서 시작되었던 이 이야기는 그 적절한 결말에 도달하게 될 것이다.

이와 동일한 이야기를 솔로몬의 지혜서(거의 동시대에 나온)의 10~19장에서는 매우 다른 관점과 매우 다른 문체로 말한다. 이렇게 다시 이야기하는 취지는 최초의 인간들에게 주어졌던(10:1-4) 지혜가 그 후에 족장 시대(10:5-14) 및 출애굽 사건들(10:15-11:14, 16:1-19:22) 등 이스라엘 역사 속에서 구체적으로 활동하였다는 것이다. 이러한 기사들은 이 전승의 후예들

Jos. *Ant.* 3:86f.; 4:43-5; *War* 5:379-419; CD 2:14-6:11; 4 Ezra 3:4-36; 4:29-31에 나오는 "이스라엘의 역사들"의 요약과 비교해 보라. 또한 막 12:1-12; 행 7:2-53; 13:16-41; 롬 9~11; 히 11:2~12:2 (시락서와의 병행에 대해서는 Frost 1987과 아래 제 13장을 보라); 약 5:10-11도 참조하라. 내가 이러한 구절들을 열거할 수 있었던 것은 Hill 1992, 100(이전판); Holz 1968, 100f.; Skehan and Di Lella 1987, 499f.의 덕분이다.

11) *Jub.* 36:6 (tr. Charles, rev. Rabin, in Sparks 1984).

이 그 결과 어떻게 살아야 한다고 저자가 생각하고 있는지에 대해서 말해 주
는 단서들로 가득 차 있다: 애굽과 가나안의 관습들을 그대로 반영하고 있는
이교 사상을 피해야 한다는 것(11:15-15:19). 물론 이 이교 사상은 제2성전
시대의 유대인들에게 절박한 문제였기 때문에 의도적으로 거론되고 있는 것
이다.

장르상으로 희년서와 묵시문학 중간에 속하는, 주후 1세기에 씌어진 『필로
위서』(*Pseudo-Philo*)는 이와 동일한 이야기를 하고 있지만, 그 이야기를 사
울의 죽음까지 확장시킨다.[12] 여기에도 또한 독자들에게 장차 반드시 도래할
구원의 날에 대비하여 순종을 유지하여야 한다는 뚜렷한 도덕적인 취지가 들
어 있다.[13] 사무엘의 어머니인 한나는 자기 자신을 위해서가 아니라 장차 도래
할 나라로 인하여 자기 아들의 탄생을 기뻐한다:

> 보라, 말씀이 성취되었고,
> 예언이 이루어졌도다.
> 이 말씀들이 그의 기름 부음 받은 자에게 꿀을 주고
> 그의 왕의 보좌에 능력이 임재할 때까지
> 이 말씀들은 영원하리라.[14]

또한 여러 묵시문학적인 저작들도 서로 다른 관점을 제시하고 있는데, 이에
대해서 우리는 제10장에서 좀 더 자세하게 살펴보게 될 것이다. 이러한 묵시
문학적 저작들에서는 세계사, 특히 이스라엘의 역사는 시대별로 배열되어 있
는데, 마지막 시대는 이제 막 동터오는 중이다. 다른 많은 점들에서와 마찬가
지로 이 점에서도 "묵시문학"은 여러 훨씬 폭넓은 유대 전승과 분리되지 않는

---

12) 이 책은 Charlesworth 1985, 297-377 (tr. D. J. Harrington)에서 찾아볼 수 있다.

13) Nickelsburg 1984, 108f.를 보라.

14) *Ps-Philo* 51:6. 이 구절 및 이 책이 사울의 죽음으로 귀결되는 방식(즉, 다윗이 왕
이 되는 전주곡으로서)에 비추어 볼 때, 나는 이 책이 장래의 메시야에 대하여 관심이 없
었다는 Harrington의 견해(Charlesworth 1985, 301에 나오는)에 동의하기가 힘들다고
본다.

다. 이스라엘의 고난과 구속에 대한 묵시문학적인 묘사들은 흔히 무시무시한 색채로 그려지고 있기는 하지만, 주제상으로는 출애굽 전승을 그대로 이어받고 있다. 실제로 거의 모든 면에서 창조주, 그의 세계와 그의 계약의 백성에 관한 역사는 진행되고 있지만, 아직 거기에 도달하지는 않았다는 인식이 존재한다. 창조주는 과거에서와 마찬가지로 또 다시 이스라엘을 그 곤경에서 구원하고 세상의 악을 해결하기 위하여 역사하실 것이다. 이 기본적인 이야기에 대한 이러한 다양한 다시 말하기들은 유대인들의 세계관의 모든 측면을 강력하게 증언해 준다.

(iii) 작은 이야기들

그 결론부를 여러 가지 다양한 방식으로 끝맺는 방법으로 큰 이야기를 하는 이러한 전승 내에 하위 이야기들과 관련된 풍부한 유대 전승이 있었다. 이 이야기들은 서로 엇갈리기도 하고 중복되기도 하는 두 가지 형태를 통해서 살펴볼 수 있다. 한편으로는 큰 이야기의 한 작은 부분을 가져다가 흔히 광범위하게 손질을 해서 큰 이야기에서 추출해 낼 수 있는 일반적인 원칙의 한 범례 또는 실례를 보여 주는 것을 목적으로 하는 명시적인 다시 말하기들이 있었다. 이것은 사사 시대에 속하는 룻기의 분명한 예에서 볼 수 있듯이, 성경의 이야기들 자체 내에서 일어난 과정이었다. 다른 한편으로 성경의 이야기의 일부를 이루지 않고 느슨하게 부착되어 있으면서 성경에 나오는 어떤 내용을 설명하려는 취지가 아니라 그 근저에 있는 서사 구조 및 의미를 통해서 뭔가를 말하려고 하는 이야기들이 있었다.

첫 번째 유형의 이야기의 한 예는 아마도 제2성전 시대의 작품으로 추정되는 『요셉과 아세넷』이다.[15] 이 책은 신학적인 소설의 형태로 요셉이 이교도인 애굽의 사제 포티페라의 딸과 정혼하고 결혼한 내용을 이야기한다.[16] 주제는 "역사적"이지만, 메시지는 분명하다. 이스라엘과 이교도들은 모든 점에서 차이가 있다: 이교도들과의 통혼이나 그보다 더 심각한 접촉은 오직 그 이교도가 개종할 때에만 가능하다. 이 책은 성경에 나오는 한 가지 당혹스러운 문제를

---

15) Charlesworth 1985, 177-247 (tr. C. Burchard).

16) cf. 창 41:45: 그는 *Jos. & As.* 1:3 등에서 Pentephres라 불린다.

설명해 준다: 요셉같이 선량하고 지혜로운 유대인이 어떻게 이교도인 처녀와 결혼할 수 있었는가? 이와 동시에 이 책은 동시대의 사람들에게 그들 자신의 계약에 대한 충성과 소망에 관한 메시지를 전한다.

첫 번째 유형의 하위 이야기에 전체를 할애하고 있는 장르는 물론 탈굼들이다.[17] 히브리 성경을 아람어로 의역한 이 탈굼들의 현존 형태는 우리가 살펴보고 있는 시대보다 훨씬 후대의 것이긴 하지만, 이 탈굼들 중 적어도 일부는 이른 시기, 아마도 주후 1세기의 원형(原形)들로 소급될 수 있다는 주장이 점점 힘을 얻고 있다. 쿰란 문서의 단편들이 입증해 주듯이, 탈굼적인 일부 활동은 분명히 좀 더 이른 시기에 시작되었다. 주후 1세기에 성경을 아람어로 번역할 필요성이 있었던 것은 오늘날 20세기에 성경을 현대적으로 번역할 필요성이 있었던 것과 마찬가지다; 그리고 탈굼들 중에서 일부는 원문에 매우 충실한 것들도 있지만, 어떤 탈굼들은 아주 자유롭게 성경을 미드라쉬적으로 개작하거나 성경의 이야기를 훨씬 후대와 관련되어 있는 문제들에 적용하고 있다.[18] 탈굼들이 성행했다는 것은 유대인들이 이야기의 여러 단편들을 다시 말하는 것이 기본적인 세계관을 강화시키는 효과적인 방식으로 널리 행해졌다는 것을 보여 주는 또 하나의 증거가 된다.

두 번째 유형의 하위 이야기의 한 예, 즉 성경과는 무관한 이야기이지만 그럼에도 불구하고 성경의 이야기의 서사 문법을 말하고 있는 이야기는 외경인 『수산나서』이다. 이 책의 여주인공은 음탕한 유대인 장로들의 위협을 받고 그녀의 명예와 생명이 위태로운 지경에 빠지게 된다. 다니엘은 그녀를 구하러 오고, 극적인 법정 장면에서 수산나는 신원(伸寃)을 받고, 그녀의 원수들로부터 구출되며, 그 원수들은 그녀 대신에 죽임을 당한다. 이런 식으로 이 책은 다니엘서에 나오는 이야기들의 패턴을 공유하고 있는데, 칠십인역에서는 이 책이 다니엘서에 덧붙여져 있다: 유대인들은 비록 위협 아래에 있지만 그들의 원수들에 맞서 신원될 것이다.[19] 그런데 이 이야기에서 달라진 것은 이교도들

---

17) Schürer 1:99-114; 2:339-55를 보라(일반적인 성경의 가르침의 확대에 대해서). 최근의 논의로는 특히 Strack and Stemberger 1991 [1982]를 보라.

18) 그 극단적인 예는 무하마드의 아내와 딸의 이름을 거명하고 있는 창세기 21:21에 대한 위 요나단의 탈굼(Targum of Pseudo-Jonathan on Gen. 21:21)이다.

19) 아래 제10장을 보라. Nickelsburg 1984, 38이 지적하고 있듯이, 지혜자 또는 의인

이 아니라 이스라엘의 장로들이 원수들로 등장한다는 것이다. 다니엘이 그 장로들 중의 한사람에게 "유다의 자손이 아니라 가나안의 자손인 당신"이라고 속삭인 장면에서 볼 수 있듯이, 이것은 유대인들의 통상적인 반이교적 변증을 유대인들 자신에 대한 변증으로 바꾸어 놓고 있다.[20] 니켈스버그 (Nickelsburg)는 이 책은 이 시기의 유대인 공동체 내부에서 생겨날 수 있었던 압력들과 유혹들을 반영하고 있다고 주장하는데, 물론 이것은 옳은 말일 수도 있다.[21] 그러나 이 이야기의 줄거리 전개는 단순한 도덕적인 이야기보다 훨씬 깊다. 이 이야기는 핍박을 받았지만 신원된 이스라엘에 관한 통상적인 이야기이지만, 지금은 이 이야기에서 문자 그대로 이스라엘 내부에서 권력을 쥐고 있는 자들에 의해서 핍박을 받았지만 궁극적으로 신원을 받은 한 개인으로 "대표된"[22] 이스라엘 내부의 한 집단에 관한 이야기로 언급되고 있다. 달리 말하면, 이 이야기는 유대교의 한 분파 또는 당파의 세계관을 강력하게 강화시키는 것을 목적으로 한 그런 이야기라는 말이다: 이스라엘의 현재의 지도자들은 부패하였고, 이교도들보다 나은 것이 없지만, 우리는 우리의 신, 아마도 새로운 다니엘에 의해서 신원받을 참 이스라엘이다. 다니엘서 자체는 이교도들의 손에 의해 압제를 받은 후에 유대인들이 신원받을 것에 관한 이야기를 들려주고 있기 때문에, 마카베오 시대에 하스모네 체제에게 강력한 지지를 제공해 주는 방식으로 읽혀졌을 것이다. 하지만 다니엘서에 덧붙여진 수산나 이야기는 그러한 메시지를 전복시킨다. 새로운 통치자들은 이교화 되어 가고 있고, 진정으로 신실한 이스라엘 사람들을 압제하고 있다.

(iv) 맺는말

그렇다면 제3장에서 개략적으로 살펴보았던 이야기에 관한 분석이라는 관

의 핍박과 신원이라는 이러한 패턴은 창세기 34장, 에스더서, Ahikar, 지혜서 2-5장 같은 다양한 저작들에서 흔하게 다루어지는 주제로, 복음서들에 나오는 수난 이야기들과 사도행전 6-7장에 나오는 스데반의 순교에 관한 이야기에 영향을 미쳤다. 그 밖에도 마카베오2서 7장과 몇몇 구절들을 들 수 있을 것이다.

20) Sus. 56.

21) Nickelsburg 1984, 38.

22) 아래 제10장을 보라.

점에서 볼 때, 이 유대인들의 기본적인 이야기는 어떻게 "작용하는가"? 다음 장에서 볼 수 있듯이, 이 세계관의 초점은 분명히 창조주와 이스라엘의 계약, 그러니까 정치적 억압과 긴장의 시대에 창조주가 이스라엘을 구원해 주실 것이라는 내용이다. 이것은 그러한 맥락 속에서 나온 유대인들의 이야기의 모든 다시 말하기에 공통적이다. 그러나 이야기들이 다음과 같은 질문에 와서는 집단들 및 분파들의 각각의 특성에 따라 내용이 달라진다: 그러한 구원은 어떤 방식으로 이루어지는가?

유대인들의 이야기의 한 가지 기본적인 형태는 다음과 같이 나타내 볼 수 있을 것이다:

서론

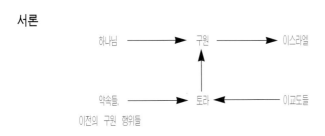

하나님은 이스라엘에게 그의 토라를 주었기 때문에, 토라를 지킴으로써 이스라엘은 그의 백성이 되고, 이방의 원수들로부터 구원받을 수 있으며, 자기 땅의 통치자로 확고히 살 수 있다. 실질적으로 이것은 여호수아서의 이야기가 작용하는 방식이다: 성경의 나머지 책들의 상당수도 주후 1세기에 이런 식으로 읽혔을 가능성이 높다. 부림절과 하누카 절기에 봉독되었던 에스더 이야기와 마카베오 가문에 관한 이야기도 그런 식으로 작용했음이 확실하다: 계약의 신과 그의 토라에 신실한 자들은 원수들로부터 구원을 받을 것이다. 유딧서 같은 성경 이후의 저작들 중에도 일부는 실질적으로 이런 형태를 띠고 있다. 우리는 이와 동일한 패턴이 어둡고 비극적인 정반대의 모습으로도 나타날 수 있다는 것을 살펴본 바 있다: 이스라엘의 통치자들은 수산나서에서 "대적자들"라는 범주 아래 등장하고, 에세네파의 글들에서 언급되고 있는 암묵적인 이야기 속에서도 물론 그렇게 등장한다.

주후 1세기의 문제는 이스라엘이 이미 오랜 시간 동안 구원을 기다리고 있었지만, 아직 그 구원이 임하지 않았다는 것이었다. 그렇다면 어떻게 해야 토라는 원래 토라가 하기로 되어 있었던 그 일을 할 수 있는가? 토라는 이스라엘을 구원하는 일에 어떤 도움을 줄 수 있는가? 그 대답은 이런저런 프로그램을 통해서 토라가 강화되어야 한다는 것이다:

본론

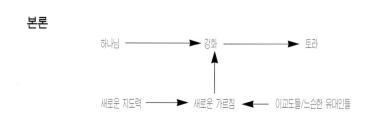

이 마지막 행에는 여러 가지 대안들이 가능했다.[23] 에세네파는 이스라엘의 신이 그들의 새로운 공동체 속에서 토라를 진정으로 강화시킬 수단을 제공해 주었다고 믿었다: 이것은 이스라엘이 궁극적으로 구원받을 수 있는 방법이었다. 바리새파는 조상들의 전통들에 대한 충실이라는 그들이 내건 모토가 토라를 강화시키는 신이 정하신 프로그램이요 이스라엘이 구원받을 수단이라고 믿었다. 그 밖의 다른 도식들, 특히 명시적인 혁명 운동들 같은 것들도 틀림없이 이러한 것에 부합할 것이다. 메시야 대망들은 쿰란 두루마리들 속에서 볼 수 있는 것처럼 쉽게 이 도식의 일부가 될 수 있었다. 그 결과는 이스라엘의 열망의 최종적인 성취가 될 것이다:

결론

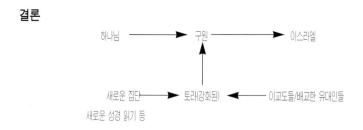

이것은 물론 그렇게 분명하게 표현된 것은 아니지만, 시, 예언, 꿈, 불분명한

---

23) 자세한 내용은 아래 제7장을 보라.

소망과 열망들, 그리고 여러 가지 이야기들의 모습을 띠고 나타난 예수 시대의 일부 유대인들이 표현한 이 이야기의 결말부였다. 묵시문학, 전설, 순교자들의 이야기, 절기, 상징 속에서 표현되고 있는 것은 기본적으로 이 이야기이다. 그러한 유대인들의 이야기들은 세계관을 담는 그릇 역할을 하였다. 이스라엘은 포로생활 중에 있으면서 놓여나기를 기다리고 있는 창조주 신의 백성이다; 이스라엘의 신은 왕이 되셔서 열방들을 다스리거나 심판하실 것이다; 그때에 이 신과 그의 토라에 신실했던 자들은 신원을 받을 것이다.

물론 이 이야기에는 그 밖의 다른 온갖 종류의 차원들이 존재한다. 이 이야기는 하나의 도표처럼 그렇게 간단하지가 않다. 특히 이스라엘의 장기적인 목적에 관한 질문이 존재한다: 왜 신은 이스라엘을 제일 먼저 부르셨는가? 창조주가 아브라함을 부르신 이유는 무엇이었는가? 이러한 목적이 세상의 나머지, 즉 그 밖의 다른 열방들과 관련이 있다면, 이 관련은 어떻게 인식되어야 하는가? 이스라엘의 구원에 초점이 맞춰져 있는 이 이야기의 배후에는 다음과 같은 더 오래되고 더 근본적인 이야기에 대한 인식이 존재한다:

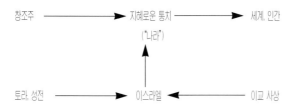

이스라엘은 창조주의 지혜로운 질서를 피조세계에 실현하기 위한 창조주의 수단이 되어야 한다. 구약성서의 몇몇 구절들 속에서 이것은 열방들이 시온으로 순례를 할 것이라는 관점에서 표현되고 있다. 우리가 고찰하고 있는 이 시기 동안에 이것은 열방들의 패배와 처벌이라는 관점에서 표현된다(예를 들어, 솔로몬의 시편). 세상은 이스라엘을 위하여 만들어졌다.[24] 이스라엘은 참 인류, 세상을 다스리시는 창조주의 대리자가 되어야 한다. 야웨가 왕이 될 때, 이스라엘은 그의 오른팔이 될 것이다. 이러한 한층 폭넓은 줄거리가 이 시기의

---

24) 예를 들면, 에스라4서 6:55.

유대인 사상가들의 생각 속에 있었다면, 우리가 앞에서 대략적으로 묘사했던 일련의 과정들은 부수적인 것으로 보아야 한다. 전체적인 계획이 잘못된 방향으로 흘러갔고, 큰 이야기의 주인공(이스라엘)은 악한(이교사상)에 의해서 감금을 당했다. 이제 최초의 주인공의 구출이 새로운 주된 줄거리가 되어야 한다. 큰 이야기는 여전히 시야에 포함되어 있지만, 통상적으로 세계가 이스라엘과 그 메시야를 통한 신의 통치에 복속될 것이라는 관점 속에만 여전히 지속된다. 그러나 많은 유대인들의 사고를 사로잡고 있었던 것은 좀 더 작은 이야기였다: 그들은 유월절에 관한 학가다(Passover haggadah) 같은 그들의 중요한 이야기들 중 일부가 그들에게 해마다 상기시켜 주었던 구원과 회복 그이상을 생각할 필요가 없었다.

그러므로 이스라엘에 관한 이야기들은 가장 깊은 차원에서 과거의 주인공들을 칭송하기 위한 목적으로 씌어진 도덕적인 이야기들이나 경건한 전설들로 이해되어서는 안 된다. 그 이야기들은 아주 풍부하고 다양한 방식으로 그 가장 기본적인 형태 속에서 여전히 세계와 이스라엘 전체에 관한 역사적 이야기에 닻을 내리고 있었던 세계관을 말하고 있다. 창조주는 이스라엘을 자기 백성으로 부르셨다. 이스라엘은 현재 고난을 당하고 있지만, 이 창조주의 계약을 굳게 붙들어야 구원을 받을 수 있을 것이다. 작은 이야기들을 최종적으로 반복하면서, 이스라엘은 큰 이야기의 결론부에 도달하게 될 때가 올 것이다. 유대인들의 이야기의 줄거리에 대한 이러한 분석은 그 자체로만 흥미가 있는 것이 아니다. 그러한 분석은 우리가 주후 1세기의 유대인들의 세계관들이 어떻게 기능하였는지를 이해하고, 그 세계관을 강화시킨 성경의 이야기들을 어떻게 들을 것인가를 아는 데 도움을 줄 뿐만 아니라, 예수, 바울, 복음서 기자들이 암묵적으로 또는 명시적으로 말했던 여러 대안적인 이야기들을 살펴보고, 그것들의 귀결점과 이산점(離散点)들을 보는데 사용할 수 있는 격자망을 제공해 준다.

3. 상징들

(i) 들어가는 말

세계관을 표현하고 있는 이야기들은 그 세계관을 가시적이고 유형적인 실체로 만들어 주는 상징들에 초점이 맞춰져 있다. 유대인들의 이야기들과 관련하여 이런 식의 기능을 했던 중요한 네 가지 상징들을 찾아내는 데는 아무런 문제가 없다. 좋든 싫든, 유대 민족의 삶의 심장부에는 성전이 있었다. 그 주변에는 계약의 신이 이스라엘에게 주기로 약속하였고, 따라서 권리와 약속에 의해서 이스라엘의 것이었던 땅이 그 중심인 성전을 바라보고 놓여 있었다. 성전과 땅은 둘 다 토라에 의해 규율되었는데, 토라는 이스라엘의 모든 것에 대한 계약 헌장으로서 땅과 성전으로부터 지리적으로 멀어질수록 그 중요성이 커졌다. 이 세 가지 모두와 밀접하게 연관되어 있었던 것은 유대인이라는 민족이었다: 이 작은 민족은 포로생활과 디아스포라에 의해서 분열되었지만, 그 스스로를 모든 대가를 치르더라도 그 정체성을 유지해야만 했던 하나의 가족으로 알고 있었다. 성전, 땅, 토라, 인종적 정체성은 일상 생활 속에서 주후1세기 유대인들의 세계관이 정초했던 핵심적인 상징들이었다.

(ii) 성전

성전은 유대 민족의 삶의 모든 측면에서 그 구심점이었다.[25] 팔레스타인의 다른 지역들 및 디아스포라 지역에 있었던 지역의 회당들과 토라의 학파들은 결코 성전을 대신하지 못했고, 그것들과 성전의 암묵적인 관계를 기반으로 자신들의 의미를 획득할 수 있었다.[26] 모든 차원에서 성전의 중요성은 아무리 과장해도 지나침이 없다:

사람들의 눈에 성전은 일차적으로 그들을 다른 열방들로부터 구별했던 이스라엘의 하나님의 거하시는 곳 … 개개인들의 범죄를 속하기 위한 희생제사와 정결케 하는 의식을 행하는 곳이었고 이스라엘의 영적인 고양과 정화를 위한 틀 역할을 하였다 … 성전, 그 기명들, 대제사장의 의복들

25) 특히 Safrai 1976b; Barker 1991; Sanders 1992, chs. 5-8을 보라. 이전의 저작들 중에서는 McKelvey 1969, chs. 1-4을 참조하라. 유대인들의 경제 생활에서 성전이 차지한 역할에 대해서는 Broshi 1987을 보라.
26) Safrai 1976b, 904f. 이것은 회당들도 성전과 마찬가지로 순수하게 "종교적인" 장소들임과 동시에 지방의 사회 정치적 집회 장소들이었다는 것을 의미한다: 예를 들어, Jos. *Life* 276-9를 참조하라.

은 우주 전체와 하늘의 만상들을 대표하는 것으로 묘사되었다 … 성전의 파괴와 함께 우주의 이미지는 손상을 입게 되었고, 민족의 확고한 틀은 훼손되었으며, 이스라엘과 하늘에 계신 아버지 사이에는 철벽이라는 장벽이 형성되었다.[27]

이렇게 성전은 야웨께서 이스라엘 가운데서 사시고 다스렸던 장소, 큰 절기들에서 절정에 달했던 제사 제도를 통해서 야웨께서 이스라엘 가운데서 사시고 그들을 용서하시며 그들을 회복하시고 그들로 하여금 더러움에서 깨끗케 되도록 하여 계속해서 그의 백성으로 살 수 있도록 해 준 장소로 여겨졌다.[28] 물론 부정(不淨)은 단순히 개인 경건의 문제가 아니었고, 공동체적 삶의 문제였다: 여러 가지 많은 방식으로 오염될 수 있었던 부정함은 계약의 신이 백성으로부터 단절되는 것을 의미하였다. 죄 사함, 그리고 이에 따른 이스라엘의 공동체 속으로의 재통합은 성전을 방문하여 적절한 형태의 예식과 예배에 참여하는 것을 통해서 이루어졌기 때문에, 성전이 공동체의 종교생활의 중심이 되었던 것은 당연한 일이었다.

그러나 성전은 단순히 이스라엘의 "종교적" 중심이었던 것만은 아니었다 — 우리가 고찰하고 있는 시기에서 종교와 삶의 다른 부분들과의 구별이 어떤 의미를 지니고 있었다고 생각하더라도. 말하자면, 성전은 "버킹엄 궁"과 "국회의사당"과는 별도로 구분된 웨스트민스터 대성당 같은 것이 아니었다는 말이다. 성전은 그 자체 속에 이 세 가지 기능 — 종교, 국가의 얼굴, 정부 — 모두를 결합하고 있었고, 또한 런던의 구시가라고 하면 생각나는 모든 것, 즉 금융과 경제에 관련된 세계를 포함하고 있었다.[29] 또한 성전은 주요한 도살장과 도

27) Safrai, ibid. 이러한 신앙들을 보여 주는 증거들 중의 일부는 탈무드적이긴 하지만, 우리의 논의를 위해서 대단히 가치 있는 요약을 수행할 정도로 충분한 증거들이 요세푸스와 필로의 저작 속에서 발견된다. 또한 하나님과 이스라엘을 이어주는 중요한 신경망으로서의 성전에 대해서는 Neusner 1979, 22를 보라.
28) 성전 예배와 그 의미에 대해서는 특히 Sanders 1992, chs. 5-8을 보라.
29) 이것은 시편 46편, 48편 등에서 예증된다. 영국 밖에 사는 독자들은 내가 사용한 상징들을 그들 자신의 나라에서 통용되는 것들로 바꾸어 볼 수 있을 것이다: 미국에서는 백악관, 국회의사당, 국립대성당, 월스트리트 등이 그런 것에 해당할 것이다.

살자 협회를 포함하고 있었다: 도살은 제사장이 꼭 소유해야 했던 주된 기술들 중의 하나였다. 로마인들이 이 나라의 사실상의 통치자들이었다는 사실을 감안하더라도, 성전은 유대인들에게 민족적 실존의 모든 측면의 중심이었다. 성전의 관리를 책임지고 있었던 대제사장은 종교적으로만이 아니라 정치적으로도 중요한 인물이었다. 고대 예루살렘의 시가도(市街圖)를 연구해 보면, 성전의 중요성은 금방 드러난다. 왜냐하면 성전은 표면적으로도 도시 전체의 큰 부분을 차지하고 있었기 때문이다(약 25퍼센트). 예루살렘은 이를테면 고린도 같이 수많은 작은 신전들이 여기저기 산재해 있는 그런 대도시가 아니었다. 예루살렘은 그 안에 성전을 소유한 도시라기보다는 작은 도시를 거느린 성전이라는 말이 더 맞을 것이다.

이 모든 이유들로 인해서, 성전이 이 시기의 유대교를 분열시킨 수많은 논쟁들의 초점이 되었다는 것은 이상한 일이 아니다. 한 극단적인 주장은 에세네파에 의해 제시되었는데, 이 분파는 쿰란만이 아니라 한때는 예루살렘에도 공동체를 두고 있었던 것으로 보인다.[30] 우리가 앞에서 보았듯이, 그들은 마카베오 왕조 이후의 성전 체제를 이론상으로 불법적이고, 실제상으로 부패한 것으로 규정하고 거부하고서는, 적절한 시방서에 따라 건축되어 적법하게 임명된 대제사장이 주재하는 새로운 성전이 탄생할 그날만을 고대하였다.[31] 바리새파는 하스모네 왕가의 제사장들과 그 후계자들을 원칙적으로 반대했지만, 에세네파와는 달리 성전 제의에 계속 참여한 사실에서 드러나듯이 계속해서 성경에 규정된 성전 제의들을 이어가기 위해서 그러한 현실을 용인하는 쪽을 택했다.

주후 1세기의 성전에 대한 불만은 이 성전이 지금까지 지어진 것들 중에서 가장 아름다운 건축물 중의 하나였음에도 불구하고 다름 아닌 헤롯에 의해 지어졌다는 사실에 의해서 더욱 증폭되었다.[32] 원래의 성전 건축자였던 솔로몬

---

30) 요세푸스는 *War* 5:145에서 "에세네파의 문"이라는 말을 한다.

31) 아래 제7장을 보라. 이 시기의 성전의 부패를 보여 주는 증거들과 이에 대한 태도들에 대해서는 특히 Evans 1989a, 1989b를 보라.

32) 헤롯의 성전 재건에 대해서는 Jos. *Ant.* 15:380-425와 Schürer 1:292, 308f.; 2:57-8을 보라.

의 적법한 후계자, 진정한 왕만이 성전을 지을 권리를 지니고 있었다(아래 제
10장을 보라); 헤롯은 어쨌든 진정한 왕이 아니었다. 정경의 마지막 네 권의
예언서들(스바냐서, 학개서, 스가랴서, 말라기서)과 역대기는 모두 왕적인(다윗
가문의) 또는 제사장적인 인물의 영도 하에 성전이 회복될 것을 예언하고 있
다.[33] 이 일이 완성된 후에야 비로소 새로운 시대가 도래할 것이다. 역으로 새
로운 시대가 아직 임하지 않은 상황에서는(그렇지 않다면, 왜 로마인들이 여
전히 이 땅을 통치하고, 왜 메시야가 오지 않겠는가?), 그 어떤 건물이 성전
산에 세워진다고 해도 그 건물은 종말론적인 성전이 될 수 없었다. 그러므로
제2성전에 관한 의혹이 여러 가지 형태로 제기되었다. 많은 유대인들은 제2성
전을 의심과 불신의 눈초리로 바라보았다. 그럼에도 불구하고 성전은 적어도
사실상으로는 여전히 민족적, 문화적, 종교적 삶의 구심점이었다.

이런 식으로 성전은 모든 상징적인 의미에서 원칙적으로 유대교의 심장부
를 형성하고 있었다: 성전은 계약의 신의 살아 계시고 치유하시는 임재로서
팔레스타인 및 디아스포라 지역의 유대교라는 몸과 연결되어 있었던 심장이
었다. 또한 마찬가지로 중요한 것은 성전은 계약의 신이 그의 백성에게 주기
로 약속하였던 땅의 중심이었다는 것이다.

(iii) 땅

땅이 신약성서에서는 사실상 중요한 주제로 다루어지지 않기 때문에, 대부
분의 신약학자들은 땅을 하나의 주제로 다루지 않고 그냥 넘어가고 만다.[34] 그
러나 주후 1세기의 유대교를 이해하자면, 우리는 성전 및 토라와 아울러서 땅
을 그 주요한 상징들 중의 하나로 내세우지 않으면 안 된다. 유대 땅은 야웨
께서 이스라엘에게 주신 양도할 수 없는 땅이었다. 로마인들은 과거의 이교
세력들과 마찬가지로 그 땅을 통치할 자격을 갖고 있지 않았다. 물론 땅은 단

---

33) Juel 1977: Runnals 1983을 보라. 역대기는 원래 성전 건축의 책임이 다윗에게
있었으나 실제로 성전을 건축한 것은 솔로몬이었다는 것을 강조하면서 자기 자신의 관
점에서 다윗의 또 다른 아들이 일어나서 다시 한 번 성전을 재건하고 회복할 것이라는
소망을 미래에 걸고 있다는 것을 보여 준다.
34) 특기할 만한 예외로는 Davies 1974: Freyne 1980, 1988이 있다. 또한
Brueggemann 1977을 보라.

순한 상징이 아니었다: 땅은 떡과 포도주의 소출이 이루어지는 곳이요, 양떼와 염소 떼를 방목하여 기르는 곳이요, 감람나무와 무화과 나무들이 자라는 곳이었다. 땅은 야웨가 그의 계약의 백성에게 약속했던 축복들, 즉 많은 것을 담고 있고 생각나게 하는 단어인 샬롬(평화) 속에 모든 것이 요약되어 있는 축복들을 주신 장소이자 그 축복의 수단이었다. 이 땅은 새로운 에덴, 야웨의 동산, 참 인류의 가정이었다.

그런데 그 땅이 지금 황폐화 되어 가고 있었다. 젊은 사람들은 무거운 세금을 견디다 못해 그 땅에서 살지 못하고 조상들의 땅에서 내쫓기고 있었다.[35] 낯선 이방의 문화 기관들(경기장, 학교들, 이교의 신전들, 로마의 군기들)이 그 땅에 세워지고 있었다. "신의 나라"라는 말은 일차적으로 야웨께서 왕이 되신다는 사실을 가리키는 말이었음에도 불구하고, 이러한 사회적 상황은 신의 왕 되심이라는 사상은 이 땅이 야웨께서 통치하실 곳이라는 개념을 지니고 있다는 것을 의미하였다. 야웨는 그의 거룩한 땅을 정결케 하여, 그 땅을 다시 자기 백성이 거하며 그곳으로부터 열방들을 통치하기에 합당한 곳으로 만드실 것이다.

예루살렘은 분명히 이 땅의 중요한 구심점이었다. 그러나 "거룩한 땅"의 거룩함은 지성소에서 성전의 나머지 부분으로(성전 자체가 동심원적으로 구분되어 있었다), 성전에서 예루살렘의 나머지 부분으로부터, 예루살렘에서 이 땅 전역으로 퍼져나가는 동심원을 형성하고 있었다.[36] 그리고 적대적인 사마리아의 먼 북방에서 이교도들에 의해 둘러싸여 있으면서 로마의 주요한 도시(세포리스)로부터 통치되었던 "이방의 갈릴리"는 이 땅의 중요한 한 부분이었다. 게다가 갈릴리는 이교의 영향력 하에 있다는 의심을 항상 받아왔기 때문에, 분명한 경계표지들을 통해서 동화되는 것에 맞서서 굳건하게 지켜질 필요가 있는 곳이었다.[37] 반란 성향을 지닌 갈릴리의 한 교사가 성전세를 바침으로써

---

35) Sanders 1992, ch. 9은 이 사실이 흔히 과장되고 있다고 주장한다: 그러나 그의 말이 옳다고 할지라도, 통상적인 유대인 가정은 여전히 꽤 무거운 세금의 부담을 져야 했다.

36) cf. 겔 40-8.

37) Freyne 1988, ch. 6을 보라.

예루살렘에 대한 그의 충성을 보였는지의 여부에 관한 문제는 이 시기와 이 곳에서 우리가 충분히 예상할 수 있는 바로 그러한 문제이다.[38] 이스라엘의 신이 이 땅 전체에 대한 권리를 주장하였다면, 충성스러운 유대인들은 그들 — 그리고 그들의 동포들 — 이 거기에 따르는 것을 확실히 해 둘 필요가 있었다. 이것은 그 무엇보다도 특히 그들이 여전히 밭의 소산을 계약의 축복들로 여긴다는 것을 보이기 위하여 적절한 십일조를 드림으로써 계약의 축복의 중심인 예루살렘과 성전, 그의 이름을 거기에 두신 계약의 신과 그들이 연결되어 있다는 것을 과시할 수 있었다는 것을 의미한다.[39] 또한 그것은 필요한 경우에 "이스라엘로부터 진노를 떠나게" 하기 위하여 이 땅을 더러움으로부터 깨끗케 하는 것을 의미하기도 했다.[40]

이 땅의 운명은 분명히 다음 장들에서 자세하게 살펴볼 포수와 회복이라는 주제 전체를 표현하고 있었다. 땅은 성전의 모호성을 공유하였다: 즉, 땅은 바벨론에서 돌아온 자들에 의해서 다시 소유되었지만, 그 재소유는 부분적인 것이었고, 이스라엘은 사실 그 땅을 스스로 통치하지 못했고, 오직 꼭두각시로 행하였을 뿐이다(로마의 군대들은, 종종 생각하듯이, 유대 땅의 도처에 있지 않았지만, 독립운동이 머리를 드는 경우에는 언제든지 부를 수 있을 정도로 가까이에 있었다).[41] 이제 요구되는 것은 통제와 정화였다. 로마가 야웨의 거룩한 땅을 통제하고 더럽히고 있는 한, 이 두 가지는 결코 있을 수 없다는 것이

---

38) 마 17:24-7: cf. Horbury 1984. 우리는 요세푸스가 예루살렘으로부터 내려와서 갈릴리의 반도들에게 폭동을 중지할 것을 설득했다고 말하고 있는 Jos. *Life* 104-11과 비교해 볼 수 있다.

39) Sanders 1992, 146-57을 보라.

40) 1 Macc. 3:8: *Ant.* 12:286 (이 두 구절은 모두 유다 마카베오의 활동을 언급하고 있다).

41) 주전 63년과 주후 66년 사이에 로마 군대가 가이사랴 마리티마(Caesarea Maritima), 예루살렘 및 여리고를 비롯한 몇몇 성읍들에 소규모 수비대 형태로 주둔해 있었다: Schürer 1:362-7에 나오는 증거들을 보라. 가버나움의 백부장(마 8:5과 그 병행문들)은 아마도 가버나움이 갈릴리와 빌립의 영토인 가울라니티스(Gaulanitis)의 접경에 가까웠기 때문에 거기에 주둔했을 것이다. 적어도 헤롯의 왕국이 분열된 후에는 거기에서 관세를 징수하였다(Schürer 1:374).

분명해졌다.

(iv) 토라

토라는 계약의 신의 백성인 이스라엘의 계약 헌장이었다. 성전과 토라는 뗄래야 뗄 수 없는 하나의 통일체를 이루고 있었다: 토라는 성전에서 일어나는 일들을 재가하고 규율하였고, 성전은, (이 시기의 대부분에서) 토라의 준수 중 상당 부분은 실제로 성전 제의와 관련되어 있었다는 의미와 성전은 토라의 연구 및 가르침을 위한 중요한 장소였다는 의미에서 토라 준수를 위한 실제적인 구심점이었다.[42] 또한 마찬가지로 토라와 땅도 견고하게 하나로 묶여 있었다. 토라는 땅에 관한 약속들, 땅을 통해서 주어질 축복들, 축복을 유지하기 위해서 꼭 필요한 행동에 대한 자세한 지시사항들을 제공하였다. 따지고 보면, 야웨께서 과거에 이 땅에 살았던 거민들을 몰아내신 이유는 그들의 우상숭배와 음행 때문이었다. 이스라엘이 그들과 동일한 운명을 겪지 않으려면 그들과 달라야 했다.[43] 이와 동시에 포로기 때로부터 성전과 이 땅이 없어도 토라를 연구하고 실천하는 것이 가능해졌다. 물론 포로생활을 하는 동안에 성전은 없었다. 당연히 이것은 바벨론에서 유대인들이 어떻게 살아야 하는지, 낯선 땅에서 야웨를 찬양하는 노래를 어떻게 불러야 하는지와 관련된 문제의 일부를 이루었다. 그러나 디아스포라 지역에서 그때와 그 이후로 토라에 대한 연구와 실천은 점점 더 유대인 정체성의 구심점이 되어 갔다. 수많은 평범한 유대인들에게 토라는 들고 다닐 수 있는 땅이요, 이동 가능한 성전이었다.[44] 특히 바리새인들은 갓 시작된 회당 운동과 연결하여 토라에 대한 연구와 실천은 성전 예배를 대신할 수 있다는 이론을 전개하였다. 두세 사람이 모여서 토라를 연구하는 곳에는 셰키나가 그들 위에 임할 것이다.[45] 결국 계약의 신의 임재는, 멀리 떨어져 있을 뿐만 아니라 부패한 귀족층의 수중에 들어가 있었던 예루살

---

42) 성전과 토라의 관계에 대해서는 Freyne 1988, 190f.를 보라.

43) 창 15:16; 레 18:24-8; 신 9:4-5; 8:12 등.

44) Sanders 1990a, chs. 2-3을 보라. 성전으로 여행하지 않고서는 유대인들은 전문적인 의미에서는 거의 언제나 부정한 상태로 있게 되었을 것이다.

45) mAb. 3:2.

렘의 성전에만 있는 것이 아니게 되었다. 성전은 민주화되었고, 토라를 연구하고 실천하는 모든 이들이 거기에 다가갈 수 있었다.

이러한 관점에서 볼 때, 토라의 거룩성과 최고의 중요성은 아무리 과장해도 지나치지 않다. 토라를 엄격하게 지킨 사람들은 모든 점에서는 아니라 할지라도 몇 가지 점에서는 성전의 제사장들과 같았다.[46] 바리새인들은 성전에 대한 파괴가 실제로 일어나기 전까지는 성전과 땅이 없는 유대교를 상상조차 할 수 없었다. 디아스포라 지역에서 바리새인들은 여전히 예루살렘을 바라보았다; 성전 파괴 후에도 그들 중 다수는 성전이 재건되기를 간절히 원했고 열망하였다. 그러나 토라는 이 두 경우에 오랜 세월이 지나면서 성전의 모든 속성들을 지니게 된 차선책을 제공해 주었다. 후대의 유대교에서 원래 성전과 땅에 속해 있었던 이데올로기들은 토라의 중심적인 상징 속으로 융합되었다.[47]

당연한 논리지만, 제사 제도도 토라의 관점에서 다르게 해석되었다. 바벨론이나 로마, 아테네나 알렉산드리아에 살고 있던 유대인들은, 율법을 지키는 유대인들이 그랬듯이, 주기적으로 희생제사를 드리기 위하여 예루살렘에 갈 수가 없었다. 이제 중요한 토라의 계명들을 지키는 것이 그러한 제사를 대신하였다. 구제, 기도, 토라 연구, 금식을 행하는 것은 "영적 희생제사들"을 드리는 것으로 생각되었다.[48] 예수 시대에 이러한 사상이 어느 정도까지 받아들여지고 있었는지를 알기는 어렵지만, 이러한 변천은 자연스럽고 분명한 것이었다.

---

46) 바리새파와 에세네파에 대해서는 위의 제7장과 특히 Sanders 1990a, ch.3 ; 992, 352-60, 376, 438-40을 보라.

47) 또한 위의 제6장과 제7장을 보라. 또한 토라를 가르치던 중심지로서의 회당은 유대교의 중요한 상징 역할을 하게 되었다. Gutmann 1981 ; Levine 1987 ; Sanders 1990a, 67-81 ; 992, 198-202를 보라. 회당들의 건물과 용어 사용이 오래되었다는 주장에 대해서는 Shanks 1979 ; Kee 1990 ; Sanders 1990a, 341-3, notes 28, 29를 참조하라.

48) 예를 들면, 시 40:6-8 ; 50:7-15 ; 51:16f. ; 69:30f. ; 141:2, 그리고 Millgram 1971, 81-3, 254, 361을 보라. 세부적인 내용과 관련하여, 기도에 대해서는 bTaan. 2a, bBer. 32b (R. Eleazar) ; 구제 행위에 대해서는 Aboth de Rab. Nathan 4 ; 토라 연구에 대해서는(어떤 사람을 대제사장과 대등하게 만드는) Midr. Pss. 1:26, 2:300 ; 금식에 대해서는 bBer. 17a. 이러한 후대의 본문들은 분명히 성전 파괴 후의 이론화를 보여 주는 것이다; 그러나 이 본문들은 성전 파괴 이전의 디아스포라들의 삶의 현실을 반영한 것이기도 할 것이다.

추종자들의 눈으로 볼 때에 토라는 성전의 지위를 지니게 되었을 뿐만 아니라 신적인 속성들도 지니게 되었다.[49] 토라가 있는 것은 곧 계약의 신이 계시는 것이었다. 이런 식으로 주후 70년과 135년 이후의 유대교에서 통용되었던 모든 것은 이미 디아스포라 생활 속에서 필수품들이 되어 갔다.

그리고 토라는 특히 디아스포라 지역에서, 그러나 유대인들이 이런저런 방식으로 괴롭힘을 당하고 있다고 느낀 곳에서는 어디에서나 유대인들을 (잠재적으로 그들을 위협하고 있던) 이교도들인 이웃들로부터 구별해 주는 그러한 것들에 초점을 맞추고 있다는 것을 볼 수 있다: 할례, 안식일 준수, 결례들. 이러한 것들을 통해서 우리는 상징들이 일상의 삶을 토대로 생생하게 살아나는 실천의 세계 속으로 인도된다. 이에 대해서는 곧 살펴보게 될 것이다.

토라를 일상 생활의 모든 세부적인 부분에까지 지켜야 한다면, 토라는 오경 자체 속에서 분명하게 해 놓지 않은 세부적인 부분들에까지 적용되지 않으면 안 된다. 성경은 이스라엘 사람들에게 장막절을 지킬 때에 초막에 거하라고 규정한다. 그러나 "초막"은 무엇을 의미하는가? 이에 대하여 토론이 있어야 하고, 그 의미가 올바르게 규정되지 않으면 안 된다: 그렇게 하지 않는다면, 사람들은 토라를 제멋대로 해석하게 될 것이다.[50] 또한 성경은 어떤 죽은 사람의 형제가 그 미망인과 결혼함으로써 자신의 의무를 수행하는 것을 거부하는 경우에 사용될 의식을 규정하고 있다: 그러나 그 의식은 정확히 어떤 방식으로 수행되어야 하는가?[51] 이러한 것들은 엄청나게 많은 현상의 아주 작은 두 가지 예에 불과하다. 그 결과 세부적인 내용을 다루는 판례법이 상당히 많이

49) 지혜를 구름속의 임재(24:4: cf. 출 14:19f.), 셰키나(24:8-12), 토라(24:23)와 동일시하고 있는 Sir. 24:1-23; Jos. *Apion* 2:277("적어도 우리의 율법은 여전히 불멸이다"): Bar. 4:1f.("그것은 하나님의 계명의 책이요 영원히 지속되는 율법이다. 율법을 굳게 붙잡는 모든 자는 살 것이요, 율법을 버리는 자들은 죽으리라. 오 야곱이여, 돌이켜서 율법을 붙잡으라: 율법의 빛이 비치는 곳을 향하여 걸어가라"): 4 Ezra 9:26-37; mSanh. 10:1.

50) 계명에 대해서는 레 23:42: cf. 느 8:17f. 유효한 초막들에 관한 논의에 대해서는 mSukk. 1:1-11. "모든 것을 바로 잡으려는" 바람에 대해서는 Sanders 1992, 494를 참조하라.

51) 신 25:7-9: cf. 룻 4:1-12: mYeb. 12:1-6.

생겨나게 되었다. 주후 1세기에 이 판례법은 문서로 씌어지지도 않았고 공식적으로 법전화되지도 않았지만, 교사로부터 학생에게 반복을 통해서 전해졌다. "반복"을 의미하는 히브리어는 미쉬나(mishna)이다: 이렇게 해서 아주 자연스럽게 유대 문학의 기본적인 장르들 중의 하나가 탄생하게 된 것이다.

"미쉬나"는 주후 2세기 초가 될 때까지는 글로 씌어지지 않았다. 그러나 앞의 두 장에서 보았듯이, 그 논쟁들 중 다수는 비록 왜곡된 것이긴 하지만 이전의 논쟁들과 토론들을 반영한 것이다. 이러한 것들은 문서가 아니라 구두 형식으로 진행되었기 때문에, 우리는 "구전 토라"라는 문제에 직면한다. 바리새파는 세기가 바뀌기 한참 전에 방대한 분량의 구전 토라를 만들어 냈고, 이 구전 토라에 문서로 된 토라보다 더 높은 가치를 부여하였다고 종종 주장되어 왔다. 그러니까 결국 구전 토라는 다소 비의적(秘儀的)이었다는 것이다: 문서로 된 토라는 누구나 읽을 수 있었지만, 구전 토라는 그 토라를 담당한 자들만의 특권이었다. 구전 토라는 문서 토라와 마찬가지로 그 기원을 모세에게 돌리는 경건한 허구(虛構)를 통해서 오랜 전통이 지닌 권위가 부여되었다.[52]

구전 토라가 이른 시기에 형성되었고 높은 지위를 누렸다는 이러한 견해는 치명적인 비판을 받아 왔고, 지금으로서는 그대로 유지될 수가 없다.[53] 방금 개략적으로 설명한 견해는 사실 에세네파의 은밀한 가르침들에 해당하는 것이라 할 수 있다: 그들은 실제로 문서 토라 자체와 동일한 기원을 가졌고, 문서 토라와 대등한 권위를 지녔다고 본 비밀스러운 율법들을 소유하고 있었다. 『성전 두루마리』는 그러한 사고의 논리적 귀결로서 탄생했는데, 마치 야웨 자신으로부터 직접 온 것처럼 일인칭으로 씌어져 있다. 그러나 한편으로 바리새파, 다른 한편으로 평범한 유대인들은 토라를 구체적인 상황들에 적용할 수 있게 해 주었던 판례법을 가지고 있긴 했지만, 문서 토라와 정확히 동등한 지위를 이 구전 토라가 지니고 있다고 주장하지는 않았다. 그들은 토라를 해석했고, 적용했고, 발전시켰을 뿐이다. 그들은 그렇게 하지 않을 수 없었다. 그러나 그들은 언제 그들이 그런 일을 행하고 있는지를 알고 있었다.

그들이 이것을 통해서 무엇을 이루고 있었는지를 아는 것이 중요하다. 구전

---

52) 구전 토라에 대한 이러한 견해에 대해서는 Rivkin 1978 등을 보라.

53) Sanders 1990a, ch. 2.

토라라는 체계를 발전시키는 것에 대한 다른 대안들은 토라 자체를 폐기하는 것이었다. 판례법은 상징으로서의 토라를 보존하는 한 방식이었다. 토라는 세계관의 한 중요한 부분을 포기하지 않고는 폐기될 수 없었다. 토라는 계약, 약속들, 땅, 소망으로 뒤엉켜 있었다. 토라를 폐기했다고 말하는 것은 이스라엘의 역적이라는 것을 인정하는 것이다. 그러므로 매일 매일의 삶 속에서 토라를 어떻게 지킬 것인가에 관한 세부적인 논의들은 이 결정적으로 중요한 상징을 유지하면서도 그것을 실천 속에서 유효하게 만드는 방식들이었다. 이것은 세계관의 요소들과 관련한 하나의 결정적인 것을 예시해 준다. 이야기 또는 실천과의 접촉을 상실한 상징은 무가치하게 된다. 바리새파와 그들의 후계자들이라고 자처했던 자들은 이런 일이 일어나지 않도록 하는 방법들을 개발해낸 것이다.

(v) 인종적 정체성

누가 실제로 순수한 혈통의 유대인인가라는 문제는 "포로 귀환기"로 알려져 있는 시기에 바벨론에서 돌아온 자들 가운데서 큰 쟁점 가운데 하나가 되었다. 역대기상의 처음 부분에 나오는 긴 족보와 에스라서 및 느헤미야서의 특징을 이루고 있는 긴 족보들[54]은 아브라함, 이삭, 야곱의 자손들이라는 주장을 입증할 필요성을 강력하게 느꼈던 새롭게 건설된 공동체의 절박성을 증언해 준다. 성전이 했던 것과 마찬가지로, 제사장들은 이스라엘의 안쪽 원을 형성하였고, 따라서 그들의 족보는 특히 중요하였다.[55] 포로생활에서 돌아온 이스라엘 사람들이 그들의 조상들에 관한 이야기들을 다시 했을 때, 그들은 이스라엘에 재앙을 불러온 사건들을 다시 상기하게 되었다(그 이야기들에 대한 예언적 해석을 통해): 이스라엘 사람들이 아닌 이방인들과의 통혼이 이교 사상으로 급속하게 기울게 된 원인이었다는 것. 이런 식의 다시 읽기는 이번에는 백성들의 염려를 촉발시켰다. 왜냐하면 동일한 현상들이 또다시 일어나고 있었기 때문이다. 에스라서를 보면, 에스라의 사역의 초점들 중의 하나는 이스라엘의 남자들에게 이방인 출신 아내들을 버리라고 강력히 권고하는 것이었

---

54) 대상 1-9장; 에스라 2, 8, 10장; 느 7, 12장.
55) cf. 에스라 2:59-63.

다.[56] 그렇게 하지 않는다면, "남은 자"의 동의어 역할을 했던 것으로 보이는 "거룩한 씨"가 더럽혀질 것이다.[57] 이스라엘의 신은 이 "씨"에 대해 어떤 목적들을 가지고 계시기 때문에, 거룩한 씨를 순수하게 지키는 것은 대단히 중요하다. 이방인들과의 통혼만이 아니라, 이방인들을 "하나님의 총회"로 들어오게 하는 관습도 금지되었다.[58] 요세푸스는 이 모든 사건들, 특히 이방인들을 하나님의 총회에 들어오는 것을 금지한 에스라의 금령을 고찰하면서 1세기 후반에서의 그의 입장을 반영하여, 이렇게 해서 에스라는 "이 문제와 관련된 관습을 정화하였고, 그 결과 그것은 장래를 위한 확고한 선례가 되었다"고 말한다.[59] 에스더서도 초기의 반셈족주의와 그 반응에 대한 강력한 증언이다: 유대인들은 한데 뭉쳐서 이교도들과의 타협을 거부해야 한다.

이렇게 주후 5세기를 배경으로 볼 때(현재의 우리의 목적에서 중요한 것은 그 시기에 실제로 무슨 일이 일어났느냐는 것이 아니라 이야기가 마카베오 이후의 시대에 어떻게 다시 이야기되고 있느냐는 것임을 기억하라), 인종적 정결에 관한 문제가 그 중요성을 유지하고 있었다는 것은 별로 이상한 일이 아니다. 주후 5세기의 유대인들은 유대 국가의 재창설에 반감을 가졌던 적대적인 세력들에 의해 둘러싸여 있었고, 사마리아인들로 알려지게 된 자들로 인해서 특별한 문제에 봉착해 있었다.[60] 이렇게 사방으로 괴롭힘을 당하고 있다는

---

56) 에스라 9~10장.

57) 에스라 9:2; cf. 사 6:13; 말 2:15. 후자의 구절은 난해하지만(cf. Smith 1984, 318-25; Fuller 1991, 52-4), 나는 그 구절을 이렇게 읽어야 한다고 생각한다: "그[즉, 하나님]가 하나로[즉, 혼인 중의 남자와 여자] 만들지 않았느냐? 그리고 영의 남은 자[즉, 바벨론에서 돌아온 참된 가족]는 그의 것이다[즉, 이스라엘을 새롭게 하려는 하나님의 계획이 거기에 있다]. 그러면 왜 [그가 너희를] '하나'로 [만들었느냐]? 이는 그가 '하나님의 씨' [단지 '경건한 자녀들'이 아니라 하나님의 약속들을 성취시킬 참된 '씨')를 만들어 내기 위함이다." 여기서 거론하는 문제는 이전에 유대인 아내들과 결혼하였던 유대인 남자들이 그후에 이혼하고 이방인들과 결혼하였다는 데 있는 것 같다. 이것은 계약을 깨뜨리는 행위일 뿐만 아니라 이스라엘의 신의 장기적인 목적들을 위태롭게 하는 행위라고 이 선지자는 말한다.

58) 느 13:1-3.

59) *nomimon*("규례의")라는 이독(異讀)이 아니라 Loeb판을 따라 *monimon*("확립된")으로 읽고 있는 *Ant.* 11:153.

인식은, 앞에서 본 것처럼, 수리아의 통치 아래에서 더욱 증폭되었고, 주전 1세기경에는 유대 인종을 그대로 보존해 주었던 이데올로기는 당연한 것으로 받아들여졌다. 할례라는 계약의 징표는 선민으로서의 유대인들의 표시였다; 성적인 관계들과 자손들을 얻는 것은 선민의 테두리 내에서는 유대인들에게 합당한 것이었지만, 그 테두리 밖에서는 합당한 것이 되지 못했다.

이렇게 우리는 하스모네 왕조 시대와 로마 강점기에 나온 저작들 속에서 참된 백성으로서의 인종에 대한 강조를 발견한다. 『단의 유언서』는 유대인들에게 "온갖 종류의 불의로부터 돌아서서 여호와의 율법의 의를 굳게 붙들라; 그러면 너희 인종이 영원히 안전하리라"고 말한다.[61] 외경인 바룩서는 유대인들에게 이렇게 힘주어 말한다:

> 너희 영광을 다른 민족에게 주지 말고,
> 너희 유익들을 이방 민족에게 주지 말라.
> 오, 이스라엘이여, 우리는 복되도다.
> 이는 우리가 하나님께서 기뻐하시는 것이 무엇인지를 앎이니라.[62]

유대인들을 이교도들에게 친절하고 잘 융합하는 사람들로 묘사하는 데 열성을 보였던 요세푸스조차도 이교도들에 대한 환대는 거기까지이며 그 이상은 안 된다는 것을 아주 분명히 밝힌다:

> 우리와 함께 동일한 율법 아래에서 살고자 하는 모든 이들에게 그(즉, 모세)는 관계를 맺는 것은 오직 가족적인 유대만이 아니라 행동의 원칙들에서의 일치도 그 이유가 된다고 보고 너그러이 환대를 한다. 다른 한편으로 통상적인 방문자들에게 우리의 일상생활의 내밀한 부분들에 들어오게 허용하는 것은 그가 기뻐하는 일이 아니었다.[63]

---

60) 사마리아인들에 대해서는 Schürer 2:16-20을 보라.
61) *T. Dan* 6:10 (tr. M. de Jonge in Sparks 1984, 566). 마지막 절은 맛소라 사본에 없고, H. C. Kee in Charlesworth 1983, 810에 의해서 언급조차 되지 않는다.
62) Bar. 4:3f.
63) Jos. *Apion* 2:210 (cf. *Ant.* 13:245, 여기서 핵심어는 *amixia*.["분리"]다). 이 구절

『아리스테아스의 서신』도 이와 동일한 내용을 입증해 준다: 유대인들은 세상에 대하여 선한 모범이 되어야 하지만, 이와 동시에 분명하게 구별되어 있어야 한다.[64] 물론 인종적 정결에 대한 강조를 보여 주는 가장 두드러진 것은 유대인이 아닌 사람들은 "이방인의 뜰" 이상으로 들어오는 것을 금지한 성전의 경고 표지판이었다[65] 이방인들과 일상적으로 접촉하며 살았던 유대인들 — 팔레스타인에 살고 있었던 유대인들 중 다수도 그랬다 — 은 물론 통상적으로 아주 자유롭게 이방인들과 섞여서 활동할 수밖에 없었지만, 이 시기의 문헌들은 우리에게 이방인들은 원칙적으로 부도덕하고 제의적으로 부정한 우상숭배자들로 간주되었다는 것을 매우 분명하게 보여 준다.[66]

유대인들의 인종적 정체성은 우리가 살펴보는 시기 내내 성전, 땅, 토라와 같이 모든 면에서 결정적으로 중요했던 문화적, 종교적 상징이었고, 실제로 철저하게 이 모든 것들과 연관되어 있었다. 우리는 곧 이 상징이 어떠한 구체적인 실천 형태들을 생겨나게 했고, 그 경계선에 있는 사례들 속에서 이 상징이 어떤 식으로 재해석되었는지를 살펴보게 될 것이다.

(vi) 맺는말

우리가 이 단원에서 살펴본 네 가지 상징들은 우리가 앞에서 살펴본 이야기 주제들과 완벽하게 맞아 떨어진다. 상징과 이야기는 서로를 강화시킨다: 상징을 고수하는 자들은 암묵적으로 이야기를 하는 것이고, 그 역도 성립한다. 그러므로 상징들은 자기가 이야기를 듣고 있고 그 이야기에 의거해서 살고 있다는 것을 자기 자신과 이웃에게 알리는 신호 역할을 하는 확실한 표지(標識)들을 제공해 준다. 상징들은 그 자체가 돌로 된 이야기, 흙으로 된 이야기, 두루마리로 된 이야기, 피와 살로 된 이야기가 된다 — 이야기들 및 이야기들의 다시 하기라는 사실이 그 자체가 상징성을 띠고 있는 것과 마찬가지로. 그러

에 대한 Thackeray의 주석은 출 12:43에서처럼 유월절을 가리키는 것이라고 설명하고 있으나 일상생활과는 거의 관계가 없다(Sanders 1990b, 183). 또한 *Jub.* 30:7, 14-17: *Ps-Philo* 9:5 등에 나오는 통혼 금지령들과 비교해 보라.

64) *Ep. Arist.* 139(그 맥락 속에서) 등.

65) *War* 5:193f.; :125f.; 그리고 Schürer 1:175f., 378; 2:80, 222, 284f.

66) 자세한 것은 아래 4절 (iv)을 보라.

나 이야기들과 상징들은 그것들을 살아나게 만드는 실천으로 통합되지 않으면 안 된다. 이제 이에 대해서 살펴보기로 하자.

4. 실천

(i) 들어가는 말

유대교는 "신앙"이 아니라 생활방식이라는 말이 있다. 이 말은 기껏해야 절반만 진실이다. 그러나 유대교에서는 "신학"이 무엇을 해야 하는가라는 질문보다 통상적으로 덜 논의된다는 것은 사실이다. 상징들을 살아 숨쉬게 하려면, 상징들을 따라서 살아야 한다. 그리고 유대인들의 삶 속에서 가장 중요한 상징은 물론 토라였다.

그러나 토라를 날마다 준수하는 것은 결코 주후 1세기 유대교의 실천의 요체가 아니었다. 한 해에서 실천의 정점을 이루고 있던 것들은 이스라엘의 이야기를 다시 말하고 이스라엘의 핵심적인 상징들을 부각시켰던 중요한 여러 절기들이었다. 둘째, 토라에 대한 실제적인 연구가 있었다: 실천하려면 먼저 배워야 한다. 이러한 맥락 속에서 셋째로 토라에 대한 매일매일의 실천과 그것에 수반된 것들을 살펴보도록 한다.

(ii) 예배와 절기들

우리는 이미 성전과 회당이 개인이 일상생활을 떠나 마음이 맞는 사람들끼리 함께 사적인 종교심을 추구하는 그런 제도들이 아니라 훨씬 그 이상이었다는 것을 살펴본 바 있다. 성전과 회당은 "종교적" 제도임과 동시에 중요한 사회적, 정치적, 문화적 제도들이었다(이러한 구별은 물론 우리가 살펴보고 있는 시대에는 어쨌든 시대착오적인 것이다). 성전과 회당에서는 매 주마다 예배가 있었을 뿐만 아니라 날마다 예배가 있었다. 사람들은 대중 기도와 개인 기도, 가족을 위한 기도(특히 식사 기도), 특별한 행사들을 위한 기도를 배웠다. 평균적인 유대인들은 자라면서 기본적인 기도문들, 꽤 많은 시편들을 알고 있었는데, 오늘날 교회에 나가는 가족에 속한 평균적인 아이가 주기도문과 몇몇 찬송들, 그리고 — 세속적인 예를 들자면 — 텔레비전의 광고들에 나오는 노래들을 알고 있는 것보다 훨씬 더 많이 알고 있었을 것이다. 주후 1세기 유대

인들은 문자를 잘 몰랐기 때문에 많은 것들을 기억 속에 저장해 두었다.[67]

특히 안식일 예배는 중요한 사회적 구심점으로서 이스라엘에 대한 충성의 결정적인 표시였다. 주기적으로 드려진 기도들 — 쉐마와 18축도문이 물론 그 중심에 있었다[68] — 은 유대인들의 자의식을 지탱해 주고 일깨워 주었으며 그 세계관과 소망을 강화시켜 주었다. 오직 한분 신이 계셨고, 이스라엘은 그의 백성이었으며, 신은 그들을 곧 구원하실 것이다. 그때까지 그들은 믿음을 지켜야 한다.

순례 길에 나서는 흥분(충분한 시간과 돈이 있었던 경우에)과 이에 상응하는 지역적인 행사들(시간과 돈이 없었던 경우에)에 의한 감정적, 문화적 영향 속에서 고조된 이 같은 메시지[69]는 수천 명의 유대인들이 한 해에 서너 차례 예루살렘에 올라와 지켰던 중요한 절기들에 의해서 밑받침되었다.[70] 세 번의 중요한 절기들, 중요한 성일들, 두 번의 추가적인 절기들인 하누카와 부림절은 우리가 지금까지 연구해 왔던 신학과 민족적 열망을 상당 부분 요약해 놓은 것으로서 그것을 대단한 상징적 행위들과 예전들을 통해서 송축하였다.[71] 따라서 이러한 절기들과 금식일들은 이스라엘의 신학에 현실감을 부여할 뿐만 아니라 그 신학을 강화하는 역할을 하였다.

물론 세 차례의 중요한 절기들은 농사와 밀접한 연관을 지니고 있었다(보리 추수와 관계가 있는 유월절; 밀 추수 및 첫 열매들을 성전에 바치는 것과 관련되어 있는 오순절;[72] 포도 수확과 관련이 있는 장막절). 절기들은 땅과 백성에 대한 이스라엘의 신의 축복을 송축하였고, 그렇게 함으로써 성전과 땅이

---

67) W. D. Davies 1987, 19-21을 보라. 자녀들조차도 몇몇 기도문들을 암송할 의무를 지고 있었던 것에 대해서는 mBer. 3:3을 보라. 문화 전체의 일부로서 유대인들의 기도의 삶에 대해서는 Sanders 1990a, 331; 992, 195-208을 보라. 성경의 사용에 대해서는 아래의 자세한 내용을 보라.

68) Schürer 2:447-9, 454-63; Sanders 1992, loc. cit.

69) 팔레스타인 밖에서의 절기들의 거행에 대해서는 Schürer 3:144를 보라.

70) Schürer 2:76.

71) Millgram 1971, chs. 8 (199-223), 9 (224-60), 10 (261-88)을 보라. 중요한 성일들에 대해서는 아래 제9장을 보라.

72) mBikk. 3:2-4에 서술되어 있다.

라는 두 가지 중요한 계약의 주제들을 결합시켰다. 아울러 유월절은 출애굽을 경축하였고, 오순절은 시내 산에서 토라를 주신 것을 기념하였으며,[73] 장막절은 약속의 땅으로의 여정 중에서 광야에서 유랑하던 날들을 기념하는 절기였다. 그러므로 세 절기 모두 이스라엘에 관한 이야기의 핵심적인 측면들에 초점이 맞춰져 있었고, 그 이야기를 다시 하면서 백성들에게 다시 한 번 그들 자신이 창조주에 의해 구속을 받고 세상 사람들의 눈앞에서 신원을 받게 될 창조주의 자유민임을 생각하도록 권장하였다. 이러한 주제는 각기 다른 행사들마다 정해진 기도문들 속에서 더욱 풍부하게 표현되었다.[74]

나머지 두 번의 절기들도 농사와는 별 관련이 없었지만 실질적으로 다른 절기들과 대동소이하였다. 유다와 그를 따르는 자들에 의해서 안티오쿠스 에피파네스가 무너진 것을 기념하는 하누카 절기는 참된 유일신 예배와 폭군들이 이스라엘을 향하여 날뛸 때에 이스라엘의 신이 구원하러 오실 것이라는 신앙의 결정적인 중요성을 강조하였다. 에스더서에 나오는 이야기를 송축하였던 부림절은 페르시아 제국 내에 있던 유대인들을 멸하려던 하만의 음모를 뒤엎은 사건을 재연하면서 동일한 메시지를 역설하였다.[75] 이 다섯 차례의 절기들은 한데 결합되어 여기에 참여하고자 했던 모든 유대인들 — 참여가 광범위했다는 것은 어딜 보아도 분명하다 — 의 기본적인 세계관이 강화된 채로 자리를 떠나는 것을 보장해 주었다: 한 분 신, 그의 백성인 이스라엘, 이 땅의 거룩함, 토라의 불가침성, 구속의 확실성. 또한 다달이 열렸던 초하루 절기도 구속의 확실성을 강화시켜 주었는데, 이는 어둠의 때가 지나고 달이 다시 비치는 것이 고난의 때를 지나 이스라엘이 회복되는 것을 상징했기 때문이다.[76]

이와 같은 메시지는 주기적인 금식들을 통해서도 주입되었다. 스가랴서 8:

---

73) 구약성서에는 이와 관련된 내용이 없으나, 초기 랍비 전승에는 분명히 있었고, 신약에서는 바로 전승을 반영하고 있다. *Jub.* 1:5: :11, 17: 5:1-24:b Pes. 68b: 그리고 행 2:1-11: 엡 4:7-10 등을 보라(후대의 회당 성구집에 나오는 증거들을 인용하고 있는 Caird 1964: Lincoln 1990, 243f.를 보라). 초막절에 Simchat Torah를 덧붙인 것은 후대의 개혁에 속한다.

74) Millgram 1971, 214.

75) 하누카에 대해서는 Schürer 1:162-3: Purim, 2:450을 보라.

76) Millgram 1971:265.

19은 매달 4일, 5일, 7일, 10일에 행하는 네 번의 금식을 열거하고 있다. 이 네 번의 금식은 사실 바빌로니아인들에 의한 예루살렘 멸망과 결부된 사건들과 관련이 있었다: 이 금식일들을 지키는 것은 이스라엘이 여전히 그들을 포로생활로부터 해방시켜 줄 진정한 구속을 기다리고 있다는 것을 상기시켜 주는 것이었다.[77] 물론 거룩한 성일들을 통해서도 이와 같은 것은 개인과 민족 차원에서 아주 두드러지게 표현되었다. 흥미롭게도 스가랴서에 나오는 이 구절은 네 번의 금식일이 잔치들로 바뀔 것이라고 말한다. 이러한 예언은 포로생활에서 실제로 돌아오는 것을 통해서가 아니라면 어떻게 성취될 수 있었겠는가 — 스가랴 8장이 씌어질 당시에는 여전히 포로생활 중에 있었다는 것을 이 대목은 분명히 말해준다.[78]

이런 식으로 절기들과 금식일들은 유대인들의 세계관 전체를 다시 말함으로써 유대인들의 근본적인 소망을 주기적으로 강화시키는 역할을 하였다. 성전, 땅, 토라, 인종적 정체성은 한 분 신과 그에 의한 이스라엘의 선택에 대한 유대인들의 신앙 및 이 두 가지 믿음이 가져다준 소망을 표현하고 있었던 상징적 행위들과 낭송되었던 문구들 속에 그대로 농축되어 있었다.

(iii) 연구와 배움

토라 연구의 배경은 다음과 같은 구절들을 결연하게 적용한 결과로 이해하여야 한다:

> 여호와의 율법은 완전하여
> 영혼을 소성시키며
> 여호와의 증거는 확실하여
> 우둔한 자를 지혜롭게 하며

---

77) Millgram 1971, 275ff.; Safrai 1976a, 814-6; Schürer 2:483f. 스가랴 7:3f.는 포로생활 기간 동안에 다섯째 달과 일곱째 달에 금식이 행해졌다고 말한다. 물론 특별한 재난이 생겼을 경우에도 추가로 금식이 행해졌다; Schürer 2:483; Safrai loc. cit.; 그리고, 예를 들어, Jos. *Life* 290을 보라.

78) 아래 제10장을 보라.

여호와의 교훈은 정직하여
마음을 기쁘게 하고
여호와의 계명은 순결하여
눈을 밝게 하시도다
여호와를 경외하는 도는 정결하여
영원까지 이르고
여호와의 법도 진실하여
다 의로우니
금 곧 많은 순금보다 더 사모할 것이며
꿀과 송이꿀보다 더 달도다.

내가 주의 법을 어찌 그리 사랑하는지요
내가 그것을 종일 작은 소리로 읊조리나이다

내가 주의 법도들을 사랑함을 보옵소서
여호와여 주의 인자하심을 따라 나를 살리소서
주의 말씀의 강령은 진리이오니
주의 의로운 모든 규례들은 영원하리이다.[79]

    토라가 유대인들의 세계관을 담고 있던 상징이었기 때문에, 적어도 몇몇 유대인들은 토라를 전문적으로 연구하는 일에 헌신할 필요가 있었다. 토라의 달인(達人)이 될 수 있었던 유일한 방법은 많은 시간을 들여서 토라와 친숙해지는 것이었다. 또한 토라에 대한 이러한 연구는 "순수하게 학문적인" 방식으로 행해지지 않았다. 토라를 연구하는 것은 성전에서 셰키나의 임재 앞에 있는 것과 마찬가지였기 때문에, 연구하는 행위 자체가 이러한 주제들을 시편들로부터 뽑아내는 "종교적" 활동이 되었다. 이런 정신으로 제2성전 시대의 경건한 유대인들은 토라 연구에 임하였다. 물론 극단적으로 말하면, 이것은 단지 한 사회의 필수적인 기능이었다고 말할 수도 있다: 율법을 잘 알고 율법을 어

---

79) 시 19:7-10; 19:97, 159f.

떤 식으로 시행하여야 하는지를 아는 집단이 어떤 사회이든 필요하기 때문이
다. 그러나 또 다른 극단에서는 이러한 시편들에서 보는 바와 같이, 율법을 계
약의 신이 그의 백성을 만나기로 한 중요한 장소들 중의 하나로 여겨서 율법
자체를 즐거워한다는 인식도 존재하였다. 제사장들은 토라의 위대한 교사들이
자 수호자들이었다: 그러나 어느 시기인지는 정확하게 말하기 힘들지만, 그들
과 나란히 평신도 서기관들과 교사들의 무리가 서서히 등장했는데, 그들은 벤
시락서(주전 2세기 초)에 출현하는 인물들로서, 앞에서 말한 토라 연구와 경
건을 함께 갖추고 있었다. 속된 말로 "세상이 잘 돌아가게 하기 위해서는"
(38:1-34a) 온갖 종류의 직업들이 꼭 필요하다고 지적한 후에, 벤 시락은 이
렇게 말한다:

> 지극히 높으신 이의 율법을 연구하는 데
> 자신을 바치는 사람은 얼마나 다른가!
> 그는 모든 옛 사람들의 지혜를 찾고
> 예언들에 관심을 둔다:
> 그는 유명한 이들의 말을 보존하고
> 비유들의 미묘한 의미를 꿰뚫어본다.
> 그는 아침에 일찍 일어나 마음을 가지런히 하고서
> 그를 지으신 여호와를 구하고
> 지극히 높으신 이에게 간구한다:
> 그는 입을 열어 기도하면서
> 자기 죄를 용서해 달라고 구한다.
> 그가 여호와의 신비들을 묵상할 때
> 여호와는 그의 모략과 지식을 알려 주실 것이다.
> 그는 자기가 배운 것의 지혜를 드러내 보여 주고
> 여호와의 계약의 율법을 자랑할 것이다.[80]

또한 아키바의 제자들 중의 한사람이었던 랍비 메이르(주후 2세기)는 이렇

---

80) Sir. 38:34b-39:8.

게 표현한다:

> 일에 지나치게 몰두하지 말고 오히려 율법에 착념하라; 모든 사람들 앞에서 겸손한 마음을 가지라. 그대가 율법을 무시한다면, 그 무시한 많은 것들이 그대를 대적하여 일어나리라; 그러나 그대가 율법 안에서 수고한 다면, 율법은 그대에게 차고 넘치는 상을 줄 것이다.[81]

이렇게 토라 연구는 제2성전 시대의 유대교 내에서 숭상되었을 뿐만 아니라 제도화되어 있었다. 토라 연구는 단순히 여러 직업들 중 하나가 아니었다; 일부 오늘날의 국가들에서처럼 연구는 고된 실생활과 아무런 관계가 없는 것으로 취급되어 무시되지도 않았다. 율법 연구는 제사장직 다음으로 최고의 직업이었고, 대단히 높은 존경을 받았다:

> 율법 연구를 통해 아들이 그의 선생 앞에서(그가 앉아 있는 동안에) 많은 지혜를 얻었다면, 그의 선생은 그의 아버지보다 앞선다. 왜냐하면 그와 그의 아버지는 선생에게 영광을 돌려야 하기 때문이다.[82]

이렇게 주후 1세기의 실천의 핵심적인 특징이었던 토라 연구는 실제적인 기능과 아울러 상징적인 기능도 획득하였다; 그리고 그것은 세계관의 이야기 줄거리 속에 통합되었다. 이스라엘의 신은 그의 토라를 모세에게 주었고, 유대인들의 가장 특징적인 활동들 중의 하나는 토라를 연구하는 일이었는데, 토라를 연구하는 일은 그 자체로 존중되었을 뿐만 아니라, 자기 자신과 자기가 영향을 끼치거나 가르칠 수 있는 자들을 신의 지혜뿐만 아니라 성막에서의 야웨의 임재와 동일시되었던 것의 인도를 받게 하려는 목적도 가지고 있었다.[83] 따라서 이것은 동전의 다른 쪽 면으로 우리를 이끈다. 그렇다면, 토라는 실제에서 어떤 식으로 작용하였는가?

---

81) mAb. 4:10.
82) mKer. 6:9; cp. mBMez. 2:11.
83) Sir. 24:10-12, 23.

(iv) 실제(實際) 속에서의 토라

토라는 주후 1세기 유대교 내에서 아주 중요한 상징이었지만, 아울러 대단히 실천적인 상징이었다. 유대교의 고유한 정체성이 끊임없는 위협 아래 놓이게 되었을 때에, 토라는 유대인을 이교도와 구별해 주는 특히 세 가지의 표지를 제공해 주었다: 할례, 안식일, 그리고 어떤 음식을 먹어도 좋은지, 어떻게 짐승을 죽이고 요리를 해야 하는지, 누구와 함께 나눠 먹을 수 있는지를 규율하였던 음식에 관한 율법들. 유대인들의 "분리"라는 주제는 바로 이러한 모든 것들을 통해서 이루어졌다.

모든 유대인 사회 또는 거의 모든 유대인 사회에서는 할례는 당연한 것으로 받아들여졌고, 할례에 관한 율법을 지키는 방식도 (어느 정도) 논쟁의 여지가 없었다: 남자는 할례를 받았든지 아니면 할례를 받지 않았다.[84] 그러나 유대인 사회 내부에서도 안식일의 준수는 논쟁의 대상이 되었다: 어떤 것을 안식일을 준수했다고 하고, 어떤 것을 준수하지 않았다고 해야 하는가?[85] 정결을 유지하는 문제는 한층 더 모호한 것이었다: 사람이 어떻게 하면 부정하게 되고, 어떻게 하면 부정하게 되지 않는가?[86] 그러므로 안식일과 정결에 관한 논증들은, 미쉬나와 탈무드에서 알 수 있듯이, 학자들의 토론 속에서 엄청난 시간과 노력을 점하고 있었다.[87] 하지만 강조해 둘 것은 이것은 결코 일반적으로는 유대인들, 구체적으로는 바리새파들이 단순히 외적인 의식이나 제의에만 관심을 가졌거나 덕스러운 삶을 통해서 구원을 얻고자 했기 때문이(몇몇 후대

---

84) 할례는 안티오쿠스 에피파네스(Antiochus Epiphanes) 치하에서 금지되었고, 그런 다음에 다시 하드리아누스 치하에 금지되었다: 1 Macc. 1:14f.; *Jub.* 15:33f.; Schürer 1:155, 537-40을 보라. 일부 유대인들은 여러 상황 속에서 할례의 흔적을 지우고자 했다(위의 제6장). 할례가 꼭 필요한 것인지에 대한 논쟁이 종종 벌이지긴 했지만, 할례는 기본적으로 유대교로 완전히 개종하는 데 결정적인 것으로 여겨졌다(주후 1세기 중엽에 이자테스[Izates]의 개종을 놓고 벌어진 논쟁: Jos. *Ant.* 20:38-48; 그리고 *Life* 112f.에 나오는 도망자들의 할례에 관한 논의를 보라).

85) Sanders 1990a, 6-23; 992, 208-11을 보라.

86) Sanders 1990a, chs. 3-4. 이 견해는 1992, 214-22에서는 약간 수정되었다.

87) 안식일: mShabb., mErub., *passim*, 그리고 다른 곳에서도 자주. 정결: Tohoroth (the 6th division of the Mishnah), *passim*.

의 기독교적 의미에서!) 아니었다. 그것은 그들이 하나님의 토라에 관심을 가졌고, 그러므로 이방 민족들, 특히 그들을 압제하고 있던 민족들에 맞서서 신이 그들에게 준 독특성을 유지하고자 애썼기 때문이었다. 민족으로서의 그들의 존재 이유 전체는 바로 거기에 달려 있었다. 한 분 신에 대한 그들의 헌신은 그 안에 소중하게 내포되어 있었다. 그들의 장래의 해방도 그것의 성공 및 실패에 따라 빨리 올 수도 있고 연기될 수도 있다고 그들은 생각하였다. 유일신 사상, 선택, 창조, 계약을 기본적인 사고 범주들이라고 볼 때에, 이 시기에 사람들이 이러한 것들과 다르게 생각할 수 있었는지를 알기는 어렵다.

그러므로 주후 1세기의 팔레스타인 유대인들에게, 특히 바리새인들에게 유대인들의 독특한 표지들을 유지하는 일은 결코 양보할 수 없는 것이었다. 이러한 표지들을 어떻게 유지할 것인지에 관하여 세부적인 것들을 토론하는 것은 가능했다; 하지만 그러한 표지들을 준수해야 한다는 것에 의문을 제기하는 일은 있을 수 없었다. 이 점에 대한 도전은 도끼를 나무 뿌리에 대는 것과 마찬가지였다. 특히 위협 또는 압력 하에 있었던 지역에서 안식일과 결례를 지키지 않는 유대인들은 오늘날 몬트리올에서 영어 간판을 내거는 사람이나 어떤 나라이든 자기네 국기를 찢어버리는 사람과 같았다. 그런 사람들은 민족의 상징들, 민족의 소망, 계약의 신에 대하여 역적들이었다.

이렇게 토라는 이스라엘의 독특성을 유지하는 것이 중요시되었던 그러한 지역들 속에서 특히 결정적으로 중요한 계약의 경계표지를 제공하였다. 이 말은 갈릴리에도 그대로 적용되었다는 것은 말할 필요도 없다. 예루살렘에서는 성전(토라에 의해 지배되었지만, 성전은 여전히 중심적인 역할을 맡고 있었다)은 지배적인 문화적, 종교적 상징이었다. 이 성전을 중심으로 이스라엘은 조직되어 있었고, 이 성전을 계약의 신이 신원하실 것이다. 그러나 일단 예루살렘에서 멀어지면(갈릴리에서, 또는 디아스포라 지역에서) 계약의 백성을 구별해 주고, 계약에 대한 충성의 리트머스 시험지이자 계약의 소망의 표지 역할을 했던 것은 안식일과 결례라는 특별한 표지들과 토라였다.[88]

나중에 보게 되겠지만, 이러한 결론은 예수의 논쟁들과 바울 신학을 이해하는 데 특별한 중요성을 지닌다. "율법의 행위들"은 신의 호의를 얻어내기 위

---

88) cf. *Apion* 2:277.

하여 율법주의자가 올라야 했던 사다리가 아니라 정체성(正體性)을 나타내는
표지들, 현재 선민에 속해 있다는 표지들, 그러니까 자기 자신에게나 이웃들에
게나 극히 중요했던 표지들, 계약의 신이 그의 백성을 구속하기 위하여 역사
하실 때에 신원받게 될 무리들에 속해 있다는 것을 보여 주는 표지들이었다.
그러므로 율법의 행위들은 장래에 신원 받을 것임을 보여 주는 현재적인 표지
들이었다. 이것이 바로 유대인들, 특히 바리새인들의 신념과 소망 내에서 "토
라의 행위들"이 기능했던 방식이었다.[89]

그렇다면 토라에 대한 이러한 실천은 유대인들이 이방인들과 접촉하지 않
는다는 방침에 어느 정도 헌신되어 있었다는 것을 의미하였는가? 사람들은 흔
히 유대인들이 이방인들과 전혀 거래를 하지 않았다고 생각한다(아마도 그들
이 사마리아인들과 아무런 거래도 하지 않았다는 아주 잘 알려진 방침을 암묵
적으로 전제하고서);[90] 그러나 이것은 잘못된 생각이다. 유대 땅이나 갈릴리에
서 유대인들은 이방인들을 피할 수 없었다; 디아스포라 지역에서는 게토 지역
에 거주하면서 문을 꼭꼭 걸어 잠그고 산 사람들만이 이방인들과의 일상적인
접촉이나 거래들을 피할 수 있었을 것이다.[91] 미쉬나가 한 단원 전체(Abodah
Zarah)를 어떻게 하면 이방인들의 우상숭배에 참여하지 않을 수 있는가라는
문제에 할애하고 있다는 사실은 이 문제의 신학적 차원을 보여 준다; 그러나
이 소논문은 또한 이방인들과의 상거래가 통상적인 일이었고, 그러한 상거래
를 피하는 것(예를 들어, 이교의 축제에 앞서)은 예외였다는 것을 보여 준다.[92]
그렇다면 문제는 다음과 같이 요약된다: 이러한 거래들은 어떻게 규율되었는
가? 무엇이 동화로 규정되었고, 무엇이 필요악으로 생각되었는가?

---

89) 아래 제10장을 보라. 바로 이것이 Sanders가 "계약적 율법주의"라고 말한 의미이
다(1992, 262-78을 보라). 그리고 나는 이 점에서 그가 상당히 옳다고 생각한다. 바울 서
신에 나오는 "율법의 행위들"에 대해서는 Dunn 1990, 216-25; Westerholm 1988, 109-
21, etc.을 보라.

90) Sir. 50:25f. (이 구절이 이 책의 연설 한복판에 있다는 것은 이 말을 두드러지게
강조하고 있음을 의미한다); 요 4:8 등. 그러나 mBer. 7:1에서는 사마리아인과 식사를
같이 해도 된다는 것이 전제되어 있다.

91) Sanders 1990b, 179.

92) mAb. Zar. 1:1-3, 5.

샌더스는 이 시기의 유대인들이 원칙적으로 이방인들과 사귀거나 식사를
같이 하는 것에 반대하지 않았지만, 그러한 일들을 너무 지나치게 해서는 안
된다는 일반적인 공감대가 형성되어 있었다고 주장한다.[93] 이 말은 올바른 방
향을 지적하고 있다고 생각되지만, 나는 샌더스가 유대인들이 이방인들과 사
귀는 일에 상당히 열려 있었음을 강조하는 것은 좀 잘못되었다고 본다. 특히
디아스포라 지역에서 그러한 어느 정도의 이방인들과의 사귐이 없이는 일상
적인 생활이 불가능했고, 이방인들과 식사를 함께 하는 것이 명시적으로 금지
되지는 않았다고 할지라도(이방인들의 음식을 먹고, 이방인들의 술을 마시는
것은 금지되었다),[94] 나는 이 시기의 대부분의 유대인들은 토라를 제대로 지키
려면, 어떻게 해서든지 이방인들과 어울리지 말아야 한다고 생각했을 것이라
고 믿을 만한 충분한 근거들이 있다고 본다.

주후 1세기의 유대인들이 이방인들에 대하여 오만할 정도로 배타적이고 쌀
쌀맞게 대했다는 비난에서 건져내려고 무척 애를 쓰고 있는[95] 샌더스는 두 가
지 정당하지 못한 조치들을 취했다고 나는 생각한다. 첫째, 그는 후대의 랍비
문헌에 나오는 구절들을 주후 70년 이전 시기로 투영해서는 안 된다고 올바
르게 주장하면서도, 주후 70년 이전 시기는 이방인들을 적대시했던 율법들의
배경이 된 주후 70년 이후의 시기와는 좀 달랐을 것이라고 분명히 잘못된 추
정을 하고 있다.[96] 샌더스의 이러한 생각은 분명히 근거가 없는 것이다. 우리
가 잊지 말아야 할 것은 "주후 70년 이전"은 "주전 167년 이후"와 "주전 63
년 이후"를 의미한다는 것이다. 요세푸스는 분리주의가 마카베오 혁명 이전에
도 상당히 자리 잡고 있었다고 단언하고 있다. 비록 이 말이 시대착오적인 것
이라 해도, 이 말은 주후 1세기에 무엇이 전제될 수 있었는지를 분명히 보여

---

93) Sanders 1990b, esp. 185f.

94) Jos. *Life* 14를 보라: 로마를 향하여 길을 가던 몇몇 제사장들은 오직 무화과나무
와 땅콩들만을 먹었다. 이것으로 보아 Bruce에 대한 Sanders의 비판은 자제되어야 한다
(1990b, 188 n.20).

95) Sanders 1990b, 181f. 이러한 고발은 옛적에도 행해졌다: 유대인들의 율법을 "이
방인들을 미워하는 규례들"(*ta misoxena nomima*)이라고 말하고 있는 Tac. *Hist.* 5:5;
Diod. Sic. 34/5:1:1-5; 그리고 Juv. *Sat.* 14:103f.를 보라. 또한 Schürer 3:153을 보라.

96) Sanders 1990b, 172f.

준다.[97] 또한 우리에게는 유대 전쟁 이전 시기에 이방인들과의 통혼을 금하는 엄격한 율법들이 공포되었다는 증거가 있다.[98] 이 율법들은 분명히 모든 사람이 좋아했던 것은 아니었다; 특히 디아스포라 지역에서는 예루살렘의 경건한 진영들에 적용될 수 있었던 규율들이 실천 불가능한 것으로 인식되었다.[99] 그렇지만 마카베오 시대로부터 바르 코크바 시대에 이르기까지 내내 이방인들은 기본적으로 부정하고, 이방인들과의 접촉은 최소화되어야 한다는 강력한 의식이 분명히 형성되어 있었다. 다른 곳에서와 마찬가지로 여기서도 이론(예를 들어, 샴마이 학파와 힐렐 학파, 이들 모두와 디아스포라 지역에서 동화된 유대인들)과 실천(최소한의 접촉에 그친 유대인들이 있었는가 하면, 꽤 빈번하게 접촉한 유대인들도 있었을 것이다)의 연속성에 관하여 생각하지 않을 수 없다.[100] 그러나 샌더스처럼 "이방인들에 대한 적대감의 전면적인 표출"을 주후 135년 이전으로 투영해서는 안 된다고 말하는 것은 우리가 마카베오 시대와 바르 코크바 시대 사이의 유대교에 관하여 알고 있는 모든 것과 배치되는 것이다. 주후 135년 이후의 랍비들이 자기 나름대로의 반이방인 정서를 덧붙였다는 것은 분명하다. 그러나 그들은 자기들의 정서를 이미 잘 정립되어 있었던 모음집에 덧붙였을 뿐이다.[101]

---

97) *Ant.* 13:245-7, esp. 247: "[유대인들]은 그들이 구별되었다는 의식(amixia) 때문에 다른 민족과 접촉하지 않았다." Loeb 판본의 해당 대목에 나오는 Marcus의 주해를 보라; 그리고 *Apion* 2:210과 비교해 보라.

98) 하스모네 왕조 시대에 이방인들과 섞이지 않았다는 것에 관한 논의를 비롯한 Hengel 1989 [1961], 200-6에 나오는 자세한 논의를 보라.

99) Hengel 1989 119611, 203을 보라.

100) 나는 Sanders (1990b, 173f.)가 Alon 1977, 146-89를 약간 부당하게 대하고 있다고 생각한다. Alon은 단순히 후대의 규정들을 가설적인 초기의 근원들로 소급시키고 있는 것이 아니다. 이방인이 개종자가 된 후에 어느 기간 동안 부정한가 하는 문제(mPes. 8:8 [Sanders 1990a, 284; 990b, 174에서처럼 8:1이 아니라])가 핵심이 아니다; 개종을 통해서 이방인은 유대인이 되고, 새로운 규율을 지닌 새로운 세계로 들어간다.

101) 위의 제7장 제2절을 보라. 우리는 단지 마카베오2서와 『솔로몬의 시편』만을 인용하면 된다. Schiffman 1983은 CD 12:6-11에 나오는 이방인과의 관계들에 대한 규제들이 후대의 탄나임(Tannaim) 자료들과 밀접한 병행 관계를 이루고 있다는 것을 보여주었다.

둘째, 샌더스의 논증은 이방인들과의 접촉이 배제되지 않았다는 것을 입증해 보이고자 논하다가, 이방인들과 식사하는 것도 마찬가지로 허용되었다는 주장으로 옆길로 새고 마는 것처럼 보인다. 샌더스의 주장은 모든 유대인들은 성전에 들어가고자 하는 경우를 제외하고는 거의 대부분의 시간에 어쨌든 부정했기 때문에, 즉 비록 이방인들이 부정함에 참여하였다고 할지라도 그 이방인과 접촉하는 모든 사람이 어쨌든 부정한 것은 마찬가지였기 때문에, 별 걱정할 일이 아니었다는 식으로 논증을 펴나간다.[102] 이러한 논증 방식은 샌더스 자신이 다른 곳에서 미쉬나적인 유대교에 대한 부적절한 읽기임을 이미 입증해 보인 바 있는 순수한 형식적인 법률의 세계 속으로 들어가서 실제의 사회문화적인 배경으로부터 떠난 것으로 보인다. 이방인들은 고의적으로 유산(流産)을 통해서 아기들을 낙태시키기 때문에, 이방인들의 집은 부정하다고 말하는 랍비들의 격언[103]은 비록 그들이 들고 있는 이유는 좀 엉성하다고 할지라도, 거기에는 이방인들이 부정하고 그들과의 접촉이 바람직하지 않다는, 흔히 체계적이지는 않지만 확고한 신념이 일반적인 분위기로 존재하고 있었다는 것을 보여 주는 것으로 생각된다. 수많은 유사신학적인 논증들과 마찬가지로, 실제로 언급되고 있는 이유는 이미 그에 앞서 전제된 사회문화적 현상에 대한 명백한 합리화이지만, 이 경우에 중요한 것은 그 당시의 현상이다. 유대인들은 당시의 현상을 제대로 설명하지는 못했지만, 포로기와 마카베오 혁명, 그 이후의 로마인들의 등장 이래로 이방인들은 철천지 원수였고, 그들과 진지하게 사귀는 것은 정도(正道)에서 어긋난 잘못된 일이었다. 율법적으로 이방인은 평범한(그리고 전문적인 용어로 말하자면, "부정한") 이웃집 유대인보다 결코 더 더럽지 않다는 식의 반론은 내가 생각하기에는 논지를 벗어난 것이다. 인종적 장벽을 율법적인 관점에서 인식된 제의적 정결이라는 관점으로 환원시켜서는 안 된다.[104] 다른 분야들에서와 마찬가지로, 이 전승은 어떤 한 가르침

---

102) 1990a, 284 ; 990b, 174ff.

103) mOhol. 18:7과 이에 대한 Danby의 주해 ; cf. mNidd. 3:7. 후자의 구절은 랍비 이스마엘(Rabbi Ishmael, 아키바와 동시대의 인물)의 말을 포함하고 있다 : 전자는 누구의 것인지 모른다. 이에 대해서는 전승들과 설명들이 세월이 흐르면서 의미가 어떻게 변했는지에 대한 인식을 보여 주는 Alon 1977, 186을 보라.

104) 이방인이 부정하다는 사상이 적어도 헤롯 시대 이전까지 거슬러 올라간다 하지

의 초점을 변경시킨 것이다. 우리는 앞서 정경성(正經性)에 관한 논쟁이 정결에 관한 논쟁으로 바뀐 예를 보았다.[105] 여기에서 우리는 사회 정책에 관한 문제를 정결의 문제로 바꾸어 버린 분명한 예를 보게 된다.

그러므로 토라에 대한 실제적인 실천은 특히 유대 땅의 경계를 넘어서서 디아스포라 지역이라는 문제 많은 세계 속으로 들어갔을 때에 유대인 공동체들마다 서로 상당히 달랐을 것임에 틀림없다. 그럼에도 불구하고 토라를 어떻게 지켜야 하는가를 결정하는 것과 관련된 어려움(당시의 유대인들의 경우에)과 누가 어떠한 상황에서 무엇을 행하기로 결정하였는가를 식별해내는 것과 관련된 어려움(오늘날의 학자들에게) 때문에 더욱 근본적인 논지가 모호해져서는 안 될 것이다. 이방인의 문화에 완전히 동화될 의도가 있었던 사람들을 제외한다면, 일반적으로 유대인들, 구체적으로는 그들 가운데 더 엄격한 부류들은 토라에 대한 매일 매일의 실천을 유대교의 결정적인 표지(標識), 즉 유대인들의 세계관 전체의 결정적으로 중요한 부분으로 여겼다. 만약 어떤 유대인이 할례의 흔적을 지워버린다거나 의도적으로 안식일에 평일 같이 상거래를 한다거나 음식에 관한 율법을 철저하게 무시하고 주방에서 일을 한다거나 자기가 잘 아는 이방인들을 유대인들과 아주 똑같이 취급한다면 — 그러한 실천은 분명한 사회문화적, 종교적 견해를 말해 주는 것이 될 것이다. 이러한 상징들 중 적어도 두 가지(토라와 인종적 정체성)는 도전을 받고 있었다. 슬그머니 깃발이 내려지고 있었고, 새로운 결론이 그 이야기에 첨부되고 있었다.

5. 성경에 따라: 세계관의 정초

주후 1세기 유대교라는 융단을 보면, 그 이야기들, 상징들, 그 일상생활을 관통하는 수많은 실들이 존재한다. 그러한 것들 중에서 가장 분명하게 드러나는 것은 결국 성경이 차지하는 중심적 위치이다. 평균적인 유대인들은 성경의 많은 부분을 성경 봉독이나 찬양을 통해서 일상적으로 들었기 때문에, 그 상당 부분을 암송하고 있었을 것이다.[106] 회당은 지역사회의 전체 생활 속에서

만, 언제나 실천에서는 천차 만별이었다는 것을 인정하고 있는 Alon 1977, 187, 189를 보라.

105) 본서 p. 307을 보라.

중심적인 위치를 차지하고 있었고(단순히 "종교생활"에서만이 아니라), 그러한 배경 속에서 자주 들었던 성경의 말씀들은, 특히 그 말씀들이 해방의 약속에 관한 것이었다는 것을 생각하면, 아주 소중하게 여겨졌을 것이다. 특히 성전의 중요성 및 신이 다윗에게 하신 약속들을 끊임없이 강조하고 있는 시편들은 평균적인 유대인들의 정신 속에서 중요한 일부를 형성하고 있었을 것이다.[107]

이러한 배경 속에서 유대인들이 예배 및 일상생활을 위한 내용을 성경에서 찾았을 뿐만 아니라 미래에 대한 징후들을 성경에서 찾았다는 것은 당연한 일이라 할 수 있다. 포로생활에서 돌아올 것을 말하고 있는 직접적인 예언들도 물론 많았지만, 그 밖의 다른 많은 구절들도 그와 같은 의미로 해석되었을 것이다.[108] 우리는 제10장에서 일부 집단들이 다니엘서 같은 책을 어떻게 사용했는지를 보게 될 것이지만, 그것은 미래의 소망에 대해 말해 주는 수많은 원천들 중의 오직 하나에 불과할 따름이었다. 쿰란 두루마리들은 현재와 미래에 적용될 수 있는 수많은 해석들을 담고 있고, "묵시문학적인" 저작들도 물론 마찬가지였다. 우리는 당시의 유대인들이 이사야서, 예레미야서, 에스겔서 같은 대예언서들을 모두 잘 알고 있었을 것이라고 확신할 수 있다: 그리고 성전의 재건과 정화를 강조하고 있는 스가랴서와 말라기서 같은 강력한 소선지서들도 뒷전에 밀려나 있지는 않았을 것이다.

당시의 유대인들이 이런 식으로 성경을 알고 있었다는 사실을 포로에서의 진정한 귀환이 아직 일어나지 않았다는, 제2성전 시대에 널리 유포되어 있던 신념에 비추어 보면,[109] 성경의 성취라는 개념은 주후 1세기 유대인들이 흔히 비난을 받아왔던, 성경을 단순히 증거 본문으로 이용했다는 식의 의미를 뛰어넘는 또 다른 의미를 지니게 된다.[110] 그것은 단순히 영광스러운 미래에 관한

106) Schürer 2:419, etc.
107) 이것은 특히 할렐(Hallel) 시편들(113-18편, 그리고 "대할렐 시편"인 136편)과 오름 시편들(120-33편)에 해당할 것이다.
108) Barton 1986, chs. 6-7.
109 cf. chs. 9-10 below.
109) 아래 제9장과 제10장을 참조하라.
110) 적어도 현대적인 형태의 "증거 본문" 식의 방법론은, 이를테면 예수가 메시야라

개별적인 약속들을 성경 본문들 속에서 샅샅이 찾아내는 그러한 문제가 아니었다. 성경의 이야기 전체는 이야기, 곧 창조주, 계약백성, 세계에 관해 여전히 미완성의 이야기로 읽혀질 수 있었다. 그러한 맥락 속에서 보면, "성경에 따라" 일어난 사건은 이 이야기 속에서 그 다음에 일어날, 그러니까 결론부의 이야기로 주장될 수 있는 사건이었다. 위대한 다가올 시대에 관한 명시적인 예언들은 좀 더 넓은 패턴에 부합하였다. 이야기로서의 성경은 현재를 위한 맥락을 만들어내고, 토라로서의 성경은 현재를 위한 윤리를 만들어 내면서, 이 둘은 이 이야기가 어떤 식으로 절정에 다다르게 될지를 보여 주는 — 토라에 신실한 자들에게 — 예언으로서의 성경을 떠받치고 있었다.

이에 비추어볼 때, 우리는 과거의 성경의 메시지를 "현재에 맞춰" 개작하는 데 사용되었던 방법들 중 일부를 이해할 수 있다. 옛 본문이 어떻게 현재에 대하여 권위를 가질 수 있는가? 이 질문과 관련하여 주어진 서로 다른 대답들은 그 대답들을 제시한 자들의 서로 다른 관점들을 반영하면서 잘 드러내 주고 있다. 필로에게는 과거의 이상한 옛 이야기들은 알레고리를 통해서 새롭게 살아날 수 있었다. 후대의 랍비들, 그리고 아마도 주후 1세기에 살았던 그들의 선구자들에게는 구전 토라를 통해서 성문 율법은 새로운 상황들에 적용될 수 있었다. 묵시문학적 저작들에서는 때로는 괴이한 방식으로 성경의 이미지들을 재사용하였고, 옛 이야기에 나오는 인물들은 새로운 경고와 소망의 말씀들을 대변하는 입노릇을 하도록 맡겨졌다. 통상적인 회당의 가르침 속에서는 미드라쉬와 탈굼을 사용해서 보충 설명하고 의역함으로써 성경 본문이 현재에 타당하도록 만들었다. 그리고 에세네 공동체 내에서는 페쉐르(pesher)라는 방법을 통해서 예언들의 한 줄 한 줄마다 해설을 달아서 현재의 사건들은 여러 세대 전에 행해진 예언들의 진정한 성취라고 주장하였다. 이러한 방법론의 밑바탕에는 다음과 같은 논리가 깔려 있다: 예언들이 아직 성취되지 못했다는 것은 누구나 동의하는 것이다; 이 분파는 그들이 성취의 날들에 살고 있다는 것을 믿었다; 그러므로 성경은 어떤 식으로든 그들과 연관이 있어야 한다 — 성

는 것을 입증하기 위한 전형적인 18세기식 자연신론적인 "증명법"에서 유래한 것이라고 나는 생각한다 — 그리고 그러한 증명에 대한 마찬가지로 전형적으로 18세기식 "반박"으로부터. 이 둘 중 그 어느 것도 주후 1세기의 역사적 현실과는 관계가 없다.

경 본문들의 "원래의" 의미가 어떤 것이었든지와는 상관없이.[111] 하박국도 자기가 쓴 글들은 그때로부터 많은 세월이 흐른 날들을 위한 것이라고 말한 바 있다.[112] 위에서 말한 모든 것들과 판이하게 다른 방식으로 요세푸스, 솔로몬의 지혜서, 마카베오4서, 바울 서신에 의해서 행해진 성경 이야기에 대한 다시 말하기들은 그 저자들이 성경의 전승을 그들 자신의 새로운 상황과 결부시키는 데 관심을 갖고 있었다는 것을 보여 준다.

여기서 중요한 것은 이 모든 서로 다른 "기법들"이 유대인들의 유산에 대한 지속적인 충성을 보여 주는 이야기들 및 상징들과의 중요한 접촉을 유지하는 방식들이었다는 것을 깨닫는 것이다. 우리가 구전 토라와 관련하여 살펴보았듯이, 유대인들, 특히 새로운 또는 엄격한 과제들을 부여받고 있었던 유대인들은 자기 자신과 그들의 추종자들을 만족시키기 위해서는 그들이 이스라엘의 이야기의 줄거리와 적절한 연속성 속에 있고, 그 상징들을 적절하게 존중하는 것이 필수적이었다. 우리가 나중에 초기 기독교 운동을 살펴볼 때에 알게 되겠지만, 이 동일한 이야기에 대한 초기 기독교의 다시 말하기도 바로 그러한 목적으로 행해졌다는 것을 우리는 어렵지 않게 알아낼 수 있고, 그들의 다시 이야기 하기가 그들 자신의 삶이 처한 새로운 상황을 정확하게 반영하고 있다는 것도 쉽게 입증될 수 있다.

6. 맺는 말: 이스라엘의 세계관

각기 다른 방식으로 이스라엘의 성경에 초점을 맞추고 있는 이야기, 상징, 실천은 풍부하지만 기본적으로 단순한 세계관을 보여 준다. 우리는 이것을 제5장에서 다룬 바 있는, 모든 세계관과 결부되어 있는 네 가지 질문이라는 관점에서 요약해 볼 수 있다.

---

111) Brooke 1985; Mulder 1987, ch. 10 (M. Fishbane); Schürer 2:348, 354, 580, 586; 3:392, 420-1을 보라. "원래의" 의미라는 관점에서 Moule이 이 방법론의 "철저한 자의성"을 강조한 것은 옳다(1982 [1962], 77-84). 그러나 나는 분파에 관한 한 이스라엘의 이야기는 이러한 읽기를 어느 정도 정당화할 수 있는 변화를 겪었다는 나의 주장을 고수하고자 한다.

112) 합 2:3; cf. 1QpHab 7:9-14.

1. 우리는 누구인가? 우리는 창조주 신의 택하신 백성인 이스라엘이다.

2. 우리는 어디에 있는가? 우리는 성전을 구심점으로 한 거룩한 땅에 있다: 그러나 역설적으로 우리는 여전히 포로생활 중에 있다.

3. 무엇이 잘못되었는가? 우리의 통치자들은 잘못되었다: 한편으로는 이교도들, 다른 한편으로는 타협적인 삶을 사는 유대인들, 그 중간에는 헤롯과 그의 가문. 우리는 모두 이상적인 것과는 거리가 먼 상황에 처해 있다.

4. 무엇이 해법인가? 우리의 신은 다시 한 번 역사하셔서 우리에게 참된 통치, 즉 그 신에 의해 적절하게 임명된 관리들(진정한 제사장: 아마도 진정한 왕)을 통해 행사되는 신 자신의 왕권을 우리에게 주실 것이다: 그리고 그때까지 이스라엘은 신의 계약 헌장에 신실해야 한다.

이 시기의 유대인들의 서로 다른 여러 집단들 간의 차이들은 이러한 분석의 세부적인 사항과 관련해서 자리매김될 수 있다. 고위 제사장들은 위에서 말한 (2)-(4)에 동의하지 않았을 것이다. 그들은 모든 것이 질서정연하게 행해지고 있는 성전에 있었다: 문제는 다른 유대인 집단들이 말을 잘 듣지 않는다는 것이었고, 그 해법은 그들로 하여금 자기 본분을 지키도록 하는 데 있었다. 에세네파는 (4)를 수정하였다: 우리의 신은 이미 역사를 시작하여, 우리를 다가올 시대의 선봉대로 부르셨고, 우리를 신원하기 위하여 다시 한 번 역사하실 것이다. 그러나 원칙적으로 이 기본적인 질문들에 대한 이 네 가지 대답들은 우리가 살펴보고 있는 시대의 대다수의 문헌, 또한 글을 모르는 대다수의 백성들에게서 끊임없이 등장하고, 이야기, 상징, 실천을 통해서 표현되어 있다. 그것들은 모두 미래를 지향하고 있다. 우리가 이미 개략적으로 살펴본 역사와 우리가 지금 살펴보았던 세계관은 유대인들이 열렬하게 옹호했던 신학과 꺼지지 않는 소망을 탄생시키는 배경을 형성하고 있었다.

제 9 장

이스라엘의 신앙들

1. 들어가는 말

주후 1세기의 유대인들은 의식적 차원에서든 잠재적 차원에서든 도대체 무엇을 믿었기에 그토록 수많은 다른 민족들이 실패했던 곳에서 살아남을 수 있었는가? 언젠가는 계약의 신께서 그 자신과 그들을 신원하기 위하여 역사하실 것이라는 소망을 계속해서 키워 주었던 일련의 확신들은 무엇이었는가? 그러니까 우리는 여기에서 유대인들의 세계관의 네 번째 요소에 대하여 묻고 있는 것이다: 우리는 이미 상징, 실천, 이야기를 살펴보았고, 질문과 대답이라는 축 (軸) 속에서 몇 가지 도출된 결론들을 제시한 바 있다. 이것은 이제 신학, 기본적인 신념들, 부수적인 신념들이라는 문제를 우리에게 열어 준다.[1]

여기에서 물론 우리는 광산으로 걸어 들어가고 있는 것이다. 우리는 이미 주후 1세기의 유대교에 관하여 우리가 안전하게 말할 수 있는 유일한 것은 주후 1세기의 유대교라는 것은 존재하지 않았고 "유대교들"이라고 복수형으로 말하는 것이 옳다는 것을 살펴보았다.[2] 고대 유대교 내의 특정한 집단들 속에서조차도 통일적인 견해는 존재하지 않았다: 쉐히터(Schechter)가 말했듯이, 랍비들은 많은 오류들을 갖고 있었지만, 일관성은 그러한 오류들 중의 하나에 속하지 않았다.[3] 또한 랍비들은 이전의 질서 잡힌 세계에 대하여 비체

---

1) 위의 제3장과 제5장을 보라.

2) 예를 들면, Neusner *et al.* 1987.

3) Schechter 1961 [1909], 46. 또한 Ginzberg 1928, 92를 보라: "랍비적인 신학 체계의 가장 큰 특징은 체계의 결여이다."

계적인 접근방식을 도입하는 개혁자들이 아니었다: 히브리 성경 내에서도 모든 것들이 여러 줄로 깔끔하게 배열되어 있는 정연한 체계가 아니라 발전과 대화가 존재한다는 것을 알 수 있다. 그러나 오늘날 우리가 이용할 수 있는 1차 자료와 2차 자료가 엄청나게 방대하다는 것을 생각할 때에 더욱더 이렇게 세심한 주의를 기울일 필요가 있긴 하지만, 어쨌든 주후 1세기의 "유대교" 전체에 관하여 말할 수 있고, 또한 말해 두어야 할 몇 가지 것들이 있다. 즉, 이러한 여러 편차들보다 더 깊고 근본적인 차원에 위치해 있는 주후 1세기 유대교의 기본적인 세계관을 우리는 추적할 수 있다.

그러므로 유대교 내의 다양성을 부각시키기 위하여 그 밑바탕에 깔려 있는 통일성을 훼손하는 일부 학자들의 태도는 지나치다고 해야 할 것이다.[4] 물론 서로 다른 텍스트들이 각기 다른 강조점들과 관점들을 지니고 있다는 것을 부정할 사람은 아무도 없을 것이다. 나는 단지 많은 다양성 배후에 한 가족으로서의 폭넓은 유사성이 존재한다는 것을 깨달았던 많은 유대인들 및 그 밖의 저자들의 생각을 따르기를 원할 뿐이다.[5] 우리가 이러한 신념체계를 이해하는 것은 대단히 중요하다. 그러한 신념체계는 흔히 당연한 것으로 여겨져서 논의되지 않는 경우가 비일비재하지만 — 누군가가 문제를 제기하지 않으면, 특히 그 체제 내부에서 도전이 제기되지 않으면 — 유대교 내에서 그 밖의 다른 많

---

4) 역사적 서술에서 다양성과 통일성에 대해서는 위의 제7장을 보라. 이것은 세분화된 서술에 대한 적절한 관심이 마찬가지로 적절한 전체적인 종합이라는 과제를 흐려놓을 수 있는 경우에 적용된다 — Neusner의 저서 속에서 전형적으로 발견되는 문제점.

5) 가족으로서의 유사성과 그 근저에 있는 견해에 대해서는 Schechter 1961 [1909]; Moore 1927-30 등과 Kadushin 1938, 예를 들면, 6ff.; Millgram 1971, ch. 15 (391-436), 예를 들면, 260을 보라: 대속죄일 의식의 끝에 예배자들은 성경에 나오는 세 문장을 암송하였는데, "이를 통해서 그들은 유대교의 본질적인 신학 교리들에 대한 재헌신을 이룬다." 물론 이 문장들은 유대식의 유일신 사상에 초점이 맞춰져 있었다. McEleney 1973과 Aune 1976의 논쟁을 참조하라. 여기에서 후자는 유대교가 실제로 신념 체계를 갖고 있긴 하지만 이 신념 체계는 "제의 관습과 윤리 행위에 대한 유대인들의 전승들에 종속되어" 있었다고 결론을 내린다(10). 이것은 내가 세계관(위의 제8장)과 신념 체계들(현재의 장)을 구별한 것과 그리 다르지 않다. 바리새파의 태도들의 전제들을 찾아내는 것에 대해서는 Sanders 1992, ch. 13 (241-78), 413-9, esp. 416f.를 보라.

은 것들을 우리에게 알려 준다. 그리고 특히 두 인물, 곧 예수와 바울이 체제 내부로부터 말하고 있다고 주장하면서 바로 그러한 도전과 재정의를 시도했다는 것이 나의 프로젝트 전체의 주장이다. 그러므로 우리는 다음과 같은 질문을 무시할 수 없다: 유대인들의 기본적인 신념은 무엇이었는가?

유대인들의 신념체계를 규명하고자 하는 사람들에게 이 문제를 다른 식으로 표현해 본다면 다음과 같이 말할 수 있을 것이다. 유대인들은 유대교의 성격을 "신념들"이라는 견지에서 묘사하지 않는다. 실제로 유대교는 흔히 이 점에서 기독교와 대비되는데, 이 점은 기독교의 단점으로 여겨진다.[6] 그럼에도 불구하고 많은 저자들이 그랬듯이, 유대교의 다양성들 내에는 모든 집단들에 어느 정도 공통적인 한 묶음의 기본적인 신념들(basic beliefs)이 존재하고, 그 집단들 간에 서로서로 한 가족으로서의 유사성을 보여 주긴 하지만 좀 더 큰 다양성을 나타내는 여러 부수적인 신념들(consequent beliefs)이 존재한다는 것을 입증하기는 어렵지 않다. 따라서 우리는 주후 1세기의 비기독교적인 유대인들의 저작들 속에서 우리가 지금 "신학"에 관한 저작과 결부시키는 형태의 글, 그러니까 어떤 신념이나 신념체계에 관한 추상적인 논의를 찾아볼 수 없다는 점을 인정해야 한다: 그러나 그렇다고 해서 우리가 기본적인 신념들과 부수적인 신념들에 대한 서술 및 분석을 할 수 없다는 말은 결코 아니다. 특히 우리는 이미 이러한 신념들이 어떻게 표현되는지를 보여 주는 상징, 실천, 이야기라는 그 배경을 규명한 바 있다. 그러한 설명은 원칙적으로 시대착오적인 태도나 기독교로부터의 "차용"같은 것 없이 아주 완벽하게 이루어질 수 있다. 앞 장에서도 분명하게 말했듯이, 이것은 우리가 유대교를 단순히 "신앙," 즉 신념들의 체계로 생각하고 있다는 것을 의미하지 않는다. 유대교를 "신앙"이라고 부르는 것은 실제로 어떤 의미에서 기독교의 문화제국주의의 일부에 속한다고 할 수 있다. 기독교가 스스로를 "신앙"라고 생각하기 때문에

6) 예를 들면, Millgram 1971, 416: "종교 공동체의 핵심으로서의 신조라는 개념은, 유대교에 관한 한, 육신 없는 영혼만큼이나 비현실적이다" — 이것은 마치 그가 야고보서 2:26을 인용하고 있는 것처럼 들릴 정도이다. Cf. Shechter 1961 [1909], 12: "옛 랍비들은 어떤 종교의 진정한 건강은 신학을 의식함이 없이 신학을 지니고 있는 것이라고 생각했던 것으로 보인다." 우리는 이렇게 물을 수 있다: 어떤 신학이라도 괜찮단 말인가? 그것이 잘못된 신학일지라도?

다른 사람들도 동일하게 생각해야 한다고 생각하는 것은 잘못이다. 유대교는 스스로를 길, 할라카, 삶의 길, 세상 속에서 존재하는 방식이라고 생각한다.[7] 내가 앞서 말했거나 앞으로 말할 모든 것은 이러한 유대인들의 기본적인 자기 인식과 결코 모순되는 그런 의미를 지니지 않는다. 이 시기의 유대교의 신념 체계, 궁극적으로는 세계관에 초점을 맞추는 이유가 적어도 두 가지 있다.

첫째, 현상에 대한 분석과 관련하여 그 밑바탕에 있는 세계관들은 가장 표면에서 가시적으로 드러나는 삶의 습관들보다 더 근본적이라는 것은 사실이다. 유대인들의 기본적인 실천의 밑바탕에는 이스라엘은 창조주 신의 백성이라는 신념이 깔려 있었다. 이것이 사실이 아니라면, 할라카는 그 취지를 상실해 버리거나 적어도 그 성격이 근본적으로 변화되고 말 것이다. 누가 주후 1세기의 유대인에게 "당신은 왜 토라를 지킵니까?"라고 물었다면, 그 사람의 대답은 "나는 세상을 창조하시고 구속하시는 신의 택하신 백성인 이스라엘의 일부이기 때문이죠"라는 말이 될 것임에 틀림없다. 여기서 질문과 대답을 거꾸로 표현한다면 정말 이상한 말이 되어버릴 것이다: "당신은 왜 세상을 창조하시고 구속하시는 신을 믿습니까?" "나는 토라를 지키기 때문입니다." 세상을 창조하시고 구속하시는 신이라는 사실은 대전제가 되기 때문에, 그 개별적인 표현들에 의미와 목적을 부여하는 역할을 한다 — 이것은 이 신에 대한 신앙이 토라를 지키려는 유대인들의 시도들의 결과로서 강화되거나 생겨날 수 있다는 것을 부인하는 것이 아니다. 그러므로 우리는 유대교의 일상적인 표현들을 넘어서서 좀 더 깊이 들어가 유대교의 해석자들을 따라서, 조금 조심스럽긴 하지만 "유대교 신학"이라 부를 수 있는 것의 주류들 — 이에 대해서는 특별히 논란이 있지 않다 — 을 파헤쳐 볼 필요가 있다.

둘째, 내가 앞에서 말했듯이, 우리는 유대인들의 세계관 및 신념체계에 초점을 맞추어야 하는데, 이는 바로 그것이 예수와 바울에 의해서 근본적으로 다시 정의된 유대교의 특징이었기 때문이다. 더 정확하게 표현하자면, 예수는 유대인들의 신념에 대한 통상적인 해석에 의문을 제기하는 방식으로 이스라엘

---

7) 물론 그리스도인들로부터 "믿음"에 관한 표현을 유대교가 차용했다는 것을 보여주는 몇몇 예들이 있다. 1989년의 독립기념일에 The *Jerusalem Post*는 "믿음을 지키자"는 논설을 실었다.

제9장 이스라엘의 신앙들 *409*

의 소망을 다시 정의하였고, 바울은 이렇게 다시 정의된 소망이 실제로 예수를 중심으로 하고 있다고 봄으로써, 신념에 대한 재정의 작업을 원칙적으로 완성하였다. 그리고 두 사람은 각자 나름대로 할라카, 즉 삶의 길이라는 차원에서 이것이 무엇을 의미하는지를 나타내 보였다. 그러므로 신념과 소망을 가능한 한 주의 깊게 검토하는 것은 아주 중요하다. 이렇게 할 때에 우리는 결코 이질적인 일련의 사상 형태들이나 범주들을 주후 1세기의 유대교에 강제로 덧씌우려고 하는 것이 아니라, 단순히 근본적인 전제들을 이끌어내는 데 관심을 갖는다.[8] 근본적인 전제들에 관심을 갖지 않는다면, 우리가 예수와 바울의 도전 속에서 볼 수 있는 모든 것은 할라카에 대한 도전이 되고 말 것이다. 즉, 실제로 몇몇 유대인 해석자들이 그런 식으로 예수와 바울을 보았었다.[9] 그러나 그러한 관점을 취한다면 예수와 바울에게서 일어나고 있었던 일의 진정한 의미를 놓치게 된다.

그러므로 내가 이 장과 다음 장에서 제시할 것은 위의 제2부에서 살펴본 바 있는 그러한 의미에서 주후 1세기 유대교의 "이면의" 역사에 관한 하나의 가설이다. 나는 예수와 바울의 시대에서의 유대인들의 세계관(들)을 규명하고자 시도할 것이다. 이러한 나의 가설은 관련된 텍스트들에 대한 원자론적인 분석에 의해서 얻어지는 일련의 여러 결론들의 총합(總合)을 통해서가 아니라 당시 유대인들이 그러한 글을 쓸 수밖에 없었던 이유 — 그리고 아무런 글도 쓰지 않았던 대다수의 유대인들이 우리가 앞의 세 장에서 살펴보았던 방식으로 행할 수밖에 없었던 이유 — 를 설명해 줄 수 있는 하나의 관점을 제시하는 것을 통해서 그 힘을 얻게 될 것이다.

우리는 유대인들의 신념에 관한 이러한 설명을 몇 가지 분명하고 확고한 것들로부터 시작하고자 한다.[10] 유대인들 가운데 다섯 분의 신이 계시다고 생각한 사람은 아무도 없었다. 그 어떤 유대인도 애굽인들이 야웨의 택함 받은

---

8) Sanders가 아주 철저하게 입증해 주었듯이(1977, 420f.), 계약은 명시적으로 언급되는 경우가 드물지만, 유대교로 하여금 유대교가 되게 만드는 모든 명시적인 진술들의 절대적인 근본을 이루고 있다: 아래의 서술을 보라.

9) cf. H. Maccoby의 저서들.

10) 이와 비슷한 간략한 서술은 Riches 1990, ch. 2을 보라.

백성이라고 생각하지 않았다. 그 어떤 유대인도 신과 세계가 동일한 존재라거나[11] 세계가 이스라엘의 신 이외의 다른 신에 의해서 만들어졌다고 생각하지 않았다. 적어도 위에서 말한 여러 가지 것들이 사실이라고 생각한 유대인이 있었다면, 그 사람은 자기가 근본적이고 중요한 점에서 유대인들의 사고의 통상적인 경계를 넘어서고 있다는 것을 알고 있었다.[12] 그러므로 광범위한 유대인들의 글 속에는 몇 가지 중요하고 결정적인 문제들에서 일치된 확고한 견해가 존재했다: 그리고 우리는 이미 이러한 의견 일치가 글을 쓸 줄도 읽을 줄도 몰랐던 사람들 가운데서도 마찬가지로 강력하게 존재하였다고 생각할 만한 충분한 근거를 가지고 있다. 온 세상을 만드신 한 분 신이 계시고, 이 신은 이스라엘과 계약 관계에 있다.[13] 그 신은 어떤 목적을 위해서 이스라엘을 선택하셨다: 이스라엘은 세상의 빛이 되어야 한다는 것이다.[14] 민족적 위기에 직면해서(그리고 앞에서 본 것처럼, 제2성전 시대의 유대교에 관한 이야기는 반쯤 영구적인 위기의 하나였다) 유일신 사상과 선택이라는 이 쌍둥이 신앙은 그것에 관하여 잠시라도 생각해 본 유대인을 또 하나의 신앙으로 이끌었다: 창조주이자 계약의 신인 야웨는 이스라엘의 참담한 운명을 끝장내고, 그의 참된 백성을 신원하게 될 역사 속에서의 또 하나의 행위를 반드시 수행하실 것이다. 유일신 사상과 선택 사상은 종말론으로 귀결되고, 종말론은 계약의 갱신을 의미한다.

우리는 오늘날 이러한 한 묶음의 신념들을 비교적 친숙하게 알고 있다. 그

---

11) 유대인들의 범신론을 보여 주는 증거들은 물론 여기저기에서 발견할 수 있다. 그러나 일반적으로 이 진술은 옳다.

12) 요세푸스는 이스라엘의 신이 그의 애정을 로마인들에게로 옮겼다고 말하고 (*War* 5:411 ff.), 다니엘서를 근거로 들면서 신이 로마로 하여금 예루살렘을 점령하게 하였다고 주장한다(*Ant.* 10:276-80). 그러나 (a) 이것은 그의 새로운 주인들에게 잘 보이려고 한 말일 가능성이 크고, (b) 그는 그러한 말이 지니는 엄청난 의미를 잘 알고 있었을 것임에 틀림없다.

13) 우리는 여기에서 "계약"이라는 말이 16세기의 칼빈주의의 의미도 아니고 1950년대의 "성경 신학" 운동의 의미도 아니고 엄격하게 주후 1세기의 유대적 의미로 사용되고 있다는 말을 덧붙여야 할 것 같다. 아래의 서술을 보라.

14) 본서 p. 442를 보라.

러나 우리는 그러한 친숙함 때문에 그 밑바탕에 깔려 있는 세계관, 모든 현실을 인식하는 방식, 세계에서의 모든 체험을 매개하는 격자망으로서의 이 신념들의 중요성을 보지 못해서는 안 된다. 오경, 시편, 예언서, 그리고 이것들로부터 파생한 이후의 여러 글들 속에서 무수하게 반복적으로 행해지고 있는 주장은 만유의 창조주께서 유대 땅 구릉지대의 동쪽 가장자리 가까이에 있는 시온산이라 불리는 작은 능선 위에 자신의 유일한 거처를 정하셨다는 것이다. 그밖의 다른 세계관의 관점에서 볼 때(특히 계몽주의적 철학의 관점에서 볼 때), 이 주장의 터무니없는 불합리성은 현기증이 날 정도다. 앗시리아, 애굽, 바빌로니아, 페르시아, 헬라, 또 다시 애굽, 수리아, 그리고 지금 로마가 그러한 사상을 묵시적·명시적으로 조롱했었지만, 유대인들의 이러한 확신은 흔들리기는커녕 오히려 강화되기만 했다. 이것이 바로 유대인들이 지닌 유일신 사상의 근본적인 모습이었다. 유일신 사상은 한 신 또는 유일한 신의 내적 본질에 대한 철학적 또는 형이상학적인 분석이 아니라, 세상을 만드신 한 분 신이 이스라엘의 신이고, 그분이 모든 공격자들과 찬탈자들에 대항하여 그의 산을 지키실 것이라는 요동치 않는 신앙이었다. 이스라엘이 자신의 신을 "보편적" 관점에서 생각했던 것과 마찬가지로, 이러한 보편성은 시초부터 구체적인 것, 역사적인 것, 물질적인 것을 통해서 알려져 있었다. 유대교의 여러 형태들이 원류로부터 갈려져 나온 것이라고 할 때(여러 역사적 이유들로 인해서 필로의 사상이 그랬던 것처럼),[15] 그 원류는 바로 위에서 말한 것과 같은 것들이었다.

2. 주후 1세기의 유대인들의 유일신 사상

유대인들의 신학에 관한 모든 설명들이 유일신 사상에 그 초점을 맞추고 있다는 것은 맞는 말이지만, 그 설명들 중 다수는 유일신 사상에 대하여 상당히 오도된 설명들을 하고 있다. 이하의 서술을 통해 나는 몇 가지 꼭 필요한 구별들을 시도함으로써 유대인들이 믿었던 것의 실상이 무엇이었는지를 뚜렷

---

15) 필로에 대해서는 Schürer 3:809-89; Borgen 1984를 보라. 필로는 이 규칙을 증명해 주는 예외로서, 플라톤에 대한 그의 깊은 의존성으로 인해서 유대적인 세계관 전체를 비역사화하고 비종말론화하였다; 물론 그의 선천적인 유대인다운 감수성으로 인하여 완벽하게 해내지는 못했지만 말이다.

하게 부각시키고자 한다.[16]

"오 이스라엘이여, 들으라. 여호와 우리 하나님, 여호와는 한 분이시니." 적어도 신명기 시대까지 거슬러 올라가는 유대인들의 가장 유명한 기도문인 쉐마[17]는 주후 1세기의 유대교의 의식 속에서 활활 타오르고 있었다. 쉐마는 사변적이고 형이상학적인 탐구의 결과가 아니라 민족의 신이 하늘과 땅에서 으뜸이 되시는 유일한 신이라고 믿었던 이 민족의 함성이었다:

> 여호와는 위대하시니 지극히 찬양할 것이요
> 모든 신들보다 경외할 것임이여
> 만국의 모든 신들은 우상들이지만
> 여호와께서는 하늘을 지으셨음이로다
> 모든 나라 가운데서 이르기를 여호와께서 다스리시니.[18]

쉐마는 시종일관 변치 않고 이 시편들을 노래하고 쉐마를 기도해 왔던, 이민족에 의해 괴롭힘을 당하고 있던 작은 민족이 전쟁을 할 때에 내건 모토이자 희생제사를 드릴 때의 명분이었다. 열방들은 이스라엘의 신이 참되고 유일하신 신이고, 그들이 그릇되게 숭배하는 것들은 신들이 아니라 단순한 인간의 창작물들임을 알아야 한다. 이것은 이미 우리에게 유대인들의 유일신 사상의 향기를 전해 준다. 이것을 더욱 온전하게 이해하기 위해서는, 우리는 이것이 지니는 세 가지 중요한 측면들을 살펴보지 않으면 안 된다.

---

16) 개정된 Schürer의 판본의 색인 중에서 "유일신 사상"에 해당하는 유일한 항목은 신앙 자체에 대한 논의가 전혀 나오지 않는 쉐마에 대한 논의(2:454f.)뿐이라는 것은 매우 주목할 만하다. 이 주제에 대한 가장 최근의 논의들(Sanders 1992, 242-7: Dunn 1991, 19-21)은 특히 일부 유대인들이 그들의 유일신 사상내에서 이교 사상의 몇몇 특징들을 수용하고자 했다는 것을 보여 주었다는 점에서 유용하다: 그러나 이 논의들은 이 시기의 유일신 사상이 정확히 무엇을 의미했는가를 분석하는 데에는 매우 불충분한 것으로 보인다.

17) 신명기 6:4. 유일신 사상의 이전 형태들과 그 전신(前身)들에 대해서는 Rowley 1946, ch.5: Eichrodt 1961, 220-7: von Rad 1962, 210-12: Lang (ed.) 1981을 보라.

18) 시편 96:4-5, 10. 특히 시편과 이사야 40~55장에서 많은 예들을 찾아볼 수 있다.

(i) 창조의 유일신 사상

첫째, 유대인들의 유일신 사상은 창조의 유일신 사상이라고 부를 수 있다. 이 유일신 사상은 세상을 만드신 신, 그렇기 때문에 "유일신론적"이라고 주장할 수 있는 신에 대한 네 가지 다른 개념들과 구별되어야 하는 신에 관하여 말한다.

가장 먼저 창조의 유일신 사상은 단일신 사상(henotheism), 즉 실제로 다른 여러 신들이 존재하지만 이스라엘은 오직 자신의 신만을 섬길 것이라는 신앙을 배제한다. 주후 1세기의 유대인들의 조상들이 그러한 단일신 사상을 과연 지녔었는지는 논란이 되고 있는 문제다.[19] 단일신 사상의 거부는 실제적인 관점에서 이스라엘이 자신의 신을 열방들의 신들보다 존재론적으로(단순히 실제적으로가 아니라) 우월하다고 보았기 때문에, 곧 다루게 될 이스라엘 자신의 지위와 목적에 관한 몇몇 신념들에 헌신되어 있었다는 것을 의미한다. 열방의 신들은 "참된" 신들이 아니라 우상들일 뿐이다.

둘째, 창조의 유일신 사상은 범신론을 배제한다. 범신론은 사실 복잡하고 정교한 형태의 이교 사상으로서, 오직 하나의 신, 또는 신적인 존재, 즉 현실 전체에 스며들어 현실을 규정하고 있는 신적인 존재가 있다고 단언한다. 범신론은 고대 세계에서 유행하였던 스토아 철학을 통해서 잘 알려져 있었다.[20] 범신론의 문제점은 악을 별 것 아닌 것으로 사소하게 취급한다는 것이다.[21] 사람이 명백한 악과 관련하여 할 수 있는 전부는 악을 뛰어넘고, 악의 존재를 부정하는 것이다(에픽테투스의 주장은 "가질 수 없는 것을 원하지 말고, 피할 수 없는 것을 싫어하지 말라"는 말로 요약될 수 있다).[22] 스토아 학파에서는 세상은 무한한 순환 속에 있기 때문에 그 순환에서 벗어나려고 한다면 유일한 해답은 자살이라고 말한다.[23]

---

19) Lang (ed.) 1981 등을 보라.

20) 예를 들면, Epict. *Disc.* 1:14:10: *Frags.* 3-4 (아마도 Musonius Rufus를 인용한 것 같다): Cic. *De Natura Deorum* 2:38f.를 보라.

21) 아래의 서술을 보라. 그 좋은 예는 Epict. *Ench.* 27이다: 본성적으로 악한 것은 우주 속에서 결코 생겨날 수 없다.

22) 예를 들면, 4:1:75: 4:4:33: 4:10, *passim.*

23) Epict. *Disc.* 1:25:18: 2:15:6: 3:13:14. 소크라테스는 물론 스스로는 스토아 학

셋째, 창조의 유일신 사상은 자연신론을 배제한다. 나는 이 18세기의 용어를 고대 세계에서, 특히 에피쿠로스 학파의 신념체계를 통해서 알려져 있었던 옛 사상을 가리키는 데 사용하고 있다: 신들은 존재하지만, 그 신들은 현재의 세상과 아주 멀리 떨어져 있는 지복(至福)의 세계 속에서 살고 있고, 우리의 세계에는 전혀 개입을 하지 않는다. (그래서 에피쿠로스 학파는 물리학에 관한 흥미로운 이론들을 발전시킬 필요가 있었다: 신들이 이 세상에 개입하지 않는다면, 왜 여러 가지 일들이 일어나는가?[24])

넷째, 유대인들이 믿었던 창조의 유일신 사상은 영지주의를 배제한다. 영지주의는 물리적인 세계가 가장 높은 진정한 신 또는 최고신과는 철저히 구별되는 초자연적인 존재에 의해서 만들어졌다고 주장함으로써 이교 사상과 범신론에 대항하였다. 이렇게 함으로써 한 분이신 참 신은 악과는 무관한 것이 되었지만, 실제 세계에 아무런 개입도 하지 못하게 되는 대가를 치러야만 했다. 유일신론의 겉모습을 유지하기 위해서 신을 일상의 세계로부터 추방해 버린 것이다.[25]

창조의 유일신 사상은 이러한 네 가지 (몇몇 점들에서) "유일신론적인" 대안들을 회피한다. 그렇게 함으로써 창조의 유일신 사상은 현재의 세상이 전체로서 한 분이시고 유일하게 참되신 신에 의해 만들어졌고, 악은 비록 실재하고 중요한 존재이지만, 현세의 필수적인 구성부분이 아니며, 이 한 분 신은 현세에 대하여 여전히 주권을 가지고 계시다는 것을 주장하는 어려운 임무를 스스로 떠맡고 있다.

다섯째, 창조의 유일신 사상은 이교 사상, 즉 상당수의 신적인 존재들이 만유에 살면서 각기 다른 민족들, 피조 질서의 서로 다른 여러 측면들(바다, 불 등), 서로 다른 인간의 여러 활동들(전쟁, 성 등)을 주관한다는 신앙을 명백히 배제한다. 이교 사상은 최고신이 세계의 현실에 대하여 책임을 져야 할 필요

파가 아니었고 엄밀하게 말해서 자발적인 죽음은 아니었지만 흔히 그 전형적인 예로 거론되었다(1:29:29).

24) Epict. *Disc.* 1:12:1.

25) 영지주의의 본질과 등장에 대해서는 위의 제6장과 아래 제14장을 보라. "유대적 영지주의"에 대해서는 Pearson 1980, 1984를 보라.

성을 막아 줄 수 있는데, 이는 이교도들은 언제라도 어떤 신이 변덕스럽거나 악의적인 방식으로 행할 수 있는 혼돈의 세상 속에서 살고 있기 때문이다.[26]

이 모든 것들과는 대조적으로 주후 1세기의 유대인들은 그들의 신념을 다음과 같이 주장하였다: 한 분 신이 계셨고, 이 신이 세상을 만드셨다. 게다가 그 신은 여전히 세계 속에서 활동하고 계시다. 이렇게 해서 우리는 두 번째 측면으로 넘어가게 된다.

(ii) 섭리의 유일신 사상

우리가 아는 한도 내에서, 우리가 살펴보고 있는 시기의 대부분의 유대인들은 요세푸스의 글에 아주 잘 표현되어 있는 신념을 소중히 간직하고 있었다: 창조주이신 이스라엘의 신은 "자연적인 사건들"이라 부를 수 있는 것들을 통해서 역사하신다. 그 신은 "초자연적인" 사건들을 통해서도 역사하실 수 있다: 요세푸스의 글에 그런 초자연적인 사건들이 종종 나오긴 하지만, 그러한 것들은 통상적으로는 세상에 부재해 있다가 종종 세상이 통상적으로 작용하는 것과는 불연속적인 방식으로 "개입하는" 신에 대한 신앙 또는 여러 종류의 이교 사상과 마찬가지로 양립될 수 있을 것이다. 그리고 유대인들이 이교 사상을 거부했던 것과 마찬가지로, 그들은 고대 이교 사상의 몇몇 복잡하고 정교한 판본들 속에서 발견되는 것과 같은 "부재지주" 형태의 자연신론을 거부하였다.[28] 이것이 중요한 것은 오늘날의 서구 세계 속에서 상당수의 사람들이 "신" 또는 "하나님"이라는 말을 자연신론에서 말하는 부재지주 형태의 신을 가리키는 것으로만 이해함으로 말미암아, 고대의 신학에 관한 논의들이 흔히 시대착오적인 의미 부여들에 의해서 미혹되고 있기 때문이다. 요세푸스가 이스라엘의 신은 종종 있는 "초자연적인" 사건들에서와 마찬가지로 최근 역사의

---

26) Lane Fox 1986, chs. 3-5.

27) 예를 들면, *War* 6:288-300.

28) 이 신념(에피쿠로스 학파의 신념)은 흔히 추상적인 의미를 지니는 "신성"(to theion)이라는 표현을 자주 사용하는 것이 특징이다. 몇몇 이교도들은 유대인들의 유일신 사상을 보고, 바로 이것이 에피쿠로스 학파가 말한 것이라고 생각하였을 수도 있다(예를 들어, Hecataeus *Frag.* 13); 몇몇 유대인들은 그들과 의견을 함께 하기를 원했다(예를 들면, *Ep. Arist.* 16).

"인간" 및 "자연"과 관련된 사건들 속에서도 역사하셨다는 것 — 로마의 등장,
성전의 파괴, 베스파시아누스의 등극 등과 같은 사건들 속에서 — 을 믿었고,
그의 독자들로 하여금 그렇게 믿도록 의도하였다는 것은 아주 분명하다. 그러
므로 최근 역사의 여러 사실들은 악에 대한 신의 처벌 또는 현재로서는 그 끝
을 알 수 없는 장기적인 신의 목적들에 대한 겉보기에 이상한 실현이라는 관
점에서 설명되었다.

주후 1세기의 유대인들은 그들의 신이 본질적으로 세상으로부터 떨어져서
저 멀리 초연하게 계시다거나 신이 최근에 그렇게 되어 버렸다는 것을 믿지
않았다는 것을 강조해 두는 것이 중요하다. 오랫동안 널리 통용되어 왔고 여
전히 여기저기에서 출현하는 이러한 사상은 과녁을 완전히 빗나간 것이다.[29]
천사를 비롯한 여러 중보자들의 존재에 대한 신앙은 이교 세계 속에서 일부
사람들에 의해서 주장된 것과 같은 초보적인 자연신론이 아니라 일부 유대인
저자들이 그들의 신께서 그의 피조세계로부터 초연해 계시는 것이 아니라 피
조세계에 개입하고 계시다는 것을 말하려는 시도였다고 할 수 있다.[30] 주후 1
세기 유대인들이 멀리 계신 신에 관한 사상을 지니고 있었다는 생각은 주후 1
세기 유대교의 여러 증거들을 분명하게 읽어서 나온 결론이 아니라 예수의 선
포(그가 "가까이 계시는 하나님"을 선포하였다는 것)의 의미에 관한 계몽주의
이후의 신화에 기인한다.[31]

그러나 창조와 섭리만을 말하는 것으로 과연 충분한가? 분명히 그렇지 않
다. 요세푸스는 일어나는 모든 일은 신의 뜻에 따라 일어난다고 설명하고자
하였다; 그때나 지금이나 많은 유대인들은 요세푸스의 이런 말을 적어도 반쯤
은 이교 사상에 동화된 무조건 항복으로 여겼다. 신께서 좋은 일이든 나쁜 일
이든 일어나는 모든 것들에 개입하신다는 "강력한" 성경의 말씀들이 존재하긴
하지만(예를 들어, 이사야서 45:7; 아모스 3:6), 이것은 유지하기 어려운 교

29) 예를 들면, Charlesworth 1983, xxxi. 이러한 논증을 반대하는 견해로는 Urbach
1987 [1975, 1979], 133f.

30) 아래의 서술과 Chester 1991, 47-65에 나오는 유용한 논의를 보라. 이러한 경향
은 종종 단순히 풍부한 상상력의 산물이었을 것이다. 이교도의 관점에서 서로 다른 신
학적 가능성들에 대해 논의하고 있는 Epict. *Disc.* 1:12:1-3을 보라.

31) 예를 들면, Bultmann 1958[1934], ch. 4, esp. 150ff.

리였다. 따라서 우리는 이스라엘의 신은 악한 자들의 행위들조차도 자신의 목적 내에서 사용하시고 지휘하신다는(예를 들어, 이사야 10:5-15) 것 등과 같은 사상을 담은 "좀 더 부드러운" 판본들을 발견하게 된다. 섭리라는 말 자체만으로는 한 분 신, 창조주, 악의 근본적인 성격에 대한 인식을 함께 묶을 수 있는 방법을 설명하기에 불충분하다. 요세푸스가 상당히 무시했던, 이러한 과제를 시도한 유대인들의 유일신 사상의 이 측면은 유대인들의 기본적인 신념 속에서 결정적으로 중요했던 세 번째 요소이다: 선택과 계약.[32]

(iii) 계약의 유일신 사상

주류 유대교 사상 내에서는 오랫동안 창조 및 섭리의 유일신 사상 속에서의 악의 문제와 관련하여 그 기원에 대한 폭넓은 논쟁이 존재하지 않았다. 단지 악의 문제와 관련된 두 개의 고전적인 본문들인 창세기 3장(악은 인간의 그릇된 선택을 통해서 찾아왔다)과 창세기 6장(악은 타락한 천사들의 악한 영향력을 통해서 왔다)에서 차용해 온 개별적인 언급들만이 존재할 뿐이다.[33] 그러나 대체로 이 문제는 현재 및 미래에 그 초점이 맞춰져 있다: 세상에 악이 존재하고 있는 것이 사실인데, 창조주는 이 악을 어떻게 할 것인가? 창세기의 편집자로부터 후대의 랍비들에 이르기까지 광범위한 유대인 저자들의 대답은 분명하다: 신은 이스라엘을 그의 백성으로 부르셨다. 창세기에 대한 미드라쉬에서 이스라엘의 신은 "나는 아담을 먼저 만들 것이다. 그리고 그가 잘못되면, 그 모든 것을 걸러내기 위하여 아브라함을 보낼 것이다"라고 말씀한다.[34] 창조주는 피조세계로부터 악을 제거하고 질서와 정의와 평화를 회복

---

32) Sanders는 요세푸스의 주장을 충실하게 따름으로써 유일신 사상과 선택 사상의 연관성을 소홀히했다고 나는 생각한다: 1992, ch 13과 esp. 1991, ch. 5.

33) 창세기 3장의 전승을 강조하는 Sir. 25:24; 4 Ezra 7:46-56; 2 *Bar.* 17:3; 9:8; 3:4 등을 보라(그러나 2 *Bar.* 54:15, 19는 "우리 중 각자가 우리 자신의 아담이 되었다"고 주장한다). *1 En.* 6-19; 64; *Jub* 4:15, 22; 5:1-7; CD 2:17-21 등도 창세기 6장의 전승을 따르고 있다. 후자에 대한 유용한 논의들로는 Alexander 1972; Bauckham 1983, 50ff.를 보라.

34) Genesis Rabbah 14:6. 이에 대한 자세한 논의는 Wright 1991a, 21-6과 아래의 서술을 보라.

하기 위하여 피조세계 내에서 결정적으로 창조주를 위하여 일하게 될 한 백성을 부르셨다. 그러므로 이후의 지속적인 행동계획에서 핵심적인 것은 이스라엘을 부르신 것이다. 창조주가 그의 세계를 회복하고 치유하기 위하여 일하실 때에, 그는 이 백성을 통하여 그렇게 하실 것이다.

우리는 적당한 때에 이러한 계약 신학을 좀 더 자세하게 살펴보게 될 것이다. 그러나 유일신 사상에 대한 현재의 논의 속에서 우리는 "유일신 사상"의 수식어들인 "창조"와 "섭리"라는 말에 "계약"이라는 말을 덧붙이는 것의 효과를 즉시 알아차려야 한다. 이렇게 계약이라는 말을 덧붙임으로써 창조주 신과 악한 세상의 공존이라는 커다란 신학적 문제는 다른 차원으로 옮겨 간다. 이제 이 문제는 마치 세상이 단순히 정착된 상태로 존재하는 것처럼 취급하는 그러한 정적인 문제가 되지 않는다: 이 문제는 이제 역동적이고 관계적이 된다. 악의 문제에 대한 어떤 대답이 존재한다면, 그 대답은 역사 내에서의 신의 활동, 더 구체적으로 말해서 악에 의해서 영향을 받고 있는 세상의 역사 내에서의 신의 활동을 포함할 것이다. 아브라함의 백성은 원죄와 그 결과들을 말소시키는 수단이 되어야 한다. 이러한 신념은 우리가 살펴보는 시기의 유대 문헌들 전체에 나타나는 기본적인 전제이다. 그리고 그러한 전제가 궁극적으로 배제하는 한 가지는 근본적인 이원론에 관한 주장이다. 악은 존재한다: 악은 실재하고 힘이 있으며 위험스럽다: 그러나 악은 최종적인 것이 아니다. 창조주는 사실 그의 피조세계와 그의 백성을 깨끗케 하고 정화시키는 데 악을 사용한다.[35] 창조의 유일신 사상이 종말론을 수반한다면(창조주는 그가 만든 것을 회복하여야 한다), 계약의 유일신 사상은 이러한 종말론이 수반하는 의미를 강화하는 역할을 한다: 창조주는 그의 세상에 질서와 평화를 부여하는 데 계속해서 힘을 쏟고 있는데, 계약의 신으로서 그는 이스라엘을 통하여 그렇게 한다. 그러나 우리가 이 점을 더 구체적으로 살펴보기 전에, 우리는 "이원론"이라는 개념을 좀 더 면밀하게 살펴보고 이러한 삼중의 의미를 지니는 유대교의 유일신 사상이 배제하는 것이 무엇인지를 알아보아야 한다.

(iv) 이원론의 여러 유형들

---

35) 예를 들면, 사 10:5-9; 45:7; 암 4:13; 5:8f.; 9:5f.

유대교의 일부 형태들은 "이원론"이라는 특성을 지니고 있거나 이원론에 빠질 위험성을 안고 있다고 흔히 말한다.[36] "묵시사상"이 이런 식으로 도마에 오르는 경우가 자주 있다: 묵시사상은 세상을 위한 유일한 소망은 다가오는 우주적 파국뿐이라고 생각하는 염세주의적 성격을 지니고, 이스라엘의 신은 멀리 계시기 때문에 그 공백을 중보자인 천사들의 존재로 메우려 하며, 세상을 쿰란 공동체에서 말하듯이 "어둠의 아들들에 대한 빛의 아들들의 전쟁" (1QM)이라는 식으로 둘로 구분한다는 것이다. 나아가 이 모든 것은 이란의 옛 조로아스터교의 이원론에서 유래했음을 보여 준다고 사람들은 말해 왔고, 오늘날에도 일부 진영에서는 여전히 그렇게 말한다.[37]

이러한 주장의 문제점은 "이원론"이라는 단어를 구분하지 않고 몇 가지 판이하게 서로 다른 의미로 사용하고 있다는 것이다.[38] 게다가 "이원론"이라는 말 자체가 몇몇 진영들에서는 흔히 몹시 부정적인 의미로 편향되어 있다: 그러나 "이원론적"이라고 단언되는 것들 중에 몇 가지는 성경의 대부분의 신학의 통상적인 특징들을 이루고 있기 때문에, 우리는 대다수의 유대인들이 정상적인 것으로 받아 들였던 이원론과 일부 사람들이 예외적으로 장난삼아 말했던 이원론을 철저하게 구별하지 않으면 안 된다. 그러므로 나는 우선 "이원론"(dualism)이라는 말이 아니라 "이원성"(duality)이라는 말을 사용해서, 이원론은 몇몇 특정한 이원성에만 적용되는 용어로 사용할 것을 제안한다. 이원성의 유형은 다음과 같이 적어도 열 가지가 있다.

1. 신학적/존재론적 이원성. 한분 신 이외의 천상의 존재들을 전제하는 것인

---

36) 예를 들면, 최근에 Hayman 1991 ; Sanders 1992, 249f.

37) 거의 무작위적으로 뽑은 한 예이다: Conzelmann 1969, 24 ; cf. Sanders 1992, 249. 이와 관련하여 종종 인용되는 것은 에스라4서 7:50이다: "지극히 높으신 이가 하나가 아니라 두 개의 세상을 만들었다." 아래의 서술 중 범주(9)를 보라.

38) 우리가 살펴보고 있는 문헌과 관련하여 내가 알고 있는 가장 충실하면서도 간략한 서술은 내가 그의 논문을 입수하기 전에 독자적으로 밝혀낸 아래의 유형들과 매우 흡사한 10개의 유형을 구별하고 있는 Charlesworth 1969, 389 n. 1의 설명이다. Sanders (1992, 523 n.21)는 앞으로 출간될 *Anchor Bible Dictionary*에 실릴 "Sin/Sinners(NT)" 항목에서 유일신 사상과 이원론의 관계를 다루었다고 말하고 있다. 그의 현재의 저서에서 그는 "이원론"을 동일한 단락 내에서 여러 가지 의미로 혼용하고 있다.

데, 비록 이러한 존재들이 신의 명령으로, 또한 신의 뜻을 행하기 위하여 존재한다고 할지라도 마찬가지다. 이러한 신념을 최근의 일부학자들은 "이원론"이라 부른다.[39]

2. 신학적/우주론적 이원성. 범신론이 일원론의 고전적 형태라면, 창조주 신과 피조세계를 구분하는 것 자체가 흔히 일종의 "이원론"으로 취급된다.[40]

3. 도덕적 이원성. 예를 들어, 인간 행동의 영역에서 선과 악을 명확하게 구분하는 입장. 대부분의 종교들은 어느 정도 그러한 구별을 하고 있지만, 범신론의 몇몇 형태들은 그러한 구별을 "이원론"으로 규정하고, 다른 환영받지 못한다고 생각되는 이원론들과 결부시킴으로써, 그러한 구별을 제거하고자 시도하여 왔다.

4. 종말론적 이원성. 현세와 내세의 구별, 통상적으로 현세를 악한 것으로, 내세를 선한 것으로 보는 입장.[41]

5. 신학적/도덕적 이원성. 조로아스터교와 영지주의의 몇몇 형태들 속에서 고전적으로 표현되고 있는 이 견해는 존재하는 모든 것의 두 가지 궁극적인 원천들이 존재한다고 본다: 선한 신과 악한 신. "강성" 판본들에서는 이 둘이 서로 얽혀서 영원히 투쟁하는 것으로 본다; "온건한" 판본들에서는 선한 신이 결국 이기게 될 것이라고 본다.[42]

6. 우주론적 이원성. 플라톤의 고전적인 입장: 물질들로 이루어진 세계는 계몽된 사고에 의해서만 인식되는 형상들(Forms)의 "실재하는" 세계의 부차적인 모사(模寫)이거나 그림자다. 서로 다른 많은 판본들 속에서 이러한 견해는 헬라-로마(그리고 오늘날의 서구) 세계의 주류 신념으로 스며들었다: 물리적인 세계 속에서 관찰될 수 있는 것은 정신이나 영에 의해서 체험될 수 있는 것과 비교할 때에 부차적이고 초라한 것이다. (일부 오늘날의 판본들 속에서

39) 다시 한 번 Hayman 1991을 보라.

40) 예를 들면, 필로를 언급하고 있는 Schürer 3:881.

41) von Rad 1965, 301ff.를 보라. 이러한 특징은 에녹1서 9f.(Charlesworth 1983에 나오는)에 대한 E. Isaac의 서문 등에서 "이원론"으로 언급된다.

42) cf. Perrin 1983 [1974], 128; Charlesworth 1985, 48 (*Jubilees*에 대한). 쿰란 두루마리들은 이러한 유의 "이원론"을 예증해 준다는 말을 종종 한다; 예를 들어, Schürer 2:589; Urbach 1987, 162f. 이에 대한 적절한 논의는 Charlesworth 1969를 보라.

는 이 순서가 역전되어서, 물질적인 것이 우선시되고 정신적인 것은 부차적인 것으로 취급된다.)[43]

7. 인간론적 이원성. 우주적 이원론을 인간중심적으로 개편한 판본. 인간은 두 부분으로 이루어진 피조물로서, 육신과 영혼의 결합으로 되어 있는데, 육신과 영혼은 위계질서를 이루고 있다: 수많은 종교들과 철학들에서는 육신보다 영혼을 우선시하고, 수많은 정치적 주장들 속에서는 영혼보다 육신을 우선시한다.[44]

8. 인식론적 이원성. 인간의 관찰 또는 이성을 통해서 알 수 있는 것과 오직 신의 계시를 통해서만 알 수 있는 것을 명확하게 구별하려는 시도.

9. 분파적 이원성. 어느 사회적-문화적-종교적 집단에 속하는 자들을 다른 사회적-문화적-종교적 집단에 속하는 자들과 분명하게 구분하고자 하는 입장.[45]

10. 심리학적 이원성. 인간은 선한 것과 악한 것, 이렇게 두 가지 성향을 지니고 있다: 이 두 가지 성향은 서로 얽혀서 싸우지만, 인간은 선한 것을 선택하고 악한 것을 거부하여야 한다.[46]

주후 1세기의 유대교는 이러한 당혹스럽고 흔히 착각하기 쉬운 이원성의 여러 유형들과 관련하여 어느 지점에 서 있었는가? 이 시기의 대부분의 유대인들에 의해서 포용되고 있었던 적어도 네 가지 유형이 있었고, 통상적으로 거부되었던 유형이 적어도 세 가지이며, 그 밖의 세 가지 유형에 대해서는 논란의 가능성이 있다.

우리는 이미 유대교가 범신론을 거부하고 창조주 신과 피조세계를 구분하는 입장을 취하였다는 것을 분명히 한 바 있다(제2유형). 이 점은 하늘과 땅

---

43) 여기에서 "이원론"의 (표준적인) 사용에 대해서는 Urbach 1987, 26, 75를 참조하라. 그리고 에녹1서 42장에 대해서는 Nickelsburg 1984, 216과 비교해 보라.

44) 이것들 중 첫 번째 것은 인간론과 관련된 고전적인 영지주의적 설명이다.

45) 예를 들면, C. Burchard in Charlesworth 1985, 190f.

46) Charlesworth 1969, 389. 이것은 특히 1QS(ibid., 395f.에서 논의되었지만 거부된)에 나오는 "두 영" 교리에 적용될 수 있을 것이다; 분명히 그것은 랍비들의 "두 성향" 교리에 적용된다(cf. Schechter 1961 [1909] chs. 15, 16; Urbach 1987 [1975, 1979], 471-83).

에 관한 성경에 나오는 통상적인 표현에서 그대로 드러난다: 하늘은 한 분 신과 그의 시종들이 거처하도록 창조주에 의해서 만들어졌고, 땅은 인간이 사는 곳으로 만들어졌다. 그러나 이것은 아래에서 살펴보게 될 우주론적 이원성(제6유형)과 동일시되어서는 안 된다. 또한 유대교에서는 인간의 행위와 관련하여 선과 악의 구별이 유지되었다는 것도 분명하다: 신의 섭리를 강력히 주장하였던 요세푸스조차도 일부 인간들이 악하게 행동한다고 분명하게 생각한다 (제3유형).[47] 이 시기에 나온 대다수는 아닐지라도 많은 수의 유대교적 저작들은 천사들 및 그 밖의 "초자연적인" 존재들에 대한 신앙을 보여 준다(제1유형). 실제로 오직 귀족층만 제외하고 제2성전 시대의 사실상 거의 모든 유대인들은 자기들이 슬픔과 포로생활의 때인 "현세"에 살고 있고, 이 현세가 지나면 잘못된 것들이 모두 바르게 고쳐지고 이스라엘의 신이 그의 나라를 세우시게 될 "다가올 시대"가 올 것이라고 믿었다(제4유형). 이러한 것들을 "이원론"이라 부르는 것이 옳다면, 대부분의 주후 1세기의 유대인들(그리고 대부분의 초기 그리스도인들)은 이원론자들이었다고 할 수 있다.

하지만 나는 그러한 결론은 잘못된 것이라고 생각한다. "이원론"이라는 말은 오늘날의 논의 속에서 주후 1세기의 대다수의 유대인들에 의해서 강력하게 거부되었던 그 밖의 다른 유형들 중 세 가지로부터 그 주된 의미를 획득하였다. 제5유형과 관련해서 우리는 오랫동안 주후 1세기 유대교의 문헌을 샅샅이 뒤졌지만, 그 능력에서 창조주 신과 대등한 악한 세력이 존재한다고 믿는 신앙을 발견하지 못했다. 만약 우리가 그러한 증거를 발견한다면, 당시의 유대인들의 대다수가 그러한 사상을 합법적인 사고의 범위 밖에 있는 것으로 취급하였을 것이라고 생각하는 것은 옳다.[48] 따라서 제5유형은 통상적으로 거부된다. 마찬가지로 필로는 제6유형과 제7유형과 관련하여 이 법칙을 입증하는 예외를 제시한다: 일반적으로 유대인들은 세계를 엄격하게 물리적인 세계와 본체적/영적 세계로 구분하지 않았고, 필로 자신조차도 여러 대목에서 성경의 어떤 구절 또는 유대교의 어떤 제의의 "진정한 의미"가 영적인 영역에서 발견

---

47) 예를 들면, 1QS에 나오는 "두 길" 도식.

48) *Mart. Isa.* 2:4; 4:2을 이러한 한계를 뛰어 넘는 것으로 보이는 구절들의 예로 들고 있는 Rowland 1982, 92에 나오는 논의를 보라.

될 수 있다고 할지라도, 그 물질적인 의미와 실천은 결코 경시되거나 무시되
어서는 안 된다는 것을 보여 주고 있다.[49] 이런 식으로 필로는 제6유형과 제7
유형의 온건한 판본을 제시한다: 대부분의 유대인들은 좀 더 통합적인 우주론
과 인간론을 선호하고, 이 두 가지 모두를 거부하였을 것이다. 대부분의 유대
인들은 하늘과 땅은 서로 구별되어 있지만, 둘 다 신의 영광을 계시한다는 입
장을 취했을 것이다: 인간은 비록 철저히 시간과 공간으로 이루어진 우주 속
에 자리를 잡고 있기는 하지만, 천상의 세계, 즉 신적인 것의 현존과 영향력에
열려 있다고 생각했을 것이다. 예배와 기도는 허공을 치는 시도들이 아니라
영원히 존재하는 신적인 차원에 대하여 인간의 삶을 의식적으로 여는 것들이
다.[50]

이제 남은 세 가지 유형은 더 어렵다. 인식론적 이원성(제8유형)과 관련하
여 이 시기의 많은 유대인들은 인간의 관찰 또는 이성에 의해서 알 수 있는
것과 신의 계시에 의해서만 알 수 있는 것을 매우 분명하게 구별하였다. 이러
한 구별은 저 멀리 창세기 41:14-28에 나오는 요셉 이야기에까지 소급될 정
도로 긴 역사를 갖고 있다. 한 묵시문학적 저작에서는 다른 식으로는 알 수
없는 비밀들을 자기가 밝히고 있다고 주장한다: 페쉐르 주석, 즉 성경 예언의
"진정한" 감춰진 의미; 시내 산에서 모세에게 이스라엘의 신께서 구두로 수여
하신 할라카에 관한 논의; 성경 본문의 비밀한 감춰진 의미를 찾고자 하는 필
로 식의 알레고리. 요세푸스조차도 미래를 예고할 수 있는 능력, 요세푸스 자
신이 다른 사람들과 마찬가지로 갖고 있다고 주장했던 이 능력에 상당한 가치
를 부여하는 듯이 보인다. 그렇지만 요세푸스 자신을 비롯해서 많은 유대인들
은 이스라엘의 신이 통상적인 관찰의 세계 속에서 무엇을 하시는지를 살펴보
고, 인간의 이성의 도움을 받아서 진리와 거룩함을 인식할 수 있는 논리적인
법칙들을 고안해 내려는 시도를 한다. 그러므로 우리는 제8유형에 대한 폭넓
은 범위의 견해가 존재하였다고 가정해도 그리 틀리지는 않을 것이다. 마찬가

---

49) 예를 들면, 이러한 맥락 속에서 Borgen 1984, 260f.에 의해서 다루어진 *de Migr.*
89-93.

50) 현실의 신과 관련된 차원의 직접적인 현존에 대한 이러한 신앙을 보여 주는 좋은
예는 열왕기하 6:17이다.

지로 분파적 이원성(제9유형)은 분명히 당시의 일부 유대인들에 의해서, 특히 에세네파와 바리새파에 의해서 받아들여졌고, 이교도들인 이웃들에 대하여 한층 느슨한 태도를 보였던 유대인들에 의해서는 거부되었다.[51] 끝으로 심리학적 이원성(제10유형)은 두 가지 "성향들"에 관한 가르침과 더불어 랍비들에 의해서 받아들여졌다. 그러나 이것을 입증해 줄 만한 이른 시기의 증거들은 거의 없다.

이원성의 여러 유형들 간의 이러한 구별들과 내가 이제까지 제시했던 분석은 단순히 흥미 때문에 또는 지적인 만족을 위해서 행한 것이 아니다. 이러한 구별과 분석은 주후 1세기 유대인들 앞에 놓여 있었던 신학적 대안들을 이해하고 그들이 직면했던 사회 정치적 현실과 그러한 신학적 대안들의 밀접한 상호관계를 이해하는 데 아주 중요하다.[52] 그러므로 이러한 이원성의 여러 유형들을 세 가지 항목으로 나누어서 제시해 본다면 도움이 될 수 있을 것이다. 왼쪽에 있는 것들은 모든 주류 유대교에 어느 정도 통상적으로 존재했던 것들이고, 오른쪽에 있는 것들은 분명하게 주변적인 것들이며, 가운데 있는 것들은 모두에 의해서는 아니지만 일부에 의해서 받아들여졌던 것들이다. 여기서 오른쪽에 있는 것들만이 본래의 의미에서 "이원론"이라는 명칭으로 불릴 자격이 있다고 나는 생각한다: 오직 그것들만이 현실 전체에서 근본적인 이원론적 분열을 전제한다.

통상적으로 받아들여진 것들	가능한 것들	주변적인 것들
1. 신학적/존재론적 이원성		5. 신학적/도덕적 이원성
2. 신학적/우주론적 이원성		6. 우주론적 이원성
3. 도덕적 이원성		7. 인간학적 이원성
4. 종말론적 이원성		
	8. 인식론적 이원성	
	9. 분파적 이원성	
	10. 심리학적 이원성	

51) 위의 서술을 보라.

52) Segal 1986, 178을 보라: "유일신 사상과 관련된 문제는 공동체의 구성이라는 문제와 긴밀하게 결합되어 있었다."

(v) 유일신 사상과 그 변형들

우리는 이미 유일신 사상의 처음 두 유형(창조의 유일신 사상과 섭리의 유일신 사상)만을 강조하게 되면 이교 사상과의 타협으로 볼 수 있는 것으로 변질될 수 있고, 요세푸스의 경우에는 실제로 그렇게 되었다는 것을 이미 본 바 있다. 마찬가지로 세 번째 유형(계약의 유일신 사상)을 강조하게 되면, (a) 창조주와 세계(제2유형), (b) 선과 악(제3유형), (c) 현세와 내세(제4유형)라는, 유대교의 통상적인 구별을 뛰어넘는 이원론들로 변질될 수 있고, 쿰란 공동체의 경우에는 사실 그렇게 되었다. 또한 분파적 이원성(제9유형)을 만연시킨 사회정치적 압박은, 주후 1세기의 유대교에 그러한 압박이 없었다면 생겨나지 않았을 몇몇 이원론들과 기존에 존재해 있던 이원성들에 대한 강조를 위한 조건들을 만들어 내었던 것으로 보인다. 이렇게 유대교의 분파들 속에서 우리는 이미 열거한 여러 가지 유형의 이원성에 속하는 다음과 같은 조류들을 발견하게 된다:

1. 한 분 신 이외의 다른 천상의 존재들에 관한 사변이 주목할 정도로 증가되었다.[53]

2. 주류 유대교 내에서는 자아 및 땅의 먼지에 자아가 붙어 있는 것에 대한 혐오감 때문에 창조주와 세계의 구별이 더욱 강화되었다.[54]

3. 이것으로부터 선과 악의 통상적인 구별이 더욱 강조되고 첨예화되는 결과가 생겨났다: 삶의 여러 분야들이 더 세분화되고 정의되었기 때문에, "회색지대들"과 모호한 부분들이 점차 축소되었다. 이것은 쿰란 공동체의 두루마리들과 바리새파 내의 구전 토라 발전의 특징을 이룬다:

4. 또한 종말론적 이원성이 강조되었다. 미래에 대한 유일한 소망은 현 체제의 권력을 부수고 이 분파를 이스라엘의 약속들의 참된 상속자들로 세울 근본적으로 새로운 신의 역사였다. 이것이 제6유형(우주론적 이원성)과 결합될 수 있었기 때문에, 이것은 천상의 낙원에 대한 소망이 될 수 있었다는 것은 분명하다. 쿰란 공동체에서조차도 이 소망은 육신을 떠난 지복(至福) 상태에 대한 것이 아니라 유대 사회 및 세계 전체의 갱신에 대한 것이었다는 것은 이러한

---

53) cf. Chester 1991, 47-65.
54) 예를 들면, 1QS 11:9f., 21f. 및 시 119:25 같은 선례들.

노선을 따르는 자가 얼마나 적었는가를 잘 보여 준다.[55]

5. 빛의 힘과 어둠의 힘을 날카롭게 구분하는 경향이 있었다. 이것의 논리적인 귀결로 이후의 역사 속에서 여러 형태의 유대교적 영지주의가 등장한다.[56]

6. 이 이원성은 주류 유대교의 선과 악이라는 이원성이 주류 헬라 사상의 물질과 비물질이라는 이원론과 결합되면서 통상적인 헬레니즘적인 물질/영혼이라는 이원론이 탄생할 배경을 만들어 준다: 이것은 극단적인 금욕주의 속에서 그 예를 찾아볼 수 있다.[57]

7, 10. 이 이원성 안에서, 필로의 경우에서처럼, 이에 상응하는 몸과 영이라는 인간론적 이원론을 포용하는 것이 좀 더 쉬워진다. 『공동체 규칙』속에 나오는 "두 영"이라는 이원성과 랍비들이 말한 "두 성향"(제10유형)은 이것의 "온건한" 판본들이다.[58]

8. 분파적 삶의 중요한 부분은 꿈, 환상, 예언, 성경에 대한 새로운 해석들(법적인 것이든 예언적인 것이든)을 통한 특별한 계시에 대한 신앙이다. 분파는 모집단(母集團)에서 알 수 없는 지식의 원천들에 대한 호소를 통해서 자신의 입장을 지탱하고 합법화할 필요가 있다. 이미 주후 1세기에 유대교 경건의 몇몇 후대의 형태들의 중요한 구성요소가 되었던 신비주의도 여기에 속한다.[59]

(9. 분파적 이원성은 혼동을 피하기 위해 여기에서 다시 언급된 이 일련의 사고를 위한 전제다.)

나는 많은 유대인들이 스스로든 아니면 다른 사람에 의해서든 유일신 사상

---

55) Sanders 1992, 368: 본서의 제7장과 제10장을 보라.

56) 몇몇 초기 랍비 사상에서 영지주의적 경향성들의 문제점들에 대해서는 Segal 1977: Rowland 1982, ch. 12.: Pearson 1980: 1984를 보라.

57) 에세네파와 치료술사들의 금욕주의에 대해서는 Schürer 2:593f.를 보라.

58) cf. 1QS 3:18-4:26. 얼핏 보면, 이 대목은 택함 받은 자들은 진리의 영을 지니고 있는 자들이고, 악한 자들은 거짓의 영을 지니고 있는 자들이라고 말하고 있는 것처럼 보인다: 그러나 4:15 이하를 보면, 각 사람이 이 두 가지를 다 가지고 있고, 전자나 후자를 따를 것을 선택하여야 한다는 것이 분명해진다. 두 성향에 대해서는 위의 각주 44를 보라.

59) Gruenwald 1980: Rowland 1982, Part Four를 보라.

에 대한 그들의 기본적인 헌신을 포기함이 없이 이러한 길들을 갈 수 있었다는 것을 분명하게 보여 주었다고 생각한다. 그들이 이스라엘의 오직 한 분뿐인 신을 섬기고 있는 한, 그러한 사변들은 유일신 사상에만 호소해서는 그 결점을 발견할 수 없다. 그러한 사변들이 비판을 받을 수 있는 지점은 본래의 의미에서 이원론들(제5, 6, 7유형)이 시작되는 지점으로서, 유일신 사상의 창조 또는 섭리적 성격에 의문을 던지는 지점이었다. 그런 까닭에 한편으로는 창조와 섭리 간의 긴장, 다른 한편으로는 창조와 계약 간의 긴장이 존재한다. 계약의 성격을 희생시키고 처음 두 가지 성격을 강조하게 되면, 결국 궁극적으로는 신과 세계(제2유형), 선과 악(제3유형), 현재와 미래(제4유형) 간의 이원성들을 포함한 열 가지 모두의 이원성들이 감소(減少)되는 결과를 가져온다: 그것은 결국 범신론, 이교 사상, 영지주의로 가는 길이다. 역으로 창조와 섭리를 희생시키고 계약을 강조하게 되면, 위에서 말한 모든 심각한 이원론들을 강화하는 방향으로 가게 된다.

내가 흔히 사람들이 혼동하는 쟁점들을 분명히 하기 위한 목적으로 현상론적으로 여기에서 제시하고 있는 이 도식이 모든 유대인들은 통상적으로 이러한 논리 정연한 범주들 또는 그러한 추상적인 방식으로 사고하였다는 것을 의미하는 것으로 받아들여서는 안 된다는 것을 여기에서 강조해 둘 필요가 있다. 서로 다른 입장들이 반드시 서로 양립할 수 없는 것은 아니다; 대부분의 사람들은 상호 모순되는 것으로 보일 수 있는 것들을 동시에 지니고도 아무렇지 않을 수 있다. 그럼에도 불구하고 이 모든 서로 차이 나는 여러 가지 견해들의 근저에 있었던 것은 이 시기의 유대교에 핵심적이었던, 악은 창조의 본질적인 부분이 아니고 기본적으로 선한 피조질서 내의 왜곡의 결과라는 신앙이었다. 이러한 왜곡의 결과로서 인간은 창조주의 영광, 즉 피조물에 대한 지혜로운 청지기로서의 영광을 잃어버렸다. 이스라엘의 사명은 세계가 잃어버린 것을 세계에 되돌려 주는 일에서 창조주 신의 대리인 역할을 하는 것이다.

결과론적으로 볼 때, 신학의 주된 과제는 사회정치적인 주된 과제와 같은 성질의 것이었다: 이교 세계 내에서 이스라엘의 정체성과 사명을 어떻게 유지하느냐 하는 문제는 신학적 관점에서 볼 때에 피조세계 내에서 악의 존재와 근본적인 성격을 부정함이 없이 창조, 섭리, 계약의 유일신 사상을 어떻게 사람이 고수할 수 있느냐 하는 문제가 되었다. 악이 취한 형태가 매우 구체적이었을 때 — 악이 군화들, 무거운 세금의 착취, 외세에 저항했다가 십자가에 못 박혀 죽은 젊은 혁명가들을 통해서 팔레스타인 전역을 휩쓸고 다녔을 때 — 선한 세계를 타락시킨 악한 천사들은 이교 민족들을 주관하는 천사들로 아주 쉽게 동일시되었고, 이교도 자신들도 어둠의 자식들로 쉽게 분류될 수 있었다. 반면에 로마의 편안한 저택에 앉아서 한가롭게 공부하고 글을 쓰는 사람에게 는 이 계약을 낮게 평가하고 계약을 민족지(民族誌)를 연구하는 학자가 수집 할 수 있는 일련의 여러 흥미로운 지방 관습들 중의 하나로 취급하기가 쉬웠 다. 이원론으로 가느냐, 동화되느냐, 이러한 두 극단 사이에서 대부분의 유대인 들은 그들의 매일 매일의 삶과 아울러 신학적인 삶을 살아갔다.

이 시기의 유대교의 유일신 사상의 성격과 다양성에 관하여 마지막으로 한 마디 해 두자. 나는 첫 번째 유형의 이원성(신학적/존재론적 이원성: 한 분 신 이외의 다른 초자연적인 존재들을 전제하는 태도)이 "순수한" 유일신 사상으 로부터 멀어져 가는 것과는 아무런 상관이 없다고 주장한 바 있다 — 또는 만 약에 그와 같은 것이 순수한 유일신 사상으로부터 멀어지는 것이라 한다면, 우리는 히브리 성경을 비롯한 그 어디에서도 "순수한" 유일신 사상을 보여 주 는 예를 거의 찾아볼 수 없다고 말하지 않을 수 없다. 한 분 신 이외의 다른 초자연적인 존재들에 관한 표현은 섭리(섭리의 특별한 경우인 계약과 아울러) 와 초월적인 신에 대한 신앙을 어떻게 통합할 것이냐 하는 신학적인 문제와 결부되어 있다. 이 신을 단순한 부재지주로 변질시켜버림으로써 섭리와 계약 을 한 배에 태우지 않는다면, 또는 신이 초월적이기를 멈추고 그 대신 범신론 또는 이교 사상 쪽으로 움직여 가지 않는다면, 이러한 여러 다른 신념의 축들 을 모두 제대로 다루면서 세상 속에서의 신의 행위에 관하여 말하는 방식들을 개발하지 않을 수 없게 되는데, 제2성전 시대의 유대인들은 실제로 그런 방식 들을 개발하였다. 이렇게 천사들, 셰키나, 이스라엘의 신의 "임재," 토라, 지혜, 로고스에 관한 표현들, 이 모든 것들은 단순한 판타지나 사변적인 형이상학으 로서가 아니라 필수적인 신학적 과제를 수행하고자 하는 다양한(그렇지만 항 상 동일하게 성공적이지는 않은) 시도들로 등장한 것이다. 어떤 차원에서 이 러한 과제는 순수하게 언어학적인 것이었다: 신의 "임재" 또는 "말씀"에 관하 여 말함으로써, 이 신이 이 행위 속에 또는 실제로 이 세계 속에 갇혀 있다는 인상을 주지 않으면서도 한 분 신이 그의 세상 속에서 활동하시는 것에 대하여 말할 수 있게 되었다.

이러한 맥락 속에서 우리의 목적을 위하여 한 가지 사실을 강조해 두지 않으면 안 된다. 우리가 살펴보고 있는 시기 동안에 — 마카베오 혁명에서 바르 코크바에 이르기까지 — 유대교 분파들 중에서 가장 열렬하게 유일신 사상을 옹호하였던 분파 내에서도 "유일신 사상" 또는 쉐마를 기도하는 것이 이스라엘 신의 내적 본질에 대한 수적(數的)인 분석과 어떤 관련이 있다는 것을 암시하는 내용이 하나도 없다. 그것은 모두 이교 사상과 이원론에 맞선 두 가지 기나긴 싸움과 관련이 있었다. 실제로 우리는 이 시기 동안에 유대교 분파들과 개개인들은 성경의 몇몇 어려운 구절들(예를 들어, 다니엘 7장 또는 창세기 1장)의 의미를 묵상하면서, 신이라는 존재는 복수성(plurality)을 포괄할 수 있다고 생각하였다는 것을 보여 주는 강력한 증거들을 발견한다.[60] 필로는 로고스를 제2의 신적인 존재로 생각했다;[61] 『에녹의 비유서』는 인자/메시야를 영원한 신적인 존재로 묘사한다;[62] 그러나 이들 중 그 누구도 그들이 유대교의 통상적인 유일신 사상을 깨뜨리고 있다고 스스로 인식하고 있음을 보여 주지 않는다. 또한 사실 그들은 유대교의 유일신 사상을 깨뜨리고 있는 것이 아니다. 이스라엘의 신 창조주는 한 분이시라는 것은 결코 이 신의 내적인 실존에 대한 분석이 아니라, 언제나 이교 사상 및 이원론에 대항한 변증적 성격을 지닌 교리였다. 주후 2세기 및 그 이후의 유대인들이 "유일신 사상"을 "신적인 존재가 수적으로 하나라는 것"으로 재해석한 것은 기독교가 등장하여 호교론이 필요했던 상황과 헬레니즘화된 철학의 영향 하에서였다. 과거로부터 내려온 교리의 내적 압박과 사회정치적 갈등에 의한 외적 압박으로 인하여, 주후 1세기에 유일신 사상의 주된 강조점들은 앞에서 우리가 서술한 것이 될 수밖에 없었다. 세계를 계속해서 주관하고 세계 내에서 활동하시는 분은 한 분 신 창조주이다. 그리고 그는 하늘에서와 마찬가지로 땅에서 그의 올바른 통치를 수립하기 위하여 자신을 위해 일할 도구로서 유일무이한 백성인 이스

---

60) Segal 1977. 또한 cf. Lapide, in Lapide and Moltmann 1981, 34ff.

61) *deuteros theos* (*de Som.* 1:229). Schürer 3:881-5: Borgen 1984, 273f.에 나오는 설명들을 보라.

62) *1 En.* 48:2f.; cf. 61:8; 69:29.

라엘을 그의 세계로부터 불러내셨다. 이 모든 것들은 우리로 하여금 계약 자체에 대한 고찰을 불가피하게 만든다.

3. 선택과 계약

(i) 들어가는 말

앞에서 본 것처럼, 한 분 신에 대한 이스라엘의 신앙은 이스라엘은 특별한 의미에서 이 신의 백성이라는 신념과 밀접한 연관 속에서 유지되었다. 또한 우리는 어떤 종류의 것이든 유일신 사상에 관한 교리를 천명하고자 하는 시도는 세상 내에서의 악에 대한 분석과 관련된 몇몇 함의(含意)들을 지닌다는 것을 살펴보았다. 이제 나는 계약 신학, 특히 제2성전 시대의 계약 신학이 다양한 형태의 악에 관한 문제에 대하여 대답 역할을 하였다는 것을 보이고자 한다. 나는 다음과 같은 세 가지 내용을 논증할 것이다.

(1) 큰 차원에서 볼 때, 유대교의 계약 신학은 창조주가 그의 피조물의 반란에 의해서 회복할 수 없을 정도로 방해를 받지 않았고, 그의 피조세계를 회복시키기 위하여 그를 위해 일할 백성을 부르셨다고 주장한다. 만약 그렇지 않았다면, 창조주는 악을 다룰 수 없는 연약한 신이 되어 버리고 말 것이었고, 유일신 사상은 신학적/도덕적 이원성(위의 제5유형)으로 변질되고 말 것이었다.

(2) 작은 차원에서 볼 때, 계약 신학 자체 내에서 여러 가지 문제를 일으키는("우리의 신이 최고의 주권자라면, 왜 우리가 고난을 당하는가?") 이스라엘 자신의 고난들은 동일한 계약과 관련된 교리로부터 대답된다: 우리는 계약에 불충실하기 때문에 고난을 받고 있는 것이지만, 우리의 신은 여전히 신실하셔서 우리를 회복시키실 것이다.

(3) 어느 정도 잠재적인 왜곡을 각오해야만 앞의 두 가지와 분리될 수 있는 개인적인 차원에서 볼 때, 유대인 개개인의 고난과 죄들은, 죄 사함과 회복의 지속적인 공급이라는 관점에서, 사람들이 기대하는 위대한 회복이 소규모로 반복되는 것이라고 할 수 있다. 여기에서 희생제사제도는 그 온전한 의미를 얻게 된다.

따라서 이 모든 것들은 유일신 사상과 나란히 공존하면서 유일신 사상에 좀 더 정확한 정의를 부여하는 유대교의 두 번째로 중요한 교리의 일부이다. 이 교리에 대한 전문적인 용어는 선택이다. 창조주 신은 그의 세계를 회복하는 길을 발견하였다: 그는 그를 위해 일할 백성을 선택하였다. 유일신 사상과 선택 사상은 그것들이 수반하는 종말론과 함께 유대교의 "기본적인 신념"의 근본적인 구조, 우리가 앞 장에서 연구했던 세계관의 신학적 측면을 형성한다. 그것들은 세계의 모든 체험을 인식하고 매개하고 통일성을 부여하는 격자망의 중요한 일부이다.

(ii) 계약

계약 사상은 이 시기의 유대교에 중심적인 것이었다. 이것은 많은 핵심적인 본문들 속에서 "계약"(berith)을 가리키는 통상적인 히브리어 단어가 비교적 드물게 나온다는 것을 근거로 종종 의문시되어 왔다. 그러나 샌더스가 아주 결정적으로 입증해 보였듯이 — 너무도 결정적이어서 그 밖의 다른 견해를 우리가 어떻게 지금까지 지닐 수 있었는지를 의아해 할 정도로 — 계약 사상은 이 시기에 일상적이고 보편적인 것이었다.[63] 물론 계약의 기초는 족장들에 대한 일련의 약속들(특히 창세기 12, 15, 17, 22장에 규정된)이었고, 그 약속들 중 최고의 것은 "축복"이었는데, 축복은 주로 땅과 그 번영에 관한 것이었다. 오경의 편집자들은 계약의 첫 번째 성취를 출애굽의 여러 사건들 속에서 보았고(출애굽기 2:24f.), 따라서 토라를 이스라엘의 신이 그 신실하심으로 인하여서 그의 백성을 위하여 백성들이 신에 대한 자신의 신실함을 표현할 생활방식

---

63) Sanders 1977, 420f.: "계약이라는 단어가 자주 등장하지 않는다는 것을 후기 유대교에서 계약 개념이 중시되지 않았다는 증거로 보는 경우가 자주 있었다. 단어 연구는 언제나 기만적인 것은 아니지만, 얼마든지 그럴 수 있는데, 이 경우가 바로 그런 경우다. 나는 랍비 문헌 속에서 계약이라는 용어가 상대적으로 드물게 등장하는 이유는 계약 개념의 근본적인 성격 때문이라고 감히 말하고자 한다"(강조는 원저자의 것). 그는 1990a, 330; 992, 263-7에서 이 점을 반복하여 말한다. 또한 계약이라는 용어가 자주 등장하지 않음에도 불구하고 계약이라는 주제는 쿰란 공동체의 전망(展望)에 핵심적인 것이었다는 주장에 대해서는 Segal 1986, 4; Vermes 1977, 169-88을 보라. 또한 Dunn 1991, 21-3에 나오는 간략한 요약을 참조하라. 초기 유대교의 계약 신학에 대한 연구에서 최근의 동향은 Miller 1985, 222f.를 보라; 또한 Longenecker 1991을 참조하라.

을 제시한 계약 문서로 이해하였다. 신명기는 이 주제에 관한 이후의 일련의 저술들의 맨 앞에 나온 계약 신학의 주된 저작이다(신명기 역사서, 예레미야 서 등). 이러한 저작들의 강조점은 신이 아브라함에게 하신 약속들, 계약에 신실함의 결과로서의 축복, 이스라엘의 신이 그의 백성에게 선물로서 준 땅, 열방들 중에서 영광스러운 자리를 차지하고 있는 이스라엘이었다. 예를 들면, 이런 식이었다:

> 주의 거룩한 처소 하늘에서 보시고 주의 백성 이스라엘에게 복을 주시며 우리 조상들에게 맹세하여 우리에게 주신 젖과 꿀이 흐르는 땅에 복을 내리소서 …
> 네가 오늘 여호와를 네 하나님으로 인정하고 또 그 도를 행하고 그의 규례와 명령과 법도를 지키며 그의 소리를 들으라 여호와께서도 네게 말씀하신 대로 오늘 너를 그의 보배로운 백성이 되게 하시고 그의 모든 명령을 지키라 확언하셨느니라 그런즉 여호와께서 너를 그 지으신 모든 민족 위에 뛰어나게 하사 찬송과 명예와 영광을 삼으시고 그가 말씀하신 대로 너를 네 하나님 여호와의 성민이 되게 하시리라.[64]

그런 후에 신명기는 두 개의 극적인 단원들로 막을 내린다: 계약을 체결하는 것(27~30장)과 모세의 고별사(31~34장). 이것들 중 첫 번째 단원은 계약에 수반되는 축복들과 저주들을 자세하게 열거한다 — 순종에 따르는 축복들과 불순종에 따르는 저주들. 중요한 것은 이 장들이 저주를 단순한 가능성이 아니라 확실성으로 상정하고 있다는 것이다. 이 본문 내에서 보면, 모세는 이스라엘이 야웨로부터 멀어질 것이라는 것을 알고 있고(28:15-68; 29:16-28; 31:16-21, 27, 29), 그러한 사건이 일어날 경우를 대비하여 이렇게 말한다: 궁극적인 저주는 포로로 잡혀가는 것이 될 것이지만(약속의 땅이 축복의 장소이기 때문에, 이것은 매우 논리적인 귀결이다), 포로생활이 끝난 후에는 계약의 갱신, 마음의 할례, 이 땅으로의 귀환, 토라에 대한 완전한 준수가 이루어질 것이다(30:1-10).[65] 그러한 성경 구절들이 주후 1세기에 어느 정도나 널

---

64) 신 26:15, 17-19.

리 읽혀졌는지에 대해서는 잘 알 수 없지만, 우리는 이러한 여러 사상들이 종종 정경적인 저작(예를 들어, 예레미야서)과 정경 이외의 저작(쿰란 두루마리들)을 통해서 널리 유포되어 있었다는 것은 자신 있게 말할 수 있다.[66]

그러므로 계약 사상은 제2성전 시대 유대교 내에서 여러 운동들과 사상 조류들에 근본적인 것이었다.[67] 마카베오 위기는 전적으로 계약과 관련되어 있었다.[67] 에세네 공동체들의 설립도 이스라엘의 신이 마침내 그의 계약을 갱신하셨다는(그러나 오직 그들에게만 은밀하게) 신앙 속에서 이루어졌다.[68] 희년서는 계약과 관련된 이스라엘의 특별한 지위를 송축하였다.[69] 후대의 지혜 문학은 이스라엘의 이웃 나라들로부터 여러 개념들과 관용표현들을 차용해서 성경의 지혜전승이 했던 것보다 더 강력하게 유대인들에 대한 계약을 강조하였다.[70] 묵시론적 계약들은 그들의 신이 그의 계약을 성취하시고 이스라엘을 신원할 날을 열렬히 기다리고 있었다.[71] 후대의 랍비들은 신과의 계약 속에서 이스라엘이 행해야 할 의무들을 한층 더 주의 깊게 살펴보았다.[72] 이스라엘에 대한 압제를 실제적인 문제이자 신학적인 문제로 볼 수 있게 했던 것도 계약이

---

65) 이와 비슷하게 포로로 잡혀갈 것이라는 저주와 회복의 약속에 대한 신명기적인 요약은 신명기 4:25-40에 나오는데, 이것은 이미 주후 1세기에 준수되었던 주요한 금식일들 중의 하나의 예전 속에서 봉독되었다: Millgram 1971, 279f.

66) 나는 Trinity Western University, British Columbia의 James M. Scott 교수 덕분에 그가 곧 펴내게 될 "Paul's Use of Deuteronomy"에 대한 논문을 볼 수 있었는데, 거기에서 그는 그러한 "이스라엘의 역사에 대한 신명기적 견해"와 주후 1세기에 그러한 견해가 어떻게 수용되었는지를 상당히 자세하게 다루고 있다.

67) Cf. 1 Macc. 1:15; 2:20, 49-68 (esp. 50f.); 4:8-11; 2 Macc. 1:2-6; 7:36; 8:14-18.

68) 예를 들면, CD 6:19; 위의 제7장을 보라.

69) 예를 들면, Jub. 14:19f.; 15:1-34, esp. 30-2, 34; 22:15-19, 23.

70) 예를 들면, 이스라엘의 역사 속에서 하나님의 지혜의 활동을 강조하고 있는 이 책 전체의 내용을 압축해서 보여 주는 Wisd. 18:22; Sir. 17:17; 4:8-23; 8:7. 그리고 이스라엘의 역사를 그 초창기부터 저자 당시의 시기까지 자세히 읊고 있는 위대한 송영인 44-50장.

71) 예를 들면, 4 Ezra 5:21-30 등 다수; *T. Mos.* 4:5 등.

72) Sanders 1977, 84-107.

었고, 이 문제에 대한 해법들이 취해야 할 형태를 결정한 것도 계약이었다. 또한 어떤 이들을 토라에 대한 "열심"으로 내몰고, 어떤 이들을 무력 행동으로, 어떤 이들을 수도원적인 경건으로 내몰았던 것도 계약이었다. 계약은 누가 진정으로 이스라엘에 속하였느냐는 문제를 제기했고, 또한 그 질문에 대답하였다. 계약 신학은 이 시기의 유대교가 숨쉬었던 대기(大氣)와 같은 것이었다.

이러한 계약과 관련된 여러 사상들은 이스라엘에게 창조주 신의 목적 내에 있는 백성인 그들이 정확히 누구인지에 대한 구체적인 예를 제공해 주었다. 계약 사상은 지금까지 내가 마땅히 그렇게 연구해야 한다고 생각한 방식으로 연구되어 오지 않았기 때문에, 우리는 지금부터 이 계약 사상을 더욱 자세하게 살펴보지 않으면 안 된다.

(iii) 이스라엘, 아담, 세계

이제 나는 계약과 관련된 이스라엘의 소명이 이스라엘로 하여금 자기 자신을 창조주가 지은 참된 인류로 생각하게 만들었다는 것을 입증하고자 한다. 아브라함과 그의 가족을 아담의 죄, 그러니까 세상의 악을 다룰 창조주의 수단으로 이해한다면, 이스라엘은 참된 아담적인 인류가 된다. 이러한 신념은 유대교의 다양한 서로 다른 양식들 또는 흐름들을 대표하는 문헌들을 샅샅이 조사해 봄으로써 구체적으로 입증될 수 있다. 우리가 여기서 주후 1세기의 관점으로부터 모든 것을 보고자 할 때에 각기 다른 여러 흐름들을 대표하는 문헌들을 모든 원래의 저자들, 편집자들이 이러한 시각에 동의할 것이라고 생각하지는 않는다는 점을 강조해 두고자 한다.

(a) 오경

아브라함은 창세기의 구조 속에서 모든 인류의 곤경에 대한 해답으로 등장한다. 아담으로부터 가인을 거쳐서 대홍수에 이어 바벨탑 사건에 이르기까지 일련의 재앙과 "저주"는 신이 아브라함을 부르시고 "네 안에서 땅의 모든 족속들이 축복을 받으리라"고 말씀하실 때에 역전되기 시작한다.[73] 창세기의 구

---

73) 창세기 12:3. 이 절에 대한 번역은 논란이 되고 있긴 하지만, 이 구절이 이런저런 방식으로 열방들과 관련이 있는 아브라함에 대한 축복에 관하여 말하고 있다는 것은 의

조와 관련된 이러한 설명은 창세기 1장에서 아담에게 내려진 명령들이 다른 배경 속에서 다시 등장하는 많은 대목들을 고찰해 보면 더욱 분명해진다. 예를 들면, 우리는 다음과 같은 일련의 구절들을 발견한다:

> 1:28 — 하나님이 그들에게 복을 주시며 하나님이 그들에게 이르시되 생육하고 번성하여 땅에 충만하라, 땅을 정복하라, 바다의 물고기와 하늘의 새와 땅에 움직이는 모든 생물을 다스리라 하시니라.

> 12:2f. — 내가 너로 큰 민족을 이루고 네게 복을 주어 네 이름을 창대하게 하리니 너는 복이 될지라 너를 축복하는 자에게는 내가 복을 내리고 …

> 17:2, 6, 8 — 내가 내 언약을 나와 너 사이에 두어 너를 크게 번성하게 하리라 하시니 … 내가 너로 심히 번성하게 하리니 … 내가 너와 네 후손에게 네가 거류하는 이 땅 곧 가나안 온 땅을 주어 …

> 22:16ff. — 네가 이같이 행하여 … 아끼지 아니하였은즉 내가 네게 큰 복을 주고 네 씨가 크게 번성하여 하늘의 별과 같고 바닷가의 모래와 같게 하리니 … 네 씨로 말미암아 천하 만민이 복을 받으리니 이는 네가 나의 말을 준행하였음이니라.[74]

이런 식으로 이 이야기의 중요한 전환점들에서[75] — 아브라함의 부르심, 그의 할례, 이삭을 제물로 드림, 아브라함으로부터 이삭에게로, 이삭에게서 야곱에게로, 그리고 애굽에서의 체류로의 이행 — 이 서사는 아브라함과 그의 후

심의 여지가 없다.

74) 이러한 것들은 얼마든지 열거할 수 있다: 예를 들어, 26:3f.; 26:24; 28:3; 35:11f.; 47:27; 48':3f.에 나오는 이삭과 야곱에 대한 약속들. 이에 대해서는 Wright 1991a, 21-6을 보라.

75) cf. 9:1, 7; 16:10.

손이 아담과 하와의 역할을 이어받을 것임을 조용히 역설한다. 흥미롭게도 이 역할의 형태에서 두 가지 차이점이 나타난다. 명령("번성하라")은 약속("내가 너를 번성하게 하리니")으로 바뀌었고,[76] 가나안 땅의 소유와 대적들에 대한 제압이 자연에 대한 아담의 통치를 대신하게 되었다.

이 주제는 계속해서 오경의 여러 대목들에서 들려온다 — 특히 오경을 주후 1세기에서 읽었다고 할 때. 아브라함의 자손들이 애굽으로 내려가고, 거기에서 약속의 성취가 시작된다(출애굽기 1:7) 그들이 금송아지를 만들었다는 이유로 하나님으로부터 징벌을 받게 되었을 때, 모세는 하나님에게 이와 같은 약속들을 상기시킨다(32:13). 땅에 대한 약속은 이러한 견지에서 광야를 유랑하던 백성에게 재천명된다(레위기 26:9); 그리고 백성이 약속의 땅에 들어갈 준비를 할 때, 모세는 그들에게 그들이 현재의 그들일 수 있었던 것은 하나님이 그의 말씀에 충실하였기 때문이라는 점을 상기시킨다(신명기 1:10f.). 그러므로 그들은 약속의 땅에서 살게 될 때에 하나님의 약속들을 기억하여야 한다(7:13f.; 8:1) 그들이 계약에서 정한 그들의 몫을 지킨다면, 하나님은 그들을 축복하실 것이다(28:63; 30:5, 16).[77] 단순히 이스라엘 자신의 역할이라는 것보다 한층 넓은 관점에서 보면, 우리는 또 하나의 주제에 대한 예비적인 진술을 발견하게 된다: 이스라엘은 제사장들의 나라, 창조주가 그의 피조세계를 다시 한 번 축복하실 때에 그 중보가 되어 줄 백성이 되어야 한다.

(b) 예언서들

이 주제는 오경을 관통할 뿐만 아니라 예언서에도 등장한다. 나중에 더 자세하게 살펴보게 되겠지만, 예언서는 이스라엘을 야웨가 세상 전체에 대하여 행하실 때에 그 도구가 되는 백성이어야 한다고 말한다. 이 말의 핵심은, 이스라엘 자신의 역할이라는 견지에서, 이스라엘은 창세기의 묘사 속에서 볼 때에 아담의 지위를 이스라엘이 담당하고 있다는 것이다 — 하나님의 아래임과 동시에 세상의 위.

76) 이것에 대한 예외는 35:11f.인데, 이 구절은 48:3f. 속에 반영되어 있다.
77) 또한 우리는 적어도 몇 가지 점에서 창세기 1:28에 나오는 아담에 대한 세계의 복속을 상기시키는 땅의 "복속"(예를 들어, 민수기 32:22)도 볼 수 있다.

이와 같은 내용은 다양한 주제 속에서 등장한다. 이사야와 미가는 시온을 열방들이 찾아올 곳으로 말하고, 이스라엘의 임무를 열방들의 빛이 되는 것이라고 말한다.[78] 예루살렘의 회복과 성전의 재건을 미리 내다본 선지자들은 이 사건 속에서 에덴 동산의 재창설을 본다; 에스겔은 강물들이 흘러나가서 세상의 나머지 부분에 물을 대 주고 치유하는 것이라고 말하고 있고,[79] 스바냐는 열방들이 야웨가 그의 백성을 회복하시는 장면을 경탄 속에서 바라보는 것으로 묘사하고 있으며,[80] 스가랴는 (에스겔서에 나오는 강들에 관한 개념을 모방해서) 예루살렘의 회복을 야웨가 온 세상의 왕이 되어서 열방들이 유대인들의 절기들을 지키기 위하여 예루살렘으로 오게 될 것의 신호탄으로 본다.[81] 이런 식으로 포로로 끌려간 백성들에게 모든 것이 회복될 미래의 날들을 기다리도록 촉구하였던 문헌들 속에서 이 땅의 미래의 영광은 낙원 이미지로부터 빌려온 용어들로 묘사된다: 회복 후의 이스라엘은 새로운 창조와 같을 것이기 때문에, 백성들은 다시 한 번 자기 땅에서 생육하고 번성하게 될 것이다.[82] 선지자들이 그린 그림은 모두 동일하였다: 이스라엘은 한 분 하나님의 참된 백성이 될 것이고, 이스라엘의 운명은 세상 전체의 운명의 열쇠가 될 것이다.

(c) 지혜문학

진정한 인류가 되라는 소명의 한 핵심적인 표현은 이른바 지혜문학 속에서 발견된다. 문학적, 신학적 기원에서 잠언과 그 이전으로까지 소급해 올라가는 이러한 지혜문학들은 이스라엘의 부르심과 운명을 세상의 창조 및 인간의 창조에 관한 전승들로부터 빌려 온 언어로 말한다.[83] 야웨의 "지혜"는 야웨가 세상을 창조하는 수단이었다. 이것은 야웨가 세상을 창조할 때에 그렇게 지혜롭

---

78) 사 2:2-5; 42:6; 49:6; 51:4; 미 4:1-5 등.

79) 겔 40~47장, esp. 47:7-12.

80) 습 3:20.

81) 슥 14:8-19. 이와 비슷한 이미지는 Sir. 24:23-34에서 지혜/토라/셰키나에 대해서 사용된다(24:8-10, 23에서 이러한 것들을 서로 등치시키고 있는 것을 보라).

82) 사 11:1ff.; 45:8; 렘 3:16; 23:3; 겔 36:11; 슥 10:8 등.

83) 잠언과 그 밖의 몇몇 "지혜" 저작들은 물론 비유대적인(예를 들어, 애굽적인) 전승들에 토대를 두고 있다: Crenshaw 1985, 369-71을 보라. 여기에서 나의 관심은 이러

게 창조하였다는 것을 말하는 단순한 확언으로 보는 것이 옳을 것이다. 아울러 그러한 비유의 말이 이런 식으로 사용될 수 있다는 사실은 창조주가 그의 세계 내에서 활동하고 계시다는 주장이 얼마나 널리 알려졌는가를 보여 주는 하나의 표지일 뿐이다. 그러나 "지혜"가 이런 식으로 야웨가 활동하시는 수단이고, 인간은 야웨가 활동하실 때의 수단이 되어야 한다면, 지혜는 (솔로몬같이) 인간이 창조주에 복종하여 지혜롭게 행동하고 세상에 대하여 권위를 가지고 행동하는 야웨의 대리자들이 되고자 할 때에 반드시 필요한 것임이 분명하다. 그리고 지혜를 얻음으로써 인간은 진정한 인간이 될 것이다. 이렇게 해서 이제 결정적인 전환이 이루어진다: 신구약 중간기 시대에 "지혜"는 토라와 동일시되었다. 그러므로 토라를 소유하고 지키고자 애쓰는 사람들은 참된 인류였다: 그런 사람들은 인류가 원래 있었던 자리, 즉 창조주의 아래임과 동시에 피조물의 위라는 자리로 높아질 것이었다.[84] 한 특정한 전승, 벤시라의 전승 속에서 이 주제는 특별히 대제사장과 성전 제의에 그 초점이 맞춰져 있었다. 대제사장이 이스라엘을 다스리는 것은 아담이 모든 피조물을 다스리는 것과 같다: 이 전승의 한 판본에 의하면, 대제사장의 의복들조차도 창조주가 아담을 위해서 만들어 주었던 바로 그 옷들이라고 한다.[85] 그러므로 판이하게 다른 관점에서 우리는 동일한 결론에 도달한다. 이스라엘, 그리고 구체적으로 이스라엘의 대표자들은 참된 아담, 창조주 신의 참된 인간인 백성으로 부르심을 받았다.

(d) 쿰란 공동체

앞에서 말한 것과 동일한 신앙은 쿰란 공동체에서 발견된 여러 저작들 속에서도 볼 수 있다:

한 책들이 우리가 살펴보고 있는 시기에 유대인들에 의해서 어떻게 읽혀졌는가 하는 것이다.

84) 벤시락서 등에서 지혜와 토라를 동일시하고 있는 것에 대해서는 Nickelsburg 1981, 59-62: Skehan and Di Lella 1987, 336f.; Hayward 1991에 나오는 논의들을 보라. 물론 이러한 동일시의 뿌리는 저 멀리 유대 전승으로 거슬러 올라간다.

85) cf. (마지막 사항과 관련하여) Numbers Rabbah 4:8을 인용하고 있는 Hayward 1991, 27f.

하나님은 그들을 영원한 계약을 위하여 선택하셨고, 아담의 모든 영광은 그들의 것이 될 것이다.

[이스라엘의 확실한 집]을 굳게 붙잡는 자들은 영원히 살 것이고, 아담의 모든 영광이 그들의 것이 될 것이다.

주는 주의 맹세를 지키고 그들의 범죄들을 용서하리라: 주는 그들이 짓는 모든 죄들을 몰아내리라. 주는 그들로 하여금 아담의 모든 영광과 풍성했던 날들을 물려받게 하리라.

··· 구원을 받고 천 대까지 살 것임과 동시에 아담의 모든 영광이 속하게 될 사막의 참회자들과 그들의 자손들에게 영원히.[86]

한 대목에서는 "사람의 씨"(zera 'ha-adam)를 갱신된 계약 공동체와 병행으로 놓는다:

그러나 사람의 씨는 주께서 그들로 하여금 물려받게 한 모든 것들을 이해하지 못했다: 그들은 주의 모든 말씀들 속에서 주를 분별하지 못했고, 악하게도 모든 말씀에서 떠나갔다. 그들은 주의 크신 능력에 주의를 기울이지 않았고, 그래서 주께서는 그들을 버리셨다. 왜냐하면 주는 악을 기뻐하지 않으시고, 불경건한 자들은 주 앞에 굳게 서지 못할 것이기 때문이다. 그러나 주께서 호의를 베푸실 때에 주를 위하여 한 백성을 선택하셨다. 주는 주의 계약을 기억하셨고, 주를 위하여 모든 민족들 가운데서 그들을 거룩한 민족으로 구별하셨다 ··· [87]

달리 말하면, 아담의 모든 영광은 마지막 날에 의인의 집단에 속하는 자들

---

86) 1QS 4:22f.; CD 3:19f.; QH 17:14f.; QpPs37 3:1f. Vermes 1987 [1962] ad loc. 의 번역문들.

87) 1QLitPr 2:3-6 (Vermes 1987 [1962], 231).

이 물려받을 것이라는 말이다. 그들에게는 인류의 빛이 된다는 의미에서만이 아니라 세상을 다스리는 권세가 주어졌다는 의미에서도 "영광"이 주어질 것이다. 이렇게 이스라엘을 참된 인류인 백성으로 강조한 것은 쿰란 공동체의 결례 규정들에 영향을 미쳤을 것이다. 참 이스라엘이 참된 인류여야 한다면, 불완전한 인간임을 나타내 보이는 신체적인 결함들이 있는 사람은 핵심 집단의 구성원이 될 수 없을 것이었다.[88]

(e) 제2성전 시대의 기타 문헌들

우리는 요세푸스를 통해서 다니엘서가 주후 1세기의 유대인들이 즐겨 읽는 책이었다는 것을 알게 되었다.[89] 다니엘서의 절정 부분들 중의 하나는 묵시론적 관점에서 인간의 모습으로 등장하는 참 이스라엘이 신의 백성을 압제해 오던 신비로운 짐승들 위에 영광과 권위의 자리로 높아지는 장면이다. 원래의 저자들의 마음속에서는 이러한 것들이 가리키는 것이 무엇이었든지 간에, 주후 1세기에 많은 사람들은 그러한 이미지를 이스라엘과 열방을 가리키는 것으로 읽었을 것이고, 그 이면에서 창세기 2장에 나오는 이야기의 뉘앙스들을 들을 수 있었다는 것은 의심할 여지가 없다. 우상숭배를 거부하고 창조주의 말씀에 순종하여 피조세계를 지혜롭게 다스리게 될 참된 아담 — 즉, 이스라엘 — 을 통하여 신이 원래 정한 질서가 창조주의 동산에 회복될 것이다.[90]

주후 1세기에 살았던 많은 유대인들이 지니고 있었던 부활에 관한 사상을 고찰하는 것 같은 이와는 약간 다른 출발점에서 시작하더라도 위에서 말한 것과 동일한 결론이 얻어질 수 있다. 이러한 신앙이 언제 그리고 왜 처음으로 생겨났는지는 지금 이 자리에서는 우리의 관심사가 아니다. 중요한 것은 우리가 살펴보고 있는 시기에 많은 유대인들이 그들, 또는 적어도 참된 이스라엘 사람들은 마지막 날에 죽은 자로부터의 부활을 통해서 신의 백성으로 재확인

---

88) 예를 들면, 1QSa 2:3-10. 이것은 이 공동체가 스스로를 진정한 제사장 집단으로 여긴 결과일 것이다. 제사장은 흠이 없어야 했고, 에세네파는 바리새파와 마찬가지로 제사장 제도 전체를 민주화하는 결과를 가져왔다. 자세한 것은 위의 제7장을 보라.

89) 예를 들면, Jos. *Ant.* 10:266-8; Vermes 1991; 그리고 아래 제10장.

90) 단 7:11, 14, 17-18, 23-7; 창 1:26-8; 2:19-20a.

받게 될 것을 믿었다는 것이다. 여기에서 핵심은 이 사건은 또한 그들이 인간이라는 것을 재확인하는 것이기도 하다는 것이다. 그들은 온전한 사람들, 회복된 인간의 생명을 받는 자들이 될 것이다.[91] 위에서 인용한 쿰란 문헌들의 여러 대목들에서 볼 수 있었던 것과 같은 아담의 영광에 대한 언급들도 이러한 교리를 가리킬 가능성이 많다.

끝으로, 우리는 앞서 랍비 문헌의 미드라쉬로부터 인용한 창세기에 대한 해설을 한 번 보고 지나갈 필요가 있다: 아브라함은 아담이 저질렀던 일을 되돌려 놓을 것이다.[92] "계약"이라는 주제가 비록 항상 명시적으로 언급되어 있지 않다고 할지라도 도처에 존재하고 있는 것과 마찬가지로, 오로지 계약의 의미에 그 초점이 맞춰져 있는 이스라엘과 아담의 연관관계는 유대인들의 사상과 글 속에 아주 철저하게 얽혀 있어서, 우리가 보는 모든 대목들에서 이런저런 형태로 등장한다. 그러나 이것은 또 하나의 질문을 불러일으킨다: 이스라엘이 참된 인류라면, 다른 열방들의 운명은 어떻게 되는 것인가?

(f) 이스라엘과 열방들

이스라엘이 참 아담이라는 것의 자연스러운 결론은 열방들은 아담이 다스리는 짐승들이라는 것이다. 그러나 이 신념은 어떻게 표현되는가에 따라 두 갈래로 나뉠 수 있다. 아담의 통치는 세계에 질서와 축복을 가져다주는 은혜로운 것이 될 것인가, 아니면 위협적인 짐승들에게 파멸을 선고하는 심판의 통치가 될 것인가? 이러한 두 가지 태도에 대한 증거들을 우리는 우리가 살펴보고 있는 시대 속에서 발견할 수 있다.

한편으로 적어도 이사야에게까지 소급되는 사상의 흐름이 존재하였는데, 그것은 이스라엘이 열방의 빛이 되리라는 것이었다. 시온이 신이 이스라엘에게 의도했던 모습대로 될 때에, 이방인들이 찾아와서 야웨의 말씀을 들을 것이다. 그 빛이 실제로 열방들을 구원할 것인지, 또는 단순히 이스라엘을 열방들로부터 구해내는 것인지에 대해서 의심이 가는 구절들도 일부 있긴 하지만, 몇몇

91) 예를 들면, 2 Macc. 7:9-11. Schürer 2:494-5, 539-47에 나오는 상세한 개관을 보라. Wisd. 3에 대해서는 아래 제10장을 보라.

92) 위의 서술을 보라.

구절들에서는 보편적인 범위의 구원이 분명하게 표현되어 있다:

> 네가 나의 종이 되어 야곱의 지파들을 일으키며 이스라엘 중에 보전된
> 자를 돌아오게 할 것은 매우 쉬운 일이라 내가 또 너를 이방의 빛으로 삼
> 아 나의 구원을 베풀어서 땅 끝까지 이르게 하리라.[93]

유대교의 세계관 내에서 이스라엘의 소명은 이방인들이 신의 백성에 합류
하기 위하여(다윗의 여 선조인 룻과 같이), 신의 지혜를 듣기 위하여(시바의
여왕과 같이), 또는 하나님 백성의 삶을 공유하기 위하여 찾아올 때에 그것으
로 인하여 희석되는 되는 것이 아니라 어떤 의미에서 성취된다고 할 수 있
다.[94] 이 주제는 우리가 앞 장에서 다룬 바 있는 『요셉과 아세넷』 같은 책에서
볼 수 있는 바와 같이 제2성전 시대로 그대로 이어졌다.[95]

그러나 이 시기에 온 많은 유대인들의 저작들 속에서 분명히 이와는 판이
하게 다른 목소리가 널리 통용되었다. 유대인들이 자주 외세에 의해서 압제당
하고 유린당하던 때에 그들이 참된 아담이 될 것이라는 사상이 이방인들이 하
나님의 백성 속으로 받아들여져서 축복을 함께 나눌 것이라는 사상이 아니라
참 신과 그의 백성에 맞서서 대항하는 악한 무리들을 멸망시키는 것과 결합되
어 있었다는 것은 별로 이상한 일이 아니다. 다니엘서, 특히 2장과 7장에 나오
는 환상들 속에서 이 땅의 나라들은 참 신의 나라가 세워질 때에 멸망당할 것
이다 — 이것은 물론 이스라엘의 신원(伸寃)과 밀접하게 연관되어 있다.[96] 시
편 2편은 장차 오실 왕이 열방들을 철장(鐵杖)으로 다스리고, 그들을 토기장
이의 그릇처럼 산산조각 낼 것이라고 말하고 있는데, 이러한 사상은 분명히
주후 1세기에 나온 『솔로몬의 시편』의 저자에 근거한 것이었다:

> 주여, 보소서. 그들을 위하여 그들의 왕, 다윗의 아들을 일으키셔서 주의

---

93) 사 49:6. 또한 사 2:2-4; 11:9-10; 42:1, 6; 미 4:1-4도 보라.

94) Ruth *passim*; 왕상 10장.

95) 위의 서술을 보라; 또한 예를 들어, Tob. 13:11; 4:6; *Sib. Or.* 3:710-95 등도 참
조하라.

96) 요세푸스가 7장을 생략하고 있는 것을 다루고 있는 아래 제10장을 보라.

종 이스라엘을 다스리게 하소서 … 그를 힘으로 두르사 불의한 통치자들을 멸하시고, 예루살렘을 짓밟고 파괴하였던 이방인들로부터 예루살렘을 깨끗케 하소서; 지혜 안에서와 의 안에서 죄인들을 그 유업에서 몰아내시고, 죄인들의 교만을 토기장이의 토기처럼 깨부수시며, 그들의 모든 것들을 철장으로 부수시고, 무도한 열방들을 그 입의 말씀으로 멸하소서 …[97]

이스라엘은 고집스러운 열방들 위에 신이 정하신 질서를 베풀게 될 것이다. 후대 랍비들이 신의 경륜 속에서의 이방인들의 위치에 관하여 행하였던 논의들은 이 문제와 관련하여 불안이라고까지 말하지는 않더라도 지속적인 불확실성이 있었음을 보여 준다.[98] 그러나 열방들의 운명이 돌이킬 수 없을 정도로 이스라엘의 운명과 단단하게 결부되어 있었다는 것은 어쨌든 의심의 여지가 없었다. 이 점은 주후 1세기의 유대교와 막 등장하고 있었던 기독교를 이해하는 데 대단히 중요하다. 이방인들에게 무슨 일이 일어나느냐 하는 것은 이스라엘에게 무슨 일이 일어나느냐 하는 것에 달려 있었다. 계약의 목적의 첫 번째 차원이라는 견지에서 볼 때, 이스라엘의 부르심은 피조물 전체의 구원과 회복을 그 근본적인 목표로 지니고 있었다. 이러한 연관성을 보지 못하는 것은 유일신 사상과 선택에 관한 이스라엘의 근본적인 교리들의 의미를 이해하지 못하는 것이다.[99] 이방인들, 그리고 그들에 대한 신의 궁극적인 목적이 무시된다면, 한 분 창조주 신의 유일한 백성이라는 이스라엘의 주장은 그 자체가 의문시될 수밖에 없다.

---

97) *Ps. Sol.* 17:21-4. *Sib. Or.* 3:663-97과 비교해 보라(이것이 이방인들에 대한 축복을 예언하고 있는 구절들과 밀접하게 결합되어 있다는 것을 주목해야 한다). 이와 비슷한 자료들에 대한 검토는 Schürer 2:526-9에서 찾아볼 수 있다. 1QM 2:10-14에서 이 전쟁의 목적은 온 세상의 정복이라는 것이 명시적으로 언급된다.

98) Sanders 1977, 206-12; 992, 265-70을 보라.

99) 나는 특히 이것이 논란이 심하고 때로는 간과되고 있기 때문에 이 점을 강조하는 것이다. 사실 그럴 필요가 전혀 없는데 말이다. 이것을 보여 주는 문헌은 너무도 많기 때문에 구태여 논증을 할 필요도 없다. 성경으로부터 미쉬나와 탈무드에 이르기까지; 묵시문학에서 지혜서에 이르기까지; 필로에서 요세푸스에 이르기까지 — 내가 간략하게 서술한 사상의 흐름은 어디에서나 이러저런 형태로 전제되고 있음과 동시에 반복적으로 언급된다.

4. 계약과 종말론

우리가 방금 살펴본 계약 신학에 표현된 이스라엘의 선택에 대한 이러한 신앙은 그 자체가 마카베오와 바르 코크바 사이의 시기에 큰 모습으로 어른거렸던 부차적인 문제의 원인 중 일부였다. 창조주가 이 특정한 민족과 계약 관계를 맺었다면, 왜 그 민족은 신이 택한 백성으로서 세상을 통치하고 있지 않는 것인가? 세상이 이스라엘을 위하여 창조되었다면, 왜 이스라엘은 여전히 고난을 받고 있는가?[100] 창조주와 계약의 신은 지금 도대체 어떻게 된 것인가? 그리고 이러한 질문들 내에서 또 하나의 질문이 생겨난다: 이스라엘의 신은 이스라엘을 위하여 역사하실 때를 앞당기기 위하여 현재에 무엇을 행하고 있는 것인가? 신실한 유대인은 현재의 고난의 때에, 즉 신의 역사가 지연되고 있는 이 곤혹스러운 때에 도대체 어떻게 해야 하고, 또 어떻게 할 수 있는가? 앞으로 살펴보겠지만, 이러한 질문들은 이스라엘의 소망과 계약의 요구사항들에 대한 표현에 특징적인 형태를 부여하는 기능을 하였다. 이 문제는 계약의 목적의 두 번째 차원을 불러일으킨다. 첫 번째 차원이 이스라엘을 통하여 온 세상을 다시 만들고 회복하고자 하는 신의 의도와 관련이 있다고 한다면, 이 두 번째 차원은 이스라엘 자체를 다시 만들고 회복시키고자 하는 신의 의도와 관련이 있다.

이러한 회복의 필요성은 제2성전 시대에 보편적이었던 당시 역사에 대한 인식 속에서 볼 수 있다. 이 시기의 대부분의 유대인들은 "우리는 어디에 있는가?"라는 질문에, 한마디로 압축해서, 우리는 여전히 포로생활 중에 있다는 말로 대답했을 것이다. 그들은 모든 중요한 의미들을 다 담아서 이스라엘의 포로생활은 여전히 진행중이라고 믿었다. 비록 이스라엘은 바벨론에서 돌아왔지만, 선지자들의 영광스러운 메시지는 여전히 성취되지 않고 있었다. 이스라엘은 여전히 외세의 멍에 아래 있었다; 또한 이스라엘의 신은 시온으로 다시 돌아오지 않았다. 이른바 포로기 이후의 문헌 그 어디에도 열왕기상 8:10 이하에 상응하는 구절은 눈에 보이지 않는다. 이 열왕기 기사에 의하면, 솔로몬의 성전이 완성되었을 때, "구름이 여호와의 성전에 가득하매 제사장이 그 구

름으로 말미암아 능히 서서 섬기지 못하였으니 이는 여호와의 영광이 여호와
의 성전에 가득함이었더라"고 말한다. 이스라엘은 언젠가는 셰키나, 즉 신의
영광스러운 임재가 마침내 되돌아올 것이라는 약속들에 매달렸다:

> 네 파수꾼들의 소리로다 그들이 소리를 높여
> 일제히 노래하니
> 이는 여호와께서 시온으로 돌아오실 때에
> 그들의 눈이 마주 보리로다.[101]

> 그 후에 그가 나를 데리고 문에 이르니 곧 동쪽을 향한 문이라 이스라
> 엘 하나님의 영광이 동쪽에서부터 오는데 하나님의 음성이 많은 물소리
> 같고 땅은 그 영광으로 말미암아 빛나니 … 여호와의 영광이 동문을 통
> 하여 성전으로 들어가고 영이 나를 들어 데리고 안뜰에 들어가시기로 내
> 가 보니 여호와의 영광이 성전에 가득하더라 … 그가 내게 이르시되 인
> 자야 이는 내 보좌의 처소, 내 발을 두는 처소, 내가 이스라엘 족속 가운
> 데에 영원히 있을 곳이라.[102]

제2성전 시대의 문헌 그 어디에도 이런 일이 일어났다고 단언하는 대목을
볼 수 없다: 그러므로 이런 일은 여전히 미래에 일어날 일이었다. 이스라엘의
포로생활은 진정으로 아직 지나간 것이 아니다. 이스라엘의 현재 상태에 대한
이러한 인식은 제2성전 시대 유대교에서 당파를 뛰어넘어 폭넓은 범위의 저
자들에 의해서 공유되었다. 우리는 그 전형적인 것으로 다음과 같은 글을 인
용해 볼 수 있을 것이다:

> 우리가 오늘날 종이 되었는데 곧 주께서 우리 조상들에게 주사 그것의

---

101) 이사야 52:8. 이것은 이스라엘의 신의 통치가 도래할 것(52:7) 또한 이스라엘
의 신이 구원을 가져올 것(52:10)이라는 기대와 밀접하게 결부되어 있다.
102) 겔 43:1-2, 4-5,7. 이 책의 결말 부분(48:35)과 비교해 보라: "그때로부터 이 도
성의 이름은 '야웨가 거기에 계시다'가 될 것이다."

열매를 먹고 그것의 아름다운 소산을 누리게 하신 땅에서 우리가 종이 되었나이다 우리의 죄로 말미암아 주께서 우리 위에 세우신 이방 왕들이 이 땅의 많은 소산을 얻고 그들이 우리의 몸과 가축을 임의로 관할하오니 우리의 곤란이 심하오며.[103]

이 글보다 더 분명하게 위에서 말한 내용을 보여 주는 것은 없을 것이다: 이스라엘은 자기 땅으로 돌아왔지만, 여전히 이방의 군주들의 압제 밑에서 노예생활이라는 "포로생활"을 하고 있다. 마찬가지로 『다메섹 문서』는 그 분파가 제대로 자리를 잡을 때까지는 포로생활이 계속될 것이라고 말한다:

그들이 신실치 못하고 주를 버렸을 때, 주는 이스라엘과 그의 성소로부터 그 얼굴을 감추셨고, 그들을 칼에 붙이셨다. 그러나 조상들과의 계약을 기억하시고, 주는 이스라엘에 남은 자들을 남겨 놓으셨고, 그들을 멸망에 붙이시지 않았다. 그리고 진노의 때에, 바빌로니아의 느부갓네살 왕의 손에 그들을 붙이신 지 삼백구십 년 후에 그들을 찾아오셔서, 나무뿌리가 이스라엘로부터 싹트게 만드셨고, 아론으로 하여금 그의 땅을 물려받아 그 땅의 선한 것들로 번성하게 하셨다. 그리고 주는 그들이 전심으로 자기를 찾는지 그들의 행사들을 지켜보셨고, 그들을 위하여 그들을 주의 뜻하시는 길로 인도할 의의 교사를 일으키셨다 … [104]

그러므로 포로생활은 "귀환" 이후에도 오랫동안, 에스라와 느헤미야의 활동 이후에도 오랫동안 계속되었다: 그 포로생활은 이 두루마리에서 자신의 이야기를 말하고 있는 공동체를 통해서 마침내 끝장나게 될 것이다. 마찬가지로 토빗서(주전 3세기경)는 앞서의 귀환은 단지 맛보기에 불과했다고 말하면서, 포로기 이후의 진정한 회복에 대해서 말한다:

그러나 하나님은 다시 그들에게 긍휼을 베푸시겠고, 하나님은 그들을

---

103) 느 9:36f.
104) CD 1:3-11 (tr. from Vermes 1987 [1962], 83).

이스라엘 땅으로 되돌리실 것이다; 그리고 그들은 하나님의 성전을 다시 짓겠지만, 성취의 때가 도래할 때에야 비로소 첫 번째 성전과 같지 않은 그런 성전을 짓게 될 것이다. 이 일 후에 그들은 모두 포로생활로부터 돌아와서 예루살렘을 휘황찬란하게 다시 지을 것이고, 그 안에서 하나님의 성전은, 이스라엘의 여러 선지자들이 그 성전에 관하여 말하였던 것과 같이 다시 지어지게 되리라. 그런 후에 온 세상의 열방들이 모두 회심하고 하나님을 진리 가운데 예배하게 될 것이다 ⋯ 그날에 구원받고 진정으로 하나님을 생각하는 모든 이스라엘 사람들은 함께 모이게 되리라; 그들은 예루살렘으로 가서 아브라함의 땅에 영원히 안전하게 살게 되겠고, 그 땅은 그들에게 주어질 것이다. 하나님을 진정으로 사랑하는 자들은 기뻐하겠지만, 죄와 불의를 범한 자들은 온 땅에서 사라질 것이다.[105]

이러한 놀라운 일들은 그 어느 것도 주후 1세기에 일어나지 않았다: 헤롯에 의한 성전의 재건도 거의 중요시되지 않았다(헤롯은 그렇게 되기를 간절히 원했었지만). 왜냐하면 진정한 귀환의 그 밖의 다른 표지가 되는 일들이 아직 일어나지 않았기 때문이다. 토빗서와 거의 같은 시기에 저술된 이른바 바룩1서도 분명히 이와 동일한 관점을 반영하고 있다:

　　당신은 주 우리 하나님이시요, 오 주여, 당신은 우리가 찬양할 분이시로다. 주는 주에 대한 두려움을 우리의 가슴 속에 두셨음으로, 우리가 주의 이름을 부르나이다; 우리는 우리의 포로생활 중에 주를 찬양하리니, 이는 우리가 마음으로부터 주께 죄 지은 우리 선조들의 모든 범죄들을 씻어내었기 때문입니다. 보소서, 우리는 오늘날 주께서 우리를 흩어놓으신 곳에서 주 우리 하나님을 버린 우리 선조들의 모든 범죄로 인하여 수치를 당하며 욕을 먹고 벌을 받으며 포로생활 중에 있나이다.[106]

---

105) Tob. 14:5-7. 토빗서의 단편들이 쿰란에서 발견되었다: 분명히 여기에 표현된 소망은 이 분파의 사람들에게 익숙한 것이었다. Cf. Schürer 3:222-32.
106) Bar. 3:6-8. 이것은 이 책의 첫 번째 단원, 그러니까 아마도 좀 더 오래된 단원의 결론부를 형성한다; Schürer 3:733-8을 보라.

마지막 예는 요나단의 기도를 서술하고 있는 마카베오2서에 나오는 내용이
다:

> 우리의 흩어진 백성들을 모으고, 이방인들 가운데 종살이하는 자들을
> 해방시키며, 거부당하고 멸시받는 자들을 돌보고, 이방인들로 주가 우리
> 의 하나님이심을 알게 하소서. 압제를 행하고 교만함으로 무례히 행한 자
> 들을 벌하소서. 모세가 약속했던 대로, 주의 백성을 주의 거룩한 곳에 심
> 으소서.[107]

현 시대는 여전히 "진노의 때"의 일부이다; 이방인들이 그들의 자리로 되돌
아가고, 이스라엘과 성전이 온전히 회복될 때까지, 포로생활은 진정으로 끝난
것이 아니고, 선지자들이 약속한 축복들은 여전히 장래에 일어날 일들로 남아
있다.[108]
　신실한 유대인들은 이스라엘의 신이 이스라엘로 하여금 영원히 이방의 압
제자들 밑에서 신음하도록 내버려 두실 것이라고 믿을 수 없었다. 만약 신이
그렇게 하신다면, 이제까지 열방들이 이스라엘을 향하여 했던 조롱들은 결국
옳은 것이 되어 버리고 말 것이다: 신은 다른 부족신들과 마찬가지로 오직 부
족의 신일 뿐이고, 게다가 전쟁에서 진 신일 뿐이다. 그 결과 이스라엘은 이제
선과 악의 문제를 매우 경직된 관점에서 보게 되었다: 악은 점차 "계약의 백

---

107) 2 Macc. 1:27-9.
108) 자세한 것은 단 9장, *1 En.* 85-90, esp. 90, 그 밖의 다른 구절들을 다룬 Knibb
1976; CD 1:7-10을 다루고 *1 En.* 93:9-10과 비교한 Knibb 1987, 21; Goldstein 1987,
70, 74을 보라. 쿰란 두루마리에 대해서는 Talmon 1987, 116f.를 참조하라: 이 두루마리
의 저자들은 "그것[즉, 통상적으로 인식된 포로 생활로부터의 귀환]을 이스라엘의 역사
에 대한 그들의 인식을 토대로 완전히 말소하고, 그들 자신이 예루살렘 멸망 후의 최초
의 귀환자들이라는 특권을 주장하고자 하였다." 동일한 취지의 그 밖의 다른 논의들 —
여기에서 나는 James M. Scott에게 빚을 졌다 — 로는 Scott 1992b; Steck 1967, 1968,
1980; Gowan 1977; Davies 1985; Goldingay 1989, 251; Collins 1990; Knibb 1983
등이 있다. Scott가 인용하고 있는 그 밖의 다른 일차자료들로는 Yad. 4:7; Tg. Isa. 6:9-
13이 있다.

성을 위협하는 것"이라는 견지에서 보아지게 되었고, 이 세상 전체의 악에 대한 창조주 신의 심판은 이교도들(신의 택하신 백성에 의해 평가된)에게 떨어지게 될 심판과 동일한 것이 될 것이다. 사방으로 우겨쌈을 당하고 있던 이 작은 민족은 로마의 군사력과 헬라의 문화적 힘을 자세히 살펴보고, 이 둘이 그들 민족의 삶에 침투하여 끊임없이 고통을 만들어내고 있다고 느꼈기 때문에, 계약의 신이 역사하셔서 현재의 상태를 전복시키고 이스라엘을 구원하며, 다시 이스라엘 가운데 거하시는 그날을 열망하였다. 이스라엘의 담장 바깥에는 악이 있었고, 이스라엘의 신은 그 악을 멸하실 것이다. 이 이야기 전체에서 아주 중요한 역할을 했던(앞에서 우리가 본 것처럼) 종교적인 경계표지들 뒤쪽에 피신하여 보호를 받고 있던 이스라엘은 신앙과 소망, 당혹감과 열망 속에서 그의 신의 역사(役事)를 기다렸다.

후대의 성경 및 제2성전 시대 문헌에서는 이 문제를 흔히 이스라엘의 신의 계약에 대한 신실성(tsedaqah, "의")이라는 견지에서 바라보았다 — 바울 신학을 연구할 때에 극히 중요시되는 주제. 이 시기의 유대인들에 의해서 표현된 신의 의(義)에 관한 문제는 다음과 같이 말해 볼 수 있다: 이스라엘의 신은 언제 그리고 어떻게 그의 계약의 약속들을 성취하기 위하여 역사하실 것인가?[109] 이에 대해 제시된 해법들은 "묵시론적" 저작들 속에서 통상적으로 보여주는 패턴에 속한다. 그 해법들은 다음과 같이 제시될 수 있다:

a. 이스라엘의 신은 정말 계약을 성취하실 것이다. 이 소망은 결코 포기되지 않는다.[110]

b. 이것은 온 세상에 신이 원래 의도하셨던 질서가 다시 수립되는 결과를 가져오게 될 것이다.[111]

c. 이스라엘의 현재의 곤경은 신의 계약에 대한 신실성이라는 관점 속

---

109) cf. 예를 들면, 에스라 9:6-15; 느 9:6-38, esp. vv. 8, 17, 26f., 32f.; 단 9:3-19, esp. vv. 4, 7, 11, 16, 18; Tob. 3:2; 그리고 사 40~55장, 특히 54의 전체적인 취지와 (대체로 부차적인 내용을 담고 있는) Bar. 3:9-5:9.

110) 단 9:16; 느 9:8; 욜 2:15-32; *Ps. Sol.* 9; Bar. 5:9; *T. Jud.* 22:2; *I En.* 63:3; *Jub.* 31:20, 25; *T. Mos.* 4:5; *T. Job* 4:11; *Sib. Or.* 3:704.

111) 예를 들면, 사 40~55장; 단 7장; Tob. 13-14, etc.

에서 이스라엘의 죄에 대한 징벌로 설명될 수 있다.[112]

d. 현재 시점에서 계약의 신이 명백하게 활동을 하지 않고 있는 이유에 대한 설명은 신은 좀 더 많은 백성들에게 회개할 시간을 주기 위하여 때를 연기하고 있다는 것이다; 만약 신이 지금 역사하신다면, 어둠의 자식들만이 아니라 상당수의 빛의 아들들도 그 과정에서 멸망을 받게 될 것이다. 이러한 때의 지연의 결과로서 회개하지 않는 자들은 "완악하게 되어서" 그때가 도래할 때에 그들의 형벌은 정당하다는 것이 입증될 것이다.[113]

e. 그러므로 계약의 백성이 할 일은 인내로 참으며 신실하고, 온 힘을 다하여 계약을 지키며, 신이 마침내 그들을 신원하기 위하여 곧 역사하실 것을 믿는 것이었다.[114]

이것으로부터 "신의 의"라는 사상이 계약 사상과 뗄래야 뗄 수 없을 정도로 긴밀하게 결부되어 있었다는 것을 분명하게 알 수 있다.[115] 유일신 사상과 선

---

112) 단 9:7, 8, 9 (LXX), 14 (이 구절 전체가 중요하다. 또한 애 1:18; 겔 9:15; 느 9:33; 신 27-32, *passim*; 2 Macc. 7:38; 12:6; Wisd. 5:18 (이 구절 전체가 관련이 있다); 12:9ff.; Sir. 16:22; 18:2; 45:26; *Ps. Sol.* 2:10-15; 8:7f., 23ff.; 9:2-4; Bar. 1:15; 2:9; 5:2, 4, 9; Song of Three (27) (=4); Jub. 1:6; 5:11-16; 1:4; *T. Job.* 37:5; 43:13; cf. Jos. *War* 3:351-4와 주후 70년의 재앙을 유대 민족의 죄의 결과로 설명하고 있는 그 밖의 다른 수많은 구절들.

113) 예를 들면, cf. 2 Macc. 16:12ff.; Wisd. 12:9ff., *15 passim*; Sir. 5:4; *T. Mos.* 10:7; *Bar.* 21:19ff., 48:29ff.; Ezra 7:17-25; 9:11; 14:32; *T. Abr.* 10. 또한 Cp. CD 2:4f. bSanh. 97에 나오는 논의 전체도 이와 밀접한 관련이 있다; Strobel 1961, 19-78; Bauckham 1980; 1983, 310-14를 보라.

114) 이러한 사고 도식 전체에 대해서는 특히 *2 Bar.* (예를 들면, 44:4; 8:5과 78-86의 '서신')와 4 Ezra (예를 들면, 7:17-25; 8:36; 10:16; 14:32)를 보라. 이에 대해서는 Thompson 1977, 320; Stone 1990, ad loc.; Longenecker 1991을 참조하라.

115) 바울을 특정한 방식으로 읽기 위하여 이 둘을 억지로 떼어 놓으려는 시도들(예를 들어, Käsemann 1969 [1965], 168-82; Stuhlmacher 1966; "하나님의 의"라는 어구를 1QS 10:25f., 11:12-15, CD 20:20, T. *Dan* 6:10 같은 구절들을 토대로 계약과 관련된 전문적인 표현이 아니라고 주장하는 것은 이 둘이 계약과 관련이 있다는 것을 깨달

택 사상의 결합으로부터 자연스럽게 생겨난 이러한 신념들은 제2성전 시대 유대교의 종말론의 특징적인 형태를 이루게 되었다.

이렇게 해서 유일신 사상과 선택 사상은 "회복 종말론"이라고 적절하게 부르던 것을 탄생시켰다.[116] 야웨가 만물을 변화시키고 자기 백성의 운명을 회복하기 위하여 결정적으로 역사하실 때까지는 포로생활은 끝나지 않을 것이다. 현재 시점에서 계약의 백성은 부패에 찌들어 있고 여전히 구속받을 자격을 갖추고 있지 못했다. 그 중요한 결과 중 하나는 유대교가 언제나 모세와 초기 선지자들에게까지 소급되는 내부로부터의 격렬한 비판의 전통을 지니고 있었다는 것이었다. 그러한 비판은 유대교의 통상적이고 고전적인 특징이었고, 세례 요한과 예수(그리고 초대교회)가 그러한 비판정신을 이어받은 것은 역설적으로 유대교 및 유대교가 대변했던 모든 것을 거부했다는 것을 보여 주는 표지가 아니라, 유대교의 중심적인 전통들 중의 하나에 충실했음을 보여 주는 표지이다.

우리는 다음 장에서 제2성전 시대의 종말론을 좀 더 자세하게 살펴보게 될 것이다. 현재의 논의 속에서는 일단 지금까지 우리가 계약의 목적의 두 번째 차원과 관련하여 서술했던 내용을 요약해 보도록 하자. 이스라엘이 세상 내에서의 악을 없애는 창조주의 수단으로 부르심을 받았다면, 이스라엘이 악의 희생물로 전락해 버린 지금 이스라엘은 회복이 필요하다. 창조와 계약의 신은 이스라엘을 그 지속적인 포로생활로부터 구속하기 위하여 역사하실 것임에 틀림없다. 그러나 이런 일이 어떻게 일어날 수 있는가?

지 못하고 있는 것이다)은, 우리가 제3권에서 보게 될 것이지만, 지금은 잘못된 것으로 입증되었다. 아울러 『12족장의 유언서』의 좀 더 최근의 판본들은 T. *Dan* 6:10이 "하나님의 율법의 의"로 되어 있다는 것을 보여 주고 있기 때문에, 이것은 우리가 논의할 적절한 구절이 아니다. Käsemann과 그의 추종자들이 하나님의 의를 온 세상에 정의를 회복시키고자 하는 의도와 결부시키고 있는 것은 분명히 옳지만, 이것을 계약이라는 주제와 결부시키지 않고 있는 것은 결정적인 잘못이다.

116) 이 어구는 Sanders 1985, 77ff.가 사용한 것이다: 실제는 도처에 편재(遍在)한다.

5. 계약, 구속, 죄 사함

이스라엘의 신이 자기 백성을 포로생활로부터 건져 내시려면, 이스라엘이 포로로 끌려가게 만든 문제, 즉 이스라엘의 죄라는 문제를 어떤 식으로든 신이 해결할 수밖에 없었다. 이것을 어떻게 해야 하느냐라는 문제는 이스라엘의 삶, 문화, 제의의 여러 다양한 측면들 속에서 아주 크게 부각되었기 때문에, 죄를 다루는 방법(개개인에 초점이 맞춰진)을 유대교의 중요한 초점이라고 생각하기 쉽다. 그러나 유대인들의 세계관 전체의 구조를 이해하기 위해서는 우리가 그 세계관을 전체적인 시야 속에서 바라보는 것이 중요하다. 이것은 이 문제를 위에서 설명한 계약 신학이라는 좀 더 큰 문제 속에서 접근할 필요가 있다는 것을 의미한다.

이스라엘의 신이 이스라엘의 곤경을 해결하실 것이라는 것은 물론 포로생활에서 돌아올 것에 대한 아주 잘 알려진 예언들 속에서 강력하게 단언된다:

> 너희는 위로하라 내 백성을 위로하라
> 너희는 예루살렘의 마음에 닿도록 말하며 그것에게 외치라
> 그 노역의 때가 끝났고 그 죄악이 사함을 받았느니라
> 그의 모든 죄로 말미암아
> 여호와의 손에서 벌을 배나 받았느니라.[117]

> 여호와의 말씀이니라 보라 날이 이르리니 내가 이스라엘 집과 유다 집에 새 언약을 맺으리라 … 이는 작은 자로부터 큰 자까지 다 나를 알기 때문이라 내가 그들의 악행을 사하고 다시는 그 죄를 기억하지 아니하리라 여호와의 말씀이니라 … 보라, 날이 이르리니 이 성은 하나넬 망대로부터 모퉁이에 이르기까지 여호와를 위하여 건축될 것이라 … 영원히 다시는 뽑거나 전복하지 못할 것이니라.[118]

내가 너희를 여러 나라 가운데에서 인도하여 내고 여러 민족 가운데에

---

117) 사 40:1-2.
118) 렘 31:31, 34, 38, 40.

서 모아 데리고 고국 땅에 들어가서 맑은 물을 너희에게 뿌려서 너희로 정결하게 하되 곧 너희 모든 더러운 것에서와 모든 우상 숭배에서 너희를 정결하게 할 것이며 … 내가 너희 조상들에게 준 땅에서 너희가 거주하면서 내 백성이 되고 나는 너희 하나님이 되리라.[119]

대선지서와 소선지서 모두를 관통하는 한 쌍의 주제가 있다: 이스라엘의 포로생활은 이스라엘 자신의 죄와 우상숭배와 배교의 결과이고, 이 문제는 야웨께서 그 죄를 처리하고 자기 백성을 그들의 유업으로 회복시키실 때에 해결될 것이다. 죄가 사해질 때, 포로생활은 끝나게 된다. 회복과 죄 사함은 유월절과 대속죄일에 연례적으로 함께 송축되었다: 이러한 가능성과 소망에 대한 신념은 이스라엘의 신의 신실하심에 대한 유대인들의 신앙의 본질적인 일부를 형성하고 있었다. 이스라엘의 죄가 포로생활을 불러왔다면, 이스라엘의 죄 사함은 민족의 회복을 의미할 것이다. 이것은 가장 강력한 표현들로 강조될 필요가 있다: 주후 1세기 유대인들에게 "죄 사함"이라는 표현의 가장 자연스러운 의미는 우선적으로 개개인의 죄에 대한 사함이 아니라 민족 전체의 죄를 처리하는 것이었다. 그리고 포로생활은 그러한 죄들에 대한 징벌이었기 때문에, 그 죄들이 사함 받았다는 것을 보여 주는 유일하게 확실한 증표는 포로생활로부터의 분명하고도 확실한 해방이 될 것이다. 이와 같이 모든 개개인들의 죄 문제는 이러한 민족적 죄의 해결이라는 맥락 속에서 이해되어야 한다.

제2성전 시대의 유대교내의 몇몇 분파들 속에서 이런 식의 죄의 해결의 근거를 이스라엘 역사의 가장 초창기 시절에서 찾고자 하는 시도가 있었다. 아브라함이 이삭을 제물로 바치려고 한 이야기(창세기 22장)는 유월절 사건, 애굽으로부터의 구속, 그리고 장차 도래할 구속의 배후에 있는 이스라엘의 구속을 위한 궁극적인 근거로 거론되었다. 이러한 신앙의 기원을 놓고 최근에 논쟁이 벌어졌다: 아케다(= "결박," 이삭을 제물로 드리기 위하여 묶은 것을 말함) 전승이 기독교보다 이른 시기에 생겨나서 기독교에 영향을 미쳤다는 주장은 현재 그 기반을 상당 부분 상실한 상태다.[120] 여기에서 우리에게 중요한 것

119) 겔 36:24-5, 28.
120) Vermes 1973b [1961]: Daly 1977: Davies and Chilton 1978, Chilton 1980:

은 이 시기에 일부 유대인들이 생각했던 방식이다: 이스라엘에 구속과 죄 사
함이 필요하다면, 이것은 오직 이후의 유대인들의 역사와 제의 속에서의 그
어떤 것보다도 더 대단하고 강력한 희생제사에 대한 반응으로서의 야웨의 역
사에 의해서만 이루어질 수 있다. 죄와 종살이를 해결하는 문제들이 제기되었
을 때, 유대인들이 자연스럽게 눈을 돌린 것은 희생제사라는 개념이었다.

희생제사 제도가 당시 유대인들의 사회적, 종교적 삶 속에서 차지했던 커다
란 위치를 고려하면, 이것은 전혀 이상한 일이 아니다.[121] 이 시점에서 우리는
좀 당혹스러운 것에 직면하게 된다. 우리는 유대인들의 거의 대다수가 희생제
사 제도에 참여하였다는 것을 확실하게 알고 있지만, 우리는 왜 그러한 제의
들을 행하는가라는 질문을 받았을 경우에 그들이 어떤 대답을 했을 것인지에
대해서는 잘 모른다. 이스라엘과 그 신, 죄 사함, 깨끗케 함, 속죄, 송축, 예배에
관한 말이 나올 것임은 분명하다.[122] 또한 희생제사를 드리라고 토라가 명했다
는 것과 희생제사를 드리는 것이 토라에 순종하는 것의 한 측면으로서 중요하
다는 말도 분명히 나올 것이다. 그러나 희생제사의 본질적인 존재 이유는 존
재했는가? 그리고 어떻게 우리는 우리가 그 존재 이유를 알아내었다는 것을
알 수 있는가?[123] 희생제사 제도를 예리하고도 자세하게 다루고 있는 샌더스
조차도 나에게는 절박해 보이는 이 문제만 제외한 나머지 모든 것을 다루고
있는 것으로 보인다: 어떤 내적 근거에 따라 짐승이나 새들을 죽이는 것이 그
것을 행한 사람들이 그런 효과가 있다고 믿었던 속죄와 죄 사함의 효과를 가
져오는 것으로 생각되었는가? 깨끗케 하는 것은 희생제사를 드리는 것에 대한
필수적인 예비단계였기 때문에, 희생제사는 깨끗케 하는 효과를 가져오는 것

Segal 1984를 보라. 주된 관련 본문들은 Jub. 17:15-18:19; Jos. *Ant.* 1:222-36; *Ps-Philo* 32:1-4; 0:2-3, etc.; 4 Macc. 13:12 등이다. 랍비문헌 및 탈굼에 나오는 관련 본문들에 대해서는 Davies and Chilton 533-45를 보라.

121) 희생제사들에 대해서는 Schürer 3:292-308; Safrai 1976b; 특히 Sanders 1992, 103-18, 251-7을 보라.

122) Sanders 1992, 252-6을 보라.

123) Schürer 2:292-308에서 제의 전체에 부가된 의미에 대한 유일한 언급은 다음과 같은 말 속에 나온다: "이스라엘 사람들은 이 예전의 정확한 수행을 하나님의 긍휼하심을 확보하는 필수적인 수단으로 여겼다." Safrai 1976b, 906도 마찬가지다.

이라고 생각할 수는 없는 노릇이다. 그리고 희생제사가 회개와 고백으로 이루어지는 실제적인 속죄행위를 위한 편리한 기회를 제공하는 것뿐이라면, 이것도 여전히 왜 속죄제사가 어떤 의미를 지니고 있는 것인지를 설명해 주지 못한다.[124] 문제의 성격상 이것은 참여하는 자들에 의해서 명시적으로 명확하게 표현될 수 있는 그런 것이 아니다: 이것은 지혜로운 사회학자 또는 종교철학자가 희생제사와 관련된 행위들에 대한 전체적인 연구를 통해서 찾아내어야 할 그런 성질의 것이다. 이것을 좀 더 일반적으로 표현해 보면, 희생제사 제도는 마치 출애굽과 같은 위대한 구속 역사들을 소급적으로 가리키는 일종의 지시봉, 마찬가지로 장차 도래할 위대한 구속을 가리키는 지시봉 역할을 하는 것처럼 보인다는 말이다. 희생제사는 이스라엘과 그 신과의 화해를 말하고 있기 때문에, 역사적 또는 역사적/종말론적 현상을 주기적으로 일깨워 주는 역할을 할 수 있었다. 이러한 말을 뛰어넘어, 나는 제시할 새로운 가설을 갖고 있지 않기 때문에, 우리는 여기에서 일반적인 폭넓은 몇 가지 설명들을 제시하는 것으로 만족해야 할 것이지만, 이러한 설명들만으로도 당시의 전체적인 유대인들의 세계관 내에서 희생제사를 이해하는 데 상당한 도움을 얻을 수 있을 것이다.[125]

물론 희생제사도 그 종류에 따라 서로 상당한 차이들이 있었다. 한쪽 끝에는 위대한 민족 절기들의 중심에 자리 잡고 있었던 희생제사들이 있었다: 유월절의 어린양은 민족의 구속과 관련된 과거의 역사와 미래의 소망을 상징하였다. 다른 쪽 끝에는 토라를 실수로 범한 것을 알았거나 아무것도 모르고 금지된 것을 행했다는 것을 안 이스라엘 사람이 그 가벼운 범죄에도 불구하고

---

124) Sanders 1992, 252f. Sanders는 피뿌림을 통한 속죄라는 사상은 "널리 퍼져 있었고" "일상화"되어 있었다고 말한다. 이 말이 사실인 것은 틀림없지만, 그것은 고대 세계의 사람들이 전자와 후자가 어떤 연관을 갖고 있는 것으로 보았는지를 설명해 주지는 못한다. 죄가 희생 제물에게 전가된다는 옛 사상은 작용하고 있지 않은 것 같다: 희생 제물들은 정결해야 했고, 일단 죄가 짐승의 머리에 놓여지게 되면, 해당 짐승(대속죄일의 두 번째 염소는)은 희생 제물로 바쳐지는 것이 아니라 광야로 쫓아낸다.

125) 이 주제의 다양한 차원들에 대한 최근의 고찰로는 Gunton 1988, ch. 5; Sykes (ed.) 1991을 보라. 특히 Hayward (22-34)는 적어도 벤 시락서에서 희생 제사는 "피조물이 처해 있고 온 우주에 스며들어 있는 신의 질서에 대한 지상적인 반영"(29f.)이라고 주장한다.

자기가 신의 백성에 여전히 속해 있다는 것을 확인받는 개인이 드리는 속건제
가 있었다. ("높은 손으로," 즉 고의적으로 죄를 범하는 것은 이론상으로는 죄
인이 이스라엘로부터 잘려나가는 것을 의미하였기 때문에, 그러한 범죄들에
대해서는 그 어떠한 희생제사도 없었다.[126]) 논리적으로 이 둘 사이의 어느 지
점에 속죄일, 민족 전체 또는 민족의 구성원으로서의 개인이 모든 단계에서
이스라엘의 신에게 범죄하였고 심판을 받아 마땅하지만 희생제사를 드림으로
써 죄 사함과 재긍정을 받을 수 있었다는 것을 인정하는 개인 및 집단의 희생
제사를 드리는 때가 있었다. 어떤 상황 아래에서 어떤 짐승들을 죽이는 것이
어떻게 그리고 왜 그런 결과를 가져오는지에 대해서 명확한 이론이 형성되어
있지는 않았지만, 사람들이 절기에 대규모로 참여한 것, 여러 희생제사들을 주
기적으로 사용한 것은 평균적인 이스라엘 사람들은 그러한 희생제사들이 효
과가 있다고 굳게 믿었다는 것을 분명하게 보여 준다.

달리 말하면, 희생제사 제도는 우리가 이미 살펴본 바 있는 세계관의 한 측
면을 실현하고 제도화하는 한 방식으로서의 기능을 하였다는 말이다: 이스라
엘의 계약의 신이 자기 백성의 운명을 회복하시고 그들을 그의 참된 구속받은
공동체로 만드실 것이라는 신념; 그리고 신이 이런 식으로 민족 전체에 대하
여 행하시고자 하는 것을 그 민족 내의 개개인들에게도 행하실 것이라는 신
념. 물론 최근에 아주 많은 저술가들이 지적해 왔듯이, 희생제사는 자동적으로
효과가 발생하는 것이 아니었다.[127] 희생제사의 효과는 적어도 부분적으로는
개인의 태도에 달려 있다고 생각되었다: 즉, 회개하는 것이 필요했다는 말이
다. 그러나 여기에서 중요한 것은 회개와 희생제사의 결합이 그 세계관 내에
서 어떤 기능을 하였는가를 아는 것이다. 유대인들이 회개나 희생제사 중 어
느 것을 계약의 백성에 입회하기 위한 수단으로 보았다는 그 어떤 암시도 없
다. 계약의 백성이 되는 것은 출생과 (남자의 경우에는) 할례를 통해서 이루
어졌다. 회개와 희생제사는 유대인들이 계약의 백성으로서의 그들의 지위를
유지하고 유대인들로 하여금 계약의 백성의 테두리 내에 머물러서 배제되지

---

126) cf. 예를 들면, 민 15:30f.; cp.mKer. 1:2; 2:6; 3:2; mShab. 7:1; 11:6; mSanh.
7:8; mHor. 2:1-6.

127) 예를 들면, Sanders 1977, 5ff., etc.; 1990a, 42f.; 1992, 251-78.

않을 수 있는 수단의 일부였다.[128]

이 시기의 희생제사에 부가되었던 무의식적인 의미에 대한 한 가지 단서는 희생제사가 부분적으로 이스라엘 역사 전체와 결합되어 있었다는 것이다. 포로생활 자체를 "사망"으로 보았고, 따라서 포로생활로부터의 귀환을 "부활"로 보았다고 한다면, 이스라엘의 사망을 어떤 의미에서 희생제사로 보아서, 포로생활은 단순히 이스라엘이 바벨론에서 신음하며 이방 땅에서 쓸쓸하게 복역하는 때가 아니라 자신이 범한 죄를 속죄하는 때라고 생각하게 되기까지는 그리 오래 걸리지 않았다. 유대인들은 포로생활을 민족의 악행에 대한 징벌이자 어떤 의미에서 죄와 악을 짊어진 의인으로서의 소명으로 바라보았던 것 같다. 이러한 관점은 이사야서 40~55장에 나오는 종의 노래들 중 네 번째(52:13~53:12)에 명시적으로 표현되어 있다. 야웨의 종은 시온의 환난과 장래의 회복을 자신의 몸으로 보여 주면서(52:7-10에 나오는 배경을 보라) 속죄의 제물로 죽었다가 다시 살아난다:

여호와께서 그에게 상함을 받게 하시기를 원하사
질고를 당하게 하셨은즉
그의 영혼을 속건제물로 드리기에 이르면
그가 씨를 보게 되며 그의 날은 길 것이요
또 그의 손으로 여호와께서 기뻐하시는 뜻을 성취하리로다.[129]

포로생활 자체가 희생제사로 이해되었다. 이스라엘 자신의 고난, 또는 이스라엘의 대표자 또는 집단의 고난을 이런 식으로 민족의 나머지 사람들을 신의 진노의 때로부터 구원하는 효과를 가져오는 구속적인 의미로 이해한 것은 마카베오 가문의 순교자들을 묘사하는 표현 속에서 가장 분명하게 드러난다:

128) 이것은 분명히 Sanders 1977에 의해서 유행하게 된 "들어서다"(getting in)와 "머물다"(staying in)라는 범주들을 더 날카롭게 다듬은 것이다. 이와 관련하여 나는 Harper 1988의 견해를 따라서 "도로 들어가다"(getting back in)와 "거의 내쳐질 뻔하다가 머물다"(staying in after nearly being thrown out)를 더 명쾌한 범주라고 생각한다.
129) 이사야 53:10. 이후의 유대 사상에서 이사야 53장의 해석에 대해서는 Schürer 2:547-9를 보라.

우리는 우리 자신의 죄 때문에 고난을 받고 있다. 그리고 우리의 살아
계신 주께서 잠시 진노하셔서 우리를 꾸짖고 징계하실진대, 주는 다시 자
신의 종들과 화해하실 것이다 … 나는 내 형제들과 마찬가지로 신에게
우리 민족에게 곧 긍휼을 베푸실 것을 호소하고 시련과 역병을 통해서
너[즉, 안티오쿠스 에피파네스]로 하여금 그분만이 하나님이심을 고백하
게 만들며 나와 내 형제들을 통하여 우리 민족 전체에 임했던 전능자의
진노를 끝내시기를 호소하면서 우리 조상들의 율법을 위하여 몸과 생명
을 포기하노라.[130]

마카베오4서에 나오는 병행문들은 이 주제를 한층 더 뚜렷하게 보여 준다:

오 하나님, 나는 내 자신을 구원할 수도 있었지만, 율법을 위하여 극심
한 괴로움 속에서 죽어가고 있다는 것을 주는 아십니다. 주의 백성에게
긍휼을 베푸시고, 우리가 받는 징벌로서 충분하게 하소서. 내 피로 그들을
정케 하시고, 내 생명으로 그들의 생명을 건지시옵소서.[131]

그러므로 하나님을 위하여 봉헌된 자들은 그러한 영예로서만이 아니라
그들로 인하여 우리의 대적들이 우리 민족을 다스리지 못하게 되고 독재
자가 벌을 받으며 고국이 정화되었다는 사실로 인하여 — 왜냐하면 그들
이 우리 민족의 죄를 위하여 속죄제물이 되었기 때문에 — 영예를 받는
다. 그리고 그 경건한 자들의 피와 속죄제사로서 그들의 죽음을 통하여

---

130) 2 Macc. 7:32-3, 37-8: cf. 6:12-16, etc. 일부 학자들은 *T. Mos. 9*에 나오는 Taxo
에 관한 이야기를 동일한 사건을 가리키는 것으로 보았다(Charlesworth 1983, 920:
Schürer 3:282를 보라). 이것이 맞든 안맞든, 이 이야기가 열방들에 맞서 이스라엘이 신
원된 것을 송축하고 있는 10장에 나오는 시 다음에 나온다는 사실은 이러한 개념들이
전반적으로 서로 연결되어 있다는 것을 보여 준다. 개별적으로 하나님의 진노를 누그러
뜨린다는 것과 관련된 개념은 Sir. 45:23: 48:10에서 비느하스 및 엘리야와 결부되어
있다.

131) 6:27-9: 마지막 구절은 katharsion auton poieson to emon haima kai
antipsychon auton labe ten emen psychen으로 되어 있다.

하나님의 섭리는 이전에 학대받았던 이스라엘을 보존하였다.[132]

희생제사라는 이 주제는 개인의 괴로운 양심에 대한 치유책이라는 이해보다 훨씬 더 깊은 의미를 지닌다. 연례적인 순례 절기들은 단순히 수많은 개개 유대인들이 신과의 개인적인 관계를 회복하는 때가 아니라 민족적 경축의 때들이었고, 민족적(즉, "종교적"임과 동시에 정치적·사회적) 소망을 재천명하는 때들이었다.[133] 그리고 이러한 개념들의 전체적인 복합체 속에서 희생제사는 중요한 몫을 하였다. 의심할 여지 없이 부분적으로 희생제사는 한 분 참된 신에 대한 정해진 예배로 보아졌고, 이 한 분 신을 송축하는 것(감사제, 화목제 등을 통해서)은 그 자체가 이스라엘의 유일신 사상과 선택 사상을 재천명하는 일이었기 때문에, 따라서 이스라엘의 민족적 정체성과 소망을 재천명하는 일도 되었다. 하지만 부분적으로 희생제사 의식 자체에는 이 드라마를 통해서 심판과 구원, 포수와 회복, 죽음과 이스라엘이 간절히 바랐던 부활을 실현한다는 의미도 있었을 가능성이 크다. 희생제사 제의의 유지와 그 분명한 인기는 개인 경건의 깊이와 아울러 민족적 열망의 열기를 보여 주는 것이었다.

이 시기의 유대인들의 사상의 한 특징은 이와 동일한 주제를 좀 더 무시무시하고 폭력적인 방식으로 반영하고 있다. 몇몇 저술가들은 새 시대의 산고(産苦)와 관련하여 장차 엄청난 고난이 닥쳐올 시기, 이른바 "메시야적 재앙들"에 관하여 말하였다. 케이브(C. H. Cave)는 이렇게 말한다: "[이 시기의 유대인들의 저작들 속에서] 마지막 날의 일들에 대한 언급은 거의 언제나 다

---

132) 17:20-2; cf. 1:11. 여기에서 "대속물"이라는 표현은 이렇게 되어 있다: hosper antipsychon gegonotas tes ton ethnous hamartias. 이것은 6:29과 함께 칠십인역에서 antipsychon이 나오는 유일한 대목이다. "속죄를 위한 희생 제물로서의 그들의 죽음"을 의미하는 헬라어는 kai tou hilasteriou lou thanatou auton이다. 마카베오4서는 주전 2세기에 취한 태도 때문이 아니라, 이 글이 씌어졌을 무렵, 즉 주후 1세기 중엽에 지니고 있던 신념들을 보여 준다는 점에서 상당한 흥미가 있다: Farmer 1956, *passim*; Schürer 3:591를 보라(일부 학자들은 이른 시기의 연대 설정을 주장하지만, 여기서의 취지는 이 책이 주후 1세기에 사람들에게 알려져 있었고 널리 인기가 있었다는 것이다). 쿰란 문헌 속에서 이와 비슷한 사상들이 등장한 것에 대해서는 1QpHab 8:1-3 등을 보라.

133) 절기들에 대해서는 위의 제8장을 보라.

양한 형태로 반복되어 나오는, 특별한 괴로움과 환난의 시기가 구원이 동터오기 전에 먼저 일어나야 한다는 사상을 수반하고 있다.”[134] 이러한 사상은 다음과 같은 구절들을 통해서 추적될 수 있다:

> 에브라임의 불의가 봉합되었고
> 그 죄가 저장되었나니
> 해산하는 여인의 어려움이 그에게 임하리라
> 그는 지혜 없는 자식이로다
> 해산할 때가 되어도
> 그가 나오지 못하느니라.[135]

깃딤이 멸망하는 날에 이스라엘의 하나님 앞에서 전투와 끔찍한 살육이 있으리니, 이는 그날이 옛적부터 정하신 어둠의 자식들의 멸망의 전투를 위한 날이 될 것임이니라 … 그리고 그날은 하나님이 구속하실 백성에게 큰 환난의 날이 되리라: 모든 환난 중에 이와 같은 환난이 없으리니, 돌연히 시작되어 영원한 구속으로 끝이 나리라.[136]

그리고 주로부터 그 세대의 행사들에 대하여 큰 저주가 있으리니, 주는 그들을 칼과 심판과 사로잡힘과 약탈과 멸망에 붙이실 것이라. 그리고 주는 그들을 치기 위하여 열방의 죄인들을 일으키실 것이라 … 그날에 그들이 부르짖고 죄인들, 곧 이방인들의 손에서 구원해 달라고 소리 높여

---

134) Schürer 2:514. Cf. Schweitzer 1925 [1901], 265ff.; Allison 1985, esp. 115f; 그리고 Rowland 1982, 28, 43, 156-60, esp 159에 나오는 논의.

135) 호 13:13: 또한 cf. 사 42:13-16 등.

136) 1QM 1:9-12. 또한 쿰란 문헌중에서는 *Hodayoth*(1QH 3 6-18)의 네 번째, 특히 8-10행을 보라: "자녀들에게 사망의 진통들이 임했고, 그녀는 한 인간을 밴 채 고통 중에 몸부림친다. 사망의 진통 중에 그녀는 한 남자아이를 낳을 것이요, 지옥의 고통 중에 그녀의 혹독한 산통으로부터 기묘한 전능하신 모사가 나오리라: 그리고 인간은 사망의 진통으로부터 구원받을 것이다"(tr. Vermes 1987 [1962], 173f). 또한 1QpHab과 1QM, *passim*과 비교해 보라.

기도하리라. 그러나 그들을 구원해 줄 자가 아무도 없을 것이라 … [이 구절은 곧 이스라엘이 토라로 눈을 돌려서 구원을 받는 장면에 대한 묘사로 이어진다][137]

> 보라, 그날이 오리니, 내가 땅의 거민들을 찾아 가까이 오고, 행악자들로부터 그들이 행한 악행에 대한 벌을 요구하며, 시온의 굴욕이 끝이 나고, 이제 지나가게 될 시대에 봉인이 붙여질 때, 나는 이러한 표적들을 보이리라 … [표적들과 징조들의 목록이 그 다음에 나온다] … 그때에 친구들은 원수들같이 친구들과 전쟁을 일으키고, 땅과 거기에 거하는 자들은 두려워 떨 것이며, 샘물들은 곧추 서서 세 시간 동안 흐르지 않으리라. 내가 너희에게 미리 말해 두었던 모든 것을 따라 행하는 자들은 구원을 받겠고 나의 구원과 세상의 종말을 보리라.[138]

> 그때에 이것이 표적이 되리라: 공포가 땅의 거민들을 사로잡고, 수많은 환난들 속으로 빠져들며, 커다란 고통으로 빠져 들어갈 때. 그때에 그들은 마음속으로 그들의 큰 환난으로 인하여 "강하신 이가 땅을 더 이상 기억하지 않으시는구나"라고 말할 것이다: 그들이 소망을 잃을 때, 때가 이르리라.[139]

이스라엘은 극심한 고통을 통과할 것이다: 이 일 후에 이스라엘은 죄 사함을 받고, 세상은 치유될 것이다.[140] 이러한 신념이 우리가 살펴보고 있는 시대

---

137) *Jub.* 23:22-4.

138) 4 Ezra 6:17-25; cf. 5:1-9; 7:33ff.; 9:1-12; 13:29-31.

139 2 *Bar.* 25:2-4. 이와 일맥상통하는 본문들로는 cf. 2 *Bar.* 27:2-13; 48:31-41; 70:2-10; 72; 73; 1 *En.* 90:13-19; 91:12.

140) 구약에서는 이것은 겔 38:20; 호 4:3; 습 1:3; 단 12:1, 그리고 사 40~55장에 나오는 몇몇 "야웨의 종" 구절들에 반영되어 있고, 신약에서는 막 13장과 그 병행문들; 롬 8:17-27; 고전 7:26; 계 16:8 등, 랍비 문헌에서는 mSot. 9:15를 참조하라. 마지막 순간 직전에 나타나는 징조들에 관한 사상은 Sib. *Or.* 3:795-807; Jos. *War* 6:289, 299에 반영되어 있다. 그 밖의 다른 본문들은 Schürer and Rowland, loc. cit.에 열거되어 있

에 이런저런 다양한 형태로 얼마나 널리 퍼져 있었는가를 말하기는 불가능하다. 그러나 확실한 것은 "민족의 죄에 대한 대가로서의 공동체적인 고난은 전통적인 사상이었고, 주후 1세기에도 여전히 살아 있었다"는 것이다:[141] 이러한 사상은 우리가 살펴보고 있는 혼란과 혼돈의 시기 가운데에서 유대인들의 민족적 자기 이해에서 중요한 역할을 하였고, 초기 그리스도인들(그리고 아마도 예수 자신)은 이 사상을 받아들여서 재해석하였다.

그러므로 우리는 유대인들의 자기 이해 속에는 이스라엘이 신의 선택을 받았음에도 불구하고 죄인들의 민족이라는 사실을 다루는 다양한 방식들이 존재하였다는 것을 알 수 있다. 통상적인 희생제사와 절기들을 통해서이든, 순교자들의 고난을 통해서이든, 다가올 새 시대의 탄생을 알리는 장래의 커다란 환난을 통해서이든, 창조주는 자기 백성을 죄와 사망을 거쳐서 그가 약속한 영광스러운 미래로 이끄실 것이다. 이러한 모든 사상들의 공동체적 성격을 간과하지 않는 것이 중요하다. 개개 유대인들이 신 앞에서의 자신의 상태에 대하여 성찰하는 경우에, 그것은 민족이든 어떤 특정한 분파이든 더 큰 집단의 구성원으로서 그렇게 하는 것이었다. 희생제사와 고난은 택함 받은 백성이 그러한 그들의 지위를 유지하고 결국에는 구속에 이르는, 이상하게 보이지만 신이 정하신 수단이었다. 마찬가지로 이런 식으로 좀 더 폭넓은 소망이 탄생될 것이었다: 온 세상은 신이 정하신 질서와 조화로 다시 되돌아가게 될 것이다.

6. 신념들: 맺는 말

우리는 지금까지 이 시기의 유대인들의 소망을 지탱해 주었던 일련의 신앙(신념)체계를 간략하게 살펴보았다. 나아가 우리는 이러한 신앙들이 이 시기의 유대인들 가운데서 발생한 사상과 행동의 다양한 움직임들을 둘러싸고 있었던 소망을 어떻게 탄생시켰는지도 아울러 살펴보았다. 위의 제2부에서 간략하게 설명한 모형에 비추어서 우리는 이러한 상황을 다음과 같이 요약할 수 있을 것이다.

다. 나는 Goodman 1987, 217의 주장과는 달리 *War* 6:364에 나오는 구절이 "메시야적 재앙" 주제에 해당하는지를 잘 모르겠다.

141) Rajak 1983, 97; 이 논의 전체는 의미심장하다.

우리는 이미 제2성전 시대 유대교의 기본적인 세계관을 설명한 바 있다(위의 제8장). 우리는 지금 그 세계관 전체를 신학적으로 설명하는 일련의 기본적인 신념들이 아주 간단하게 유일신 사상, 선택 사상, 종말론으로 요약될 수 있다는 것을 알았다. 한 분 창조주 신이 계시고, 그 신은 이스라엘을 자기 백성으로 택하셔서 이스라엘에게 토라를 주시고 그의 거룩한 땅에 이스라엘을 세우셨다. 신은 이스라엘을 위하여 및 이스라엘을 통하여 온 세상에 그의 심판과 정의, 그의 지혜와 샬롬을 다시 굳게 세우기 위하여 역사하실 것이다. 그리고 이번에는 이러한 기본적인 신념들을 일상적인 수준에서 표현하고 있는 부수적인 신념들은 유대교의 서로 다른 여러 집단들이 의견의 불일치를 드러내기 시작하는 지점으로서 유일신 사상이 실제로 무엇을 의미하는지에 관한 세부적인 내용과 관련이 있다. 부수적인 신념들은 계약을 어떻게 유지하여야 하고, 토라를 현재에 어떻게 이루어야 하는가에 관한 세부적인 내용과 관련된 것이다: 그것들은 이스라엘의 신이 가까운, 그리고 먼 미래에 무엇을 행하실 것인지에 대한 세부적인 내용들, 특히 그러한 미래를 오게 하기 위하여 이스라엘이 무엇을 해야 하는지에 관한 문제에 초점이 맞춰져 있다. 존재론, 윤리, 종말론, 정치에 관한 세부적인 질문들은 이러한 기본적인 신념들로부터 자연스럽게 따라 나오기 때문에, 우리는 이러한 질문들이 당시의 유대인들을 당혹스럽게 하고 서로 갈라지게 했다는 것을 볼 수 있다. 앞에서 보았듯이, 이 말은 흔히 부수적인 신념들에도 그대로 적용된다: 자기들이 공통의 세계관을 공유하고 있다고 생각하는 사람들도 그 세계관이 구체적으로 어떻게 표현되어야 하는가를 놓고는 서로 의견이 맞지 않는다는 것을 발견한다. 이것을 다른 식으로 표현해 본다면, 신학적 불일치가 첨예하게 되는 것은 양측이 상대방에게서 자기가 소중히 여기는 세계관, 의문시되고 있는 기본적인 또는 부수적인 신념들에 반드시 수반하는 것으로 보는 세계관에 대한 위협을 느끼기 때문이다.

그러므로 주전 167년부터 주후 70년까지의 기간을 규정하였던 것은 단순히 종교적 세계관만이 아니라 정치적, 사회적, 특히 혁명적인 여러 가지 서로 다른 운동들을 형성하였던 이러한 신앙들이었다. 불만을 조장하고 혁명에 불을 붙인 열렬한 대망의 기초는 로마제국 체제의 불평등한 대우에 대한 단순한 좌절감이 아니라, 이러한 좌절감이 유대교의 유일신 사상, 선택 사상, 종말론이라는 맥락 속에 놓여졌다는 사실이었다. 계약의 신은 다시 한 번 역사하셔서 비참과 종살이와 슬픔과 포로생활의 시대인 "현세"(ha 'olam ha-zeh)를 대신할 "다가올 새 시대"(ha 'olam ha-ba)를 탄생시키실 것이다. 이제 우리는 이 소망에 우리의 눈을 돌려보자.

제 10 장

이스라엘의 소망

우리는 제2성전 시대의 유대인들의 근본적인 세계관 및 그러한 세계관을 지니고 있었던 사람들의 특징을 이루고 있던 기본적인 신앙들이 반드시 어떤 종류의 종말론을 포함하고 있었다는 것을 살펴본 바 있다. 물론 근본적인 변화의 필요성을 낮게 평가하고 기뻐한 유대인들도 일부 있었을 것인데, 아마도 권력을 행사하고 있던 자들이 그랬을 것이다: 그러나 대부분의 유대인들은 이스라엘의 운명에 새로운 전기(轉機)를 소망하고 있었고, 그중 일부는 열렬하게 소망하고 있었다. 한 분 창조주 신이 계시고, 이스라엘이 그의 백성이라면, 이 신은 조만간 이스라엘의 운명을 회복하기 위하여 역사하실 것임에 틀림없다. 이스라엘은 여전히 "포로생활"의 상태에 있고, 이것은 분명히 바로 잡아야 한다. 계약이 갱신될 것이기 때문에, 계약적 삶의 상징들도 회복될 것이다: 성전이 재건될 것이고, 이 땅이 정화될 것이며, 토라가 새로운 계약의 백성에 의해서 새로워진 심령으로 완전하게 지켜지게 될 것이다. 이제 우리는 이 소망을 좀 더 직접적으로 살펴보지 않으면 안 된다. 무엇보다도 먼저 우리는 그러한 소망을 표현하는 데 사용된 특징적인 언어 체계들 중의 하나를 살펴보아야 한다.

1. "묵시사상"

(i) 들어가는 말

제2성전 시대의 유대교의 모든 측면들과 마찬가지로 "묵시사상"은 최근에 상당한 관심을 받아왔고, 나는 그러한 논의들 속에 들어갈 수조차 없지만, 내가 여러 해에 걸쳐서 도달하게 된 견해를 설명하지 않으면 안 되게 되었다. 최근의 몇몇 저술가들과 맥을 같이하여, 나는 "묵시사상"에 대한 정의를 제시하는 것이 아니라 몇몇 중요한 구별들을 내포하는 서술을 제시하는 좀 더 안전한 길을 따라 나아가고자 한다; 그리고 일단 우리가 그러한 구별들을 하고 난 후에는, 우리는 묵시사상이라는 단어에 인용부호를 붙이지 않고, "묵시사상"의 서로 다른 의미들을 그 자체로 다룰 수 있게 될 것이다.[1]

(ii) 문학양식과 언어 관습

우리는 제2성전 시대에 도처에서, 즉 유대교에서만이 아니라 기독교를 비롯한 고대 지중해 및 근동의 여러 종교들 속에서 묵시론적 저작들을 만나게 된다.[2] 문학에 적용하는 경우에, 이 단어는 통상적으로 특정한 양식, 즉 환상 체험 및 그 해석을 보도하는 양식을 지칭한다. 이러한 환상 체험들에 대해서는 여러 가지 주장이 제기되고 있다: 환상들은 통상적으로는 인간이 알 수 없는 일들을 드러내 주는(여기에서 "묵시사상"이라는 말이 나왔다; "계시" 또는 "드러냄"을 가리키는 헬라어) 신의 계시들이다.[3] 이러한 환상들은 역사의 진행과정, 좀 더 구체적으로는 이스라엘 역사의 진행과정에 관한 경우도 있고, 다른 세상으로의 여행에 초점이 맞춰져 있는 경우도 있으며, 이 둘을 결합한 경우도 있다. 나는 다소 임의적으로 선택한 두 가지 예를 제시할 것인데, 족장 아브라함의 입에 넣어진 환상에 관한 묘사로부터 시작해 보자:

우리는 하나님의 산, 영광스러운 호렙에 당도했다. 그리고 나는 천사에게 "영원하신 이의 노래하는 자여, 보라 내게는 희생제물도 없고, 이 산에서 제단이 있는 곳도 모르는데, 어떻게 내가 희생제사를 드릴 수 있겠

---

1) 나는 여기에서 어느 정도 Collins 1979, 1987을 따른다. 후자는 Rowland 1982와 아울러 이 주제 전체에 대한 최근의 훌륭한 입문서 역할을 한다.

2) Hellholm 1983; Aune 1987, ch.7을 보라.

3) Collins 1987, 4에 의한 자세한 정의를 참조하라: "다른 세상의 존재를 통해서 그 수용자인 인간에게 계시를 전하면서 종말론적 구원을 상정하고 있다는 점에서, 또한 시간적이고 또 다른 초자연적 세계를 포함하고 있다는 점에서, 공간적인 초월적 실체를 드러내는 서사적 구도를 갖춘 계시 문학의 한 장르."

소?"라고 말했다. 그러자 천사는 "당신 뒤를 보시오"라고 했다. 나는 내 뒤를 돌아보았다. 그러자 보라, 율법에 규정된 모든 희생제물들이 우리를 따라오고 있었다. 천사가 내게 말하기를, "이 모든 것들을 잡아서 산비둘기와 집비둘기를 내게 주시오. 내가 그 새들의 날개 위에 올라서 당신에게 하늘에 있는 것, 땅에 있는 것, 바다에 있는 것, 음부에 있는 것, 지하에 있는 것, 에덴 동산과 그 강들에 있는 것, 충만한 만유 속에 있는 것을 보여 주리다. 그러면 당신은 만유의 모든 부분들을 보게 될 것이오."[4]

"하늘에 있는 것, 땅에 있는 것, 충만한 만유 속에 있는 것을 당신에게 보여주리다." 여기에 묵시사상의 핵심이 있다: 아브라함에게 온갖 종류의 비밀들이 계시된다. 그 결과 아브라함은 참 신을 섬기는 새로운 방식들을 알게 되고, 마침내 이스라엘의 장래의 구원을 얼핏 엿보게 된다(31장).

두 번째 예는 예레미야의 비서였던 바룩의 글로 알려져 있는 글에 나온다:

이 일을 말하고 나서 나는 그 자리에서 깊은 잠에 빠졌고 그 밤에 환상을 보았다. 그리고 보라, 평지에 심겨진 나무들이 숲을 이루고 있었고, 그 숲은 높은 산들과 울퉁불퉁한 바위들에 의해 둘러싸여 있었다. 그 숲은 많은 면적을 차지하고 있었다. 그리고 보라, 그 숲 맞은편에 한 포도나무가 솟아났고, 그 아래로부터 샘이 평화롭게 흘렀다. 그리고 그 샘은 숲에 당도하자 커다란 파도로 변했고, 그 파도들은 숲을 잠기게 하였고 순식간에 숲 전체를 뿌리 뽑으며 숲을 둘러싸고 있던 모든 산들을 뒤집어 버렸다. 높이 솟아올랐던 숲은 낮아졌고, 산들의 꼭대기도 낮아졌다. 그 샘은 너무도 강력했기 때문에 백향목 한 그루를 제외하고는 큰 숲이 흔적도 없이 사라지고 말았다. 샘이 그 백향목을 집어던지자, 그 백향목은 숲 전체를 파괴하고 뿌리채 뽑아버렸기 때문에 숲은 흔적도 없이 사라지고 숲이 있던 장소는 더 이상 아무도 알 수 없게 되었다. 이때에 포도나무가 샘과 함께 평화롭고 극히 안온하게 백향목으로부터 멀지 않은 곳에 당도해서, 그것들은 그에게 앞서 던져졌던 그 백향목을 가져왔다. 이러한 일들

---

4) *Apoc. Abr.* 12:3-10.

후에 나는 그 백향목이 불타고 포도나무가 자라는 모습을 보았는데, 포도나무와 그 주변의 모든 것들은 시들지 않는 꽃들로 가득 찬 골짜기가 되었다. 이때에 나는 잠에서 깨어 일어났다.[5]

그런 후에 바룩은 이 환상의 의미를 이해할 수 있게 해 달라고 기도하고, 해석이 주어진다: 악한 나라(백향목 한 그루만이 남게 된 숲)는 심판을 받고, "부패한 세상이 끝장나고 앞서 언급했던 때들이 성취될 때까지 영원히 지속될"(40:3) 메시야의 나라("샘과 포도나무 같은 나의 기름 부음 받은 자의 통치," 39:7)로 대체될 것이다.

이 두 가지 예는 묵시문학 양식의 전형을 보여 준다. 첫 번째의 예에서는 환상을 보는 자가 천사에 의해서 하늘과 땅, 만물의 처음과 마지막에 관한 비밀들을 비롯한, 정상적으로는 숨겨져 있는 수많은 일들을 보도록 초청받는다. 이를 통해서 그는 한 분 신을 온전히 이해하고 예배할 수 있게 된다. 또한 이 환상은 아브라함의 가족인 이스라엘이 마지막 날에 구원받을 것을 보여 준다. 두 번째의 예에서 환상은 좀 더 구체적으로 특정한 역사적 배경과 관련되어 있다. 이 환상은 신실한 자들에게 현재 그들을 압제하고 있는 나라는 무너지고 이스라엘이 회복될 것을 확언한다. 이 두 가지 발췌문들은 묵시문학 장르의 양식만이 아니라 통상적인 내용과 관련해서도 그 전형을 보여 주고 있다.

그렇다면 문학적 감수성의 차원에서 그러한 작품들은 어떻게 읽어야 하는가?[6] 그러한 작품들에 사용된 언어의 상징적이고 여러 겹으로 이루어진 질감(質感)을 보는 안목이 있어야 할 것은 분명하다. 샘과 포도나무에 관한 바룩의 환상은 성경의 이미지에 많이 의존하고 있는 것으로서 이미 이스라엘의 곤경과 다가올 구속에 관한 앞서의 환상들과 기도들에 관한 반향(反響)들을 일깨워 준다.[7] 선지자들의 풍부한 이미지는 약간 더 정교한 문체로 표현되어 있기는 하지만 매우 비슷한 내용을 지니고 부활한다. 바룩2서의 저자는 분명히 숲과 포도 재배에 관하여 쓰고 있는 것이 아니었다: 주후 70년의 재앙 이후

---

5) *2 Bar.* 36:1-37:1.

6) 위의 제3장을 참조하라.

7) 샘: 슥 13:1; cf. 렘 2:13, 포도나무, 백향목: 시 80:8-19; 사 5:1-7; 겔 17:1-24.

를 살아가면서 그는 이스라엘, 그러니까 이스라엘의 압제와 장래의 소망에 관하여 뭔가를 말하고자 하였다. 그러나 숲과 식물들이 아무런 상관이 없는 것은 아니다. 그것들은 그로 하여금 사회종교적인 담론에 관한 (적어도) 두 가지 내용을 알 수 있게 해 준다: 성경에 나오는 이전의 예언을 반영하고 있는 내용들을 그러한 것들에 익숙해져 있던 독자들에게 일깨워 주는 것과 신의 권위가 부여되어 있는 양식을 통해서 소망 가운데 인내하라는 그의 메시지를 던지는 것. 이전의 선지자들은 "야웨께서 이와 같이 말씀하시니라"라고 말을 시작했을 것이다: 바룩2서는 신이 주신 환상과 해석을 수세기 이전의 한 위인의 입에 넣어서 묘사한다. 저자들이 의도한 효과는 대체로 동일하다. 따라서 이런 유형의 환상 문학에서의 서로 다른 의미의 층위(層位)들은 단지 하나의 차원의 의미로 단순화시켜서는 안 되고, 완전한 다성부(多聲部) 음악으로 들어야 한다. 이런 말을 한 세기 전에 했더라면, 성서학계는 수많은 잘못된 전철들을 밟지 않았을 것이다. 묵시문학의 언어는 어떤 사건을 다른 사건의 견지에서 묘사함으로써 첫 번째 사건의 "의미"를 이끌어내기 위하여 복잡하고 대단히 화려한 은유들을 사용한다.[8]

우리 자신도 늘 그런 식으로 행하고 있다. 나는 흔히 학생들에게 우리가 베를린 장벽이 무너진 것을 "땅을 요동시킬 사건"라고 묘사하면 미래의 어떤 역사가가 초기 유럽학에 관한 것을 화성인잡지에 기고하면서 지진으로 인하여 베를린 장벽이 무너졌고 이를 통해서 쌍방이 결국 함께 살 수 있다는 것을 깨닫게 되었다고 쓰게 될 것이라고 말하곤 한다. 우리 시대에 묵시문학에 대한 상당수의 읽기들이 바로 이런 식의 오해 위에서 이루어지고 있다.

한 가지 예를 더 들어보자. 다섯 사람이 동일한 사건을 묘사하고 있다. 한 사람은 "나는 흐릿한 색채와 갑작스럽게 큰 소리를 들었다"고 말한다. 다음 사람은 "나는 어떤 기구가 도로를 따라 요란스런 소리를 내며 질주해 내려가는 것을 보고 들었다." 다음 사람은 "나는 앰뷸런스가 병원으로 가는 것을 보았다." 네 번째 사람은 "나는 방금 비극을 목격하였다." 다섯 번째 사람은 "이것은 내게 세상의 종말이다"라고 말한다. 동일한 사건이 다섯 가지의 참된 진술들을 발생시켰는데, 연속적으로 등장한 각각의 진술들은 그에 앞선 진술보

---

8) 위의 제2부 제3장과 제5장을 보라. 나는 여기에서 Caird 1980, ch. 14을 따른다.

다 더 많은 "의미"를 지니고 있다. 이와 비슷한 현상을 보여 주는 성경에 나오는 예는 사무엘하 18:29-33이다. 다윗은 자기에게 반기를 든 아들 압살롬을 치러 나간 그의 군대에 관한 소식을 기다리고 있다. 첫 번째 사자가 "커다란 소동을 보았는데, 일이 어떻게 된 것인지는 알지 못합니다"라고 말한다. 두 번째 사자는 "내 주 왕의 원수들과 당신을 해하려 일어난 모든 자들이 저 젊은 이와 같기를 기원하나이다"라고 말한다. 두 사람 다 동일한 사건을 묘사했고, 두 번째 사람은 그 사건에 의미를 부여하였다. 그러나 두 번째 사람은 다윗이 들어야 했던 것, 즉 압살롬이 죽었다는 말을 하지 않았을 뿐만 아니라, 그 소식에 추가적인 논평, 즉 자기 자신이 왕의 충성스러운 신하라는 논평을 덧붙였다. 아마도 그는 좋은 소식, 그러나 혼란스러운 소식을 가져온 자에게 다윗이 화를 낼 것이라는 것을 알고 있었기 때문에(삼하 1:12-16), 메시지를 애매모호하게 전하고 충성의 표현이 되게끔 하는 쪽을 선택하였다. 이번에는 다윗이 그 동일한 사건에 관하여 자신의 진술을 한다: "오, 내 아들 압살롬, 내 아들, 내 아들 압살롬! 차라리 내가 네 대신에 죽었더라면 좋았을 것을, 오 압살롬, 내 아들아, 내 아들아!" 여기서 각각의 화자(話者)는 동일한 사건을 언급하고 있다. 서로 다른 발화 양식들은 거론되고 있는 현실에 점점 더 많은 의미층위들을 부여한다.

사건들에 관한 진술들은 통상적으로 사건들의 의의와 의미를 드러내고 사람들로 하여금 외부에서 뿐만 아니라 내부로부터 그 사건들을 볼 수 있도록 하기 위하여 이런 식으로 온갖 종류의 뉘앙스들과 세밀한 의미들이 부여된다. 이스라엘에 대한 사건들이 창조주 신에 관한 사건이기도 하다고 믿었던 문화속에서 이스라엘의 역사 내에서의 사건들을 언급함과 동시에 그 세계관 내에서 그 사건들이 지닌 온전한 의미를 부여할 수 있는 언어가 발견되어야 했다. 우리가 살펴보고 있는 시기에 그러한 언어 중 하나가 바로 묵시문학이었다.

더 구체적으로 말하면, 계약의 신이 자기 백성을 구원하기 위하여 역사하실 장래의 그날에 관하여 쓰거나 말하고자 했던 사람들은 서로 다른 여러 발화양식들을 활용할 수 있었다는 말이다. 출애굽과 관련된 은유들이 당장 머리에 떠오를 것이다: 그리고 출애굽은 오랫동안 창조 행위 자체와 결부되어 있었기 때문에,[9] 창조와 관련된 은유들도 사용하기에 적절했을 것이다. 해는 어두워지고, 달은 핏빛으로 변한다.[10] 이런 표현은 계약의 신이 역사하실 때에 그것은 우주적 의미를 지니는 사건(계몽주의 이후의 기준에 의하면, "현세적인" 사건: 세속 역사가들은 어떤 설명을 할지 모르지만)이 될 것이라는 말이다. 다시 한 번 말하자면, 우리는 앞 장에서 논의했던 내용을 염두에 두어야만 이것을 이해할 수 있게 된다는 말이다: 이스라엘은 시온이라 불린 언덕 위에 거처하기로 선택하신 신이 다름 아닌 만유의 창조주이시고, 이 거룩한 땅은 새로운 에덴이 되기로 되어 있었다고 믿었다. 창조 및 계약의 유일신 사상이라는 배경 속에서 묵시문학적인 언어는 그 휘황찬란한 의미를 드러낸다. 실제로 이스라엘의 소망을 정교하게 표현하고 동시에 그 소망에 온전한 의미를 부여하기 위해서는 묵시문학적인 언어보다 더 좋은 언어체계가 과연 있을 수 있는지 생각하기 어려울 정도이다.

우리는 모든 "묵시론적" 저작들이 반드시 동일한 또는 유사한 의미 층위들을 지니고 있었다고 생각해서는 안 된다. 오히려 그 정반대다. 내가 앞에서 언급한 『아브라함 묵시록』에 나오는 한 예에서 환상을 통해서 아브라함이 본 수많은 것들은 초자연적이거나 초월적인 실체들로서 시공간의 세계와의 유일하게 분명한 연관은 몇몇 경우들에서 그것들이 죽은 지 오래된 자들의 운명과 관련이 있다는 것뿐이다. 그 환상들 중 일부는 천상계 자체의 영광을 다루고 있다. 우리가 알고 있는 한, 이러한 묘사 중 많은 부분은 "문자적으로," 즉 천상의 실체에 대한 직접적인 묘사로 받아들이도록 의도되어 있다.[11] 또한 바룩2서와 마찬가지로 주후 70년의 성전 파괴 이후에 씌어진 에스라4서 같은 책은 실제의 신비 체험 동안에 본 실제의 환상들을 담고 있는 동시에 실제의 이스라엘, 그러니까 이스라엘의 현재의 고난과 장래의 소망에 관하여 말하고자 하는 의도를 지니고 있다고 할 수 있다.[12] 묵시문학의 은유적인 언어는 역사에

9) 예를 들면, 사 51:9-11.

10) *T. Mos.* 10:5. 아래의 서술을 보라. 예레미야는 포수(捕囚) 사건들을 언급하기 위하여 창조를 무효화하는 것에 관한 "우주적" 표현을 사용하였다: 예레미야 4:23-8(아래를 보라).

11) (많은 본문들이 그러하듯이) 에스겔서 1장에 나오는 병거 환상과 비슷한 환상들을 묘사하고 있는 *Apoc. Abr.* 19, 20을 참조하라. 이 주제 전체에 대해서는 Gruenwald 1980을 보라.

신학적 의미를 부여한다; 종종 이러한 은유는 하늘과 땅 사이에 드리워진 휘장을 꿰뚫고 들어가 그 이면(裏面)을 직접적으로 말하기 위한 수단으로 묵시론적 저작들을 사용하기도 한다.

우리가 이 모든 것으로부터 도출되는 결론을 아는 것은 특히 초기 그리스도인들을 비롯한 주후 1세기 유대인들의 세계관을 온전하게 이해하는 데 아주 중요하다. 그들이 다가올 새 시대를 묘사하기 위하여 우주적인 이미지를 사용했다고 보면, 그러한 언어를 조악하게 문자 그대로의 의미로 읽어서는 그 언어를 망쳐놓는 일이 되고 말 것이다. 물론 장차 이루어질 회복은 휘황찬란하고 대단히 은유적인 색채들을 통해서 묘사되었다. 저자들은 다가올 역사적 사건들이 지니게 될 엄청난 의미를 보여 주기 위하여 그들이 입수할 수 있는 모든 이미지를 다 빌려 왔다. 그들이 어떤 다른 방식으로 장차 일어날 일의 온전한 의미를 충분히 표현할 수 있었겠는가? 한 실용주의적 성향을 지닌 영국 수상이 자신의 정치적 사명을 모세가 이스라엘 자손을 자유로 이끈 것에 견주어서 생각하였을진대,[13] 역사상의 이스라엘 자손들이 출애굽과 창조의 이미지를 사용하여 그러한 역사적 기억들과 명백한 연속성을 지니고 있는 자유에 대한 그들의 소망을 표현하였다고 하여도, 그것은 전혀 이상한 일이 아니다.

잘 알다시피, 그러한 언어의 진정한 의미를 정확하게 결정하는 일은 흔히 어렵고, 이것은 실제로 금세기에 커다란 논쟁이 되어 왔다.[14] 여기에서 가장 큰 영향력을 발휘한 것은 주후 1세기의 유대인들은 물리적인 세계가 종말을 고할 것을 기대하였다고 본 알버트 슈바이처의 견해였다.[15] 슈바이처는 이 사건을 신적인 메시야라는 인물이 이 땅에 임하는 것을 포함한 유대인들 공통의 기대였다고 생각하였다. 이 사건은 몇몇 초기 기독교 자료로부터 빌려 온 언어를 사용하여 보통 "파루시아"로 언급되어 왔는데, 이 단어는 슈바이처가 그의 이론의 토대로 삼았던 초기 유대교 저작들에서 그런 의미로 사용되지 않는

---

12) 최근에는 특히 Stone 1990을 보라.

13) 1976년 3월에 취임한 James Callaghan.

14) Caird 1980, ch. 14; Rowland 1982; Koch 1972; Hellholm 1983; Collins 1987; Stone 1984; etc.을 보라.

15) Schweitzer 1954 [1910], 1968b [1931]를 보라.

다. 이 가설적인 사건은 통상적으로 장차 도래할 신의 나라에 관한 언어에 의해서 지칭되었다고 슈바이처와 그의 추종자들은 생각하였다.

나는 케이드(Caird), 글레슨(Glasson), 보그(Borg) 등과 같은 학자들이 제시한 슈바이처에 대한 비판이 정곡을 찌르고 있다는 견해에 도달하게 되었다.[16] 의심할 여지 없이 종종 사람들은 표적과 징조에 관한 신념체계 내에서 이례적인 자연 현상들을 기대했고 목격했고 해석하였다. 틀림없이 일식들, 지진들, 운석들 및 그 밖의 자연 현상들은 이상한 사회정치적 사건들이 스스로를 알리는 방식의 일부로 여겨졌다. 결국 만유는 서로 연결된 전체로 취급되었다(이것은 폐쇄된 연속체와 동일한 것이 아니다). 그러나 야웨가 이스라엘을 회복하는 과정의 절정으로서 도래할 것이라고 기대되었던 것들을 포함한 여러 사건들은 현세의 범위 내에 여전히 머물러 있었다. "신의 나라"는 장차 종말을 고하게 될 세계와는 아무런 관련이 없었다. 그것은 유대인들의 기본적인 세계관이나 유대인들의 소망을 표현하고 있는 본문들을 설명해 주지 못한다. 세상이 장차 불로 녹을 것이라고 믿었던 사람들은 주후 1세기 유대인들이 아니라 스토아 학파 사람들이었다. (학자들은 그러한 기대를 교회가 유대교를 떠나면서 벗어나게 된 유대인들의 괴팍스러운 측면으로 생각했었지만, 사실은 그것은 교회가 유대교를 떠나서 진입하게 된 이교적인 괴팍스러운 사상이었다는 것은 참으로 흥미롭다 — 그리고 일부 유대인들은 과거의 민족적 소망에 절망한 후에 내면적인 또는 신비적인 소망으로 기울었다.[17]) 공간과 시간, 문자적인 우주론에 관한 문제들보다 주후 1세기의 유대인들에게 훨씬 더 중요했던 것은 성전, 땅, 토라, 인종, 경제, 정의에 관한 핵심적인 문제들이었다. 이스라엘의 신이 역사하게 되면, 유대인들은 그들의 조상대대로의 권리들을 회복하게 될 것이고, 그들의 조상대대로의 종교를 수행하게 될 것이며, 세상의 나머지 사람들은 깜짝 놀란 눈으로 그들을 지켜보거나 시온으로 순례하거나 유대인들의 발 아래 분쇄되고 말 것이다.

물론 그러한 언어에 대한 "문자주의적인" 읽기는 금세기의 신약학에 지대

16) Caird, loc. cit.; 또한 Glasson 1977; Borg 1987을 보라. 또한 Cranfield 1982를 참조하라.

17) 나는 이 점을 내게 지적해 준 R. D. Williams 교수에게 감사한다.

한 영향을 미쳤다. 우리가 주후 1세기의 유대인들의 대부분과 초기 그리스도 인들을 시간과 공간으로 이루어진 우주가 어느 날 갑자기 모두 멈추게 될 것 을 확신 있게 기대하고 있다가 결국 실망한 사람들이라고 생각한다면, 우리는 그들과 우리 사이의 거리를 단순한 연대기의 거리보다 훨씬 더 크게 넓혀 버 리는 결과를 초래하고 말 것이다. 우리는 그들이 그들의 세계관의 중심에 놓 았던 것에 관하여 결정적으로 잘못 생각했다는 것을 알기 때문에, 그들을 진 지하게 취급하려는 시도를 포기하거나 난파선에서 그래도 무엇인가를 건져낼 수 있는 어떤 해석학을 구축하지 않으면 안 된다. 바로 이것이 슈바이처와 불 트만 — 그리고 몇 가지 점에서 이 두 사람의 후계자라고 할 수 있는 케제만 — 이 그토록 열정적으로 관심을 기울여 수행하였던 작업이었다. 아울러 공간 과 시간으로 이루어진 세계가 종말을 맞을 것이라는 사상은 앞 장에서 논의한 이원성들 중에서 세 가지를 전혀 비유대적인 방식으로 결합시킨 급진적인 이 원론과 밀접하게 결합되어 있다: 창조주와 세계의 구별, 물리적인 것과 비물 리적인 것의 구별, 선과 악의 구별. 그 결과는 현재의 물리적인 세계는 구속될 수 없다고 보는 이원론적인 신앙이다. 이것을 통해서 "묵시사상"은 실제의 증 거들이 보여 주는 것을 훨씬 뛰어 넘어 영지주의에 가까운 것으로 여겨지게 되었고(아래를 보라), 이스라엘의 민족적 기대의 일부라는 그 배경으로부터 뿌리채 떨어져 나올 수 있었으며, 이렇게 해서 묵시사상이 영지주의로부터 파 생했다는 앞서의 이론을 어느 정도 밑받침하는 식으로 바울 신학에 대한 종교 사적 설명을 하는 데 일조를 할 수 있었다는 것을 의미한다.[18] 이것이 공간과 시간으로 이루어진 세계의 종말에 대한 "임박한 기대"에 대한 집착이 신약성 서에 대한 몇몇 그러한 읽기들에서 지극히 중요하고 양보할 수 없는 몫을 하 고 있는 이유이다.[19]

  슈바이처와 그의 추종자들이 주장하는 견해와 같은 그렇게 이례적인 그 무 엇을 시사해 주는 증거는 없다고 나는 생각한다. 선한 창조를 믿는 유일신론

---

  18) 이 모든 것에 대해서는 본 시리즈인 제3권을 보라.

  19) "Apokalyptic ist bei mir stets als Naherwartung verstanden"("내게 묵시문학은 언제나 임박한 기대를 의미한다")라고 Ernst Käsemann은 1983년 1월 18일에 필자에 게 보낸 편지에서 썼다. Käsemann 1969, chs. 4-5을 보라.

자들이었던 주류 유대인들은 현재의 우주를 떠나서 공간과 시간으로 이루어진 우주의 종말 후에 몸이 없는 영혼으로 즐기게 될 영원한 지복(至福)이라는 플라톤적인 영역으로 도피하고자 하는 소망을 지니고 있지 않았다. 이스라엘의 회복을 위하여 싸우다가 죽은 경우에 그들은 "천국에 가는" 것을 소망했거나 적어도 영속적으로 천국에 있는 것을 소망한 것이 아니라, 신의 나라가 도래할 때에 새로운 몸을 입고 부활하기를 소망하였다. 이것은 그들이 그들을 위해 예비되어 있는 현세에서의 샬롬, 즉 평화와 번영을 누리는 데는 새로운 몸이 필요했기 때문이다.[20]

그러므로 표준적인 묵시론적인 저작들의 문학양식 내에서 우리는 별 어려움 없이 그 뿌리를 고전적인 예언에서 찾을 수 있는 언어관습을 발견하게 된다: 복잡하고 많은 층위를 지닌 성경적인 이미지가 이스라엘의 과거, 현재, 미래의 시공간에서 일어난 사건들에 온전한 신학적 의미를 부여하기 위하여 사용되고 또 사용된다. 우리는 이 장의 나머지 부분에서 이 점을 계속해서 탐구하게 될 것이다.

(iii) 묵시사상의 배경들

우리가 방금 살펴보았던 문학적·언어학적 현상들에 대한 이러한 고찰을 통해서 구체적으로 세 가지가 드러난다: 그러한 글들이 탄생하고 번성했던 개인적, 사회적, 역사적 배경들.

첫째, 개인적인 배경. 묵시사상과 관련된 가장 어려운 문제들 중의 하나는 저자는 그가 기록하고 있는 환상들을 실제로 체험한 것인가, 아니면 단순히 생생하고 극적인 묘사를 위해서 그러한 문학 장르를 채택하고 있는 것인가 하는 것이다. 여기에는 어떤 연속체 같은 그 무엇이 개입되어 있을 가능성이 크다. 에스겔서 1장에 나오는 신의 병거 보좌에 관한 잘 알려진 묵상을 포함하는 유대교 전체의 신비 전승에 직면해서, 제2성전 시대의 유대인들은 신비적 묵상을 행하지 않았다고 말하는 것은 지극히 경솔한 판단이 될 것이고, 그들이

---

20) 부활 사상과 그것이 이러한 사고 구조 속에서 차지하는 위치에 대해서는 아래 제5절을 보라. 여전히 영광의 뉘앙스가 부여되어 있기는 하지만 확고하게 현세적인 종말론을 보여 주는 좋은 예는 *Sib. Or.* 3:500-800에서 찾아볼 수 있다.

신비적 묵상을 했다고 할지라도 결코 글로 기록할 만한 가치가 있는 것을 체험하지 못했을 것이라고 말하는 것도 지극히 오만한 판단이 될 것이다. 오히려 반대로 수많은 지혜롭고 경건한 유대인들은 기도와 묵상을 통해서 이스라엘의 신에게 더 가까이 나아가려고 진지한 노력을 했을 가능성이 훨씬 더 많다. 아울러 그들이 금식 같은 그러한 기법들을 사용했고, 토라, 예언서, 지혜문학들에 대한 묵상을 통해서 그들의 사고가 풍부해진 상태였다면, 그들 중의 일부는 신이 주신 환상이라고 주저 없이 말할 수 있는 그러한 체험들을 했을 가능성이 대단히 높다고 할 수 있다. 그들 중의 일부는 그러한 환상 체험들을 기록했을 것이다: 그러한 기록들 중의 일부는 최근의 판본들 속에서 볼 수 있는 초기 유대교 묵시문학들 중에 포함되어 있을 가능성이 대단히 크다. 유일한 문제점은 이것이다: 어떠한 것들이 그러한 저작들인가? 어떠한 묵시문학들이 이런 유의 체험을 반영하고 있고, 어떠한 것들이 "순수하게 문학적인" 저작들인가?

이 문제를 결정적으로 해결해 줄 만한 분명한 판별기준은 존재하지 않는다. 그것은 여전히 판단과 추측의 문제로 남아 있다. 그러나 내가 앞에서 말했듯이 적어도 일부 환상문학이 실제의 신비체험들로부터 유래했다고 한다면, 그와 같은 신비 체험들을 가지지 않았던 사람들은, 존 번연이 『천로역정』을 쓴 것과 마찬가지로, 경건한 허구로서 이 장르를 채용하였을 가능성이 크다:

> 내가 이 세상의 광야를 편력했을 때,
> 나는 어느 동굴에서 불을 밝히고 잠을 자기 위해 그곳에 누웠다:
> 잠이 들자, 나는 꿈을 꾸었다 …

> 그래서 나는 기쁜 마음으로 펜을 들었고,
> 빠르게 나의 생각들을 적어 나갔다.
> 나의 작업을 마치고, 여전히 펜을 잡고 있는데,
> 이때에 이런 일이 일어났다.[21]

---

21) John Bunyan, *Pilgrim's Progress*. 첫 번째 인용문은 이 책의 첫머리에 나오는 문장이고, 두 번째는 서문인 "본서에 대한 저자의 변명"에서 가져온 것이다.

존 번연과 마찬가지로 고대 묵시문학의 수많은 저자들이 그랬을 것이다. 그들은 "내가 꿈을 꾸었다"고 말했다: 그러나 그들은 진짜 꿈을 꾼 것이 아니라, 꿈을 하나의 방법론으로 선택한 것이었다. 그것은 마치 이런 것이다: 헬라 군대가 목마 속에 그들의 정예 군대를 숨겨서 진군시켰던 것과 마찬가지 이유로, 수많은 훌륭한 논증들은 비유적인 말을 통해서 제기되어 왔다. 직접적인 공격이 실패한 경우에는 우회적인 방법론이 효력을 발휘할 수도 있다.

그러므로 우리는 일련의 체험들(a continuum of experience)이 묵시문학의 저작들을 낳았다고 전제해도 무방할 것이다. 저울의 한쪽 끝에는 온전한 의미에서의 신비가(mystics)들이 존재한다. 그리고 다른 쪽 끝에는 사회정치적인 사건들을 화려한 은유를 사용하여 서술한 자들이 존재한다. 그 중간에는 극적인 환상 체험들은 없었지만 온전히 경건한 신앙과 열망을 가지고 종교적 감성이 듬뿍 묻어나는 말들로 글을 썼던 경건한 유대인들이 존재했을 것이다. 요세푸스조차도(우리가 살펴보고 있는 시기 속에서 그보다 덜 "묵시론적인" 인물을 찾아보기 어려울 것이다) 이스라엘의 신이 그가 목격한 역사적 사건들 속에서 활동하고 계셨다고 믿었던 것으로 보인다. 묵시문학을 쓰기 위해서는 극단적인 분파주의가 되거나 온갖 다양한 종류의 이원론을 포용해야 하는 것이 아니었다. 요세푸스 자신도 마음만 먹었다면 그의 세계관을 포기하지 않고도 그의 통상적인 문체를 버리고 묵시문학적인 양식을 채용할 수 있었을 것이다. 그러나 묵시문학적인 문체와 장르는 역사의 어두운 면에 놓여 있다고 생각했던 사람들에 의해서 채택될 가능성이 훨씬 더 높았다. 이것을 이해하기 위해서는 우리는 개인적인 배경으로부터 사회적인 배경으로 넘어가야 한다.

일련의 개인적인 배경들은 다양한 사회적 배경들 속에 반영되어 있다. 묵시 사상은 사회적인 박탈이라는 배경을 반영한다는 주장이 흔히 제기되어 왔다. 묵시문학은 힘없는 자의 문학이라는 것이다(번연은 그의 "꿈"을 감옥 속에서 썼다). 저자가 실제의 꿈과 환상을 기록한 것이라면, 그만큼 그의 작품은 본질적으로 도피주의적인 세계관을 반영하고 있는 것으로 이해해야 한다: 상황이 아주 나쁘기 때문에, 유일한 소망은 현재의 세상을 뒤로 하고 떠나서 다른 곳에서 자신의 참된 고향을 발견하는 것이다. 이런 길을 택한 것이 바로 영지주의다. 마찬가지로 그들의 "꿈들"이 실제의 꿈들이었는지, 또는 단순히 잘 다듬어진 방법론들이었는지와는 상관없이 이스라엘의 과거와 현재와 미래에 관하

여 글을 쓰기 위하여 묵시문학적인 언어를 사용했던 사람들은 트로이 목마라
는 관점에서 이해할 때에 가장 잘 이해될 수 있다. 그들은 흔히 가짜 저자를
내세워서 옛 권위에 호소하는 방식을 사용한다(아브라함, 바룩 등). 그들은 통
상적으로는 사람들의 눈으로 볼 수 없게 감춰져 있는 신의 계획을 꿰뚫어보고
있다고 주장한다: 이것은 불만을 품거나 또는 반기를 든 집단으로 하여금 그
들의 대적들에게 몰래 진군해 들어가서 전투 중에 그들 자신을 요새화시킬 수
있게 해 준다. 그들은 검열을 통과할 수 있는 비밀부호들을 사용하여 암호로
글을 쓴다("읽는 자는 깨달을진저"). 여러 세기에 걸쳐 수많은 정치가들이 자
기들이 집권하면 대변혁이 일어날 것이라고 말해 왔던 것과 마찬가지로, 그들
은 반드시 우주론적 이원성은 아니지만 종말론적 이원성을 반영하여 장차 대
역전이 일어날 것이라고 확신 있게 말한다. 그리고 이 모든 것들만큼 중요한
것은 묵시문학의 저자들은 인간의 의식의 차원과는 다른 차원에 호소하는 이
미지를 사용한다는 것이다. 오늘날 이것과 가장 유사한 예는 한 분야(예를 들
어, 소설)에서 차용해 온 이미지들을 다른 영역(예를 들어, 의복)에서의 생산
물들을 팔기 위하여 사용하는 영악한 광고일 것이다. 이 모든 것을 고려할 때,
묵시문학은 억압받는 집단들의 전복을 꾀하는 문학으로 기능할 수 있고 또한
그런 기능을 하도록 의도되었다고 볼 수 있다 ─ 그 묵시문학이 철저한 신비
체험에 의해서 영감을 받았든, 아니면 훌륭한 문학적 기법에 의해서 이루어진
것이든, 그런 것과는 상관없이.

　그러므로 우리는 한 단계 더 앞으로 나아가서 묵시문학의 가장 넓은 배경
으로서 폭넓은 역사적 연속체(historical continuum)를 말할 수 있을 것이다.
우리는 현재의 불만족스러운 상황의 역전에 대한 강렬한 갈망이 예전 시대의
종들에게 비밀들을 계시하였고 또한 장래에도 그렇게 하실 것으로 예상되는
신에 대한 철저한 헌신과 결합되는 곳에서 묵시문학이라는 장르를 발견할 수
있을 것이라는 기대를 가질 수 있다. 달리 말하면, 묵시문학은 이스라엘에서
하스모네 왕조 시대와 로마 강점기 시대에 가장 융성하였을 것이라고 예상할
수 있고, 사실 우리는 그 시대들 속에서 상당량의 묵시문학의 저작들을 발견
할 수 있다. 이것은 단순한 순환논법이 아니다: 우리는 현재의 상태가 왜 필
연적으로 현재의 상태로 될 수밖에 없었는지, 그 이유를 규명해 낸 것이기 때
문이다. 마찬가지로 중요한 것은 우리는 묵시문학이 제2성전 시대의 유대교

내의 여러 집단들 또는 운동들로부터 분리된 하나의 사사로운 "움직임"이 아니라는 점을 입증해냈다는 것이다. 묵시문학에서 사용하는 방법론은 그 상당수가 고전적인 선지자들이 사용했던 이미지들을 다시 사용하는 것이었다: 아모스가 사용했던 다림줄과 예레미야가 사용했던 연기 나는 솥이라는 이미지들은 바룩의 백향목과 포도나무에 대한 전례들이고, 에스겔서에 나오는 여러 다양한 나무들도 여기에 가깝다.[22]

묵시문학의 여러 다른 배경들에 대한 이러한 논의는 추가적인 중요한 문제를 불러일으킨다. 우리는 이 시기에 나온 상당수의 유대인들의 묵시문학과 그 밖의 저작들에 대한 훌륭한 현대적인 판본들을 소유하고 있다. 2천 년 전에 대다수의 유대인들은 오늘날의 학자들이 잘 알고 있는 저작들 중 절반도 들어보지 못했을 것이다: 또한 그들이 그런 저작들에 대하여 들어본 적이 있다고 할지라도, 그들은 그 내용에 동의하지 않았을 가능성이 크다. 묵시문학적인 글들은 신비적 묵상과 정치적 전복(顚覆)이라는 두 가지 의심쩍은 분야들로 과감하게 돌진해 들어갔기 때문에, 많은 평범한 유대인들은 그러한 글들을 의심의 눈초리로 또는 취향에 맞지 않는다는 식으로 취급했을 것이다. 쿰란 두루마리에 대해서도 우리는 우리가 현재 주후 1세기의 텍스트들을 소유하고 있기 때문에, 주후 1세기에 살았던 사람들도 누구나 그 텍스트를 소유했을 것이라고 생각해서는 안 된다. 묵시문학적 저작들은 "모든 유대인들이 무엇을 생각했는가"를 자동적으로 밝혀 주지는 않는다: 그것들은 유대인들의 사고가 어떤 특정한 상황 아래에서 취할 수 있는 방향들에 대한 증거를 제공해 줄 뿐이다.

이러한 단서에도 불구하고 특정한 저작을 그 저작을 생산해낸 집단이 아닌 다른 집단에서 읽었을 때에 또 다른 복잡한 문제가 일어난다. 새로운 읽기들은 원래의 의도와 가족으로서의 유사성을 띠고 있기는 하지만, 결코 그것을 충실하게 재현해내지는 않는 그런 결과를 산출해낼 가능성이 크다. 아울러 그러한 읽기들이 추가적인 첨가나 생략이나 재배열을 통하여 다시 글로 씌어지게 될 때에 우리는 많은 화가들, 그리고 아마도 몇몇 서투른 복원 화가들이 작업해 놓은 캔버스를 바라보고 있는 느낌을 받게 될 것이다.[23] 그러므로 그

---

22) 암 7:7-9; 렘 1:13; 겔 17:1-24. 이것들 중 어느 것이 "자연적" 환상이고, 어느 것이 "초자연적" 환상이냐에 관한 문제는 여기에서의 논점과는 상관이 없다.

저작에 관하여 더 많은 것을 알게 되면 될수록 그 저작이 역사적 틀 속에서 어느 지점에 속하는지를 추적해 내는 일은 점점 더 쉬워지는 것이 아니라 점점 더 어려워지게 된다. 이러한 말들은 묵시문학적 저작들이 우리가 주후 1세기의 유대인들의 사고가 어떻게 작용하였는가를 이해하는 데 도움을 줄 수 없다는 것을 말하는 것이 아니라 그러한 저작들로부터 결론들을 도출해내는 데 신중을 기하여야 한다는 것을 보여 준다.

(iv) "표상"에 대하여

묵시문학적 언어의 분명한 특징들 중의 하나는 여러 민족들과 인종들을 표상하는 상징들과 이미지들을 사용한다는 것이다. 다니엘서 7:1-8은 바다에서 나오는 커다란 네 마리 짐승에 관하여 말한다: 그 누구도 저자가 실제로 전설적인 짐승들이 지중해로부터 모습을 드러내서 절벽을 기어올라 물에 흠뻑 젖은 기괴한 모습으로 예루살렘을 공격할 것이라고 말하고 있다고는 생각하지 않을 것이다. 바다는 악 또는 혼돈을 표상하고, 짐승들은 17절에서 설명되고 있듯이 나라들 또는 왕들을 표상한다. 2장에 나오는 이와 비슷한 환상에 대한 요세푸스의 해석은 그가 첫 번째 짐승인 사자를 바빌로니아 제국을 표상하는 것으로 이해했음을 보여 준다.[24] 네 번째 짐승(7-8절)은 분명히 개인적인 왕이 아니라 나라 전체를 표상하고, 거기로부터 개개 왕들을 표상하는 열 개의 "뿔들"이 나온다(19-26) 이러한 "표상"의 의미는 아주 흔했고 잘 알려져 있었다. 표상은 이 장르의 통상적인 특징이다. 예레미야가 말한 연기 나는 솥단지는 이스라엘에게 퍼부어지게 될 진노를 "표상한다." 나단의 "암양"은 밧세바를 표상한다.[25] 이것은 문학적 또는 수사학적 표상이다: 저자 또는 화자는 복잡한 은유 또는 알레고리 내에서 어떤 사람, 어떤 민족 또는 그 밖의 다른 어떤 것을 표상하기 위하여 실물 존재를 사용한다. 『천로역정』에서 이야기에 나

---

23) 이것은 *T. 12 Patr.*의 경우에 특히 분명하다: Nickelsburg 1981, 231-41 ; Schürer 3:767-81 ; Collins 1984, 342f.를 보라.

24) 다니엘서 2:36-8을 해석하고 있는 Jos. *Ant.* 10:208. 4QpNah. 1:6-9에서 "사자"는 분명히 한 개인을 나타내는데, 통상적으로 알렉산더 얀네우스(Alexander Jannaeus)를 가리키는 것으로 해석된다.

25) 삼하 12:1-15.

오는 사람들은 실생활에서의 어떤 특질들, 덕목들, 유혹들 등등을 표상한다.

그러나 "표상"(representation)의 두 번째 의미가 있는데, 그것은 어떤 사람 또는 집단이 다른 사람 또는 집단의 운명을 표상한다고 생각되는 이른바 사회학적 표상이다(전자는 반드시 후자보다 수적으로 더 적어야 될 필요는 없지만, 통상적으로는 그렇다: "우리는 여왕을 대표[표상]하여 왔다"라고 말하는 한 무리의 사람들을 생각해 보라). 이것은 반드시 문학양식들이나 관습들과 연관이 있을 필요는 없고 사회적, 정치적 관습들 및 신념들과 연관이 있다. 특히 고대 세계에서는 종종 현대 세계에서와 마찬가지로 한 나라의 지도자 또는 통치자는 그 나라의 백성을 "대표(표상)한다"는 점이 흔히 지적되곤 한다: 이것을 보여 주는 좋은 예는 다윗이 사무엘로부터 기름부음을 받은 후에 당시의 왕이었던 사울이 죽기 훨씬 전에 온 이스라엘을 대표(표상)하여 골리앗과 싸웠던 왕적인 행동을 들 수 있다.[26]

"표상"의 세 번째 의미가 있는데, 이것은 분명히 그 뜻을 드러내지 않으면 한층 더 헷갈리게 만드는 그런 의미이다. 천상계와 지상계가 서로 구별되어 있지만 밀접하게 연관되어 있다고 보는 유대교의 주류 세계관 속에서(에피쿠로스 학파에서처럼 이 둘이 서로 완전히 분리되어 있거나, 범신론에서처럼 하나로 결합되어 있는 것이 아니라), 천상의 존재들, 흔히 천사들은 지상의 존재들, 나라들이나 개인들의 한 짝이나 "표상"이라는 신앙이 출현한다. 이러한 형이상학적인 표상은 다니엘 10:12-21 등에 분명하게 나타나는데, 거기에서 천사 미가엘은 이스라엘의 "두령"으로서 페르시아와 헬라의 "두령들"인 천사들과 맞서 싸운다. 이 전투는 본질적으로 지상에서 벌어지는 전투와 다른 것으로 생각해서는 안 된다. 형이상학적 표상의 언어는 지상의 사건들(겉보기에는 당혹스럽고 성가신 것으로 보일지 모르지만)은 사실 천상계와 결부되어 있기 때문에 표면에는 나타나지 않을 수 있는 의미와 사회정치적 현상으로부터는 예측될 수 없는 미래에 대한 분명한 소망이 부여되는 것을 보장해 주는 방식이다. "표상"의 판이하게 서로 다른 세 가지 의미가 동시에 사용되는 것이 가능하기 때문에, 여기에서 혼란이 생겨난다. 사실 이미 다니엘의 처음 세 마리 짐승들의 경우에 문자적인 차원에서 그 짐승들이 개개 왕들을 표상하는지 나

---

26) 삼상 17장.

라 전체를 표상하는지 분명치 않지만, 네 번째 짐승의 경우에는 아무런 의심
도 남기지 않는다는 것을 이미 본 바 있다(네 번째 짐승은 나라를 가리키고,
그 뿔들은 왕들을 가리킨다). 처음 세 짐승들에 관련한 이러한 불명확성의 이
유는 왕은 (사회학적인 의미에서) 그가 다스리는 나라를 대표(표상)하기 때문
이다. 마찬가지로 다니엘 10장에서 "두령들"은 단순한 문학적 장치로서의 형
이상학적인 의미가 아니라 문자적 의미로서의 "대표자들"을 의미한다고 말할
수 있다. 왜냐하면 10장에 대한 해석인 것으로 보이는 11장에서 "두령들"은
그 어디에서도 찾아볼 수 없고, 그 대신에 나라들끼리의 싸움만을 볼 수 있기
때문이다. 하지만 내 생각에는 이런 주장은 틀린 것이다. 천사들이 실제로 존
재한다고 믿었음을 보여 주는 충분한 증거들이 있고, 천사들 중의 일부는 특
정한 나라에 대한 특별한 책임을 맡고 있었기 때문이다. 따라서 우리는 주후
1세기의 독자들이 다니엘 7:2-8에 나오는 괴물들이 실제로 존재한다고는 믿
지 않았지만, 이 "두령들"이 실제로 존재한다는 것은 믿었을 것이라고 안심하
고 말할 수 있을 것이다. 다니엘 10~11장의 언어는 열왕기하 6:15-17의 언
어와 동일한 차원에 놓아야 할 것이다.[27] 사람이 통상적으로 볼 수 있는 것은
총체적인 모습의 오직 한 부분일 뿐이다.

묵시문학 내에서의 "표상"에 대한 이러한 검토는 묵시문학이라는 장르가
왜 현재의 모습을 갖추고 있는지를 설명해 주는 데 도움이 된다고 나는 생각
한다. 천상계와 지상계는 서로 밀접하게 관련되어 있기 때문에 — 이것은 창
조주 신이 그의 피조세계와 그의 백성 가운데 임재해 계시다는 것을 단언하는
한 방식이다 — 천상계의 비밀들을 꿰뚫어 보아서 지상계와 관련이 있는 정보
로 드러내는 일은 신학적으로 의미가 있다. 이러한 형이상학적인 신념을 고려
하고, 다양한 종류의 환상 이미지들의 예언적 성격을 감안할 때, 지상계와 천
상계의 형이상학적 대응관계를 활용하기도 하고, 또 어떤 때는 활용하지 않는
문학양식이 어떻게 출현할 수 있었는지를 아는 것은 쉬운 일이다(다니엘 7장
의 괴물들은 자연계에서와 마찬가지로 초자연적 영역에서도 실재하는 짐승들
로 생각되지 않았을 것이다). 또한 이러한 등식은 사회학적 표상을 전혀 고려

27) "… 여호와여 원컨대 저의 눈을 열어서 보게 하옵소서 하니: 불말과 불병거
가 산에 가득하여 엘리사를 둘렀더라."

하지 않는 것이 아니었다. 창조주 신에 의해서 그의 계약의 백성을 다스리도록(그리고 사회학적으로는 "대표하도록") 지명된 왕은 천상의 축복과 보호의 특별한 장소이자 민족의 필요들을 신이 공급해 주는 특별한 통로 또는 수단으로 여겨졌을 것이다.[28]

이러한 종종 당혹스러운 일련의 가능성들을 계속해서 염두에 두는 것이 꼭 필요한데, 이는 그렇지 않으면 혼동이 일어나기가 매우 쉽기 때문이다. 그러나 주된 취지는 분명하다. 꿈과 환상을 다루는 문학장르 내에서는 어떤 민족, 어떤 집단, 어떤 공동체적 실체는 문학적인 의미에서 사자이든 곰이든 표범이든 도시이든 숲이든 — 또는 어떤 인간 존재이든 — 단일한 존재에 의해서 표상되는 것이 통상적인 관례였다. 이 경우 사회학적 또는 형이상학적 대표성이 거기에 존재한다고 반드시 생각할 필요는 없다. 이것들에 대해서는 앞으로 추가적인 증거들이 제시될 필요가 있다. 그렇지 않다면, 이 장르의 요구사항들은 문학적 표상만을 강조하는 것만으로 충족된다.

(v) 다니엘서 7장과 인자(人子)

"인자 같은 이": 물론 이 말은 가장 논란이 된 문제들 중의 하나로서, 나는 이 문제를 아래에서와 같은 시각에서 접근함으로써 다니엘 7:13-14을 둘러싼 골치 아픈 문제를 어느 정도 해결할 수 있기를 희망한다.[29] 이 장의 12절까지는 아무런 문제도 없다. 괴물들은 이스라엘과 맞서 전쟁을 벌이는 나라들을 (문학적인 의미에서) "표상한다". 그렇다면 왜 비평학자들은 짐승들의 공격을 받지만 결국에는 신원되는 "인자"라는 존재가 아마도 신성(神性)을 지닌 한 개인 또는 천사를 가리키는 것으로 읽어 왔는가? 이에 대한 대답의 일부는 표상(表象)의 여러 다른 의미들을 혼동하였기 때문이라는 것이다. 우리가 다니엘서의 이 장에서 보는 것은 문학적인 표상으로서, 이에 따르면 이 이야기에 나오는 인물 — 괴물들에 의해서 둘러싸여 있는 한 인간 존재 — 은 이스라엘에 대한 표상 역할을 하는데, 이것은 괴물들이 이방 나라들의 문학적 표상 역

---

28) 예를 들면, 시 84:9.

29) 이 복잡한 구절에 관한 자세한 논의로 들어가는 것은 불가능하다. 최근의 논의들과 광범위한 참고 문헌에 대해서는 Goldingay 1989, 137-93; Casey 1991을 보라.

할을 하는 것과 마찬가지다. 이 표상은 분명히 신의 백성은 참된 인류라는 개념과 이방 나라들은 짐승들이라는 개념을 환기시키는 가운데 창세기 2장이 담고 있는 의미를 풍부하게 함축하고 있다.[30] 이것은 여기에 나오는 이미지들의 강력한 힘을 통해서 이스라엘은 사방에서 우겨쌈을 당하고 공격을 받고 있지만 곧 신원될 것이라는 것을 강력하게 함축하고 있다. 본문의 표면을 떠나서 저자 또는 그의 작품을 읽는 독자들이 본문은 역사상의 한 개인이자 두 번째의 사회학적 의미에서 나라로서의 이스라엘을 "표상하는" "인자"를 말하고 있는 것이라고 생각하였을 것이라고 주장하는 것은 범주들을 혼동하고 있는 것에 불과하다. 이 점은 괴물들과의 유비를 통해서 다시 한 번 확인된다: 다니엘서의 저자 또는 제2성전 시대의 다니엘서 독자들은 마치 하원의원이 헌법을 "표상하는" 것과 마찬가지로 이방 나라들을 "표상하는" 괴물들이 실제로 지상에 존재한다고 생각했을 것이라고 주장하는 사람은 아무도 없다. 만약 누가 주후 1세기의 유대교의 세계관 내에서 "인자"를 문학적 표상과 아울러 사회학적 표상으로 취급하려 한다면 — 이것은 결국 이 표상을 실재하는 존재로 본다는 것을 의미한다 — 그러한 대담한 조치는 오직 새 포도주가 헌 가죽부대를 터트리듯이 급진적이고 혁신적인 것으로 느껴질 수 있을 따름이다.[31] 그리고 만약 그러한 시도를 감행해서 역사 속의 한 개인을 어떤 의미에서 다니엘 7:13 이하의 성취로 본다면, 이 "인자"와 결부된 문학적 이미지를 문자 그대로의 역사적 진리로 바꾸고자 하는 그 어떤 시도 — 예를 들어, 그가 바다에서 나온 괴물들로부터 공격을 받는다고 생각해 보라 — 는 극단적인 범주들의 충돌이 될 것이다.

마찬가지로 "인자"는 환상 장르의 논리 안에서 이스라엘을 표상한다고 보는 문학적 "표상"을 뛰어넘어 "인자"를 또 다른 세계에 존재하는 초월적인 천상적 존재로 보는 형이상학적 표상으로 옮겨 가는 것은 잘못된 일이다. 그러한 주장(예를 들어, 18, 25, 27절에 나오는 "지극히 높으신 이의 성도"가 이스라엘이 아니라 천사들을 가리킴에 틀림없다는 것을 토대로 한)이 거부되어야 하는 것은 거기에는 범주들의 혼동이 존재하기 때문이다. 다시 한 번 말해 두

---

30) Hooker 1967, 71ff.

31) 아래 제4절과 본 시리즈의 제2권을 보라.

지만, 어느 누가 이와 관련하여 형이상학적 의미와 문학적 의미를 결합하려고 시도한다면, 나는 그러한 생각은 주후 1세기의 세계 속에서 극적인 혁명으로 인식될 것임을 분명히 말해 둔다.

이러한 구별들을 염두에 두고, 우리는 이제 한걸음 더 나아가서, 주후 1세기에 다니엘서 7장을 읽은 사람들은 그 의미를 무엇보다도 먼저 이교도들의 손에 고난을 받은 후에 이스라엘이 신원될 것이라는 관점에서 이해했을 가능성이 대단히 높다는 것을 보여 주는 다니엘서 7장에 대한 맥락 속에서의 읽기를 주장한다.[32] 여기서 분명히 중요한 것은 다니엘서 7장이 과거에 존재했던 형태에서(예를 들어, 원래의 환상 또는 과거의 편집자에게) 무엇을 의미하였는가 하는 것이 아니라 주후 1세기의 유대인에게 무엇을 의미하였는가 하는 것이다. 우리는 이미 요세푸스의 암호 비슷한 증거를 살펴본 바 있는데, 이에 대해서 우리는 나중에 다시 한 번 살펴보게 될 것이다. 이제 우리는 다니엘서 7장을 그 맥락 속에서, 달리 말하면 다니엘서 전반부의 논리적 결론으로서 살펴보지 않으면 안 된다.

다니엘서 7장은 오랫동안 1~6장으로부터 분리되어 고립적으로 읽혀지는 수모를 당해 왔다. 사실 다니엘서는 몇몇 의미에서 6장 끝에서 양분되는 듯한 인상을 주는데, 6장까지는 주로 다니엘과 그의 친구들에 관한 이야기로 되어 있고, 7장부터는 대단히 복잡한 종말론적 환상들을 제시하고 있기 때문이다. 그러나 이렇게 간단히 다니엘서를 구분하는 것은 잘못된 것이다. 다니엘 2장과 4장은 나중에 나오는 환상들과 공통적인 내용을 상당히 담고 있고, 실제로

---

32) 요세푸스가 다니엘서 전체를 거의 다 다루는 가운데 다니엘서 7장을 언급하면서 (*Ant.* 10:267f.) 생략하고 있는 부분은 그가 그와 동시대의 유대인들이 다니엘을 그들의 시대를 위한 선지자로 여겼다는 것을 강조하고 있는 대목이기도 하다(cf. Moule 1977, 14, 16). 예를 들어 *1 En.* 37-71: *4 Ezra* 11-13: *2 Bar.* 39에서 다니엘서 7장에 나오는 사상들을 다시 사용하고 있는 것(이 모든 것에 대해서는 아래의 서술을 보라)은 그가 이 점에서 옳았다는 것을 보여 준다. 앞으로의 논증 속에서 풍부하게 다루어질 이 점은 다니엘서 7장에 대한 언급의 모든 문제들을 일차적으로 언어학적인 것으로 돌리고 있는 Casey 1991의 주장을 크게 반박하는 것이다; 언어학적 용례보다 훨씬 더 중요한 것은 결정적인 구절인 13절의 중요한 배경을 이루는 2장 전체를 당시에 어떤 방식으로 읽었고 이해했느냐 하는 것이다.

앞의 여러 장들은 다니엘이 감춰진 비밀들을 알고 또한 남들에게 알리는 데 능숙한 솜씨를 지니고 있다는 것을 지속적으로 강조한다. 9장은 종말론적 계시에서 그 절정에 달하긴 하지만, 주로 이미 1~6장에서 묘사된 포로생활 중의 유대인의 상황과 아주 잘 들어맞는 기도문으로 이루어져 있다. 아울러 2:4b~7:28이 아람어로 되어 있다는 이상한 사실은 7장이 1~6장과 분리되어서는 안 되고, 실제로 2장과 7장이 서로 연결되어 있다는 것을 암시해 준다.[33]

다니엘서의 처음 여섯 장에는 사실 두 가지 공통의 주제가 있다. 첫 번째 주제는 유대인들은 조상 대대로의 종교와 관련하여 타협적인 입장을 취하도록 권유받지만 그렇게 하기를 거부한다는 것이다. 그들은 여러 가지 방식으로 시험을 봤고 올바르다는 것이 입증되어 높임을 받는다. 두 번째 주제는 여러 환상들과 계시들이 이방의 왕에게 주어지고, 그런 후에 다니엘에 의해서 해석된다는 것이다. 예를 들어, 1장에서 우리는 첫 번째 주제를 온건하게 말하고 있는 서두의 진술을 발견하게 된다: 네 젊은이가 왕의 기름진(그리고 아마도 우상에게 드려진) 음식을 거부하지만, 예전보다 더 건강해지고, 왕궁에서 대단히 높은 지위에 오르게 된다. 두 번째 주제는 다니엘의 뛰어난 지혜가 돋보이는 2장에서 도입된다: 오직 다니엘만이 왕의 꿈을 밝히고 해석할 수 있다. 꿈의 내용은 네 개의 서로 다른 부분들로 만들어진 신상(神像)이 있었는데, 돌이 날아와 그 신상을 산산조각내서 큰 산을 이룬다는 것이다. 다니엘은 이 꿈을 해석하는데, 이것은 이스라엘의 신의 영원한 나라에 의해 축출될 네 나라를 가리킨다는 것이다. 환상의 내용(두 번째 주제)은 첫 번째 주제와 동일하다. 그리고 그 내용은 이제 우리가 매우 친숙해져 있는 내용이다. 그것은 우리가 살펴보고 있는 시기 전체에 걸쳐서 다양한 형태로 거듭거듭 말했던 제2성전 시대 유대교의 본류를 이루는 이야기이다.[34] 따라서 다니엘서 서두에 나오는 이 두 장은 단순히 1~6장의 서론 역할만을 하는 것이 아니라 다니엘서

---

33) Goldingay 1989, 157f.: ch. 7을 보라: 7장은 2장에서 시작된 교차대구법을 마무리하는 장이다. Moule 교수는 한 편지에서 내게 조심스럽게 이렇게 말했다: "두 책[즉, 다니엘서와 에스라서]에 나오는 아람어 부분들은 우연히 끼어든 것으로, 아마도 필사자가 그 대목이 빠져 있는 대본을 가지고 작업하다가 할 수 없이 빈 공간에 아람어 탈굼을 채워 넣은 것(faute de mieux)일" 가능성이 있다.

34) 위의 제8장을 보라.

전체에 대한 주제들을 설정하는 역할을 한다.

3장에서 다니엘의 세 친구는 왕의 금신상에 절하기를 거부하여(아마도 2:38에 나오는 느부갓네살을 상징하는 "금으로 된 머리"와의 연결을 의도한 것인 것 같다) 불타는 용광로에 던져졌다가 기적적으로 구출을 받아 높은 직위와 영예를 받게 된다. 이와 동일한 주제는 4장에서 거꾸로 된 형태로 발견된다: 느부갓네살은 환상을 보고, 다니엘이 그 환상을 해석하는데, 그 환상 속에서 느부갓네살은 기고만장하여 교만한 후에 낮아져서 하늘의 한 분 신의 영원한 주권을 인정하게 되는데, 물론 독자들은 그 신을 다니엘의 신으로 인식하였을 것이다. 그런 후에 이러한 우여곡절은 벨사살이 예루살렘 성전에서 가져온 그릇들로 이교의 축제를 벌이는 장면인 5장에서 첫 번째 주제와 결합된다. 다니엘은 벽에 씌어진 글을 해석한다: 한 분 참 신이 자기를 대적하여 스스로를 하늘 높은 줄 모르고 높인 이방의 왕에게 심판을 내리기 위하여 좌정해 계신다. 이스라엘의 신은 신원되고, 그 글을 설명하기 위하여 부르심을 받는(5:13f.) 다니엘도 신과 함께 신원되어 높은 자리에 오른다(5:16, 29).

이것을 배경으로 6장에는 다니엘이 왕에게 기도함으로써 그의 유일신 사상을 더럽히라는 압력을 받고 이를 거부하다가 사자 굴에 던져지는 장면이 나온다. 왕은 아침에 와서 다니엘이 여전히 살아 있는 것을 보고, 그를 사자굴에서 나오게 한 후에(6:23) 그를 고소했던 자들을 다니엘 대신에 죽임을 당하게 하고, 2:44; 4:3; 4:34을 연상시키는 언어로 다니엘의 신을 찬양하는 칙령을 내린다:

> 그는 살아 계시는 하나님이시요
> 영원히 변하지 않으실 이시며
> 그의 나라는 멸망하지 아니할 것이요
> 그의 권세는 무궁할 것이며(6:26).

다니엘서 1~6장 같은 내용이 제2성전 시대의 유대교에서, 특히 수리아와 로마의 강점기 동안에 어떻게 읽히고 이해되었을지는 분명하다. 조상대대로의 종교를 버리라는 유대인들에게 가해진 이교도들의 압력은 거부되어야 한다: 세상의 나라들은 결국 한 분 참 신의 영원한 나라에 그 길을 내어주게 될 것이고, 그런 일이 일어날 때, 조상의 종교를 굳게 붙들고 있던 유대인들은 신원을 받을 것이다. 우리는 이에 대한 가까운 병행으로서 마카베오2서 7장을 들 수 있다.[35]

이러한 일련의 신념들과 기대들은 7장을 이해할 수 있는 자연스럽고 분명한 맥락을 제공해 준다고 나는 생각한다.[36] 다니엘서 전체의 후반부 내에서 전반부에 나왔던 두 가지 주제는 수정되긴 하지만 포기되지는 않는다. 다니엘과 그의 친구들의 개인적인 운명은 곧바로 이스라엘의 민족적 운명이 된다; 그리고 이제 다니엘이 환상들을 보고, 천사가 이 환상들을 해석해 준다. 7장을 해체하여 그 원래의 구성부분들에 대한 가설을 세우고 원래의 의미들을 찾으려 하지 말고, 위에서 말한 맥락 속에 놓고 전체적으로 읽으면, 일관된 그림이 떠오른다. 바다에서 나오는 네 짐승(2-8절)은 "성도들"과 전쟁을 벌이는(21절) 네 번째 짐승의 작은 뿔에서 절정에 달한다(8절). 그러나 "지극히 높으신 이," "옛 적부터 계신 이"가 심판자리에 앉으실 때, "성도들"/"인자 같은 이"(13, 18, 22, 27절)에게 유리한 판결이 난다: 그들은 신원되고 높임을 받는 반면에, 그들의 원수들은 멸망을 받는다. 그들이 신원되면서 그들의 신도 신원된다:

> 그의 권세는 소멸되지 아니하는
> 영원한 권세요
> 그의 나라는
> 멸망하지 아니할 것이니라(7:14).

우리는 곧 자세한 내용을 살펴보게 될 것이다. 우선 먼저 우리는 이 일련의 사건들과 특히 6장에 표현되어 있는 일련의 사고의 흐름 전체와의 놀라울 정도로 두드러진 병행을 주목해야 한다. 거기에서와 마찬가지로 여기에서도 인

---

35) 여기에는 시공간상의 질서의 종말을 포함하는 이러한 신원에 관한 사상이 반드시 들어있다고 할 수 없다. 동일한 압력 하에서 동시에 발전하였던 부활 교리는 계약의 신의 의로운 백성이 신의 유일하신 주권 아래에서 통치하는 가운데 죽은 의인들이 이러한 승리를 공유하기 위하여 돌아오는 것과 아울러 현세가 그대로 지속될 것이라는 것을 보여 준다.

36) Cohen 1987, 197을 보라.

자는 위협하는 "짐승들"에게 둘러싸여 있다; 앞에서 보았듯이, 7:4에 나오는 첫 번째 짐승은 사자 모양을 하고 있어서 앞 장과의 분명한 연결을 보여 준다. 거기에서와 마찬가지로 여기에서도 왕은 권세를 지니고 등장한다: 6장의 다리오는 7장에서 옛 적부터 계신 이가 행하는 역할을 한다. 이 둘 모두에서 사람(6장에 나오는 다니엘; 7장에 나오는 "인자")은 신원을 받고 짐승들이 다다를 수 없는 곳으로 높임을 받는다. 둘 모두에서 한 분 참 신은 영광을 받고, 그의 백성의 원수들은 제압된다. 둘 모두는 한 분 참 신의 나라/왕권을 축하하는 것으로 끝난다. 시적이고도 극적으로, 줄거리의 전개가 너무 똑같다. 이와 같은 줄거리가 제2성전 시대의 수많은 문학 속에서 널리 유행했다는 것을 감안하면, 이 시기의 유대인은 다니엘서 7장을 바로 이런 식으로 읽었을 것이라고 나는 확신한다.

6장과 7장 간에는 분명한 상이점들도 존재한다: 다리오는 신이 아니다; 6장의 사자들은 멸망 받는 것이 아니라 다니엘의 원수들을 멸하는 도구들이 된다. 그러나 이러한 것들은 둘 사이의 밀접한 병행관계에 아무런 영향도 미치지 못한다. 우리는 적어도 몇몇 묵시문학의 개인적·신비적 기원들에 관한 앞서의 조심스러운 주장들과 맥을 같이 하여 7장은 바로 6장에 나오는 고통스러운 체험을 하고 나서 그것을 신학적으로 성찰한 어떤 사람이 지닐 수 있는 일종의 꿈 — 또는 악몽 — 이라고 생각할 수도 있다. 다니엘서 같은 책을 구성할 정도로 섬세한 감성을 지녔던 저자라면 이와 같은 연결관계도 충분히 설정할 수 있었을 것이다. 분명히 나는 다니엘서를 최종 형태로 편집한 사람이 병행법(parallelism)을 몰랐다고 믿을 수는 없다고 생각한다.

그러나 7장을 이런 식으로 읽는 것이 과연 옳은 것인가? 7장 속에서 여러 가지 다양한 서로 다른 요소들을 분리해냄으로써 지금까지 서술한 7장의 전체적인 효과를 모호하게 하는 것이 관례처럼 되어 왔다. 특히 (a) "인자 같은 이"는 초월적인 존재 또는 천사적인 존재(또는 존재들)를 가리키는 것으로 해석되어 왔고, (b) 서사의 여러 단계들, 특히 신원의 단계는 서로 분리되어 서로를 상쇄시켜 왔다(13f, 18, 22, 27절은 각각 "인자 같은 이," "지극히 높으신 이의 성도들," "지극히 높으신 이의 성도의 백성들"을 말한다는 식으로).[37]

37) Goldingay 1989, 169-72에 나오는 자세한 연구사를 보라.

이러한 두 가지 조치는 묵시문학 장르를 잘못 읽을 위험성을 내포하고 있다고 나는 생각한다.

(a) 인자 같은 이가 천사를 가리키는 말이라고 할지라도, 여전히 그 천사는 천상에서 이스라엘 백성을 대표하는 존재이기 때문에, 신실한 이스라엘 사람들이 신원받을 것이라는 의미는 무효화되지 않는다는 콜린스(Collins)의 주장은 분명히 옳다.[38] 그러나 그러한 주장은 불필요하다고 생각한다. 10장 및 다른 곳에서 이스라엘의 "두령"인 미가엘이 이방 나라들의 "두령들"에 맞서 싸운다는 것은 사실이지만, 이것을 7장의 해석을 위한 모형으로 삼을 필요는 없다: 또한 "성도들"에 대한 언급을 비록 그와 병행되는 표현들이 쿰란 문헌에 나온다고는 하지만 반드시 천사들을 가리킨다고 볼 필요도 없다. 이러한 잘못된 주장들은 위에서 설명한 혼동, 즉 묵시문학적 은유(문학적 표상)와 사변적인 존재론(형이상학적 표상)을 서로 혼동한 데서 기인한다. 전자에서 "환상"은 지상의 실체들을 언급하면서 그것들에 신학적 의미를 부여하는 방식인 반면에, 후자에서 그러한 환상은 지상에 그 대응물이 있기 때문에 "천상에서" 일어나는 중요한 실제 사건들을 바라보는 문자 그대로의 창 역할을 한다. 물론 이 두 가지 의미의 간격은 짧다: 그러나 우리가 7장과 1~6장 사이에서 보았던 병행들을 감안할 때에, 나는 적어도 7장에서는 이 환상을 읽는 자연스러운 방식은 "인자 같은 이"를 "지극히 높으신 이의 성도들의 백성"을 "표상하는"(사회학적 또는 형이상학적 의미가 아니라 문학적 의미에서) 것으로 보는 것이라고 단언한다. 즉, 이 환상은 이교도들의 손에 고통 받는 이스라엘의 고난 — 더 구체적으로는, 한 이방인 군주, 아마도 안티오쿠스 에피파네스의 손에 — 과 한 분 신이 이스라엘의 신임을 드러내시고 이스라엘의 원수들을 멸하실 때에 이루어질 이스라엘의 신원에 관한 것이라는 말이다. 그렇지 않다면, 우리는 "짐승들"이 나라들의 "두령들"이라고 생각해야 할 것이지만, 사실은 짐승들은 사회학적 또는 형이상학적 의미에서가 아니라 문학적인 의미에서 나라들을 "표상한다." 이스라엘의 신이 그의 이름을 신원하기 위하여 역사하실 때, 그의 백성은 "짐승들"과는 대조적으로 "사람"으로서, 그의 참된 인류

---

38) Collins 1987, 81-3. Cf. Goldingay 1989, 171f.
39) 위의 제9장을 참조하라.

로 드러나게 될 것이다.[39] (b) 환상의 의미가 한 단계에서 다음 단계로 넘어갈 때마다 실제로 변하는 것이 아니라 점점 더 단계적으로 밝혀지는 것이 묵시문학 장르의 속성이다. 따라서 가장 최후의 완전한 진술(27절)이 앞서의 여러 진술들을 결정한다고 보는 것이 지극히 합당하다; 그리고 이와 관련하여 "백성"이라는 말을 "지극히 높으신 이의 성도들"이라는 말에 덧붙인 것은 바로 이것이 저자가 항상 염두에 두었던 대상이라는 것을 보여 주는 것으로 해석하는 것이 좋을 것이다.[40]

그러므로 다니엘서 7장을 다니엘서 전반부에 비추어서 읽음으로써 제2성전 시대 유대인이 다니엘서 7장을 이와 같이 읽었을 것이라고 보는 것이 지극히 옳다고 생각한다(물론 지면관계상 원칙적으로 바람직한 충분한 논의를 하지 못했기 때문에, 위에서 말한 설명은 잠정적인 것으로 남을 수밖에 없긴 하지만). 이교도들의 핍박에 직면해서 이 유대인들은 이스라엘이 높임을 받고 그 원수들이 패망을 당하게 되며, 계약의 신이 온 땅의 신임을 드러내시고, 결코 멸망하지 않을 나라를 세우시게 될 승리와 신원의 큰 날을 기다리면서 계속해서 신실하라는 격려를 받았을 것이다. 내 생각으로는 다니엘서 8~12장에 나오는 후반부의 환상들은 다니엘서 전반부의 의미를 결정하는 것이 아니라, 오히려 이러한 기본적인 입장을 발전시킨 것들로 읽혀져야 할 것이다. 그리고 이렇게 한다면, 주후 1세기에 이와 비슷한 언어를 여러 방식으로 재사용하고 있는 현상을 이해하기 위한 토대가 되어야 하는 것은 7:13-14에 나오는 인물에 관한 고립적인 사변이 아니라 이러한 전반적인 의미 맥락이다.

이 장에서 이제까지 논의한 것들을 종합해 보면, 우리는 20세기 복음서 연구의 전형적인 특징들 중의 하나가 보여 주는 아이러니를 발견하게 된다. 많은 학자들은 묵시론적 은유("인자가 구름을 타고 오는 것")를 문자 그대로의 예언(한 인간이 정말 구름을 타고 떠다니는 것)으로 읽어 왔다 — 다니엘서 7장의 나머지 부분은 결코 그런 식으로 읽지 않으면서 말이다; 그리고 그들은 문자 그대로 읽어야 할 부분들(복음서들에 나오는 예수에 관한 이야기들)에 대해서는 은유(교회의 신앙에 대한 알레고리적인 또는 신화적인)로 읽어 왔

---

40) 예를 들어, Moule 1977, 13 등을 따른 것이다. 적어도 이 언급이 인간 존재를 포함하고 있음에 틀림없다는 것은 Collins 1987, 83에 의해서 인정되고 있다.

다. 앞으로 다른 경우에 다시 보게 되겠지만, 이것은 해당 장르들을 오해한 것에 불과하다.

(vi) 묵시사상, 역사, "이원성들"

앞 장에서 보았듯이, 묵시문학은 어떤 의미에서 이원론적이라고 흔히 말한다. 우리는 이제 어떤 의미에서 그것이 사실이고, 어떤 의미에서 그것이 사실이 아닌지를 선별해낼 필요가 있다. 먼저 많은 묵시론적 저작들이 현세와 다가올 시대라는 종말론적 이원성을 보여 주고 있다는 것은 분명하다. 하지만 묵시론적 저작들만이 그런 것은 아니다: 랍비 저작들도 그렇게 하고 있고, 성경의 예언서들 중 다수도 그렇게 하고 있다("말일에 이런 일이 일어나리라"). 또한 묵시론적 저작들은 창조주와 피조물 간의 명확한 구별(신학적/우주론적 이원성)과 선과 악이라는 확고한 도덕적 이원성을 전제한다. 이러한 것들도 묵시론적 저작들만이 아니라 유대교의 모든 주류들이 공유하고 있는 것들이다. 앞에서 보았듯이, 유대교의 일부 분파들은 강력한 분파적 이원성을 보여 주고, 인식론적 이원성은 유대교 전반에 걸쳐서 나타난다. 이러한 것들도 히브리 성경 전체 속에 그 병행들과 기원들이 있다. 끝으로 많은 묵시론적 저작들은 한 분 창조주 신 이외의 천상의 존재들에 관하여 많은 말들을 한다: 즉, 그러한 저작들은 히브리 성경의 몇몇 부분들과 마찬가지로 신학적/존재론적 이원성을 표현하고 있다.

그러나 묵시문학적 저작들을 "이원론적"이라고 할 때, 그러한 말이 통상적으로 표현하고 있는 것은 그 저작들이 유대교와 많은 부분 공통적인 이러한 이원성들을 나머지 세 가지 종류 중 하나 이상과 결합시켰다는 것이다. 특히 묵시론적 저작들은 시간과 공간으로 이루어진 현재의 우주가 내재적으로 악하기 때문에 그와는 다른 더 나은 세계가 오기 위해서는 현재의 세계가 멸망하여야 한다는 우주론적 이원론을 상정하고 있다고 말한다. 묵시론적인 경건에 대한 표현들을 보고 학자들은 저자 또는 집단이 그들의 육신성(肉身性)을 무가치한 것으로 보고 그들의 영성(靈性)을 극히 중요한 것으로 보는 인간론적 이원론이 존재한다고 생각하기도 했고, 묵시론적 저작들은 스스로를 선한 신의 백성으로 여기고, 세상 또는 그들의 적대자들을 정반대의 악한 신의 창조물로 여기는 신학적/도덕적 이원론을 지니고 있다고 생각하기도 했다.

이런 식으로 여러 가지 유형의 이원론들과 이원성들을 구분하면, 우리는 특정한 책에 처음 여섯 가지의 유형이 존재한다고 해서 반드시 나중의 세 가지가 존재한다고 단언할 수 없다는 것을 알게 된다. 묵시문학 이외에도 그 밖의 다른 유대교 속에 상당 부분 공통적으로 존재하는 처음 여섯 가지 유형은 이원론을 결정하는 중요한 특징들에 속하지 않는다. 문학양식은 그 자체로 마지막 세 가지 유형과 필수적인 연관성을 지니지 않는다.

특히 한 가지 기본적인 사항을 제대로 이해하는 것이 아주 중요하다. 많은 묵시론적 저작들이 표현하고 있는 세계관은 이 시기의 다른 많은 유대인들의 저작들에 의해서 공유되고 있던 세계관이다. 창조주 신, 이스라엘의 신이 시간과 공간으로 이루어진 역사 속에서 무엇을 행하고 있는지를 이해하려고 시도한다는 점에서, 묵시문학의 저자들은 벤 시라 및 요세푸스의 시도와 동일하다고 할 수 있다. 에스라4서와 요세푸스의 차이는 전자는 역사 속에서 활동하는 신을 믿었고, 후자는 믿지 않았다는 데 있는 것이 아니라, (a) 전자는 예루살렘 파괴가 반드시 역전되어야 할 대 비극이라고 믿었던 반면에, 후자는 그것을 이스라엘의 신이 로마인들에게로 넘어갔음을 보여 주는 표지로 이해하였고, (b) 두 저자가 이러한 각자의 신념들을 표현하기 위하여 각자의 서로 다른 관점에 부합하는 문학양식들을 선택했다는 데 있다.

따라서 묵시론적 저작들이 더 나아가 이 신이 역사 속에서 수행할 새로운 큰 일에 관하여 말한다는 점에서는 이사야 및 에스겔 등과 맥을 같이 한다. 묵시론적 저작들이 이런 일이 언제 일어날 것인지를 아주 자세하게 규명하고자 한 것은 (다니엘서와 마찬가지로) 좀 더 사변적인 특징을 보여 주는 것일 뿐이지, 그들은 이원론적인 또는 결정론적인 세계를 믿었던 반면에 이사야와 에스겔은 자유의지를 믿었다는 것을 의미하지는 않는다. 이러한 저작들을 그런 식으로 분석하는 것은 범주들을 요세푸스같이 헬레니즘화하는 것이다. 어떤 집단이 더 많은 억압을 느끼면 느낄수록, 그 집단은 해방의 날이 언제 동터올지를 더욱 더 계산하고자 할 것이다. 그러나 흔히 불명료하게 나타나긴 하지만, 신의 계획이 역사 속에서 진행되고 있고, 언젠가 그 모든 일들이 옳다는 것이 드러날 것이라는 것 — 이것을 성경의 기자들, 지혜 문학, 마카베오 가문의 순교자들, 쿰란 두루마리들의 저자들, 요세푸스 그리고 이 시기에 우리가 생각할 수 있는 거의 모든 사람들이 믿었다. 그것은 묵시문학이 주변으로 밀려나 있었다는 것을 보여 주는 표지가 아니라, 단지 스스로를 표현하는 다른 방식, 즉 특히 그 특수한 사회문화적 상황에서 생겨난 것으로 보이는 표현 방식을 갖고 있었다는 것을 보여 주는 표지일 뿐이다.

진정한 문제는 이러한 텍스트들에 대한 오늘날의 현대적인 읽기가 (a) 부재하는 신과 폐쇄된 시공 연속체를 믿거나 (b) 통상적으로는 부재해 있다가 이따금씩 그러한 시공 연속체와의 불연속선상에서 개입하여 역사하는 신을 믿는 자연신론적 틀 속에서 은연중에 행해져 왔다는 것이다. 주후 1세기의 유대인들은 분명히 세상의 창조주인 그들의 신이 달리는 분명하게 설명할 수 없는 방식들로 역사할 수 있고, 또 역사한다는 것을 믿었다. 그러나 그 신이 통상적으로 부재해 계셔서 그가 만든 세상과 그의 백성들이 그들 자체의 흐름 안에서 독자적으로 흘러가게 하였다는 것 — 이런 것을 믿었던 유대인 저자들이 있었는지를 나는 알지 못한다. 일부 저자들이 부딪쳤던 당혹스러운 문제, 즉 그들의 신이 왜 그들이 원하는 대로 역사하지 않는가 하는 문제는, 앞에서 보았듯이, 판이하게 다른 방식으로, 특히 신의 계약에 대한 신실성이라는 개념과의 씨름을 통해서 해결되었다.[41]

이 모든 것으로부터 "묵시사상"을 문자 그대로 반드시 우주적 의미에서의 "세상의 종말"을 말하는 것으로 보는 것은 합당치 않다는 결론이 나온다. 이러한 현대적인 개념은 통상적으로 "묵시사상"은 "이원론적"이라는 전혀 근거 없는 믿음에 의해서 조장되어 왔다. 상당한 분량의 묵시론적 저작들은 시간과 공간으로 이루어진 우주가 악하다는 것을 암시하지 않고, 그 우주가 종말을 고할 것을 기대하지 않는다. 현재의 세계 질서의 종말, 바로 그러한 언어만이, 예레미야가 발견했듯이, 당시의 끔찍한 사건들을 제대로 다룰 수 있었다.[42] 하지만 시간과 공간으로 이루어진 세계의 종말을 말하는 것은 아니었다. 지난 한 세기에 걸쳐 학계를 지배해 왔던 암묵적인 합의는 (a) 우주적 파국에 관한 엄청난 비유적인 언어는 문자 그대로 해석되어야 한다는 것과 (b) 묵시사상에 내재해 있는 분명한 이원성들은 현세의 완벽한 파괴를 추구했던 급진적인

---

41) 위의 제9장을 참조하라.

42) 유다와 그 성전의 다가올 멸망을 말하면서 그러한 시공간상의 현실에 신학적 해석을 부여하고 있는 예레미야 4:23-8: 이것은 피조 세계 자체를 무효화하는 것과 같다.

이원론을 보여 준다는 것이었다.[43] 그러나 이러한 것 대신에 우리는 관련 작품들의 문학적 성격을 제대로 고려한 읽기, 확고한 역사적 배경 속에서 수행되는 읽기, 각양 각색의 유대인들이 그들의 신이 역사 속에서 큰 일을 행하실 것을 기다렸다는 배경을 고려한 읽기, 현재의 세상을 신의 통상적인 활동영역으로 본 유대인들의 근본적인 세계관과 신학을 제대로 파악하는 읽기를 고수해야 한다. 문학, 역사, 신학은 유대교적이든 기독교적이든 대부분의 묵시론적 저작들을 시간과 공간의 현실에 그 온전한 의미, 즉 신학적 의미를 부여하는 복합적인 은유체계로 읽어야 한다는 것을 강력하게 시사해 준다. 이러한 읽기의 결과들은 아래에서 자세하게 논의될 것이다.

2. 포로생활의 끝, 다가올 시대, 새 계약

앞에서 언급했듯이, 유대인들의 근본적인 소망은 압제로부터의 해방, 땅의 회복, 성전의 합당한 재건에 대한 것이었다. 이러한 일련의 기대들은 이스라엘의 현재의 비참한 상황에도 불구하고 이스라엘의 신은 세상의 왕이라는 믿음의 직접적인 결과였다. 히브리 성경의 나중 부분들과 성경 이후의 유대교 문헌들 속에서 우리는 이스라엘 전체 세계관의 핵심적인 상징들을 집약하여 이러한 여러 주제들을 결합시켜 놓은 것을 통상적으로 발견하게 된다. 성전이나 땅에 관하여 말하는 것은 포로생활과 회복에 관한 이미지를 상기시키고, 따라서 회복의 소망에 매달리는 것이다.[44]

이 소망을 표현하는 중요한 방식들 중의 하나는 시간을 두 시대로 나누는 것이었다: 현세와 다가올 시대.[45] 현세는 창조주 신이 그의 얼굴을 숨기고 있는 듯이 보이는 때였다; 다가올 시대는 신이 창조한 세계가 새로워지는 것을 보게 될 것이다. 현세는 이스라엘이 비참한 삶을 사는 때였다; 다가올 시대에

---

43) 그런 후에 이것은 초기 기독교 문헌의 몇몇 읽기들에 전이(轉移)되었다: 마가복음의 급진적인 이원론을 거부하는 끈질긴 논증에 대해서는 Mack 1988을 보라.

44) 이러한 소망이 여러 유대인 집단들에 의해서 서로 다른 방식으로 표현된 것에 대해서는 아래의 서술과 위의 제7장을 보라. 유대인들의 소망에 대해서는 Sanders 1992, ch.14, 예를 들어 298쪽에 나오는 그의 요약적인 설명을 보라.

45) ha-'olam hazeh와 ha-'olam haba'. 이 두 시대에 대해서는 Schürer 2:495를 보라.

는 이스라엘이 회복될 것이다. 현세에는 악한 자들이 번성하는 듯이 보인다; 다가올 시대에는 악인들이 합당한 보응(報應)을 받을 것이다. 현세에서는 이스라엘조차도 토라를 실제로 완벽하게 지킬 수가 없고, 야웨의 참된 인류가 될 수도 없다: 다가올 시대에는 모든 이스라엘이 마음으로부터 토라를 지키게 될 것이다. "다가올 시대"를 종종 "메시야 시대"라고 묘사하기도 하지만,[46] 그러한 모든 열망들이 메시야라는 인물에 집중되어 있었다고 생각하는 것은 오산이다. 앞으로 보게 되겠지만, 메시야 사상이 명시적으로 표현되고 있는 비교적 드물게 나오는 대목들 속에서 메시야 사상은 이스라엘이 신원을 얻고 세상이 마침내 그 참된 왕 아래에서 올바르게 회복될 시공으로 이루어진 세계 내에서의 대역전(大逆轉)이라는 훨씬 더 광범위하고 훨씬 더 빈번하게 언급되는 기대의 한 측면일 뿐이다. 앞에서 보았듯이, 열방들은 참된 신에 관하여 배우기 위해서, 또는 신을 예배하는 법을 배우기 위해서 시온으로 무리 지어 오게 될 것이다[47] — 그렇지 않으면 토기장이의 그릇처럼 산산이 부서지고 말 것이다.[48]

이 시점에서 유대인들의 기대라는 맥락 속에서 "구원"이라는 용어의 의미에 대하여 한마디 해 둘 필요가 있다. 이쯤해서 우리가 지금까지 서술해 왔던 세계관 내에서는 시간과 공간으로 이루어진 우주의 종말 후에 이루어질 이스라엘의 구원이라든가 이스라엘이 장차 육신이 없는 상태에서 "영적인" 지복을 누리게 될 것이라는 사상은 거의 찾아볼 수 없다는 점을 분명히 해 두지 않으면 안 된다. 그러한 사상은 피조 질서가 내재적으로 악하기 때문에 소멸되어야 한다는 것을 함축하고 있다는 점에서 창조의 유일신 사상과 정면으로 모순되는 것이다. 의인들이 불멸의 영혼들을 소유하고 있다고 말하는 지혜문학에서조차도(예를 들어, 지혜서 3:1-4) 역사 내에서의 이스라엘의 신의 행위들에 대한 지속적인 관심이 존재한다(예를 들어, 10~19장); 그리고 지혜서 3장에서는 불멸의 영혼들에게 육신이 없는 상태에서의 지복이 아니라 새로워진 피

---

46) 예를 들면, "메시야 사상"은 실제로 "미래적인 소망(종종 메시야 기대를 포함하는)"을 의미한다고 말하고 있는 Schürer 2, 488-554에서.

47) 사 2:2-4; 미 4:1-3; 슥 8:20-3.

48) 시 2:8-9; *Ps. Sol.* 17-18.

조세계 속에서의 새로운 책임들을 강조한다: "그들의 신원의 날에 그들은 빛을 발하겠고, 그루터기를 관통하는 불꽃들 같이 달리게 되리라. 그들은 열방들을 통치할 것이며 백성들을 다스리리니, 야웨가 그들을 영원히 다스리리라" (3:7-8).

오히려 이 시기의 유대교 문헌들 속에서 거론된 "구원"은 민족의 원수들로부터의 구원, 민족적 상징들의 회복, 각 사람이 자신의 포도나무 또는 무화과나무 아래에 앉아 있게 될 샬롬의 상태와 결부되어 있었다.[49] "구원"이라는 말은 미래의 소망 전체를 집약한 말이다. 기독교가 나중에 이 단어를 재정의했느냐의 문제는 별개의 문제이다. 주후 1세기의 유대인들에게 구원이라는 말은 오직 새 시대의 도래, 로마로부터의 해방, 성전의 회복, 자기 땅에 대한 자유로운 향유만을 의미하였다.[50]

앞 장에서 보았듯이, 이런 일이 있으려면, 이스라엘의 신은 이스라엘의 죄를 해결해야만 했다. 사실 포로생활의 끝은 이러한 죄 문제의 해결이 완료되었다는 것을 보여 주는 대단한 신호로 여겨졌다. 죄 사함의 약속과 민족의 회복이라는 약속은 이런 식으로 단순한 우연의 일치에 의해서가 아니라 인과론적으로 연결되어 있었다:

> 시온의 딸아 노래할지어다
> 이스라엘아 기쁘게 부를지어다
> 예루살렘 딸아
> 전심으로 기뻐하며 즐거워할지어다
> 여호와가 네 형벌을 제거하였고
> 네 원수를 쫓아냈으며

---

49) 열왕기상 4:25; 미가 4:4 등을 반영하고 있는 1 Macc. 14:12을 참조하라. 유대교에서 "구원"에 대해서는 특히 Loewe 1981을 참조하라. 이 점과 관련해서 최근의 많은 해석자들은 이 유대교 자료를 다시 검토하는 데서 그리 많이 나아가지 않았다고 나는 생각한다: Sanders조차도 계속해서 "구원"이 마치 획일적이고 손쉬운 용어인 것처럼 취급한다(예를 들면, 1992, 350, 441).

50) Sanders 1992, 278을 보라: "민족의 생존이 개인의 사후의 삶보다 훨씬 더 부각되고 있다": 또한 298쪽과 비교하라.

이스라엘 왕 여호와가 네 가운데 계시니
네가 다시는 화를 당할까 두려워하지 아니할 것이라 …
그때에
내가 너를 괴롭게 하는 자를 다 벌하고
저는 자를 구원하며
쫓겨난 자를 모으며
온 세상에서 수욕 받는 자에게
칭찬과 명성을 얻게 하리라
내가 그때에 너희를 이끌고
그때에 너희를 모을지라
내가 너희 목전에서
너희의 사로잡힘을 돌이킬 때에
너희에게 천하 만민 가운데서
명성과 칭찬을 얻게 하리라
여호와의 말이니라.[51]

이런 일이 어떤 수단을 통해서 이루어질 것인가 하는 것은 여러 가지로 생각되었다. 여러 가지 다른 방식으로 희생제사, 고난, 포로생활의 체험 자체가 구속(救贖)과 결부된 의미를 지니는 것으로 인식되었다.[52]

그러므로 다가올 시대, 이스라엘의 포로생활의 끝은 이스라엘과 그 신이 맺게 될 새로운 계약의 개시 시점으로 보였다. 이사야, 예레미야, 에스겔이 선포하였던 과거의 회복의 약속들 위에서 포로기 이후 및 성경 이후의 저작들은 그들의 신이 곧 그의 계약을 새롭게 하실 것이라는 신앙을 다양하게 표현하였다 — 또는 에세네파의 경우에는 이미 신은 그의 계약을 새롭게 하셨다고 믿었다. 이 계약의 갱신은 물론 우리가 지금까지 말해 왔던 것과 다른 사건이 아니다. "계약 갱신"이라는 사상은 이제까지 우리가 말해 왔던 것과 동일한 사건들을 특정한 시각에서 본 것일 뿐이다. 이스라엘이 마침내 "포로생활로부터 돌아오고,"

---

51) 습 3:14-20.
52) 위의 제9장을 보라.

성전이 (적법하게) 재건되어 그 합당한 수종자들이 거기에서 섬기게 될 때 ―
이것은 시내 산에서 계약을 맺은 일에 비견될 수 있는 것으로 볼 수 있다. 그것
은 야웨와 이스라엘이 이혼했다가 다시 재결합하는 일이 될 것이다.[53] 그것은
죄에 대한 진정한 사함이 될 것이다; 이스라엘의 신은 그의 거룩한 영을 부어
줌으로써, 이스라엘은 토라를 마음으로부터 합당하게 지킬 수 있게 될 것이
다.[54] 그것은 신명기와 예레미야가 말했던 "마음의 할례"일 것이다.[55] 그리고
그것은 유대인들과 그리스도인들 모두에게 풍부한 의미를 담고 있는 어구인
"신의 나라"일 것이다. 이스라엘의 신은 유대인들이 이미 믿었던 바로 그러한
모습으로 나타나실 것이다. 신은 온 세상의 왕이 되실 것이다.

3. 신 외에는 왕이 없다

이 시기의 혁명과 관련된 꿈들 속에서 한 가지 슬로건이 두드러진다. 네 번
째 철학파는 "신 외에는 왕이 없다(hegemon, despotes)"고 믿었기 때문에 로
마를 제거하고자 하는 시도에 "열심"이 있었다고 요세푸스는 우리에게 말해
준다.[56] 요세푸스의 이러한 견해는 단순히 한 주변적인 집단에만 국한되어 있
었던 것은 아니었다. 호구조사에 대하여 반기를 들었던 자들도 바로 그러한
이유들을 들어 반란을 행하였다;[57] 젊은이들에게 성전에 부착되어 있던 독수

---

53) 사 54:4-8; cf. Hos., *passim*.

54) 렘 31:31ff.; 겔 11:19f.; 36:22-32; cf. 39:29; 욜 2:28, 또한 사 32:15; 슥 12:10.
쿰란 두루마리들에서는 1QS 1:16 2:25; QH 5:11f.; 7:6f.; 9:32; 12:12; 14:13;
16:7, 12; 17:26; Q34bis 2:5-7; QDibHam 5를 참조하라. Cf. Cross 1958, 164 n.40.

55) 신 10:16; 29:6; 30:6; 렘 4:4; 31:33; 32:39, 40; 겔 11:19; 36:26-7; 44:7.
"영적으로 할례받지 못함"이라는 비난은 이와 같은 내용을 소극적으로 말하고 있는 것
이다; cf. 레 26:41; 렘 9:23ff.; 겔 44:7; 출 6:12, 30 (입술); 렘 6:10 (귀). 또한 이 주제
는 쿰란 두루마리들에도 다시 나타난다: 1QS 5:5; 1QpHab 11:13(부정적인 측면에 대
해서는 Leaney 1966, 167을 보라)과 초기 기독교 문헌(행 7:51; 롬 2:26-9; *Barn. 9,
passim;* 10:12), 또한 SB 3:126; *TDNT* 6:76ff. (R. Meyer)를 보라.

56) "열심당"과 바리새파의 유일한 차이점은 자유를 향한 그들의 열망에서 열정의
정도 차이라고 지적하고 있는 Jos. *Ant.* 18:23. 이러한 견해가 오랫동안 견지되었다는 것
은 *War* 7:323에서 확인된다. Goodman 1987, 93f.; Hengel 1989 [1961], 71-3, 86f., 특
히 90-110; Sanders 1992, 282f.에 나오는 논의들을 보라.

리 상을 끌어 내리라고 강력히 촉구했던 교사들도 동일한 견해를 지니고 있었다;[58] 주후 66-70년의 혁명가들도 동일한 사상에 의해 점화되었다.[59] 역사적으로 그리고 신학적으로 고찰해 보면, "신의 나라"는 이스라엘의 신이 이스라엘(그리고 온 세상)을 통치하실 것이고, 가이사, 헤롯 또는 그들과 동일한 부류의 그 어떤 사람이 이스라엘을 다스릴 수 없다는 소망을 그 기본적인 의미로 하는 슬로건이었다. 그것은 토라가 마침내 성취되고, 성전이 재건되며, 땅이 정결케 되리라는 것을 의미한다. 그것은 반드시 거룩한 무정부 상태를 의미하지 않는다(그러한 것을 원했던 사람들이 일부 있었을 수는 있지만).[60] 오히려 그것은 이스라엘의 신이 합당하게 지명된 인물들과 수단들을 통해서 그가 의도한 방식대로 이스라엘을 통치하게 될 것임을 의미한다. 이것은 분명히 대제사장 제도의 변화를 의미할 것이다(바리새파, 에세네파, 열심당이라고 개략적으로만 묘사되는 사람들의 관점에서 보면).[61] 일부 저작들 속에서 그것은 메시야를 의미하기도 한다 — 비록 이 시기의 두드러진 특징들 중의 하나는 왕적인 인물에 대한 기대들이 비교적 드물게, 그리고 철저히 중구난방 식으로 등장하는 것처럼 보이긴 하지만[62] 그러나 세부적으로 이 슬로건을 어떻게 해석

57) Jos. *Ant.* 18:3-5. 인구 조사에 응하는 것은 "곧바로 종노릇하는 것과 마찬가지 의미를 지니고 있었다"고 그들은 주장하였다.

58) *Ant.* 17:149-63.

59) *Ant.* 18:24 ; *War* 7:323ff.

60) Sanders 1992, 282; 또한 *Ant.* 18:23을 보라: "그들은 단지 어떤 사람을 주인이라 부르기를 회피한다고 해서 죽임을 당할 것이라고는 거의 생각하지 않는다." Cf. *War* 2:433, 443. 요세푸스가 갈릴리 사람 유다의 후손이자 "하나님 외에는 왕이 없다"는 그의 가르침을 공유하고 있다고 말한 므나헴은 므나헴을 통치자로 삼기를 원치 않을 정도로 이 말을 곧이 곧대로 믿고 있었던 집단에 의해서 살해되었다.

61) 열심당이 새로운 대제사장을 임명한 것에 대해서는 Jos. *War* 4:151-61을 보라; 바리새파가 히르카누스(Hyrcanus)가 대제사장직을 맡는 것을 반대한 것에 대해서는 *Ant.* 13:288-92를 보라. 에세네파의 태도에 대해서는 Schürer 2:582를 보라(본문들에 대해서는 성전이 진행되고 있는 동안에 진정한 대제사장을 세울 계획을 가지고 있던 1QM 2를 보라). 이러한 변증은 주후 2세기보다 상당 기간 앞서 있었다는 주장들에 대해서는 Rofe 1988을 보라.

62) 아래 제4부를 보라.

하든 이 슬로건은 분명히 이스라엘이 신원되고 신에 의해서 통치될 새로운 질서를 함축하고 있다 — 그리고 암묵적으로는 세상의 나머지 부분이 이스라엘을 통하여, 축복이든 심판이든 어떤 식으로든 통치되는 새로운 질서.

그렇다면 새 시대, 새 계약은 어떻게 생겨나는 것인가? 나는 6장에서 주후 1세기 전반 동안에 정치적 또는 군사적 혁명이 어느 정도나 무르익었는지를 설명한 바 있다. 내 자신의 견해는 대체로 굿맨(Goodman)의 경우와 대동소이하다: "주후 6년 훨씬 이전에, 아마도 마카베오 시대에 유래한 반이방인적인 태도들은 수많은 서로 다른 집단을 고무시켰고, 유대인 전체에 스며들었으며, 단지 그 강도(强度)만이 달랐을 뿐이었다."[63] 이 시기 전반, 성경적 배경, 마카베오의 모범, 헤롯 치하에서의 소요들, 총독들의 통치 아래에서 산발적으로 일어났던 반로마 폭동들, (특히 누구보다도) 엄격하고 "열심 있는" 유대인들에 의해 일어난 이후의 두 번의 전쟁이라는 전체적인 배경은 모두 로마에 대한 폭력 혁명이 이 시기에 매우 생생하게 살아 있었던 한 가지 대안이었고, 그것은 "비종교적인" 목적들을 지닌 자들만이 아니라,[64] 확고하고 잘 정립되어 있는 기존의 종파에 의해서도 지지를 받고 있었다는 것을 보여 준다.[65] 이스라엘의 신이 장차 왕이 되실 것이라는 믿음 속에서 필요한 모든 수단들을 동원하여 신을 왕으로 만드는 데 열심을 낸 많은 사람들이 있었다.

그러므로 "신의 나라"라는 표현은 이 시기의 텍스트들 속에 오직 산발적으로만 등장하지만, 이 표현이 등장하는 대목에서는 이스라엘의 신 이외의 다른 통치자들이 이스라엘을 다스릴 수 없다는 것, 신은 반드시 현재의 정치적 상황을 뒤집어엎고 이스라엘, 성전, 땅, 토라를 다시 세우실 것이라는 것 등과 같이 그 밖의 다른 다양한 방식들로 말할 수 있는 개념을 간결하게 표현한 촌철살인의 어구로서의 기능을 한다. 이 복합적인 개념은 이 시기의 유대인들의 사회적, 정치적, 문화적, 경제적 열망 전체를 한데 결합시킨 것으로써, 거기에 유대교의 주

---

63) Goodman 1987, 108.

64) Goodman 1987이 꼭두각시 노릇을 했던 유대인 귀족층의 경우와 관련하여 주장하고 있듯이.

65) 예를 들어, 마사다 등과 같이 혁명가들이 종교적으로 헌신되어 있었음을 보여 주는 분명한 증거들이 있다: 위의 제6장과 제7장을 보라.

류 사상이 항상 지니고 있었던 종교적·신학적 차원을 부여한 것이었다.

이스라엘의 신이 왕이 되실 것이라는 사상은 이스라엘의 역사적 기대 전체
의 맥락 속에서 만유에 대한 신의 통치라는 구약에 표현된 소망에 의거하여
(그들 자신의 전승들의 중요성을 확고하게 의식하고 있던 백성 속에서) 보아
야 한다. 예를 들어보자:

> 여호와여 주께서 지으신 모든 것들이 주께 감사하며
> 주의 성도들이 주를 송축하리이다
> 그들이 주의 나라의 영광을 말하며
> 주의 업적을 일러서
> 주의 업적과 주의 나라의 위엄 있는 영광을
> 인생들에게 알게 하리이다
> 주의 나라는 영원한 나라이니
> 주의 통치는 대대에 이르리이다.[66]

> 대저 여호와는 우리 재판장이시요
> 여호와는 우리에게 율법을 세우신 이요
> 여호와는 우리의 왕이시니
> 그가 우리를 구원하실 것임이라.[67]

> 좋은 소식을 전하며
> 평화를 공포하며
> 복된 좋은 소식을 가져오며 구원을 공포하며
> 시온을 향하여 이르기를
> 네 하나님이 통치하신다 하는 자의 산을 넘는 발이
> 어찌 그리 아름다운가.[68]

---

66) 시 145:10-13; cf. 시 93, 96, 97편 등.

67) 사 33:22.

68) 이사야 52:7. 이 구절 전체는 이스라엘의 압제에 대한 대답이자 이스라엘의 신의
우주적 통치의 계시로서 포로생활이 끝이 나고 야웨가 시온으로 되돌아올 것을 말하고

물론 이러한 구절들은 몇몇 사상가들과 저술가들이 품고 있던 개념들만이 아니라 그 소망이 반복적으로 실현되었던 예전(禮典)을 반영하고 있기도 하다.

이 주제를 강조했던 성경의 핵심적인 책들 중의 하나는 물론 다니엘서였다 — 주후 1세기에 혁명 사상을 품고 있던 유대인들은 다니엘서가 현재의 로마의 압제에 맞서서 한 나라가 세워질 것에 대하여 말하고 있는 것으로 해석하였기 때문에 다니엘서를 애독하였다.[69] 요세푸스는 친로마파였기 때문에 이와 같은 해석을 상당히 꺼렸지만, 그의 동시대 사람들이 다니엘서를 어떻게 읽었는가는 거의 의심의 여지가 있을 수 없다. 『유대민족 고대사』 10:203-10에서 요세푸스는 우상의 신상이 "돌"에 의해서 파괴되는 장면을 그리고 있는 다니엘 2:1-45의 꿈을 묘사하면서, 로마 제국이 철과 진흙의 혼합물로 상징되어 있다는 것을 명확히 하거나(2:33, 41-3), 로마가 "돌"에 의해서 멸망당할 것이라는 것을 암시하는 것을 피하기 위하여 본문을 수정한다. 요세푸스의 글들을 편집했던 랄프 마르쿠스(Ralph Marcus)는 이것으로부터 다음과 같은 명백한 추론을 이끌어낸다:[70] 주후 1세기의 해석에서는 돌을 로마 제국을 멸망시킬 메시야 왕국에 대한 예언으로 보았다.[71] 특히 중요한 것은 "다른 무엇보다도 [유대인들을] 전쟁으로 나오게 했던," "그들 나라 출신인 사람이 세상의

있다는 점에서 시사하는 바가 크다. 이 구절이 네 번째 야웨의 종의 노래(52:13~53:12) 직전에 나온다는 것도 또 하나의 생각할 점이다. 스바냐 3:14-20과 비교해 보라. 거기에도 왕 되심의 모티프가 15절에 나온다.

69) 위의 제7장과 제8장을 보라.

70) Loeb edn., 6:275; 또한 우리의 현재의 논점을 극적이지만 부정확하게 확증한 가운데 "오늘날 다니엘서를 읽는 독자일지라도 다른 모든 나라들을 부수는 돌이 하나님의 나라, 이스라엘이라는 것을 알 수 있다"(강조는 필자의 것)고 말하는 Sanders 1992, 289를 참조하라.

71) 요세푸스가 다니엘을 대단히 중요한 선지자로 본 것에 대해서는 위의 서술과 특히 *Ant.* 10:266-8을 보라: 요세푸스는 *Ant.* 11:337에서 다니엘 8:21을 알렉산더 대왕을 가리키는 것으로, 12:322에서는 11:31과 7:25을 마카베오 시대를 가리키는 것으로, 10:276-7에서는 다니엘 11~12장을 로마의 등장과 예루살렘의 몰락을 가리키는 것으로 해석한다. 이 마지막 내용들을 좀 더 천착하는 대신에, 요세푸스는 곁길로 빠져서 섭리의 교리를 부정하는 에피쿠로스 학파의 어리석음을 전체적으로 논평한다.

통치자가 될 것"이라고 선포하고 있는 유대교 성경에 나오는 "한 모호한 신탁"에 대하여 말하고 있는 『유대 전쟁기』 6:312-15의 구절이다. 물론 요세푸스는 이 구절을 유대 땅에서 최초로 황제로 선포되었던 베스파시아누스 황제를 의미하는 것으로 해석한다; 그러나 그는 많은 "지혜자들"은 이 구절이 "그들 나라의 폐허와 그들 자신의 멸망이 그들의 어리석음을 단죄한 후에" 등장할 유대인에 속한 어떤 사람을 가리키는 것으로 믿었다는 것을 짤막하게 언급한다. 이 신탁은 로마의 역사가들인 타키투스와 수에토니우스(Suetonius)에게도 개별적으로 알려졌던 것으로 보인다.[72] 요세푸스 자신의 해석에도 불구하고, 주후 1세기의 통상적인 견해는 본문 속에서 뚜렷하게 드러난다: 유대인들 가운데에서 온 세상을 다스리고 모든 경쟁하는 제국들을 멸하게 될 한 지도자, 한 위대한 왕이 일어날 것이다.

이 점은 주후 1세기에 유포되었던 두 본문의 도움을 받아서 생생하게 묘사해 볼 수 있다. 먼저 『모세의 유언서』는 그 주인공의 입속에 제2성전 시대의 부패와 악함에 관한 "예언"을 넣어서 이교도들이 패망하고 이스라엘이 신원될 장래의 나라를 예언한다. 이러한 현세적인 사건들은 이스라엘의 신의 승리로 해석될 수 있다:

> 그때 그의 나라가 피조물 전체에 나타나겠고
> 마귀는 최후를 맞이하리라.
> 그렇다, 슬픔은 그로 말미암아 물러가고
> 가장 높은 곳에서 지명된
> 사자의 손들이 가득 채워지리라.
> 그렇다, 그는 곧 그의 손으로 원수들에게 보수하리라.
> 하늘에 계신 자가 그의 보좌에서 일어나리라.
> 그렇다, 그는 그의 아들들을 위하여
> 노와 분으로 그의 거룩한 처소에서 나오리라.
> 땅이 흔들리리니, 그 사방 끝까지 요동하리라.

---

72) Tac. *Hist.* 5:13; Suet. *Vesp.* 4. 요세푸스는 자기가 베스파시아누스에게 황제가 될 것이라고 예언했다고 주장한다: *War* 3:399-408. 자세한 것은 아래의 서술을 보라.

높은 산들이 낮아질 것이며,

그렇다, 높은 산들이 요동하고, 둘러싸인 계곡들이 무너지리라.

해는 빛을 내지 않고,

어둠 속에서 달의 뿔들은 달아나리라.

그렇다, 그 뿔들이 산산조각나리라.

모든 것이 핏빛으로 물들고

그렇다, 별들이 도는 자리조차도 어지러워지리라.

바다는 음부 끝까지 물러나겠고

물 근원들이 마르리라.

그렇다, 강들은 다 소멸하리라.

지극히 높으신 자이신 하나님, 오직 영원하신 분만이 높아지리라.

모두가 보는 앞에서 그는 열방들에게 보수하게 되리라.

그렇다, 그는 모든 열방의 우상들을 멸하리라.

그때에 너희는 복될 것이니, 오 이스라엘이여!

너희는 독수리의 목과 날개 위에 올라가리라.

그렇다, 만물이 충만케 되리라.

하나님은 너희를 높은 곳들에 오르게 하리니

그렇다, 그는 너희를 별들의 하늘에,

별들이 거처하는 곳에 견고하게 심으리라.

너희는 높은 곳에서 보게 되리니,

그렇다, 너희는 땅에 있는 너희 원수들을 보리라.

그들을 알아보고, 너희는 기뻐하겠고,

너희는 감사를 드리리라.

그렇다, 너희는 너희 창조주에게 믿음을 고백하리라.[73]

이 시의 문맥을 보면, 여기에 나오는 우주적 이미지를 "문자적으로" 받아들여서는 이 시의 의미를 제대로 파악할 수 없다는 것을 분명하게 알 수 있다.

---

73) *T. Mos.* 10:1-10, Charlesworth 1983, 931f.에 나오는 J. Priest의 번역. 이 책의 저작 연대와 출처에 대해서는 ibid., 920-2를 보라.

해, 달, 별들은 이와 같은 시 속에서 세상의 큰 세력들을 나타내는 의도적인 상징 역할을 한다: 그들이 흔들린다거나 어두워진다고 말하는 것은 주후 1세기의 저자가 네 명의 로마 황제가 폭력적인 죽음을 당한 후에 다섯 번째 황제가 팔레스타인에서 로마의 황제 자리에 대한 권리를 주장하고 로마로 진군해 갔던 그 무시무시한 해(주후 68-9년) 같은 커다란 정치적 사건들의 엄청난 의미를 표현하기 위하여 아주 자연스럽게 사용했던 그런 언어였다. 이스라엘의 신이 왕이 되는 것과 동시에 일어나는 사건인 이스라엘의 신원은 이스라엘이 시간과 공간으로 이루어진 우주에서 벗어나서 초월적인 영역으로 옮겨가는 것으로 생각되지 않았다: 이스라엘의 신원에 관한 소망은 그에 선행하는 여러 사건들과 직접적인 연속선상에 있는 것으로 생각되었지만, 그러한 소망은 (저자의 관점에서 볼 때) 여전히 미래에 일어날 것이기 때문에 그에 선행하는 사건들과 동일한 방식으로 묘사될 수 없었다. 이 시의 언어와 이미지는 미래의 사회정치적 사건들을 나타내고 그러한 사건들에 "신학적" 의미를 부여하기 위한 것이다. 이스라엘은 신이 지명한 "사자," 아마도 제사장의 영도 아래 그 원수들을 무찌르게 될 것이다;[74] 그리고 그것은 이스라엘의 신이 왕이 되실 것임을 의미하기도 한다.

이와 같은 내용은 세부적인 군사적 준비들과 계획들, 이스라엘의 신이 왕이 되신다는 것에 관하여 말하고 있는 『전쟁 두루마리』에 나오는 생생한 구절 속에도 등장한다:

그때 보병 2개 사단이 진군하여 두 진영 사이에 주둔할 것이다. 첫 번째 사단은 창과 방패로 무장하겠고, 두 번째 사단은 방패와 칼로 무장하리니, 이는 하나님의 심판에 의해서 죽임을 당한 자들을 끌어내고, 하나님의 능력으로 적진을 쳐서 헛된 모든 열방들에게 그들의 악의 대가를 치르게 하기 위함이다. 그러면 주권[meluchah, 왕권]이 이스라엘의 하나님에게 돌아가겠고, 그는 자기 백성의 성도들을 통해서 큰 일들을 이루리라.[75]

---

74) 이 시의 두 번째 연에 나오는 "그때 손들이 채워지리라"는 표현에서는 제사장 서임식에서 가져온 전문적인 용어를 사용하고 있다: Priest ad loc.을 보라.

이 대목을 보면, 세부적인 군사행동에 대한 계획들은 다가올 신의 나라를 실현시키기 위한 것임을 알 수 있다: 즉, 이 두루마리의 저자는 이스라엘의 신이 자기가 미리 묘사하고 있는 군사적 행동을 통해서 왕이 되실 것이라고 믿고 있다는 말이다. 이스라엘이 승리할 때, 그것은 곧 야웨의 나라의 도래를 의미하게 된다. "성도들"의 행위들은 신의 크신 역사들에 다름 아니다: 둘은 동일시된다. 동일한 사건들을 가리키기 위하여 여러 종류의 다양한 언어들을 사용할 수 있었다는 것을 우리가 깨달을 때에만, 우리는 사회정치적 사건들과 "초월적인" 차원을 구별하는 오늘날의 관행을 주후 1세기의 유대인들의 세계관과 연결시킬 수 있게 된다.[76]

판이하게 다른 맥락 속에서 사용된 한 예는 이러한 "나라"라는 언어가 얼마나 광범위하게 사용되었는지를 잘 보여 준다. 당시에 성행했던 혁명에 대한 변증과는 별 상관이 없는 『솔로몬의 지혜서』에서 의인들의 신원은 신이 왕이 되어 다스리기 위한 수단이 될 것이라고 묘사한다:

> 그들의 신원의 때에 그들은 빛을 발하겠고
> 덤불을 타고 달리는 불꽃처럼 달리리라.
> 그들은 열방들을 통치하고 백성들을 다스릴 것이고,
> 주는 그들을 영원히 다스리리라.[77]

이러한 예들은 우리가 살펴보는 시기에 "나라"라는 언어의 용례를 잘 보여 준다. 이러한 언어는 이스라엘의 신이 유일한 신이라는 신앙을 일깨우는 가운데 — 달리 말하면, 유대교의 유일신 사상과 계약 신학을 종말론에 활용하여 — 민족의 소망을 표현하는 통상적인 수단이었다. 이스라엘의 신은 이스라엘을 포로생활로부터 회복시킬 것이고 계약을 갱신할 것이다. 또한 신은 창조주 신이었기 때문에, 이 사건은 우주적 이미지를 사용하지 않고는 제대로 묘사될 수 없었다. 열방들에 대한 이스라엘의 승리, 성전의 재건, 땅의 정화: 이 모든

75) 1QM 6:4-6 (tr. Vermes 1987 [1962], 111).
76) 또한 cf. 1QM 12:7과 그 문맥.
77) Wisd. 3:7f.

것들은 함께 어우러져서 새로운 창조, 새로운 창세기를 이루기에 조금도 손색이 없었다.

그러므로 이 신의 나라를 말하는 것은 이원론적인 사고 속으로 빠져 들어간다거나 장차 일어날 사건이 오직 주변적으로 또는 부수적으로만 시간과 공간 속에서 일어나는 사건들과 결부될 것이라고 생각한다는 것을 의미하지 않는다. 이 나라는 무시간적인 진리도, 추상적인 윤리적 이상도, 시간과 공간으로 이루어진 우주의 장차 있을 종말도 아니었다. 또한 이 어구는 새로운 계약 공동체의 탄생을 함축하고 있기는 하지만, 공동체 자체를 지칭하는 말도 아니었다. 오히려 이 어구는 이스라엘의 역사 내에서 이스라엘의 운명을 회복하고, 처참한 포로시대를 끝장내며, 이스라엘을 통하여 온 세상을 지배했던 악을 물리치기 위한 계약의 신의 행위를 지칭하였다. 주기적인 예전을 통해서 송축되었던 이러한 이스라엘의 회복은 이스라엘의 신이 왕이 되신다는 것의 의미 중의 일부였다. 이스라엘 자신은 왕의 백성으로서, 왕은 이스라엘을 통하여 세상을 통치하실 것이다.

이와 관련하여 한 가지 잘못된 방향을 언급해 두지 않으면 안 될 것 같다. "신의 나라"라는 상징과 메시야의 도래가 직접적인 연관성이 있다는 것을 보여 주는 증거는 그리 많지 않다.[78] 물론 메시야에 관하여 말하는 본문들은 신의 나라에 관하여 말하는 본문들과 쉽게 통합될 수 있다. 메시야는 이 신의 나라를 임하게 하기 위하여 전투들을 수행하게 될 것이다. 이러한 것들은 장차 도래할 야웨의 나라에 대한 좀 더 광범위하고 훨씬 더 중요한 전반적인 기대에 별 어려움 없이 잘 부합된다. 이러한 주장을 밑받침하기 위하여 우리는 이제 장차 오실 메시야에 대한 소망과 관련된 좀 더 자세한 내용을 살펴보기로 하자.

4. 장차 오실 왕

오늘날의 학계에서는 한 가지를 아주 분명하게 해 두었다: 주후 1세기 유대인들 사이에서는 단일한, 획일적인 "메시야 기대"라는 것은 존재하지 않았

---

78) Beasley-Murray 1986 등에 의해 주장되었듯이.

다는 것이다.[79] 이 시기에 나온 현존하는 대부분의 유대교 문헌에는 메시야에 대한 언급이 없고, 상당수의 중요하고 두드러진 저작들은 이 주제를 완전히 무시해 버린다. 여기저기 산발적으로 산재해 있는 다양한 그러한 증거들은 판이하게 성격이 서로 다른 저작들 속에 걸쳐 있으면서 때로는 메시야에 대한 암시를 하거나 암묵적으로만 말할 뿐이고, 장차 다윗의 자손이 와서 이방인들에 대한 야웨의 진노를 실행한다거나 성전을 재건한다거나, 또는 그 밖의 다른 이스라엘의 소망들을 성취한다고 명시적으로 말하는 대목은 아주 드물다. 또한 우리는 이 주제와 관련하여 랍비들에게 도움을 청하기도 쉽지 않고, 제2성전 시대 유대교의 다른 문헌들에서도 그 근거를 찾기가 쉽지 않다. 그러한 문헌들에 나타나는 장차 오실 메시야에 대한 개념들은 두 번의 큰 전쟁의 실패에 대한 인식으로 많이 물들어 있기 때문에, 우리는 초기의 역사 자료들이 손상되지 않고 그대로 남아 있는 것을 거의 기대할 수 없다.[80] 따라서 기독교이든 유대교이든 많은 세대들의 확신 있는 단언들에도 불구하고, 우리는 먼저 저잣거리에서 흔히 볼 수 있는 평범한 유대인들이 장차 오실 메시야를 믿었다고 말하기 힘들다고 결론을 내리지 않을 수 없다. 현존하는 문헌 속에서 "어떤 메시야적인 인물에 대해서 말할 때 그의 역할과 성격은 모호하고 제대로 규정되어 있지 않다."[81]

이러한 시원치 않은 출발은 설명이 필요한데, 세 가지 분명한 가능성들이 제기된다. 첫째, 메시야 사상이 이 시기에 비교적 중요하지 않았다는 것이다. 둘째, 우리가 현재 소유하고 있는 문헌들이 별로 대표성을 지니고 있지 않을 수 있다는 것이다. 셋째, 메시야 기대들은 이런저런 메시야 운동들의 실패 후에, 또는 기독교의 등장 후에 씌어진 문헌들 속에서 억눌렸을 수 있다는 것이다. 이러한 모든 제안은 어느 정도 일리가 있을 수 있다. 그러나 이와 동시에 메시야 사상에 대한 증거들이 매우 다양하여 표준화되어 있지 않았다는 것은

79) 메시야 기대들에 대해서는 특히 Neusner ed. 1987; Horsley and Hanson 1985, ch. 3; Sanders 1992, 295-8; Schürer 2:488-554, 특히 488-92에 나오는 참고문헌을 보라.

80) 후기의 메시야 사상에 대해서는 Landman 1979를 보라. 그 표제에도 불구하고 이 책은 초기 시대에 대한 과거의 가치 있는 학문적 연구 성과들도 담고 있다.

81) Scholem 1971을 언급하고 있는 Harvey 1982, 77.

메시야 사상이 유대교 내에서 몇 가지 다양한 형태로 잠복해 있었고, 필요에 따라 의식의 표면으로 표출될 수 있었으며, 그 다양성 속에 적어도 어느 정도는 공통적인 불변의 요소들이 있었다는 것을 보여 준다. 이제 우리는 증거들을 살펴보고, 그 증거들이 무엇을 보여 주는지를 알아보고자 한다.

그러면 역사적으로 어느 정도 확고한 네 가지 모형으로부터 시작해 보자. 첫째, 요세푸스는 우리에게 주후 66-70년의 전쟁에 이르기까지와 그 전쟁 동안에 일어났던 여러 가지 메시야 운동들에 대하여 알려 주고 있고, 우리는 그 이후에 바르 코크바의 영도하에 일어났던 메시야 운동에 관하여 상당히 잘 알고 있다. 우리는 이미 앞의 제6장과 제7장에서 이러한 운동들에 대한 이야기를 어느 정도한 바 있다. 여기에서 중요한 것은 그러한 메시야 운동들이 존재했다는 사실 자체이다: 즉, 특정한 상황 아래에서 상당히 많은 수의 유대인들은 이전에는 전혀 몰랐던 인물(또는 시카리 당의 경우에는 왕손으로 자처했던 인물)을 선택해서 그를 왕으로 추대하고 그에게 왕관을 주며 그로 하여금 모종의 혁명에 해당하는 민중운동을 이끌도록 기대했다는 사실이 중요하다는 말이다. 물론 이러한 여러 다양한 운동들은 서로 구별이 되어야 한다. 그러나 이 모든 것들은 계층들마다 그 정도는 서로 달랐지만, 이스라엘의 신이 자기 백성을 해방시키기 위하여 한 왕을 보내실 것이라는 유대인들의 소망이 꽤 널리 유포되어 있었다는 것을 증언해 주고 있다. 적어도 한 경우에는 이 운동은 명시적으로 "다윗 왕조" 부흥이라는 형태를 띠고 있었던 것으로 보인다.[82] 우리가 이러한 것 외에 더 아는 것이 없다고 할지라도, 우리는 이미 많은 것을 알게 된 것이다.[83]

둘째, 우리는 헤롯 대왕이 분명히 품고 있었던 열망들의 의미를 주목할 필요가 있다. 요세푸스에 의하면, 헤롯은 다윗의 아들 솔로몬을 모방하려는, 아니 아마도 능가하려는 의도적인 시도로서 성전을 재건하는 거대한 토목사업을

---

82) Simon bar Giora에 대해서는 Horsley and Hanson 1985, 120ff.를 보라.

83) 요세푸스가 "가지 또는 다윗의 아들, 메시야 같은 용어들을 애써 피하고 있다"고 말하는 것은 지나친 감이 있다(Horsley and Hanson 1985, 114). 요세푸스가 두 개의 중요한 성경 구절들인 단 2:44f.와 단 7장을 얼른 지나치고 있다는 것은 사실이다(*Ant.* 10:210, 그리고 아마도 *War* 6:312f.: 위를 보라). 그러나 이러한 전문적인 용어들 중 그 어느 것도 이 두 성경 구절 속에 나오지 않는다.

일으켰다.[84] 제8장에서 성전 이데올로기를 살펴볼 때에 이미 말한 것처럼, 유다 마카베오가 성전을 이교도들의 더럽힘으로부터 성공적으로 깨끗케 함으로써 마카베오 가문이 혁명의 승리 후에 한 세기에 걸친 왕조를 지속할 수 있었던 것과 마찬가지로, 성전을 짓는 사람은 그 자체로 왕으로서의 정통성을 획득하게 된다. 헤롯은 유대인들이 결코 자기를 그들의 소망을 성취할 인물로 받아들이지 않을 것을 깨달았기 때문에, 하스모네 가문의 왕녀인 마리암네와 결혼하였는데, 이는 그가 그녀로 인해서 아들을 얻는다면 그 아들은 성전 재건을 완성할 뿐만 아니라 헤롯 자신이 찬탈하였던 전임자들의 왕권을 합법적으로 계승할 수 있을 것이라고 기대했기 때문이었다. 다시 한 번 말해 두지만, 여기에서 우리에게 중요한 것은 이러한 헤롯의 계획은 실패했다는 것, 즉 성전이 완성되기 전에 헤롯 가문은 실각하여 권력을 잃었고, 마리암네와 그녀의 두 아들은 헤롯이 여전히 살아 있을 때에 반역죄의 의심을 받아 살해를 당했다는 것이 아니고, 또한 많은 유대인들이 하스모네 가문의 정통성을 받아들이지 않았고, 더 많은 사람들은 헤롯의 왕권을 인정하지 않았다는 것이 아니다. 중요한 것은 그러한 왕권에 대한 주장들이 제기될 수 있었다는 것이다. 우리는 헤롯이 그의 동시대 사람들의 사고방식이 어떻게 작용하고 있는지를 어느 정도 알고 있었다고 생각할 수 있다. 헤롯이 장차 오실 메시야적 왕에 대한 민중 사상을 이용하려 했고, 또한 이 사상은 모호한 형태를 띠고 있었기 때문에 자기 나름대로 얼마든지 재구성할 수 있었다고 할지라도, 우리는 그러한 사상이 적어도 존재했다는 것만은 확실하게 말할 수 있을 것이다.

셋째, 우리는 바르 코크바의 반란의 의미를 주목해 보는 것이 좋다. 확고한 랍비 전승이 미쉬나의 위대한 인물들 중의 한 사람인 아키바의 말을 인용하여 이 불행한 반란 지도자를 사람들은 "별의 아들," 그리고 다윗의 아들로 회고하였다는 것을 입증해 주듯이, 이 반란은 분명히 메시야 운동이었다.[85] 또한

---

84) *Ant.* 15:380-7, 특히 385.

85) 위의 제6장과 제7장을 보라. 다니엘 7:9을 두 보좌, 즉 옛적부터 계신 이를 위한 하나의 보좌와 다윗, 즉 메시야를 위한 하나의 보좌를 가리키는 것으로 해석하고 있는 아키바의 또 하나의 진술은 여기에서 중요한 의미를 지닐 수 있다: bHag. 14a;b Sanh. 38b를 다루고 있는 Horbury 1985, 36-8, 45f.를 보라.

그 세부적인 내용은 중요하지 않다. 중요한 것은 우리가 여기에서 제2성전 시대 내내 메시야 사상이 특정한 성향 아래에서 환기될 수 있었고, 보통 사람들은 그러한 메시야 사상이 무엇에 대하여 말하고 있는지를 알았고, 많은 유대인들은 본능적으로 충분히 신뢰할 만한 스스로 메시야로 자처하는 인물 아래에 모여 들 수 있었다는 것을 보여 주는 추가적인 증거를 가지고 있다는 것이다.

넷째, 우리는 이러한 역사적 모습 내에서 신약성서 자체의 중요성을 주목해 볼 수 있다. 많은 학문 분파들 속에서 초대 교회는 유대교의 메시야 사상들을 아주 신속하게 포기했고, 예수를 전혀 다른 관점에서 언급하였다고 단언하는 것이 습관처럼 되어 왔다. 그러나 유대교 내에 그러한 메시야 사상들이 비교적 드물다는 점에 비추어 보면, 크리스토스(Christos)라는 칭호만이 아니라 그 외에도 몇몇 메시야적인 주제들 — 다윗의 자손, 유대 성경으로부터 온 핵심적인 본문들, 성전과의 연관성 같은 핵심적인 주제들 — 이 예수가 활동하던 때보다 거의 한 세대 후, 그러니까 유대 전쟁 후에 저술된 것으로 생각되는 복음서들에 여전히 등장한다는 것은 대단히 주목할 만하다고 하겠다. 내자신의 견해로는, 여기에서 학자들은 기독교로부터 유대교적인 모든 것들을 벗겨내고자 한 세대에 의해서 오도되어 잘못 생각하고 있는 것이고, 초기 그리스도인들은 비록 수정되긴 했지만 상당 부분 알아볼 수 있는 형태로 메시야 사상을 유지하고 있었다.[86) 그래서 주후 2세기 중엽에도 활동했던 순교자 저스틴조차도 예수가 진정한 유대인들의 메시야였다는 것을 중요한 것으로 여겼다. 그러나 이러한 학자들의 주장이 옳다고 하더라도 — 실제로 그들이 옳고, 정말 기독교가 공식적으로 그와 같은 메시야 사상을 포기했다고 할지라도 — 신약성서의 대부분에 걸쳐서 메시야에 대한 주제가 끊임없이 나온다는 것은, 주후 1세기 유대교의 증거가 많든 적든, 유대인들의 메시야 기대에 대한 통일적인 그림을 다시 만들어 낼 수 있든 없든, 그러한 기대가 분명히 존재하였다는 사실을 아주 강력하게 증언해 준다. 이런 의미에서 초기 그리스도인들은 헤롯이 했던 것과 같은 일을 했던 것으로 보인다: 그들은 모호하고 일반적인 메시야 사상을 가져다가 새로운 확고한 초점인 예수를 중심으로 다시 그려

---

86) 아래 제4부를 보라. 바울 서신에 나타난 메시야 사상에 대해서는 Wright 1991a. chs. 2-3을 보라.

서 메시야 사상에 정밀성과 방향성을 부여하였다. 그리고 여기서 예수가 다윗 가문의 메시야라는 사실이 부각된 것이 특히 두드러진다.[87]

이러한 확고한 역사적 출발점들은 우리가 묵시문학이나 다른 저작들에 나오는 변칙적인 언급들로부터 시작하는 경우보다도 훨씬 더 탄탄한 토대 위에서 메시야 사상에 대한 논의를 진행할 수 있게 해 준다. 게다가 그러한 것들은 또 하나의 확고하고 반박할 수 없는 사실을 보여 준다. 이 시기에 유대인들의 신념과 기대의 형성이 어떻게 이루어졌는지에 대하여 우리가 안다면, 우리는 그것이 성경에 대한 읽기(해석)와 상당한 관련이 있었다는 것을 알게 된다. 히브리 성경, 그리고 실제로 성경을 봉독할 때에 많은 유대인들이 익숙해져 있었던 칠십인역은 장차 오실 왕에 관하여 꽤 많은 말을 하고 있다. 다윗에게 주어진 약속들은 자주 되풀이되고 있고, 크고 분명한 소리로 표현되어 있다.[88] 그러한 것들은 여러 시편들에서 송축된다.[89] 성경 전체에서 가장 아름다운 시편 구절들 중의 하나는 장차 오실 구원자라는 사상이 두드러지게 표현되고 있는 대목들이다: 우리는 이사야 9장, 11장, 42장, 61장을 들 수 있다. 사실 우리가 히브리 성경 속에서 "메시야적인" 구절이라고 볼 수 있는 대목을 발견한다고 할지라도, 우리는 주후 1세기 유대인들이 그 구절을 그런 식으로 보았을 것이라고 함부로 추단(推斷)해서는 안 된다: 그리고 이것보다 더 중요한 것은 메시야 기대를 포함하여 유대인들의 세계관 전체를 형성하는 데에 주기적으로 성경을 읽고 노래한 것이 주된 힘으로 작용하였다는 것을 무시해서는 안 된다는 것이다.

메시야에 대하여 분명하게 말하고 있는 제2성전 시대의 네 가지 유형의 자료들을 보면, 이 점이 분명하게 드러난다. 각각의 경우에 그 견해는 철저하게 성경을 토대로 하고 있다. 먼저 쿰란 두루마리를 살펴보면, 쿰란 제4동굴에서 발견된 주목할 만한 단편은 주전 1세기말에 기록된 것으로서 중요한 성경 본문들을 모아서 장차 오실 왕에 관하여 한 목소리로 들려준다. 이 본문은 사무엘하 7:10-11에 대한 자세한 주석 후에, 저자가 이 분파의 공동체를 성전이라

---

87) Sanders 1992, 526 n.!7.

88) 예를 들면, 삼하 7:4-29; cf. 왕상 3:6; 8:23-6, etc.

89) 예를 들면, 시 2, 89편 등.

는 관점에서 해석하고 나서, 계속해서 이렇게 말을 한다:

주께서 내게 밝히 말씀하시기를 주가 너를 위하여 한 집을 지으리라고 하신다. 내가 네 후에 내 씨앗을 일으키리라. 내가 그의 나라의 보좌를 [영원히] 굳게 하리라. 나는 그의 아비가 되고, 그는 나의 아들이 되리라. 그는 종말에 시온에서 다스리기 위하여 율법의 해석자와 함께 일어나게 될 다윗의 가지니라. 기록된 바 내가 무너진 다윗의 장막을 일으키리라 함과 같으니라. 다시 말하면, 다윗의 무너진 장막은 이스라엘을 구원하기 위하여 일어날 그니라 …

어찌하여 열방들이 분노하며 백성들이 헛되이 생각하고 땅의 왕들이 일어서며 방백들이 주와 [그의 메시야에] 대항하여 모략을 꾸미는고. 해석하면, 이 말씀은 마지막 날에 이스라엘의 택하신 자에 맞서게 될 [열방의 왕들]에 관한 것이다.[90]

여기에서 우리는 일부 유대인들이 헤롯이 죽고 나사렛 예수가 탄생할 즈음에 어떤 생각을 하고 있었는지를 보게 된다. 잘 알려져 있듯이, 쿰란 두루마리들은 왕적인 메시야를 기대하고 있는 것이 아니라, 교사(여기에서처럼 "율법의 해석자") 또는 "메시야적 통치"라는 말에서처럼 제사장 같은 인물을 기대하고 있었다.[91] 그러나 왕적 메시야에 대한 이러한 묘사가 성경을 토대로 하고 있다는 것은 분명하고, 이 점은 『축도문 두루마리』에 나오는 다음과 같은 구절을 보면 더욱 분명해진다:

주께서 너를 영원한 높은 곳에, 높은 성벽 위의 요새화된 망루처럼 높

90) 4Q174 (= 4QFlor) 1:10-13, 18f. (tr. Vermes 1987 [1962], 294). 성경 인용문들은 삼하 7:11, 12, 13, 14; 암 9:11; 시 2:1에서 가져온 것이다. 연대에 대해서는 Vermes 1987 (1962), 293을 보라. 본문에 대해서는 특히 Brooke 1985를 보라.
91) 1QSa 2:11-21, etc. 쿰란 문헌에 나오는 "두 메시야"에 대해서는 Vermes 1977, 184ff와 특히 Talmon 1987을 보라; 이러한 사상은 아마도 슥 6:11; 렘 33:14-18 같은 구절들로 거슬러 올라가는 것 같다.

이시기를!

주의 손의 힘으로 민족들을 치시고 주의 홀로 땅을 황폐케 하시며 주의 입술의 숨으로 불경한 자들을 죽이시옵소서!

하나님께서 주에게 모략의 영, 영원한 힘, 지식의 힘, 신을 두려워함을 보여 주시고, 위로 주의 허리를 두르시며, 주의 심장을 신실함으로 두르소서!

하나님께서 주의 뿔들을 철이 되게 하시고 주의 굽을 청동이 되게 하시며 주의 발꿈치를 어린 황소 같이 하셔서 민족들을 거리의 진흙같이 짓밟게 하소서!

하나님께서 주를 왕의 홀로서 견고케 하셨나이다. 통치자들과 열방의 모든 왕들이 주를 섬기리이다. 하나님께서 주를 그의 거룩한 이름으로 강하게 하시고, 주는 사자같이 되어서 아무도 구할 수 없는 먹이를 삼킬 때까지 눕지 않으리이다.[92]

여기서도 성경에 토대를 두고 있다는 것은 분명하게 드러난다: 시편에 대한 인유(61:2f.), 특히 이사야서(11:1-5)와 미가서(4:13)로부터의 인용문들이 그 토대가 되고 있다. 쿰란 문헌은 이 정도로 하고, 우리는 두 번째 자료 및 『솔로몬의 시편』에 나오는 잘 알려진 구절에서도 이와 비슷한 모습을 찾아볼

---

92) 1QSb 5:23-9 (tr. Vermes 1987 [1962], 237). 또한 Horsley and Hanson(1985, 130)은 이 구절과 관련하여 극히 이례적인 주장을 편다: 미래의 왕은 "그 입의 말씀"으로 열방들을 멸할 것이기 때문에, 이 구절은 "비현실적이고 초월적인" 의미를 지니고 있고, 우리는 심각한 군사적 접전이 아니라 관념화된 천상의 차원에서 일어나는 전쟁을 생각해야 한다. 이 구절의 나머지는 이러한 이론이 거짓임을 보여 준다. 이러한 이론은 사실 이 저자들이 그들이 영웅으로 삼고 있었던 농부들 이외의 계층들 속에서 메시야 기대가 존재한다는 것에 대한 당혹감에서 나왔다. 나는 "그의 손의 힘," "철과 청동으로 된 발굽," 짓밟고 다니는 젊은 황소의 이미지가 비현실적이고 초월적이며 천상적이라고 생각하지 않는다. 그리고 어쨌든 "그 입의 말씀"과 "그 입술의 기운"은 물론 이 구절 전체의 이미지의 주된 출처인 이사야 11:4에서 가져온 인용구들이다. Horsley and Hanson이 쿰란 공동체의 메시야들을 "지체 높은 영적 인물들"이라고 요약한 것은 (특히 1QM 1:9ff. 및 이와 유사한 구절들의 현실주의에 비추어 볼 때) 역사 서술에 대한 이데올로기의 주목할 만한 승리라고 할 수 있다.

수 있다:

> 보소서, 주여, 그들을 위하여 왕을 일으키소서.
> 오 하나님, 주께서 아시는 때에 주의 종 이스라엘을 다스릴 다윗의 아들을.
> 그에게 힘으로 두르사 불의한 통치자들을 멸하고 이스라엘을 짓밟아 파멸시킨 이방인들로부터 예루살렘을 깨끗케 하소서;
> 지혜와 의로서 유업으로부터 죄인들을 몰아내게 하시며
> 죄인들의 오만함을 토기장이의 단지처럼 산산이 부수게 하시고
> 모든 것들을 철장으로 부수며
> 그의 입의 말씀으로 불법한 나라들을 멸하게 하소서;
> 그의 경고의 말에 열방들이 그 앞에서 도망하며,
> 그는 그들의 마음의 생각들에 의거해서 죄인들을 단죄하리라.
> 그는 거룩한 백성을 모아
> 의로 이끌 것이라.
> 그의 날들에는 그들 가운데 불의가 없을 것이고,
> 모두가 거룩하게 되며,
> 그들의 왕은 주 메시야가 되리라.[93]

여기에서도 또 다시 성경을 반영하고 있는 대목들이 분명하게 드러난다: 시편 2편, 18편, 104편, 101편은 모두 이사야서 42장과 그 밖의 다른 구절들과 마찬가지로 이 인용문에 잘 반영되어 있다. 우리가 분명히 알아 두어야 할 것이 있다: 여기에서 우리는 로마 강점기의 몇몇 유대인들은 이방인들로부터

---

93) *Ps. Sol.* 17:21-32 (tr. R. B. Wright in Charlesworth 1985, 667). 이 시편의 나머지 부분은 *Ps. Sol.* 18:5-9과 마찬가지로 계속해서 장차 임할 전사인 왕을 묘사한다. 여기에서도 다시 한 번 Horsley and Hanson은 이 구절은 군사적 지도자가 아니라 "선생-왕"(106)에 관한 것이고, 따라서 이 메시야 사상은 농부를 기반으로 한 진지한 기대들과는 아무런 상관이 없다고 주장한다(1985, 105f., 119, 130f.). 그들이 자주 언급하는 "그 입의 말씀"은 토기장이가 토기를 깨뜨리고 철장을 휘두르는 맥락에 둘 필요가 있다.

그들을 구원하러 올 메시야적인 인물에 대한 명확한 견해를 가지고, 그들의 성경을 읽었다는 것을 보여 주는 증거를 볼 수 있다. 통설에 따라 『솔로몬의 시편』이 바리새파에 속한 것이라면, 이것은 전체적인 그림을 위해서 한층 더 흥미롭다.[94)]

이제 세 번째 자료로서 우리가 이미 다른 것과 관련하여 거론한 바 있는 구절을 살펴보기로 하자. 주후 66년의 전쟁에 이르기까지의 경과에 대한 설명을 하면서 요세푸스는 다가올 재난을 미리 알려 준 여러 가지 징조들과 예언들을 서술한다. 그런 후에 요세푸스는 성경에 나오는 "예언들"이 그들의 파멸을 경고했음에도 불구하고 유대인들은 왜 파멸의 길을 따라 질주했던가 라고 묻는다. 그것은 성경에 나오는 또 하나의 구절 때문이었다:

> 그러나 다른 무엇보다도 그들로 하여금 전쟁을 일으키도록 부추긴 것은 성경에서 찾아볼 수 있는, 그때에 그들 나라 출신의 한 사람이 세상의 통치자가 되리라는 취지의 애매모호한 예언이었다. 이 구절을 그들은 그들 자신의 민족에 속한 어떤 사람을 의미하는 것으로 이해하였고, 그들의 수많은 지혜로운 사람들이 이 구절을 해석하면서 어그러진 길로 가게 되었다. 그러나 사실 이 예언은 유대 땅에서 황제로 선포된 베스파시아누스의 왕권을 의미하는 것이었다. 그렇기 때문에 사람들이 비록 예견할 수 있었긴 하지만, 그들의 운명을 피하는 것은 불가능했다. 이때 유대인들은 이러한 징조들 중의 일부는 자신에게 유리한 방향으로 해석하였고, 다른 일부는 아예 무시해 버림으로써, 결국 그들 나라의 멸망과 그들 자신의 파멸이 그들의 어리석음을 확실히 말해 주는 수밖에는 없었다.[95)]

---

94) Schürer 3:194f.; Nickelsburg 1981, 203; 또한 Charlesworth 1985, 642가 말하고 있는 주의사항을 보라.

95) *War* 6:312-15. Thackeray는 Tac. *Hist.* 5:13과 Suet. *Vesp.* 4에 나오는 비슷한 말들을 인용하여 타키투스가 요세푸스를 읽었을 가능성이 없다고 말하고, 공통의 자료를 전제한다. 나는 요세푸스가 이러한 정보를 어떤 자료로부터 얻을 필요가 있었는지 의문이 든다: 모든 사람들 중에서 적어도 요세푸스는 주후 60년대 중반에 예루살렘에서 "지혜자들"이 무슨 말들을 했는지를 알고 있었을 것이다. 그리고 나는 *War* 6:299f.와 Tac. *Hist.* 5:13 같은 구절들을 보건대 타키투스가 요세푸스를 읽었을 가능성이 높다고

요세푸스가 이 대목에 추가했었으면 하고 내가 바라는 것이 한 가지 있는데, 그것은 이 본문에 대하여 그가 어떠한 성경 구절을 염두에 두고 있었는지를 확실하게 우리에게 말해 주었더라면 하는 것이다. 하지만 그럼에도 불구하고 중요한 단서들이 있다. 이 구절은 분명히 "지혜로운 사람들"이 해당 성경 구절을 해석한 방식을 보여 준다: 그리고 그것은 연대와 관련이 있었다("그때에").[96] 이 성경 구절의 가장 유력한 후보는 다니엘서이다: 주후 1세기의 연대 계산에서 특히 "지혜로운" 학자 집단들은 종말의 시간표에 관한 정보를 얻기 위하여 다니엘서를 샅샅이 뒤졌다(다니엘서 12:3을 참조하라). 그러나 다니엘서의 어느 부분인가? 연대 계산과 관련하여 가장 유력하게 떠오르는 대목은 예루살렘 회복의 연대를 계산하는 데에 많은 시간표를 제공해 주고 있는 8~9장이다; 이러한 시간표들은 이 시기의 여러 작품들 속에도 등장한다. 관련 숫자들을 계산하는 한 가지 방식에 의하면, 다니엘 9:24-7에 나오는 "칠십 이레"는 포로로 끌려간 때로부터 예루살렘이 재건되고 "기름부음 받은 왕"이 등장할 때까지의 기간으로서 주후 60년대 중반이 그 마지막 "이레"에 해당한다는 주장이 설득력 있게 제시되어 왔다. 이것은 기본적으로 바리새적인 이러한 연대 계산을 채택했던 사람들이 왜 이 시기에 혁명의 움직임들을 지지하는 쪽으로 기울게 되었는지를 설명하는 데 도움이 된다.[97] 그러나 다니엘 9:24-7이 연대 계산과 관련된 도식을 제공해 준다면, "세상의 통치자"[98]라는 사상은

생각한다; Rajak 1983:193도 마찬가지 생각이다.

96) 단순히 일반적인 의미가 아니라 매우 구체적인 의미를 지니고 있는 헬라어 표현인 kata ton kairon ekeinon.

97) Beckwith 1981에 나오는 매우 상세한 논의를 보라. Beckwith는 민수기는 요세푸스가 다니엘서에서 제시하고 있다고 말한(*Ant.* J0:267) 연대기적 도식을 제시하지 않고 있다는 합리적인 근거 위에서 또 다른 후보인 민수기 24:17-19(Hengel 1989 [1961], 237-40의 중요한 논의를 통해 지지되고 있는)을 반대하는 논증을 편다(532). 나의 현재의 논증은 다니엘서 7장이 그 자체로 일차적인 전거라고 말하고 있는 것이 아니라 — 이 점에 대해서는 Hengel이 올바르게 거부하고 있다 — 다니엘 9장과 2장이 주된 전거이기 때문에 7장도 함축적으로 연관되어 있다고 말하는 것이다; 아래의 서술을 보라. Rajak 1983, 192는 요세푸스가 구체적으로 어떤 구절을 염두에 두었는지를 따지는 것은 쓸데없는 짓이라고 말한다. 물론 분명한 후보가 없다면, 이 말은 옳을 것이다.

98) Gk. *tis arxei tes oikoumenes.*

어디에서 온 것인가? 가장 유력한 구절은 다니엘 2:35, 44-5이다: 네 가지 금속으로 이루어진 신상(神像)으로 표현된 네 개의 대제국이 출현한 후에[99] "사람의 손으로 뜨지 아니한 돌이 신상을 쳐서" 산산조각을 내버린다: "그러나 그 신상을 쳤던 돌은 거대한 산을 이루고 온 땅을 가득 채운다." 해석을 보면, 이 현상은 "그 왕들의 시대에 하늘의 하나님이 결코 망하지 않을 나라를 세우시겠고, 또한 이 나라는 다른 백성에게 넘어가지 아니하리라. 이 나라는 다른 모든 나라들을 쳐부수고 그 나라들을 끝장낼 것이며, 영원히 서리라."[100] 『유대민족 고대사』 10권에서 요세푸스가 이 이야기를 다시 하고 있는 것은 여러 가지 이유에서 흥미롭다. 그는 이 돌이 정확히 무슨 일을 할 것인지를 설명하는 부분을 빼버릴 뿐만 아니라, 다니엘 2:29의 본문을 "내게 이 일 후에 무슨 일이 있을 것인지에 대한 생각이 떠올랐다"에서 "내가 다음에 온 세상을 누가 통치할 것인가에 관하여 곰곰이 생각하고 있었을 때"로 바꾼다.[101] 어떤 의미에서 이것은 장차 출현하게 될 모든 나라들을 가리킨다고 할 수 있지만, 이것은 특히 마지막 나라, 즉 돌의 나라를 가리킨다. 우리는 요세푸스가 생략한 각주를 비로소 찾았다는 생각이 든다: 여러 가지 것들을 예언할 뿐만 아니라 연대기도 제공해 주고 있는 다니엘서는 주후 60년대에 2장과 9장의 결합을 통해서 임박한 메시야적 구원에 관한 예언으로 읽혀지고 있었다는 것이다.

그러나 이것이 사실이라면 — 그리고 이것은 내게 요세푸스의 글 속에서 사람들을 현혹한 성경 구절로 제시된 것에 대한 가장 좋은 설명으로 보인다 — 다니엘 7장에 나오는 이와 아주 비슷한 구절도 이러한 등식의 일부가 아니었다고 생각하기 어렵다. 두 가지 증거가 이것을 보여 준다. 첫째, 우리는 이미 다니엘 2장과 다니엘 7장의 매우 밀접한 병행을 고찰한 바 있다: 네 왕국이 차례로 출현한 후에 이스라엘의 신이 영원히 지속될 새 왕국을 세운다는 내용은 두 곳에서 동일하다. 둘째, 앞으로 곧 보게 되겠지만, 주후 1세기에 존

---

99) 2:40-3에 의하면, 철과 진흙을 혼합하여 만든 이 신상의 발은 다섯 번째 나라를 가리키는 것이 아니라 네 번째 나라 내부의 분열을 가리킨다는 점을 유의하여야 한다. 분명히 요세푸스도 이것을 그렇게 이해하였다(*Ant.* 10:206-9).

100) 단 2:34f., 44.

101) Gk. *lis arxei tou kosmou. War*에 나오는 구절을 밀접하게 반영하고 있다.

재했던 서로 판이하게 다른 여러 메시야 사상들을 위한 자료를 제공해 주었던 것은 바로 다니엘 7장이었다. 따라서 주후 1세기의 몇몇 주석가들은 다니엘 9장(이 장은 분명하게 메시야적이다.)과 다니엘 2장(이 장은 다른 곳에서 메시야적인 용어로 사용된 "돌"이라는 비유를 통해서 메시야적인 성격을 띠고 있다고 할 수 있다)을 결합해서,[102] 우리가 앞서 근본적으로 새로운 가능성이라고 묘사했던 것, 다니엘 7:13 이하를 메시야적으로, 즉 개인을 가리키는 의미로 읽는 방식을 만들어 내었던 것으로 보인다.

그러므로 우리가 몇몇 집단들(요세푸스가 언급하고 있는 사람들)은 오로지 다니엘 2장과 9장을 근거로, 그리고 어떤 집단들(에스라4서와 바룩2서 같은 저작들에 의해서 대표되고 있는)은 오로지 다니엘 7장을 사용해서 그들의 메시야 사상을 형성한 것이라고 결론을 내리지 않는 한 — 이것은 불합리해 보인다 — 다음과 같은 결론을 내리는 것이 나을 것이다: 요세푸스가 당시에 널리 믿어졌다고 모호하게 언급한 메시야 예언은 일반적으로는 다니엘서, 구체적으로는 2장, 7장, 9장을 가리킨다는 것이다. 이 장들은 우연히 요세푸스가 다니엘서의 다른 많은 부분들을 자세하게 말하고 있는데 반해서 침묵을 지키고 있는 세 부분과 일치한다.[103] 침묵으로부터의 논증은 신뢰할 수 없는 것이지만, 여기에서의 침묵은 웅변이라 할 수 있다.

요세푸스로부터 에스라4서, 바룩2서, 에녹1서 같은 묵시문학 저작들로 넘어가는 것은 비약으로 보이긴 하지만, 이러한 저작들은 우리의 네 번째 증거들로서 주후 1세기에 성경에 토대를 둔 메시야 기대를 잘 보여 준다. 적어도 에스라4서와 바룩2서의 경우에 이러한 메시야 기대는 주후 70년의 대재앙에도 불구하고 살아남아서 여전히 장차 도래할 구원을 기다리고 있었다.[104]

---

102) 예를 들면, 사 28:16; 시 118:22f.; 그리고 마 21:42 and pars.; 행 4:11; 롬 9:33; 벧전 2:6.

103) *Ant.* 10:186-281은 *Ant.* 10:263 다음에 나와야 할 다니엘서 7장을 생략하고 있긴 하지만 다니엘서 전체를 거의 다 다루고 있다. 다니엘도 로마가 예루살렘을 멸망시킬 것을 예언하였던 것으로 보여 주는 *Ant.* 10:276은 Chrysostom의 읽기에 토대를 둔 다른 사본들의 첨가이다.

104) 이 분야 전체에 대해서는 Charlesworth 1979를 보라.

우리는 에스라4서가 대부분 메시야에 대한 자세한 언급 없이 이스라엘의 장래에 관한 문제를 논의할 수 있었다는 것을 지적함으로써 이야기를 시작하고자 한다.[105] 그런 후에 11~12장의 "독수리 환상"에서 우리는 메시야를 발견할 뿐만 아니라, 다니엘서 7장에 대한 재해석의 메시야를 만나게 된다. "에스라"는 많은 머리와 많은 날개를 지닌 한 마리 독수리에 관한 환상을 보는데, 이 독수리의 날개들과 머리들은 분명히 여러 왕조들 내의 여러 왕들을(문자적인 의미에서) "표상하고" 있음이 분명하다. 그런 다음에 새로운 짐승이 등장한다:

그리고 나는 보았다. 보라, 사자 같은 짐승이 숲에서 포효하며 일어섰다: 그리고 나는 그가 사람의 목소리로 독수리에게 말하는 것을 들었다. 그가 말하여 가로되 "들어라 내가 네게 말하리라. 지극히 높으신 이가 너에게 말씀하시기를 너는 내가 그들을 통하여 내가 정한 때에 끝이 오도록 하기 위하여 내가 만든 세상을 다스리게 한 네 짐승들 중 마지막 남은 자가 아니냐? 네 번째로 온 너는 앞에 온 짐승들을 모두 정복하였다: 그리고 너는 많은 공포로 세상을 휩쓸어 왔고 심한 압제로 온 땅에 군림해 왔다. 따라서 너의 오만은 지극히 높으신 이의 앞까지 도달했고 너의 교만은 강한 자에게까지 도달하였다. 지극히 높으신 이가 자신이 정한 때를 보셨으니, 보라 그때가 끝났고 그 시대가 찼다! 그러므로 너는 분명히 사라지리니, 너의 독수리, 너의 두려운 날개들, 너의 가장 악한 작은 날개들, 너의 악의에 찬 머리들, 너의 가장 악한 발톱들, 너의 쓸데없는 온 몸이 사라져서, 온 땅이 너의 폭력으로부터 해방되어 새롭게 되고 구원을 얻어서 자기를 만드신 이의 심판과 긍휼을 바라리라."[106]

---

105) 7:28f.는 예외이다: "내 아들 메시야가 그 함께한 자들과 함께 나타나겠고, 남아 있는 자들은 400년 동안 즐거워하리라. 이 기간이 끝난 후에 내 아들 메시야가 죽겠고, 인간의 숨을 쉬는 모든 자들도 죽으리라." 이런 일이 있은 후에 부활과 심판이 올 것이다. 에스라4서의 메시야 사상에 대해서는 Stone 1987: 990, 207-13과 거기에 나오는 다른 문헌들을 보라.

106) 4 Ezra 11:36-46.

이러한 장르에서 흔히 그러하듯이, "에스라"는 영문을 몰라 당혹스러워 하다가, 해석해 주실 것을 기도한다. 해석이 임했을 때, 다니엘서와의 연관성이 분명하게 드러난다:

그가 내게 말씀하시기를, "이는 네가 본 이 환상에 대한 해석이다: 네가 본 바다에서 올라온 독수리는 네 형제 다니엘에게 보여 준 환상 속에 등장하는 네 번째 왕국이다. 그러나 그것은 내가 지금 너에게 설명한 것처럼 그에게는 설명을 하지 않았다. 보라, 날들이 이르리니 한 나라가 땅에서 일어날 것이요 앞서 존재했던 모든 나라들보다 더 무시무시하리라 … [독수리의 여러 날개들과 머리들에 대한 긴 해석이 뒤따라 나온다.] 그리고 네가 본 숲에서 포효하며 일어나서 독수리에게 말하면서 독수리의 불의를 꾸짖었던 사자와 네가 들은 그의 모든 말들은 지극히 높으신 이가 날들의 마지막까지 감추어 두셨다가 다윗의 후손 중에서 일으키셔서 그들에게 보내어 말씀하실 메시야(문자적으로, "기름부음 받은 자")와 관련이 있다: 그는 그들의 불경건과 악함을 규탄하겠고, 그들의 경멸 받을 만한 행동을 그들 앞에 쌓아놓으리라 … 그러나 그는 내 백성의 남은 자들, 내 지경 내에서 구원받은 자들을 긍휼로 구원하리니, 그는 내가 너에게 처음에 말했던 종말, 곧 심판의 날이 올 때까지 그들로 하여금 기뻐하게 하리라. 이것은 네가 보았던 꿈이요, 이것은 그 해석이니라."[107]

이 대목은 많은 점에서 주목할 만하다. 첫째, 이 대목은 다니엘서의 네 번째 짐승이 구체적으로 명시되어 있지 않다는 사실을 이용해서(처음 세 짐승은 사자, 곰, 표범이다), (문자적인 의미에서) 로마 제국을 표상하는 독수리로 규정한다. 이렇게 하기가 쉬웠던 것은 실제로 독수리 형상이 사회문화적 상징 속에서 로마 제국을 나타내는 데 사용되었기 때문이다. 둘째, 이 대목은 명시적으로 다니엘 7장에 대한 새로운 해석을 제시한다. 셋째, 다니엘서가 "인자 같은 이"라는 표현을 도입하고 있는 대목에서 이 환상은 "사람의 목소리를 내는

107) 4 Ezra 12:10-35 (tr. B. M. Metzger in Charlesworlh 1983, 549f.). 메시야 왕국의 "종말"(12:34)에 대해서는 7:29; 고전 15:24-8을 보라.

사자"라는 표현을 사용하고 있다. 이에 대한 가장 좋은 설명은 "사람의 목소리"는 사자를 다니엘 7장의 "인자"와 연결시키고, 다니엘 7장 내에서도 대단히 모호한 인자라는 존재가 사자라는 사실은 다윗적인 메시야 사상에 대한 반영이라는 것이다.[108) 끝으로 이 장면의 대단원은 한편으로는 독수리에 대한 심판이고(다니엘 7장의 대단원이 네 번째 짐승에 대한 심판이듯이), 다른 한편으로는 "내 백성의 남은 자들"에 대한 구원과 구조이다.[109) 다니엘 7:18, 27의 "지극히 높으신 이의 성도"는 원래의 맥락 속에서는 7:13에 나오는 "인자 같은 이"에 대한 해석이었지만, 여기에서는 독자적인 의미로 사용되었다. 우리가 살펴보고 있는 대목을 다니엘 7장 전체에 대한 재해석으로 취급한다면, 우리는 에스라4서에서 "인자 같은 이"는 문자 그대로의 의미로 메시야를 나타내고, 이 메시야는 사회학적 의미에서 이스라엘의 남은 자들을 가리킨다고 말하지 않을 수 없다. 그리고 이러한 재해석을 통해서 실제의 삶 속에서 어떠한 일이 진행되고 있었는지도 아주 분명해진다: "메시야가 이 환상 및 다음 환상에서 행하는 주된 활동은 로마 제국을 멸망시키는 일이다."[110) 다니엘 7장만이 아니라 13~14절을 이렇게 명시적으로 재사용하고 있다는 것은 다니엘 7장에 나오는 이 이미지의 원래의 의미에 의거함이 없이도 이 어구가 단독으로 나오는 용례들만을 토대로 해서 "인자" 문제를 다루는 것이 전혀 문제가 없다는 것을 보여 준다.[111)

에스라4서에 나오는 마지막 대목은 "바다에서 올라와서"[112) "하늘 구름을

---

108) 요한계시록 5:5 등에 인용되어 있는 창세기 49:9의 의미에 대해서. 또한 1QSb 5:29 (위를 보라)와 그 밖의 구절들을 인용하고 있는 Stone 1990, 209를 보라.

109) Stone 1987, 211f.는 법적 심판이라는 개념은 다니엘서 이외의 것에서 일어난 일련의 사고 속으로 도입된 것이라는 점을 지적한다. 그럼에도 불구하고 다니엘서의 이 장면도 적어도 그 개요는 법정적이라고 나는 생각한다: 그리고 에스라4서에서의 메시야적 통치는 "군사적이라기보다는 심판과 관련되어 있다"(강조는 필자의 것)이라고 Stone이 말한 것은 지나친 감이 있다(1987, 219f.).

110) Stone 1987, 212.

111) 최근의 예로는 Hare 1990, 9-21이 있다: 색인이 보여 주듯이, Hare는 12장을 지나가듯이 두 번 잠깐 언급하고 다니엘서와 관련된 그 명시적이고 강력한 내용을 한 번더 지적하지 않은 채 에스라4서 13장에만 집중한다.

112) 다니엘서와 에스라4서 11장에서 바다는 악한 짐승들이 나오는 곳이기 때문에,

타고 날아다닌 사람"(13:3)에 관한 것이다:

> 이 일 후에 나는 보았다. 보라, 무수한 사람들의 무리가 바다에서 올라
> 온 자에 대항하여 싸우기 위하여 하늘 사방으로부터 모여들었다. 그리고
> 나는 보았다. 보라, 그는 자신을 위하여 큰 산을 깎아낸 후 날아올라 그
> 위에 앉았다 … [무리들이 그 사람에게 접근하자] 그는 손을 들거나 창이
> 나 그 어떤 병기도 들지 않았고, 그의 입에서 불줄기를 내뿜으며, 그의 입
> 술에서 불꽃같은 숨을, 그의 혀에서 불꽃폭풍을 내뿜는 것만을 나는 보았
> 다 … [이것이 무리들을 멸하였다]. 이 일 후에 나는 그 사람이 산에서 내
> 려와 평화롭게 사는 다른 무리들을 자기에게로 부르는 것을 보았다. 그러
> 자 수많은 사람들이 그에게 왔는데, 그들 중의 일부는 기뻐했고 일부는
> 슬퍼했다 … [113)

이 환상을 보고 "에스라"는 또 다시 혼란에 빠져서 해석을 요구한다. 그는
바다로부터 올라온 사람을 지극히 높으신 이가 심판을 행하러 나오실 때, 곧
그 정하신 때를 위하여 숨겨둔 자라는 말을 듣는다. 그런 후에 다음과 같은
내용이 나온다:

> 이러한 일들이 일어나고 내가 전에 너에게 보여 준 표적들이 생겨날
> 때, 네가 보았던 바다로부터 올라온 사람, 곧 내 아들이 나타나리라. 그리
> 고 모든 민족이 그의 목소리를 들을 때 무수한 무리들이 그를 정복하기
> 위하여 모여들 것이다. 그러나 그는 시온 산 꼭대기에 앉으리니, 시온은
> 네가 보았던 손으로 깎지 않은 산처럼 잘 준비되고 지어져서 모든 백성
> 에게 분명하게 보여지게 될 것이다. 그리고 그, 내 아들은 운집한 나라들
> 을 책망하리라.[114)

이것은 당혹스러운 일이다. 13:5lf.에 한 설명이 제시되어 있다: 바다에 무엇이 있는지
를 아무도 모르듯이, 아들이 스스로를 계시하기 전까지는 아무도 아들을 알 수 없다.

113) 4 Ezra 13:8-13 (Metzger 551f.).
114) 4 Ezra 13:32-7 (Metzger 552).

이번에는 7장이 아니라 2장이 더 강조되고, 다니엘서에서는 돌이 깎여진 다음에 산으로 변하는 것으로 되어 있는 반면에, 여기에서는 산이 깎여지고 그런 후에 시온으로 변한다는 차이가 있긴 하지만, 다니엘서와의 연관성은 분명하게 또다시 드러난다. 다니엘 7장과의 연관성은 대체로 앞 단락에서처럼 일련의 사고 과정을 통해서가 아니라, 오직 하늘의 이미지, 달리 말하면 "하늘 구름을 탄" 사람에 대한 처음의 언급을 통해서 행해지고 있다.

우리의 현재의 논의를 위해서 이 대목과 관련하여 두 가지를 말해 둘 필요가 있다. 첫째, 이 책이 기록되었던 주후 1세기 말경에 이스라엘에 장차 도래할 구원과 여러 가지 다양한 문학적 이미지들로 표현된 장차 임할 구원자에 초점이 맞춰진 가운데 다니엘서의 이미지를 다양한 방식으로 사용하고 또 사용이 분명히 가능했다는 것이다. 그러나 다니엘 2장과 7장이 이런 식으로 사용된 것은 어떠한 의심도 있을 수가 없다. 둘째, 다니엘서 및 다니엘서를 재사용한 저작들과 관련하여 이 시기의 유대인들이 그러한 대목에 나오는 생생하고 흔히 초현실적인 이미지들을 실제 사건들에 대한 문자 그대로의 예언으로 받아들였을 것이라고 생각하는 것은 묵시문학 장르에 대한 오해일 뿐이라는 것이다. 이 말을 아직도 여전히 의심하는 사람은 에스라4서 11장에 나오는 독수리 환상을 다시 읽어 보라. 문제는 이러한 문학적인 이미지들이 시간과 공간과 역사로 이루어진 세계 속에서 무엇을 표상하고 있었느냐 하는 것이다.

이러한 두 가지 사항은 에스라4서와 밀접한 병행을 이루고 있는 묵시문학인 바룩2서 등과 같은 저작들에도 그대로 적용이 된다. 앞서 보았듯이, 39~40장에서는 네 왕국에 관한 다니엘서의 이미지가 서술되고, 그 후에 기름부음 받은 자가 나타나서 시온 산에서 악한 통치자들 중 마지막 통치자를 단죄함으로써, "썩은 세상이 끝나고 이전에 예고되었던 때가 찰 때까지 그의 나라는 영원할 것이다."[115] 이러한 내용이 에스라4서에 의존한 것이든 아니든, 그러니까 완전히 독립적인 증언이든 아니든, 어쨌든 이 대목은 주후 1세기 말경에 메시야 예언으로 받아들여졌던 성경의 다른 주제들과 결합하여 다니엘

---

115) *2 Bar.* 40:3 (tr. A. F. J. Klijn in Charlesworth 1983, 633). 숲에 관한 환상을 다니엘서에 나오는 네 왕국이라는 관점에서 해석하고 있는 것은 39:2-8에 나온다.

7장을 메시야적으로 읽은 또 하나의 방식을 보여 주는 증거가 된다.

에스라4서와 바룩2서로부터 에녹1서, 특히 에녹의 비유서(37~71장)로 넘어가면, 지금까지 비교적 명확했던 것들이 이제는 혼란스러운 것들로 변하게 된다. 물론 이러한 판단은 대단히 주관적이지만, 학계가 에녹1서에 나오는 "인자"라는 인물과 벌인 오랜 씨름에도 불구하고, 만약 우리가 다니엘 7장을 재사용한 내용을 찾는다면, 우리는 그것을 우리가 앞서 검토했던 대목들 속에서 훨씬 더 쉽게 발견할 수 있다는 것을 강조해 두는 것은 중요하다. 우리의 현재의 논의 속에서는 에녹1서의 여러 복잡하게 뒤엉킨 세부적인 내용들을 검토하는 것은 중요하지 않다; 우리는 단지 다니엘서에 나오는 이미지를 어떻게 다른 식으로 사용하고 있는지를 살펴보면 되기 때문이다.[116]

특히 두 번째 "비유"(45~57장)는 분명히 다니엘 7장을 토대로 하고 있지만, 에스라4서 및 바룩2서와는 달리 그 장에 나오는 이야기를 다시 말하려고 시도하지 않는다. 오히려 이 비유에서는 다니엘 7장이 끝나는 지점에서부터 이야기를 시작한다: 인자는 이미 옛 적부터 계신 이의 앞에서 보좌 위에 오른 상태이고, 이제 이 비유는 다니엘의 환상과 해석의 결론부에 해당하는 심판과 의로운 통치의 자세한 내용에 관심을 기울인다.[117] 옛 적부터 계신 이와 인자(또는 45:3을 비롯한 많은 구절들에 나오는 "택함 받은 이"; 또는 52:4 등에 나오는 메시야)라는 두 인물은 단지 앞으로 전개되는 자세한 심판 장면을 위한 출발점들에 불과하다; 그들은 당연한 것으로 전제되고, 그들 자신이 앞으로의 내용을 전개하는 데 어떤 역할을 하지는 않는다. 우리는 다음 권에서 이 구절들과 비슷한 이미지를 사용하고 있는 초기 기독교 저작들 간의 관계를 다루게 될 것이다. 우리의 현재의 논의 속에서는 에녹1서는 "인자"라는 인물을 소개하거나 설명하는 것이 아니라 단순히 전제한다는 것만을 지적하는 것으로 충분하다.[118] 이것은 『에녹의 비유서』가 어느 단계에서 기록되었든 간에, 우

---

116) 『에녹의 비유서』의 저작 연대에 관한 복잡한 문제에 대해서는 Schürer 3:256-9에 나오는 논의와 Charlesworth 1983, 7에 나오는 Isaac의 요약을 보라. 오늘날 대다수의 학자들은 이 책이 기독교 진영에서 유래하지 않았고, 주후 1세기 어느 때에 저작되었다고 본다.

117) *1 En.* 46:2-8; 48:1-10. 또한 48:10은 시 2:2을 반영하고 있다.

118) 이것은 Moule(1977, 14-17 등)의 주장인데, 그는 다니엘 7장에 나오는 무관사

리가 다니엘 7장, 에스라4서, 바룩2서에서 더 자세하게 본 바 있는 이러한 묘사가 사람들에게 당연한 것으로 전제될 정도로 아주 잘 알려져 있었다는 것을 보여 준다. 네 왕국, 대역전, 택함 받은 자들의 신원은 『에녹의 비유서』가 씌어진 당시에는 이미 전제될 수 있었다. 그랬기 때문에 『에녹의 비유서』의 저자는 그 외의 다른 것, 즉 심판과 관련된 여러 복잡한 문제들을 다루는 것으로 넘어갈 수 있었다.

이것은 세 번째 비유(58~69장)에도 그대로 적용된다. 62~63장에는 이 책의 이 단원 전체의 절정을 이루는 심판 장면이 나온다.[119] 여기에서도 택함받은 이(62:1), 인자(62:5-9)는 단지 얼굴만 내밀 뿐이다. 그는 네 왕국이 차례로 등장한 후에 출현하지도 않고, 다니엘 7:21-2에서처럼 고난 후에 높이 들림을 받지도 않는다. 그는 단지 온 세상 앞에 "영들의 주"의 택함 받은 자로서 모습을 나타낼 뿐이고, 심판의 결과로 어떤 이들은 그 앞에서 즐거워하고(62:14) 어떤 이들은 부끄러워 할 것이다(63:11).[120]

그러므로 에녹1서에 나오는 내용은 다니엘 7장에 나오는 서술을 실질적으로 발전시킨 것이라고 할 수 있다. 우리는 이러한 발전이 연대기상 단선적으로 일어났다고 생각해서는 안 된다: 서로 다른 집단들과 개인들이 원래의 내용에 새로운 영감을 불어넣거나 현재 통용되고 있는 해석들 배후에 있는 과거의 해석들로 소급해 들어가서 이 주제에 대한 나름대로의 변형들을 만들어 내었을 것이라고 생각하지 않을 이유가 전혀 없다.[121] 또한 문학적인 방식이든

(無冠詞) 형태인 "인자"가 에녹1서에서 "그 인자," 즉 "너희가 다니엘서에서 아는 인자"가 되었다고 말한다. 나는 여기에서 에녹1서가 다니엘서에 의존하고 있다는 것이 좀 더 넓은 맥락으로 볼 때 분명하다고 생각한다: 어원학적 논거는 여기에 또 하나의 증거가 될 수 있다(하지만 cf. Casey 1991, 40f.).

119) Nickelsburg 1981, 219.

120) 실질적으로 이와 동일한 그림이 69:27-9에 요약적인 형태로 제시되어 있다. 잘 알다시피 『에녹의 비유서』의 결론부는 예상치 않은 내용을 제시한다: 즉, 에녹 자신이 인자이다라는 것이다(72:14). (Charlesworth 1983에 나오는 Isaac의 번역본은 다른 구절에서와 마찬가지로 이 구절에서도 Sparks 1984(본문의 경우는 256)에 비추어서 검토할 필요가 있다.)

121) 이런 이유로 나는 Nickelsburg 1981, 222의 논증이 설득력이 없다고 생각한다 (그가 다니엘서에서는 심판이 인자의 높이 들리심 이전에 오고, 에녹1서와 복음서들에

또는 다른 방식이든 에녹1서와 에스라4서, 바룩2서, 복음서들 간에 어떤 의존 관계가 있었을 것이라고 상정할 필요도 없다. 오히려 여기에서 우리가 보는 것은 주후 1세기 유대교의 메시야 사상과 성경에 대한 재해석의 풍부하고 다채로운 흐름들 속의 한 흐름일 뿐이다. 여기에 한 가지 더 덧붙인다면, 이것은 제자들이 이러한 사상들이 아주 잘 알려져 있다고 전제하고 있음을 보여 주는 흐름이라는 것이다. 이런 식으로 하나의 문학 단편은 좀 더 넓은 잠재적인 담론의 세계를 보여 주는 창문을 활짝 열어 줄 수 있다.

우리는 네 가지 판이하게 다른 유형의 증거들 — 쿰란 문헌, 솔로몬의 시편, 요세푸스의 저작들, 몇몇 묵시론적 저작들 — 에 대한 이러한 검토를 통해서 무엇을 알게 되었는가?[122] 우리는 이 시기에 메시야에 대한 어떤 특정한 견해가 확립되어 있지 않았다는 통설을 다시 한 번 확인하였다. 그러나 또한 우리는 일반적이고 느슨한 형태를 띤 메시야에 관한 주제들과 사상들이 통용되고 있었고 잘 알려져 있었다는 것, 그러한 것들은 성경의 잘 알려진 구절들과 소재들을 나름대로 활용하고 재사용했다는 것, 그러한 내용들을 담고 있는 언어는 종종 극히 상징적이지만 많은 경우들에서 그 언어가 가리키는 대상은 이스라엘 속에서 일어나서 신의 심판을 수행하여 이스라엘의 압제자들에게 보수할 통치자 또는 사사(師士)에 관한 매우 현세적인 사상이었다는 것도 알았다.[123] 특히 우리는 자주 사용된 성경 본문 중의 하나가 다니엘 7장이었다는 것을 보았다. 이 구절에 대한 논쟁들은 아주 다양하고 복잡해서 여기에서 결말을 짓는 것은 불가능하다. 그러나 내가 여기에서 제시한 일반적으로는 묵시 사상, 구체적으로는 메시야 사상에 대한 해석이 제대로 정곡을 찌른 것이라면, 나는 이 주제에 관하여 최근에 아주 자세하게 쓴 한 논문 속에서 호베리

서는 심판이 인자의 높이 들리심 이후에 온다는 결정적인 차이가 있다고 주장함으로써 지나친 도식화를 보여 주고 있는 것과 마찬가지로). 이것은 다니엘 7장과 같은 본문을 매우 단조롭고 본문에 벗어난 방식으로 읽는 것이다.

122) 이와는 판이하게 다른 장르, 즉 비극이라는 장르도 이와 비슷한 사고 패턴을 보여 준다: *Ezekiel the Tragedian* 68-89(Charlesworth 1985, 811f.에 실린)를 다룬 Horbury 1985, 42f.를 보라.

123) *Apoc. Abr.* 31:1-8 같은 이제까지 언급하지 않은 많은 구절들 속에서도 이렇게 묘사되고 있다.

(Horbury)가 내린 판단과 우연히도 일치한다는 점을 지적해 두지 않을 수 없다:

> 기독교 시대 초기에 다윗 가문에 대한 소망은 이미 팔레스타인과 디아스포라 지역에서 메시야 기대와 관련하여 어느 정도 확고한 핵심을 이루고 있었다. 주석상의 상호연관성들은 "인자"가 그 다양한 용례 속에서 특히 이 소망과 명확한 연관성을 획득하였다는 것을 입증해 준다.[124]

우리는 이러한 논의를 통해서 주후 1세기의 메시야 기대들에 관하여 몇 가지 조심스러운 결론들을 내릴 수 있을 것이다. 이러한 결론들을 일련의 명제들로 제시해 보도록 하자.

1. 메시야 기대는 주로 특정한 개인이 아니라 민족에 그 초점이 맞춰져 있었다. 우리가 앞서 이 장에서 살펴보았던 것과 같은 소망은 메시야 또는 이와 비슷한 인물에 대한 소망에 관한 표현들보다 훨씬 더 널리 사용되었고, 또한 근본적인 것이었다. 실제로 종종 메시야에 관하여 말하고 있는 것으로 생각될 수 있는 본문들도 사실은 공동체 전체를 가리키는 경우가 있는데, 이러한 것은 이미 히브리 성경 자체에서 볼 수 있는 현상이다.[125]

2. 이러한 메시야 기대는 특정한 상황 아래에서는 곧 출현할 것으로 기대되거나 실제로 현재 출현해 있는 특정한 개인에 초점이 맞춰질 수도 있었다. 이런 일이 가능했던 상황은 세 가지였던 것으로 보인다: 어떤 기회의 출현(헤롯의 죽음 같은); 이교도들에 의한 반유대적인 행동이라는 구체적인 압박(하드리아누스 치하에서와 같은); 메시야와 관련된 연대기를 산출해 내려는 시도와 결부된 사변(思辨)의 강화.

3. 이런 일이 일어났을 때, 장차 도래할 인물에 대한 일반적인 기대는 관련된 상황이나 인물에 맞춰서 다양한 방식으로 다시 그려질 수 있었다. 다윗의 후손이라는 것도 얼마든지 포기될 수 있었다. 두 명의 메시야라는 사상도 결코 모순된 것이 아니었다. 그때그때 구체적으로 어떤 것들이 필요했느냐에 따

---

124) Horbury 1985, 52f.
125) 예를 들면, CD 7:16f.에 나오는 암 9:11에 대한 읽기. Cp. 사 55:3.

라서 메시야에 대한 그림은 달라질 수 있었다: 헤롯은 그의 아들을 참된 왕으로 내세울 수 있었고, 시카리당은 므나헴을, 농부들은 시몬 바르 기오라 (Simon bar Giora)를 내세울 수 있었다.

4. 메시야의 주된 임무는 이스라엘을 해방시켜서 창조주 신의 참된 백성으로 다시 앉히는 것이었다. 이것은 흔히 군사적인 행동도 포함할 수 있었는데, 이러한 무력행사는 법정 또는 심판이라는 관점에서 이해되었다. 또한 그것은 예루살렘 성전과 관련된 정화, 회복, 재건 같은 일을 포함하기도 하였다.

5. 메시야가 언제 출현하든, 그가 누구로 밝혀지든, 그는 이스라엘의 신의 대리자가 될 것임은 분명했다. 이것은 그가 시간과 공간 속에 나타나기 전에 어떤 초자연적인 방식으로 존재하는 초월적인 존재라는 주장과 명백하게 구별되어야 한다. 학자들은 여러 세대에 걸쳐서 유대인들의 메시야 기대를 마치 그것이 주된 쟁점이라도 되는 것처럼 논의하여 왔다. 이제 우리는 많은 핵심적인 본문들을 검토했지만, 그러한 주제를 전혀 발견하지 못했다. 그러한 주제가 분명하게 등장하는 유일한 대목은 에녹1서인데, 거기에서도 (내 판단으로는) 그 글의 어느 부분이 문학적인 표현이고, 어느 부분이 "문자 그대로 받아들여야" 할 부분인지에 관한 문제가 심각하게 제기된다 — 이렇게 과도하게 사용된 어구가 이 경우에 무엇을 의미하는지와는 상관없이. 분명히 장차 오실 메시야가 이스라엘의 신으로부터 이례적인 임무를 부여받을 비상한 인물이라는 신념이 널리 펴져 있다고 전제할 아무런 근거도 존재하지 않는다.

6. 또한 메시야가 고난을 겪을 것으로 기대되었다는 것도 사실이 아니다. 메시야의 죽음에 관하여 말하는 하나 또는 두 구절들(예를 들어, 에스라4서 7:29)은 단지 인간의 제도인 메시야 왕국이 현재의 세계사 속에서 시작되어 끝이 나고 "최후의 시대"가 이어질 것을 그리고 있는 것으로 보인다. 우리가 앞에서 살펴본, 투쟁 과정 속에서 몇몇 유대인들이 겪는 구속적 고난에 관하여 말하고 있는 전승들(예를 들어, 마카베오2서 7장)은 메시야에 적용되지 않는다.[126]

따라서 왕의 오심이 위대한 구원의 초점이 될 수 있을 것이다. 그러나 이 구원은 실제적으로 무엇으로 구성될 것인가? 그 구원은 정치적인 것인가, 영

---

126) Schürer 2:547-9에 나오는 논의와 서지(書誌)를 보라.

적인 것인가, 아니면 어떤 의미에서 이 두 가지 다인가?

5. 세계, 이스라엘, 인간의 갱신

우리는 앞의 몇 장을 통해서 제2성전 시대 유대교를 이해하려면 흔히 고립적으로 취급되어 왔던 많은 것들을 하나로 통합할 필요가 있다는 것을 알았다. 이것은 특히 유대인들의 소망에 대한 연구에서 그 어디에서보다도 더 절실하게 요구된다. 혼란스러운 사고를 피하고자 한다면, 우리는 서로 여러 다른 측면들과 주제들을 마치 그것들이 세상에서 유일한 것들인 양 취급하여 연구하지 않으면 안 된다는 말도 분명히 옳다. 그러나 사이비적인 원자론적 분석을 피하고자 한다면, 우리는 새롭게 공들여서 밝혀낸 요소들을 적절한 상호관계 속에 위치시키지 않으면 안 될 것이다. 이 시기의 유대인들은 포로생활로부터 "실제적으로" 돌아오기를 바라고 있었다. 또한 그들은 온전한 "죄 사함"을 소망하고 있었다. 이것들은 두 가지 분리된 것들이 아니라 동일한 것을 바라보는 두 가지 방식이었다. 그들은 계약의 신이 그의 약속들을 이루고 그의 "의"를 나타내기를 기다리고 있었다. 이것도 동일한 기본적인 현상에 대한 서로 다른 읽기에 불과하다. 어떤 사람들은 그들의 신이 지명한 대리인인 메시야가 와서 구속을 성취할 것을 기대하였지만, 그 구속은 동일한 것이었다. 그들은 성전의 회복과 그들의 신이 오셔서 그 성전 안에 거하실 것을 기대하였다; 이것은 가장 폭넓은 차원이긴 하지만, 역시 동일한 내용의 한 차원일 뿐이다. 우리는 이러한 것들 중 그 어느 것도 서로서로 쪼개어서 분리해내서는 안 된다.

이 모든 신념들과 소망들이 서로 밀접하게 통합될 수 있다면, 이런 것들은 우리가 이제까지 살펴본 주후 1세기 유대인들의 기본적인 세계관과도 통합될 것임이 틀림없다. 그리고 그러한 세계관을 연구하는 목적은 우리로 하여금 역사를 이해해서 사건들 배후에 있는 의미, 그러니까 위의 제2부에서 살펴본 그런 의미에서의 사건들의 의미를 꿰뚫어 보는 데 도움을 주는데 있다.

우리가 마지막으로 이러한 실들을 하나로 잇는 작업을 하기 전에, 우리는 앞 장에서 살펴보았던 묵시문학으로부터 생겨나는 한 가지 문제를 해결하지 않으면 안 된다. 이러한 기대, 즉 민족의 회복에 대한 열망이 어떻게 시간과 공간을 초월한 사후의 삶에 대한 소망과 맞물리게 되었는가? 개인적인 소망이 민족의 소망과 어떻게 부합할 수 있었는가? "영적인" 열망이 어떻게 "정치적인" 열망과 통합될 수 있었는가? 그리고 이 모든 것들 가운데에서 부활 사상은 도대체 어떤 의미를 지니는가?

적어도 주후 1세기의 일부 유대인들은 이미 헬라화된 미래에 대한 기대, 즉 의인들과 축복받은 사람들이 죽은 후에 가게 되는 영적인 세계와 악한 자들이 사후에 고통을 받게 될 영적인 저주의 장소와 관련된 소망을 가지고 있었던 것이 분명하다. 이런 유의 언어를 사용하고 있는 글들이 일부 존재한다. 이러한 글들은 단순히 순전히 역사적인 관점으로 환원될 수 있는 기대들을 비역사적인 영역으로 투영한 것으로 보고 폐기처분할 수 있는 그런 것들이 결코 아니다. 표준화되어 있지 않았던 제2성전 시대 유대교의 혼란 속에서 온갖 종류의 집단들과 개인들은 부활, 또는 시간과 공간으로 이루어진 피조세계 및 역사 세계의 갱신에 관한 사상이라기보다는 육신을 입지 않은 사후 세계에 대한 헬레니즘적인 세상에 더 가까운 것으로 보이는 몇몇 사상들을 비롯해서 사후의 삶에 관한 온갖 종류의 견해들을 지니고 있었을 가능성이 대단히 높다.

그럼에도 불구하고 나는 헬레니즘화된 기대를 기본적인 것으로 취급하고 사회정치적 소망을 부차적인 위치에 놓는 것은 큰 잘못이라고 믿는다. 우리는 본서의 제3부에서 제2성전 시대 유대교는 계몽주의 이전 시대의 사상이 서로 갈라놓았던 것, 즉 거룩한 것과 세속적인 것을 통합하려는 진지한 시도를 했다는 것을 계속해서 살펴보았었다. 또한 우리는 문학적인 표상(시공간상의 현실을 가리키고, 그 신학적 의미를 드러내기 위하여 생생한 이미지들을 사용하는 것)을 형이상학적 표상(이에 의하면 "영적인" 또는 "초월적인" 존재는 지상의 실체에 대한 천상의 대응물로 여겨진다)으로 잘못 오인하기가 얼마나 쉬운가도 살펴보았다; 그리고 이러한 혼란 속에서 우리의 문화와 다른 이 시기의 문화 속에서 고도로 비유적인 것으로 인식되어야 할 언어가 그저 단순하게 문자 그대로 이해되는 일이 얼마나 쉽게 일어날 수 있는가도 살펴보았다. 나아가 우리는 요세푸스에 대한 우리의 연구를 통해서, 그가 유대교 집단들의 신념들을 다룰 때에 그는 개화된 이교 독자들이 좀 더 쉽게 접근할 수 있도록 하기 위하여 당시 유대인들의 첨예한 정치적 입장을 덜 위협적인 것으로 "바꾸어 놓는" 경향을 보여 준다는 것을 살펴보았다.

여기서 문제는 그러한 언어가 어느 방향으로든 은유적인 것으로 읽혀질 수 있다는 것이다. 한편으로 우리는 요세푸스와 몇몇 묵시론적 저작들이 불멸, 즉 죽은 후에 육신을 입지 않고 살아간다는 식의 언어를 사용하고 있지만, 사실은 육신의 부활을 염두에 두고 있다는 것을 보게 된다. 다른 한편으로 어떤 저자는 그러한 소망을 좀 더 생생하게 표현하기 위하여 육신의 부활에 관한 언어를 사용하고 있지만, 사실은 불멸을 염두에 두고 있을 수 있다는 것이다.[127] 이 문헌들에 대한 방대한 교열판을 낸 쉬러(Schürer)조차도 "유대인들의 종교 사상 속에는 우리가 현재로서는 접근할 수 없는 아주 많은 견해들이 존재한다"고 선언한 이 분야에서, 우리는 어떻게 해야 거기에 접근할 수 있는 발판을 마련할 수 있을까?[128] 내가 생각하기에 가장 좋은 방법은 고대의 수많은 견해들(나열하기에도 지루한 오늘날의 수많은 견해들이 아니라)을 개략적으로 제시하고 다양한 대안들을 지적하는 것이다.[129]

우리는 다시 한 번 확고한 토대 위에서 이 논의를 시작할 수 있다. 다시 다니엘서를 보기로 하자:

환난이 있으리니 이는 개국 이래로 그때까지 없던 환난일 것이며 그때에 네 백성 중 책에 기록된 모든 자가 구원을 받을 것이라 땅의 티끌 가운데에서 자는 자 중에서 많은 사람이 깨어나 영생을 받는 자도 있겠고 수치를 당하여서 영원히 부끄러움을 당할 자도 있을 것이며 지혜 있는 자는 궁창의 빛과 같이 빛날 것이요 많은 사람을 옳은 데로 돌아오게 한 자는 별과 같이 영원토록 빛나리라.[130]

이 발췌문 속에서 고딕체로 된 문장은 분명히 의인과 악인 모두의 육체적

127) Vermes 1987 [1962], 55f.에 나오는 논의를 보라.
128) Schürer 2:539.
129) 이 주제와 관련된 수많은 참고 문헌 중에서 특히 Nickelsburg 1972: Perkins 1984와 Schürer 2:539-47에 나오는 개관을 들 수 있다.
130) 단 12:1b-3 (강조는 필자의 것); Nickelsburg 1972, 11-31을 보라.

부활에 대하여 말하고 있다. 그러나 우리는 이 문장이 앞뒤로 두 개의 다른 문장들에 의해서 둘러싸여 있다는 것을 주목해야 한다. 첫째, 서두의 문장은 민족의 대환난의 때와 그에 뒤이은 민족의 위대한 구원을 언급한다. 부활 소망은 "메시야적 재앙들" 이후에 있을 민족적 회복에 대한 소망의 일부다. 둘째, 마지막 문장은 복 받은 자들, "지혜로운 자들"이 해처럼 빛나게 될 것에 관하여 말한다: 그들은 궁창처럼, 또는 별들처럼 빛나게 될 것이다.[131] 이 문장은 그 자체로만 보면 육신을 입지 않고 "천상에" 거하는 것을 언급하는 것으로 이해되기 쉽다; 그러나 현재의 문맥 속에서 보면, 이 문장은 영생으로 부활한 자들이 누리게 될 영광을 나타내는 은유로 해석되어야 한다(여기서 영생은 히브리어와 헬라어에서 단순히 "끝이 없는 삶"이 아니라 "다가올 시대의 삶," 즉 "다가올 시대"를 가리킨다). 이와 비슷한 견해들을 말하고 있는 이사야 26:19, 에스겔 37:1-14, 호세아 5:15~6:3에 나오는 이전의 진술들이 마카베오 시대 이전에 이러한 문자적인 의미로 이해되었는지는 분명치 않다; 이 진술들의 자연스러운 문학적인 의미는 장차 있을 이스라엘의 회복에 그 신학적 의미를 부여하고 있다는 것이다. 그러나 우리는 다니엘 12장을 방금 서술한 의미로 읽은 사람들은 이전의 구절들도 그런 식으로 다시 읽고서 그 본문들 속에서 그들이 이미 지니고 있던 관점에 대한 확증을 발견했을 것이라고 자신 있게 말할 수 있다. 결국 우리가 제3부에서 계속해서 살펴본 대로, 많은 학자들이 민족적 소망과 개인적 소망, 정치적 소망과 "영적인" 소망을 대립적으로 구분하여 온 것은 시대착오적인 생각이라는 것이 밝혀졌다.[132]

두 번째 확고한 출발점은 마카베오2서에서 발견된다. 우리가 살펴보고 있는 문헌 전체 중에서 가장 무시무시한 구절들 중의 하나 속에서 마카베오 가문의 칠 형제는 안티오쿠스 에피파네스의 칙령에 굴복하라는 강요와 함께 모진 고문을 당하지만 거기에 굴하지 않는다. 그 형제들 중 여러 명은 칙령을 받아들이기를 거부하면서 자기들이 나중에 신원되고 지금 찢겨져 나가고 있는 육신을 되돌려 받게 될 장래의 부활에 대하여 명시적으로 언급한다:

131) Nickelsburg 1972, 24f.는 이 절이 이사야 52~3장으로부터 유래하였다는 것을 보여 주는 몇몇 표시들을 지니고 있다고 주장한다.

132) Nickelsburg 1972, 23을 보라; 반대견해로는 C. H. Cave in Schürer 2:546f.

마지막 숨을 거두며 그는 이렇게 말하였다. "이 못된 악마, 너는 우리를 죽여서 이 세상에 살지 못하게 하지만 이 우주의 왕께서는 당신의 율법을 위해 죽은 우리를 다시 살리셔서 영원한 생명을 누리게 하실 것이다."

그는 죽는 마지막 순간에 왕에게 다음과 같이 말하였다. "나는 지금 사람의 손에 죽어서 하나님께 가서 다시 살아날 희망을 품고 있으니 기꺼이 죽는다. 그러나 너는 부활하여 다시 살 희망이 전혀 없다."

[그 어머니는] … 이렇게 말했다. "너희들이 어떻게 내 뱃속에 생기게 되었는지 나도 모른다. 너희들에게 목숨을 주어 살게 한 것은 내가 아니며, 또 너희들의 신체의 각 부분을 제자리에 붙여 준 것도 내가 아니다. 너희들은 지금 너희들 자신보다도 하나님의 율법을 귀중하게 생각하고 있으니 사람이 출생할 때에 그 모양을 만들어 주시고 만물을 형성하신 창조주께서 자비로운 마음으로 너희에게 목숨과 생명을 다시 주실 것이다 … 네 형들에게 부끄럽지 않은 태도로 죽음을 달게 받아라. 그러면 하나님의 자비로 내가 너를 너의 형들과 함께 다시 맞이하게 될 것이다."

[젊은이는] … 다음과 같이 말하였다. "살아 계시는 우리 주님께서 우리를 채찍으로 고쳐 주시려고 잠시 우리에게 화를 내셨지만, 하나님께서는 끝내 당신의 종들인 우리와 화해하실 것이오 … 우리 형제들은 잠깐 동안 고통을 받은 후에 하나님께서 약속해 주신 영원한 생명을 실컷 누리겠지만 당신은 그 교만한 죄에 대한 하나님의 심판을 받아서 응분의 벌을 받게 될 것이오. 나는 형들과 마찬가지로 우리 선조들이 전해 준 율법을 지키기 위해 내 몸과 내 생명을 기꺼이 바치겠소. 나는 하나님께서 우리 민족에게 속히 자비를 보여 주시고, 당신에게는 시련과 채찍을 내리시어 그분만이 하나님이시라는 것을 인정하게 해 주시기를 하나님께 빌겠소. 우리 민족 전체에게 내리셨던 전능하신 분의 정당한 노여움을 나와 내 형들을 마지막으로 거두어 주시기를 하나님께 빌 따름이오."[133]

---

133) 2 Macc 7:9, 14, 21-3, 29, 33, 36-8 . 또한 12:43-5; 14:45f를 보라: 고문을 피하여 자기 칼 위에 몸을 날린 Razis라는 사람은 그런 다음에 무리들 속을 헤치고 달려갔는데, "그의 피는 완전히 말라버렸고, 자기 내장을 뜯어내어, 그것들을 양손에 쥐고서 무리들에게 던지면서 생명과 영의 여호와께서 자기에게 그것들을 다시 되돌려 줄 것을 간구하였다." 7장에 대해서는 Nickelsburg 1972, 93-111; 특히 Kellerman 1979를 보라.

이 주목할 만한 대목은 그들이 기대했던 부활이 육신의 부활이라는 성격을 지니고 있었음을 잘 보여 줄 뿐만 아니라, 이러한 신앙과 그 밖의 다른 네 가지가 밀접하게 연관되어 있었음을 보여 준다. 첫째, 부활을 확신한 자들은 조상의 율법을 위하여 죽은 자들이었다. 둘째, 장래에 육신을 입고 살아갈 삶은 단순히 불멸의 영혼의 지속으로서의 삶이 아니라 만유를 창조하신 분의 선물이자 새로운 창조의 행위로 이해되었다. 셋째, 이러한 소망은 좀 더 일반적인 관점에서 표현될 수 있었고("그들은 영원히 흐르는 생명으로부터 마셨다"), 이것은 이 장 전체를 통하여 표현되어 있는 육신의 부활에 관한 견해를 손상시킴이 없이 헬레니즘적인 방향에서 해석될 수 있었다. 넷째, 부활에 대한 소망은 순교자의 고난이 죄악 된 백성에 대한 이스라엘의 신의 진노를 대신 짊어지는 효과를 갖는다는 신앙과 결합되면서 민족적인 계약의 기도와 아주 잘 맞아 떨어질 수 있었다. 따라서 주후 1세기에 유포되었던 이 책에 나오는 이 대목은 당시 유대인들의 세계관의 한 전형적인 모습을 강력하게 증언해 주고 있는 진술이라 할 수 있다.

이 시점에서 마카베오2서 7장과 관련하여 한 가지 더 말해 둘 것이 있다. 주후 1세기의 저작으로 알려져 있는 마카베오4서는 거의 전적으로 마카베오2서에 의존하고 있고, 마카베오4서의 상당 부분(8~17장)은 우리가 방금 살펴본 장을 다시 이야기하면서 확대하고 있는 것으로 받아들여지고 있다. 그렇지만 인간의 고결한 기능인 이성을 포기하느니 차라리 고난당하는 것을 택했던 역사적 모범들을 통해서 이성을 상찬(賞讚)하려 했던 마카베오4서의 목적에 맞춰 육신의 부활에 대한 언급은 거의 완전히 뒤로 물러나고, 그 대신에 훨씬 더 헬레니즘적인 접근방식이 부각된다. 마카베오4서에서 젊은이들은 이렇게 말한다: "우리는 이 극심한 고난과 인내를 통해서 미덕의 상을 얻게 될 것이고, 우리가 위하여 고난을 받는 그 신과 함께 있게 될 것이다"(9:8). 그 젊은이들 중 한 사람은 이렇게 말한다: "미덕으로부터 오는 즐거움으로 인해서 내 고통이 경감된다"(9:31); 또 한사람은 이렇게 말한다: "보라, 여기 내 혀가 있다. 이 혀를 잘라라. 그럴지라도 너희는 우리의 이성으로 하여금 침묵하게 하지는 못할 것이다"(10:19) 등등.[134] 이것은 요세푸스의 글의 근본적인 성격을

---

134) cp. 13:16f.; 15:2f.; 16:18f. (하나님은 창조주이기 때문에 그가 죽음 저편에서

가장 잘 보여 주는 예다: 확고부동한 육체의 부활에 관한 진술은 수사학적 제약들 아래에서 고귀하게 죽은 자들에 대한 불멸의 기억이라는 헬레니즘적인 교설(敎說)로 "바꾸어 버리기가" 너무 쉽다.[135]

우리는 요세푸스의 진술들을 나란히 병렬적으로 놓게 되면 바로 이 점을 발견하게 된다. 먼저 요세푸스가 요타파타(Jotapata)의 함락 후에 자결을 하지 않은 자신의 행동이 옳았다는 것을 변호하는 말을 들어 보자. 그때에 자결했던 사람들은 음부의 어두운 곳으로 내려갔을 것이라고 그는 분명히 말하면서, 자기 자신은 다음과 같이 믿었다:

> 자연의 법칙에 따라 이생을 하직하고 하나님으로부터 받은 채무를 하나님이 다시 돌려달라고 할 때에 돌려주는 자들은 영원한 명성을 얻고 그들의 집과 가족들이 안전할 것이며 그들의 영혼은 흠 없이 순종을 이루어서 하늘에서 가장 거룩한 곳을 분배받으며 시대가 바뀌면 순결한 육신 속에서 새로운 거처를 다시 발견하게 되리라.[136]

이 대목은 당시 유대인들의 주류적인 한 견해를 분명하게 보여 준다. 의인들은 죽으면 즉시 "하늘," 즉 창조주 신의 영지(領地)에 있게 된다: 그러다가 새 시대(ha-ʾolam ha-ba)가 도래하면 피조세계는 폐기처분되는 것이 아니라 새로워질 것이다: 그리고 죽은 의인들은 새로운 육신을 받아서 새로워진 땅에

새로운 생명을 주실 것이라고 단언하고 있는 마카베오2서 7:23, 28과는 달리 하나님은 창조주이시기 때문에 우리는 기꺼이 그를 위하여 고난을 받을 준비가 되어 있어야 한다고 주장하고 있는): 16:23; 7:5, 18. Nickelsburg 1972, 110; Schürer 2:542 n. 99를 보라.

135) 이와 비슷한 과정이 *Hist.* 5:5에 나오는 유대인들의 신앙에 대한 타키투스의 설명에서도 분명하게 드러난다. 또한 타키투스가 이러한 유대인들의 신앙을 순교 사상과 결부시키고 있다는 것을 보여 주는 Hengel 1989 [1961], 270을 보라. 아울러 우리는 족장들의 부활을 암시하고 있는 마카베오4서 7:19의 "하나님에 대하여 살다"라는 표현도 주목해야 한다; 부활을 염두에 두고 있는 눅 20:38; 롬 6:10; 14:8f.; 갈 2:19과 비교해 보라. 이 점을 지적해 준 사람은 S. A. Cummins이다.

136) *War* 3:374.

거하게 될 것이다. "시대가 바뀐다"는 말은 현재의 세상이 불에 의해 소멸되고 불사조 같은 세상이 다시 만들어질 것이라는 스토아 학파의 교설이 아니라, 현세와 다가올 시대에 대한 유대인들의 구별을 가리킨다. 따라서 본문은 다가올 시대는 새로워진 시공의 물리적인 세계가 될 것이고, 죽은 의인들은 잠시 "하늘"에서 쉬다가 육신의 삶을 다시 돌려받게 될 것이라고 분명하게 말하고 있는 것이다.

요세푸스가 자신의 견해라고 주장하였던 이 대목을 염두에 둔 채로 우리는 요세푸스가 『아피온을 반박함』이라는 책에서 유대인들의 신앙을 해설하면서 이러한 견해를 약간 약화시키고 있는 모습을 보기로 하자. 우리 조상들의 율법을 따른 자들에게는 단순히 금전적인 또는 그 밖의 다른 상이 기다리고 있는 것이 아니라고 요세푸스는 자랑스럽게 주장한다:

> 모든 사람들은 누구나 율법을 지키고 필요한 경우에 기꺼이 율법을 위하여 죽은 자들에게 하나님은 새로워진 존재를 허락하였고, 시대가 바뀌면 더 나은 삶을 선물로 주실 것이라는 확고한 신념을 지니고 있었다.[137]

이 대목은 그 자체로만 보면, 스토아 학파적인 사상으로 생각되거나 적어도 일반적인 헬레니즘화된 해석이 가능할 것으로 보일 수도 있다. 그러나 앞서의 구절에 비추어 보면 여기에도 마카베오2서에서와 동일한 신앙이 나타나 있다는 것이 분명하게 드러난다.

이러한 분명한 진술들이 없었다면, 우리는 유대교 내의 여러 분파들의 신앙에 관하여 요세푸스가 말하고 있는 내용들을 살펴볼 때에 어려움에 직면하게 될 것이었다. 요세푸스는 바리새파는 조건적인 부활이라는 교리를 지니고 있었고, 반면에 사두개파는 그러한 교리를 거부하였다고 말한다:

> 모든 영혼은 불멸이지만, 선한 자들의 영혼만이 또 다른 육신을 입게 되고, 악인들의 영혼은 영원한 형벌을 겪게 된다고 그들[바리새인들]은 주장한다. 죽은 후의 영혼의 지속적인 존재, 음부에서의 형벌, 보상 등에

---

137) *Apion* 2:218.

대하여 그들[사두개인들]은 그러한 것들 중 하나도 받아들이지 않을 것이다.[138]

여기서도 만약 이 구절들이 우리가 갖고 있는 증거의 전부였다면, 우리는 육신의 부활이 아니라 영혼불멸이 바리새파의 주된 교리였다고 생각했을 것이다. 물론 영혼이 "또 다른 육신을 입게 된다"는 사상은 이 대목이 순전히 플라톤 사상(영혼은 육신의 감옥을 벗어나서 육신 없는 상태에서의 지복을 누리게 된다는 것)이 아니라는 것을 분명히 말해 주고 있기는 하지만, 이 구절 자체만으로는, 실제로 몇몇 오늘날의 해석자들이 주장하고 있듯이, 윤회(영혼이 죽음을 통과하여 다른 육신적 존재로 변한다는 것)를 의미하는 것으로 해석될 수 있다. 이보다 상당히 후대에 나온 『유대민족 고대사』 속의 한 병행 구절 속에서 이러한 불멸의 영혼이라는 사상은 한층 더 부각되어 있다:

그들[바리새인들]은 영혼은 몸이 죽은 이후에도 살아남는 능력을 갖고 있으며 이 땅에서 선한 삶 또는 악한 삶을 영위한 자들에게는 음부에서 상급과 형벌이 있다고 믿는다: 영원한 감옥생활은 악한 영혼들의 운명이 될 것이고, 선한 영혼들은 손쉬운 과정을 통과하여 새 생명을 얻게 된다. 이러한 견해들로 인해서 그들은 대중들 속에서 엄청난 영향력을 발휘하고 있다 … 사두개인들은 영혼이 육신과 더불어 소멸된다고 주장한다.[140]

여기에서도 다시 한 번 만약 우리가 이 구절만을 근거로 논의를 진행한다면, 우리는 요세푸스가 영혼불멸이라는 헬레니즘적인 사상 쪽으로 완전히 기

138) *War* 2:163, 165. 위에서 언급한 *War* 3에 나오는 구절에 비추어 볼 때, 이러한 바리새파의 견해를 "영혼의 재성육신"(Thackeray in the Loeb edn., ad loc.)이라고 묘사하는 것은 잘못된 것이다. Loeb vol. 9 (*Ant.* 18-20), 13에 나오는 Thackeray의 견해에 대한 Feldman의 비판을 보라.

139) Schürer 2:543 n.10에 나오는 논의와 위의 각주를 보라.

140) *Ant.* 18:14, 16. Feldman은 자기가 "새 생명으로"라고 번역한 단어는 분명히 육신의 부활을 의미하고 있는 마카베오2서 7:9에 나오는 anabiosis와 같은 어원에서 나온 anabioun라고 지적한다.

울어졌다는 결론을 내리게 될 수도 있다. 영혼들은 "땅 밑으로" 가서 상급을 받거나 형벌을 받는다; "손쉬운 과정을 통과하여 새 생명을 얻는다"라는 언급도 그 자체만으로는 플라톤 사상에서 말하고 있는 죽은 후에 육신 없이 누리게 되는 지복의 삶으로 해석될 수 있다. 그러나 우리가 앞서 살펴보았던 여러 본문들에 비추어 보면, 우리는 "새 생명을 얻는다"라는 말은 비록 불멸의 영혼에 관한 표현에 의해 가려져서 모호해지긴 했지만 다른 본문들 속에 분명하게 서술되고 있는 입장을 보여 주는 것이라고 결론을 내려야 한다: 죽으면, 의인들의 영혼은 하늘로 가거나 그들의 신과 함께 있거나 땅 밑에 있게 된다 — 그러나 이것은 오직 일시적인 것일 뿐이다. 때가 되면, 그들은 다시 육신을 입고 새로운 삶을 살게 될 것이다.

요세푸스는 불멸의 영혼이 육신의 감옥에 갇혀 있다는 헬레니즘적인 사상을 아주 잘 알고 있었는데, 이는 이러한 사상을 그가 구체적으로 "헬라 자손들의 신앙"이라고 명명하면서, 에세네파가 이러한 사상을 지니고 있었다고 말하고 있기 때문이다.[141] 에세네파에 의하면, 의인들의 영혼은 큰 바다 너머의 지복의 장소, 헬라식으로 말하면 "지복의 섬"으로 간다고 요세푸스는 말한다. 이 말이 실제로 에세네파에게 어느 정도나 적용되는지는 말하기 어렵지만, 요세푸스의 기사는 유대교의 여러 분파들을 헬레니즘적인 철학 학파들로 묘사하고자 했던 그의 의도에 의해서 상당히 왜곡되었을 가능성이 크다.[142] 하지만 요세푸스가 확고한 부활을 믿었던 바리새파의 교리를 완화시키는 방향으로 묘사하고 있음에도 불구하고, 바리새파에 대해서는 에세네파의 경우와는 달리 완전히 헬레니즘적인 사상을 덧씌우지 않았다는 것은 대단히 흥미롭다.

요세푸스의 글에서 사후의 삶에 대한 가장 두드러지게 헬라화된 견해는 마사다에서 시카리 당의 지도자였던 엘르아살의 입에서 나온다. 집단 자살을 주

---

141) *War* 2:154-8, 특히 155; 또한 *Ant.* 18:18에도 동일한 취지의 요약적인 진술이 나온다. 이러한 에세네파의 교리는 *Jub.* 23:31 속에 분명하게 선언되고 있는 것으로 보인다.

142) 일부 학자들은, 예를 들어 1QH 6:34이 부활을 언급하고 있다고 주장해 왔다: 그러나 대다수의 학자들은 이 구절을 은유적으로 읽는다. Vermes 1987 [1962], 55f.를 보라. 나는 적어도 일부 에세네파가 이 분파의 구성원들이 그들의 소망을 이루지 못한 채 죽었을 때 부활 교리를 품었다는 Vermes의 견해에 동의하고 싶다.

장하면서 엘르에셀은 그의 추종자들에게 죽음은 영혼에 해방을 가져다준다고
설파하면서 기꺼이 죽음을 포용하라고 역설한다:

> 죽음이 아니라 삶이야말로 인간의 불행이다. 왜냐하면 죽음은 영혼에게
> 자유를 주고 영혼으로 하여금 모든 재앙으로부터 자유롭게 되어 자신의
> 본연의 순전한 거처로 돌아가게 만들어 주기 때문이다: 그러나 영혼이
> 죽은 몸에 갇혀 있어서 모든 비참한 것들로 더럽혀지고 있는 한, 영혼은
> 사실상 죽은 것이다. 죽을 것과 연합해 있는 것은 신적인 것에 부적합하
> 기 때문이다. 사실 영혼은 육신에 갇혀 있는 동안에도 커다란 능력을 소
> 유하고 있다 … 그러나 영혼을 짓눌러서 땅에 묶어두고 질질 끌고 다니
> 는 것으로부터 자유로워져서 영혼이 그 본래의 영역으로 다시 돌아갈 때
> 에야 비로소 영혼은 하나님처럼 사람들의 눈에 보이지 않게 거하는 가운
> 데 사방으로부터 어떠한 구속도 받지 않고 복된 에너지와 능력을 누리게
> 된다 … 영혼이 접하는 것마다 살아나고 번성하며, 영혼이 버리는 것마다
> 시들고 죽어 버린다: 영혼의 불멸성은 이토록 풍성하다.[143]

스토아 학파의 그 어떤 문장가라도 스토아 학파의 철학을 이보다 더 잘 표
현할 수 없었을 것이다. 핵심은 바로 이것이다. 요세푸스는 이 반란 지도자의
입 속에 이러한 논증들(그리고 소포클레스의 시 등에 대한 은유들)에 아주 친
숙해 있었던 고명한 로마의 청중들을 기쁘게 해 줄 말을 집어넣고 있음이 분
명하다.[144] 그 다음에 나오는 대목에서 엘르아살은 계속해서 죽음을 잠에 비유
하고, 잠자는 자들이 다시 깨어날 것이라는(고전 15:20; 살전 4:13-15 등을
참조하라) 말을 하는 것이 아니라, 잠자는 동안에 인간은 독립적인 존재가 되
어서 신과 대화를 나누고 우주를 활보하며 미래를 예언한다는 철저히 이교적
인 사상을 말하고 있다는 것이 주목할 만하다.[145]

---

143) *War* 7:343-8.
144) 마지막 문장에 인유되어 있는 Soph. *Track.* 235: the Loeb ed. of Josephus, ad
loc.에 나오는 Thackeray의 주해를 보라.
145) *War* 7:349f. 이 점에서 엘르아살의 연설과 매우 흡사한 주후 4세기의 철학자이
자 연금술사인 Synesius (PG 66:1317, Lane Fox, 149f.에서 재인용)에 나오는 한 구절

요세푸스가 이렇게 엉터리로 왜곡하여 시카리 당의 당수였던 엘르아살이 이교 사상, 특히 스토아 학파에게나 걸맞는 표현들을 사용한 것으로 묘사하고 있는 반면에, 바리새인들이 죽음과 관련하여 한 말을 묘사할 때에는 그러한 극단적인 입장으로부터 후퇴하고 있다는 것이 참으로 흥미롭다. 젊은이들에게 성전에서 독수리 상을 끌어내리라고 부추겼던 박식한 박사들은 다음과 같이 젊은이들에게 강력히 권고하였다고 요세푸스는 묘사한다. 비록 그러한 행동이 위험천만한 것이라 할지라도,

> 우리 조국의 율법을 위하여 죽는 것은 고귀한 행동이었다: 왜냐하면 그러한 최후를 맞은 자들의 영혼은 불멸을 얻고 영원한 지복을 누리게 되었기 때문이다.[146]

여기에서 불멸성은 영혼이 선천적으로 소유한 속성이 아니라 미덕을 행한 자들에게 주어지는 선물이다; 본문에서는 여전히 부활이 아니라 불멸에 관하여 말하고 있지만, 영혼이 육신에 짓눌려 있다는 식의 말은 전혀 언급되지 않는다. 이와 동일한 내용을 요세푸스는 나중에 이렇게 표현한다:

> 조상들의 생활방식을 보존하고 지키기 위하여 죽기로 각오한 자들에게 죽음을 통해서 그들에게 얻어지는 미덕은 살아서의 즐거움보다 훨씬 더 이로운 것이다. 영원한 명성과 영광을 한 몸에 얻고 그들은 지금 살아 있는 자들에게 칭송을 받고 영원히 기억될 만한 그들의 삶의 모범을 장래 세대들에게 남겨 줄 것이기 때문이다. 게다가 그들은 말했다. 위험 없이 사는 자들조차도 죽음의 불행을 피할 수는 없기 때문에 미덕을 위하여 애쓰는 자들은 이 세상을 떠날 때에 찬양과 명예로서 그들의 운명을 받아들이는 것이 마땅하다.[147]

을 포함하고 있는 Lane Fox 1986, 149-67과 비교해 보라. 이 사상은 시간과 공간상 널리 퍼져 있었음이 분명하다.

146) *War* 1:650는 1:653에서 범죄자들에 의해서 실질적으로 되풀이된다.

147) *Ant.* 17:152f.

이 대목에서 우리는 부활에 관한 어떠한 암시도 엿볼 수 없고, 또한 미덕을
위하여 기꺼이 죽을 준비가 되어 있어야 한다는 스토아 학파적인 견해도 찾아
볼 수 없다. 여러 가지 다른 근거들 위에서 이 선생들이 바리새인들이었다는
것을 알고 있기 때문에, 우리는 요세푸스의 변증적인 입장이라는 연막에 의해
서 가려진 배후를 꿰뚫어 볼 수 있다. 요세푸스는 그의 로마 청중들에게 이
선생들이 그들의 추종자들에게 훌륭한 로마인들이 그런 것처럼 고상한 미덕
을 위하여 기꺼이 죽으라고 설득하고 있는 것으로 묘사하고자 애를 쓰고 있는
것이다. 그들이 실제로 말하고 있었던 것은 이런 것이었다고 우리는 확실히
말할 수 있다: 율법을 위하여 죽으라. 그러면 너희는 우리 신이 자기 백성을
신원하실 때에 부활을 얻게 되리라! 그들은 아마도 마카베오2서를 봉독하였
을지도 모른다.

그러므로 요세푸스의 글은 우리의 이러한 논의 속에서 두 가지 방향에서
유용하다. 첫째, 종종 요세푸스는 육신의 부활에 관한 가르침을 분명하게 언급
한다. 둘째, 그는 그러한 가르침이 수사학적인 여러 이유들로 인해서 영혼의
불멸을 가리키는 것으로 쉽게 오인될 수 있는 표현으로 묘사될 수 있다는 것
을 마찬가지로 분명하게 보여 준다. 예를 들어, 우리는 한 작가의 작품 속에서
위에서 설명한 바 있는 마카베오2서로부터 마카베오4서로 넘어가는 과정에서
일어났던 일을 보게 된다.

우리는 『솔로몬의 시편』을 이 눈금자의 어느 지점에 놓아야 하는가?

> 죄인의 파멸은 영원하고,
> 하나님은 의인들을 방문하시되 죄인들을 기억하지 않으실 것이다.
> 이것은 죄인들이 영원히 받을 분깃이다;
> 그러나 여호와를 경외하는 자들은 영생으로 부활하겠고,
> 그들의 삶은 여호와의 빛 속에 있게 될 것이며,
> 다시는 끝이 없게 되리라.[148]

---

148) *Ps. Sol.* 3:11f. (14f.) (tr. S. P. Brock in Sparks 1984, 659). *Ps. Sol.*에 나오는 부
활에 대해서는 Nickelsburg 1972, 131-4를 보라.

이 대목을 해설하면서 라이트(R. B. Wright)는 이 대목이 육신의 부활(무덤으로부터 일어나는 것)을 가리키는지, 또는 영혼의 불멸(부활하여 신이 되는 것)을 가리키는지가 불분명하고, 마찬가지로 저자가 반드시 이 둘을 구별하고 있는지도 불명확하다고 말한다.[149] 『솔로몬의 시편』 14:10과 15:13을 읽을 때에도 독자들은 이와 동일한 문제에 직면하는데, 실제로 이러한 구절들이 부활 교리를 제시하고 있다고 보았던 과거의 견해는 이 구절들이 바리새적이기 때문에 부활에 관하여 말한 것으로 본 것이지 그 반대의 경우가 아니었다. 그러나 이런 유의 시들에서 정확한 교리를 기대하는 것은 지나치지 않나 싶다. 이 솔로몬의 시편들은 마카베오2서 및 요세푸스의 명시적인 여러 구절들에 나오는 부활 신앙과 매우 흡사하지만, 그 자체로는 부활 신앙에 대한 분명한 언급이라고 볼 수 없다.

『솔로몬의 시편』을 우리가 어떻게 생각하든, 요세푸스, 신약성서, 후대의 랍비 문헌들의 증거로 볼 때, 부활이 바리새파를 다른 유대교 분파들로부터 구별시키는 중요한 표지들 중의 하나였다는 것은 분명하다. 아니 바리새파의 최대의 적수였던 사두개파의 특징적인 표지들 중의 하나가 바로 부활에 대한 부정이었다고 말하는 것이 더 정확할 것이다.[150] 앞에서 살펴보았듯이, 바리새파와 사두개파 간의 이러한 논쟁은 부활이라는 한 가지 고립된 주제와 관련된 의견의 불일치가 아니라, 그들의 사상의 주된 골격의 차이와 정확히 일치하는 것이었다: 바리새파는 현재의 상황이 근본적으로 변화될 위대한 갱신을 기대하였고, 사두개파는 현재의 상황에 만족하고 있었다. 그렇기 때문에 사도행전이 초기 그리스도인들을 사두개인들이 "예수를 빙자하여 죽은 자의 부활을 알리고" 있다는 이유로 반대한 것으로 묘사하고 있는 것은 결코 이상한 일이 아니다.[151] 이것은 이 구절이 초기 전승을 보존하고 있다는 것을 보여 주는 증거이다: 후대에는 예수라는 이름 자체가 문제되었지만, 기독교의 초창기에는 당

---

149) R. B. Wright, in Charlesworth 1985, 655. 또한 Sanders 1977, 388을 보라.

150) 마 22:23, 34 and pars.; 행 23:6-9, cf. 4:1f.; mAb. 4:22; mSanh. 10:1 (이에 대해서는 Urbach 1987 [1975, 1979], 652와 mBer. 5:2; mSot. 9:15에 대한 각주(991f.)를 보라). 18축도문의 두번째 축도는 죽은 자를 살리시는 창조주를 찬양하는 내용이다.

151) 행 4:1f.

시 권력을 쥔 자들은 백성들을 자극할 수 있는 부활 사상의 전파와 그러한 것
이 미칠 온갖 사회적, 정치적 파장들을 더 염려하였다. 또한 이것은 예수가 나
사로를 죽은 자들 가운데서 일으키신 후에 고위 제사장들이 나사로를 죽이고
자 했다는 요한복음에 나오는 이야기를 이해하는 데도 도움이 된다.[152) 기독교
의 초기 저작들은 이와 동일한 부활 신앙을 증언해 준다: 예수를 죽은 자들로
부터 다시 살아난 세례 요한이라고 생각한 것은 초대 교회가 만들어 내었을
가능성이 전혀 없는 것으로서 부활 사상을 신봉하였던 분파들 속에서 생겨났
을 가능성이 크다.[153) 사실 여기에서 샌더스의 견해는 옳아 보인다: 이 시기의
유대인들 중 대다수는 이런저런 의미에서 부활을 믿었다.[154) 어느 정도 이교도
들과 동화되어 갔던 자들, 그래서 육신 없는 영혼의 불멸을 믿었던 자들, 또는
사회정치적 이유들로 인해서 사후의 삶에 관한 어떠한 견해도 부정하려 했던
자들만이 부활 신앙을 거부하였다.[155)

이와 같이 널리 퍼진 부활 신앙은 대략 주전 1세기와 주후 1세기 사이에
저술된 많은 묵시문학 본문들에서 볼 수 있다. 『아담과 하와의 생애』[156)에서는
창조주 신이 아담에게 그를 모든 사람들을 일으키실 부활의 마지막 날에 일으
킬 것이라고 약속했다는 것을 분명하게 말하고 있고, 천사장 미가엘이 아담의
아들 셋에게 모든 죽은 사람들이 "부활의 날까지" 묻혀 있게 될 것이고, 안식
일은 "부활의 표적"이라고 말한 것으로 기록하고 있다.[157) 에녹1서는 음부와
지옥이 모든 피조물과 함께 크게 기뻐하면서 죽은 자들을 내놓을 것이라고 말
한다;[158) 에스라4서는 "땅속에 잠들어 있는" 자들을 땅이 토해낼 것이라고 말

152) 요 12:10f.

153) 예를 들면, 눅 9:7, 19.

154) Sanders 1985, 237; 그리고 1992, 303에서는 좀 더 조심스럽게.

155) 물론 이 두 집단은 상당히 서로 중복되었을 것이다: 즉, 정치적 · 철학적 동화는
함께 진행되어서, 이렇게 동화된 자들은 주류 유대인들의 기대를 약화시켰을 것이다.

156) 종종 『모세 묵시록』(*Apocalypse of Moses*)으로 잘못 불린다: Schürer 3:757을
보라.

157) *Adam and Eve* 41:3; 43:2f.; 51:2.

158) *1 En.* 51:1-5; f. 90:33; 19:10. 그리고 *1 En*의 개인적 종말론에 대해서는
Schürer 2:541f.를 보라.

한다:[159] 『유다의 유언서』에서는 족장들이 어느 때에 생명으로 부활할 것이라고 말한다:

> 슬픔 속에서 죽은 자들이 기쁨으로 일으키심을 받으리라;
> 주를 위하여 가난 속에서 죽은 자들이 부유하게 되리라;
> 주로 인하여 죽은 자들이 생명으로 깨어나리라.
> 야곱의 사슴들이 기쁨으로 달리겠고,
> 야곱의 독수리들이 기쁨으로 날리라;
> 불경건한 자들이 애곡하며 죄인들이 슬피 울겠으나
> 모든 사람들이 주께 영원히 영광을 돌리리라.[160]

　오직 한 분파로부터 나왔다고는 거의 생각하기 힘든 이 모든 본문들 속에서 우리는 잘 다듬어진 하나의 신앙(신념)을 본다. 의인들은 다가올 시대에 생명으로 부활해서 그들에게 합당한 상급을 받게 될 것이다. 이러한 신앙은 이스라엘의 신과 그의 율법을 위한 고난과 순교라는 맥락 속에서 작용함으로써 더욱 더 진지하게 율법을 지켜야겠다는 유인책이자 유대교가 대표하고 있는 모든 것을 더욱 더 열심으로 보존해야 한다는 유인책 역할을 한다.[161] 따라서 앞으로 보게 되겠지만, 부활 신앙은 구체적으로 인간 개개인들과 그들의 장래의 삶과 관련하여 흔히 거론되긴 하지만, 제2성전 시대 유대교의 상당수의 사람들의 전반적인 신앙, 소망, 세계관과 분리될 수 없는 것으로서 그 필수적인 일부를 구성하고 있었다.

　『솔로몬의 지혜서』는 복된 미래에 대해서는 말하지만 육신을 입고 살아가는 미래에 대해서는 말하지 않는다는 주장이 흔히 통용되고 있다. 이 주장은 통상적으로 다음과 같은 구절을 그 근거로 제시한다:

---

159) 4 Ezra 7:32; cf. 7:97; 2 Bar. 30:1; 50:1-4. 또한 에스라4서는 죽음과 부활 사이에 대기하는 기간에 관하여 말하는데, 이것은 영혼의 불멸과는 분명히 다른 소망을 보여 주는 명백한 증거이다: 4:35; 7:95, 101; cp. 2 Bar. 30:2.

160) T. Jud. 25:1-5 (본서에서는 4-5절을 인용). Cp. T. Benj. 10:2-9.

161) Nickelsburg 1972, passim.

그러나 의인들의 영혼은 하나님의 손안에 있고,
어떠한 고통도 그들을 건드리지 못할 것이다.
어리석은 자들의 눈에는 그들이 죽은 것처럼 보이고,
그들의 죽음이 재앙으로 생각되고,
그들이 우리를 떠난 것이 그들의 파멸인 것처럼 생각되었지만,
그러나 그들은 평화롭다.
다른 사람들이 보기에는 그들은 벌을 받은 것 같지만,
그들의 소망은 불멸로 가득 차 있다 ··· [162]

그러나 나는 이것이 죽은 의인들의 영속적인 상태가 아니라 그들의 일시적
인 거처를 언급하고 있는 것이라고 생각한다. 우리가 앞에서 다른 것과 관련
하여 인용하였던 이 대목은 다음과 같이 계속된다:

용광로 속의 금과 같이 주는 그들을 연단하였고
번제처럼 주는 그들을 열납하셨다.
그들의 신원의 날에 그들은 빛날 것이고,
마른 덤불을 불사르는 불꽃같이 달리리라.
그들은 열방들을 통치하며 민족들을 다스리겠고
주는 그들을 영원히 다스리리라.
죽은 의인들은 살아 있는 불경건한 자들을 정죄하리라.
[불경건한 자들은] 지혜로운 자들의 최후를 보겠지만
주께서 그들을 위하여 목적하신 것을 알지 못하며
주께서 그들을 안전하게 지키시는 목적을 이해하지 못하리라.

---

162) Wisd. 3:1-4; cf. 4:7; 5:15f.; 6:17-20. 마지막 구절에는 일련의 순서가 있다:
가르침 받기를 원하는 마음은 지혜를 사랑하는 것으로 이어지고, 이것은 지혜의 율법을
지키는 것으로 이어져서, "불멸에 대한 확신"을 가져오며, "하나님께 가까이 나아가는"
결과를 초래한다: "따라서 지혜에 대한 욕구는 하나님 나라로 귀결된다." Cf. Tob. 3:6,
10.

불경건한 자들은 그들의 죄를 회개할 때 몸서리를 치며 울 것이고
그들의 불법한 행위들이 그들을 정면으로 단죄하리라.
이때에 의인들이 그들을 압제했던 자들과
그들의 수고를 멸시했던 자들 앞에
의기양양하게 서리라.
불의한 자들은 그들을 보고
몸서리치는 두려움으로 떨겠고
의인들의 예기치 않은 구원에 경악하리라 …

그러나 의인들은 영원히 살리니
그들의 상급이 여호와께 있느니라:
지극히 높으신 이가 그들을 돌보시니
그들이 영화로운 면류관을 받겠고
아름다운 왕관을 여호와의 손에서 받으리라.
이는 여호와의 오른손이 그들을 덮으시고
여호와의 팔이 그들을 보호할 것임이라.[163]

이 구절들은 첫 번째 구절에서 말하는 "불멸"이 요세푸스가 부활에 선행하는 것으로 말했던 "하늘"에서의 일시적인 휴식과 동일하다는 것을 명확하게 보여 준다고 나는 생각한다. 여기에서 분명한 시간표가 드러난다: 먼저 의인들이 죽고, 불의한 자들이 축하하며 기뻐한다: 다음으로 의인들이 자기들에 대한 판관으로 등장하는 것을 보고서 불의한 자들이 자신의 잘못을 깨닫게 되는 사건이 일어난다. 헬레니즘적인 사고에 젖어 있는 독자들이 『솔로몬의 지혜서』를 통상적으로 읽게 되면 그 핵심을 놓치게 되는 일이 일어날 수 있다. 그러나 전적으로 유대적인 배경을 지니고 있는 이 책은 헬레니즘화된 입장이

---

163) Wisd. 3:6-8; 4:16f.; 4:20~5:2; 5:15f.

164) Wisd. 5:1에서는 anastasis("부활")와 어원이 같은 동사인 steselai를 사용하였다; 또한 LXX의 삼하 7:12도 참조하라:kai anasteso to sperma sou meta se, "그리고 내가 네 씨를 네 다음에 일으키리라 … "

아니라 유대인들 대다수의 입장을 대변하고 있는 것으로 보인다.[164]

만약 헬레니즘화된 입장을 찾아보고자 한다면, 우리는 말할 것도 없이 필로에게로 눈을 돌려야 한다:

아브라함이 이 죽을 목숨을 버렸을 때, "그는 하나님의 백성에 더해져서" [창 25:8을 인용함] 썩지 않는 것을 물려받고 천사들과 동등하게 되었다.[165]

[모세는] 죽는 것이 아니라 이승을 떠나는 선한 사람을 대표한다. 그는 소멸시킬 수 없고 불멸이어서 죽음이 가져오는 해체와 부패를 맛보지 않고 이 땅으로부터 하늘로 가게 되어 있는 전적으로 정결케 된 영혼을 소유하고 있었을 것이다.[166]

사람들이 죽을 때, 그 인격을 이루는 많은 부분은 사람들과 함께 무덤에 묻힌다:

그러나 어느 곳에서 … 미덕을 사랑하는 소질이 자라난다면, 그것은 사람들의 기억으로 말미암아 소멸에서 건짐받는다. 이것이 고귀한 성품들의 불꽃을 살아 있게 하는 수단이다.[167]

이러한 관점은 헬레니즘적인 또는 알렉산드리아의 사변적인 철학자들에게 국한되어 있었던 것이 아니라, 묵시론적 저작 등에도 등장한다: 『아브라함의 유언서』에서 천사들은 아브라함을 낙원으로 데려오라는 지시를 받는다.

거기에는 나의 의로운 자들의 장막들이 있고, 거기에는 나의 거룩한 자들, 곧 이삭과 야곱의 거처들이 주의 품속에 있으며, 거기에는 수고함이나

165) Philo, *Sac.* 5. 눅 20:36은 이러한 신앙의 반영인가?
166) Philo, *Heir* 276.
167) Philo, *Migr.* 16.

슬픔이나 애곡함이 없고 평화와 크게 기뻐함과 무한한 생명이 있다.[168]

그러므로 우리가 살펴보고 있는 시기에 살았던 유대인들은, 약간씩의 변동은 있었겠지만, 다음과 같은 세 가지 기본적인 입장을 지니고 있었던 것으로 보인다. 사두개파는 사후의 삶, 또는 불멸, 또는 부활과 관련하여 아무런 관심이 없었다는 점에서 특이한 집단이었다. 플라톤 사상과 일반적인 헬레니즘 사상에 깊이 물들어 있었던 자들을 포함하여 유대인들 중 일부는 틀림없이 영혼불멸에 관한 글을 썼을 것이다. 그러나 대다수는 죽은 자들의 육신적인 부활에 관하여 말하였고, 중간 상태의 문제점에 대해서도 자주 말했을 것이다; 이 마지막 사항은 그 자체가 육신의 부활에 대한 신앙을 보여 주는 강력한 증거가 된다. 왜냐하면 육신의 부활을 전제할 때에만 중간 상태와 관련된 문제점이 논의될 수 있기 때문이다. 종종 이 중간기 상태를 묘사하면서 사람들은 원래의 맥락 속에서는 육신을 입지 않고 지내는 영속적인 상태를 나타내는 말이었던 헬레니즘적인 표현을 빌려 썼다; 그러나 그들은 여전히 육신의 부활을 최종적으로 염두에 두고 있다는 것도 분명히 하고 있다.

부활 신앙은 왜 생겨났고, 앞의 여러 장들에서 우리가 살펴본 바 있는 좀 더 폭넓은 유대인들의 세계관과 신앙체계에 어떻게 부합하게 되었는가? 여러 차례에 걸쳐서 우리는 이 부활 신앙이 핍박에 직면해서 이스라엘의 조상들의 율법에 대한 순종을 유지하려는 피나는 투쟁과 결부되어 있다는 것을 살펴본 바 있다. 부활은 신이 순교자들에게 주는 상급이다; 부활은 큰 환난 후에 일어나게 될 것이다. 그러나 부활은 특별한 고난을 통과한 자들에게만 주어지는 특별한 상급이 아니었다. 오히려 이 시기의 대부분의 유대인들의 종말론적 기대는 시간과 공간으로 이루어진 현재의 질서 전체 및 그 속에서의 그들 자신의 폐기(廢棄)가 아니라 갱신(更新)에 대한 것이었다. 이러한 것은 창조주 신,

---

168) *T. Abr.* [recension A] 20:14 (tr. E. P. Sanders in Charlesworth 1983, 895). Sanders는 이삭과 야곱이 아브라함보다 먼저 낙원에 들어간다는 것과 아브라함의 품이 이미 거기에 있다는 것의 비논리성을 지적한다. 낙원이 긴 여행 중에 잠시 쉬었다 가는 곳이었다가 후기 유대교 작품들 속에서 이 여행의 최종 목적지로 귀결되었다는 것에 대해서는 Schürer 2:541f.를 보라.

곧 이스라엘의 신의 공의와 긍휼에 기반을 둔 것이었기 때문에, 새로운 세상을 도래하게 하기 위하여 싸우다가 죽은 자들이 마침내 이스라엘 민족과 온 세계에 임하게 될 축복으로부터 배제된다는 것은 상상할 수 없는 일이었다.[169]

적어도 에스겔 이래로 시체들이 생명을 얻고 되살아나는 것에 대한 옛 은유는 포로생활로부터의 귀환을 가리킴과 동시에 계약 및 온 피조세계의 갱신을 묘사하는 가장 생생한 방법들 가운데 하나였다. 수리아와 로마 시대에 토라를 위한 핍박과 투쟁이라는 맥락 속에서 이러한 은유는 새로운 생명을 얻었다. 이스라엘의 신이 그의 백성을 지금까지의 포로생활로부터 돌아오게 함으로써 "부활시킨다면"(은유적으로), 그 신은 그러한 맥락 속에서 민족 및 계약의 신원(伸寃)을 소망하며 순교했던 자들을 "부활시키실"(문자적으로) 것이다. "부활"은 여전히 관련된 개개인들이 새로운 몸을 입는 것에 그 초점을 맞추긴 했지만, 계약의 신에 의한 이스라엘의 회복이라는 원래의 의미를 여전히 간직하고 있었다. 그렇기 때문에 "부활"은 단순히 죽은 사람들의 새로운 삶에 관한 경건한 소망이 아니었다. 부활은 포로생활로부터의 귀환과 결부되어 있었던 모든 것을 한 몸에 지니고 있었다: 죄 사함, 계약의 신의 참된 인류로서의 이스라엘의 재건, 온 피조세계의 갱신.[170] 사실 부활과 피조세계의 갱신은 보조를 같이 했다. 시간과 공간으로 이루어진 세계가 사라진다면, 부활은 아무런 의미도 지니지 못하게 될 것이다. 반대로 부활이 없다면, 새로워진 우주에 누가 살겠는가?

이런 식으로 유대인들은 온 피조질서의 갱신에 대한 좀 더 폭넓은 신앙의 일부로서 부활을 믿었다. 부활은 계약에 대한 재천명이자 창조에 대한 재천명이었다. 이스라엘은 회복된 우주 속에서 회복될 것이다: 세상은 마침내 누가 진정으로 창조주 신의 참된 백성이었는지를 알게 될 것이다.[171] 바로 이곳이

---

169) 이것은, 어느 정도의 변화는 있었겠지만(mutatis mutandis), 적어도 시편 49:15; 73:24로 거슬러 올라간다.

170) Sanders 1992, 303은 사후 세계에 대한 유대인들의 신앙을 새로운 세계 질서에 대한 신앙과 나란히 놓고 있지만, 이 둘 간의 연관 관계를 추적하고자 하는 시도를 하지는 않는다. C. H. Cave는 Schürer 2:546f.에서 한데 결합시켜야 할 것들을 따로 분리하는 전형적인 예를 제시한다.

171) 우리는 Wisd. 3-5에 나오는 생생한 장면과 비교해 볼 수 있다.

유대인들의 한 쌍의 "기본적인 신념들"이 마침내 결합되는 지점이다. 유일신 사상과 선택 사상은 함께 어우러져서 종말론을 요구한다. 창조/계약의 유일신 사상은 선택과 포수 간의 긴장과 함께 놓고 보면 부활과 새로운 세상을 요구한다. 이것이 일부 선지자들이 장래에 일어날 일을 묘사하면서 현란한 신화적 언어를 사용했던 이유이다: 사자와 어린양이 함께 눕고, 나무들이 달마다 과실을 맺으며, 예루살렘은 새로운 에덴같이 될 것이다. 이러한 언어는 만유의 창조주가 이스라엘의 신이며, 이스라엘의 신이 만유의 창조주라는 기본적인 신념을 시적인 상징을 통해서 표현한 것에 다름 아니었다. 신이 역사하시면, 큰 송축이 있게 될 것이다. 모든 피조물이 여기에 참여하게 될 것이다 — 원칙적으로.

이제까지 내가 서술한 이와 같은 내용은 유대인들의 신념에 대한 역사적 서술로서 거의 논란의 여지가 없는 것으로 보인다. 이 시기의 여러 텍스트들이 이것을 보여 준다: 우리는 절대적으로 확고한 역사적 토대 위에 있다. 샌더스는 이 시기의 유대인들의 소망을 요약하면서 이렇게 말한다:

> 많은 유대인들은 새롭고 더 나은 시대를 기대하였다. 민족의 회복, 성전과 예루살렘의 재건 또는 정화, 이방인들의 패망 또는 회심, 정결과 의의 정립 등이 이러한 소망의 중심을 이루고 있었다. 하나님이 만물을 근본적으로 변화시키실 것이라는 소망은 성경을 읽고 하나님이 세상을 창조하셨으며 종종 자기 백성을 구원하기 위하여 적극적으로 개입하였다는 것을 믿었던 백성들이 당연히 지닐 수 있는 소망이었다.[172]

그러나 샌더스는 스스로 그리스도인으로 자처하였던 주후 1세기의 유대인들이 쓴 텍스트들을 포함해서 주후 1세기 유대인들의 텍스트들을 20세기의 독자들이 읽을 때에 그러한 주장이 고도로 변증적인 성격을 지니고 있다는 점을 도출해내지 못했다.[173] 그러나 이제는 이 점이 반드시 지적되지 않으면 안

---

172) Sanders 1992, 298, 303 ; cp. 456f.
173) 이와 가장 가까운 내용은 1992, 368에 나오는데, 거기에서 그는 쿰란 분파가 기다렸던 미래의 극적인 변화는, 오늘날의 학자들이 흔히 부르듯이, "종말," "마지막 사건"

된다. 상당히 다양한 범위의 문체들, 장르들, 정치적 소신들, 신학적 관점들을 포괄하고 있는 이 시기의 주류 유대인들의 저작들 속에는 유대인들이 시간과 공간으로 이루어진 우주의 종말을 기대하고 있었다는 것을 보여 주는 증거는 거의 전무하다. 하지만 그들이 예레미야를 비롯해서 여러 앞선 인물들과 같이 그러한 것을 보았을 때 은유라는 것을 알아볼 수 있었고, 사회정치적으로 대단히 커다란 사건들의 신학적 의미를 온전히 드러내기 위하여 그러한 우주적 이미지들을 사용했다는 것을 보여 주는 증거는 아주 많이 있다. 그들이 스토아 학파의 사상을 따라서 세상 자체가 종말을 맞을 것이라는 신앙을 가졌다는 것을 암시해 주는 것은 거의 아무것도 없고, 거의 모든 것들 — 그들의 이야기들, 그들의 상징들, 그들의 실천, 특히 그들의 혁명 성향, 그들의 신학 전체 — 은 그들이 그렇지 않았다는 것을 강력하게 보여 준다.

그렇다면 그들은 무슨 일이 일어날 것이라고 믿었던 것일까? 그들은 현재의 세계질서 — 이교도들이 권력을 장악하고, 창조주 신의 계약의 백성인 유대인들이 압제당하고 있는 세계질서 — 가 종말을 맞을 것이라고 믿었다.[174] 에세네파 같은 분파들은 그릇된 유대인들이 권력을 장악하고 있는 현재의 질서가 끝장나고, 올바른 유대인들, 즉 그들 자신이 권력을 쥐게 될 새로운 세계질서가 도래할 것이라고 믿었다. 물론 우리는 일부 유대인들이 물리적인 세계가 종말을 맞을 것이라고 믿었을 가능성을 완전히 배제할 수는 없다 — 마치 우리가 일부 유대인들이 다섯 신들이 존재한다거나 애굽인들이 창조주 신의 택하신 유일한 백성이라고 생각했을 가능성을 배제할 수 없듯이. 그러나 그러한 견해들은 우리가 소유하고 있는 이 시기에 나온 온갖 종류의 문헌들에서만이 아니라 (글을 쓰지 않은) 주후 1세기 유대인들의 상징들, 이야기들, 특히 무엇보다도 그들의 실천을 통해서 우리가 재구성할 수 있는 대다수 유대인들의 세계관에서 주변적이다. 유대인들은 시간과 공간으로 이루어진 질서가 곧

이라고 불러서는 안되는데, 이는 "다른 유대인들과 미찬가지로 에세네파도 세상이 끝날 것이라고 생각하지 않았기 때문"이라고 말한다.

174) Sanders 1985는 "현재의 세상 질서" 같은 어구들을 약간 다른 의미로 사용하지만, 덜 시공간적인 미래의 소망이라는 의미를 여전히 열어 둔다. 그는 최근에 와서 내가 취했던 노선에 좀 더 확고하게 안착한 것으로 보인다(1992).

사라질 것이라고 믿지 않았다는 것만은 확실하다.

1989년 10월에 열린 Society of Biblical Literature의 연례 정기모임에서 개최된 세미나에서 나는 존 콜린스(John Collins) 교수가 내가 앞에서 방금 서술했던 것과 다르지 않은 유대인들의 종말관을 설명하는 것을 들었다. 주제 발표 후에 나는 알버트 슈바이처가 그 논문을 1백 년 전에 들었다면 20세기의 신약학 연구의 방향 전체가 달라졌을 것이라고 말했다. 콜린스 교수는 겸손하게 그 말이 사실일 수 있다고 내 말에 동의하였다.[175] 20세기 초에 슈바이처가 묵시문학을 초기 기독교의 모태로 주목한 것은 옳은 일이었다고 나는 믿는다. 이제 한 세기가 저물어 가는 지금이 슈바이처의 주장에 비추어서 그 묵시문학이라는 모태는 과연 무엇이었고, 또 무엇을 의미하였는지를 다시 한 번 점검해 볼 수 있는 아주 좋은 때라고 나는 생각한다.

"부활"은 분명히 개개인들이 그들 자신이나 그들이 사랑하는 사람들을 위해서 소망할 수 있는 것이긴 하지만, 우리가 이제까지 살펴본 부활 신앙은 언제나 현세의 끝과 다가올 시대의 시작점에 있을 전체적인 부활에 그 초점이 맞춰져 있었다는 것을 나는 아주 강력하게 지적해 두고자 한다. 그 부활은 온 이스라엘(각 사람의 관점에 따라 예외는 있을 수 있다)이 공유하게 될 생명으로의 부활이 될 것이다. 어떤 시각에서 보면, 그 부활은 이스라엘의 구원이 될 것이다: 기나긴 압제와 버림받음의 세월 후에 이스라엘은 마침내 구원받을 것이다. 또 다른 시각에서 보면, 그 부활은 이스라엘의 신원(또는 "칭의")이 될 것이다: 이스라엘 역사 내내 자기들이 창조주 신의 백성이라고 주장해 왔던 그들에게 부활은 마침내 그 주장이 옳음을 입증해 줄 것이다. 창조 및 계약의 유일신 사상과 그것들이 낳은 종말론은 종종 "유대적 구원론"이라 불리는 것, 즉 유대인들이 구원에 관하여 지녔던 신앙들을 정확하고 효과 있게 파악할 수 있게 해 주는 맥락을 이룬다. 이 점에 대하여 조금 더 구체적으로 살펴볼 필요가 있다.

6. 구원과 칭의

---

175) Collins는 본서의 이 부분에 나오는 세부적인 내용들 중 몇몇에 대하여 여전히 동의하지 않고 있다고 말하는 것이 옳을 것이다.

주후 1세기 유대인들에게 "구원"이라는 말은 우리가 이 장을 통해서 살펴보았던 그 소망, 특히 이스라엘의 신이 이스라엘을 이교도들의 압제로부터 구출하신다는 관점에서 본 소망을 의미했을 것이다. 이것은 이스라엘의 신이 그의 백성 전체에게 단번에 주는 선물이 될 것이다. 개개 유대인들은 그들이 이스라엘의 지체(肢體)를 이루고 있다는 점 때문에, 즉 계약 안에서 "구원"을 얻을 것이다; 현재에 있어서 계약에 참여하고 있는 지체라는 신분은 미래의 "구원"에 대한 (어느 정도의) 보장이 될 수 있었다.

우리는 이미 주후 1세기 유대인들이 계약의 지체됨을 어떻게 이해하고 있었는지를 살펴본 바 있다. 유대인들의 세계관 전체 및 그 이야기들, 상징들, 실천들이 분명한 대답을 준다. 계약은 유대인으로 태어나거나 개종에 의한 입교를 통해서 이루어졌다: 계약은 남자의 경우에는 할례를 받았다는 사실을 통해서 확증되었고, 계약 문서인 토라에 대한 충실을 통해서 유지되었다. 이것은 매우 의미심장하다: 샌더스가 광범위하게 논증하였듯이, 토라의 소유와 토라를 지키려는 시도는 계약의 지체라는 지위를 획득하는 수단이 아니라 그러한 지위를 드러내는 것일 뿐이다. 장차 새 시대가 동터올 때, 계약에 신실했던 자들은 신원을 받을 것이다: 이것은 "토라를 완전하게 지킨 자들"을 의미하지 않는다. 왜냐하면 스스로 죄악되다는 것을 알았던 이스라엘 사람들로 하여금 그들의 지체로서의 지위를 예전과 다름없이 유지할 수 있도록 하기 위하여 희생제사 제도가 존재했기 때문이다. 그리고 토라를 지키려는 시도는 통상적으로 인간이 주도권을 쥔 행위가 아니라 신에 대한 인간의 응답으로 이해되었다. 이것은 샌더스의 주장인데, 이에 가해진 여러 비판들에도 불구하고, 샌더스의 이러한 주장은 주후 1세기의 유대교에 대한 묘사로서 철두철미 타당하다고 나는 생각한다.[176)]

이러한 맥락 속에서 우리가 살펴보고 있는 시기에 계약의 신이 마침내 이스라엘을 해방하기 위하여 역사하실 때에 정확히 누가 신원을 받을 것인지에 관한 논쟁이 일어났다. "온 이스라엘이 장차 도래할 시대에 분깃을 갖게 될 것이다"; 그러나 사두개파, 토라를 부인하는 자들, 에피쿠로스 학파를 추종하

---

176) Sanders 1977, 1983, 및 최근에는 1992, 262-78을 보라. 나는 이러한 비판들을 다른 곳에서 다룰 것이다.

는 자들은 제외된다.[177] 쿰란 두루마리들을 썼던 분파에 속한 사람들은 배제될 자들에 관한 명단이 좀 달랐을 것이긴 하지만 어쨌든 이러한 정서에 동의하였을 것이다: 오직 그들만이 "이스라엘"이었고, 바리새파("부드러운 것들을 말하는 자들")와 성전에서 공식적인 직위를 갖고 있던 제사장들은 어둠의 자식들과 동일한 운명을 맞게 될 것이었다. 우리는 이러한 암투 속에서 각각의 파당들은 서로서로에게 이와 비슷한 저주의 말들을 퍼부었을 것이라고 어느 정도는 확실하게 말할 수 있다.

그러므로 주후 1세기의 이원론과 관련된 문제는 이런 것이다: 구원받고 신원되어서 생명으로 부활할(이미 죽은 지체들의 경우에), 또는 능력으로 높임을 받게 될(여전히 살아 있는 자들의 경우에) 집단에 속해 있다는 것을 보여주는 지체됨의 표지들은 과연 무엇인가? 바리새인들에게는 토라를 강화하는 프로그램이 있었고, 에세네파에게는 여러 종류의 공동체 규칙들과 의의 교사에 대한 충성에 대한 호소가 있었다. 많은 반란 집단들에게는 조금씩 서로 다른 대의명분들이 있었는데, 예를 들면 시카리 당의 경우에는 그들이 내세운 왕조에 대한 충성이 바로 그것이었고, 좁은 의미의 열심당의 경우에는 특정한 대의명분, 적어도 어느 시기에서는 특정한 지도자(시몬 바르 기오라)에 대한 충성이 바로 그런 것이었다. 요세푸스에게는 그것이 판이하게 달랐다: 이스라엘의 신이 로마인들에게로 넘어갔다는 것을 인정함으로써 실제적인 의미에서의 구원이 임했다.

이 모든 경우들에서 우리는 유대인들의 근본적인 구원론에 대한 서로 다른 해석들을 목격한다. 사고의 흐름은 우리가 앞서 유대인들의 기본적인 세계관을 표상하고 있다고 본 많은 이야기들의 흐름과 정확히 같고, 논리적으로 다음과 같이 정리해 볼 수 있을 것이다:

a. 창조주 신은 이스라엘을 자기 백성으로 부르셨다;
b. 현재 "포로생활" 중에 있는 이스라엘은 이 신의 계약의 백성이기 때

---

177) mSanh. 10:1. 아키바가 이 목록에 첨가한 것으로 인용되었다는 사실(이단 서적들을 읽거나 주술을 통한 치유를 시도하는 자들에 대한 파문을 포함시키기 위하여)은 기본적인 어록이 좀 더 초기의 것, 늦어도 주후 1세기 후반의 것임을 보여 준다.

문에 곧 구속될 것이다;

c. 계약에 대한 현재의 충성은 미래의 구속에 대한 표지이다;

d. 이 계약에 대한 충성이 이 위기의 때에 시험을 받고 있다;

e. 현재에 있어서 충성으로 여겨지는 것, 그러니까 구원받고/신원받고/
생명으로 부활하게 될 자들을 나타내는 표지는 … [집단들마다 자신
의 대의명분을 따라 이 공백을 채웠다].

우리는 이 시기에 나온 유대교 문헌 중 상당수가 이런저런 형태로 이 이야
기를 들려주고 있다는 것을 이미 살펴본 바 있다.

그러므로 중요한 것은 단순히 (샌더스의 범주들을 사용하면) "들어가는 것"
(계약의 지체가 되는 방법)과 "머무는 것"(계약의 지체를 유지하는 방법)이
아니다. 중요한 것은 이스라엘의 상징들이 위협 아래 놓였을 때 — 유대인이
라는 것이 무엇을 의미하는지에 관한 문제가 도처에서 제기되고 어느 곳에서
도 해결이 되지 않고 있을 때 — 이 위기의 때에 유대인으로 머무는 것이다;
또는 이것을 다른 식으로 표현하자면, 자기가 갑자기 외부에 있다는 것이 발
견될 위험성이 존재하는 때에 유대인으로 머무는 것 또는 자기 자신이 갑자기
배제되었다는 것을 안 후에 다시 돌아가는 것이다.[178] 바로 이것이 분파들이
처한 상황이었다. 이것이 우리가 주후 1세기의 팔레스타인에서 발견하는 바로
그 상황이었다.

이와 같은 때에 무엇보다도 중요시된 것은 올바른 상징들을 고수하는 일이
었다: 성전, 토라, 땅 같은 주류적인 상징들을 고수하는 일은 경쟁 집단들도
그렇게 마찬가지로 주장하고 있었기 때문에 한 걸음 더 나아가 자기가 올바른
집단의 지체라는 것을 보여 주는 상징들을 고수하는 것이 중요했다. 토라를
깨뜨리느니 차라리 순교자의 죽음을 죽는 사람들은 그들의 육신을 다시 돌려
받을 것이다(마카베오 가문의 순교자들이 이렇게 말했다).[179] 의의 교사를 "믿
는" 자들은 구원을 받을 것이다(에세네파의 일부가 이렇게 말했다).[180] 성전

---

178) cf. Harper 1988.

179) 2 Macc. 7, etc.

180) 신약성서 독자들에게 잘 알려져 있던(롬 1:17; 갈 3:11) 본문(합 2:4)을 해석

문에서 독수리 상을 철거해내는 자들은 영광스러운 부활을 기대할 수 있다(그들을 부추겼던 교사들이 말했다).[181] 므나헴을 따르는 자들은 전쟁에서 승리할 때에 신원을 받을 것이다(그의 시카리 당의 추종자들이 말했다).[182] 조상들의 전승에 따른, 토라에 대한 우리의 엄격한 해석을 따르는 자들은 참된 이스라엘 사람들로서 신원을 받을 것이다(랍비들과 그들이 선구자들이라는 몇몇 바리새파 사람들이 말했다).[183] 이러한 것이 실제로 주후 1세기의 구원론이었다. 그것은 추상적인 미덕의 조용한 실천이나 도덕과는 별 상관이 없었고, 위대한 날이 동터오기 전에 죽는 사람들(특히 싸움 속에서 순교자로 죽는 경우에)은 구원이 이르러서 성전이 회복되고 땅이 정화되며 이스라엘이 마침내 모든 원수들 위에 높아질 때에 그가 배제되지 않을 것이라는 확신이 필요했다는 점에서 사후의 삶과 관련이 있다.

이것은 결정적으로 중요한 신학적 조치가 행해질 수 있는 지점이었다. 다가올 시대가 마침내 도래하게 되면, 진정한 계약의 지체들인 자들은 신원될 것이다; 그러나 만약 그러한 진정한 계약의 지체임을 드러내 주는 표시와 상징들을 미리 알 수 있다면, 이러한 신원, 이러한 "칭의"는 이미 현재 시점에 존재한다고 할 수 있다. 현재에서 계약에 신실하다는 것은 장래에 계약상의 신원을 받을 것임을 알려 주는 표지가 된다; 그러한 현재에 있어서의 계약에 대한 신실성의 표지들은 집단들마다 다르지만, 어쨌든 적합한 표지들을 지닌 자들은 참 신이 그들에게 신실하셔서 곧 도래할 새로운 세상 속으로 그들을 안전하게 이끄시리라는 것을 확신할 수 있다. 여기서 다시 한 번 에세네파를 예로 들어보자. 택함 받은 자들과 함께 고난을 당하고 의의 교사에게 절대적으로 순종하며 그의 가르침에 머무는 것 — 이렇게 행하는 것은 그 사람이 당분간은 주변적인 상태에 있지만 장래에는 참 이스라엘로 신원 받게 될 집단에 속하였다는 현재적인 표지가 될 것이다. 계약의 신은 이 집단과의 계약을 갱신하였고, 그러므로 그들은 신의 계약에 대한 신실하심(체다카, "의")을 신뢰

하고 있는 1QpHab 8:1-3.

181) *War* 1:648-50.
182) cf. *War* 2:433-48.
183) mSanh. 10:1.

할 수 있고, 신이 현재에는 감추어져 있지만 그의 역사가 마침내 드러날 때에 그의 새로운 계약의 백성인 그들을 신원하고 그들에게 유리한 판결(미쉬파트, "칭의")을 내리시리라는 것을 신뢰할 수 있다:

> 나에 관한 한,
> 나를 의롭다 하시는 것은 하나님께 있다.
> 내 길의 완전함과 내 마음의 정직함은
> 주의 손에 있다.
> 주는 주의 의를 통해서
> 나의 죄과를 씻어 주실 것이다.
> 나를 의롭다 하심은
> 주의 의의 근원으로부터 오고
> 내 마음의 빛은
> 주의 기이한 신비들로부터 온다.
> 나에 관한 한
> 내가 넘어지면, 하나님의 긍휼하심이
> 나의 영원한 구원이 될 것이다.
> 내가 육신의 죄로 말미암아 비틀거리면
> 나를 의롭다 하시는 것은
> 영원히 지속될 하나님의 의로 말미암을 것이다.[184]

칭의는 미래적인 것(이스라엘의 신이 마침내 역사하실 때의 신원, "심판")인 동시에 현재적인 것이다. 이 둘은 모두 신의 계약에 대한 신실성에 달려 있다: 이 둘은 모두 예배자의 끊임없는 죄악됨에도 불구하고 성취될 것이다. 현재의 칭의는 감춰져 있고, 단지 분파 속에서의 유효한 지체의 지위를 유지하는 데 달려 있다. 장차 도래할 칭의는 공개적인 것으로서 이 분파의 승리 및 그 지체들이 이스라엘과 세상의 참된 통치자들로 세워지는 것을 통해서 이루어질 것이다.

---

184) 1QS 11:2-3, 5, 11-12.

그렇다면 이러한 영광스러운 운명을 물려받게 될 이 집단의 지체는 어떻게 되고 있고, 누가 미래의 신원이 비록 감춰져 있지만 현재에 예상될 수 있다고 믿을 수 있는가? 분명히 어떤 분파의 경우에는 그것은 선택의 문제였다. 에세네파는 독신을 고집하였기 때문에, 출생을 통해서 그 집단에 속할 수는 없었다. 그러나 쿰란 두루마리들은 이러한 선택이 그에 선행하는 신의 선택을 반영한다는 것을 아주 분명하게 가르친다. 이것은 성경의 통상적인 가르침의 자연스러운 연장이다. 신명기는 이스라엘이 특별했기 때문이 아니라 이 신이 이스라엘을 사랑했기 때문에 창조주 신의 백성이 되었다는 것을 아주 분명하게 말한다.[185] 에세네파는 자기들이 참 이스라엘이라고 믿었다; 그러므로 이스라엘에게 해당되는 말들은 모두 그들에게도 해당이 되었다. 그들은 이스라엘의 운명을 다가올 시대로 짊어지고 가기 위하여 선택된 택함 받은 자들이었다.[186] 유대교 내의 그 어떤 집단이나 분파도 이와 다르게 생각했을 것이라고 전제할 이유가 전혀 없다.

그러므로 구원은 새로운 세상, 피조물의 갱신에 관한 문제였다. 이 안에서 이스라엘의 신은 이스라엘 민족 내의 일부를 새로운 이스라엘, 신의 목적을 이루기 위한 선봉대로 부르실 것이다. 또한 그 속에서 이 새로워진 백성은 창조주 신의 계약에 대한 신실하심에 대한 응답으로서 인간의 몸의 갱신, 즉 부활로 끝이 나게 될 계약에 대한 신실함 속에서 살아갈 거룩하고 순결하고 새로워진 인류가 될 것이다. 이 신이 역사할 때, 오직 그의 은혜로 말미암아 이 집단에 속하게 된 자들은 구원을 받고, 그들이 내내 주장해 왔던 신의 참된 백성으로서 신원을 받게 될 것이다. 그날이 오기 전에 먼저 죽은 자들은 그러한 구원에 동참하기 위하여 부활하게 될 것이다. 그러므로 우리는 이스라엘의 미래에 대한 소망 전체, 특히 부활의 약속이라는 맥락 속에서 제2성전 시대 유대교의 구원론이 지니는 본질적으로 단순한 방향성을 이해할 수 있다. 칭의와 구원에 관한 교리들은 우리가 이제까지 내내 유대인들의 근본적인 세계관을 규명하기 위하여 살펴보았던 이야기에 속한다.

---

185) 신 7:7f., etc.

186) 쿰란 두루마리들에 나오는 선택 사상에 대해서는 Vermes 1987 (1962), 41-6 등을 보라.

7. 맺는 말: 주후 1세기의 유대교

나는 이 장에서 주전 1세기와 주후 1세기에 유대인들이 다양한 형태로 품고 있었던 소망을 이해하는 한 가지 특정한 방법을 논증해 왔다. 이로써 우리가 제3부에서 수행한, 제2성전 시대 유대교의 역사, 세계관, 신념체계에 대한 연구가 끝이 났다. 어떤 사람들은 나의 주장의 이런저런 측면에 도전하고자 하겠지만, 내가 제시한 내용의 대부분은 논란을 불러일으킬 소지가 없는 것들이다. 만약 논란이 생긴다면, 사실 그것은 유대교 자체와 관련해서가 아니라 이러한 재구성이 초기 기독교를 해석하는 데 미치는 결과 때문일 것이다.

나는 무엇보다도 이 시기와 관련하여 "유대교들"이라고 말하는 것을 정당화해 주는 강조점, 실천, 문헌의 광범위한 다양성에도 불구하고 우리는 당시의 대다수의 유대인들이 공유하고 있었던 "주류"로 생각될 수 있는 세계관과 신념체계의 개요를 추적할 수 있다는 것을 보여 주고자 하였다. 역사로부터 시작해서 우리는 그 역사를 직접 살아낸 유대인들이 한 이야기들, 그러한 이야기들을 한 사람들에게 공통적이었던 상징들, 그러한 상징들과 보조를 같이 했던 실천으로 옮겨갔다. 이러한 것 및 우리가 지니고 있는 문헌에 의거해서 우리는 주후 1세기의 유대인들의 기본적인 신념체계를 살펴보았고, 특히 그들이 품었던 소망, 즉 상징, 이야기, 신념을 통합하여 그것을 예배, 기도, 행동으로 변화시켰던 소망을 살펴보았다. 설명을 위한 원은 이제 완성되었다. 우리가 이 소망을 발견한 것은 바로 이 역사 속에서였다: 이 역사가 그러한 모습을 지니게 된 것은 바로 이 소망 때문이었다.

요단 광야에 한 선지자가 나타나서 백성들에게 회개하고 "죄 사함"을 위한 세례를 받으라고 외치면서 그들에게 이스라엘은 곧 격렬한 심판을 받게 되고 그 가운데에서 아브라함의 새로운 백성이 만들어질 것이라고 경고했던 것은 바로 이러한 소망을 품고 긴장과 열망이 뒤범벅이 된 상태 속에서 살아갔던 한 백성들을 향해서였다. 또한 또 다른 선지자가 나타나 갈릴리의 여러 마을들에서 이제 마침내 이스라엘의 신이 왕이 되시려고 한다는 것을 외친 것도 바로 이 백성들을 향해서였다. 우리는 그 다음에 일어난 일에 대하여 의외라고 생각해서는 안 된다.

제 4 부

기독교 제1세기

제 11 장

게리그마적인 교회에 대한 탐구

1. 들어가는 말

우리는 제2성전 시대 유대교에 관한 역사보다 주후 30-135년 사이의 교회의 역사에 관하여 훨씬 더 아는 것이 없다. 그런데도 우리는 이러한 엄연한 사실을 제대로 직시하지 못하는 경우가 많다고 나는 생각한다. 초대 교회에 관해서는 요세푸스의 글과 같은 것이 존재하지 않는다. 우리에게 도움을 주는 것이라고는 고작해야 극소수의 고고학적 발견물들이 전부이다. 우리가 가지고 있는 자료들은 유대교 자료들과 비교할 때에 작은 분량이라 할 수 있다: 헬라어 신약성서를 서가에서 외경, 위경, 미쉬나, 쿰란 두루마리들 옆에 놓으면 아주 왜소해 보이고, 거기에다가 이른바 사도적 교부들의 저작들을 덧붙여 놓는다고 하여도 그 분량은 그리 크지 않다. 우리가 사도행전에 최고의 역사적 가치를 부여할 수 있다고 할지라도, 사도행전이 밝은 빛으로 조명해 주는 몇몇 분야들로 말미암아 다른 분야들의 깜깜한 어둠이 더욱 강조될 뿐이다. 탈무드가 주후 70년 이전의 유대교와 관련하여 흥미와 문제점들이 가득 차 있는 내용들을 담고 있는 것과 마찬가지로, 주후 300년대 초에 매우 유명한 초대 교회사를 썼던 유세비우스(Eusebius)의 글은 기독교의 첫 세대와 관련하여 흥미와 문제점들이 가득한 책이라고 할 수 있다.[1]

그렇지만 바로 이 제1세대에서 기독교가 그 이후로 나아가야 했던 방향을

---

1) 초기 기독교의 역사를 서술하는 것과 관련된 문제점들에 대해서는 Hengel 1979, ch. 1을 보라. 유세비우스는 이전의 자료들, 특히 Hegesippus(주후 2세기 중엽에서 말엽 ; cf. Quasten 1950, 284-7)에 나오는 몇몇 저작들을 자신의 글 속에서 통합시킨다.

결정한 중요한 조치들이 행해졌다. 이것이 그토록 많은 학자들이 그동안 우리의 접근을 막아왔던 것, 즉 예수와 순교자 저스틴 또는 바울과 폴리캅 사이에 이루어진 기독교 운동의 발전사를 밝혀내려고 그토록 오랫동안 심혈을 기울여 온 이유였음이 분명하다. 이러한 시도의 상당수는 유대교의 역사를 서술하려는 시도들과는 달리 도저히 인정받을 수 없는 단순한 사변에 그치고 만다. 그러한 시도들은 재신화화, 즉 현재의 특정한 관점을 밑받침해 줄 과거에 관한 이야기들을 만들어 내는 것이었다. 사실 우리 세대에는, 알버트 슈바이처가 19세기에 역사적 예수에 대한 탐구를 행하면서 그때까지 논의되어 왔던 것을 서술하면서 그것이 판타지로서의 성격을 지니고 있다는 것을 드러낸 후에 도발적인 새로운 명제를 제시했던 것과 마찬가지로, 케리그마적인 교회에 대한 탐구를 수행할 절실한 필요성이 존재한다. 이러한 프로젝트는 슈바이처의 프로젝트와 직접적인 유사성을 지닌다고 할 수 있다: 예수에 대한 "연구"가 19세기의 신약학의 가장 두드러진 특징들 중의 하나였던 것과 마찬가지로, 초대교회에 관한 "연구"는 20세기의 신약학의 가장 두드러진 특징들 가운데 하나였다.

이렇게 자료가 희박한 분야를 집중적으로 탐구하고자 하는 이유는 슈바이처에게로 거슬러 올라가서 찾아볼 수 있다. 일단 그가 예수에 대한 과거의 자유주의적인 묘사들을 집어 던진 후에 예수를 묵시문학의 한 주인공으로 기묘하게 (니체 식으로?) 묘사하는 데 매달렸다고 한다면, 우리가 어쨌든 오늘날의 기독교에 대하여 규범으로서의 지위를 지니는 것으로 신약성서를 읽고자 할 때에 어디로 눈을 돌릴 수 있겠는가? 그것은 오직 초대 교회로 눈을 돌릴 수밖에 없었던 것으로 보인다. 그래서 불트만은 원시적인 케리그마 공동체에 주목하였고, 거기에서 현대의 그리스도인들을 위한 모형이자 영감의 역할을 할 수 있는 생동감 있는 신앙을 찾았다. 그 이후의 학자들의 대다수도 이런저런 방식으로 불트만이 제시한 과제를 추구하여 왔다 — 물론 항상 불트만과 같은 결과를 산출해낸 것은 아니었지만. 이것은 아이러니컬하다; 앞으로 보게 되겠지만, 사실 우리는 초대 교회보다는 예수에 대해서 훨씬 더 많은 것을 알 수 있기 때문이다.

그 흔적이 거의 아무것도 남아 있지 않은 것에 대한 연구를 직접적으로 하기가 어려운 경우에는 그러한 연구에 참여하는 자들이 몇 가지 규약들, 즉 행성 주변을 도는 달과 같이 그러한 연구가 집중할 수 있는 몇몇 "고정된" 거점(據點)들에 동의할 수 있다면, 그러한 연구는 더 수월해질 수 있다. 이러한 고정된, 그렇지만 사실은 확정되어 있지 않은 거점들 중에서 첫 번째이자 가장 잘 알려져 있는 것은 유대교와 헬레니즘 간의 투쟁 속에서 찾아졌다. 학자들은 이것을 초대 교회에 투영하여 이른바 "유대 기독교"와 "헬레니즘적 기독교"라는 것을 만들어 내었다.[2] 주후 1세기에는 어쨌든 이러한 두 가지 문화공간을 구별한다는 것이 어려웠다는 사실, 유대교와 헬레니즘은 그러한 분류를 소용없게 만들 정도로 각각 매우 다양한 형태를 띠고 있었다는 사실, 거의 모든 제1세대 기독교는 어떤 의미에서 "유대적"이었다는 사실, 예수가 십자가에 못 박히고 난 후 20년 이내에 이미 활동했다는 것을 우리가 분명하게 알고 있는 한 기독교 저술가는 "유대인도 헬라인도 없고 너희는 모두 그리스도 예수 안에서 하나니라"와 같은 말들을 했다고 하는 사실[3] 등은 별로 고려되지 않았다. 그러한 경고표지들을 무시한 기본적인 범주 설정은 성공적인 연구를 위한 가능성들을 제공해 줄 수 없다. 그 행성은 내내 블랙홀이었다는 것이 드러나게 될 것이다.

우리가 초기 그리스도인들의 기대를 연구함으로써 두 번째 고정된 거점을 획득하고자 한다면, 앞에서 말한 것과 비슷한 점에 우리는 봉착하게 될 것이다(우리가 몇몇 학자들의 확신 있는 어조로부터 그러한 것을 반드시 추측해낼 수는 없다고 할지라도). 금세기에 상당수의 학자들은 가장 초기의 대부분의 유대 그리스도인들은 시간과 공간으로 이루어진 우주가 곧 종말을 맞을 것이라는 확신에 가득 차 있었고, 기독교의 발전은 바로 이러한 기대가 시들면서 이루어졌다는 견해를 피력해 왔다.[4] 이와 동일한 이야기의 또 다른 판본은 초기 기독교의 일부 분파들은 이러한 종말 기대에 관심을 갖지 않았고, 마가복음 또는 그 밖의 다른 어떤 문서는 세상의 임박한 종말에 관한 사상을 전혀

---

2) 이러한 노선의 선구자는 19세기 중엽에 활동했던 F. C. Baur였다. Baur 1878-9 [1860]와 Kümmel 1972, ch. 4; Neill and Wright 1988, 20-31에 나오는 논의들을 보라.

3) 갈 3:28.

4) 좋은 예들로는 Käsemann 1969 [1965], chs. 4-5; Conzelmann 1973, 15, 18 등이 있다.

몰랐거나, 그러한 것을 적어도 핵심적인 것으로 삼고 있지 않았던 전승 속에 다시 도입했다는 것이다.[5] 그러나 둘 중의 어느 견해이든, 그리고 또한 이러한 주제에 대한 많은 가능한 변형들에는 두 가지 큰 문제점이 존재한다. 첫째, 가설적인 실체인 "묵시론적 기독교"를 그런 식으로 재구성하는 데 사용된 엄청난 양의 증거들은, 앞으로 보게 되겠지만, 다니엘 7장과 같은 구절들의 개작들로 이루어져 있고, 우리가 제3부에서 이미 잘못되었다는 것을 입증한 바 있는 그러한 본문 읽기에 의존하고 있다. 둘째, 장차 대역전극이 일어나고 예수가 심판자로 다시 오실 것이라는 기대는 당황함을 보이거나 서둘러서 예언들을 개작함이 없이 주후 2세기와 그 이후에도 여전히 수그러들지 않고 지속되었다는 것은 분명히 사실이다. 온갖 종류의 고발들은 호교론자들에 의해서 반박되었고, 예수가 부활 사건 이후에 한 세대 내에 다시 오지 않은 것에 의해서 기독교가 위기에 빠지거나 그 성격을 바꾸었다는 말도 어처구니없는 소리이다. 초기 기독교 내에서 종말론의 본질과 위치에 대한 전면적인 재평가가 요구되는 것 같다.

고정된 거점을 마련하고자 한 세 번째 시도는 나그 함마디(Nag Hammadi) 문서에 포함된 영지주의 전승들의 발생 시기를 초기로 보는 학자들에 의해서 수행되어 왔다.[6] 초기 기독교의 다른 모든 것들과 마찬가지로 이러한 주장은 실제로 가능하고, 만약 사실이라면, 초기 기독교 전체에 대한 우리의 인식에 결정적인 영향을 미치게 될 것이다. 그러나 모든 가능한 역사적 명제들에서 결정적으로 중요한 문제는 그것이 단순히 있을 수 있는 일인가, 아니면 상당한 개연성을 지닌 일인가 하는 것이다. 우리는 제14장에서 영지주의의 어떤 형태가 적어도 주후 2세기 초까지는 기독교의 중요한 일부로 존재했다는 주장에 의문을 제기할 상당한 근거가 있다는 것을 보게 될 것이다.

---

5) 아래 제14장을 참조하라.

6) 아래의 서술을 보라. 불트만의 입장(예를 들어, 1956)을 반영하고 있는 이러한 주장은 오늘날 Koester 1982b, 1990; Mack 1988; Crossan 1991에 의해서 제기되고 있다. 이러한 입장의 해석학적 의도는 Koester가 평소에 무표정한 가면을 잠시 벗는 드문 순간들을 통해서 드러난다: 그의 진정한 영웅들은 Valentinus, 마르키온, 몇 가지 점에서는 Ignatius (1982b, 233, 328-34, 279-87)인 것으로 보인다.

이러한 것들에 흥미를 지니고 있는 사람들을 위해서 우리는 이 단계에서 여러 가지 다른 다양한 접근방법들을 취해온 학자들을 간단하게 열거해 보고자 한다. 먼저 바우어(Baur)에 의해서 시작된 흐름이 있다. 유대 기독교와 헬레니즘적 기독교라는 그의 구별과 이 둘 간의 긴장이 "초기 가톨릭 사상"을 통해서 해소되었다는 그의 (헤겔적인) 주장은 아돌프 하르낙, 알버트 슈바이처, 루돌프 불트만, 에른스트 케제만, 한스 콘첼만, 가장 최근에는 헬무트 쾨스터(Helmut Koester)에 의해서 여러 가지 다른 방식으로 유지되어 왔다.[7] 이러한 흐름 가운데에서 기독교가 유대교로부터 나와서 헬레니즘으로 옮겨간 것(영지주의를 통합한 것을 포함한)은 긍정적이고 꼭 필요했던 조치로서 이미 바울에 의해서 행해졌고 그 뒤에 그를 지지하던 자들에 의해서 다시 회복되었다는 사상은 불트만의 프로그램 전체에 내재해 있는 개념으로서 콘첼만, 케제만(슈바이처의 주장의 상당 부분을 그의 종합 속에 통합하고자 애썼던), 쾨스터(매혹적이긴 하지만 매우 편향적인 지리적 도식을 제시하고 있는)에 의해서 다양하게 추종되었고, 최근에는 맥(Mack)과 크로산(Crossan)에 의해서 활용되었다. 전체적으로 하나로 묶어 볼 수 있는 이러한 저술가들은 초기 기독교의 핵심을 오직 주변적으로만 유대적이었던 것으로 본다. 초기 기독교의 주류는 헬레니즘 세계, 견유학파의 가르침의 세계, 초기 영지주의의 세계, 많은 민족이 공유하고 있던 지혜 전승들의 세계와 닿아 있었다는 것이다. 신의 나라에 관한 유대인들의 기대는 초기 기독교의 몇몇 표현에 기여하긴 했지만, 그 실질적인 내용은 전혀 다른 질서에 속한다는 것이다.

깔끔한 인종 구분과 연대기를 갖춘 이러한 사고 도식 전체는 기분 좋은 단순성도 지니고 있다. 하지만 최근에 이러한 결과들은 관련 자료들을 희생시키고 얻은 것임이 분명해졌다. 그러한 사고 도식은 유대 영지주의, 이교 묵시사상, 또는 가장 초기의 자료층에서 엿보이는 "초기 가톨릭 사상"의 표지들(전승의 전수를 고집하는 태도 등과 같은)같이 점점 더 뚜렷하게 드러나고 있는 현상들을 담아 낼 수 없다.[8] 이런 이유로 슈바이처는 금세기 초에 이러한 명

7) Baur 1878-9 [1860]; Harnack 1957 [1900]; Schweitzer 1925 [1901], 1968a; Bultmann 1956; Käsemann 1964, 1969; Conzelmann 1973; Koester 1982b (이 마지막 저작은 불트만을 기리며 그에게 헌정되고 있다).

제 전체에 반기를 들었고, 이러한 반기는 케제만(그러나 그는 유대 묵시문학
적 배경에 대한 슈바이처의 강력한 주장을 본질적으로 바우어와 불트만 이후
에 속하는 그의 도식에 통합하였다)에 의해서 부분적으로 계승되었다가 결국
1940년대에 일어난 종교사 연구라는 대격변으로 열매를 맺었다.[9]

이러한 변화는 우리를 스펙트럼의 다른 쪽 끝, 즉 초기 기독교를 이 시기의
다른 유대교 분파들과 별로 다르지 않은 단순한 유대교의 한 분파로 이해했던
저술가들에게로 데려다 준다. 이러한 새로운 관점은 1947-8년에 사해 두루마
리들이 발견된 것에 어느 정도 기인하는 것이긴 하지만, 제2차 세계대전 이후
에 유대교에 대한 전반적인 태도 변화가 더 큰 영향을 미쳤다.[10] 상황이 돌변
하여, 유대 자료들은 훌륭하고 순수하고 초기의 것이며 "성경적"이라고 평가
되었고, 헬레니즘적 자료들은 훼손되고 왜곡되고 후대의 것이며 비 "성경적"
이라고 평가되었다. 이런 식으로 자료들이 재평가되면서 이 시기를 새롭게 해
석하려는 경향이 급속도로 널리 퍼졌다. 과거에 자신 있게 "헬레니즘적"이라
고 분류되었던 현상들이 돌연히 "랍비적"이라고 재분류되었다. 외경과 위경들
은 재편집되고 다시 해독되어서 초기 기독교의 진정한 성격을 밝혀 줄, 전에
는 알아차리지 못했던 수많은 단서들을 포함하고 있다는 것이 발견되었다. 전
쟁 전 시기의 아돌프 슐라터(Adolf Schlatter), 전후 시대의 데이비스(W. D.
Davies)와 예레미아스(Jeremias), 좀 더 최근에는 헹엘(Hengel)과 로울랜드
(Rowland) 같은 학자들은 초기 기독교를 아브라함, 이삭, 야곱의 신이 이제
유대적 메시야인 예수 안에서 온 세상을 구원하기 위하여 스스로를 계시하셨
다는 소식을 듣고 세상 속으로 나아간 유대교의 메시야 운동 분파로 보아야
한다고 강력하게 주장하고 나섰다.[11] 이러한 사고의 흐름이 지난 40년 동안
상당수의 연구를 지배해 왔다. 최근에 미국에서 쾨스터, 크로산 등의 학자들의
연구가 이루어지기 전까지 저울의 추는 헬레니즘적, 견유학파적, 영지주의적

---

8) 후자에 대해서는 Bultmann(1967, 283)이 자료를 올바로 다루는 것보다 오히려
단순성에 초점을 맞춰서 후대의 난외주(欄外註)로 보고 삭제했던 로마서 6:17을 보라.

9) Baur의 도식에 맞선 또 한 사람의 학자는 J. Munck(1959 [1954])였다.

10) Neill and Wright 1988, 369f.; 위의 서술을 보라.

11) Schlatter 1955 [1926]; Davies 1980 [1948], 1964; Jeremias 1971; Hengel
1976, 1979, 1983; Rowland 1985; Meyer 1986을 보라.

이론들을 떠나서 그러한 새로운 추세에 결정적으로 유리한 방향으로 이미 기
울었다고 학자들은 말할 수 있었다. 그러나 이제 이 분야는 또다시 더 활짝
열려 있게 되었고, 재평가할 때가 무르익었다. 이제 많은 학자들은 기독교의
기원을 서술하는 데에 주된 문제점은 기독교라는 새로운 운동이 철저히 유대
적인 성격을 띠었다는 것과 적어도 주후 2세기 중엽에 발생한 유대교와의 단
절, 이 두 현상을 충분히 설명하는 데 있다는 견해에 동의하고 있다.[12]

이 두 가지 극단적인 입장들 사이에서 몇몇 학자들은 여러 다양한 집단들
의 사회학적 및 문화적 위치를 규명하는 것으로 만족해 왔다. 초기 바울의 교
회들에 관한 믹스(W. A. Meeks), 타이센(Theissen), 맬허브(A. J. Malherbe)
의 연구들과 초기 예수 운동에 대한 타이센의 연구는 폭넓은 일반화를 통해서
얻을 수 있는 것보다 훨씬 더 날카롭고 더 세밀한 읽기들을 일구어 내었다:
또한 초기 예루살렘 공동체에 대한 헹엘(M. Hengel), 마이어(B. F. Meyer),
힐(C. C. Hill)의 연구들도 마찬가지였다.[13] 그러나 유대교, 예수, 바울에 대한
연구에서 최근에 일어난 혁명들은 아직 유대교와 복잡한 관계 속에 있으면서
예수에 관한 이야기를 말했고 바울과는 애증의 관계를 유지했던 것으로 보이
는 초기 기독교 운동들에 관한 연구로 완전히 스며들지 않았다는 것은 여전히
사실이다. 그러므로 제2부에서 자세하게 설명한 방법론들을 사용하고 제3부
에서 수행한 유대교에 대한 읽기를 염두에 두는 가운데 이루어지는 증거들에
대한 새로운 연구는 이 분야 전체에 새로운 빛을 비춰 줄 수 있다고 생각하는
것은 극히 당연한 일이다.

2. 과제들과 방법론들

초기 기독교의 역사에 대한 재구성은 통일적인 틀 내에 있는 자료들을 제
대로 그 의미를 밝히려는 시도를 해야 한다. 그러한 재구성은 헬라-로마 세계
내에서의 유대교, 그러한 복잡한 세계와 밀접하게 결부되어 있는 세례 요한과
예수, 그러한 세계 속에서 시작하여 신속하게 고대 말기의 비유대적인 세계

---

12) 최근의 것으로는 Dunn 1991을 보라.

13) Meeks 1983 ; Theissen 1978, 1982, 1991 ; Malherbe 1983 [1977] ; Hengel 1979,
1983 ; Meyer 1986 ; Hill 1992.

속으로 옮겨간 초대 교회로 이루어진 역사적 그림조각을 통합하지 않으면 안된다. 또한 그러한 재구성은 바울과 그 밖의 다른 신약성서 기자들뿐만 아니라 이그나티우스, 저스틴, 폴리캅 같은 인물들이 제자리를 찾을 수 있는 맥락을 창출해내지 않으면 안 된다. 또한 그러한 재구성은 이러한 그림조각 속에 남겨진 공백들에 주의를 기울여야 하지만, 그 공백들을 우리가 실제로 소유하고 있는 조각들을 왜곡시키는 내용으로 채워 넣으려 해서는 안 된다.

그러므로 모든 역사적 과제가 그러하듯이, 우리는 자료들을 제대로 다루지 않으면 안 된다. 이것은 기본적으로 신약성서, 초기 교부 시대의 문헌들("전통"이든 아니든), 초기 기독교에 대한 이교 및 유대교의 언급들을 의미한다. 이러한 자료들 중에서 그 저작 연대를 명확하게 규명할 수 있는 것은 극히 드물기 때문에, 비중 있는 학문적 저작들이 어떤 것들은 신약성서 전체의 저작 연대를 주후 70년 이전으로 잡는 것도 있고, 마찬가지로 몇몇 영지주의적 전승들을 이른 시기의 것으로 보고 신약성서의 많은 부분을 상당히 후대의 것으로 보는 것도 여전히 가능하다.[14] 그러므로 고대의 역사에서 흔히 그러하듯이, 우리에게 먼저 필요한 것은 자료들을 제대로 다루면서 적절한 단순성과 분명한 흐름을 갖추고 자신의 분야를 넘어서서 다른 분야들도 조명해 줄 수 있는 창의적인(상상에 의한 것이 아니라) 가설이다. 모든 진지한 역사가 그러하듯이, 우리는 단순한 연대기가 아니라 사건들의 "이면"을 밝히는 것이 목적이다: 관련된 주체들의 목표들, 의도들, 궁극적으로는 세계관들.[15] 현재는 서로 경쟁하는 여러 가설들이 존재하고, 이것이 신약학이 그토록 혼란스러운 상태에 있게 된 이유이다. 그러므로 아울러 요구되는 것은 여러 가설들을 놓고 지혜롭게 판단하는 일이다.

그러한 가설들이 해야 하는 주된 일들 중의 하나는 초기 기독교 내의 여러 집단들을 정의하고 그 발전 과정을 추적하는 일이다. 우리의 가장 초기의 자료들은 기독교라는 새로운 운동 내에 상당히 다양한 집단들이 존재했다는 것을 아주 분명하게 보여 준다. 이러한 모습은 이 자료들이 역사성을 지니고 있

---

14) 전자에 대해서는 Robinson 1976을 보고, Wenham 1991과 비교하라: 후자에 대해서는Koester 1982b: Crossan 1991, esp. 427-34를 보라.

15) 위의 제4장을 보라: 그리고 cp. Meyer 1986, 23-35.

다는 것을 보여 주는 중요한 단서가 된다. 왜냐하면 분열의 모습을 일부러 만들어 내었을 가능성은 없기 때문이다 — 물론 후대의 작가가 과거의 분열상을 기록하면서 그러한 분열상에 대한 시대착오적인 이해를 과거로 투영했을 가능성은 있긴 하지만. 이와 동시에 이러한 자료들은 초기 기독교의 사회적 · 문화적 배경을 진지하게 읽을 수 있는 길을 제공해 준다. 왜냐하면 비록 "순수하게" 신학적인 견지에서 표현되어 있다고 할지라도 종교 운동 내에서의 여러 분파들은 보통 다른 차원들에서의 문제들을 반영하고 있기 때문이다. 바로 이것이 초대 교회 내에서 "유대 기독교," "이방 기독교," "묵시론적 기독교," "초기 가톨릭 사상"을 "발견해낸" 근거이기도 하다.[16]

   이러한 역사적 재구성의 작업에서 가장 우선적으로 해야 할 일은 관련 주제를 위치시킬 더욱 폭넓은 역사에 관한 매개 변수들을 확정하는 일이다. 그러므로 지난 200년 동안에 이 작업에 헌신해 왔던 학자들이 이 시기의 유대인들의 역사에 주의를 거의 기울이지 않았다는 것은 이상한 일이다. 로마에서 네로 황제에 의한 핍박보다 초기 기독교 전체와 관련하여 훨씬 더 중요한 사건이었던 예루살렘의 멸망조차도 당연한 것으로 여겨졌을 뿐이고 실제로 논의된 적은 매우 드물었다. 최근에 와서 얌니아의 랍비들에게 집중적인 조명이 이루어지면서, 그들이 회당으로부터 유대 그리스도인들을 축출하기 위하여 반기독교적인 기도문을 공포하였을 가능성이 논의되어 왔다: 그러나 제6장에서 살펴보았듯이, 그러한 주장은 실제 역사 속에서 학자들이 흔히 생각하는 것보다 훨씬 덜 안전한 토대를 갖고 있다.[17] 우리는 관련 시기에 초기 기독교에 영향을 미친 비유대 세계에서 일어난 사건들에 대하여 상대적으로 거의 알지 못하기 때문에, 이러한 과제를 유대인들의 역사 속에 위치시키지 못하고 있는 현실은, 오스틴 파러(Austin Farrer)가 신약성서의 여러 문서들의 저작 연대에 관하여 말했듯이, 수많은 가설들이 서로 팔짱을 낀 술 취한 주정뱅이들의 행렬과 같이 각각의 그림조각이 그 인접한 그림조각들에 의해서만 지탱될 뿐 어떤 확고한 버팀목이 없어서 이리 쏠리고 저리 쏠릴 수 있다는 것을 의미하였다.[18] 그러므로 이 주제를 자세하게 다루기 전에 우리가 먼저 해야 할 일은

---

16) 예를 들면, Dunn 1977, chs. 11-14을 보라.
17) 본서 pp. 270-278을 보라.

적어도 몇몇 확고한 기둥들을 그 길에 설치하는 것이다.

3. 거점들: 역사와 지리

그러면 우리가 작업할 때에 사용해야 할 확고한 거점들은 어디에 있는가? 그리고 만약 그러한 거점들이 있다고 한다면, 우리는 어떻게 해야 초기 기독교의 행로를 정확히 그려내고 이해할 수 있는가?

이러한 연구를 위한 외적인 연대의 상하한선은 흥미롭게도 한 쌍의 대조를 이루는 두 사건에 의거해서 설정될 수 있다. 시작점은 물론 주후 30년경으로 추정되는 예수의 십자가 처형 사건이다.[19] 그리고 끝점은 그로부터 125년쯤 후에 소아시아의 서머나라는 아름다운 항구에서 한 감독이 화형당한 사건이다.

십자가 사건은 기독교 운동의 연대기적·(온전한 의미에서) 역사적 출발점일 뿐만 아니라 실제로 그 주요한 거점들의 대부분의 기조(基調)를 설정하는 역할도 한다. 그러나 앞에서 보았듯이, 이로 인해서 생겨난 운동의 초창기 몇 년은 확고한 역사적 토대를 발견하고자 하는 자들에게 악명 높은 문제점들을 선사한다. 그러므로 우리는 당분간 그 초창기 시절을 한쪽으로 밀어놓고 끝에서부터 시작하여 조심스럽게 초창기 시절로 거슬러 올라가는 것이 좋을 것이다. 예수의 십자가 사건을 제외하고 우리가 살펴보아야 할 증거들은 아홉 가지이다.

기독교의 첫 백년이 끝난 후 얼마 안 지나서 아주 놀라운 사건이 일어났는데, 그 사건에 대한 가장 초기의 기록을 인용해 볼 가치가 있는 그런 사건이었다:

> 폴리캅이 붙잡혔다는 소식을 들은 사람들 사이에서 큰 소동이 일어났다. 폴리캅이 총독 앞으로 끌려갔을 때, 총독이 그에게 폴리캅이냐고 물었다. 폴리캅이 그렇다고 하자 총독은 "당신 나이를 생각하시오" 등등이라고 말하며, 그에게 [그의 기독교 신앙을] 부인하라고 설득하였다. 총독은

---

18) Farrer 1964, 37 (Robinson 1976, 343에서 재인용).

19) cf. 예를 들면, Bruce 1969, 188.

늘 그렇듯이 "가이사의 수호신을 두고 맹세하고, 회개하고, 무신론자들은 물러가라고 말하라"고 요구했다: 그러나 폴리캅은 엄숙한 얼굴로 그 검투장에 있던 무법한 이교도들의 모든 무리들을 쏘아보고 그들에게 손을 흔든 후에 하늘을 우러러 보고 신음하듯 "무신론자들이여 물러가라"고 외쳤다. 그러나 총독이 그를 압박하며 "맹세를 하면, 내가 너를 방면하리라. 그리스도를 욕하라"고 말하자, 폴리캅은 "86년 동안 나는 그분의 종이었고, 그는 내게 아무런 잘못도 하지 않았는데, 내가 어찌 나를 구원하신 나의 왕을 욕할 수 있겠느냐?"라고 말했다.[20]

서머나(오늘날의 이즈미르)의 감독이었던 폴리캅의 순교는 주후 155/6년경에 일어났다.[21] 이 기사는 후대에 성인 전기를 쓰면서 어느 정도의 미화된 경건을 반영하고 있기는 하지만, 초기 기독교의 몇몇 핵심적인 특징들을 분명하게 증언해 주는 흥미로운 몇 가지 점들을 우리에게 뚜렷하게 보여 준다.

첫째, 그리스도인들에 대한 재판과 처형이 당시에 이미 일상적인 일이 되어 버렸다는 것이 분명하게 나타난다. 특정한 재판절차가 확정되어 있었고, 그리스도인들이 형벌을 면하기 위해서 해야 하는 몇 가지 일들이 정해져 있었으며, 기독교가 무엇이냐에 관한 몇몇 확고한 전제들이 존재해 있었다. 우리는 트라야누스에게 플리니우스가 보낸 편지에서 이러한 재판절차의 초기 형태들을 추적할 수 있다(아래를 보라); 주후 2세기 중엽에 이러한 일들은 이미 일상적인 것이 되어 있었다. 특히 그리스도인들은 체제를 전복시키려는 집단의 구성원들로 여겨졌다. 그들은 통상적인 이교의 신들을 믿지 않았고, 따라서 종종 유대인들을 겨냥하여 언급했던 무신론이라는 비난을 불러 일으켰다.[22] 특

---

20) *Mart. Pol.* 9:1-3.

21) Lightfoot 등을 따르고 있는 Schoedel 1989, 467. Koester 1982b, 281, 306은 유세비우스가 이 사건을 주후 167년, 즉 마르쿠스 아우렐리우스(Marcus Aurelius)의 치세(161-80) 때에 일어난 것으로 보고 있다는 것을 근거로 주후 161년 이후의 연대를 선호한다. 폴리캅에 대해서는 Tugwell 1989, ch. 7을 보라.

22) 위의 제6장을 보라. Justin은 *1 Apol.* 5f.에서 이러한 고소를 상세하게 다룬다. 또한 Tertullian *Apol.* 10-17; Lucian *Alexander* 25(이것은 Moule 1982 [1962], 45의 도움을 받은 것이다)를 참조하라.

히 그들은 가이사에 대한 충성 맹세를 거부하였고, 그의 "수호신"을 두고 맹세하기를 거절하였다.[23] 그리스도는 황제와 맞먹는 왕, 즉 그에게 충성을 맹세하면 황제의 왕권을 인정할 여지를 남기지 않는 왕으로 여겨졌다. 폴리캅(또는 그의 전기 작가)이 충성을 맹세했던 기독교는 유대교에 뿌리를 박고 있었음은 이미 분명하다. 기독교를 이교 사상과 결정적으로 구별시키는 사상이었던 최고의 왕으로서의 그리스도라는 사상은 모종의 메시야 신앙에 토대를 두고 있지 않았다면 필연적인 적대적 태도에 직면해서 거의 시작될 수 없었을 것이다. 마찬가지로 기독교는 이 특정한 왕, 곧 그리스도에 대한 충성 맹세를 통해서 유대교와도 구별이 되었는데, 이 점은 위에서 인용한 대목 다음에 서머나의 유대인들이 이교도들과 합세하여 폴리캅을 죽일 것을 요구하였다는 점에서 분명하게 드러난다.[24] 그리스도에 대한 그의 신앙고백, 그리고 그가 그리스도를 부인하기를 거부하고 가이사에 대한 충성 맹세를 거부한 일, 자신의 기독교 신앙을 당시의 지배적인 신념체계에 기꺼이 부합시킬 준비가 되어 있다는 것을 의미하는 상징적인 희생제사 드리기를 거부한 일[25] — 이 모든 것들은 한편으로는 이교 사상, 다른 한편으로는 유대교의 주요한 문화적 상징들과 실천이 기독교에서는 전체적으로 새로운 것으로 바뀌었음을 보여 준다.

또한 폴리캅은 그의 매우 유명한 말 속에서 자기가 86년 동안 그리스도에게 충성하였다고 말한다. 대부분의 주석가들은 이 말이 정확하고, 따라서 그가 기독교 가정에서 태어나 유아세례를 받았다는 것을 의미하는 것으로 보는데, 그렇다면 폴리캅은 주후 69-70년에 소아시아 지방에서 이미 기독교 가정을 이루고 있던 가문에서 태어났다는 말이 된다. 그러므로 우리는 예수가 십자가에 못 박힌 후 40년이 채 되지 않아서 서머나에 이교의 신들을 부정하고 왕적인 인물인 예수에게 충성을 맹세한 기독교회가 비록 소규모이긴 했겠지만 존재하고 있었다고 보아야 한다. 이것은 그리 논란이 되는 문제가 아니다. 그

---

23) 여기에서 사용된 단어는 tyche로서, 이 단어는 라틴어에서 의인화된 신인 fortuna, 즉 "행운"을 나타낸다. 이에 대한 그리스도인들의 거부는 Tertullian *ad Nationes* 1:17에 의해서 옹호되고 있다.

24) *Mart. Pol.* 12:2; 3:1.

25) *Mart. Pol.* 8:2.

러나 이것은 우리에게 상당히 확고한 거점을 마련해 준다. 비유대인들에게 위험을 무릅쓰고 유대교식의 메시야에게 충성을 바치라고 요구하는 교회의 이방 선교는 예루살렘의 멸망 전에 이미 소아시아에서 뿌리를 내리고 있었고, 플리니우스가 비두니아에서 총독으로 있을 때에(주후 110년경) 당국자들에 의해서 체제를 전복시키려 하는 위험스러운 미신(迷信)으로 간주되었으며, 주후 2세기 중엽에는 이런 일이 일상적인 일이 되어 있었다. 기독교의 첫 백년 동안 그 밖의 다른 궤적들을 추적해 낼 수 있느냐와는 상관없이, 이것은 확고한 거점으로 받아들여져야 한다.

플리니우스의 말을 주후 2세기 초에 있었던 두 번째의 대단히 가치 있는 확고한 거점으로 삼기 위해서는 조금 더 보충이 필요하다. 플리니우스 2세(그의 삼촌이었던 자연주의자 플리니우스 1세는 주후 79년에 베수비우스 화산의 폭발을 보다가 죽었다[26])는 주후 106년과 114년 사이의 어느 기간 동안 소아시아 북부 지방에 있는 비두니아의 총독으로 재직하였다. 그는 한 가지 문제에 봉착하였는데, 그것은 많은 사람들이 그리스도인이라는 죄목으로 그 앞에 끌려 왔고, 그는 그들을 어떻게 다루어야 할지를 알지 못했다. 그는 당시 황제였던 트라야누스에게 자기가 취하고 있는 조치를 상세하게 설명한다:[27]

> 나는 자기가 그리스도인이라는 것을 부인하거나 과거에 그리스도인이었다는 것을 부인하고 나를 따라서 신들을 향한 기원문을 외우며 당신의 동상 앞에 포도주와 향을 드리며 … 나아가 그리스도의 이름을 욕한 자들은 방면해야 한다고 생각하였다.

플리니우스가 심문했던 그리스도인들에 대한 기록은 그리스도인들이 특징적인 실천이 어떤 것들이었는지를 잘 보여 준다:

> 그들은 특정한 날에 동트기 전에 정기적으로 만나서 마치 신에게 하듯 그리스도를 기리며 교창으로 찬송을 불렀고 어떤 범죄적인 내용이 아니

---

26) Pliny *Letters* 6:16.
27) 이하의 인용문들은 Pliny *Letters* 10,96 (tr. Radice)에서 가져온 것이다.

라 절도, 강도, 간음을 행하지 않고 신뢰를 깨뜨리지 않으며 맡긴 물건을 돌려달라고 할 때에 물건을 맡은 적이 없다고 잡아떼지 않겠다는 내용을 맹세하였다. 그러한 의식이 끝난 후에는 흩어져서 통상적이고 해가 되지 않는 음식을 가지고 나중에 다시 모이는 것이 그들의 관습이었다: 그러나 그들은 당신의(즉, 트라야누스의) 지시를 따라 모든 정치적 집회를 금지하는 나의 영이 내려진 후에는 이러한 모임을 사실 중단했다. 그래서 나는 스스로 여집사라고 하는 두 명의 여자 노예를 고문하여 진상을 밝히는 것이 꼭 필요하다고 생각하였는데, 거기에서 나는 터무니없이 길게 이어진 저급한 종교 의식 외에는 아무것도 발견하지 못했다.

그러나 이러한 제의는 급속하게 확산되고 있었다:

> 남녀를 불문하고 온갖 나이와 계층에 속한 수많은 사람들이 법정으로 끌려오고 있고, 이런 일은 아마도 계속될 것 같다. 이 빌어먹을 제의와의 접촉을 통해서 물든 것은 도시들만이 아니라 촌락들과 농촌 지역들도 마찬가지이다.

그 결과 이교도들의 움직임도 활발해졌다고 플리니우스는 말한다: 그는 이것이 기독교로 인해서 종교에 새롭게 눈을 뜨게 된 사람들이 그 동안 잠자고 있었던 이교 사상으로 다시 복귀한 결과라고 주장하는 것으로 보이지만, 이것은 아마도 잠복해 있던 이교 사상이 그 신조들을 거부하였던 기독교에 반대하여 다시 되살아난 결과였을 수도 있다:

> 사람들은 오랜 세월 동안 거의 전적으로 버려지다시피해 왔던 신전들로 몰려들기 시작했다: 그동안 중단되어 있었던 종교 의식들은 다시 행해지고 있고, 최근까지만 해도 산 사람을 거의 볼 수 없었던 희생제물들의 고기가 도처에서 판매되고 있다.

이 주목할 만한 서신과 이 서신에 대한 트라야누스의 답장[28]은 구절구절마다 초기 기독교와 이에 대한 이교도들의 인식을 조명해 주고 있기 때문에 여기에서 지면상의 제한을 받음에도 불구하고 좀 더 길게 살펴보고자 하는 유혹을 받는다. 하지만 현재의 논의에서 우리에게 필요한 것은 다음과 같은 것들이다. 첫째, 분명한 것은 기독교가 이미 초기에 바울에 의해서 복음화 되었던 지역을 뛰어넘어서 소아시아 전역에 널리 퍼져 있었다는 것.[29] 플리니우스가 지독한 그리스도인들은 처벌, 즉 사형에 처해야 마땅하다고 생각하고 있음에도 불구하고, 그것을 어떻게 처리해야 하는지에 대한 확정된 절차나 관리들이 따라야 할 기준이 존재해 있지 않았다는 것이다. 이것은 이전에 있었던 로마 당국에 의한 박해들이 체계적이라기보다는 산발적이고 이따금씩 일어났었다는 것을 보여 준다. 체계적이고 조직적인 사고를 좋아했던 플리니우스로서는 새로운 직위를 맡기 위해 로마를 떠나기 전에 자기가 알고 있었던 것에 관하여 트라야누스에게 글을 쓰면서 당혹해 했을 것이다. 그는 지역 주민들이 고소를 해 오고 있는 상황에서 새로운 가능성을 적극적으로 찾아서 이 새로운 종교에 대한 좀 더 공식적인 입장을 취해야 했다.

둘째, 폴리캅의 경우에서처럼 그리스도인으로 단죄하기 위한 검증 절차는 겉보기에는 사소해 보이지만 엄청난 사회문화적 의미를 지니고 있는 제의 행동들과 선언들이었다. 이러한 것들은 대부분이 신학자로 훈련받지 못했을 이 지역의 온갖 부류의 그리스도인들이 그리스도에 대한 그들의 충성 맹세는 가이사에 대한 충성 맹세와 근본적으로 다르다고 생각했다는 것을 전제할 때에만 이해될 수 있다.

셋째, 그들은 정치적 집단으로 분류되어서,[30] 집단적인 제의적 식사에 대한

---

28) Pliny *Letters* 10:97. 트라야누스는 플리니우스가 채택한 관행을 수긍하지만, 익명의 책자들을 사람들을 치는 증거로 사용해서는 안 된다고 경고한다. 이러한 책자들은 "우리 시대의 정신과 전혀 맞지 않는다"고 그는 말한다. 이러한 트라야누스의 "개화된" 태도가 그의 치세를 암울하고 좋지 않았던 도미티아누스의 치세와 대조적으로 만들었다는 것은 흥미로운 사실이다; 새로운 "시대 정신"은 그리스도인들을 사형에 처하는 것은 여전히 허용하였지만, 그리스도인들을 고발하는 사회적으로 좋지 않은 관행은 허용하지 않았다. 이러한 것의 아이러니는 Tertullian *Apol.* 2:6-9에 의해서 충분히 다루어지고 있다.

29) 행 16:7.

30) 이 단어는 드물다: hetaeria.

금령의 적용을 받았다. 즉, 그들은 단순한 종교적 집단으로 간주된 것이 아니라 로마 사회 전체에서 체제를 전복시키는 종교를 중심으로 뭉친 집단으로 간주되었다는 말이다. 그들은 사람의 고기를 먹는다는 등의 의심을 받았던 것으로 보이지만(플리니우스가 그들이 "통상적이고 해가 되지 않는" 종류의 음식을 먹었다는 것을 의외라는 듯이 강조하고 있는 점을 주목하라), 그리스도에 대한 철저한 헌신을 제외하고는 법을 잘 지키는 건전한 시민들이었다.

이 시점에서 요세푸스를 다시 한 번 떠올려 보자. 그는 플리니우스와 거의 동시대에 살았던 인물로 플리니우스가 비두니아로 부임하기 전에 로마에 있을 때에 그도 로마에 살고 있었고, 플리니우스의 이 서신이 쓰여지기 얼마 전에 자신의 글들을 썼다. 플리니우스의 서신을 읽으면서 요세푸스의 글들에 대한 반영(反映)을 들어보려고 반쯤 귀를 연다면, 적어도 희미한 울림을 들을 수는 있게 된다:

그들은 만나서 절도, 강도, 간음을 행하지 않을 것을 맹세하였다. 거기에서 나는 터무니없이 길게 이어진 저급한 종교 의식 외에는 아무것도 발견하지 못했다.

이 학파는 신만이 그들의 지도자이자 주인이라고 확신하였기 때문에 자유에 대한 불굴의 열정을 가지고 있다는 점을 제외하면 바리새파의 견해와 다른 모든 점에서 일치한다.[31]

개인적인 거룩함에 대한 열정적인 추구, 신 이외의 다른 그 어떤 주인을 인정하기를 단호하게 거부하는 것: 이러한 것들은 유대인들의 저항운동의 KS 마크였다. 물론 몇몇 결정적으로 중요한 변화들이 있었다. 그러나 로마인들에게는 유대교와 기독교의 유사점들이 훨씬 더 부각되어 보였을 것이다. 주후 110년의 비두니아의 그리스도인들과 155년의 서머나의 그리스도인들은 주후 70년 이전 시대의 유대인들과 몇 가지 두드러진 특징들을 공유하고 있었다. 특히 그들의 세계관은 신의 왕되심에 대한 유대식의 충성 맹세를 포함하고 있

---

31) Pliny, loc. cit.; Jos. *Ant*. 18:23.

었던 것으로 보인다. 세 번째 확고한 거점 — 항상 확고한 것으로 여겨져 온
것은 아니지만 — 은 안디옥의 이그나티우스이다. 이그나티우스가 트라야누스
치세 후기에 순교를 각오하고 안디옥에서 로마로 갔다는 것과 보통 그가 썼다
고 전해지는 일곱 개의 서신들이 이러한 여정 동안에 씌어졌다는 것은 역사적
으로 확실하다.[32] 이그나티우스는 당시의 기독교에 관하여 풍부한 자료를 제
공해 주는데, 이에 대해서는 다른 곳에서 좀 더 자세하게 살펴보게 될 것이다.
현재의 논의와 관련하여 중요한 것은 다음과 같은 사건과 (이그나티우스가
본) 그 사건의 의미이다: 로마 수리아에 있던 가장 큰 도시의 감독이 로마로
가던 도중에 들짐승들에 의해 찢겨져 죽은 사건. 그는 자신의 순교가 아무런
방해도 받지 않고 진행된다면, 복음을 선포하는 데 커다란 힘이 될 것이라고
말하면서, 로마 교회의 성도들에게 자기를 위하여 기도하지 말 것을 권한다:

　그 누구도 나처럼 하나님께 다가갈 이처럼 좋은 기회를 갖지 못할 것
이고, 너희도 침묵하기만 한다면[즉, 나를 위하여 기도하지 않는다면] 너
희에게 그보다 더 좋은 행위는 없을 것이다. 너희가 나에 관하여 침묵한
다면, 나는 하나님의 말씀이 되겠지만, 너희가 내 육신을 사랑한다면[즉,
너희가 나의 순교를 방해하는 식으로 행동한다면], 나는 오직 하나의 울
부짖음에 불과하게 되고 말 것이다. 제단이 여전히 준비되어 있는 동안에
나로 하여금 하나님께 나 자신을 온전히 쏟아 붓게 해 주고자 한다면, 너
희는 사랑의 합창단이 되어서 하나님께서 수리아의 감독을 해 뜨는 곳에
서 데려와서 해 지는 곳에 있게 하신 것을 그리스도 예수 안에서 아버지
하나님께 찬양하라. 내가 하나님을 향하여 가는 것은 세상으로 하여금 하
나님을 바라보도록 하는 일에 좋을 것이다.[33]

　자신의 순교에 대한 관심 이외에도 이그나티우스는 각각의 개교회들이 하

---

　32) 이 서신들은 LCL edn. of the Apostolic Fathers, ed. Lake (1965)와 Penguin
Classics edn, ed. Louth (1968)에 실려 있다. Bammel 1982; Koester 1982b, 279-37;
Tugwell 1989, ch. 6; Hall 1991, 33f.에 나오는 최근의 논의들을 보라.
　33) Ign. *Rom.* 2. Tugwell 1989, 121, 128에 나오는 논의를 보라.

나가 되어야 한다고 설파하였고, 이러한 하나됨은 교회가 각자의 감독을 중심으로 뭉침으로써 이루어질 수 있다고 그는 믿었다. 분명히 이그나티우스는 교회, 특히 그가 안디옥에 남기고 떠나온 교회가 부분적으로는 기독교를 유대교와 혼합하고자 했던 자들에 의해서, 그리고 부분적으로는 가현설(假現說, docetism), 즉 예수는 겉보기에만 진정한 인간인 체한 것이지 실제로는 진정한 인간이 아니었다는 사상을 전파하는 자들에 의해서 분열의 아픔을 겪게 될 것이라고 보았다.[34] 이러한 양쪽의 전선에 싸움을 벌였던 이그나티우스는 기독교가 유대교로부터 탄생했기 때문에 이교 사상의 한 분파가 될 수 없다는 것과 유대인들의 메시야의 죽음을 통해서 탄생했기 때문에 단순히 유대교의 한 분파로 남을 수 없다는 것을 너무도 잘 알고 있었던 신학자였다. 이그나티우스가 철저하게 헬레니즘화된 기독교를 어느 정도나 대변하고 있는지에 대해서는 논란이 있을 수 있다. 예를 들어, 일부 학자들은 이그나티우스의 서신들 속에서 영지주의적 사상의 근거를 발견할 수 있다고 주장한다. 하지만 이그나티우스는 실제로 영지주의에 맞서 싸우고 있었을 가능성이 훨씬 더 크다.[35]

폴리캅, 플리니우스, 이그나티우스로부터 거꾸로 거슬러 올라가서 찾아낸 또 하나의 확고한 거점은 유세비우스가 쓴 『역사』에 보존되어 있는, 주후 2세기 교회사가인 헤게시푸스(Hegesippus)가 자세히 서술하고 있는 사건이다.[36] 이 사건은 티투스의 뒤를 이어 주후 81년부터 96년까지 로마 제국을 다스렸던 도미티아누스 황제 치하에서 일어났다. 몇몇 사람들이 예수의 친척들이자 "육신으로 말하면 (예수의) 형제였다고 하는" 유다의 후손들로 지목받아서 도미티아누스 앞에 끌려왔다. 그들은 분명히 왕가, 즉 잠재적으로 체제 전복의 성향을 지닌 왕조의 왕족들이라는 의심을 받고 있었음이 분명하다. 그러나 그들이 자기들은 단순히 가난한 노동자들일 뿐이라고 항변하자, 도미티아누스는

---

34) Ign. *Philad.* 6:1; *Mag.* 10:3; *Smyrn.* 1-4; *Trail.* 9-10.

35) Tugwell 1989, 118f. 등의 참고문헌들에서 감독들의 침묵을 Ignatius가 변호했다는 것(예를 들어, Ign. *Eph.* 6:1)에 관한 논의를 보라.

36) Euseb. *HE* 3:19-20. Bauckham 1990, 94-106에 나오는 그 밖의 다른 관련 본문들과 관련된 자세한 논의를 보라.

그들에게 "메시야와 그의 나라, 그 성격, 기원, 출현시기에 관하여" 질문하였다. 이것은 추상적인 신학적 토론이 아니었다. 마태복음 2:1-18(헤게시푸스는 황제의 질문과 이 구절을 나란히 서술한다)에 나오는 헤롯처럼 도미티아누스는 분명히 자신의 자리에 대한 잠재적인 위협들을 염려하고 있었다. 하지만 대답은 명료했다: 그 사람들은 이 나라가 "이 세상이나 이 땅에 속한 것이 아니며 하늘에 속한 천사들의 나라"라고 하면서 그리스도가 심판자로 다시 오실 "종말에 그런 일이 있을 것이다"라고 설명하였다.[37] 그러자 도미티아누스는 교회에 대한 박해를 중지하였고, 그 사람들은 기독교 공동체에서 큰 환영을 받았다.

이 이야기는 몇몇 전설로서의 특징들을 담고 있는 것이 분명하지만[38] 우리가 살펴보고 있는 초대 교회의 모습과 잘 부합한다. 한편으로는 유대적 메시야 사상의 모든 뉘앙스들을 지니고 있으면서도 다른 한편으로는 민족주의적이고 무력적인 뉘앙스는 없는 운동: 인간 세상의 왕조라는 의미로 쉽게 오해받을 수 있는 방식으로 예수를 메시야로 인정하는 운동: 로마 황제가 궁극적인 충성 맹세의 대상이라는 주장을 일축했던 운동. 우리가 초기 기독교 발전의 주된 흐름들을 어떤 식으로 파악하든, 그 흐름들 속에는 이러한 것들이 중심에 자리 잡고 있어야 한다. 우리가 이제까지 살펴보았던 네 가지 증거들(폴리캅, 플리니우스, 이그나티우스, 헤게시푸스)은 주목할 정도로 서로 잘 맞아떨어진다. 예루살렘의 파괴가 있은 지 오랜 후에도 기독교는 적어도 겉으로 드러난 몇몇 사건들 속에서는 비록 이교 사상이나 혼합주의의 방향으로가 아니라 독자적인 새로운 방향으로 여러 가지를 다시 정의하고 있기는 하지만 두드러지게 유대적인 형태를 유지하고 있었던 것으로 보인다. 이러한 기본적인 현상을 제대로 설명해내지 못한다면, 초대 교회에 관하여 우리가 세우는 가설은

37) "이 시대의 마지막에"를 뜻하는 헬라어는 epi sunteleia tou aionos로서, 분명히 마태복음 28:20을 반영하고 있다. 그리스도인들이 대망하였던 나라와 통상적인 세상 나라들과의 차이에 대해서는 요 18:36; Justin 1 Apol. 11을 보라. 이러한 차이는 그리스도의 나라가 그 자체로 유형적(有形的)인 것이 아니라는 것을 함축하는 것이 아니라 오직 현재의 세상적인 나라들과 직접적이고 전면적으로 경쟁하는 나라가 아니라는 것을 함축하는 것으로 보인다.

38) cf. Bauckham 1990, 99-106.

만족스러운 것이 되기 힘들 것이다.

이 단계에서는 끝없는 논란을 불러일으킬 수 있는 증거들을 무시하고, 역으로 거슬러 올라가는 작업을 계속한다면, 우리는 주후 70년의 예루살렘 멸망을 유대교만이 아니라 초기 기독교와 관련해서도 중요한 사건으로 지목할 수 있을 것이다. 우리는 이것을 나중에 더 자세하게 살펴볼 것이다. 그러나 많은 구절들, 특히 공관복음서와 사도행전에 나오는 구절들을 보면, 초기 그리스도인들은 예루살렘 성전에 대한 강한 비판의식을 품었던 동시에(마가복음 13장; 사도행전 7장) 성전에서 계속해서 예배를 드렸음이 분명하다(누가복음 24장; 사도행전 1, 3장) 이것은 초기 그리스도인들이 성전의 파괴를 자신들의 비판이 옳았다는 증거이자 중요한 사회정치적 비극으로 동시에 보았다는 것을 의미한다. 이 두 가지 반응 중 첫 번째는 『바나바서』에 아주 분명하게 표현되어 있고(16:1-5), 두 번째 반응은 그리스도인들이 예언을 따라서 예루살렘으로부터 요단강을 건너서 펠라로 피신했다는 유세비우스의 글 속에 분명하게 나타난다.[39)]

다음으로 우리는 네로가 주후 64년에 로마에서 일어난 대화재의 책임을 그리스도인들에게 전가하고자 했다는 타키투스의 글에 나오는 저 유명한, 아니 악명 높은 대목을 만나게 된다:

　　[방화와 관련된] 이러한 소문을 억누르기 위하여 네로는 희생양들을

---

39) 바나바서의 저작 연대는 주후 70년 이후(이 책이 예루살렘의 멸망을 언급하고 있기 때문에)이고, 주후 200년보다 상당히 이전(당시에 글을 썼던 알렉산드리아의 클레멘트[Clement of Alexandria]가 이 책을 바울의 동료였던 바나바의 진정한 작품이라고 여겼기 때문에)이라는 것보다 더 정확하게 확증할 수는 없다. 펠라로의 도피에 대해서는 Euseb, *HE* 3:5:3을 보라. 어떤 장소를 구체적으로 언급하고 있다는 것은 이것이 단순히 마가복음 13:14-20로부터의 "추론"일 수 없다는 것을 보여 준다: 그리고 어쨌든 요단강을 건너서 예루살렘으로부터 도망하는 것은 "산으로 도망하는 것"과 같지 않다. 물론 이렇게 마가복음으로부터 유래한 것이 아니라고 해서 이 설명의 역사성이 입증되는 것은 아니지만, 그것은 적어도 주후 66-70년의 사건들이 유대땅의 유대인 공동체만이 아니라 기독교 공동체에도 영향을 미쳤다는 것을 후대의 그리스도인들이 알고 있었음을 보여 주는 것이다. 자세한 것은 Moule 1982 (1962), 172-6을 보라.

만들어 내었다 — 그는 극악무도한 자들이라는 평판이 나 있었던 그리스
도인들을 온갖 극형으로 처벌하였다. 그들의 창시자인 그리스도는 디베리
우스의 치세 때에 유대 총독이었던 본디오 빌라도에게 처형당하였었다.
그러나 일시적인 침체에도 불구하고, 이 터무니없는 미신은 유대 땅(이
재앙이 시작되었던 곳)만이 아니라 로마에서까지 폭발적으로 일어났었다.
온갖 저질스럽고 수치스러운 행위들이 이 수도에 집결하여 번성하고 있
다.

먼저 네로는 그리스도인으로 자처한 자들을 잡아들였다. 그런 다음에
그들의 정보를 토대로 수많은 다른 사람들이 단죄되었는데, 그 죄목은 방
화죄가 아니라 반사회적 성향을 지니고 있다는 것이었다[odio humani
generis, 즉 인류에 대한 그리스도인들의 증오심을 문제 삼은 것]. 그들의
죽음은 익살스럽게 진행되었다. 그들은 들짐승의 가죽을 입고서 개들에게
갈기갈기 뜯기거나 십자가에서 처형을 당하거나 어두워진 후에 햇빛을
대신할 횃불로 만들어져서 점화되었다. 그리스도인으로서의 그들의 죄와
이에 따라 마땅히 받아야 할 무자비한 형벌에도 불구하고 희생자들은 동
정을 받았다. 왜냐하면 사람들은 그들이 국가의 이익을 위해서가 아니라
한 인간의 잔혹성 때문에 희생되고 있다고 느꼈기 때문이었다.[40]

이 대목은 타키투스가 지나가는 말로 우리에게 전해 주고 있는 것이지만
매우 흥미로운 대목이다. 이 대목은 타키투스, 그리고 아마도 그 밖의 다른 사
람들도 그리스도인들을 아주 나쁘게 보았다는 것(아마도 그리스도인들의 은
밀한 집회로 인하여 사람 고기를 먹는다거나 은밀하게 악을 행하고 있다는 비
난이 이미 그들을 향하여 쏟아지고 있었을 것이다)과 이 시점 이전에는 그리
스도인들에 대한 이교도들의 조직적인 박해가 없었다는 것을 분명하게 보여
준다.[41] 그리스도인들은 반사회적인 자들로 여겨졌던 것 같다: 통상적인 제의
활동들에 참여하기를 거부하고, 혈연과 친구라는 과거의 유대를 무시하고, 그

40) Tac. *Ann.* 15:44. 이것은 *Nero* 16:2에 나오는 Suetonius의 말의 근거인 것으로
보인다.
41) cf. Moule 1982 [1962], 153f.

들의 종파 및 그 지도자에게 충성하는 그들의 행동거지는 그러한 평판을 얻기에 충분했을 것이다. 그러나 타키투스에 의하면, 그리스도인들에 대한 네로의 공격은 지속적이거나 사전에 충분히 조율된 전략의 일부가 아니었다. 우리는 여기에서 주후 2세기에 무르익은 기독교에 대한 태도의 근원을 보게 된다.

따라서 우리는 다시 초기 기독교의 확고한 거점을 제공해 주는 유대교 자료들 중의 첫 번째 자료로 눈을 돌리지 않을 수 없게 된다. 주후 62년에 총독 페스투스가 직무수행 중에 사망하자, 네로는 루키우스 알비누스(Luccius Albinus)를 그의 후임자로 임명하였다. 새로운 총독이 부임하기 이전의 공백 기간에 새롭게 임명된 대제사장 아나누스는 기회를 틈타서 초기 기독교 지도자들 중의 한사람을 처치하였다. 요세푸스는 이 이야기를 다음과 같이 전한다:

아나누스는 페스투스가 죽었고 알비누스는 부임 도중에 있기 때문에 좋은 기회라고 생각하였다. 그래서 그는 산헤드린의 재판관들을 소집하고, 그리스도라 불렸던 예수의 형제인 야고보라는 사람과 그 밖의 몇몇 사람들을 끌어왔다. 그는 그들이 율법을 범했다고 고소하고, 그들을 돌로 쳐 죽이는 형에 넘겼다. 이 도시의 주민들 중에서 가장 공평한 마음을 가지고 있다고 생각되었던 사람들과 율법을 엄격하게 지키고 있던 사람들은 이 일에 분개하였다. 그래서 그들은 아그립바 왕에게 은밀하게 사람을 보내어 아나누스가 더 이상의 조치를 할 수 없도록 막아달라고 청했다. 왜냐하면 아나누스는 그의 첫 번째 조치에서조차(즉, 산헤드린을 소집한 일) 옳지 않았기 때문이었다. 그들 중 몇몇 사람은 알렉산드리아에서 귀환 중에 있었던 알비누스를 만나러 가서 그에게 아나누스가 그의 동의 없이 산헤드린을 소집할 권한이 없다는 것을 알렸다. 이러한 말에 확신을 얻은 알비누스는 분개하여 아나누스에게 보복할 것이라고 위협하는 서신을 보냈다. 아그립바 왕은 아나누스의 행동을 문제 삼아서 취임한 지 세 달밖에 되지 않았던 아나누스의 대제사장직을 박탈하고 담네우스의 아들인 예수를 새롭게 대제사장으로 임명하였다.[42]

---

42) *Ant.* 20:200-3. 이에 대해서는 cf. Schürer 1:430-2.

유세비우스는 동일한 사건을 언급하고 있는 것이 분명한 헤게시푸스의 좀 더 긴 기사를 다시 서술하면서 이 이야기를 인용하고 있다.[43] 요세푸스의 글에 내포되어 있는 많은 매력적인 측면들 중의 하나는 바리새파가 "의인," 즉 "차디크," 야고보 같은 경건한 인물에 대한 사두개인들의 안하무인식의 행동에 대하여 분개했다는 뉘앙스가 뚜렷이 담겨 있다는 것이다. 그러나 마찬가지로 중요한 것은 요세푸스가 예수를 알고 있었고, 예수가 "그리스도"로 지칭되고 있다는 것도 알고 있었다는 분명한 함의(含意)이다; 타키투스와 수에토니우스가 이 호칭을 알고 있었다면, 요세푸스도 당연히 그랬을 것이라고 생각하는 것은 충분한 근거가 있다. 이 대목은 예수를 묘사하고 있는 좀 더 유명한 대목과 관련하여 흔히 제기되고 있는 것과 같은 기독교적 개작의 증거를 전혀 보여 주지 않는다.[44] 이것은 유대 전쟁이 임박했던 당시의 예루살렘에 여전히 잘 알려진 기독교 공동체와 한층 더 잘 알려져 있던 지도자가 존재했었고, 모든 유대인들이 아니라 일부 유대인들이 이 공동체와 그 지도자에 대하여 적대감을 갖고 있었음을 보여 주는 분명한 증거이다. 야고보는 그의 견고한 유대적 경건으로 인해서 바울이 겪었던 것과 같은 유대인들의 핍박을 피할 수 있

<hr>

43) Euseb. *HE* 2:23:1-25 (cf. *HE* 3:5:2와 Origen *Contra Celsum* 1:47; *Comm. Matt.* 10:17). Hegesippus와 관련된 내용은 *HE* 2:23:4-18에 나오는데, 야고보가 그의 백성을 위하여 끊임없이 기도해서 그의 무릎이 낙타 무릎처럼 되었다는 야고보의 깊은 경건에 관한 유명한 이야기도 거기에 들어 있다. Hegesippus는 베스파시아누스가 예루살렘에 대하여 반감을 가지게 된 계기가 된 이 사건이 하나님의 섭리 아래 일어났다고 보고 있는데, 유세비우스도 그의 견해를 따랐다; 유세비우스는 현존하는 요세푸스의 저작들 속에는 없는 이와 비슷한 취지의 대목을 요세푸스의 글로 소개한다.

44) *Ant.* 18:63-4:1. 나는 이 후자의 대목이 종종 학자들이 인정하는 것보다 더 많이 원래 요세푸스의 것이었지 않나 생각한다. 특히 통상적으로 "그가 그리스도였다"로 번역되어서 기독교적 수정의 분명한 증거로 여겨진 houtos en ho Christos라는 아주 중요한 문장은 역으로 뒤에서부터 번역되어야 한다. 정관사(ho)는 그리스도가 보어가 아니라 주어임을 보여 준다: "그 그리스도(이에 대하여 요세푸스는 독자들이 소문을 들었을 것이라고 상정한다)가 이 사람이었다." 자세한 것은 Schürer 1:428-41을 보라. (Moule 교수는 내게 이렇게 의문을 제기했다: 해당 명사가 칭호이거나 고유명사인 경우에도 주어와 보어에 관한 규칙은 여전히 적용되는가? 나는 그렇다고 본다: 요 20:31과 Carson 1987을 참조하라).

었던 것으로 보인다.

여기에서 좀 더 거슬러 올라가면, 우리는 바울과 관련된 내용을 만나게 된다. 바울의 여러 활동들의 세부적인 시기를 결정하려는 시도는 극히 복잡한 일이지만, 바울이 50년대 전반에 에베소와 고린도에서 활동했다는 것은 모든 진영에서 어느 정도 인정하고 있는 사실이다. 바울은 통상적으로 주후 51년에 있었던 사건이라고 보는(한 유명한 금석문에 근거해서) 갈리오의 아가야 총독 부임보다 대략 18개월 전인 주후 49년에 처음으로 고린도에 왔다는 것이 통설이다.[45] 바울은 갈리오 앞에 끌렸갔지만, 갈리오는 그 지방 유대인 공동체에 의해서 제기된 바울에 대한 고소들을 묵살하고 바울을 방면하였다.[46] 이것 말고도 할 말이 많이 있지만, 어쨌든 이 단계에서 바울은 아주 중요한 또 하나의 확고한 거점을 제공해 준다.[47]

우리는 마침내 주후 69년경에 태어나서 하드리아누스 시대(주후 117-38년)에 저술활동을 했던 수에토니우스의 증거들을 만나게 된다. 별 신빙성이 없긴 하지만 레이시(Racy)와 다음과 같은 발췌문들은 통상적으로 실제로 일어난 사건들을 언급하고 있는 것으로 여겨진다. 그가 쓴 『글라우디오의 생애』(25:4)에서 그는 로마에 거주하는 이민족들에 대한 글라우디오의 정책을 서술한다. 유대인들과 관련해서 그는 이렇게 말한다:

---

45) Barrett 1987 (1956), 51f.를 보라: 이에 동의하지 않는 견해로는 cf. Slingerland 1991. 글라우디오가 유대인들을 로마에서 추방한 사건의 연대를 이렇게 잡는 것은 주후 5세기의 역사가인 Orosius (Hist. 7:6:15f.)의 견해와 일치하고 Dio Cass. 60:6:6f.와는 다르다(아마도 두 사람이 말하고 있는 사건들이 서로 다른 것이리라: Dio는 글라우디오가 유대인들을 추방한 것이 아니라 단지 공적인 집회를 금지했을 뿐이고 유대인들을 추방한 황제는 디베료였다고 분명히 말한다: cf. 57:18:5a). Cf. Hengel 1983, 49, 167; Hemer 1989, 167f.

46) 행 18:12-17. 에베소에서 바울이 그 지방의 이교 사상을 훼방하였다고 하여 주민들이 난동을 일으킨 것(이 기사를 누가가 만들어 내었을 것 같지는 않다)에 대해서는 cf. 사도행전 19:23-40.

47) cf. Hengel 1983, 49("이 점과 관련하여 우리는 여전히 확고한 토대를 밟고 서 있다"). 바울의 연대기에 대한 여러 입장들에 대해서는 Jewett 1979; Luedemann 1980; Hemer 1989, chs. 6-7을 보라.

로마의 유대인들은 크레스투스[implulsore Chresto]의 선동으로 끊임 없이 소요를 야기시켰기 때문에, 그는 그들을 도시에서 추방하였다.

이 시기에 크레스투스(Chrestus)와 크리스투스(Christus)의 발음상의 차이 는 미미한 것이었다는 지적이 흔히 있어 왔고,[48] 따라서 여기에서 우리가 보는 것은 로마에 있던 대규모 유대인 공동체 내에서 나사렛 예수가 메시야라고 주 장했던 사람들이 일으켰던 소요들에 대한 와전된 보도라는 것을 의심할 만한 타당한 근거가 없다. 이렇게 로마에서 추방된 사실은 신약성서, 즉 사도행전 18:2에도 언급되어 있다.[49] 사도행전에 나오는 언급은 이 사건이 주후 49년경 에 일어났다는 것을 암시해 준다(물론 이에 대해서는 논란이 있지만). 왜냐하 면 로마에서 추방된 사람들 중 일부가 바울이 고린도에 도착했을 때 이미 고 린도에 도착해서 바울을 제때에 마중했기 때문이다(위를 보라).

이렇게 해서 우리는 비기독교적인 사건을 다루고 있는 비기독교적인 기사 들에 의거해서 일련의 확고한 역사적 거점들을 일차적으로 찾아내는 데 성공 하였다:

30년 예수의 십자가 처형.
49년 글라우디오가 그리스도인들의 소요를 빌미로 로마에서
　　　유대인들을 추방함.
49-51년 바울이 고린도에 머물다가 얼마 후에는 에베소에 머물다.
62년 예루살렘에서 야고보의 죽음.
64년 로마의 대화재 후에 네로의 박해.
70년 예루살렘의 멸망.
90년경 예수의 친척들에 대한 도미티아누스의 심문.
110-14년경 비두니아에서 플리니우스의 박해.

---

48) 이 둘은 아주 비슷했기 때문에, Justin *(1 Apol.* 4)은 "그리스도인"(Christian)과 "크레스티안"(Chrestian, "탁월한")을 가지고 언어유희를 했다.

49) 이것은 로마서에도 인유되어 있거나 적어도 전제되어 있는 것 같다: Donfried 1991 [1977]과 Wright 1992a에 실린 여러 논문들을 보라.

110-17년경 이그나티우스의 서신들과 순교.
155/6년 폴리캅의 순교.

이러한 사건들은 로마 당국자들이 그리스도인들(유대인들과 마찬가지로)을 사회적, 정치적으로 위협적인 또는 성가신 존재로 생각하여 그들을 탄압하였던 한 세기에 걸친 일련의 사건들이다. 이 기간 동안에 그리스도인들은 자기들이 개인 경건의 발전을 위한 사적인 동호회에 불과하다는 주장을 펴면서 살 길을 찾았던 것으로 보이지 않는다. 그들은 가이사에 대한 충성을 배제한다는 의미에서 "왕"인 그리스도에 대한 충성을 계속해서 선포하였다 — 비록 그리스도의 나라는 가이사의 나라와 같은 형태의 것으로 인식되지는 않았지만. 지극히 유대적이면서도 마찬가지로 비유대적이기도 했던(그리스도인들은 어떤 도시를 메카로 삼지 않았고, 모세 율법을 고수하지도 않았으며, 남자아이들에게 할례를 시키지도 않았다는 점에서) 이 이상한 신앙은, 앞으로 보겠지만, 이 운동 전체의 중심적인 특징이었고, 이 운동의 성격을 보여 주는 결정적인 열쇠였다.

학자들은 이러한 목록 속에 또 하나의 확고한 거점, 즉 도미티아누스 황제에 의한 그리스도인들에 대한 대대적인 박해를 추가해야 한다고 흔히 주장한다. 이 사건은 흔히 박해 상황을 반영하고 있는 것으로 보이는 초기 기독교 문헌(예를 들어, 베드로전서)의 자연스러운 배경으로 인용된다. 사실 이런 식의 설명이 옳다는 증거는 거의 없다. 도미티아누스의 잔혹함에 대한 수에토니우스의 묘사들은 너무도 명료하지만, 이 황제의 그러한 잔혹성은 단순히 그리스도인들에게만이 아니라 온갖 부류의 사람들을 향한 것이었다. 도미티아누스 치하에서의 박해에 관한 유세비우스의 기사는 일반적으로 서술되어 있다(밧모 섬에서의 요한의 이야기를 제외하고는).[50] 이른바 기독교의 "왕족"에 대한 도미티아누스의 심문에 관한 유세비우스의 기사는 도미티아누스가 기독교 운동을 대규모로 지속적이고 혹독하게 탄압하였다는 것을 보여 주지 않는다: 그리고 어쨌든 그런 일이 있었다면, 플리니우스가 트라야누스에게 이 이상한 종교를 어떻게 처리하면 좋겠느냐고 물을 필요가 없었을 것이다.[51] 도미티아누

---

50) Euseb. *HE* 3:17-18.

스 황제 치하에서 그리스도인들이 그들의 신앙 때문에 죽임을 당하였다는 것은 사실일 가능성이 크지만, 그러한 말의 사실성을 보여 주는 증거는 너무도 희박하기 때문에, 그것을 토대로 해서 확실한 것을 세워 나갈 수는 없는 노릇이다.

역사로부터 지리로 눈을 돌려보면, 우리는 이미 기독교 활동의 첫 세기 동안에 기독교가 지리적으로 어느 정도나 확산되었는지를 살펴본 바 있다. 예루살렘과 그 주변의 유대 땅; 사마리아; 안디옥, 다메섹, 그 주변의 수리아; 소아시아(서머나와 비두니아); 헬라의 여러 도시들; 로마; 이 모든 지역들은 우리가 이제까지 살펴본 문헌들과 신약성서 속에서 기독교의 주요한 중심지들로 분명하게 나타난다. 이에 대해서는 별 논란이 있을 수 없다. 그러나 이 점 외에는 우리가 확실하게 그 어떤 것을 말하기는 대단히 어렵다. 바울 서신들은 주후 50년대에 소아시아와 헬라에 있었던 여러 교회들에 대한 매우 분명한 인상을 우리에게 전해 준다; 이그나티우스의 서신들도 주후 2세기 초에 이 동일한 교회들의 모습을 우리에게 전해 준다. 로마에 대해서는 우리는 저스틴을 비롯한 몇몇 저술가들이 주후 2세기에 쓴 글들을 통해서 좀 더 많은 지식을 얻을 수 있다; 예루살렘에 대해서는 사도행전의 몇몇 대목들과 의인 야고보의 순교에 대한 요세푸스의 언급 속에서 감질 나는 암시들만을 얻을 수 있을 뿐이다. 아주 초기의 그리스도인들 중 적어도 일부는 예루살렘을 신학적

---

51) 유세비우스는 전임 총독들이었던 글라브리오(Glabrio)와 플라비우스 클레멘스(Flavius Clemens)의 처형과 플라비아 도미틸라(Flavia Domitilla)의 추방에 관한 Dio의 서술(67:13f.)은 "그리스도에 대한 증언" 때문인 것으로 보았는데(*HE* 3:18), 이는 아마도 Dio가 이들에 대한 죄목을 "무신론"이라고 했기 때문인 것 같다. 무신론은 유대교나 기독교, 또는 그 신앙들을 의미했다. Suetonius(*Domitian* 15)에 나오는 기사는 그러한 죄목을 언급하지 않고 있고, Graves는 해당 대목에서(the Penguin Classics translation) 그들은 기독교가 아니라 유대교로 개종한 자들이었다고 말한다. 어쨌든 도미티아누스는 다른 황제들과 마찬가지로 온갖 이유를 들어, 그리고 때로는 모호하거나 날조된 죄목으로 사람들을 처형하고 추방하였다. 이 세 사람(Glabrio, Flavius Clemens, Flavia Domitilla) 모두가 그리스도인들이었다고 해도, 그것은 대규모의 박해가 있었음을 암시해 주는 것이 아니라, 오히려 그 정반대이다: 그들은 특별한 사례들로 언급되고 있는 것이다. 이 주제 전체에 대해서는 Robinson 1976, 231-3과 거기에 나오는 자세한 참고문헌을 보라.

으로 매우 존중받아야 할 곳으로 여겼던 것으로 보인다 — 물론 일단 예루살렘이 멸망하자, 그리스도인들은 동시대의 유대인들과는 달리 그토록 심하게 상심하지는 않았지만 말이다.[52] 수리아(안디옥을 제외한)와 애굽에 대해서는 어떤 것을 확실하게 말하기가 불가능하다: 그러나 주후 2세기 후반에 이 두 지역에 기독교가 존재했고 세력을 형성하고 있었다는 증거가 있기 때문에 이에 대해서 뭔가를 말하지 않으면 안 된다. 솔직히 말해서, 수리아가 "기독교 영지주의의 발생지"였다거나 애굽의 나그 함마디에서 발견된 꽤 많은 영지주의 문헌들이 매우 이른 시기의 것이라는 쾨스터의 포괄적인 주장은 유지하기가 힘들어 보인다.[53] 쾨스터의 주장이 토대로 삼고 있는 문헌들은 장소 또는 연대와 관련하여 정확성을 인정할 수 없을 뿐만 아니라, 좀 더 확고하게 수립된 역사적 틀 속으로 입장하기를 기다리며 줄을 서 있는 그 밖의 다른 초기 문헌들과 맞아 떨어지지 않는다. 수리아와 애굽이 초창기 기독교의 중요한 중심지들 중의 하나였다는 것은 분명하지만, 대부분의 다른 지역들에 대해서와 마찬가지로 이 지역들에 대해서도 거기에 존재했던 기독교가 정확히 어떤 모습이었는지를 말한다는 것은 극히 어렵다. 안디옥과 관련하여 마태복음과의 연관성이 줄기차게 제기되어 왔다. 마태복음이 안디옥에서 씌어졌을 가능성은 얼마든지 있지만, 그것은 여전히 하나의 사변일 뿐이다. 이러한 연관성을 토대로 마태복음의 행간을 읽어냄으로써 안디옥에 존재했던 초기 기독교의 성경을 재구성해낼 수 있다고 보는 것은 증거들이 허용하는 것보다 훨씬 더 나아가는 학문 연구의 대표적인 사례라 할 수 있다.[54]

4. 공백 메우기: 배경을 찾기 위해 사용되는 문헌들

52) 위의 서술을 보라. 초대 교회에서 예루살렘의 상징적 의미에 대해서는 Meyer 1986, ch. 4을 보라.

53) Koester 1982b, 207-33.

54) 이러한 위험성을 Brown and Meier 1983도 완전히 피하지는 못했다. cf. Balch 1991. Cp. Malherbe 1983 [1977], 13. "일부 문헌들은 여러 공동체의 견해들을 대변했기 때문이 아니라 오히려 그러한 견해들에 도전했기 때문에 그냥 묻혀 버리는 운명을 면할 수 있었을" 가능성이 있다. 초기 기독교의 좀 더 폭넓은 사회적 배경에 대해서는 Stambaugh and Balch 1986의 유용한 간략한 저서를 보라.

초기 기독교를 연구하는 역사가로 자처하는 사람들 앞에 지금 놓여 있는 과제가 무엇인지를 분명히 해 두는 것은 대단히 중요하다. 앞에서 열거한 확고한 거점들에 대해서는 조금 앞이나 뒤로 수정될 수 있는 연대를 제외하고는 의심의 여지가 없다. 이것들을 제외한 그 밖의 다른 거의 모든 것과 관련해서는 모든 것이 의문 투성이이다. 복음서들 중의 하나 또는 이른바 "가톨릭" 서신들 중의 하나를 이 틀 속의 빈 지점에 떨어뜨려 놓아도 아무런 문제가 없다고 생각하는 사람은 제멋대로의 생각에 빠져 있는 사람이다.[55]

문헌과 관련해서 두 명의 위대한 서신 저술가들인 바울과 이그나티우스는 우리의 연대 설정 속에 가장 수월하게 끼워 넣을 수 있는 인물들이라는 것은 의문의 여지가 없다. 이 분야의 중요한 학자들 중에는 이제 바울 서신 중에서 여섯 내지 일곱 개와 이그나티우스의 서신들 중에서 일곱 개가 실질적으로 진정성을 지니고 있다는 것을 의심하는 사람은 아무도 없다. 실제로 거의 모든 학자들이 바울의 진정한 서신의 연대를 40년대 말과 50년대 말 사이로 보고 있고, 이그나티우스의 서신들은 주후 117년에 죽은 트라야누스 황제 치하 말기쯤으로 본다. 따라서 이러한 서신들의 내용은 우리가 이미 설정한 확고한 거점들에 덧붙여질 수 있는 역사적 준거점들의 첫 번째 층위를 형성한다. 그러나 이러한 결론은 비록 철저한 검증을 거쳤다고 할지라도, 우리를 그릇된 낙관론으로 이끌 수 있다. 바울과 이그나티우스는 결코 초기 기독교의 "주류"를 대표하는 자들이라고 미리 단정해 버려서는 안 된다 — 물론 그들이 그럴 수도 있지만. 두 사람은 외부로부터의 박해와 마찬가지로 교회 내부로부터의 반대에 맞서서 싸우고 있었다.

---

55) 이것의 특히 두드러진 예는 Koester가 목회서신들은 주후 2세기 중엽에 폴리캅에 의해 씌어졌다는 주장을 지지하고 있는 것이다(1982b, 297-308). 우리가 어쩌다가 폴리캅에 관하여 알게 되었다는 사실은 그가 당시에 매우 유명한 교회 지도자였다는 것을 의미하지 않고, 또한 그가 목회서신들의 저자였을 가능성도 별로 없다; 또한 이 서신들은 오랜 기간의 평화를 전제하고 있지 않다; 또한 우리가 주후 120-60년의 교회에 관하여 별로 알지 못한다는 사실은 이 기간 동안에 교회가 평안을 누렸다는 것을 의미하지도 않는다(Koester 305는 이에 반대). 플리니우스와 폴리캅을 함께 결합시켜 놓은 것은 억압 및 박해 정책이 주후 1세기 초에 시작되어서 그 이후로 적어도 산발적으로 계속되었다는 것을 보여 준다.

그 밖의 다른 두 명의 저술가들이 주후 2세기 중엽, 또는 그보다 좀 이른 시기에 배치될 수 있을 것이다. 지난 세기까지만 해도 다른 저술가들의 글 속에 나오는 언급들을 통해서만 알 수 있었던 『변명』(*Apology*)이라는 글을 쓴 아리스티데스(Aristides)는, 비록 유세비우스는 이 작품이 하드리아누스를 겨냥한 것이었다고 말하고 있긴 하지만, 안토니누스 피우스 황제(주후 138-61년)에게 이 글을 썼기 때문에, 그의 작품은 120년대 또는 130년대에 씌어졌을 가능성이 가장 크다.[56] 사마리아에서 태어난 헬라인으로서 철학을 연구했고 기독교를 철학의 완성으로 보게 되었던 순교자 저스틴은 동시대의 이교도들에게 기독교를 설명하기 위하여 두 권의 『변명』을 썼고, 기독교야말로 유대교의 완성이기도 하다는 것을 입증하기 위하여 『트뤼포와의 대화』라는 책을 썼다.[57] 이 두 사람의 저작들은 그들이 활동했던 시대만이 아니라 그보다 약간 앞선 시기에 기독교의 몇몇 형태들에 대한 증거로도 조심스럽게 사용될 수 있다.

그러나 거기에서 더 앞으로 나아가면, 우리는 그 밖의 다른 초기 기독교 문헌들과 그 문헌들이 직간접적으로 증언하고 있는 집단들 및 운동들을 만나게 된다. 이러한 것들로는 복음서들(정경 및 그 밖의 다른 것들)과 행전들(정경 및 그 밖의 다른 것들), 신약성서와 사도적 교부들의 서신들, 정경의 묵시록과 『헤르마스의 목자서』를 비롯한 정경에 속하지 않은 몇몇 묵시록들이 있다. 또한 우리는 초기 기독교에 나타나는 분명히 유대적인 요소들과 강조점들, 이방적인 요소들과 강조점들, 묵시론적 언어의 지속적인 사용, 영지주의의 시작들, 영지주의와 기독교의 결합, 유대인들 및 이교도들에 의한 핍박, 교회 선교의 등장과 확산과 지속적인 요구, 유대교 전승들과 책들의 재사용 및 간헐적인 첨가들을 어느 지점엔가 끼워 넣지 않으면 안 된다. 또한 대단히 중요한 것은 이 모든 것의 중간 지점 어딘가에 우리는 복음서들의 문서화보다 훨씬 더 광범위하게 행해졌던 예수에 관한 이야기들을 말하는 초기 기독교의 뿌리 깊은

56) Euseb. *HE* 4:3:3는 이것을 아직 발견되지 않은 Quadratus의 저작과 결부시킨다. Aristides' *Apology*는 ANF 9:261-79에 실려 있다.

57) Justin에 대해서는 cf. von Campenhausen 1963 [1955], ch. 1: Chadwick 1966, ch. 1: Hall 1991, ch. 5.

관행을 배치하지 않으면 안 된다.

이러한 복잡한 작업들은 통상적으로 "신약개론" 등과 같은 저작을 통해서 접근되고 있다. 그중의 한 책을 집어 들고, 이러한 것들에 관하여 과연 무엇을 말하고 있는지를 살펴보라. 만약 우리가 확고한 역사를 찾고 있다면, 그 대답은 보통 "별것 없다"는 말이 될 것이다. 만약 우리가 법석을 떨지 않고 확고한 역사적 거점들, 초대 교회의 지리적 분포, 기독교의 첫 세기에 나왔다고 알고 있는 저작들을 통합하고자 시도한다면, 우리는 상상에 의한 가설들로 이루어진 무익한 원(圓)을 빙빙 돌고 있는 우리 자신을 발견하게 될 것이다. 나는 우리가 좀 다른 길을 따라서, 그러니까 우리가 유대교를 살펴볼 때에 취했던 그 길과 비슷한 노선을 따라서 진행해 나갈 것을 제시한다: 우리는 먼저 초기 기독교의 세계관의 요소들을 살펴보아야 한다. 비록 우리가 가진 증거가 미미하다고 할지라도, 이러한 것들은 꽤 분명하게 밝혀질 수 있다. 그 다음 장에서 우리는 초기 기독교의 특징을 이루고 있던 실천과 상징들, 질문들과 대답들을 살펴볼 것이다. 그런 다음에 우리는 초기 그리스도인들이 말하고 썼던 특징적인 이야기들을 좀 더 자세하게 살펴볼 것이다. 이것을 토대로 우리는 기독교 운동 전체에 대한 상당히 분명한 인상을 얻을 수 있을 것이고, 몇 가지 예비적인 결론들을 이끌어 낼 수 있을 것이다. 물론 모든 공백들을 다 메우는 일은 불가능할 것이다. 그러나 우리는 이 그림을 지배하고 있는 중요한 두 인물, 즉 예수와 바울을 살펴볼 수 있는 분명한 틀을 갖게 될 것이다.

제 12 장

실천, 상징, 질문들: 초기 기독교
세계관의 이면(裏面)

1. 들어가는 말

초기 그리스도인들이 무엇을 행하였고, 왜 행하였는지를 이해하고자 한다면, 우리는 적어도 그들의 세계관을 구성하고 있는 요소들을 수집하고 그 안에서 중요한 편차들을 집어내는 일을 시작해야 한다. 그들이 말한 이야기들은 따로 따로 다루어질 필요가 있을 것이다: 여기에서 우리는 그들의 실천과 상징들에 집중할 것이다. 주후 1세기의 유대교들을 다룰 때와 마찬가지로 우리는 초기 그리스도인들이 모두 또는 대부분이 우리가 오늘날 서가에서 쉽게 뽑아 들 수 있고 주후 1세기 또는 2세기 기독교의 "전형"으로 취급하고 있는 저작들을 알고 있었다고 생각해서는 안 된다. (또한 유대교의 경우에서와 마찬가지로, 우리는 기독교 내에 그 어떤 다양성도 존재하지 않았다고 생각해서도 안 된다: 우리는 적당한 때에 이 문제를 다룰 것이다.) 실천 및 상징과 관련해서 우리는 확실한 토대 위에 있다. 글을 쓸 줄 모르거나 글을 읽을 줄 모르는 사람들조차도 특정한 유형의 행동양식들을 당연한 것으로 받아들였고, 특정한 핵심적인 상징들에 충성을 맹세하였다. 우리는 이러한 것들을 연구해서, 그러한 것들로부터 모종의 결론들을 이끌어낼 수 있다. 그러한 결론들에 비추어서, 우리는 그들이 말했던 이야기들이 그들의 세계관을 강화시키고, 유대인과 이교도들의 세계관, 그리고 (종종) 다른 부류의 그리스도인들의 세계관을 전복시키고자 했던 방식들을 재발견해내고자 하는 소망을 가지고 그러한 이야기들을 다시 읽을 수 있다.

2. 실천

초기 기독교와 관련하여 가장 두드러지게 눈이 띄는 사실은 그 엄청난 성장 속도이다. 주후 25년에는 기독교 같은 것은 존재하지도 않았다: 단지 유대 광야에서 살았던 한 젊은 은둔자와 꿈을 꾸고 환상을 보는 약간 어린 그의 조카만이 존재하였다. 주후 125년 무렵에는 로마 황제가 그리스도인들을 처벌하는 공식적인 정책을 수립해 놓고 있었다; 폴리캅은 이미 서머나에서 반 세기 동안 그리스도인으로 살아 왔었다; 아리스티데스(우리가 초기 연대설을 받아들인다면)는 하드리아누스 황제에게 세상에는 야만인, 헬라인, 유대인, 그리스도인이라는 네 가지 종족이 존재한다는 소식을 전하고 있었다; 그리고 저스틴이라 불리는 한 젊은 이교도는 마침내 그를 이교 사상가들 중에서 가장 위대한 인물을 뛰어넘어서 그리스도에게로 인도하게 될 철학적 탐구를 시작하고 있었다.[1]

기독교는 마법을 통해서 확산된 것이 아니었다. 당시의 세계는, 말하자면, 기독교를 받아들일 준비가 되어 있었다고 종종 말을 한다: 스토아 사상은 너무 고상하고 메말랐고, 민간의 이교 사상은 형상학적으로 신빙성이 없었고 도덕적으로 파산지경이었으며, 신비 종교들은 어둡고 음험하였고, 유대교는 율법에 얽매여 내부로 파고들었던 상황에서, 기독교는 모든 사람이 제기하고 있던 질문들에 대한 위대한 답변으로서 역사 무대에 폭발적으로 등장하였다는 것이다.[2] 이러한 설명은 일말의 진리가 있기는 하지만, 역사적 현실을 거의 제대로 다루고 있지 못한 것이다. 기독교는 교만한 이교도들을 불러내어 로마에 의해 처형당했던 유대의 한 촌뜨기에 대한 충성 때문에 고문과 죽음에 맞설 수 있게 만들었다. 기독교는 인종의 테두리를 뛰어넘는 사랑을 주창하였다. 기독교는 성적 방종, 어린이들에 대한 유기, 그리고 이교 세계에서 너무도 당연하게 받아들였던 그 밖의 수없이 많은 것들을 엄격하게 금하였다. 그리스도인

---

1) Aristides, *Apol.* 2(수리아 개정본에서; 헬라어 판본에서는 그의 "네 종족"을 좀 더 통상적인 세 종족으로 수정하였다: 이교도, 유대인, 그리스도인); Justin *Dial.* 2-8.
2) 예를 들면, Caird 1955, 17을 참조하라. 이와 동일한 개념을 조심스럽게 사회학적인 시각으로 보고 있는 것으로는 Meeks 1983, 174f.와 Meyer 1986, 32f.의 논평을 참조하라.

이 되기로 선택하는 일은 평균적인 이교도에게 결코 쉽거나 자연스러운 것이 아니었다. 기독교로 개종한 유대인은 민족 반역자로 취급되기 십상이었다. 다른 사람들보다 잃을 것이 별로 없었기 때문에 개종을 통해서 신분 상승을 노릴 수 있을 것이라고 예상할 수 있었던 노예들조차도 대가를 치르지 않으면 안 되었다: 앞에서 보았듯이, 플리니우스는 초기 기독교 운동에 참여하였던 노예 소녀들을 고문하며 심문하는 것이 타당하다고 생각하였다. 고문을 받으며 심문당하는 일이 주후 2세기의 젊은 여자에게 결코 쉬운 일이었다고 생각할 수는 없을 것이다.

그렇다면 초기 기독교가 이토록 급속하게 확산된 이유는 무엇이었는가? 초기 그리스도인들은 그들이 참되다고 알고 있는 것들이 온 세상과 관련해서도 참되다고 믿었기 때문이었다. 선교의 추진력은 초기 그리스도인들의 확신의 심장부로부터 생겨났다. 문헌 이외의 차원에서 우리가 초기 그리스도인들의 실천에 관하여 뭔가를 알고 있다면, 그것은 초기 그리스도인들이 유대인들과 이방인들에 대한 선교에 열을 올렸다는 것이다. "첫 150년 동안에 지중해 세계에서 기독교 신앙이 걷잡을 수 없이 확장된 것은 초기 기독교 역사를 하나로 꿰는 실이다."[3] 이러한 선교활동은 기본적으로 다른 그 무엇에 "관한"(예를 들어, 새로운 실존적 자의식) 것이었던 신앙의 단순한 첨가물이 아니었다. "기독교는 세계 선교의 발진(發進)을 통해서 더할 나위 없이 본연의 모습이 되었다."[4]

이 점은 우리가 이미 언급했던 자료들 속에서 분명하게 드러난다. 저스틴은 어떤 노인이 자기에게 예수에 관하여 말해 주었다고 기록하고 있다. 플리니우스는 기독교의 독(毒)이 촌락들과 시골에까지 파고들고 있다고 말한다. 이그나티우스는 소아시아 지방 어느 곳을 가든지 교회를 볼 수 있다고 했다. 타키투스는 자기 집 물탱크 속에서 죽은 쥐를 만난 사람 같은 떨떠름한 어조로 세

---

3) Hengel 1983, 48.

4) Meyer 1986, 18. Christopher Rowland 교수는 기독교는 새로운 공동체의 증거들을 보고 거기에 합류하기로 결심한 이교도들에 의해서 확산되었을 것이기 때문에 이 주장은 증거를 넘어서는 것이라고 내게 말했다. 이에 대해 나는 내가 보기에는 증거들은 헹엘과 마이어가 취한 방향을 분명하게 지지해 주고 있다는 말밖에는 할 말이 없다. 또한 Schäferdiek 1991을 참조하라.

계 문화의 온갖 나쁜 것들이 조만간 로마로 운집할 것이라고 평했다.[5] 그리고
잠깐 정경에 나오는 저작들을 보면, 우리는 선교에 관한 말들로 정경이 가득
차 있다는 것을 발견하게 된다: 마태복음의 예수는 제자들에게 온 세상에서
제자를 삼아 세례를 주라고 명령하고 있고, 누가복음의 예수는 그를 따르는
자들에게 예루살렘과 유대와 사마리아와 땅 끝까지 가라는 임무를 수여하고
있으며, 요한복음의 예수는 "아버지께서 나를 보내셨듯이 나도 너희를 보내노
라"고 말한다.[6] 사도행전의 이야기는 초기 그리스도인들의 선교에 관한 이야
기이다. 그리고 우리가 사도행전에 나오는 바울의 모습을 어떻게 생각하든지
간에, 바울 서신들은 바울만이 아니라 상당히 많은 수의 그 밖의 다른 그리스
도인들 — 몇몇 경우에는 상당히 다른 견해들을 지니고 있었던 — 이 세상을
돌아다니며 사람들에게 "또 다른 왕, 이 예수"가 있다는 것을 알리는 것이 그
들의 본연의 일이라고 믿었다는 것을 확증해 준다.[7]

이렇게 세계 선교는 초기 그리스도인들의 실천의 첫 번째이자 가장 분명한
특징이었다. 우리는 초기 기독교 세계관의 여러 측면들을 검토한 후에 다양한
세계 선교의 밑바탕에 깔려 있는 근본적인 이유를 살펴볼 것이다.

그리스도인들은 문들을 잠궈 놓고 그 뒤쪽에서 무슨 짓을 했던 것일까?[8] 주
후 1세기 말과 2세기 초에 수많은 비그리스도인들이 이러한 질문을 던지며
냉소적으로 그리스도인들을 비난하였다는 것은 분명하고, 기독교의 초창기에
도 사정은 다르지 않았을 것이라고 우리는 생각할 수 있다. 당시 사람들은 그
리스도인들이 은밀하게 방탕한 짓들을 행하는 부도덕한 자들이라 생각하였다.
사실 은밀하게 집회를 가졌던 다른 종교들은 정말 그러했다: 그리스도인들이
라고 해서 별다를 것이 있겠는가?[9] 하지만 초기 그리스도인들의 모임의 특징

---

5) 위의 서술을 보라. 이러한 비난은 그 밖의 다른 라틴 저술가들에게서도 자주 되풀이된다: 예를 들어, Sallust *Cat.* 37:5; Juvenal *Sat.* 3:62.

6) 마 28:19; 눅 24:47; 행 1:8; 요 20:21.

7) 행 17:7.

8) 이 모든 것에 대해서는 "작은 예전들"과 세례, 성찬식 같은 중요한 예전들을 구별하는 Meeks 1983, ch. 5을 참조하라.

9) cf. Aristides *Apol.* 15, 17; Justin *1 Apol.* 29, 65-7; *Mart. Pol.* 3:2; *Tac. Ann.* 15:44; Tertullian *Apol.* 4:11, 7:1~8:9, etc.

적인 실천은 초기 변증가들에 의해서 여러 차례 반복해서 강조되었다. 그리스도인들은 개종자들 및 그들의 가족들에게 세례를 베풀고, 성찬식을 거행한다. 플리니우스가 잘 말하고 있듯이, 그들은 "신에게 하듯이 그리스도를 기리는 찬송들을 부른다." 그들은 유대교나 이교에서 지키는 절기들을 지키지 않는다: 전자의 흔적들은 여전히 남아 있고, 후자와 비슷한 것들이 발견되기는 하지만, 예를 들어 저스틴은 세례와 성찬식은 이러한 것들 중 그 어느 것과도 판이하게 구별되는 것이었다는 점을 분명히 밝힌다.[10] 현재의 논의에서 중요한 것은 주후 2세기 중엽에 이미 세례와 성찬식이 종교적 실천의 새로운 형태들로 기독교회에 제2의 천성처럼 정착되어 있었기 때문에, 이것들과 관련된 새로운 질문들과 이론(理論)들이 제기될 수 있었다는 것이다. 세례와 성찬식은 일부 그리스도인들이 이따금씩 행하는 이상한 행위들이 아니라 당시 그리스도인들이 당연한 것으로 받아들였던 제의행위들이자 초기 그리스도인들의 세계관을 구성하였던 그러한 실천의 일부였다. 우리가 『디다케』의 연대를 설정하고자 할 때마다(그 연대는 하드리아누스 황제의 시대, 즉 아무리 늦어도 주후 130년대보다 더 늦지는 않는다), 동일한 문제가 제기된다: 이 저자는 세례와 성찬식이 행해지고 있다는 것을 전제하고, 각각의 예식에서 사용된 말씀들의 형태와 관련하여 몇 가지 제안을 한다.[11] 이것 자체가 흥미롭다; 즉, 이것은 공관복음 전승과 바울 서신에 나오는 여러 기사들이 보여 주듯이, 성찬식을 거행한 것은 다 똑같았지만, 거기에서 사용된 말씀들은 동일하지 않았다는 것을 시사해 준다.[12]

또한 주목할 만한 것은 기독교의 실천의 두 가지 기본적인 형태들인 세례와 성찬식이 첫 세기의 50년대에 이미 당연한 것으로 정착되어 있었다는 사실이다. 바울은 세례를 기정사실로 전제하고, 이로부터 신학적 결론들을 도출해낼 수 있었다(로마서 6:3-11). 또한 바울은 성찬식에 대해서 비슷한 방식으로 묘사하거나 암시하면서(고린도전서 10:15-22), 고린도 교회가 주의 성찬에 함께 참여하기 위하여 주기적으로 모였다는 것을 전제하고서, 그러한 토대

---

10) Justin *1 Apol.* 61f., 65f.

11) *Did.* 7-10.

12) 아래 제14장을 참조하라.

위에서 이교 도시 속에서 그들의 어떤 행동이 적절하고 어떤 행동이 부적절한 것인지에 대한 논증으로 넘어간다. 그러므로 원래의 주의 성찬에 관한 공관복음서에 나오는 전승과 세례를 주라는 명령에 대한 서술들은 복음서 기자들이 이전에 알지 못했던 그 어떤 것을 새롭게 제정하고자 한 시도로 보아서는 안 될 것이다.

선교와 성례전은 둘 다 교회 생활의 핵심이었던 예배 속에서 집중적으로 부각되었다. 초기 그리스도인들은 처음부터 그들이 유대인들과 마찬가지의 의미로 유일신론자들이라는 점을 매우 강조하였다. 그러나 각각의 대목들에서, 특히 신약성서의 가장 오래된 층위에서 우리는 그리스도인들이 이 한 분 참신, 곧 창조주를 예배할 때에 예수의 이름으로 예배를 하고 있다는 것을 발견하게 된다. 물론 이것은 이러한 관행을 합리화하고자 애를 썼던 후대의 교부들에게 온갖 골치 아픈 문제들을 야기시켰다; 그러나 이것은 이에 대한 (종종 괴로운) 신학적 설명들이 아니라 이러한 관행 자체가 처음부터 기독교의 중심적인 특징이었다는 것을 보여 주는 확고한 증거다. 바울은 이교 사상을 명시적으로 반박하는 데 구체적이고도 열렬하게 유일신론적인 히브리 성경의 본문들을 사용하고 있는 구절들을 인용하고 있다: 그리고 그 구절들 한복판에는 예수가 있었다.

이스라엘아 들으라
우리 하나님 여호와는 오직 유일한 여호와이시니.[13]

바울은 이 말씀을 다음과 같이 바꾼다:

그러나 우리에게는 한 하나님
(곧 아버지가 계시니 만물이 그에게서 났고 우리도 그를 위하여 있고)
또한 한 주
(예수 그리스도께서 계시니 만물이 그로 말미암고 우리도 그로 말미암아 있느니라).[14]

---

13) 신 6:4.

이와 동일한 현상은 우리가 알고 있는 거의 모든 초기 기독교에서 볼 수 있다.[15]

선교와 아울러 성례전, 특히 예배는 강력하고 분명한 윤리적 색채를 띠고 있었다. 우리는 이러한 것을 개종자들에 대한 바울의 권면들로부터 참된 삶의 길에 대한 『디다케』의 묘사를 거쳐서 저스틴이 안토니누스 피우스에게 그리스도인들을 공평하게 심문해 보면 그들의 행동거지가 올바른 것이었는지를 알게 될 것이라고 말한 것 속에서 찾아낼 수 있다.[16] 이것은 제1세대 및 제2세대의 권면들이 그 이후의 세대들에게 우리가 너희 이교도들과 얼마나 다르게 행하는지를 보라고 말할 정도로 대단히 성공적이었다는 것을 보여 준다. 앞에서 보았듯이, 그리스도인들은 자녀들을 유기하지도 않았고 성적 타락에 빠져들지도 않았다. 또한 그들은 정부를 전복시키려고 시도하지도 않았으며, 자살을 행하지도 않았고, 특히 통상적인 문화에 의해서 규정된 테두리를 뛰어넘어 서로를 돌보았다 — 사랑과 믿음이 통상적으로 가족과 친구들에게 국한되어 있었던 세계에서 이것은 놀라운 일이었다:

> 그들은 그들을 압제하는 자들의 마음을 풀어 주고, 친구로 만든다: 그들은 원수들을 선대하며 서로를 사랑하고, 과부들을 무시하지 않고, 고아를 가혹하게 다루는 자로부터 구해낸다. 가진 자는 가지지 않은 자에게 나누어 주면서 조금도 뻐기지 않는다. 낯선 사람을 보면, 그들은 그를 자신의 집으로 불러들여서 마치 형제처럼 그를 환대한다: 그들은 서로를 육신에 따른 형제가 아니라 하나님 안에서 및 성령을 따라 형제라고 부른다. 그들의 가난한 자들 중 한 사람이 세상을 떠날 때마다, 그들 각자는 능력에 따라 그에게 신경을 쓰며 세심하게 그의 장사(葬事)를 돌본다.[17]

---

14) 고전 8:6. 이에 대해서는 cf. Wright 1991a, ch. 6. 그 밖의 다른 예들로는 빌 2:6-11; 골 1:15-20(ibid., chs. 4-5에서 다루어진)을 참조하라.

15) cf. Bauckham 1980-1; France 1982; Moule 1982 [1962], 26-32.

16) 예를 들면, 고전 6장; 롬 12장; *Did.* 1-6; Justin *1 Apol.* 1-5.

17) Aristides *Apol.* 15.

물론 우리는 이러한 말들을 무비판적으로 읽어서는 안 된다. 교회는 이와 같이 전적으로 순수하고 고결한 것은 아니었고, 또한 그 원수들은, 변증가들이 말하듯이, 철저히 부패한 자들이 아니었다.[18] 그러나 전체적인 실천에서 이교도들과 그리스도인들 간에는 상당한 차이가 있었다는 것은 의심의 여지가 없다. 상당한 차이가 기대되었다는 것만으로도 주목할 만한 일이라 할 수 있다: 어떤 그리스도인 교사가 그의 회중이 도덕적으로 의무를 다하지 않고 있다고 한탄하고 있다는 사실에서도, 비록 그의 회중이 불순종한 가운데 있기는 하지만, 어떤 규범 의식, 일반적으로 받아들여진 실천이 존재했다는 것을 말해 준다. 그리고 현재의 논의에서 중요한 것은 바로 이러한 전제된 실천이다. 초기 그리스도인들은 그들의 모든 행동에서 그들의 이웃들인 이교도들과 상당히 다르고 분명하게 선을 그을 수 있는 방식으로 구별되어야 한다는 것을 당연한 것으로 여겼다.

초기 그리스도인들의 실천의 두드러진 특징들 중의 하나는 초기 그리스도인들이 하지 않았던 한 가지가 있었다는 것이다. 그 당시까지 세상에 알려져 있던 다른 모든 종교와는 달리 그리스도인들은 짐승을 사용한 희생제사를 드리지 않았다. 물론 일부 초기 유대 그리스도인들은 예루살렘의 희생제사 의식에 계속 참여하긴 했지만, 히브리서가 그들을 경고하기 위하여 기록되었을 가능성을 배제할 수 없다.[19] 일부 이방 그리스도인들은 이교의 신들에게 바치는 희생제사 의식에 틀림없이 참여하였을 것이지만, 고린도전서는 부분적으로 그들로 하여금 그러한 행위를 중단하도록 말하기 위하여 씌어졌을 가능성이 있다. 그러나 그리스도인이라는 본연의 신분으로(qua Christians) 짐승의 희생제사를 드리는 그리스도인은 없었다. 아무도 나사렛 예수 안에서 이제 알려지게 된 신에 대한 예배가 송아지나 어린양의 피를 요구한다고 생각하지 않았다. 이와 관련된 증거들은 분명하고 모호하지 않으며, 그 의미는 엄청나다. 희

---

18) Lane Fox 1986 549-60을 보라.

19) 희생제사에 대한 기독교의 태도에 대해서는 Meyer 1986, 56 n.6을 참조하라. Neusner 1989, 290은 예수 시대로부터 기독교는 성찬식을 성전의 희생제사를 대체하는 희생제사 제도로 보았다고 주장한다. 이러한 주장은 일리가 있지만, 일말의 진리는 커다란 오해 속에 압도되어 있다고 생각된다.

생제사와 관련된 언어가 흔히 사용되기는 했지만 — 그러한 언어가 이교도 및 유대교의 통상적인 언어였기 때문에 이를 피하기는 어려웠을 것이다 — 가장 초기의 기록들을 보면, 그리스도인의 경건과 윤리에 관련된 그러한 언어의 용법들은 전적으로 은유적임이 분명하다.[20] 이교의 신들과 한 분 참 신 간의 구별만이 아니라 각각의 적합한 예배의 종류와 관련된 차이도 처음부터 당연한 것으로 여겨졌다: 또한 유대교 예배와 기독교 예배의 차이(밀접한 유사성 내에서)도 마찬가지였다. 이러한 실천의 차이는 아주 두드러져서, 당시에는 이를 보는 자들마다 현격한 차이를 느꼈을 것임에 틀림없다.

또 하나의 두드러진 실천의 특징은 고난과 죽음에 대한 그리스도인들의 통상적인 태도였다. 이교에도 순교라는 것이 있었다. 이교에서도 흔히 카토(Cato)와 소크라테스 등의 예를 들면서 고상한 자살을 권장하였다.[21] 유대교에도 물론 순교자들이 있었고, 아리스티데스가 『변명』이라는 책을 써 보냈던 하드리아누스 황제 치하에서는 더욱 더 그러했다.[22] 그들이 다시 들려준 이야기들, 필요한 경우에 그들을 본받으라는 권면은 단순히 위인들을 본받으라는 것 이상의 깊은 차원의 의미를 지니고 있었다. 그들은 유대교에서 살아계신 신이 활동하여 이교의 신들을 무찌른 표적들이었다. 초기 그리스도인들은 곧 이러한 이교 및 유대교의 모형들과 대응하는 것을 갖게 되었지만, 그것들은 이 두 가지를 근본적으로 다시 정의한 것들이었다. 여기에서 우리는 윤리에서와 동일한 발전을 본다: 제1세대의 지도자들은 그들의 추종자들에게 기꺼이 고난 받을 각오를 하라고 권면하였고, 그 이후 세대들의 지도자들은 그들의

---

20) 이 규칙을 입증해 주는 예외는 예수의 죽음과 관련하여 희생제사에 관한 언어를 사용하고 있다는 것이다; 물론 거기에는 다른 차원의 은유가 작용하고 있지만.

21) 주전 47년 Thapsus 전투 후에 Cato가 자살한 것에 대해서는 Cary 1954 [1935], 406을 보라: "터무니 없는 악명을 얻어서 악당의 전형이 되어 버린 Cato의 자살은 그가 빠져 있던 스토아 철학의 희생양이었다." 소크라테스는 법정에서 사형을 언도받았지만, 그가 원하기만 했다면, 분명히 목숨을 건질 수 있었다는 사실과 결국 그가 독약을 마시고 죽었다는 사실은 주후 1세기 이교 사상의 세계관 내에서 그의 영웅적인 위치만이 아니라 상징적인 위치도 잘 보여 준다. 예를 들어, Epict. *Disc.* 1:29:29를 보라.

22) 요세푸스는 그의 동포들이 율법을 더럽히느니 차라리 기꺼이 죽음을 맞이할 준비가 되어 있다는 것을 열정적으로 묘사한다: 예를 들어, *Apion* 2:232-5.

사람들이 실제로 그리스도를 부인하기보다는 기꺼이 고난과 죽음을 택하였다
는 사실을 자랑스럽게 지적하였다.[23] 물론 이러한 기록은 흠이 없는 것이 아니
다. 플리니우스는 일부 사람들이 자신의 신앙을 철회하였다고 말한다. 그러나
적어도 네로 시대 이후 수많은 그리스도인들은 그들의 신앙을 지키기 위하여
고문과 죽음을 감수하였다; 그리고 바울의 말에 따르면, 기독교 초창기 시절
에 많은 그리스도인들은 그리스도인으로서의 길을 포기하기보다는 유대 땅과
그 밖의 다른 곳에서 유대인들의 손에 고난을 겪는 쪽을 택하였다.[24] 이러한
태도는 스토아 사상이 말하는 자살(自殺)과는 근본적으로 다르다고 저스틴은
주장한다.[25] 순교와 관련하여 누구보다도 할 말이 많았을 이그나티우스는 이
후의 세대들이 불건전하다고 생각할 수 있는 방식으로 죽음을 자초하였다는
비난을 받을 수 있지만, 그의 말 속에는 자살을 권유할 때에 흔히 인용되는,
"문은 항상 열려 있다"라는 에픽테투스의 말과 같은 뉘앙스를 전혀 찾아볼 수
없다.[26] 기독교 순교자들은 신속하게 상징적인 가치를 획득하였기 때문에, 변
증가들은 순교자들의 영웅적인 모범으로만이 아니라 기독교의 주장이 참되다
는 강력한 증거로 순교의 사실을 근거로 제시할 수 있었다. 따라서 우리는 기
꺼이 고난을 당하고 기꺼이 죽음을 당하려 했던 태도를 이교도들과는 달리
초대 교회에서 당연시되었던 초기 그리스도인들의 실천의 특징들 중의 하나
로 보는 것이 타당하다. 스토아 학파는 어쨌든 삶에 대해서 꽤 냉소적이었다.
그리스도인들은 삶이 선하다는 것을 긍정했지만, 그보다 더 큰 선에 복종하기
위하여 삶을 포기할 준비가 되어 있었다.[27] 마찬가지로 그리스도를 위한 순교
는 토라를 위한 유대인들의 순교를 다시 정의한 것이었다; 한 분 참 신에 대
한 동일한 충성이 그 중심에 자리잡고 있었지만, 그 어떠한 민족적 또는 인종
적 뉘앙스는 없었다.

---

23) 예를 들면, Justin *2 Apol.* 11f.

24) 예를 들면, 살전 2:13-16; 갈 1:13; 4:29; 6:12; etc. Cf. 행 13:50; 14:19; etc.

25) *2 Apol.* 4.

26) 예를 들면, Ign. *Rom.* 4-8; Epict. *Disc.* 1:25:18; 2:6:22; 2:15:6 등을 보라.

27) 나는 Droge and Tabor 1992의 노선과 판이하게 다른 노선을 취한다. 증거들에
대한 그들의 읽기는 너무 선별적이다: 예를 들어, 그들은 그들이 동일한 저작으로부터
증명하고자 하는 내용(139)을 특별히 반증하는 Justin *2 Apol.* 4를 무시한다.

우리는 초기 그리스도인들의 특징적인 실천에 관한 이러한 간략한 서술로부터 모종의 결론들을 도출해내는 것은 나중에 하기로 하자. 그러나 이미 한 가지는 뚜렷하게 드러난다. 그리스도인들의 특징적인 행동들과 활동들은 처음부터 고대 세계에서 새로운 부류의 집단으로 그들을 부각시켰다. 많은 점들에서 그들은 "종교" 같지가 않았다; 그들은 거룩한 성지(聖地)도 없었고, 짐승의 희생제사도 드리지 않았다. 그들은 이 세상에서의 왕국을 꿈꾸지도 않았기 때문에 정치적 집단과도 달랐다. 그들은 한 분 창조주 신에 대한 충성 맹세를 했다는 것과 이교 사상에 대한 유대교의 표준적인 변증을 다시 사용하였다는 점에서 이교도들이 아니라 유대인들과 닮았다. 그러나 그들은 예수를 신이라고 주장했고 인종을 완전히 초월한 사귐(fellowship)을 주장했기 때문에 주류 유대교의 범주에서 완전히 밀려나 있었다. 도대체 이것은 어떤 종류의 운동이었는가? 초기 기독교의 실천에 대한 간략한 연구를 통해서 우리는 아리스티데스가 제대로 보았다는 것만을 말할 수 있다. 그것은 새로운 종류의 운동이었기 때문에, 헬라인, 야만인, 유대인과 어깨를 나란히 하는 새로운 범주를 만들어 냄으로써만 적절하게 묘사될 수 있었다. 그것은 인간이라는 것이 무엇인가를 해석하는 새로운 방식이었다.[28]

3. 상징들

우리는 앞의 여러 장들에서 유대교의 상징들이 유대인들의 세계관 및 그 변형들에 기여하는 실천 및 이야기들과 밀접한 연관 속에서 어떻게 기능하는가를 살펴본 바 있다. 이러한 상징들 — 성전, 토라, 땅, 인종적 정체성 — 은 나름대로의 많은 상징들을 지니고 있었던 이교도들로부터 유대인들을 구별하는 역할을 하였다. 이교도들의 상징들에는 신탁들에 대한 경외, "가이사의 수호신"에 대한 분향 등과 같은 이교 예배에 수반되는 많은 부수물들, 신들과 영웅들과 황제들의 동상들, 특정한 나라의 승리의 메시지를 전한 주화들, 군사적인 힘과 업적들에 대한 찬양, 많은 무리들을 끌어모았고 대중들의 일체감의 구심점이었던 대중오락들(검투경기 같은)이 포함되어 있었다. 초기 그리스도

---

28) 여기에서 나는 Moule 1982 [1962], ch. 3의 주장을 어느 정도 뛰어넘고 있다.

인들의 상징은 이러한 것들과 어떤 식으로 달랐던 것인가?

이에 대한 짤막한 대답은 모든 방식에서 달랐다는 것이다. 초기 그리스도인들은 신탁(神託)을 구하지 않았다. 그들은 가이사에게 분향하기를 거부하였다. 그들은 그들의 신에 대한 신상을 만들지 않았다. 국가가 아니었기 때문에, 그들은 자신만의 주화를 만들어 내지도 않았고, 군대도 조직하지 않았다. 그리스도인들은 통상적으로 검투 경기를 관람하러 가지 않았다.[29]

또한 그들은 유대교 세계관의 상징들을 고수하지 않았다. 우리가 앞에서 언급한, 성전에 대한 그들의 초창기의 모호한 태도는 예수와 교회에 관한 그들의 신앙을 깊이 있게 표현해 줄 은유의 풍부한 원천으로서 성전과 관련된 언어를 사용하는 결과를 가져왔다. 예배와 희생 제사에 관한 언어에서도 이와 비슷한 은유로의 변환과정이 일어났다.

마찬가지로 토라는 재해석되었고, 더 이상 이스라엘을 선민으로 규정하는 법전으로 취급되지 않았다. 모든 것이 그리스도 안에서 성취되었다. 이 점을 나타내 보이기 위하여 종종 상당한 주석적인 재능이 동원되기도 하였다(『바나바서』에서처럼). 중요한 것은 한 분 신의 백성의 조상대대로의 법전으로서 토라의 상징적인 기능은 완전히 사라졌고, 그 대신 새로운 호교론적 기능이 생겨났다는 것이다: 토라, 예언서, 시편을 주의 깊게 읽으면, 참 신이 이스라엘의 이야기 전체를 통해서 그리스도의 오심을 위한 길을 예비하였고, 이스라엘의 이야기는 그리스도의 죽음과 부활에서 그 절정에 도달하도록 의도되어 있었다는 것이 드러난다는 것이다. 유대교 성경에 대한 초기 그리스도인들의 다시 읽기는 가장 특징적인 상징적 행위들 중의 하나로서, 이에 대해 우리는 분명한 증거를 갖고 있다.[30]

마찬가지로 땅도 더 이상 신의 백성의 지리적 정체성의 핵심적인 상징으로서의 기능을 상실하였는데, 여기에는 분명한 이유가 있었다: 새로운 공동체가 유대인, 헬라인, 야만인이 동등하게 참여하는 공동체였기 때문에, 특정한 지역

---

29) cf. Tertullian *de Spect.*

30) 물론 이것은 수많은 문제들을 불러 일으킨다: cf. Moule 1982 [1962], ch. 4과 Hays 1989. 유대인들의 이야기에 대한 기독교적인 다시 읽기에 대해서는 아래 제13장과 제14장을 보라.

608 신약성서와 하나님의 백성

이 다른 지역보다 더 중요한 의미를 지닌다는 것은 말이 되지 않았다. 기독교 초창기에 그리스도인들은 "거룩한 땅"을 정의하거나 옹호하려는 그 어떤 열심을 보였다는 증거를 우리는 찾아볼 수 없다.[31]

특히 신의 백성의 민족적 정체성에 대한 유대인들의 의식은 완전히 사라졌다. (매우 후대의 것인) 『클레멘트 위서』에서 토라와 유대 민족성에 대한 강조를 기독교에서 부활시키려고 했던 이른바 "유대 기독교"의 시도는 분명히 처음 두 세대와는 연속성을 지니지 않는 곁가지 발전이었다.[32] 한편 초기 기독교의 정경 속에 나오는 몇몇 저작들(예를 들어, 바울의 로마서)을 보면, 주후 2세기의 지도자였던 마르키온(Marcion)의 저작과는 다른 방식으로 초대 교회에서 일부 사람들은 기독교를 전혀 비유대적인 운동으로 바꾸기를 원했다는 것을 분명히 알 수 있다 — 물론 이러한 시도는 완강한 저항에 부딪쳤지만. 복음은 모든 사람들, 유대인들과 이방인들 모두를 위한 것이었다.[33]

그러므로 초기 그리스도인들은 유대교나 이교의 통상적인 상징들 중 그 어느 것도 받아들이지 않았다. 그렇다면, 그들은 그런 상징들의 자리에 무엇을 대신 앉혀놓았던 것일까? 이에 대한 대답은 훨씬 나중에야 가능할 것이다; 좀 더 충분히 연구를 진행한 후에야 우리는 어떠한 상징이 어떤 상징을 "대체했고," 그것은 어떤 의미를 지니고 있었는가를 자세하게 말할 수 있기 때문이다. 그러나 시작은 해 볼 수 있을 것이다. 이미 순교자 저스틴의 시대쯤에 하나의 상징이 초기 기독교 운동과 매우 밀접하게 결부되어 있었기 때문에, 저스틴은 모든 그리스도인들이 그것을 암묵적으로 받아들이고 있다는 것을 전제하고서, 호교론의 목적으로 그것에 관한 편향적인 논증을 펼칠 수 있었다. 그 상징은 바로 십자가였다:

---

31) 이 점에 대해서 Meyer 1986, 176(Davies 1974를 따른)은 부정확하다: 예수에 대한 상징은 단순히 성전, 장소, 땅으로부터 가져온 것이 아니다. 예수와 교회는 둘이 합쳐져서 새로운 성전을 이룬다; 그리고 세상이 새로운 땅이다.

32) cf. Hennecke 1965, 532-70; Koester 1982b, 205-7.

33) 바울이 초보적인 마르키온주의를 반박하고 있는 것에 대해서는 로마서 11:11 이하를 보라. 특히 이레나이우스와 터툴리안이 반대했던 마르키온에 대한 표준적인 저작은 여전히 Harnack 1924이다; Koester 1982b, 328-34에 나오는 마르키온에 동정적인 서술을 보라.

이것[십자가]은 그의[그리스도의] 능력과 통치의 가장 큰 상징이다: 이 점은 우리의 눈에 들어오는 모든 것들에 의해서 입증된다. 세상의 모든 것들이 이러한 형태 없이 운용되거나 어떤 공동체를 이룰 수 있는지 없는지를 생각해 보라. 바다에서 안전하게 항해할 수 있도록 해 주는 것이라고 불리는 이 형태가 없다면 바다를 건널 수가 없고, 땅도 경작할 수 없다. 곡괭이와 기계들은 이러한 형태를 가진 도구들이 없다면 제대로 작동하지 않는다. 그리고 인간의 모습은 곧바로 서서 양손을 좌우로 뻗친 바로 그 모습을 통해서 이성이 없는 짐승들의 모습과 다르다 … [34]

저스틴이 십자가에 관한 논점을 지나치게 확대하고 있다는 사실은 십자가라는 상징이 이제 막 태동한 기독교에서 지니게 되었던 위상을 잘 보여 준다. 만약 스무 번의 "기독교" 세기들을 지나온 우리가 이것을 어느 정도 자연스럽거나 당연한 것으로 받아들인다면, 우리는 십자가 처형은 비록 로마 세계에서 흔하게 행해지긴 했지만 지독히 끔찍한 것이었기 때문에 예의를 존중하는 모임에서는 거론조차 되지 않았다는 것을 상기할 필요가 있다: "로마 세계에서는 십자가 처형이 끔찍하고 혐오스러운 것이라는 데 대체로 의견을 같이 했다."[35] 저스틴도 십자가에서 처형당한 인물을 숭배한다는 것이 곧 미친 놈 소리를 들을 것이라는 것을 잘 알고 있었다.[36] 단순히 바울만이 십자가의 도를 "어리석은 것"으로 본 것이 아니었다(고린도전서 1:18): 그 이후의 그리스도인들의 여러 세대들은 이러한 취지의 비난을 귀가 따갑도록 들어야 했다. 그렇지만 몇 가지 중요한 예외들을 제외하고는[37] 그리스도인들은 이 이야기를 조금도 누그러뜨리려 하지 않았다. 오히려 그들은 이 역설적인 진리가 세상을

---

34) Justin, *1 Apol.*, 55. Cf. Minucius Felix, *Octavius*, 29:6-8. 이 구절에 나오는 Minucius Felix와 *Apol.* 16:6-8에 나오는 Tertullian이 십자가를 숭배한다는 비난에 맞서서 그리스도인들을 옹호할 필요가 있었다는 사실은 십자가가 이미 주요한 상징으로 알려져 있었다는 것을 보여 준다.

35) Hengel 1977, 37. 이 책 전체를 이 주제와 관련하여 읽을 필요가 있다.

36) *1 Apol.* 13. Cf. Ign. *Eph.* 18:1.

37) Q자료는 도마복음서와 마찬가지로 그 신학 속에 십자가가 들어설 여지가 전혀 없었다는 주장이 종종 제기된다. 아래 제14장을 보라.

구원할 것이라고 믿었다. 순식간에 십자가는 그리기 쉽고 한 번 들으면 잊혀지지 않으며 예수를 가리킴과 동시에 그를 따르는 자들에게 여러 가지 의미를 지닌다는 점에서 풍부한 의미를 지니는 기독교의 중심적인 상징이 되었다.

이 중심적인 상징과 더불어 조금 덜 두드러지기는 하지만 결코 덜 강력하지는 않은 그 밖의 다른 상징들이 출현하였다. 초기 기독교 선교는 단순히 실천의 핵심적인 측면일 뿐만 아니라 높은 상징적 가치를 지니고 있었다. 왜냐하면 선교는 예수가 세상의 참된 주로 즉위하여 모든 사람으로부터의 충성 맹세를 요구하고 있다는 전제하에서만 의미가 있었기 때문이다. 따라서 온 세상을 향한 선교는 유대교의 상징 세계 속에서 땅이 차지하고 있던 위치를 점하고 있었던 것으로 보인다. 여러 지역 및 지역을 초월하여 설립된 교회는 동일한 사고를 지닌 자들의 편리한 모임 장소일 뿐만 아니라 강력한 상징이기도 했다. 이 가족의 일부가 되는 것은 인종과 국적을 초월하여 창조주 신에 의해서 부르심 받은 새로운 인간 가족의 일부가 되는 것이었다. 따라서 교회는 인종, 계층, 성별이라는 전통적인 경계들을 뛰어넘어 이스라엘의 상징 세계 속에서 (유대인들의) 인종적 정체성이 점하고 있던 위치를 차지하고 있었던 것으로 보인다. 또한 신약성서, 『디다케』, 사도 교부들의 저작들 속에서 다양한 형태로 생겨난 개인행동에 관한 규범들은 적어도 토라의 상징적 지위를 어느 정도 대신하였다. 초기 그리스도인들은 특정한 인종과 민족의 경계를 긋는 행동규범이 아니라 어느 민족에 속해 있든 모든 참된 인간에게 적절한 행동규범을 다양한 방식으로 표현하였다.

끝으로 유대교의 지리적·신학적 중심이었던 성전 대신에 초기 그리스도인들은 예수를 창조주 신의 살아 계신 임재를 구현한 자라고 말하였고, 예수 자신의 영을 초대 교회의 삶과 모임 속에 그 신이 지속적으로 임재하게 만드는 존재라고 말하였다. 그들은 이러한 상징체계의 변화가 그들로 하여금 "신"이란 말의 의미조차도 새로운 방식으로 정의하지 않을 수 없도록 만들고 있다는 것을 이내 깨달았다. 이것은 그들로 하여금 적절한 때에 고린도전서 8:4-6과 15:1-8 같은 초기의 신조(信條)들로부터 창조주이자 구속주인 신을 유대인들의 이야기의 관점에서 말하는 완전한 형태의 신조들을 만들어 내게 하였다: 창조와 구속은 예수 안에서 성취되었고, 신의 영에 의해서 적용되었다. 바로 이러한 맥락 속에서 우리는 유대교의 성전 이미지들이 예수와 교회에 대규모

로 전환된 사실을 쉽게 이해할 수 있다.[38]

또한 이러한 맥락 속에서 신조를 가리키는 라틴어 명칭이 심볼룸(symbolum)이라는 것도 결코 우연이 아니다. 초기의 신조들, 그리고 그 신조들의 밑바탕에 부분적으로 있는 세례 때의 신앙고백들은 호기심 어린 지성을 만족시키기 위한 추상적인 신학화의 작은 단편들이 아니라, 이 공동체를 그들이 믿는 신이라는 견지에서 다른 공동체들로부터 구별시켰던 상징들이자 표지들이었다.[39] 처음부터 기독교의 신조들은 "이해를 추구하는 신앙"이 아니라 "정의를 추구하는 공동체"와 관련된 문제였다 — 그리고 그것을 참 신에 관하여 그들이 믿었던 것 속에서 발견하였다. 이제 예수와 신의 영을 통해서 알려지게 된 신에 대한 신앙을 진술하고 있는 말들은 초기 기독교의 상징 세계 속에서, 유대교 내에서는 토라의 표지들 — 할례, 음식법들, 안식일 — 이 차지하고 있었던 위치를 점했다. 우리는 이러한 과정을 현존하는 가장 초기의 기독교 문헌들에까지 거슬러 올라가 볼 수 있다.[40]

그러므로 기독교 "신학"은 신앙, 예배, 세례, 성만찬이라는 배경 속에서 탄생하고 자라났으며, 이 신을 예배하는 공동체를 다른 신들을 예배하는 공동체들과 구별할 필요성으로 인해서 표출되었다. 누구나가 신들 또는 그들의 특정한 신에 관하여 의견의 일치를 보인다면, 신학은 필요가 없을 것이다. 기독교 이전의 유대교 속에서 이러한 신학에 가장 가까운 예는 지혜문학 저자들의 반이교적인 변증에서 찾을 수 있을 것이다. 그러나 초기 기독교에서와 같이 신에 관한 문제가 논란의 초점이 될 때, 형이상학이 아니라 선교와 더 밀접하게 결부된 활동, 사변이 아니라 고난과 연관된 활동으로서의 신학은 불가피하였다. 기독교의 발전 과정 속에서 추상적인 철학이나 주관적인 학문연구로서가 아니라 교회의 내적 삶의 일부로서 신학의 위치와 지위는 처음부터 확증된다.[41]

38) 예를 들면, 고전 3:16f.; 6:19; cf. 롬 8:9; Ign. *Eph.* 9:2; 5:3; *Magn.* 7:2.

39) 주후 4세기의 학자였던 Rufinus의 설명을 부분적으로 따르고 있는 Kelly 1971 [1950], 52-61을 보라.

40) 예를 들면, 그리스도인을 이교도 및 유대인 모두로부터 구별하고 있는 고린도전서 8:6; Meeks 1983, 165-70; Wright 1991a, ch. 6을 보라. 여기서 도출되는 칭의에 관한 신학에 대해서는 아래 제15장을 보라.

이러한 일련의 상징들의 목록에 우리는 한 가지 특징을 더 첨부해야 한다. 앞에서 보았듯이, 아주 초기부터 기독교에는 순교자들이 있었다. 그들은 단순히 위대한 인물들로 추앙받은 것이 아니었다. 그들의 존재 자체는 십자가라는 중심적인 상징이라는 견지에서 해석되어서 상징적인 가치를 신속하게 획득하였다. 순교는 마카베오 시대의 유대교에서와 마찬가지로 죽음보다 더 강한 생명을 증언하는 행위였다.

4. 질문들

초기 기독교의 상징들에 대한 이와 같은 간략한 검토는 특히 초기 기독교 예술에 대한 고찰을 통해서 훨씬 더 많은 것으로 채워질 수 있다는 것은 물론이다. 그러나 철저히 새로운 세계관의 윤곽을 보여 주는 것은 이 정도로 충분하다. 우리는 이제까지 살펴본 실천과 상징들을 그것들이 아주 분명한 대답들을 제시하고 있는 암묵적인 세계관과 관련된 질문들과 연결하여 생각하여 보면 이 점을 더 분명하게 볼 수 있게 된다. 이런 종류의 방식들로 세상 속에서 행하는 것을 당연한 것으로 여기고, 세상을 이런 상징들의 렌즈를 통해서 보는 사람들은, 다음과 같은 핵심적인 질문들에 대한 특정한 대답들을 보여 주는 자기 자신과 세상에 관한 어떤 것들을 믿고 있음이 분명하다.[42]

우리는 누구인가? 우리는 새로운 집단, 새로운 운동이다. 하지만 우리는 아브라함, 이삭, 야곱의 신, 곧 세상의 창조주인 신의 참된 백성이라고 주장하기 때문에 사실 새로운 것이 아니다. 우리는 창조주 신이 이스라엘을 통해서 그동안 내내 준비해 왔던 백성이다. 따라서 우리는 그런 정도로 이스라엘을 닮았다: 우리는 이교도들과 같은 다신론자들이 아니라 철저히 유일신론자들이

41) 이것은 바울은 결국 최초의 "신학자"였는가에 관한 Peterson의 질문에 대한 대답이 될 수 있을 것이다 — 그는 "바울 당시에는 신학자라 부르는 특별한 사회적 역할이 존재하지 않았다"고 말한다(Petersen 1985, 201과 n.4). 바울이 실제로 최초의 신학자였든 아니든, Justin과 터툴리안 같은 변증학자들의 작품이 분명히 보여 주듯이, 급속하게 기독교의 특징이 되었던 "신학"과 신학이 이 운동 내에서 차지하게 된 위치는 초기 기독교의 상징적 우주의 내적 논리로부터 생겨났던 것으로 보인다.

42) 위의 제5장을 보라.

고, 이스라엘의 전승들을 존중한다는 점에서 이교 세상과 구분되며, 십자가에 못 박히신 예수와 신의 영, 유대인과 이교도들을 갈라놓았던 전통적인 경계표지들을 초월한 사귐이라는 점에서 유대교 세계와도 구별된다.

우리는 어디에 있는가? 우리는 우리가 예배하는 신에 의해서 만들어진 세상, 그렇지만 이 참되고 유일하신 신을 아직 인정하지 않는 세상 속에 살고 있다. 그러므로 우리는 기껏해야 진리를 희화화(戲畵化)한 것에 불과한 우상들을 섬기고, 따라서 실상을 얼핏 보기는 하지만 끊임없이 그 실상을 왜곡하는 사람들에게 둘러싸여 있다. 인류는 전체적으로 그들 자신의 신들에게 묶여 있어서 인간을 비인간화시키고 타락시키는 다양한 행동 패턴들로 끌려 다니고 있다. 그 결과 우리는 그들이 희미하게 알고 있는 것, 즉 참된 인간이 되기 위한 다른 길이 있다는 것과 신의 아들 예수에 관한 참 신의 메시지를 통해서 절대 권력에 대한 그들의 주장에 의문을 제기하고 있다는 것을 현재의 권력자들에게 상기시키기 때문에 핍박을 받는다.

무엇이 잘못되어 있는가? 이교 사상의 세력들이 여전히 세상을 지배하고 있고, 종종 교회에까지 그 힘을 뻗치고 있다.[43] 외부로부터는 핍박들이 일어나고, 내부로부터는 이단들과 분열들이 일어난다. 이러한 악들은 종종 "사탄" 또는 여러 귀신들과 같은 초자연적인 존재들의 짓으로 돌려질 수 있다. 개개 그리스도인 안에서도 복속시켜야 할 세력들이 활동하고 있고, 죽여야 할 정욕들이 있으며, 겸손을 배울 필요가 있는 파벌 의식이 존재한다.

해법은 무엇인가? 이스라엘의 소망은 실현되었다: 참 신은 이교의 신들을 무찌르고, 세상을 악으로부터 구원하기 위한 도구인 새로운 백성을 만들어 내기 위하여 결정적으로 역사하였다. 이 일을 신은 참된 왕, 예수, 유대인들의 메시야를 통해서, 특히 그의 죽음과 부활을 통해서 이루어 내었다. 이 동일한 신이 자기 백성 속에 있는 그의 영을 통한 지속적인 사역을 통해서 이 승리를 이루어가는 과정은 아직 완결되지 않았다. 언젠가는 왕이 다시 돌아와서 세상을 심판하고 현재의 세상질서 속에 있는 나라들과는 다른 차원의 나라를 세울

---

43) 여기에서 "무엇이 잘못되었는가"에 대한 초기 기독교의 주된 대답은 유대인들이 교회를 핍박했다는 것을 제외하고는 유대교에 관하여 별 할 말이 없었을 것이라는 점을 유의할 필요가 있다.

614 신약성서와 하나님의 백성

것이다. 이런 일이 있을 때, 그리스도인으로 죽은 자들은 부활하여 새로운 몸을 입고 살아가게 될 것이다. 현재의 권세들은 예수를 주(主)로 시인하지 않을 수 없게 될 것이고, 공의와 평화는 마침내 승리를 거두게 될 것이다.[44]

자, 이 정도로 하고 이제 재고조사를 해 보자. 우리는 기독교회의 첫 세기를 재구성하는 데 모든 역사가들이 이정표로 삼을 수 있는 몇몇 확고한 거점들을 마련하였다. 우리는 이런 확고한 거점들과 나란히 이 시간 구도 내에서 특정한 시기들을 반영하고 있는 몇몇 저작들이 있다는 것을 보았다: 50년대의 바울의 저작들, 대략 110-20년의 이그나티우스의 저작들, 120년과 160년 사이의 아리스티데스와 저스틴의 저작들. 정경이든 아니든 다른 문헌들을 끌어들이지 않고, 거의 전적으로 이러한 저작들에 의거해서 우리는 초기 기독교의 실천과 상징들, 그것이 세계관과 관련된 핵심적인 질문들에 대하여 제시하는 암묵적인 대답들 속에서 볼 수 있는 초기 기독교 세계관에 대한 실질적인 개관을 이미 밝혀 놓았다. 이제는 세계관이라는 다이아몬드 플랫폼 중에서 네 번째 부분으로 옮겨갈 차례다. 초기 그리스도인들은 어떠한 이야기를 하였는가? 그들은 어떻게 자신의 세계관을 표현하였는가? 그렇게 함으로써 그들은 어떤 다른 이야기들을 전복하려 하였는가?

---

44) 장래의 심판과 구원에 대한 이러한 신앙은 기독교의 처음 여러 세기에 걸쳐서 저술가들이 고수하고 있었는데, 한 세대가 끝났을 때 이런 일이 성취되지 않았다는 것에 대해서 의문을 제기했다는 흔적은 전혀 보이지 않는다. 제15장을 보라.

제 13 장

초기 기독교의 이야기들(1)

1. 들어가는 말

실천과 상징들은 세계관에 관하여 우리에게 많은 것을 말해 주지만, 이야기들은 그러한 것들보다 세계관에 대하여 훨씬 더 많은 것을 보여 준다. 초기 그리스도인들은 어떤 종류의 이야기들을 하였고, 이러한 이야기들은 우리가 지금까지 개략적으로 살펴본 세계관과 어떻게 맞아 떨어지는가? 이것은 방대한 주제로서 그 자체만으로도 몇 권의 책이 필요할 정도로 큰 주제이기 때문에, 우리는 이 주제를 다루는 데 두 개의 장을 할애하고자 한다. 이 장에서 우리는 먼저 신약성서의 표면에서 만나게 되는 몇몇 큰 이야기들을 살펴보고, 다음 장에서는 그 이면들을 살펴서 이 큰 이야기들을 구성하고 있는 작은 이야기들을 발굴해내고자 한다. 이러한 순서를 역으로 뒤집어서 연대적으로 이른 시기의 것인 작은 이야기들로부터 시작하고자 하는 유혹이 없는 것이 아니다. 그러나 그러한 유혹은 물리쳐야 한다. 왜냐하면 이미 알고 있는 것부터 시작해서 잘 모르고 있는 것으로 나아가는 것이 훨씬 더 유리하기 때문이다. 우리에게는 누가복음과 사도행전, 마태복음, 마가복음, 요한복음, 그리고 분명한 서사적 하부구조들을 지니고 있는 바울 서신들과 같은 그 밖의 다른 책들이 있다. 우리는 이러한 것들을 독립적으로 읽을 수 있다. 그러나 우리에게는 Q 자료는 없고, 복음서 전승의 대부분을 차지하는 이야기들의 본래의 형태들이 현존하지 않는다는 것은 두말할 필요도 없다.

이 장과 다음 장은 본서 및 본서가 서론에 해당하는 좀 더 큰 프로젝트의 전체적인 논증 속에서 두 가지로 중요한 역할을 담당한다. 첫째, 이 두 장은 초기 그리스도인들의 세계관 속으로 들어가고자 하는 이 단원의 목적과 관련해서 아주 중요하다. 기독교의 첫 백 년 내에 이와 같은 책들이 기독교 운동 내에서 출현하였다는 사실은, 우리에게 안목만 있다면, 초기 기독교의 세계관에 관하여 엄청난 것들을 말해 줄 수 있다. 둘째, 이러한 이야기들은 크든 작든 예수의 생애와 관련된 거의 유일한 자료들이다. 그러므로 특히 다음 권을 준비하는 본서의 기능의 일부로서 우리가 이러한 이야기들을 말하고 다시 말하고 전수해서 마침내 글로 옮겨 썼던 사람들의 세계관을 밝혀 주는 것으로서만이 아니라 비판적인 역사가에게 예수 자신에 관한 핵심적인 정보를 제공해 주는 것으로서의 이러한 이야기들의 성격을 이해하는 것도 아주 중요하다. 후자의 과제는 전자를 거쳐서 이루어진다. 바로 이것이 이 장에서 신약성서에 나오는 큰 이야기들을 있는 그대로 살펴서, 역사적 재구성을 위하여 마찬가지로 중요한 일련의 층위들을 구성한다고 생각되어온 현존하는 또는 가설적인 몇몇 자료들을 연구하는 것이 중요한 이유이다.

우리는 앞의 두 장에 걸쳐서 초기 기독교와 관련된 확고한 거점들을 마련한 바 있다. 앞으로의 이 두 장은 그러한 것들과 나란히 놓을 수 있는 또 하나의 것에 주목하고자 한다. 초기 그리스도인들은 이야기꾼들(story-tellers)이었다. 고대 세계에는 많은 철학들이 존재했지만, 그것들은 이야기들에 큰 관심을 갖지 않았다(물론 오늘날의 끈질긴 서사학자들은 그러한 것들 속에서도 끊임없이 이야기들을 읽어내려고 하고 있지만). 예를 들어, 스토아 학파의 저작들은 대부분이 금언(金言)들과 이따금씩 등장하는 논평(論評, obiter dicta)들로 이루어져 있고, 일화 또는 비유로 된 짧은 이야기들이 예화 형식으로 종종 등장할 뿐이다.[1] 초기 그리스도인들의 경우에는 이야기들은 명백히 그들의 존재와 행위의 본질적인 부분이었다 — 나는 이 점을 이 장과 다음 장에서 논증하고자 한다. 이교도들의 금언 모음집과 비견될 수 있는 몇몇 초기 자료들이 존재한다는 것은 사실이지만, 서사가 압도적인 부분을 차지한다.

한 책 전체를 차지하고 있는 긴 이야기들을 다루는 이 장은 편향적인 서술이 될 수 있다. 각 책과 관련된 2차 자료는 흔히 거대한 배들이 두터운 안개 속을 지나면서 상대방 배의 화물과 행선지에 대해서는 전혀 모른 채 오직 서

---

1) Epictetus가 그 분명한 예다.

로에 대해서 희미하게만 알고 스치듯이 지나가는 상반된 문제들과 수많은 논 거들로 가득 차 있어서 방대하고 다루기 힘들다. 우리는 여기에서 모든 역사 적 지식의 필수적인 순환에 관한 문제에 직면한다.[2] 우리는 예수에 관하여 뭔 가를 발견해내기 위하여 초기 그리스도인들의 이야기들 자체를 연구할 필요 가 있다: 그러나 예수에 관하여 뭔가를 전제할 때에만 우리는 그러한 이야기 들을 심도 있게 연구할 수 있다.[3] 그러므로 현재로서 우리가 제시할 수 있는 모든 것은 예비적인 읽기이다. 우리는 이 프로젝트의 나중에 가서 좀 더 완전 한 서술을 하게 되기를 바란다.

그러면 어디에서부터 시작을 할 것인가? 초기 기독교 문헌과 관련해서 가 장 명확한 지점은 누가의 저작이다.[4] 모든 진영으로부터 동일한 저자의 것으 로 인정받고 있는 누가복음과 사도행전은 신약성서 전체의 약 2/5를 차지하 고 있기 때문에, 바울 서신 전체 분량보다도 더 많다. 초기 기독교 문헌에서 순전히 분량만 따진다면 누가의 저작과 맞먹는 것은 헤르마스(Hermas)의 저 작들뿐이지만, 명상들과 환상들의 모음집인 헤르마스의 저작을 누가복음 및 사도행전과 나란히 동일선상에 놓는다는 것은 무모한 짓이다. 아울러 우리는 이야기들을 고찰하고 있는 것이기 때문에, 하나의 이야기 — 물론 두 개의 이 야기일 수도 있지만 — 를 명시적으로 말하겠다고 밝히고 있는 저자로부터 시 작하는 것이 좋겠다.

우리는 본서에서 요세푸스의 저작에 상당한 시간을 할애하였다. 누가와 요 세푸스는 거의 동시대 사람이었다: 두 사람은 거의 동시에 로마에서 글을 썼 다. 그들의 분명한 차이들에도 불구하고 그들이 설정한 주제는 서로 비슷하였 다. 장르 같은 추상적인 문제들을 고찰하기 전에, 이 두 사람의 저작을 나란히 놓고 그러한 병치(竝置)로부터 무엇을 배울 수 있는지를 보면, 우리는 거기에

---

2) 위의 제2장과 제4장을 참조하라.

3) 이것이 의심스럽다면, 독자들은 Bultmann 1968 [1921]에 나오는 아무 페이지나 펼쳐 보라. 단락단락들마다 예수의 사역 속에서 무엇이 행해졌고 또는 행해지지 않았는 지에 관한 전제가 초대 교회에 관한 가설을 구축하는데 토대가 되고 있다.

4) 본서 전체를 통해서 나는 복음서 기자들의 실제적인 정체성에 관한 그 어떤 전제 도 하지 않고 있고, 단지 편의를 위해서 전통적인 이름들을 사용할 뿐이다. 나는 이 문제 를 다른 곳에서 더 자세하게 다루게 될 것이다.

서 많은 것을 얻을 수 있을 것이다.

2. 누가와 그의 이야기들

(i) 이상한 비교?

누가는 흔히 요세푸스와 비교되어 왔다.[5] 이러한 비교는 거의 전적으로 그들이 사용한 언어 및 세부적인 내용과 관련된 것들에 집중되었는데, 이러한 시도는 그 자체로 흥미롭긴 하지만 좀 더 큰 그림을 고려하지 못하고 있는 것이다. 그들의 작품을 전체적으로 보면, 이러한 비교가 시도되어야 할 적어도 네 가지 이유가 있다:[6]

a. 요세푸스는 그의 두 권의 대작을 통해서 결정적으로 중요한 시기에 이르기까지의 이스라엘에 관한 이야기를 우리에게 들려준다. 그는 『유대 전쟁기』를 통해서 이스라엘의 초기 역사를 대강 훑은 다음에 신속하게 전쟁이 발발하기까지의 경과를 집중적으로 다룬 다음에 전쟁 자체를 아주 꼼꼼하고 끔찍할 정도로 자세하게 묘사한다. 말하자면, 그는 확대된 서론을 지닌 수난 이야기 (전쟁 자체)를 쓴다. 누가 그에게 왜 그렇게 했느냐고 물었다면, 요세푸스는 분명한 대답을 했을 것이다: 그는 비록 전쟁에도 불구하고, 유대인들은 반역의 백성이 아니라 평화를 사랑하는 백성임을 드러내고자 했다고. 어떤 사람이 요세푸스는 과연 이스라엘 역사의 초창기에 관심을 가지고 있었는가를 의심한다면, 그들은 그의 후기 작품인 『유대민족 고대사』를 볼 필요가 있다. 『유대민족 고대사』에서는 비록 이스라엘 역사의 초창기에 대한 서술이 아주 자세하게 나오긴 하지만 궁극적인 관심은 여전히 유대 전쟁이 일어나게 된 배경에 맞춰져 있다. 유대 전쟁에 앞선 여러 재난들은 바로 이 전쟁이라는 재난을 예

---

5) 예를 들면, Hubbard 1979; Schreckenberg 1980 (자세한 참고문헌); Downing 1980a, 1980b, 1982, 그리고 Hemer 1989, 63-100, 371-3에 나오는 논의를 보라. 기본적인 연구서들로는 Krenkel 1894; Schlatter 1960 [1931], 562-658이 있다. 나는 이 주제에 대한 유익한 논의에 대해서 Barbara Shellard 여사에게 감사한다.

6) Downing 1980a, 1980b는 요세푸스와 누가를 전체적으로 비교하고 있지만, 주로 그들의 편집 방법론에 초점을 맞추고 있다. 나의 제안들은 그의 주장과 어느 정도 유사하다.

비하는 것이었다. 이 사건은 이스라엘의 역사가 진정으로 무엇이었는지를 보여 주는 사건이다.

누가복음은 『유대민족 고대사』가 아니라 『유대 전쟁기』와 유사하다. 누가복음은 그가 쓰는 이야기를 이스라엘의 긴 역사 속에 접합시키는 데 관심을 갖는다: 처음 두 장은 당시의 헬라어 판본들 중의 하나를 통해서 알 수 있었던 그 역사를 확고하게 염두에 둔 사람만이 이해할 수 있다. 서사 자체 속에서 여러 차례 독자들은 누가가 쓴 이야기가 절정을 이루는 이스라엘에 관한 그 기나긴 이야기를 상기하도록 요구받는다. 표현이 좀 지나치고 부정확할지는 모르지만, 누가는 요세푸스나 마가와 같이 확대된 서론을 지닌 긴 수난 이야기를 쓰고 있고, 이러한 관점에서 독자는 절정을 이루는 특정한 사건을 이해할 수 있다.[7] 누가는 『유대민족 고대사』에 상응하는 글을 쓴 것이 아니었다. 그러나 그는 자기가 원했다면 그러한 글을 쓸 수도 있었다는 것을 아주 분명하게 보여 준다: 방금 일어난 사건들은 이스라엘의 이야기 전체가 결국 도달하게 되어 있었던 종착지점이라고 그는 말한다.[8]

이렇게 누가의 이야기가 예수의 죽음에 초점을 맞춤으로써 요세푸스가 예루살렘 멸망에 초점을 맞추고 있는 것과 밀접한 병행을 형성하고 있지만, 누가는 예루살렘의 멸망도 알고 있었다(예언으로 알고 있었는지, 또는 과거의 사건으로 알고 있었는지는 우리가 여기서 논할 수 없다). "너희가 회개치 않으면 너희도 망하리라.": 이 말은 누가복음의 예수의 말씀이지만(13:3, 5), 반도(叛徒)들에게 무기를 내려놓고 조상들의 전승들에 대한 충성의 다른 모형을 제시한 그의 말을 따르라고 강력하게 촉구하는 요세푸스의 말이 될 수도 있었다.[9] 누가의 서사(敍事)는 이런 의미에서 요세푸스의 단일한 절정과는 달리 이중의 절정을 지니고 있는데, 이것이 핵심의 일부라고 나는 생각한다: 누가의 서사 세계 안에서 볼 때에 미래에 일어날 것으로 언급되고 있는 성전의 멸망은 예수의 죽음과 밀접한 병행관계 속에 놓여진다. 이 점과 관련해서 누가

---

7) Burridge 1992, 201f.는 복음서들에 나오는 서로 다른 내용이 어느 정도의 비율을 차지하고 있는지를 논하고 있다.

8) 눅 24:26f. 44.

9) *Life 110, etc.*

와 요세푸스 간의 차이는 누가가 제시하고 있는 신학적 취지에 대한 강력한 실마리가 된다.

b. 요세푸스는 이스라엘의 역사가 이상하고 어둡고 예기치 않은 결말을 맞았다고 주장한다: 이스라엘의 신이 로마인들에게로 넘어가 버렸다.[10] 이스라엘을 역사 내내 돌봐주었던 섭리가 마침내 이스라엘의 죄로 인하여 이스라엘을 버렸고 성전을 황폐케 하였다. 이 신, 창조주는 로마를 세상의 수장(首長)이라는 지위로 올려놓았다. 호전적인 유대인들은 그들의 성경 속에서 세상의 통치자가 유대 땅에서 나올 것이라고 말하고 있는 예언들을 읽어내었다:[11] 요세푸스에 의하면, 이러한 예언들은 유대 땅에서 그의 군대에 의해 황제로 추대받은 후에 로마로 가서 나라를 장악했던 베스파시아누스를 가리키는 것이었는데, 요세푸스는 이후에 바로 이 베스파시아누스가 다스리는 나라로부터 후원을 받았다.[12]

누가는 다니엘의 예언들에 관하여 모든 것을 알고 있었고, 그 예언들을 스스로 사용하였다. 나는 사도행전 1장에 나오는 예수의 승천에 관한 이야기는 다니엘서 7장을 상당 부분 활용한 것일 가능성이 매우 크다고 생각한다: 예수는 구름을 타고 높이 들어 올려져서 옛적부터 계신 이의 우편에 앉혀진다. 그 결과 예수는 이스라엘이 그토록 오랫동안 열망했고, 이제 모습은 비록 다르지만 보게 된 그 나라, 세상의 통치권을 수여받았다. 사도행전 1:6-9에 나오는 제자들의 질문과 예수의 대답은 요세푸스의 경우와 마찬가지로 예언에 대한 변형된 읽기를 반영하고 있다. 먼저 통상적인 유대인들의 기대를 반영하는 질문이 나온다:

그들이 모였을 때에 예수께 여쭈어 이르되 주께서 이스라엘 나라를 회복하심이 이때니이까 하니.

---

10) *War* 2:390: :362-74, 376-8, 412, etc.

11) 우리가 제10장에서 논했듯이, 요세푸스는 다니엘 2장, 7장, 9장을 언급하고 있을 가능성이 대단히 크다(위의 서술을 보라).

12) cf. 예를 들면, *War* 3:399-408.

예수는 그 기대가 옳다는 것을 재확인해 주지만, 해석을 변경한다:

이르시되 때와 시기는 아버지께서 자기의 권한에 두셨으니 너희가 알
바 아니요 오직 성령이 너희에게 임하시면 너희가 권능을 받고 예루살렘
과 온 유대와 사마리아와 땅 끝까지 이르러 내 증인이 되리라 하시니라

이것은 다니엘서 7장에 약속된 나라와 직접적으로 결부되어 있는데, 이는
그 다음 절에서 예수가 신원을 받고 나라를 수여받는 인자를 묘사하는 언어로
서술되고 있기 때문이다:

이 말씀을 마치시고 그들이 보는데 올려져 가시니 구름이 그를 가리어
보이지 않게 하더라.

예수는 유대 땅에서 주(主)로 높이 들림을 받은 후에 로마에서 주로 선포된
다. 누가의 서사(敍事)는 계속해서 베스파시아누스가 아니라 "또 다른 왕"(행
17:7, 개역에서는 "다른 임금")이 역경과 투쟁과 분란과 재난을 거쳐서 마침
내 베스파시아누스 같이 수도에 도달하게 되는 경과를 선포한다:

바울이 온 이태를 자기 셋집에 [즉, 로마에] 머물면서 자기에게 오는
사람을 다 영접하고 하나님의 나라를 전파하며 주 예수 그리스도에 관한
모든 것을 담대하게 거침없이 가르치더라.[13]

이 짤막한 결론부의 진술은 한 단어 한 단어가 다 중요하다. 바울은 자유인
으로(어느 정도는) 로마에 머물면서[14] 복음을 자유롭게 전파하고 있다. 그리고
복음은 이스라엘의 신의 나라에 관한 소식, 즉 이 신 외에는 그 어떠한 왕도
없다는 메시지이다. 좀 더 구체적으로 말하면, 복음은 이제 바울이 퀴리오스
(Kyrios), 즉 주로 선포했던 메시야 예수에 관한 소식으로 집약된 유대적인

13) 행 28:30-1.
14) 행 28:16과 28:30f.를 비교해 보라.

메시지이다. 그리고 이 전복(顚覆) 성향을 지니는 메시지는 아무런 방해 없이
담대하게 선포될 수 있었다. 이것은 마치 누가에게 기독교가 유대교의 전통적
인 역할을 대신하는 것처럼 보였다: 기독교는 이교 사상에 대한 신의 응답이
다. 마침내 한 유대인이 다름 아닌 로마에 살면서(즉, 갈릴리의 골짜기에 숨어
서가 아니라) 예수를 통해서 이스라엘의 신이 세상의 유일한 왕이심을 선포하
고 있는 것이다. 이것은 바로 사도행전 1:6에서 제자들이 예수에게 던진 질문
에 대한 누가의 대답 그것이다. 이스라엘의 신은 자기 백성을 위하여 그의 나
라를 회복하셨다.

사도행전의 끝 부분을 이루는 여러 장들에 나오는 서사의 형태도 아주 많은
것을 시사해 준다. 누가복음과 비교해 보면, 곧 밀접한 병행이 드러난다: 바울
은 예수와 마찬가지로 긴 여정을 계속한 후에 유대인들과 로마인들 앞에서 재
판을 받는 것으로 끝이 난다. 그러나 십자가 처형은 바울이 맞아야 할 운명이
아니었다. 누가는 바울을 세상 죄를 위하여 죽는 두 번째의 구속자로 만들 의
도가 전혀 없었다. 복음서의 십자가 사건에 관한 서사는 사도행전에서 폭풍과
난파를 통해 반영되고 있다: 바울과 그의 일행이 로마에 안전하게 당도한 것
을 통해서 부활은 이스라엘의 신, 즉 이제 부활하신 주 예수 속에서 계시된 신
의 나라에 대한 공개적이고 방해받지 않는 선포로 이어진다.[15] 예수의 복음은
예수 자신이 겪었던 것과 동일한 경로를 통해서 진보한다; 십자가와 부활은
교회의 삶에도 그대로 각인된다. 그러나 교회의 역사(役事)는 예수의 역사로
부터 흘러나오는 것이지 예수의 역사와 병행관계에 있는 것이 아니다.

누가가 짠 사도행전의 틀은 요세푸스가 짠 틀과 유비(類比)를 이룬다. 두
경우 모두 저자는 자신의 읽기야말로 성경의 예언에 대한 진정한 읽기라고 주
장한다.[16] 두 경우 모두 각자의 새 이야기는 옛 이야기를 근본적으로 전복시키
고 있다: 요세푸스나 누가는 그 어느 쪽도 호전적인 유대인들이 기대한 방식
을 따라 예언의 성취가 이루어질 것이라고 말하지 않는다.[17] 두 경우 모두 이

---

15) 누가복음 24장과 사도행전 28장, 예를 들어, 눅 24:26, 44과 행 28:23; 눅 24:47
과 행 28:28의 밀접한 연결관계를 참조하라.
16) cf. 행 28:23-8; War 6:312-15.
17) 일부 학자들은 누가복음 21:24과 사도행전 1:7, 그리고 요세푸스가 Ant. 10:206-

스라엘의 신은 예루살렘으로부터 로마를 향한 왕의 행진을 주도하고 있다고 말한다. 베스파시아누스와 예수는 먼저 유대 땅에서, 다음으로 로마에서 왕으로 선포된다. 각각의 경우에 예루살렘은 각각의 나라에 반기를 든 나라로 취급되어 폐허로 남게 된다.

c. 요세푸스는 로마, 특히 그 최고위급 관리들을 일관되게 호의적으로 묘사한다. 사실, 유대 전쟁 전에 유대 땅을 다스렸던 총독들은 그로부터 신랄한 비판의 말을 듣긴 하지만, 요세푸스가 그러한 비판의 말들을 하기는 수월하였다: 왜냐하면 이 사람들은 여전히 생존해 있긴 했지만, 베스파시아누스 또는 티투스 치하의 로마에서 아무런 비중도 없는 인물들이었기 때문이다.[18] 그러나 베스파시아누스와 티투스에 대해서 요세푸스는 좋은 말밖에 하지 않았다. 베스파시아누스는 다니엘이 예언한 바로 그 인물이라고 요세푸스는 말한다. 그의 아들이자 후계자였던 티투스는 악의나 악덕으로부터 면제를 받는다. 그는 단지 유대인 반도들의 어리석은 짓 때문에 어쩔 수 없이 자기가 해야 했던 일을 했을 뿐이다. 특히 그는 성전에 불을 지른 것에 대하여 아무 책임도 없다.[19] 물론 이러한 세부적인 내용들은 단지 빙산의 일각일 뿐이다. 요세푸스는 베스파시아누스와 티투스에게 헌정하기 위하여 『유대 전쟁기』를 저술하였다;[20] 『유대 전쟁기』라는 작품 전체는 유대 민족을 플라비아누스 왕조의 눈에 호의적으로 보일 수 있도록 하고, 유대 전쟁이라는 대재앙이 민족의 오랜 대규모의 열망의 결과가 아니라 어리석은 반도들의 행위로 인하여 일어났다는 것을 설명하기 위하여 의도된 것이었다. 이와 동시에 요세푸스는 로마인들이 로마를 비롯한 여러 지역에 거주하는 유대인들에게 좋은 모습으로 비치게 하기 위하여 이 글을 썼다는 주장에도 일리가 있다. 유대인들은 로마 정부와 화해 하게 될 것이라고 그는 믿었다: 요세푸스 같은 귀족층들은 오래 전부터 그렇게 하는 법을 알고 있었고, 이제 유대인들의 나머지 사람들도 그런 것을 배

9, 263f. 에서 말하고 있지 않은 것 속에서 추가적인 유대적인 성취에 대한 암시들을 보았다. 위의 서술을 보라.

18) 예를 들면, Gessius Floras에 대한 그의 서술, *Ant*. 20:252-8을 참조하라.

19) *War* 5:97 (아부가 아니라고 주장함!); 5:319, 360f.; 6:236-36; cf. 6:324.

20) *Apion* 1:51.

울 차례였다.

누가가 두 권으로 된 자신의 저작을 저술한 동기는 물론 복합적이지만, 그 동기 속에는 두 가지 방향으로의 비슷한 정도의 호교론적 동기가 포함되어 있었을 가능성이 대단히 높아 보인다.[21] 단순히 로마 당국자들에게 초기 기독교를 위한 호교론을 펼치고자 했다면, 반드시 누가복음-사도행전 같은 작품을 만들어 낼 필요는 없었을 것이라는 것은 지극히 옳은 말이다. 만약 그런 의도였다면, 그런 의도에는 불필요한 것으로 보이는 내용들이 이 저작들 속에 너무도 많이 들어 있다: 아리스티데스, 저스틴 그리고 주후 2세기의 그 밖의 호교론자들의 작품과 비교해 보면 그 엄청난 차이들이 드러난다.[22] 마찬가지로 우리는 누가가 그리스도인 독자들에게 로마 당국자들을 믿어도 좋다는 것을 설득하려 했다는 가설에 의해서도 누가복음-사도행전을 완전히 설명해낼 수 없다. 그러나 우리가 "호교론"이라는 다소 좁은 이러한 두 가지 개념으로부터 한 발짝 물러선다면, 이 둘을 통합할 수 있는 좀 더 큰 그림이 출현하게 된다.

누가복음의 저작연대를 어느 시기로 잡든, 누가는 유대교가 로마인들에 의해서 이미 오래 전부터 특별한 범주로 취급되었던 그러한 배경 속에서 복음서를 썼다. 로마인들은 유대인들을 반사회적인 무신론자로 보았다. 그러나 유대인들은 단순히 유대인이라는 이유만으로 로마의 박해를 받은 것이 아니었다; 로마는 유대교를 하나의 종교로 공인한 상태였다.[23] 누가가 쓴 방대한 두 권의 저작은 특히 그 무엇보다도 그러한 지위가 그리스도인들에게 허용되어야 한다고 주장한 문서로 읽혀질 수도 있다. 그리스도인들은 유대인들과 관련된 구원 약속들을 물려받은 자들이고, 자신의 유서 깊은 종교에 대한 합당한 지위를 인정받아야 할 자들이다.[24] 그들은 여러 차례 통치자들이 그들을 유죄로 판

---

21) 예를 들면, Maddox 1982; Walasky 1983; Houlden 1984; Evans 1990, 104-11에 나오는 논의들을 보라.

22) 이것은 그 어떤 로마 관리도 자기와 별 상관 없는 자료를 어렵게 섭렵하여 아주 작은 변증에 주의를 기울이려고 하지 않았을 것이라는 취지의, 흔히 인용되는 Barrett의 말(1970 [1961], 63) 배후에 있는 강력한 취지이다. 그러나 이러한 반론은 위에서 말한 논점을 놓치고 있는 것이다.

23) 위의 서술을 참조하라.

24) cf. Aune 1987, 136-8.

결했을 때에도 아무런 잘못이 없고 올바르다는 것이 입증된 바 있다: 십자가 위의 예수로부터 산헤드린 앞에서의 사도들과 바울(빌립보에서, 아그립바와 페스투스 앞에서, 배 위에서)에 이르기까지, 그리스도인들은 그들에게 씌워진 선동이나 체제 전복이라는 죄목들에 대하여 무죄하다는 것이 밝혀졌다.[25] 이와 동시에 로마인들은 빌라도만 예외로 하고 가급적 호의적으로 묘사된다: 요세푸스의 경우와 마찬가지로 오래 전에 죽은 불신 받은 한 총독을 미화할 필요는 전혀 없었던 것이다.[26] 두 저작 모두에서 이 유대인 혁명가들은 그들이 뿌린 대로 거두게 될 것이다. 요세푸스와 누가는 둘 다 자기가 참 이스라엘의 진정한 계승으로 여겼던 것을 대변하고 있다: 요세푸스는 새로운 종류의 유대교를 재건하려고 했던 얌니아의 랍비들을 대변했고, 누가는 예수의 추종자들을 대변하였다.[27]

d. 네 번째는 좀 더 논란이 될 수 있지만, 이제까지 말한 것으로부터 분명히 도출될 수 있다고 나는 생각한다. 요세푸스는 단순히 선전 책자를 쓰고자 한 것이 아니었다. 투키디데스를 자신의 모델들 중의 하나로 잡고, 요세푸스는 실제로 과거에 일어난 사건들을 서술하고자 하였고, 또한 그렇게 시도하였다.[28] 많은 교육을 받은 유대인이었던 요세푸스는 세상을 그런 식으로 인식하였다: 이스라엘의 신은 역사 내에서 활동해 왔고, 사건들이 이 가설과 맞지 않는 듯이 보이는 경우일지라도 항상 거기에는 그 가설을 결국 지켜 줄 수 있는 어떤 극적인 제안이 있어 왔다. 요세푸스는 그 어디에서도 비역사적인 세계관으로

---

25) 눅 23:47; 행 5:33-9; 6:35-9; 26:32; 27:3, 43.

26) cf. 눅 13:1-3. 이것은 누가가 23:4, 14f.를 토대로 빌라도의 무죄를 입증하고자 했다는 것과 나란히 함께 보아야 할 것이다.

27) 누가는 교회가 그 주변 세계와 평온하게 지냈던 시절, 그러니까 아마도 주후 2세기를 반영하고 있다는 주장이 종종 제기되었다(예를 들면, Koester 1982b, 308-23); 그러나 방금 서술한 동기는 아직도 여전히 존립 자체를 허가해 달라는 청원의 필요성이 여전히 존재하고 있었다는 것을 전제한다. 어쨌든 우리에게는 주후 2세기와 관련된 자료들이 별로 많지 않기 때문에 당시 기독 교회가 이전보다 상황이 더 나아졌다고 생각할 이유가 없다: 오히려 유력한 인물들이 더 많이 이 새로운 운동에 관하여 들으러 왔기 때문에, 기독교는 핍박을 받을 가능성이 더 높아졌다고 할 수 있다.

28) 위의 제3-4장을 참조하라.

비약하거나 역사는 의미가 없다는 사상 또는 사적인 명성이나 철학을 추구해
도 된다는 사상으로 빠져 들지 않는다. 요세푸스가 작품을 쓰게 된 이유도 바
로 역사가 중요한데 최근의 역사적 사건들은 유대인들의 세계관이 거짓되다
는 것을 보여 주는 듯이 보인다는 것이다. 그의 과제는 그렇지 않다는 것, 즉
역사가 틀리지 않다는 것을 입증하는 것이었다. 진정으로 중요한 것은 역사
다; 이것이 바로 요세푸스가 역사에 관하여 글을 쓴 이유였다.

마찬가지로 누가는 과거에 일어난 실제 사건들에 관하여 쓰고자 한다는 의
도를 분명히 밝힌다. 누가가 마가 전승이나 마가 이전의 전승을 왜곡하였는지
아닌지는 또 다른 문제인데(특히 자료 비평적 전제들에 따라서), 이에 대해서
는 우리가 나중에 살펴볼 것이다. 그러나 누가는 모든 복음서 기자들 중에서
자기가 무엇을 하려고 하는지를 가장 분명하게 밝히고 있다:

> 우리 중에 이루어진 사실에 대하여 처음부터 목격자와 말씀의 일꾼 된
> 자들이 전하여 준 그대로 내력을 저술하려고 붓을 든 사람이 많은지라
> 그 모든 일을 근원부터 자세히 미루어 살핀 나도 데오빌로 각하에게 차
> 례대로 써 보내는 것이 좋은 줄 알았노니 이는 각하가 알고 있는 바를 더
> 확실하게 하려 함이로라 …
>
> 디베료 황제가 통치한 지 열다섯 해 곧 본디오 빌라도가 유대의 총독
> 으로, 헤롯이 갈릴리의 분봉 왕으로, 그 동생 빌립이 이두래와 드라고닛
> 지방의 분봉 왕으로, 루사니아가 아빌레네의 분봉 왕으로, 안나스와 가야
> 바가 대제사장으로 있을 때에 하나님의 말씀이 빈 들에서 사가랴의 아들
> 요한에게 임한지라 … [29]

이와 같은 말을 한 사람이라면, 그는 역사적 사건들을 서술하려는 의도를
지니고 있었음이 분명하다. 우리는 이것이 누가가 고대든 현대든 그 어떤 역
사가보다 더 "객관적" 또는 "중립적" 이라는 것을 의미하지 않는다는 것을 이

---

29) 누가복음 1:1-4; 3:1-2. 누가복음의 서문 및 그 의미에 대해서는 Nolland 1989,
4-12; Evans 1990, 115-36; Alexander 1986; Hemer 1989, 321-8; Alexander 1993
(곧 출간 예정)의 주석서들을 보라.

미 살펴본 바 있다. 누가는 요세푸스와 다름없는 역사가였다. 요세푸스는 종종 한 책에서는 이런 방식으로, 다른 책에서는 저런 방식으로 동일한 이야기를 말한다. 이것은 이러한 이야기의 토대가 되고 있는 기본적인 사건이 일어나지 않았다는 것을 의미하는 것이 아니라, 오로지 요세푸스가 그 사건을 각기 다른 시각에서 제시하고 있다는 것만을 의미할 뿐이다. 마찬가지로 누가는 동일한 사건에 대한 서로 다른 두 가지 판본을 이야기할 자유가 있다: 그 고전적인 예는 승천 기사인데, 누가는 복음서에서는 부활의 날에 승천에 일어났다고 말하고 있는 것으로 보이고(24:51), 사도행전에서는 부활 후 40일이 지난 다음에 승천했다고 말한다(1:3). 이것은 누가가 이 모든 이야기를 만들어 내고 있다는 것을 의미하지 않는다. 요세푸스의 경우와 마찬가지로 누가의 경우에도, 역사는 신이 활동하는 영역이었다. 두 저자는 우리가 이미 개략적으로 살펴본 유대인들의 세계관 내에서의 여러 변형들에 줄을 대고 있었다. 이스라엘의 이야기가 주제이고, 그 이야기가 어떻게 그 절정에 도달하는가가 핵심적인 문제였다. 이 두 저자 중 누구에게서도 역사는 더 이상 중요하지 않다는 암시는 찾아볼 수 없다.

그렇다면 우리는 누가와 요세푸스의 관계에 관하여 무엇을 말할 수 있는가? 물론 우리는 상호 의존관계를 주장하는 논증을 펼칠 수도 있고, 만약 이런 사실이 밝혀진다면, 요세푸스가 누가에게 의존한 것이 아니라 누가가 요세푸스를 의존했을 가능성이 훨씬 더 높아 보인다(누가가 훨씬 후대에 글을 썼다고 전제하면). 그러나 기껏해야 요원한 가능성으로 보이는 것 외에는 그 어떤 것도 이러한 관계를 말해 주지 않는다. 누가와 요세푸스는 문학적으로 부모자식간이 아니라 삼촌과 조카 사이다. 현재의 논의에서 이 둘의 관계의 중요성은 우리가 이제 누가의 이야기의 성격에 관하여 뭔가를 말할 수 있다는 데 있다.

(ⅱ) 누가의 이야기 양식

요한이 그의 작품을 "태초에"라는 말로 시작할 때, 우리는 그가 창세기의 시작 부분을 모방하고 있다는 것을 안다. 마태가 "세계(世系)"라는 말로 시작할 때, 우리는 그가 창세기에 나오는 통상적인 전환문(link-phrase)을 환기시키고 있다는 것을 안다.[30] 그러나 누가는 무엇에 해당하는가? 그의 격식을 갖춘 완결된 서문(1:1-4)은 흥미롭게도 요세푸스의 저작들 중 두 권을 비롯한 헬레니즘 시대의 몇몇 작품들의 문학적 서문들을 연상시킨다.[31] 그는 누가복음을 일차적으로는 유대적이고 성경적인 세계(누가복음은 이러한 세계를 포괄하지만, 이러한 세계에 의해서 담아내지지는 않는다)가 아니라, 진정한 의미에서의 헬레니즘적 저작, 특히 역사 서술이라는 일반적인 세계 속에 위치시키고자 한다.[32]

그러나 이러한 의도를 밝히고 나서, 이내 누가는 우리를 헬레니즘 세계의 한 작은 촌구석으로 데리고 가서, 마치 셰익스피어가 한 쌍의 미미한 인물들로 희곡을 시작하듯이, 나중에 세례 요한의 부모가 될 엘리사벳과 사가랴를 우리에게 소개한다. 여기에는 로마 황제들도 없고, 국가적인 행사도 없고, 헬레니즘 세계에서 볼 수 있는 요란한 나팔소리도 없다: 오직 헤롯 통치 말기에 아이를 하나 낳기를 바라는 연로하고 경건한 유대인 부부가 있을 뿐이다. 그러나 들을 귀 있는 자들에게 누가는 요한이나 마태와 동일한 일을 행하고 있는 것이다. 물론 이번에 인유(引喩)되고 있는 것은 세상의 창조에 대하여 말하고 있는 창세기가 아니라 이스라엘 왕정의 창조에 대하여 말하고 있는 사무엘상이다. 이 위대한 헬레니즘 스타일의 역사서의 순진한 시작 뒤에는 장기적인 전복 목적이 은폐되어 있다.

누가복음 1:5-25, 39-45, 57-80에 나오는 엘리사벳과 사가랴에 관한 이야기는 의심할 여지 없이 독자의 사고를 사무엘상 1:1 ~ 2:11에 나오는 한나와 엘가나에 관한 이야기로 되돌릴 의도를 지니고 있다. 이번에 누가복음에서는 성전에 있는 것은 어머니(한나)가 아니라 아버지(사가랴)인데, 그는 한나처럼 평신도로 엘리 앞에 나아간 것이 아니라, 자기 자신이 바로 제사장이었다. 그러나 이 이야기는 형태만 동일한 것이 아니라(아이를 원하는 부부는 신의 목적 안에서 거론된다) 승리를 거둔다는 결론도 동일하다(한나의 노래는 마리아의 노래와 사가랴의 노래에서 계승된다). 이 두 노래 속에는 사람들이 오랫동

---

30) 예를 들면, 창 2:4; 5:1; 10:1; 25:12, 19, etc.

31) *War 1*, 17; *Apion* 1:1-18; 또한 위의 각주 27에 인용된 문헌들을 보라.

32) cf. Aune 1987, 139f. 또한 Mealand 1991은 사도행전이 폴리비우스 같은 헬레니즘 계열의 역사가들과 매우 유사한 어휘들을 사용하고 있다는 것을 지적한다.

안 기다려 왔던 좀 더 깊은 목적, 이스라엘을 위한 심판과 구원의 메시지를
포괄하는 목적이 들어있다.

먼저 이것은 심판의 메시지이다. 한나의 아들인 사무엘은 엘리에게 그의 날
들과 그의 아들의 날들이 얼마 되지 않아 끝날 것이고 이스라엘의 신의 법궤
가 탈취될 것이라고 선포한다. 엘리사벳의 아들인 요한은 이스라엘에 대한 신
의 심판을 선포하고, 요한의 동료이자 후계자인 예수는 예루살렘과 성전에 대
한 좀 더 명확한 경고들을 통해서 이 메시지를 계승한다. 사무엘의 이야기로
부터 점점 자라나오는 다윗에 관한 이야기는 처음부터 사울 가문에 대한 경고
의 의미를 담고 있는 이야기다; 다윗이 우선 기름부음을 받은 것은 이스라엘
의 신이 사울을 버리기로 작정하였기 때문이다. 다윗의 이야기는 유대 광야에
서 잡다한 무리들을 이끌며 추방자로 살아간 그의 삶을 통해서 전개되고, 사
울과 요나단이 죽임을 당하고 다윗이 이스라엘의 왕으로 기름부음을 받는 장
면에서 그 최초의 절정에 달하게 된다. 그리고 다윗의 첫 번째 행위들 중의
하나는 예루살렘을 그의 도성으로 삼기 위하여 정복하러 가는 일이었다.[33] 예
수 이야기는 갈릴리 등지에서 잡다한 무리들을 이끌고 유랑하는 삶을 통해서
전개되고, 그가 이제 마침내 이스라엘의 신이 왕이 되실 것이라는 기대 속에
서 예루살렘으로 가는 장면에서 그 최초의 절정에 달한다. 이것은 기존 체제
에 대한 심판의 메시지다.[34]

또한 이것은 구원의 메시지이기도 하다. 사무엘의 이야기 속에서 최고의 절
정은 그가 이스라엘을 꾸짖는 장면이 아니라 어린 다윗에게 기름을 부은 것이
었다. 사무엘상 16:13에 의하면, "이날 이후로 다윗이 여호와의 영에게 크게
감동되었다." 이 이야기의 나중에 가면, 이스라엘의 신은 다윗의 아들에게 그
가 그의 나라를 영원히 세울 것이며, "나는 그에게 아버지가 되고 그는 내게
아들이 되리라"(삼하 7:14)고 말한다. 세례 요한에 관한 이야기에서 최고의
절정은 그가 장차 올 진노를 예언을 통해서 경고한 것이 아니라, 예수에게 세
례를 준 것이었다. 누가복음 3:22에 의하면, 예수께서 세례를 받을 때에 "성령
이 그에게 비둘기 같이 임했다"고 말하고 있고, 하늘에서부터 "너는 내 아들

---

33) 삼하 1:1ff.; 5:1-5; 5:6-10.

34) 눅 19:11, 28-48.

사랑하는 아들이니 내가 너를 기뻐하노라"고, 다윗에 대한 약속의 뉘앙스를 가득 담은 소리가 그에게 들려왔다고 한다. 누가로 하여금 몇 번 붓을 놀려서 완벽한 그림을 그릴 수 있게 해 주는 기법이라고 흔히 거론되고 있는 것을 통해서, 누가는 세례 요한이 다윗인 예수에 대하여 사무엘과 같은 역할을 하고 있다는 것을 자기가 할 수 있는 한 가장 분명하게 말한 셈이다. 그리고 이를 통해서 누가의 서문이 아주 고상하게 말을 건네고 있는 세계인 헬레니즘과 로마 세계의 나라들은 새로운 나라, 곧 이스라엘의 신의 나라가 생겨날 것인데, 지금 요단강에서 그의 삼촌으로부터 기름부음을 받은 젊은이가 그 나라를 세울 왕이라는 통고를 받고 있는 것이다.

구원의 이야기는 계속해서 병행적으로 진행된다. 사무엘상의 이야기 속에서 다윗은 기름부음을 받은 후에 이스라엘의 대표자로 나서서 홀로 골리앗과 맞선다. 예수도 기름부음을 받은 후에 곧장 사탄과의 전투를 치른다.[35] 다윗은 대결을 마친 후에 무리들의 열렬한 환영과 사울의 질투를 겪게 된다; 예수는 대결 후에 나사렛에서 실질적으로 메시야로 선포되고, 그 결과 그의 고향 사람들로부터 거부당하지만, 다른 사람들로부터는 열렬한 환영을 받는다.[36] 다윗은 결국 왕궁을 떠나서 한 무리의 추종자들을 이끌고 도망자 신분으로 유랑한다; 예수는 한 무리의 추종자들을 이끌고 여기저기 돌아다니는 모습으로 누가복음의 많은 부분에 등장하고, 그러면서 종종 자기를 죽이려는 음모가 진행 중에 있다고 경고한다.[37]

그렇다고 해서 사무엘상과의 병행이 누가복음을 읽는 유일한, 또는 주된 열쇠라고 하는 것은 아니다. 그러나 이제까지 살펴본 밀접한 유사성은 누가가 단순히 여러 전승 단편들을 수집해서 꿰어 맞추지 않았다는 것을 강력하게 시사해 준다(고전적인 양식 비평과는 달리); 그리고 이것은 누가가 채택하고 있는 줄거리가 단순히 기독교 제2세대의 초기에 있었던 여러 사건들을 배경으로 만들어진 기존의 신학 체계를 따른 것이 아니라, 이 이야기가 이스라엘의 역사가 내내 추구해 왔던 절정이라는 것을 이 이야기의 형태와 개요, 그 세부

---

35) 삼상 17장: 눅 4:1-13.
36) 삼상 18:6-16: 눅 4:14-44.
37) 삼상 19~30장: 눅 9:51~19:28, 또한 13:31-3.

적인 내용을 통해서 말해 주기 위하여 특정한 방식으로 그의 이야기를 하고 있다는 것을 시사해 준다(편집 비평의 주요한 형태들의 결론과는 달리).

복음서의 끝 부분과 사도행전의 시작 부분에 도달해서도, 다윗 이야기와의 병행관계는 여전히 분명하게 드러난다. 예를 들어, 누가복음 20:41-4(다윗의 주와 다윗의 아들에 관한 문제), 십자가 장면에 나오는 메시야적인 내용 (23:35-43); 그리고 24:26, 44-9에 나오는 특히 왕에 관한 기대의 성취에 관한 말씀 속에서 이 점은 뚜렷하게 드러난다. 누가는 십자가에서 죽은 예수, 죽은 자로부터 부활한 예수를 다윗이라는 범주 속에서 이해해야 한다고 역설하고 있는 것이다. 예수는 유대인들의 성경의 진정한 성취로 보아야 하는 역설적인 방식으로 왕이 되었다. 사도행전의 시작 부분은 누가복음이 끝난 지점을 정확히 이어 받는다: 다윗적인 왕이 등극한 지금, 구원의 메시지는 세계로 퍼져 나가야 한다.[38] 마치 누가는 이렇게 말하고 있는 듯하다: 다윗이 죽은 후에 그의 아들 솔로몬이 등극하였고, 세상은 그에게 와서 지혜를 들었으며, 그에게 열방들이 순복하였다.[39] 이제 다윗의 참된 아들 예수의 죽음과 부활 후에 참된 다윗의 나라는 세워졌고, 열방들은 그 나라에 복종하게 될 것이다. 앞에서 말했듯이, 사도행전의 끝 부분에서 이스라엘의 신의 나라가 로마에서 공개적으로 아무런 방해도 받지 않고 전파되고 있는 장면을 그림으로써, 누가는 자신의 그림을 완성한다.

이것은 단순한 "모형론"(typology)이 아니라는 점을 강조해 둘 필요가 있다. 모형론은 과거의 사건을 가져와서 현재에서 병행되는 사건과 밀접한 연관 속에 놓는다. 다윗과 관련된 누가복음의 주제는 분명히 모형론적이다 — 예수는 실제로 "참된 다윗"으로 여겨진다. 그러나 이것은 임의적이거나 자의적이지 않다: 그것은 역사적 도식 내에 견고하게 자리 잡고 있다. 예수의 삶, 죽음, 부활, 그리고 신의 영의 파송은 다윗으로부터 시작된 긴 이야기의 최종 산물이자 다윗에게 준 신의 약속들이다. 이야기 전체가 하나로 통하기 때문에 유사성들과 병행들이 존재하는 것이지, 그 반대는 아니다. 누가는 다윗과 그의 나라에 관한 이야기의 성취이자 완성으로서 예수의 이야기를 들려주고 있다.

---

38) 행 2:25-36; 4:24-30에 나오는 두드러진 다윗 주제를 참조하라.
39) cf. 왕상 4:21-34; 10:1-29; cp. 시 72편; 89:19-37, etc.

이러한 관점으로부터 우리는 누가의 이야기가 지니는 성격에 대한 완전한 설명은 통상적으로 완전히 구별된다고 생각되는 두 요소를 포함하여야 한다는 것을 알 수 있다. 한편으로 우리는 위에서 개략적으로 살펴본 바 있는 다윗의 이야기를 여기에서 보게 되고, 누가가 요세푸스와 비슷한 방식으로 이스라엘의 긴 역사가 그 역설적인 성취에 도달한 것이 어떻게 된 일인지를 의도적으로 들려주고 있다는 것을 발견하게 된다. 다른 한편으로 우리는 복음서들, 특히 누가복음은 헬레니즘적인 전기(傳記)라는 장르 속에 포함된다는 최근의 주장들을 충분히 고려하여야 한다. 양식 비평의 독선(dogma)으로 인하여 오랫동안 무시되어 왔던 이 가능성은 이제 여기에서 논의하기에는 너무 세부적인 몇몇 연구서들을 통해서 밑받침되고 있다.[40]

이러한 장르들 — 절정에 도달한 유대적인 이야기와 헬라-로마 세계 속에서 한 개인의 인생 이야기인 헬레니즘적인 전기(bios) — 이 어떻게 서로 맞아 떨어질 수 있는가? 그 대답은 핵심적인 신학적 문제에 대한 누가의 이해에 있다고 나는 생각한다. 이러한 이해로 인해서, 그는 예수 이야기를 누가복음에서와 같은 방식으로 말할 수 있었다. 이 시기의 수많은 유대인들과 마찬가지로(아마도 잘 교육을 받은 개종자들도), 누가는 예수가 등장하기 이전에 이스라엘의 이야기는 아직 그 절정에 도달하지 않았다고 믿었다. 포로생활은 끝나지 않았고, 구속(救贖)은 아직 성취되지 않았다.[41] 그러한 배경 속에서 누가가, 가장 포로생활 같은 포로생활을 체험하였고 죄를 궁극적으로 처리하였으며 마침내 구속을 확보한 한 사람의 인생에 관한 이야기를 말하는 것은 적절한 것이었다. 그러나 이와 동시에 누가는 이스라엘이 구속을 받을 때에 온 세상이 복을 받게 될 것이라는 마찬가지로 중요한 유대인들의 신앙을 분명히 파악하고 있었다. 이스라엘의 구원은 개인의 전유물(專有物)이 아니라 모든 사람의 유익을 위한 것이 되어야 했다. 기존의 나라와 관련된 좋은 소식은 이방 세계와 분명히 충돌할 것이었다. 그러므로 누가는 이 좋은 소식이 전기(傳記)

40) cf. e.g. Stanton 1974; Talbert 1977; Moule 1982 [1962] 9-13; Dihle 1983; Berger 1984, 352ff.; Aune 1987, chs. 1-4; Hemer 1989, 91-4; Lemcio 1991; 특히 Burridge 1992.

41) 위의 제9-10장을 참조하라.

라는 형태, 특히 한 인간의 죽음과 부활이라는 형태를 취했다고 믿었기 때문에, 그리고 이것이 이방 세계를 향한 유대인들의 메시지였기 때문에, 누가는 양립할 수 없을 것 같은 이 두 장르를 최고의 솜씨로 뒤섞을 수 있었다. 요세푸스가 이스라엘의 멸망에 관한 이야기를 이스라엘의 길고 비극적인 역사의 절정으로 말했던 것과 마찬가지로, 누가는 예수의 이야기를 유대인들의 이야기로 말하였다. 그러나 그는 비유대인들인 헬라-로마의 청중들을 대상으로 이 이야기를 하였다: 여기 이 한 인간의 삶 속에서 너희 이교도들에게 필요한 구원에 관한 유대인들의 메시지가 있다.[42]

누가의 이야기는 그가 근거하고 있는 세계와 그가 상대하고 있는 세계, 이 두 세계의 주류 이야기들을 전복시킨다. 첫째, 그는 이스라엘의 이야기를 하면서도 그 이야기가 게토 집단의 폐쇄되고 비역사적인 세계나 요세푸스의 제4의 철학의 폭력적인 혁명 세계 속으로 빠져들지 못하게 한다. 오히려 그는 공적인 역사 속에서 계시된 이스라엘의 신의 나라는 무력을 사용하지 않고도 이교 세계와 그 나라들을 강력하게 전복시킬 수 있다는 것을 보여 주었다. 이것을 다른 식으로 표현해 보면, 누가는 주후 1세기의 수많은 유대인들이 기대했던 종말은 이미 일어났지만 여전히 앞으로 일어날 것으로 본다. 종말은 갈보리, 부활 사건, 오순절 사건 속에서 일어났다; 우리는 더 이상 종말을 위해 싸울 필요가 없다 왜냐하면 종말은 이미 일어났기 때문이다. 이와 동시에 종말은 여전히 예수의 다시 오심을 통해서 장래에 일어날 것이다(행 1:11); 이스라엘의 신의 새로워진 백성인 예수의 백성에 관한 이야기를 포함한 역사는 모든 모호함과 혼선들을 지닌 채 계속될 것이다. 이러한 이중적인 종말이 누가로 하여금 게토(ghetto)냐 칼이냐 라는 식의 그릇된 흑백논리를 피할 수 있게 해 주었다면, 또한 그것은 누가로 하여금, 이스라엘의 신의 나라에 관한 이야기와 콘스탄티누스의 나라에 관한 이야기를 결합시켜서 누가의 이야기를 전복시키고 있는 유세비우스(Eusebius)의 차분한 승리주의(triumphalism)로 빠지는 것을 막아 줄 수 있었다.[43]

---

42) 이것은 유대인들의 이야기에 대한 좀 더 발전된 인식을 지니고 있긴 하지만 Dihle 1983과 일맥상통한다고 나는 생각한다.

43) 교회가 바울을 근본적으로 오해하여 그를 루터의 초기 판본으로 보았던 것과 마

 이런 식으로 누가는 이스라엘 이야기에 대한 주후 1세기의 다른 말하기들을 전복시키는 방식으로 이스라엘에 관한 이야기를 다시 말하였다. 아니 좀 더 정확히 말하면, 누가는 이스라엘에 이야기의 진정한 절정이라고 그가 믿고 있던 이야기를 하였다. 그는 아담으로부터 아브라함과 다윗을 거쳐서 포로기와 그 이후까지 이어지는, 다윗의 후계자를 통한 구원이라는 약속들을 특히 부각시키고 있는 이야기를 전제하고 있다. 마카베오1서가 하스모네 왕가를 이스라엘의 진정한 제사장적 왕들이라고 정당화시키는 방식으로 안티오쿠스 에피파네스에 대한 혁명에 관한 이야기를 했듯이,[44] 누가는 예수를 진정한 다윗 가문의 왕으로 정당화시키는 방식으로 예수에 관한 이야기를 하였다. 누가복음은 창조주 신과 그의 계약 백성에 관한 이야기 속에서 최후의 막(幕), 그러니까 창조주와 세계에 관한 좀 더 큰 드라마 속에서의 끝에서 두 번째 막으로 설계된 것이었다(사도행전을 최후의 막으로 본다면).[45] 누가복음을 이런 식으로 읽어야만 우리는 이 서사의 의미를 제대로 이해할 수 있다. 그리마스(Griemas)적인 관점에서 보면, 누가는 그의 복음서를 큰 드라마 중에서 본론에 해당하는 막으로, 사도행전을 결론을 이루는 막으로 제시하고 있다고 볼 수 있다. 그는 세계와 이스라엘의 기원에 관한 이야기를 서막(序幕)으로 전제하고 있다:

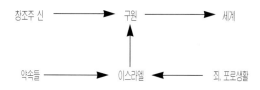

찬가지로 누가복음을 오해하여 유세비우스의 초기 판본으로 흔히 보아왔다는 것은 아이러니이다.

 44) 특히 요나단의 통치(주전 140년대)에 관한 이야기를 영광스러운 예언들의 성취로 보고 있는 마카베오1서 14:4-15를 참조하라.

 45) Tannehill 1985b는 이스라엘에 관한 이야기라는 관점에서 볼 때 누가의 서사는 본질적으로(반셈족적이라기보다는) 비극적이라고 주장하는데, 이러한 말은 옳다. 위의 서술을 참조하라.

이 이야기는 막다른 골목에 다다랐다: 이스라엘은 스스로도 구속을 받지 못하고 있고, 신이 계획한 구원을 세상에 가져다줄 수는 더더구나 없다. 그러므로 누가는 본론으로서 예수의 이야기를 말한다:

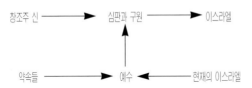

그 결과 누가는 마침내 사도행전을 통해서 서론이 해낼 수 없었던 것을 결론이 어떻게 이루고 있는지에 관한 이야기를 개진할 수 있었다:

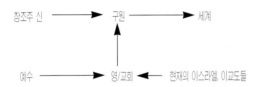

그러므로 누가의 작품 전체에 대한 서사적 분석은 그가 『유대 전쟁기』에서의 요세푸스와 마찬가지로 자신의 복합적인 이야기를 좀 더 큰 이야기의 완결편으로 보고자 했다는 것을 입증해 준다. 이스라엘의 이야기는 예수의 이야기 속에서 그 기본적인 성취에 이르게 되었고, 이스라엘의 이야기의 장기적인 목표는 교회 속에서의 예수의 영의 사역을 통해서 달성될 것이다. 누가의 이야기는 유대인들의 기본적인 이야기의 한 형태로서 당시에 유포되고 있던 그 이야기를 말하는 여러 방식들을 전복시키려는 의도를 지닌다. 누가가 두 번째 책을 쓴 것은, 학자들이 흔히 생각하듯이, 전적으로 유대적이고 묵시론적인 세계관으로부터 탈피하려는 의도를 보여 주고 있는 것이 아니다. 예수의 죽음과 부활을 통해서 마감된 역사는 세상 전체의 역사가 아니라 창조주 신의 경륜 속에서 한 중요한 국면의 역사였다. 그 국면은 성공적으로 끝이 났기 때문에, 세계 역사는 이제 이 드라마의 최후의 막의 무대가 된다.

누가가 이스라엘의 역사를 전복시켰다면, 두번째로 누가는 유대교 신학에 대한 끈을 놓지 않은 채 이교 세계에 관한 이야기를 함으로써 이교도들의 이야기를 전복시켰다. 유일신 사상, 선택 사상, 종말론이라는 견고한 토대를 지닌 이 신학은 "또 다른 왕, 이 예수"가 존재하는 것과 마찬가지로 이교 사상에서 제시하고 있는 방식보다 더 낫게 세상을 이해하고 응답하는 방식이 존재한다고 주장한다. 참된 창조주 신이 존재하는데, 이교에서 섬기는 우상들은 바로 이 신을 희화화한 것들에 불과하다. 이스라엘의 역사를 통해서 알려져 왔고, 또한 이제는 예수와 신의 영을 통해서 가장 잘 알려지게 된 이 참 신은 세상이 자신의 소유라고 주장한다. 누가는 이교적인 전기들(bioi)의 통상적인 취지와 배경을 전복시키는 하나의 전기(bios)를 썼다.

그러므로 누가가 말하는 이야기는 공적이고 세계적인 역사 속에서 일어날 때에만 의미를 지니게 된다. 이와 동시에 그의 이야기는 신학과 결부될 때에만 의미를 지닌다. 최근의 연구들이 누가는 역사가이자 신학자라고 강조하는 것은 옳다: 이 둘을 쪼개놓는 것은 다루기 힘든 주후 1세기의 텍스트에 계몽주의 이후의 이원론적 사상을 투영한 것이 될 수밖에 없다. 이제 우리는 그러한 이중적인 진리 안에서 각각의 측면의 또 다른 이중성을 볼 수 있다. 누가는 역사가로서 유대교와 헬레니즘의 세계 속에서 살았다. 신학자로서 누가는 확고하게 유대적인 것을 견지하면서 이교 세계에 말을 걸었다. 모든 유식한 유대인들과 마찬가지로 그는, 구면체가 무엇인지를 아는 사람이 원이 무엇인지를 이해할 수 있는 것과 마찬가지로, 창조의 유일신 사상을 아는 사람은 그러한 관점에서 이교 사상을 이해할 수 있다고 믿었다; 그리고 그는 창조주 신에 의해서 이교 세계와 대결하는 과제를 부여받은 사람이라면, 참된 유대적인 이야기를 가지고 세상의 이야기를 전복시킴으로써 이 과제를 완수할 수 있다고 믿었다. 바로 그것이 누가가 한 일이었다고 나는 생각한다.

3. 서기관과 줄거리: 마태의 이야기

"천국을 위하여 훈련받은 모든 서기관은 새 것과 옛 것을 가져오는 청지기와 같다." 이 말은 마태복음의 한가운데에 나오는 비유 모음집을 마무리하는 말인데, 흔히 마태복음이 새 것과 옛 것을 담고 있는 서기관의 창고와 같다는 것을 암시하는 말로 해석되어 왔다.[46] 그러나 이 창고는 어떻게 설계되어 있는가? "마태"는 어떤 종류의 책을 썼는가? 그는 어떤 종류의 이야기를 하고 있는가? 마태복음의 서사적 구조, 그 줄거리는 무엇인가?[47]

우리는 이미 공관복음서들이 적어도 어떤 차원에서는 헬레니즘적 스타일의 "생애록" 또는 전기들로 분류될 수 있다고 말한 바 있다. 그러나 또한 우리는 누가복음이 이러한 범주에 속하긴 하지만, 또한 유대인들의 이야기의 세계 속에, 특히 이스라엘의 신이 "우리를 위하여 구원의 뿔을 그 종 다윗의 집에 일으키셔서" "그 백성을 돌보사 속량하신"(눅 1:68f.) 것에 관한 이야기 속에 정초하고 있다는 것도 살펴보았다. 마태복음과 관련하여 일반적으로 인정되는 한 가지가 있다면, 그것은 마태복음이 철저히 유대적인 색채를 띠고 있다는 것이다. 마태복음은 흔히 정의하기 힘든 실체인 "유대 기독교"의 대표 주자로 취급된다 ― 물론 마태복음이 율법의 지속적인 타당성을 천명하고 있음에도 불구하고(5:17-20), 음식법의 폐지에서(15:10-20) 마가복음과 의견을 같이 하며, 신약성서의 그 어느 곳보다도 유대교 지도자들에 대한 가장 신랄한 비판을 담고 있다는 점(23:1-39)이 종종 지적되고 있기는 하지만[48] 이렇게 상황은 얼핏 보아서는 분명하게 드러나지 않는다. 그렇다면 우리는 어떻게 해야 마태가 심혈을 기울여 조각해낸 작품의 핵심에 다다를 수 있는가?

마태복음의 전체적인 줄거리를 천사가 요셉에게 "아들을 낳으리니 이름을 예수라 하라 이는 그가 자기 백성을 그들의 죄에서 구원할 자이심이라"고 말했다고 전하는 1:21의 강령적인 진술의 견지에서 보아야 한다는 강력한 주장이 최근에 마크 파월(Mark Powell)에 의해서 제기되었다. 마태복음은 예수가 한편으로는 유대 지도자들에 의한 반대는 성공하고, 다른 한편으로는 제자들에 의한 지지는 성공을 거두지 못한다는 역설적인 하위 줄거리들을 통해서

---

46) 마 13:52; cf. e.g., Strecker 1983 [1966], 77.

47) 마태복음을 서사 신학의 렌즈를 통해서 읽고자 하는 고무적인 시도에 대해서는 Thiemann 1989 [1985]를 보라; 마태복음의 구조를 논의하면서 제자들에 대한 마태의 관심을 부각시키고 있는 최근의 논의에 대해서는 Doyle 1988을 보라.

48) "유대 그리스도인"으로서의 마태: 예를 들어, Dunn 1977, 246ff. 이에 반대하는 입장으로는 Pettem 1989를 보라. 현재의 쟁점들에 대한 사려깊은 평가에 대해서는 Stanton 1992, chs. 5-7을 참조하라. "유대 기독교"의 의미에 대한 논쟁에 대해서는 제15장을 보라.

어떻게 앞에서 말한 것과 같은 일이 성취되는지를 보여 주는 이야기로 이해할
수 있다.[49] 이것은 일종의 비극을 통한 희극이다: 하위 줄거리들은 마치 그것
들이 주인공으로 하여금 그의 사명을 이룰 수 없도록 방해하는 듯이 보이지
만, 사실 그러한 하위 줄거리들은 유대 지도자들이 아니라 내내 사탄과 이루
어졌던 진정한 전투 — 궁극적으로는 성공한 — 속으로 예수를 몰아넣는다.
파월은 마태복음에서는 적어도 이 이야기는 좀 더 큰 이야기의 일부라는 점을
지적한다: 마태복음은 예수께서 제자들을 온 세상에 복음을 전하라는 사명을
주고 파송하는 출발점에 선 모습으로 끝이 난다.[50] 그러나 이것이 전부가 아니
다. 주된 줄거리의 주제라고 할 수 있는 바로 이 문장 — 예수께서 "자기 백성
을 그들의 죄에서 구원할 자이심이라"는 예언 — 은 이전의 이야기를 전제하
고 있다. 그것은 복음의 줄거리가 "자기 백성"이 "그들의 죄"의 희생물이 되어
버린 좀 더 크고 긴 줄거리의 끝 부분에 위치한다는 것을 전제한다. 그리고
그것이 어떤 이야기인지를 알기 위해서는 많은 생각을 할 필요도 없고 마태복
음을 많이 읽을 필요도 없고 유대적인 배경에 대한 많은 지식을 가질 필요도
없다. 그것은 이스라엘에 관한 이야기이고, 좀 더 구체적으로 말하자면 포로
생활에 관한 이야기이다.

　마태복음의 첫 장은 오늘날의 서구 독자들에게 오랫동안 당혹스러운 것이
었다. 족보(1:1-17)는 모든 서문 중에서 가장 재미없는 서문인 듯이 보인다.
그러나 볼 줄 아는 눈을 지닌 자들에게는(이것 자체가 13:16에 나오는 마태
복음의 주제다) 족보는 마태복음 전체의 줄거리를 이해하기 위해서는 반드시
짚고 넘어가지 않으면 안 되는 이야기를 들려준다. 우리는 문자적으로든 은유
적으로든 창세기로부터 시작한다: 마태복음을 여는 단어들인 '비블로스 게네
세우스'(Biblos Geneseos)는 문자적으로는 "창세기"를 의미하고, 창세기 자
체(2:4; 5:1)에서는 "세계(世系)"를 의미한다. 마태는 자신의 줄거리를 좀 더
큰 줄거리, 그러니까 아브라함, 이삭, 야곱의 백성에 관한 이야기와 의도적으로
접합시키는 것을 통해서 이야기를 시작한다.[51]

---

49) Edwards 1985, Matera 1987, Kingsbury 1988의 통찰들을 한데 엮어놓은 Powell
1992.

50) Powell 1992, 203f.

족보의 구조는 마태가 어디에 강조점을 두고 있는지를 보여 준다. 이 시기에 나온 다른 유대인들의 책들은 이스라엘의 역사를 중요한 시기별로 구조화하였다;[52] 마태는 자신의 목적에 맞게 당시의 표준적인 전승을 개작하긴 했지만, 어쨌든 그러한 전승을 따르고 있는 것이다. 마태가 14세대로 이루어진 세 시기로 족보를 나눈 것은 7세대로 이루어진 여섯 시기를 암시함으로써 예수가 이 일련의 시기의 절정을 이루는 7세대로 이루어진 7번째 시기의 출발점이라는 것을 말하고 싶었기 때문일 것이다.[53] 아브라함은 그 시작이다: 이것은 누가복음에서와는 달리(누가복음의 족보는 아담까지 거슬러 올라간다) 세계 전체에 관한 이야기가 아니다 — 물론 앞으로 보게 되겠지만, 마태는 이스라엘 밖의 세계를 망각하고 있는 것이 아니다. 그것은 이스라엘에 관한 이야기이다. 다음으로 초점이 되고 있는 것은 다윗이다: 마태의 이야기는, 강조점은 좀 다르지만, 누가의 이야기와 마찬가지로, 참 다윗, 메시야인 예수에 초점을 맞춘다. 세 번째 초점은 예상치 못한 것으로서 바로 포로생활이다. 이것은 유대교적 도식들 내에서 그렇게 통상적인 표지는 아니었지만, 마태에게 이것은 대단히 중요하였다. 앞에서 보았듯이, 제2성전 시대의 대부분의 유대인들은 자신들이 여전히 포로 상태에 있고 여전히 이스라엘의 해묵은 죄의 결과로 고통을 받고 있다고 생각하였다. 구속의 큰 날이 동틀 때까지, 이스라엘은 여전히 "그 죄 중에" 있을 것이고, 여전히 구원이 필요하다. 그러므로 마태복음의 족보는 마태복음을 주의 깊게 읽는 독자들에게 아브라함의 백성에 관한 긴 이야기가 그의 백성을 그들의 포로생활로부터 구원할, 즉 "자기 백성을 그들의 죄로부터 구원할" 새 다윗, 곧 7세대로 이루어진 7번째 시기의 계시자를 통해서 완성될 것이라는 것을 말하고 있다. 마태가 바로 이것을 1:18-21에서 말하고 있다는 것은 별로 놀랄 일이 아니다.

---

51) 1:1에 대해서는 Davies and Allison 1988, 149-55를 참조하라.

52) e.g. 1 En. 93:1-10; 1:12-17; 2 Bar. 53-74.

53) Davies and Allison 1988, 162는 마태가 이것을 의도했다면, 그는 그렇게 말했을 것이라는 것에 반대한다: 그러나 그는 7번째, 21번째, 35번째 세대와 관련하여 특별히 할 말이 없었기 때문에 그들에 초점을 맞출 수 없었다. 나는 주후 1세기의 유식한 유대인들이 그러한 수학적인 연관성을 연상해 내는 데 어려움이 있었을 것이라고 보지 않는다.

그러나 우리가 이스라엘의 신이 자기 백성을 그들의 죄로부터 구원하실 때에 인간이라는 대리인을 통해서 하신다는 것을 생각하자마자, 우리의 마음은 또 다른 인물에게로 끌리게 된다. 첫 장에는 명시적으로 언급되어 있지 않지만, 서론 배후에서 큰 산처럼 어렴풋이 솟아 있는 이야기는 모세와 출애굽, 시내 산과 계약, 약속의 땅으로의 여행에 관한 이야기이다. 이것은 아브라함의 백성에 관한 이야기가 어떻게 그 해법을 발견할 수 있는지를 보여 준다.[54] 새로운 다윗이 와서 그의 백성을 그들의 현재의 포로 상태로부터 구원할 때, 그것은 새로운 출애굽, 새로운 계약과 같을 것이다.

이러한 것들은 우리로 하여금 마태가 들려주는 지극히 복잡한 이야기를 이해할 수 있게 해 주는 주제들이다. 마태복음을 연구하는 학자들은 중요한 단락 구분에 사용하기 위하여 마태가 그의 본문에 넣어둔 여러 가지 "표지들"을 찾아내고자 많은 시도를 해 왔다. 아마도 그중에 가장 잘 알려진 것은 크게 다섯 개로 분류된 가르침의 묶음들의 끝 부분에 나오는 표지이다:

> 예수께서 이 말씀을 마치시매 …
> 예수께서 열두 제자에게 명하기를 마치시고 …
> 예수께서 이 모든 비유를 마치신 후에 …
> 예수께서 이 말씀을 마치시고 …
> 예수께서 이 말씀을 다 마치시고 … [55]

이러한 "표지들"이 정확히 어떠한 의미를 지니고 있는지에 대해서 많은 견해들이 쏟아져 나왔다.[56] 내가 보기에는 이 표지들과 관련하여 너무 지나친 주장들이 종종 제시되어 왔다. 이 각각의 가르침의 묶음, 그에 수반된 서사 자료를 오경 중의 한 책과 대응시키려고 하는 시도는 건강부회식의 왜곡된 읽기들

---

54) cf. 출 2:23-5; 6:2-8; etc.

55) 마 7:28; 11:1; 13:53; 19:1; 26:1.

56) 이러한 단원들에 대한 중요한 "오경적" 읽기는 Bacon 1930의 읽기였다: 오중의 구조의 중요성을 인정하면서도 그것으로부터 어떤 중요한 결론을 도출해 내지는 않고 있는 Davies 1964, 14-25와 Davies and Allison 1988, 58-72에 나오는 논의들을 보라.

을 낳았다. 그렇지만 뚜렷하게 조각되고 새겨진 책, 게다가 면면마다 성경의 구절들이 어떻게 성취되었는지를 꼼꼼히 기록하고 있는 책 속에서 이토록 분명한 후렴구는 결코 무시되어서는 안 된다. 본문 자체를 제대로 다루면서 이러한 구조를 이해하는 길은 과연 없는 것인가?

나는 이 가르침의 묶음들 중에서 첫 번째와 마지막 묶음이 실마리를 제공해 준다고 생각한다.[57] 관련된 대목은 각각 세 장으로 이루어진 두 묶음인 5~7장과 23~25장이다. 이 묶음들은 포함된 절수를 보면 특히 드러나듯이 (5~7장에는 111절, 23~25장에는 136절), 그 사이에 있는 가르침의 세 묶음들(10:1-42; 13:1-52; 18:1-35)보다 상당히 더 길다.[58] 5~7장과 23~25장의 강화(講話)들은 각각 처음에는 반복적인 한 어구에 초점을 맞춘다: 5:3-11은 아홉 가지 "복"을 제시하고, 23:13-33은 이와 대비되는 일곱 가지 "화"를 제시한다:

심령이 가난한 자는 복이 있나니
애통하는 자는 복이 있나니
온유한 자는 복이 있나니
의에 주리고 목마른 자는 복이 있나니
긍휼히 여기는 자는 복이 있나니
마음이 청결한 자는 복이 있나니
화평하게 하는 자는 복이 있나니
의를 위하여 박해를 받은 자는 복이 있나니
나로 말미암아 … 너희를 거슬러 모든 악한 말을 할 때에는
너희에게 복이 있나니

57) 일부 학자들과는 달리 나는 마지막 "단원"이 23장을 포함한다고 본다.

58) 이것들 중 마지막은 어느 정도 인위적인 것으로 보이는데, 이는 거기에 상당한 정도의 대화, 그리고 하나의 긴 비유가 포함되어 있기 때문이다. 이것은 마태가 네 번째 "강화"에서 그 절정인 다섯 번째 강화를 준비하도록 구조화시키고 있긴 하지만, 밀접한 주제적 통합성은 별로 나타나지 않는다는 것을 보여 준다.

화 있을진저 외식하는 서기관들과 바리새인들이여
너희는 천국 문을 사람들 앞에서 닫고
화 있을진저 외식하는 서기관들과 바리새인들이여
너희는 교인 한 사람을 얻기 위하여 … 생기면
너희보다 배나 더 지옥 자식이 되게 하는도다
화 있을진저 눈 먼 인도자여 너희가 말하되
누구든지 성전으로 맹세하면 아무 일 없거니와
화 있을진저 외식하는 서기관들과 바리새인들이여
너희가 박하와 회향과 근채의 십일조는 드리되
율법의 더 중한 바 정의와 긍휼과 믿음은 버렸도다
화 있을진저 외식하는 서기관들과 바리새인들이여
잔과 대접의 겉은 깨끗이 하되
화 있을진저 외식하는 서기관들과 바리새인들이여
회칠한 무덤 같으니
화 있을진저 외식하는 서기관들과 바리새인들이여
너희는 선지자들의 무덤을 만들고

이러한 배열은 의도적인 것으로 보인다. 마태가 실제로 의도적으로 다섯 개의 강화(講話)로 마태복음을 구분한 것이라면, 마태는 그것들을 대략적으로 교차대구법적인 구조로, 즉 어쨌든 첫 번째 강화와 마지막 강화를 서로 대응하는 것으로 배열했을 것이라고 보기가 쉽다.[59] 그러나 이러한 "복"과 "화"를 서로 병행시켜 놓은 것의 효과는 무엇인가?

사실 오경이 단서이긴 하지만, 나는 마태가 다섯 권의 책으로 이루어진 총서로서의 오경을 염두에 두지도 않았고, 오경이라는 도식을 맹목적으로 따랐다고 보지도 않는다. 오히려 나는 마태가 계약으로서의 오경을 염두에 두고

---

59) 이것을 보여 주는 또 하나의 지표는 바위와 모래 위에 지은 집들에 관한 비유(7:24-27)에서 찾아볼 수 있다. 이 비유는 25:1-12, 14-30, 31-46(cf. 7:21-3, 또한 25:11f., 44f.)의 심판 비유들에 대한 복선임과 동시에 큰 집이 무너진다는 것을 말함으로써 24장 전체를 미리 말해 주는 역할도 한다.

있었다고 보는데, 이것은 모세가 백성들이 약속의 땅을 차지하러 가기 전에
요단 동편에 모아놓고 마지막으로 행한 이스라엘에 대한 강론의 일부인 신명
기 27~30장에 요약되어 있다.[60] 거기를 보면, 야웨와 그의 백성 간의 계약은
저주 목록과 축복 목록이라는 견지에서 규정된다. 합해서 열여섯 가지인 저주
는 신명기 27:15-26과 28:16-19에 자세하게 기록되어 있고, 28:20-68에서
는 백성이 계약을 지키지 않는 경우에는 포로로 끌려갈 것이라는 위협의 말과
함께 증보되어 있다. 축복은 그것들 중 네 가지가 28:3-6에 규정되어 있고,
28:1-2, 7-14에 증보되어 있다. 그런 다음에 축복들은 모세가 이스라엘 자손
들에게 그들이 이 시점까지 올 수 있게 한 사건들을 상기시키는 대목인 신명
기 29장과 모세가 그들의 죄로 인해서 그들에게 저주가 임할지라도 그들이
구원을 받고 계약이 새롭게 맺어지게 될 것이라고 약속하는 신명기 30장에서
다시 한 번 요약된다. 모세는 그들에게 주어진 계명이 지나치게 무겁거나 지
나치게 멀리 있는 것이 아니라는 점을 강조한다: 그것은 "네게 매우 가까워서
네 입에 있으며 네 마음에 있은즉 네가 이를 행할 수 있느니라"(30:14). 모세
의 설교는 백성들에게 위대한 결단을 하라고 제시하는 말로 끝이 난다
(30:15-20):

　　보라 내가 오늘 생명과 복과 사망과 화를 네 앞에 두었나니 곧 내가 오
　늘 네게 명령하여 네 하나님 여호와를 사랑하고 그 모든 길로 행하며 그
　의 명령과 규례와 법도를 지키라 하는 것이라 그리하면 네가 생존하며
　번성할 것이요 또 네 하나님 여호와께서 네가 가서 차지할 땅에서 네게
　복을 주실 것임이니라 그러나 네가 만일 마음을 돌이켜 듣지 아니하고
　유혹을 받아 다른 신들에게 절하고 그를 섬기면 내가 오늘 너희에게 선
　언하노니 너희가 반드시 망할 것이라 너희가 요단을 건너가서 차지할 땅
　에서 너희의 날이 길지 못할 것이니라 내가 오늘 하늘과 땅을 불러 너희
　에게 증거를 삼노라 내가 생명과 사망과 복과 저주를 네 앞에 두었은즉
　너와 네 자손이 살기 위하여 생명을 택하고 네 하나님 여호와를 사랑하
　고 그의 말씀을 청종하며 또 그를 의지하라 그는 네 생명이시요 네 장수

---

60) 본서 pp. 431-434를 보라.

이시니 여호와께서 네 조상 아브라함과 이삭과 야곱에게 주리라고 맹세
하신 땅에 네가 거주하리라.

신명기를 마무리하는 여러 장들(31~34장)은 모세의 최후의 축복, 모세가
산에 올라가서 백성이 소유하게 될 땅을 바라보는 장면, 모세의 죽음에 관한
내용을 담고 있다.

마태는 그의 자료를 최종적인 형태로 배치하면서 이 장면 전체를 염두에
두고 있었다고 나는 생각한다. 신명기에 나오는 이 대목 전체의 주제는 마태
의 첫 번째 장의 복합적인 주제와 철저하게 연관되어 있다: 이스라엘은 실제
로 그들의 죄로 인하여 포로로 끌려가는 저주 속으로 떨어졌고, 이제 아브라
함의 백성에 관한 이야기는 새로운 출애굽과 계약의 갱신을 통해서 다시 본래
의 궤도를 되찾아야 한다. 그 결과 이스라엘은 또 다시 선택의 기로에 서 있
다. 생명이냐 죽음이냐, 저주냐 축복이냐: 반석 위에 지은 집이냐 모래 위에
지은 집이냐: 지혜로운 처녀들이냐 어리석은 처녀들이냐: 양들이냐 염소들이
냐. 예수는 모세와 마찬가지로 이러한 약속들과 경고들을 그의 백성의 귓전에
울린 채 죽음을 향해 나아간다. 부활 후에 예수는 모세와 마찬가지로 산으로
올라가서 그의 백성들에게 약속의 땅, 즉 온 세상으로 가서 취하라는 사명을
남겨둔 채(28:16-20) 그의 백성들과 작별을 고한다. 나의 주장이 옳다면, 마
태는 이러한 계약에 의거한 선택을 그의 복음서의 구조 자체 속에 엮어 넣어
서 그러한 선택을 예수가 그의 동시대인들 앞에 제시한 선택으로 묘사함으로
써 그 동일한 선택이 마태 당시의 교회 앞에도 놓여 있다고 말한다. 이스라엘
이 포로 상태로부터 구원받고, 궁극적인 저주가 아니라 약속된 죄 사함을 받
을 수 있는 길이 있다. 그것은 예수를 따르는 길이다. 이 길을 따라오는 자들
은 무(無)에서 갑자기 만들어진 새로운 이스라엘이 아니다. 그들은 아브라함,
이삭, 야곱의 참된 자손들이다.

마태의 이야기는 이러한 주제 전체를 부각시키는 방향으로 구조화되어 있
다. 파월(Powell)을 비롯한 여러 학자들이 지적한 마태의 이야기의 줄거리상
의 여러 소재(motif)들은 제대로 지적되고 있는 것이긴 하지만, 이와 같은 좀
더 넓은 틀 속에 두어져야 한다. 마태는 이스라엘이 실패하였고 포수(捕囚)로
끝나 버려서 새로운 출애굽이 필요하다는 유대인들의 이야기를 전제하고

있다: 그리고 그는 이 새로운 출애굽이 예수의 삶과 죽음과 부활을 통해서 이
루어졌다는 것을 나타내 보이고자 시도한다. 그는 여러 다양한 차원에서 이
일을 수행한다: 자주 거론되는 "성취" 구절들("이 모든 일이 된 것은 주께서
선지자로 하신 말씀을 이루려 하심이니 …")[61]은 단지 거대한 빙산의 일각일
뿐이다. 마태복음의 줄거리와 구조는 그때까지의 유대인들의 이야기의 전체
흐름을 전제하고 있다. 마태복음은 모세가 신명기 30장에서 말한 일이 일어나
고 있다고 주장한다. 마태복음은 단순히 역사적인 선례(先例)들을 자의적으로
모아놓은 것이 아니다. 마태는 그의 복음이 이스라엘의 이야기 전체의 속편이
자 완결편이라고 주장한다. 마태복음에서 예수는 새로운 다윗이자 새로운 모
세지만, 사실 그 이상의 것이다. 모세는 이렇게 약속했었다:

> 네 하나님 여호와께서 너보다 먼저 건너가사 이 민족들을 네 앞에서
> 멸하시고 네가 그 땅을 차지하게 할 것이며 여호수아는 네 앞에서 건너
> 갈지라 … 너희는 강하고 담대하라 두려워하지 말라 그들 앞에서 떨지
> 말라 이는 네 하나님 여호와 그가 너와 함께 가시며 결코 너를 떠나지 아
> 니하시며 버리지 아니하실 것임이라.[62]

마태에게 예수(물론 이 이름은 "여호수아"를 헬라어로 번역한 것이다)는 이
예언의 두 부분 모두에 대한 성취이다. 그는 임마누엘, 함께 하시는 이스라엘
의 신으로서 그의 백성이 오랜 포로 생활로부터 나올 때에 그들과 함께 있을
것이고, 그의 백성이 계속해서 약속의 땅을 소유하러 갈 때에도 여전히 그들
과 함께 할 것이다(1:23; 28:20). 그리고 이제 그들이 소유하게 될 땅은 온
세상이다: 동방 박사들이 예수에게 와서 충성을 맹세했고, 백부장이 예수가
"이스라엘에서 찾아보지 못했던" 믿음을 보여 주었으며, 가나안 여인이 "큰
믿음"을 갖고 있었던 것과 마찬가지로,[63] 당시에는 오로지 "이스라엘 집의 잃
어버린 양들"에게만 향해 있었던 예수의 사역[64]은 "모든 민족"에게 구원을 가

---

61) 마 1:22; 2:5f., 15, 17f., 23, etc.
62) 신 31:3-6.
63) 2:1-12; 8:5-13; 15:21-8.

져다줄 것이다. 누가와 매우 비슷한 방식으로 마태는 그의 이야기의 줄거리를 서론을 전제하고 결론으로 나아가는 본론으로 이해하고 있음이 분명하다. 하지만 약간의 차이는 있다: 즉, 처음 장면이 이미 이스라엘에 구원이 필요하다는 견지에서 제시되고 있다. 우리는 곧바로 본론으로 넘어간다:

그러나 이것은 좀 더 큰 전체의 일부라고 할 때에야 오직 하나의 줄거리로서 의미가 있다. 서론을 이루는 좀 더 큰 전체 속에서 이스라엘은 세상에 대한 축복의 수단이다:

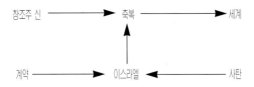

이러한 서론은 족보에 함축되어 있는 이야기로 인해서 방해를 받아왔다: 아브라함의 가족은 범죄하였고, 포로로 끌려갔다. 예수는 자기 백성을 이러한 곤경으로부터 구원함으로써 마침내 결론이 이루어질 수 있게 한다:

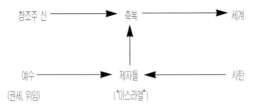

---

64) 15:24; cf. 10:5f.

그러므로 우리가 앞에서 누가의 경우에서 보았듯이, 마태도 장르들을 뒤섞고 있다는 것을 알아차리는 것이 아주 중요하다. 다시 한 번 말해 두지만, 마태가 예수의 이야기를 헬레니즘적인 전기로 썼다는 것은 의심의 여지가 없다.[65] 그러나 이와 동시에 마태는 이 이야기가 온 세계에 관한 이야기에 대한 실마리라는 암묵적인 인식하에서 이 이야기를 이스라엘에 관한 이야기의 속편이자 절정으로 이해하였다. 그리고 이것이 사실이라면, 마태는 이 이야기를 당시의 교회를 위한 교훈이자 역사로 읽기를 바랐을 것이라는 것은 의심의 여지가 없다. 그는 신과 이스라엘의 관계에 대한 비역사적인 이해라는 개념이 용어 자체가 모순이 되는 그러한 유대인들의 기본적인 세계관 속에 확고하게 위치해 있었다. 마태복음의 줄거리와 구조를 이해하였다면, 우리는 그토록 오랫동안 편집사(Redaktionsgeschichte)의 세계를 주도하여 왔던 그릇된 양분법을 거부하지 않으면 안 된다. 물론 마태는 그의 자료를 당시의 교회를 향하여 말하고 있다는 것을 염두에 두고 배열하고 순서를 정하였다. 그러나 마태가 들려주는 이야기는 실제로 일어난 일들과 관련이 있을 때에만 의미를 지니게 된다.[66] 그리고 이러한 일들이 실제로 일어났다면, 마태의 이야기는 당시의 유대인들의 세계관을 전복시킨다 — 마태가 어느 시대에 활동했든지와는 상관 없이.

4. "읽는 자는 깨달을 진저" : 마가의 이야기

언뜻 보면, 공관복음서들 중에서 가장 쉬워 보이는 마가복음은 해석자가 앞으로 다가가면 마치 무지개의 끝자락처럼 저 멀리 달아나고 만다. 개요는 아주 단순한 것처럼 보인다: 예수가 누구인가를 설명하는 8개의 장들과 예수가 죽을 것이라는 것을 설명하는 8개의 장. 갑작스러운 시작과 신비로운 끝을 제외하고는 그 사이에는 이야기가 직설적으로 진행된다. 그러나 그렇게 말하

---

65) 위의 서술을 보라: 특히 Burridge 1992, 191-219.

66) 이 점은 Strecker 1983 [1966], 72가 말한 것이다: 마태는 예수의 사역을 "그 자신의 상황으로부터 시간적으로나 지리적으로 거리를 둔 유일무이한 사건으로" 보고 있다. Strecker는 이것을 원래는 비역사적이었던 메시지를 인위적으로 "역사화하고 있는 것"으로 생각한다.

는 것은 문학 비평을 거치지 않은 상태에서 하는 말이다. 시작 부분의 갑작스러움과 끝 부분의 베일에 싸여 있는 모습은 마가복음 전체에 배어 있다. 마가복음은 비밀들, 베일들, 신비들의 책이다.[67]

그러므로 독자에게 요구되는 것은 이해력이다. 마가도 바로 그렇게 말한다:

> 하나님 나라의 비밀을 너희에게는 주었으나
> 외인에게는 모든 것을 비유로 하나니
> 이는 그들로 보기는 보아도 알지 못하며 …
> 마음에 심히 놀라니 이는 그들이 그 떡 떼시던 일을
> 깨닫지 못하고 도리어 그 마음이 둔하여졌음이러라.
> 너희도 이렇게 깨달음이 없느냐?
> 아직도 알지 못하며 깨닫지 못하느냐
> 너희 마음이 둔하냐 너희가 눈이 있어도 보지 못하며
> 귀가 있어도 듣지 못하느냐 또 기억하지 못하느냐 …
> 아직도 깨닫지 못하느냐?
> 읽는 자는 깨달을진저.[68]

이러한 경고들은 표면상으로도 세 차원에서 울려 퍼진다. 예수의 제자들은 이 비밀을 깨달은 자들이었는데, 나중에는 그 비밀을 깨닫지 못한 자들로 나

---

67) 특히 Kermode 1968, 1979를 보라. 나는 마가복음의 원본의 서문과 결문(結文)은 없어져 버렸기 때문에 마가의 의도에 대한 증거로 우리가 사용할 수 없다고 생각하는 소수파의 입장에 있다. 1:1(그리고 아마도 1:2a?)이 편집에 의한 것이라는 주장에 대해서는 Moule 1982 [1962], 131 n. 1; Koester 1989, 370; 1990, 13 같은 여러 다양한 저자들을 보라. 이들은 Schmithals 등을 인용하면서 예수의 생애에 관한 문서로 쓰여진 기사에 "복음서"라는 말을 사용하게 된 것은 아무리 일찍 그 연대를 잡아도 주후 2세기라고 주장한다. Fowler 1991은 마가복음의 표제와 관련하여 나와 동일한 생각을 갖고 있고, Myers 1990은 마가복음과 묵시문학에 관하여 나와 비슷한 생각을 갖고 있는데, 나는 이러한 책들이 출간되기 전에 마가복음에 관한 이러한 간략한 설명을 이미 써놓았었다.

68) 막 4:11f.; 6:5lf.; 7:19; 8:17-21; 13:14.

온다. 마가의 독자들도 깨달아야 할 한 가지 비밀, 물론 다른 것들과 연관이 있긴 하지만 동일하지는 않은 비밀을 갖고 있다. 이 모든 것 속에서 "실제로" 진행되고 있는 일이 무엇이었는지를 설명하고자 하는 가설들을 제시하기 위한 많은 노력들이 행해져 왔다: 마가의 "제자들"은 당시의 교회 지도자들을 약간 베일을 가려서 묘사한 초상들이고, 마가는 그들의 신학을 교정하고자 했다는 것이다.[69] 이러한 이론들 배후에는 그보다 더 오래된 해묵은 이론들이 자리 잡고 있다. 마가는 척박한 풍토 속에서 다음과 같은 초기 기독교의 기본적인 문제들을 설명해 주는 이론에 대한 서사적인 판본을 만들어 내고자 한 것이라고 일부 학자들은 주장한다. (1) 예수는 자기가 메시야 또는 신적인 존재라고 생각하지 않았다: (2) 초대 교회는 예수가 메시아이고 신적인 존재라고 생각했다: 그러므로 (3) 이 모든 문제가 한참 잘못된 것처럼 보였다: 그래서 (4) 초창기 이후에, 그리고 마가 이전에 어떤 사람이 예수는 이러한 일들을 생각했었지만, 그것들을 비밀에 붙였다는 기발한 아이디어를 생각해 냈다: 그런 후에 (5) 마가는 이 이론을 자신의 서사를 위한 토대로 삼았다.[70] 이 이론은 처음부터 잘못된 것이다. 왜냐하면 이 이론의 주창자인 브레데(Wrede)는 "메시야," "인자," "다윗의 자손," "하나님의 아들"이라는 용어를 마가는 모두 아무런 차이 없이 후대의 신조들에서 신적인 인물인 예수를 가리키는 데 사용하였다고 아주 잘못된 전제를 하고서는 이 용어들을 뭉뚱그려서 사용하였기 때문이다:[71] 그리고 이 이론의 두 번째와 세 번째 전제도 잘못되었다. 왜냐하면 가장 초기의 그리스도인들이 무엇을 생각했는지에 대해서는 평가하기가 대단히 어렵기 때문이다: 그리고 네 번째 전제도 잘못되었다. 왜냐하면 마가 이전에 그러한 이론이 존재했음을 보여 주는 그 어떠한 증거도 없기 때문이다: 그리고 다섯 번째 전제도 잘못되었다. 왜냐하면 마가가 일관되게 비밀을 묘사하고자 했다면, 그는 그런 작업을 서투르게 한 것이 되기 때문이다. 그러

---

69) e.g. Weeden 1985 [1968]: Tannehill 1985a [1977]: 또한 Best 1986: Hooker 1991, 12f.에 나오는 균형 잡힌 평가들을 보라.

70) 이 이론은 William Wrede 1971 [1901]에 의해서 만들어졌고, Tuckett 1983a: Räisänen 1990b [1976]에서 자세히 논의된다.

71) cf. Moule 1975: 1982 [1962], 110, 131.

나 이러한 이론들은 보충 설명이 추가로 필요하긴 하지만 뭔가를 얼핏 보기는 보았다. 사실 마가복음은 독자들이 표면 아래에 있는 어떤 비밀을 깨닫도록 요구하는 신비의 책이다. 우리는 마가복음의 서사적 의미를 어떻게 설명해야 하는가? 마가복음은 어떤 종류의 이야기인가?[72]

여기에서도 다시 한 번 우리는 마가복음은 전형적인 헬레니즘적인 전기 이상의 것임은 분명하지만 분명히 그 이하는 아니라는 점을 지적하는 것으로 논의를 시작하고자 한다.[73] 자기가 무엇을 하고 있다고 생각했든지 간에, 마가는 예수의 이야기를 헬레니즘적인 배경 속에서 충분히 이해될 수 있는 방식으로 들려줌으로써 자기가 의도한 일을 수행하였다. 그러나 마태 및 누가와 마찬가지로, 마가도 유대적인 사고의 틀 속에서 복음서를 썼다고 생각할 만한 몇 가지 근거들이 있다. 그리고 나는 마가가 무엇을 하고 있었는지를 가장 잘 묘사해 주는 모형은 사람들이 많이 오해하는 묵시문학이라는 범주라고 생각한다. 묵시문학은 신비들이 설명되고 밝혀지며, 다른 방식으로는 다루어질 수 없는 비밀들이 역설을 통해서 표현되는 문학 범주라고 생각하는 오해가 바로 그것이다.

이러한 오해는 최근의 연구 성과에 비춰서 효력 정지를 통고할 필요가 있다. 몇몇 학자들은 마가가 "철저히 반묵시문학적"이라고 주장하여 왔다;[74] 또어떤 학자들은 마가가 한 권의 묵시문학을 썼다고 주장해 왔다.[75] 나는 어느쪽의 평가에도 동의하지 않는다. 왜냐하면 내가 생각하기에는 이 양측은 둘다 문학 장르이든 세상을 바라보는 방식으로든 실제로 "묵시문학"이 무엇인가에 대한 잘못된 읽기에 토대를 두고 있기 때문이다. 방금 언급한 양측의 판단은 "묵시문학"이 철저히 이원론적인 것으로서 현재의 세상 속에서 기대가 실패하게 되자 옛 세상을 멸하고 그 대신에 들어설 전적으로 새로운 세상을 기

---

72) 이야기로서의 마가복음에 대해서는 Rhoads and Michie 1982; Best 1983; van lersel 1989 [1986]을 보라.

73) Burridge 1982, ch. 8; cf. 이미 Schulz 1985 [1964], 164.

74) Schulz 1985 [1964], 166.

75) 예를 들면, Perrin and Duling 1982 [1974], 89, 233-61; Kee 1977, 64-76; Mack 1988, 325-31, cf. 330. "마가복음은 우연히 묵시문학적 강화(講話)를 포함하게 된 것이 아니라, 독자들에게 역사와 시간에 대한 묵시문학적 견해를 강제하였다."

대하고 있다고 전제한다. 이러한 견해에 의하면, 마가는 유대적인 이원론을 거부하고 역사에 대한 기독교적인 강조점을 선택하였거나(Schulz), 초대 교회의 기대가 실망으로 끝나버리게 되자 이러한 이원론을 받아들였다(Mack)는 것이다.[76] 오늘날 대부분의 신학자들은 이원론을 부정적으로 보기 때문에, 이와 같은 해석상의 핵심적인 문제는 마가를 영웅 또는 악한으로 만들어 버리는 결과를 가져온다.[77]

나는 제10장에서 "묵시문학"에 대한 이러한 읽기가 근본적으로 잘못된 것이라고 주장하였다. 문학 장르로서의 "묵시문학"은 시공 속에서 일어난 사건들에 신학적인 의미를 부여하는 한 방식이다; 묵시문학은 사실 현재의 세상 속에서 악은 최종적인 승리자라는 것을 부정함으로써 현재의 영속적인 시공의 질서의 결정적인 중요성을 부정하는 것이 아니라 오히려 긍정하는 방식이다. 그러한 문학을 오직 전적으로 역사적인 이해 없이 읽을 때만이 묵시문학을 초기 유대교와는 달리 시공간의 우주가 장차 언젠가는 소멸될 것이라고 생각했던 스토아 학파의 철학으로 오해할 위험성이 존재한다. 주후 20세기에서나 주후 1세기에서 이런 식으로 잘못 읽을 가능성은 언제나 존재하는데, 누가는 그러한 잘못된 읽기를 피하기 위한 여러 조치들을 취한다. 마가는 그의 가장 난해한 문장들 중의 하나를 쓰면서, "읽는 자는 깨달을 진저"라는 말을 덧붙인다; 누가는 그의 독자들이 이해하지 못할 것을 알았기 때문에, 이 암호를 평이한 진술로 바꾸어 놓았다.[78] 그러므로 내가 마가복음을 "묵시문학"이라고 말할 때 그 의미는, 앞에서도 말했듯이, 지금까지의 논쟁 속에서 통상적으로

---

76) Schulz(1985 [1964], 165)는 뭔가 의미심장한 말을 하고 있다: "1-23절(마가복음 13장의)은 마가에 의해서 완전히 탈묵시화되어서 역사와 결부되었다." 이것은 Schulz가 옹호하고 있는 "묵시문학"에 대한 통상적인 인식과 내가 위의 제10장에서 길게 논한 인식과의 현격한 거리를 보여 준다 — 그리고 실제로 본문의 표면으로부터도. 마가복음 13:1-23은 모두 거짓 교사들, 전쟁들, 지진들, 회당들, 핍박들, 산으로 도망가는 것에 관한 것이다 — 달리 말하면, 철저히 현세적이고 역사적인 사건들. 이 본문의 원본에서는 시공간을 초월하는 것들이 언급되어 있었다는 주장은 비평적 상상력의 꾸며 낸 산물일 뿐이다.

77) 악한(惡漢) 마가는 Mack 1988의 주된 주제다: cf. e.g. 14, 368-76.

78) 막 13:14; 눅 21:20.

사용되어 왔던 그런 의미가 아니다.

이 주장의 강점은 이미 지적한 바 있다: 마가복음은 복음서들 중에서 특히 비밀을 꿰뚫어보고 신비를 파헤치고 깨닫는다는 개념을 강하게 부각시킨다. 이러한 관점에서 볼 때, 맥(Mack)의 견해는 지극히 옳다: 마가복음은 13장만이 아니라 책 전체가 "묵시문학"이다.[79] 그러나 앞에서 보았듯이, 고전적인 묵시문학은 역사, 즉 시간과 공간으로 이루어진 우주의 종말에 관한 책이 아니었다.[80] 묵시문학은 신화와 은유를 복합적으로 혼합해서 이스라엘의 역사에 관한 이야기를 들려주고, 그 이야기를 현재로 가져오며, (현세의) 악의 세력들이 뿌리 뽑히고 (현세의) 이스라엘의 해방이 마침내 일어날 때를 보여 주는 책이었다. 묵시문학은 역사로부터 도피하는 것이 아니라 역사를 해석하는 단서를 제공하였다. 도단에서의 엘리사와 같이, 마가는 잠시 베일을 벗겨서 천상의 실체를 지상의 한복판 속에서 볼 수 있도록 해 주고자 했다.[81] 마가는 다음과 같은 방식으로 예수에 관한 이야기를 들려주었다: 이러한 유대인들의 저작들과 전승들 속에 표현된 이스라엘의 영광스러운 기대는 예수의 죽음과 부활속에서 역설적으로 성취되었고, 예루살렘의 멸망을 통해서 이러한 성취는 한층 더 진전될 것이다(또는 최근에 더 성취되었다).[82] 마가복음은 묵시문학적인 사상들과 묵시문학이라는 문학 양식을 거부함을 통해서가 아니라 묵시문학의 중심적인 취지와 관련된 방향을 재설정함으로써 이스라엘의 이야기에 대한 유대인들의 통상적인 묵시문학적 이야기들을 전복시킨다. 예루살렘은 이스라엘의 신의 참된 백성을 반대했던 큰 도성이다; 바벨론처럼 이 도성은 그 참된 백성의 해방의 표시로서 멸망하게 될 것이다. 신이 주신 소명을 굳게 붙잡고 위대한 역전(逆轉)을 통해 신원 받은 고난 받는 의인들은 토라를 굳게 붙드는 자들이 아니라 예수와 그의 백성들이다.

그러므로 마가의 새로운 스타일의 묵시록은 적어도 두 가지 차원에서 기능한다. 마가복음 13장이 성경에 대한 어두운 인유(引喩)들로 가득 차 있고, 에

---

79) Mack 1988, 330.

80) 예외일 수 있는 것들에 대해서는 위의 제10장을 보라.

81) 왕하 6:15-19.

82) 이 복음서의 연대에 관한 문제는 현재로서는 부차적인 문제다.

스라4서와 같이 다니엘 7장에 대한 다시 읽기를 통해서 그 절정에 달하는, 전적으로 유대적인 스타일로 씌어진 뚜렷한 묵시록으로서 마가복음 전체를 주도하고 있다는 것은 분명하다. 그러나 마치 마가복음 13장이 그 문맥으로부터 완전히 벗어나서, 즉 묵시문학이 아닌 마가복음으로부터 벗어나고 묵시문학적이 아닌 예수로부터 벗어나서 비기독교적인 유대적 장르와의 연루(連累)로부터 완전히 손을 씻은 것처럼 "소묵시록"이라고 생각하는 것은 큰 오산이다.[83] 마가는 13장에 앞선 여러 장들을 통해서, 특히 8:34~9:1, 그리고 아마도 그이후의 내용들을 통해서도 독자들의 눈이 이 점을 바라볼 수 있도록 인도하여왔다: 그리고 마가가 그의 독자들에게 14장의 법정 장면으로부터 얻기를 바랐던 의미와 15장의 십자가 장면으로부터 얻기를 바랐던 의미는 오직 13장의 빛 하에서만 포착될 수 있다. 마가복음 13장은 예수의 삶과 재판과 죽음과는 상관없는 내용을 말하고 있는 것이 아니라, 그러한 경천동지(驚天動地)할 사건들(읽는 자는 깨달을 진저)을 바라볼 때 반드시 사용해야 하는 렌즈이다. 이것을 다른 식으로 표현해 본다면, 마가복음은 이러한 지상의 사건들에 그 사건들이 천상에서 지니는 의미를 부여한다.

그러나 마가복음에서는 13장만이 유일하게 "묵시록"인 것이 아니다. 만약 비유들이 그토록 오랫동안 "천상의 의미를 지니는 지상의 이야기들"로 읽혀져 오지 않았더라면, 그리고 그토록 오랫동안 알레고리라는 의심를 받지 않고 오직 한 가지 내용을 말하는 이야기들로 읽혀져 오지 않았다면, 마가복음 4:1-20과 전형적인 "묵시문학적" 양식의 병행은 아주 오래 전에 분명하게 인식되었을 것이다.[84] 첫째, 씨 뿌리는 자와 어떤 씨에 관한 이야기가 있다: 그것은 독수리와 그 날개들, 또는 바다에서 올라온 네 짐승들에 관한 이야기일 수도 있다. 그러나 무엇이 되었든 요지는 동일하다. 그런 다음에 듣는 사람들이 무슨 말을 하는지를 이해할 수 없다고 말하고, 이야기를 들려주는 사람은 오직

---

83) 이에 대해서는 좀 더 오래된 문헌을 싣고 있는 Lane 1974, 444-50과 Hooker 1991, 297-303을 보라. 마가복음 13장 전체에 대해서는 주후 40년경에 이 장의 한 판본이 문서 형태로 존재하였다고 주장하는 Theissen 1991, ch. 3의 매혹적인 논의를 보라. 이 주장에 비하면 Wenham 1984 (연대를 주후 50년 이전으로 잡는)의 비슷한 주장은 다소 온건해 보인다.

84) 비유들에 대해서는 이 시리즈의 이후 책들에서 좀 더 자세하게 논의될 것이다.

몇몇 들을 수 있는 자들에게만 큰 비밀이 밝혀지고 있다고 선언하는 짧은 대화가 나온다. 그런 후에 화자는 이 이상한 이야기를 조목조목 들어서 그 감춰진 의미를 설명해 주는데, 그 의미들은 신의 백성의 현재의 상황에 꼭 들어맞는다는 것이 드러난다. 마지막으로, 이 이야기를 다시 회고해 보면서, 우리는 이 이야기의 형태가 어떤 것이었는지를 깨닫게 된다: 비극으로 이루어진 세 국면들, 신원(伸寃)에 관한 한 국면. 그것은 네 짐승과 인자 같은 한 인물이었을 수도 있다: 그것은 한 독수리에게 달려 있는 여러 날개들과 사자 형상을 한 한 인물이었을 수도 있다. 그런데 여기서는 사실 아무런 열매를 맺지 못한 세 번의 씨앗 뿌리기와 엄청난 열매를 맺은 한 번의 씨앗 뿌리기가 등장한다. 요지는 동일하다. 마가복음 4:1-20은 신약성서에 나오는 모든 "묵시문학적인" 글 중에서 아이러니컬하게도 가장 분명한 전형적인 본문임과 동시에 학자들로부터 가장 무시당해온 본문이다.

차이가 있다면 이런 것들이다: 화자가 천사가 아니라 예수라는 것: 청자들이 과거의 위대한 선견자들이 아니라 이 이야기의 많은 부분에서 도무지 깨닫지 못하는 자들로 거론되고 급기야는 예수만 홀로 남겨둔 채 도망가 버리는 제자들이라는 것. 마가의 묵시록은 오늘날의 비평학자들에게 도무지 이해할 수 없는 것이었듯이, 주후 1세기의 독자들에게 깜짝 놀랄 만한 방식으로 부활하였다. 이스라엘에 관한 이야기 전체를 묵시문학적인 이미지들을 사용하여 들려주는 대신에 마가는 묵시문학적인 이미지들을 사용하여 이스라엘에 관한 이야기를 들려주는 예수의 이야기를 말하였다. 바로 이러한 의미에서 마가복음은 묵시문학을 뛰어 넘는다.

그러나 마가복음을 묵시록이라고 보는 것의 가장 깊은 차원은 마가복음 4장과 13장, 이 두 대목은 단순히 표지이자 징후일 뿐이라는 것이다. 흔히 마가는 오늘날의 소설가들 및 영화감독들과 마찬가지로 서로 병행적으로 놓여져서 서로를 해석하는 것으로 취급할 필요가 있는 몇몇 절정의 순간들을 중심으로 자신의 복음서를 구조화했다고 주장된다. 그 절정의 순간들은 이런 것들이다:

곧 물에서 올라오실 새 하늘이 갈라짐과 성령이 비둘기 같이 자기에게 내려오심을 보시더니 하늘로부터 소리가 나기를 너는 내 사랑하는 아들이라 내가 너를 기뻐하노라 하시니라.

베드로가 대답하여 이르되 주는 그리스도시니이다 하매.

마침 구름이 와서 그들을 덮으며 구름 속에서 소리가 나되 이는 내 사랑하는 아들이니 너희는 그의 말을 들으라 하는지라.

대제사장이 다시 물어 이르되 네가 찬송 받을 이의 아들 그리스도냐?

예수를 향하여 섰던 백부장이 그렇게 숨지심을 보고 이르되 이 사람은 진실로 하나님의 아들이었도다 하더라.[85]

이 구절들 중 두 개는 "묵시문학적인" 성격을 띠고 있다. "하늘이 열리고" (첫 번째 구절에 나오는)라는 표현은 통상적으로는 감춰져 있던 진리가 드러나는 모습을 말하는 전형적인 방식이고, 구름(세 번째 대목에 나오는)은 신의 임재를 가리키는 분명한 표지이다. 그 밖의 다른 세 구절들도 모호성으로 가득 차 있다. 우리는 예수가 메시야라는 베드로의 신앙고백을 마가(또는 예수)가 서투른 잘못(또는 신성에 대한 신앙고백)으로 여겼다는 생각을 하지 말아야 하지만, 그 다음에 나오는 구절에 의거해서 판단하면, 베드로나 그 밖의 다른 제자들이 적어도 마가가 믿고 있었던, 예수의 메시야됨의 진정한 본질을 파악하고 있지 못했었다는 것은 분명하다: 곧, 예수의 메시야됨은 이스라엘의 민족적 소망을 전복시키고 예수의 십자가 처형으로 이어지게 될 것이라는 것. 마찬가지로 대제사장의 질문도 엄청난 아이러니를 지닌다. 그는 예수가 메시야라는 것을 믿지 않고 있고, 자신이 메시야라는 것을 시인하는 예수의 대답은 그의 마음을 조금도 바꿔 놓지 않는다. 백부장은 한층 더 모호하다. 마가는 여기에서 그의 독자들이 후대의 기독교 신앙의 반영(反映)들을 듣기를 바랐을 것이다: 여기에 죽어가는 예수를 바라보고 그를 신의 아들로 고백한 최초의 인물이 있다고 마가는 말하고 있는 것이다. 그러나 이 구절의 최종 본문은 가

---

85) 비유들에 대해서는 다음 권에서 좀 더 자세하게 다루게 될 것이다.

막 1:10f.; 8:29; 9:7; 14:61; 15:39. 14:61에서는 나는 헬라어 본문을 그대로 따르고 있다: 가야바의 첫 번째 말과 베드로가 8:29에서 한 말의 차이는 오직 의문 부호뿐이다. 이 점은 흔히 지적되어 왔다: 나는 20여년 전에 M. D. Hooker의 강의를 듣고 이 점에 제일 먼저 착안하였다. 15:39에 나오는 백부장의 말은 종종 "신의 한 아들"로 해석되고 있지만, 이것은 잘못이다. 헬라어에서 보어(補語)는 정관사를 취하지 않는다.

야바의 질문과 마찬가지로 적어도 두 가지 차원에서 읽어야 한다. 마가나 그의 독자들은 예수를 처형하는 임무를 맡은 백부장이 기독교적인 신앙고백을 온전히 이해했을 것이라고 생각했을 리가 없다.

이 다섯 개의 구절들(시작 부분에 하나, 중간에 둘, 마지막 부분에 셋)은 특히 마가복음의 대부분에서 예수의 메시야됨, 예수의 신의 아들됨에 관한 주제가 현저하게 부재(不在)하고 있다는 특성 때문에 한층 더 두드러지게 부각된다. (나는 이러한 구절들에 나오는 "신의 아들"은, 나중에 그 어떤 다른 의미들이 이 어구에 첨가되었을 수는 있지만, 무엇보다도 최우선적으로 "메시야"를 의미하는 것으로 해석해야 한다고 본다.[86]) 마가는 예수에 관한 이야기를 이스라엘의 신의 나라를 선포하고 이스라엘에게 방향을 바꾸라고, 즉 회개하라고 촉구한 갈릴리의 한 선지자에 관한 이야기로 들려준다.[87] 수세(受洗), 변화산 사건, 베드로와 가야바와 백부장의 말들은 베일이 벗겨지고 문들이 열려서 엘리사의 종과 같이 독자들이 이 선지자 주변에 있는 말들과 불병거들을 보는 순간들이다. 마가가 들려주는 예수에 관한 이야기 전체는 하나의 묵시록으로서의 기능을 하도록 설계되어 있다. 독자들은 복음서 전체를 통해서 제자들이 비유장(比喩章)에서 행하도록 요구받고 있는 것, 즉 겉보기에 이상해 보이는 이야기의 배후에 있는 내부의 비밀에 좀 더 가까이 다가가서 발견해내는 일을 행하도록 끊임없이 초대받는다. 마가복음의 이야기의 흐름은 요세푸스에 비추어보면 아주 평범하다: 한 유대인 선지자, 그러니까 메시야라 자처한 자가 그의 (작은) 추종자 집단에 의해서 버림을 받고, 점령군에 의해 체포되어 재판을 받고 처형당한다. 마가가 들려주는 이 이야기는 전적으로 전복 성향을 지니고 있다: 이것은 실제로 선지자들이 황금기라고 말했던 사건이요 이스라엘이 그토록 열망했던 사건이자 혁명가들이 이를 위하여 싸웠고 순교자들이 이를 위하여 죽었던 바로 그 사건인 이스라엘의 신의 나라의 도래에 관한 것이었다. 이러한 진리(마가의 관점에서 볼 때)는 특히 그것이 내포하는 의미로 인해서 너무도 엄청난 것이었고, 결국 13장에서 아주 명백하게 진술된다. 신의 나라의 도래는 예루살렘의 위대한 신원, 성전의 영광의 재현, 선지자들과

---

86) '신의 아들'의 의미에 대해서는 Hengel 1976: Moule 1977, 22-31 등을 보라.
87) 선지자로서의 예수: 6:4; 신의 나라를 선포하고 회개를 촉구하는 예수: 1:15.

그들의 신실한 독자들이 기대했던 포로생활로부터의 진정한 귀환을 의미하지 않고, 오히려 예루살렘의 황폐화, 성전의 파괴, 예수와 그의 백성들의 신원을 의미한다. 예루살렘과 그 지배층은 이제 그들의 이야기에 맞서 단호하게 다시 언급된 이야기 속에서 바벨론, 에돔, 안티오쿠스 에피파네스의 역할을 맡게 된다. 이 도시들은 이스라엘 신의 참된 백성의 신원을 위하여 반드시 멸망해야 할 도시들이다. 폭군으로부터의 구원에 관한 예언들은 예수와 그의 백성을 통해서 실현되었다. 이 도시가 멸망할 때, 그들은 이 도시로부터 피신해야 한다: 이것이 그들의 구조(救助)와 구원과 신원의 때이다.[88]

이 점을 토대로 마가복음의 저작 연대와 저술 장소에 관한 의견을 개진하고자 하는 마음이 있지만, 그것은 언젠가 다른 책을 통해서 해야 할 과제다. 현재로서 우리의 목적은 마가복음에서는 어떤 종류의 이야기를 말하고 있는가를 묻는 것이다. 그 대답은 꽤 분명하다. 마가는 기독교적 묵시록을 썼고, 이 묵시록 속에서 예수의 생애 속에서 일어난 사건들 — 이 작품이 서술하고 있는 예수의 생애에 관한 사건들은 헬레니즘적인 전기의 특징들을 공유하고 있음이 분명하다 — 은 이스라엘의 역사가 "묵시문학적" 위기의 순간에 도달한 이 시점에서 중요한 무대가 된다. 바로 이 시점으로부터 그 역사는 재평가되어야 마땅하다. 그러나 여기서 다시 한 번 누가복음 및 마태복음에서와 마찬가지로, 마가의 이야기는 묵시문학적으로 인식된 이스라엘의 역사 전체를 그 배경으로 전제할 때에만 의미를 지니게 된다는 것은 분명하다. 마가복음의 서두에 나오는 일련의 사건들은 이미 이 점을 잘 보여 준다. 적어도 누가는 그의 독자들을 세계사적인 사건들의 지도 속에 위치시키고 그의 주된 주제를 내재적인 흥미로 가득 차 있는 일련의 인간적인 장면들을 통해서 소개하려고 무진 애를 쓴다. 마태는 오늘날의 많은 사람들에게는 모호해 보이지만 주후 1세기의 독자들에게는 대단히 매력적이었던 족보로 자신의 이야기를 시작한다. 그러나 마가는 일련의 분명한 사건들로 시작한다: 마가는 불과 스무 절을 빌려서 세례 요한을 소개하고, 예수의 수세(受洗)를 증언하며, 신의 나라가 선포

---

88) cf. 렘 51:26과 막 13:2; 사 13:10; 34:4과 막 13:24; 사 52:11f., 렘 51:6, 45과 막 13:14-17; 렘 51:46과 막 13:7f.; 슥 2:6(및 문맥)과 막 13:27; 그리고 물론 단 7:13f.와 막 13:26.

된 것을 알리고, 첫 제자들을 부르신 장면을 보여 준다. 우리는 이 모든 활동의 한복판에서 생각하도록 요구받는다; 이 드라마는 특정한 배경을 토대로 할 때에 의미를 지니게 된다. 그 특정한 배경이란 이스라엘에 관한 "묵시문학적인" 격동의 이야기이다. 마가는 마태 및 누가와 마찬가지로 좀 더 큰 이야기를 전제하는 이야기를 썼는데, 그들의 이야기는 바로 이 큰 이야기의 이상하면서도 결정적인 최후의 장을 이루게 된다. 이 큰 이야기 속에서, 그러니까 결국 마가 자신의 이야기 속에서도 세상과 역사는 단죄되거나 폐기되는 것이 아니라 구속받는다. 읽는 자는 깨달을 진저.

5. 공관 복음서들: 맺는 말

세 개의 공관복음서들은 모두 서로 상당한 편차를 보이는 가운데에도 공통의 패턴을 공유하고 있다는 것을 우리는 알게 되었다. 공관복음서들은 모두 예수에 관한 이야기, 특히 그의 십자가에 관한 이야기를 하나의 기이한 이야기, 기행을 일삼은 자에 관한 하나의 전기, 신의 권능이 돌연히 역사 속으로 침입해 온 것에 관한 이야기로 들려주는 것이 아니라 창조주와 세상에 관한 이야기의 구심점이 되고 있는 이스라엘에 관한 이야기라는 훨씬 긴 이야기의 결말 부분으로 들려주고 있다. 또한 공관복음서들은 단순히 골동품에 대한 흥미 또는 신학적 흥미 때문에 이 복잡한 이야기를 들려주고 있는 것이 아니라, 이 이야기를 새로운 국면 속에서 이끌어 가도록 신의 부르심을 받아 존재하게 된 그들의 공동체들의 창건 이야기, 즉 역사적인 "건국 신화"로서 이 이야기를 들려주고 있다. 여기에는 신학적, 실천적, 목회적 관심들이 어우러져 있다: 공관복음서들은 나사렛 예수에 관한 최근의 기억 속에서 일어났던 사건들을 알리고 회중들을 통합하고자 하는 것이다. 우리는 이제 이 실들을 함께 이어서 이 점을 좀 더 자세하게 살펴보지 않으면 안 된다.

첫째, 복음서 기자들이 들려주는 이야기는 그 어떤 다른 것에 "관한" 것이 아니다. 이 이야기는 그 밖의 다른 모든 것의 중심이 되는 바로 그 이야기이다. 이 이야기는 세계사의 중심이라고 그들은 말한다. 이 이야기는 마치 그것이 "실재하는" 것인 양 가장하는 어떤 추상적인 교리(예를 들어, 신의 사랑)의 한 예가 아니다. 구약성서의 기자들과 마찬가지로, 복음서 기자들은 창조의 유일신론자들로 사고한다. 중요한 것은 창조주의 세계 속에서, 그리고 그러한 의미에서 이스라엘 속에서 진행되고 있는 일이다. 이 점에서 종교 개혁자들은 이 사건들의 유일무이하고 반복될 수 없는 성격을 고수하였다는 점에서 복음서 기자들과 맥을 같이 하였다. 하지만 아이러니컬하게도 종교 개혁자들은 이러한 강조점을 예수의 사역에까지는 유지하지 못하고, 예수의 사역을 단순한 하나의 사례로 만들어 버렸다.[89]

둘째, 그러므로 복음서 기자들이 이스라엘의 이야기의 위대한 절정, 마침내 유구한 세계사가 그 경로를 바꾸게 될 전환점을 그들 자신이 오게 하고 있다고 믿었다는 사실은 그들이 역사(우리가 역사라 부르는 것), 즉 예수에 관한 역사를 쓰고 있다고 믿었다는 것을 의미한다. 이것은 복음서 기자들이 그들의 "진정한" 관심의 대상은 다른 데 둔 채 부차적으로 행하였던 그 무엇이 아니었다. 역사는 이스라엘의 신이 그의 백성을 구속하기 위하여 활동하기로 되어 있던 무대였다. 유대인들의 창조의 유일신 사상 전통 전체는 결정적인 사건이 일어날 때에 그 사건은 사건이 아닌 그 무엇이어야 한다거나 "의미"는 외부 세계에서 일어난 사건들이 아니라 그 사건들로부터 도출될 수 있는 "원리들" 또는 그 밖의 다른 무시간적이 내용들에 있다는 사상을 완강하게 거부한다. 최근에 유대적인 유일신 사상은 초기의 고등 기독론을 반대하는 논거로 사용되어 왔는데, 나는 이것이 잘못되었다고 생각한다. 유대적인 유일신 사상이 이 점과 관련하여 진정으로 거부하는 것은 마치 신이 세상의 창조주이자 구속주가 아닌 것처럼 이스라엘의 신을 그가 만든 세상으로부터 분리시키는 이원론이다. 우리가 유대적으로 생각하고 복음서 기자들도 그렇게 했다고 본다면, 우리는 그들이 예수와 그의 역사적 사역을 서술할 의도가 있었다고 밖에는 결론을 내릴 수 없다. 그들이 이 일에 성공하였는지 못하였는지는 따로 살펴보아야 할 문제이다.

우리는 이러한 말 외에 다른 식으로 말하게 될 때에 거기에서 결과적으로 도출될 결론을 주의 깊게 살펴보지 않으면 안 된다. 통상적인 유대적인 형태와 기본적인 내용을 지니는 이야기들이 실제적인 역사적 대상 없이 이야기되거나 씌어질 수 있었다는 것은 얼마든지 가능한 일이고, 실제로 『유딧서』와

---

89) 위의 제1장을 참조하라.

『토빗서』 같은 신구약 중간기 시대에 나온 몇몇 작은 소설들 속에서 그런 일이 일어났다. 그러나 그것들은 여전히 역사적이었던 유대인들의 소망을 지탱하고 살아 있게 해 주는 기능을 하였을 것이다: 이스라엘의 신은 출애굽 사건에서 보여 주었듯이 마침내 역사 내에서 활동하여 그의 역사적 백성을 역사적인 속박으로부터 구원하실 것이다.[90] 그러나 모든 유대적인 이야기들이 허구들이었고, 허구들(통상적인 의미에서의 "허구들")이란 것이 알려졌다면, 이 세계관 전체는 한 번에 무너지고 말 것이다. 만약 주후 75년에 어떤 사람이 한 유대인에게 허구(앞에서와 동일한 의미로)를 말해 주고 나서 바로 이야기 속에서 이스라엘의 오랜 소망이 마침내 성취되었다고 주장했다면, 이에 대한 반응은 단순히 그가 거짓말쟁이였다는 것으로 끝나는 것이 아니라, 그가 유대인들의 세계관이 정말 무엇인지를 전혀 이해하지 못했었다는 것이 되었을 것이다. 이스라엘의 소망의 성취에 대한 그림을 근본적으로 다시 그린 요세푸스조차도 그 성취가 역사 내에서 이루어졌다고 말한다; 바로 이것이 그의 해석이 유대인들에게 그토록 걸림돌이 되었던 이유들 중의 하나였다. 그러므로 복음서들이 이스라엘의 이야기가 예수의 이야기 속에서 그 절정에 달했다는 것을 의도적으로 들려주고 있다면, 복음서들은 역사적 사건들을 말할 의도가 있는 것이거나 아니면 창조의 유일신 사상은 완전히 틀렸고, 시간과 공간으로부터 분리된 추상적인 개념들로 이루어진 플라톤적인 세계 — 이것은 유대인들이 맞서 싸웠던 이교 사상을 집약한 것이었다 — 가 참된 세계였다는 것을 말하고 있는 것이 된다.

셋째, 복음서 기자들, 특히 누가와 마태는 예수가 활동하던 때를 그 이전이나 이후의 때와는 다른 특별한 때라고 생각하였다.[91] 나중에 보게 되겠지만, 이것은 복음서 기자들이 초대 교회의 중요한 쟁점들을 예수께서 활동하던 시대로 소급하여 투영하려고 했다는 것을 보여 주는 것이 아니고, 이와는 반대로 예수의 사역 속에서 무슨 일이 진행되고 있었는지를 이해하는 데 중요한 자료들 — 그리고 교회와 관련해서는 예수의 사역 속에서 무슨 일이 일어났는

---

90) 위의 제8장과 제10장을 참조하라.
91) cf. Perrin and Duling 1982, 289, 303f.; Strecker 1983 [1966]; Conzelmann 1960 [1953]; Moule 1967, 56-76, 110f.; etc.

지를 아는 것이 중요했다는 점에서만 연관이 있는 — 을 보존하려 했다는 사실을 말해 준다. 이러한 증거들에 직면해서, 우리는 두 가지 중 하나를 말할 수 있다. 우리는 복음서 기자들이 복음서를 쓰기 전에는 그렇게 인식되지 않았는데, 예수 시대와 그들 자신의 시대에 대한 이러한 구별을 스스로 만들어 내었다고 생각할 수 있다. 아니면, 우리는 초대 교회에서는 예수의 사역을 언제나 그 이전 및 이후의 때와는 다른 특별한 때로 생각하였고, 복음서 기자들은 단순히 이러한 사실들을 반영하고 있다고 주장할 수 있다 — 복음서 기자들은 모두 동일한 결론에 도달한 것처럼 보인다는 것과 그것을 서로 다른 방식으로 표현하고 있다는 사실은 후자의 주장을 강하게 밑받침한다.[92] 나는 이 후자의 해법이 훨씬 더 가능성이 있다고 본다. 복음서 기자들은 이 신의 드라마의 최후의 막(幕) 속에서 살아가고 있다고 믿었고, 그렇게 최후의 막에 살면서 그들은 바로 앞선 막, 즉 그들 자신의 막이 전적으로 의존하고 있고 그 토대가 된 막에 관하여 쓰고 있다고 믿었다.

공관복음서 전체에 대한 서사적 분석은 복음서들이 예수의 이야기를 그들 자신의 그리스도인으로서의 체험을 투영하여 말하고 있는 것이 아니라, 그들 자신의 체험 자체가 과거에 일어난 유일무이하고 반복될 수 없는 사건들에 의존해 있다는 의식을 하나의 결정적인 내용으로 포함하고 있었음을 분명하게 보여 준다. 복음서 기자들은 해석 없이 "순수한 사실들"을 들려주고자 하지 않았다. 제4장에서 살펴본 바와 같이, 그러한 실증주의적인 꿈은 사실 그 어디에서도 실현될 수 없기 때문에 좀 더 분별 있는 설명에 길을 양보하지 않으면 안 된다: 복음서 기자들의 의도는 실제로 일어난 사건들에 관한 이야기들을 들려주고, 그 이야기들에 그들의 세계관 전체 속에서 그 사건들이 지니는 의미를 부여하는 데 있었다.

넷째, 우리는 이제 복음서 기자들이 역사적으로 실재한 인물에 관한 실제적인 정보를 그들의 독자들에게 주고자 했던 확고한 이유를 찾아내었다. 이것은 스탠턴(Stanton), 모울(Moule) 등과 같은 학자들이 제시한 주장을 뛰어넘는다: 예수를 직접적으로 알지 못했던 그리스도인들은 예수에 관하여 알고자 했을 것이고, 정확히 무슨 일이 일어났는지 등등을 알고자 했을 것이다.[93] 이것

---

92) 복음서 이전의 전승들에 대해서는 아래의 제14장을 참조하라.

은 두말할 필요도 없이 사실이지만, 다소 임기응변적인 설명으로서, 복음서 기자들(또는 전승)이 비역사적인 신화들을 말하는 것이 아니라 예수에 관하여 말한 의도를 의심하는 자들의 신학적 제안들에 충분히 대처하지 못한다. 그들이 예수의 이야기를 이스라엘의 이야기의 절정으로 들려주고자 했다면, 단순한 전기적 호기심을 뛰어넘어, 그들이 자신의 이야기들이 분명한 역사적 대상을 지니게 하려고 했던 충분한 이유가 존재하는 셈이다.

다섯째, 초기 그리스도인들이 부활에 부여하였던 의미를 토대로 강력한 논증이 제시될 수 있다.[94] 우리는 제10장에서 주후 1세기 유대인들이 무엇을 기대하고 있었는지를 보았다: 역사 내에서 극적인 순간의 일부로서 모든 죽은 의인들이 생명으로 살아나는 것이었는데, 이때에 이스라엘의 신은 시온으로 돌아와서 그의 백성의 운명을 회복시켜 놓을 것이다. 얼핏 보기에 다른 점들에서는 아무것도 변한 것이 없는 것처럼 여전히 진행되고 있던 역사의 한복판 속에서 단 한 명의 죽은 사람이 부활한 사건은 물론 너무도 놀라운 일이긴 했겠지만 당시의 유대인들이 오랫동안 기다려 왔던 구속, 포로생활로부터의 궁극적인 해방이 실제로 일어났다고 선포하기에는 지극히 불충분한 것이었다는 점을 이제 우리는 분명히 말해 두지 않으면 안 된다.[95] 또한 그러한 사건은 오늘날의 무수한 학자들이 생각해 왔던 그러한 의미를 즉시 획득하지 못했을 것이라는 점도 아울러 말해 두지 않으면 안 될 것이다. 오늘날의 서구 세계에서와 마찬가지로 고대의 유대 땅에서도 어떤 사람이 확실히 죽었다가 다시 살아난 사건은 정말 세상에는 우리가 상상도 못한 일들이 일어날 수 있구나 하는 생각을 사람들에게 일깨워 주었다는 것을 의미하는 것일 뿐, 결코 이러한 이상한 사건의 장본인인 인물이 세상의 구세주, "신의 아들," 그 밖의 다른 그 무엇이었다는 주장을 정당화할 근거가 되지는 못했다. 만약 예수와 함께 십자가에 못 박혔던 두 명의 강도들(lestai) 중 한 명이 며칠 후에 부활하였다면, 우리는 과연 그 강도가 예수와 같이 그런 식으로 환영을 받거나 그 사건으로부터 이스라엘의 운명이 이제 회복되었다고 추론하거나 이스라엘의 신의 나

---

93) Moule 1982 [1962], 4, 10f., 122f. 및 133에 나오는 요약: Stanton 1974.

94) 이러한 논증은 *Moule 1967, chs. 1, 3-4과 몇가지 점에서 유사하다.

95) cf. 마 27:52.

라가 실제로 도래하였다는 등등의 말을 할 수 있었을까. 여기서 우리는 다음과 같이 묻지 않을 수 없다: 십자가에 못 박힌 후에 부활하신 자에 관하여 어떤 일들이 알려져 있지 않았고, 또한 계속해서 알려지지 않았다면, 그 사람이 죽은 자로부터 부활하였다는 신앙이 앞에서 말한 그러한 결과들을 낳을 수 있었겠는가?

이 점을 다른 식으로 한 번 말해 보자. 예수가 나쁜 인물로 알려져 있었다고 가정해 보자. 예를 들어, 예수가 유명한 주정뱅이나 난봉꾼이었거나 돈을 벌기 위해서 설교한다는 평판을 받고 있었다면, 그가 로마인들의 십자가에 매달려 죽은 후에 다시 부활하였다고 하여 이를 통해서 신약성서에서 있었던 그러한 사건들에 부여된 최고의 의미는 말할 것도 없고 다른 사람들의 생명을 살리는 의미를 부여받았다고 한다면, 이것은 정말 웃기는 일이 될 것이다. 그리고 만약 이번에는 그가 단순히 무시간적인 진부한 도덕을 가르치는 선생이었다면, 그런 사람이 십자가에 못 박혀 죽을 리도 만무하긴 하지만, 어쨌든 그 점은 그냥 넘어가더라도, 우리는 그의 죽음이 비록 그 후에 부활이 뒤따랐다고 할지라도 그의 생애의 가장 위대한 업적으로 이해되는 것이 아니라 오히려 슬픈 최후로 이해될 것이라는 것을 확실하게 말할 수 있다. 그러한 인물에 대하여 주장되는 그 어떤 부활도 이스라엘과 세상이 이제 새롭게 되었다는 의미를 지니지는 못할 것이다. 그런 자의 부활은 기껏해야 좀 더 많은 가르침, 아마도 이제는 "사후의" 삶에 관한 이야기들(복음서들과 사도행전에서 부활하신 예수의 가르침에 놀라울 정도로 나오지 않는)을 포함하는 가르침의 기회가 될 뿐이다. 그러나 (계약의 신이 그의 백성을 압제와 포로생활로부터 구원하기 위하여 역사 속에 개입할 것이라는 주후 1세기의 유대인들의 신앙이라는 배경 속에서) 예수가, 상당히 헷갈리는 방식이긴 하지만, 백성들로 하여금 그들의 신이 그의 사역을 통해서 그러한 목적을 이루고 계시다는 것을 믿도록 이끄는 모종의 행위들을 행하고 말하였다고 가정하자. 그러한 경우에는 무엇보다도 그의 죽음이 이스라엘을 포로생활로부터 구원해낸 것이라는 부활 이후의 신앙을 발생시켰을 가능성이 훨씬 더 높아진다. 요컨대, 십자가와 부활은 실제로 우리에게 알려진 초기 기독교의 모든 형태들에서 중심적인 것이었음이 분명하다. 그러나 그러한 초기 기독교 이해의 출현은 예루살렘 밖에서 십자가에 못 박히셨다가(다른 무수한 많은 사람들과 마찬가지로) 그의 추종자들에 의해서 얼마 후에 살아나셨다고 선포된(그 이전과 이후의 그 어떤 사람들과도 달리 — 상당한 의미를 지니는 사실) 자에 관한 모종의 일들이 하나의 역사로서 계속해서 알려지고 있었다는 것을 전제할 때에만 이해가 가능하다. 이런 식으로 부활 사건은 예수가 어떤 분인지에 대한 기존의 믿음이 옳다는 것을 입증해 주는 역할을 하는 것이지, 부활을 둘러싸고 생겨난 신앙의 유일한 원인일 수는 없다.

좀 더 구체적으로 말해서, 부활이 계약의 신이 그의 백성의 운명을 회복시킬 여러 사건들 중의 일부라고 믿어졌다면, 예수에 관한 "부활" 이야기는 예수에 관한 이야기라는 형태로 이스라엘에 관한 이야기를 하고 있다는 맥락 속에서만 의미를 지니게 될 수 있다는 것이다. 그것은 단순히 특히 처참하게 죽은 어떤 사람이 있었는데, 그 사람이 그 후에 부활한 것이 입증되었다는 것을 선포하는 것이 아니었다. 이것은 핵심이 아니었다. 초대 교회의 복음, 바울의 복음, 복음서 기자들의 복음은 유대인들의 성경에 나오는 약속들이 그 부활을 통해서 실현되었다는 것이다. 바로 이것이 바울을 비롯한 여러 성경의 기자들이 예수의 죽음과 부활이 "성경에 따라" 또는 성경에 대한 성취로서 일어났다고 일관되게 역설하는 이유이다.[96] 사람들은 흔히 이러한 구절들이 초대 교회가 이스라엘의 신이 훨씬 이전부터 부활을 예고했다는 것을 보여 주는 증거 본문들을 찾아낼 수 있었다는 것을 의미하는 양 때로는 그러한 어구들을 권장하거나 때로는 단죄하기 위하여 흔히 사용한다. 사람들은 그러한 본문들을 뒤져서 호세아 6:2; 욥기 19:25 같은 작은 단편들을 찾아내거나, 그러한 일을 신통치 않다고 생각하여 포기하고, 초대 교회는 어떤 특정한 본문을 염두에 두었던 것이 아니라 이스라엘 신이 예수 안에서 활동하고 계시다는 일반적인 신앙을 지니고 있었기 때문에 비록 구체적으로 어떤 성경 구절들을 염두에 두고 있었는지를 말할 수 없다고 할지라도 "성경에 따라"라는 말을 사용할 수 있었다고 주장한다. 그러나 제8장에서 보았듯이, 이러한 어구들의 배후에 있는 사상은 이스라엘의 성경 전체가 계약에 관하여 말하고 있고, 이스라엘의 신이 그의 백성을 그들의 죄로 인하여 벌한 결과였던 포로생활, 그 어두운 시절이 마침내 끝날 때에 있게 될 위대한 "귀환"에 관하여 말하고 있다는 것이다. 초

---

96) e.g. 고전 15:3-4, etc.

대 교회가 예수의 부활에 관한 이야기를 들려주면서 세상을 향하여 그 이야기를 순종하고 믿으라고 촉구하는 가운데 말하고 있는 것은 이스라엘의 역사와 이스라엘을 향한 약속들이 예수 안에서 실현되었다는 것과 예수는 자신의 죽음을 통해서 진정한 포로생활을 스스로 겪었다는 것, 예수는 부활을 통해서 그 진정한 포로생활로부터 진정한 귀환을 개시하였다는 것이다. 그러므로 우리는 다시 한 번 여기에서 다음과 같은 결론을 맺지 않을 수 없다: 부활을 선포하고, "성경에 따라"(축약해서 말하자면) 부활하였다고 선포하는 것은 예수에 관한 이야기라는 형태로 이스라엘에 관한 이야기를 들려주는 것이다. 세상을 향한 교회의 선포의 밑바탕에 있는 것은 이스라엘의 역사와 이스라엘 땅이 피조 세계의 중심이라는 이스라엘의 변함없는 신앙이었다. 이스라엘의 신은 세상의 창조주이기 때문이다.

그러므로 가장 초기의 교회는 예수에 관한 이야기들을 예수 안에서 이스라엘의 역사가 그 절정에 도달하였다는 신앙을 표현하는 방식으로 말하였을 것이라고 우리는 생각할 수 있다. 바로 그것이 그들의 존재 근거였다. 바로 그러한 내용을 말하는 이른 시기의 정형문구들을 우리가 만나게 되는 것은 이상한 일이 아니다 — 고린도전서 3:15 이하가 그 가장 좋은 예다. 초대 교회가 예수에 관한 이야기들을 말한 것은 바로 그것이 예수의 삶과 죽음과 부활의 사건들 속에서 그들이 깨달았던 의미를 드러내는 유일한 길이었기 때문이다. 그들은 이스라엘과 직결된 이스라엘에 관한 이야기들, 즉 세부적인 내용만이 아니라 형태와 문체도 이것이 이스라엘의 전체 역사의 극적인 절정이라는 것을 큰 소리로 말하고 있는 이야기들을 들려주었다. 물론 이렇게 하면서 초기 그리스도인들은 자기들이 속해 있던 운동을 정당화하였다. 물론 그들은 이렇게 하면서 그들 자신의 개인적인 종교적 체험도 밑받침하고 있었다. 그러나 이렇게 하면서 그들은 필연적으로 나사렛 예수에 관한 이야기들을 말하지 않을 수 없었다. 그러므로 부활이 지니고 있던 의미 — 모든 초기 그리스도인들이 밑바탕으로 삼고 있었던 세계관을 감안하면, 부활이 지닐 수 있었던 유일한 의미 — 를 가지고 "부활 신앙"을 표현하기 위해서는, 그들은 예수에 관한 이야기들, 실제로 일어난 사건들을 나타내는 이야기들, 그 형태와 내용을 통해서 이스라엘의 역사가 다른 방식이 아니라 바로 이런 방식으로 신이 의도한 절정에 도달할 수밖에 없었다는 것을 설명하는 이야기들을 말하지 않을 수 없었다.[97]

여섯째, 복음서 기자들은 이스라엘의 이야기의 절정으로서 예수에 관한 이
야기를 들려주면서 이 이야기가 최종적인 결말이 아니라는 것을 은연중에 말
하고 있다. 이 이야기는 결코 끝이 아니다. 오히려 이 이야기는 최후의 결말이
출현할 수 있게 해 주는 그런 이야기다. 이 이야기는 전체 이야기를 아직 결
승 지점은 아니지만 본궤도로 올려놓는 절정 부분의 끝이다. 이제 한 가지 과
제가 남아 있다. 즉, 구속받은 이스라엘을 통해서 세상을 그 창조주에게 복속
시키는 과제가 바로 그것이다; 그리고 이 과제는 아직 실현되지 않았다. 그러
므로 복음서 기자들은 시간과 공간으로 이루어진 질서의 임박한 종말을 예상
하고 있지 않았다. 시간과 공간으로 된 질서의 임박한 종말을 말하는 것은 복
음서 기자들이 사용한 유대적인 묵시문학 언어를 잘못 읽어낸 결과일 뿐이다.
복음서 기자들은 이러한 묵시문학적인 언어를 통해서 사실 현재의 세상 질서
의 종말을 묘사하고 있는 것이기 때문이다.[98] 할아버지의 죽음 또는 장남의 결
혼 이후에 한 가족이 이전과는 다른 실체가 되는 것과 마찬가지로, 창조주가
세상을 그 썩어짐으로부터 구원하기 위한 그의 계획을 절정으로 이끌기 위하
여 결정적으로 역사하였기 때문에 이제 세상은 이전과는 다른 곳이 되었다(복
음서 기자들이 바로 이렇게 말하고 있다). 유대인들의 이야기가 세상의 이야
기의 구심점이라는 것은 바로 이런 의미에서다. 우리는 이 점을 복음서 이야
기들에 대한 서사적 분석을 통해서 알 수 있다.

그렇다면 복음서들을 어떻게 읽어야 할 것인가에 대한 핵심적인 열쇠인 복
음서의 문학적 장르에 관하여 우리는 어떻게 말해야 하는가?[99] 앞에서 살펴보
았듯이, 복음서들은 예수의 이야기가 이스라엘의 이야기의 절정이라는 믿음을
전달하는 방식으로 예수에 관한 이야기를 들려준다. 그러므로 복음서들은 이
제 한 인간의 삶이라는 견지에서 개작된 이스라엘에 관한 이야기라는 형태를
지닌다. 그러니까 이스라엘의 이야기가 한 사람 속에 구현되어 있기 때문에,
복음서들도 유사(類似)전기라 부를 수 있는 그러한 형태를 지니게 되었다는
말이다. 고대의 세속적인 전기에 대한 오늘날의 연구는 복음서들이 어쨌든 적

---

97) 자세한 것은 아래 제14장을 보라.
98) 위의 제10장을 참조하라.
99) cf. Moule 1976, 100-14; Lemcio 1991; Baird 1991; etc.

어도 전기들이라는 것을 보여 주었다. 그러나 복음서는 전기 이상의 것이다. 사실 복음서들은 한 인간의 삶 속에 구현된 이스라엘의 이야기의 정수(精髓)를 보여 주기 위하여 설계된 유대식의 전기들이다. 이러한 의미에서 복음서들과 가장 가까운 예는 어떤 사람의 출생일이나 그들의 머리카락의 색깔이 아니라 야웨에 대한 그들의 충성, 이에 따른 그들의 고난, 신원에 대한 그들의 소망을 중점적으로 다룬 순교자 문학이다.

예수가 행한 일은 신실한 개별 유대인들의 일련의 이야기들의 절정일 뿐만 아니라 이스라엘의 역사 전체를 절정에 올려 놓는 일이었다. 그러므로 복음서들은 그 저자들이 이스라엘 역사의 축소판으로 들려준 예수에 관한 이야기이다: 비평학자들이 여기저기에서 찾아낸 "모형론"은 단순히 복음서 기자들의 이러한 좀 더 큰 목적의 한 기능일 뿐이다. 마태는 처음 다섯 장에서 우리에게 창세기(1:1), 출애굽기(2:15), 신명기(5~7장)를 제시한다: 그런 다음에 마태는 우리에게 왕적이며 예언자적인 사역을 제시하고, 마지막으로 포로생활(십자가)과 회복(부활)을 제시한다. 여기에서 우리가 더 바랄 것이 무엇이 있겠는가? 복음서들 속에서 우리는 이스라엘과 그 신에 관한 역사를 목격하고, 이스라엘이 창조주와 세상에 관한 은밀하면서도 진정한 역사라고 믿었던 이야기를 보게 된다. 우리는 창조주, 예수, 이스라엘에 관한 이 이야기를 목격한다. 학자들이 이 회오리바람을 계몽주의 이후의 범주들이라는 병 속에 집어넣고자 했을 때에 겪어야 했던 어려움은 결코 이상한 일이 아니다. 바람은 원하는 곳으로 불도록 내버려 두지 않으면 안 된다.

그러나 위에서 말한 것이 사실이라면, 그것은 복음서들이 약간 유대식으로 변형된 단순한 헬레니즘 스타일의 전기들이 아니라는 것을 의미한다. 복음서들은 유대인들의 이야기들이다: 사실 복음서들은 유일한 유대인들의 이야기라고 주장한다. 이제 이 이야기가 한 사람과 관련되어 있고, 이 사람에 관한 이야기가 세상에 관한 이야기의 성취의 일부로서 이방 세계에 선포되어야 하기 때문에, 그 이야기는 전기와는 다르지만 어쨌든 전기로 언급되어야 했다. 그 이야기, 그리고 그 근저에 있는 세계관이 다른 식의 것이었다면, 복음서들은 피르케 아봇(**Pirke Aboth**) 또는 도마복음서 같은 형태로 씌어졌을 수도 있었을 것이다. 복음서들은 격언 모음집이 될 수도 있었다. 그러나 실제로는 복음서들은 그렇지 않았다. 복음서는 전기라는 세속적인 장르의 방향으로 수정되었지만(누가는 특히 이 점을 분명하게 보여 준다), 전기라는 세속적 장르를 토대로 삼거나 목표로 삼지는 않는 가운데 전기(傳記)가 된 이스라엘 이야기이다. 이것이 복음서들은 전기가 아니었다는 과거의 비평학적 주장에 담긴 일말의 진리. 이것은 다른 어떤 해법보다도 복음서들과 세속적으로 그 유사한 예들 간의 유사성과 차이점을 아주 잘 설명해 준다.[100]

그러므로 복음서들은 독자들을 어떤 세계관으로 이끌기 위한 목적으로 씌어졌다. 이 세계관 속에는 자신의 택한 백성 이스라엘을 통하여 세상 속에서 활동하고 계시는 한 분 신, 즉 세상의 창조주가 있다. 이스라엘의 목적은 이제 예수 안에서 끝이 났고 이스라엘의 오랜 종살이도 끝이 났다고 복음서 기자들은 말한다. 복음서들이 예수의 죽음과 부활에 초점을 맞추고 있는 사실은 "전기적" 요소가 최소화된 이야기 속에 "후대의 기독교 신학"를 집어넣은 것이라는 것으로 설명되어서는 안 된다. 복음서 기자들은 십자가에 못 박혔다가 부활하신 자의 삶과 선교, 목적들과 업적들의 의미를 평가절하하고 있는 것이 아니라, 그들이 들려주고 있는 유형의 이야기의 필연적이고 합당한 절정으로서 이러한 후자의 사건들을 강조하고 있는 것이다. 복음서 기자들이 지닌 신학적이고 목회적인 구상은 결코 나사렛 예수에 관하여 쓰고자 했던 그들의 의도를 축소시키지 않았다. 사실 복음서 기자들의 그러한 구상 자체가 바로 그렇게 하도록 요구했다고 보아야 한다. 만약 그들이 그렇게 하지 않았다면, 그들은 독자들에게 그들이 실제로 전달하고 있지 않은 세계관을 약속함으로써 독자들을 기만한 셈이 될 것이다. 모더니즘적인, 또는 포스트모더니즘적인 독자들이 복음서 기자들의 세계관을 오늘날 우리에게도 적용되는 세계관으로서의 자격을 박탈하고자 한다면, 그것은 다른 근거들 위에서 논의되어야 할 완전히 다른 문제이다. 포스트모더니즘은 역사적으로 시대착오적인 이해를 해도 된다는 면죄부가 될 수 없다.

---

100) 이것은 신기하게도 Käsemann(1969 [1965], 97)의 견해와 그리 다르지 않다: "복음서가 유례 없는 문학 양식이라는 것"은 복음서가 "우리에게 한 인간의 생애에 관한 내용을 매우 독특한 형태로 종말론적 관점으로부터 그리고 종말론적 해석에 따라서 제시해 주고 있다"는 것이다. 물론 Käsemann은 "종말론"을 내가 위에서 설명한 것과는 다소 다르게 이해한다.

그러나 여전히 다음과 같은 문제가 남는다: 복음서들과 같은 이런 식의 이야기는 기독교의 제2세대 초기에 불쑥 등장한 하나의 혁명이었는가? 마가는 마태 또는 누가와 마찬가지로 원래는 이스라엘의 역사 및 기대들은 물론이고, 역사 자체와도 거의 아무런 상관이 없었던 메시지를 "역사화"한 것인가? 이것은 불트만과 그의 학파의 주된 논제였다. 이러한 움직임은 전후 시대에 "새로운 탐구"(New Quest)가 등장하고, 그 다음에 "제3의 탐구"(Third Quest)가 등장하면서 예수의 메시지 및 초기 그리스도인들의 신학과 선교가 본질적으로 유대적인 성격을 띠고 있었다는 점이 강조되면서 사라지는 것처럼 보였다.[101] 그러나 불트만의 견해들은 최근에 끈질기게 부활을 시도해 왔다. 맥, 크로산, 캐머론(Cameron) 등과 같은 학자들은 초기 기독교가 영지주의적이거나 견유학파적이었다고 주장하고, 공관복음서들은 이러한 분위기 속에서 시계를 거꾸로 돌려서 제1세대 그리스도인들에게 낯설었던 유대적 사고방식을 도입한 역사주의자들로서 일부의 견해를 논리정연하게 정리한 작품들로 등장하였다는 것이다.[102] 초기 기독교의 이야기라는 차원에 머물고 있는 현재로서는 이러한 주장을 평가하기 위해서 우리는 공관복음서 연구라는 격랑의 바다 속에 뛰어들지 않으면 안 된다. 우리는 매우 초기의 기독교 문헌 속에서 오직 하나의 확고한 거점만을 갖고 있는 데, 그것은 바로 바울이다.

6. 바울: 아담에서 그리스도로

바울을 그가 들려준 이야기들에 비추어서 연구한 적은 별로 없었다. 그러나 바울 서신을 그런 식으로 연구하면 상당한 성과를 얻을 수 있을 것이라고 생각할 만한 충분한 근거가 있다: "서신들에는 이야기들이 있고, 이 이야기들로부터 우리는 서신들과 그 이야기들의 서사 세계를 구축해 낼 수 있다."[103] 노먼 피터센(Norman Petersen)이 그의 획기적인 저서인 『바울의 재발견』(*Rediscovering Paul*) 속에서 보여 준 바와 같이, 우리가 서신을 두 가지 차원에서 고찰한다면, 그것이 짤막한 파피루스에 씌어진 메모이든 바울의 빌레

---

101) Neill and Wright 1988, 379-403을 보라.
102) cf. Mack 1988: Crossan 1973, 1983, 1991: Cameron 1982: Koester 1990.
103) Petersen 1985, 43.

몬서와 같은 세련된 문장이든, 그 어떤 서신에 대해서도 상당한 정도의 조명
이 가능하다. 첫째, 본문 자체에 나오는 사건들의 순서를 가리키는 시적 연쇄
(poetic sequence)가 존재한다. 둘째, 서신의 전체적인 서사 세계 내에서 재구
성된 사건들의 순서인 대상적 연쇄(referential sequence)가 있다.[104] 이러한
분석은 비교적 사소하고 손쉬운 차원에서 행해질 수 있다. 빌레몬은 바울을
통해 신앙을 갖게 된 오네시모라는 도망 노예를 소유하고 있었다(통상적으로
이렇게 생각되고 있다); 바울은 빌레몬에게 오네시모를 그리스도 안에서 형제
로 대해 줄 것을 간곡히 부탁하는 미묘한 서신을 오네시모에게 주어서 그를
빌레몬에게 돌려보냈다. 독자들인 우리는 오네시모가 빌레몬의 집에 되돌아갔
고, 그 후의 결과들이 무엇이었는지를 전제한다. 이것은 서신의 완결된 서사
세계이다.[105] 이러한 사건들은 서신 속에서는 이런 순서로 나오지 않고, 본문의
"시적" 연쇄와 맞닿아 있을 뿐이다.

이 단계에서 피터센은 어떤 의미에서 단지 대부분의 역사 비평학자들이 시
도해 왔던 것에 대하여 분명한 방법론적 명칭을 부여한 것일 뿐이었다. 차이
가 있다면, 그것은 이 분석의 두 번째 단계에 군소리 없이 "역사"라는 명칭을
붙인 것이 아니라 적어도 일차적으로는 "이야기"라는 명칭을 붙였다는 것이
다. 우리는 이 단계에서 공적인 역사의 서사 세계가 아니라 본문의 서사 세계
에 관심을 갖는다. 이 서사 세계에 관한 연구는 피터센으로 하여금 바울, 오네
시모, 빌레몬 간의 복잡한 관계들에 대한 사회학적 분석을 할 수 있게 해 주
었다. 빌레몬서는 분명히 그러한 방법론들을 사용하기에 가장 손쉬운 바울 서
신이다. 그러나 우리는 원칙적으로 이 방법론들을 다른 서신들에도 적용할 수
있다: 예를 들어, 고린도 서신에 이 방법론들을 적용한다면, 훨씬 더 많은 수
고를 들이고서도 전통적인 방법론들을 사용하는 주석자들보다도 그리 큰 성
과를 얻어낼 가망이 별로 없을 것이다. 고린도 서신의 서사 세계 — 바울의

---

104) cf. Petersen 1985, 47-9.

105) 특히 무엇보다도 적어도 가설적인 "결론부," 함축적인 서사에 대한 결말을 보충
할 필요성이 있다고 주장하는 Petersen 1985, 65-78, 287-302를 참조하라. Knox 1935;
Houlden 1970, 225f.; 또는 Winter 1984, 1987와 같이 빌레몬서의 서사 세계에 대한 서
로 다른 재구성을 받아들인다고 할지라도, 전체적인 논지들은 타당하다: Wright 1986a,
164-70; Nordling 1991을 보라.

첫 방문으로부터 마지막 방문의 계획에 이르기까지의 일련의 사건들 — 는 한 동안 집중적인 연구와 숙고의 대상이 되어 왔다.[106] 그러나 바울 서신을 읽으면서 서사 세계를 찾아낼 가능성은, 우리가 바울의 좀 더 큰 서사 세계를 형성하고 있던 이야기에 관하여 묻게 되면 — 즉, 우리가 이 장 전체를 통하여 재구성하려고 시도해 왔던 초기 그리스도인들의 큰 이야기들의 지도 속에 바울을 위치시킨다면 — 좀 더 흥미 있는 일이 될 것이다. 바울의 상징적 우주의 견고한 한 부분을 이루고 있었던 그의 세계관에 서사적 깊이를 부여해 준 이야기들은 무엇이었는가?

바울 서신으로부터 바울 자신의 삶과 체험의 서사 세계를 구축해 내는 일은 가능할 것이다. 그러한 대상적 연쇄는 바리새인으로 양육받은 것, 소명과 회심, 선교적 · 목회적 사역과 그에 수반된 고난을 포함할 것이다; 그리고 그 것은 주께서 다시 오실 때 변화된다거나 죽음과 그 이후의 부활이라는 견지에서의 미래의 결론 부분을 항상 전제할 것이다. 바로 이것이 바울이 그의 매일 매일의 체험에 의미를 부여하기 위하여 사용하였던 서사 세계였다고 우리는 자신 있게 말할 수 있다. 이 단계에서 바울의 개인적인 서사 세계는 독실한 바리새인이 들려준 유대적인 이야기에 대한 의도적이고 전복 성향을 띤 변형으로 보아야 한다: 바울은 이를테면 빌립보서 3:1-11에서 그와 같은 말을 한다. 이것이 계약에 참되게 참여하는 일이요 참된 칭의이자 이스라엘의 신의 백성의 참된 지체됨을 발견한 방법이라고 그는 말한다.[107] 우리는 바울이 어떤 종류의 이야기들을 구하고 있지 않은지를 깨달을 때에만, 이 말의 의미를 제대로 파악할 수 있다. 바울은 지중해 세계를 돌아다니면서 사람들에게 그들의 현재의 편안한 삶에 도전하는 삶의 방식에 관하여 말하였다는 점에서 유랑하는 견유학파 또는 스토아 학파의 설교자 또는 철학자처럼 행동하였지만, 그가 자기 자신에 관하여 말한 이야기는 이를테면 에픽테투스의 강론들 배후에서 우리가 발견할 수 있는 서사 세계와는 완전히 다른 모습을 지니고 있었다. 바

---

106) 최근의 문헌들로는 Georgi 1986 [1964]; Fee 1987, 4-15; Wright 1991a, ch. 6 을 참조하라.

107) 빌 3:2-11에 대해서는 Wright 1991a, 88을 참조하라. 또한 의도적인 역설("내가 율법으로 말미암아 율법에 대하여 죽었나니 …")을 말하고 있는 갈 2:15-21도 참조하라.

울과 스토아 학파 철학자 간의 유사성은 본질적으로 피상적인 것에 불과하였다. 우리가 암묵적인 서사 및 그 서사가 지니는 세계관에 다다르자마자, 우리는 바울의 이야기가 본질적으로 유대인들의 이야기 — 바울이 흔히 말하듯이, 바로잡힌 — 라는 것을 확연히 알게 된다.

바울이 그러한 주장을 하는 근거를 밝혀내는 것은 그리 어렵지 않다. 바울의 모든 서신들, 특히 로마서와 갈라디아서에서 우리는 여러 다양한 서신들의 서로 다른 수사적 필요들에 의해서 요구된 시적 연쇄 배후에 있는 진정한 대상적 연쇄로서 분명하게 떠오르는 암묵적인 큰 서사를 발견할 수 있다. 바울 자신의 이야기와 마찬가지로 이 큰 서사는 유대인들의 이야기이지만, 거의 모든 점에서 약간씩 수정되어 전복 성향을 띠고 있다. 바울은 이 이야기를 직접적으로 해설하지 않을 때에도 이 이야기를 전제하고 있기 때문에, 우리는 여러 서신들의 좀 더 제한적인 서사 세계들을 이 전체적인 이야기 세계 속에, 그러니까 이 이야기 세계에 수반된 상징적 우주 속에서의 적절한 지점에 위치시킬 때에만 그것들을 이해할 수 있다.[108]

이 이야기는 한 분 신, 선하고 지혜로운 신에 의해 세상이 창조된 것으로부터 시작된다. 바울은, 에스라4서가 나중에 말하고 있는 것처럼, 이 세상이 이스라엘을 위하여 만들어졌다고 말하고 있지는 않지만, 어쨌든 여기까지는 매우 유대적이다.[109] 이야기는 온 인류의 시조인 아담과 하와의 창조 및 타락에 관한 내용으로 이어지는데, 이것도 마찬가지로 유대적이다. 바울의 이야기는 노아를 건너뛰어서 유대 전승과 맥을 같이 하여[110] 아담과 관련된 문제에 대한 신의 대답의 시작으로서 아브라함을 부각시킨다. 그러나 유대 전승과는 달리 바울은 아브라함에게 주어진 계약의 약속들은 이스라엘 땅만이 아니라 코스모스(kosmos), 즉 세상 전체와 관련된 것이었다고 역설한다.[111] 아브라함의 아들과 손자였던 이삭과 야곱은 이 약속의 계승자들이 되고, 이스마엘과 에서

108) 이하의 내용중 상당 부분은 Hays 1983, 1989; Wright 1991a, *passim*과 1992b를 보라. 나는 여기서의 논점들을 본 시리즈의 제3권에서 자세하게 실증하고자 한다.
109) 4 Ezra 6:55-9; 7:11; cf. 2 Bar. 14:19; 15:7; 21:24; T. Mos. 1:12f.
110) 본서 p. 433을 보라.
111) 롬 4:13.

는 탈락된다: 그리고 바울은 약속을 물려받는 가족의 범위를 좁히는 이러한
과정이 야곱 이후에도 계속해서 진행된다고 역설함으로써 통상적인 유대인들
의 이야기를 전복시킨다.[112] 그런 다음에 이스라엘의 신은 자기 백성을 모세의
영도 하에 애굽으로부터 불러내어서 그들에게 토라를 수여한다. 예나 지금이
나 전통적인 유대인들에게 토라는 이스라엘의 특별한 지위와 소명을 나타내
는 위대한 선물이었다. 바울에게도 이 점은 여전히 사실이었지만, 거기에 부정
적인 의미가 첨가된다: 즉, 이스라엘의 특별한 지위와 소명이라는 것은 토라
가 이스라엘을 죄로 단죄해서, 세상으로 하여금 구속받게 하기 위하여 이스라
엘이 버림을 받는다는 것이다.[113] 토라가 이스라엘 내에서, 심지어 그 가장 충
실한 추종자들에게조차도 행할 수 있는 모든 것은 그들도 마찬가지로 아담의
죄에 동참했다고 단죄하는 것이었기 때문에, 이스라엘 사람들이 도달할 수 있
는 최고의 경지는 이교 철학자들 중 최고의 인물들이 도달할 수 있는 경지에
불과하다 — 이 점에서 아이러니는 극에 달한다.[114]

토라는 이스라엘에게 삶과 죽음, 번영과 포로생활을 제시하고, 그런 다음에
(신명기 30장에서) 그러한 포로생활/죽음 너머에 있는 새로운 삶에 관하여
말한다. 이스라엘은 포로생활/죽음을 선택한다: 선지자들은 그런 일이 일어날
것이라고 경고하였고, 실제로 그런 일이 일어났다. 여기에서도 바울은 육신에
따른 그의 친족과 공통의 토대 위에 서 있다. 그러나 다시 한 번 그는 유대인
들의 이야기를 내부로부터 전복시킨다. 이러한 포로생활의 끝, 그리고 진정한

---

112) 롬 9:14ff.; 예를 들어,『희년서』등과 대비해 보라.

113) 롬 9:14-29; 또한 Wright 1991a, 152, 198f., 210-13, 239-48을 보라.

114) 롬 7:7-21; Wright 1991a, 196-200, 217-19, 226-30을 보라. 이러한 논거들에 다
음과 같은 점이 추가되어야 한다. 롬 7:15-20 ("내가 원하는 것은 하지 아니하고 …")는
분명히 바울 시대의 이교 세계 속에서 널리 통용되었던 한 사상의 흐름인 한 주제를 반
영하고 있다: 예를 들면, Ovid *Metamorph.* 7:19ff.; Epictetus *Disc.* 2:26.1-5 (또한 cp.
3:7:18; 4:1:147); Plautus *Trin.* 657; 그리고 Hommel 1961-2에 나오는 참고문헌들을
참조하라. 이러한 구절들은 모두 Arist. *Nic. Eth.* book 7로 거슬러 올라간다. 바울은 로마
서 7장에서 이스라엘에 대한 토라의 효과를 분석해서 이스라엘은 하나님의 율법을 추
구하였지만 결국 지혜롭지만 헷갈리게 된 이교도의 수준밖에 도달하지 못했다는 것을
보여 준다. 또한 갈라디아서 5:17f.와 비교해 보라.

"귀환"은 땅의 정화, 성전의 재건, 토라의 강화를 통해서 체험될 미래의 사건들이 아니다. 예수, 즉 이스라엘의 대표자인 메시야가 이교도들의 손에 의한 포로생활의 극치를 의미했던 저주를 지고서 예루살렘 성벽 밖에서 죽임을 당하였을 때, 기나긴 포로생활은 드디어 끝이 났다.[115] 또한 이스라엘을 대표하였던 메시야인 예수가 삼일 후에 무덤으로부터 부활했을 때, 포로생활로부터의 귀환이 시작되었다. 그 결과 포로생활이 끝나면 일어날 것이라고 유대인들이 기대하였던 모든 일들이 한꺼번에 들이닥쳤다. 이스라엘의 신은 모든 육체 위에 자신의 영을 쏟아 부어 주었다; 그의 말씀은 열방으로 뻗어나가고 있었다; 그는 모든 인종과 계층, 남녀가 아무런 차별 없이 참여하는 새로운 백성을 탄생시켰다. 바울 신학의 이러한 주된 특징들은 본질적으로 유대적인 이야기를 이제는 그 절정의 순간이 이미 도달하였고 그 위대한 성취를 이룬 때가 이미 현존한다고 믿는 자의 관점에서 대규모로 다시 이야기하고 있다고 볼 때만 의미를 지니게 된다. 바울은 자신의 서사 세계를 이러한 큰 틀 속에 맞춰 놓았다. 이방인의 사도라는 바울 자신의 소명도 이스라엘의 소망들이 이미 실현되었다는 것을 말해 주는 서사 세계 내에서 의미를 지닌다.

물론 완전한 성취는 미래의 몫이다. 바울은 누가와 마찬가지로 종말은 이미 왔고 동시에 종말은 미래에 이루어질 것이라고 믿었다. 고린도전서 15장은 유대인들의 이야기 중에서 여전히 미래에 일어날 일에 대하여 바울이 자세히 다시 말하고 있는 대목이다. 그것은 우리가 제8장에서 살펴본 바 있는 이야기, 즉 이제 새로운 관점에서 본 이스라엘에 관한 이야기라는 견지에서만 의미를 지니게 되는 다시 그려진 묵시록이다. 로마서에 나오는 "묵시론적" 대목에 대해서도 마찬가지로 말할 수 있다(8:18-27).[116] 서사는 결말이 필요하고, 바울은 그 결말을 이러한 대목들을 통해서 암시한다: 피조물 전체는 썩어짐의 종노릇을 하는 것으로부터 해방될 것이다. 이스라엘의 출애굽은 예수의 죽음과 부활을 위한 모형이었고, 이 두 사건은 만유가 애굽, 즉 현재의 허무함의 상태

---

115) cf. Wright 1991a, ch. 7.

116) 이에 대해서는 그 예비적인 진술로서 Wright 1992a, ch. 10을 보라. Moule이 이 구절을 "비묵시적"라고 말했을 때(1982 [1962], 142, 267), 그는 "파루시아를 언급하고 있지 않다"를 의미하고 있다고 나는 생각한다.

로부터 해방될 장래의 더 큰 출애굽을 가리킨다.[117]

이 이야기는 피조세계, 그리고 아담과 하와의 종족을 회복시키는 이야기로 이해된 이스라엘에 관한 이야기이기 때문에, 이교 세계 및 그 이야기들과 대결하고 전복시키고자 한다. 그러므로 우리는 흔히 바울이 스스로 말하고 있듯이 "모든 생각을 사로잡아 그리스도에게 복종케 하고 있는 것," 즉 자기에게로 다가오는 이교 사상들을 만나서 예후(Jehu)처럼 그 사상들을 거꾸로 되돌려서 자기를 따르도록 하는 것을 본다. 적어도 주후 2세기의 마르키온에게서 시작된 일부 독자들은 이것을 바울이 유대인들의 이야기를 완전히 포기하고 판이하게 다른 상징적 우주, 즉 다른 서사 세계를 받아들인 증거로 보아 왔다. 그러나 바울의 근본적인 서사 세계는 주후 1세기의 그 어떤 형태의 이교 사상에 대한 깊은 반영도 보여 주지 않는다. 바울의 서사 세계는 계속해서 이스라엘에 관한 이야기와 공명(共鳴)한다. 이스라엘의 이야기는 모든 민족, 모든 땅들을 자신의 소유라고 주장하는 창조주 신에 관하여 말하고 있기 때문에, 바울은 그 이야기에서 출발하여 유대인들과 이방인들 모두에게 똑같이 말할 수 있었다. 그래서 바울은 예수의 이야기는 창조주 신이 애초에 아브라함을 부르신 목적을 성취한 것이라고 주장한다. 바울이 들려준 이야기는 당시 유대인들의 서사 세계를 전복시켰지만, 바울의 주장은 그 이야기가 실제로는 계약의 약속들의 참된 의미를 다시 밝혔다는 것이었다.[118]

분명한 차이는 예수였다; 아니 좀 더 자세히 말하면, 예수와 신의 영이었다. 바울 신학은 예수와 신의 영이라는 빛 하에서 유대인들의 근본적인 신념들에 대한 바울의 새로운 사고를 보여 주고 있다는 것을 토대로 할 때에 가장 정확하고 완전하게 규명될 수 있다: 유일신 사상(창조 및 계약의), 선택 사상(종말론). 이 신학은 모든 점에서 새롭게 고찰된 서사 세계와 통합되었다.

이것에 비추어서 우리는 바울의 짧막하고 흔히 뚝 잘라진 예수에 대한 언급들이 유대인들의 커다란 서사 세계를 새로운 방향으로 전환시켜 놓은 작은 이야기들, 또는 작은 방향타들로서의 서신들 내에서 어떻게 기능하는지를 알

---

117) 나는 이 주제와 관련된 몇몇 고무적인 논의들에 대해서 Sylvia Keesmaat에게 감사한다.

118) cf. 롬 4장; 갈 3:1~4:7; 특히, 롬 10:1-4.

수 있다. 리처드 헤이스(Richard Hays)는 그리마스의 분석 방법론의 도움을 받아서 이러한 구절들 중 일부를 연구하였고, 갈라디아서 3:13-14과 4:3-6 같은 작은 문구들 속에서조차도 우리는 "바울이 인유(引喩)하여 근거로 삼고 있는 복음 이야기의 존재와 형태"를 발견할 수 있다는 결론에 도달하였다.[119] 그러한 구절들의 목록은 거의 무한정 확대될 수 있다: 로마서 안에서만도 3:24-6; 4:24-5; 5:6-10; 6:9-10; 7:4; 8:3-4; 10:3-4; 15:3; 15:7-9 같은 구절들을 분명한 예로 들 수 있다. 각각 개별적으로 살펴보아도, 이러한 구절들은 모두 폭넓은 유대인들의 서사 세계 속에서 해석된 예수에 관한 이야기가 그 큰 이야기에 대한 바울의 재해석이 딛고 있던 디딤돌이었다는 것을 보여 준다. 이러한 구절들을 모두 합하면 그 효과는 훨씬 더 강력해진다.

그렇다면 바울은 통상적으로 이러한 사상 세계 전체, 이러한 이야기화된 세계관을 어떤 식으로 환기시키고 있는 것인가? 많은 방법들이 있지만, 나는 바울이 그리스도라는 단어를 사용하여 그렇게 하고 있다고 생각한다. 그리스도는 바울에게 단순한 고유 명사가 아니었다. 그것은 "메시야"를 의미하는 칭호였다. "메시야"는 "이스라엘"을 함축한다; 이 예수를 "메시야"라고 부르는 것은 이스라엘의 운명이 예수 안에서 그 성취에 이르렀다고 주장하는 것을 의미한다. "메시야됨"을 예수에 대한 바울의 개념으로부터 분리시키고자 하는 그 어떤 시도도, 내가 다른 곳에서 논증했듯이, 반드시 실패하고 만다.[120] 그러나 이것은 구절구절들마다 이러한 일련의 사상 전체가 잠복해 있기 때문에, 그러한 사상이 위에서 언급한 구절들에서와 같이 완전한 모습으로 등장할 때, 그것은 갑자기 그 지점에서 끼어든 것이 아니라 원래의 자연스러운 자리를 차지하고 있다는 것을 의미한다.

그렇다면 바울이 인간 예수에 대한 모든 관심을 다 끊었다고 선언한 것으로 해석되고 있는 고린도후서의 저 유명한 구절은 어떻게 된 일인가?

그러므로 우리가 이제부터는 어떤 사람도 육신을 따라 알지 아니하노라 비록 우리가 그리스도도 육신을 따라 알았으나 이제부터는 그같이 알

119) Hays 1983, 125.
120) Wright 1991a, chs. 2-3.

지 아니하노라 그런즉 누구든지 그리스도 안에 있으면 새로운 피조물이
라 이전 것은 지나갔으니 보라 새 것이 되었도다.[121]

불트만은 이 구절에서 바울이 인간 예수에 대한 지식을 끊어 버렸다고 주
장할 뿐만 아니라 그러한 지식이 아무런 소용이 없는 것으로 선언한 것이라고
주장하였고, 이러한 불트만의 주장은 상당한 영향을 미쳤다.[122] 이러한 주장은
몇몇 주석자들에 의해서 완강한 저항을 받아왔지만,[123] 바울이 예수에 대하여
별 관심이 없었다는 인상은 일부 진영에 여전히 남아 있다. 그러나 사실 이
대목 전체와 이 절의 세부적인 내용은 불트만의 결론을 거부한다. 이 대목의
전체 논증(2:14~6:13)은 바울이 수행하고 있는 새로운 계약의 사역을 다루
고 있고, 그 주요한 초점들 중의 하나는 4:7-15에서 "예수 그리스도의 얼굴에
있는 하나님의 영광을 아는 빛"(4:6)을 보는 것이 무엇을 의미하는 것인가에
대한 해석이다. 여기에서 문제의 핵심은 사도들은 "우리가 항상 예수의 죽음
을 몸에 짊어짐은 예수의 생명이 또한 우리 몸에 나타나게 하려 함이라"
(4:10)는 것이다. 이 절과 그 이후에 나오는 절들 속에서 "예수"는 바울 서신
의 다른 곳에서와 마찬가지로 인간 예수, 좀 더 구체적으로 말하면, 죽음에 넘
기운 예수를 가리킨다. "그리스도"라는 말은 이 대목 전체에서 언급되지 않는
다(4:7-15); 바울의 요지는 죽음에까지 이른 예수의 사역 패턴이 지금 사도
들 속에서 재현되고 있다는 것과 바로 그것이 사도들의 진정성(眞正性)의 표
시라는 것이다.

그러므로 바울이 5:16에서 거부하고 있는 것은 역사적 예수에 대한 지식
또는 그러한 지식이 신학에 유용하다는 것이 아니라 메시야를 아는 특정한 방
식이다. "육신을 따라"(kata sarka)라는 표현은 바울이 흔히 유대인들 또는 일
부 유대 그리스도인들의 상태와 태도, 그리고 신학을 가리킬 때에 사용했던

121) 고후 5:16-17.

122) Bultmann 1951-5, 1. 237-9; 985 [1976], 155; 또한 cp. Käsemann 1969
[1965], 121 n.16.

123) e.g. Moule 1970; Barrett 1973, 171; Furnish 1984, 330-3. Cf. Meyer 1979, 73-
5.

어구이다.[124] 그들이 원했던 메시야는 그들의 민족적 열망들을 긍정하고 보장해 주는 메시야였다. 하지만 참된 메시야 예수는 다시 살아나기 위하여 "육신"이 죽는 그런 메시야적 사명에 순종하였었다. 바울이 아는 예수는 바로 그러한 예수였고, 바울은 다름 아닌 예수가 참 메시야라고 주장한다. 따라서 고린도후서 5:16은 예수에 관한 지식의 유용성을 거부하는 것이 아니라, 실제로는 바울이 말하는 신학적 핵심이 그러한 지식에 실제로 의존하고 있다는 것을 보여 준다.

이 점은 로마서 15:1-9을 고찰해 보면 한층 더 강화된다. 여기에서 눈에 띄는 것은 바울이 통상적으로 학자들이 생각하는 것보다 로마서의 목적 속에서 사실 좀 더 큰 역할을 하는 바울의 논증의 토대와 근거로서 예수의 사역에 관하여 알려져 있던 것 ― 여기에서는 그의 죽음에 초점이 맞춰져 있지 않다 ― 을 명시적으로 거론하고 있다는 것이다: 로마의 수많은 그리스도인들의 서로 다른 출신 배경이 그들이 공동 예배에서 하나되는 것을 방해해서는 안 된다. 15:3과 15:7-9은 유대인들에 대한 예수의 선포를 신의 전체적인 경륜 속에서 하나의 구별된 단계로 인정하면서 참 메시야가 행하였던 사역에 관해 말한다. 만약 바울이 불트만과 그의 추종자들이 주장한 대로 예수에 대한 집중은 유대 기독교의 한 특징이었고, 바울은 그러한 특징과 결별하지 않으면 안 되었다면, 바울이 그의 논증의 바로 이 시점에서 역사적 예수를 거론하는 것은 전적으로 부적절하다. 따라서 바울은 예수에 관한 이야기의 개요를 알고 있고, 그것을 신학적 논증을 위한 하부구조로 사용할 수 있었다.[125]

물론 바울에 대한 이러한 개관은 형편없이 불완전하다. 여기에는 다른 기회로 넘긴 많은 내용들이 있다. 그러나 나는 이 개관이 기독교 초창기의 한 확고한 거점인 바울 서신 속에서 언급하고 있던 이야기가 실질적으로 우리가 누가복음, 마태복음, 마가복음에서 살펴보았던 이야기와 동일한 형태를 지니고 있다고 말할 수 있을 정도로 강력한 근거를 보여 주는 데 충분하기를 바란다.

---

124) e.g. 롬 4:1; 고전 10:18; 갈 4:23, etc.

125) 나는 고린도전서 7:10-12 등에서 바울이 예수의 가르침을 근거로 들었느냐 하는 골치아픈 문제는 일단 접어두기로 한다. 나의 주된 논점은 그러한 문제와 상관없이 확증된다.

그것은 예수 이야기에 의해서 성취되고 전복되고 변형되어 이제는 세계의 이야기들을 전복시키고 있는 이스라엘에 관한 이야기다. 새로운 형태 속에서 이 이야기는 서신서들 및 복음서의 기자들이 똑같이 그들 자신과 그들의 독자들이 살고 있다고 이해한 상징적 우주를 창출해내고 지탱해나간다: 이 성취된 이스라엘의 드라마가 지금 그 결말, 여전히 도달하지 않은 결말을 향하여 나아가고 있는 세계.

7. 히브리서의 서사 세계

바울을 자세하게 연구한 후에 히브리서의 세계에 들어가는 것은 바흐(Bach)의 음악을 들은 후에 몬테베르디(Monteverdi)의 음악을 듣는 것과 약간 비슷하다. 우리는 분명히 동일한 세계 속에 있지만, 그 세계는 사람마다 질감이 다르고, 인유(引喩)들이 다르고, 전체적으로 풍기는 냄새가 다르다. 이 시점에서 히브리서에 대한 자세한 논의를 할 수도 없고, 또한 할 필요도 없을 것이다.[126] 나는 단지 이 시점에서 흔히 학자들이 주목하지 않은 히브리서의 서사 세계의 한 측면, 즉 히브리서의 절정 부분과 벤 시라서의 마지막의 절정 부분 간의 병행관계를 지적하고자 할 따름이다.

우리는 앞에서 시락서 44:1~50:21의 서사적 기능을 얼핏 살펴보았었다.[127] 거기에서 우리는 한 무리의 위인들이 예루살렘 성전에서 야웨에게 예배를 드리는 장면, 특히 대제사장인 시몬 벤 오니아스의 장엄한 사역으로 세계 및 이스라엘의 역사가 절정에 달하는 것을 보았다:

그는 얼마나 영광스러웠는가, 백성들에게 둘러싸여서,
그가 휘장의 집으로부터 나왔을 때.
구름들 속의 새벽별처럼,
절기 때의 보름달처럼;
지극히 높으신 이의 성전에서 빛나는 태양처럼,

---

126) 히브리서 전체에 대한 자세한 최근의 논의들에 대해서는 Lindars 1989; Attridge 1989; Hurst 1990; Lane 1991을 참조하라.
127) 본서 p. 362의 서술을 보라.

환한 구름들 속에서 얼핏 비치는 무지개처럼;
그가 영광스러운 옷을 입고 완전한 광휘로 둘렀을 때,
그가 거룩한 제단으로 올라갔을 때,
그는 성소의 뜰을 영화롭게 만들었다.[128]

이것은 이스라엘의 역사가 결국 도달하게 된 지점이었다: 위대한 대제사장이 장엄하게 옷을 입고 웅장하게 예전을 집행하고 나서 예배 후에 성소에서 백성들에게 축복한다. 이 대목이 히브리서 전체를 특징짓는 주제를 밀접하게 반영하고 있다는 것은 분명하다: 예수는 "거룩하고 흠 없고 죄인들로부터 분리되어 있고 하늘 위로 높아진" 후에 "하늘에서 위엄의 보좌 우편에 앉아서" 자신의 제의적 의무들에 대한 수행을 마친 후에(하늘 성소에서 자신의 피를 드린 후에) "그를 열렬히 기다리는 자들을 구원하기 위하여 두 번째로 나타나실" "하늘을 통과한 위대한 대제사장"이다.[129] 여기에서 사람들이 흔히 보지 못하고 있는 것은 히브리서 11장에 나오는 "허다한 믿음의 영웅들"에 관한 목록은 벤 시라서 44~50장에 나오는 이야기를 전복시킴으로써 동일한 취지를 말하기 위하여 의도되었다는 것이다. 성전의 현재의 대제사장이 이스라엘의 모든 역사가 귀결되는 지점이 아니라, 참된 대제사장인 예수가 바로 그 지점이다: 히브리서 11:4-40에 대한 12:1-3의 관계는 벤 시라서 44:1~49:16에 대한 50:1-21의 관계와 같다.[130] 표면적인 차원에서는 불굴의 신앙의 최고의 모범인 예수에 관하여 말하고 있지만, 함축적인 차원에서는 12:1-3은 8:1~10:28에서 말한 요지를 강력하게 다시 강화시킨다. 여기서도 다시 한 번 시적 연쇄와 대상적 연쇄의 구별 및 본문 상호간의 반영(反映)들을 주의 깊게 경청하면, 본문으로부터 풍부한 의미를 이끌어 낼 수 있게 된다.

그러므로 히브리서의 시적 연쇄의 일면에는 분명한 함축적인 서사적 연쇄가 자리 잡고 있다. 세상 및 이스라엘에 관한 이야기는 한 지점, 즉 참 신에

128) Sir. 50.5-7, 11.
129) 히 4:14; 7:26; 8:1; 9:28.
130) Frost 1987, 169은 시몬 벤 오니아(Simon ben Onias)와 예수 간의 병행을 주장하지만, 그것으로부터 내가 말하고 있는 논점을 도출해내고 있지는 않다.

대한 참다운 예배의 수립이라는 지점에까지 도달하였다.[131] 이 일이 이제 예루살렘 성전과 그 대제사장을 통해서가 아니라 예수를 통해서 이루어졌다. 히브리서는 좀 더 일반적인 신학적 또는 실제적인 문제들이 아니라 성전제의에 초점을 맞추고 있지만, 그 근저에 있는 이야기는 우리가 공관복음서와 바울 서신 속에서 발견했던 것과 일치한다. 예수는 이스라엘의 이야기를 그 역설적인 절정에 올려 놓았다.[132]

8. 요한의 이야기

요한복음이 누가복음, 마태복음, 마가복음과는 매우 다른 종류의 책이라는 것은 누구나 다 아는 사실이다. 그러나 사실은 사람들이 생각하는 것만큼 그렇게 다르지 않다. 우리가 네 개의 정경 복음서들을 재구성된 "Q"자료 및 도마복음서, 베드로복음서 같은 정경 이외의 자료들과 나란히 놓는다면, 요한복음은 공관복음서와 다른 점보다는 닮은 점이 더 두드러질 것이다. 여기에서 제4복음서에 대한 자세한 연구를 시도할 의도는 전혀 없다.[133] 초기 기독교를 특징지었던 큰 이야기들에 관한 우리의 논의에 맞추어서 우리가 여기서 할 수 있는 모든 것은 현존하는 최종 형태의 요한복음이 함축하고 있는 서사 세계를 짤막하게 탐색해 보는 것이다.[134]

요한의 이야기는 우리를 만물의 시작, 아니 사실 만물의 시작 이전으로 되돌려 놓는다:

---

131) 이것은 히브리서 11장을 읽는 그리스도인들에게 "이스라엘의 역사는 더 이상 그들 자신의 역사가 아니"라고 단호하게 선언하고 있는 Bultmann 1956, 187의 견해와는 다르다.

132) 이것은 우리가 Koester 1982b, 272-6의 주장과는 달리 히브리서를 "묵시문학적 그노시스(靈知)"라고 규정하는 것을 거부해야 한다는 것을 의미한다.

133) 요한에 대한 최근의 저작으로는 Kysar 1985; Beutler 1985; Ashton 1986, 1991; Hengel 1989b; Koester 1990, ch. 3; Lemcio 1991, ch. 5; Burridge 1992, ch. 9을 보라. 1965년과 1985년 사이의 기간에 대해서는 Neill and Wright 1988, 430-9 (Robinson 1985의 논의를 포함한)를 보라.

134) 달리 말하면, 극히 가설적인 것으로 머물고 있는 재구성된 자료들에 대해서는 아니다. 요한복음에 적용된 서사 비평에 대해서는 특히 Stibbe 1992를 보라.

태초에 말씀이 계시니라
이 말씀이 하나님과 함께 계셨으니
이 말씀은 곧 하나님이시니라.
그가 태초에 하나님과 함께 계셨고
만물이 그로 말미암아 지은 바 되었으니
지은 것이 하나도 그가 없이는 된 것이 없느니라.
그 안에 생명이 있었으니
이 생명은 사람들의 빛이라.
빛이 어둠에 비치되
어둠이 깨닫지 못하더라.[135]

요한은 독자들에게 이상한 새로운 창세기를 들이댄다. 그의 이야기가 무엇에 관한 것이든, 그의 이야기는 모든 피조물의 시작으로 거슬러 올라가는 전체적인 서사 세계에 비추어서 해석되지 않으면 안 된다. 그리고 더 중요한 것은 요한의 이야기는 창세기 자체에서만이 아니라 그 이후의 글들 속에서도 아주 명시적으로 유대인들의 이야기에 초점이 맞춰져 있다는 것이다:

율법은 모세로 말미암아 주어진 것이요
은혜와 진리는 예수 그리스도로 말미암아 온 것이라.[136]

서문에 나오는 이러한 암시들은 복음서의 본론 부분에서 아주 자세하게 실질적으로 설명된다. 아브라함과 모세라는 인물은 이 이야기에 깊이와 색채를 더하기 위하여 삽입된 단순한 과거의 영웅들이 아니다; 그들은 이제 그 결정적인 국면에 다다르고 있는 긴 이야기의 일부이다. 8장에 나오는 아브라함과 그의 참된 자손에 관한 긴 논쟁은 이 이야기 전체에서 대단히 중요하다: 요한복음에서 쟁점이 되고 있는 문제의 일부는 예수와 당시의 유대 사람들 중 누가 진정한 아브라함의 자손이냐 하는 것이었다.[137] 물론 이 문제는 유대교 내

---

135) 요 1:1-5.
136) 요 1:17.

에서의 모든 논쟁 속에서 근본적으로 중요한 것이었고, 항상 이스라엘의 이야기 전체에 비추어서 이해되지 않으면 안 되었다: 이런저런 맥락 속에서 누가 참된 계승자인가? 마찬가지로 모세에 대한 다양한 언급들은 토라의 수여, 광야 유랑, 유대교의 기본 법전인 모세의 글들의 지속적인 유효성을 포함하는 이야기를 전제한다.[138]

그러나 이러한 것들은 단순히 이스라엘의 과거를 이따금씩 언급하고 있는 것이 아니라, 그보다 더 깊은 곳을 흐르고 있는 복음서의 한 특징을 보여 주는 것이다. 요한복음의 서사는 유대인들의 일련의 절기들을 부각시키고 있다고 흔히 지적되어 왔다: 유월절이 세 번, 장막절과 하누카, 그리고 무명의 한 절기가 각각 한 번.[139] 즉, 요한은 예수의 사역을 유대인들의 절기라는 관점에서 보고 있는데, 각각의 절기는 과거 역사 속에 특정한 준거점을 가지고 있을 뿐만 아니라 백성들의 장래에 대한 기대에 특정한 형태를 부여하고 있다. 예수는 이스라엘의 역사를 원래 신이 의도한 목표 지점으로 끌고 가고 있는 모습으로 나온다. 또한 이 이야기의 여러 대목에서 요한은 의도적으로 이 모든 것이 지금 정해진 성취를 향하여 나아가고 있다는 것을 말하기 위하여 이스라엘의 과거로부터의 장면들을 환기시키고 있다. 예수는 모세와 같이, 그리고 모세보다 더 광야의 백성들을 하늘에서 온 떡으로 여긴다; 예수는 에스겔 34장에서 거짓 목자들과 구별되는 참 목자이다; 예수는 참된 유월절 어린양이다.[140]

이 모든 것들은 공관복음서보다도 더 분명하게 요한의 이야기를 예수와 당시의 유대인들에 관한 이야기 — 또는 더 정확하게 말해서, 예수와 (지리적으로 규정된) 당시의 유대 땅에 살던 사람들 — 에 관한 이야기로 엮는다.[141] 그러나 이야기가 작은 하나의 초점에 집중하고 있는 것처럼 보일 때에도, 이 이

---

137) 요 8:31-59.

138) cf. 요 1:45; 3:14; 5:45f.; 6:32; 7:19, 22, 23; 9:28f.

139) 유월절: 요 2:13-25; 6:4; 11:55~19:42; 초막절: 7:2ff.; 하누카: 10:22; "어떤 절기"(아마도 초막절, 하지만 유월절일 가능성도 있다, cf. Robinson 1985, 138 n.48): 5:1.

140) 6:25-71; 10:11-18; 1:29, 36; 19:31-6. 자세한 것은 Dahl 1986 [1962], 128-32 를 보라.

141) 요한복음에 나오는 hoi Ioudaioi의 의미에 대한 논쟁으로는 Dahl 1986 [1962],

야기는 요한복음을 현재의 형태로 만들고 있는 한층 큰 그림의 씨앗들을 품고 있다. 요한복음의 서문 및 이 이야기의 여러 대목들에서 나오는 암시들은 예수와 유대 사람들에 관한 이 이야기를 어떻게 읽어야 할지를 보여 준다. 이 이야기는 창조주 신과 세상에 관한 이야기의 소우주이자 초점이다. 대단한 섬세함을 가지고 요한은 한 차원에서는 공관복음서들과 마찬가지로 헬레니즘 스타일의 전기 형태를 지닌 예수에 관한 이야기를 말하고 있기 때문에,[142] 이 이야기는 유대인들의 서사 세계의 가장 근본적인 내용들 중의 하나를 응축해 놓고 있다. 계약의 신이 이스라엘 속에서 행하고 있는 것은 창조주 신이 온 세상 속에서 행하고 있는 바로 그것이다.[143] 이 점은 처음부터, 즉 서문 속의 병행법을 통해서 드러난다:

> 그가 세상에 계셨으며 세상은 그로 말미암아 지은 바 되었으되
> 세상이 그를 알지 못하였고
> 자기 땅에 오매
> 자기 백성이 영접하지 아니하였으나.[144]

창조주와 코스모스(kosmos), 즉 세상에 관한 문제는 예수와 이스라엘의 문제로 된다. 그리고 이 문제가 유대인의 왕이 십자가에 못 박히는 역설과 아이러니를 통해서 해소될 때, 즉시 세상은 그 수혜자가 될 수 있다:

> 명절에 예배하러 올라온 사람 중에 헬라인 몇이 있는데 그들이 갈릴리 벳새다 사람 빌립에게 가서 청하여 이르되 선생이여 우리가 예수를 뵈옵고자 하나이다 하니 빌립이 안드레에게 가서 말하고 안드레와 빌립이 예수께 가서 여쭈니 예수께서 대답하여 이르시되 인자가 영광을 얻을 때가 왔도다 내가 진실로 진실로 너희에게 이르노니 한 알의 밀이 땅에 떨어

126ff.: Lowe 1976; Ashton 1985를 보라.
  142) Burridge 1992, ch. 9.
  143) cf. Dahl 1986 [1962], 13lf.
  144) 요 1:10f.

져 죽지 아니하면 한 알 그대로 있고 죽으면 많은 열매를 맺느니라 … 내
가 땅에서 들리면 모든 사람을 내게로 이끌겠노라 하시니.

아버지께서 나를 세상에 보내신 것 같이 나도 그들을 세상에 보내었고
… 아버지여, 아버지께서 내 안에, 내가 아버지 안에 있는 것 같이 그들도
다 하나가 되어 우리 안에 있게 하사 세상으로 아버지께서 나를 보내신
것을 믿게 하옵소서 … 곧 내가 그들 안에 있고 아버지께서 내 안에 계시
어 그들로 온전함을 이루어 하나가 되게 하려 함은 아버지께서 나를 보
내신 것과 또 나를 사랑하심 같이 그들도 사랑하신 것을 세상으로 알게
하려 함이로소이다.

예수께서 또 이르시되 너희에게 평강이 있을지어다
아버지께서 나를 보내신 것 같이 나도 너희를 보내노라.[145]

그러므로 복음서 전체가 함축하고 있는 서사 세계는 적어도 네 가지 동기
(動機, movement)들을 포함하고 있음에 틀림없다. 로고스(logos)에 의해서
이루어진 최초의 창조가 존재한다. 여전히 모호함 속에 휩싸여 있는 이스라엘
의 부르심과 역사가 있다; 세상은 그 창조주에게 반기를 들었고, 이스라엘도
그 반역에 참여하였다. 그런 후에 이제 나사렛 예수라는 인간과 동일시된 로
고스가 당시의 유대인들과 동일시된 세상과 대결하는 예수의 사역이 존재한
다. 이 서사의 시적 연쇄에서의 여러 내용들은 전체적인 서사 세계 속에서 대
상적 연쇄와 관련된 장래의 결말을 강력하게 함축하고 있다: 예수의 제자들은
소우주적인 이스라엘의 세계로부터 좀 더 큰 이방인들의 세계로 나아가서 비
유대인의 세계를 향하여 그 창조주 신, 이스라엘의 신이 세상을 구속하였다는
것을 선포하게 될 것이다. 예수에 관한 이야기만이 아니라 피조 세계 전체에
대한 이스라엘의 이야기의 결정적인 중요성에 이런 식으로 초점을 맞추고 있
는 것은 요한복음이 앞에서 보았듯이 공관복음서와 바울 서신의 특징을 이루
는 동일한 큰 이야기 세계를 공유하고 있다는 것을 보여 준다.

145) 요 12:20-4, 32; 17:18-23; 20:21.

우리가 마지막으로 요한복음의 서문 자체에 초점을 맞추면, 이러한 인상은 더 강력하게 확증이 된다. 우리가 이미 주장했듯이, 서두의 말씀은 요한이 그의 청중들로 하여금 창세기 1장의 반영들을 상기하도록 의도하고 있다는 것을 보여 준다. 그러나 시기적으로 요한복음과 더 가까운 유대 문헌 중에 나오는 한 구절이 여기에 반영되어 있다고 볼 수도 있는데, 아마도 요한은 그 이야기를 다른 식으로 말함으로써 그 이야기를 전복시키고자 의도한 것일 수도 있다.[146]

> 지혜가 스스로를 찬양하며, 백성들 가운데에서 자신의 영광을 말한다.
> 지극히 높으신 이의 회중 속에서 지혜는 입을 열고,
> 그의 만군 앞에서 지혜는 자신의 영광을 말한다:
> "나는 지극히 높으신 이의 입으로부터 나와서,
> 안개처럼 땅을 덮었다.
> 나는 가장 높은 하늘에 거하였고
> 나의 보좌는 구름 기둥 속에 있었다.
> 오직 나만이 하늘의 궁창을 다녀보았고
> 음부의 깊은 곳을 횡단하였다.
> 바다 물결, 온 땅,
> 모든 백성과 민족을 나는 휩쓸었다.
> 이 모든 것들 속에서 나는 쉴 곳을 찾았다:
> 어느 곳에 나는 머물러야 하는가?
> 이때 만물의 창조주가 내게 명령하였고
> 나의 창조주가 나의 장막을 위한 장소를 선택하였다.
> 그가 말씀하시기를 "야곱 속에 너의 거처를 정하고
> 이스라엘 속에서 너의 유업을 받으라."
> 만세전 태초에 그가 나를 창조하였고
> 만세 동안 나는 영원히 존재하리라.
> 거룩한 장막에서 나는 그 앞에서 수종들었고

---

146) 이에 대해서는 특히 Ashton 1986a를 참조하라.

나는 시온에 자리를 잡았다.

이렇게 이 사랑하는 도시 속에서 그는 내게 안식처를 주었고

예루살렘 속에 나의 영지가 있었다.

영예로운 백성, 주의 분깃, 그의 유업 속에

나는 뿌리를 내렸다.

포도나무처럼 나는 기쁨들을 싹틔우고,

나의 꽃들은 영화롭고 풍요로운 열매가 된다.

나를 원하는 너희여, 내게 오라.

나의 열매들을 배불리 먹으라.

나에게 순복하는 자들은 부끄러움을 당하지 않을 것이고

나와 함께 일하는 자들은 죄를 범치 아니하리라.

이 모든 것은 지극히 높으신 하나님의 계약의 책이요

모세가 야곱의 회중들을 위한 유업으로서 우리에게 명한 율법이다.

그것은 비손 강과 같이,

그리고 첫 열매들을 냈던 때의 티그리스 강과 같이 넘쳐흐른다.

그것은 유프라테스 강과 같이,

그리고 추수 때의 요단 강과 같이 명철로 흐른다.

그것은 나일 강과 같이,

그리고 포도 수확기 때의 기혼 강과 같이 가르침을 쏟아 놓는다.

첫 사람이 지혜를 온전히 알지 못했고

또한 마지막 사람이 지혜를 품지 못할 것이다 …[147]

이 아름다운 시 속에는 도처에 창세기 1~2장이 반영되어 있다. 그 중심적인 강조점도 마찬가지다. 야웨의 숨과 말씀을 의인화한 "지혜," 다른 모든 것 이전에 "태초에" 창조된 지혜, 다른 밀접하게 연관된 구절들 속에서 모든 피조물들을 신이 만들 때에 사용하였던 수단으로서의 지혜[148] — 이 지혜는 지금 다른 두 개의 의인화된 존재, 즉 셰키나 및 토라와 동일시된다. 셰키나는

---

147) Sir. 24:1-28 (강조는 필자의 것).

148) 잠 8:22-31; Wisd: 8:4; 9:9.

예루살렘 성전에서 야웨의 "장막 속의" 임재를 가리킨다. 또한 토라는 모세에게 주어진 율법이다. 우리가 이 대목을 염두에 두고 요한복음의 서문으로 되돌아가 보면, 이 대목은 요한복음의 서문 곳곳에 반영되어 있다. 로고스, 즉 "말씀"은 태초부터 창조주의 자기 표현으로서 창조주와 함께 있었다. 이 로고스가 우리와 함께 거하게 된다: 요한복음 1:14에 나오는 "우리 가운데 거하시매"라는 어구는 헬라어로 '카이 에스케노센 엔 헤민'인데, 이것은 시락서 24:8, 10의 언어를 반영한 것으로서, '스케네'는 헬라어로 "장막" 또는 "성막"을 가리키는 단어이고, 흥미롭게도 히브리어 셰키나도 이와 동일한 어원에서 나온 단어다. 그 결과 우리는 다른 유대교의 한 저작 속에서의 지혜와 같이 "유일무이한" 자, 독생자(monogenes)인 진정한 인간의 영광, 즉 "그의 영광을 본다."[149] 게다가 이 로고스는 셰키나만이 아니라 토라의 자리도 슬그머니 취한다: 율법은 모세를 통하여 주어졌고, 은혜와 진리는 예수 그리스도를 통하여 왔다. 여기에서 "그러나"라는 단어를 두 번째 절에 첨가하지 않은 것이 중요하다. 왜냐하면 이 단어를 첨가하게 되면, 마치 요한은 마르키온을 예상이라도 한 것처럼 모세를 로고스의 대리물로 취급하는 것이 되기 때문이다. 마찬가지로 요한은 유대교가 토라 속에서 발견해야 한다고 생각해 왔던 것이 예수 속에서 발견되었다고 말하고 있음이 분명하다. 시락서 24장에 대한 그 밖의 다른 반영(反映)들은 요한복음 전체에 걸쳐서 계속된다: 예수는 참 포도나무요 생수를 주는 자이다.[150]

요한복음 서문이 이러한 배경을 갖고 있다는 것의 의미는 무엇인가? 불트만은 고전적으로 요한복음 서문이 시락서와 이렇게 밀접한 연관을 갖고 있다는 것은 요한복음이 초기 영지주의 사상에 의존하고 있음을 보여 주는 것이라고 생각하였다.[151] 그러나 진부한 말이긴 하지만, 우리는 유대인들의 지혜의 세계와 초기 영지주의의 세계는 상당히 달랐다는 것을 역설하지 않으면 안 된다. 시락서에서 지혜라는 존재는 사람들 사이에서, 특히 예루살렘 성전에서 지속적으로 살게 된다. 하지만 영지주의에서는 구속자라는 존재는 인간 세상에

149) Wisd. 7:22.
150) 요 15:1-8; 4:13-15; 7:37-9:
151) e.g. Bultmann 1986 [1923], 또한 Koester 1982b: 208 등도 이를 따른다.

내려오긴 하지만, 이 사악한 세계로부터 자신의 진정한 본향으로 되돌아가려는 생각을 가지고, 오직 잠시만 세상에 내려오는 것이다. 요한복음 서문이 지혜 사상을 배경으로 하고 있다는 것은 요한복음 서문이 초기 영지주의 쪽으로 기울어 있다는 것을 보여 주는 증거가 아니라, 지극히 유대적이고 세상을 긍정하는 방향으로 정향(定向)되어 있음을 보여 주는 증거이다.

이것은 요한복음 서문이 시락서의 세계관을 약간의 수정을 가한 채 긍정하고 있다는 것을 말해 주는 것이 아니다. 오히려 적어도 부분적으로는 요한복음 서문은 지혜에 관한 이야기를 전복시키고자 시도하고 있다고 보아야 한다. 유대 전승 속에는 지혜에 관한 이러한 이야기를 전복시키고자한 또 다른 이야기들이 존재하였다. 그중에서 가장 두드러지는 것은 유대 묵시문학 중에서 가장 뚜렷한 우주론적 이원론을 보여 주고 있는 에녹1서 42장이다:

> 지혜는 자기가 거할 만한 곳을 발견할 수 없었다:
> 그러나 하늘에서는 그가 거할 곳이 발견되었다.
> 이때 지혜는 이 백성의 자손들과 함께 거하기 위하여 나갔지만,
> 거할 곳을 찾지 못했다.
> 그래서 지혜는 자기 자리로 다시 돌아와
> 천사들 가운데 영원히 거하였다.
> 그 후에 죄악이 자기 방에서 나가서
> 그가 예상치 않았던 자들을 발견하였다.
> 그래서 사막의 비처럼
> 마른 땅의 이슬처럼
> 죄악은 그들과 함께 거하였다.

시락서에 나오는 아름다운 시에 대한 이와 같은 끔찍한 패러디는 유대의 묵시문학이 영지주의적인 방향으로 변질되었을 때에 어떠한 형태를 띨 수 있는지를 분명하게 보여 주는 예이다. 세상은 이제 구속(救贖)이 불가능한 곳이 되어 버렸다. 아니, 사정은 더 나빴다: 이 이야기에 의하면 지혜는 몇몇 거룩한 영혼들을 파멸로부터 구원하기 위하여 낚아채어 올라가지도 않는다(영지주의에서보다 더 악화된 상황). 여기에서 지혜는 구속자적인 존재가 아니라

홀로 짧게 세상을 다녀가는 방문자에 불과하다. 이 시에서는 시락서의 주장을 정면으로 부정한다: 지혜는 살 만한 곳을 찾고자 시도했으나 찾지 못하고 집으로 다시 돌아갔다. 그 대신에 죄악이 자기가 살던 곳으로부터 나와서 살 만한 곳, 기가 막힌 곳, 창세기 2장과 시락서 24장에 나오는 강들처럼 그 땅을 완전히 관개(灌漑)할 수 있는 그런 곳을 발견하였다. 지혜의 거처였어야 했던 곳은 이제 죄악의 소굴이 되어 버렸다. 에녹1서 42장에는 세상 또는 이스라엘 또는 개별 인간들에 대한 소망이란 존재하지 않는다.

요한이 벤 시락서에 나오는 지혜시편을 전복시키고 있는 것은 이와는 전혀 다른 성격의 것이다. 요한은 신의 지혜가 실제로 거처를 발견하였다는 것에는 시락과 의견을 같이 한다. 그는 에녹1서 42장 배후에 있는 비극을 인정한다: 세상은 로고스, 그 창조자를 알지 못했고, 심지어 "그의 백성조차도 그를 영접하지 않았다." 그러나 그렇다고 해서 지혜는 세상을 "죄악"에게 넘겨준 채 자신의 본향으로 되돌아가 버린 것이 아니었다. 빛이 어둠 속에서 비추었고, 어둠은 그 빛을 이기지 못했다. 주류 유대교가 기대했듯이, 로고스는 세상을 심판하기 위해서가 아니라 구속하기 위하여 왔다.[152] 그러나 셰키나와 토라, 예루살렘 성전과 계약 법전이 지혜/로고스가 거하며 신의 영광을 계시하는 장소들이라고 말하지 않고, 요한은 로고스가 육신이 되었다고, 인간이 되었다고, 나사렛 예수가 되었다고 말한다. 요한은 시락의 긍정적인 세계관을 재천명하긴 하지만, 이제 에녹1서가 보았고 시락이 그 낙관론 속에서 전혀 언급하지 않았던 문제를 다룬다. "우리가 그의 영광을 보니": 요한에게 이 영광이 최고로 계시된 곳은 로고스가 양들을 위하여 자신의 생명을 내어주는 선한 목자로서, 또한 백성을 종살이에서 해방시켜 줄 유월절 어린양으로서 죽었던 바로 그 십자가 위에서였다.[153]

특히 로고스가 사람이 되었다는 것은 요한의 신학의 전체적인 의미에서 아주 중요한 역할을 한다. 시락은 다소 초연하게 인간은 지혜를 온전히 품을 수 없다고 생각했다. 요한은 이 지혜가 온전히 사람이 되는 것을 본다. 그렇게 함으로써 요한은 창세기의 새로운 판본을 자기가 쓰고 있다는 것을 안다. 창세

---

152) 요 3:17, etc.

153) cf. 요 10:11, 15, 17f.; 11:49-52.

기 1장의 절정은 창조주의 형상을 따라 사람을 창조한 것이다(창세기 1:26-8). 요한복음 서문의 절정은 지혜의 수많은 특징들을 띠고 있고 또한 신의 형상을 지닌 존재라고 할 수 있는 로고스가 온전한 사람이 된 사건이다.[154] 빌라도가 무리들에게 "보라 이 사람이로다"라고 선언했을 때, 이를 통해 요한은 그의 독자들이 요한복음의 서문 이래로 계속해서 존재해 왔던 반영(反映)들을 듣기를 바랐다. 육신이 된 로고스였던 예수는 진정한 사람이었다.[155]

요한복음, 특히 그 서문에 대한 이와 같은 분석(극히 짧지만)으로부터 두 가지 결과 ― 하나는 작고, 또 하나는 큰 ― 가 도출된다. 둘 다 매우 중요한 결과들이다. 첫째, 서문이 말하고 있는 이야기는 분명히 요한복음과 마찬가지로 창세기에 대한 이야기를 특정한 사항에 초점을 맞춰서 다시 말하고 있던 유대인들의 지혜 전승을 온건하지만 확고하게 전복시키려는 의도를 지니고 있다. 시락은 예루살렘과 토라가 온 우주의 구심점들이요 창조주 자신의 지혜가 유일무이하게 거하기 위하여 왔던 곳이었다고 주장한다. 요한은 예수와 관련하여 정확히 이와 같은 내용을 주장한다. 요한복음 서문이 시락서 2장을 반영하고 있고, 또한 독자적으로 창세기 1장을 반영하고 있는 것은 요한복음 서문의 편집과 관련하여 절정 부분을 이루고 있는 14-18절이 원래의 구상 속에 포함되어 있었을 가능성을 높여 준다. 성육신에 관한 내용을 담고 있지 않았던 초기 판본이나 인간이 아닌 로고스가 하늘에서 내려왔다가 다시 올라간 것을 말하고 있는 요한복음 이전의 영지주의적 시문(詩文)의 존재를 가정하는 것은 옳지 않다. 서문의 처음에 나오는 여러 절들을 쓴 사람이 누구이든, 그는 그 절들이 14절에서 창세기와 시락서를 반영하면서 자연스러운 절정에 이름과 동시에 15-18절에 나오는 결말 부분을 향하도록 하려는 의도를 지니고 있었다.[156]

둘째, 요한복음 서문이 이렇게 말하고 있는 이야기는 복음서 전체의 이야기의 축소판인데, 이 점은 매우 중요하다. 이 이야기는 이스라엘의 구속에 관한

---

154) cf. Wisd. 7:26.

155) 요 19:5; cf. Johnston 1987.

156) Bultmann 1986 [1923], 31f.; Käsemann 1969 [1965], ch. 6; Dunn 1980, 239-45에 나오는 논의들을 참조하라.

참된 이야기, 구속과 관련된 창조주와 우주에 관한 참된 이야기로 언급된 예수에 관한 이야기다. 요한복음은 철두철미 이스라엘과 세상에 관한 유대인들의 이야기를 들려주고 있지만, 바울 및 공관복음서와 마찬가지로, 비록 매우 다른 방식이긴 하지만, 그 성취로서의 예수에 시선을 집중하고 유대인들의 이야기를 전복시키려는 의도를 지니고 있다. 요한복음의 원래의 결말 부분(20장)은 서문에 나오는 내용을 조목조목 다시 거론한다: 빛, 사람들의 참생명인 빛은 새벽 미명의 어둠을 극복한다. 예수를 영접하는 자들에게 예수는 그의 지위를 함께 누릴 권리를 수여한다: "내가 내 아버지 곧 너희 아버지, 내 하나님 곧 너희 하나님께로 올라간다."[157] 서문이 "독생하신 하나님"으로 성육신한 로고스에 관하여 말한 이후에, 도마는 요한복음 전체가 묘사해 왔던 것을 다음과 같은 말로 마침내 표현한다: "나의 주 나의 하나님."[158] 1:1-18과 20장이 밀접하게 서로 부합한다는 사실은 요한이 서문을 다른 자료에서 가져와서 마지막 단계에서 요한복음에 덧붙였다기보다는, 이 둘을 서로 염두에 둔 가운데 함께 편집하였다고 볼 수 있는 추가적인 근거를 제공해 준다.[159]

따라서 요한복음은 그 개요에서 바울 서신, 히브리서, 공관복음서와 동일한 이야기 흐름, 동일한 서사 세계를 공유하고 있다. 이 장에서 논의된 것들을 근거로, 우리는 이러한 저작들이 가장 초기의 큰 규모의 그리스도인들의 이야기라는 결론을 내릴 수 있다. 지금까지 간략하게 살펴본 정경에 속한 저작들의 상당 부분이 이제 예수에게 초점을 맞춰서 유대인들의 기본적인 이야기를 다시 말하는 형태를 취하고 있는 가운데, 세상과 그 창조주, 그 구속에 대한 인식을 증언하고 있다. 이것은 앞 장에서 초기 기독교의 실천과 상징들에 대한 우리의 연구와 상당히 부합하는 중요한 결론이다. 그러나 이러한 책들은 큰 저작들 내에서 거론된 작은 이야기들을 포함한 초기 그리스도인들의 모든 이야기들을 정확하게 반영하고 있는 것인가? 그리고 후대에 인정을 받긴 했지만 정통적인 정경 속으로 들어오지 못한 저작들은 도대체 무엇인가? 이러한 문제는 별개의 장에서 다루어져야 할 주제이다.

---

157) 요 20:17; cf. 1:12.

158) 1:18 (물론 이 두드러진 어구에 대한 여러 다른 읽기들이 존재한다); 20:28.

159) Robinson 1984, 71-6은 이에 반대.

제 14 장

초기 기독교의 이야기들(2)

1. 들어가는 말: 양식 비평

전기(傳記)는 일화들을 포함하고 있는 것이 보통이다: 그러나 전기와 일화는 동일한 것이 아니다. 유대 역사와 민담은 왕들, 선지자들, 거룩한 사람들, 경건한 여자들에 관한 일화들을 담고 있다: 그러나 유대 역사와 개인의 일화는 동일한 것이 아니다. 헬레니즘적인 전기와 유대적인 역사의 독특한 결합이라고 내가 주장한 바 있는 정경의 복음서들은 거의 모두 예수에 관한 일화들을 담고 있다. 우리는 이러한 일화들이 복음서 자체와 동일한 것이라고 생각해서는 안 된다. 초기 기독교의 큰 이야기들(그러한 것들 중 일부)을 살펴보았기 때문에, 우리는 이제 좀 더 작은 이야기들, 그리고 많은 경우에서 초기의 것들인 이 작은 이야기들로 관심을 돌려서 그것들이 동일한 패턴과 관심들을 반영하고 있는지를 살펴보지 않으면 안 된다.

이러한 좀 더 작고 이른 시기에 속한 이야기들은 여기 본서의 제4부에서 전개하고 있는 논증의 흐름상 반드시 요구된다. 또한 그러한 연구는 본서를 한 부분으로 하고 있는 좀 더 큰 프로젝트의 한 측면과 관련해서도 대단히 바람직하다고 할 수 있다. 예수 이야기들이 복음서에 편입되기 이전에 어떤 형태를 지니고 있었는지에 대한 진지한 고찰이 없다면, 우리는 적어도 다음 권에서 예수에 대하여 고찰하게 될 때에 결정적인 증거들 중의 일부를 무시했다는 비난을 받을 수밖에 없게 되기 때문이다. 예수에 관하여 전적으로 서술하는 책 속에서 지면을 할애하여 그 이후 세대에 예수에 관하여 유포되었던 이야기들의 배경과 내용에 관하여 쓰기보다는 본서의 바로 이 시점에서 그러한 이야기들을 다루는 것이 훨씬 더 자연스러울 것이다. 흔히 예수에 관한 그 무 엇을 발견하고자 하는 도구로 취급되고 있음에도 불구하고, 양식 비평은 원래 일차적으로 초대 교회를 조명하기 위하여 사용된 도구였다. 초대 교회를 다루 는 것이 본서의 주제이기 때문에, 그러한 문제들을 여기서 다루는 것은 적절 하다고 할 수 있다.

복음서들에 나오는 이야기들의 초기 역사에 대한 연구는 전통적으로 두 가 지 이름 아래서 진행되어 왔다: 전승 비평(또는 전승사 비평)과 양식 비평. 이 둘은 종종 서로 바꾸어서 사용되기도 하지만, 엄밀하게 말하면, "전승 비평"은 모든 초기 전승들을 다루는 좀 더 넓은 의미를 지니는 용어인 반면에, "양식 비평"은 구체적이고 식별 가능한 "양식"들을 지니고 있는 그러한 전승들만을 집중적으로 다룬다. 그러한 모든 연구 활동 배후에 있는 원칙은 전문성의 미 로 속에서 종종 모호해지고 있지만, 이 시점에서 그 원칙을 한 번 자세하게 검토해 볼 필요가 있다.

전승들은 아무런 형태도 없이 여기저기 널려 있는 것이 아니다. 우리가 제2 부에서 보았듯이, 모든 역사는 해석을 포함한다. 어떤 것을 말하기 위해서는, 그것을 어떤 종류의 형태로 만들지 않으면 안 된다. 별 상관없는 정보와 말들 의 안개 배후에 감춰진 가치 있는 사실들이 부각됨이 없이 아무런 형태도 없 고 조리도 없는 이야기 — 어린아이나 술에 취한 사람들이 종종 하는 말들이 그렇다 — 를 들어야 하는 것보다 더 절망적인 것은 아마 별로 없을 것이다. 그러나 형태에도 여러 가지 서로 다른 종류들이 존재한다. 내 아내와 내가 우 리 아이들에게 그들이 태어날 때에 관한 이야기를 들려줄 때 — 우리는 아이 들의 생일에 종종 그렇게 한다 — 우리는 당연히 의학적인 것과 관련된 세부 적인 내용들은 극소화시키고 부모로서의 흥분된 심정, 가족의 한 새로운 구성 원을 처음 보았을 때의 기쁨을 부각시킨다. 이 이야기는 흔히 당시에 우리 중 한 사람 또는 병원의 간호사가 한 말을 다시 거론하며 당시에 거기에 있었던 사람들의 감정을 집약해서 들려주는 것으로 끝이 난다. 그러나 우리가 이 동 일한 이야기를 아이의 현재의 건강문제와 관련하여 의사에게 말한다면, 우리 는 앞에서와는 다른 정보를 선별하고 다른 내용들을 부각시키게 될 것이다. 이 경우에는 당시의 우리의 심정은 거의 중요하지 않다; 아이가 제때에 숨을 쉬기 시작했는지에 관한 문제가 훨씬 더 중요하다. 따라서 이야기의 양식(강조점들, 부각시키고 있는 내용들, 결말 부분에 나오는 인용문들)으로부터 그 이야기를 하고 있는 배경과 목적을 추론해내는 것은 원칙적으로 가능하다.

양식비평의 기본적인 통찰은 이와 같이 아주 분명한 사실을 복음서들에 나오는 자료들의 작은 단위들(단화[pericope] 또는 단락들)에 적용하는 것이었다.[1] 여기에 예수에 관한 이야기가 있다. 그는 치유를 행하고, 사람들과 논쟁하며, 사람들이 기억할 만한 말을 한다. 이 작은 사건 전체를 복음서에 나오는 이야기를 대본으로 하여 연기한다면, 채 1분도 걸리지 않을 것이다. 우리는 모든 이야기들이 그렇듯이, 이 이야기도 내용을 압축하여 말하고 있다고 전제할 수 있다: 그리고 이 이야기는 당시에 일어났던 일들이나 말한 내용 하나하나를 다 자세하게 담고 있지는 않을 것이다. 나아가 우리는 이 이야기가 관련된 사람들에 의해서 이런저런 내용들이 부각된 다양한 형태로 언급되었을 것이라고 생각할 수 있다 — 그들 자신의 감정들, 어떤 구경꾼이 말했던 내용 등등. 일화들은 여러 가지 이유로 이야기되고, 그러한 이유들은 일화들의 양식을 결정한다. 복음서들에 나오는 것들은 수없이 많은 초점들 가운데에서 특정한 내용에 초점이 맞추어진 채 말해 왔던 이야기들이다. 이 점은 우리에게 적어도 원칙적으로 화자가 어떠한 상황을 말하고 있는지, 또는 화자가 어떠한 상황에 처해 있는지를 보여 준다. 그러한 이야기는 "중립적인 정보"가 아니다: 앞에서 보았듯이, 중립적인 정보라는 것은 존재하지 않는다. 그것은 특정한 필요에 의해서 행해지고, 특정한 내용을 강조한다.

이제까지 우리는 단순히 상식선에서도 충분히 알 수 있는 것들을 서술해 왔다. 그러나 양식들에 대한 진지한 연구가 시작되는 것은 우리가 몇몇 이야기들이 규칙적으로 어느 정도 분명하게 한정된 패턴을 따르고 있고, 이야기의 양식을 근거로 그 이야기가 행해진 상황을 결정할 수 있는 격자망을 구축할 수 있다는 것을 발견할 때이다. 바로 이것이 금세기 초에 고전적인 양식비평 학자들이 복음서들에 나오는 이야기들에 대하여 행한 분석이었다. 연구가 진

---

1) Schmidt 1919; Dibelius 1934 [1919]; Bultmann 1968 [1921]; Taylor 1933의 고전적인 저작들을 보라. 최근의 저작들로는 Moule 1982 [1962], *passim*, esp. ch. 5; Berger 1984를 참조하라. 최근에 영어권에서 나온 가장 명쾌한 연구는 Sanders and Davies 1989, Part III이다.

행되면서, "전승비평"은 양식비평을 좀 더 폭넓은 지평에 올려놓고 특정한 전승들과 특정한 이야기들이 세월을 거치면서 그리고 초대 교회의 삶의 서로 다른 국면들을 거치면서 어떻게 발전했는가를 연구하기 시작했다.

양식비평의 과제는 중요하고도 어렵다. 중요하다는 것은 작은 이야기들이 우리가 현재 소유하고 있는 큰 이야기들보다 이전에 생겨났고, 이 작은 이야기들을 통해서 우리는 바울과 사도행전을 통해서가 아니면 실제로 아무것도 알 수 없는 시기 속으로 들어갈 수 있기 때문이다. 어렵다는 것은 특히 후대의 문헌들의 행간을 읽어서 문서화되기 이전의 초기의 이야기들의 흔적을 발견해 내는 것이 본질적으로 어렵기 때문이다. 나는 가장 자신 있는 양식비평 학자조차도 20세기의 어떤 인물의 전기의 한 부분을 이루고 있는 일화들의 문서화 이전의 형태에 관한 입증 가능한 가설들을 말해 줄 것을 요구받는다면 걱정이 태산 같아질 것이라고 생각한다. 주후 1세기의 문헌들과 관련해서 이와 동일한 현상을 재구성하고자 시도하는 것은 훨씬 더 주제넘은 일처럼 보인다. 그러나 이러한 과제가 어려운 것은, 이러한 문제점에도 아랑곳없이 자신만만한 비평학자들이 이 문제가 관련된 이론들과 가설들, 오해들, 입증되지 않은 사변들과 엉터리 추측들로 이루어진 뒤엉킨 덩어리를 남겨 놓아서, 이 문제를 새롭게 접근하고자 하는 사람들이 그 길을 가면서 그들을 가로막는 가시철조망을 발견하기 때문이기도 하다.[2]

그들이 남겨 놓은 오해들 중에서 우리는 여기서 세 가지만을 언급하고자 한다. 첫째, 양식비평이 제1차 세계대전 후 얼마 안 되어서 학계에 갑자기 등장했을 때, 양식비평은 원래 예수에 관한 그 무엇을 발견해내고자 하는 도구로 출현한 것이 아니었다. 특히 루돌프 불트만의 손에서 양식비평은 초대 교회에 관한 그 무엇을 발견해내고자 하는 도구로 사용되었다. 불트만은 우리가 예수에 관하여 몇 가지들을 알 수 있다고 전제하였다 —그리 많은 내용은 아니지만 복음서 이야기들의 대부분이 복음서에 나오는 대로 일어나지 않았다는 것을 알 만큼은 충분한 정도로. 그래서 불트만은 교회의 신앙과 삶의 어떤

2) 양식비평의 잘 알려진 문제점들은 Hooker 1972: Stanton 1975: Güttgemanns 1979 [1971]: Schmithals 1980: Sanders and Davies 1989, 127-37 등에 의해 거론되고 있다.

측면을 표현하기 위하여 이와 같은 이야기들을 만들어 내었던 초대 교회내의 상황들을 추적하였다. 앞에서 보았듯이, 불트만에게 예수는 기독교의 구심점이 아니었다. 훨씬 더 중요한 것은 초기 그리스도인들의 신앙이었다. 일단 이 점을 깨닫게 되면, 특히 영국에서 일어난, 양식비평에 대한 상당수의 반발은 핵심을 벗어난 것임이 드러난다. 양식비평이라는 도구는 원래 예수를 발견하기 위한 수단으로 고안된 것이 아니었다; 따라서 양식비평은 이러한 과제에서 성공을 거두지 못했다는 것이 입증되었다는 비판은 유효한 비판이 될 수 없다.

앞서 말한 오해가 사라지자, 이번에는 두 번째 오해가 생겨났는데, 그것은 양식비평이라는 분과는 초대 교회의 기원과 발전에 관한 하나의 특정한 가설이라는 것이다. 양식비평을 수행한 주요한 학자들은 기독교가 어떻게 성장했고 변해 왔는지에 관한 꽤 분명한 인식을 갖고 있었기 때문에, 그들이 복음서에 나오는 일화들 또는 그 단편들을 초대 교회의 여러 시기들 또는 단계들에 할당하는 일은 비교적 쉬운 일이었다. 불트만은 자기가 예수에 관하여 어느 정도 알고 있다고 전제했듯이, 초대 교회에 대해서도 어느 정도 알고 있다고 생각하였다: 초대 교회는 비록 유대적인 언어를 일부 사용하고 있기는 했지만, 영지주의에 대한 일종의 변형으로 시작되었다는 것; 초대 교회는 적어도 두 흐름, 즉 영지주의적 또는 "지혜" 전승을 계승한 흐름과 예수를 좀 더 유대적인 발전 속에서 해석한 흐름으로 발전되었다는 것; 이 두 흐름은 최초의 정경 복음서의 저술 속에서 결합되었다는 것; 기독교는 단순히 유대적이었을 뿐이었던 그 본래의 터전을 뛰어넘어 급속하게 확산되었고, 그 과정에서 그 가장 초기의 표현의 언어를 헬레니즘적인 사고형태들로 바꾸었는데, 이런 일은 유대적 사고형태들이 어쨌든 더 헬레니즘과 가까웠던 메시지에 단순히 부가적으로 우연히 첨가된 특징들이었기 때문에 극히 쉬웠다는 것.[3] 이렇게 바우어의 패러다임에 상당 부분 뿌리를 두고 있었던 불트만의 패러다임은 유대 기독교와 헬레니즘적 기독교가 한동안 어느 정도 독립적으로 나란히 병존하고 있다가 기독교 제2세대의 어느 시기에 결합되어 초기 가톨릭 사상의 시발점을 형성하였다고 보았다.

3) cf. Bultmann 1951-5, 63-183; 956, 175ff.

이러한 것들은 양식비평의 선구자들의 전제들이었다. 양식들에 대한 그들의 분석, 그들의 가설적인 전승사는 이러한 그림에 상당히 의존하고 있다. 따라서 양식비평을 행한다는 것은 바로 이러한 기독교의 기원에 관한 견해를 받아들인다는 것을 전제하는 것이라고 흔히 학자들은 생각한다. 그러나 개별 단화(單話, pericope)들의 양식을 검토해서 그 단화가 초대 교회의 삶 속에서 말했던 상황을 추적하는 일은 초기 기독교 역사에 대한 그 어떤 견해를 받아들이느냐는 문제와는 상관이 없다.

세 번째 오해는 초기 전승에 나오는 이야기들은 예수의 삶이 아니라 초대 교회의 삶을 반영하고 있는데, 이는 초대 교회가 그들 당시의 문제들을 말하기 위하여 예수의 말씀들을 만들어 내었기(아마도 "예수의 영"의 인도하심을 따라) 때문이라는 많은 초기 양식비평 학자들의 믿음과 관련된 것이다. 이러한 전제의 주된 문제점은 초대 교회의 역사에서 하나의 확고한 거점인 바울 서신이 두 방향으로 작용하는 상당한 반대 증거들을 보여 주고 있다는 것이다.[4]

한편으로는, 흔히 지적되듯이, 바울은 통상적으로 어려운 문제들을 다루면서도 자기에게 도움이 될 수 있는 공관복음 전승에 나오는 예수의 말씀들을 인용하지 않는다. 바울은 심지어 자신의 말이 아닌 내용들을 예수의 것으로 돌리지도 않는다.[5] 만약 "예수의 말씀들"이 통상적으로 초대 교회의 여러 문제들을 말하기 위하여 바울을 비롯한 기독교 선지자들에 의해서 만들어진 것이라면, 바울은 왜 그토록 예수의 말씀이라는 표현을 삼가고 있었던 것일까?

다른 한편으로, 그리 자주 지적되지는 않고 있지만, 바울은 초대 교회를 뒤흔들어 놓았던 온갖 종류의 논쟁들을 다루고 있지만, 그러한 논쟁들은 공관복음 전승 속에서는 그 흔적도 찾아볼 수 없다는 것이다. 바울로부터 우리는 초대 교회가 할례 문제를 놓고 둘로 완전히 갈라졌다는 사실을 알고 있다. 그럼

---

4) 그 밖의 다른 난점들에 대해서는 Hill 1979, ch. 7: Aune 1983, 1991b, esp. 222ff: Meyer 1979, 74: Lemcio 1991 등을 참조하라.

5) cf. Sanders and Davies 1989, 138-41. 그들은 초대 교회의 예언자들이 성령의 감동을 받아서 여호와의 말씀을 전했고, 이것들이 예수의 말씀으로 취급되었을 가능성을 지나치게 무비판적으로 받아 들이고 있다: 앞의 각주를 보라.

에도 불구하고 공관복음 전승 그 어디에도 할례에 관한 언급이 없다.[6] 바울을 통해서 우리는 초대 교회의 적어도 일부 진영들은 방언을 말하는 것과 관련하여 여러 문제점들을 지니고 있었다는 것을 알고 있다. 그럼에도 불구하고 공관복음 전승의 주요한 흐름 속에는 이에 대한 언급이 전혀 없다.[7] 바울로부터 칭의 교리가 초대 교회가 이방인들을 교회로 받아들이는 것과 관련하여 골머리를 썩던 중대한 문제였다는 것을 우리는 분명히 알고 있다. 공관복음서 전승에 나오는 이방인들을 받아들이는 것과 관련된 유일한 언급 속에는 칭의에 대한 말이 전혀 나오지 않고, 칭의를 언급하고 있는 말들 속에는 이방인들에 대한 언급이 전혀 없다.[8] 바울 서신 속에는 바울 자신과 및 다른 사람들의 사도직과 관련된 문제 제기들이 있었다는 것을 분명하게 보여 준다. 물론 사도직과 관련된 언급은 공관복음 전승 속에도 나오지만, 이 공관복음 전승은 바울 서신 속에 나오는 부활 사건 이후의 쟁점들을 말하는 것과는 아주 거리가 멀고 오직 한 구절 외에는 이후의 사도적 권위에 관한 문제에 대해서는 다루지 않는다 — 그리고 그 한 구절 속에서도 문제가 되고 있는 것은 유다가 여전히 열두 지파를 통치하는 데 참여할 것이라는 내용이다.[9]

바울 서신 속에서 우리는 지리적 우선성이라는 문제를 만난다: 예루살렘 교회는 다른 곳에서 사역하는 교회들에 비하여 수장성(首長性)을 갖는가? 공관복음 전승 속에서 예루살렘에 대한 비판들은 그 과거와 현재의 실패들, 그 악한 위계구조와 관련된 것들이지, 널리 확산되고 있던, 기독교 속에서 예루살렘 교회지도자들이 지니는 위치에 관련된 것이 아니었다. 아울러 우리는 노예 제도, 우상에게 드려진 고기, 여자들이 머리에 쓰는 수건, 공로, 과부들, 그리고 무엇보다도 그리스도와 신의 영에 관한 자세한 가르침들에 관해서도 마찬가지로 말할 수 있다. 공관복음 전승은 이러한 쟁점들에 대한 "주를 빙자한" 대답들 또는 논평들을 예수에 관한 이야기들을 말하는데 끌어 들이기를 확고하

---

6) 물론 예수 자신의 할례(눅 2:21)와는 다르다. 할례에 관한 말씀들이 쉽게 만들어질 수 있었다는 것은 도마복음 53장을 보면 분명하다.

7) 마가복음의 긴 결문(結文)은 이 규칙을 입증해 주는 예외이다: 마가복음 16:17.

8) 이방인(칭의는 언급이 없음): 예를 들어, 마 8:5-13. 칭의(이방인에 대해서는 언급이 없음): 눅 18:9-14.

9) 마 19:28, par. 눅 22:30.

게 거부하고 있다는 것을 보여 준다. 따라서 우리는 공관복음서에서 발견되는 이야기들이 40년대, 50년대, 60년대, 심지어 주후 1세기 후반에 생겨났던 교회의 필요들을 말하기 위하여 만들어진 것이라는 주장을 단호하게 거부해야 한다.

이와는 반대로 공관복음 전승은 제1세대 교회와 별 상관이 없거나 별로 거론되지 않았던 자료를 보존해 왔다는 것이 충분히 입증되었다. 그 좋은 예들로는 이스라엘에 대한 집중적인 논의,[10] 여자들에 대한 예수의 태도,[11] 그리고 그 밖의 많은 특징들이 있다. 모울(Moule)이 결론을 내리고 있듯이, 초기 그리스도인들은 그들이 특별한 관심을 보이거나 그 기독론적 의미를 알지 못했음에도 불구하고, 예수의 태도와 사역에 관한 몇몇 측면들을 전승들 속에서 보존하였다.[12]

그러나 이러한 점들을 인정한다는 것은 우리가 양식비평이라는 방법론을 폐기해야 한다는 것을 의미하지 않는다. 오히려 그 정반대다. 초기의 이야기들과 그 양식들을 연구해야 하는 이유가 충분히 있다. 초대 교회 내에서 구전(口傳) 역사가 강력한 형성력을 지니고 있었다고 말할 수 있는 충분한 근거가 있다.[13] 여기에서 세 가지 기본적인 것들을 말해 둘 필요가 있다: 예수에 관한 것, 그의 첫 번째 추종자들에 관한 것, "구전 역사"의 의미에 관한 것.

첫째, 우리가 예수와 그의 사역에 관한 잘못된 이해를 토대로 연구를 진행해 나가지 않으려면, 우리는 게르트 타이센(Gerd Theissen)의 탁월한 저서인 『갈릴리 사람의 그림자』(The Shadow of the Galilean)에서 발견할 수 있는 그러한 그림을 전제하지 않으면 안 된다. 예수는 대중 매체의 도움을 받지 않고 일하여야 했기 때문에 이곳저곳으로 끊임없이 옮겨 다녔다. 따라서 예수는 동일한 이야기들을 약간씩 다른 말들로 여러 번 말하였고, 비슷한 질문들과 문제들에 직면해서 그러한 것들에 관하여 비슷한 얘기들을 했을 것이며, 마을

10) cf. Caird 1965.

11) Moule 1967, 63-6.

12) Moule 1967, 76.

13) 특히 Gerhardsson 1961, 1964, 1979, 1986; Riesenfeld 1970; Davids 1980; Riesner 1981; Kelber 1983; 그리고 Wansbrough 1991에 실린 중요한 논문 모음집을 보라.

들마다 약간씩 다른 축복문들을 전하였고, 비유들과 말씀들을 각기 다른 상황 속에서 각색하여 여러 차례에 걸쳐 전하였으며, 서로 다른 상황 속에서 강조점을 달리하여 경구(警句)들을 반복해서 말하였을 것이다.[14] 과거 보수 진영의 학자들은 공관복음서들에 나오는 이러한 다양성들을 "아마도 예수가 그러한 것들을 두 번씩 말하였을 것"이라고 조심스럽게 추정함으로써 설명하고자 하였다. 이러한 말은 언제나 특별한 고려를 부탁하는 말처럼 들렸다. 오늘날 어떤 정치가가 중요한 연설을 했다면, 그는 그 연설을 반복할 필요가 없는 것이 보통이다. 그러나 이러한 예를 고대에 그대로 적용하는 것은 완전히 잘못된 것이다. 우리가 주후 1세기의 역사가라는 자격으로 예수의 사역에 접근하고 대중 매체에 관한 20세기적인 전제들을 잊어버린다면, 예수는 그가 말했던 것의 대부분을 두 번이 아니라 장소마다 수없이 조금씩 달리하여 이백 번 이상을 말했을 가능성이 크다고 할 수 있다.[15]

둘째, 예수가 이렇게 비슷한 이야기를 여러 차례에 걸쳐서 말씀하는 것을 들은 사람들은 이내 예수가 말한 내용을 자기가 기억하고 있다는 것을 알게 되었을 것이다. 우리는 당시에 구전 문화가 주류를 이루고 있었기 때문에 이런 일이 가능했을 것이라고 전제할 필요도 없다; 오늘날의 서구 사회에서도 선생이나 설교자가 동일한 내용을 몇 번 반복해서 말하는 것을 들은 사람들은 흔히 어조와 극적인 몸짓, 얼굴 표정과 특징적인 태도까지도 본떠서 별 어려움 없이 그 내용의 많은 부분을 재현해 낼 수 있다. 게다가 선생이 말하고 행했던 것을 다른 사람에게 전하고자 하는 절박한 또는 흥미진진한 이유가 존재하는 경우에는, 듣는 사람은 흔히 오직 한 번만 듣고도 그 내용을 요약해서 다른 사람에게 얘기해 줄 수 있는 것이 보통이다; 하물며 그 이야기를 두세 번 들은 경우에는 그 효과는 자주 들은 경우보다는 못하겠지만 그래도 여전히 강력할 것이다. 사실 이러한 점은 사람들이 흔히 잊어버리고 있지 않다면 자세히 설명할 필요도 없는 상식에 속하는 것이다. 우리가 여기에 팔레스타인

---

14) cf. Theissen 1987.

15) 그러므로 Aune의 논평(1991b, 240)은 타당하고 중요하다: 예수의 경구들에 대한 연구는 "예수 전승의 구두 전수 및 문서 전수 간의 상호작용은 만족스럽게 파헤치는 것이 불가능한 극히 복잡한 현상이었다."

문화는 오늘날의 우리보다 가르침들을 듣고 반복하는 데 훨씬 더 익숙했다는 것과 예수의 가르침의 많은 부분이 매우 기억하기 쉬운 형태로 되어 있었다는 점을 감안하면, 나는 예수의 가르침이 여러 갈래의 구전 전승으로 효과적으로 전해졌다는 강력한 주장을 방해하는 유일한 것은 편견뿐이라고 생각한다.[16] 그러므로 우리가 동일한 말씀의 여러(둘, 셋, 또는 넷) 약간씩 다른 판본들을 종종 만나게 된다는 것이 아니라 그러한 다른 판본들이 극소수라는 것이 오히려 더 이상한 일이다. 복음서 기자들은 가치 있는 책을 만들기 위하여 충분한 여러 전승들을 한데 꿰는 문제가 아니라 수많은 자료들의 뒤범벅 속에서 어떤 것을 포함시켜야 하는지를 결정해야 하는 문제로 골머리를 앓았을 가능성이 크다.[17] 복음서 기자들은 그들이 활용할 수 있었던 모든 것을 포함시키고자 했음에 틀림없다는 과거의 생각은 기껏해야 대단한 시대착오적인 생각이라고 할 수 있다.[18]

그러므로 활용 가능했던 자료들은 "구전 역사," 즉 예수가 말하고 행동했던 것에 관한 자주 반복되어 언급되었던 이야기들이었을 것이다. 구전 역사는 선생이 제자들에게 자기가 가르치는 내용을 정확하게 암기하도록 애를 쓰는 그런 유의 "구전 전승"과는 구별되어야 한다.[19] 만약 그런 것이 예수의 의도였고 제자들의 관행이었다면, 우리는 적어도 주기도문과 성찬 제정에 관한 이야기가 현존하는 여러 판본들(후자의 경우에는 바울 서신도 포함하여)에서 동일하게 기록되었을 것이라고 생각할 수 있다.[20] 예수는 제자들이 기계적으로 외울 때까지 동일한 내용을 반복해서 정확하게 말하는 랍비같이 행동하지 않았다.

---

16) 예를 들면, 극단적인 형태로, Schmithals 1980 또한 Güttgemanns (1979 [1971]) 는 구두 및 문서 전승은 판이하게 다른 것들이었고, 한 쪽에서 다른 쪽으로 쉽게 넘어갈 수 있는 것이 아니었다고 주장한다. 이 말이 맞을 수도 있지만, 그렇다고 해서 초기의 강력한 구전 전승이 확실히 존재하였고, 이것이 결국에는 문서 전승으로 바뀌었다는 것이 훼손되지는 않는다.

17) 물론 이것은 눅 1:1-4; 요 20:30; 21:25에 함축되어 있다.

18) Hooker 1975, 29에 나오는 비판을 참조하라.

19) cf. Sanders and Davies 1989, 141-3.

20) 마 6:9-13; 눅 11:2-4; 마 26:26-9; 마 14:22-5; 눅 22:15-20; 고전 11:23-6; 또한 cf. *Did.* 9.1-5; Justin *l Apol.* 1.66.3. 위의 제12장을 참조하라.

예수는 비슷한 내용들을 여러 다른 맥락 속에서 전한 선지자같이 행동하였다: 그의 제자들만이 아니라 그를 따르던 많은 무리들도 나중에 예수가 말한 것들에 관하여 그들 자신의 말로 다른 사람들에게 전하였을 것이다. 따라서 그들이 비록 의식하고 있지는 않았더라도 그 내용을 오늘날 우리가 여러 문헌들 속에서 볼 수 있는 것 같은 다양한 형태들로 구성하였을 것이라는 것은 아주 분명하다.

그러므로 양식비평이 불필요한 전제들을 벗어 버린다면, 양식비평을 수행하는 것은 대단히 중요한 일이다. 양식비평 학자들은 초대 교회가 자신의 이야기들을 어떻게 말하였는지에 대한 진지한 대안적인 모형을 제시한 적이 없었다.[21] 여기에 복음서 연구에서의 균열이 존재해 왔다. 양식비평의 전성기는 신약성서에 대한 헬레니즘적이고 종교사적 "설명"의 전성기와 우연히 일치하였다. 후자가 제2차 세계대전 후에 유대적인 종교사적 가설에 길을 내어주게 되자, 양식비평에 대한 열정도 어쨌든 사양길로 접어들었다. 1950년대와 1960년대의 편집비평, 1970년대와 1980년대의 예수에 대한 진지한 연구에도 양식비평이 필요하지 않았다: 실제로 편집비평이 옳다면, 즉 복음서 기자들이 그들의 자료들을 상당히 자유롭게 다룰 수 있었다고 한다면, 문서화 이전의 "순수한" 상태의 양식들을 찾아낼 가능성은 상당히 제한되어 있다는 지적이 종종 있어 왔다.[22] 최근에 양식비평에 대한 관심의 부활이 헬레니즘적인 가설의 최신 판본들을 제시하는 부활된 불트만 학파 내에서 생겨났다는 것은 별로 이상한 일이 아니다.[23] 이 문제를 미리 예단(豫斷)하기보다는 그와는 다른 접근 방법이 옳다는 것에 대한 주장을 일단 제시해 보는 것이 좋을 듯싶다.

양식비평과 관련하여 우리는 마지막으로 한 가지 예비적인 문제를 다루지

---

21) 한 차원에서 특이한 예외는 Moule 1982 [1962], esp. 3f., 107-38이다. 그러나 Moule은 자신의 재구성을 토대로 공관복음 전승에 대한 자세한 연구를 전개하고 있지는 않다.

22) cf. Kermode 1979, 68. 예수에 대한 연구로는 Harvey 1982 and Sanders 1985를 인용하는 것으로 충분할 것이다. 이 두 사람 중 그 누구도 예수에 관한 글을 쓰면서 양식비평을 주된 도구로 사용하지 않는다.

23) Crossan 1973, 1983; Berger 1984; Mack 1988.

않으면 안 된다. 초기 전승이 산출해낸 것을 묘사하는 데 가장 좋은 단어는 "신화"라는 생각이 흔히 제시되어 왔다. 이렇게 생각하게 된 이유는 분명하다: 우리가 흔히 지적해 왔듯이, 공동체들은 그들의 세계관을 자세하게 표현하고 그 세계관을 새롭게 단장하여 유지하는 특징적인 방식으로 흔히 먼 옛날에 관한 이야기들을 말한다. 사회 내에서 전복 성향을 지닌 집단들과 개인들은 그러한 세계관에 대한 그들 나름대로의 수정안을 제시하거나 더 근본적으로 그 세계관을 대체하려는 방식으로 이러한 신화들에 대한 변형들을 말한다. 초대 교회에서 유포되었던 예수에 관한 이야기들은 초기 기독교 공동체들과 그 공동체들이 처음에 유래하였던 유대교 공동체들 간의 대립 속에서 모종의 역할을 하였다는 것은 아주 분명하다. 그러므로 앞에서 말한 것이 바로 우리가 "신화"라고 말할 때의 의미라면, 이러한 이야기들은 명백하게 그러한 의미에서의 신화라고 할 수 있다.

불행히도 사정은 그렇게 직접적으로 분명한 것이 아니다. 흔히 지적되고 있듯이, 불트만은 이러한 의미의 "신화"(유사역사적인 이야기들을 정당화하는)를 몇몇 다른 의미의 신화, 특히 원시인들이 "자연적인" 현상들을 설명할 때에 사용했던 "신화"(예를 들면, 천둥을 가리켜서 "내 신이 망치질을 하고 있다"라고 하는 것)와 혼동하였다. 또한 불트만은 "신화"라는 개념에 한 개인의 의식을 현실 속으로 투영한 것이라는 설명을 덧붙였다.[24] 이러한 의미들 중 첫 번째의 것을 불트만은 "원시적인" 것이라 하여 상대화시킬 수 있었고, 두 번째의 것(의식의 투영)을 거짓 객관성이라고 분류하여 상대화시킬 수 있었다. 그러나 이것은 실상을 제대로 다룬 것이 아니었다. 첫째, 오늘날의 사회이든 고대의 사회이든 많은 사회들은, 계몽주의적인 사고 속에서는 끔찍한 일일지는 몰라도, 신적 활동에 관한 개념과 시공간상의 사건들에 관한 개념이 어느 정도 융합되어 있었던 세계관을 지니고 있었다. 그러한 세계관의 언어 체계를 "신화적"이라고 지칭한다면, 그것은 우리로 하여금 그 언어 체계가 작동하는 방식에 좀 더 경각심을 가지고 주의를 기울이라고 말해 준다는 점에서 도움이

---

24) Bultmann 1961과 거기에 나오는 그 밖의 다른 논문들. 9가지 이상의 "신화"의 의미를 구별하고 있는 Thiselton 1980, ch. 10; Caird 1980, ch. 13에 나오는 자세한 논의들을 참조하라.

될 수 있다: 하지만 그런 식으로 "신화적"이라고 말하는 것 자체가 비판이 될 수는 없다. 둘째, 우리는 제2부에서 정신 외부의 세계 및 언어 외부의 세계에 대한 지식의 가능성에 대한 경험주의적인 비판은 결코 승리를 거둘 수 없다는 것을 입증하기 위하여 어느 정도 지면을 할애했었다. 사람들이 현실 속에 그 무엇을 "투영한다"는 것은 사실이지만, 심지어 사람들이 세계관을 표현하고 있는 경우가 아니라 할지라도 사람들이 말하는 모든 것이 그러한 투영이라는 관점에서 설명될 수는 없다.

사실 복음서에 나오는 자료들에 대한 불트만의 분석에는 본질적으로 아이러니가 존재한다. 묵시문학적 언어가 "통상적인" 사건들 속에서 창조주이자 구속주인 신의 활동을 보고, 그 소망들과 단언들, 그 경고들과 두려움들을 궁극성이라는 옷을 입혀서 말하기 위하여 고대 근동의 신화에서 가져온 이미지들을 사용하고 있다는 점에서 불트만이 묵시문학적 언어를 본질적으로 "신화적"이라고 본 것은 옳았다. 그러나 불트만이 예수와 그의 동시대인들이 그러한 언어를 문자적으로 이해하여 시공간상의 우주의 실제적인 종말을 가리키는 것으로 보았다고 생각함으로써, 오직 오늘날의 우리들만이 그 언어를 꿰뚫어 보아서 그 "참된" 의미를 발견해낼 수 있다고 생각한 것은 잘못된 것이었다. 이것은 얼핏 보기에는 예수에 "관한" 것으로 보이는 예수에 관한 이야기들이 사실은 위에서 말한 의미에서 "창건 신화들"일 뿐이고 그 이상은 아니라는 잘못된 생각을 그대로 반영한 것이다. 불트만과 그의 추종자들은 은유적인 언어를 문자적인 것으로 해석하였고 문자적인 언어를 은유적인 것으로 해석하였다. 우리는 거의 모든 언어, 특히 인간이 깊은 인격적 차원에서 개입되어 있는 그러한 것들을 다루는 언어는 은유적이거나 또는 적어도 은유들을 싣고 있다는 것을 다시 한 번 지적해 두지 않으면 안 된다. 방금 말한 마지막 구절은 그 자체가 은유로서, 추상적인 실체인 "언어"를 또 하나의 추상적인 실체인 "은유들"이 가득 실린 수레와 같다고 말하고 있다. 구체적으로 말해서, 신화의 언어, 특히 종말론적 신화들에 관한 언어(바다, 우화적인 짐승들 등)는 성경의 문헌 속에서 역사적 사건들을 가리키고 그 사건들에 신학적 의미를 부여하기 위한 복합적인 은유 체계로 사용된다(위의 제10장을 보라). 이러한 언어는 역사적 사건들을 공동체가 그 사건들이 지니고 있다고 믿는 의미를 지니고 있는 것으로 볼 수 있게 해 주는 렌즈 역할을 한다. 역사 속에서 의미를 보는 것이 계몽주의 이후 시대의 사고에는 아무리 낯선 것이라 할지라도, 그러한 언어는 이스라엘의 기본적인 유일신 사상과 계약 신학으로부터 자연스럽게 생겨날 수밖에 없었다. 이 점을 보지 못하고 신약성서 기자들이 문자 그대로의 원시적인 초자연주의적인 세계관에 갇혀 있는 인물들이었다고 생각하는 것은 철저히 왜곡되고 잘못된 생각이다.[25]

또한 신화와 관련된 또 한 가지 내용은 복음서 전승의 많은 부분이 신화들로 이루어져 있다는 학설을 정면으로 반박한다. 불트만이 상정했던 기본적인 신화들(한 민족의 세계관을 표현하고 있는 유사 민담들)은 적어도 복잡하고 정교한 형태로 발전하는 데에는 상당한 시일이 걸리는 것이 보통이다. 그러나 기독교의 첫 세대는 그러한 발전을 이루기에는 시기적으로 너무 짧다고 할 수 있다. 이 점은 흔히 지적되어 오기는 했지만, 여기서 이것을 반복할 필요가 있다. 초기 그리스도인들이 그들의 신앙과 삶을 정당화하기 위하여 "창건 신화들"을 만들어 내었다는 학설을 밑받침하는 데 꼭 필요한 초대 교회에 관한 가설은 너무도 복잡해서 신뢰하기 어렵다. 마가복음에 대한 불트만의 견해에 의하면, 두 가지 흐름이 독자적으로 발전하고 있었다고 한다. 한편으로는 과거 — 예수와 관련된 과거를 포함하여 — 로부터 떠나서 현재와 미래를 지향하는 초기 그리스도인들의 체험이 존재하였다. 이것은 신속하게 헬레니즘적인 범주들로 바뀌어서 주후 1세기에는 아마도 알려져 있지 않았지만 20세기는 아주 유명하게 된 헬레니즘적인 케리그마가 되었다.[26] 이 케리그마 속에서 "예수 이야기들"은 기독교 공동체의 필요로 인해서 만들어졌거나 개작되었다. 한편 그러는 동안에 몇몇 진정한 "예수 이야기들"이 여전히 일부 초기 그리스도인들의 기억 속에서 느슨하게 떠다니고 있었다. 마가가 했던 일은 이러한 것들을 결합해서 예수 이야기들이라는 관점에서 헬레니즘적인 케리그마를 표현해내는 일, 즉 아마도 역사적일 것이지만 실제로는 예수 자체를 거론할 의도가 없었던 그런 자료들을 사용해서 헬레니즘적인 케리그마를 만들어 내는 것이었다. (불트만은 이것을 마가의 뛰어난 업적이라고 보았고, 오늘날에는 맥이 이

25) cf. Caird 1980, 219-21. "폐쇄된 연속체"로서의 역사라는 사상은 그 자체가 오늘날의 연구에서 잘못된 전제다.
26) cf. Bultmann 1951-5, 1.63-183.

것을 하나의 재앙으로 보았다.) 이러한 도식은 대단히 복잡하고, 실제 증거에 의해서 위협받고 있는 가설(예수는 특정한 유형의 인물로서, 초대 교회는 그에게 전혀 관심이 없었다)을 훼손함이 없이 복음서들에 나타난 현상들을 설명하기 위한 재구성인 것처럼 보인다. 이러한 발전들이 불과 40년 동안에 일어났다고 말한다면, 그것은 믿기지 않을 정도로 복잡할 뿐만 아니라 사실 정말 믿을 수 없다.

그러므로 복음서들은 초기 그리스도인들의 세계관을 위한 토대가 되는 이야기들이라는 의미에서 "신화"이다. 복음서들은 우리가 역사가로서 당시의 다른 "묵시문학적" 저작들에 비추어서 해독해내는 법을 배울 수 있는 "신화론적" 언어를 포함하고 있다. 그러나 복음서들은 그 기저에 있는 기본적으로 유대적인 세계관으로 인하여서 이러한 특징들을 지니고 있는 것이다. 창조 및 계약의 유일신 사상은 실제의 역사가 이스라엘의 신이 스스로를 계시하는 영역일 것을 요구한다. 그러나 이것은 이스라엘이 자신의 역사를 적절하게 서술할 수 있는 유일한 언어가 시공간상의 우주 속에서 일어나는 실제 사건들을 언급할 뿐만 아니라 그러한 사건들에 역사를 초월하는 의미를 부여할 수 있게 해 주는 언어라는 것을 의미한다. 그러한 언어는 일어난 사건들을 서술하기 때문이 아니라 자연신론자들과 계몽주의 사상가들의 운동 전체가 주장하는 것과는 달리 실제 사건들이 궁극적인 의미와 더러운 도랑에 의해서 격리되어 있는 것이 아니라 그와는 반대로 사건들 속에 그 자체의 의미를 지니고 있기 때문에 "신화론적"이라 불릴 수 있다.

2. 양식비평의 수정

(i) 들어가는 말

전승사에 관한 모든 이론들은 예수와 초대 교회에 관한 전제들에 의존하기 때문에, 우리는 몇몇 토대가 되는 규칙들을 확립하기 위하여 각각에 대하여 어느 정도 살펴볼 필요가 있다. 먼저 예수로부터 시작해 보자: 예수는 유대적 환경 속에서 태어나 살았으며 일하다가 죽었다. 앞에서 보았듯이, 이 세계는 헬레니즘적인 영향으로 물들어 있었지만, 그렇다고 해서 예수가 깊고 풍부한 유대적인 환경 속에서 활동하였다는 것을 무시할 이유가 되지는 않는다. 게다가 거의 모든 사람들이 알 수 있듯이, 예수의 가르침 중 상당수는 이스라엘의 신의 나라가 도래할 것이라는 내용과 관련이 있었다. 나는 다음 권에서 이러한 유대적 배경이 예수의 사명과 그의 죽음에 대한 이유를 잘 설명해 준다는 것을 입증하고자 한다 — 오늘날 유행하고 있는 견유학파적인 대안들보다 훨씬 더 그 의미를 잘 밝혀 준다; 아주 최근까지 예수에 관한 중요한 저작들은 이러한 것을 그저 단순하게 전제하였었다. 둘째, 우리는 주후 1세기에 예수에 관하여 씌어진 주요한 책들이 모두 유대적인 이야기의 형태를 당연한 것으로 받아들였고, 예수를 그러한 틀 속에서 해석하였다는 것을 살펴본 바 있다. 바울도 마찬가지였다. 또한 중요한 것은 조금 후대에 활동했던 그리스도인들(이그나티우스, 저스틴, 폴리캅)은 그들이 살던 세계, 즉 이교 사상의 세계와 직면해서도 여전히 유대적인 기독교의 형태를 끈질기게 고수하였다는 점이다. 적어도 주후 2세기 중엽에는 앞에서 말한 것과 판이하게 다른 흐름들이 출현하였다는 것은 사실이다. 우리는 이러한 것들에 대해서 곧 살펴보게 될 것이다. 그러나 제1세대 기독교는 전체적으로 그 내용상으로는 실제의 유대교를 전복시키는 성향을 지니고 있었지만, 형태상으로는 본질적으로 유대적이었다고 보아야 한다는 것을 먼저 상세하게 서술할 필요가 있다.[27] 예수가 유대적이었고, 역사에 대한 유대적인 기대와 이해의 세계 속에서 활동하였다면, 또한 바울도 이와 동일하였다면, 공관복음서 기자들과 요한복음 기자조차도 유대적인 이야기를 하면서 그 절정으로서 예수를 제시한 것이라면, 그리고 심지어 주후 2세기, 즉 이교 세계 속에서조차도 기독교가 여전히 동일한 특징을 지니고 있었다면, 선험적으로 볼 때에 예수에 관한 초기의 이야기들도 동일한 형태를 띠고 있었을 가능성이 대단히 높다고 할 수 있다. 여기서 우리가 꼭 해야 할 일, 그리고 이 분과의 역사 속에서 결코 행한 적이 없었던 일은 공관복음 전승에 대한 유대적인 양식비평의 가능성, 공관복음 전승의 가장 초기의 형태가 유대적이었고 헬레니즘적인 특징들은 후대의 발전의 산물들이라는 대단히 유력한 가능성을 제대로 고려한 읽기를 제시하는 가설이다.

이 문제는 다음과 같이 명료하게 표현해 볼 수 있다. 복음서 기자들은 마가

---

27) Koester 1982b, 198에 의한 시인을 참조하라: "우리는 제1세대 그리스도인들 전체를 유대 그리스도인이라고 지칭하는 것이 옳다."

(또는 그 누가 되었든)가 다루기 전까지는 유대적인 이야기 흐름을 기본적인 구성요소로 지니고 있지 않았던 전승을 "유대화"하였던 것인가? 이것은 불트만 학파가 끈질기게 주장해 왔던 가설이었고, 우리 세대에서도 먼저 성경의 구절로부터 "유대적인" 요소들을 벗겨낸 후에 그 구절이 지닌 "본래적인" 헬레니즘적이고 견유학파적인 의미를 드러내고자 하는 상당히 많은 수의 연구들에 의해서 밑받침되어 왔다.[28] 나는 이러한 가설은 역사적으로 완전히 잘못된 것이라고 주장한다. 말씀들은 이 점과 관련하여 앞으로 좀 더 연구되어야 할 필요가 있는 도마복음서에 나오는 일부 경우를 제외하고는 대체로 그러한 단순한 형태로 존재하지 않는다.[29] 이것을 좀 개략적으로 표현해 본다면, 만약 기독교가 유대적이지 않은 운동으로 출발했다고 한다면, 주후 70년의 사건으로 인해서 유대적인 틀이 그때까지 유대 전승을 접할 기회가 별로 없었던 그리스도인들에게 특별히 매력적인 것으로 보였을 리 없기 때문에, 기독교가 예수를 유대적인 틀 속에서 재해석하고자 하는 성향을 갑자기 발전시켰을 가능성은 거의 없다고 보아야 한다. 이와는 반대로 나는 (i) 기독교는 확고하게 유대적인 배경 속에서 시작되었다는 것: (ii) 예수에 관한 초기의 이야기들은 당연히 유대적인 형태들로 이루어졌다는 것: (iii) 유대적인 이야기 방식을 잘 모르거나 익숙하지 않았던 곳들에 이 이야기들이 전파되기 시작하면서 이야기들은 좀 더 분명하게 비유대적인 형태들을 띠기 시작했다는 것 등이 역사적으로 훨씬 더 개연성이 있다고 주장한다. 이런 식의 발전이 이루어졌을 가능성은, 앞에서 보았듯이, 유대 전승들과 사상들을 많은 점들에서 헬레니즘적인 것들로 변화시키고 있는 요세푸스와의 병행 관계를 통해서도 분명하게 드러난다. 이러한 발전 가설은 대부분의 다른 가설들과 마찬가지로 분명히 너무 단순하다. 온갖 종류의 방향으로의 움직임과 변화가 분명히 존재하였을 것이다. 그러나 우리가 일반적인 흐름만을 짚어본다면, 헬라적인 것으로부터 유대적인 것으로 변화되었을 가능성보다는 유대적인 것으로부터 헬라적인 것으로 변화되었을 가능성이 훨씬 더 크다.

고전적인 양식비평은 헬레니즘 문학의 세계로부터 가져온 양식들로 시작되

---

28) e.g. Downing 1988a, *passim*.
29) 본서 p. 721ff.의 서술을 보라.

었다: 경이감을 불러일으킨 이적 이야기들을 가리키는 "아포프데그마"
(apophthegm) 등등. ("아포프데그마"는 간결한 격언으로 끝나는 짧은 이야기
이다; 이것을 가리키는 또 다른, 아마도 더 나은 단어는 "크레이아"[chreia]
다.[30]) 몇몇 유대교 저작들, 예를 들어 랍비 문헌들 속에 이러한 것들과 병행되
는 것들이 존재하지만, 그러한 것들은 일반적으로 훨씬 후대의 것이다. 고전적
인 양식비평 학자들은 이러한 것들에 "비유," 그리고 "전설" 같은 그리 잘 정
의되지 않은 몇몇 범주들을 추가하였고, 오늘날에는 악명 높은 "신화"라는 범
주를 추가하였다. 어떤 이야기의 "순수한" 형태가 본래적인 것이고 복잡한 형
태는 후대의 발전물인지(불트만이 생각했듯이), 아니면 이와는 반대로 "순수
한" 형태가 원래 거칠었던 전승을 세월이 흐르면서 부드럽게 만든 것을 보여
주는 것인지(Taylor가 주장했듯이)에 대한 많은 논쟁이 있었고, 또한 여전히
있다. 전승들은 확장되기도 하고 압축되기도 한다는 가능성을 고려하여 어느
쪽 방향으로든 단순화된 발전 이론들을 받아들이기를 거부하는 논거들도 많
이 제시되고 있다.[31]

---

30) Davies 1989, 146-8에 나오는 전문 용어들에 대한 논의를 보라. '크레이아이'
(chreiai)를 사용하고 있는 예들은 Epictetus 같은 작가들에게서 풍부하게 발견된다: 예
를 들어, *Disc.* 1:9:1: "철학자들이 하나님과 사람들의 친족 관계에 관하여 말하는 내용
이 사실이라면, 소크라테스에게 어느 나라 사람이냐고 물었을 때에 그가 취한 길, 즉 나
는 아테네 사람이라거나 나는 고린도 사람이라고 말하는 것이 아니라 나는 우주의 시민
이라고 말하는 것 외에 사람들이 어떤 다른 길을 취할 수 있겠는가?": 3:6:10: "그래서
[무소니우스] 루프스도 대체로 사람들에게 재능 있는 사람과 없는 사람을 구별하는 수
단으로 철학을 사용하지 말 것과 [철학에 대한 추구를] 하지 말도록 권하였다. 그는 이렇
게 말하곤 했다. 돌을 위를 향해 던지면 그 본성상 땅으로 떨어지듯이, 재능 있는 사람도
마찬가지다; 격퇴를 당하면 당할수록, 그는 자신의 본성에 한층 더 다가가게 된다.":
Frag. 11: "아켈라오(마케돈의 왕)가 소크라테스를 부자로 만들 의도로 소크라테스에
게 사람을 보냈을 때, 소크라테스는 사자에게 다음과 같은 대답을 주어서 되돌려 보냈
다: 아테네에서는 4쿼트의 밀을 은화 한 잎으로 살 수 있고, 흐르는 샘물들이 있다." '크
레이아이'에 대해서는 Buchanan 1984, ch. 2; Mack 1988, 179-92를 보라. '크레이아
이'라는 말은 그 대다수의 용례들 속에서 "필요"라는 비전문적인 통상적인 의미를 계속
해서 지닌다는 점을 유의할 필요가 있다.

31) 특히 이 점에 대해서는 Sanders 1969를 보라.

주후 1세기의 유대 세계 내에서의 이야기들에 대한 우리의 앞서의 연구에 비추어 볼 때, 우리는 예수의 동시대인들이 어떤 종류의 이야기들을 통상적으로 반복해서 말함으로써 그들이 현실 전체를 인식하는 격자망을 형성하였는지를 알고 있다.[32] 그들은 이스라엘의 고난과 신원, 포로생활과 회복, 유월절과 출애굽과 광야 유랑과 정착에 관한 이야기들을 하였다. 그들은 이스라엘의 신이 자기 백성을 구속하러 오실 것이라는 것, 선지자들과 왕들의 권능 있는 행위들은 이러한 신의 해방의 징표들이라는 것, 성경의 이야기들은 은밀하게든 공개적으로든 실현될 것이라는 것에 관한 이야기들을 하였다. 물론 이러한 것들은 양식이 아니라 내용에 관한 서술들이다; 그렇지만 이 경우에 내용은 양식을 강력하게 시사해 준다. 이것의 아주 좋은 예는 시몬 치하의 상황에 대한 마카베오1서의 기사에서 볼 수 있다(주전 140-34년). 저자는 "이스라엘이 평화와 번영 중에 살았다"고 말하지 않고, 온갖 종류의 예언서들을 반영하는 말들로 이 이야기를 우리에게 들려준다:

> 그들은 평화롭게 땅을 경작하였다;
> 땅은 많은 수확을 내었고,
> 평지의 나무들은 열매를 내었다.
> 노인들이 길거리에 앉아 있었다;
> 그들은 모두 좋은 일들에 관하여 서로 말하였고,
> 젊은이들은 으리으리하게 무장을 하였다.
> 그는 마을들에 음식을 공급하고,
> 마을들에 방어 수단을 제공하였다.
> 그의 명성이 땅 끝에 이를 때까지.
> 그는 이 땅에 평화를 가져왔고
> 이스라엘은 큰 기쁨으로 기뻐하였다.
> 모든 백성들은 그들 자신의 포도나무와 무화과나무 아래에 앉았고
> 그들을 두렵게 하는 것은 아무것도 없었다.
> 그는 성소를 영화롭게 하였으며 성소에 기명(器皿)들을 더하였다.[33]

32) 위의 제8장을 참조하라.

이렇게 이 이야기는 전형적으로 유대적인 방식으로 그 온전한 의미가 부여되어 있었다.

복음서 전승들로 되돌아가 보면, 구전 역사에 관한 앞서의 우리의 말들은 양식비평적 연구를 시작해야 할 지점은 다음과 같은 질문들이어야 한다는 것을 보여 준다: 예수의 동시대인들은 예수를 어떻게 인식하였는가?; 그러한 배경을 지닌 사람들은 그들이 그런 식으로 인식한 자에 관한 이야기들을 어떤 식으로 말하는가?; 그러한 이야기들은 자연히 어떠한 양식들을 취하게 되는가? 우리가 이러한 길을 따라 논의를 진행해 간다면 ― 이 길은 철저하게 역사적인 관점에서 수행되어야 한다 ― 거기에서 나오는 대답들은 대단한 것이 될 것이다.

(ii) 선지자적 행위들

예수는 선지자로 인식되었다. 어떤 사람들은 그를 선지자 이상의 인물로 생각하였다; 어떤 사람들은 그를 거짓 선지자로 생각하였지만, 이것은 여전히 예수가 "선지자"라는 범주 속에서 인식되었다는 것을 전제한다. 주후 1세기 유대교에는 선지자 같은 인물들이 여럿 있었다: 그들은 그들을 추종하는 자들에게 표적들과 해방을 약속하였다. 사람들은 예수를 이와 흡사한 방식으로 보았을 가능성이 대단히 높다.[34] 이것은 애초부터 갈릴리의 여러 마을들에서 일하고 있던 예수를 목격했던 사람들 중 상당수는 선지자가 어떻게 행동해야 마땅하다는 것에 관한 그들의 인식에 걸맞는 예수에 관한 이야기들을 말할 성향을 지니고 있었다는 것을 의미한다. 그러므로 예수가 사람들에게 옛적의 선지자들에 관한 이야기들을 상기시키는 이상한 행동들을 하고 있다고 인식되었을 때, 예수가 행한 그 행위들에 대한 이야기들은 성경에 나오는 그 전례들을 반영하는 형태로 곧 꾸며졌을 것이다.[35]

물론 이것은 그들의 머릿속에 있던 통상적인 전제들이다.[36] 이야기들의 "성

---

33) 1 Macc. 14:8-15; cf. 왕상 4:25; 사 17:2; 36:16; 미 4:4; 슥 3:10.

34) Horsley and Hanson 1985, ch. 4; Crossan 1991, ch. 8을 보라.

35) cf. Moule 1982 [1962], 109f. Cp. e.g. 막 10:46-52과 사 35:5f.; 눅 7:11-17과 왕상 17:17-24; 왕하 4:32-7; cf. 눅 9:8, 19; 13:32f.

경화," 곧 이야기들을 성경에 맞춰서 하는 현상은 꽤 후대에 신학적인 성찰의
단계에서 생겨났다는 주장이 일반적이다. 나는 왜 그래야 하는지를 알지 못하
겠다. 우리가 제3부에서 살펴본 바 있는 주후 1세기 유대교의 상황을 감안하
면, 주후 20년대와 30년대의 팔레스타인 유대인들은 엘리야 및 엘리사에 관
한 이야기들과 비슷한 뉘앙스를 지닌 이상한 치유의 선지자에 관한 이야기들
을 했을 가능성이 충분히 있다. 원래 그러한 뉘앙스를 지니고 있지 않았던 이
야기들이 후대에 가서 그러한 뉘앙스들을 지니게 되었을 가능성도 물론 없지
는 않지만 말이다. 치유에 관한 이야기들이 세월이 흐르면서 선지자 이야기들
로 발전되었을 가능성보다는 먼저 선지자 이야기들로 시작되었을 가능성이
더 많다. 시간이 흘러서 동일한 이야기들이 그러한 뉘앙스들을 별로 찾아볼
수 없는 상황 속에서 다시 언급되었다면, 그 이전의 단계가 아니라 바로 그
단계에서 우리는 헬레니즘 세계 속에서의 기적을 일으키는 자들, 즉 "신인"
(divine man)에 관한 이야기들 속에서 병행들을 찾아야 할 것이다.

물론 치유 이야기들의 "양식"에는 공통의 패턴이 존재한다. 병자가 묘사된
다: 예수의 도움이 요청된다: 예수는 병자에게 어떤 것을 말하거나 행한다:
치유가 효력을 발휘한다: 치유된 사람 또는 구경꾼들이 놀라움이나 기쁨을 표
현하다. 나는 이것을 구체적으로 특별한 어떤 것을 보여 주는 증거라고 보지
않는다. 왜냐하면 치유에 관한 이야기가 이와 다른 어떤 형태를 취할 수 있는
지를 생각하기 어렵기 때문이다. 분명히 성경 이외의 문헌에 나오는 치유 이
야기들과의 양식상의 병행들은 치유 현상은 어느 것이나 다 비슷하다는 것 말
고는 거의 아무것도 증명해 주지 못한다.

물론 가장 위대한 선지자들 중의 한사람은 모세다: 모세는 이스라엘 자손
을 이끌고 홍해를 건넜고, 신의 대리자가 되어서 그들을 광야에서 먹여 살렸
다. 예수가 행한 이상한 일들 중 일부[37] ─ 폭풍을 잠잠케 한 사건, 오병이어

---

36) cf. e.g. Mack 1988, ch. 8.

37) 우리는 그것을 "기적들"이라고 부르는 데 주저하지 않을 수 없다. 왜냐하면 이 단
어는 온갖 종류의 시대착오적인 18세기의 개념들을 논의 속에 끌어들이기 때문이다. 누
가는 그것을 "역설들"이라고 부른다(5:26). 자세한 것은 Craig 1986과 본 시리즈의 다
음 권에 나오는 논의를 보라.

사건 — 는 이러한 주제들을 반영하고 있는 것으로 생각해야 한다는 것은 분명하다. 여기서도 다시 한 번 치유 사건들에서와 마찬가지로 이 이야기들은 원래 예수의 권능에 대한 헬레니즘적인 "증거들"로서 시작되었고 후대에 가서야 성경과의 연관성을 발전시켰다기보다는, 출애굽 및 권능 있는 물들에 대한 야웨의 승리에 관하여 말하고 있는 시편들의 뉘앙스를 분명하게 들을 수 있는 유대적인 틀 속에서 말했을 가능성이 훨씬 더 크다.[38]

(iii) 논쟁들

예수는 선지자로 인식되었지만, 어떤 유의 새로운 집단이나 운동 또는 유대교 내의 한 분파의 핵심 인물로도 인식되었다. 분파 및 집단에 대한 우리의 앞서의 연구에서 보면, 그러한 집단들은 이교(또는 유대인들)의 권세자들에 대항해서 의로운 유대인들, 곧 남은 자들이 이스라엘의 신을 대변하고 결국에는 신원될 것이라는 성경의 이야기들을 반복해서 말하였음이 분명하다.[39] 이미 스스로를 이와 같이 여기기 시작하였고, 또한 그러한 이야기들을 말하는 것을 통해서 스스로를 견고하게 방어하여 왔던 집단은 당연히 그 집단이나 지도자에 대한 반대를 그 전례가 있는 성경의 이야기들에 비추어서 해석하였다. 이렇게 행하였던 한 예는 쿰란 두루마리들에서 분명하게 볼 수 있다: 하박국은 의의 교사와 악한 제사장, 쿰란 공동체와 깃딤(즉, 로마인들) 간의 싸움에 관한 비밀스러운 단서들을 찾아내기 위한 목적으로 탐구되었다.[40] 이러한 것은 양식상으로는 아니지만 내용상으로는 공관복음서의 이야기들과 병행을 보여 준다: 하박국서 주석의 형태는 공관복음서의 내용과는 달리 사건 자체를 말하고 있는 것이라기보다는 사건에서 발단된 유사학문적인 활동을 반영한 것이다.

나는 공관복음서들에 나오는 논쟁 이야기들도 이와 비슷한 상황 속에서 생겨났을 것이라고 생각한다 — 학문적인 활동이 아니라 소집단이 그들에 대한

---

38) cf. 마 14:13-27, etc.; 그리고 예를 들어, 시 66:5f.; 93:1-5.

39) 예를 들어, 다니엘과 수산나를 다룬 위의 제8장을 참조하라.

40) 악한 제사장에 대해서는 1QpHab 1:12f.; 2:1-10; 5:9-12; 8:3-10:5; 11:3-12:10; 깃딤에 대해서는 2:11~5:8.

반대를 성경에 나오는 전례에 비추어서 인식한 결과. 예수는 공생애 기간 동안에 반대에 부딪쳤을 가능성이 대단히 높다; 이 점에 대해서는 여기에서 자세하게 실례를 들어 논할 수는 없고, 다음 권에서 자세하게 다룰 것이다. 또한 그러한 반대는 단일한 질문이나 도전의 형태를 취하지 않았을 것이고, 예수로부터의 단일한 대답에 의해서 끝나지도 않았을 것이다 ─ 하지만 이러한 단일한 질문과 단일한 대답은 복음서들에 나오는 대부분의 논쟁 이야기들의 양식이다. 논쟁은 마가복음 2장과 3장에 나오는 잘 알려진 이야기들보다는 요한복음 6장에 나오는 여러 굽이들로 이루어진 긴 논의와 같이 격렬하게 밀고 당기는 것이었을 것이다. 또한 예수를 중심으로 한 집단은 스스로를 신에 의해 부르심 받은 남은 자들의 핵심으로, 갱신을 위한 선봉대로 생각하였기 때문에 그들에 대한 그 어떤 반대도 그들이 싸우게 되어 있는, 성경에 분명한 전례가 있는 싸움이라는 관점에서 "읽었을" 가능성이 대단히 크다. 그러므로 그들은 반론이 제기되는 이런저런 이야기를 공식적으로든 비공식적으로든 말할 때에 당연히 순수한 핵심들만을 골라서 이야기를 구성하였을 것이고, 사방으로 우겨쌈을 당하지만 신원을 기다리고 있는 갱신 운동으로서의 자신의 정체성을 드러내 주는 요소들을 그러한 순수한 핵심들로 선택하였을 것이라고 우리는 예상할 수 있다. 어떤 집단이 참 이스라엘 사람들이 권세자들에 의해서 죽임을 당한 후에 신원을 받도록 부르심을 받았다는 성경의 이야기들 속에서 자신의 소망을 발견하였고, 이 집단이 스스로를 그러한 참 이스라엘 사람들과 비슷한 상황 속에 있다는 것을 인식하였다면, 그 집단은 관련 사건들을 그러한 기대에 의거해서 "보았을" 것이고, 그 사건들에 관한 이야기를 성경에 나오는 동일한 양식을 반영하는 방식으로 말하였을 것이다.[41]

그러므로 나는 "아포프데그마," "파라디그마," "선포 이야기," "단화들" 등에 대한 양식 비평의 역사를 재평가해야 하고, 이러한 양식들에 대한 통상적인 (즉, 불트만적인) 읽기 방식은 뒤집어져야 한다고 생각한다.[42] 물론 이러한 이

41) Nickelsburg 1980은 수난 이야기와 관련하여 이것을 논증하였다. 나는 이것이 좀 더 소규모의 논쟁 이야기들에도 다 적용된다고 생각한다.
42) 전통적인 견해에 대한 신선한 설명으로는 Mack 1988, ch. 7, e.g. 199를 보라: 후대의 전승에서는 "견유학파적인 현인" 예수를 엄격한 명령으로 다스리는 "오만한 재판

야기들은 통상적으로 고립적인 개별 말씀들로 시작되었다가 적대자들에 대한 예수의 효과적인 답변을 위한 적합한 외관을 갖추기 위하여 점차적으로 이야기 형식을 띠게 된 것으로 여겨졌다. 초대 교회는 개별적인 필요성에 따라 개별적인 말씀들을 생각해(또는 만들어) 내었고, 그런 후에 점진적으로 그 말씀들에 서사적인 틀을 마련할 생각을 하였다는 것이다.[43] 나는 원래의 상황들 속에서 예수의 지지자들이 예수의 논쟁적인 행위들과 말씀들에 관한 이야기들을 말한 가장 자연스러운 유대인적인 방식은 그 이야기들을 (예를 들어) 다니엘서에서 발견되는 것과 같은 유대적인 논쟁 이야기들의 형태를 빌려서 말하는 것이었으리라고 생각한다. 이러한 상황들은 하나하나 추적해낼 수 있다. 먼저 한 차원에서는 예수의 사역 자체의 상황이 존재한다. 예수가 여전히 같은 마을에 있었을 때, 이야기들은 신속하고 흥미롭게 행해졌을 것이다. 또 다른 차원에는 예수가 다른 곳으로 옮겨 갔을 때에 그가 살아 있는 동안에 다시 언급된 그에 관한 사건들에 관한 기억들이 존재한다. 또 다른 차원에서는 부활 사건 이후에 회고된 예수에 관한 기억들이 존재한다. 각각의 경우에 이야기의 패턴은 동일했을 것이고, 유대 전승에 대한 동일한 반영들을 지니고 있었을 것이다. 참 이스라엘 사람들은 담대하게 행한다; 그들은 실제 또는 가상의 권세자들에 의해서 도전을 받는다; 그들은 흔히 잘 선택된 어구를 가지고 그들의 소신을 굽히지 않는다; 그리고 그들은 신원받는다. 특히 가장 유명한 다니엘서에 나오는 논쟁 및 신원 이야기에서 신원 받는 이는 "인자 같은 이"이다. 복음서 이야기들은 정확히 이와 같은 형태를 지니고 있고, 종종 "인자"인 예수에 대한 언급으로 끝이 난다.[44]

그러므로 논쟁 이야기들의 가장 초기 형태가 적은 수의 남은 자들 또는 갱신 운동의 투쟁들과 신원에 관한 유대적인 이야기들의 형태였을 가능성이 있다면, 특히 예수에 관한 소문이 유대적인 논쟁 및 신원 이야기들에 익숙하지

관과 군주"로 바꾸어 놓았다.

43) 이것의 좋은 예로는 도마복음서에 나오는 많은 말씀들이 서사적인 구도와 묵시론적 심판 같은 특징들이 결여되어 있기 때문에 공관복음 전승보다 더 본래적이라고 주장한 Koester의 최근의 논증(1990, 85-113)이다.

44) e.g. 막 2:1-12, 15-17, 18-22, 23-8; 3:1-6; 14:53-64; 그리고 마태복음 및 누가복음에 나오는 모든 병행문들.

않았던 지역으로 퍼져 나갔을 때, 이러한 이야기들이 어떻게 해서 헬레니즘적인 '크레이아이'(chreiai)와 비슷한 형태로 바뀌게 되었는가를 아는 것은 그리 어렵지 않다. 바로 이것이 도마복음서 같은 작품들에 대한 가장 유력한 설명이라고 나는 생각한다. 고립적이었던 개별 말씀들이 짧은 '크레이아이'가 되었다가 그 후에 긴 이야기들로 발전한 것이 아니라, 그 반대의 과정이 역사적으로 훨씬 더 유력한 것으로 내게는 보인다. 누가복음에 나오는 그러한 고립적인 말씀들의 상당수는 이러한 나의 주장을 일차적으로 확증해 주는 증거가 될 수 있을 것이다.[45]

(iv) 비유들

우리는 이미 공관복음서에 나오는 가장 유명한 비유를 살펴본 바 있는데, 거기에서 마가복음 4:1-20은 전체적으로 보아서 유대적인 맥락 속에서 양식상으로 묵시론적 계시와 비슷하다고 주장하였다.[46] 하지만 비유들에 대한 통상적인 양식비평적 읽기는 이와는 정반대다. 비유들은 원래 단순한 형태를 지니고 있었고, 단일한 내용을 말하였으며, 실제 생활과 가까웠다. 전승이 발전하여 헬레니즘 세계로 퍼져나가면서, 비유들은 더 공상적이 되었고, 이상한 내용들이 덧붙여졌으며, 무엇보다도 알레고리가 되었다(정말 끔찍한 결론).[47]

이러한 결론은 신약성서의 유대적인 배경을 전혀 이해하지 못한 세계에서나 진지하게 제기될 수 있다. 후대의 몇몇 교부들의 알레고리적인 어리석은 장난을 감안한다면, 비유 이야기들은 유대 저작들 전체에 걸쳐서 발견되고, 흔히 괴이한 묵시문학의 환상들 속에서 절정에 달한다고 할 수 있다. 이러한 비유 이야기들은 넓은 의미에서의 예언 전승에 속하지 않은 것처럼 고립적으로 다루어져서는 안 된다: 이사야는 포도원에 관한 노래를 불렀고, 호세아는 자기 자신의 결혼과 야웨의 이스라엘과의 결혼 간의 이상한 관계를 탐구하는 데

---

45) 예를 들면, 통상적인 헬레니즘 작품들 속에 나오는 "크레이아이"의 형태를 동일하게 지니면서도 그것으로부터 어느 정도 이탈해 있는 누가복음 17:20-21을 보라.

46) 본서 p. 654의 서술을 보라.

47) Jülicher 1910 [1899]으로부터 Dodd 1978 [1935]을 거쳐서 Jeremias 1963 [1947]에 이르기까지의 잘 알려진 학문 연구의 흐름. 반대 견해로는 Boucher 1977; Caird 1980, 160-7; Moule 1982 [1962], 111-18; Drury 1985를 보라.

책 전체를 할애하였고, 나단은 부자와 가난한 자, 어린 암양에 관한 철저히 전복 성향을 띤 이야기를 다윗에게 들려주었다. 또한 선지자로서 예수는 나단이 다윗에게 그랬던 것처럼 그의 동시대인들의 세계관을 완전히 전복시키고 부수기 위하여, 야웨와 그의 백성의 혼인 잔치가 지금 펼쳐지고 있지만 거기에 참여하기로 되어 있던 많은 사람들이 참여하지 못할 것이라는 것을 선포하기 위하여, 포도원과 그 현재의 농부들, 열매를 얻으러 왔을 때에 거부당한 주인의 아들에 관하여 말하기 위하여 이러저런 방식으로 고안된 이야기들을 하면서 이 풍부한 전승을 활용하였다. 예수 말씀을 들은 자들이 이러한 비유들을 다시 말했을 때, 그들은 그 비유들을 정확히 예언적인 이야기들로, 그리고 종종 묵시문학적인 이야기들로 말하였을 것이다.

앞 장에서 보았듯이, 마가복음 4:1-20의 양식은 이 점을 반영하고 있다. 또한 묵시문학적인 이미지가 단순한 분위기가 아니라 주된 주제가 되고 있는 마태복음 13:24-30, 36-43절에 나오는 가라지 비유의 (쪼개진) 양식도 마찬가지다:

> 그런즉 … 세상 끝에도 그러하리라 인자가 그 천사들을 보내리니 그들이 그 나라에서 모든 넘어지게 하는 것과 또 불법을 행하는 자들을 거두어 내어 풀무 불에 던져 넣으리니 거기서 울며 이를 갈게 되리라 그때에 의인들은 자기 아버지 나라에서 해와 같이 빛나리라.[48]

이것은 에녹1서 또는 에스라4서로부터 직접 나왔을 가능성이 있다. 이러한 전승들은 단순한 일차원적인 이야기들로 시작되어서 점진적으로 후대에 묵시문학적인(또는 그 밖의 다른) 해석들을 얻게 되었다기보다는 예수의 사역을 통해서 성취된 것으로 믿겨졌던 유대인들의 열렬한 소망이라는 배경 속에서 소중히 간직되어 사람들의 입에서 반복적으로 회자되고 현재의 형태에 가까운 것이 되었을 가능성이 훨씬 더 많아 보인다.[49] 이러한 비유들의 내용만이

---

48) 마태복음 13:40-3. C. F. D. Moule 교수는 "울며 이를 간다"라는 표현은 시편 112:10을 언급한 것으로서, 그 구절(원래는 "악인들"을 겨냥한)을 배교한 이스라엘에 대한 엄중한 경고로 바꿔 놓았다고 내게 말했다.

아니라 양식도 예수의 사역과 관련해서 생각할 수 없고 오직 50년대와 그 이후의 상황에서나 생각해 볼 수 있는 거부(拒否)와 반대에 관하여 말하고 있다고 주장하는 것은 문학적인 양식과 예수의 사역 이 둘 모두를 오해하고 있는 것이다.[50] 마찬가지로 비유들은 헬레니즘적이 될수록 더 알레고리적이 된다고 주장하는 것은 도마복음서를 무시하는 것이다. 공관복음 전승을 가장 명백하게 헬레니즘적으로 바꾸고 있는 도마복음서 속에서 우리는 비유들에 그 어떤 "해석들"도 부가되어 있지 않은 것을 보게 된다. 비유의 발전 과정은 사람들이 보통 생각하는 것과는 정반대의 방향으로 진행되었던 것으로 보인다.[51] 비유들을 묵시문학적인 유대적 사상에 비추어서 그 의미를 이끌어 내는 자세한 설명들은 매우 초기에 등장했던 것 같다. 그리고 적어도 몇몇 경우에는 잘 연결이 안 되고 툭툭 끊어지거나 난해한 양식들이 후대에 발전한 것들인 것처럼 보인다.

(v) 좀 더 긴 단위들

공관복음 전승에 나오는 일부 좀 더 긴 단위들의 초기의 발전, 그리고 매우 유대적인 발전에 대해서도 이와 비슷한 주장을 할 수 있다. 나는 이미 마가복음 13장을 마가복음 속에서의 "이질적인 부분"으로 생각하지 않는다는 것을 밝힌 바 있다.[52] 그러나 이것은 이 장과 같은 어떤 강화(講話)가 예수의 십자가 죽음이 있은 후 10년 또는 20년 이내에 매우 초기의 구전 형태를 띠고 있지 않았다는 것을 의미하지는 않는다. 이것은 최근에 실제로 두 가지 서로 판이하게 다른 관점에서 주장되어 왔다.[53] 여기에서 그 주장들을 다루는 것은 불가능하고, 그 주장들을 진지하게 고려해야 한다는 말을 하는 것으로 충분할

---

49) 이 비유의 현재의 위치와 관련하여, 복음서 기자는 하나의 단락으로 되어 있었던 마 13:24-30, 36-43을 의도적으로 쪼개서 두 개의 짧은 비유들(13:31-2, 33)과 요약 (13:34-5)을 위한 틀로 삼았을 가능성이 대단히 크다고 나는 본다.

50) Mack 1988, ch. 6은 이에 반대.

51) 예를 들면, *Gos. Thom.* 65 ("악한 농부"). Cf. Kermode 1979, 43. "이 비유[악한 농부의 비유]는 알레고리로서, 알레고리로 보지 않고는 그 어떤 의미도 찾아낼 수 없다."

52) 본서 p. 652를 보라.

53) Wenham 1984 ; Theissen 1991, ch. 3.

것이다. 마찬가지로 예수의 재판과 죽음에 관한 이야기 — 이른바 "수난 이야기" — 도 이와 같은 관점에서 검토되어 왔고, 그러한 이야기가 잘 알려진 유대적인 양식을 구현하고 있다는 주장과 복원 가능한 이 이야기의 가장 초기의 판본은 매우 초기 교회의 삶 속에서 일어났던 사건들을 반영하고 있다는 주장이 제기되어 왔다.[54] 부활 사건 이후의 예수의 첫 제자들은, 마카베오 1:14에 나오는 시몬의 통치에 관한 이야기의 경우와 마찬가지로, 성경 및 전승의 반영들을 일깨우는 방식으로 예수의 죽음에 관한 이야기를 말하였을 가능성이 크다.[55] 여기에서 이 점을 더 자세하게 살펴보는 것은 불가능하지만, 그러한 제안들이 제기될 수 있다는 사실은 양식비평 자체가 우리로 하여금 기독교의 초기에는 서사가 없다가 나중에 "역사화된" 서사가 생겨났다고 생각하게 만드는 것이 아니라, 결국 반대의 방향을 말할 수 있다는 것을 보여 준다.

(vi) 맺는 말

그러므로 공관복음서들에 나오는 자료들의 주요한 유형에 대한 양식비평적인 분석과 관련하여 적어도 다음과 같이 주장하는 것이 가능하다 — 지면 관계상, 논증이 거의 무례에 가까운 것이 되긴 하겠지만. 이 이야기들의 최초의 형태들은 예수의 첫 제자들이 활용할 수 있었다고 알려진 형태들, 주후 1세기 유대교 내에서, 특히 그들의 신이 예언자적 또는 메시야적 인물을 중심으로 한 위대한 갱신 운동을 일으킬 것을 갈망하고 있던 자들 속에서 사용되었던 이야기들의 특징적인 형태들과 일치한다. 또한 이러한 초기 형태들은 헬레니즘적인 이야기들 또는 고립적인 '크레이아이'(chreiai, 단화들)로 점차 변화되었을 것이다. 흔히 그렇듯이, 짧은 단화들이 먼저 있었고, 나중에 완전한 이야기들로 발전되었다고 하는 정반대 방향으로의 발전 과정을 주장하는 것은 초기 기독교에 대한 우리의 상대적인 무지를 악용하는 것이다. 묵시문학을 혐오하는 그러한 견해는 초대 교회, 그리고 예수 자신이 마가 등이 한 세대 후에 그 전승에 몰래 써 넣었던 악한 개념들에 의해서 부패되어 있지 않았다는 새

---

54) Nickelsburg 1980; Theissen 1991, ch. 4. 수난 이야기를 완전히 다르게 이해하려는 시도에 대해서는 Crossan 1988을 참조하라.

55) 또한 cf. Moule 1982 [1962], 137f.

로운 순수의 신화를 만들어 내었다. 그러나 이것은 헬레니즘적인 괴상한 순수로서, 우리가 예수, 초대 교회, 제2세대 교회에 관하여 실제로 알고 있는 그 어떤 것과도 무관하다. 사실 그것은 아이러니컬하게도 더 발전된 불트만적인 의미에서 "신화"라고 할 수 있다: 그것은 무(無)로부터 만들어져서 20세기의 특정한 세계관들을 지탱하도록 부름받고 있는 것으로 보인다. 기독교의 첫 이백년 속에서 그것과 합치하는 유일한 관점은 도마복음서와 (극히 가설적인) 초기의 Q자료에 의해서 대표되고 있는, 이야기가 없는 이상한 세계이다. 매우 초기의 기독교 내에서 유포되었던 예수 이야기들의 대다수는 초기 그리스도인들의 신학과 과제에 의해서 결정적으로 형성되었고, 그것들은 계속해서 견고하게 예수에 관한 이야기들로 남아 있었다고 생각할 만한 충분한 근거가 있다.[56]

3. 이야기 없는 이야기들? Q자료와 도마복음서

금세기의 중엽에 이르기까지 50년 동안 거의 모든 신약학자들은 마태복음과 누가복음의 주된 자료들이 마가복음과 편의상 Q로 불리는 멸실된 문서였다고 믿었다.[57] 이 가설은 지난 20여년 동안 그 인기가 내리막길을 걸어왔으나, 강력한 공격들에도 불구하고 여전히 강력하게 옹호되고 있다.[58] 그러나 신

---

56) 이와 관련해서 별 상관 없는 비유를 하나 들어볼 수 있을 것이다. 어느 유명한 상표의 위스키 회사는 그 제품을 과거에 백포도주를 담아 놓았던 통에 저장한다는 사실을 대대적으로 선전한다. 이것으로 인해서 그 위스키는 독특한 향을 풍기게 된다. 그러나 위스키는 여전히 위스키일 뿐이다. 마찬가지로 예수 이야기들을 한 세대 동안 저장해 놓았던 초기 기독교의 통들은 예수 이야기들에 온갖 종류의 방식으로 향을 더하였다. 그렇지만 예수 이야기들은 여전히 예수 이야기일 뿐이다.

57) 이 가설의 근거와 역사에 대해서는 Bellinzoni 1985; Neill and Wright 1988, 128-36을 참조하라; 최근의 논의로는 Lührmann 1989; Piper 1989; Koester 1990, 128-71을 보라. 고전적인 교과서는 Streeter 1930 [1924]이다.

58) 공격들에 대해서는 Farmer 1964; Stoldt 1980 [1977]을 보고, 방어에 대해서는 Neirynck 1974; Styler in Moule 1982 [1962], 285-316, esp. 298-304; Tucket 1983b를 보라. 관련 주제들에 대한 최근의 대표적인 논문들로는 Boismard et al (eds.) 1990을 보라.

약학에서 이 가설의 역할은 전체적으로 근본적이고 흥미진진한 변화를 겪어왔다.

이와 동시에 1945년에 상부 애굽에 있는 나그 함마디(Nag Hammadi)에서 나온 콥트어 사본들의 모음집 속에서 발견된 예수의 어록집인 이른바 도마복음서가 기독교의 발전 과정 속에서 비교적 후대에 속한다는 것은 오랫동안 초기 기독교를 연구하는 사람들에게는 윗대로부터 물려받은 지혜였다.[59] 도마복음서는 주후 3세기 초에 히폴리투스(Hippolytus)와 오리겐에 의해서 처음으로 언급된다. 도마복음서는 짧은 말씀들을 무작위적으로 모아놓은 어록집으로서 그 처음 부분 또는 끝 부분에서조차도 이 짧은 말씀들을 연결해 주는 이야기가 전혀 나오지 않고, 오직 "예수께서 가라사대"라는 도입 문구만이 거의 모든 말씀들 앞에 나오는 형태로 되어 있다. Q 자료와 마찬가지로 신약학계 내에서 도마복음서의 역할도 지난 수년 동안에 엄청난 변화를 겪어 왔다.

Q자료 가설을 제일 먼저 주장했던 사람은 고립적이고 거의 수학적인 논거를 통해서 Q자료에 접근하였다. 마태복음과 누가복음은 마가복음에는 없는 내용들을 공통으로 상당수 지니고 있다. 이러한 현상은 이 구절들이 지금은 멸실되고 없는 공통의 자료를 따르고 있다고 가정할 때에 제대로 설명될 수 있다. 이때 "Q"자료를 가정하는 것이야말로 증거에 합치하는 듯이 보이는 단순한 가설을 만들어내는 방법이었다. Q는 분명히 마태복음과 누가복음보다 앞서 존재하였고, 따라서 시기적으로 초기의 것이었다. 공관복음 문제에 대한 연구를 스트리터(Streeter)의 주저(主著)인 『공관복음서』(The Synoptic Gospels)를 통해 집약시켰던 옥스퍼드 대학의 학자들은 대부분 역사적 — 그들은 이 말을 "실제의"(real)라는 의미로 사용하였다 — 예수에 접근하는 수단으로서 Q에 관심을 가지고 있었다. 마가복음은 우리에게 예수의 사역과 주요한 사건들에 대한 개략을 제공해 주고, Q자료는 확고한 예수의 어록들을

---

59) 이 콥트 본문은 이후에 몇몇 사본 단편들을 통해서 알려지게 된 헬라어 원문의 번역본으로 확인되었다. 자세한 논의는 Koester 1990, 75-128을 참조하라: 도마복음서와 헬라어 파피루스들의 자세한 비교로는 Bartsch 1960; Fitzmyer 1971, ch. 15을 보라; 도마복음서에 대한 연구사는 Fallon and Cameron 1988을 보라. Koester 1990, 43f.는 도마복음서 및 그밖의 다른 "외경" 복음서들에 대한 "널리 퍼져 있는 편견"에 관하여 말한다.

제공해 준다고 그들은 생각하였다. 이 둘은 모두 어느 정도 예수 자신에게 소급하는 것으로 받아들여졌다. 마태복음과 누가복음에 나오는 첨가들은 다소 불확실하긴 하지만, 중요한 논제가 슈트라우스(David Friedrich Strauss)와 그의 후계자들의 맹렬한 공격에 맞서서 전통적인 기독교를 옹호하는 문제인 경우에는(스트리터와 그의 동료들의 경우에서와 같이) 그러한 첨가들에 의존하지 않았다.[60]

Q자료 가설은 거의 도전을 받지 않은 채 반세기 동안 군림하였다. 뚜렷한 의구심들은 주류 학계의 외부로부터 출현하였고, 내부로부터는 바늘로 찌르기식의 작은 비판들이 가해졌을 뿐이었다;[61] 그러나 학계의 정설은 조금도 흐트러지지 않았다. 파머(Farmer)의 책(1964년)은 Q자료 가설의 토대를 뒤흔든 최초의 저서였고, 이 가설의 토대들은 여전히 오늘날 많은 진영들에서 불안정한 것으로 취급된다.[62] 그러나 공관복음 문제에 대한 논쟁이 쓸데없는 낱말 맞추기 퍼즐 게임이 되어 버린 것같이 보였을 때, 다 죽어가던 섬유 산업처럼 보였던 Q자료 연구에 신선한 추진력을 제공하기에 충분했던 새로운 동기가 출현하였다.[63]

Q는 문서로 존재했을 뿐만 아니라 어느 정도 정확하게 추적할 수 있는 방식으로 발전되었다고 오늘날 일부 진영의 학자들은 믿고 있다. 게다가 본래의 Q자료는 실제로 우리를 예수에게 아주 가까이 데려다주는데, 그 예수는 스트리터(Streeter)와 그의 동료들이 이러한 방법을 통해서 발견했다고 생각했던 예수와는 판이하게 다른 모습의 예수이다. 그 본래의 형태에서 Q는 매우 초기의 기독교 공동체를 반영하고 있는데, 이 공동체에서는 양식상으로나 내용상으로 유대적인 이야기들에 별 관심을 갖지 않았고 오히려 그와는 다른 양식과 내용의 가르침에 관심을 기울였다: 한편으로는 견유학파로 알려진 헬레니

---

60) 독일과 영국에서의 이 과제에 대한 논의로는 Lührmann 1989, 51-3을 참조하라.

61) 예를 들면, Jeremias 1966 [1930], 90-2; Chapman 1937; Farrer 1955.

62) 예를 들면, Sanders and Davies 1989, 112-19; O'Neill 1991. O'Neill은 "학문 세계에서 신약 전공자들의 공동체는 오캄(Occam)의 면도날로 아주 험상궂게 잘려져 왔다"고 말한다(483).

63) Q에 대한 오늘날의 모든 연구가 이런 새로운 노선을 취한 것은 아니다; 예를 들면, Theissen 1991, ch. 5과 아래 각주 65에 나오는 참고문헌들을 참조하라.

즘적인 철학, 다른 한편으로는 비밀스러운 지혜를 제시하였던 가르침의 전승, 즉 은밀한 영지주의. 사실 이 공동체는 도마복음서로 충분히 만족했을 그런 공동체였다. 예수는 경구를 사용하기 좋아하고 영지주의에 가까우며 견유학파적인 지혜를 구사하는 선생이었다; 그의 첫 번째 제자들은 그런 유의 선생에게서 기대할 수 있는 방식으로 예수의 말씀들을 수집하였다 — 예를 들어, 아리안(Arrian)이 에픽테투스의 어록을 수집하였듯이. Q는 이러한 과정의 산물이었다. 마태와 누가가 나중에 Q를 사용한 것은 Q의 후기층에서 이미 시작되었던 것으로 보이는, 비역사적이고 경구적이며 영지주의적인 성향을 띤 가르침들을 적어도 Q의 초기층에 나와 있던 것과 방향 및 강조점이 근본적으로 다른 유대식의 예수 이야기와 혼합시키려는 시도를 보여 준다.[64] 물론 오늘날 Q자료 가설을 지지하는 모든 학자들이 이러한 노선을 취하고 있는 것은 결코 아니라는 점을 강조해 두어야 한다. 어떤 학자들은 Q자료를 견유학파, 스토아학파, 영지주의라는 모태에서 생겨났다기보다는, 예언적이고 유대 기독교적인 것으로 보아야 한다고 주장한다.[65] 그러나 최근에 Q자료를 연구하는 학자들의 대다수는 내가 방금 서술한 전통 속에 확고하게 자리 잡고 있다.

이러한 Q자료와 도마복음서에 관한 가설은 다음과 같은 내용으로 이루어진 초기 기독교에 관한 이야기의 말하기 방식에 속하고, 그러한 방식을 강화함과 동시에 그러한 방식에 의해서 강화되고 있다.[66] 예수가 죽은 지 10년 내지 13년에 해당하는 가장 초기의 단계는 Q자료의 첫 번째 판본에 의해서 대변되고 있다. Q는 기본적으로 독자들에게 지혜의 길과 어리석음의 길, 이 두 가지 길 중에 어느 하나를 선택할 것을 제시하는 "지혜"문학이었다. 이 단계에서 Q는 묵시문학적인 미래에 대한 기대에 대해서 전혀 알지 못했고, "인자의 오심"에 관하여 아무런 말도 하지 않았다: Q자료에서 중요하게 생각하였던 그런 의미에서의 종말은 예수가 와서 특별하고 감춰진 지혜를 듣는 자들에게 나누어 주어서 나머지 세상 사람들로부터 구별시킴으로써 이미 도래한 것이었다. 이것

---

64) cf. e.g. Kloppenborg 1987; Downing 1988; Mack 1988; Crossan 1991. 또한 최근의 정기간행물에 실린 많은 세부적인 연구들, 예를 들어, Seeley 1992 등을 참조하라.

65) cf. e.g. Tuckett 1989; Theissen 1991, ch. 5; Catchpole 1992.

66) cf. e.g. Kloppenborg 1987; Koester 1990, 128-71.

은 "수평적" 종말론이 아니라 "수직적" 종말론이다. "종말"은 이스라엘이 기다리고 있었던 사건들과는 아무런 상관이 없고, 새롭고 은밀한 신의 계시와 관련이 있다. 유대인들의 기대와는 아무런 연관성이 없었다: 예수의 제자들과 세례 요한의 제자들 간에는 그 어떤 논쟁도 일어나지 않았다.

그러므로 Q자료의 이러한 (가설적인) 첫 번째 단계는 형태상으로나 내용상으로 도마복음서와 매우 유사하다. 도마복음서는 묵시문학적인 미래에 관하여 아무것도 알지 못한다: 중요한 것은 현재 감추어진 지혜이다 — 유대적인 "종말론"과는 실제로 아무런 상관도 없는 "실현된 종말론"으로서, 모든 것은 예수가 현재에 그의 제자들에게 나누어 주는 비밀스러운 또는 감추어진 계시와 관련되어 있다. 도마복음서와 Q는 아주 유사하기 때문에 마태복음이나 누가복음 중 어느 하나에만 나오는 말씀은 마태복음이나 누가복음의 특수 자료가 아니라 도마복음서에 나오는 병행문을 통해서 다른 복음서 기자에 의해서 생략된 Q어록임이 확증될 수 있다.[67]

그런 다음에 Q는 편집 과정을 겪게 된다. 이 단계에서 그 이전에는 없었던 동기들이 도입된다: "Q의 이차적인 편집을 보여 주는 가장 분명한 표시들은 지혜 말씀들과 예언적 선포들 속에서 하나님 나라의 임재에 대한 강조와 모순되는 심판 및 인자의 오심에 관한 묵시론적인 선포에서 찾아볼 수 있다."[68] 이것은 양식이라는 측면에서도 일부 흔적들을 남겨 놓았다: 지혜 말씀들의 어록집은 이제 지혜와 묵시 사상이 결합된 책이 되었다. 그러나 이 가설의 주창자들의 항변에도 불구하고 그 기본적인 차이는 신학적임이 분명하다. 원래의 Q는 실현된 종말론, 즉 지금 여기에 존재하는 "신의 나라"를 보여 주었다. 그런데 편집된 Q는 미래지향적이고 훨씬 더 유대적인 종말론을 갖고 있다.[69]

주후 70년경에 해당하는 바로 이 단계에서 누가는 Q를 사용한다. Q자료 가설을 지지하는 학자들은 누가가 마태보다 "본래의 Q"에 더 가깝다고 오랫동안 믿어왔다: 이 두 정경 복음서들이 "Q자료"와 중복되는 대목에서 누가의

---

67) e.g. 눅 17:20f., par. *Gos. Thom.* 113; cf. Koester 1990, 89.

68) Lührmann 1969; Kloppenborg 1987을 인용한 Koester 1990, 135.

69) cf. Koester 1990, 149f. 이러한 도식의 반영물들은 물론 불트만적이다: cf. Bultmann 1956, 186f.

판본은 덜 발전된 초기의 것으로 취급되는 것이 보통이었다.[70] 그러나 이것은
마태복음에서 발견되는 "발전물들"이 복음서 기자 자신의 작품이라는 것을 의
미하지는 않는다. 왜냐하면 누가가 Q를 사용했던 때와 마태가 Q를 사용했던
때 사이에 Q의 또 다른 판본이 만들어졌던 것으로 보이기 때문이다: 이 단계
에서 (두 번째) Q의 편집자는 그의 공동체의 결정을 반영하여 그리스도인들
은 계속해서 유대 율법을 지켜야 한다고 보는 쪽으로 기울었는데, 이런 것은
초창기에는 생각할 수 없는 일이었다. 끝으로 마태는 이렇게 두 번의 편집 과
정을 거친 Q를 사용하였고, 그것을 자기가 고안한 새로운 패턴들에 맞추어서
짜 넣었다.[71]

이러한 상세하고 정교한 가설을 우리는 어떻게 평가하여야 하는가? 어떤
사람은 이러한 가설에 경멸을 퍼붓는 것이 쉽다고 생각할지도 모른다. "Q"는
결국 학자들의 상상력의 산물(즉, 가설)에 불과하다. Q자료의 일부라고 생각
될 수 있는 사본 조각 하나 발견되지 않았다. 마태복음에서 볼 수 있는 Q자료
의 최종 형태가 형성되기까지의 세 단계는 주후 1세기에서 확고한 증거를 찾
아볼 수 있는 것이라기보다는 오늘날의 신약학 내에서 한 흐름의 신학적이고
종교사적인 선입견을 그대로 반영하고 있다는 의심을 살 만하다. Q의 가장
초기 형태가 도마복음서와 상당히 많은 공통점을 가지고 있다는 이 순수한
"우연의 일치"는 (a) 이 이론이 어떻게 편집층들을 벗겨내는가와 관련하여 뛰
어난 추측을 발휘하고 있다는 것과 (b) 도마복음서의 저작 연대를 매우 초기
로 설정했다는 것에 기인한 것일 수 있다. 역사 속에서는 거의 모든 것이 가
능하기 때문에, 우리는 이러한 해법을 처음부터 배제할 수는 없다. 그러나 그
러한 해법은 (a) 오늘날의 일부 독자들이 초기 기독교를 도마복음서에 나오는
모습과 매우 비슷한 것으로 생각하고자 하는 욕구와 (b) 이에 맞춰서 종교사
적 이론에 들어맞는 "초기 판본"을 밝히기 위하여 순전히 가설적인 문서에 불

---

70) 짧은 '크레이아이'는 몇몇 경우에 좀 더 "발전된" 형태이고, 유대식의 서사들
은 더 원시적인 것이라는 위에서의 나의 주장은 이 문제에 대한 포문을 다시 여는 것이
다.

71) cf. Koester 1990, 162-71: 누가복음과 마태복음 사이의 기간 동안에 Q가 발전했
다는 것에 대해서는 167-70을 보라.

과한 Q자료를 마음대로 주물럭거린 비평 활동으로 인해서 나왔을 가능성이
훨씬 더 크다. 솔직히 말해서, 이 해법 속에서 계속해서 제시되고 있는 논거들
가운데 일부는 유치해 보이고, 어떤 것들은 명백하게 순환논법에 빠져 있다.[72]
　　Q자료+도마복음서 가설과 관련된 이러한 전체적인 문제점들은 범주들과
관련된 좀 더 구체적인 문제들을 불러일으킨다. 첫째, 우리는 어느 정도나 상
상의 날개를 펴야 주후 1세기에 팔레스타인에 존재하였다는 유대 그리스도인
들의 집단에서 나왔다고 하는 가설적인 문서와 관련하여 "지혜" 전승과 "예
언" 전승을 확고하게 구별할 수 있다고 주장할 수 있는가? 쾨스터는 지혜롭게
도 이 두 전승을 결합시키고자 시도한다.[73] 그렇지만 최근의 논의에서 이 둘
은 서로 확고하게 대비되고 있다.[74] 그러나 우리가 Q자료 속에 "예언" 자료를
인정한다면, 주후 1세기에 팔레스타인에서 묵시문학적인 언어와 이미지가 대
단히 두드러졌다는 점을 감안할 때, "묵시문학"을 배제하기는 극히 힘들 것

72) Crossan 1991, 427가 자신의 기원에 관한 도마복음서의 증언(어록 12)을 액면
그대로 받아들이고 있는 것과 Koester 1990, 166f.가 도마복음서와 *Dial. Sav*에 나오는
마태복음에 관한 전승들을 인용하고 있는 것은, 정경 복음서에 대한 존중에서 제기된 것
이라면, 그냥 웃어 넘겨버릴 그런 논거들이다. 위태로운 순환 논법을 보여 주는 예들은
Kloppenborg 1987, 262에 나온다.(시험 이야기는 뒤늦게 Q에 들어왔는데, 이는 이 이야
기가 "서사 또는 전기"를 향한 Q의 발전을 보여 주기 때문이다: Theissen 1991, 206-20
은 이에 반대한다!): Koester 1990, 137 (초기의 Q에서 말씀들은 도마복음서와의 병행
으로 인하여 그 위치가 부여되는데, 도마복음서와 초기의 Q를 병행 관계에 있다고 생각
하는 유일한 근거는 도마복음서와 또 그렇게 정의된 것으로서의 초기의 Q 사이에 존재
하는 유사성이다): 146 (신실한 종과 신실치 못한 종의 비유는 초기의 Q일 수 없다. 왜
냐 하면 이 비유는 "전적으로 인자의 오심에 대한 기대에 의해서 지배되고 있는 알레고
리화된 권면"이기 때문이다. 그리고 다른 곳에서 우리는 인자 말씀은 초기의 Q에 포함
되어 있을 수 없는데, 이는 이 문서가 오직 공간적이고 실현된 종말론과 관련된 말씀들
만을 포함하고 있었기 때문이라는 말을 든다), 기타 등등.
73) Koester 1990, 156f.
74) "지혜적"이라고 주장하는 쪽으로는 Kloppenborg 1987. "예언적"이라고 주장하
는 쪽으로는 Sato 1988 (하지만 cf. *Biblica* 72, 1991, 127-32에 실린 Downing의 서평)
과 Catchpole 1992. 이러한 분열에 대해서는 cf. Crossan 1991, 227-30.
75) Catchpole 1992, 220f.를 보라. "묵시문학"의 본질에 대해서는 위의 제10장을 보
라; 거기에서의 논증이 어쨌든 사실에 가깝다면, Q와 도마복음서에 대한 최근의 논의들

같다.[75] Q는 지혜 전승과 예언적 강론을 결합시켜 놓은 것처럼 보인다; 그리고 주후 1세기 팔레스타인의 종교에 관한 실제로 우리가 알고 있는 역사에 비추어 볼 때, 일부 학자들이 구성해 놓은 신화적 모형과는 반대로 지혜 전승과 예언적 강론이 결합된 형태가 아주 자연스러웠을 것이라고 생각할 만한 충분한 근거가 있다.

마찬가지로 "실현된" 종말론과 "미래적" 종말론을 분리할 이유가 전혀 없다. 초기의 Q는 현재 지향적이었고 후기의 Q는 미래 지향적이었다는 식으로 이 둘을 명확하게 갈라놓는 것은 전혀 근거가 없는 시도다. 이와 관련하여 우리는 쾨스터가 Q에 대한 그의 최근의 상세한 논의 속에서 거론하지 않은 유명한 유대적인 작품을 말해 볼 수 있다. 쿰란에서 나온 『공동체 규칙』은 가설적인 Q자료와 마찬가지로 사람이 따라갈 수 있는 "두 길," 즉 지혜의 길과 어리석음의 길을 규정하고 있는 책이다(3:13~4:26). 이 책은 이 공동체가 이미 구원의 때에 살고 있다는 것을 아주 분명하게 말한다: "실현된 종말론"은 이 책의 곳곳에 분명하게 드러난다. 왜냐하면 이 공동체의 존재 기반 자체가 이스라엘의 신이 바로 이 집단과 다시 계약을 맺었다는 믿음이었기 때문이다. 심지어 이 "실현된 종말론"을 수평적 의미와 아울러 수직적 의미로 이해하는 것도 가능하다. 왜냐하면 이 책의 끝 부분에 나오는 아름다운 찬송들이 그 문맥에서 떼어내면 도마복음서에 아주 잘 들어맞을 그러한 구절들을 몇몇 담고 있기 때문이다.[76] 또한 이 책은 미래가 여전히 공동체 앞에 놓여 있다고 본다: 이스라엘과 아론의 메시야들은 장차 올 것이고(9:11), 보수의 날도 여전히 미래에 있다(9:23). 이러한 모습의 『공동체 규칙』은 도마복음서보다 "현존하는" (즉, 마가에는 없고 마태와 누가에 있는 부분으로부터 가장 명확하게 재구성

─────────

속에서 "묵시문학"에 대한 해석 전체를 재고할 필요가 있다.

76) 예를 들면, 1QS 11:5-7: "그의 기이한 신비로부터 / 빛은 내 가슴 속에 있다. 나의 눈들은 영원한 것 / 사람들로부터 감추어진 지혜 / 사람의 아들들로부터 (감추어진) / 지식과 지혜로운 모략 / 의의 샘물 / 권능의 창고 / 육신의 회중으로부터 (감춰진) / 영광의 샘을 응시하였다." 1QS와 영지주의적 저작들 간의 유사성은 Rudolph 1983 [1977], 280이 잘 보여 주고 있다. 이 작가(277f.)는 영지주의는 유대교의 묵시문학과 일부 연관이 있지만, 후자는 영지주의의 "수직적" 종말론과 대비되는 "수평적" 종말론을 견지하고 있다고 주장한다.

된) Q와 훨씬 더 가까운 문서다. 게다가 『공동체 규칙』은 Q와 마찬가지로 유대교의 한 분파의 문서로서 한편으로는 창시자의 가르침들을 담고 있고, 다른 한편으로는 공동체의 현재의 질서, 경험, 소망을 담고 있는 그 집단의 선언서이자 공동체 규칙이었다: Q도 이런 유의 책이었을 것임에 틀림없다. 쿰란의 『공동체 규칙』은 Q자료와 관련된 클로펜보그(Kloppenborg)와 그 밖의 학자들에 의한 구별들이 주후 1세기 종교에 대한 실제적인 역사 속에 진정한 토대를 두고 있지 않고 오히려 아무런 근거도 없는 구별들을 허구적인 역사 무대 속에 투영한 오늘날의 신화화의 세계에 해당한다는 것을 보여 주는 아주 뚜렷한 증거를 제공해 준다.

Q자료+도마복음서 가설의 가장 두드러진 약점들 중의 하나는 도마복음서 속에 "신의 나라" 또는 도마복음서가 흔히 쓰는 말로 아버지의 나라에 관한 말씀들이 존재한다는 사실이다.[77] 유대교의 증거들에 대한 우리의 앞서의 연구에 비추어 볼 때, 이 소재가 도마복음서에서 지니는 의미, 즉 천상 세계에 대한 현재적인 비밀스러운 종교적 지식이라는 의미로 우연히 공동체 속에 도입되었다는 것은 상상할 수 없는 일이다. 이 대단히 유대적인 신의 나라 언어의 사용은 그 언어를 주류적인 의미에 가까운 의미로 사용했던, 즉 포로생활의 끝, 이스라엘의 회복, 성전의 재건, 야웨께서 시온으로 돌아오심 등등을 말했던 명백히 유대적인 운동에서 유래하였을 가능성이 농후하다 — 이러한 개념들이 예수의 사역과 그의 첫 제자들의 삶 속에서 아무리 많이 변형되었다고 할지라도 말이다. 이런저런 식으로 용법의 변화가 있었다고 한다면, 전례가 없는 영지주의적인 의미로부터 다시 유대화된 의미로의 변화 — 가설에 의하면, 초기의 도마복음서와 후기의 마가복음 사이의 어느 시점에서 일어났다고 하는 변화 — 가 아니라, 이러한 유대적인 토대로부터 유사 영지주의적인 의미로 변화되었을 가능성이 훨씬 더 크다.

이러한 Q자료+도마복음서 가설이 그토록 많은 난점들을 만들어 낸다면, 이것은 우리가 Q 가설을 완전히 버려야 한다는 것을 의미하는가? 결코 그렇지 않다. 방금 제기한 모든 반론들을 피해가면서 공관복음서 문제를 나름대로 풀어갈 수 있는 방식으로 이 가설을 재조정하는 것이 얼마든지 가능하다. 또한

---

77) 특히 도마복음 3, 22, 46, 49, 97, 113, 114를 보라.

오늘날의 학계에서는 Q와 관련하여 이전과는 판이하게 다른 전승사적 가능성들을 제시하고 있다; 여기서도 우리는 단지 타이센의 작품만을 언급하면 된다.[78] 비록 나는 Q자료가 고정되고 복원 가능한 문서라기보다는 마태와 누가가 둘 다 활용할 수 있었던 떠돌아다니는 전승들이었을 것이라고 생각하지만, 어쨌든 이 가설의 어떤 형태가 계속해서 유효하지 않을 이유는 전혀 없다. 그러나 Q와 관련하여 사변적인 논의가 계속되면 될수록, 이 가설은 전체적으로 타당성이 없어진다고 나는 생각한다.

악화가 양화를 구축하는 것은 불공평한 일일 것이다. 그러나 실제로 주화들 중 일부는 악화(惡貨)다. 너무도 많은 입증되지 않고 상호 모순되는 주장들이 제기되어 왔기 때문에, 비전문가들은 이러한 논의 전체가 시간 낭비라고 생각할 수 있다. 특히 마가복음과 Q 사이에 모종의 관계가 있었다는 주장이 제기되자마자, 회의론자들은 이렇게 항의할 것임에 틀림없다: Q자료에 관한 가설을 제일 먼저 제기했던 자들은 어쨌든 마가에는 없고 마태와 누가에 공통적인 구절들로 Q가 이루어졌다고 보았다. 물론 Q가 존재했고, Q자료 가설을 지지하는 대부분의 학자들이 주장하듯이, Q가 그러한 중복 부분 너머에까지 확장될 수 있다고 한다면, Q가 지금은 아무런 증거가 없는 온갖 종류의 내용들을 담고 있었을 가능성이 크다. 특히 Q는 출생 이야기들, 수난 이야기들, 베드로의 신앙고백, 그리고 온갖 종류의 흥미로운 기독론적인 내용과 묵시론적인 자료 등등을 포함하고 있었을 것이다. 하지만 우리는 이에 대해서 아무것도 알지 못한다. 일단 우리가 복음서 기자들이나 문서 전승의 전수자들이 그들이 활용할 수 있었던 증거의 일부를 생략하기로 선택하였다고 할 때에, 초기의 가설적인 문서들의 범위와 관련해서 확실한 것을 말할 수 있는 방법이 전혀 없다.[79] Q가설을 지지하는 학자들은 신중을 기해야 한다; 주후 1세기의 편집자들이 자료를 가감하는 데 자유로웠다면, 누가가 마태를 사용했다고 보는 것이 점점 더 유력해 보인다.[80] 그러므로 이를테면 Q자료에는 수난 이야기가 없

---

78) Theissen 1991.

79) 바울 연구에서 이러한 문제점에 대해서는 Wright 1991a, 100을 참조하라.

80) Goulder 1974, 그리고 Sanders and Davies 1989, 112-15에 나오는 논의를 참조하라.

었다는 것을 토대로 논증을 전개해 나가는 이론들은 꼼꼼히 잘 따져 보는 것이 좋을 것이다. 그런 식으로 논증을 전개해 나가는 것은 지도 없이 맹목적으로 미로 속으로 뛰어드는 것과 같다.

끝으로 Q와 관련해서 한마디 해 두자: 어떤 종류의 Q가 존재하였고, 그것이 원래 담고 있었다고 학자들이 생각하는 내용들을 대체적으로 담고 있었다면, 위에서 개략적으로 서술한 것보다 더 유력한 삶의 정황이 존재하는가? 여기에서 우리는 다시 한 번 삶의 정황을 탐구하는 모든 연구자들과 마찬가지로, 예수 및 그 이후의 교회에 관한 전제들에 의존한다. 이러한 전제들은 잘못된 순환론법을 피하기 위하여, 설명 대상 이외의 자료에 비추어서 행해지는 검증을 통과하지 않으면 안 된다. 이러한 과정 속에서 우리는 바울의 증거를 무시할 수 없고, Q가 바울이 대변하고 있는 기독교와 완전히 다른 분파에 속해 있었다고 전제해서도 안 된다. Q가 존재했다면, Q는 예수의 제자들의 초기 선교 공동체에 속해 있었을 것이다. 그러나 우리는 그 집단을 어떻게 인식하고 있는가? 초기 팔레스타인 그리스도인들은 예수를 신의 나라를 선포한 선지자로 보는 강력한 인식과 이 나라가 기존의 유대인들의 체제를 전복시킬 것이라는 분명한 인식을 가지고 그들의 동시대인들에게 그들이 열망해 왔던 신의 나라가 비록 그들이 생각한 대로는 아닐지라도 예수를 통해서 이미 도래하였다는 것을 선포하였음이 분명하다. 그러나 기대와 현실 간의 아주 중요한 차이는 신의 나라가 본질적으로 유대적이고 역사적이라기보다는 영지주의적이거나 플라톤적이라는 것이 아니었고, 유대인들의 민족적·인종적 우월성의 회복이 아니라 예수에게 그 토대를 두고 있다는 것과 예수가 실제로 민족적 요소를 전복시켰다는 데 있었다. 이것은 당연히 "지혜" 말씀들과 "묵시론적" 말씀들을 포함할 뿐만 아니라 그 사이에 있는 많은 "예언적" 측면들도 포괄한 전승들을 활용할 수 있었던 메시지였다. Q자료가 존재하였다면, Q자료는 하나의 총체적인 이야기가 아니라 설교자들의 설교 내용을 모아 놓은 어록집이었을 것이다. 그렇지만 캐치폴(Catchpole)과 그 밖의 학자들의 주장이 옳아서 Q가 세례 요한에 관한 이야기로 시작되었다면, 단순히 추상화된 말씀들의 어록이 아니라 예수에 관한 전체적인 이야기가 처음부터 존재하였다고 해야 옳을 것이다. 만약 그렇다면, 바로 그 이야기는 분명히 우리가 이미 초기 기독교 운동을 특징지었던 큰 이야기들과 작은 이야기들에 대하여 개략적으로 서술했던 지도 위에 놓이게 된다. Q자료는 일차적으로 견유학파적인 문서가 아니었을 것이고, 헬레니즘 세계에서 통용될 수 있었던 유대식의 이야기였을 것이다. Q자료는 예수를 유대적인 지혜, 예언, 묵시문학 전승들의 핵심 인물이자 세상의 창조주인 이스라엘의 신의 나라를 계시한 인물로 보았을 것이다.[81]

끝으로 도마복음서와 관련하여 한마디 해 두자: 마찬가지로 도마복음서에 나오는 말씀들 중 일부는 공관복음 전승으로부터 유래하였고, 일부는 아주 오래 전으로 거슬러 올라갈 수 있는 독립적인 말씀들이었다는 것이 내게는 아주 분명해 보인다.[82] 그러나 그 말씀들 중 어느 것도(비유들을 제외하고는) 이야기들을 담고 있지 않고 있고, 이 작품 전체는 시적 연쇄의 차원에서 볼 때에 줄거리가 전혀 없다. 이것 자체가 우리가 앞의 세 장 속에서 고찰해 왔던 전체 맥락의 바깥에 있는 모판임을 보여 주는 강력한 증거이다.[83] 시적 구조의 차원에서 이야기 또는 줄거리가 부재하다는 것을 전제하고, 도마복음서를 그 암묵적인 서사 세계에 관한 질문을 가지고 접근한다면, 우리가 얻을 수 있는 대답은 대단히 많은 것을 시사해 줄 것이다. 도마복음서는 유대교의 전통적인

---

81) Q가 견유학파적인 배경을 반영하고 있는지에 대한 논의로는 Downing 1988 (찬성); Tuckett 1989(반대)를 참조하라.

82) Tuckett(1988)은 도마복음서에 나오는 일부 말씀들은 공관복음서에 나오는 편집에 의한 요소들을 반영하고 있기 때문에, 공관복음서 이전의 자료가 아니라 공관복음서 자체에 의존하고 있음을 보여 준다고 강력하게 주장하였다. 이 논쟁 전체에 대해서는 Fallon and Cameron 1988, 4213-24를 보라.

83) 반대 의견으로는 Koester 1990, 124를 보라. 또한 이것은 Koester 1990, 80의 항변들에도 불구하고 도마복음서가 근본적으로 시락서나 솔로몬의 지혜서와 다르다는 것을 보여 준다. 이 두 책은 일련의 순서와 상당한 정도의 줄거리를 가지고 있다; 또한 잠언의 일부(예를 들어, 1~9장)도 마찬가지다. Koester가 도마복음서에 대한 병행문들로 인용한 야고보서와 Didache는 일련의 사고의 흐름을 훨씬 더 분명하게 지니고 있고, 형태에서도 거의 전부가 "예수께서 가라사대"로 시작되는 말씀 모음집과는 분명히 다르다(하지만 야고보서에 대해서는 Schenke 1983, esp. 225-7을 참조하라). 우리가 논의해야 되는 또 하나의 작품인 *Pirke Aboth*조차도 도마복음서보다 사고의 흐름을 더 많이 지니고 있다. 주후 1세기에 도마복음서와 진정으로 병행되는 유일한 작품은 Q뿐이다 — 좀 더 구체적으로 말하면, 도마복음서와의 초기적인 병행들을 발견하고자 애쓴 학자들에 의해서 어렵게 "재구성된" Q의 "초기" 판본.

관심들이 전혀 아무런 역할도 하지 못하는 어떤 이야기를 전제하고 있다. 도마복음서에 함축되어 있는 이야기는 자기에게 가까운 사람들에게 비밀스럽고 감춰진 지혜를 나누어 줌으로써 그들이 새로운 진리를 깨닫고 그것을 통해서 구원받을 수 있게 해 주는 어떤 인물과 관련이 있다. "도마복음서의 그리스도인들은 그들의 신적인 기원에 관한 진리를 듣고, 그들의 본향인 하늘로 다시 돌아갈 수 있게 해 줄 비밀스러운 암호들을 부여받는다."[84] 이것은 분명히 비역사적인 영지주의의 이야기다. 초기 기독교의 이야기들에 대한 우리의 논의를 마감하면서, 우리는 지금까지 우리가 살펴보았던 그 밖의 모든 것들과 도마복음서가 구별이 된다는 것을 말해 두지 않으면 안 된다. 역사적인 근거들을 토대로 할 때, 도마복음서는 좀 더 자세한 내용을 담고 있는 복음서들의 원본이고 그 복음서들은 도마복음서를 왜곡한 것이라기보다는, 주후 1세기의 기독교를 판이하게 다른 종류의 종교로 근본적으로 변질시켜서 전복시키려는 시도를 보여 준다고 보아야 할 것이다. 도마복음서에는 전문적인 용어들과 많은 예수의 말씀들의 판본들이 나오지만, 본질적인 내용은 변경되어 있다.[85] 도마복음서는 우리가 지금까지 살펴본 초기 유대교 및 기독교와는 근본적으로 다른 상징적 우주와 세계관을 반영하고 있다. 특히 도마복음서는 좀 더 내용이 상세한 복음서들 및 바울과 다르고, 또한 긴 복음서들을 이루고 있는 짧은 단락들과도 다르며, (만약 실제로 존재하였다고 한다면) Q와도 다르다.

---

84) Koester, 1990, 125, cf. 124-8. Fallon and Cameron 1988, 4230-6과 비교해 보라.
85) 그러므로 쾨스터가 강력히 주장하듯이, 이것은 편견이 아니라 역사적 판단이다.

제 15 장

초기 그리스도인들: 예비적 소묘

1. 들어가는 말

이제 본서의 제4부에서 살펴본 내용들을 한데 엮어서 정리하는 일만이 남았다. 초기 그리스도인들은 어떤 사람들이었는가? 그들의 목적과 목표는 무엇이었는가? 그들은 무엇을 믿었는가? 그들은 무엇을 소망하였는가? 이것은 결론이자 해결 과제에 관한 단순한 개략적인 진술에 불과할 뿐이다. 예수와 바울에 대한 자세한 서술과 본서에서 가능했던 것보다 훨씬 더 자세한 복음서들 및 그 전승들에 대한 연구가 없다면, 우리는 우리가 의도한 것을 제대로 얻어낼 수 없을 것이다(그리고 우리는 이 프로젝트에 속하는 이후의 책들에서 그러한 연구들을 하기를 소망한다). 그렇지만 여기에서 몇 가지 예비적인 내용들은 말해 둘 필요가 있다. 모든 역사적 재구성의 경우와 마찬가지로, 여기에서 우리는 다음과 같은 위험들을 감수해야 한다: "모험을 건 실험들을 하려고 하지 않는 사람은 그의 확고한 원칙에 대한 우리의 존경을 받을 가치가 있다. 그러나 역으로 그는 역사적 연구는 재구성들 없이는 살아날 수 없다는 것을 우리에게 인정해야 할 것이다."[1]

2. 목적들[2]

예루살렘은 예수의 죽음을 목격하였다: 그로부터 25년 이내에 아테네와 로

---

1) Käsemann 1969 [1965], 83.
2) cf. Meyer 1986, 15ff.

마도 예수의 죽음에 관하여 들었다. 이것은 초기 기독교에 관한 두 가지 근본적인 사실을 집약적으로 보여 주는 말이다. 초기 기독교는 들불처럼 퍼져 나갔다: 종교와 철학들이 그러하듯이, 기독교는 극히 신속하게 출발선을 떠나서, 이내 그것이 탄생한 곳과는 판이하게 다른 문화 속으로 유입해 들어갔다: 헬라-로마 세계는 원래 유대적인 메시지였던 것과 타협하지 않으면 안 되었다.

나는 앞의 여러 장들에서 기독교의 확산은 기독교가 특징적으로 말하였던 이야기들의 성격과 상당히 관련이 있었다고 주장한 바 있다. 기독교가 이방 세계로 확산될 수 있었던 것은 기독교를 받아들였던 유대인들 중 일부가 그들의 조상들의 전승에 확고한 집착을 갖고 있지 않았기 때문에 이방 세계에 전도하기 위한 목적으로 그 전승들을 쉽게 수정하거나 포기할 준비가 되어 있었기 때문이라고 흔히 주장되고 있다. 이러한 주장 속에는 피상적인 관찰이 내재해 있음이 분명하다: 할례를 요구하는 종교는 그렇지 않은 종교보다 직접적인 호소력이 덜할 가능성이 크다. 그러나 이것은 오직 문제의 표면만을 건드린 것이다. 온갖 종류의 출신 배경을 지닌 이방인들에게 기독교는 아주 초기부터 그들이 과거에는 상상조차 할 수 없었던 자기부인(自己否認)만이 아니라 사회적 추방, 투옥, 고문, 죽음을 불러올 수도 있는 충성 맹세를 요구하였다. 초기 기독교는 분명히 청중들의 기대 또는 욕구에 맞춰서 요구 사항들을 재단(裁斷)하였기 때문에 널리 퍼져나간 것처럼 보이지는 않는다. 우리는 선교사와 개종자 양측의 동기를 좀 더 살펴보지 않으면 안 된다. 우리는 이 역사적 드라마의 "이면"을 들여다보아야 한다.[3]

온갖 형태의 제1세대 기독교에 퍼져 있었던 이야기들 속에서 밝혀진 초기 기독교 선교의 배후에 있는 동기는 예수의 빛 아래에서 해석된 유대교의 핵심적인 신앙과 소망에서 찾아볼 수 있다. 우리가 지금까지 살펴보았던 이야기들과 그러한 이야기들에 밀접하게 수반되었던 실천과 상징은 그 이야기를 말하였던 자들이 위대한 유대적인 이야기가 오랜 세월 기다려 왔던 성취에 도달하였고, 이제 세계 역사는 새로운 국면, 유대인들의 이야기를 한 부분으로 하는 드라마 속의 마지막 국면에 진입하였다고 믿었다고 할 때에만 의미를 얻게 된다. 이스라엘은 자신들이 구속받았을 때에 이방인들이 그 축복에 참여할 것이

3) 위의 제3장을 참조하라: 그리고 Meyer 1986, 31f.

라고 믿었다. 흔히 위험과 희생을 수반했던 선교를 향한 초기 그리스도인들의
광범위한 추진력은 이스라엘이 이제 구속되었고, 이방인들을 위한 때가 도래
하였다는 믿음의 견지에서만 설명될 수 있다. 내가 다른 곳에서 주장한 바 있
고 제3권에서 좀 더 자세하게 설명할 것이지만, 이것은 바울 신학의 기본적인
전제들 중의 하나였다.[4] 그러나 이것은 초기 기독교 선교에서 어디에서나 전
제되어 있었다. 바울의 경우에 이방 선교에 연료를 공급하고 이방 선교를 정
당화했던 이야기들은 한편으로는 예수의 십자가, 다른 한편으로는 부활하신
주님과의 만남에 초점이 맞추어진 매우 개인적인 강조점을 가지고 있었다.[5]
그러나 이러한 강조점들이 결여되어 있는 대목이나 이와 유사한 체험이 다른
관점에서 표현되고 있는 대목에서도 우리는 동일한 동기를 발견한다. 이방 선
교에 대한 이와 같은 열정을 발견할 수 없는 대목(예를 들어, 이방인들이 예
수의 백성의 공동체 속으로 자유롭게 들어오는 것에 대하여 반대한 흔적들이
보이는 사도행전 15:1 또는 갈라디아서 2:11-15)에 대한 가장 유력한 설명
은 그러한 그리스도인들은 유대 민족의 이야기에 대하여 앞에서 말한 것과는
다른 식의 해석을 취하고 있었다는 것이다. 특히 주후 1세기의 많은 유대인들
은 이스라엘의 신이 그들을 구원하기 위하여 역사할 때에 이방인들은 축복을
받는 것이 아니라 그들에게 배우러 올 것이라고 믿었다. 그러한 맥락 속에서
구원받고자 하는 이방인들은 이스라엘의 신에 대한 그들의 순종을 보여야 했
는데, 이것은 물론 이스라엘의 토라에 대한 순종을 의미하였다. 아세넷
(Aseneth)이 스스로를 낮추어 개종한 예는 이방인들이 신에게 배우기 위하여
시온으로 모여드는 것에 대한 하나의 모형 역할을 했다.[6]

이 모든 것은 초기 기독교의 역사가 그 유대적인 강조점들을 헬레니즘적인
것으로 체계적으로 변화시켜서 좀 더 많은 청중들을 확보하는 식으로 발전해
가지 않았다는 것을 보여 준다.[7] 물론 기독교가 자주 쓰는 용어들이 있었다.
그러나 우리가 제11장에서 분명히 보았듯이, 기독교 제1세기의 확고한 거점들

---

4) Wright 1991a.
5) 갈 2:19-21; 고전 15:9f.; 고후 4:1-15; etc.
6) *Jos. & As.*에 대해서는 위의 제8장을 보라.
7) 이것은 Bultmann(e.g. 1956, 175-9)의 근본적인 입장이다.

속에서 볼 수 있었던 사고 구조는 여전히 유대적이다.[8]

초기 그리스도인들이 그들의 동기에 관하여 말할 때에 통상적으로 신의 영이라는 관점에서 그렇게 말했다. 이것은 예수의 죽음과 부활이라는 사건들 속에서 이스라엘의 신이 마침내 자기 백성을 신원하였다는 그들의 믿음으로부터 도출된 논리적인 결론이었다고 할 수 있다. 신원의 날은 야웨가 그의 영을 자기 백성에게 새로운 방식으로 부어 주시는 날이 될 것이라고 말한 많은 예언들이 있었다. 결국 쿰란 두루마리들을 썼던 사람들은 이러한 약속들이 그들에게 실현되었다고 믿었다. 그러나 신의 영에 관한 초기 그리스도인들의 표현은 확고한 전제들과 옛 본문들로부터의 단순한 논리적 또는 신학적 추론으로 들리지 않는다. 사실 신의 영에 관한 표현은 너무도 분명하게 체험(experience)에 관한 표현으로 들리기 때문에, 우리로 하여금 정반대의 추론을 하지 않을 수 없도록 만든다: 신의 영이 부어진 것에 기인한다고 할 수밖에 없는 새로운 종류의 내적 동기에 의해서 내몰리고 있다는 압도적인 인식이 초기 그리스도인들로 하여금 그들이 실제로 목격하였던 예수에 관한 이상한 사건들이 이스라엘의 계약의 기대들의 성취, 즉 포로생활의 끝과 이스라엘이 오랫동안 기다려왔던 "다가올 시대"의 시작이었다는 결론을 내리지 않을 수 없게 만들었다.[9]

새로운 신앙; 새로운 체험. 동기(動機)와 관련된 이러한 두 가지 방향이 중요하긴 하지만, 나는 이것들은 둘 다 지나치게 대증요법(對症療法)적이어서, 좀 더 큰 전체적인 관점에서 이 둘도 고려되어야 한다고 생각한다. "신학"은 서서히 발전을 거듭하여 주후 2세기 말에 기독교의 중요한 활동이자 주된 흐름으로 자리를 잡았다. 이것은 유대인들과 초기 그리스도인들이 이스라엘의 신에 관하여 생각하거나 말할 수 없었다든가, 조리 있는 지혜로운 말이나 앞뒤가 안 맞는 어리석은 말을 구별할 수 없었다는 것을 뜻하지는 않는다. 그러나 우리가 가장 초기에 분명하게 표현된 신학, 즉 바울의 신학을 만나게 될 즈음에는, 기독교의 선교는 이미 거의 20년 동안 세계를 휩쓸고 있었다. 오늘날의 세계에서나 고대 세계에서나 온갖 형태와 다양성들을 지닌 종교 체험이

---

8) 또한 cf. Dix 1953.

9) cf. Dunn 1975.

제시되어 왔다. 초기 그리스도인들은 이상하고 새로운 방언을 말하는 유일한 사람들이 아니었다. 축귀와 치유는 많은 문화 속에서 잘 알려져 있었다. 신적인 존재와의 합일(合一)이라는 개념은 신비 종교들 속에서 아주 흔한 것이었다. 사람이 복종할 수밖에 없는 특별한 신의 소명에 대한 믿음은 초기 그리스도인을 스토아 학파의 철학자와 구별시키는 특징이 아니었다. 가정과 가족을 떠나서 유랑하는 복음 전도자의 삶을 살라는 부르심은 견유학파의 철학자들과도 몇몇 유사점을 가지고 있다. 이스라엘의 신의 영이 자기 자신과 공동체에 부어졌다는 믿음은 초기 그리스도인들이 에세네파와 공유하였던 내용이었다. 새로운 형태의 "종교 체험," 그 자체는 역사적으로 앞에서 열거한 확고한 거점들을 거쳐서 초기 기독교가 발전해 온 것을 설명해 주지 못한다.

그렇다면 단순한 "신학"과 "체험"을 뛰어넘는 좀 더 큰 전체는 도대체 무엇인가? 이에 대한 가장 분명한 후보는 신학과 종교 체험이 일어났던 바로 그 초기 공동체 자체다. 물론 다른 종교 공동체들도 있었다. 유대교의 다른 분파들도 존재하였다. 그러나 기독교 공동체와 흡사한 것은 전혀 존재하지 않았다. 우리의 가장 초기의 증거들을 보면, 그리스도인들은 스스로를 이스라엘의 새로운 직계 가족으로 여겼다 — 물론 환골탈태한.

3. 공동체와 정의(定義)

공동체, 즉 '에클레시아'(ekklesia)는 처음부터 상징적, 실제적, 신학적으로 중심 역할을 가지고 있었다. 공동체와 관련된 모든 것은 어느 것이나 이스라엘의 소망들의 성취와 세상에 맞선 새로운 역할에 관하여 말하고 있었다.[10] 세례라는 성례전은 초기 그리스도인들을 요한의 세례와 결부된 그들의 운동의 초창기 및 한 유대교 분파의 이미지(출애굽 모형론 등등을 포함하여)와 직접적으로 연결시켰다. 그러나 우리는 세례가 실제로 이스라엘의 신의 종말론적 백성으로 입문하는 방식이기는 하지만, 세례가 의미가 있었던 것은 세례가 이스라엘의 역사를 그 예정된 목표 지점으로 인도하여 메시야로서 그 자신 속에서 이스라엘을 집약했던 예수와 연관이 있었기 때문이었다는 인식을 우리는

---

10) cf. Meyer 1986, chs. 2-4.

기독교의 아주 초창기부터 추적해낼 수 있다. 기독교의 세례에 대한 우리의 가장 초기의 증거들은 예수의 이름(그리고 종종 이 이름을 포함하고 있는 좀 더 긴 정형문구), 예수의 죽음과 부활을 포함하고 있다.[11] 이스라엘의 신의 약속들을 실현시킨 역사적 인물로서의 예수와 그의 공생애 사역의 절정을 이루었던 특정한 사건들은 세례에 대한 기독교적 이해에 처음부터 내재해 있었다. 또한 세례는 유대인과 이방인, 유대의 제사장과 평신도, 노예와 자유인, 남자와 여자, 이 모두를 위한 것이었다. 이방인 개종자들이 할례를 받아야 하는가를 놓고 격렬한 논쟁이 불붙었던 때에도 그들에게 세례를 베푸는 것이 옳다는 것에 대해서는 결코 의문이 없었다. 또한 세례는 어떤 사람을 이런저런 종교 속으로 받아들일 때에 행하였던 입교 의식들처럼 이방 세계 속에서 특정한 공동체에 입문하는 의식으로 여겨질 수 있었다. 기독교의 세례가 이교의 제의들로부터 유래하였음을 입증하려는 시도들은 여러 번 있었지만, 신통치 않은 결과를 낳았다;[12] 그러나 비록 신학적으로는 피상적인 관계이긴 하지만, 분명한 가시적인 병행 관계가 있다고 전제하는 것은 아무런 문제가 없다. 이런 식으로 세례는 이스라엘의 역사, 특히 출애굽이라는 상징 및 새로운 분파의 주장들 속에서 이 상징의 사용과 직접적으로 결부되어 있다; 그리고 세례는 이 유사 분파에 들어가기 위해서 누구나 통과해야 하는 관문이었다. 따라서 세례는 예수 자신 및 그의 죽음과 부활이라는 구체적인 역사적 토대 위에서 이 둘을 묶어 주는 상징적 방식이자 문자 그대로의 방식이었다.

성찬에 대해서도 실질적으로 동일한 내용을 말할 수 있다. 바울이 고린도 교회의 회중을 성찬에서 그들이 잘못된 행동을 하였다고 하여 질책하였다는 사실은 이러한 예식 성격을 띠고 있는 식사가 초기 기독교의 체계 속에 내재되어 있어서 아주 초기의 회중 내에서도 성찬이 당연한 것으로 받아들여졌고 또한 오용될 수 있었다는 것을 보여 준다. 고린도 교인들에 대한 바울의 충고를 공관복음서에 나오는 성찬 제정의 이야기들과 디다케 및 이그나티우스에 나오는 성찬에 대한 언급들과 함께 고려하면, 이 성례전적인 행위는 세례와 마찬가지로 유월절, 출애굽, (다윗의) 나라라는 유대적인 배경과 직접적으로

---

11) e.g. 마 28:19; 행 2:38; 8:16; 10:48; 19:5; 롬 6:2-11.
12) cf. esp. Wedderburn 1987.

결부되어 있었다는 것이 분명하게 드러난다.[13] 성찬은 한 주간의 첫 날에 예수
께서 부활한 것을 주기적으로 기념하기 위하여 적어도 매주 거행하였던 것에
반해서, 유월절은 오직 일 년에 한 번밖에 거행하지 않았다는 점을 제외한다
면, 성찬은 유대인 공동체 속에서 유월절이 점하고 있던 것과 비슷한 위치를
차지하고 있었다. 이렇게 성찬은 초기 기독교의 삶을 이스라엘의 역사적 삶과
아주 단단하게 묶어 주는 역할을 하였다. 이와 동시에 바울은 성찬과 관련하
여 이교 의식과 대단히 비슷한 표현을 사용하기를 주저하지 않았다.[14] 마찬가
지로 우리는 유월절 예식이 출애굽 사건을 기념하였던 것과 마찬가지로, 예수
의 죽음과 관련된 사건들을 기념하지 않은 초기의 성찬에 관하여 전혀 아는
바가 없다. 성찬은 세례와 마찬가지로 이교 세계에 맞서서 유대 민족의 역사
와 예수의 연속성을 결합시켰다.

이렇게 세례와 성찬은 초기 공동체의 삶의 가장 두드러진 특징을 우리로
하여금 바라보지 않을 수 없게 만든다: 즉, 예수에 대한 예배. 우리는 이미 이
것을 다룬 바 있다:[15] 그러한 예배는 분명히 기독교의 첫 세기에서 공동체가
창조 또는 계약의 유일신 사상으로부터 멀어져 가고 있었음을 보여 주는 표시
가 아니라, 그러한 유일신 사상 내에서의 근본적인 재해석을 보여 주는 표시
였다. 예수가 십자가에 못 박힌 후 70년이 채 되지 않아서 로마의 감독인 클
레멘트는 다음과 같은 삼위일체 사상을 초보적으로 보여 주는 글들을 쓸 수
있었다:

> 우리에게는 한 분 하나님과 한 분 그리스도, 우리에게 부어진 은혜의
> 한 분 성령이 계시지 않는가? … 하나님의 사심과 주 예수 그리스도의 사
> 심과 성령으로 … [16]

심지어 이러한 진술들은 한 세대 이전에 이미 예감되었다.[17] 좀 더 발전된

---

13) 고전 10:1-22; 11:17-34; *Did.* 9:1-5; Ign. *Eph.* 20:2.
14) cf. Wright 1991c.
15) 위의 제12장을 참조하라.
16) *7 Clem.* 46:6; 58:2.
17) e.g. 갈 4:1-6; 고전 12:4-6.

신학적 논의에 대한 그 어떤 징후도 보여 주지 않은 채(분명히 인격, 본성, 실체 등에 대한 언급은 전혀 없었다) 예수, 그리고 신의 영을 유일신론적인 틀 속에 위치시키고 있다는 것은 초기 기독교 내에서 예수에 대한 예배가 중심적인 위치를 차지하고 있었음을 분명하게 보여 주는 표시이다.

예수에 초점을 맞춘 이러한 상징적인 실천을 중심으로 한(물론 이것에 국한되지는 않았지만) 교회의 통상적인 삶은 애초부터 대안적인 가족으로서의 역할을 했던 것으로 보인다. 재산을 공유하고자 했던 움직임은 이 공동체가 에세네파의 규율과 매우 유사한 조직을 갖고 있었음을 보여 준다.[18] 곤궁한 자들, 특히 과부들을 돌보는 것과 관련하여 생겨난 문제점들은 우리가 교회를 사회적이고 가족적인 유대에는 아무런 영향도 미치지 않은 채 같은 생각을 가진 사람들이 자발적으로 일부 시간을 내어서 만든 조직체가 아니라 명확한 경계를 지닌 집단으로 볼 때에 아주 쉽게 이해할 수 있게 된다.[19] 어떤 사람이 교회에 속하였다면, 그는 더 이상 가족과 관련된 것이든 종족과 관련된 것이든 자신의 이전의 집단에 과거와 동일한 방식으로 속해 있을 수는 없었다. 자신의 원래의 가족, 종족, 문화와의 접촉이 계속 유지되는 것은 당연한 것으로 받아들여졌으나, 그 말하는 뉘앙스를 살펴보면 다음과 같은 것이 드러난다: 그러한 본문들은 과거의 집단과의 경계선을 분명히 긋지 않은 것이라기보다는, 오히려 경계선을 분명히 그음으로써 야기된 여러 비정상적인 일들에 어떻게 대처해야 하는가라는 관점에서 자기가 과거에 속해 있던 집단들에 관한 태도에 관하여 말하는 것들이었다. 일단 세례를 받게 되면, 그 이후로는 그 사람의 기본적인 가족은 그의 동료 그리스도인들이었다.[20]

이것은 새로운 사회정치적 방향 설정을 요구하였다. 한편으로 "또 다른 왕"이 있었고, 이 왕은 가이사를 비롯한 여러 등급의 군주들이 요구한 충성 맹세

18) cf. 행 2:44-7; 4:32-7; 5:1-11; cf. Capper 1985.
19) cf. 행 6:1; 딤전 5:3-16. 새로운 의무들이 남용될 수 있다는 것은 데살로니가후서 3:6-13을 보면 분명해진다.
20) cf. 롬 9:1-5; 10:1-2; 고전 5:9-13. 여기서 우리는 초기 기독교의 분파들에 대한 사회학적 서술이라는 문제를 더 자세하게 다룰 수는 없다 — 물론 이 문제는 중요하긴 하지만: Judge 1960; Theissen 1978, 1982; Meeks 1983; Malherbe 1983 [1977]; Stambaugh and Balch 1986; etc.

와 숭배를 근본적으로 전복시키는 그러한 유의 충성 맹세와 예배를 요구하였다. 다른 한편으로 이러한 전복은 통상적인 정치적 혁명의 성격을 띤 전복이 아니었기 때문에, 일상적인 일들 속에서는 그리스도인들은 합법적인 권세에 복종하였다.[21] 또한 이것은 예루살렘에 사는 자들을 포함한 유대 그리스도인들이 로마에 맞서 전쟁을 치르는 것에 동조할 수 없었다는 것을 의미하였다. 유대교의 한 분파로서 그리스도인들은 대단히 전복적인 성향을 지니고 있었기 때문에, 비록 이유는 판이하게 달랐지만 요세푸스와 마찬가지로 로마에 의한 예루살렘의 파괴를 유대인들이 이스라엘의 신의 뜻을 거부한 것의 직접적인 결과로 보았다.[22] 이렇게 초대 교회는 가족적인 공동체로서의 특성을 강하게 띠고 있었기 때문에, 교회에 대한 충성은 그 밖의 다른 모든 고려(考慮)들을 능가하였다.[23]

그 결과 이 가족은 유대 사회나 이교 사회 속에서 결코 편안할 수 없었다. 물론 유대 세계 속에서나(갈라디아서) 이교 세계 속에서(고린도전서) 바울과 같은 엄격주의자들이 타협이라고 간주하였던 것을 통해서 그리스도인들은 어느 정도 불안전한 삶을 완화시키며 살았다는 것을 보여 주는 많은 증거들이 있지만 말이다. 그러나 기독교 공동체는 첫 수십 년 동안에 유대인들과 이방인들에 의해서 핍박받았다는 것을 보여 주는 많은 증거들도 아울러 존재한다. 우리는 이미 이교도들의 핍박에 대해서 어느 정도 살펴본 바 있다.[24] 유대인들이 이제 막 생겨난 이 운동을 그 초창기부터 핍박하였다는 것은, 비록 누가 어떤 그리스도인들을 무슨 이유로 핍박했는지에 대해서는 상당한 논란이 있을 수 있지만, 어쨌든 분명하다.[25] 바울은 자기가 교회를 핍박했다는 말을 거짓으로 만들어 내었을 리가 없다(갈 1:13); 또한 바울은 자기를 잘 아는 교회에 보낸 서신 속에서 자기가 동료 유대인들의 손에 고난을 당한 일에 관하여 자세한 내용을 썼는데(고전 11:24), 이 말이 바울이 만들어 낸 말이었을 리도 없다.

---

21) cf. 롬 13:1-7; 벧전 2:13-17; cp. 고전 10:32f. 또한 예수의 친척들이 도미티아누스에게 보인 반응도 참조하라(위를 보라).

22) cf. 눅 13:1-5; 19:41-4; 21:10-19 and pars.

23) 마 10:34-9 and pars.; 막 3:31-5 and pars.; 8:34-8 and pars.; etc.

24) 위의 제11장.

25) cf. Moule 1982 [1962], 154-64; Hengel 1991, ch. 5; Hill 1992, ch. 2.

그렇다면 초대 교회는 왜 핍박을 받았는가? 그리고 어떤 집단이 핍박을 받는다면, 그 이유는 무엇인가? 우리는 이미 이교도들에 의한 핍박들을 살펴본 바 있고, 얼핏 보기에 이에 대한 대답은 여러 가지가 있을 수 있다: 네로가 희생양을 원했기 때문이다: 그리스도인들은 은밀하게 악한 짓을 저지르는 것으로 의심을 받고 있었기 때문이다: 그리스도인들은 무신론자들이었기 때문이다: 그리스도인들은 황제에 대한 충성 맹세를 거부하였기 때문이다. 이 모든 이유들은 어느 정도 일리가 있고, 분명히 각각의 특정한 경우에 핍박을 받을 만한 충분한 조건이 된다; 그러나 이러한 이유들은 그리스도인들이 일상적으로 핍박을 받았다는 사실과 당국자들이 아닌 일반 사람들조차 그리스도인들을 빈번하게 고발하였다는 사실을 잘 설명해 주지는 못한다.[26] 사실 로마 제국 안에 있던 수많은 종교들은 은밀하게 또는 공개적으로 악덕을 저질렀다: 수많은 사람들이 기괴한 신학적 견해들을 가지고 있었다: 견유학파의 철학자들 같이, 어떤 사람들은 당국에 대한 그들의 의무들을 경시하였다. 그리스도인들은 이 모든 범주에 속한다고 사람들은 생각하였겠지만, 이러한 범주들 중 그 어느 것도 그리스도인들의 핍박에 대한 증거들을 제대로 설명해 주지 못한다.

우리의 눈앞에 떠오르는 것은 하나의 공동체로서 유사 가족적이고 유사 인종적인 삶을 통해서 제국의 정상적인 사회적, 문화적 삶을 전복시키고 있다고 인식된 공동체의 존재이다. 이와 같은 현상들을 보여 주는 증거들은 우리 시대에도 많이 있다. 퀘벡 주의 농촌 지역에서 로마 가톨릭의 공동체로 단단하게 결속되어 있는 공동체의 한 회원이 침례교로 개종한다: 그의 집은 불타 없어지고, 그는 그 마을을 떠나지 않으면 안 되는데, 경찰은 팔짱을 낀 채 바라보고만 있다. 북아일랜드의 한 개신교 목사는 크리스마스 날에 광장 맞은편에 있는 로마 가톨릭 사제에게 화해의 손짓을 보낸다: 그는 영성체대(領聖體臺)에서 자기 교단의 고위 목회자들로부터 죽음의 위협을 받는다. 이스라엘이 점령한 서안 지대에 사는 한 이슬람교도 소년이 기독교 병원에서 돌봄을 받고 개종하면, 그의 가족에게로 돌아갈 수가 없는데, 이는 가족들이 그를 죽일 것이기 때문이다. 유대인 여자는 그녀가 그리스도인이 된다면 이스라엘에서 살아갈 권리를 박탈당할 것이라는 위협을 받는다. 공동체들이 이와 같이 반응할

---

26) cf. Pliny *Letters* 10:97.

때, 그렇게 반응하는 이유는 그들이 그들의 토대 자체가 흔들리고 있다고 느끼기 때문이다. 단순한 신념 — 어떤 명제적인 진술들을 받아들이는 것 — 은 그러한 폭력을 유발시키지 않는다. 사람들은 온갖 종류의 이상한 것들을 믿고 또한 용인받는다. 그러나 신념이 전복(顚覆)의 표지로 간주될 때, 모든 것은 변해 버린다. 이교도들과 그리스도인들이 기독교의 초기 한 세기 동안에 광범위한 핍박을 통상적인 일로 여겼다는 사실은 기독교가 바로 그러한 것이었고, 또한 그러한 것으로 인식되었다는 것을 보여 주는 강력한 증거다. 기독교는 유대인도 아니고 이방인도 아니고 오직 "그리스도 안에서" 새로운 가족, "제3의 종족"이었다. 기독교의 존재 자체가 이교 사회의 근본적인 전제들을 위협하였다. 빌라도의 아내가 예수가 재판을 받던 날 밤에 괴로운 꿈을 꾸었다는 것을 전해 주는 마태의 이야기와 관련하여 크로산(Crossan)은 적절한 표현을 하고 있다:

> 물론 그런 일은 결코 일어나지 않았지만, 그럼에도 불구하고 그것은 사실이었다. 그때는 로마제국이 악몽을 꾸기 시작할 최적의 때였다.[27]

그러나 왜 유대인들은 그리스도인들을 핍박하였는가? 유대인들과 그리스도인들은 같은 배에 타고 있지 않았는가 — 무신론자들로 낙인찍히고, 이 땅에서 쓰레기 취급을 받으며, 나쁜 일을 하면 비웃음 받고 좋은 일을 하면 반감을 사지 않았던가? 이에 대한 대답은 분명히 동일한 모태에 속한 서로 다른 압력 집단들, 당파들, 분파들 간의 격렬한 변증 속에서 찾아볼 수 있다. 형제자매들이 공동으로 유산을 물려받거나 형제 자매들 중의 한 사람이 유산을 물려받을 다른 형제자매의 기회를 빼앗고 있다고 느낄 때, 형제 자매들 간의 경쟁은 극심해진다. 바울 서신의 행간을 읽어보면, 적어도 바울의 경우에는 그런 일이 있었던 것으로 보인다. 토라를 강화하고자 한 바리새파의 계획은 기독교 운동에 의해서 근본적으로 문제 제기를 당했는데, 이는 그리스도인들이 이방인들에게 문호를 개방했기 때문이 아니라(많은 유대인들이 이방인들과 함께 식사하였다: 제8장에서 보았듯이, 또한 여러 가지 정도의 동화 현상이 있었기

---

27) Crossan 1991, 394.

때문에, 우리가 알고 있는 한, 바리새인들은 그것을 교정하기 위하여 폭력을 사용하지는 않았다), 그리스도인들은 그렇게 함으로써 이스라엘이 오랫동안 열망해 왔던 소망들의 성취를 기념하고 있다고 주장하였기 때문이다. 이것은 고린도전서 7:19에 나오는 바울의 의도적인 아이러니와 직접적인 유사성을 갖고 있다: 할례나 무할례나 아무것도 아닌데, 이는 신이 주신 계명들을 지키는 것이 중요하기 때문이다 — 물론 할례도 이 중의 하나다. 그러한 아이러니와 겉보기에 모순된 말을 통해서만 표현될 수 있는 것들이 있는데, 나는 초기 기독교의 주장이 바로 그러한 것들 중의 하나였다고 생각한다: 즉, 전통적인 실천의 여러 측면들을 해체하고, 수 세기 동안 유대인들이 그들의 삶의 기초로 삼아왔던 전통적인 상징들을 무시한 채 오직 이스라엘을 위한 신의 온전한 목적을 따라서만 행하여야 한다는 주장.

여기에서 우리는 그리스도인들이 핍박을 받은 이유의 핵심에 도달하게 된다. 핍박을 초래한 것은 그리스도인들이 유대인들과 이방인들의 세계관에 도전하고 그 상징적 우주를 끝장내려고 한다는 인식 때문이었다. 자신의 공동체를 참된 성전으로 여기는 것은 주후 1세기의 다른 유대인들에게는 상당한 위협이 되었는데, 사실 그러한 개념들을 사막의 폐쇄된 공동체의 담장 내에서 유지하는 것만도 위협이었다; 그러나 쿰란 공동체에서 갖고 있었던 신앙은 토라의 강화, 땅에 대한 대속적인 정화, 이스라엘 민족에 대한 열렬한 옹호, 예루살렘에 결국 성전이 재건되고 정화될 것이라는 것에 대한 꿈을 포함하고 있었기 때문에, 바리새인들은 쿰란 공동체에 대하여 격렬한 논쟁을 벌였지만 고위 제사장들로부터 그들을 멸절시킬 권한을 요구하지는 않았다. 그러니까 결국 쿰란 공동체는 중심적인 세계관의 특징들 중 아주 많은 부분을 공유하고 있던 것이다. 그런데 기독교에서 지니고 있었던 신앙은 구속과 관련된 그러한 특징들을 가지고 있지 않았던 것으로 보인다. 성전에 대한 진정한 궁극적인 대체물은 예수와 그의 백성이었기 때문에, 헤롯 성전을 대체할 그 어떤 새로운 성전도 필요가 없었다. 기독교 공동체를 정의했던 유일한 것은 예수에 대한 믿음이었기 때문에, 토라를 강화하여 이 공동체를 정의할 필요성도 없었다.[28] 그리스도인들에게는 땅에 대한 충성도 필요 없었고, 거룩한 도성은 그들

---

28) 아래의 서술을 보라. 마태복음이 이것에 대한 예외일 가능성이 있다는 것에 대해

에게 예루살렘이 주류 유대인들에게 의미했던 것과 같은 역할을 할 수 없었다; 이제 땅은 세계로 확장되었고, 거룩한 도성은 몇몇 유대 묵시문학의 저자들이 생각했던 대로, 엘리사 주변의 불병거와 말들처럼 하늘에서와 마찬가지로 땅에서도 나타날 새로운 예루살렘이었다.[29] 인종과 관련된 정체성도 그리스도인들에게는 아무 상관이 없었다; 이 새로운 공동체의 이야기는 아브라함이 아니라 아담에게로 소급되었고, 이스라엘의 신이 돌들로도 아브라함의 자손이 되게 하실 것이라는 예수의 선구자인 세례 요한의 말에 대한 기억도 보존되어 있었다.[30] 일단 우리가 세계관이 어떻게 작용하는가를 이해하게 되면, 우리는 초기 그리스도인들의 이웃인 유대인들이 그들을 모네 애호가가 피카소 애호가를 바라보듯이 한 것이 아니라 그림 애호가가 화랑에 의도적으로 불을 지르려고 하는 자 ― 그리고 그렇게 하는 것이 예술에 도움이 된다고 주장하는 자 ― 를 대하듯이 했음을 우리는 알 수 있다.[31]

그러므로 나는 주류 유대교와 초창기 기독교 간의 단절의 시작은 주후 70년이나 역사적으로 의심스러운 "얌니아 회의"에 의해서 공포된 근거가 희박하게 재구성된 칙령으로 시작된 것이 아니라.[32] 사울이라는 젊은 바리새인이 권세를 얻어서 이 작은 분파를 공격하고 괴롭히는 것이 그가 신으로부터 받은 소명이라고 믿었던 바로 그 초창기 때부터였다고 생각한다. 유대교 세계 내에 나오는 이와 유사한 예들은 이러한 생각이 옳다는 것을 보여 준다. 에세네파와 하스모네가, 에세네파와 바리새파 간의 깊은 골은 에세네파의 문헌들 속에서 여기저기 나타나지만, 그러한 문헌들을 낳게 한 실제적인 분열은 분명히

서는 본 시리즈의 제4권을 보라.

29) 왕하 6:15-17; Cf. 갈 4:26; 히 12:22; 계 21:2, 10-27; cf. 사 28:16; 4:11-14; 겔 40:1~48:35; Tob. 13:7-18; 4 Ezra 10:27, 50-5; 2 Bar. 4:1-6. 물론 이러한 구절들에 대한 해석은 흥미를 자아낸다. 왜냐하면 현재의 지상적인 예루살렘의 회복에 대한 기대와 미래의 영광, 즉 "천상의" 예루살렘에 관한 환상을 구별할 만한 뚜렷한 경계가 없기 때문이다. Cf. Davies 1974; Lincoln 1981.

30) 마 3:9, par. 눅 3:8.

31) 유대인들이 그리스도인들을 핍박한 것에 대해서는 Moule 1982 [1962], 154-76 및 거기에 나오는 그 밖의 다른 참고문헌들을 참조하라.

32) 본서 p. 270을 보라.

그러한 문헌들이 씌어지기 훨씬 전에 생겨났다. 마찬가지로 성전, 땅, 토라를 근거로 한 성경의 약속들의 상속자라고 주장했던 자들과 예수와 그의 영에 근거해서 동일한 것을 주장했던 자들 간의 훨씬 깊은 골은 그러한 것들을 보여 주는 어떤 글들이나 칙령들보다 훨씬 이전으로 거슬러 올라가서 그리스도인들의 행동을 보고 깜짝 놀라며 당혹케 한 일부 유대인들이 죽은 자들로부터의 부활, 포로생활로부터의 귀환, 죄 사함 같은 이스라엘의 소망이 모두 십자가에 못 박힌 예수 안에서 단번에 실현되었다는 결론에 도달하게 된 그 순간에 생겨났다고 보아야 한다. 그렇다고 해서 기독교가 에세네파, 바리새파, 또는 그 어떤 다른 분파나 집단들보다 더 반유대적이었다고 생각해서는 안 된다는 것을 나는 현재의 논쟁 속에서 조심스럽게 지적해 두고자 한다.[33]

그러므로 교회는 처음부터 압력 아래에서 살았다. 수많은 그 밖의 다른 압력들을 통해서 분열로 치달을 수 있었던 기독교를 하나로 묶어 주었던 것은, 물론 다른 것들도 있겠지만 바로 이것이었다.

4. 발전과 다양성[34]

기독교가 여러 방향으로 발전했다는 것은 이상한 일이 아니다. "기독교의 기원에 관한 신화," 또는 좀 더 통속적인 표현을 사용하자면 교회의 기원에 관한 "빅뱅" 이론은 후대 그리스도인들이 만들어 낸 허구로 밝혀졌다. 누구나가 동일한 것을 믿고 아무런 문제나 싸움도 없는 공동체 속에서 살면서 다가올 위대한 교회를 위한 참된 교리를 만들어 내었던 "순수한" 시대는 결코 존재하지 않았다.[35] 아마도 사도행전의 저자도 "나도 그렇게 말했다"라고 말하는 데 만족할 것이라는 것을 지적해 두는 것은 중요하다. 사도행전은 흔히 초기 그리스도인들을 미화하려는 시도였다고 보는 사람들이 있지만, 그러한 판단은 완전히 잘못된 것이라고 보아야 한다. 아나니아와 삽비라의 죄, 히브리파와 헬라파의 분쟁, 베드로의 오락가락하는 태도, 할례를 놓고 둘로 편이 갈라진 것, 바울과 바나바의 격렬한 다툼 ― 이렇게 사도행전의 주인공들조차도 결점들

---

33) 이 모든 논의에 대해서는 Segal 1986 ; Dunn 1991을 참조하라.

34) 이것에 대해서는 Dunn 1977 ; Moule 1982 [1962], ch. 7을 참조하라.

35) cf. Wilken 1971.

이 있었다는 것을 사도행전은 분명히 보여 준다.[36] 초대 교회가 통일적인 모습과 안정된 모습을 갖추고 있었다는 생각은 주후 1세기의 어떤 저작에 의거한 것이 아니라 유세비우스와 그의 후계자들에 의한 것이었다; 그러나 현실은 너무도 생생했기 때문에 그런 식으로 덮어질 수 없었다.

이와 동시에 우리는 또한 일단 그렇게 쉬운 신화를 거부했을 때에 몰려오는 좀 더 교묘한 신화들을 거부해야 한다. 초대 교회가 순수한 공동체가 아니었고, 따라서 본받을 필요가 없다고 한다면, 우리는 초대 교회가 교회 연합운동의 초창기였다고 보고 이를 더 이상 본받을 필요가 없다고 해야 한다.[37] 버튼 맥(Burton Mack)이 주장한 대로, 마가가 예수와 그의 첫 제자들을 미화된 비역사적인 모습으로 묘사함으로써 "순수의 신화"를 철저하게 엮어낸 것인지의 여부와는 상관없이, 맥은 그의 주인공들인 견유학파 스타일의 예수와 견유학파 스타일의 그의 초기 제자들이 중심에 있는 기독교의 초창기에 관한 또다른 새로운 신화를 만들어 내었다는 비난을 받아야 마땅할 것이다.[38] 이러한 두 경우는 그 어느 것도 어려운 과제에 과감하게 도전하지 않고 있다: 왜 우리는 "원시" 기독교가 자동적으로 "규범적"이어야 한다고 전제해야 하는가?[39]

논의의 단계에서 이 문제는 어느 정도는 불확실한 채 그대로 두는 것이 필요하다는 것을 말해 둘 필요가 있다. 오랫동안 학계에서 훈련을 받고 자료들을 수집하고 정리하고 분류하고 정확히 집어내는 일에 익숙해진 대부분의 신약학자들에게 그렇게 하기는 아주 어렵다. 또한 이러한 성향은 엄격한 역사적 작업을 회피하고자 하는 (신학적 이유들로 인해서) 이 분파의 경향과, 앞에서 말했듯이, 우리가 새로운 중요한 발견들을 하지 않는 한 기독교의 첫 세기에 관하여 별로 아는 것이 없고 결코 많은 것을 알 수 없다는 사실에 의해서 더욱 강화된다. 이러한 무지를 이론으로 얼버무리거나 역사가 아무것도 해 주지 못하는 지점에서 가설로 그곳을 메우는 것은 식은 죽 먹기처럼 쉬운 일이다.[40]

---

36) 행 5:1-11; 6:1 (cf. Hill 1992); 10:1~11:18; 15:1f.; 15:36-40.

37) 이것은 부분적으로 Dunn 1977과 그 밖의 몇몇 저술가들의 경향이다.

38) Mack 1988. Cf. F. Gerald Downing's review of Smith 1990, in *JTS* 42, 1991, 705.

39) 위의 제1장을 참조하라.

이 분야의 연구의 모든 차원에서 거의 한 세기 동안 통설로 유지되어 왔던 견해가 있다: 초대 교회는 종족을 따라 분열되어 있었고, 신학적 분파도 종족에 따라 결정되었다; 유대 그리스도인들은 토라를 고수하였고, 이방 그리스도인들은 토라를 거부하였다; 이러한 분열은 사도행전 6:1에 나오는 히브리파와 헬라파 간의 분열로 거슬러 올라간다; 이러한 사정은 바울을 설명해 주고, 베드로와 바울이 불화를 일으킨 이유도 설명해 준다; 또한 그것은 우리로 하여금 초기의 기독교 문헌들을 깔끔하게 분류할 수 있도록 해 주는데, 물론 이것은 교육 목적상 유용하다. 이러한 이론은 단 한 가지를 제외하고는 모든 점에서 장점을 갖고 있다: 즉, 이 이론은 실제 역사와는 아무런 관계가 없다는 것.[41]

애초부터 모든 초기 기독교는 유대적인 기독교였다.[42] 이방인들 가운데서 행해진 모든 초기의 선교 사역은 유대 그리스도인들에 의해서 수행되었다. 이방인 개종자들에게 할례를 요구하지 않기로 결정한 것은 그러한 결정을 격렬하게 반대하였던 자들의 입장과 마찬가지로 "유대 기독교적"이라고 분류될 수 있다. 신약성서에 나오는 모든 문서들은 어떤 의미에서 "유대 기독교적"이다; 예를 들어, 마태복음이 유대인들의 음식법의 폐지에 무언(無言)으로 동의하고 있다고 해서 마태복음이 덜 "유대적"이 되지는 않는다.[43] 바리새인으로서 바울

---

40) cf. Hengel 1979, 130. "고대 역사의 영역에서 현존하는 자료들이 우연히 남아있게 되었거나 단편적이라는 성격을 지니고 있고, 고대인들의 의식과 우리 자신의 의식이 거리가 있기 때문에, 과거의 현실에 대한 단순화된 서술이 나오기가 대단히 쉽다." 이 말은 의도적인(거의 영국 사람 같은!) 과소평가라고 나는 생각한다.

41) 다시 한 번 Hill 1992를 참조하라. 이후의 논쟁에서 대체로 무시되어 온 한 가지 중요한 점에서의 선구자로는 Moule 1958-9를 참조하라. 또한 Moule 1982 [1962], 201f.; Hengel 1983, 1-11, 54-8; Meyer 1986, 68과 비교해 보라. 스데반의 의미에 대해서는 Bruce 1979, ch. 2; Stanton 1980; Hengel 1983, 18-25; Meyer 1986, 68f.; Hill 1992, ch. 3을 참조하라.

42) cf. Koester 1982b, 198; Conzelmann 1973, 37f. 그러나 Conzelmann은 이것을 처음 몇 년에만 국한시킨다; 그 이후에는 기독교와 유대교의 연관성은 단순히 피상적인 것으로서, "깊은 관심을 가진 동시대인들"만이 알아차릴 수 있는 그런 것이었다(79).

43) Pettem 1989는 "유대 그리스도인"에 대한 제한적인 정의를 가지고 다루고 있기 때문에, 이 관점에서 보면 마태는 그 범주로부터 제외된다(내가 보기에는, 인위적이다).

이 품었던 유대적인 세계관을 체계적으로 재고(再考)하고 다시 형성한 바울의 신학은 그럼에도 불구하고 여전히 유대적인 신학으로 볼 때에만 의미가 통한다. 바울의 신학은 결코 이교 사상의 한 변형이 아니다.

역사가가 이러한 기본적인 사실을 다룰 수 있는 유일한 방법은 가능한 또는 실제의 "유대 기독교적" 관점들의 많고 다양한 스펙트럼들을 세워서, 사람들이 이러한 스펙트럼들 내에서 이리저리 옮겨 다닐 여지가 분명히 있었다는 것을 인정하는 것이다. 이런 식의 연구는 여러 학자들에 의해서 시도되어 왔고, 어느 정도 성공을 거두었다; 물론 우리는 초대 교회에서 정확히 어떤 일이 벌어졌는지를 알지 못하기 때문에 "성공"이라는 말은 좀 지나칠 수 있다.[44] 유대 기독교적인 견해의 모든 스펙트럼 속의 한 지점에는 적어도 몇몇 그리스도인들이 존재하였을 것이다.

하나의 스펙트럼은 로마에 대한 저항과 관련된 태도라는 관점에서 정의될 수 있을 것이다. 그리스도인들은 만일의 경우에 충성스러운 유대인들이 되어야 하는가, 아니면 혁명에 참가하지 않고 그대로 있어야 하는가? 또 하나의 스펙트럼은 결례에 관한 율법의 실천이라는 견지에서 정의될 수 있다. 어떤 사람들은 일생 동안 해 온 음식과 관련된 습관들을 버릴 필요가 없다고 생각했을 것이고, 어떤 사람들은 예수께서 마가복음 7:14-23의 말씀을 했을 때에 음식에 관한 율법을 버리라는 것을 의도했다고 볼 만한 충분한 근거가 있다고 생각했을 것이다. 또 다른 스펙트럼은 예루살렘 성전에 대한 태도와 관련되었을 수 있다: 그리스도인들은 계속해서 성전에서 희생제사를 드려야 하는가, 아니면 말아야 하는가? 이방인의 할례에 관한 잘 알려진 문제, 윤리적 행위, 새로운 종말론적 기대의 성격, 예배를 하거나 성경을 봉독하거나 연구할 때에 히브리어, 아람어, 헬라어 중 어느 것을 사용해야 하느냐 하는 문제, 예수에 관한 신학적인 문제들도 하나의 스펙트럼이 될 수 있었을 것이다. 이런 식으로 우리는 여러 스펙트럼들을 계속해서 거론할 수 있다. 이러한 서로 다른 스펙트럼들이 서로 일치하였을 것이라고 생각할 이유는 전혀 없다. 한 문제에 대해서 엄격주의자인 사람이 다른 문제에 대해서는 "타협적인" 태도를 취할 수 있다. 우리가 지금까지 충분히 살펴보았듯이, 유대교는 주후 1세기에 대단히

---

44) cf. Brown 1983; Riegel 1978; Hill 1992, esp. 193-7.

다양한 형태를 띠고 있었다. 유대교의 중심적인 상징들, 이야기들, 실천은 중심
적인 주제들에 대한 다양한 변형과 편차를 허용하였다. 기독교도 바로 이와
동일한 다양한 형태를 처음부터 띠고 있었고, 더욱더 다양한 형태를 향한 강
력한 추진력을 제공하였다고 생각할 만한 충분한 이유가 있다. 이것이 몇몇
초기 유대 그리스도인들이 마르키온주의자들처럼 보였을 수 있고, 어떤 이들
은 에비온주의자들처럼 보였으며, 어떤 이들은 초기 영지주의자들처럼 보였을
수 있으며, 어떤 이들은 메시야가 이미 왔다고 믿은 랍비들처럼 보일 수 있었
고, 어떤 이들은 의외의 일에 놀라서 당황하여 이 모든 것을 이해하려 했지만
항상 이해할 수는 없었던 자들처럼 보였을 수 있다는 것을 의미한다면, 바로
그런 모습이 우리가 초대 교회에서 예상할 수 있는 모습일 것이다.

　이러한 것이 유대 기독교에 대하여 진실이라면, 그것은 이방 기독교에 대해
서는 한층 더 그러하다 — 물론 우리는 "이방 기독교"가 그 기원과 성경과 교
회 조직의 형태와 성례전과 심지어 그들이 믿은 신까지 유대 기독교로부터 가
져 왔다는 점에서 "유대 기독교"의 일부였다는 것을 항상 염두에 두어야 하지
만. 놀라운 것은 기독교의 첫 세기에 기독교가 수많은 새로운 형태들을 띠고
있었다는 것이 아니라, 기독교가 지리와 문화를 넘어서 급속하게 확장되었음
에도 불구하고 놀라울 정도로 한데 결속되어 있었다는 것이다. 태동하던 이방
기독교의 다양성에 대한 실제적인 역사적 연구는 거의 이루어져 있지 않지만,
일단 우리가 판에 박힌 선입관들에서 벗어나기만 한다면 많은 것들이 드러나
게 될 것이다.[45]

　유대인-이방인이라는 스펙트럼, 유대 기독교와 이방 기독교 내에서의 여러
변형들은 사실 자료들 속에서 볼 수 있는 엄청난 차이들을 규명하는 유일한
방법이다. 우리에게 떠오르는 그 밖의 것들로는 다음과 같은 것이 있을 수 있
을 것이다. 어떤 그리스도인들은 이스라엘과의 연속성을 극히 중요한 것으로
보는 구원사를 강조하였던 것으로 보인다; 어떤 그리스도인들은 "수직적" 종
말론을 포함한 비역사적인 믿음을 강조하였던 것 같다. 어떤 그리스도인들은
적어도 클레멘트와 이그나티우스가 극히 유연성이 있다고 본 사역 형태들을

---

45) Theissen(1982)과 Meeks(1983, 1986)가 여전히 선구자들 같이 보인다는 사실
은 이것에 대한 충분한 증거이다.

존중하였을 것이고, 어떤 그리스도인들은 이 두 감독들을 포함하여 몇몇 사역 형태들이 교회의 본연의 모습으로 본 것을 인정할 것을 주장하였다. 어떤 그리스도인들은(보통 생각하는 것보다 그 수가 더 적었지만) 우주적인 대격변을 분명히 기대했다; 어떤 그리스도인들은 신의 때와 인간의 때는 각각 다르게 작용한다는 것을 알고 있었다. 어떤 이들은 예수를 단순히 독특한 인간으로 보았을 것이고, 어떤 이들은 분명히 그를 유대적인 유일신 사상의 신의 차원에 위치시켰다.[46] 어떤 이들은 예수의 십자가의 구원하는 효과를 거의 강조하지 않았고, 어떤 이들은 바울 전승과 더불어 예수의 십자가를 신의 구원 계획의 중심으로 강조하였다. 어떤 이들은 틀림없이 "열광주의자들"이었고, 어떤 이들은 "초기 가톨릭주의자"였다; 한 분석에 의하면, 적어도 누가는 이러한 두 가지 성향을 다 가지고 있었다.[47] 다시 한 번 강조해 두어야 할 것은 이러한 스펙트럼들은 쉽게 분간할 수 없는 모습으로 서로 뒤엉켜서 공존하고 있었을 가능성이 크다는 것이다. 이러한 스펙트럼 모두를 "유대인/이방인?"이라는 범주로 억지로 분류하고자 하는 시도들은 반드시 실패하고 만다: 초기의 순수하고 유대적인 복음이 헬레니즘적인 범주들에 의거해서 고정된 형태들과 경직된 도그마들로 표현되었을 때에 훼손이 일어났다는 주장이 심심치 않게 제기된다 — 그리고 또한 이러한 후자의 활동은 "순수한" 초기의 헬레니즘적인 케리그마를 다시 유대화하는 작업이었다고 주장되기도 한다. 마찬가지로 서로 다른 여러 스펙트럼들을 연대기적인 순서로 배열하고자 하는 시도들도 좌절을 겪게 된다: 한 중요한 분야에서 이를 보여 주는 좋은 반증들은 갈라디아서는 미래에 대한 소망이 전혀 언급되어 있지 않은데도 초기의 책이고, 그러한 소망이 언급되어 있는 로마서는 후기의 책이라는 것이다. 또 다른 점에서 신약성서의 기독론과 관련된 가장 초기의 증거인 빌립보서 2:6-11 같은 바울 이전의 단편들은 실제로 매우 발달된 기독론을 보여 준다;[48] 그런데 명확하고 잘 발달된 "저급한" 기독론을 찾기 위해서 우리는 주후 3세기에 나오는 『클레멘트 위서』로 가야 한다.[49] 이 모든 것들을 고려할 때, 우리는 초기 기독교가

---

46) cf. Hengel 1983, 30-47; Marshall 1972-3.
47) Dunn 1977, 352-8.
48) cf. Wright 1991a, ch. 4; cp. Caird 1968.

우리가 생각하는 것보다 훨씬 더 다양한 형태를 띠고 있었고 훨씬 덜 논리적이고 덜 정연했다고 보는 것이 좋을 것 같다.

이러한 모든 다양성 속에서 초기 기독교를 한데 묶었던 그 무엇이 과연 존재하였는가?[50] 이러한 질문은 최근에 여러 가지 방식으로 대답되어 왔고, 실제로 우리의 이해를 진전시켜 주지 않는 최소 공약수적인 대답들을 산출해낼 위험성이 항상 도사리고 있다. 나는 우리가 이 문제를 제2부에서 설명했고 제3부에서 실제로 이미 주후 1세기의 유대교에 적용했던 세계관과 신학에 대한 분석의 시각을 사용하여 연구한다면, 몇몇 불변의 요소들이 뚜렷하게 드러날 뿐만 아니라 그토록 풍부하고 폭넓은 다양성으로 인해서 훨씬 더 강력하게 두드러질 것이라고 생각한다.[51]

우리가 12~14장에서 보았듯이, 초기 그리스도인들의 세계관은 공동체로서의 그들의 실천, 유대적 상징들을 대체한 그들의 상징들, 유대 민족의 이야기를 다양한 형태로 다시 말한 그들의 이야기들에 초점이 맞춰져 있었다. 우리가 세계관과 관련된 핵심적인 질문들, 그리고 그 질문들을 특정한 신념 체계들로 변화시키고 있는 신학을 살펴보지 않더라도, 모든 다양성보다 더 깊게 초기 그리스도인들을 하나로 묶어 주었던 것은 그들이 예수에게서 절정에 달했고 그런 다음에 성령을 수여받은 새로운 삶과 과제를 낳았던 이스라엘의 이야기의 한 형태를 말하고 살았다는 것이었음이 아주 분명하게 드러난다. 그들의 다양성은 이러한 기본적인 것을 해석하는 다양한 방식들이었다: 그들의 논

---

49) cf. Hennecke 1975, 532-70.

50) "유명론적이고 실증주의적인 전제들"을 채택함으로써 학계는 항상 초대 교회를 혼합주의적인 것으로 묘사하는 우(愚)를 범할 가능성이 있다고 그 위험성을 지적하고 있는 Meyer 1986, 16f.를 참조하라.

51) Moule 1982 [1962], 214; cf. Hengel 1983, xi: "성령의 역사에 의해서 일어난 온갖 다양성에도 불구하고 나는 여전히 가장 초기의 기독교가 내적인 연관성과 본질적으로 놀라운 통일성을 갖춘 운동이었다고 보고 싶다. 가장 초기의 기독교를 서로 판이하게 다르고 실제로 서로 연관이 없었던 독자적인 발전물들로 보고자 하는 사람은 주후 2세기의 교회가 그 모든 편차들에도 불구하고 하나의 통일체를 이루고 있었던 이유를 더이상 설명할 수 없다. 그들의 견해대로라면, 교회는 무수한 분파들로 산산조각이 났어야 한다."

쟁들은 확고한 원칙들 또는 증거 본문들의 잡동사니로 인식된 유대 성경을 근거로 해서가 아니라, 쟁점들을 부각시켜 준 새로운 이야기하기에 의거해서 수행되었다. 유다서와 이그나티우스, 야고보서와 순교자 저스틴의 저작들과 같은 다양한 작품들 속에서 충분히 알아차릴 수 있는 그들의 강력한 중심은 어떤 이론이나 새로운 윤리, 추상적인 교리나 기계적으로 배운 가르침이 아니라 그들이 들려주고 살았던 특정한 이야기였다. 도마복음서 같은 작품들조차도 유대적인 인유들을 번번이 사용하여, 비록 다른 땅에 옮겨 심겨졌고 다른 샘으로부터 물을 주기는 하지만, 그 나무가 자라난 뿌리를 증언한다. 기독교 제1세기의 확고한 거점들을 살펴보면, 초대 교회는 먼저 이교적이 아니라 유대적이었고, 둘째로 인종과 토라를 기반으로 한 정체성이라는 의미에서의 유대적이라기보다는 기독교적인 상징적 우주 속에서 숨쉬며 살았다. 그리스도인들이 현실 전체를 바라볼 때에 사용하였던 렌즈는 유대적인 세계관에 대한 한 변형이었다. 상징들은 근본적으로 변화되었지만, 그 이야기는 새로운 말하기를 통해서 상징들의 근본적인 변화의 이유들을 제시하면서 여전히 유대적인 것으로 남아 있었다.

5. 신학

우리는 제12장의 끝 부분에서 초기 그리스도인들의 상징과 실천이 세계관과 관련된 문제들에 대한 일련의 예비적인 대답들을 만들어 내었다는 것을 본 바 있다. 우리가 이것들을 현재의 논의에 비추어서 실제의 신학에까지 추적해 본다면, 몇몇 내용들이 다시 한 번 분명하게 드러난다. 자신의 범주들을 주후 1세기에 소급하여 투영함으로써 저급한 시대착오적인 사고들만을 낳을 수 있었던 후대의 그리스도인들의 특정한 쟁점들이 아니라, 초기 그리스도인들이 살던 당시에 생생하게 살아 있던 문제들이 이러한 신학의 초점이 되어야 한다. 물론 다음의 개략적인 서술은 짧고 대단히 편향적인 것임에 틀림없지만, 나는 그것이 충분한 논증을 하지 않았다고 하더라도 핵심을 아는 데 도움을 줄 것을 기대해 본다.[52]

---

52) 이 단원에서 사용된 용어와 범주들에 대해서는 위의 제5장과 제9장을 참조하라.

초기 기독교는 유대교가 유일신론적이고 이교 사상은 그렇지 않았다는 의미에서 유일신론적이었다: 즉, 초기 그리스도인들은 창조, 계약, 종말론과 결부된 유일신 사상을 받아들였다는 말이다. 그들은 다신론자들이나 범신론자, 또는 에피쿠로스 학파적인 원시 자연신론자들도 아니었다. 그들의 유일신 사상은 필연적으로 주류 유대교의 특징을 이루었던 두 가지 중심적인 이원성, 즉 창조주와 피조물이라는 이원성과 선과 악이라는 이원성을 포함하고 있었는데, 이것은 결코 타협이 아니었다. 마찬가지로 그들의 창조, 계약의 유일신 사상은 필연적으로 창조주가 피조물과 관련하여 어떻게 행하였고, 선한 창조주가 피조물 내에 있는 악을 어떻게 다루어왔고 또한 다룰 것인지에 대해서 대답하였는데, 이것도 결코 타협이 아니었다. 유대교에서 이러한 문제들은 우리가 제9장에서 살펴본 바 있는 다양한 방식들로 논의되었다. 초기 그리스도인들은 이와 동일한 문제들에 직면하였고, 그러한 문제들을 유대교의 자료들로부터 가져온 방식들로 해결하였다. 그러나 그들은 그러한 주제들을 두 가지 확고한 거점들을 중심으로 재조직하였다: 예수와 신의 영. 바울은 이 문제를 깨끗하게 정리한 신학자들 중 가장 위대한 인물 중의 한사람이지만, 이와 동일한 근본적인 도식은 도처에서 분명하게 볼 수 있다.

창조주가 피조물 내에서 어떻게 활동하는가라는 질문에 대한 유대인들의 기본적인 대답은, 앞에서 보았듯이 지혜, 토라, 성령, 셰키나 같은 다양한 표현들을 발전시키는 것이었다. 그 가장 근본적인 차원에서 이러한 것들은 세상 속에서 한 분 창조주 신의 임재, 권능, 은혜, 섭리를 아주 강력하게 단언하는 방식들이었다: 또는 이것을 다른 식으로 표현해 본다면, 이러한 것들은 피조물 속에서 및 이스라엘 내에서 활동하는 신의 권능이 한 분 창조주 신으로부터 독립되어 있다거나 상반되는 것이라고 생각해서는 안 된다는 것을 단언하는 방식들이었다. 또 다른 차원에서 이러한 것들은 유대교의 독특한 주장, 도처에서 활동하고 권능을 행사하는 이 창조주 신은 이스라엘의 역사 내에서 특별하게 활동하였다는 것을 단언하는 방식들이 되었다. 초기 그리스도인들은 그러한 것을 예수와 신의 영에 관한 표현으로 바꾸어서 정확히 동일한 사상들을 발전시켰다. 이런 식으로 그들은 이교 사상과 이원론에 대항하여 유대적인 유일신 사상을 고수하였고, 유대교의 독특하고 특별한 주장에 새로운 초점을 부여하였다: 이 창조주 신은 예수 안에서 특별하고도 최고조로 활동하였으며,

지금도 예수와 연관된 새로운 방식으로 그 자신의 영을 통해서 활동하고 계시다.

창조주는 그의 피조물 내에 있는 악을 어떻게 다루시고 있는가라는 질문에 대한 유대인들의 기본적인 대답은 물론 신이 이스라엘을 불렀다는 것이었다. 앞에서 보았듯이, 이것은 부차적인 난점들을 생겨나게 하였다. 왜냐하면 이스라엘은 해결의 수단임과 동시에 문제점의 일부가 되어 버렸기 때문이다. 우리가 정경의 "신약성서"의 내부와 외부로부터 알고 있는 모든 것을 토대로 볼 때, 초기 그리스도인들은 이러한 대답을 받아들였고, 이 부차적인 난점도 인정하였으며, 이스라엘의 신이 예수를 통하여 이 난점을 해결함으로써 그 기본적인 대답을 긍정하였다고 단언하였다. 이스라엘의 목적은 그의 죽음과 부활 속에서 적절하면서도 고도로 역설적인 절정에 달하였던 예수의 사역을 통해 정점에 이르게 되었다. 이제 예수의 백성이 된 자들은 종족으로서의 이스라엘과 동일하지 않다. 왜냐하면 이스라엘의 역사는 신이 의도한 성취에 도달하였기 때문이다; 그들은 새로운 상황 속에서 이스라엘의 계승자라고 주장하였기 때문에, 자기 정체성을 표현하기 위하여 이스라엘에 대한 이미지들을 자유롭게 끌어다 쓸 수 있었고, 이스라엘의 성경을 읽어서(메시야와 성령의 렌즈를 통해서) 그것을 그들 자신의 삶에 적용할 수 있었다. 그들은 그러한 주장과 그러한 읽기를 통해서 세상을 위한 이스라엘의 소명을 성취하기 위하여 등을 떠밀려서 나아갔다.

이러한 사고 도식 전체는 바울에게서만이 아니라 마가에서도 분명하게 드러나고, 히브리서에서만이 아니라 누가에서도 자세히 설명되며, 로마서에서만이 아니라 요한계시록에서도 전제되고 있다. 게다가 이러한 사고 도식은 사도행전 15장에 나오는 패배한 파당, 바울의 몇몇 서신들에 나오는 대적자들의 신학, 이그나티우스와 클레멘트가 하나 되게 하기 위하여 무척 애를 썼던 사분오열된 교회들의 전제이기도 했다. 적어도 첫 80년 또는 100년 동안의 기독교 내부의 변증들은, 우리가 알 수 있는 한, 이러한 기본적인 신학을 받아들였던 사람들에 의해서 이 세계관 내에서 수행되었다. 오직 도마복음서 같은 저작들 속에서만 우리는 근본적으로 다른 세계관을 위장하기 위하여 기독교의 언어를 사용했던 다른 집단들과의 충돌을 발견한다.

이 두 가지 기본적인 질문들을 합쳐 놓으면, 우리는 다음과 같은 초기 기독교 신학의 틀에 도달하게 된다. 근본적인 신학적 입장은 창조주와 피조물, 피조물 내의 악과 그 악으로부터의 피조물의 구원, 성취된 소망과 장차 도래할 소망, 구원받은 자임과 동시에 구원하는 자인 백성에 관한 것이었다. 기독론, 성령론, 교회론은 이러한 토대로부터 자연스럽게 유대적으로 발전해 갔다.

특히 구원과 칭의에 관한 유대적인 교리들은 그러한 용어들이 반드시 사용되고 있지 않은 구절들에라도 초기 기독교의 전반에 반영되어 있다. 교회는 창조주 신이 마지막 날에 그의 백성을 구원하실 것이라는 유대인들의 신앙을 자기 것으로 받아들였고, 그 구원을 위대한 법정 장면이라는 관점에서 해석하였다. 이것은 신의 계약에 대한 신실하심이라는 견지에서 가장 잘 설명될 수 있고, 또한 이것은 바울의 로마서에 주된 주제로 표현된 '디카이오쉬네 데우'("하나님의 의")에 관한 교리이다. 이와 관련하여 기독교의 견해와 유대교의 견해 간의 중요한 차이는 초기 그리스도인들은 평결(評決)이 예수의 죽음과 부활 속에서 이미 선고되었다고 믿었다는 것이었다. 이스라엘의 신은 마침내 결정적으로 활동하여서 그의 계약에 대한 신실성을 보여 주고, 그의 백성을 그들의 죄로부터 구원하였으며, 새로운 계약을 도래하게 하였다. 따라서 그 결과 현재의 칭의에 관한 문제는 두 개의 끝점, 양쪽으로부터 표현될 수 있었다. 유대인들의 공식("우리는 현재에 있어서 누가 미래에 의롭다 하심을 받을 것인가를 어떻게 알 수 있는가?")에 그리스도인들은 두 번째 질문을 더하였다: 우리는 현재에 있어서 누가 예수의 죽음과 부활에 함축적으로 포함되어 있는지를 어떻게 알 수 있는가? 이것은 유대인들의 질문에 다른 형태를 부여하였고, 다른 대답을 위한 맥락을 설정하였다: 계약의 신이 마지막 날에 구원하실 자들, 즉 예수의 죽음과 부활 사건 속에 포함되었다고 여겨진 사람들은 인종이나 지리 또는 조상들의 율법에 의해서가 아니라 예수, 그러니까 믿음에 의해서 결정된다. 현재적 칭의에 관한 교리(이러한 표현은 상당히 바울적이지만, 그 실체는 초기 기독교의 도처에서 찾아볼 수 있다)는 교회의 자기 정의의 문제로서 미래와 과거라는 이 두 축 사이에서 고안된 것이었다.[53]

6. 소망

---

53) 자세한 것은 본 시리즈의 제3권을 보라.

초기 그리스도인들은 이러한 세계관과 신학을 토대로 무엇을 소망하였는 가? 여기에서 다시 한 번 초기 그리스도인들은 유대인들의 소망을 근본적으로 다시 그렸다. 유대인들의 소망이 이미 성취되었다는 것은 초기 기독교에서 기본적인 것이었다: "하나님의 약속은 얼마든지 그리스도 안에서 예가 되니"라고 바울은 말했다.[54] 신약학계의 상당 부분은 주후 1세기의 유대인들은 시간과 공간으로 이루어진 세상의 종말과 구름을 타고 (초인간적인) 사람 같은 존재가 임할 것이라는 내용을 담고 있는 "파루시아"라 불렸던 그 무엇을 기대했고, 초기 그리스도인들은 이러한 소망을 모조리 이어받아서 예수에게 적용하였다는 순전히 허구적인 가설에 매달려 왔다. 묵시문학 일반과 특히 다니엘서 7장에 대한 우리의 재해석에 비추어 볼 때(위의 제10장에서 다룬), 우리는 유대인들이 기대하고 대망하고 있었던 것은 이스라엘이 포로생활로부터 놓여나는 것과 야웨께서 시온으로 돌아오는 것에 대한 것이었다는 것을 아주 분명하게 말할 수 있다. 이러한 소망을 표현하는 데 사용되었던 주된 이미지들 중의 하나는 사람 같은 존재가 짐승들보다 높이 들리워서 이스라엘의 신의 주권 아래에서 통치권을 부여받을 것이라는 이미지였다. 문자 그대로의 역사적 소망의 의미를 표현하는 데 사용되었던 또 하나의 주된 은유는 부활에 관한 은유였다. 몇몇 유대교 분파들 속에서는, 특히 핍박의 시기에, 이러한 은유는 문자적인 의미로 사용되기 시작하였다. 초기 그리스도인들이 이러한 언어학적 과정을 뒤집어서 부활을 문자 그대로의 확고한 거점으로 삼고 포로로부터의 귀환을 그 의미를 설명해 주는 은유로 취급할 수 있었던 것은 그들이 메시야로 여겼던 나사렛 예수가 죽은 자들로부터 부활하였다고 믿었기 때문이었다.

그러나 이러한 신앙 자체는 또 다른 소망, 즉 장차 도래할 소망이 필요하였다. 예수의 부활은 참담한 포로생활의 역사 한복판에서 한 인간의 부활이었고 참담한 포로생활의 역사를 끝장낼 모든 의인들의 부활이 아니었기 때문에, 또 다른 종말이 장차 도래하여야 했다. 초기 기독교 내에서 네 가지 요소들이 구체적으로 드러나기 시작했는데, 이 모든 것들은 다 혁신적인 것들이었지만, 모두 유대인들의 소망을 예수 및 신의 영이라는 빛 하에서 재해석한 것들이었다.

---

54) 고린도후서 1:20.

첫째, 신원(伸寃)이라는 요소가 있었다. 예수는 예언적으로 예루살렘에 대하여 단호하게 반대하였다. 그는 성전이 멸망할 것이라는 주장에 자신의 선지자적 명운(命運)을 걸었다. (공관복음서에서 이 주제와 관련하여 예수께서 말씀하였다고 하는 내용들 중 그 어느 것도 실제로 예수의 말씀이 아니라고 할지라도, 예수가 그와 같은 내용의 말을 한 것으로 널리 믿어졌다는 것은 분명하다.) 이에 비추어볼 때, 예수를 따르는 자들이라고 주장하였던 자들은 헤롯 성전의 지속적인 존재와 성전을 포함하고 있던 도성을 하나의 역설로 볼 수밖에 없었다. 그것이 원수의 행동에 의해서 멸망 받을 때까지는 예수는 신원받지 못할 것이었다. (우리는 에세네파가 이와 같은 것을 소망하였던 것으로 보인다는 것과 요세푸스도 마찬가지로 성전의 파괴 속에서 이스라엘의 신의 손길을 보았다는 것을 상기할 수 있다.) 그러나 성전이 멸망할 때에 신원받는 것은 오직 예수만이 아니었다. 성전은 초대 교회가 받았던 핍박의 한 근원을 이루고 있던 체제의 심장부를 대표하는 것이었다. 그러므로 성전의 멸망은 그리스도인들의 구원이 될 것이었다. 마가복음 13장도 이와 같이 말한다.[55]

초기 그리스도인들에게 "구원"이라는 말의 주된 의미의 하나는 야웨의 거하시는 장소를 성전에서 그들의 십자가에 못 박힌 메시야라는 인물과 그들 자신에게로 바꿔버린 자들을 핍박하여 왔던 이 도성으로부터 역사적으로 해방되는 것과 관련이 있었을 가능성이 대단히 클 것이라고 나는 생각한다. 세 개의 공관복음서 모두에 마가복음 13장의 강력한 강화(講話)와 그 병행문들이 존재한다는 것을 고려하면[56] 가장 초기의 그리스도인들중 대다수는 그들의 운동이 어떤 방식으로든 예루살렘의 다가올 파멸과 결부되어 있다고 믿었던 것으로 보인다. 바울 또는 초기에 바울을 모방하였던 어떤 자가 장차 다가올 주의 날에 관하여 말했을 때(살후 2:2), 이 구절은 시간과 공간으로 이루어진 우주의 종말을 지칭하는 것일 수 없었다. 이 구절은 데살로니가 교인들이 문자 그대로의 큰 사건에 관한 말을 들었을 가능성을 상정하고 있다. 이것은 유대교에서와 마찬가지로 초기 기독교 내에서 "묵시론적" 언어가 현세적인 대상

---

55) 본서 p. 656을 보하라.

56) 이것은 매우 이른 시기의 원문으로 거슬러 올라갈 수 있을 것이다; 위의 제14장을 참조하라.

을 가리키고 있다는 것을 보여 주는 중요한 지표이다.[57]

둘째, 이스라엘의 신의 나라는 온 세상으로 퍼져나갈 것이다. 이러한 과정은 분명한 궁극적인 목표는 없었지만, 분명한 방향 의식을 가지고, 주후 2세기까지 이어진다. "주의 뜻이 하늘에서와 같이 땅에서도 이루어지리이다": 이 기도의 유대적인 뿌리는 순전히 추상적인 나라라는 어떤 개념, 영지주의식으로 다른 세계로 도피하는 것에 관한 개념이 끼어들 여지를 전혀 주지 않는다. 이러한 어구를 사용하고 있지 않았던 누가의 전승조차도 "주의 나라가 임하옵시며"라는 폭탄을 장착하고 있었다.[58] 또한 누가는 그의 이야기의 결말 부분에서 바울이 로마에서 이스라엘의 신의 왕되심을 선포하고 있었다고 말한다: 바울은 자기가 모든 생각을 사로잡아 그리스도에게 복종케 하는 일을 하고 있다고 밝히고, 세상을 지배하는 모든 정사와 권세들이 그리스도의 명령으로 존재하며 예수의 십자가에 의해서 패배 당했고 지금은 예수의 권세 아래 있다는 것을 분명히 밝힌다.[59] 마태의 예수는 하늘과 땅의 모든 권세가 자기에게 주어졌고, 그러한 토대 위에서 제자들을 더 많은 제자들을 삼도록 온 세상으로 파송한다는 것을 밝힌다: 요한의 예수는 자신의 패배를 통해서 세상을 패배시킨 후에 그 세상을 자신의 사랑으로 이제 감싸고 있다.[60] 이러한 소명(召命)의 성공은 적어도 이러한 기자들 중 그 누구에 의해서도 추종자들의 수(數)나 사회정치적 영향력이라는 관점에서 평가되지 않고 있다는 것은 분명하다; 그러나 그들 모두는 바울 이전의 것인 빌립보서 2장에 나오는 찬양시에서와 마찬가지로 모든 무릎이 예수 앞에 꿇게 될 것이고 모든 입이 예수를 '퀴리오스'("주") — 통상적으로 가이사를 부르던 호칭 — 로 인정할 것을 상정하고 있음이 분명하다.

이러한 소망이 초점을 맞추고 있지 않은 지점에서 우리는 초기 기독교의 기대의 세 번째 측면을 만난다. 바리새파 및 그 밖의 다른 대부분의 유대인들과 마찬가지로, 그리스도인들은 창조주이신 이스라엘의 신이 죽음 저편에서

---

57) cf. Moule 1982 [1962], 169-71.
58) 마 6:9-13: 눅 11:2-4: *Did.* 8.2.
59) 행 28:31: 고후 10:4-5: 롬 8:38f.: 고전 3:22f.: 골 1:15-20: 2:15.
60) 마 28:20: 요 16:33: 3:16: 10:11-18: 12:31f.

언젠가 어느 곳에서 그들을 육신적으로 다시 창조할 것임을 믿었다. 바리새인들과는 달리 그들은 여전히 미래에 속한 이러한 소망이 이미 예수의 부활 속에서 시작되었다는 것과 이 사건이 다른 모든 사람들의 부활을 위한 원형(原型) 역할을 한다는 것을 믿었다. 여기에서도 바울은 이러한 견해를 가장 분명하게 대변하고 있는 인물들 중의 한 사람이지만, 이러한 신앙은 요한복음, 베드로전서, 요한계시록, 그 밖의 다른 곳들 등 도처에서 강조되고 있다.[61] 이러한 소망의 세부적인 내용은 사안(事案)의 성격상 관련된 유대교 문헌들에서와 마찬가지로 상당히 부정확하다;[62] 그러나 무덤 저편에 단순히 일반화된 헬레니즘적 스타일의 불멸이라는 표현으로 축소시켜 버릴 수 없는 새로운 육신적 삶이 존재할 것이라는 사상은 기독교의 초창기에 어디에서나 당연한 것으로 받아들여졌다. 이교 세계의 수많은 집단들이 중요한 것은 신비 종교들의 개인적인 불멸 사상이나 몇몇 영지주의적인 분파들의 영혼의 지복(至福)이라는 것을 끈질기게 주장하고 있던 때에, 초기 그리스도인들이 바울을 필두로 폴리캅을 거쳐서 그 이후에 이르기까지 이러한 소망을 굳게 붙잡고 있었다는 사실은 교회가 얼마나 끈질기게 본질적으로 유대적인 자신의 뿌리를 고수하였는가를 잘 보여 준다. 사도행전 23:6에서는 바울이 유대인들의 법정 앞에서 자기가 민족의 소망, 즉 "죽은 자들로부터의 부활"을 주장한다고 해서 재판을 받고 있는 것이라고 밝히 말한다. 이것은 바울의 상황 및 후대의 여러 기자들의 상황과 정확하게 부합하는 말이다.

바울과 요한계시록에서는 세 개의 구절들을 통해서 개인적인 또는 교회적인 소망을 뛰어넘어서 온 피조세계를 포괄하는 소망을 표현하고 있다. 로마서 8:18-27은 온 피조물이 성경에 나오는 출애굽은 단지 그 맛보기에 지나지 않는 그러한 위대한 출애굽을 체험할 것이라고 말한다.[63] 고린도전서 15:20-8은 메시야적인 예수의 나라는 이미 시작되었지만, 궁극적으로 사망 자체의 폐기와 존재하는 모든 것을 예수, 그러니까 궁극적으로는 참 신에게 복속시키는 것을 통해서 완성될 것이라고 말한다. 요한계시록 21장과 22장은 한층 더 화

61) 고전 15:12-28; 요 11:25; 벧전 1:3-5; 계 2:10; etc.
62) 위의 서술을 참조하라.
63) cf. Wright 1992a, ch. 8.

려하고 다채로운 표현을 사용하여 하늘과 땅이 하나로 묶이는 새로워진 세계 질서, 성전이 필요 없는 도성, 살아 계신 창조주 신과 예수가 존재하기 때문에 더 이상 해나 달이 필요 없게 된 세상에 관하여 말한다. 이 모든 구절들은 유대적인 묵시사상을 예수의 빛 하에서 풍부하게 다시 쓴 것들로서 미래의 부활이라는 특정한 신앙을 위한 배경이 되고 있는 좀 더 폭넓은 소망을 표현하고 있다. 새로운 육신적 인간은 그들이 살 새로운 세상이 필요할 것이다. 이 변화된 세상 질서 속에서 휘장은 내내 열려 있게 될 것이다. 천상 세계의 실체들은 지상 세계의 실체들과 가시적으로 하나로 묶일 것이다.

그리스도인들의 소망의 네 번째이자 마지막 측면은 예수의 다시 오심에 대한 기대(expectation)다. 이와 관련하여 통상적으로 거론되고 있는 본문들 중 대부분은 이 문제와는 아무런 상관이 없다는 것과 그렇지만 여전히 이 주제와 직접적으로 관련이 있는 몇몇 본문들이 존재한다는 것, 이 두 가지를 동시에 강조하는 것이 아주 중요하다. 제10장에서 행한 우리의 설명을 따르면, "인자가 구름을 타고 오신다는 것"은 주후 1세기의 맥락 속에서는 참이스라엘이 신원될 것에 대한 예언이라는 의미를 지니고 있었다는 것이 분명해진다. 게다가 이러한 본문들을 공관복음서에서 사용하고 있다는 것을 감안할 때, 초기 그리스도인들은 예수가 참 이스라엘을 대체하고 있다고 믿었다는 것도 분명하다. 예수는 고난을 받기로 되어 있었고, 이제 이교도들의 손에 고난을 받고 신원을 받았다. 그러므로 이러한 특정한 "묵시론적" 본문들이 초기 기독교 내에서 지니고 있던 의미는 예수가 다시 오실 것이라는 기대가 아니라 예수가 그의 부활과 높이 들리우심을 통해서 이미 신원받았다는 것과 예수를 반대했고 이에 대하여 예수의 엄중한 경고를 초래하였던 도성이 결국 멸망할 때에 추가적으로 예수가 신원될 것이라는 선포였다. 유대인 저술가들이 폼페이우스의 멸망을 바라보고 성전을 더럽힌 그들에게 결국 임하게 된 신의 진노라는 관점에서 그 사건을 해석했던 것과 마찬가지로, 초대 교회는 예루살렘의 멸망을 기다렸고, 그런 후에 그것을 과거의 사건으로서 성찰하면서 그 사건을 평화의 길을 그들에게 선포하였던 분을 거부한 도성에 한 세대 후에 마침내 임한 신의 진노라는 관점에서 해석하였다.[64] 그러한 신원의 맛보기로서 누가는

---

64) 폼페이에 대해서는 *Ps. Sol.* 2:25-31; 위의 서술을 참조하라.

다니엘서 7장을 강력하게 반영하고 있는 표현을 써서 예수의 부활 현현(顯現)들의 중지에 관하여 말한다: "올려져 가시니 구름이 그를 가리어 보이지 않게 하더라"(행 1:9). "부활"이 이제 포로로부터의 귀환에 대한 은유이기를 그치고, 그 밖의 다른 주제들을 끌어모아 이를 설명하는 이미지들로 사용한 역사적 구심점이 된 것과 마찬가지로, "구름을 타고(이스라엘의 신에게) 오는 것"도 이 구절 속에서 이스라엘의 신원을 의미하는 은유이기를 그치고, 누가복음에서 그 밖의 다른 이미지들(즉위, 주되심)을 끌어모으는 역사적 구심점이 되었다.

예수의 다시 오심에 관한 언급이 다시 등장하는 것은 누가의 이야기 속에서 최초로 바로 이 대목에서이다:

> 올라가실 때에 제자들이 자세히 하늘을 쳐다보고 있는데 흰 옷 입은 두 사람이 그들 곁에 서서 이르되 갈릴리 사람들아 어찌하여 서서 하늘을 쳐다보느냐 너희 가운데서 하늘로 올려지신 이 예수는 하늘로 가심을 본 그대로 오시리라 하였느니라.[65]

이것은 참으로 신기한 일이다. 유대교는 사람이 이런 식으로 하늘로부터 나타난다는 개념에 대해서는 전혀 알지 못한다. 그러나 이것은 자의적(恣意的)인 혁신이 아니었다. 두 단계의 부활에 대한 바울의 설명과 마찬가지로(처음에 예수, 그 다음 나중에는 그의 백성), 이러한 혁신은 예수의 삶 속에서 일어난 실제적인 사건들, 즉 죽음과 부활을 중심으로 이스라엘의 소망을 다시 그림으로써 직접적으로 생겨난 것이었다. 예수께서 이스라엘의 운명을 스스로 짊어지고 이제는 다니엘서 1~6장과 다니엘서 7장이 그 모형이 된 권능과 권세의 지위로 높이 들리웠던 것처럼, 장래의 세상 속에 예수가 들어설 자리가 없다는 것은 초기 기독교의 세계관 속에서는 상상도 할 수 없는 일이었다. 그리고 그 궁극적인 미래는 몸은 없고 영혼만이 지복 상태에 있는 것이 아니라 악이 심판받고 패배당하게 될 온 피조 질서의 갱신이기 때문에, 그러한 갱신과 심판과 예수의 다시 오심은 서로 밀접하게 연관되어 있었다.[66]

---

65) 행 1:10f.

물론 이것은 학자들이 오랫동안 사용하여 왔던 "파루시아의 지연"이라는
무기가 마침내 그 수명을 다했기 때문에 단번에 때려 눕혀질 수 있다는 것을
의미한다. 이 점은 적어도 몇몇 진영들 속에서 점점 더 확연하게 인식되어 가
고 있다: 헹엘(Hengel)은 이러한 개념을 "녹초가 된 진부한 표현"이라고 말
한다.[67] "파루시아"라는 말은 단순히 "임재"를 의미하기 때문에 어쨌든 그 자
체가 잘못된 용어이다: 바울은 자기가 어떤 교회와 함께 있다는 것을 표현하
기 위하여 이 말을 사용하였는데, 아무도 바울이 자기가 구름을 타고 날아올
것임을 의미했다고는 생각하지 않았을 것이다.[68] 지연이라는 모티프("주여, 어
느 때까지니이까?"[69])는 이미 유대교에서 잘 정립되어 있던 것으로서, 흔히 학
자들이 생각하듯이, 그리스도인들이 새롭게 만들어 낸 개념이 아니었다. 초대
교회는 예수의 다시 오심을 기다리며 과거에 대해서는 그 어떤 것도 생각하지
않고(예수 자신에 대한 기억들과 같은) 오직 그 미래를 위하여 살다가 참담한
실망에 빠져서 마음을 달래기 위한 대체 활동으로서 역사를 서술하게 되었다
는 것, 이것이 통상적으로 학자들이 재구성한 파루시아의 지연에 대한 설명이
었다. 하지만 그러한 설명은 전혀 역사적인 토대가 없다.[70] 교회는 한 세대 내
에 몇몇 사건들이 일어날 것이라고 기대하였고, 비록 주후 30년과 70년 사이
에 일부 그리스도인들은 그런 일들이 과연 일어날까 라고 의심하며 지연에 관
한 유대적인 표현을 사용했던 시기들도 있었음에 틀림없겠지만, 그런 일들은
실제로 일어났다. 예루살렘은 멸망했다; 예수, 그리고 이스라엘의 신의 나라에
관한 좋은 소식이 예루살렘과 아테네뿐만 아니라 로마에서도 선포되었다. 그

---

66) 이것은 마태복음 25:31을 이해할 수 있는 하나의 맥락이 될 수 있을 것이다. 여기
서 우리는 다니엘서 7:13로부터 "인자의 오심"에 관한 사상을 "끌어내어서" 마태복음
24:30과는 다른 맥락 속에 두고 있는 스가랴 14:5을 들 수 있다. 또는 이 구절을 이후의
신원과 결부된 대심판에 대한 또 하나의 언급으로 볼 수도 있을 것이다.

67) Hengel 1983, 184 n.55. 또한 Bauckham 1980을 보라.

68) 고후 10:10; 빌 1:26; 2:12; cf. 고전 16:17; 고후 7:6f.

69) cf. 계 6:10.

70) Moule 1982 (1962), 139f., 143f.: "지연된 소망이 사람들의 마음을 별로 아프게
하지 않았다는 것은 상당히 인상적이다." 베드로 후서 3:1-13은 유대인 묵시문학적 언어
에 대한 비유대인들의 오해를 다루고 있는 표준적인 본문이 아니라 예외적인 본문이다.

러나 주후 70년 이후의 시기로부터 우리에게 전해져 온 그 어떤 문헌 속에도 예수가 다시 오지 않았다는 사실에 대하여 실망을 나타내었음을 보여 주는 그 어떤 흔적도 존재하지 않는다. 클레멘트는 때에 관한 언급을 전혀 하지 않은 채 예수의 다시 오심을 기다린다.[71] 이그나티우스는 많은 것들에 관하여 염려하고 걱정하였지만, 예수의 다시 오심에 대해서는 그렇지 않았다. 주후 2세기 중엽에 순교자 저스틴은 여느 사람과 마찬가지로 예수의 다시 오시는 사건이 반드시 일어날 것이라는 것을 확신하고 있었다. 그는 언제 그런 사건이 일어날지를 몰랐다: 그러나 신약성서에 나오는 중요한 구절들은 언제나 그런 일이 불시에 일어날 것이라고 말한다.[72] 주후 2세기 말에 활동했던 터툴리안 (Tertullian)은 예수의 다시 오시는 사건은 경기장이나 극장에서 볼 수 있는 그 어떤 것보다도 뛰어난 지상 최대의 구경거리가 될 것이라고 말하며 예수의 다시 오심을 기대하였다.[73] 초기 그리스도인들에 관한 한, 가장 중요한 사건 — 예수의 부활 — 은 이미 일어났다. 그들은 장차 일어날 사건인 예수의 다시 오심이 언제 이루어질 것인지에 관해서는 걱정할 필요가 없었다. 다시 기독교의 첫 세대로 되돌아가 보면, 바울은 주의 다시 오심을 비롯한 온갖 사건들이 언젠가는 일어날 것이라고 아주 마음 편하게 말할 수 있었다: 데살로니

---

71) 사 13:22과 말 3:1을 인용하고 있는 *1 Clem.* 23:4f.

72) 마태복음 25:31(단 7:13과 슥 14:5을 결합한)을 인용하고 이 본문을 예레미야에게 돌리고 있는 Justin *1 Apol.* 51. 이러한 부정확성으로 볼 때, 그가 다니엘서 7장을 주후 1세기의 한 유대인이 읽었던 방식으로(위의 제10장을 참조) 읽은 것으로 보이지 않는다는 것은 별로 이상할 게 없다. Didache의 마지막 장(16장)은 마태복음 24장과 그 병행문들에 크게 의존하고 있기 때문에, 내가 주장한 대로, 그 대목을 예루살렘의 멸망에 대한 예언으로 읽거나(물론 이 경우에는 이 책의 연대를 매우 이른 시기로 설정해야 한다), Justin의 주장대로 유대적인 묵시문학을 비유대적인 방식으로 다시 읽기 시작한 것으로 볼 수 있을 것이다. 이 책이 사건들의 "시간표" 속에 부활을 포함시킨 것(16:6)과 초기 연대설이 안고 있는 여러 난점들은 후자를 지지한다: 이렇게 보는 경우에는, 이것은 기독교의 제2세대가 예수의 다시 오심을 기다리면서도 재림이 "지연된 것"에 관한 그 어떤 염려도 하지 않고 있었다는 것을 보여 주는 또 하나의 증거가 된다. 예수의 재림의 때를 아무도 모른다는 것에 대해서는 데살로니가전서 5:1-11과 비교하라. 이에 대해서는 Caird 1980, ch. 14을 보라.

73) *De Spect.* 30.

가전서 4장과 5장은 바로 그와 같은 모습을 증언해 준다. 그러나 주의 다시 오심이 한 세대 내에 일어나야 한다거나, 그런 일이 일어나지 않게 되면 모종의 위기가 닥칠 것이라거나, 그러한 위기를 겪은 후에야 교회는 그저 장차 주가 오실 것을 바라보는 것이 아니라 교회의 역사적 토대인 예수의 실제의 삶에 눈을 돌리기 시작할 것이라는 암시는 전혀 없다.

그러므로 "묵시론적" 기독교에 관한 신화는 근본적인 수정이 필요하다. 물론 초기 그리스도인들은 계속해서 "묵시론적" 언어를 사용하였다. 그러나 모든 증거들은 그들이 주후 1세기의 유대인들이 사용했던 것과 아주 비슷한 방식으로, 즉 시간과 공간 속에서 일어난 현실에 신학적인 의미를 부여하기 위하여 그러한 언어를 사용했다는 것을 보여 준다. 오직 오늘날의 읽기나 고대의 읽기에서나 유대적인 배경을 무시하거나 오해할 때에만 "그러한 언어를 문자 그대로 받아들이는" 문제점들이 생겨날 뿐이다.[74)]

7. 맺는 말

어떤 세계관 분석의 시금석은 그 세계관이 우리로 하여금 사람들이 행하고 말한 것의 의미를 잘 이해할 수 있게 해 주느냐의 여부에 있다. 나는 초기 그리스도인들에 관한 이 짧막한 서술이 그러한 시금석을 만족시키고 있다고 자부한다. 물론 내가 본서에서 거론한 거의 모든 사항은 논쟁의 대상이 되고 있는 것들이다. 그렇지만 앞의 세 장을 통해서 살펴본 초기 그리스도인들의 실천, 상징, 이야기에 대한 연구로부터 도출된 결론을 적어도 요약적인 가설로 제시할 필요가 있다고 나는 생각한다. 그리고 그러한 요약은 우리가 적어도 특정한 시각에서 초기 그리스도인들이 왜 그런 식으로 살았고 함께 일하였으

74) 이것은 몇몇 잘 알려진 이론들(예를 들어, "묵시문학"은 "모든 기독교 신학의 어머니"라는 이론[Käsemann 1969 [1965], chs. 4 and 5]에 대한 근본적인 수정을 요구한다. 나는 "묵시문학"의 역할과 관련해서는 Käsemann [그리고 Schweitzer]의 주장에 동의하지만, 이제는 분명해졌듯이, "묵시문학"이 무엇을 의미하는가에 대해서는 근본적으로 의견을 달리한다. Käsemann 자신의 경고("묵시문학을 정복하지 않은 채 무사하게 그냥 넘어가는 일은 불가능하다," ibid. 115, n.8)는 여전히 강력한 힘을 지닌다: 그러나 오늘날의 학계에서 과연 누가 묵시문학의 진정한 정복자인가?

며 왜 그들이 핍박을 받아가면서도 선교에 참여하고 서신들을 썼으며 유식한 유대인들과 논쟁을 벌이며 황제들 앞에서 그들의 신앙을 변증하였는지를 이해할 수 있는 신앙과 소망의 전체적인 배경을 제공해 줄 것임에 틀림없다. 우리가 자주 말해 온 것처럼, 모든 훌륭한 가설들은 관련 자료들을 다 고려하지 않으면 안 되고, 그와 아울러 단순성을 갖추어야 하며, 직접적으로 다루는 주제를 넘어선 다른 것들까지 조명해 주어야 한다. 적절한 종류의 단순성, 즉 비평적 지식의 한 형태로서의 역사에 속하는 단순성은 내가 지금까지 행한 서술을 통해서 제시되었다고 나는 생각한다. 나는 관련된 복잡하고 다양한 형태를 띤 자료들이 이러한 틀 내에서 제자리를 찾을 수 있는 몇몇 방식들을 제안하였고, 앞으로 이어지는 책들을 통해서 좀 더 많은 것을 검토하고자 한다. 아울러 이러한 관점에서 왜 기독교가 그런 식으로 발전하였고, 기독교라고 주장하지만 사실은 완전히 다른 세계관을 지닌 운동들이 왜 기독교로부터 생겨났는지를 이해하는 것은 어렵지 않다. 그러나 그러한 것들에 대해서는 후일을 기약하기로 하자.

제 5 부

결론

제 16 장

신약성서와 신의 문제

1. 들어가는 말

바람은 자기가 원하는 대로 분다; 우리는 그 소리를 듣지만, 바람이 어디에서 와서 어디로 가는지를 알지 못한다. 주후 1세기의 종교 발전에 관한 역사도 이와 비슷하다는 느낌이 든다. 우리는 인간 정신과 신의 거대하고 소용돌이치는 움직임들의 소리, 때로는 그 메아리를 듣는다; 그러나 그 기원들을 추적하는 일은 극히 어렵다. 우리는 이후 세기들에서 동일한 움직임들을 목격할 수 있기 때문에, 그 움직임들의 최종 종착지점에 대해서 어느 정도 알고 있다; 그러나 우리는 유대교와 기독교가 그 초기의 주창자들이 기대했거나 의도했던 대로 발전하였는지는 확신할 수 없다.

우리는 유대교와 기독교의 문학, 역사, 신학을 그 가장 극적인 시기 속에서 살펴보았다: 기독교의 탄생과 유대교의 죽음 및 재탄생. 이러한 주후 1세기의 움직임들에 관한 이야기들을 다시 말하면서, 우리는 그것들의 역사에 대한 철저히 비평적이면서도 실재론(사실주의)적인 이해를 시도하여 왔다. 특히 우리는 이러한 운동들이 그들 자신의 자의식에 대한 이해에 도달하기 위하여 말하였던 이야기들을 검토하였다. 이 시기의 끝 부분에 우리는 한 가지 두드러진 사실에 직면하게 된다: 주후 1세기 말경에 어느 정도 동일한 주장을 하는 두 개의 별개의 공동체가 존재하였다. 예수가 죽은 지 50년도 채 되지 못한 때에, 이그나티우스와 아키바가 청년이었던 무렵에, 예수의 추종자들이라고 자처하였던 사람들은 그들이 창조주 신이 아브라함, 이삭, 야곱에게 주었던 약속들의 진정한 상속자들이라고 주장하고 있었고, 유대 성경을 새로운 성취의 관점에서 읽어야 한다고 주장하고 있었다. 이와 동시에 유대교가 주후 70년의 충격 속에서 스스로를 추스르며 다시 일어섰을 때, 그 유대교가 서 있던 땅도 동일한 것이었다: 창조주 신은 겉으로 일어나는 모든 사건들에도 불구하고 아브라함, 이삭, 야곱과의 계약에 여전히 충실하시고, 지금은 토라로 알려지게 된 성경을 통해서 자신의 뜻을 알리고 계시다는 것이다.

우리는 그러한 공동체들이 상호 전적으로 분리되어 있지 않는 한 어쩔 수 없이 이 두 공동체는 여러 가지 점에서 충돌할 수밖에 없었다는 것을 살펴본 바 있다. 포도원의 진정한 농부들이라고 자처하였던 기독교의 주장은 당연히 바리새파, 사두개파, 에세네파가 서로의 상반된 주장 때문에 오랜 세월 동안 반목을 해 왔던 것과 마찬가지로 유대인들로부터 반감을 살 수밖에 없었다. 따라서 기독교와 유대교는 적어도 첫 세대 동안 서로 분리되어 있기는커녕 도저히 풀 수 없을 것 같은 방식으로 서로 얽혀 있었다. 유대인들의 공동체는 예수의 도(道)가 그들의 품속에서 태어나서 자라났다는 것을 알고 있었다: 초기 그리스도인들도 물론 그러한 사실을 알았다. 또한 예수를 따르던 첫 세대의 수많은 추종자들에게 실제로 두 공동체가 존재한다는 것이 분명하게 인식되지 않았다. 사도행전에 의하면, 아주 초창기에 유대인들은 종종 대규모로 개종하였고, 어떤 사람들은 창조주 신의 선민(選民)과 예수를 중심으로 만들어진 새로운 공동체는 결국 동일한 목적을 지니고 있다는 것을 조금도 의심하지 않았다.

두 개의 공동체: 성경에 대한 두 가지 서로 다른 읽기: 자기 이해에 대한 두 가지 방식: 하나의 공통의 뿌리. 이러한 현상을 연구하는 학도가 부딪히게 되는 문제들은 이런 것들임에 틀림없다: 왜 일이 이런 식으로 진행되었는가? 이것은 무엇을 "의미하는가"? 우리는 그 주장들을 시험할 수 있는가, 만약 그런 것이 가능하다면, 우리는 무엇을 발견할 수 있는가? 우리가 이러한 문제들에 관여할 때에 드러나는 세 개의 초점은 예수, 신약성서, 그리고 마지막으로 신에 관한 문제이다.

2. 예수

주후 1세기의 역사가는 우리가 이 책에서 살펴보았던 증거들에 직면하여 예수에 관한 문제를 피할 수 없게 된다. 우리는 증거가 불충분해서 그리 많은 것들을 말할 수 없고, 그러한 연구 결과들이 신학적으로 의심스러울 수 있으며, 새롭게 말할 것도 별로 많지 않을 것이라고 생각할 수 있다. 그러나 두 공동체의 존재, 즉 유대인들과 그리스도인들이라는 이 두 개의 존재는 역사가로 하여금 그 기원들을 살펴보지 않을 수 없게 만든다 — 이러한 과제가 할 만한 것이든 아니면 많이 어렵든, 고통스러운 것이든 모험을 감수해야 하는 것이든 말이다. 우리는 이렇게 묻지 않을 수 없다: 이 기독교라는 유대교 분파가 주후 1세기의 그 밖의 다른 모든 집단들 및 운동들과는 달리 그 모든 분파들과 현저하게 다른 방식으로 발전한 이유는 무엇이었는가? 그리고 우리가 이러한 문제를 가지고 초기 기독교 문헌들에 접근할 때마다, 우리는 이것이 단순히 이 분파의 초기의 공동체적 결단이나 열정, 영악한 계획이나 다른 그 무엇에 관한 문제가 아니라 예수와 관련이 있다는 강한 인상을 받게 된다.[1]

이 점 때문에 우리는 다음 권에서 이 문제를 다루지 않을 수 없게 되는데, 본서는 많은 점에서 다음 권에 대한 준비 작업이라 할 수 있다. 예수는 누구였는가? 그의 목적은 무엇이었는가? 역사적으로 말해서, 그는 왜 죽었는가? 그리고 이 모든 것을 감안해서, 초기 기독교는 왜 그러한 모습으로 출현하게 되었는가? 부활절에 도대체 무슨 일이 있었기에 이러한 새로운 운동이 이러한 형태로 탄생하여 그러한 주장들을 하게 만들었는가? 예수는 우리가 제3부에서 살펴본 주후 1세기의 유대교 내에서 살며 일하였고, 우리가 제4부에서 살펴본 공동체의 출발점으로 주장된 두 공동체 사이에 서 있다. 예수를 따르던 자들의 공동체는 여전히 두드러지게 유대적이었지만, 그 신앙과 삶을 상당히 새로운 방식들로 다시 그렸다. 우리가 이러한 역사적 그림조각 맞추기를 끝낼 수 있는 유일한 방법은 예수에 관한 이러한 기본적인 질문들에 답하려고 시도하는 것이다. 우리는 앞의 여러 장들 속에서 신약성서 및 그 밖의 다른 초기 기독교의 상당수의 문헌들 속에 나오는 크고 작은 이야기들이 20세기 학자들의 여러 반대 주장들에도 불구하고 실제로 예수에 관하여 말하고자 하고 있다

---

1) Hengel 1991, 82의 말을 참조하라: "학자들은 종종 마치 예수가 이 땅에서 사신 적이 없거나 급속하게 사람들의 기억으로부터 망각되었다는 듯이 초대 교회에 관하여 말한다."

는 것을 살펴본 바 있다. 이것을 토대로 우리는 세례 요한의 사역과 기독교회의 출현, 그 사이에 놓여 있는 역사를 재구성하는 극히 어려운 과제를 진지하게 수행하기 위하여 조심스럽게 전진할 수 있고, 또 전진해야 할 것이다.

3. 신약성서

역사가는 예수에 관한 문제에 직면하고, 신학자는 신의 문제에 직면한다. 문학 비평가 — 그리고 이와 관련해서 역사가들과 신학자들은 문학 비평가가 되지 않으면 안 된다 — 는 신약성서에 관한 문제에 직면한다. 그렇다면 이 문제를 어떻게 해야 하는가?

나는 본서의 제1부와 제2부에서 신약성서에 나오는 이야기들을 충실하게 다시 말하는 방식으로 읽고 그 세밀한 뉘앙스들과 근본적인 내용들에 주의를 기울이면서 읽는 통전적(統全的) 읽기를 주장하였다. 어떤 관점에서 보면, 이러한 작업의 수행은 역사가와 신학자의 문제일 뿐만 아니라 주석자와 설교자의 문제이기도 하다. 그러나 역사가이자 신학자인 사람은 신약성서의 구성 부분들을 기독교가 탄생한 두 세계에 걸쳐 있는 것으로 볼 때에만 신약성서를 이해할 수 있다는 것을 고집하지 않으면 안 된다. 신약성서는 유대식의 이야기들을 말하는 유대적인 책이지만, 세상을 위하여 그러한 이야기들을 한다. 신약성서는 세상의 이야기들을 전복시키고 세상 앞에 예수가 왕이라는 주장을 제시하기 위하여 세상의 이야기를 이스라엘의 이야기로서 들려주고, 이스라엘의 이야기를 예수의 이야기로 들려주는 세상의 책이다. 신약성서는 새 포도주를 유대교라는 낡은 부대에 쏟아 놓고, 새로운 유대인들의 포도주를 세상의 낡은 부대에 쏟아 넣음으로써, 두 개의 낡은 부대를 터트리려는 이중의 효과를 노린 기독교의 책이다.

따라서 우리가 신약성서는 바로 이러한 공동체, 새롭게 "신의 백성"을 자처한 전복 성향을 지닌 공동체로부터 씌어진 글들을 모아놓은 것이라고 이해할 때에만 신약성서는 적절하게 이해될 수 있다. 게다가 이 글들은 초연한 관찰자의 입장에서 주후 1세기의 기독교에 대한 단순한 서술을 하기 위한 목적으로 쓴 것이 아니었다. 또한 이 글들은, 마치 주후 1세기의 기독교가 하나의 대상이고, 그 글들은 불투명 유리 스크린 뒤에서 그 대상을 살펴보면서 행한 토론이나 신학적 분석이라는 듯이, 주후 1세기 기독교에 대한 단순한 설명서로 보아서도 안 된다. 이 글들은 복잡한 실체였던 주후 1세기 기독교 자체의 일부였다. 우리는 물론 신약성서를 주후 1세기 기독교에 대한 우리의 서술 및 분석에서 주된 증거로 사용해야 하지만 — 더 좋은 증거가 없기 때문에 — 신약성서는 일차적으로 그러한 목적을 위하여 씌어진 것이 아니라는 사실을 염두에 두는 가운데 증거로 사용하여야 한다. 오늘날 신약성서를 구성하고 있는 책들은 초대 교회의 일상적인 삶으로부터 자연스럽게 생겨난 것이었다. 그러한 책들의 저술은 설교와 기도, 선교, 성례전, 자기 성찰과 서로 뒤엉켜 있었다. 우리가 신약성서에 대한 적절한 읽기를 발견하고자 한다면, 이 모든 것들을 충분히 고려하는 읽기를 찾아내야 할 것이다.[2]

그러나 신약성서를 우리가 어떻게 다루어 하는가에 관한 문제는 여기에서 다시 확인만 할 뿐이지 해결된 것은 아니다. 어떤 책을 그 저자의 의도대로 정확하게 취급하기 위해서는 우리가 어떤 종류의 의무 아래에 있어야 하는지를 아는 것은 어렵다. 그럼에도 불구하고 어떤 책을 다루는 데에 표준적인 기준이 있을 수 있을 것이다. 제1장에서 사용한 예화로 돌아가 보자: 셰익스피어의 희곡들을 엘리자베스 시대의 사회 또는 언어에 대한 연구의 기초로 사용하는 것은 저자의 의도를 따르는 것이 아니지만, 그것은 매우 가치 있는 작업이 될 수 있고, 만약 독자들이 그러한 희곡들이 원래 무대에서 상영되는 것을 전제로 씌어졌다는 사실을 잊지만 않는다면, 저자도 원칙적으로 그러한 작업에 반대하지 않을 것이다. 그러나 셰익스피어의 희곡들이 담긴 책을 부러진 식탁 의자를 대신하여 식탁을 떠받치는 용도로 사용한다면, 그것은 적절성의 범주 밖에 있게 될 것이다. 마찬가지로 신약성서를 사용하는 데도 적절성과 관련된 어떤 기준이 있을 것이다. 신약성서를 초기 그리스도인들의 삶, 언어, 종교, 신념들을 재구성하는 데 사용한다면, 그것은 아주 적절한 것이다 — 신약성서가 그러한 목적으로 씌어진 것이 아니라 마치 희곡이 무대에서 상영될

---

2) 에세네파에 대한 요세푸스의 기사 또는 애굽인들에 대한 헤로도토스(제2권)의 기사와 유사한 초기 기독교에 대한 다른 자료들, 예를 들어 어떤 외부자의 서술이 존재한다고 할지라도, 물론 우리는 그것이 정말 외부인으로부터 나온 것인지, 또한 오해와 왜곡의 가능성이 있는 것인지를 충분히 고려하지 않으면 안 될 것이다.

것을 전제로 씌어지는 것과 마찬가지로 한 공동체의 헌장으로서, 그 예배와
증언에 연료를 공급해 줄 목적으로 여러 가지 다른 방식들로 저술된 책들의
묶음이라는 사실을 기억하기만 한다면. 그러나 성경의 이러한 책들을 이런저
런 신학적, 정치적, 경건주의적 도식의 부러진 다리를 메우는 용도로 사용하는
것 — 이런 일이 흔히 있어 왔다 — 은 적절성의 기준에서 벗어나는 것으로
보인다. 궁극적으로 신약성서는 그 본연의 모습 그대로를 유지하는 방식으로
다루어져야 한다. 탈무드를 유대교에 대한 왜곡된 소위 "기독교적" 읽기들을
얼토당토 않게 합리화시키는 방식으로 연구하는 것이 탈무드를 적절하게 사
용하는 것이 아닌 것과 마찬가지로, 신약성서를 그 기본적인 정체성과 통합성
을 해치는 방식으로 사용하는 것도 옳지 못하다. 그리고 만약 신약성서를 그
런 식으로 사용한다면, 거기에서 나오는 그 어떤 결과물에 대해서도 그 권위
를 단호하게 거부하여야 한다.

　이렇게 해서 우리는 한 바퀴를 빙 돌아서 제1장과 제5장에서 우리가 다루
었던 문제로 되돌아오게 되었다. 신약성서는 어떤 종류의 권위를 지니고 있는
가? 만약 그 대답이, 흔히 그렇듯이, 신약성서는 기독교의 기원과 출현에 대한
가장 밀접한 역사적 증언이라는 것이 된다면, 그러한 대답은 즉각적으로 반대
에 부딪치게 될 것이다. 우리가 소유하고 있기만 하다면, Q자료는 신약성서보
다 더 이른 시기의 자료일 것이다: 만약 누가 애굽의 사막에서 Q자료를 캐낸
다면, 우리는 그것을 마태복음, 마가복음, 누가복음과 함께 한 성경으로 묶을
것인가? 어떤 사람들은 도마복음서가 시기적으로 더 이른 것이라고 말한다:
만약 이것이 사실이라면, 우리는 도마복음서를 현재의 정경에 나오는 복음서
들보다 더 권위 있는 것으로 여겨야 하는가? 도마복음서의 초기 연대설을 지
지하는 학자들이 흔히 보여 주는 인상은 우리가 마땅히 그래야 한다는 것이
다. 그렇지만 이러한 사고는 초기 기독교, 즉 시기가 이른 기독교일수록 자동
적으로 권위가 있고 규범 역할을 할 수 있다는 신념에 바탕을 둔 것이다: 그
리고 이러한 신념은 그 자체가 모순이다. 왜냐하면 초기 기독교의 그리스도인
들 중 그 누구도 시기적으로 빠른 것이 규범성을 지닌다고 믿지 않았던 것으
로 보이기 때문이다.

　이 문제는 다시 한 번 인식론적 잣대에 따라 이리 기울고 저리 기울 수 있
는 것으로 보인다. 그 한쪽 끝에는 브레데(Wrede)의 실증주의가 있다: 기독

교의 정경이라는 말은 우리와 아무런 상관이 없고, 우리의 과제는 단순히 사실들에 대한 서술일 뿐이고, 과거의 그 무엇도 현재에 대한 규범으로 여겨서는 안 된다. 다른 끝에서 우리는 주관주의라는 폐쇄된 사고를 발견한다: 그리스도인들은 신약성서를 그들에게는 뭔가 의미가 있지만 다른 사람들에게는 동일한 의미를 기대해서는 안 되는 "그들의" 책, 사적인 텍스트로 여겨야 한다. 세 번째 대안으로 우리가 앞에서 제시한 비판적 실재론은 서사(敍事)와 연관된 권위라는 모형을 지지한다. 신약성서는 명시적으로든 암묵적으로든 모든 이야기들과 마찬가지로 사람들의 주목을 끌고자 하는 일련의 이야기들 또는 단일한 이야기라는 성격을 지닌다. 신약성서를 단순한 신화로 취급한다고 할지라도 이 점은 마찬가지다: 역사에는 무지하지만 동화의 세계 또는 톨킨(Tolkien)의 중간계(中間界)에 사는 사람은 신약성서를 강력하고 도발적인 것이라고 생각할 것이다. 역사적 연구를 통해서 이 이야기와 매우 흡사한 어떤 일이 실제로 일어났다는 것이 밝혀진다고 해도, 이러한 신화적 힘은 결코 사라지지 않고 오히려 증대된다. 물론 이것은 이 전 과정에 대한 상대주의적인 설명에 의문을 제기하는 지점이고, 이것이 바로 상대주의 시대에 "단순한 신화"에서 신화로서의 역사 또는 역사로서의 신화로 옮겨간 것이 그토록 자주 공격을 받은 이유이기도 하다. 그러나 바로 이것이 우리의 모든 연구가 제시하고 권장하는 방향이다. 우리가 신약성서를 있는 그대로 읽는다면, 신약성서는 모든 면면에서 공적인 영역에서 참된 것들에 관하여 말하고 있는 것이라고 주장한다. 신약성서는 다른 수많은 책들과 마찬가지로 사적인 영적 진보를 위한 지침서가 아니다. 신약성서를 그와 같이 읽는 것은 셰익스피어의 작품을 단순히 시험에 통과하기 위해서 읽는 것과 같다. 신약성서는 창조주와 세상에 관한 전복 성향을 띤 이야기라고 스스로 주장하고, 또 그렇게 읽히기를 요구한다. 이 과정에서 신약성서가 행사하는 권위는 정적인 권위가 아니라 동적인 권위일 것이다: 신약성서는 높은 곳에서 고압적으로 독자들을 강요하는 것이 아니기 때문에, 신약성서를 그런 식으로 사용하려고 시도하는 것은 곧 신약성서의 본래의 모습을 해치는 것이 된다. 신약성서의 주장은 연약하여 부서지기 쉬운 것이 아니라 오히려 강력하다. 신약성서는 온 세상에 대한 참된 이야기, 참된 신화, 참된 역사로 그 자신을 제시한다.

4. 신의 문제

끝으로, 신약성서에 관한 문제와 연관성이 있는 것으로서 우리가 진행하고 있는 이 프로젝트를 내내 따라다니며 괴롭히는 문제가 한 가지 더 있다. 역사가가 예수에 관한 문제를 회피할 수 없고, 문학 비평가가 신약성서에 관한 문제를 회피할 수 없듯이, 신학자는 신에 관한 문제를 회피할 수 없다. 여기에서도 역사가와 문학 비평가는, 그들이 그들 자신의 소재에 충실하려고 한다면, 그러한 소재를 신에 관한 문제를 고려하지 않고 배제한 채 특화시켜서 다루는 경우에 문제가 생긴다는 것을 알게 될 것이다. 궁극적으로, 우리가 제2부에서 보았듯이 역사, 문학, 신학은 서로 결합되어 있다.

신에 관한 문제는 신약성서와 관련된 대다수의 책들에서 거의 다루어지고 있지 않지만, 사실은 자주 논의되는 거의 모든 문제들의 뿌리에 놓여 있는 문제이다. 바울과 율법이라는 문제는 그 밑바탕에 신에 관한 문제가 있다. 마태복음 또는 요한계시록에 의해서 제기되는 문제들도 그들의 중심에 신에 관한 문제들이 놓여 있다. 이런 예들은 우리가 얼마든지 더 들 수 있다. 이러한 문제들은 애초부터 "신"이라는 말이 무엇을 가리키는가에 대해서는 의견의 일치가 성립되어 있다고 전제한 채, 단순히 이 신이 정확히 무엇을 원하며 행하였고 하고자 하는가 하는 것만을 묻는 것처럼 보인다. 그러나 점점 더 깊은 단계로 이러한 문제들에 천착하여 들어가게 되면, 실제로 우리가 공통적으로 전제하고 있는 것은 아무것도 없고, 결국 "신"이라는 말의 의미 자체를 탐구하는 것이 된다. 유대 성경이 말하였던 이 신, 아브라함, 모세, 다윗, 선지자들에게 스스로를 계시하셨던 이 신은 도대체 누구인가? (적어도 여기에서 거론되는 두 공동체 중) 어느 공동체가 이 신에 관하여 진실하게 또는 적어도 더 진실하게 말하고 있는 것인가? 초기 기독교가 발전하면서, 표현에서만이 아니라 상징과 실천, 특히 유대 성경을 새로운 방식으로 읽는 상징적 실천 속에서 이 근본적인 차원과 관련하여 자기들이 새로운 주장을 행하고 있다는 인식이 점점 더 강렬해진다:

예수의 오심으로 인해서 인류의 상황 전체는 "하나님"이라는 말의 의미론적 내용을 변화시킬 정도로 바뀌었다는 것이 [신약성서 기자들]의

주장이다.[3]

신약성서와 관련된 이러한 사실은 신의 문제가 명시적으로 제기되지 않은 경우에라도 신약성서의 각 책들은 권능과 호소력, 내재적인 권위를 지니고 있는 것으로 느껴진 이유를 설명해 주는 가장 좋은 단서들 중의 하나를 제공해 준다. 신약성서의 각 책들은 서로 다른 방식으로 그 중심에서 "신"에 관한 새로운 견해를 담고 있고, "하나님"을 말하는 한 방식에 대한 제안을 담고 있는 새로운 세계관을 표현함과 동시에 그들의 청중들에게 그 새로운 세계관을 공유하도록 초청할 목적으로 씌어진 것들이다.

유대교와 기독교는 각각 "신의 백성"이라고 자처하였고, "신"이라는 말을 통해서 세상을 창조하고 세상의 진로를 인도하며 이스라엘과 계약을 맺고, 두 공동체가 믿고 있듯이, 어느 날 창조주와 계약의 신으로서 온 세계를 바로잡고 그의 참된 백성을 압제로부터 구원하기 위하여 역사하실 초월적인 존재를 지칭하였다. 그러나 각각 그러한 주장을 하는 서로 구별되는 두 개의 공동체가 존재했다면, 어떻게 이런 일이 일어날 수 있었는가라는 역사가의 질문은 이러한 두 주장이 동일하게 일관성을 지니고 있는가라는 신학자의 질문에 해당한다고 할 수 있다. 주후 1세기의 관점에서 볼 때, 어느 한 쪽의 주장이 더 참될 수 있다고 말할 수 있는 어떤 방법이 있는가? 그것들 중 어느 쪽이 우리에게 더 일리가 있는가? 주후 2세기든 주후 20세기든, 이후 세대에 존재했던 한 공동체가 이 두 공동체 중 어느 하나와의 연속성을 주장한다는 것은 무엇을 의미하는가?

이러한 복합적인 여러 질문들에 대하여 몇몇 학자들이 대답을 제시하려고 시도해 왔다: 두 체제는 완전히 다르다. 각각의 체제는 그들 자신만의 담론의 세계 속에서 의미가 있지만, 주후 20세기는 물론이고 주후 1세기의 관점으로 이 둘을 비교하는 것은 아무런 의미도 없다:

> 유대교와 기독교는 동일한 종교의 서로 다른 판본이 아니라 완전히 서로 다른 종교들이다. 두 신앙은 서로 다른 백성에게 서로 다른 것들에 관

---

3) Caird 1960, 51. 또한 Morgan 1987, 200 n.14; Räisänen 1990a, 138을 참조하라.

하여 말하는 서로 다른 백성을 대변한다.[4]

20세기에 제시된 상호 이해와 공통의 대화에 대한 접근 방식으로서의 이러한 주장에 대해서는 할 말이 있다. 유대교와 기독교가 우리 세대에서 서로에 대하여 어떠한 과제들이나 의무들을 갖고 있다고 스스로 생각하든지, 이들이 서로를 각자의 왜곡된 변형물로 생각해서 그리스도인들이 유대인들을 덜 되먹었다고 보거나, 또는 그 반대로 유대인들이 그리스도인들을 덜 되먹었다고 생각한다면, 그러한 과제들은 한 치의 진보도 있을 수 없고, 그러한 의무들은 시행될 수가 없다. 그렇지만 우리가 주후 1세기의 세계로 옮겨가 보면, 유대교와 기독교가 철저하게 달랐다는 주장은 내게는 아주 분명하게 잘못된 것으로 보인다 — 또한 종종 제기되고 있듯이, 두 종교는 실제로 동일하기 때문에 두 운동을 하나로 합칠 수 있다고 주장하면서 그 차이점들을 과소평가하고 모난 모서리들을 깎아내어 우리의 신경을 건드리지는 않지만 역사적으로 신빙성 없는 기독교와 유대교의 모습을 그려내는 것과 마찬가지로 잘못된 것이다.[5]

뉴스너(Neusner)는 너무도 훌륭한 역사가여서 이러한 후자의 제안을 받아들이지 않는다. 그렇지만 기독교와 유대교가 완전히 다른 종교라는 그의 주장은 상대주의적인 것이다. 로마 가톨릭의 마리아 숭배 같은 (그에게는) 먼 나라 애기 같은 종교적 특징들조차도 정당하게 다루고 심지어 존중하기 위하여, 뉴스너는 유대교와 기독교를 하나의 신적인 현실을 바라보는 서로 다른 왜곡된 창문으로 만들어 버리는 위험을 자초하고 있다. 궁극적으로 두 개의 제안 (1. 우리의 종교들은 실제로 동일하다: 2. 우리의 종교들은 동일한 신에 대한 완전히 서로 다른 반응들이다)은 동일한 종착점에 도달하게 된다: 우리 중의 그 누구도 "신"이란 말의 의미에 관하여 아주 명확한 인식을 하지 않는다면, 우리는 우리의 차이점들을 궁극적으로 별로 중요하지 않은 것으로 치부해 버릴 수 있다. 그리고 모더니즘과 포스트모더니즘 양쪽에서 매력적인 이러한 제

---

4) Neusner 1991, 1 ; cf. 28, 129.

5) cf. Gager 1983 ; Gaston 1987 ; etc. 유대교는 유대인들을 위한 종교이고, 기독교는 이방인들을 위한 종교라는 "두 계약" 이론이 F. Rosenzweig에 의해서 제기되었고, Neusner 1991, 118f.에 의해서 "생색내기 이론"이라는 비판을 받았다.

안은 주후 1세기의 유대교와 기독교의 세계와는 거의 아무런 공통점도 없다. 그러므로 "신"이라는 말의 의미에 관한 문제는 우리가 이제까지 살펴 보아왔던 주후 1세기의 공동체들에 대한 우리의 설명에서 핵심을 차지한다.

그렇다면 "신"이란 말의 의미에 대해서 어떠한 주장들이 제기되고 있는가? 우리가 서문에서 본서에서는 "하나님"(God)이 아니라 "신"(god)이라는 말을 사용하는 이유를 설명하면서 말했듯이, "신"이라는 말이 동일한 의미를 지니는 것으로 사용되고 있다고 생각해서는 큰 오산이 될 수 있다. 이것을 보여주는 한 중요한 예가 바로 뉴스너가 유대교와 기독교를 한 품 속에 안으려고 한 시도이다:

> 우리가 [서로에게 부합하는] 그 어떤 다른 예를 구할 수 있겠는가? 나의 대답은 결국 우리는 실제로 동일한 신이자 유일한 신인 한 분 신을 예배하고, 우리[즉, 유대인과 그리스도인]와 마찬가지로 이슬람교도들도 그렇다는 상식적인 사실로부터 나온 것이다. 그러한 공통의 지반 위에서 우리 앞에 놓인 인간으로서의 과제가 출현한다. 그것은 이 타자, 이 낯선 외인(역자주: 즉, 한 분 신)에 대한 종교적 체험 속에서 우리가 우리 자신의 세계 속에서 동일시할 수 있는 것을 찾아내는 것이다.[6]

이것은 참으로 "계몽주의적인" 과제이자 해결책이다. "신"이라는 말을 사용하는 사람들은 그 말을 동일한 의미로 사용한다는 것이 "상식"이라고 그는 말한다; 그러므로 우리에게 남겨진 일은 "종교적인 체험"을 탐구하는 일이다. 이러한 주장의 문제점은 이러한 주장이 18세기식의 신학 방법을 주후 1세기로 투영해서 사실을 왜곡하고 있다는 것이다. 주후 1세기에는 그 어떤 신에 관한 주장들도 논쟁의 성격을 띨 수 있었고 심지어 호교론적인 성격을 띨 수 있었다. 이스라엘의 신에 맞서서 이교도들이 그들의 신들을 옹호하며 펼친 주장들은 실제적인 군사적, 사회적, 경제적 압제를 수반하였다는 의미에서 통상적으로 호교론적이었다.[7] 마찬가지로 이에 대한 이스라엘의 반박은 언제나 이

6) Neusner 1991, 121; cf. 29.
7) cf. 삼상 17:43; 사 36:18-20 (cp. 36:10!); 단 3:12-29; 5:3-4, 23; Bel 4-5, 24-5;

교 세계 전체에 대항한 호교론적인 것이었다: 이스라엘의 문헌은 이교도들이
이스라엘의 신을 참 신으로 인정하게 되었다든가,[8] 이스라엘의 신이 이교의
신들과 싸워서 그들을 물리쳤다는 이야기들로 가득 차 있다.[9] 바빌로니아가
패배한 후에 이스라엘의 초소들에서 터져 나온 기쁨의 환호성의 의미는 그 사
건이 이스라엘의 신이 참된 왕이며 바빌로니아의 신은 단순한 우상에 불과하
다는 것을 보여 주었다는 것이다:

> 좋은 소식을 전하며 평화를 공포하며 복된 좋은 소식을 가져오며 구원
> 을 공포하며 시온을 향하여 이르기를 네 하나님이 통치하신다 하는 자의
> 산을 넘는 발이 어찌 그리 아름다운가.
> 여호와께서 열방의 목전에서 그의 거룩한 팔을 나타내셨으므로 땅 끝
> 까지도 모두 우리 하나님의 구원을 보았도다.[10]

후대의 유대교에서 이러한 호교론은 기독교를 상대로 하여 반복해서 적용
된다. 그리스도인들은 그들이 셋이자 하나인 신을 섬긴다고 말하였는데, 이것
을 유대인들은 타협적인 유일신 사상으로 보았다; 그리스도인들은 예수가 이
한 분 신의 온전하고 완전한 계시라고 말하였는데, 이것을 유대인들은 그들이
믿는 신을 이교화시킨 것으로서 말 자체가 모순이라고 보았다.[11] 많은 학자들
이 주후 1세기의 것으로 보고 있고, 또한 분명히 주후 1세기에서 멀지 않은
시기의 성향을 반영하고 있는 한 작품 속에서 어떤 랍비는 미님(Minim, "이
단들"; 아마도 그리스도인들을 포함하고 있는 것 같다)은 "그[즉, 이스라엘의
신]를 알지만, 그럼에도 불구하고 그를 부인한다"라고 말하고 있는데,[12] 그 이

---

1 Macc. 1:43; etc.

8) 왕하 5:15-18; 슥 8:22-3; 단 2:47; 3:29; 4:2-3, 34-7; 6:26-7; *Jos. & As.*; etc.

9) 삼상 5:1-5; 7:26, 36, 45-6; 사 37:23; 1 Macc. 4:30-3; etc.

10) 사 52:7, 10 (물론 강조는 필자의 것).

11) 예를 들면, Epstein 1959, 134: "기독교의 삼위일체론은 … 이스라엘을 자신을
섬기게 하기 위하여 처음부터 선택하였다는 유일신 하나님을 정면으로 부정하는 것이
다"(강조는 원저자의 것).

12) tShabb. 13.5; 또한 Urbach 1987, 26을 보라.

유는 그들이 순수한 유대적인 신 개념 속에 예수는 단순한 메시야적인 의미에서가 아니라 존재론적인 의미에서 "신의 아들"이라는 신앙을 도입했다는 것이다. 이런 식으로 기독교는 유대인들의 눈에 이교 사상의 한 형태로 보였고, 바로 이러한 이유 때문에 몇몇 학자들에 의해서 오늘날까지 혹평을 받고 있다.[13] (몇몇 기독교 저술가들은 유대교가 종교의 타락한 형태라고 믿고 기독교에 대한 그러한 평가의 배후에 있는 역사적 판단을 코웃음 치면서 간단히 일축해 버린다.)

그러나 위에서 말한 그러한 비판은, 마치 "기독교의" 여러 세대가 유대교에 대하여 행한 비판들이 주후 1세기의 유대교를 정당하게 다루지 않았던 것과 마찬가지로, 초기 기독교를 제대로 다루고 있지 않은 것이다. 우리가 앞 장에서 보았듯이, 주후 1세기에 이스라엘의 신은 이제 예수와 신의 영을 통해서 스스로를 사람들에게 알리셨다는 주장이 통상적으로 제기되었다. 주후 1세기의 신학들을 연구하는 역사가에게 이 두 공동체가 제시한 견해들 중 어느 하나를 선택할 책임으로부터 회피할 수 있는 길이 있을 수 없다. 유대교는 기독교가 예수를 신에 관한 교리의 중심에 놓음으로써 신에 관한 교리를 결정적으로, 그리고 돌이킬 수 없도록 훼손시켰다고 주장하였다. 기독교는 주류 유대교가 선민사상에 사로잡혀 예수의 죽음과 부활을 통한 이스라엘의 신의 의로운 구원 행위를 인정하지 않음으로써 계약으로부터 비껴 나갔다고 주장하였다. 이 두 종교는 서로 자기들이 성경에 기록된 계시와 부합하는 "신"이라는 말의 진정한 의미를 말하고 있고, 다른 쪽은 그렇지 않다고 주장하였다.

주후 1세기의 유대인에게 토라는 신의 계시로서 타협할 수 없는 대상이었다: 그리스도인들은 그 토라를 별로 중시하지 않는 인상을 보였다: 그러므로 그리스도인들은 잘못되었다. 이스라엘의 성전과 땅을 이교의 오염으로부터 막는 것은 많은 유대인들에게 이스라엘의 신이 그들에게 부과한 과제의 타협할 수 없는 일부였다: 그리스도인들은 이러한 과제들을 무시하였다: 그러므로 그리스도인들은 작은 것들에 관해서만이 아니라 이스라엘의 신에 관한 사항에서도 잘못되었다. 역으로 초기 그리스도인들에게 예수의 죽음과 부활은 한 분 신의 완전한 계시, 이스라엘이 그토록 기다려 왔던 위대한 신의 역사였다: 나아가 이것은 이스라엘의 신, 세상의 창조주가 예수 안에서 유일무이하게 스스로를 사람들에게 알리셨다는 것을 의미하였다. 이교도들과 유대인들은 똑같이 이 예수를 인정하기를 거부하였고, 그렇게 함으로써 예수의 행한 일 속에서 이 신을 인정하기를 거부하였다. 로마서 1장이나 아레오바고 연설, 또는 로마서 9~11장에서와 같이 공통의 기반을 찾는 시도들이 있었지만, 그리스도인들의 주장은 이교도들과 유대인들은 참 신을 앞에 두고도 신의 존재라는 현실에 순복하기를 거부하였다는 것이다.[14] 바울, 요한 등은 이원론(그리스도인이 아닌 자들은 참 신을 전혀 모른다), 이교 사상(우리는 우리의 신을 섬기고, 너희는 너희의 신을 섬기며, 우리는 우리의 길을 간다), 자연신론(신은 멀리 있고, 우리는 그 신에 관하여 많은 것을 알 수 없다), 상대주의(우리 모두는 안개 낀 동일한 산을 서로 다른 길을 통해서 올라가고 있다)를 피하기 위하여 조심스럽게 운전해 간다. 신약성서 기자들은 오직 한 분 신이 계시지만 모든 인간들은 이 한 분 신에 관하여 잘못된 생각들을 품고 있다고 주장한다. 이렇게 잘못 인식된 신을 예배함으로써 그들은 우상을 섬기는 것이 된다. 이교도들은 나무와 돌로 만든 신들을 숭배하고, 피조물을 섬김으로써 창조주를 왜곡시키고 있다. 바울은 이러한 맥락을 따라서 유대인들이 그들 자신의 민족적 정체성과 안전 보장을 우상으로 만듦으로써, 그들의 신, 아브라함의 신의 계약의 신실성이 언제나 무엇을 수반하였는지를 볼 수 없게 되었다고 주장한다.[15] 신약성서의 여러 책들의 수신자들인 그리스도인들도 분명히 "예수"와 "그리스도"라는 말들을 사용하면서도 실제로는 다른 신을 섬기는 등 우상 숭배의 가능성으로부터 면제받지 못했다.[16] 주후 1세기의 유대교와 기독교의 역사에 대한 우리의 연구는 결국 참 신에 관한 그들의 주장들과 관련해서 둘 모두가 옳을 수는 없다는 결론에 도달하게 된다.

물론 기독교와 유대교 양쪽이 다 틀릴 가능성도 있다. 그리고 스토아 학파

14) 롬 1:18-23; 행 17:22-31; 롬 10:2-3, 16-17. 또한 요 8:39-59을 참조하라.

15) 로마서 1:8-32을 활용함과 동시에 병행을 이루고 있는 로마서 2:17-29. 로마서 2:17ff.는 7:7-25; 9:30~10:13에서 아이러니(irony)의 강도를 높이면서 더욱 더 확대된다.

16) cf. e.g. 고전 12:1-3 (삼위일체 사상을 함축하고 있는 12:4-6 바로 앞에 나오는); 갈 4:8-11 (삼위일체 사상을 함축하고 있는 4:1-7 바로 다음에 나오는); 요일 5:21.

가 옳을지도 모른다: 온 세상이 신적이고, 우리 인간도 그 일부이기 때문에, 한 신이 존재한다. 에피쿠로스 학파와 오늘날 그들을 계승한 자연신론자들이 옳을 수도 있다: 한 신 또는 그 이상의 신이 존재하지만, 그에 대해서 우리는 그 누구도 잘 알지 못하고 무지와 왜곡 속에 있다는 것을 어렴풋이 인정할 수밖에 없다. 이교도들이 옳을 수도 있다: 세상에는 여러 "신적인" 세력들이 존재하는데, 우리 인간은 그것들이 화가 나면 달래주어야 하고 그렇지 않은 경우에는 그들을 이용할 필요가 있다. 영지주의자들이 옳을 수도 있다: 선하고 감추어진 신이 존재하는데, 그 신은 악한 신의 창조물인 물질과 육으로 된 이 악한 세상으로부터 우리를 구원하고자 한다. 또는 오늘날의 무신론자들이나 유물론자들이 옳을 수도 있다. 이와 관련해서 중립적인 땅은 존재하지 않는다. 우리는 세계관의 차원에 있고, 여기에서는 궁극적인 선택이 필수적이다.

주후 1세기의 유대교와 그 이후의 유대교의 주장은 세상의 창조주가 스토아 학파, 에피쿠로스 학파, 이교 사상, 영지주의 등등의 주장들 — 그리고 기독교의 주장들 — 을 허용하지 않는 방식으로 토라 속에서 스스로를 계시하였다는 것이다. 처음부터, 그리고 그 이후에도 기독교의 주장은 세상의 창조주, 아브라함의 신은 다양한 여러 가지 이교도들의 주장들 — 또한 예수를 거부한 유대교의 주장들 — 을 허용하지 않는 방식으로 예수 및 신의 영을 통해서 스스로를 계시하였다는 것이다. 물론 이러한 결론은 신적인 일들은 우리와 너무 멀리 있고 알 수 없다는 입장을 견지하고 있는 신(新)에피쿠로스 사상에 의해서 주도되고 있는 (우리 자신의) 세계 속에서는 구미에 맞지 않는다. 그리고 이러한 결론은 자칭 "종교적"이라고 하는 공동체들 간에 벌어지는 추악하고 격렬한 폭력이 난무하는 현실 속에서 한층 더 구미에 맞지 않을 것이다 — 이 폭력의 근원이 그들이 내세우는 종교와는 무관하다는 것을 입증해 보인다고 할지라도 말이다. 그러나 이러한 결론은 한 분 참 신의 백성이라고 주장하였던 두 공동체 내에서 주후 1세기에 사물들을 바라본 방식을 보여 준다.

우리는 이러한 서로 각축하는 두 주장 중에서 어느 것을 어떻게 선택할 수 있는가? 주후 1세기의 유대인들은 그들의 신이 자기는 단지 지역적인 부족신이 아니라 만물의 창조주요 주권자라는 것을 온 세상에 계시할 공적인 사건, 이스라엘에게는 해방의 위대한 역사(役事)가 될 사건을 기다리고 있었다. 야웨는 모든 열방들이 보는 앞에서 이스라엘을 위한 그의 구원을 계시하실 것이다; 땅의 끝들도 야웨가 그의 백성을 신원했다는 것을 보게 될 것이었다. 초기 그리스도인들은 특히 신약성서로 불려지게 된 글들을 통해서 그들이 이스라엘의 신이 바로 그와 같은 일을 행했다고 주장한 바로 그 사건을 되돌아보았다. 이 이상한 자칭 "신의 백성" 내에서 출현한 신약성서는 이것을 토대로 이스라엘의 과거에 뿌리를 박고 있지만 세계의 미래 속으로 이어지게 되어 있는 이야기로서의 이 백성에 대한 이야기를 하였다. 신약성서는 유대인들의 주장을 되풀이하였다: 이 이야기는 단순히 신(god)에 관한 것이 아니라 하나님(God)에 관한 것이다. 신약성서는 유대인들의 증거를 수정하였다: 그러한 주장은 민족의 해방을 통해서가 아니라 예수와 관련된 사건들을 통해서 성취되었다.

부록

제2성전 시대 유대교 및 초기 기독교
역사의 연표(年表)

연대는 역사가들에게 매우 중요하지만, 고대 역사가들에게는 항상 논란이 있다. 다음에 나오는 연대들 중 상당수는 여전히 가설에 머물러 있지만, 일부 특별히 까다로운 연대들은 본서의 해당 부분에서 다루었다. 여러 가지 논의들, 특히 제3부에 나오는 논의들과 관련이 있는 사건들과 특기사항들은 고딕체로 표기하였다.

1. 바빌로니아에서 로마로

a. 바빌로니아 시대

597	예루살렘이 느부갓네살 2세에 의해 점령됨
587	예루살렘의 파괴와 포수(捕囚)
539	바빌로니아의 멸망: 고레스의 승리

b. 페르시아/헬라 시대   538-320

538년부터:	포로 귀환: 성전 재건 시작(516년 완공)
450년대/440년대:	에스라와 느헤미야가 예루살렘에서 활동함
336	알렉산더 대왕의 즉위
332	알렉산더, 팔레스타인 정복
323	알렉산더 사망: 제국 분열

c. 애굽 시대   320-C.200

프톨레마이오스 왕조 치하의 팔레스타인; 대제사장들의 지역 정부

d. 수리아 시대   200-63

200	안티오쿠스 3세, 애굽 격퇴
175	안티오쿠스 4세 에피파네스 즉위
171	대제사장 메넬라오, 에피파네스 지지: 메넬라오스에 항거한 유대인 폭동
167(12월 25일)	에피파네스, 성전을 더럽힘: 제우스 제단 세움
166	유다 마카베오, 맛디아 사후에 지도자가 됨
164(12월 25일)	유다, 성전 정화
164-42	수리아와의 전투
161-59	대제사장 알키무스
160	유다 마카베오 사망
160-52	요나단, 민족 진영의 지도자가 됨
159-2?	에세네파의 의의 교사 = 대제사장?
152-43	대제사장 요나단[=두루마리의 악한 제사장??]

바리새파에 대한 최초의 언급: *Jos. Ant.* 13.171

143	요나단이 트뤼포에 의해 사로잡힘
142	시몬 영도 하에 준독립 획득(면세)
	(하스모네 왕조의 대제사장들/통치자들)
140-34	시몬: 대제사장이자 분봉왕
142	요나단이 살해됨

쿰란, 하스모네 체제 반대: 예를 들어, IQpHab 3.4-6.12

140	유대 백성, 시몬의 지위를 합법화
134-104	요한 히르카누스: 대제사장이자 분봉왕

War 1.67-9는 그가 '봉기'를 부추겼다고 말함

엘르아살, 히르카누스에게 대제사장직 포기 요청: *Ant.* 13. 288-99

104-103	아리스토불루스 1세:대제사장이자 왕['Philhellene']

103-76	알렉산더 얀네우스: 대제사장이자 왕

        절기 때의 '봉기' : *War* 1.88-98; *Ant.* 13.372-83; *bSukk.* 48ab

76-67	히르카누스2세: 대제사장직만

    (살로메/알렉산드라,알렉산더 얀네우스의 미망인, 왕후)

        War 1.112: '그녀는 이스라엘을 통치했고, 바리새파는 그녀를 통치했다'

        Ant. 13.398-418: 얀네우스의 권고에 따라 그녀는 바리새파 신임

67-63	아리스토불루스2세: 대제사장이자 왕(알렉산더의 차남)

    (여리고 전투에서 히르카누스 격퇴)

2. 로마 통치기: 63-

a. 공화정 치하

63	폼페이우스, 예루살렘 점령 (cf. *Ps. Sol.* 17.8, IQpHab 4-6??)

    대제사장들, 로마 총독하에서 권력 장악

63-40	히르카누스2세: 대제사장 (폼페이우스의 개입 후 재집권)

    안디바가 히르카누스 배후에서 권력자로 등장

48	폼페이우스, 애굽에서 살해됨 (*Ps. Sol.* 2.30-2!)
43	안디바 암살
44	율리우스 가이사 사망: 로마 세계, 내전
40	바대(파르티아)인, 수리아/유대 침공, 히르카누스 투옥
40-37	안티고누스: 대제사장이자 왕(아리스토불루스의 막내 아들)
40	헤롯(안디바의 아들), 로마에서 안토니우스/옥타비아누스의 지지로 유대 왕으로 선포됨

    (대제사장 자격이 없었던 헤롯은 족보를 날조하여 대제사장직을 차지)

40-38	바대의 침공
37	헤롯, 바대의 침공 후에 로마를 위해 예루살렘 탈환

    (히르카누스의 손녀 마리암네와의 결혼을 위해 포위를 중단 : *Ant* 14.465-7)

37-4	헤롯 대왕
31 (9월 2일)	악티움 해전:

옥타비아누스, 안토니우스를 이기고, 헤롯의 직위를 신임함

헤롯이 바리새인 폴리오와 사마야의 목숨을 구해 줌

20? 폴리오와 사마야가 헤롯에 대한 충성 맹세를 거부(*Ant.* 15.370)

19 헤롯, 성전 재건 시작(주후 9년에 봉헌)

10? 6000 이상의 바리새인들이 가이사에 대한 충성 맹세 거부(*Ant.* 17.41-6)

4 BC 헤롯의 죽음: 그 전후에 소요가 일어남

독수리상 사건 (유다와 맛디아) (*Ant.* 17.149-67, *War* 1.648-55)

히스기야의 아들 유다 (= 갈릴리 사람 유다?) (*War* 2.56 etc.)

시몬(*Ant.* 17.273-7)과 아드론게스(*Ant.* 17.278-84)의 '메시야' 운동들

왕국 분열:

안디바: 갈릴리와 베뢰아의 분봉왕(38년까지); 헤로디아와 결혼

아켈라오: 유대, 사마리아, 이두매의 '왕' (=분봉왕); (6년 폐위)

빌립: 팔레스타인 북동부의 분봉왕(34년까지)

6 AD 아켈라오, 항변 후에 폐위됨

유대, '총독' 치하의 로마 속주가 됨

인구조사로 인한 폭동들: 갈릴리 사람 유다, 바리새인 사독(*Ant.* 18.1-10)

b. 황제 및 총독 치하

-14 AD 아우구스투스

6-9 코포니우스

9-12 마르쿠스 암비비우스

12-15 안니우스 루푸스

14-37 티베리우스

15-26 발레리우스 그라투스

18 대제사장 가야바

26-36 본디오 빌라도

30 예수의 십자가 처형

31? 사울/바울의 회심

36 나바테아 왕, 베뢰아 침공하여 안디바를 무찌름

37-41 **가이우스**

37-41 마룰루스

40 가이우스 조상(彫像) 위기

헤롯 대왕의 손자 헤롯 안디바가 빌립(37)과 안디바(39) 영지의 왕이
되고, 안디바와 헤로디아를 추방함

41-54 **글라우디오**

41 글라우디오가 헤롯 아그립바를 유대 왕으로 삼다

아그립바가 요한의 형제 야고보를 유월절에 처형(행 12:2)

44 헤롯 아그립바의 죽음(행 12장): 다시 총독이 유대를 통
치함

44-46 쿠스피우스 파두스

44 기근(행 11:28)

46-48 티베리우스 알렉산더

갈릴리 사람 유다의 아들들인 야곱과 시몬을 십자가형에 처함
(*Ant.* 20.102)

40년대말-50년대말: 바울의 선교 여행

48-52 벤티디우스 쿠마누스

49 글라우디오, 로마에서 유대인들을 추방(impulsore
Chresto; 행 18:2 등)

49-51 바울, 고린도에서 활동(갈리오, 행 18:12)

50 아그립바 2세(아그립바 1세의 아들), 여러 지역의
왕이 됨

52-60 안토니우스 펠릭스(팔라스의 형제, 네로의 해방노예)

54-68 **네로**

60-62 포르키우스 페스투스

62 의인 야고보, 정권공백기에 처형됨(*Ant.* 20.200)

62-65 루케이우스 알비누스

63 성전, 마침내 완공

64 로마의 대화재: 그리스도인들의 박해

65-66 게시우스 플로루스

66-70   유대 전쟁

68년 6월9일: 네로 자살

68-69   갈바

69 '네 황제의 해'

69   오토

69   비텔리우스

69-79   베스파시아누스

70 티투스, 예루살렘 점령

c. 주후 70년 이후

요하난 벤 자카이 치하에서 야브네에 학교 설립

74   마사다(마지막 요새) 함락

79-81   티투스

81-96   도미티아누스

c. 90 도미티아누스, 예수의 친척들 심문

92/3 아그립바 2세의 죽음

96-98   네르바

98-117   트라야누스

c.110 비두니아의 총독 플리니우스

c.110-115 이그나티우스의 서신들

115-7 애굽, 구레네, 구브로에서 유대인 폭동

117-38   하드리아누스

132 하드리아누스, 반셈족 입법: 예루살렘에 주피터 신전

133-5 시몬 벤 코시바(바르 코크바)의 반란

135 아키바의 순교

138-61   안토니누스 피우스

140s-160s 순교자 저스틴, 로마에서 활동(c.165에 순교)

155/6 서머나의 감독 폴리캅의 순교

161-80	마르쿠스 아우렐리우스
	c.130-200 이레나이우스: 180s/190s에 리용의 감독
	c.160-200 터툴리안
180-92	코모두스
	c.200 미쉬나 편찬

참고 문헌

약어표

ANF	Ante-Nicene Fathers
ANRW	*Aufstieg und Niedergang der Römischen Welt*, ed. H. Temporini and A. Haase. Berlin: de Gruyter.
Arist.	Aristotle
CAH	*Cambridge Ancient History*
cf.	confer
CHJ	*Cambridge History of Judaism*
Compendia	*Compendia Rerum Iudaicarum ad Novum Testamentum.* Section One: *The Jewish People in the First Century*, ed. S. Safrai and M. Stern. 2 vols. Section Two: *The Literature of the Jewish People in the Period of the Second Temple and the Talmud*, ed. M. J. Mulder, M. E. Stone and S. Safrai. 3 vols. Philadelphia: Fortress; Assen/Maastricht: Van Gorcum. 1976–87.
cp.	compare
Dio Cass.	Dio Cassius
Diod. Sic.	Diodorus Siculus
Epict.	Epictetus (*Disc.* = *Discourses*)
esp.	especially
Euseb.	Eusebius
Ign.	Ignatius
Jos.	Josephus
JTS	*Journal of Theological Studies*
LCL	Loeb Classical Library
LXX	Septuagint version of the Old Testament (see below)
NRSV	New Revised Standard Version (see below)
NT	New Testament
OT	Old Testament
par(s).	and parallel(s) [in the synoptic tradition]
PG	J. P. Migne, *Patrologia Graeca*. Paris, 1857–66.
SB	H. L. Strack and P. Billerbeck, *Kommentar zum Neuen Testament aus Talmud und Midrasch*. 6 vols. Munich: C. H. Beck, 1926–56.
Schürer	E. Schürer, *The History of the Jewish People in the Age of Jesus Christ (175 B.C.—A.D. 135)*. Rev. & ed. M. Black, G. Vermes, F. G. B. Millar. 4 vols. Edinburgh: T & T Clark, 1973–87.
Suet.	Suetonius
Tac.	Tacitus
TDNT	*Theological Dictionary of the New Testament*, ed. G. Kittel and G. Friedrich. 10 vols. Trans. & ed. G. W. Bromiley. Grand Rapids, Mich.: Eerdmans, 1964–76.

일차 자료

1. 성경

Biblia Hebraica Stuttgartensia, ed. K. Elliger and W. Rudolph. Stuttgart: Württembergische Bibelanstalt Stuttgart, 1968–76.

Septuaginta: Id est Vetus Testamentum Graece iuxta LXX interpres, ed. A. Rahlfs. 8th edn. 2 vols. Stuttgart: Württembergische Bibelanstalt Stuttgart, 1965 [1935].

Novum Testamentum Graece, ed. K. Aland, M. Black, C. M. Martini, B. M. Metzger, and A. Wikgren. 26th edn. Stuttgart: Deutsche Bibelgesellschaft, 1979 [1898] [= 'Nestle-Aland'].

The Holy Bible, Containing the Old and New Testaments with the Apocryphal/Deuterocanonical Books: New Revised Standard Version. New York & Oxford: OUP, 1989.

2. 다른 유대교 자료

The Mishnah, Translated from the Hebrew with Introduction and Brief Explanatory Notes by Herbert Danby. Oxford: OUP, 1933.

The Old Testament Pseudepigrapha, ed. James H. Charlesworth. 2 vols. Garden City, N.Y.: Doubleday, 1983–5.

The Apocryphal Old Testament, ed. H. F. D. Sparks. Oxford: Clarendon Press, 1984.

The Authorised Daily Prayer Book of the United Hebrew Congregations of the British Commonwealth of Nations, trans. S. Singer. New edn. London: Eyre & Spottiswood, 1962.

Josephus: *Works*, ed. H. St. J. Thackeray, R. Marcus, A. Wikgren and L. H. Feldman. 9 vols. LCL. Cambridge, Mass.: Harvard U. P.; London: Heinemann, 1926–65.

Philo: *Works*, ed. F. H. Colson, G. H. Whitaker, J. W. Earp and R. Marcus. 12 vols. LCL. Cambridge, Mass.: Harvard U. P. London: Heinemann, 1929–53.

Qumran: *Die Texte aus Qumran*, ed. E. Lohse. Darmstadt: Wissenschaftliche Buchgesellschaft, 1964.

——, trans.: *The Dead Sea Scrolls in English*, trans. & ed. G. Vermes. 3rd edn. London: Penguin Books, 1987 [1962].

3. 초기 기독교와 관련된 자료

Aristides: *The Apology of Aristides*, in ANF 9:257–279.

Apostolic Fathers: *The Apostolic Fathers*, ed. and trans. J. B. Lightfoot. 5 vols. London: Macmillan, 1889/90.

——: *The Apostolic Fathers*, ed. and trans. Kirsopp Lake. 2 vols. London: Heinemann; Cambridge, Mass.: Harvard U. P., 1965.

——, trans.: *Early Christian Writings*, translated by Maxwell Staniforth, introduced and edited by Andrew Louth. London: Penguin Books, 1968.

——, trans.: *The Apostolic Fathers*, 2nd edn. (of Lightfoot 1889/90). Ed. Michael W. Holmes. Grand Rapids: Baker, 1989.

E. Hennecke, *New Testament Apocrypha*, ed. W. Schneemelcher. English trans. ed. by R. McL. Wilson. 2 vols. London: SCM; Philadelphia: Westminster, 1963–5 [1959–64].

Eusebius, ed. and trans.: *Eusebius. The Ecclesiastical History*, ed. and trans. Kirsopp Lake, H. J. Lawlor and J. E. L. Oulton. 2 vols. London: Heinemann; Cambridge, Mass.: Harvard U. P., 1973–75.
——, trans.: *Eusebius. The History of the Church from Christ to Constantine*, 2nd edn., translated by G.A. Williamson, revised and edited with a new introduction by Andrew Louth. London: Penguin Books, 1989.
Justin Martyr: in ANF 1:157–306.
Minucius Felix: *Octavius*, trans. G. H. Rendall. LCL. Cambridge, Mass.: Harvard U. P.; London: Heinemann, 1984.
Nag Hammadi texts: *The Nag Hammadi Library in English*, ed. James M. Robinson. Leiden: Brill; San Francisco: Harper & Row, 1977.
Origen: *Contra Celsum*. In ANF vol. 4.
Orosius: *Historiae adversus Paganos*, ed. K. Zangemeister. Stuttgart: Teubner, 1889.
Synesius: *De Insomniis*. In PG 66.1281–1320.
Thomas: *The Gospel According to Thomas*, ed. A. Guillaumont et al. Leiden: Brill; London: Collins, 1959.
Tertullian: *Apology*; *De Spectaculis*, trans. T. R. Glover. LCL. Cambridge, Mass.: Harvard U. P.; London: Heinemann, 1984.

4. 이교의 자료

Aristotle: *Aristotle. The 'Art' of Rhetoric*. Ed. and trans. J. H. Freese. LCL. London: Heinemann; Cambridge, Mass.: Harvard U. P., 1947.
——, *Nicomachaean Ethics: The Ethics of Aristotle*. Trans. J. A. K. Thomson. London: Penguin Books, 1955 [1953]
Cicero: *De Natura Deorum*. In vol. 19 of *Cicero*. Ed. and trans. H. Rackham. LCL. London: Heinemann; New York: G. P. Putnam's Sons, 1933.
Dio Cassius: *Dio's Roman History*. Ed. and trans. E. Cary. LCL. 9 vols. London: Heinemann; Cambridge, Mass.: Harvard U. P., 1954–5.
Diodorus Siculus: *Diodorus Siculus*. Ed. and trans. C. H. Oldfather and others. LCL. 12 vols. London: Heinemann; New York, Putnam, 1933–67.
Dionysius of Halicarnassus: *The Roman Antiquities of Dionysius of Halicarnassus*. Ed. and trans. E. Cary. LCL. 7 vols. London: Heinemann; Cambridge, Mass.: Harvard U. P., 1937–50.
Epictetus: *The Discourses as reported by Arrian, the Manual, and Fragments*. Ed. and trans. W. A. Oldfather. LCL. 2 vols. London: Heinemann; Cambridge, Mass.: Harvard U. P., 1978–9.
Hecataeus: in *Fragmente der griechischen Historiker*, ed. F. Jacoby, 1923– , vol. 1.
Herodotus: *Herodoti Historiae*, ed. C. Hude. 3rd edn. 2 vols. Oxford: OUP 1926.
——, trans.: *Herodotus. The Histories*. Newly translated and with an Introduction by Aubrey de Sélincourt. London: Penguin Books, 1954.
Juvenal: *Juvenal: The Satires*. Ed. J. Ferguson. New York: St Martin's Press, 1979.
——, trans.: *Juvenal, the Sixteen Satires*. 2nd edn. Trans. P. Green. London: Penguin Books, 1974 [1967]
——, trans.: *Juvenal: The Satires*. Trans. N. Rudd; introd. and notes by W. Barr. Oxford: Clarendon Press, 1991.
Lucian: *Lucian*. Ed. and trans. A. M. Harmon et al. LCL. 8 vols. London: Heinemann; Cambridge, Mass.: Harvard U. P., 1913–67.
Ovid: *Ovid. Metamorphoses*, trans. F. J. Miller. LCL. 2 vols. Cambridge, Mass: Harvard U. P.; London: Heinemann, 1960.
Plautus: *T. Macci Plauti Comoediae*, ed. W. M. Lindsay. 2 vols. Oxford: Clarendon Press, 1905.
——, trans.: *Plautus: The Rope and Other Plays*, trans. E. F. Watling. London: Penguin Books, 1964.
Pliny the Elder: *Pliny the Elder*. Ed. and trans. H. Rackham et al. LCL. 10 vols. London: Heinemann; Cambridge, Mass.: Harvard U. P., 1949–62.
Pliny the Younger: *C. Plini Caecili Secundi Epistularum Libri Decem*, ed. R. A. B. Mynors. Oxford: OUP. 1963.
——, trans.: *The Letters of the Younger Pliny*, translated with an introduction by Betty Radice. London: Penguin Books, 1963.

Sallust: *Sallust*. Trans. J. C. Rolfe. LCL. London: Heinemann; Cambridge, Mass.: Harvard U. P., 1975.

Sophocles: *Sophocles: The Text of the Seven Plays*. Ed. R. C. Jebb. Cambridge: CUP, 1897.

————, trans.: R. C. Jebb, *The Tragedies of Sophocles Translated into English Prose*. Cambridge: CUP, 1904.

Suetonius: *C. Suetoni Tranquili Opera*, vol. 1. *De Vita Caesarum Libri VIII*. Ed. M. Ihm. Stuttgart: Teubner, 1978 [1908].

————, trans.: *Suetonius. The Twelve Caesars*, translated by Robert Graves. London: Penguin Books, 1957.

Tacitus, *Agricola: Cornelii Taciti de Vita Agricolae*, ed. H. Furneaux. 2nd edn. by J. G. C. Anderson. Oxford: Clarendon Press, 1922.

Tacitus, *Annals: Cornelii Taciti Annalium ab Excessu Divi Augusti Libri*, ed. C. D. Fisher. Oxford: Clarendon Press, 1906.

————, trans.: *Tacitus. The Annals of Imperial Rome*, translated with an introduction by Michael Grant. London: Penguin Books, 1956.

Tacitus, *Histories: Cornelii Taciti Historiarum Libri*, ed. C. D. Fisher. Oxford: Clarendon Press, n.d.

————, trans.: *Tacitus. The Histories*, translated by Kenneth Wellesley. London: Penguin Books, 1964.

Thucydides: *Thucydidis Historiae*, ed. H. S. Jones. 2 vols. Oxford: OUP, 1898.

————, trans.: *Thucydides: History of the Peloponnesian War*. Translated with an introduction by Rex Warner. London: Penguin Books, 1954.

이차 자료

Abbagnano, Nicola. 1967. 'Positivism.' In *The Encyclopedia of Philosophy*, ed. P. Edwards, vol. 6, 414–19. New York: Macmillan Co. & The Free Press; London: Collier-Macmillan Ltd.

Alexander, Loveday C. A. 1986. 'Luke's Preface in the Context of Greek Preface-Writing.' *Novum Testamentum* 28:48–74.

———. 1993. *The Preface to Luke's Gospel: Literary Convention and Social Context in Luke 1:1–4.* Society for New Testament Studies Monograph Series. Cambridge: CUP. [Forthcoming]

Alexander, Philip S. 1972. 'The Targumim and Early Exegesis of "Sons of God" in Genesis 6.' *Journal of Jewish Studies* 13:60–71.

Allison, Dale C. 1985. *The End of the Ages has Come: An Early Interpretation of the Passion and Resurrection of Jesus.* Philadelphia: Fortress.

Alon, Gedalyahu. 1977. *Jews, Judaism and the Classical World: Studies in Jewish History in the Times of the Second Temple.* Trans. I. Abrahams. Jerusalem: Magnes Press.

Alter, Robert. 1981. *The Art of Biblical Narrative.* New York: Basic Books.

Appignanesi, Lisa, and Hilary Lawson. 1989. *Dismantling Truth: Reality in the Post-Modern World.* London: Wiedenfeld & Nicolson.

Applebaum, S. 1976. 'Economic Life in Palestine.' In *Compendia* 1.2.631–700.

Ashton, John. 1985. 'The Identity and Function of the Ioudaioi in the Fourth Gospel.' *Novum Testamentum* 27:40–75.

———, ed. 1986a. *The Interpretation of John.* Issues in Religion and Theology, no. 9. Philadelphia: Fortress; London: SPCK.

———. 1986b. 'The Transformation of Wisdom. A Study of the Prologue of John's Gospel.' *New Testament Studies* 32:161–86.

———. 1991. *Understanding the Fourth Gospel.* Oxford: Clarendon Press.

Attridge, Harold W. 1984. 'Historiography.' In *Compendia* 2.2.157–84.

———. 1989. *The Epistle to the Hebrews.* Hermeneia. Philadelphia: Fortress.

Aune, David E. 1976. 'Orthodoxy in First-Century Judaism? A Response to N. J. McEleney.' *Journal for the Study of Judaism* 7:1–10.

———. 1983. *Prophecy in Early Christianity and the Ancient Mediterranean World.* Grand Rapids, Mich.: Eerdmans.

———. 1987. *The New Testament in Its Literary Environment.* In *Library of Early Christianity*, ed. Wayne A. Meeks. Philadelphia: Westminster.

———. 1991a. 'On the Origins of the "Council of Javneh" Myth.' *Journal of Biblical Literature* 110:491–3.

———. 1991b. 'Oral Tradition and the Aphorisms of Jesus.' In *Jesus and the Oral Gospel Tradition*, ed. H. Wansbrough, 211–65. Journal for the Study of the New Testament Supplement Series, vol. 64. Sheffield: Sheffield Academic Press.

Ayer, A. J. 1946 [1936]. *Language, Truth and Logic.* 2nd edn. London: Gollancz.

———. 1956. *The Problem of Knowledge.* London: Penguin Books.

Bacon, B. W. 1930. *Studies in Matthew.* London: Constable.

Baird, J. Arthur. 1991. *A Comparative Analysis of the Gospel Genre: The Synoptic Mode and its Uniqueness.* Lewiston/Queenston/Lampeter: Edwin Mellen Press.

Balch, David L., ed. 1991. *Social History of the Matthean Community: Cross-Disciplinary Approaches.* Minneapolis: Fortress.

Bammel, Caroline P. H. 1982. 'Ignatian Problems.' *Journal of Theological Studies* 33:62–97.

Banner, Michael C. 1990. *The Justification of Science and the Rationality of Religious Belief.* Oxford: Clarendon Press.

Baras, Zvi. 1987. 'The *Testimonium Flavianum* and the Martyrdom of James.' In *Josephus, Judaism and Christianity*, ed. L. H. Feldman and G. Hata, 338–48. Leiden: Brill.

Barbour, Ian G. 1966. *Issues in Science and Religion*. London: SCM.

——. 1974. *Myths, Models and Paradigms: A Comparative Study in Science and Religion*. New York: Harper & Row.

Barclay, John M. G. 1987. 'Mirror-Reading a Polemical Letter: Galatians as a Test Case.' *Journal for the Study of the New Testament* 31:73–93.

Barker, Margaret. 1991. *The Gate of Heaven: The History and Symbolism of the Temple in Jerusalem*. London: SPCK.

Barnett, P. W. 1975. ' "Under Tiberius all was Quiet" .' *New Testament Studies* 21:564–71.

Barr, James. 1987. 'Words for Love in Biblical Greek.' In *The Glory of Christ in the New Testament: Studies in Christology in Memory of George Bradford Caird*, ed. L. D. Hurst and N. T. Wright, 3–18. Oxford: Clarendon Press.

Barraclough, Geoffrey. 1967 [1964]. *An Introduction to Contemporary History*. London: Penguin Books.

Barrett, C. K. 1970 [1961]. *Luke the Historian in Recent Study*. 2nd edn. Philadelphia: Fortress; London: SPCK.

——. 1973. *A Commentary on the Second Epistle to the Corinthians*. Black's New Testament Commentaries. London: A & C Black.

——., introd. & ed. 1987 [1956]. *The New Testament Background: Selected Documents*. Rev. edn. London: SPCK; New York: Harper & Row.

Barton, J. 1984. *Reading the Old Testament: Method in Biblical Study*. London: Darton, Longman & Todd.

——. 1986. *Oracles of God*. London: Darton, Longman & Todd.

Bartsch, Hans-Werner. 1960. 'Das Thomas-Evangelium und die synoptische Evangelien: zu G. Quispels Bemerkungen zum Thomas-Evangelium.' *New Testament Studies* 6:249–61.

Bauckham, Richard J. 1980. 'The Delay of the Parousia.' *Tyndale Bulletin* 31:3–36.

——. 1981. 'The Worship of Jesus in Apocalyptic Christianity.' *New Testament Studies* 27:322–41.

——. 1983. *Jude, 2 Peter*. Word Biblical Commentary, vol. 50. Waco, Tex.: Word Books.

——. 1990. *Jude and the Relatives of Jesus in the Early Church*. Edinburgh: T & T Clark.

Baumgarten, A. I. 1983. 'The Name of the Pharisees.' *Journal of Biblical Literature* 102:411–28.

——. 1991. 'Rivkin and Neusner on the Pharisees.' In *Law in Religious Communities in the Roman Period: The Debate Over Torah and Nomos in Post-Biblical Judaism and Early Christianity*, ed. Peter Richardson and Stephen Westerholm, 109–26. Studies in Christianity and Judaism, no. 4. Waterloo, Ontario: Wilfrid Laurier U. P.

Baur, Ferdinand Christian. 1878–9 [1860]. *History of the Church in the First Three Centuries*. Trans. Allan Menzies. 3rd edn. London: Williams & Norgate.

Beardslee, William A. 1969. *Literary Criticism of the New Testament*. Philadelphia: Fortress.

——. 1989. 'Recent Literary Criticism.' In *The New Testament and Its Modern Interpreters*, ed. Eldon J. Epp and George A. MacRae, 175–98. Atlanta, Ga.: Scholars Press; Philadelphia: Fortress.

Beasley-Murray, G. R. 1986. *Jesus and the Kingdom of God*. Grand Rapids, Mich.: Eerdmans.

Beckwith, Roger T. 1980. 'The Significance of the Calendar for Interpreting Essene Chronology and Eschatology.' *Révue de Qumran* 38:167–202.

——. 1981. 'Daniel 9 and the Date of Messiah's Coming in Essene, Hellenistic, Pharisaic, Zealot and Early Christian Computation.' *Révue de Qumran* 40:521–42.

Bellinzoni, Arthur J. 1985. *The Two-Source Hypothesis: A Critical Appraisal*. Macon, Ga.: Mercer U. P.

Berger, Klaus. 1984. *Formgeschichte Des Neuen Testaments*. Heidelberg: Quelle & Mayer.

——. 1988. 'Jesus als Pharisäer und Frühe Christen als Pharisäer.' *Novum Testamentum* 30:231–62.

Berger, Peter L. 1969. *The Sacred Canopy*. New York: Doubleday.

Berger, Peter L., and Thomas Luckmann. 1966. *The Social Construction of Reality: A Treatise in the Sociology of Knowledge*. Garden City, N.Y.: Doubleday.

Bergonzi, Bernard. 1990. *Exploding English: Criticism, Theory, Culture*. Oxford: Clarendon Press.

Berkhof, Louis. 1941 [1939]. *Systematic Theology*. London: Banner of Truth.

Bernstein, R. J. 1983. *Beyond Objectivism and Relativism: Science, Hermeneutics and Praxis*. Oxford: Blackwell.

Best, Ernest. 1983. *Mark: The Gospel as Story*. Studies of the New Testament and its World. Edinburgh: T & T Clark.
——. 1986. *Disciples and Discipleship: Studies in the Gospel According to Mark*. Edinburgh: T & T Clark.
Betz, Hans-Dieter. 1979. *Galatians: A Commentary on Paul's Letter to the Churches in Galatia*. Hermeneia. Philadelphia: Fortress.
Beutler, Johannes. 1985. 'Literarische Gattungen Im Johannesevangelium: Ein Forschungsbericht 1919–1980.' *ANRW* 2.25.3:2506–68.
Bilde, P. 1979. 'The Causes of the Jewish War According to Josephus.' *Journal for the Study of Judaism* 10(2):179–202.
——. 1988. *Flavius Josephus, between Jerusalem and Rome: His Life, his Works, and their importance*. Journal for the Study of the Pseudepigrapha Supplement Series, no. 2. Sheffield: JSOT Press.
Blenkinsopp, Joseph. 1981. 'Interpretation and the Tendency to Sectarianism: An aspect of Second-Temple History.' In *Aspects of Judaism in the Greco-Roman Period*, ed. E. P. Sanders, A. I. Baumgarten and Alan Mendelson. *Jewish and Christian Self-Definition*, vol. 2, 1–26. Philadelphia: Fortress.
Boismard, M.-E., William R. Farmer, F. Neirynck, and David L. Dungan, ed. 1990. *The Interrelations of the Gospels: A Symposium Led by M.-E. Boismard, W. R. Farmer, F. Neirynck, Jerusalem 1984*. Biblotheca Ephemeridium Theologicarum Lovaniensium, vol. 95. Leuven: Leuven U. P./ Peeters.
Bokser, B. M. 1982/3. 'The Wall Separating God and Israel.' *Jewish Quarterly Review* 73:349–74.
Borg, Marcus J. 1971. 'The Currency of the Term "Zealot" ' *Journal of Theological Studies* 22:504–12.
——. 1984. *Conflict, Holiness and Politics in the Teachings of Jesus*. Studies in the Bible and Early Christianity, vol. 5. New York & Toronto: Edwin Mellen Press.
——. 1987. 'An Orthodoxy Reconsidered: The "End-of-the-World Jesus" ' In *The Glory of Christ in the New Testament: Studies in Christology in Memory of George Bradford Caird*, ed. L. D. Hurst and N. T. Wright, 207–17. Oxford: OUP.
Borgen, Peder. 1984. 'Philo of Alexandria.' In *Compendia* 2.2.233–82.
Bornkamm, Günther. 1969. *Early Christian Experience*. Trans. P. L. Hammer. London: SCM.
Boucher, Madeleine. 1977. *The Mysterious Parable: A Literary Study*. Catholic Biblical Quarterly Monograph Series, no. 6. Washington: Catholic Biblical Association of America.
Brearley, Margaret. 1988. 'Hitler and Wagner: The Leader, the Master and the Jews.' *Patterns of Prejudice* 22:3–22.
Brooke, George J. 1985. *Exegesis at Qumran: 4QFlorilegium in Its Jewish Context*. Journal for the Study of the New Testament Supplement Series, vol. 29. Sheffield: JSOT Press.
Broshi, Magen. 1982. 'The Credibility of Josephus.' *Journal of Jewish Studies* 33:379–84.
——. 1987. 'The Role of the Temple in the Herodian Economy.' *Journal of Jewish Studies* 38:31–7.
Brown, Raymond E. 1983. 'Not Jewish Christianity and Gentile Christianity but Types of Jewish/Gentile Christianity.' *Catholic Biblical Quarterly* 45:74–9.
Brown, Raymond E., and John P. Meier. 1983. *Antioch and Rome: New Testament Cradles of Catholic Christianity*. New York: Paulist.
Bruce, F. F. 1972. *New Testament History*. Garden City, N.Y.: Doubleday, Anchor.
——. 1969. *New Testament History*. London: Thomas Nelson.
——. 1977. *Paul: Apostle of the Free Spirit* [in USA: *Paul: Apostle of the Heart Set Free*]. Exeter: Paternoster; Grand Rapids, Mich.: Eerdmans.
——. 1979. *Men and Movements in the Primitive Church* [in USA: *Peter, Stephen, James and John: Studies in Early Non-Pauline Christianity*]. Exeter: Paternoster; Grand Rapids, Mich.: Eerdmans.
Brueggemann, Walter. 1977. *The Land: Place as Gift, Promise and Challenge in Biblical Faith*. Overtures to Biblical Theology. Philadelphia: Fortress.
Buchanan, George W. 1984. *Jesus: The King and His Kingdom*. Macon, Ga.: Mercer.
Buckert, W. 1985. *Greek Religion*. Oxford: Blackwell.
Bultmann, Rudolf. 1910. *Der Stil der paulinischen Predigt und die kynisch-stoische Diatribe*. Göttingen: Vandenhoek und Ruprecht.
——. 1951–5. *Theology of the New Testament*. Trans. Kendrick Grobel. New York: Scribner's; London: SCM.

————. 1956. *Primitive Christianity in Its Contemporary Setting.* Trans. R. H. Fuller. New York: Meridian; London: Thames & Hudson.

————. 1958 [1934]. *Jesus and the Word.* Trans. L. P. Smith and E. H. Lantero. New York: Scribner's.

————. 1960. *Existence and Faith.* Ed. Schubert M. Ogden. Living Age Books. New York: World Publishing, Meridian.

————. 1967. *Exegetica.* Tübingen: Mohr.

————. 1968 [1921]. *The History of the Synoptic Tradition.* Trans. John Marsh. Oxford: Blackwell.

————. 1985 [1976]. *The Second Letter to the Corinthians.* Trans. Roy A. Harrisville. Minneapolis: Augsburg.

————. 1986 [1923]. 'The History of Religions Background of the Prologue to the Gospel of John.' Trans. John Ashton. In *The Interpretation of John*, ed. John Ashton. Issues in Religion and Theology, no. 9. Philadelphia: Fortress; London: SPCK.

Bultmann, Rudolf, with Ernst Lohmeyer, Julius Schniewind, Helmut Thielicke, and Austin Farrer. 1961. *Kerygma and Myth: A Theological Defense.* Rev. edn. Ed. Hans Werner Bartsch. Trans. Reginald H. Fuller. New York: Harper & Row, Harper Torchbooks/Cloister Library.

Burridge, Richard A. 1992. *What Are the Gospels? A Comparison with Graeco-Roman Biography.* Society for New Testament Studies Monograph Series, vol. 70. Cambridge: CUP.

Bury, J. B. 1951 [1909]. *A History of Greece to the Death of Alexander the Great.* 3rd edn. London: Macmillan.

Butterfield, H. 1969. *Man on His Past.* Cambridge: CUP.

Caird, George B. 1955. *The Apostolic Age.* London: Duckworth.

————. 1964. 'The Descent of Christ in Ephesians 4:7–11.' In *Studia Evangelica II = Texte und Untersuchungen* 87:535–45.

————. 1965. *Jesus and the Jewish Nation.* London: Athlone Press.

————. 1968. 'The Development of the Doctrine of Christ in the New Testament.' In *Christ for Us Today*, ed. N. Pittenger, 66–80. London: SCM.

————. 1980. *The Language and Imagery of the Bible.* London: Duckworth.

Calloway, Phillip R. 1988. *The History of the Qumran Community: An Investigation.* Journal for the Study of the Pseudepigrapha Supplement Series, vol. 3. Sheffield: JSOT Press.

Cameron, Ronald D. 1982. *The Other Gospels: Non-Canonical Gospel Texts.* Philadelphia: Westminster.

Campenhausen, Hans von. 1963 [1955]. *The Fathers of the Greek Church.* Trans. L. A. Garrard. London: A & C Black.

Capper, Brian J. 1985. *PANTA KOINA: A Study of Earliest Christian Community of Goods in Its Hellenistic and Jewish Context.* Unpublished Ph. D. Dissertation. Cambridge University.

Carnegy, Patrick. 1973. *Faust as Musician. A Study of Thomas Mann's 'Doctor Faustus'.* London: Chatto & Windus.

Carr, E. H. 1987 [1961]. *What is History?* Ed. R. W. Davies. 2nd edn. London: Penguin Books.

Carson, Donald A. 1987. 'The Purpose of the Fourth Gospel: John 20:31 Reconsidered.' *Journal of Biblical Literature* 106:639–51.

Cary, M. 1954 [1935]. *A History of Rome Down to the Reign of Constantine.* 2nd edn. London: Macmillan.

Casey, P. Maurice. 1991. 'Method in Our Madness, and Madness in Their Methods. Some Approaches to the Son of Man Problem in Recent Scholarship.' *Journal for the Study of the New Testament* 42:17–43.

Catchpole, David R. 1992. 'The Beginning of Q: A Proposal.' *New Testament Studies* 38:205–21.

Chabrol, Claude. 1976. 'An Analysis of the "Text" of the Passion.' In *The New Testament and Structuralism*, ed. Alfred M. Johnson, Jr., 145–86. Pittsburgh Theological Monograph Series, no. 11. Pittsburgh: The Pickwick Press.

Chadwick, Henry. 1966. *Early Christian Thought and the Classical Tradition: Studies in Justin, Clement, and Origen.* Oxford: OUP.

Chapman, John. 1937. *Matthew, Mark and Luke: A Study in the Order and Interrelation of the Synoptic Gospels.* London: Longmans, Green & Co.

Charlesworth, James H. 1969. 'A Critical Comparison of the Dualism in 1QS III, 13—IV,26 and the "Dualism" Contained in the Fourth Gospel.' *New Testament Studies* 15:389–418.

——. 1979. 'The Concept of the Messiah, in the Pseudepigrapha.' *ANRW* 19.2.188–218.

——. 1980. 'The Origin and Subsequent History of the Authors of the Dead Sea Scrolls: Four Transitional Phases Among the Qumran Essenes.' *Révue de Qumran* 10:213–33.

——, ed. 1983. *The Old Testament Pseudepigrapha*. Vol. 1. *Apocalyptic Literature and Testaments*. Garden City, N.Y.: Doubleday.

——, ed. 1985. *The Old Testament Pseudepigrapha*. Vol. 2. *Expansions of the 'Old Testament" and Legends, Wisdom and Philosophical Literature, Prayers, Psalms and Odes, Fragments of Lost Judaeo-Hellenistic Works*. Garden City, N.Y.: Doubleday.

Chester, Andrew. 1991. 'Jewish Messianic Expectations and Mediatorial Figures and Pauline Christology.' *Paulus und das antike Judentum*, ed. Martin Hengel and Ulrich Heckel, 17–89. Wissenschaftliche Untersuchungen zum Neuen Testament, vol. 58. Tübingen: Mohr.

Chilton, Bruce D. 1980. 'Isaac and the Second Night: A Reconsideration.' *Biblica* 61:78–88.

——. 1983. *The Glory of Israel: The Theology and Provenience of the Isaiah Targum*. Journal for the Study of the Old Testament Supplement Series, vol. 23. Sheffield: JSOT Press.

——. 1984. *A Galilean Rabbi and His Bible*. Wilmington: Michael Glazier.

Cohen, Shaye J. D. 1979. *Josephus in Galilee and Rome: His Vita and Development as a Historian*. Columbia Studies in the Classical Tradition, vol. 8. Leiden: Brill.

——. 1980. Review of Rivkin, *A Hidden Revolution*. *Journal of Biblical Literature* 99:627–9.

——. 1984. 'The Significance of Yavneh: Pharisees, Rabbis, and the End of Jewish Sectarianism.' *Hebrew Union College Annual* 55:27–53.

——. 1987. *From the Maccabees to the Mishnah*. In *Library of Early Christianity*, ed. Wayne A. Meeks. Philadelphia: Westminster Press.

Collingwood, R. G. 1956 [1946]. *The Idea of History*. New York: OUP, Galaxy.

——. 1968. *Faith and Reason: Essays in the Philosophy of Religion*. Ed. Lionel Rubinoff. Chicago: Quadrangle.

Collins, John J., ed. 1979. *Apocalypse: The Morphology of a Genre*. Semeia, vol. 14. Missoula, Mont.: Scholars Press.

——. 1984. 'Testaments.' In *Compendia* 2.2.325–55.

——. 1987. *The Apocalyptic Imagination*. New York: Crossroad.

——. 1990. 'Was the Dead Sea Sect an Apocalyptic Movement?' In *Archaeology and History in the Dead Sea Scrolls: The New York University Conference in Memory of Yigael Yadin*, ed. Lawrence H. Schiffman, 25–51. Journal for the Study of the Pseudepigrapha Supplement Series, vol. 8. Sheffield: JSOT Press.

Conzelmann, Hans. 1960 [1953]. *The Theology of Luke*. Trans. Geoffrey Buswell. London: Faber & Faber; New York: Harper & Row.

——. 1969. *An Outline of the Theology of the New Testament*. Trans. John Bowden. New York: Harper & Row.

——. 1973. *History of Primitive Christianity*. Trans. John E. Steely. Nashville: Abingdon.

Cotterell, Peter, and Max Turner. 1989. *Linguistics and Biblical Interpretation*. London: SPCK.

Craig, William Lane. 1986. 'The Problem of Miracles: A Historical and Philosophical Perspective.' In *Gospel Perspectives*, ed. David Wenham and Craig L. Blomberg, vol. 6. *The Miracles of Jesus*, 9–48. Sheffield: JSOT Press.

Cranfield, Charles E. B. 1982. 'Thoughts on New Testament Eschatology.' *Scottish Journal of Theology* 35:497–512.

Crenshaw, James L. 1985. 'The Wisdom Literature.' In *The Hebrew Bible and Its Modern Interpreters*, ed. Douglas A. Knight and Gene M. Tucker, 369–407. Chico, Calif.: Scholars Press; Philadelphia: Fortress.

Crites, Stephen. 1989 [1971]. 'The Narrative Quality of Experience.' In *Why Narrative? Readings in Narrative Theology*, ed. Stanley Hauerwas and L. Gregory Jones, 65–88. Grand Rapids, Mich.: Eerdmans.

Cross, Frank M. 1958. *The Ancient Library of Qumran and Modern Biblical Studies*. Garden City, N.Y.: Doubleday.

Crossan, J. Dominic. 1973. *In Parables: The Challenge of the Historical Jesus*. New York: Harper & Row.

——. 1976. *Raid on the Articulate: Comic Eschatology in Jesus and Borges*. New York: Harper & Row.

——. 1980. *Cliffs of Fall: Paradox and Polyvalence in the Parables of Jesus*. New York: Seabury Press.

———. 1983. *In Fragments: The Aphorisms of Jesus*. San Francisco: Harper & Row.
———. 1988a. *The Cross That Spoke: The Origins of the Passion Narrative*. San Francisco: Harper & Row.
———. 1988b [1975]. *The Dark Interval: Towards a Theology of Story*. 2nd edn. Sonoma, Calif.: Polebridge Press.
———. 1991. *The Historical Jesus: The Life of a Mediterranean Jewish Peasant*. San Francisco: Harper; Edinburgh: T & T Clark.
Dahl, Nils A. 1986. 'The Johannine Church and History.' In *The Interpretation of John*, ed. John Ashton, 122–40. Issues in Religion and Theology, no. 9. Philadelphia: Fortress; London: SPCK.
Daly, R. J. 1977. 'The Soteriological Significance of the Sacrifice of Isaac.' *Catholic Biblical Quarterly* 39:45–75.
Davids, Peter H. 1980. 'The Gospels and Jewish Tradition: Twenty Years After Gerhardsson.' In *Gospel Perspectives: Studies of History and Tradition in the Four Gospels*, ed. R. T. France and David Wenham, vol. 1, 75–99. Sheffield: JSOT Press.
Davies, Philip R. 1977. 'Hasidim in the Maccabean Period.' *Journal of Jewish Studies* 28:127–40.
———. 1982. *The Damascus Covenant: An Interpretation of the 'Damascus Document'*. Journal for the Study of the Old Testament Supplement Series, vol. 25. Sheffield: JSOT Press.
———. 1985. 'Eschatology at Qumran.' *Journal of Biblical Literature* 104:39–55.
———. 1987. *Behind the Essenes: History and Ideology in the Dead Sea Scrolls*. Brown Judaic Studies, vol. 94. Atlanta, Ga.: Scholars Press.
———. 1990. 'The Birthplace of the Essenes: Where is "Damascus"?' *Révue de Qumran* 14:503–19.
Davies, Philip R., and Bruce D. Chilton. 1978. 'The Aqedah: A Revised Tradition History.' *Catholic Biblical Quarterly* 40:514–46.
Davies, W. D. 1964. *The Setting of the Sermon on the Mount*. Cambridge: CUP.
———. 1974. *The Gospel and the Land: Early Christianity and Jewish Territorial Doctrine*. Berkeley: U. of California Press.
———. 1980 [1948]. *Paul and Rabbinic Judaism*. 4th edn. Philadelphia: Fortress.
———. 1987. 'Canon and Christology.' In *The Glory of Christ in the New Testament: Studies in Christology in Memory of George Bradford Caird*, ed. L. D. Hurst and N. T. Wright, 19–36. Oxford: Clarendon Press.
Davies, W. D., and Dale C. Allison. 1988, 1991. *A Critical and Exegetical Commentary on the Gospel According to Saint Matthew*. 2 vols. to date. International Critical Commentary (new series). Edinburgh: T & T Clark.
de la Mare, Walter. 1938. *Stories, Essays and Poems*. London: J. M. Dent.
Derrett, J. D. M. 1975. 'Cursing Jesus (1 Cor. xii.3): The Jews as Religious "Persecutors"' *New Testament Studies* 21:544–54.
Dibelius, Martin. 1934 [1919]. *From Tradition to Gospel*. Trans. Bertram Lee Woolf and Martin Dibelius. New York: Scribner's.
Dihle, A. 1983. 'Die Evangelien und die griechische Biographie.' In *Das Evangelium und die Evangelien*, ed. P. Stuhlmacher, 383–411. Wissenschaftliche Untersuchungen zum Neuen Testament, vol. 28. Tübingen: Mohr.
Dillistone, F. W. 1977. *C. H. Dodd: Interpreter of the New Testament.*. London: Hodder & Stoughton.
Dimant, D. 1984. 'Qumran Sectarian Literature.' In *Compendia* 2.2.483–550.
Dix, Gregory. 1953. *Jew and Greek: A Study in the Primitive Church*. London: A & C Black.
Dodd, C. H. 1978 [1935]. *The Parables of the Kingdom*. Rev. edn. London: Nisbet; New York: Scribner's.
Donaldson, T. L. 1990. 'Rural Banditry, City Mobs and the Zealots.' *Journal for the Study of Judaism* 21:19–40.
Donfried, Karl P., ed. 1991 [1977]. *The Romans Debate*. 2nd edn. Peabody, Mass.: Hendrikson.
Doran, R. 1990. *Theology and the Dialectics of History*. Toronto: U. of Toronto Press.
Downing, F. Gerald. 1980a. 'Redaction Criticism: Josephus' *Antiquities* and the Synoptic Gospels (I).' *Journal for the Study of the New Testament* 8:46–65.
———. 1980b. 'Redaction Criticism: Josephus' *Antiquities* and the Synoptic Gospels (II).' *Journal for the Study of the New Testament* 9:29–48.
———. 1982. 'Common Ground with Paganism in Luke and Josephus.' *New Testament Studies* 28:546–59.

———. 1988a. *Christ and the Cynics: Jesus and Other Radical Preachers in First-Century Tradition.* JSOT Manuals, no. 4. Sheffield: Sheffield Academic Press.

———. 1988b. 'Quite Like Q. A Genre for "Q": The "Lives" of Cynic Philosophers.' *Biblica* 69:196–225.

———. 1991. Review of Smith 1990. *Journal of Theological Studies* 42:703–5.

———. 1992. 'A Paradigm Perplex: Luke, Matthew and Mark.' *New Testament Studies* 38:15–36.

Doyle, B. R. 1988. 'Matthew's Intention as Discerned by His Structure.' *Révue Biblique* 95:386–403.

Droge, Arthur J., and James D. Tabor. 1992. *A Noble Death: Suicide and Martyrdom Among Christians and Jews in Antiquity.* San Francisco: HarperSanFrancisco.

Drury, John. 1985. *The Parables in the Gospels: History and Allegory.* London: SPCK.

Dunn, James D. G. 1975. *Jesus and the Spirit: A Study of the Religious and Charismatic Experience of Jesus and the First Christians as Reflected in the New Testament.* London: SCM; Philadelphia: Westminster.

———. 1977. *Unity and Diversity in the New Testament: An Inquiry Into the Character of Earliest Christianity.* London: SCM; Philadelphia: Westminster.

———. 1980. *Christology in the Making: A New Testament Inquiry Into the Origins of the Doctrine of the Incarnation.* London: SCM; Philadelphia: Westminster.

———. 1985. 'Works of the Law and the Curse of the Law (Galatians 3.10–14).' *New Testament Studies* 31:523–42.

———. 1988. 'Pharisees, Sinners and Jesus.' In *The Social World of Formative Christianity and Judaism: Essays in Tribute to Howard Clark Kee,* ed. Jacob Neusner, Ernest S. Frerichs, Peder Borgen, and Richard Horsley, 264–89. Philadelphia: Fortress.

———. 1990. *Jesus, Paul and the Law.* London: SPCK.

———. 1991. *The Partings of the Ways Between Christianity and Judaism and Their Significance for the Character of Christianity.* London: SCM; Philadelphia: Trinity Press International.

Dunn, James D. G., and James P. Mackey. 1987. *New Testament Theology in Dialogue.* Biblical Foundations in Theology. London: SPCK.

Eagleton, Terry. 1991. *Ideology: An Introduction.* London & New York: Verso.

Edwards, R. A. 1985. *Matthew's Story of Jesus.* Philadelphia: Fortress.

Eichrodt, Walther. 1961, 1967. *Theology of the Old Testament.* 2 vols. Trans. J. A. Baker. The Old Testament Library. Philadelphia: Westminster; London: SCM.

Elton, G. R. 1984 [1967]. *The Practice of History.* London: Flamingo.

Epp, Eldon J., and George W. MacRae, ed. 1989. *The New Testament and Its Modern Interpreters.* In *The Bible and Its Modern Interpreters,* ed. Douglas A. Knight. Atlanta, Ga.: Scholars Press; Philadelphia: Fortress.

Epstein, Isidore. 1959. *Judaism: A Historical Presentation.* London: Penguin Books.

Evans, Christopher F. 1990. *Saint Luke.* SCM/TPI New Testament Commentaries. London: SCM; Philadelphia: Trinity Press International.

Evans, Craig A. 1989a. 'Jesus' Action in the Temple and Evidence of Corruption in the First-Century Temple.' In *Society of Biblical Literature 1989 Seminar Papers,* ed. David J. Lull, 522–39. Atlanta, Ga.: Scholars Press.

———. 1989b. 'Jesus' Action in the Temple: Cleansing or Portent of Destruction?' *Catholic Biblical Quarterly* 51:237–70.

Falck, Colin. 1989. *Myth, Truth and Literature: Towards a True Post-Modernism.* Cambridge: CUP.

Fallon, Francis T., and Ron Cameron. 1988. 'The Gospel of Thomas: A *Forschungsbericht* and Analysis.' In *ANRW* 2.25.6:4195–251.

Farmer, William R. 1956. *Maccabees, Zealots, and Josephus: An Inquiry Into Jewish Nationalism in the Greco-Roman Period.* New York: Columbia U. P.

———. 1964. *The Synoptic Problem: A Critical Analysis.* London & New York: Macmillan.

Farrer, Austin M. 1955. 'On Dispensing with Q.' In *Studies in the Gospels: Essays in Memory of R. H. Lightfoot,* ed. Dennis E. Nineham, 55–86. Oxford: Blackwell.

———. 1964. *The Revelation of St John the Divine.* Oxford: OUP.

Fee, Gordon D. 1987. *The First Epistle to the Corinthians.* The New International Commentary on the New Testament. Grand Rapids, Mich.: Eerdmans.

Feldman, Louis H. 1984. *Josephus and Modern Scholarship.* Berlin & New York: de Gruyter.

Ferguson, Everett. 1987. *Backgrounds of Early Christianity.* Grand Rapids: Eerdmans.

Filson, Floyd V. 1965. *A New Testament History*. London: SCM.
Finkelstein, Louis. 1962 [1938]. *The Pharisees: The Sociological Background of Their Faith*. 3rd edn. Philadelphia: Jewish Publication Society of America.
Fishbane, Michael. 1985. *Biblical Interpretation in Ancient Israel*. Oxford: OUP.
Fitzmyer, Joseph A. 1971. *Essays on the Semitic Background of the New Testament*. London: Geoffrey Chapman.
Flannery, Austin, ed. 1975. *Vatican Council II: The Conciliar and Post Conciliar Documents*. Dublin: Dominican Publications.
Florovsky, G. 1974. *Christianity and Culture*. Collected Works, vol. 2. Belmont, Mass.: Nordland.
Flusser, David. 1976. 'Paganism in Palestine.' In *Compendia* 1.2.1065–1100.
Ford, David F. 1989. *The Modern Theologians: An Introduction to Christian Theology in the Twentieth Century*. 2 vols. Oxford: Basil Blackwell.
Fornara, C. W. 1983. *The Nature of History in Ancient Greece and Rome*. San Francisco: U. of California Press.
Fowl, Stephen E. 1990. *The Story of Christ in the Ethics of Paul: An Analysis of the Function of the Hymnic Material in the Pauline Corpus*. Journal for the Study of the New Testament Supplement Series, vol. 36. Sheffield: Sheffield Academic Press.
Fowler, Robert M. 1991. *Let the Reader Understand: Reader-Response Criticism and the Gospel of Mark*. Minneapolis: Fortress.
France, R. T. 1982. 'The Worship of Jesus: A Neglected Factor in Christological Debate?' In *Christ the Lord: Studies in Christology Presented to Donald Guthrie*, ed. H. H. Rowdon, 17–36. Leicester: IVP.
Freeman, Gordon M. 1986. *The Heavenly Kingdom: Aspects of Political Thought in Talmud and Midrash*. Lanham and Jerusalem, Philadelphia, Montreal: University Press of America; Jerusalem Centre for Public Affairs.
Frei, Hans W. 1974. *The Eclipse of Biblical Narrative: A Study in Eighteenth and Nineteenth Century Hermeneutics*. New Haven: Yale U. P.
Freyne, S. 1980. *Galilee from Alexander the Great to Hadrian. a Study of Second Temple Judaism*. Wilmington, Del.: Glazier/Notre Dame U. P.
———. 1988. *Galilee, Jesus and the Gospels: Literary Approaches and Historical Investigations*. Philadelphia: Fortress.
Frost, Stanley. 1987. 'Who Were the Heroes? An Exercise in Bi-Testamentary Exegesis, with Christological Implications.' In *The Glory of Christ in the New Testament: Studies in Christology in Memory of George Bradford Caird*, ed. L. D. Hurst and N. T. Wright, 165–72. Oxford: Clarendon Press.
Frye, Northrop. 1983. *The Great Code: The Bible and Literature*. San Diego: Harcourt Brace Jovanovich.
Fuller, Reginald H. 1989. 'New Testament Theology.' In *The New Testament and Its Modern Interpreters*, ed. Eldon J. Epp and George W. MacRae, 565–84. Atlanta, Ga.: Scholars Press; Philadelphia: Fortress.
Fuller, Russell. 1991. 'Text-Critical Problems in Malachi 2:10–16.' *Journal of Biblical Literature* 110:47–57.
Funk, Robert. 1988. *The Poetics of Biblical Narrative*. Sonoma, Calif.: Polebridge Press.
Furnish, Victor P. 1984. *II Corinthians*. Anchor Bible. New York: Doubleday.
Gafni, Isaiah M. 1984. 'The Historical Background [i.e. to Jewish Writings of the Second Temple Period].' In *Compendia* 2.2.1–31.
———. 1987. 'The Historical Background [i.e. to the Literature of the Sages].' In *Compendia* 2.3.1–34.
Gager, John G. 1983. *The Origins of Anti-Semitism*. Oxford: OUP.
Galland, Corina. 1976. 'An Introduction to the Method of A. J. Griemas.' In *The New Testament and Structuralism*, ed. & trans. Alfred M. Johnson Jr., 1–26. Pittsburgh Theological Monograph Series, vol. 11. Pittsburgh: The Pickwick Press.
Garcia-Martinez, F., and A. S. van der Woude. 1990. 'A "Groningen" Hypothesis of Qumran Origins and Early History.' *Révue de Qumran* 14:521–41.
Garnsey, Peter, and Richard Saller. 1982. *Greece and Rome: New Surveys in the Classics No. 15. The Early Principate: Augustus to Trajan*. Oxford: Clarendon Press.
Gärtner, Bertil. 1965. *The Temple and the Community in Qumran and the New Testament*. Society for New Testament Studies Monograph Series, vol. 1. Cambridge: CUP.

Gaston, Lloyd. 1987. *Paul and the Torah*. Vancouver: U. of British Columbia Press.

Geertz, Clifford. 1973. *The Interpretation of Cultures*. New York: Basic Books.

Georgi, Dieter. 1986 [1964]. *The Opponents of Paul in Second Corinthians*. Trans. H. Attridge and others. Studies of the New Testament and its World. Edinburgh: T & T Clark; Philadelphia: Fortress.

Gerhardsson, Birger. 1961. *Memory and Manuscript: Oral Tradition and Written Transmission in Rabbinic Judaism and Early Christianity*. Uppsala: Gleerup.

——. 1964. *Tradition and Transmission in Early Christianity*. Uppsala: Gleerup.

——. 1979. *The Origins of the Gospel Tradition*. London: SCM.

——. 1986. *The Gospel Tradition*. Lund: Gleerup.

Gerhart, Mary, and Allan Russell. 1984. *Metaphoric Process: The Creation of Scientific and Religious Understanding*. Fort Worth: Texas Christian U. P.

Gilkey, Langdon. 1976. *Reaping the Whirlwind: A Christian Interpretation of History*. New York: Seabury Press, Crossroads.

——. 1981. *Society and the Sacred: Toward a Theology of Culture in Decline*. New York: Seabury Press.

Ginzberg, L. 1928. *Students, Scholars, and Saints*. Philadelphia: Jewish Publication Society of America.

Glasson, T. F. 1977. 'Schweitzer's Influence— Blessing or Bane?' *Journal of Theological Studies* 28:289–302.

Golb, N. 1985. 'Who Hid the Dead Sea Scrolls?' *Biblical Archaeologist* 48:68–82.

——. 1989. 'The Dead Sea Scrolls.' *The American Scholar* 58:177–207.

Goldberg, Michael. 1982. *Theology and Narrative: A Critical Introduction*. Nashville: Abingdon.

Goldingay, John E. 1989. *Daniel*. Word Biblical Commentary, vol. 30. Dallas, Tex.: Word Books.

Goldstein, Jonathan A. 1981. 'Jewish Acceptance and Rejection of Hellenism.' In *Jewish and Christian Self-Definition*, vol. 2. *Aspects of Judaism in the Greco-Roman Period*, ed. E. P. Sanders, A. I. Baumgarten, and A. Mendelson, 64–87. Philadelphia: Fortress.

——. 1987. 'Biblical Promises and 1 and 2 Maccabees.' In *Judaisms and Their Messiahs at the Turn of the Christian Era*, ed. Jacob Neusner, William S. Green, and Ernest S. Frerichs, 69–96. Cambridge: CUP.

——. 1989. 'The Hasmonean Revolt and the Hasmonean Dynasty.' In *Cambridge History of Judaism*, vol. 2, 292–351. Cambridge: CUP.

Goodblatt, D. 1989. 'The Place of the Pharisees in First Century Judaism: The State of the Debate.' *Journal for the Study of Judaism* 20:12–29.

Goodman, Martin. 1987. *The Ruling Class of Judaea: The Origins of the Jewish Revolt Against Rome A.D. 66–70*. Cambridge: CUP.

Goppelt, Leonhard. 1981. *Theology of the New Testament*. Vol. 1. *The Ministry of Jesus in Its Theological Significance*.Trans. John E. Alsup. Ed. Jürgen Roloff. Grand Rapids, Mich.: Eerdmans.

——. 1982. *Theology of the New Testament*. Vol. 2. *The Variety and Unity of the Apostolic Witness to Christ*. Trans. John E. Alsup. Ed. Jürgen Roloff. Grand Rapids, Mich.: Eerdmans.

Goulder, Michael. 1974. *Midrash and Lection in Matthew*. London: SPCK.

Gowan, Donald E. 1977. 'The Exile in Jewish Apocalyptic.' In *Scripture in History and Theology: Essays in Honor of J. Coert Rylaarsdam*, ed. Arthur E. Merrill and Thomas W. Overholt, 205–23. Pittsburgh Theological Monograph Series, vol. 17. Pittsburgh: Pickwick.

Greene, John. 1981. *Science, Ideology and World View: Essays in the History of Evolutionary Ideas*. Berkeley: U. of California Press.

Greimas, A. J. 1966. *Sémantique structurale*. Paris: Seuil.

——. 1970. *Du Sens*. Paris: Seuil.

Gruenwald, Ithamar. 1980. *Apocalyptic and Merkavah Mysticism*. Arbeiten zur Geschichte des Antiken Judentums und des Urchristentums, vol. 14. Leiden: Brill.

Gunton, Colin E. 1985. *Enlightenment and Alienation: An Essay Towards a Trinitarian Theology*. Contemporary Christian Studies. Basingstoke: Marshall, Morgan & Scott.

——. 1988. *The Actuality of Atonement: A Study of Metaphor, Rationality and the Christian Tradition*. Edinburgh: T & T Clark.

Gutmann, Joseph, ed. 1981. *Ancient Synagogues: The State of Research*. Brown Judaic Studies, no. 22. Chico, Calif.: Scholars Press.

Güttgemanns, Erhardt. 1979 [1971]. *Candid Questions Concerning Gospel Form Criticism. A Methodological Sketch of the Fundamental Problematics of Form and Redaction Criticism.* Pittsburgh: Pickwick.

Hall, Stuart G. 1991. *Doctrine and Practice in the Early Church.* London: SPCK.

Hare, Douglas R. A. 1990. *The Son of Man Tradition.* Minneapolis: Fortress.

Hare, Richard M. 1963. *Freedom and Reason.* Oxford: Clarendon Press.

Harnack, Adolf. 1924 [1921]. *Marcion: Das Evangelium von fremden Gott.* 2nd edn. Texte und Untersuchungen, no. 45. Leipzig: Hinrichs.

———. 1957 [1900]. *What is Christianity?* Trans. Thomas Bailey Saunders. New York: Harper & Row, Harper Torchbooks/Cloister Library.

Harper, George. 1988. *Repentance in Pauline Theology.* Ph.D. Dissertation, McGill University, Montreal.

Harvey, Anthony E. 1982. *Jesus and the Constraints of History: The Bampton Lectures, 1980.* London: Duckworth.

Harvey, David. 1989. *The Condition of Postmodernity: An Enquiry Into the Origins of Cultural Change.* Oxford: Blackwell.

Hauerwas, Stanley, and L. Gregory Jones, ed. 1989. *Why Narrative? Readings in Narrative Theology.* Grand Rapids, Mich.: Eerdmans.

Hawking, Stephen W. 1988. *A Brief History of Time: From the Big Bang to Black Holes.* London: Transworld.

Hayman, Peter. 1991. 'Monotheism—A Misused Word in Jewish Studies?' *Journal of Jewish Studies* 42:1–15.

Hays, R. B. 1983. *The Faith of Jesus Christ: An Investigation of the Narrative Substructure of Galatians 3:1–4:11.* SBL Dissertation Series. Chico, Calif.: Scholars Press.

———. 1989. *Echoes of Scripture in the Letters of Paul.* New Haven: Yale U. P.

Hayward, C. T. R. 1991. 'Sacrifice and World Order: Some Observations on Ben Sira's Attitude to the Temple Service.' In *Sacrifice and Redemption: Durham Essays in Theology*, ed. Stephen W. Sykes, 22–34. Cambridge: CUP.

Hellholm, David. 1983. *Apocalypticism in the Mediterranean World and the Near East: Proceedings of the International Colloquium on Apocalypticism, Uppsala, August 12–17, 1979.* Tübingen: Mohr.

Hemer, Colin J. 1989. *The Book of Acts in the Setting of Hellenistic History.* Ed. Conrad J. Gempf. Tübingen: Mohr.

Hengel, M. 1974. *Judaism and Hellenism: Studies in Their Encounter in Palestine During the Early Hellenistic Period.* Trans. John Bowden. 2 vols. London: SCM; 1 vol. edn., Philadelphia: Fortress (1991).

———. 1976. *The Son of God: The Origin of Christology and the History of Jewish-Hellenistic Religion.* Trans. John Bowden. Philadelphia: Fortress.

———. 1977 [1976]. *Crucifixion in the Ancient World and the Folly of the Message of the Cross.* Trans. John Bowden. London: SCM; Philadelphia: Fortress.

———. 1979. *Acts and the History of Earliest Christianity.* Trans. John Bowden. Philadelphia: Fortress.

———. 1983. *Between Jesus and Paul: Studies in the Earliest History of Christianity.* Trans. J. Bowden. London: SCM.

———. 1989a. *The 'Hellenization' of Judaea in the First Century After Christ.* London: SCM; Philadelphia: Trinity Press International.

———. 1989b. *The Johannine Question.* Trans. John Bowden. London: SCM; Philadelphia: Trinity Press International.

———. 1989 [1961]. *The Zealots: Investigations Into the Jewish Freedom Movement in the Period from Herod I Until 70 A.D.* Trans. David Smith. Edinburgh: T & T Clark.

———. 1991. *The Pre-Christian Paul.* Trans. John Bowden with Roland Dienes. London: SCM; Philadelphia: Trinity Press International.

Hennecke, Edgar. 1963. *New Testament Apocrypha.* ed. Wilhelm Schneemelcher and R. McL. Wilson. Vol. 1. *Gospels and Related Writings.* Philadelphia: Westminster Press; London: SCM.

———. 1965. *New Testament Apocrypha.* ed. Wilhelm Schneemelcher and R. McL. Wilson. Vol. 2. *Writings Related to the Apostles: Apocalypses and Related Subjects.* Philadelphia: Westminster Press; London: SCM.

Hili, Craig C. 1992. *Hellenists and Hebrews: Reappraising Division Within the Earliest Church*. Minneapolis: Fortress.

Hill, David. 1979. *New Testament Prophecy*. London: Marshall, Morgan & Scott.

Hirst, R. J. 1967. 'Phenomenalism.' In *The Encyclopedia of Philosophy*, ed. P. Edwards, vol. 6, 130–5. New York: Macmillan Co. & The Free Press; London: Collier-Macmillan Ltd.

Holmes, Arthur F. 1983a. *All Truth is God's Truth*. Downer's Grove, Ill.: IVP.

——. 1983b. *Contours of a Worldview*. Grand Rapids, Mich.: Eerdmans.

Holz, Traugott. 1968. *Untersuchungen über die alttestamentlichen Zitate bei Lukas*. Texte und Untersuchungen, vol. 104. Berlin: Akademie.

Hommel, H. 1961/2. 'Das 7. Kapitel des Römerbriefes im Licht antiker Überlieferung.' *Theologia Viatorum* 8:90–116.

Hooker, Morna D. 1967. *The Son of Man in Mark*. London: SPCK.

——. 1972. 'On Using the Wrong Tool.' *Theology* 75:570–81.

——. 1975. 'In His Own Image?' In *What About the New Testament? Essays in Honour of Christopher Evans*, ed. Morna D. Hooker and Colin Hickling, 28–44. London: SCM.

——. 1991. *A Commentary on the Gospel According to St Mark*. Black's New Testament Commentaries. London: A & C Black.

Horbury, William. 1982. 'The Benediction of the *Minim* and Early Jewish-Christian Controversy.' *Journal of Theological Studies* 33:19–61.

——. 1984. 'The Temple Tax.' In *Jesus and the Politics of His Day*, ed. Ernst Bammel and Charles F. D. Moule, 265–86. Cambridge: CUP.

——. 1985. 'The Messianic Associations of "the Son of Man".' *Journal of Theological Studies* 36:34–55.

Horsley, Richard A. 1979a. 'Josephus and the Bandits.' *Journal for the Study of Judaism* 10(1):37–63.

——. 1979b. 'The Sicarii: Ancient Jewish "terrorists"' *Journal of Religion* 59:435–58.

——. 1981. 'Ancient Jewish Banditry and the Revolt Against Rome, A.D. 66.' *Catholic Biblical Quarterly* 43:409–32.

——. 1984. 'Popular Messianic Movements Around the Time of Jesus.' *Catholic Biblical Quarterly* 46:471–95.

——. 1986a. 'Popular Prophetic Movements at the Time of Jesus: Their Principal Features and Social Origins.' *Journal for the Study of the New Testament* 26:3–27.

——. 1986b. 'The Zealots: Their Origin, Relationships and Importance in the Jewish Revolt.' *Novum Testamentum* 28(2):159–92.

——. 1987. *Jesus and the Spiral of Violence: Popular Jewish Resistance in Roman Palestine*. San Francisco: Harper & Row (from 1992: Philadelphia: Fortress).

Horsley, Richard A., and John S. Hanson. 1985. *Bandits, Prophets and Messiahs: Popular Movements at the Time of Jesus*. Minneapolis: Winston Press; Edinburgh: T & T Clark.

Houlden, J. Leslie. 1970. *Paul's Letters from Prison*. London: Penguin Books.

——. 1984. 'The Purpose of Luke.' *Journal for the Study of the New Testament* 21:53–65.

House, John. 1977. *Monet*. Oxford: Phaidon Press; New York: E. P. Dutton.

Hubbard, Benjamin J. 1979. 'Luke, Josephus and Rome: A Comparative Approach to the Lukan *Sitz Im Leben*.' In *Society of Biblical Literature 1979 Seminar Papers*, ed. Paul J. Achtemeier, 59–68. Missoula, Mo.: Scholars Press.

Hultgren, Arland J. 1987. *Christ and His Benefits: Christology and Redemption in the New Testament*. Philadelphia: Fortress.

Hurst, Lincoln D. 1990. *The Epistle to the Hebrews: Its Background of Thought*. Society for New Testament Studies Monograph Series, vol. 65. Cambridge: CUP.

Iersel, Bas van. 1989 [1986]. *Reading Mark*. Trans. W. H. Bisscheroux. Edinburgh: T & T Clark.

Isaac, B., and A. Oppenheimer. 1985. 'The Revolt of Bar Kokhhba: Ideology and Modern Scholarship.' *Journal of Jewish Studies* 36:33–60.

Jacobson, D. M. 1988. 'King Herod's "Heroic" Public Image.' *Révue Biblique* 95:386–403.

Jeanrond, Werner G. 1990. 'Hermeneutics.' In *A Dictionary of Biblical Interpretation*, ed. R. J. Coggins and J. L. Houlden, 282–4. London: SCM; Philadelphia: Trinity Press International.

Jencks, Charles. 1989 [1986]. *What is Post-Modernism?* 3rd edn. London: Academy Editions.

Jeremias, Joachim. 1963 [1947]. *The Parables of Jesus*. Rev. edn. Trans. S. H. Hooke. London: SCM; New York: Scribner's.

——. 1966 [1930]. 'Zur Hypothese einer schriftlichen Logienquelle Q.' In *Abba: Studien Zur Neutestamentlichen Theologie und Zeitgeschichte*, 90–2. Göttingen: Vandenhoek und Ruprecht.

——. 1969a. *Jerusalem in the Time of Jesus: An Investigation Into Economic and Social Conditions During the New Testament Period*. Trans. F. H. Cave and C. H. Cave. Philadelphia: Fortress.

——. 1969b. 'Paulus als Hillelit.' In *Neotestamentica et Semitica: Studies in Honour of M. Black*, ed. E. E. Ellis and M. Wilcox, 88–94. Edinburgh: T & T Clark.

——. 1971. *New Testament Theology: The Proclamation of Jesus*. Trans. John Bowden. New York: Scribner's.

Jewett, Robert. 1979. *Dating Paul's Life*. London, Philadelphia: SCM, Fortress.

Johnson, Alfred M. Jr., ed. & trans. 1976. *The New Testament and Structuralism*. Pittsburgh Theological Monograph Series, no. 11. Pittsburgh: The Pickwick Press.

Johnston, George. 1987. '*Ecce Homo!* Irony in the Christology of the Fourth Evangelist.' In *The Glory of Christ in the New Testament: Studies in Christology in Memory of George Bradford Caird*, ed. L. D. Hurst and N. T. Wright, 125–38. Oxford: Clarendon Press.

Jonas, Hans. 1963 [1958]. *The Gnostic Religion: The Message of the Alien God and the Beginnings of Christianity*. 2nd. edn. Boston: Beacon Press.

Jones, A. H. M. 1967 [1938]. *The Herods of Judaea*. Oxford: Clarendon Press.

Judge, Edwin A. 1960. *The Social Pattern of Christian Groups in the First Century*. London: Tyndale Press.

Juel, D. 1977. *Messiah and Temple. the Trial of Jesus in the Gospel of Mark*. Missoula: Scholars Press.

Jülicher, Adolf. 1910 [1899]. *Die Gleichnisreden Jesu*. 2nd edn. Tübingen: Mohr.

Kadushin, M. 1938. *Organic Thinking: A Study in Rabbinic Thought*. New York.

Kampen, John. 1988. *The Hasideans and the Origin of Pharisaism: A Study in 1 and 2 Maccabees*. SBL Septuagint and Cognate Studies Series, no. 24. Atlanta: Scholars Press.

Käsemann, Ernst. 1964 [1960]. *Essays on New Testament Themes*. Trans. W. J. Montague. Studies in Biblical Theology, vol. 41. London: SCM.

——. 1969 [1965]. *New Testament Questions of Today*. Trans. W. J. Montague. London: SCM.

——. 1970. *Das Neue Testament als Kanon*. Göttingen: Vandenhoek und Ruprecht.

——. 1971 [1969]. *Perspectives on Paul*. Trans. Margaret Kohl. London: SCM.

——. 1973. 'The Problem of a New Testament Theology.' *New Testament Studies* 19:235–45.

——. 1980. *Commentary on Romans*. Trans. & ed. Geoffrey W. Bromiley. Grand Rapids: Eerdmans.

Kasher, Aryeh. 1990. *Jews and Hellenistic Cities in Eretz-Israel: Relations of the Jews in Eretz-Israel with the Hellenistic Cities During the Second Temple Period (332 BCE–70 CE)*. Texte und Studien zum Antiken Judentum, vol. 21. Tübingen: Mohr.

Katz, S. T. 1984. 'Issues in the Separation of Judaism and Christianity After 70 C. E.: A Reconsideration.' *Journal of Biblical Literature* 103:43–76.

Kee, Howard C. 1977. *Community of the New Age: Studies in Mark's Gospel*. London: SCM.

——. 1990. 'The Transformation of the Synagogue After 70 C.E.: Its Import for Early Christianity.' *New Testament Studies* 36:1–24.

Kelber, Werner. 1983. *The Oral and Written Gospel*. Philadelphia: Fortress.

Kellerman, Ulrich. 1979. *Auferstanden in den Himmel. 2 Makkabäer 7 und die Auferstehung der Märtyrer*. Stuttgarter Bibelstudien 95. Stuttgart: Verlag Katholisches Bibelwerk.

Kelly, J. N. D. 1972 [1950]. *Early Christian Creeds*. 3rd edn. London: Longman.

Kelsey, David H. 1989. 'Paul Tillich.' In *The Modern Theologians: An Introduction to Christian Theology in the Twentieth Century*, ed, David F. Ford, vol. 1, 134–51. Oxford: Basil Blackwell.

Kermode, Frank. 1968. *The Sense of an Ending: Studies in the Theory of Fiction*. Oxford: OUP.

——. 1979. *The Genesis of Secrecy: On the Interpretation of Narrative*. Cambridge, Mass: Harvard U. P.

Kerr, Fergus. 1989. 'Idealism and Realism: An Old Controversy Dissolved.' In *Christ, Ethics and Tragedy: Essays in Honour of Donald MacKinnon*. Ed. Kenneth Surin, 15–33. Cambridge: CUP.

Kimelman, Reuven. 1981. '*Birkat Ha-Minim* and the Lack of Evidence for an Anti-Christian Jewish Prayer in Late Antiquity.' In *Aspects of Judaism in the Greco-Roman Period*. In

Jewish and Christian Self-Definition, ed. E. P. Sanders with A. I. Baumgarten and Alan Mendelson, 226–44, 391–403. Philadelphia: Fortress.

Kingdon, H. Paul. 1972–3. 'The Origins of the Zealots.' *New Testament Studies* 19:74–81.

Kingsbury, Jack D. 1988 [1986]. *Matthew as Story*. 2nd edn. Philadelphia: Fortress.

Klinzing, Georg. 1971. *Die Umdeutung des Kultus in der Qumrangemeinde und im Neuen Testament*. Studien zur Umwelt des Neuen Testaments, vol. 7. Göttingen: Vandenhoek & Ruprecht.

Kloppenborg, J. S. 1987. *The Formation of Q: Trajectories in Ancient Wisdom Collectons*. Studies in Antiquity and Christianity. Philadelphia: Fortress.

Knibb, Michael A. 1976. 'The Exile in the Literature of the Intertestamental Period.' *Heythrop Journal*:253–79.

——. 1983. 'Exile in the Damascus Document.' *Journal for the Study of the Old Testament* 25:99–117.

——. 1987. *The Qumran Community*. Cambridge Commentaries on Writings of the Jewish and Christian World, 200 BC to AD 200. Cambridge: CUP.

Knox, John. 1935. *Philemon Among the Letters of Paul*. Chicago: Chicago U. P.

Koch, Klaus. 1969. *The Growth of the Biblical Tradition: The Form-Critical Method*. New York: Scribner's.

——. 1972 [1970]. *The Rediscovery of Apocalyptic: A Polemical Work On a Neglected Area of Biblical Studies and Its Damaging Effects on Theology and Philosophy*. Trans. Margaret Kohl. Studies in Biblical Theology, vol. 2.22. London: SCM.

Koester, Helmut. 1982a [1980]. *Introduction to the New Testament*. Vol. 1. *History, Culture and Religion of the Hellenistic Age*. Philadelphia: Fortress; Berlin & New York: de Gruyter.

——. 1982b. *Introduction to the New Testament*. Vol. 2. *History and Literature of Early Christianity*. Hermeneia: Foundations and Facets. Philadelphia: Fortress; Berlin & New York: de Gruyter.

——. 1989. 'From the Kerygma-Gospel to Written Gospels.' *New Testament Studies* 35:361–81.

——. 1990. *Ancient Christian Gospels: Their History and Development*. London: SCM; Philadelphia: Trinity Press International.

Kraft, Robert A., and George W. E. Nickelsburg, ed. 1986. *Early Judaism and Its Modern Interpreters*. In *The Bible and Its Modern Interpreters*, ed. Douglas A. Knight. Atlanta, Ga.: Scholars Press; Philadelphia: Fortress.

Krenkel, M. 1894. *Josephus und Lucas. Der schriftstellerische Einfluss des jüdischen Geschichtschreibers auf die christlichen nachgewiesen*. Leipzig: Haessel.

Kuhn, Thomas S. 1970 [1962]. *The Structure of Scientific Revolutions*. 2nd edn. Chicago: Chicago U. P.

Kümmel, Werner G. 1972 [1970]. *The New Testament: The History of the Investigation of Its Problems*. Trans. S. M. Gilmour and H. C. Kee. Nashville: Abingdon; London: SCM.

——. 1973. *The Theology of the New Testament: According to Its Major Witnesses, Jesus—Paul—John*. Nashville: Abingdon.

Küng, Hans. 1964 [1957]. *Justification: The Doctrine of Karl Barth and a Catholic Reflection*. Trans. T. Collins, E. E. Tolk, and D. Grandskou. London: Burns & Oates.

——. 1967. *The Church*. Trans. Ray Ockenden and Rosaleen Ockendon. New York: Sheed & Ward.

Kysar, Robert. 1985. 'The Fourth Gospel: A Report on Recent Research.' In *ANRW* 2.25.3:2389–480.

Landman, Leo, ed. 1979. *Messianism in the Talmudic Era*. New York: Ktav.

Lane, William L. 1974. *The Gospel of Mark: The English Text with Introduction, Exposition and Notes*. New International Commentary on the New Testament. Grand Rapids, Mich.: Eerdmans.

——. 1991. *Hebrews 1–8, 9–13*. Word Biblical Commentary, vol. 47. Dallas, Tex.: Word Books.

Lane Fox, Robin. 1986. *Pagans and Christians*. New York: Alfred A. Knopf; London: Penguin Books.

Lang, Bernhard, ed. 1981. *Der einzige Gott: die Geburt des biblischen Monotheismus*. Munich: Kösel.

Lapide, P. E., and J. Moltmann. 1981 [1979]. *Jewish Monotheism and Christian Trinitarian Doctrine: A Dialogue*. Trans. Leonard Swidler. Philadelphia: Fortress.

Layton, Bentley, ed. 1980. *The Rediscovery of Gnosticism: Proceedings of the International Conference on Gnosticism at Yale, New Haven, Connecticut, March 28–31, 1978*. Vol. 1. *The*

School of Valentinus. Studies in the History of Religions (Supplements to *Numen*). Leiden: Brill.

———, ed. 1981. *The Rediscovery of Gnosticism: Proceedings of the International Conference on Gnosticism at Yale, New Haven, Connecticut, March 28–31, 1978*. Vol. 2. *Sethian Gnosticism*. Studies in the History of Religions (supplements to *Numen*). Leiden: Brill.

Leaney, A. T. C. 1966. *The Rule of Qumran and Its Meaning: Introduction, Translation and Commentary*. London: SCM.

Leavis, F. R. 1963 [1932]. *New Bearings in English Poetry: A Study of the Contemporary Situation*. London: Penguin Books.

Lemcio, Eugene E. 1991. *The Past of Jesus in the Gospels*. Society for New Testament Studies Monograph Series, vol. 68. Cambridge: CUP.

Levine, Lee I. 1978. 'On the Political Involvement of the Pharisees Under Herod and the Procurators.' *Cathedra* 8:12–28.

———., ed. 1987. *The Synagogue in Late Antiquity*. Philadelphia: American School of Oriental Research.

Lewis, C. S. 1943 [1933]. *The Pilgrim's Regress: An Allegorical Apology for Christianity, Reason and Romanticism*. 2nd edn. London: Bles.

———. 1961. *An Experiment in Criticism*. Cambridge: CUP.

Lewis, J. P. 1964. 'What Do We Mean by Jabneh?' *Journal of Bible and Religion* 32:125–32.

Lincoln, Andrew T. 1981. *Paradise Now and not Yet: Studies in the Role of the Heavenly Dimension in Paul's Thought with Special Reference to His Eschatology*. Society of New Tetament Studies Monograph Series, vol. 43. Cambridge: CUP.

———. 1990. *Ephesians*. Word Biblical Commentary, vol. 42. Waco, Tex.: Word Books.

Lindars, Barnabas. 1989. 'The Rhetorical Structure of Hebrews.' *New Testament Studies* 35:382–406.

Loewe, R. 1981. ' "Salvation" is not of the Jews.' *Journal of Theological Studies* 22:341–68.

Logan, A. H. B. and A. J. M. Wedderburn, ed. 1983. *The New Testament and Gnosis: Essays in Honour of Robert McL. Wilson*. Edinburgh: T & T Clark.

Longenecker, Bruce W. 1991. *Eschatology and the Covenant in 4 Ezra and Romans 1–11*. Journal for the Study of the New Testament Supplement Series, vol. 57. Sheffield: Sheffield Academic Press.

Lonergan, Bernard J. F. 1973. *Method in Theology*. 2nd edn. New York: Herder & Herder.

———. 1978. *Insight: A Study of Human Understanding*. New York: Harper & Row.

Louth, Andrew. 1983. *Discerning the Mystery: An Essay on the Nature of Theology*. Oxford: Clarendon Press.

Lowe, Malcolm. 1976. 'Who Were the 'Ιουδαῖοι?' *Novum Testamentum* 18:101–30.

Lucas, John R. 1976. *Freedom and Grace*. London: SPCK.

Lüdemann, Gerd. 1980. *Paulus, der Heidenapostel*. Vol. 1. *Studien zur Chronologie*. Forschungen zur Religion und Literatur des Alten und Neuen Testaments, vol. 123. Göttingen: Vandenhoek & Ruprecht. [ET 1984: *Paul, Apostle to the Gentiles: Studies in Chronology*. Philadelphia: Fortress.]

Lührmann, Dieter. 1969. *Die Redaktion der Logienquelle*. Wissenschaftliche Monographien zum Alten und Neuen Testament. Neukirchen-Vluyn: Neukirchener Verlag.

———. 1989. 'The Gospel of Mark and the Sayings Collection Q.' *Journal of Biblical Literature* 108:51–71.

Lundin, Roger, Clarence Walhout, and Anthony C. Thiselton. 1985. *The Responsibility of Hermeneutics*. Grand Rapids: Eerdmans; Exeter: Paternoster.

Lyotard, Jean-François. 1984 [1979]. *The Postmodern Condition: A Report on Knowledge*. Trans. Geoff Bennington and Brian Massumi. Theory and History of Literature, vol. 10. Manchester: Manchester U. P.

Lyttleton, Margaret, and Werner Forman. 1984. *The Romans: Their Gods and Beliefs*. London: Orbis.

———. 1991. *Paul and Hellenism*. London: SCM; Philadelphia: Trinity Press International.

McEleney, Neil J. 1973. 'Orthodoxy in Judaism of the First Christian Century.' *Journal for the Study of Judaism* 4:19–42.

McGrath, Alister E. 1986. *The Making of Modern German Christology: From the Enlightenment to Pannenberg*. Oxford: Blackwell.

MacIntyre, Alasdair. 1985 [1981]. *After Virtue: A Study in Moral Theory*. 2nd. ed. Notre Dame, Indiana: Notre Dame U. P.

McKelvey, R. J. 1969. *The New Temple: The Church in the New Testament*. London: OUP.
MacKinnon, Donald M. 1979. *Explorations in Theology*. London: SCM.
McLaren, James. 1991. *Power and Politics in Palestine: The Jews and the Governing of Their Land 100 BC—AD 70*. Journal for the Study of the New Testament Supplement Series, vol. 63. Sheffield: JSOT Press.
McManners, J. 1981. 'The Individual in the Church of England.' In *Believing in the Church: The Corporate Nature of Faith*, The Doctrine Commission of the Church of England, 209–36. London: SPCK.
MacMullen, Ramsey. 1967. *Enemies of the Roman Order*. Cambridge, Mass.: Harvard U. P.
——. 1974. *Roman Social Relations 50 B.C. to A.D. 284*. New Haven: Yale U. P.
——. 1981. *Paganism in the Roman Empire*. New Haven: Yale U. P.
Macquarrie, John. 1966. *Principles of Christian Theology*. London: SCM; New York: Scribner's.
——. 1990. *Jesus Christ in Modern Thought*. London: SCM; Philadelphia: Trinity Press International.
Maccoby, Hyam. 1986. *The Mythmaker: Paul and the Invention of Christianity*. London: Wiedenfeld & Nicolson.
Mack, Burton L. 1988. *A Myth of Innocence: Mark and Christian Origins*. Philadelphia: Fortress.
Maddox, R. 1982. *The Purpose of Luke-Acts*. Edinburgh: T & T Clark.
Malherbe, Abraham J. 1983 [1977]. *Social Aspects of Early Christianity*. 2nd edn. Philadelphia: Fortress.
——. 1987. *Paul and the Thessalonians: The Philosophic Tradition of Pastoral Care*. Philadelphia: Fortress.
Mann, Thomas. 1961. *The Genesis of a Novel*. Trans. Richard Winston and Clara Winston. London: Secker & Warburg.
——. 1968 [1947]. *Dr Faustus: The Life of the German Composer Adrian Leverkühn as Told by a Friend*. Trans. H. T. Lowe-Porter. London: Penguin Books.
Marin, Louis. 1976a. 'Jesus Before Pilate: A Structural Analysis Essay.' In *The New Testament and Structuralism*, ed. Alfred M. Johnson, Jr., 97–144. Pittsburgh Theological Monograph Series, no. 11. Pittsburgh: The Pickwick Press.
——. 1976b. 'The Women at the Tomb: A Structural Analysis Essay of a Gospel Text.' In *The New Testament and Structuralism*, ed. Alfred M. Johnson, Jr., 73–96. Pittsburgh Theological Monograph Series, no. 11. Pittsburgh: The Pickwick Press.
Marshall, I. Howard. 1972-3. 'Palestinian and Hellenistic Christianity: Some Critical Comments.' *New Testament Studies* 19:271–87.
Marshall, Paul A., Sander Griffioen, and Richard J. Mouw, ed. 1989. *Stained Glass: Worldviews and Social Science*. Lanham, N.Y.: University Press of America.
Martin, Luther H. 1987. *Hellenistic Religions: An Introduction*. New York & Oxford: OUP.
Mason, S. N. 1988. 'Priesthood in Josephus and the "Pharisaic Revolution".' *Journal of Biblical Literature* 107:657–61.
——. 1989. 'Was Josephus a Pharisee? A Re-Examination of *Life* 10–12.' *Journal of Jewish Studies* 40:31–45.
——. 1991. *Flavius Josephus on the Pharisees: A Composition-Critical Study*. Studia Post-Biblica, vol. 39. Leiden: Brill.
Matera, Frank J. 1987. 'The Plot of Matthew's Gospel.' *Catholic Biblical Quarterly* 49:233–53.
Mealand, David L. 1991. 'Hellenistic Histories and the Style of Acts.' *Zeitschrift für die neutestamentliche Wissenschaft* 82:42–66.
Meeks, Wayne A. 1983. *The First Urban Christians: The Social World of the Apostle Paul*. New Haven: Yale U. P.
——. 1986. *The Moral World of the First Christians*. Philadelphia: Westminster; London: SPCK.
Menuhin, Yehudi. 1977. *Unfinished Journey*. London: MacDonald and Jane's.
Meshorer, Yaakov. 'Jewish Numismatics.' In *Early Judaism and Its Modern Interpreters*, ed. Robert A. Kraft and George W. E. Nickelsburg. In *The Bible and Its Modern Interpreters*, ed. Douglas A. Knight, 211–20. Atlanta, Ga.: Scholars Press; Philadelphia: Fortress.
Meyer, Ben F. 1979. *The Aims of Jesus*. London: SCM.
——. 1986. *The Early Christians: Their World Mission and Self-Discovery*. Good News Studies, no. 16. Wilmington, Del.: Michael Glazier.
——. 1989. *Critical Realism and the New Testament*. Princeton Theological Monograph Series, vol. 17. Allison Park, Pennsylvania: Pickwick Publications.

————. 1990. 'A Tricky Business: Ascribing New Meaning to Old Texts.' *Gregorianum* 71(4):743–61.

————. 1991a. 'A Caricature of Joachim Jeremias and His Work.' *Journal of Biblical Literature* 110:451–62.

————. 1991b. 'The Philosophical Crusher.' *First Things: A Monthly Journal of Religion and Public Life* 12 (April):9–11.

Milbank, John. 1990. *Theology and Social Theory: Beyond Secular Reason.* Signposts in Theology. Oxford: Blackwell.

Millar, Fergus G. B. 1981 [1967]. *The Roman Empire and Its Neighbours.* 2nd edn. London: Duckworth.

————. 1990. 'Reflections on the Trial of Jesus', ed. P. R. Davies and R. T. White. In *A Tribute to Geza Vermes: Essays on Jewish and Christian Literature and History*, 355–81. Journal for the Study of the Old Testament Supplement series, vol. 100. Sheffield: JSOT Press.

Miller, Patrick D. 1985. 'Israelite Religion.' In *The Hebrew Bible and Its Modern Interpreters*, ed. Douglas A. Knight and Gene M. Tucker, 201–37. Chico, Calif.: Scholars Press; Philadelphia: Fortress.

Millgram, A. E. 1971. *Jewish Worship.* Philadelphia: Jewish Publication Society of America.

Moltmann, Jürgen. 1974. *The Crucified God: The Cross of Christ as the Foundation and Criticism of Christian Theology.* Trans. R. A. Wilson and John Bowden. New York: Harper & Row.

————. 1985. *God in Creation: A New Theology of Creation and the Spirit of God.* Trans. Margaret Kohl. San Francisco: Harper & Row.

————. 1990 [1989]. *The Way of Jesus Christ: Christology in Messianic Dimensions.* Trans. Margaret Kohl. London: SCM.

Momigliano, Arnaldo. 1984 [1981]. 'Greek Culture and the Jews.' In *The Legacy of Greece: A New Appraisal*, ed. M. I. Finley. 2nd edn., 325–46. Oxford: OUP.

Moore, George Foot. 1927–30. *Judaism in the First Centuries of the Christian Era: The Age of the Tannaim.* 3 vols. Cambridge, Mass.: Harvard U. P.

Moore, Stephen D. 1989. *Literary Criticism and the Gospels: The Theoretical Challenge.* New Haven, London: Yale U. P.

Morgan, Robert. 1973. *The Nature of New Testament Theology: The Contribution of William Wrede and Adolf Schlatter.* Studies in Biblical Theology (second series), no. 25. London: SCM.

————. 1977. 'A Straussian Question to "New Testament Theology" ' *New Testament Studies* 23:243–65.

————. 1987. 'The Historical Jesus and the Theology of the New Testament.' In *The Glory of Christ in the New Testament: Studies in Christology in Memory of George Bradford Caird*, ed. L. D. Hurst and N. T. Wright, 187–206. Oxford: Clarendon Press.

————. 1988. *Biblical Interpretation.* In collaboration with John Barton. Oxford Bible Series. Oxford: OUP.

Mørkholm, O. 1989. 'Antiochus IV.' In *Cambridge Ancient History*, ed. W. D. Davies and L. Finkelstein, vol. 2. *The Hellenistic Age*, 278–91.

Moule, Charles F. D. 1958/9. 'Once More, Who Were the Hellenists?' *Expository Times* 70:100–2.

————. 1967. *The Phenomenon of the New Testament: An Inquiry Into the Implications of Certain Features of the New Testament.* Studies in Biblical Theology 2nd series, vol. 1. London: SCM.

————. 1970. 'Jesus in New Testament Kerygma.' In *Verborum Veritas (für G. Stählin)*, ed. O. Böcher and K. Haaker, 15–26. Wuppertal: Brockhaus.

————. 1975. 'On Defining the Messianic Secret in Mark.' In *Jesus und Paulus: Festschrift Für Werner Georg Kümmel Zum 70. Geburtstag*, ed. E. Earle Ellis and Erich Grässer, 239–52. Göttingen: Vandenhoek & Ruprecht.

————. 1977. *The Origin of Christology.* Cambridge: CUP.

————. 1982 [1962]. *The Birth of the New Testament.* 3rd edn. London: A & C Black; San Francisco: Harper & Row.

Mulder, Michael Jan. 1987. *Mikra: Text, Translation, Reading and Interpretation of the Hebrew Bible in Ancient Judaism and Early Christianity.* Compendia 2.1.

Munck, Johannes. 1959 [1954]. *Paul and the Salvation of Mankind.* Trans. Frank Clarke. London: SCM; Richmond, Va.: John Knox.

Murphy, Frederick J. 1985. '2 *Baruch* and the Romans.' *Journal of Biblical Literature* 104:663–9.

Murphy-O'Connor, J. 1974. 'The Essenes and Their History.' *Révue Biblique* 81:215–44.

Myers, Ched. 1990. *Binding the Strong Man: A Political Reading of Mark's Story of Jesus.* Maryknoll, N.Y.: Orbis.

Neill, Stephen C. 1976. *Jesus Through Many Eyes: Introduction to the Theology of the New Testament.* Philadelphia: Fortress.

Neill, Stephen C., and N. Thomas Wright. 1988 [1964]. *The Interpretation of the New Testament, 1861–1986.* 2nd edn. Oxford: OUP.

Neirynck, Frans. 1974. *The Minor Agreements of Matthew and Luke Against Mark.* Bibliotheca Ephemeridum Theologicarum Lovaniensium, no. 37. Lcuvain: Leuven U. P.

Neusner, Jacob. 1970. *A Life of Johanan Ben Zakkai.* Studia Post-Biblica, vol. 6. Leiden: Brill.

———. 1971. *The Rabbinic Traditions About the Pharisees Before 70.* Leiden: Brill.

———. 1973. *From Politics to Piety.* Englewood Cliffs: Prentice-Hall.

———. 1979. 'The Formation of Rabbinic Judaism: Yavneh (Jamnia) from A.D. 70 to 100.' In *ANRW* 2.19.2:3–42.

———. 1987. ed., with W. S. Green and E. Frerichs. *Judaisms and Their Messiahs at the Turn of the Christian Era.* Cambridge: CUP.

———. 1989. 'Money-Changers in the Temple: The Mishnah's Explanation.' *New Testament Studies* 35:287–90.

———. 1991. *Jews and Christians: The Myth of a Common Tradition.* London: SCM; Philadelphia: Trinity Press International.

Newbigin, Lesslie. *Foolishness to the Greeks: The Gospel and Western Culture.* Geneva: WCC.

———. 1989. *The Gospel in a Pluralist Society.* London: SPCK; Grand Rapids, Mich.: Eerdmans.

Newton-Smith, W. H. 1981. *The Rationality of Science.* London: Routledge.

Nickelsburg, George W. E. 1972. *Resurrection, Immortality and Eternal Life in Intertestamental Judaism.* Harvard Theological Studies, vol. 26. Cambridge, Mass.: Harvard U. P.

———. 1980. 'The Genre and Function of the Markan Passion Narrative.' *Harvard Theological Review* 73:153–84.

———. 1981. *Jewish Literature Between the Bible and the Mishnah.* Philadelphia: Fortress; London: SCM.

———. 1984. 'The Bible Rewritten and Expanded.' In *Compendia* 2.2.89–156.

Nineham, Dennis. 1976. *The Use and Abuse of the Bible: A Study of the Bible in an Age of Rapid Cultural Change.* Library of Philosophy and Religion. London: Macmillan.

Nolland, John. 1989. *Luke 1—9:20.* Word Biblical Commentary, vol. 35a. Dallas, Tex.: Word Books.

Nordling, John G. 1991. 'Onesimus Fugitivus: A Defense of the Runaway Slave Hypothesis in Philemon.' *Journal for the Study of the New Testament* 41:97–119.

O'Donovan, Oliver M. T. 1986. *Resurrection and Moral Order: An Outline for Evangelical Ethics.* Leicester: IVP; Grand Rapids, Mich.: Eerdmans.

O'Neill, John C. 1991. 'The Lost Written Records of Jesus' Words and Deeds Behind Our Records.' *Journal of Theological Studies* 42:483–504.

Oakman, Douglas E. 1986. *Jesus and the Economic Questions of His Day.* Studies in the Bible and Early Christianity, vol. 8. Lewiston, Queenston: Edwin Mellen Press.

Olthuis, James H. 1989 [1985]. 'On Worldviews.' In *Stained Glass: Worldviews and Social Science,* ed. Paul A. Marshall, Sander Griffioen, and Richard J. Mouw, 26–40. Lanham, N.Y.: University Press of America.

Oppenheimer, A. 1977. *The Am Ha-Aretz. a Study of the Social History of the Jewish People in the Hellenistic-Roman Period.* Leiden: Brill.

Pannenberg, Wolfhart. 1968 [1964]. *Jesus: God and Man.* Trans. Lewis L. Wilkins and Duane A. Priebe. Philadelphia: Westminster Press.

———. 1970 [1963]. *Basic Questions in Theology: Collected Essays.* Philadelphia: Westminster; London: SCM.

———. 1971 [1967]. *Basic Questions in Theology: Collected Essays.* Philadelphia: Westminster; London: SCM.

Passmore, John. 1967. 'Logical Positivism.' In *The Encyclopedia of Philosophy,* ed. P. Edwards, vol. 5, 52–7. New York: Macmillan Co. & the Free Press; London: Collier-Macmillan Ltd.

Patte, Daniel. 1976. *What is Structural Exegesis?* Philadelphia: Fortress.

———. 1983. *Paul's Faith and the Power of the Gospel: A Structural Introduction to the Pauline Letters.* Philadelphia: Fortress.

Patte, Daniel, and Aline Patte. 1978. *Structural Exegesis: From Theory to Practice*. Philadelphia: Fortress.

Pearson, Birger A. 1980. 'Jewish Elements in Gnosticism and the Development of Gnostic Self-Definition.' In *Jewish and Christian Self-Definition*, vol. 1. *The Shaping of Christianity in the Second and Third Centuries*, ed. E. P. Sanders, 151–60. Philadelphia: Fortress.

——. 1984. 'Jewish Sources in Gnostic Literature.' In *Compendia* 2.2.443–81.

Perkins, Pheme. 1984. *Resurrection: New Testament Witness and Contemporary Reflection*. London: Geoffrey Chapman.

Perrin, Norman. 1970. *What is Redaction Criticism?* London: SPCK.

——. 1983 [1974]. 'Apocalyptic Christianity.' In *Visionaries and Their Apocalypses*, ed. Paul D. Hanson, 121–45. Issues in Religion and theology, no. 2. Philadelphia: Fortress; London: SPCK.

Perrin, Norman, and Dennis C. Duling. 1982 [1974]. *The New Testament: An Introduction. Proclamation and Parenesis, Myth and History*. 2nd edn. New York: Harcourt Brace Jovanovich.

Petersen, Norman R. 1978. *Literary Criticism for New Testament Critics*. Philadelphia: Fortress.

——. 1985. *Rediscovering Paul: Philemon and the Sociology of Paul's Narrative World*. Philadelphia: Fortress.

Pettem, Michael. 1989. *Matthew: Jewish Christian or Gentile Christian?* Unpublished Doctoral Dissertation, McGill University, Montreal.

Piper, Ronald A. 1989. *Wisdom in the Q Tradition: The Aphoristic Teaching of Jesus*. Society for New Testament Studies Monograph Series, vol. 61. Cambridge: CUP.

Pixner, Bargil. 1976. 'An Essene Quarter on Mount Zion?' *Studia Hierosolymita* 1:245–84.

Polanyi, Michael. 1958. *Personal Knowledge: Towards a Post-Critical Philosophy*. London: Routledge & Kegan Paul.

——. 1966. *The Tacit Dimension*. Garden City, N.Y.: Doubleday.

Polzin, Robert M. 1977. *Biblical Structuralism: Method and Subjectivity in the Study of Ancient Texts*. Philadelphia: Fortress; Missoula: Scholars Press.

Porton, Gary G. 1986. 'Diversity in Postbiblical Judaism.' In *Early Judaism and Its Modern Interpreters*, ed. Robert A. Kraft and George W. E. Nickelsburg. In *The Bible and Its Modern Interpreters*, ed. Douglas A. Knight, 57–80. Atlanta, Ga.: Scholars Press; Philadelphia: Fortress.

Powell, Mark A. 1992. 'The Plot and Subplots of Matthew's Gospel.' *New Testament Studies* 38:187–204.

Poythress, Vern S. 1978–9. 'The Philosophical Roots of Phenomenological and Structuralist Literary Criticism.' *Westminster Theological Journal* 41:165–71.

Propp, Vladimir. 1968. *The Morphology of the Folktale*. Trans. L. Scott. 2nd edn. Austin, Tex.: U. of Texas Press.

Quasten, J. 1950. *Patrology*. Vol. 1. *The Beginnings of Patristic Literature*. Utrecht: Spectrum.

Rad, Gerhard von. 1962. *Old Testament Theology*. Trans. D. M. G. Stalker. Vol. 1. *The Theology of Israel's Historical Traditions*. New York: Harper & Row.

Räisänen, Heikki. 1990a. *Beyond New Testament Theology: A Story and a Programme*. London: SCM; Philadelphia: Trinity Press International.

——. 1990b [1976]. *The 'Messianic Secret' in Mark*. Trans. Christopher M. Tuckett. Edinburgh: T & T Clark.

Rajak, Tessa. 1983. *Josephus: The Historian and His Society*. London: Duckworth; Philadelphia: Fortress.

——. 1990. 'The Hasmoneans and the Uses of Hellenism.' In *A Tribute to Geza Vermes: Essays on Jewish and Christian Literature and History*, ed. Philip R. Davies and Richard T. White, 261–80. Journal for the Study of the Old Testament Supplement Series, vol. 100. Sheffield: Sheffield Academic Press.

Ramsey, Ian T. 1964a. *Models and Metaphors*. London: OUP.

——. 1964b. *Models and Mystery*. London: OUP.

Rapske, Brian M. 1991. 'The Prisoner Paul in the Eyes of Onesimus.' *New Testament Studies* 37:187–203.

Reinhartz, A. 1989. 'Rabbinic Perceptions of Simeon Bar Kosiba.' *Journal for the Study of Judaism* 20:171–94.

Rhoads, David M. 1976. *Israel in Revolution 6–74 C.E. A Political History Based on the Writings of Josephus*. Philadelphia: Fortress.

Rhoads, David M., and Donald Michie. 1982. *Mark as Story: An Introduction to the Narrative of a Gospel*. Philadelphia: Fortress.

Riches, John K. 1990. *The World of Jesus: First-Century Judaism in Crisis*. Understanding Jesus Today. Cambridge: CUP.

Ricoeur, Paul. 1977. *The Rule of Metaphor: Multi-Disciplinary Studies of the Creation of Meaning in Language*. Trans. Robert Czerny, Kathleen McLaughlin, and John Costello. Toronto: Toronto U. P.; London: Routledge & Kegan Paul.

——. 1984, 1985, 1988. *Time and Narrative*. Trans. Kathleen McLaughlin and David Pellauer. 3 vols. Chicago: Chicago U. P.

Riegel, Stanley K. 1978. 'Jewish Christianity: Definitions and Terminology.' *New Testament Studies* 24:410–15.

Riesenfeld, Harald. 1970. *The Gospel Tradition*. Philadelphia: Fortress.

Riesner, Rainer. 1981. *Jesus als Lehrer*. Tübingen: Mohr.

Rivkin, Ellis. 1969–70. 'Defining the Pharisees: The Tannaitic Sources.' *Hebrew Union College Annual* 40/41:205–49.

——. 1978. *A Hidden Revolution*. Nashville: Abingdon.

——. 1984. *What Crucified Jesus?* Nashville: Abingdon; London: SCM.

Robinson, John A. T. 1984. *Twelve More New Testament Studies*. London: SCM.

——. 1976. *Redating the New Testament*. London: SCM.

Rofé, Alexander. 1988. 'The Onset of Sects in Postexilic Judaism: Neglected Evidence from the Septuagint, Trito-Isaiah, Ben Sira, and Malachi.' In *The Social World of Formative Christianity and Judaism: Essays in Tribute to Howard Clark Kee*, ed. Jacob Neusner, Peder Borgen, Ernest S. Frerichs, and Richard Horsley, 39–49. Philadelphia: Fortress.

Roth, C. 1962. 'The Pharisees in the Jewish Revolution of 66–73.' *Journal of Semitic Studies* 7:63–80.

Rowe, William. 1989. 'Society After the Subject, Philosophy After the Worldview.' In *Stained Glass: Worldviews and Social Science*, ed. Paul A. Marshall, Sander Griffioen, and Richard J. Mouw, 156–83. Lanham, N.Y.: University Press of America.

Rowland, Christopher C. 1982. *The Open Heaven: A Study of Apocalyptic in Judaism and Early Christianity*. New York: Crossroad.

——. 1985. *Christian Origins: From Messianic Movement to Christian Religion*. London: SPCK; Minneapolis: Augsburg.

Rowley, H. H. 1946. *The Re-Discovery of the Old Testament*. Philadelphia: Westminster.

Rudolph, Kurt, ed. 1975. *Gnosis und Gnostizismus*. Wege der Forschung, vol. 162. Darmstadt: Wissenschaftliche Buchgesellschaft.

——. 1983 [1977]. *Gnosis: The Nature and History of an Ancient Religion*. Trans. & ed. R. McL. Wilson. Edinburgh: T & T Clark.

Runnals, D. R. 1983. 'The King as Temple Builder.' In *Spirit Within Structure. Essays in Honour of George Johnston on the Occasion of His Seventieth Birthday*, ed. E. Furcha, 15–37. Allison Park, Pennsylvania: The Pickwick Press.

Russell, Bertrand. 1961 [1946]. *History of Western Philosophy and Its Connection with Political and Social Circumstances from the Earliest Times to the Present Day*. 2nd edn. London: George Allen & Unwin.

——. 1967 [1957]. *Why I Am not a Christian and Other Essays on Religious and Related Subjects*. Ed. Paul Edwards. London: George Allen & Unwin.

Safrai, S. 1976a. 'Religion in Everyday Life.' In *Compendia* 1.2.793–833.

——. 1976b. 'The Temple.' In *Compendia* 1.2.865–907.

——. 1987. ed. *Compendia*. Section Two. Vol. 3. *The Literature of the Sages, First Part: Oral Torah, Halakha, Mishnah, Tosefta, Talmud, External Tractates*. Philadelphia: Fortress; Assen, Maastricht: Van Gorcum.

Safrai, S. and Stern, M., ed. 1974–6. *Compendia*. Section 1. *The Jewish People in the First Century: Historical Geography, Political History, Social, Cultural and Religious Life and Institutions*. 2 vols. Philadelphia: Fortress; Assen, Maastricht: Van Gorcum.

Saldarini, Anthony J. 1975. 'Johanan Ben Zakkai's Escape from Jerusalem: Origin and Development of a Rabbinic Story.' *Journal for the Study of Judaism* 6:189–204.

——. 1988. *Pharisees, Scribes and Sadducees in Palestinian Society*. Wilmington, Del.: Michael Glazier; Edinburgh: T & T Clark.

Salmon, Edward T. 1968 [1944]. *A History of the Roman World 30 B.C.—A.D. 138*. Methuen's History of the Greek and Roman World. London: Methuen.

Sanders, E. P. 1969. *The Tendencies of the Synoptic Tradition*. Society for New Testament Studies Monograph Series, no. 9. Cambridge: CUP.

———. 1977. *Paul and Palestinian Judaism: A Comparison of Patterns of Religion*. London: SCM; Philadelphia: Fortress.

———. 1983. *Paul, the Law, and the Jewish People*. Philadelphia: Fortress; London: SCM.

———. 1985. *Jesus and Judaism*. London: SCM; Philadelphia: Fortress.

———. 1990a. *Jewish Law from Jesus to the Mishnah: Five Studies*. London: SCM; Philadelphia: Trinity Press International.

———. 1990b. 'Jewish Association with Gentiles and Galatians 2:11–14.' In *The Conversation Continues: Studies in Paul and John in Honor of J. Louis Martyn*, ed. Robert T. Fortna and Beverly R. Gaventa, 170–88. Nashville: Abingdon.

———. 1991a. 'Defending the Indefensible.' *Journal of Biblical Literature* 110:463–77.

———. 1991b. *Paul*. Past Masters. Oxford: OUP.

———. 1992. *Judaism: Practice and Belief, 63 BCE—66 CE*. London: SCM; Philadelphia: Trinity Press International.

Sanders, E. P., and Margaret Davies. 1989. *Studying the Synoptic Gospels*. London: SCM; Philadelphia: Trinity Press International.

Sato, Migaku. 1988. *Q und Prophetie*. Wissenschaftliche Untersuchungen zum Neuen Testament. Tübingen: Mohr.

Schäfer, Peter. 1975. 'Die sogennante Synode von Jabne: Zur Trennung von Juden und Christen im ertsen/zweiten Jh. n. Chr.' *Judaica* 31:54–64, 116–24.

———. 1979. 'Die Flucht Johanan b. Zakkais aus Jerusalem und die Gründung des "Lehrhauses" in Jabne.' In *ANRW* 2.19.2:43–101.

———. 1990. 'Hadrian's Policy in Judaea and the Bar Kokhba Revolt: A Reassessment.' In *A Tribute to Geza Vermes: Essays on Jewish and Christian Literature and History*, ed. Philip R. Davies and Richard T. White, 281–303. Journal for the Study of the Old Testament Supplement Series, vol. 100. Sheffield: Sheffield Academic Press.

———. 1991. 'Der vorrabinische Pharisäismus.' In *Paulus und das antike Judentum*, ed. Martin Hengel and Ulrich Heckel, 125–72. Wissenschaftliche Untersuchungen zum Neuen Testament, vol. 58. Tübingen: Mohr.

Schäferdiek, Knut. 1991. 'Christian Mission and Expansion.' In *Early Christianity: Origins and Evolution to AD 600. In Honour of W. H. C. Frend*, ed. Ian Hazlett, 65–77. London: SPCK.

Schechter, S. 1961 [1909]. *Aspects of Rabbinic Theology: Major Concepts of the Talmud*. New Edn. New York: Schocken Books.

Schenke, Hans-Martin. 1983. 'The Book of Thomas (NHC II.7): A Revision of a Pseudepigraphical Epistle of Jacob the Contender.' In *The New Testament and Gnosis: Essays in Honour of Robert McLachlan Wilson*, ed. A. H. B. Logan and A. J. M. Wedderburn, 213–28. Edinburgh: T & T Clark.

Schiffman, Lawrence H. 1983. 'Legislation Concerning Relations with Non-Jews in the *Zadokite Fragments* and in Tannaitic Literature.' *Révue de Qumran* 11:378–89.

———., ed. 1989. *Archaeology and History in the Dead Sea Scrolls*. Journal for the Study of the Pseudepigrapha Supplement Series, vol. 8. Sheffield: JSOT Press.

Schlatter, Adolf. 1955 [1926]. *The Church in the New Testament Period*. Trans. Paul P. Levertoff. London: SPCK.

———. 1960 [1931]. *Das Evangelium des Lukas: aus seinem Quellen erklärt*. 2nd edn. Stuttgart: Calwer Verlag.

———. 1973 [1909]. 'The Theology of the New Testament and Dogmatics.' In *The Nature of New Testament Theology*, ed. & trans. Robert Morgan, 117–66. London: SCM.

Schmidt, F. 1982. 'Hésiode et l'Apocalyptique: acculturation et résistance juive à l'hellénisme.' *Quaderni Di Storia* 15.

Schmidt, Karl Ludwig. 1919. *Der Rahmen der Geschichte Jesu. Literarkritische Untersuchungen Zur Ältesten Jesus Überlieferung*. Berlin.

Schmithals, W. 1980. 'Kritik der Formkritik.' *Zeitschrift für Theologie und Kirche* 77:149–85.

Schoedel, William R. 1989. 'The Apostolic Fathers.' In *The New Testament and Its Modern Interpreters*, ed. Eldon J. Epp and George W. MacRae, 457–98. Atlanta, Ga.: Scholars Press.

Schoeps, H. -J. 1961 [1959]. *Paul: The Theology of the Apostle in the Light of Jewish Religious History*. Trans. H. Knight. London: Lutterworth.

Scholem, Gershom. 1971. *The Messianic Idea in Judaism, and Other Essays on Jewish Spirituality*. New York: Schocken.

Schrage, Wolfgang. 1979. 'Die Frage nach der Mitte und dem Kanon im Kanon des Neuen Testaments in der Neueren Diskussion.' In *Rechtfertigung. Festschrift für Ernst Käsemann zum 70. Geburtstag*, ed. J. Friedrich, W. Pöhlmann, and P. Stuhlmacher, 415–42. Tübingen: Mohr; Göttingen: Vandenhoek & Ruprecht.

Schreckenberg, H. 1980. 'Flavius Josephus und die lukanischen Schriften.' In *Wort in der Zeit: Neutestamentliche Studien. Festgabe für Karl Heinrich Rengstorf zum 75. Geburtstag*, ed. Wilfrid Haubeck and Michael Bachmann, 179–209. Leiden: Brill.

Schulz, Siegfried. 1985 [1964]. 'Mark's Significance for the Theology of Early Christianity.' In *The Interpretation of Mark*, ed. William R. Telford. Issues in Religion and Theology, no. 7. Philadelphia: Fortress; London: SPCK.

Schürer, E. 1973–87. *The History of the Jewish People in the Age of Jesus Christ (175 B.C.—A.D. 135)*. Rev. & ed. G. Vermes, F. Millar, and M. Black. 3 vols. Edinburgh: T & T Clark.

Schwartz, D. R. 1983. 'Josephus and Nicolaus on the Pharisees.' *Journal for the Study of Judaism* 14:157–71.

———. 1992. *Studies in the Jewish Background of Christianity*. Wissenschaftliche Untersuchungen zum Neuen Testament, vol. 60. Tübingen: Mohr.

Schweitzer, Albert. 1925 [1901]. *The Mystery of the Kingdom of God*. Trans. W. Lowrie. London: A & C Black.

———. 1954 [1910]. *The Quest of the Historical Jesus: A Critical Study of Its Progress from Reimarus to Wrede*. Trans. W. B. D. Montgomery. 3rd edn. London: A & C Black.

———. 1968a [1967]. *The Kingdom of God and Primitive Christianity*. Ed. Ulrich Neuenschwander. Trans. L. A. Garrard. London: A & C Black.

———. 1968b [1931]. *The Mysticism of Paul the Apostle*. Trans. William Montgomery. New York: Seabury Press.

Scott, James M. 1992a. *Adoption as Sons of God. An Exegetical Investigation Into the Background of* ΥΙΟΘΕΣΙΑ *in the Pauline Corpus*. Wissenschaftliche Untersuchungen zum Neuen Testament, vol. 48. Tübingen: Mohr.

———. 1992b. ' "For as Many as Are of Works of the Law Are Under a Curse" (Galatians 3.10).' In *Paul and the Scriptures of Israel*, ed. James A. Sanders and Craig A. Evans. Journal for the Study of the New Testament Supplement Series. Sheffield: JSOT Press. [Forthcoming]

Seeley, D. 1992. 'Jesus' Death in Q.' *New Testament Studies* 38:222–34.

Segal, Alan F. 1977. *Two Powers in Heaven: Early Rabbinic Reports About Christianity and Gnosticism*. Leiden: Brill.

———. 1984. ' "He Who Did not Spare His Own Son . . . :" Jesus, Paul and the Akedah.' In *From Jesus to Paul: Studies in Honour of Francis Wright Beare*, 169–84. Waterloo, Ontario: Wilfrid Laurier U. P.

———. 1986. *Rebecca's Children: Judaism and Christianity in the Roman World*. Cambridge, Mass.: Harvard U. P.

Sevenster, J. N. 1975. *The Roots of Pagan Anti-Semitism in the Ancient World*. Supplements to Novum Testamentum, vol. 41. Leiden: Brill.

Shanks, Hershel. 1979. *Judaism in Stone: The Archaeology of Ancient Synagogues*. San Francisco: Harper & Row.

Sherwin-White, Adrian N. 1969 [1963]. *Roman Society and Roman Law in the New Testament*. 3rd edn. Oxford: OUP.

Skehan, Patrick W., and Alexander A. di Lella. 1987. *The Wisdom of Ben Sira: A New Translation with Notes*. The Anchor Bible, vol. 39. New York: Doubleday.

Slingerland, Dixon. 1991. 'Acts 18:1–18, the Gallio Inscription, and Absolute Pauline Chronology.' *Journal of Biblical Literature* 110:439–49.

Smith, Jonathan Z. 1990. *Drudgery Divine. On the Comparison of Early Christianity and the Religions of Later Antiquity*. London: School of Oriental and African Studies.

Smith, Morton. 1971. 'Zealots and Sicarii, Their Origins and Relation.' *Harvard Theological Review* 64 (January):1–19.

———. 1977 [1956]. 'Palestinian Judaism in the First Century.' In *Essays in Greco-Roman and Related Talmudic Literature*, ed. H. Fischel, 183–97. New York: Ktav.

———. 1978. *Jesus the Magician*. London: Gollancz.

Smith, Ralph L. 1984. *Micah—Malachi*. Word Biblical Commentary, vol. 32. Waco, Tex.: Word Books.

Sorri, Mari and Jerry H. Gill. 1989. *A Post-Modern Epistemology: Language, Truth and Body.* Lewiston, NY, and Lampeter: Edwin Mellen Press.

Soskice, Janet Martin. 1985. *Metaphor and Religious Language.* Oxford: Clarendon Press.

Sparks, H. F. D., ed. 1984. *The Apocryphal Old Testament.* Oxford: Clarendon Press.

Stambaugh, John, and David Balch. 1986. *The Social World of the First Christians.* Philadelphia: Westminster; London: SPCK.

Stanton, Graham N. 1974. *Jesus of Nazareth in New Testament Preaching.* Society for New Testament Studies Monograph Series. Cambridge: CUP.

———. 1975. 'Form Criticism Revisited.' In *What About the New Testament? Essays in Honour of Christopher Evans*, ed. Morna D. Hooker and Colin Hickling, 13–27. London: SCM.

———. 1980. 'Stephen in Lucan Perspective.' In *Studia Biblica 1978.* 3 vols. Journal for the Study of the New Testament Supplement Series, vol. 3, 345–60. Sheffield: JSOT Press.

Steck, Odil H. 1967. *Israel und das gewaltsame Geschick der Propheten. Untersuchungen zur Überlieferung des deuteronomistischen Geschichtsbildes im Alten Testament, Spätjudentum und Urchristentum.* Wissenschaftliche Monographien zum Alten und Neuen Testament, vol. 23. Neukirchen-Vluyn: Neukirchener Verlag.

———. 1968. 'Das Problem theologischer Strömungen in nachexilischer Zeit.' *Evangelische Theologie* 28:445–58.

———. 1980. 'Weltgeschehen und Gottesvolk im Buche Daniel.' In *Kirche. Festschrift für Günther Bornkamm Zum 75. Geburtstag*, ed. Dieter Lührmann and Georg Strecker, 53–78. Tübingen: Mohr.

Stemberger, Günter. 1977. 'Die sogennante "Synode von Jabne" und das frühe Christentum.' *Kairos* 19:14–21.

———. 1991. *Pharisäer, Sadduzäer, Essener.* Stuttgarter Bibelstudien, vol. 144. Stuttgart: Verlag Katholisches Bibelwerk.

Stendahl, Krister. 1962. 'Biblical Theology.' In *The Interpreter's Dictionary of the Bible*, vol. 1, 418–32. Nashville: Abingdon Press.

Stern, Menahem. 1973. 'Zealots.' In *Encyclopaedia Judaica Year Book 1973*, 135–52. Jerusalem: Keter.

———. 1976. 'The Jews in Greek and Latin Literature.' In *Compendia* 1.2.1101–59.

Stibbe, Mark W. G. 1992. *John as Storyteller: Narrative Criticism and the Fourth Gospel.* Society for New Testament Studies Monograph Series, vol. 71. Cambridge: CUP.

Stoldt, Hans-Herbert. 1980 [1977]. *History and Criticism of the Marcan Hypothesis.* Macon, Ga.: Mercer U. P.

Stone, Michael E. 1984. *Compendia.* Section Two. Vol. 2. *Jewish Writings of the Second Temple Period: Apocrypha, Pseudepigrapha, Qumran Sectarian Writings, Philo, Josephus.* Philadelphia: Fortress; Assen: Van Gorcum.

———. 1987. 'The Question of the Messiah in 4 Ezra.' In *Judaisms and Their Messiahs at the Turn of the Christian Era*, ed. Jacob Neusner, William S. Green, and Ernest Frerichs, 209–24. Cambridge: CUP.

———. 1990. *Fourth Ezra: A Commentary on the Book of Fourth Ezra.* Ed. Frank Moore Cross. Hermeneia. Minneapolis: Fortress.

Stoppard, Tom. 1967. *Rosencrantz and Guildenstern Are Dead.* London: Faber & Faber.

Stowers, Stanley K. 1986. *Letter-Writing in Greco-Roman Antiquity.* Library of Early Christianity, vol. 5. Philadelphia: Westminster; London: SPCK.

Strack, H. L., and G. Stemberger. 1991 [1982]. *Introduction to the Talmud and Midrash.* Trans. M. N. A. Bockmuehl. Edinburgh: T & T Clark; Minneapolis: Fortress.

Strecker, Georg, ed. 1975. *Das Problem der Theologie des neuen Testaments.* Wege der Forschung. Darmstadt: Wissenschaftliche Buchgesellschaft.

———. 1983 [1966]. 'The Concept of History in Matthew.' In *The Interpretation of Matthew*, ed. Graham N. Stanton, 67–84. Issues in Religion and Theology, no. 3. Philadelphia: Fortress; London: SPCK.

———. 1988. *The Sermon on the Mount: An Exegetical Commentary.* Edinburgh: T & T Clark.

Streeter, B. H. 1930 [1924]. *The Four Gospels: A Study of Origins.* 2nd edn. London: Macmillan.

Strobel, A. 1961. *Untersuchungen zum Eschatologischen Verzögerungsproblem, auf Grund der spätjüdisch-urchristlichen Geschichte von Habakuk 2,2 ff.* Supplements to *Novum Testamentum.* Leiden: Brill.

Stroup, George W. 1984. *The Promise of Narrative Theology.* London: SCM.

Stuhlmacher, Peter. 1966. *Gerechtigkeit Gottes bei Paulus*. Forschungen zur Religion und Literatur des Alten und Neuen Testaments, vol. 87. Göttingen: Vandenhoek und Ruprecht.
———. 1977. *Historical Criticism and Theological Interpretation of Scripture: Towards a Hermeneutics of Consent*. Trans. Roy A. Harrisville. Philadelphia: Fortress; London: SPCK.
Sykes, Stephen W., ed. 1991. *Sacrifice and Redemption: Durham Essays in Theology*. Cambridge: CUP.
Talbert, Charles H. 1977. *What is a Gospel? The Genre of the Canonical Gospels*. Philadelphia: Fortress; London: SPCK.
Talmon, Shemaryahu. 1987. 'Waiting for the Messiah: The Spiritual Universe of the Qumran Covenanters.' In *Judaisms and Their Messiahs at the Turn of the Christian Era*, ed. Jacob Neusner, William S. Green, and Ernest S. Frerichs. Cambridge: CUP.
Tannehill, Robert C. 1985a [1977]. 'The Disciples in Mark: The Function of a Narrative Role.' In *The Interpretation of Mark*, ed. William R. Telford. Issues in Religion and Theology, no. 7. Philadelphia: Fortress; London: SPCK.
———. 1985b. 'Israel in Luke-Acts: A Tragic Story.' *Journal of Biblical Literature* 104:69–85.
Taylor, M. C. 1982. *Deconstructing Theology*. American Academy of Religion/Studies in Religion, vol. 28. New York: Crossroad.
Taylor, Vincent. 1933. *The Formation of the Gospel Tradition*. London: Macmillan.
Tcherikover, Victor. 1961. *Hellenistic Civilization and the Jews*. Trans. S. Applebaum. Philadelphia and Jerusalem: The Jewish Publication Society of America, The Magnes Press, The Hebrew University.
Theissen, Gerd. 1978 [1977]. *Sociology of Early Palestinian Christianity*. [English Title: *The first followers of Jesus*]. Trans. J. Bowden. Philadelphia: Fortress; London: SCM.
———. 1982. *The Social Setting of Pauline Christianity: Essays on Corinth*. Ed. & trans. John H. Schütz. Philadelphia: Fortress.
———. 1987 [1986]. *The Shadow of the Galilean: The Quest of the Historical Jesus in Narrative Form*. Trans. John Bowden. London: SCM.
———. 1991 [1989]. *The Gospels in Context: Social and Political History in the Synoptic Tradition*. Trans. Linda M. Maloney. Minneapolis: Fortress.
Thiemann, Ronald. 1989 [1985]. 'The Promising God: The Gospel as Narrated Promise.' In *Why Narrative? Readings in Narrative Theology*, ed. Stanley Hauerwas and L. Gregory Jones, 320–47. Grand Rapids, Mich.: Eerdmans.
Thiselton, A. C. 1980. *The Two Horizons: New Testament Hermeneutics and Philosophical Description with Special Reference to Heidegger, Bultmann, Gadamer and Wittgenstein*. Exeter: Paternoster.
———. 1992. *New Horizons in Hermeneutics: The Theory and Practice of Transforming Biblical Reading*. London & New York: HarperCollins.
Thompson, A. L. 1977. *Responsibility for Evil in the Theodicy of IV Ezra*. Society of Biblical Literature Dissertation Series, no. 29. Missoula, Montana: Scholars Press.
Tilley, Terrence W. 1985. *Story Theology*. Wilmington, Del.: Michael Glazier.
Tillyard, E. M. W., and C. S. Lewis. 1939. *The Personal Heresy: A Controversy*. London: OUP.
Torrance, Thomas F. 1976. *Space, Time and Resurrection*. Edinburgh: Handsel Press.
Toulmin, Stephen C. 1958. *The Uses of Argument*. Cambridge: CUP.
Tuckett, Christopher M., ed. 1983a. *The Messianic Secret*. Issues in Religion and Theology, no. 1. Philadelphia: Fortress; London: SPCK.
———. 1983b. *The Revival of the Griesbach Hypothesis*. Society for New Testament Studies Monograph Series, vol. 44. Cambridge: CUP.
———. 1986. *Nag Hammadi and the Gospel Tradition: Synoptic Tradition in the Nag Hammadi Library*. Studies of the New Testament and its World. Edinburgh: T & T Clark.
———. 1987. *Reading the New Testament: Methods of Interpretation*. London: SPCK.
———. 1988. 'Thomas and the Synoptics.' *Novum Testamentum* 30:132–57.
———. 1989. 'A Cynic Q?' *Biblica* 70:349–76.
Tugwell, Simon. 1989. *The Apostolic Fathers*. In *Outstanding Christian Thinkers*, ed. Brian Davies. London: Geoffrey Chapman.
Tyrrell, George. 1963 [1909]. *Christianity at the Cross-Roads*. London: George Allen & Unwin.
Urbach, E. E. 1987 [1975, 1979]. *The Sages: Their Concepts and Beliefs*. Trans. I. Abrahams. Cambridge, MA., London: Harvard U. P.
VanderKam, James C. 1988. 'Jubliees and the Priestly Messiah of Qumran.' *Révue de Qumran* 13:353–65.

Vermes, Geza. 1973a. *Jesus the Jew: A Historian's Reading of the Gospels*. London: Collins; Philadelphia: Fortress.

——. 1973b [1961]. *Scripture and Tradition in Judaism*. 2nd edn. Studia Post-Biblica, vol. 4. Leiden: Brill.

——. 1977. *The Dead Sea Scrolls: Qumran in Perspective*. London: Collins; Philadelphia: Fortress.

——. 1987 [1962]. *The Dead Sea Scrolls in English*. 3rd edn. London: Penguin Books.

——. 1991. 'Josephus' Treatment of the Book of Daniel.' *Journal of Jewish Studies* 42:149–66.

Via, Dan O. 1967. *The Parables, Their Literary and Existential Dimension*. Philadelphia: Fortress.

——. 1975. *Kerygma and Comedy in the New Testament: A Structuralist Approach to Hermeneutic*. Philadelphia: Fortress.

——. 1965. *Old Testament Theology*. Trans. D. M. G. Stalker. Vol. 2. *The Theology of Israel's Prophetic Traditions*. New York: Harper & Row.

Wacholder, Ben Zion. 1983. *The Dawn of Qumran: The Sectarian Torah and the Teacher of Righteousness*. Monographs of the Hebrew Union College, no. 2. Cincinatti: Hebrew Union College Press.

Walasky, P. W. 1983. *'And So We Came to Rome': The Political Perspective of St. Luke*. Society for New Testament Studies Monograph Series, vol. 49. Cambridge: CUP.

Walsh, Brian J. 1989. *Who Turned Out the Lights? The Light of the Gospel in a Post-Enlightenment Culture*. Toronto: Institute for Christian Studies.

Walsh, Brian J., and J. Richard Middleton. 1984. *The Transforming Vision: Shaping a Christian World View*. Downers Grove, Ill.: IVP.

Wansbrough, Henry, ed. 1991. *Jesus and the Oral Gospel Tradition*. Journal for the Study of the New Testament Supplement Series, vol. 64. Sheffield: Sheffield Academic Press.

Warner, Martin, ed. 1990. *The Bible as Rhetoric: Studies in Biblical Persuasion and Credibility*. London & New York: Routledge.

Webb, Robert L. 1991. *John the Baptizer and Prophet: A Socio-Historical Study*. Journal for the Study of the New Testament Supplement Series, vol. 62. Sheffield: Sheffield Academic Press.

Wedderburn, Alexander J. M. 1987. *Baptism and Resurrection: Studies in Pauline Theology Against Its Graeco-Roman Background*. Wissenschaftliche Untersuchungen zum Neuen Testament. Tübingen: Mohr.

Weeden, Theodore J. 1985 [1968]. 'The Heresy That Necessitated Mark's Gospel.' In *The Interpretation of Mark*, ed. William R. Telford. Issues in Religion and Theology, no. 7. Philadelphia: Fortress; London: SPCK.

Wells, Colin. 1984. *The Roman Empire*. Fontana History of the Ancient World. London: Fontana.

Wenham, David. 1984. *The Rediscovery of Jesus' Eschatological Discourse*. Gospel Perspectives, vol. 4. Sheffield: JSOT Press.

Wenham, John W. 1991. *Redating Matthew, Mark and Luke: A Fresh Assault on the Synoptic Problem*. London: Hodder & Stoughton.

Westerholm, Stephen. 1988. *Israel's Law and the Church's Faith: Paul and His Recent Interpreters*. Grand Rapids, Mich.: Eerdmans.

White, Roger. 1982. 'Notes on Analogical Predication and Speaking About God.' In *The Philosophical Frontiers of Christian Theology: Essays Presented to D. M. MacKinnon*, ed. Brian Hebblethwaite and Stewart Sutherland, 197–226. Cambridge: CUP.

Whittaker, Molly. 1984. *Jews and Christians: Graeco-Roman Views*. Cambridge Commentaries on Writings of the Jewish and Christian world, 200 BC to AD 200, vol. 6. Cambridge: CUP.

Wilken, Robert L. 1971. *The Myth of Christian Beginnings*. London: SCM.

Wilder, Amos N. 1982. *Jesus' Parables and the War of Myths: Essays on Imagination in the Scriptures*. Ed. James Breech. London, Philadelphia: SPCK, Fortress.

Wilson, Bryan. 1982. *Religion in Sociological Perspective*. London: OUP.

Wilson, R. McL. 1968. *Gnosis and the New Testament*. Oxford: Basil Blackwell.

Winter, S. B. C. 1984. 'Methodological Observations on a New Interpretation of Paul's Letter to Philemon.' *Union Seminary Quarterly Review* 39:203–12.

——. 1987. 'Paul's Letter to Philemon.' *New Testament Studies* 33:1–15.

Wittgenstein, Ludwig. 1961 [1921]. *Tractatus Logico-Philosophicus*. Trans. D. F. Pears and B. F. McGuiness. London: Routledge & Kegan Paul.

Wolterstorff, Nicholas. 1979. *Works and Worlds of Art*. Oxford: Clarendon Press.

———. 1980. *Art in Action*. Grand Rapids, Mich.: Eerdmans.

———. 1984 [1976]. *Reason Within the Bounds of Religion*. 2nd edn. Grand Rapids, Mich.: Eerdmans.

Wrede, William. 1971 [1901]. *The Messianic Secret*. London & Cambridge: James Clarke; Greenwood, S. Carolina: Attic.

Wright, G. Ernest. 1962. *God Who Acts: Biblical Theology as Recital*. Studies in Biblical Theology. London: SCM.

Wright, N. T. 1986a. ' "Constraints" and the Jesus of History.' *Scottish Journal of Theology* 39:189–210.

———. 1986b. *The Epistles of Paul to the Colossians and to Philemon*. Tyndale New Testament Commentaries, new series. Leicester: IVP; Grand Rapids, Mich.: Eerdmans.

———. 1991a. *The Climax of the Covenant: Christ and the Law in Pauline Theology*. Edinburgh: T & T Clark; Minneapolis: Fortress.

———. 1991b. 'How Can the Bible Be Authoritative?' *Vox Evangelica* 21:7–32.

———. 1991c. 'One God, One Lord, One People: Incarnational Christology for a Church in a Pagan Environment.' *Ex Auditu* 7:45–58.

———. 1992a. *The Crown and the Fire: Meditations on the Cross and the Life of the Spirit*. London: SPCK.

———. 1992b. 'Romans and the Theology of Paul.' In *Society of Biblical Literature 1992 Seminar Papers*, ed. Eugene H. Lovering. Atlanta, Ga.: Scholars Press [forthcoming].

———, ed. 1978. *The Work of John Frith*. The Courtenay Library of Reformation Classics, vol. 7. Appleford: The Sutton Courtenay Press.

Yamauchi, Edwin. 1973. *Pre-Christian Gnosticism: A Survey of the Proposed Evidences*. London: Tyndale Press.

Yee, Margaret M. 1987. *The Validity of Theology as an Academic Discipline: A Study in the Light of the History and Philosophy of Science and with Special Reference to Relevant Aspects of the Thought of Austin Farrer*. Unpublished doctoral dissertation, Oxford University.

Young, Frances M. 1990. *The Art of Performance: Towards a Theology of Holy Scripture*. London: Darton, Longman & Todd.

Young, Frances, and David F. Ford. 1987. *Meaning and Truth in 2 Corinthians*. Biblical Foundations in Theology. London: SPCK.

🔴 독자 여러분들께 알립니다!

'CH북스'는 기존 '크리스천다이제스트'의 영문명 앞 2글자와
도서를 의미하는 '북스'를 결합한 출판사의 새로운 이름입니다.

신약성서와 하나님의 백성

1판 1쇄 발행 2003년 5월 20일
1판 중쇄 발행 2020년 2월 14일

발행인 박명곤
사업총괄 박지성
편집 신안나, 임여진, 이은빈
디자인 구경표, 한승주
마케팅 김민지, 유진선
재무 김영은
펴낸곳 CH북스
출판등록 제406-1999-000038호
전화 031-911-9864 **팩스** 031-944-9820
주소 경기도 파주시 회동길 37-20
홈페이지 www.hdjisung.com **이메일** main@hdjisung.com
페이스북 | 인스타그램 @chbooks1984 **네이버 밴드** @chbooks
제작처 영신사 월드페이퍼

ⓒ CH북스 2003